揚州年鉴

YANGZHOU YEARBOOK

2014

扬州市地方志编纂委员会　编

广陵书社

图书在版编目（CIP）数据

扬州年鉴. 2014 / 扬州市地方志编纂委员会编. --
扬州 : 广陵书社, 2014.11
ISBN 978-7-5554-0169-8

Ⅰ. ①扬… Ⅱ. ①扬… Ⅲ. ①扬州市－2014－年鉴
Ⅳ. ①Z525.33

中国版本图书馆CIP数据核字(2014)第230941号

扬州年鉴（2014）

编　　者　扬州市地方志编纂委员会
装帧设计　葛玉峰　杨　鉴
责任编辑　胡　珍
出版发行　广陵书社
　　　　　地址：扬州市维扬路349号
　　　　　邮编：225009
　　　　　网址：http://www.yzglpub.com
　　　　　电子邮箱：yzglss@163.com
印　　刷　南京凯德印刷有限公司
开　　本　889mm×1194mm　1/16
印　　张　32.75
字　　数　1100千字
版　　次　2014年11月第1版第1次印刷
标准书号　ISBN 978-7-5554-0169-8
定　　价　300.00元

城市荣誉

中国历史文化名城

全国双拥模范城

全国社会治安综合治理先进单位

中国优秀旅游城市

国家环境保护模范城市

国家园林城市

中国人居环境奖

全国节水型城市

国家级生态示范区

联合国人居奖

国家卫生城市

全国科技进步先进市

中国数字化创新管理奖

中国和谐管理城市

全国实施畅通工程模范管理城市

全国无偿献血先进市

全国创建学习型家庭示范城市

城市管理人民满意城市

全国法制宣传教育先进城市

国家森林城市

全国文明城市

全国诗词之市

数字扬州
SHU ZI YANG ZHOU

2013年地区生产总值构成

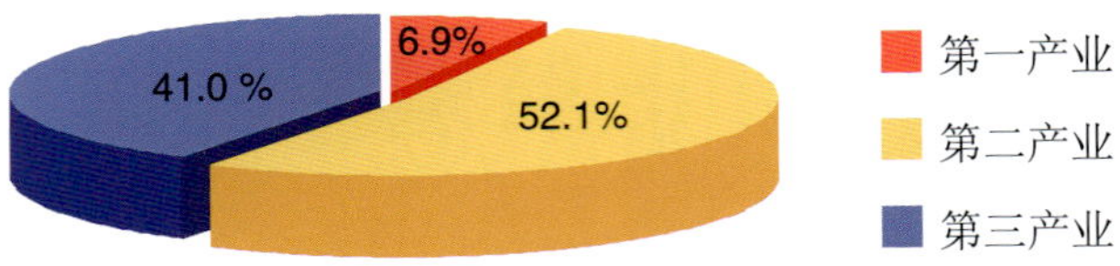

地区生产总值
单位：亿元

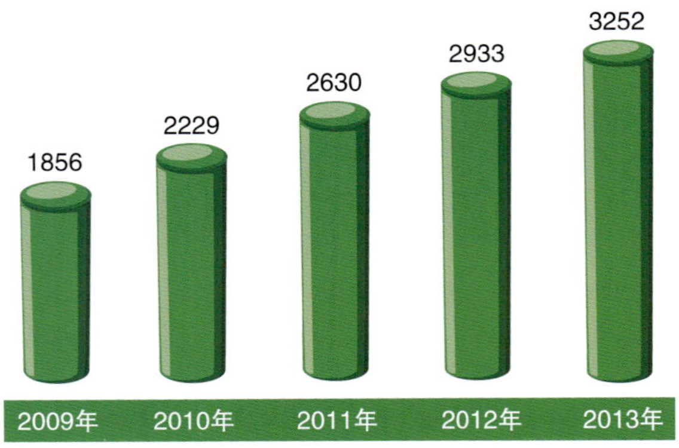

人均地区生产总值
单位：元

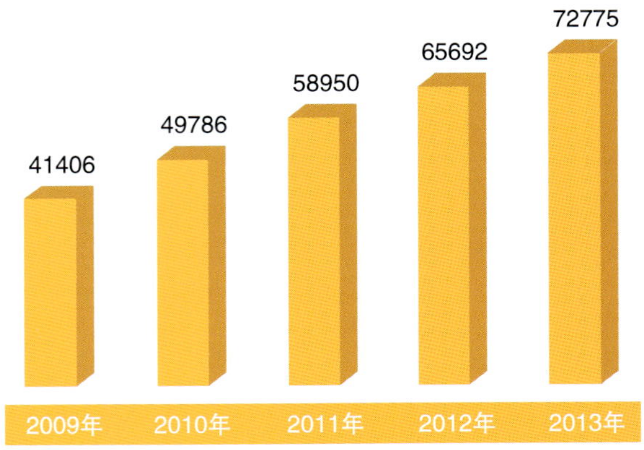

规模以上工业总产值
单位：亿元

全社会固定资产投资总额
单位：亿元

财政收入

单位：亿元

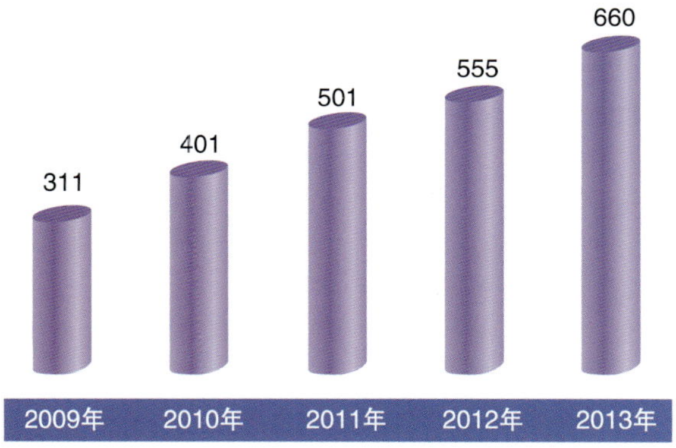

出口总额

单位：亿美元

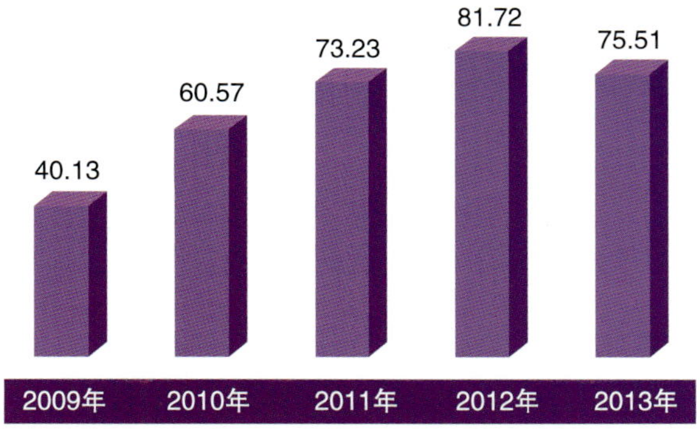

社会消费品零售总额

单位：亿元

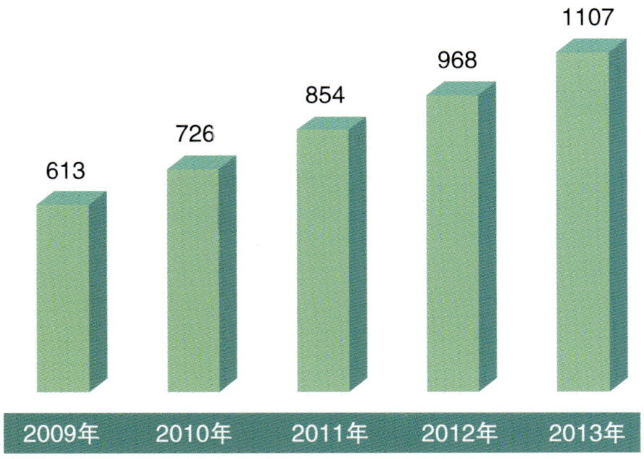

城镇居民人均可支配收入与农村居民人均纯收入

单位：元

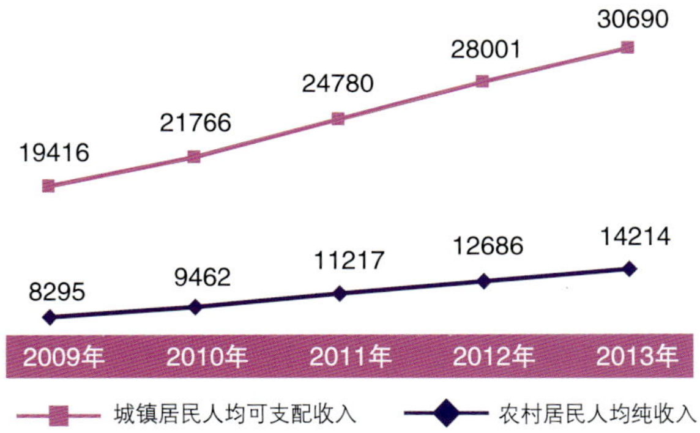

2013年扬州的一天

地区生产总值
89096万元

财政收入
18091万元

城乡居民储蓄余额
52905万元

粮食产量
8553吨

出口总额
2069万美元

社会消费品零售额
30325万元

4月18日，市委书记谢正义在2013中国扬州“烟花三月”国际经贸旅游节暨国际盆景大会开幕式上致辞

4月18日，2013中国扬州“烟花三月”国际经贸旅游节暨国际盆景大会在东关街街南书屋开幕

在2013中国扬州“烟花三月”国际经贸旅游节开幕式上，

4月18日，市长朱民阳在2013扬州市产业推介暨重大项目集中签约、开工、投产仪式上作主题推介

城市贵宾颁发证书

4月18日，扬州市举行产业推介暨重大项目集中签约、开工、投产仪式

9月26日，2013中国扬州世界运河名城博览会开幕。何权、瓦尔卡塞尔、胡四一、郑泽光、童明康、唐国强、谢正义共同启动开幕式

9月25日，参加运博会的嘉宾夜游东关街

9月27日，参加运博会的嘉宾参加“运河情 扬州行”运河体验活动

9月2
日酒店举

会“水生态文明城市的路径和方法”分论坛在京杭之心皇冠假

9月26日，运博会“水生态、水文明与名城”主题论坛在京杭会议中心举行

9月26日，运博会“水文化遗产的保护利用”分论坛在京杭之心皇冠假日酒店举行

9月26日，运博会“现代城市中的水景观”分论坛在京杭之心皇冠假日酒店举行

国际盆景协会主席托马斯·伊莱亚斯在2013国际盆景大会开幕式上致辞

4月20日，瘦西湖万花园内的2013国际盆
开放

4月20日，2013国际盆景大会举行颁奖仪式

4月20日，市长朱民阳、国际盆景协会主席托马斯·伊莱亚斯共同为2013国际盆景大会《扬州宣言》碑揭幕

念岛“疏林观风”作为永久性景点正式对游人

游客在宋夹城
观赏精品盆景

4月18日，2013国际盆景大会在东关街街南书屋开幕

4月25-26日，亚欧会议未来发展方向研讨会在扬州举行

5月28日，2013世界绿色设计论坛扬州峰会暨首届扬州设计节在京杭会议中心开幕

5月31日，第八届中法市长圆桌会议在扬州举行，13个法国城市、22个中国城市市长或代表交流“建设美好城市”经验

12月16日，联合国经济和社会事业部在扬州举办“可持续城市及可持续城镇化”高级研讨会

2月16日，扬州市召开全市干部队伍能力作风建设大会。图为市领导向2012年度全市机关综合考评先进集体颁奖

1月28日，腾讯电子商务运营中心项目在江苏信息服务产业基地（扬州）签约

市七届人大二次会议召开前，市人大常委会与扬州日报社联合举办“民意直通车”活动。1月7日，在“民意直通车”交办会上，各采集小组将一只只装满民意的信封交到市人大常委会研究室负责人手中

4月12日，第48届全国工艺品交易会在扬州国际展览中心开幕

3月18日，扬州市政府与清华大学签署全面合作协议，扬州智能装备科技园、江都环保产业园、扬州智能电网产业园、机器人应用推广等10个项目集中签约

4月17日，2013“院士专家扬州行”活动启动。图为省政协副主席周健民，扬州市委常委、常务副市长丁纯为中国科学院南京分院扬州院士专家服务站

4月17日，扬州市举行海峡两岸（扬州）农业合作试验区项目签约暨广陵美丽田园乐活节开幕式

4月18日，由上海大众汽车有限公司仪征分公司独

4月18日，2013中国扬州全国重点高校院所智能装备科技成果发布洽谈会在扬州召开

斤锐”轿车在上海首发

4月21日，第七届中国扬州软件和信息服务外包大会暨“云计算与电子商务”发展论坛开幕

5月4日，2013中国扬州两岸素食文化暨绿色生活名品博览会在鉴真图书馆开幕

5月10日，2013江苏省产学研专场对接洽谈会——智能制造装备技术专题洽谈暨扬州市科技合作展示洽谈会在扬州国际展览中心召开。图为扬州德可达科技有限公司在会上展示的无人机

5月16日，2013中国

4月29日，全市各地举办系列活动，庆祝第九届"幸福扬州·扬州市民日"，为幸福生活喝彩

月2日，扬州市委、市政府举办第九届"幸福扬州·扬州市民日"百寿宴

产业专家咨询暨招商推介会在扬州会议中心举行

6月2日，省委书记罗志军、省长李学勇等在江苏信息服务产业基地（扬州）调研

5月22日，扬州市政府与微软（中国）有限公司签署战略合作备忘录

6月2–3日，全省苏中发展工作会议在扬州召开

5月30日，南水北调东线起点江都水利枢纽进行24小时试通水

7月9日，上海大众汽车斯柯达品牌第100万辆轿车在扬州仪征下线

6月21日，2013中国扬州科技创新·产业合作推介会在哈尔滨举行。图为签约仪式现场

10月8日，扬州市政府与扬州大学签署全面合作协议

12月10日，扬州市举行瘦西湖隧道贯通仪式

10月10日，山东重工·潍柴动力长三角战略发布会在潍柴（扬州）亚星汽车产业园召开

7月17日，扬州市在香港举行现代服务业推介会，200多家香港企业参会，30个项目现场签约，总投资24.8亿美元

11月29日，扬州市举行"三公开三报告"活动

9月28日，全国道德模范与身边好人（江苏扬州）现场交流活动在扬州举行

7月25日，由国家体育总局棋牌运动管理中心和中国围棋协会主办，扬州报业传媒集团、市体育局承办的2013全国围棋段位赛在扬州收枰。图为比赛现场

10月3日，2013“极真中国”全国空手道公开赛决赛在扬州市体育公园落幕

7月27—28日，2013年江苏省青少年艺术体操锦标赛在扬州举行。图为扬州选正在参加团体比赛

4月30日，第四届环高邮湖国际自行车越野赛在高邮市开赛

4月21日，2013中国扬州鉴真国际半程马拉松赛暨2013全国半程马拉松锦标赛开赛

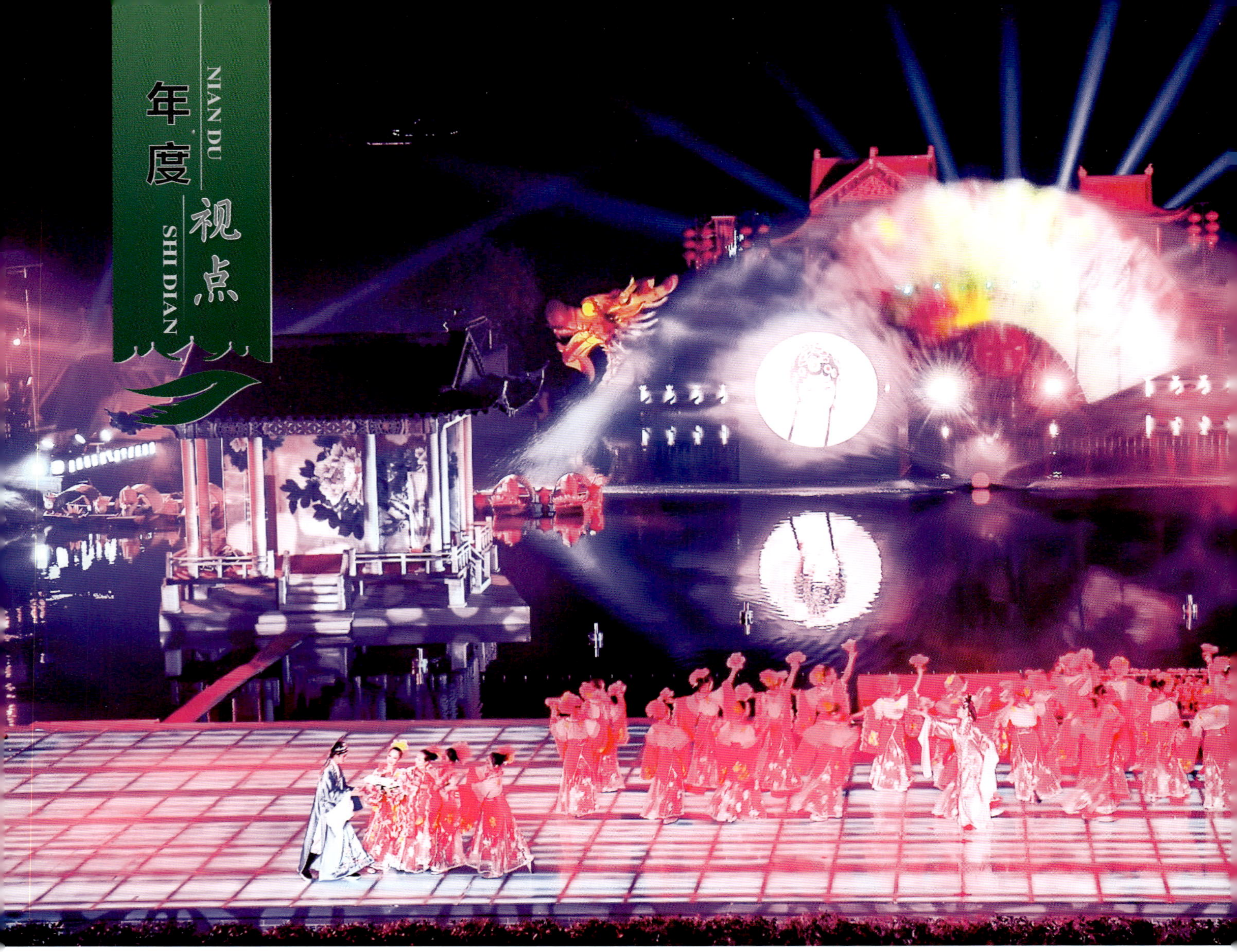

9月18日，山水实景演出《春江花月夜·唯美扬州》在瘦西湖公园正式上演

7月28日，2013首届中国（国际）琴筝乐舞艺术节颁奖仪式在扬州举行。图为颁奖晚会现场

6月15日，扬州市扬剧研究所新编大型历史古装扬剧《衣冠风流》首演

10月11日，17支老年文艺团体参加在扬州大剧院举行的第五届扬州市老年艺术节颁奖演出，展示老年人热爱生活、积极向上的精神风貌，喜迎全国首个“老年节”

11月24日，中韩国际美术交流展在市美术馆开幕

扬州城东门遗址广场新貌

瘦西湖路绿化美景

2013年1月，文昌路东延工程通车。图为广陵大桥雄姿

虹桥坊

雪后瘦西湖

火树银花瘦西湖

古城静谧之美

小秦淮河春色

个园秋景

瘦西湖上玉版桥

冶春水榭

本专题图片由李斯尔、王卓、庄文斌、程建平、张卓君等供

扬州市地方志编纂委员会

主 任 委 员　　朱民阳

副主任委员　　陈　扬　董玉海　何金发　宗金林

委　　　员　　（以姓氏笔画为序）

丁　毅　马顺圣　马　俊　王庆山　王庭国
尤在晶　方桂林　朱道宏　刘星驰　汤卫华
汤天波　李明安　李忠盛　杨正福　杨　蓉
沙志芳　张长金　张　彤　张　强　张震宇
陈博文　陈　曦　范天恩　周春光　柏桂林
徐晓明　陶伯龙　黄为民　龚振志　潘学元

扬州年鉴编辑部

主　　编　　陈　扬　何金发

副 主 编　　沙志芳　汤天波　宗金林　姚　震（常务）

主　　任　　戴淑敏

副 主 任　　李全权

编　　辑　　（以姓氏笔画为序）

李全权　陈永华　吴余贵　姚　震　樊庆道
戴淑敏

编　辑　说　明

1.《扬州年鉴》是由中共扬州市委、扬州市人民政府主持编纂的地方综合性年鉴。1991年出版首卷，本卷为第24卷。

2.《扬州年鉴（2014）》以马克思列宁主义、毛泽东思想、邓小平理论和“三个代表”重要思想为指导，坚持科学发展观，实事求是地、较为全面翔实地记述了2013年扬州市政治、经济、文化、社会等各方面的基本情况、主要内容及发生的各种大事、要事、新事和有影响的事，反映了全市人民在改革开放、经济建设以及社会发展中取得的新成就、新进展、新经验。

3.《扬州年鉴》采用分类编辑法，以“类目”为单元，下设“栏目”和“条目”，个别栏目下设“分目”。类目标题标于各类目起始处和书眉；栏目、分目标题分别以3号、5号彩色字随文标出；条目为记述实体，标题前标注彩色符号“■”。《扬州年鉴（2014）》共分36个类目，设225个栏目、42个分目，收录2137个条目和资料。

4.《扬州年鉴》卷首有中文详细目录和英文要目，卷末有索引。全书所有资料可通过目录、书眉、索引等检索渠道查阅。

5.《扬州年鉴》刊用的文稿，由市各部门、各县（市、区）及驻扬单位提供，有关数据、资料均经各部门领导审阅、核实。书中“扬州市”“全市”指全扬州市，“市区”指广陵区、邗江区、江都区范围，“城区”指广陵区、邗江区范围，特殊情况另行括注。《大事纪要》中“△”表示“同日”。表格中“#”表示“其中主要部分”。全书主要综合性统计资料由市统计局提供。全书所用统计数据，由于统计的来源、口径、方式、方法和时间的不同，可能存在一定差异，使用时请以市统计局提供的统计资料数据为准；凡市统计局未作统计的，以供稿单位提供的数据为准。统计数据均使用法定计量单位。为保持文献原貌、遵从行业习惯，《特载》《附录》所刊文献的文字、数据、计量单位均未作变动，《体育》中运动项目有关内容仍使用“公斤”“公里”作为计量单位。

6.《扬州年鉴》所登载的照片或文字稿件若署名遗漏或有误，请摄影者或撰稿人与编辑部联系，以便发放稿酬。

7.《扬州年鉴》的编纂出版，得到了全市各级领导和各有关部门、单位、各县（市、区）及社会各界的关心、帮助和支持，在此一并致谢。

目　　录

特　　载

专　　记

概　　貌

大事纪要

中共扬州市委员会

扬州市人民代表大会及其常委会

扬州市人民政府

政协扬州市委员会

民主党派 工商联 人民团体

政　　法

地方军事

开发园区

农业与农村经济

建筑业

交通 物流

信息化与软件服务业

商贸服务业

对外国及港澳台地区经贸

旅游业

金融业

财政 税务

经济管理与监督

城乡建设与管理

历史文化名城保护

科学技术 社会科学

教　育

文　化

卫　生

区县市

人　　物

附　录

Main Contents

特载

Tezai

编 辑 姚 震

集中力量再干几件大事

——在政协扬州市七届三次会议上的讲话（摘要）

市委书记 谢正义

（2014年1月11日）

刚刚过去的2013年是扬州极不平凡的一年。一年来，我们认真贯彻落实党的十八大精神和省委、省政府一系列重大决策部署，咬定建设“三个扬州”和世界名城的目标，有力有效推进“重大产业项目突破年”“重大城建项目会战年”和“改革攻坚年”各项工作，不仅实现了稳中求进、扎实开局，全市各项经济指标稳步增长，发展质态稳健提高；而且取得一系列重大突破，工业开票销售总额跃居全省第六位，市区功能区调整顺利实施，“一核多组团”的现代化大扬州格局基本形成；尤其具有里程碑意义的是，事关扬州未来发展大局的连淮扬镇铁路正式立项，省委、省政府明确了扬州跨江融合发展的战略取向，确定扬州为全省跨江融合发展综合改革试点，出台了一系列政策支持扬州发展，将有力重塑扬州经济地理，并显著提升扬州在长三角城市群中的地位。

2014年是全面贯彻落实党的十八届三中全会精神、全面推进跨江融合发展综合改革试点的第一年，是深入实施“十二五”规划的关键之年，也是迎接扬州建城2500周年的冲刺之年。前不久召开的市委六届六次全会，对今年和今后一个时期全面深化改革、推进跨江融合发展的一系列重大问题作出了决策部署，并把今年确定为“重大产业项目提升年”“重大城建项目决战年”“改革全面深化年”和“党的群众路线教育实践活动年”。

贯彻市委全会精神，落实好今年各项任务，需要做许多工作，最关键的，还是要集中力量干几件大事。每年集中力量干几件大事，聚焦聚力解决事关城市发展全局的突出问题，是我们的城市所处这样一个发展阶段的必然要求，是我们这一代人的时代责任和历史担当，是我们这几年取得一个又一个突破的关键路径和重要经验。现在，扬州改革发展必须抢抓的重大机遇前所未有，必须应对的严峻挑战前所未有，必须担负的繁重任务前所未有，更需要我们以敢于担当、勇于改革、善于突破的精神、能力和作风，集中力量再干几件大事。

2014年1月11日，市委书记谢正义在市政协七届三次会议上讲话

王 卓/摄

集中力量再干几件大事，就是要再上几个大项目，进一步打牢扬州科学发展的根基。近几年我们坚持“项目为王”，狠抓项目建设已经初见成效，但发展不充分仍是扬州当前和今后一个时期面临的主要矛盾，继续强力主攻大项目仍是我们做好经济工作的头版头条、重中之重。我们必须始终围绕汽车、机械、建筑、旅游、软件信息服务等基本产业，突出“重大产业项目建设提升年”，深化与世界500强企业和跨国公司、大型央企国企、民营百强企业的合作，大力推动50个工业重大项目、40个服务业重大项目的建设，力争沿江100亿元、沿河50亿元重特大项目实现新一轮全覆盖，市区要力争在旅游、软件信息服务等重大服务业项目上实现重大突破，同时强化重大项目对就业和税收的贡献、对产业和城市的带动，以重大产业项目的新成就加快扬州经济总量扩张、结构优化、质态提升。

集中力量再干几件大事，就是要再修几条大通道，进一步拉开城市建设发展的大框架。改革开放以来，扬州城市发展的历史表明，修建大通道、拉开大框架，是扬州拓展发展空间、优化发展布局的不二选择。开城先开路。我们必须始终坚持交通先行，积极参与、全力推动连淮扬镇铁路等重大交通基础设施尽快开工建设，加速构建与当今主流交通方式主干线、与苏南和长三角核心区无缝对接的现代交通网络；抓紧实施文昌路西延、邗江路南延、开发路东延、运河路北延、金湾路新建、环邵伯湖大道打造等骨干道路工程，加快形成连接东西、贯通南北的“三横三纵两环”城市路网体系，以建设大通道拉开城市大框架、实现要素大流通和资源大整合。

集中力量再干几件大事，就是要再建几项大工程，进一步展现名城扬州新形象。再过一年多，我们将迎来扬州建城2500周年。要着眼于增强城市发展动力、彰显城市个性特色，突出“重大城建项目决战年”，把江广融合地带作为主战场、主阵地，加快建成城庆广场、扬州科技馆，加快启动东部交通枢纽、东部文化中心等一批重大功能性、服务型设施，加快推进广陵新城MSD、信息产业基地三期、环球金融城等一批能够提供高质量就业、集聚高素质人才的现代产业基地建设，加快打造廖家沟城市中央公园等一批嵌入旅游、休闲、健身功能的区域生态中心，推动“产业、就业、置业”有机融合、“宜居、宜游、宜创”相得益彰。各县(市、区)也要集中财力实施一批重大基础性、功能性设施项目，每个县城都要改造建设一个能够代表城市形象、具有标识意义、市民普遍认同的中心区域。

集中力量再干几件大事，就是要再破解几个大难题，进一步完善现代城市治理体系。要以更大的政治勇气和智慧，坚持问题导向和底线思维，突出“改革全面深化年”，以跨江融合发展综合改革试点为总抓手总平台，立足加快融入苏南、融入长三角核心区，推进重大基础设施共建共联、重点产业和园区开发共建共兴、重要创新要素和公共资源共建共享，着力构建跨江融合发展体制机制；立足“一核多组团”的现代化大扬州基本格局，针对城市建设发展中的突出问题，规范完善行政管理体制、城市运行体制和社会治理体制，逐步实现城市治理体系和治理能力现代化；立足“把农民从土地上解放出来，让进城农民在城镇安定下来”，深化农村产权制度、土地制度和户籍制度改革，加快推进新型城镇化和城乡发展一体化。

集中力量再干几件大事，就是要再办几件大实事，进一步提升服务对象的幸福感和满意度。要以开展党的群众路线教育实践活动为契机，更大力度、更为自觉地建设服务型政党和服务型政府，明晰服务对象并针对不同需求，努力办几件大事，努力把实事办好。围绕服务本地居民，研究制定并组织实施第13个民生幸福工程“1号文件”，聚焦聚力促进就业、“养老养小”、市区公交优先、“不淹不涝、清水活水”城市建设和文体惠民等重点民生工程。围绕服务企业发展，认真制定并落实提升服务企业水平、净化经济发展环境的“2号文件”，切实解决企业普遍反映的负担重、干扰多、引才难、融资难、办事繁等突出问题。围绕服务来扬旅游旅行者，以国际通用标准和国内行业规范，以背包客和自驾游的需求为导向，加快完善旅游服务体系，全面提升旅游服务水平。围绕服务基层单位，积极帮助向上争取政策、争取项目、争取资金，主动帮办、领办、代办具体事项，真正做到上下一心、共谋发展。

集中力量再干几件大事，关键靠干、关键在人。世界上从来没有轻轻松松的成功，不经历风雨怎能见到彩虹？面对艰巨繁重的改革发展任务，需要我们各级领导干部敢担当、肯吃苦，不为困难找理由，只为成功想办法，狠一狠心、咬一咬牙，攻坚克难抓推进、求突破；需要我们各级领导干部有本事、会吃苦，着力开阔眼界、开阔思路、开阔胸襟，善于在全市发展大局中找准工作定位，善于在逆境中敏锐发现机遇并找到破解难题的办法；需要我们各级领导干部“钉钉子”、能吃苦，点点滴滴、锲而不舍，积小胜为大胜，积跬步至千里。

集中力量再干几件大事，需要全市上下思想统一、目标一致、行动协调，一起想、一起干、一起苦。最大限度激发和汇聚共谋发展、共创伟业的正能量。大力推动全社会树立“创新创业创优”的价值追求、培育“勤劳勤奋勤勉”的精神品质、营造“共建共创共享”的时代风尚，把全市上下的智慧和力量凝聚到市委、市政府决策部署上来，凝聚到全面深化改革、推动跨江融合发展的目标任务上来，集中力量再干几件大事、再干成几件大事，一步一个脚印把扬州建设成为古代文化与现代文明交相辉映的名城！

政府工作报告(摘要)

——2014年1月12日在扬州市
第七届人民代表大会第三次会议上

市长　朱民阳

2013年工作回顾

2013年，预计全市实现地区生产总值3250亿元，增长12%。财政总收入660.3亿元，公共财政预算收入259.26亿元，增长15.2%；税收收入212.75亿元，增长17.8%，占公共财政预算收入比重82.1%。预计城市居民人均可支配收入30700元，增长9.5%；农民人均纯收入14145元，增长11.5%。

1.经济运行稳中有进

注重质量效益，抓好重大项目建设。全年完成固定资产投资2000亿元。潍柴亚星等88个重大工业项目投产或开工建设。全市在建10亿元或1亿美元以上重大工业项目101项，同比增加25项；2012年竣工的21项重大工业项目新增开票销售205.8亿元、税收13.2亿元，分别拉动全市工业开票销售、税收增幅6.2个百分点和9个百分点。新竣工重大服务业项目18个，续建和新开工65个，其中新开工项目平均投资强度提高到570万元/亩。100项重大城庆工程开工73项，完成投资256亿元。

提升传统消费品质，拓展新兴市场需求。编制《城市商业网点专项规划》。市区建成4个专业批发市场。社会消费品零售总额1093亿元，增长13%。家电、汽车等消费增长较快。房地产完成投资323亿元，商品房成交521.47万平方米。推进“万村千乡市场工程”，农家店建设质量和物流配送水平进一步提升。积极发展电子商务等新业态，腾讯电商运营中心及易迅物流总部等落户扬州，金泉网实现境外上市。

培大培强骨干企业，全力扶持小微企业。分类出台支

2014年1月12日，市长朱民阳在市七届人大三次会议上作政府工作报告　　王　卓/摄

持企业发展专项政策，加大土地、信贷、用工等要素保障力度。组织银企对接活动22场，1000多户企业获批授信580多亿元。新设2亿元中小企业应急专项资金、1.5亿元小微企业信贷引导资金池。新获批省土地"点供"和独立选址项目55个。新发展私营企业15860户、个体工商户30264户；新增民营企业注册资本金实际到资503亿元，增长15.5%。畅通企业上市服务绿色通道。4家企业在省股权交易中心挂牌。

2.转型发展步伐加快

围绕技术创新和技术改造，推动工业经济质态提升。出台促进基本产业发展和企业技改的意见。全市工业增加值、开票销售、入库税收分别增长13%、13%、12%。机械装备、汽车及零部件、船舶及配套件、石油化工、新能源新光源等五大产业开票销售占全市工业70%以上。其中，汽车产业开票销售增长80%以上。上海大众仪征分公司开票销售突破200亿元。实施"122"技改工程(即全年滚动实施总投资1亿元以上工业技术改造项目150项以上，其中市重点技术改造示范项目20项以上、重大科技成果转化技术改造项目20项以上)，完成技改投入620亿元。高新技术产业产值占规上工业总产值比重达42.5%。建筑业完成总产值2380亿元，增长13%。获"鲁班奖" 2项。

抓好农业规模经营，促进现代农业持续增效。开展粮食万亩高产增效创建活动，粮食产量实现"十连增"。新建高标准农田22.8万亩，新增设施农(渔)业16.1万亩。新认定省级农产品加工集中区1个，县级以上农业龙头企业销售增长25%。新增规模经营18.2万亩、工商登记家庭农场208个。新登记农民合作社409个。新增省级"五好"示范社77个。新扩建无公害蔬菜基地2500亩，改扩建百头奶牛场3个。农机、农业开发、农业科研、粮食、供销、气象在"三农"工作中发挥重要作用。

分类指导和专项支持，推进服务业提速发展。出台支持旅游、软件和信息服务、健康和养老服务发展等8项政策意见。旅游业总收入501亿元，增长15%。软件和信息服务业完成业务收入281.3亿元，增长48%。全市港口货物吞吐量9800万吨、50万标箱，分别增长11.1%、21.9%。年末金融机构存贷款余额分别增长15.9%、16.7%，汇丰银行成为进驻我市的第一家外资银行。宝应创成全国金融生态先进县。扬州国际软件园等项目相继落户。市级以上服务业集聚区达到38个。服务业增加值占地区生产总值比重41%，比上年提高1个百分点。

以人才队伍建设为重点，切实增强科技创新活力。深入推进"科教合作新长征"计划，与中关村、扬州大学签订全面合作协议。清华科技园等项目落户扬州。全社会研发投入占地区生产总值比重2.3%。专利授权量突破1万件。制定出台6个人才专项政策，新引进国家"千人计划" 20人，入选省创新团队3个和省"双创计划""博士集聚计划"人才93名。竣工科技产业综合体120万平方米。新增国家高新技术企业85家、省级以上"三站三中心" 61家。大中型企业研发机构建有率85%以上。广陵(电子信息)高新技术创业服务中心创成国家级专业孵化器。扬州成为国家创新型试点城市。

3.改革开放不断深化

突出功能性载体优化提升，稳步推进各项改革。深化市区功能区调整，蜀冈-瘦西湖风景名胜区实现扩容提升，设立空港新城和生态科技新城。有序推进市区民生保障"同城同步同标"和行政管理"同级同权同责"。平稳实施高邮乡镇区划调整。整合、组建10大国有资产管理集团(公司)，加快建立以国有公司为主体的城市建设投融资体制。稳步推进高邮市、夏集镇等全国城镇发展改革试点以及江都区省农村改革试验区、小纪镇省经济发达镇行政管理体制改革试点。积极推进事业单位分类改革。深化医药卫生体制改革，启动实施城乡居民大病保险试点。

坚持"引进来"与"走出去"并举，加快发展开放型经济。成功举办"烟花三月"国际经贸旅游节、世界运河名城博览会，积极争取并承办联合国"可持续城市及可持续城镇化"高级研讨会、国际盆景大会、中法市长圆桌会议等会展活动。日韩、台湾、香港和新加坡、央企四大招商活动成效明显。全年注册外资实际到账17亿美元，新落户世界500强及跨国公司10家。宝胜与中航工业、扬农与中化集团、金方圆与德国通快等实行战略重组或合作。完成外经营业额5.3亿美元。实现进出口总额95亿美元，其中出口75亿美元。

围绕产业集聚、特色发展，促进各类园区提档升级。实施省级以上开发区个性化考核，出台促进工业集中区整合提升特色发展的意见。全市园区业务总收入、公共财政预算收入均增长25%以上。7家省级以上开发区分别与上海、苏南等地园区签订共建协议。扬州开发区全国首批循环经济教育示范基地挂牌，扬州高新区成为省首批文化科技产业园区。仪征、邗江分别跻身省汽车产业基地(乘用车)和汽车零部件产业基地。

4.城乡建设再上台阶

争取到省"一市一试点"的专项扶持，融合发展实现新突破。省委省政府出台了《关于推进扬州跨江融合发展综合改革试点的意见》。实施《沿江地区融合发展行动计划》，组织编制江广融合地区概念规划、城市设计及"七河八岛"地区空间管制规划，逐步构建"一核多组团"城市空间布局。推进沿江沿河地区协调发展，争取到省委省政府扶持高邮宝应地区享受苏北政策。推动《宁镇扬同城化发展规划》的制定与实施。

推进全市域路网规划与建设，重大基础设施建设取得新进展。连淮扬镇铁路项目建议书获国家发改委批准。编制完成扬州城市轨道线网规划。宁启铁路复线及电气化改造稳步推进。文昌路西延、新万福路等开工建设。瘦西湖隧道盾构全线贯通，西部交通客运枢纽主体封顶。新淮江公路江都段、328国道连接线等全线通车。建成长江万吨级以上泊位5个。淮河入江水道整治完成切滩1050万方。南水北调东线一期工程扬州段率先建成通水。

注重品质提升，进一步完善城市基本功能。制定并实施城市地下空间开发利用管理办法和意见。加快建设"清水活水、不淹不涝"城市，整治城区积水路段14处，完成城市东部水系沟通活化工程和二道河等3条河道生态清淤。推进"三拆三整治"，拆迁拆违400万平方米。新(改)建道路40条、桥梁9座。宋夹城体育休闲公园基本建成。启动实施生活垃圾焚烧厂二期、建筑垃圾综合利用处理厂、餐厨废弃物处理厂和赵庄垃圾填埋场增高扩容工程。推进第一水厂提标扩建、六圩污水处理厂三期等工程建设。

突出治水和绿化，不断加强生态文明建设。全市完成造林7.06万亩，新创省级绿化示范村119个。集中式饮用水源地水质达标率100%，重点流域水污染防治考核断面水质达Ⅲ类标准。村庄环境整治任务全面完成，100个村庄达到省三星级"康居乡村"标准。疏浚县乡河道210条、村庄河塘2360条(面)。重点实施130项节能工程和147项减排工程，节能减排完成省定目标。获批国家水生态文明建设试点城市。国家生态市创建通过环保部公示。

5.社会建设和谐稳定

大力促进就业创业，健全完善社会保障。全年新增城镇就业6.7万人、转移农村劳动力3.9万人。城镇登记失业率2.41%。开展创业培训1.2万人，建设创业孵化基地10个。通过创新金融产品、鼓励民间投资、加快农村土地流转等多种方式推进城乡居民财产性、经营性收入增长。连续九年上调企业退休人员基本养老金。为全市8.7万低保对象发放补助1.2亿元、1.7万五保对象落实供养资金6266万元。城乡低保标准增幅达20%。城乡基本养老保险、基本医疗保险覆盖率稳定在98%以上。市区被征地农民社会养老保险工作稳步推进。

围绕百姓需求，扎实做好各项民生工作。保持物价基本稳定，居民消费价格指数102.2。全市改造更新区域供水入户管网552公里。新(改)建农村公路190公里、农村危桥170座。市区新增保障住房5617套(户)。全市住房公积金扩面7.7万人。推进市区"八老"改造，整治老小区101万平方米、公房解危4.75万平方米、改造"城中村"15个。出台《关于进一步加强市区物业管理工作的意见》。新(改)建住宅小区停车位3000个。对11个农贸市场进行局部改造。市区公交分担率20.6%，新辟优化公交线路13条，建成文昌路公交快线。新建120个农村社区居家养老服务中心(站)、92个城市社区日间照料中心。安置残疾人就业1510人次。全市30%以上低收入农户实现脱贫。

统筹发展社会事业，不断提升公共服务水平。新(改)建公办幼儿园10所。全面完成中小学校舍安全工程三年任务。高中教育质量稳步提高。2所职教学校接受首批国家教育改革发展示范学校创建验收。邗江通过义务教育基本均衡发展国家级评估。建成全国示范社区卫生服务中心1家、省示范服务中心22家。实施11类43项基本公共卫生服务项目。市第三人民医院获批三级医院。村级文化广场实现全覆盖，新建市图书馆分馆3个。文化惠民活动广泛开展。木偶剧《胡桃夹子》等入选中国艺术节优秀展演剧(节)目。大运河申遗工作通过联合国教科文组织专家考察。隋炀帝墓考古发掘入选2013年全国考古六大新发现。扬州鉴真国际半程马拉松赛蝉联国际田联"金标赛事"。城市社区"十分钟体育健身圈"建成率超过80%。《扬州市志(1988—2005)》通过终审。城市文明程度指数测评名列全国第四。人口计生、科普、台湾事务、侨务、外事和工会、青年、妇女、儿童、老龄、慈善等事业取得新进步。

夯实基层基础工作，保障社会稳定有序。推进"四位一体"社区治理模式和网格管理服务体系。完成全市村(居)委会换届选举工作。突出"四项排查"，深化社会稳定风险评估，完善社会治安立体防控体系，全市矛盾纠纷调处成功率达98.6%，公众安全感连续11年保持94%以上。实施食品药品专项整治，江都、仪征创成省级药品安全示范县。突出对重点领域安全监管，加强安全生产的制度建设与执行，事故数、死亡数分别下降1.7%、2.7%。应急管理基础工作进一步加强。创成全国首批法治城市创建活动先进市。国防动员和后备力量建设取得新成效。双拥、民族、宗教、民防、地震、仲裁等工作扎实开展。

6.政府自身建设不断加强

强化效能提升，能力作风持续改进。继续开展"三下三联三交"活动。出台市《行政效能问责暂行办法》。建立涉企检查、处罚报备制度。实施"减章、减时、减负、提效"行动，取消和调整市级行政审批事项59项，向广陵区下放行政权力55项、派驻行使权力15项。完善重大项目审批"绿色通道"制度。推进基本建设项目并联审批改革，流程办理时间缩短三分之一以上。"12345"政府服务热线和"寄语市长"满意率85%以上。

坚持依法执政，行政行为规范有序。主动接受市人大及其常委会的法律监督、工作监督和市政协的民主监督，广泛听取各民主党派、工商联、无党派人士和社会各界意见。全年办理市人大代表议案、建议252件；政协提案397件，其中市长领办5件。加强政府信息公开和新闻发布工作。在全省率先实行行政执法情况通报制度。全面清理行政执法主体和规范性文件。建立市行政复议委员会，全年办理行政复议案件222件。推行城建项目"强化设计导则、方案优化组合、效果群众评估、质量延伸审计"制度。

注重制度建设，勤政廉政得到加强。坚决贯彻落实中央"八项规定"和《党政机关厉行节约反对浪费条例》。强化财政预算执行管理和政府专项资金绩效管理。组织实施在"三直接"领域对十大环节的监管。市公共资源交易中心挂牌运行。执行好"三公开三报告"制度，12个单位参加电视直播接受群众评议。强化效能监察和审计监督，开展工程建设等领域突出问题专项整治。继续实施好纪检监察组派驻督查亿元以上重大项目。

我们也清醒地看到经济社会发展中还存在一些深层次矛盾和问题，主要是：产业规模不大和企业核心竞争力不强的问题还很突出，区域协调发展与城乡统筹发展还有大量工作要做，城市发展的动力与城市治理的能力有待进一步提升，发展方式转变与生态文明建设的任务还很艰巨，转变政府职能与提升民生工作的社会满意度仍需加强，等等。对此，我们必须高度重视，并采取切实措施认真加以解决。

2014年工作安排

2014年政府工作的总体要求是：全面贯彻落实党的十八大、十八届三中全会、中央经济工作会议和省委十二届六次全会、省经济工作会议精神，按照市委六届六次全会的部署和要求，坚持"稳中求进、进字当先，改革创新、融合发展"的总基调，以跨江融合发展综合改革试点为总抓手总平台，更大力度推进改革开放、创新转型；更大力度实施融合发展、城乡统筹；更大力度建设生态文明、秀美扬州；更大力度抓好社会建设、民生改善，努力实现经济社会持续快速健康发展，推动名城建设再上新台阶。

2014年全市经济社会发展的主要预期目标为：地区生产总值增长10%，公共财政预算收入增长10%，社会消费品零售总额增长13%，固定资产投资增长18%，全社会研发投入占地区生产总值比重达到2.35%，城乡居民收入增长与经济增长同步，居民消费价格指数低于全省平均水平，城镇登记失业率控制在3.5%以内，节能减排完成省下达任务，严守占国土面积20.11%的生态红线区域。

重点抓好以下九个方面工作：

1.突出深化改革，全力推进跨江融合发展综合改革试点

深化经济体制改革。打造公平开放透明市场环境。推进工商注册便利化。改善投资管理方式，开放投资领域，培育和吸引多元化投资或运营主体。建立健全社会征信体系。促进金融创新发展。培育壮大地方法人金融机构，加快金融集聚区和科技金融合作创新示范区建设。推动股权、债券融资。推动国有企业完善现代企业制度，发展混合所有制经济。推进城投、交投、水务、现代金融等国有投融资公司优化资产重组，发挥国有资本在城市建设和公共服务中的骨干作用。优化旅游发展体制，整合旅游资源，提高市场化运作水平。做好第三次经济普查工作。

深化行政体制改革。推进行政审批制度改革，全面清理、规范各类行政权力，向社会集中公布行政权力目录清单、涉企收费清单、行政审批并联操作流程图，形成行政权力阳光透明高效运行体系。推进与行政审批相关的中介机构规范化市场化改革。实行全面规范、公开的预算制度。严格政府债务控制和管理，提高资金使用效率并建立健全偿债机制。推进政府向社会组织购买公共服务，通过引入竞争机制，提高服务水平。

深化城市治理体制改革。推进各区、各功能区加快形成发展定位清晰、功能明确、权责一致、治理有效的治理体系。进一步深化市区三区管理体制"同级同权同责"。加快建立市、区两级财力与事权责任相匹配的新型财政关系和市区各功能区投入收益平衡机制。对涉及城市全局的主干道路和主要河道、地上线网和地下管网由市统筹规划、统一监管。推进城管综合执法改革试点。注重城市运行安全，消除城市安全隐患。

深化社会事业领域改革。加快事业单位分类改革。推进文化体制机制创新，鼓励社会力量、社会资本参与公共文化服务体系建设。实施教育领域综合改革。优化整合市区各项教育资产，理顺市区教育管理体制。推行校长教师交流轮岗，进一步促进基础教育优质均衡发展，宝应、高邮、江都通过义务教育基本均衡发展国家级评估。加快职业教育资源整合，组建市职教集团，进一步提升职业教育与企业需求的契合度。筹建旅游类职业技术学院。深化医药卫生体制改革。加快县级公立医院综合改革。扩大基层基本药物制度覆盖面，公办基层医疗卫生机构基本药物配备使用率达100%。组建新的食品药品安全监管机构，建立严格的覆盖全过程的监管制度。

2.突出创新转型，切实提高发展的质量和效益

进一步集聚创新资源，转变发展模式，"创"出核心竞争力，"转"出现实生产力，打造发展新能级。

提升发展先进制造业。放大我市省级整车生产基地的品牌效应，做大做优零部件产业链和生产规模以及汽车后市场，重点推动新能源汽车关键技术研发及示范应用。提升机械产业自动化成套化水平，加快建设五大机械装备制造基地和六个特色机械产业集聚区。优化整合船舶产业，积极培育船舶配套和海洋工程装备制造业。促进化工园区链式发展、绿色发展。推动光伏产品市场开发和LED产业终端应用产品的开发，加快光伏电站建设和分布式光伏发电项目实施。采取专项措施，引导企业运用高新技术改造提升传统产业，做好相关产业过剩产能的压缩性调整。全年工业增加值增长11%以上。

全力发展现代服务业。全面落实发展服务业各个专项政策，加快转型升级，服务业增加值占地区生产总值比重达到42.5%。树立"城市即旅游"的理念，大力发展文化旅游、商务旅游、会展旅游，加快旅游度假区等载体建设，推进市县联动，加大城市旅游营销力度，旅游业增加值占地区生产总值比例达到7%左右。围绕推进新兴软件名城建设，重点打造广陵、邗江和扬州经济技术开发区三大板块，软件和信息服务业实现业务收入420亿元，增长50%。培育壮大电子商务业，推动腾讯等电商龙头企业做大规模，引进国内电商百强企业5家以上。通过打造产业基地、建设人才队伍、组建发展基金等措施，全力扶持非遗文化产业发展。文化产业增加值占地区生产总值比重达到4.8%。加快培植健康和养老服务产业，积极发展亲子教育、体育健身、中医药健康、养老服务等全生命周期健康服务。推动传统商贸、现代物流业加快发展，培育年交易额过百亿元批发市场2个、年营业收入超10亿元物流集聚区1家。加快空港新城建设，集聚培育空港现代物流业、与航空关联的制造业。推进扬州港“亿吨大港、百万标箱”建设，理顺管理体制和优化运行机制。

积极实施创新驱动。推进国家创新型试点城市建设。推动与中科院、中关村、扬州大学项目化合作取得实质性进展。推进市产业技术研究院建设。组织实施100项产业创新链关键共性技术的研发和应用。深入实施“品牌、标准、专利、上市”四大战略，创省级以上品牌20件，启动知识产权强市规划建设，制(修)定国家或行业技术标准8项以上，争取授权专利1万件，力争新增上市企业2家以上，支持企业进入“新三板”等场外交易市场挂牌。全面提升8个国家级高新技术特色产业基地建设水平，加快推进省级科技服务示范区建设。新建产业特色鲜明的科技产业综合体50万平方米，提高综合利用效率。落实好系列人才政策，新引进高层次领军人才80名、产业急需专业技术人才1000名。

切实优化投资消费结构。进一步改善投资结构，优先发展高端装备制造、节能环保、农田水利等国家鼓励类项目，扩大现代服务业投资规模，实现工业投资占全部固定资产投资比重60%以上。适应消费结构升级和变化趋势，继续巩固批零住餐等传统消费，稳步推进低碳住宅、新能源汽车等绿色消费，积极扩大节能产品、信息消费等政策鼓励类消费，大力拓展便利服务、文化休闲和具有主题特色的城市综合体等品质消费。畅通商品流通环节，加强产品质量监管，营造安全消费环境。

3.突出服务企业，促进经济平稳健康发展

进一步强化“企业强则扬州强”的意识，着力解决企业面临的突出问题，净化发展环境，积蓄发展后劲。

全力推进重大项目建设。按照“重大产业项目提升年”要求，以提升项目质量效益为核心，以投资规模、高质量就业和税收贡献、投入产出比等为重点，完善重大项目考核办法，强化项目绩效评价，推动项目建设量质并举。试行重大项目容缺受理、模拟审批、形式审查制和审批代办、领办制，进一步畅通审批绿色通道。全年新开工10亿元或1亿美元以上重大工业项目50个、重大服务业项目40个，其中基本产业项目占70%以上。

不断增强企业核心竞争力。高度重视企业家队伍建设。支持企业以改进信息化管理手段、提升智能化装备水平为重点，推进实施“122”技改工程，技改投入增长18%。实施100家创新型领军企业、100家科技型小微企业“双百企业创新发展助推计划”。鼓励中小企业“专、精、特、新”发展，加快培育一批行业专项领先的中小企业。加快企业研发机构建设，大中型企业研发经费占主营业务收入比重达1.6%。全年高新技术产业产值占比达43.5%。加大对实体经济信贷投入，制造业贷款增幅不低于全市贷款总额增幅。鼓励各类创投基金加大对科技型初创企业的投资力度，新设科技小贷公司2家、创投基金3个。

大力发展开放型经济。继续办好“烟花三月”国际经贸旅游节、世界运河名城博览会，积极争办国际会展、大型企业董事会、年会等。扩大开放与合作，新引进世界500强及跨国公司投资项目8个、央企合作项目30个、知名企业研发中心和高校院所创新中心20家。注册外资实际到账增长10%。优化出口结构，外贸出口增长5%。支持企业参与境外项目投资开发，外经营业额增长15%。加快园区转型升级，推动江都和仪征经济开发区争创国家级开发区，扬州高新区争创国家级高新区，扬州出口加工区争创综合保税区。加快省级以上开发园区与上海张江高新区、苏南国家级开发区合作共建。力争实现扬州泰州机场一类口岸开放。推进特色园区的国际交流与合作。

加快释放民营经济发展活力。出台支持全民创业加快民营经济发展的意见。坚持“非禁即入”，努力消除民营资本进入的各种隐性壁垒，制定民营企业进入特许经营领域的具体办法。加大对全民创业特别是初次创业者的支持力度。制定允许企业以知识产权、土地使用权、股权、债权等作价出资的办法。推行轻微违章“首违不罚”和“容期整改”制。设立企业“安静生产日”。切实帮助小微企业和个体工商户解决融资难融资贵等问题，年内新增个转企1200家以上。新增民营企业注册资本金实际到资530亿元。新增列统企业500家以上。

4.突出“三农”提升，加快推进城镇化和城乡一体化建设

坚持以工业反哺农业、城镇化带动农村、产业化致富农民，走城乡互补、工农互惠的发展之路。

深入推进农业现代化。稳定粮食生产。做好危旧粮仓改造。继续推进6个中央财政小型农田水利重点县和200万亩高标准基本农田示范项目建设。加快现代农业产业园区建设，新增高标准农田、设施农(渔)业各15万亩。高效设施农业保险覆盖面40%。推进农业“接二连三”，支持农产品深加工、农超对接。新培育亿元以上农产品加工龙头企业20家。新增“三品”认证120个。加快构建新型农业经营体系，培育新型农业经营主体。全年新增土地集中型适度规模经营10万亩、省“五好”示范农民专业合作社30个、市级示范家庭农场10个。

推进城镇化健康发展。坚持以人为本和生态优先，进一步优化城镇规划布局和强化土地集约利用。加强城乡服务体系一体化建设和社会保障转换对接工作。有序推进农业转移人口市民化进程。每个县(市)区选择1～2个城镇化综合改革试点镇。推进农村土地经营承包权确权登记和颁证工作。建立农村综合产权交易市场。加快江都农村改革试验区建设，争取扬州和有条件的县(市)区进入省城乡发展一体化试点。创新投融资模式，引进民间资本参与新型城镇化建设。新(改)建农村公路180公里、农村危桥88座。全市镇村公交开通率达到60%。

做大做强县域经济。依靠科技与人才，发挥政策拉动作用，进一步做大产业规模，促进高邮、宝应地区提速提质发展。加快省级开发区和工业集中区提档升级集聚发展，继续按重点发展型、优化发展型、控制发展型对集中区进行分类指导，支持高标准厂房和集中区的综合服务功能建设。推进村级“四有一责”建设，全市村级集体经营性收入增长10%以上。严格控制村镇债务。强化交通对县域经济的支撑带动作用，建成新淮江公路、邮仪公路，加快推进文昌路西延工程，启动环邵伯湖大道规划建设。

5.突出名城建设，不断提升城市功能和品质

围绕打造“宜居宜游宜创、产业就业置业”城市和“一核多组团”格局，提高组织程度，强化建管质量，全力完成“重大城建项目决战年”各项任务。

加快推进重大基础设施建设。积极策应上海自贸区、长三角区域一体化、长江经济带和宁镇扬同城化、苏南现代化示范区建设，加快构建与长三角核心区优联快通的交通网络。全面完成宁启铁路扬州段复线及电气化改造。推动连淮扬镇铁路开工、扬州高铁站枢纽规划和开工建设扬宿高速，推进京沪高铁宁扬联络线、宁(仪)扬城际轨道、京沪高速扩容和南延、沪陕高速江广段和西北绕城高速公路扩容等前期工作。改扩建扬州港区3号泊位码头，续建江都港区3～5号泊位，建成仪征港区2个5万吨级液体化工泊位，建设高邮运东船闸扩容工程。加快实施淮河入江水道整治工程。推进扬州配电网示范区项目建设。

进一步做优做美中心城市。加快东部生态科技新城和广陵新城、中部瘦西湖景区和古城、西区新城、南部临港新城板块建设，进一步优化城市发展格局。全力实施100项重大城庆工程，加快推进交通银行总部第三基地、科技馆等项目建设，建成体育公园体育场。优化古城保护和利用，继续做好南河下民居改客栈工作。推进瘦西湖水系沟通和瘦西湖路景观提升，完成“双峰云栈”复建和旅游服务中心改建。打造“双宁”文化核心区，推动“双东”历史街区争创国家5A级景区。执行市人大常委会关于加强“七河八岛”区域生态环境保护的决议，以实施农业结构调整为切入点，落实好“四控一禁”。全面建成瘦西湖隧道、西部客运枢纽，加快推进新万福路建设，抓紧启动金湾路、邗江路南延、江都路北延等重点项目，超前谋划城市快速环路建设。实施“五路一环一河”、城区高速道口等重要路段的环境改造和区域的景观美化。进一步提升房地产项目的功能和品质。

不断提升城市精细化管理水平。推进数字化城管向县市延伸，完成江都数字化城管区级平台建设，年内实现市区全覆盖。推进城市环境综合整治，实施新一轮“三拆三整治”。新建垃圾中转站2座、新(改)建公共厕所99座。提高环卫作业市场化、机械化水平，“五路一边”环卫机械化作业率达100%，其他道路机械化作业率40%以上。优化城市核心区交通网络，推进文昌阁地区中环疏解工程。提高交通组织管理能力，市区道路、桥梁等城建项目100%开展交通影响评估，降低项目施工对市民出行的影响。

6.突出生态文明，努力打造秀美扬州

实行最严格的生态环境保护制度，大力实施“绿杨城郭”“碧水蓝天”工程，让生态宜居成为扬州第一资源、第一品牌。

强化生态文明制度建设。以更高标准编制全市生态文明建设规划。建立健全自然资源资产产权制度。严格实施生态红线保护规划，建立健全区域资源有偿使用制度和重点生态功能区生态补偿机制。构建循环经济工作推进体系。建立生态文明建设多元化投入机制，加大公共财政对生态环保投入力度。继续实施土地优供、限供和不供的差别化供应机制，盘活存量土地，确保土地资源的集约利用和土壤质量的改善保护。

抓好水环境和大气治理。治城先治水。大力推进全国水生态文明试点城市建设。启动市区“清水活水”三年综合整治工程，先期实施市区新城河等5条河道整治。加快古运河和小秦淮河环境提升、城市西部调水引流工程，年内实现城区主干河道活水全覆盖。做好新建住宅小区雨污分流配套工程。用两年时间完成全市农村河塘整治，全年疏浚县乡骨干河道230条、村庄河塘6000条(面)。全面落实河道管理“河长制”。实施汤汪、六圩污水处理厂管网完善工程，铺设改造管道25公里以上。加强南水北调水源地水环境整治和监测，保障供水安全。加大对机动车尾气、燃煤锅炉、施工扬尘、餐饮油烟整治力度，按照省核定指标淘汰老旧机动车，市区淘汰燃煤锅炉80台(套)，实现市区建筑工地防尘管理措施全覆盖。建立温室气体排放核算统计体系。做好省秸秆综合利用试点工作。

积极推进城乡生态建设。以“生态中心、生态廊道、生态家园、生态产业”四项工程和高邮清水潭、宝应运西、仪征枣林湾等十大生态中心建设为重点，全年造林3.5万亩，新建省级绿化示范村80个。市区新增绿地100万平方米，建成区绿化覆盖率达43%。巩固“美好城乡”建设成果，加大对农业面源污染、土壤污染防治力度。完成农村无害化户厕改造4万座。完善城乡垃圾处理体系，建成市区建筑垃圾处理厂，完成赵庄垃圾卫生填埋场增容，加快推进餐厨废弃物处理厂和生活垃圾焚烧发电厂二期工程，扩大农村生活污水、生活垃圾集中处理覆盖面。

大力实施节能减排。开展节能低碳行动，加强重点行业、重点企业、重要环节的节能减排监测管理。加快推进热电企业脱硫、脱硝等重点工程建设。推动工业园区循环化改造、工业集中区特色发展绿色发展，提升扬州环保科技产业园建设水平，扶持培育绿色环保、循环利用等产业。大力推广节能技术和产品，提高用能设备终端能效。推行合同能源管理，探索建立市场化的节能机制。市级生态工业集中区占工业集中区比重达到10%。实施节能技术改造项目120项、循环经济试点项目20个。

7.突出共建共享，不断深化民生幸福工程

坚持既发展为民又发展靠民，既尽力而为又量力而行，让群众的生活一年比一年有盼头，一年更比一年好。

切实推进居民增收。落实鼓励扶持创业就业的政策措施。全市城镇新增就业5万人，新增残疾人就业1000人，农村劳动力转移1.4万人。扬州籍高校毕业生推荐就业率100%。全年组织创业培训4000人，建立创业孵化基地10个。加强职业技能培训，中等职业教育实施订单培养、定向培养率达到65%以上，城乡劳动者职业技能培训2.25万人，努力实现劳动报酬增长与劳动生产率提高同步。发挥建筑业富民的带动作用，推进建筑业转型升级、高端发展，全年总产值增长12%。扩展投资和租赁服务，探索农村房屋、林地等资源转变为资本的办法，努力增加城乡居民财产性、经营性收入。

稳步提高社会保障水平。继续抓好社保扩面征缴工作，全市城镇职工基本养老保险，城镇职工、居民基本医疗保险和农村新型合作医疗参保率均稳定在98%以上。城乡居民养老保险参保率稳定在99%以上。全面实施城乡居民大病保险，实际支付比例不低于50%。加快社会保险市级统筹，推进社会保险"一卡通"。提升社区日间照料中心运行质态，并启动第二批建设。健全和完善城乡救助体系，设立困境儿童就学专项救助基金，继续落实城乡低保、农村五保自然增长机制，建立居民家庭经济状况核对机制。年内70%以上农村低收入农户实现脱贫。

全力办好民生实事。实施区域供水进村入户管网改造工程，改造供水支管网555.3公里。启动新一轮农贸市场提档升级三年行动计划，完成提升12个、新(迁)建3个。继续实施经济适用房货币化补贴、廉租房公租房并轨运行、保障房源社会化收储等改革。全市住房公积金扩面6万人以上。不断提高住宅物业服务覆盖率和服务水平。市区整治改造老小区55万平方米、公房解危4.5万平方米、"城中村" 15个，启动实施城郊接合部环境综合整治。改造城市积水点18处。新辟调整公交线路12条，续建和新建市区公交场(站)5座。开通城市旅游公交专线，建设公共自行车租赁系统。推进市区校车公交化。新建蔬菜生产基地2000亩、农产品产地准出检测监控点20个。

统筹推进社会事业。健全现代公共文化服务体系，完善文化基础设施。探索文博场馆建设运营管理新机制，新(迁)建扬州八怪纪念馆、郑板桥纪念馆等。推进第一次全国可移动文物普查。全力参与并推动大运河成功申遗。开展"百场公益演出"等文化惠民活动。优化市区幼儿园、中小学规划布局，新创省优质园5所、省义务教育现代化学校60所。推进高中教育优质特色发展。异地新建特殊教育学校。以开放大学为平台整合市直行业培训资源。加强基层医疗卫生机构能力建设，开展健康促进"十大主题"行动。完善城乡医疗急救体系，新建市区急救点3个，推进苏北医院急诊中心建设。完成新农合市级信息化业务平台建设并与省级平台联通。着力提高出生人口素质。继续办好扬州鉴真国际半程马拉松赛等重点赛事。

8.突出安定和谐，创新和加强社会治理

推进以维护群众利益、增加和谐因素、增强社会活力为重点的社会治理体制建设，努力打造平安和谐扬州。

健全基层社会治理服务体制。推进"四位一体" 社区治理模式，启动"政社互动" 试点工作。解决市区全部社区服务用房。实现社区服务中心达标全覆盖。加强中介市场、新型社会组织培育。发挥市公益创投中心作用，入驻孵化社会组织35家。推动社会组织完善法人治理结构，提高社会组织开展公益服务的能力。推动专业化职业化社会工作人才队伍建设。加强流动人口管理，推行居住证制度。

保障群众合法权益。拓宽社情民意表达渠道，关注网络民意，引导群众理性、依法表达利益诉求。健全联合接访机制，坚持领导接访下访，建立网上受理信访制度，集中化解信访积案。打造行政复议申请统一受理平台，健全行政复议案件审理机制。完善人民调解、行政调解、司法调解联动工作体系，健全社会矛盾大排查、大调解组织管理体系和工作运行机制，有效预防和化解社会矛盾。

维护社会和谐稳定。全面贯彻"六五" 普法规划，深入推进法治文化名城建设。做好全国文明城市复评工作，放大"扬州好人"、道德模范的示范引领作用，进一步提高城市整体文明素质。健全重大决策社会稳定风险评估机制。建立隐患排查治理和安全预防控制体系。加强消防、交通运输、建筑施工和危险化学品等领域安全工作，推进安全生产标准化和安全生产责任保险。进一步提升突发事件应急反应能力。加强社会治安综合治理，创新立体化社会治安防控体系。依法打击各类违法犯罪。依法管理信息网络，建好网络社会综合防控网。健全社区矫正工作机制。进一步加强国防动员和后备力量建设，深化"七创" 全国双拥模范城活动，促进军民融合深度发展。

9.突出转变职能，建设高效清廉政府

以开展群众路线教育实践活动为强大动力，以政府服务国际化和行政行为法治化为着力点，加快政府职能转变，建设人民满意政府。

建设服务型政府。坚持群众路线、问题导向，坚持问需于民、问计于民、问效于民，提高政府服务基层、服务企业、服务群众、服务来扬旅游者的针对性和精准度。以作为求地位，以服务赢口碑，不断强化政府部门敢于担当、勇于创新、善于服务的责任意识。制定部门个性化考核办法，接受群众监督、舆论监督。实施好"减章、减时、减负、提效" 行动，建立完善否决报告、首接负责和限时办结等制度，有效提升政府服务能力。

建设法治政府。提高运用法治思维和法治方式深化改革、推动发展的能力。自觉接受市人大的法律监督、工作监督和市政协的民主监督，认真听取各民主党派、工商联、无党派人士和社会各界意见。切实做好人大代表议案、建议和政协提案办理工作。严格执行市人大常委会关于讨论、决定重大事项的规定，完善重大事项集体决策、专家论证、群众参与制度。制定并实施与市政协协商年度工作计划。坚持依法行政，推行行政执法公开、告知、听证、说明理由等制度，规范行政处罚自由裁量基准。

建设阳光政府。加强政府信息公开、政府新闻发布工作。办好市长信箱、"寄语市长" 栏目和12345政府服务热线。广泛推行"三直接" 工作，遴选出群众最关心的新十大环节，制定出台操作规范。强化执法监察、效能监察、廉政监察，严格实行重要工作、重点项目、重大工程目标责任制和责任追究制。完善"三公开三报告" 制度，将电视直播单位拓展到承担民生幸福工程和服务企业职能的所有部门。严格落实中央"八项规定" 和《党政机关厉行节约反对浪费条例》，艰苦奋斗，勤俭办事，确保"三公" 经费只减不增，运转性支出统一削减5%，把有限的资金和资源更多地用在社会发展和民生改善上。

专记

Zhuanji

编　辑　戴淑敏

中国扬州“烟花三月”国际经贸旅游节

■**概述**　4月18日至5月18日，扬州市举办2013中国扬州“烟花三月”国际经贸旅游节(简称“烟花三月”节)。节庆期间，举办各类经贸、旅游和文体活动25项，有8000多名中外嘉宾到扬州参加活动，其中722名外商及港澳台商、1752名国内客商参加4月18日开幕式当天活动。签约外资及港澳台资项目122个，协议利用外资及港澳台资43.26亿美元；落实协议注册资金1亿元以上签约民资项目44个，协议注册资金98.5亿元。　　(肖玉康)

■**“烟花三月”节开幕式**　4月18日上午，“烟花三月”节暨2013国际盆景大会在东关街街南书屋开幕。副省长毛伟明，国际盆景协会主席托马斯·伊莱亚斯、副主席格兰·贝博，市委书记谢正义，市长朱民阳共同启动“烟花三月”节暨国际盆景大会开幕式。开幕式上，谢正义、托马斯·伊莱亚斯先后致辞，市长朱民阳宣读《关于授予丁康元等9位中外友好人士扬州市“城市贵宾”称号的决定》，并为城市贵宾颁发证书。出席开幕式的还有省政府副秘书长谢润盛，中央办公厅中国社会经济调查研究中心副主任唐圣博，保加利亚、乌兹别克斯坦、塞尔维亚、瑞士等国家驻上海总领事，中国科学院、中国工程院部分院士，有关科研院所领导及专家参加2013国际盆景大会暨国际盆景协会50周年庆典的国内外嘉宾，美国、日本、德国、英国、法国、韩国等国家和地区跨国公司及国内重点企业负责人，市领导及扬州各界人士代表等500多人。市委常委、常务副市长丁纯主持开幕式。开幕式主体活动简朴高效，用时23分钟。　　(杨　恽)

■**招商引资和项目建设**　“烟花三月”节期间，全市签约外资及港澳台资项目122个，协议利用外资及港澳台资43.26亿美元。其中，5000万美元以上项目27个，协议利用外资及港澳台资19.95亿美元；1亿美元以上项目7个，协议利用外资及港澳台资9.17亿美元。新开工、投产注册外资及港澳台资1000万美元以上项目62个(其中第三产业项目24个、第二产业项目37个、第一产业项目1个)，注册外资及港澳台资22.07亿美元。其中，2000万美元以上项目49个，注册外资及港澳台资19.49亿美元；5000万美元以上项目16个，注册外资及港澳台资10.24亿美元。全市签约协议注册资金1亿元以上民资项目44个，协议注册资金98.5亿元。开工总投入1亿元以上民资项目63个，总投资328.6亿元；其中10亿元以上项目21个，总投资247亿元。　　(肖玉康)

■**产业推介暨重大项目集中签约、开工、投产仪式**　4月18日，“烟花三月”节产业推介暨重大项目集中签约、开工、投产仪式在广陵新城京杭之心举行。副市长孔令俊主持会议并介绍项目开工、投产情况，市委书记谢正义宣布项目开工，市长朱民阳作题为《推进产业合作，携手共赢未来》的主题推介。市政协主席洪锦华等市领导，有关世界500强企业、国内外知名企业、高校院所嘉宾参加活动。推介会上，40个产业项目和科技项目签约。当天，全市有79个项目集中开工、投产。其中，注册外资及港澳台资1000万美元以上项目23个，注册外资及港澳台资6.4亿美元；注册资金1亿元以上民资项目49个，总投资229亿元，注册资金53亿元。集中开工、投产的18个重大项目计划总投资182.35亿元，其中工业项目10个、服务业项目4个、农业项目1个、基础设施项目3个。中外嘉宾通过视频连线，见证一批重点项目开工、投产。　　(肖玉康)

■**2013国际盆景大会**　4月18—20日，2013国际盆景大会在扬州举行，近40个国家和地区的代表以及11个国家驻上海总领事和代表等500多人应邀参会，其中国内外著名盆景大师13人。会议期间，举行国际盆景协会50周年庆典、盆景创作表演和专业讲座等活动，在宋夹城展出国内外精品盆景和赏石作品322件、盆景作品图片100幅，评选出盆景金奖作品10件、银奖作品22件、铜奖作品32件、特别荣誉奖作品1件以及赏石金奖作品8件、银奖作品14件、铜奖作品25件，接待游客6.8万人次。20日下午，2013国际盆景大会《扬州宣言》碑揭幕仪式在瘦西湖景区国际盆景大会纪念岛举行，国际盆景协会主席托马斯·伊莱亚斯宣读国际盆景协会《扬州宣言》，并与扬州市市长朱民阳一起为《扬州宣言》碑揭幕。

（肖玉康 杨 恽）

■亚欧会议未来发展方向研讨会 4月25—26日，亚欧会议未来发展方向研讨会在扬州召开。40个亚欧会议成员国近百名代表、外交部部长助理马朝旭、老挝外交部副部长本格等参加会议。与会代表围绕"面向亚欧和平与繁荣：构筑更具活力的亚欧会议"主题，讨论亚欧会议的机遇与挑战、共享经验与最佳实践、亚欧会议未来发展等议题。会议通过《扬州倡议》，规划亚欧会议机制的未来发展方向。 （肖玉康）

■2013中国扬州软件和信息服务外包大会暨"云计算与电子商务"发展论坛 4月21日下午，由扬州信息服务产业基地承办的2013中国扬州软件和信息服务外包大会暨"云计算与电子商务"发展论坛在街南书屋开幕。工业和信息化部软件与服务业司巡视员李颖、市长朱民阳分别致辞，国家中长期科技规划领导小组战略专家组副组长邓寿鹏、省经济和信息化委员会副主任龚怀进等出席会议，副市长孔令俊作扬州市软件与信息服务业专题推介，广陵区委书记陈锴竑作江苏信息服务产业基地(扬州)专题推介。广陵区区长陈曦主持会议。会上，紫金后援中心项目、虚拟软件园、隆云云计算应用项目、赛联研究院等4个软件和信息服务业项目集中签约，云计算与电商联盟揭牌。会议结束后，"云计算与电子商务"发展论坛在京杭会议中心举行。此次论坛由零点研究咨询集团董事长袁岳主持，重点探讨云计算如何更好地推动电子商务的发展、如何帮助企业在电子商务时代实现创新和转型。国家中长期科技规划领导小组战略专家组副组长、国务院发展研究中心原局长邓寿鹏，腾讯电商副总裁卜广齐，一号店副总裁刘彤，3131电子商务创新联盟主席、飞马旅发起人杨振宇，苏宁易购营销总监吴欣，虎贝尔创始人董云平等先后作主题演讲。

（杨 恽）

■2013中国扬州全国重点高校院所智能装备科技成果发布洽谈会 4月18日，2013中国扬州全国重点高校院所智能装备科技成果发布洽谈会在邗江区举办，清华大学、浙江大学、华中科技大学、济南铸造锻压研究所、重庆机电设计研究院等全国32家高校科研院所专家参加会议，共谋智能化产业发展。中国机械工业联合会质量部处长李燕霞、江苏省科技厅产学研合作处副处长郑东明等11名嘉宾出席会议，副市长孔令俊到会并讲话，邗江区副区长范梅青主持会议。会上，12个产学研项目签约，6家高校院所代表推介智能装备最新科技成果。会议结束后，32家高校院所与参会的200多家企业洽谈合作事宜。 （杨 恽）

■旅游文化活动 4月8日，作为"烟花三月"节重要活动之一，2013年中国扬州万花会在瘦西湖公园万花园开幕，展示各类花卉100多万盆，并策划"真人雕塑秀"、魔术体验、微博达人畅游万花会等系列活动，让游客从观赏者变成参与者，突出"互动"特色。4月12—16日，第48届全国工艺品交易会在扬州国际展览中心举行，集中展示玉器、漆器、木雕、石雕、旅游纪念品等5000多个品种数万件商品，总成交额1.8亿元，其中现场直接销售4800万元。4月16日，扬州市在京杭会议中心举行温泉资源开发与旅游度假区建设招商恳谈会，集中签约旅游项目7个，合同引进资金61.7亿元，扬州市旅游局、蜀冈-瘦西湖风景名胜区管委会、江苏美地信息科技有限公司与腾讯旅游频道签订扬州旅游战略合作协议，扬州泰州机场与韩国亚洲世界旅行社签订扬州包机游战略合作协议。5月4—7日，中国扬州两岸素食文化暨绿色生活名品博览会在鉴真图书馆举行，接待市民和游客近18万人次，销售额近500万元。

（肖玉康）

■文体活动 4月18日，市文化广电新闻出版局在东关街展示雕版印刷、剪纸、古琴、玉雕、扬州弹词、木偶等20个世界级、国家级非物质文化遗产项目，并组织由800人组成的群众特色文艺团队表演舞龙、秧歌、湖船、花担、腰鼓、水鼓、大鼓等节目，营造节庆氛围，欢迎参加"烟花三月"节开幕式的中外嘉宾。4月21日，2013中国扬州鉴真国际半程马拉松赛暨2013全国半程马拉松锦标赛在广陵新城江苏信息产业服务基地起跑，43个国家和地区专业运动员和马拉松爱好者3.5万人参赛。中央电视台采用高清设备航拍直播比赛，著名学者钱文忠进行现场解说。4月28日，扬州市举行第九届"幸福扬州·扬州市民日"活动，全市3万多市民参加各县(市、区)广场文化活动，城区30万居民参加社区邻里节、社区文化节等活动。 （肖玉康）

中国扬州世界运河名城博览会

■概述 9月25—27日，2013中国扬州世界运河名城博览会(简称运博会)在扬州举行。此次运博会围绕"水生态、水文明与名城"主题，组织开幕式、主题论坛、"水生态文明城市的路径和方法"分论坛、"现代城市中的水景观"分论坛、"水文化遗产的保护利用"分论坛、全国水生态文明城市建设试点工程项目开工仪式、"运河情 扬州行"运河体验活动、欢迎餐叙及夜游等活动，旨在探索和交流水生态文明建设经验。5个国际机构、16个外国运河城市、非洲31个国家驻华使节代表团和35个中国大运河沿线城市代表和专家等中外嘉宾近400人出席会议。（肖玉康）

■运博会开幕式 9月26日上午，运博会开幕式在京杭会议中心举行。省政协副主席何权，欧盟地区委员会主席瓦尔卡塞尔，水利部副部长胡四一，外交部部长助理郑泽光，国家文物局副局长童明康，中国生态文明研究与促进会副会长翟浩辉，中国太平洋经济合作全国委员会会长唐国强，马达加斯加驻华大使、非洲国家驻华使节代表团团长维克托·希科尼纳等中外嘉宾近400人出席开幕式。联合国副秘书长吴红波向大会发来贺电。市长朱民阳主持开幕式，市委书记谢正义致欢迎辞，何权、郑泽光、童明康、瓦尔卡塞尔先后致辞。何权、瓦尔卡塞尔、胡四一、郑泽光、童明康、唐国强、谢正义共同启动运博会开幕式。开幕式会议上，通过世界运河历史文化城市合作组织新一届领导机构成员名单，朱民阳当选主席，市政府秘书长何金发当选秘书长。（肖玉康）

■运博会主题论坛 9月26日上午，运博会主题论坛在京杭会议中心举行。市委常委、常务副市长丁纯主持论坛，与会领导、嘉宾围绕“水生态、水文明与名城”主题，交流和探讨运河保护、开发与复兴的思路和模式。水利部副部长胡四一、荷兰布拉邦三角洲水利管理委员会主席卡拉·摩恩作主旨演讲，中国太平洋经济合作全国委员会会长唐国强、扬州市市长朱民阳、意大利威尼斯市副市长劳拉·芬卡托、河北省邯郸市副市长宋仁堂分别作主题演讲。运博会组委会将论坛收集到的论文汇编成《论文摘要集》，并制成闪存盘分送给中外嘉宾。（肖玉康）

■运博会“水生态文明城市的路径和方法”分论坛 9月26日下午，由扬州市水利局承办的运博会“水生态文明城市的路径和方法”分论坛在京杭之心皇冠假日酒店举行。中国、美国、日本、丹麦等国学术机构专家，埃及、荷兰、韩国等国运河城市代表，水利部、江苏省水利厅以及天津、邯郸、济宁、聊城、淮北、淮安、扬州、苏州、无锡、徐州等中国大运河沿线城市领导、专家、水利工作者等200多人参加分论坛。水利部水利风景区建设与管理领导小组办公室副处长李亚伟主持论坛，北京中水新华国际工程咨询公司总经理朱庆平、联合国开发计划署高级专家戈门、中国联合国协会总干事刘华、清华大学水利学院副院长王忠静、北京师范大学博士李艳利、南京大学外国语学院副院长刘成富、水利部中国水利水电科学研究院水利史研究所所长吕娟、丹麦安博国际工程咨询公司专家马丁·维赫穆森、日本专家于月增等先后就水安全、水资源、水生态、水文明、水文化、水景观等专题发表学术演讲。（徐　敏）

■运博会“现代城市中的水景观”分论坛 9月26日下午，由扬州市规划局主办、广陵区政府协办的运博会“现代城市中的水景观”分论坛在京杭之心皇冠假日酒店举行。此次论坛的宗旨是“以水为线，探讨科学发展；以水为题，探索创意空间；以水为媒，重生水文化之城；以水为介，广纳世界箴言”。市规划局总规划师刘雨平主持论坛，国内外规划管理与技术人员100人参加论坛。美国建筑师协会荣誉会员、绿色建筑委员会认证专家、美国欧沃兰建筑设计公司创始人蒂姆·布朗克韦斯特，英国奥雅纳公司技术总工、高级水资源专家罗恩·罗德里克·琼斯，北京土人景观公司设计五所副所长、注册城市规划师、景观规划设计师韩辉，北京大学建筑与景观设计学院副教授、北京大学景观设计学研究院副院长、中国生态学会城市生态学专业委员会秘书长、中国城市规划学会城市生态建设专业委员会委员、《景观设计学》副主编李迪华，深圳市城市规划设计研究院副总规划师、副院长、高级规划师黄卫东等国内外专家分别介绍扬州、全国乃至全球水文化、水文明、水景观、水环境案例与得失，并围绕扬州生态中心、江广融合地带、老城区小秦淮河、京杭大运河等主要水系设计展开讨论。（朱静涛）

■运博会“水文化遗产的保护利用”分论坛 9月26日下午，由扬州市申报世界文化遗产办公室（简称市申遗办）主办、市旅游局协办的运博会“水文化遗产的保护利用”分论坛在京杭之心皇冠假日酒店举行。国内外100多名专家、学者、政界人士交流水文化遗产保护和利用经验，呼吁科学保护、利用水文化遗产资源。内河航道国际组织代表、运河史专家麦克·克拉克，日本唐津市市长坂井俊之，意大利威尼斯市副市长劳拉·芬卡托，杭州西湖风景名胜区管委会监测中心主任杨小茹，美国圣安东尼奥市城市设施与公园管理部主任贝蒂·布舍，扬州市申遗办副主任姜师立，新疆维吾尔自治区文物古迹保护中心主任梁涛，中国传媒大学教授张开，云南省红河州哈尼梯田管理局局长张宏康在论坛上作交流发言。中国太平洋经济合作全国委员会会长唐国强、副会长吴正龙，北京市文物局副局长王丹江，河南省商丘市副市长岳爱云，扬州市领导闫凤鸣以及清华大学、四川大学、中国文化遗产研究院、国内外运河城市代表参加分论坛。（杨家华）

■古运河整治工程开工 9月27日，全国水生态文明城市建设试点项目古运河整治工程开工。市委书记谢正义，市长朱民阳，市政协主席洪锦华，市委常委、市委秘书长陈扬出席开工仪式。副市长丁一主持开工仪式。扬州古运河东起京杭大运河，经扬州闸、瓜洲闸入江，河道防洪保护面积222平方千米，保护人口143万人、耕地0.67万公顷。河道全长28千米。其中，13千米河段（京杭运河至三湾）为古运河风光带；15千米河段（三湾至长江）未经治理，存在河道束窄、行洪能力不足、堤身削弱、沿线建筑物老化、挡洪标准不足等问题。古运河整治工程包括疏浚河道13.8千米，加固堤防4千米，新建堤顶道路22.3千米，护砌堤防20千米，拆建、加固沿线穿堤涵洞和排涝泵站21座，绿化美化两岸生态。工程总投资1.5亿元，涉及邗江区、广陵区和扬州经济技术开发区，计划工期1年。（徐　敏）

■“运河情 扬州行”运河体验活动 9月27日上午，运博会部分嘉宾参加“运河情 扬州行”运河体验活动。近百名国外嘉宾从东关古渡登船，经漕河、五台山、大王庙、古湾头镇，到达茱萸湾，近距离了解扬州古运河全貌和扬州水生态水文明建设成果，领略运河沿线历史文化、宗教文化、生态自然景观，感受“人文、生态、精致、宜居”的城市特色。（肖玉康）

对口支援

■概述 2013年，扬州市对口支援新疆新源县、西藏拉萨市、青海贵南县、陕西汉中市和湖北秭归县。全年投入对口支援资金1.57亿元，完成援建项目44个。至2013年底，全市累计完成对口支援项目投资8.24亿元(含援川资金)，建成援建项目189个。（刘　军）

■对口支援新疆新源县 扬州市对口支援新疆新源县工作始于2011年。至2013年底，扬州市完成新一轮援疆工作第一阶段任务。3年间，扬州市先后派出38名援疆干部和专业技术人员参加援建新源县工作，其中对口支援新源县前方指挥组成员8人、医生和教师及各类专业技术人才30人(15人一批，工作时间1年半)；累计完成项目投资5.47亿元，使用援疆资金3.12亿元，完成援疆项目46个(其中2013年完成项目投资1.53亿元，使用援疆资金1.32亿元，完成项目28个)。在民生领域累计投入援疆资金2.5亿元，占资金总额的80.1%。其中，“交支票”项目累计投入1.2亿元，完成富民安居示范项目4个，建成富民安居房5707户、牧民定居房1220户(其中2013年建成富民安居房3457户、牧民定居房770户)，改善农牧民居住和生活条件，2万多名农牧民受益；“交钥匙”项目累计投入1.3亿元，建成新源县中医医院、新源二中民汉合校。2012年底完工并交付使用的新源县中医医院是江苏省援建伊犁州项目中首个投入使用的医院项目；新源二中民汉合校2013年8月完工，9月1日前交付使用。投入援疆资金1250万元，建成社区、村级办公楼15幢，改善基层组织办公条件。投入援疆资金615万元，建成高标准钢构温室大棚100座及办公用房。在干部人才培养方面，投入援疆资金2654万元，开展干部人才培养交流项目24个，累计培训各类干部1.5万人次、牧民近3000人次。在城乡建设规划领域投入援疆资金700万元，组织扬州规划设计院、扬州建筑设计院帮助新源县修编老城区控制性详细规划、城市防洪规划、工业园区控制性详细规划、乡镇建设规划和70个村庄建设规划，完成新源县县、乡、村建设规划编制工作。此外，全市各界累计向新源县捐赠各类扶贫济困、抗震救灾资金900多万元。（刘　军）

■对口支援西藏拉萨市 扬州市对口支援西藏工作始于1995年。2013年，扬州市投入援藏资金1500万元，用于拉萨市、曲水县市政和产业发展项目(由江苏省多个城市共同建设)。推动苏藏青稞育种合作。扬州市农业专家多次到青海、云南、四川等地育种基地开展青稞、小麦新品种选育及提纯复壮、引种筛选工作。采取举办育种知识讲座、田间育种实践及操作规范展示、考察、交流等形式，就地培训农牧民近3000人次。组织3批拉萨市科研人员到扬州市跟班培训，提升拉萨科研人员育种能力，为搭建拉萨市青稞、小麦育种平台提供智力支撑。至年底，扬州市援藏工作累计完成投资5640万元。（刘　军）

■对口支援青海贵南县 扬州市对口支援青海贵南县工作始于2010年7月。至2013年7月，扬州市完成援建贵南县各项工作任务。3年间，扬州市争取省对口援建资金，先后有8个项目在贵南落地，累计完成投资2538.3万元(其中扬州市投入援建资金1452万元)，建成贵南县幼儿园、海南州牧区草原新帐篷试点工程、塔秀寄宿制学校食堂和孤儿院等项目；其中2013年完成投资1211.3万元(其中扬州市投入援建资金756万元)，建成贵南县森多镇急救站、农牧区新能源设施、贵南县新农村新牧区和一批扶贫项目。先后组织7批江苏省企业家到青海考察，促成贵南县与高邮市企业签约合作项目3个，协议投资额1.5亿元。组织贵南县100多名村(社区)党支部书记、20多名科级以上干部到扬州培训。扬州市和高邮市累计向贵南县捐赠各类财物235万元，用于发展社会事业、资助品学兼优的贵南藏族贫困中小学生。2013年8月，扬州市启动新一轮援建青海贵南工作，并派出新一轮援建干部。（刘　军）

■对口支援陕西汉中市 扬州市对口支援陕西汉中市工作始于1996年。2013年，扬州市对口支援汉中市150万元，完成4个项目。其中，市直投资110万元，完成汉中市汉台区口腔医院科室改造工程和西乡县中心敬老院饮水和道路工程；江都区投资20万元，完成佛坪县城关小学校舍改造工程；仪征市投资20万元，完成镇巴县观音镇文化馆改建项目。探索政府扶贫与企业投资相结合的援建工作新途径，引导宝应县扬州宝泰米业有限公司在汉中市投资800万元，开发食品加工项目。至2013年底，扬州市对口支援陕西汉中市工作累计完成投资2697.5万元。（刘　军）

■对口支援湖北秭归县 扬州市对口支援湖北秭归县工作始于1994年。2013年，扬州市投入90万元，在秭归县实施江苏工业园中小企业孵化器项目(由江苏省多个城市联合建设)。此外，开展向偏远山区捐资助学活动，组织扬州市企业家20多人结对帮扶秭归泄滩乡贫困中小学生50多人，帮助改善学校教学条件；组织扬州市重点小学负责人到秭归县山区学校授课，与当地教职工互动交流。至2013年底，扬州市对口支援湖北秭归县工作累计完成投资870万元。（刘　军）

概貌

Gaimao

编　辑　戴淑敏

地理

■位置面积　扬州市地处江苏省中部，位于长江北岸、江淮平原南端。现辖区域在北纬32度15分至33度25分、东经119度01分至119度54分之间。东部与盐城市、泰州市毗邻；南部濒临长江，与镇江市隔江相望；西南部与南京市相连；西部与安徽省滁州市交界；西北部与淮安市接壤。扬州城区位于长江与京杭大运河交汇处，北纬32度24分、东经119度26分。全市东西最大距离85千米，南北最大距离125千米，总面积6591.21平方千米，其中市区面积2305.68平方千米(其中建成区面积132.0平方千米)、县(市)面积4285.53平方千米(其中建成区面积95.2平方千米)。陆地面积4856.2平方千米，占73.7%；水域面积1735.0平方千米，占26.3%。

■地形地貌　扬州市境内地形西高东低，以仪征市境内丘陵山区为最高，从西向东呈扇形逐渐倾斜，高邮市、宝应县与泰州兴化市交界一带最低，为浅水湖荡地区。境内最高峰为仪征市大铜山，海拔149.5米；最低点位于高邮市、宝应县与泰州兴化市交界一带，平均海拔2米。

扬州市区北部和仪征市北部为丘陵，京杭大运河以东、通扬运河以北为里下河地区，沿江和沿湖一带为平原。

境内有大铜山、小铜山、捺山等，主要湖泊有白马湖、宝应湖、高邮湖、邵伯湖等。境内有长江岸线80.5千米，沿岸有仪征、江都、邗江、广陵等一市三区；京杭大运河纵穿腹地，由北向南沟通白马湖、宝应湖、高邮湖、邵伯湖，汇入长江，全长143.3千米。除长江和京杭大运河以外，主要河流还有东西向的宝射河、大潼河、北澄子河、通扬运河、新通扬运河。

■气候　扬州市属于亚热带季风性湿润气候向温带季风气候的过渡区。气候主要特点是四季分明，日照充足，雨量丰沛，盛行风向随季节有明显变化。春季多为东南风；夏季多为从海洋吹来的湿热的东南到东风，以东南风居多；秋季多为东北风；冬季盛行干冷的偏北风，以东北风和西北风居多。冬季偏长，4个多月；夏季次之，约3个月；春秋季较短，各2个多月。

1. 气温

根据全市各气象观测站观测结果，2013年，全市年平均气温分别为扬州16.6摄氏度、江都16.3摄氏度、宝应16.2摄氏度、仪征16.1摄氏度、高邮16.2摄氏度，与常年相比，偏高0.4～0.9摄氏度。各月平均气温与常年同期相比，偏高的月份有3月、7月和8月，基本持平的月份有1月、2月、4月、5月、6月、9月、10月、11月和12月。全年极端最高气温40.1摄氏度(8月8日，江都)、极端最低气温零下8.9摄氏度(12月28日，仪征)。全年35摄氏度及以上高温日数30天(宝应)～41天(江都)，其中扬州35摄氏度及以上高温日数39天，均创各气象台站有观测记录以来的最高值。初霜期比常年迟10天(常年11月7日)，终霜期比常年晚21天(常年3月31日)。

2. 降水

全市年降水量分别为扬州925毫米、江都875毫米、宝应715毫米、仪征1013毫米、高邮785毫米。与常年相比，仪征接近常年，其他地区偏少一至三成。降水量比常年偏少的月份有1月、3月、4月、8月、11月、12月，偏多的月份有2月、5月，区域分布不均、有多有少的月份有6月、7月、9月、10月。

3. 日照

全市年日照时数分别为扬州2187小时、江都1990小时、宝应2176小时、仪征2174小时、高邮2282小时。与常年相比，宝应接近常年，其他地区比常年偏多一成左右。日照时数比常年偏少的月份有2月、5月、6月，偏多的月份有1月、3月、4月、7月、8月、10月、11月和12月，基本接近常年的月份有9月。

4. 气象灾害

2013年，扬州市灾害性天气主要有暴雪冰冻、寒潮、雾霾、暴雨、强对流、雷电、高温等。全市1.77万人受灾，2人因灾死亡，56人因灾受伤，灾害造成直接经济损失1.76亿元。雷电和龙卷风造成人员伤亡较多，暴雨造成农业和渔业损失较重，雾霾和雨雪冰冻天气对大气环境和交通造成较大影响。

■资源　土地资源。全市土地总面积6591.21平方千米，其中耕地面积

3303.99平方千米、园地面积42.97平方千米、林地面积24.85平方千米、草地面积7.66平方千米、城镇村及工矿用地面积1031.61平方千米、交通运输用地面积279.25平方千米、水域及水利设施用地面积1832.21平方千米、其他土地面积68.66平方千米。水资源。境内有乡镇(大沟)级以上主要河流1111条，总长6060千米。其中，淮河入江水道干支流水系河流379条1582千米、里下河水系河流506条3345千米、长江水系河流226条1133千米，县级以上河流198条2916千米、乡镇级主要河流913条3144千米。矿产资源。境内已发现矿产资源15种，其中已探明储量的矿产资源12种。石油、天然气储量居全省前列，邗江、江都、高邮一带有丰富的石油、天然气资源，邵伯湖滨地区和里下河洼地素有“水乡油田”的美誉。砖瓦黏土、石英砂、玄武岩、砾(卵)石、矿泉水、地热等矿产资源较丰富。仪征、邗江丘陵山区有黄沙储量2亿～3亿吨、石料储量1.2亿吨、卵石储量约3亿吨。全市玄武岩远景储量约2.5亿吨。城区北部及仪征、高邮等地矿泉水资源丰富，品质优良，符合国家饮用天然矿泉水标准。地热资源分布广、温度高、水质好，可采储量3万立方米/天。水产资源。全市水面广阔，资源丰富，江河湖荡中盛产鱼、虾、蟹、蚌、龟、鳖、珍珠、荷藕、芦苇等。

行政区划

扬州市现辖3个区、1个县、2个县级市。

1950年1月，扬州专区与划出如皋县、海安县给南通专区，划出东台县、台北县(今大丰市)给盐城专区以后的泰州专区合并，设立泰州专区，辖扬州市、泰州市、兴化县、高邮县、宝应县、靖江县、泰兴县、江都县、泰县、仪征县、六合县等2个市、9个县。1953年1月，泰州专区改称扬州专区，专署由泰州市迁驻扬州市，原属皖北人民行政公署领导的江浦县和原苏北人民行政公署直辖的扬州市划归扬州专区领导。1956年

2013年扬州市行政区划和土地面积表

表3-1

地　区	镇(个)	乡(个)	街道(个)	居民委员会(个)	村民委员会(个)	土地面积(平方千米)	
							建成区面积
总　计	**62**	**5**	**15**	**359**	**1007**	**6591.21**	**227.2**
市　区	28	4	13	203	462	2305.68	132.0
广陵区	6	1	4	54	83	334.86	
邗江区	9	3	9	84	116	640.91	
江都区	13			65	263	1329.90	34.0
宝应县	14			58	223	1461.55	30.8
仪征市	10			44	146	902.20	39.0
高邮市	10	1	2	54	176	1921.78	25.4

注：邗江区2个镇、2个街道和仪征市1个镇由扬州经济技术开发区代管，有25个居民委员会、28个村委会，面积133.29平方千米

2013年扬州市乡镇、街道一览表

表3-2

地　区	乡　镇、街　道　名　称
广陵区	东关街道　汶河街道　曲江街道　文峰街道　湾头镇　李典镇　杭集镇　泰安镇　沙头镇　头桥镇　汤汪乡
邗江区	邗上街道　蒋王街道　汊河街道　新盛街道　梅岭街道　瘦西湖街道　甘泉街道　扬子津街道　文汇街道　瓜洲镇　公道镇　槐泗镇　方巷镇　杨寿镇　杨庙镇　西湖镇　施桥镇　八里镇　平山乡　城北乡　双桥乡
江都区	仙女镇　邵伯镇　大桥镇　丁伙镇　小纪镇　樊川镇　真武镇　丁沟镇　宜陵镇　郭村镇　浦头镇　武坚镇　吴桥镇
宝应县	安宜镇　氾水镇　山阳镇　曹甸镇　鲁垛镇　西安丰镇　望直港镇　小官庄镇　夏集镇　射阳湖镇　广洋湖镇　柳堡镇　黄塍镇　泾河镇
仪征市	真州镇　青山镇　新城镇　新集镇　大仪镇　陈集镇　马集镇　刘集镇　月塘镇　朴席镇
高邮市	高邮街道　马棚街道　三垛镇　界首镇　临泽镇　送桥镇　车逻镇　卸甲镇　汤庄镇　龙虬镇　甘垛镇　周山镇　菱塘回族乡

注：邗江区扬子津街道、文汇街道、施桥镇、八里镇和仪征市朴席镇由扬州经济技术开发区代管

2月，六合县、仪征县、江浦县划归镇江专区，原属镇江专区的扬中县划归扬州专区。1956年3月，江都县析为江都县、邗江县。1956年12月，扬中县划归镇江专区，六合县、仪征县、江浦县划回扬州专区。1958年7月，六合县、江浦县划归南京市。1960年4月，宝应县、高邮县析湖西地区为金湖县。1962年6月，六合县、江浦县划归扬州专区。1966年3月，仪征县、六合县、江浦县、金湖县划给新设立的六合地区。1971年3月，六合地区撤销，仪征县、六合县划回扬州专区。5月，扬州专区改称扬州地区。1975年，六合县划归南京市，扬州地区辖2个市、9个县。

1983年3月，江苏省改革地市体制，调整行政区划，扬州地区行政公署撤销，原属扬州地区的泰州市和江都、邗江、泰县、高邮、靖江、宝应、泰兴、兴化、仪征等9个县划归扬州市管辖；扬州市改由省管辖，设广陵区和郊区。1986年4月，仪征县撤县设市；1987年12月，兴化县撤县设市；1991年4月，高邮县撤县设市；1992年9月，泰兴县撤县设市；1993年8月，靖江县撤县设市；1994年4月，江都县撤县设市；1994年7月，泰县撤县设立姜堰市。撤县设市中，行政区划均未改变。

1996年8月，经国务院批准，撤销县级泰州市，设立地级泰州市，原由扬州市代管的泰兴、姜堰、靖江、兴化等4个县级市划归泰州市管辖。扬州市设广陵区、郊区，辖宝应县、邗江县，代管仪征市、高邮市、江都市等3个县级市。2000年12月，邗江县撤销县级建制，改设扬州市邗江区。扬州市设广陵区、郊区(2002年更名为维扬区)、邗江区等3个区，辖宝应县，代管仪征市、高邮市、江都市等3个县级市。

2011年11月，经国务院批准，扬州市调整部分行政区划。撤销县级江都市，设立扬州市江都区，以原江都市行政区域为江都区行政区域；将邗江区李典、头桥、沙头、杭集、泰安等5个镇并入广陵区；撤销扬州市维扬区，将维扬区行政区域并入邗江区。扬州市设广陵、邗江、江都等3个区，辖宝应县，代管仪征、高邮等2个县级市。

2013年，扬州市有62个镇、5个乡、15个街道。

史略

扬州有近2500年有文字可考的历史。

大约距今7000～5000年前，淮夷人就在扬州一带劳动生息，并有了水稻栽种。

春秋时期，今扬州市区西北部一带称邗。公元前486年，吴灭邗，筑邗城，开邗沟，连接长江、淮河。越灭吴，地属越；楚灭越，地归楚。公元前319年，楚在邗城旧址上建城，名广陵。秦统一六国后，设广陵县，属九江郡。

汉代，今扬州称广陵、江都，长期是诸侯王的封地。吴王刘濞“即山铸钱、煮海为盐”，开盐河(通扬运河前身)，促进了经济的发展。为改善和巩固民族关系，公元前105年，汉武帝将江都王刘建的女儿刘细君嫁到乌孙国，比王昭君和亲匈奴还早80多年。东汉末年，张婴率领的农民起义军在广陵一带转战10多年后，被广陵太守张纲劝降。但不久，许多曾参与起义的农民又响应并参加了黄巾起义。

三国时期，魏吴之间战争不断，广陵为江淮一带的军事重地。

南北朝时期，广陵屡经战乱，数次变为“芜城”，但由于劳动人民数百年的辛勤开发，经济地位在恢复中不断提高。山东青州、兖州一带的移民南迁广陵一带，促进了扬州的经济发展。北周改广陵为吴州。

589年，隋灭陈，建立统一的隋政权，改吴州为扬州，置总管府。至此，完成历史上的扬州和今天的扬州在名称、区划、地理位置上的基本统一。隋炀帝时，开大运河连接黄河、淮河、长江，扬州成为水运枢纽。大运河不仅便利交通、灌溉，而且对促进黄河、淮河、长江三大流域经济、文化的发展和交流起到重要作用，奠定了唐代扬州空前繁荣的基础。隋炀帝大业初年改州为郡，扬州随之改为江都郡。605－616年，隋炀帝三下江都。618年，隋炀帝被部将宇文化及所杀，葬于扬州城西北曹庄。619年，李子通率农民起义军攻克江都，称皇帝，国号吴。620年，扬州为唐军占，名称屡有更改；626年，复称扬州，治所在今扬州。

唐代扬州农业、商业和手工业相当发达，出现了大量的工场和手工作坊，不仅富甲江淮，而且是中国东南第一大都会，时有“扬一益二”之称(益州为成都古称)。扬州是南北粮草、盐、钱、铁的运输中心和海内外交通的重要港口，曾为都督府、大都督府、淮南道采访使和淮南节度使治所，领淮南、江北诸州。在以长安为中心的水陆交通网中，扬州始终起着枢纽作用。唐代扬州和大食(阿拉

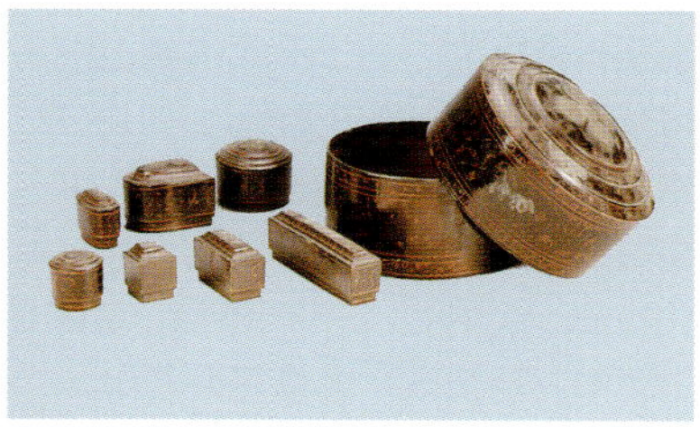

扬州出土的汉代漆器

日　报/供稿

伯)交往频繁,侨居扬州的大食人数以千计。侨居扬州的客商主要来自波斯、大食、新罗、日本等国。日本遣唐使到扬州和高僧鉴真东渡日本促进了中日两国的政治、经济、科学和文化交流。扬州人李善在吸收前人成果的基础上,重新注释《文选》,旁征博引,为后人保存了大量重要文献资料;其子李邕能诗善文,工书法,尤擅行书,是继虞世南、褚遂良之后的大书法家。张若虚为"吴中四杰"之一,《春江花月夜》有"以孤篇压全唐"之誉。684年,徐敬业、骆宾王在扬州起兵反对武则天政权。

唐末五代,军阀混战,扬州遭到严重破坏。887年,杨行密开始入主扬州。919年,其子杨渭(隆演)就吴国王位,改元武义。920年,杨渭卒,弟杨溥即吴王位;927年,杨溥即皇帝位,改元贞元,史称"杨吴"。937年,徐知诰迫杨溥禅位,自即帝位,国号为唐,史称"南唐"。957年,后周取南唐江都府,复称扬州。

960年,北宋建立。农业、手工业迅速发展,商业进一步繁荣,扬州再度成为中国东南部的经济、文化中心,与都城开封相差无几。每年商业税收约8万贯,居全国第三位。1127年,宋高宗赵构迫于金人进逼,在迁都过程中以扬州为"行在"一年,促进了扬州的繁荣。100多年间,扬州一直是抗金、抗元的战场。韩世忠、刘琦、岳飞等南宋名将在这一地区进行了艰苦的斗争。1275—1276年,李庭芝、姜才率军队和扬州人民一起与元军展开不屈的斗争,不幸殉难,扬州城仅剩数千人。战争使经济和社会遭到严重破坏,但在局势相对稳定的时期,扬州的经济又不断恢复发展。文化方面,欧阳修、苏轼、秦观、姜夔、王令等在扬州留下大量传世名作。

元、明两代,扬州经济发展加快。到扬州经商、传教、从政、定居的外籍人日渐增多,其中仍以波斯人和阿拉伯人为最。元代,运河扬州段经几次整治,基本形成了今天的走向,恢复了一度中断的漕运,扬州又迅速繁华起来。明代,商品经济的发展孕育了资本主义生产关系的萌芽。扬州的商业主要是两淮盐业专卖和南北货贸易,盐税收入几乎与粮赋相等。商业扩大到旧城以外。手工业作坊生产的漆器、玉器、铜器、竹木器具和刺绣品、化妆品都达到相当高的水平。为防止倭寇再次入侵,1556年,扬州建"新城"。文化方面,出现了睢景臣等一批著名杂剧、小说作家。明朝灭亡后,为阻止清兵南进,南明督师史可法在扬州率军坚守孤城,宁死不降,表现出坚贞不屈的民族气节。城陷后,清军屠城十日,死者数以万计。

清代,康熙帝和乾隆帝多次"巡幸",使扬州出现空前繁华,城市人口超过50万人,成为中国八大城市之一,也是18世纪末、19世纪初世界十大城市之一。当时的扬州,居交通要冲,富盐渔之利,盐税与清政府的财政收入关系极大。各地商人纷纷在扬州建起会馆,各有营业范围和地方特色。同时兴起的还有会票——信用汇兑。一些盐商广结文士,爱好藏书,捐资修建府学、县学,恢复名胜古迹,兴建园林,对扬州的文化发展有一定贡献。其间,出现了以金农、汪士慎、黄慎、李鱓、郑燮、李方膺、高翔、罗聘等"扬州八怪"为代表的扬州画派,以任大椿、汪中、焦循、阮元和王念孙、王引之父子为代表的扬州学派。扬州戏剧历史悠久,至清代大盛。1790年,为庆祝乾隆帝80寿辰,以宝应高朗亭为班主的三庆班进京演出,与其他剧种一起,对京剧的形成和发展产生重要影响。扬州的雕版印刷和评话、清曲、扬剧、木偶剧以及棋艺、琴艺等均在清代达到较高水平,形成自己的特色,奠定了扬州成为当时中国文化中心的基础。

19世纪中叶以后,由于运河山东段淤塞,漕粮改经海上运输,淮盐改由铁路转运,加上其他方面的原因,扬州在经济上逐渐衰落。第一次鸦片战争期间,扬州府属的瓜洲、仪征等地军民奋起抵抗英军侵略。太平天国农民起义军先后3次在扬州一带与清兵激战。在孙中山领导的民主主义革命中,扬州人熊成基在安徽以陆军炮营队官的身份,于1908年11月组织、领导了著名的安庆新军起义,开始武装夺取政权的尝试。1911年11月,扬州人孙天生在扬州发动武装起义,史称"扬州光复"。

1912年,"中华民国"废扬州府,置江都县。1922年,扬州境内第一条公路建成。1925年,中国共产党开始在扬州一带组织、领导人民进行新民主主义革命。1931年,扬州洪水泛滥,长江和运河沿线决口60多处,死于水灾、饥饿和疫病者数十万。1937年10月,中共中央长江局派员在扬州建立中共扬州特别支部,与扬州各界人士一同开展抗日救亡运动;12月,侵华日军占据扬州,以陈文为首的扬州抗日义勇团在扬州北乡展开抗日斗争。1939年初,新四军贯彻中共中央东进北上的方针,着手创建苏中抗日根据地。1940年7月,陈毅、粟裕率新四军主力北渡长江、挺进苏中,在江都建立新四军江北指挥部。在抗日战争和解放战争中,扬州人民在中国共产党领导下,进行了艰苦卓绝的斗争,为新民主主义革命的胜利,尤其为淮海战役和渡江战役的胜利作出了重要贡献。

辛亥革命以后,扬州文化艺术领域名家辈出,比较有影响的有朱自清、刘师培、李涵秋、贡少芹、张丹斧、陈含光、潘月樵和革命作家李进、李俊民、韩北屏、许幸之、江树峰等。朱自清是对中国文学很有影响的人物。李涵秋创作的33部小说中,以反映扬州里巷风俗轶闻的《广陵潮》最为著名。

1948年底至1949年4月,扬州各县相继解放。1949年1月25日,今扬州市区解放,设置扬州市;以仙女庙镇为治所,另建江都县。

人口 民族 语言

■人口 2013年末,全市户籍总人口459.84万人,比上年末增加1.42万人,增速为3.10‰。其中,男性人口230.28万人,占总人口的50.08%;女性人口229.56万人,占总人口的49.92%。男女性别比100.31。人口密度697人/平方千米。2013年,登记出生人口4.01万人、死亡人口3.25万人,全市人口自然增加7670人,人口出生率8.74‰、死亡率7.07‰、自然增长率1.67‰。

■**民族** 根据第六次人口普查结果，扬州市有46个民族。汉族人口最多，占人口总数的99.60%。少数民族人口1.78万人，占0.40%；其中回族人口最多，约1.07万人，占少数民族人口总数的60.28%。

超过100人的少数民族有回族、苗族、彝族、土家族、满族、壮族、侗族、蒙古族、布依族、维吾尔族、朝鲜族、黎族、哈尼族，其他如景颇族、京族、纳西族、高山族、毛南族、俄罗斯族、裕固族、基诺族、柯尔克孜族、塔塔尔族、赫哲族、鄂伦春族人数相对较少。

少数民族人口分布较广泛，但又相对集中。回族主要分布在高邮、广陵、江都、邗江；在高邮，回族又相对集中在菱塘一带。菱塘回族乡是江苏省唯一的少数民族乡。土家族分布在江都、仪征、高邮和邗江一带。满族分布在仪征、邗江、江都一带。侗族主要分布在仪征。仪征市月塘镇龙山村、大仪镇河北村为民族村。

■**语言** 扬州市的语言是以"扬州话"为代表的江淮官话。扬州市城区、仪征、宝应、高邮(除东部与兴化交界的边缘地区外)和江都红旗河、野田河以西地区属江淮官话的洪巢片；江都红旗河、野田河以东地区，高邮东部与兴化交界的边缘地区属江淮官话的泰如片。

宝应中港渔业村是中原官话方言岛。

风景名胜

瘦西湖风景区

■**概述** 瘦西湖风景区为国家重点风景名胜区、全国文明风景旅游区、国家文化旅游示范区、国家AAAAA级旅游景区。自隋唐起，景区沿湖陆续建园，至清代乾隆时期，已是"两岸花柳全依水，一路楼台直到山"，湖上园林之景融南方之秀、北方之雄于一体，以风韵独具而蜚声海内外。景区内窈窕曲折的一湖碧水串以卷石洞天、西园曲水、长堤春柳、荷蒲熏风、四桥烟雨、徐园、月观、小金山、钓鱼台、水云胜概、五亭桥、白塔晴云以及二十四桥景区、万花园景区等名园胜迹，俨然一幅次第展开的国画长卷。

春天的瘦西湖风景如画 周泽华/摄

■**长堤春柳** 长堤春柳起于虹桥西岸，向北止于徐园，为清乾隆年间盐商黄为蒲构筑。后渐渐荒废，至咸丰、同治年间，堤柳已不复存。1915年建徐园时，恢复旧观。此景南北长650米，沿堤遍植杨柳，每至春日，柳絮随风飞舞，迷离如烟；垂柳间植有桃树，桃花开时，与杨柳相互映衬，更显清纯飘逸，艳丽多姿。长堤中段建有方亭，枕于湖上，游人于此小憩，宛如走入画图。

■**徐园** 徐园原为清初韩园桃花坞故址，1915年改为徐宝山祠堂，故名徐园，为市级文物保护单位。园门南迎长堤春柳。园内有一方荷池，缘池缀以山石，环植桃柳。池东有青石平桥。池北有"听鹂馆"三楹，取杜甫诗句"两个黄鹂鸣翠柳，一行白鹭上青天"之意。馆前平台上置南朝萧梁时代镇水铁镬两只；馆东南为四角攒尖式碑亭；馆西有"青草池塘吟榭"，取谢灵运语"池塘生春草"之意。榭后廊复接七折曲廊，西通疏峰馆；榭之西南隅有精舍三间，为冶春后社旧址。

■**小金山** 小金山原名长春岭，清乾隆年间盐商程志铨出资挖湖堆土而成，四面环水，形如青螺。岭上多梅，岭东门额题"梅岭春深"。山上有风亭，山中有观音殿，山下有琴室、棋室、月观、木樨书屋、关帝庙、湖上草堂、玉佛洞诸景。

■**莲花桥** 乾隆二十二年(1757)，巡盐御史高恒开莲花埂新河抵平山堂，同时在河上建桥，以便南北通行。因桥在莲性寺北，桥上五亭聚如金莲，故名莲花桥，俗称五亭桥，为全国重点文物保护单位。五亭桥形态独特，仿自北京北海金鳌玉蝀桥和五龙亭，但又创造性地将五亭聚合，再将桥亭合二为一。桥长65米、宽7米，梯形桥身用青石叠成。五亭之中，中间一亭三层飞檐，略高；四角四亭单檐，稍低。五亭之间有廊檐相接，上覆金黄色琉璃瓦，空花脊，24个檐角似盛开的金莲花花瓣。桥身下支四翼，共有正、侧拱洞15个。据《扬州画舫录》记载："月满时，每洞各衔一月，金色滉漾。"五亭桥结构严谨，多有创意，被茅以升誉为"中国古代交通桥与观赏桥结合的典范"、中国"最具艺术美的桥"。

■**白塔** 白塔位于五亭桥南侧莲性寺内，于清乾隆年间建造，仿北京万寿山喇嘛塔形式，为全国重点文物保护单位。白塔为砖石结构，实测高度28.32米。塔分三层。下层为方形台基，四周以白石为栏，台上砖石塔座为须弥座，八角四面，每面三龛，龛内置砖雕十二生肖；中层塔身为圆形龛室，形如古瓶，瓶腹南向辟莲瓣形龛，内供白衣大士像；上层为“刹”，呈圆锥形，有13级，刹顶置六角形宝盖，角端悬风铃，上托黄铜葫芦顶。

■熙春台 熙春台位于瘦西湖水向北转折处，又名春台祝寿(传说清乾隆帝在此为母亲祝寿)，1986年按原貌复建。主楼坐西朝东，上下两层，面阔五楹，前有抱厦，四面有廊，飞檐翘角。熙春台两翼附属建筑呈“八”字形，南翼为湖石假山和复道，假山置小亭；北翼以曲廊与十字阁相接。十字阁碧瓦朱柱，四面为廊。台前偏北处有汉白玉诗碑一座，镌毛泽东手书杜牧诗《寄扬州韩绰判官》。

■二十四桥 二十四桥位于熙春台北侧，桥形似玉带，因杜牧诗句“二十四桥明月夜，玉人何处教吹箫”而得名。二十四桥从西向东由落帆栈道、拱桥和曲桥组成。落帆栈道高跨湖汊，由黄石假山、竹牌、铁链构成。拱桥单孔，长24米、宽2.4米、高5米，两端桥坡台阶各24级，两侧围以汉白玉栏杆24根，栏板上雕云月图案。拱桥东接四曲平桥，桥堍置一方亭，名吹箫亭。如临月夜，桥洞拱形与水中半圆之影相合，恰成为一轮圆月，观之似霓虹卧波，令人赏心悦目。

■万花园 据清康熙朝《扬州府志》记载：“万花园，宋端平三年(1236)制使赵葵即堡城统制衙为之。”现今的万花园总占地44.2公顷，一期工程、二期工程分别于2007年、2009年建成开放，依托瘦西湖历史文化背景，以花文化为主题，以古典历史名园为线索，先后恢复和新建“锦泉花屿”“醉月飞琼”等景点，并结合地块内诸多历史遗迹，将唐代城门、城墙，宋代亭台，清代“石壁流淙”“锦泉花屿”以及扬派盆景有机糅合，拓深瘦西湖历史，展现扬州历代文化内涵和风格。

住宅园林

■何园 何园又名寄啸山庄，位于市区古运河北岸徐凝门街，占地1.4公顷，建筑面积7000多平方米，为全国重点文物保护单位、国家AAAA级旅游景区。清同治元年(1862)始建。清光绪九年(1883)，归隐扬州的湖北汉黄德道道员何芷舠购吴氏片石山房(又名双槐园)旧址扩建。园主取陶渊明“倚南窗以寄傲”“登东皋以舒啸”之意境，题园名为“寄啸山庄”。何园是一座大型住宅园林，由东西花园、住宅楼群、片石山房组成，尤以复道行空、回廊曲折著称，有“晚清第一园”之誉。园居院落融中西建筑艺术于一体，前进楠木大厅气势雄伟，后两进两层洋楼工艺精细考究。片石山房为大画家石涛和尚所拟构，占地不广，却丘壑宛然，被称为“江南园林中的孤例”。

■个园 个园位于市区盐阜东路10号，占地2.4公顷，建筑面积4700平方米，为全国重点文物保护单位、中国四大名园之一、国家AAAA级旅游景区。个园由两淮盐商商总黄至筠于清嘉庆二十三年(1818)在明代寿芝园旧址重建。园主生性爱竹，园名取自清代诗人袁枚名句“月映竹成千个字”。中部花园园景以竹石为主，以分峰用石为特色。最负盛名的是四季假山：春山笋石参差，修篁弄影；夏山湖石中空外奇，深潭清冽；秋山黄石丹枫，峻峭依云；冬山宣石似积雪未消。北部为品种竹观赏区；南部为园主人住宅，三纵三进，均对外开放。

个园清颂堂 周泽华/摄

■吴道台宅第 吴道台宅第位于市区泰州路45号，系清代吴引孙在浙江宁绍台道道员任上，出资聘请浙江匠师在扬州营建的大型私宅，为全国重点文物保护单位。宅第建成于清光绪三十年(1904)，分九路，有房屋百余间(俗称九十九间半)。宅东原有芜园和祠堂，均早毁。现存三路建筑保存良好。宅第建筑分东、中、西三轴线，规模宏大，结构精巧，雕工精致，以浙江建造法则为基础，糅合扬州传统建筑风格。东轴线从南到北为大门厅、洋楼、观音堂、亭、金鱼池、测海楼，中轴线从南到北为仪门、轿厅、爱日轩、前厨房、后厨房，西轴线从南到北为对厅、滋德堂、中进住宅、后进住宅。其中测海楼为吴家藏书楼，仿宁波天一阁，两层五楹，藏书之富名冠一时。

■卢氏盐商住宅 卢氏盐商住宅位于市区泰州路康山街22号，宅主为商界巨富卢绍绪，始建于清光绪二十年(1894)，是扬州现存规模最大的盐商住宅建筑，也是反映扬州盐文化的重要遗迹，被誉为“盐商第一楼”，为全国重点文物保护单位。卢宅原有建筑九进200多间，曾遭火毁。2006年经修复后对外开放，门楼、住宅楼、意园、藏书楼等为原有建筑。卢宅建筑门楣砖雕精美异常，淮海厅、兰馨厅、涵碧厅、怡情楼厅堂阔大，天井两侧分布小型花园，后院意园内盔顶六角亭、石船舫、水池等相映成趣。

■汪氏小苑 汪氏小苑位于市区地官第14号，为全国重点文物保护单位，是扬州保存最为完整的清末民初大型盐商住宅之一。小苑占地0.3公顷，建筑面积1680平方米，遗存老屋97间。汪氏小苑中纵、西纵房屋为盐商汪竹铭在清朝末年所购，东纵房屋由汪家4个儿子在民国初年扩

汪氏小苑一角　　　　周泽华/摄

建。小苑建筑组群布局规整，住宅庭院比例均衡，采光充足，纵横互联相通，内外分合自如，体现扬州大宅门传统格局。庭园玲珑精巧，厅前屋后辟“可栖樨”“小苑春深”“迎曦”小苑。装修雕琢精湛，木雕、砖雕、石雕技法多样，门楣、石额、匾额、楹联皆出自名家之手。

■**小盘谷**　小盘谷位于市区丁家湾大树巷42号，占地0.57公顷，为全国重点文物保护单位。清光绪三十年(1904)，两江总督周馥购得徐氏旧园重修而成。西部为平房住宅区，正中为一大厅，东部为花园。园内假山峰危路险，苍岩探水，溪谷幽深，石径盘旋，与楼、堂、桥、阁、亭、廊共纳于方寸之地，组合得体，疏密有致，故得名“小盘谷”。

■**二分明月楼**　二分明月楼位于市区广陵路263号，占地0.11公顷，建筑面积660平方米，为市级文物保护单位。清道光年间，员氏依唐代徐凝“天下三分明月夜，二分无赖是扬州”诗意建园；光绪年间转归盐商贾颂平。园北部主楼为长楼，翘角飞檐，设敞廊、美人靠，可登高观月；东部有黄石山，依山势筑夕照阁3间；西南角置迎月楼3间，月上东山时可在阁中迎月；园中间有扇面亭、伴月廊、月亮桥等园林小品。

寺院道观

■**大明寺**　大明寺位于蜀冈中峰，曾有西寺、栖灵寺、法净寺之称，始建于南朝·宋大明年间(457—464)，为淮左著名古刹、全国第一批重点开放寺庙、全国重点文物保护单位、国家AAAA级旅游景区。因历史久远，原寺已废圮，现寺为清同治年间重建。大明寺占地33公顷，依山而建，由寺庙古迹、文章奥区、仙人旧馆、西苑芳圃、鉴真纪念堂、藏经楼、卧佛殿、栖灵塔、钟楼、鼓楼组成，是集宗教建筑、文物古迹和园林风光于一体的游览胜地。其中卧佛殿、栖灵塔、钟楼、鼓楼为1988年后所建。

■**天宁寺**　天宁寺位于市区丰乐下街，占地1.19公顷，建筑面积5000多平方米，为清代扬州八大名刹之首，省级文物保护单位。始建于东晋，相传为谢安别墅，后舍宅为寺。北宋政和二年(1112)，宋徽宗赐额“天宁禅寺”。南宋绍兴十三年(1143)，名报恩光孝寺。元末，寺毁。明洪武十五年(1382)重建，仍称天宁禅寺。清咸丰年间毁于兵火，同治、光绪年间重建。清康熙帝南巡时驻跸于此，乾隆帝南巡时于此建行宫。清康熙四十四年(1705)，两淮巡盐御史曹寅在寺内设“扬州诗局”，主持刊刻《全唐诗》等书。清乾隆年间编撰完成的《四库全书》藏于寺内文汇阁。天宁寺现存建筑有山门殿、天王殿、大雄宝殿、华严阁和东、西廊房、配殿等。

■**重宁寺**　重宁寺位于市区长征路15号，占地1.18公顷，建筑面积3000多平方米，为清代扬州八大名刹之一，全国重点文物保护单位。始建于清乾隆四十九年(1784)，寺本“平冈秋望”故址，御赐额“万寿重宁寺”。清咸丰年间毁于兵火，同治年间重建，光绪年间再建。东侧园林已毁。现存天王殿、大殿、文昌阁、僧房等。大殿歇山重檐顶，面阔五间，殿内以铁力木作柱，天花藻井彩绘完好，并存有清乾隆帝亲题匾额及其撰写的《万寿重宁寺碑》。

■**高旻寺**　高旻寺位于邗江区三汊河西岸，为清代扬州八大名刹之一。始建于隋代。清顺治八年(1651)，漕运总督吴惟华在三汊河建七级浮屠，名“天中塔”，顺治十一年建成；又依塔建梵宇三进，称“塔庙”。其后，寺院西侧又建行宫，规模数倍于寺。清康熙帝第五、第六次南巡和乾隆帝6次南巡，均驻跸于高旻寺行宫。清代中叶的高旻寺建筑完美、规模宏大、名僧辈出，为鼎盛时期。清咸丰年间毁于兵火，同治、光绪年间稍复旧观。民国年间，高旻寺与镇江金山寺、常州天宁寺、宁波天童寺并称中国佛教禅宗四大丛林。1983年，高旻寺被确定为全国汉族地区重点开放寺院。此后，相继建成大雄宝殿、禅堂、天中宝塔、法堂、上客堂、斋堂、讲经堂、放生池、水阁凉亭、水晶宫、来果和尚纪念堂等。

■**观音山禅寺**　观音山禅寺位于市区蜀冈东峰，依山而建，占地1.1公顷，建筑面积3115平方米，为市级文物保护单位。元至元年间，僧申律建寺。明洪武十二年(1379)，僧惠整重建。明洪武年间名功德山，明末清初改称观音山或观音禅寺。清咸丰年间毁，同治年间修复，光绪年间毁后又修复。寺坐北朝南，有山门殿、韦陀殿、大殿、藏经楼、两厢廊房等。寺西有紫竹林及小庭园；东有鉴楼，相传为隋“迷楼”故址。

■**仙鹤寺**　仙鹤寺位于市区南门街111号，又名清白流芳大寺，为中国东南沿海伊斯兰教四大清真寺之一、全国模范清真寺、省级文物保护单位。相传为伊斯兰教创始人穆罕默德第十六世裔孙普哈丁于南宋咸淳年间募款创建。因全寺布局如鹤形，故名仙鹤寺。明洪武二十三年(1390)，哈三重建。明嘉靖二年(1523)，商人马道同与寺住持哈铭重修。门前抱鼓石为明代遗存。寺内有礼拜殿、望月亭、诚信堂、水房等建筑及宋、明时期所植银杏、柏树。望月亭、诚信堂(楠木厅)均为明代建筑。礼拜殿系清乾隆年间重建,殿阔五楹,分前后两部分,前殿带卷棚廊,后殿即窑殿所在。

■蕃釐观(琼花观) 蕃釐观,俗称琼花观,位于市区文昌中路360号,为市级文物保护单位。前身为后土祠(又称后土庙),汉元延二年(前11)建,祀土神。唐中和二年(882),淮南节度使高骈重建,供奉主管大地万物生长的女神后土夫人。北宋政和年间始称“蕃釐观”。北宋至道二年(996),王禹偁为扬州太守,观内有奇花盛开,俗谓琼花。宋人欧阳修任郡守时,在大殿之西北琼花树旁筑“无双亭”。蕃釐观经历代重修、整修,曾有石牌坊、三清殿、弥罗宝阁、文昌祠、深仁祠、竹轩花亭、芍药厅等建筑。后观内建筑屡遭破坏,蕃釐观古迹荡然无存。1993年起,扬州市先后在旧址上修复蕃釐观、无双亭和琼花台,移建三清殿,建琼花园。

陵园

■汉陵苑 汉陵苑位于市区平山堂东路98号,又名汉广陵王墓博物馆,系由高邮天山搬迁复原而成,占地2.7公顷,为省级文物保护单位、国家AAA级旅游景区。汉陵苑主要展示西汉第一代广陵王刘胥及其王后的木椁墓。两座墓同属于帝胄级“黄肠题凑”式木椁墓,规模宏大,结构严谨,是中国罕见的大型汉代墓葬遗存,有2000多年的历史。苑内地形起伏,建筑古朴雄浑,林木葱郁,绿草如茵,是融文物与园林为一体的汉文化展示中心。

■普哈丁园 普哈丁园位于市区文昌中路167号,古运河东岸、解放桥东南,俗称巴巴窑,又称回回堂,为全国重点文物保护单位。始建于南宋德祐元年(1275),明清时多次重修,新中国建立后亦多次修缮。普哈丁园由清真寺、墓区、园林三部分组成,占地1.5公顷,建筑面积800平方米。大门西向,临古运河,拱形门上嵌“西域先贤普哈丁之墓”石额一方。清真寺坐西朝东,面阔五楹,殿内抱厦后沿设窑窝。墓区门额题“天方矩矱”,意为阿拉伯楷模人物。园内有清光绪三十四年(1908)《先贤历史记略》碑。相传普哈丁为伊斯兰教创始人穆罕默德十六世裔孙,南宋咸淳年间在扬州传教,并建仙鹤寺。园内陆续葬有宋、明、清代其他西域先贤、虔诚教徒等。

其他景区

■茱萸湾风景区 茱萸湾风景区位于市区东北湾头镇,面积约50公顷,1982年始建,为国家AAAA级旅游景区。茱萸湾风景区三面环水,是一座融自然风光、人文景观、植物和动物观赏、现代游乐为一体的半岛型生态动植物园,景区内建有华东地区一流的动物散养观赏区。环岛建有8千米的运河风光带,有季节特征明显的植物林带及各类花卉观赏园。

■凤凰岛生态旅游区 扬州凤凰岛生态旅游区位于扬州城区东北泰安镇,邵伯湖南端与京杭大运河相接的湖口处,是首批国家级农业旅游示范点和省级森林公园。138平方千米的邵伯湖水面上,漂浮着8个柳叶般的岛屿。这里江、河、湖相连,水天相望,岛上草深林密、杂花生树;水边芦花飞扬,禽鸟相逐,是江淮平原上自然生态环境保持最为完好的平原-湖泊类型湿地景观。

■竹西公园 竹西公园位于城北黄金坝桥东北角,取唐朝诗人杜牧《题扬州禅智寺》“谁知竹西路,歌吹是扬州”诗意命名,占地8.67公顷,其中水面约占60%,为江苏省二级园林绿化企业。公园分园前区、娱乐活动区、山湖区、庭园区和生产区等5个区域,建有竹西精舍、仿古六角双檐竹西亭、流芳桥、留芳亭等。

■荷花池公园 荷花池公园位于市区荷花池路,占地11.37公顷,其中水面约占一半。公园原名南池、砚池,因池中广植荷花,故名荷花池。园内曾有明清名园影园、九峰园及“砚池染翰”等名胜古迹。清嘉庆朝后园渐圮,咸丰年间废而不存。扬州市1981年始建“南部水上公园”,即荷花池公园,1997年10月建成开放,分九峰园景区、影园遗址区和娱乐服务区。2003年10月,荷花池公园成为全面敞开式免费公园。

市花 市树 市歌

■琼花 1985年7月18日,扬州市第一届人民代表大会常务委员会第十六次会议决定,扬州市市花为琼花。

琼花属忍冬科荚蒾属,是一种落叶或半常绿灌木,高可达数米。

琼花的枝条多呈灰黑色,幼枝、芽、叶柄均有灰白色或黄白色的垢屑状星状毛。叶对生,卵形、椭圆形或卵状长圆形,长5~11厘米,边缘有细齿,表面疏生星状柔毛,背面密生星状柔毛。每年4月中下旬开花,5月上中旬终花。花为大型聚伞花序,由大型不孕花和两性小花两部分构成。大型不孕花多为8朵,分布于花序周围,也偶有7朵、9朵、10朵甚或更多者。花冠直径约3.2~4.5厘米,最大可达7厘米,每朵5瓣,初开芽绿色,渐转黄白色,盛开全白色;花序中间簇生的数十朵乃至近百朵两性小花朵花冠轮状,白色,直径仅7~10毫米,亦分5瓣,有雄蕊5枚(黄色)、雌蕊1枚,子房下位。两性小花有奇香。大型不孕花比两性小花早开7天左右,凋落亦比两性小花早。如遇秋季气温回升或暖冬天气,可二度开花。琼花果实由两性小花受粉后形成,初时青绿,继而米黄,再转暗红,最后紫黑,百果成簇,每粒长约10~12毫米,宽约7~8.8毫米,呈扁平、椭圆形。

琼花性强健,喜光、喜肥,较耐阴寒,不耐水渍,不耐干旱。用播种、嫁接、扦插和压条等方法均能繁殖。

■芍药 2005年1月5日,扬州市第五届人民代表大会常务委员会第十二次会议决定,增补芍药为扬州市

市花琼花（上）、芍药（下）
周泽华、向家富/摄

市花。

芍药为毛茛科芍药属多年生宿根草本植物。有肉质的粗大主根，茎丛生，茎和叶梗有紫红和绿色两种。叶互生，二回三出复叶，小叶三裂，呈尖椭圆形。花蕾单生于分枝顶端，立夏前后开花。花大而艳丽，有单瓣或重瓣，花型多样，花色或红、或白、或紫、或黄，很多品种都能散发芳香。

芍药喜温和、较干燥的气候，喜肥、耐寒、耐旱、耐阴，宜植于土层深厚、排水良好、疏松肥沃的沙质土壤。

芍药又称“将离”，古代男女交往中会赠送芍药，以表达结情之约或惜别之情。芍药的别名还有没骨花、余容、犁食、婪尾春、黑牵夷等。芍药根可入药，味微苦，有镇痛等功效。

芍药在中国有3000多年的栽培史。历史上，扬州的芍药闻名遐迩，一度与洛阳牡丹齐名，早有“扬州芍药甲天下”之誉。据记载，扬州芍药栽培始于隋唐，盛于宋代，衰于元明，复兴于清代。宋时，蜀冈禅智寺、龙兴寺等寺院都大量栽培，朱氏南北两圃植芍药五六万丛，盛极一时。

■银杏 1985年7月18日，扬州市第一届人民代表大会常务委员会第十六次会议决定，扬州市市树为银杏、柳树。

银杏，裸子植物门、松柏纲、银杏目、银杏科、银杏属，落叶乔木，叶扇形，雌雄异株，为距今1.5亿年左右的侏罗纪孑遗植物，国内栽培颇多，是珍贵果树和绿化观赏树种。繁殖用实生和分蘖。果实杏形，因附有白粉而得名。又因果色、叶形和结果迟而被称为白果、鸭脚和公孙树。树龄极长，可千年以上。

银杏全身是宝。其果仁富含淀粉、脂肪、蛋白质、维生素、糖、纤维素和矿物质，是健身营养补品；又可入药，性平、味苦，有小毒，功能敛肺定喘，主治痰哮喘咳、遗精带下、尿频等症。叶可提取有效成分制药，用于治疗心血管系统疾病。果皮可提取栲胶。木质轻软细密，不易变形，是建筑、雕刻、制作家具和工艺品的上等木料。银杏在扬州各县（市、区）均有种植。

■柳树 柳树，杨柳科柳属植物，落叶乔木或灌木。叶多狭长，雌雄异株。春天开花，其种子包裹在柳絮中，随风飘扬，遇土即活，繁殖极易，常用桩、枝扦插。枝条柔韧，自然下垂，随风飘舞，婀娜多姿，为历代文人墨客吟咏绘画的题材。

■《茉莉花》 2003年3月21日，扬州市第五届人民代表大会常务委员会第一次会议决定，扬州市市歌为扬州民歌《茉莉花》。

扬州是民歌《茉莉花》最早的主传唱地区之一，已有数百年历史。歌词是：好一朵茉莉花，好一朵茉莉花，满园花草香也香不过它；我有心采一朵戴，看花的人儿要将我骂。好一朵茉莉花，好一朵茉莉花，茉莉花开雪也白不过它；我有心采一朵戴，又怕旁人笑话。好一朵茉莉花，好一朵茉莉花，满园花开比也比不过它；我有心采一朵戴，又怕来年不发芽。

国民经济和社会发展

■概述 2013年，扬州市实现地区生产总值（当年价）3252.01亿元，按可比价计算，比上年增长12.0%。其中，第一产业增加值224.45亿元，增长4.6%；第二产业增加值1693.70亿元，增长12.3%；第三产业增加值1333.86亿元，增长12.7%。人均地区生产总值72775元，折合11751美元，增长11.9%。三次产业结构由上年的7.0∶53.0∶40.0调整为6.9∶52.1∶41.0。全市居民消费品价格指数102.2，比上年上涨2.2%。其中，消费品价格上涨2.1%，服务项目价格上涨2.3%。商品零售价格总指数101.3。（杨　桐）

■固定资产投资 全市完成固定资产投资2025.18亿元，比上年增长20.3%。其中，建设项目完成投资1709.3亿元，增长17.5%；房地产开发完成投资315.9亿元，增长34.0%。第一产业完成投资26.5亿元，增长49.7%；第二产业完成投资1146.9亿元，增长14.5%；第三产业完成投资851.7亿元，增长27.7%。全市489个重大项目完成固定资产投资1103.1亿元，占投资总额的54.5%。其中，工业项目119个，完成投资568.7亿元；服务业项目69个，完成投资233.4亿元；农业项目71个，完成投资63.5亿元；基础设施项目63个，完成投资237.5亿元。全市基础设施完成投资246.3亿元，增长31.7%。宁启铁路复线及电气化改造稳步推进。文昌路西延、新万福路等项目开工建设，瘦西湖隧道盾构工程全线贯通，西部交通客运枢纽工程主体封顶。新淮江公路江都段、328国道连接线等工程全线通车。建成长江万吨级以上泊位5个。淮河入江水道

整治完成切滩1050万立方米。南水北调东线一期工程扬州段建成通水。（杨　桐）

■农业　全年粮食单产7437千克/公顷，比上年增加78千克/公顷；粮食总产量312.19万吨，增长1.25%，连续第10年实现丰收。全市完成农林牧渔业总产值403.93亿元，增长9.4%。其中，种植业总产值188.43亿元，增长10.2%；林业总产值9.38亿元，增长7.0%；牧业总产值70.46亿元，增长1.4%；渔业总产值115.92亿元，增长12.8%；农林牧渔服务业总产值19.74亿元，增长15.5%。生猪出栏136万头，家禽出栏4429万只，分别下降1.3%、2.4%；生猪存栏74.22万头，家禽存栏1554.42万只，分别下降1.4%、2.2%；生产猪肉10.30万吨、禽肉7.68万吨、禽蛋13.54万吨，分别下降2.0%、5.7%和3.2%。全市水产养殖面积8.13万公顷，比上年增加666.67公顷；其中特种水产养殖面积6.8万公顷，增加1333.33公顷。全年水产品产量39.4万吨，增长0.5%。全市工商登记家庭农场208个，经营面积3600公顷。新增工商登记农民专业合作社365个，新增入社农户8.75万户；累计有农民专业合作社3945个，入社农户91.5万户，占全市农户总数的89.7%。农业适度规模经营面积21.4万公顷，占耕地面积的75%。（杨　桐）

■工业　全市2589家规模以上工业企业完成总产值8499.39亿元，增长16.8%；实现工业增加值2003.56亿元，增长13.2%。全市有产值超过1亿元的企业1356家，比上年增加141家，其中产值100亿元以上企业6家、50亿元以上～100亿元企业19家、30亿元以上～50亿元企业15家、10亿元以上～30亿元企业98家、5亿元以上～10亿元企业182家、1亿元以上～5亿元企业1036家；累计完成产值7866.9亿元，占全市规模以上工业总产值的92.6%。全市五大千亿级产业累计完成产值6120.6亿元，增长16.0%，占全市规模以上工业总产值的72.0%。分产业看，汽车及零部件产业完成产值939.2亿元，增长40.7%；机械装备产业完成产值2562.8亿元，增长18.5%；船舶产业完成产值547.9亿元，下降7.5%；石化产业完成产值1525.1亿元，增长9.8%；新能源、新光源产业完成产值588.0亿元，增长18.0%。新兴产业完成产值2462.1亿元，增长16.6%。“三新”（新光源、新能源、新材料）产业完成产值996.7亿元，增长14.4%，占全市规模以上工业总产值的11.7%。其中，76家新材料企业完成产值408.7亿元，增长9.6%；72家新光源企业完成产值353.8亿元，增长22.3%；53家新能源企业完成产值234.2亿元，增长12.0%。全市规模以上工业实现主营业务收入8189.5亿元，增长17.5%；实现利税总额951.7亿元，增长17.8%；实现利润540.5亿元，增长15.6%。全社会用电量197.38亿千瓦时，增长13.7%；其中工业用电量139.13亿千瓦时，增长12.9%。（杨　桐）

■建筑业　全市完成建筑业总产值2625.53亿元，增长16.5%。全年房屋建筑施工面积2.12亿平方米，增长21.9%；竣工面积8669.9万平方米，增长18.6%；竣工产值2118.21亿元，增长14.6%。（杨　桐）

■房地产业　全市房地产开发投资315.9亿元，增长34.0%。其中，住宅投资243.9亿元，增长34.2%；商业营业用房投资40.0亿元，增长54.3%；办公楼投资10.0亿元，增长23.2%。商品房施工面积2224.1万平方米，其中新开工面积935.1万平方米，分别增长24.0%、40.3%；商品房竣工面积591.8万平方米，增长5.7%；商品房销售面积699.5万平方米，增长48.0%。（杨　桐）

■交通运输　全市公路完成货运量5924万吨、货运周转量102.97亿吨千米，完成客运量4746万人次、旅客周转量36.14亿人千米；水路完成货运量4604万吨、货运周转量175.88亿吨千米，完成客运量22.8万人次、旅客周转量140.4万人千米；铁路完成货运量10.1万吨、客运量122.2万人次；机场完成货邮吞吐量3076.3吨、旅客吞吐量61.3万人次。全年港口货物吞吐量1.00亿吨，其中外贸货物吞吐量479万吨；集装箱吞吐量51.8万标箱。年末全市公路里程1.04万千米（当年新增94.69千米），其中高速公路里程317.82千米。年末汽车拥有量89.12万辆，其中私人汽车拥有量35.18万辆（其中私人轿车24.40万辆）。（杨　桐）

■邮政通信　全市邮政通信业务收入47.89亿元，其中通信业务收入42.73亿元、邮政业务收入5.17亿元。年末电话用户60.03万户，其中固定电话用户127.81万户、移动电话用户472.22万户。互联网宽带接入用户89.38万户。（杨　桐）

■国内贸易　全市社会消费品零售总额1106.88亿元，增长14.4%，其中批发业零售额184.35亿元、零售业零售额814.75亿元、住宿业零售额11.78亿元、餐饮业零售额88.63亿元。限额以上批发和零售企业中，食品、饮料、烟酒类零售额34.97亿元，下降2.2%；服装、鞋帽、针纺织品类零售额31.42亿元，增长14.2%；日用品类零售额9.79亿元，增长3.7%；化妆品类零售额5.15亿元，下降2.9%；金银珠宝类零售额13.92亿元，增长27.5%；家用电器和音像器材类零售额30.77亿元，增长11.3%；汽车类零售额127.12亿元，增长19.4%；石油及制品类零售额36.09亿元，增长11.2%。（杨　桐）

■旅游业　全市接待境内外游客3970.1万人次，增长9.1%；实现旅游总收入501.2亿元，增长15.1%。全市有星级饭店66家、国家级旅游景区35个、各类旅行社130家。（杨　桐）

■金融业　2013年末，全市有银行32家，比上年新增4家。年末人民币存款余额3836.87亿元，比年初增加526.03亿元，增长15.9%；其中储蓄存款余额1931.02亿元，比年初增加233.51亿元，增长13.8%。年末人民币贷款余额2341.85亿元，比年初增加335.35亿元，增长16.7%。其中，短期贷款余额1230.21亿元，比年初增加164.39亿元；中长期贷款余额1027.17亿元，比年初增加161.55亿元。个人消费贷款余额494.88亿元，比年初增加107.73亿元。全市各类保险机构实现保费收入87.9亿元，增长18.5%。其中，财产险保费收入23.9亿元，增长16.8%；人身险保费收入63.98亿元，增长19.1%。保险赔款总支出15.78亿元，增长10.0%。其中，财产险理赔支出13.28亿元，增长6.8%；人身险理赔支出2.51亿元，增长31.9%。全市14家证券公司累计开户34.59万户，增长4.8%。证券交易额3781.61亿元，增长66.3%。其中，股票交易额2858.67亿元，增长65.5%；基金交易额88.87亿元，增长179.7%。年末全市有境内外上市公司11家。

（杨　桐）

■对外国及港澳台地区经济　全市实际利用外资及港澳台资18.28亿美元，比上年下降9.1%。全市新批外资及港澳台资项目191个，项目协议利用外资及港澳台资33.31亿美元。新批准1000万美元以上大项目111个，其中投资总额1亿美元以上项目15个。全市新落户美国微软公司、德国通快集团、香港汇丰银行等世界500强企业及跨国公司10家。

全市完成进出口总额95.07亿美元，下降6.6%。其中，出口75.51亿美元，下降7.6%；进口19.56亿美元，下降2.2%。从贸易结构看，一般贸易出口50.59亿美元，下降13.2%；加工贸易出口23.15亿美元，增长2.8%。从产品结构看，化学化工制品、纺织制品、船舶、电子纸与液晶装置、鞋帽出口额居前五位，分别为9.39亿美元、7.35亿美元、7.15亿美元、4.20亿美元和3.94亿美元；高新技术产品累计出口9.61亿美元，增长24.3%。从出口市场结构看，对欧盟国家出口15.86亿美元，下降17.2%；对美国出口14.88亿美元，增长0.2%；对东盟国家出口6.89亿美元，增长2.8%；对拉丁美洲出口6.34亿美元，增长3.9%；对大洋洲出口5.33亿美元，增长28.6%。

全市完成外经营业额5.31亿美元，增长27.0%。期末在外人数8631人，增长30%。新批境外投资项目30个，协议投资额1.59亿美元，增长796.8%。

（杨　桐）

■财政　全市财政总收入660.30亿元，增长19.1%，其中公共财政预算收入259.26亿元，增长15.2%。全年税收收入212.75亿元，增长17.8%，占公共财政预算收入的82.1%。其中，增值税35.23亿元，增长22.4%；营业税70.28亿元，增长17.9%；企业所得税22.05亿元，增长11.9%；个人所得税12.30亿元，增长100.9%。社保基金收入76.06亿元，增长15.9%。全市公共财政预算支出319.28亿元，增长12.1%。其中，一般公共服务支出44.63亿元，增长11.0%；教育支出56.98亿元，增长3.5%；科学技术支出10.46亿元，增长6.7%；社会保障和就业支出24.71亿元，增长22.1%；医疗卫生支出21.33亿元，增长14.5%；节能环保支出7.31亿元，增长8.3%。

（杨　桐）

■科技创新　全年新增国家级高新技术企业85家，培育省级上市入库企业43家，新增省级民营科技企业1943家。牧羊集团获批建立国家饲料加工装备工程技术研究中心。扬州成为国家创新型试点城市、国家智慧城市试点示范市，连续第五年获“国家科技进步先进市”称号。邗江数控成形机床产业、扬州经济技术开发区半导体照明和太阳能光伏产业获批列入全国首批战略性新兴产业知识产权集群管理工作试点，邗江区获批列入国家知识产权强县工程试点，广陵经济开发区获批成为省知识产权战略试点园区。11家省级以上孵化器累计建成孵化面积70万平方米，在孵企业735家。全市14个科技产业综合体累计投入建设资金20亿元，其中政府投入资金14亿元，竣工120万平方米。新引进“海外高层次人才引进计划”人才20人。3个团队入选省创新团队，93人入选省“双创(创新创业)计划”“博士集聚计划”人才。全市投入工业研发资金66.55亿元。申请专利2.28万件，其中发明专利5159件，分别增长20.0%、22.0%；获专利授权1.14万件，增长41.1%。

（杨　桐）

■教育　新改建公办幼儿园10所。完成中小学校舍安全工程三年任务。2所职业教育学校接受首批国家教育改革发展示范学校创建验收。邗江区通过义务教育基本均衡发展国家级评估。新创扬州市义务教育样板区4个。全市有幼儿园286所、小学207所、普通中学170所、普通高校7所，有在园幼儿9.87万人、小学在校生22.06万人、普通中学在校生19.02万人、普通高校在校生7.64万人。全市幼儿园毛入学率98.5%，义务教育入学率和高中阶段教育毛入学率100%，高考本二以上达线率57.44%。

（杨　桐）

■文化　全市有文化馆、群众艺术馆7家，公共图书馆7家。新建农村文化广场189个，实现村级文化广场全覆盖。全年举办文化惠民公益演出211场次。木偶剧《胡桃夹子》等入选中国艺术节优秀展演剧(节)目。编制完成国家级非物质文化遗产项目保护中长期规划。大运河申报世界文化遗产工作通过联合国教科文组织专家考察。隋炀帝墓考古发掘入选2013年中国考古六大新发现。8个省级文物保护单位晋升为全国重点文物保护单位。全市有广播电视台6座、中短波广播发射台和转播台5座，广播综合人口覆盖率和电视综合人口覆盖率均达100%；有有线电视用户125.4万户，增长2.6%。生产故事影剧片5部。

（杨　桐）

■卫生　新建省示范社区卫生服务中心(乡镇卫生院)17个，全市社区卫生服务中心(乡镇卫生院)标准化率100%。新型农村合作医疗人均筹资350元,参合率99.8%。年末有各类卫生机构1815个,其中医院、卫生院136所;有病床1.92万张,其中医院、卫生院病床1.71万张;有卫生技术人员2.25万人,其中执业(助理)医师9276人、注册护士8924人。

(杨 桐)

■**体育** 完善健身设施,推进"十分钟体育健身圈"建设,健全健身活动、健身组织网络。举办一批国际、国内体育赛事,中国扬州鉴真国际半程马拉松赛蝉联国际田联"金标赛事"称号。在第12届全国运动会上,扬州市运动员获金牌11枚、银牌2枚、铜牌3枚。

(杨 桐)

■**城乡建设与生态环境** 实施《沿江地区融合发展行动计划》,组织编制江广融合地区概念规划、城市设计及"七河八岛"(位于广陵区泰安镇和湾头镇,由京杭大运河、壁虎河、新河、凤凰河、太平河、金湾河、高水河等7条河流以及由其分割而成的聚凤岛、芒稻岛、金湾岛、自在岛、凤羽岛、山河岛、壁虎岛、新河岛等8个岛组成的区域)地区空间管制规划,构建"一核多组团"城市空间布局。制定并实施城市地下空间开发利用管理办法和意见。市区完成重大城建项目126个。建设"清水活水、不淹不涝"城市,整治城区积水路段16处,完成城市东部水系沟通活化工程和二道河等3条河道生态清淤。新(改)建道路40条、桥梁9座。宋夹城体育休闲公园基本建成。启动实施生活垃圾焚烧厂二期、建筑垃圾综合利用处理厂、餐厨废弃物处理厂和赵庄垃圾填埋场增高扩容工程,推进第一水厂提标扩建、六圩污水处理厂三期等工程。推进城镇化工作,全市城镇化率59.98%。

全面启动"六大生态中心"(宝应湖湿地森林生态中心、高邮马棚东湖湿地生态中心、仪征枣林湾生态中心、江都仙城生态中心、邗江蜀冈生态中心、广陵"七河八岛"生态中心)建设,全市完成造林4707公顷,新创省级绿化示范村119个,林木覆盖率23.0%。集中式饮用水水源地水质达标率100%,市区空气质量优良天数237天。重点流域水污染防治考核断面水质达Ⅲ类标准。推进"美好城乡建设行动",全面完成村庄环境整治,100个村庄达到三星级"康居乡村"标准。全年疏浚县乡河道210条、村庄河塘2360条(面)。全年实施节能技术改造项目130个、循环经济项目30个、减排工程项目147个。新增国家生态乡镇17个(累计66个)。扬州市及江都、邗江、宝应、高邮、仪征通过国家生态市、县考核公示,并被列为全国第六批生态文明建设试点地区。

(杨 桐)

■**人民生活与社会保障** 2013年,扬州市城市居民人均可支配收入30690元,增长9.6%;人均消费性支出19153元,增长9.1%。城市居民人均住房建筑面积38平方米,百户家庭有电话285部、电脑89台、家用汽车25.5辆、钢琴4架、健身器材12套。城市居民恩格尔系数37.1%。农村居民人均纯收入14214元,增长12.0%;人均生活消费性支出9725元,增长11.6%。农村居民人均住房建筑面积48.6平方米,百户家庭有电话315部、电脑46台、电视机160台、电冰箱102台。农村居民恩格尔系数35.3%。

全市新增城镇就业7.31万人,新增转移农村劳动力5.29万人,新建创业孵化基地15个,年末城镇登记失业率2.26%。规模以上企业职工劳动合同签订率99.8%。企业职工养老保险累计参保98.29万人,净增缴费人员5.09万人;城镇职工基本医疗保险累计参保112.98万人,城镇居民基本医疗保险累计参保51.08万人,城乡居民养老保险累计参保99.16万人。城乡居民最低生活保障标准增长20%,实现救助标准城乡一体化。全市保障城乡最低生活保障对象8.47万人,投入保障资金1.64亿元。

(杨 桐)

■**扬州市综合竞争力列全国第45位** 5月19日,中国社会科学院发布《2013年中国城市竞争力蓝皮书 新基准:建设可持续竞争力理想城市》,首次将研究对象从城市市区放大到广义上大市,从总体上衡量中国城市发展格局以及与理想状态的差距。在全国287个地级以上城市中,扬州市综合竞争力排名列第45位,可持续竞争力排名列第33位,宜居竞争力列第15位。另外,根据东北亚开发研究院、中国社会科学院社会科学文献出版社、中小城市经济发展委员会等单位联合发布的《2013年中国中小城市绿皮书》,高邮市、仪征市分列"2013中国中小城市百强县市"第72位、第76位,邗江区、江都区、广陵区分列"2013中国市辖区综合实力百强"第31位、第42位、第59位。

(杨 桐)

精神文明建设

■**概述** 以社会主义核心价值体系建设为主线,推进公民道德建设,构建城市荣誉体系。在2010—2012年度江苏省精神文明建设先进单位评选中,扬州市获评江苏省文明单位标兵7个、文明乡镇标兵2个、文明村标兵2个、文明社区标兵1个,获评江苏省文明单位251个、文明乡镇18个、文明村41个、文明社区24个。高邮市菱塘回族乡菱塘村和仪征市月塘镇尹山村被命名为"江苏最美乡村"。推进未成年人思想道德建设,开展未成年人主题活动。向中央和省精神文明建设指导委员会办公室(简称文明办)推荐优秀童谣16首,其中1首获全国一等奖。评选、表彰"扬州市美德少年"90人、"扬州市美德少年标兵"10人,其中8人当选江苏省"美德少年"和"美德少年标兵"。市志愿者协会新增保护京杭大运河志愿服务总队和卫生系统志愿服务总队,累计有11个分协会、25个直属专业总队;开展关爱他人、倡导文明风尚、文博讲解、科普宣传、植绿护绿以及"夕阳"护"朝阳"、志愿者网吧监督、窗口单位便民利民等志愿服务活动。全年在中国文明网刊登头版头条信息3条、要闻100多条。

(潘 莉)

■**社会主义核心价值体系建设** 市精神文明建设指导委员会印发《扬州市帮扶礼遇道德模范、"扬州好人"和优秀志愿者实施意见》。全年有张志成等10名"扬州好人"登上"中国好人榜",有19名"扬州好人"登上"江苏好人榜";李彬获第四届"全国孝老爱亲道德模范"提名奖,3人获"江苏省道德模范"称号。9月28日,扬州市承办中央文明办"全国道德模范与身边好人"现场交流活动。开展"文明餐桌""文明交通""文明旅游""网络文明"文明引导行动。在媒体开辟"文明餐桌大讨论"活动专栏,印发餐桌文明提示卡10万多张,全市宾馆、饭店、餐馆活动参与率85%以上;组织机关干部、青年志愿者、大中学生、市民观察团、红马夹义工队参加文明交通宣传和协勤活动,组织1000多人在市区60个交通岗点、20个公交站台开展志愿服务;在旅游景区(点)新设大型公益广告位35个,在旅游景区出入口、游客中心、核心景区等位置设立"遵德守礼"提示牌500多块、文明旅游提示牌350多块;发展网络文明传播志愿者骨干30人、市级以上文明单位志愿者640人。《扬州日报》等媒体先后开设《身边的诚信典型》等专栏,曝光失信行为和不文明行为,宣传诚信先进典型。7月19日,中国文明网以头条通栏登载《扬州频现"诚信纸条"小纸条背后的大诚信》;9月18日,《新华日报》头版头条刊发《小事大诚,擦亮扬州名片》,宣传扬州诚信典型事迹。 (潘 莉)

■**文明创建** 抓好市级以上文明单位"一堂、一队、一牌、一桌、一传播"(道德讲堂、学雷锋志愿服务队、"遵德守礼"提示牌、文明餐桌行动、网络文明传播)创建活动,组织部分文明单位开展百场"科教、文体、法律、卫生社区行"活动。组织第九届"幸福扬州·扬州市民日"系列活动,开展非物质文化遗产展示、广场综艺文化活动、社区文化活动、耄耋老人免费游园、"百寿宴"等活动。以文明村镇、文明集市、星级文明户创建为载体,发挥农村文化广场、农家书屋等作用,推进精神文明建设城乡统筹发展。组织开展2013年度窗口行业文明优质服务百日竞赛活动,命名、表彰扬州市食品药品监管局行政服务处等37个"文明示范窗口"、尹成雷等41名"文明服务标兵"、"食品药品安全百家社区行"等18个"文明优质服务品牌"项目。开展"三有三清"综合治理(抓好有序行车、有序候车、有序停车,建设清洁之城、清爽之城、清静之城),健全文明创建长效机制。8月20—22日,全国城市文明程度指数测评组对扬州市进行测评。根据测评结果,扬州市城市文明程度指数分列全国、全省地级文明城市第四位、第一位,未成年人思想道德建设工作分列全国、全省地级城市第12位、第三位。 (潘 莉)

■**未成年人思想道德建设** 组织开展"童声里的中国""七彩的夏日""缤纷的冬日""学习雷锋 做一个有道德的人""中华经典诵读""少儿书信书画大赛"等未成年人主题活动。举办"留守儿童夏令营",组织600多名留守儿童到扬州市未成年人素质教育基地参加夏令营活动。制定《扬州市乡村学校少年宫工作标准流程》,从工作准备、活动实施、台账资料等3个方面统一和规范乡村学校少年宫工作。做大做强"我们的节日"系列活动品牌,制作、播出"我们的节日——中华长歌行"清明、端午、中秋电视专题片。全年各传统节日期间,全市举办文艺演出50多场、文化书市30多场、校园主题活动120多次。中央文明办未成年人工作简报交流邗江区构筑"小候鸟"爱心巢、广陵区"打造儿童护照"等工作情况。 (潘 莉)

■**志愿服务** 围绕"学习雷锋,关爱他人、关爱社会、关爱自然",开展"红红火火过大年"、"寻找最美城市守护者"、"学习雷锋好榜样"、"'救'在身边大型公益活动暨'寻找最美救护员'"、"点燃希望·实现梦想"2013新闻女生助学行动、"学雷锋文明交通志愿服务周周行"等志愿服务活动。年初,表彰获国家、省和市级荣誉的优秀志愿者108人、优秀志愿服务组织20个。组织开展重大节庆志愿服务活动。市文明办联合共青团扬州市委举办第三届志愿者文化艺术节。5月5日,中央文明办"2013年保护京杭大运河志愿服务行动"启动仪式在东门遗址广场举行。全市各地形成广陵区志愿服务文明积分制、邗江区"幸福快车"、江都区"小燕子"、宝应县"萤火虫"、高邮市"红围巾"、仪征市义工联等志愿服务品牌活动和组织。 (潘 莉)

组织机构及负责人

中国共产党扬州市委员会

书　记　谢正义
副书记　朱民阳　赵晓江(正市级,4月8日免)
常　委　丁　纯　张跃进　张爱军
　　　　袁秋年　卢桂平　陈　扬
　　　　王智永(挂职,4月8日免)
　　　　袁启俊(12月23日免)
　　　　姚苏华
　　　　许建树(12月23日任)
秘书长　陈　扬(兼)
副秘书长　王　敏(女,兼)　沙志芳
　　　　马　宁(女,兼,8月5日免)
　　　　韩　劬(兼)　肖卫东
　　　　黄为民(兼)
　　　　苏爱根(8月5日任)
　　　　许德奎
　　　　韦　峰(兼,7月29日任)

市委工作机构、直属单位

市委办公室
主　任　沙志芳(兼)
副主任　殷元松(正处级)
　　　　高　民(1月28日免)
　　　　李刘杰

市委研究室
主　任　肖卫东(兼)
副主任　徐永泰　徐宏宇
　　　　韩小平(女,2月18日任,7月29日免)

***市委保密委员会办公室**
主　任　高海巍

市委组织部
部　长　张爱军(兼)
常务副部长　张长金(女)
副部长　臧　民(兼)　徐　龙
部务委员　徐志刚(1月4日任,试用期1年)
市委宣传部(挂“市精神文明建设指导委员会办公室”牌子)
部　长　卢桂平(兼)
常务副部长　丁　毅
副部长　叶冠军　陈征宇(兼)
夏洪春　季培均(兼)
李继业(兼)　李广春
市精神文明建设指导委员会办公室
主　任　李广春(兼)
副主任　强学民　卫　军　徐歌平
市委统一战线工作部
部　长　仲　生
常务副部长　李明安
副部长　赵振东(兼)　许　明(兼)
吴庆春
市委政法委员会(挂“市依法治市领导小组办公室”“市社会管理综合治理委员会办公室”牌子)
书　记　袁秋年(兼)
常务副书记　陈博文
副书记　沈兴华(10月16日明确正处级)
政治部主任　周　宏(女)
市依法治市领导小组办公室
主　任　袁秋年(兼)
副主任　陈博文(兼,7月29日免)
沈兴华(兼,7月29日任,10月16日明确正处级)
葛鸿翔
市社会管理综合治理委员会办公室
主　任　陈博文(兼)
副主任　兰建华　徐　闽
市委农村工作办公室(挂“市政府农村工作办公室”牌子)
主　任　黄为民
副主任　朱伯萍(女)　陈家根
陈晓明
市委台湾工作办公室
主　任　纪　凯(8月5日免)
马　宁(女,8月5日任)
副主任　蒋清桃　蔡　平　崇玉强
市委市级机关工作委员会
书　记　葛社清(7月29日免)
高　云(9月5日任)
副书记　郑晓雨　田　伟　周步祥
纪工委书记　郑晓雨(兼)
市机构编制委员会办公室
主　任　徐益民
副主任　房学明　焦立群(女)
市委巡视工作联络组办公室
主　任　蔡　蕾(女,兼,8月5日任)
副主任　罗瑞勤(8月5日任)
市委老干部局
局　长　徐　萌(女)
副局长　万家祥　沈兆琼
翁广琪(10月16日任,试用期1年)
章士江(10月26日任)
市信访局
局　长　韩　劬
党组副书记　于万祥(12月2日免)
副局长　于万祥(兼,12月2日免)
陆　明　刘　钢　佟家农
督查专员　尹晓斌　冯雪明
市档案馆(挂“市档案局”“市地方志办公室”牌子)
馆　长　宗金林
副馆长　万一芹(女)　柏桂林
马　俊　朱道宏
市委党史办公室
主　任　王振宗
副主任　单杰华　黄文明　冯雅勤
市委讲师团
团　长　夏洪春(兼)
副团长　丁新伯
市委党校
校　长　赵晓江(兼,4月8日止)
党委书记　林正玉(兼,副市级,9月5日免)
陈长新(9月5日任)
常务副校长　林正玉(兼,副市级,9月5日免)
陈长新(9月5日任)
副校长　贾同跃　李存灵
纪委书记　黄　波(8月5日免)
刘久德(8月5日任)
***全国党校系统扬州烹饪培训中心**
主　任　空　缺
扬州报业传媒集团(扬州日报社)
集团党委书记　陈征宇
集团党委副书记　王岚峰(兼)
徐向明(正处级,1月4日免)
陈剑峰(正处级)
集团纪委书记　陈剑峰(兼,正处级)
集团有限公司董事长　陈征宇(兼)
集团有限公司总经理　杨世春
集团有限公司副总经理　史康宁(兼)
扬州日报社社长　陈征宇(兼)
扬州日报社副社长　王岚峰(兼)
史康宁
扬州日报总编辑　王岚峰
扬州日报副总编辑　周保秋(女)
张志虹(女)
***扬州晚报社**
总编辑　徐向明(兼,正处级,1月4日免)
***扬州时报社**
总编辑　袁文生
市委教育工作委员会
书　记　余如进(兼)
副书记　夏正祥(兼)
***接待办公室**
主　任　马　宁(女,8月12日免)
韦　峰(8月12日任)

扬州市人大常委会

主　任　谢正义
副主任　陈卫庆(5月28日明确正市级)
孙永如　纪春明　王玉新
王　敏(女)
秘书长　林正玉(副市级)
副秘书长　刘星驰　丁建民(女,正处级)
何广陵(正处级)
阚成法

市人大常委会办公室、研究室,各工作委员会

办公室
主　任　刘星驰(兼)
副主任　沈宏跃
陶建年(7月30日免)
毕　刚　罗庆玖
***信访办**
主　任　朱正明
研究室
主　任　唐文波
副主任　殷　荣(女,11月30日任)
内务司法工作委员会
主　任　朱宏翔

副主任　张媛媛(女,11月30日任)
财政经济工作委员会
主　任　单启宁
副主任　顾元周
农村工作委员会
主　任　张安龙
副主任　王　平
　　　　张静江(7月30日任)
教育科学文化卫生工作委员会
主　任　孙建成
副主任　江晓昀(女)
环境资源城乡建设工作委员会
主　任　杨学华
副主任　周　蕾(女)
人事代表工作委员会
主　任　孙玉培
副主任　许金荣
　　　　平大春(11月30日任)
民宗侨台外工作委员会
主　任　陈志宏
副主任　郑国华

扬州市人民政府

市　长　朱民阳
副市长　丁　纯
　　　　王智永(挂职,5月31日免)
　　　　闻道才　董玉海　孔令俊
　　　　张宝娟(女)　丁　一
　　　　祁小夏(女,挂职,7月30日任)
秘书长　何金发
副秘书长　王　骏(正处级,2月2日免)
　　　　王东升(兼,正处级)
　　　　吴顺文(正处级)
　　　　汤天波(兼)
　　　　吴振邦(兼)
　　　　康盛君(正处级,12月11日任)
　　　　侯承海(正处级,4月20日任,12月11日免)
　　　　仲衍书　王道霄
　　　　许林灿　王玉军

市政府工作机构

市政府办公室(挂"市政府研究室""市政府金融工作办公室"牌子)
主　任　汤天波(2月2日任)
副主任　宋振邦(兼)
　　　　张新钢(10月28日免)
　　　　雍有瑜
　　　　李红卫(10月28日任)
　　　　徐　静(女)　黄振宇
市政府研究室
主　任　陈长新(9月14日免)
　　　　张新钢(10月28日任)
副主任　李红卫(10月28日免)
　　　　吴　军
市政府金融工作办公室
主　任　邵　卫(10月28日任)
副主任　程兆君(女,8月12日免)
　　　　戴　峰(12月11日免)
　　　　许立宏(8月5日任,试用期1年)
市发展和改革委员会(挂"市经济协作办公室""市服务业办公室"牌子)
主　任　范天恩
副主任　蒋　珊　周　冰(女)
　　　　郭志咸
　　　　程兆君(女,8月12日任)
　　　　苏爱根(兼,8月12日免)
　　　　黄俊华　韩长金
纪检组长　董兆芝(8月5日免)
　　　　居　勇(8月5日任,试用期1年)
市经济协作办公室
副主任　卞　吉
市服务业办公室
主　任　范天恩(兼,8月12日任)
副主任　车国华(女,8月12日免)
　　　　孙景亮(10月16日任,试用期1年)
市经济和信息化委员会(挂"市中小企业局"牌子)
主　任　尤在晶
副主任　钱中声(8月12日免)
　　　　杨福喜　林建明　赵宽安
　　　　陈江伟　牛　强(挂职)
　　　　董兆芝(8月12日任)
纪检组长　陈　军
市中小企业局
副局长　张云翔
　　　　郭万山(2月2日任)
市教育局(挂"中共扬州市委教育工作委员会"牌子)
局　长　夏正祥
党委书记　余如进
党委副书记　夏正祥(兼)
副局长　穆光曙　周应华
　　　　匡成兰(女)　赵浩岭
纪委书记　蒋仲林
市科学技术局(挂"市知识产权局""市地震局"牌子)
局　长　杨　蓉(女)
副局长　蒋志远(兼,10月28日免)
　　　　徐　健(兼,10月28日任)
　　　　戴日千(正处级,8月12日免)
　　　　张家来(3月1日免)
　　　　陈小浩(9月14日免)
　　　　陈　星　赵松林
纪检组长　魏德余
市知识产权局
副局长　何业栋
市地震局
局　长　蒋志远(10月28日免)
　　　　徐　健(10月28日任)
副局长　李凤如　方开宏
市公安局
局　长　王少鹏(兼)
党委副书记　刘重庆(兼,8月5日免)
　　　　杭建强(正处级,8月5日免)
　　　　李后生(8月5日任)
　　　　常和平(8月5日任)
副局长　刘重庆(兼,8月12日免)
　　　　李后生(兼,正处级)
　　　　常和平(兼,正处级)
　　　　翁国彦(8月5日明确正处级)
　　　　张晓泓　姜扬生　刘　毅
纪委书记　秦雨花
政治部主任　基国平
市监察局(与市纪律检查委员会合署办公)
局　长　张　勤(女,兼)
副局长　蔡　蕾(女,兼)
　　　　李　琪(女,兼)　李　锋
市民政局
局　长　张　俐(女)
党委书记　顾　敏(12月2日免)
　　　　吴效安(12月2日任)
党委副书记　张　俐(女,兼)
　　　　潘小宁(12月2日免)
副局长　潘小宁(兼,12月11日免)
　　　　陈国祥　王振祥　陈晓星
　　　　毕顺元(8月12日任)
纪委书记　毕顺元(8月5日免)
　　　　张志安(8月5日任)

***市老龄工作委员会办公室**
主　任　翟江淮(10月16日任，试用期1年)

市司法局
局　长　阚肖虹
副局长　袁　明(8月12日免)
丁玉祥　王桂才(正处级)
郭鹏驰
纪检组长　徐建新

市财政局
局　长　张　彤
副局长　高　阜　罗庆寿
郭　佳(女)
纪检组长　张　洁(女，8月5日任)

市人力资源和社会保障局
局　长　臧　民
党委书记　周晓华
党委副书记　臧　民(兼)
副局长　周晓华(兼)　曹荣辉
吴　芳(女)　颜　军
钱　峰(10月28日免)
孙玉金
李晓钟(12月2日任，试用期1年)
纪委书记　刘玉鑫(8月5日任)

市国土资源局
局　长　徐洪喜
副局长　汪庆湖　严　寒　叶卫东
周国清
伏年久(1月31日任)
纪检组长　夷　彬
土地储备中心主任　伏年久(1月31日免)
陶加宏(9月13日任)

市规划局
局　长　刘　流(女)
党组书记　戴前良
党组副书记　刘　流(女，兼)
副局长　戴前良(兼)　姚爱国
裴东伟　李建芳(女)
纪检组长　吴海波
总规划师　刘雨平

市城乡建设局(挂“市建筑工程局”“市古城保护办公室”牌子)
局　长　杨正福
党委书记　刘晓明
党委副书记　杨正福(兼)
副局长　郑　路(女，10月28日免)
徐惟涛　顾文鸣　耿　良
徐长金(8月12日免)
苏文奇(10月28日任)
纪委书记　肖　波

市建筑工程局
局　长　杨正福(兼)
副局长　成自勇

市古城保护办公室
主　任　郑　路(女，兼，10月28日免)
徐惟涛(兼，10月28日任)
副主任　顾文鸣(兼)　叶善祥
薛炳宽
刘　泓(女，10月16日任，试用期1年)

市城市管理局(挂“市城市管理行政执法局”“市数字化城管监督办公室”牌子)
局　长　吴效安(11月30日免)
侯承海(11月30日任)
副局长　王应福(正处级)
钱晓红(女，2月2日免)
朱从安　汤　勇　郭家驯
夏顺义
纪委书记　陈锡宽

市数字化城管监督办公室
主　任　吴效安(兼，12月11日免)
侯承海(兼，12月11日任)
副主任　王应福(兼，正处级)
王德伟

市住房保障和房产管理局
局　长　勾凤诚(11月30日免)
余　珽(11月30日任)
党组书记　陆苏华
党组副书记　勾凤诚(兼，12月2日免)
副局长　魏旦晨(8月12日免)
杨　云(兼)　徐志文
王　恺　刘忠华
孙　蔚(女)
纪检组长　虞克宁

市交通运输局
局　长　蒋爱祥(1月29日免)
王　骏(1月29日任)
党委书记　尹建平(12月2日免)
党委副书记　蒋爱祥(兼，1月28日免)
王　骏(兼，1月28日任)
副局长　尹建平(兼，12月11日免)
江国勤　晏　明
徐　渊(8月12日免)
徐　斌
张宏亮(兼，12月11日任)
纪委书记　马长辉

市水利局
局　长　李春国
党组书记　华阳明
党组副书记　李春国(兼)
副局长　吴芝山(8月12日免)
俞长健
杭学军(10月28日免)
凌国栋　闫　伟
纪检组长　徐卫宏

市农业委员会(挂“市林业局”“市农业资源开发局”“市农业机械管理局”牌子)
主　任　朱柏兴
副主任　周学金(兼)　肖鸣祥(兼)
张秀美(8月12日免)
徐煜峰　吴永宏
严巧玲(女)　吉　琳(女)
纪检组长　桑育林(8月5日任)

市林业局
局　长　朱柏兴(兼)
副局长　丁翠柏

市农业资源开发局
局　长　周学金
副局长　陆玉明(8月12日免)
杨志海(8月12日免)
顾加旺
吴　华(女，4月20日任)

市农业机械管理局
局　长　肖鸣祥
副局长　郭金平(8月12日免)
殷立松
潘绪海(10月31日任)

市商务局(挂“市口岸办公室”牌子)
局　长　周春光
副局长　万　军
倪锡宏(8月12日免)
何　炜　陈　清　陈　建
纪委书记　彭如桂(8月5日免)
车国华(女，8月5日任)

市口岸办公室
主　任　万秀华(女)
副主任　张德云

市文化广电新闻出版局(挂“市版权局”牌子)
局　长　季培均
党委书记　颜志林

党委副书记　季培均(兼)
副局长　颜志林(兼)　仲玉龙
周启云　张亚华　李政成
纪委书记　徐朝平
市版权局
局　长　季培均(兼)
市文物局
局　长　冬　冰
副局长　徐国兵
纪检组长　刘德广
市申遗办
主　任　冬　冰(兼)
副主任　刘马根(兼)　姜师立
市卫生局
局　长　杨　军
党委书记　潘　惠
党委副书记　杨　军(兼)
王　骏(7月29日免)
王　林(8月5日任,
试用期1年)
副局长　刘歆农(兼)　尹　亮
王　骏(8月12日任)
赵国祥
纪委书记　刘　咏
市体育局
局　长　华德荣
党组书记　刘　洁(女)
副局长　刘　洁(女,兼)
刘家荣　周　烈
纪检组长　桑育林(8月5日免)
黄　波(8月5日任)
市人口和计划生育委员会
主　任　刘焕琴(女)
副主任　陈军波　尤传利(兼)
陈　雷　胡彩云(女)
纪检组长　吕所宝
市审计局
局　长　吴焱新
副局长　蔡先建　袁竹青　李福祥
李永高
纪检组长　张　峰(7月29日免)
彭如桂(8月5日任)
总审计师　周春山
市统计局
局　长　潘学元
副局长　徐　健(10月28日免)
陈凤桂　刘网华
刘家祥(10月28日任)
纪检组长　周玉清(8月5日免)
郭　庆(8月5日任,
试用期1年)
市安全生产监督管理局
局　长　熊佳芝
副局长　戚安宝
林永志(12月11日免)
秦文俊(7月29日免)
周　炜(10月16日任,
试用期1年)
胡顺斌(10月31日任)
纪检组长　史美章
市食品药品监督管理局
局　长　平志明
副局长　谈法华　王海峰　陆志林
纪检组长　王　睿
市环境保护局
局　长　金秋芬(女)
副局长　王和清　吴延龙　滕远东
陈修道　姚江潮
纪检组长　李盛钦
市旅游局
局　长　王志海
副局长　王明宏　陈玲春(女)
毛卫东
纪检组长　姜秀志
市粮食局
局　长　姜开圣
党委副书记　周　军
副局长　沈荣训　马建荣　刘桂松
纪委书记　周　军(兼)
市物价局
局　长　潘建民
副局长　沈洪林　管兴余　管宏喜
纪检组长　张正华
市民族宗教事务局
局　长　许　明
副局长　郑　阳　朱建明
薛　清(8月12日免)
市民防局(挂“市人民防空办公室”牌子)
局　长　马　群
副局长　段成宝(1月19日免)
殷　杰　朱　元　侯载铭
纪检组长　滕泽宏
市人民防空办公室
主　任　马　群(兼)
市政府外事办公室(挂“市政府港澳事务办公室”牌子)
主　任　邓　清(女)
副主任　左为民(10月28日免)
蒋旭东(8月12日任)
王玉琴(女)
纪检组长　蒋旭东(8月5日免)
潘晓成(8月5日任,
试用期1年)
市政府港澳事务办公室
主　任　邓　清(女,兼)
市政府侨务办公室
主　任　朱路跃
副主任　方　军(8月12日免)
王绍云
李越平(2月2日任)
市政府法制办公室
主　任　刘　柏
副主任　陈大山(8月12日免)
厉海涛　高玉波
市政府国有资产监督管理委员会
主　任　朱　林
党委副书记　陈贵江(8月5日任)
副主任　徐佩宏
陈贵江(8月12日免)
孔庆友　沈家宽
纪委书记　陈贵江(兼,8月5日任)
市市级机关事务管理局
局　长　周正权(7月30日免)
葛社清(7月30日任)
副局长　肖庆安
范钦华(10月28日免)
陈仁茂　张　林
纪委书记　王　明(10月26日任)
市园林管理局
局　长　赵御龙
党委书记　顾爱华(女)
党委副书记　赵御龙(兼)
副局长　顾爱华(女,兼)
唐红军
张家来(3月1日任)
陆士坤(10月31日任)
纪委书记　张志安(8月5日免)
周玉清(8月5日任)

市政府派出机构

市行政办事服务中心
主　任　汤天波(兼,9月14日免)
陈小浩(9月14日任)
党组书记　汤天波(兼)
党组副书记　王　强(7月29日免)
陈小浩(9月5日任)
副主任　王　强(兼,8月12日免)
倪旭平　曹文明　郭有亮

扬州经济技术开发区管理委员会
工委书记　空　缺
工委副书记　季允丰(兼)
　　李忠盛(正处级)
　　顾承斌(正处级)
主　任　季允丰
副主任　李忠盛(兼,正处级)
　　施益香(女,正处级)
　　张连生(正处级)　臧灿甲
　　王荣山(10月28日任)
纪工委书记　顾承斌(兼,正处级)
政法委书记　谢百川
组织人事部部长　陈国祥
扬州化学工业园区管理委员会
工委书记　程　希(兼)
工委副书记　张震宇(兼)
　　王庆山(兼)
主　任　王庆山
副主任　邵　卫(兼,10月28日免)
　　仲　玲(女,兼,10月28日任)
　　匡　坚　吴　汛(女)
　　张宏康　唐　虎
　　韦　峰(8月12日免)
　　陆永进(女)
纪工委书记　刘尚玉
扬州市生态科技新城管理委员会
工委书记　勾凤诚(12月3日任)
主　任　陶伯龙(12月6日任)
工委副书记　陶伯龙(兼,12月3日任)
　　夏正东(12月3日任)
副主任　夏正东(兼,12月6日任)
　　印德明(12月6日任)
　　张小辉(12月6日任)
纪工委书记　颜　非(12月3日任)
原扬州市新城西区管理委员会
工委书记　康盛君(12月2日免)
主　任　康盛君(兼,12月11日免)
副主任　任秋平(1月19日免)
　　印德明(12月6日免)
　　张小辉(12月6日免)
纪工委书记　颜　非(12月3日免)
扬州市蜀冈-瘦西湖风景名胜区管理委员会
工委书记　张福堂
工委副书记　汤卫华(兼)
　　徐长金(7月29日任)
　　陈克祥
主　任　汤卫华
副主任　徐长金(兼,8月12日任)
　　刘马根　林宝荣　黄建灿
　　周长军
纪工委书记　郭　坚

市直属单位

市供销合作总社
主　任　沈仁贵(3月1日免)
　　王正年(3月1日任)
副主任　卢爱生　徐兆书　陈正清
纪委书记　曹　妍(女,8月5日任,试用期1年)
扬州仲裁委员会秘书处
秘书长　刘　柏(兼,8月12日免)
　　纪晓东(8月12日任)
副秘书长　胡士博　朱毅锴
扬州广电传媒集团(扬州广电总台)
集团党委书记　李继业
集团党委副书记　陈韵强(兼)
　　吴黎宁
集团纪委书记　赵浩嵩
集团有限公司董事长　李继业
集团有限公司总经理　陆建华
集团有限公司副总经理　周晓晓(女)
广电总台台长　陈韵强
广电总台副台长　陈里连(10月28日免)
　　陆建华(兼)
　　周明涛
广电总台总编辑　陈韵强(兼)
***市住房公积金管理中心**
主　任　杨　云
党支部书记　王正凡
江苏里下河地区农业科学研究所
所　长　马谈斌
党委书记　陈秀兰(女)
党委副书记　马谈斌(兼)　戴正元
副所长　陈秀兰(女,兼)　苏建坤
　　周如美　李爱宏　吴宏亚
纪委书记　戴正元(兼)
江苏省工人扬州疗养院
院　长　樊秉强
副院长　葛礼敏(女)　王淦宝

政协扬州市委员会

主　席　洪锦华
副主席　杨明荣　王克胜　程吉林
　　王静成　王少鹏　刘在銮
　　倪士俊　朱　妍(女)
秘书长　殷圣元
副秘书长　董　雷(正处级)
　　李晓向　徐晓明
　　苏迎春(正处级)
　　沈红云(女,兼)
　　徐　跃(兼)
　　刘　文(女,兼)

市政协办公室、研究室,各专门委员会

办公室
主　任　徐晓明(兼)
副主任　聂永明　吴　军(女)
　　吴道根
研究室
主　任　李晓向(兼)
副主任　空　缺
提案委员会
主　任　陈云观
副主任　王振祥(兼)　李　锋(兼)
经济科技委员会
主　任　张曙升
副主任　胡康金(正处级)
　　刘晓明(兼)　潘建民(兼)
　　周学金(兼)　王华平(兼)
　　钱中声(兼)
城乡建设委员会(人口资源环境委员会)
主　任　王建台
副主任　于　进(12月31日免)
　　吴效安(兼)
　　郑　路(女,兼,12月31日免)
　　刘雨平(兼)　汪庆湖(兼)
　　姚江潮(兼)
教育文化卫生体育委员会
主　任　王鸣芳(女)
副主任　陈　莘　余如进(兼)
　　李继业(兼)　华德荣(兼)
　　杨　军(兼)
社会和法制委员会
主　任　杨　哲
副主任　曹卫国　周晓华(兼)
　　浦志强(兼)　陈博文(兼)
　　陈锡朝(兼)
文史和学习委员会
主　任　王虎华
副主任　冬　冰(兼)　陈征宇(兼)
　　贾同跃(兼)　王永平(兼)

港澳台侨委员会(外事委员会)
主　任　林道立(6月20日免)
　　　　于　进(12月31日任)
副主任　王志年　朱路跃(兼)
　　　　邓　清(女,兼)
　　　　杨为民(女,兼)

中共扬州市纪律检查委员会

书　记　张跃进(兼)
常务副书记　刘世奇
副书记　张　勤(女,11月20日免)
　　　　范　耘
常　委　蔡　蕾(女)　高玉庆
　　　　李　琪(女)　徐　飞
　　　　赵志宏

民主党派　工商联

中国国民党革命委员会扬州市委员会
主任委员　王静成
副主任委员　陈　惠　丁卫社(兼)
　　　　刘晓明(兼)
　　　　关　兵(女,兼)
中国民主同盟扬州市委员会
主任委员　程吉林
副主任委员　仲子午　王永平(兼)
　　　　葛晓群(女,兼)
　　　　常国庆(兼)
　　　　徐卯林(兼)
中国民主建国会扬州市委员会
主任委员　王克胜
副主任委员　徐　跃　徐家昌(兼)
　　　　黄建灿(兼)
　　　　程兆君(女,兼)
中国民主促进会扬州市委员会
主任委员　董玉海
副主任委员　沈红云(女)
　　　　殷士学(兼)
　　　　余　珽(兼)
　　　　张一军(兼)
中国农工民主党扬州市委员会
主任委员　朱　妍(女)
副主任委员　颜安明(女)
　　　　李政成(兼)
　　　　张新江(兼)
　　　　陈志华(兼)
中国致公党扬州市委员会
主任委员　高　瑛(女,正厅级)
副主任委员　王兰海(女)
　　　　张仁田(兼)
　　　　曾祥华(女,兼)
　　　　徐　晟(兼)
九三学社扬州市委员会
主任委员　孙怀昌
副主任委员　刘　文(女)
　　　　余海鹏(兼)
　　　　钟思瑛(女,兼)
　　　　田志明(兼)
扬州市工商业联合会
主　席　孙永如(兼)
党组书记　赵振东
副主席　赵振东(兼)　吴　钧
　　　　戴凌云(女)
　　　　朱　彤(女,兼)
　　　　陆金龙(兼)
　　　　王　璘(女,兼)
　　　　吴义彪(兼)　包广林(兼)
　　　　卢之云(兼)　董洪齐(兼)
　　　　江　强(兼)　梁　勤(兼)

人民团体

扬州市总工会
主　席　张爱军(兼)
党组书记　张立坤
副主席　张立坤(兼)
　　　　刘孝慈(11月15日免)
　　　　陈锡朝(正处级)　朱　明
　　　　洪慧娟(女)
　　　　陈维权(11月15日当选)
纪检组长　陈锡朝(兼,正处级)
中国共产主义青年团扬州市委员会
书　记　佘俊臣
副书记　徐明玥(女)
　　　　张跃春(2月18日当选)
　　　　袁慧中(女,2月18日当选)
扬州市妇女联合会
主　席　杨　敏(女)
副主席　陈　静(女)
　　　　乔国银(女)
　　　　王雅静(女)
扬州市文学艺术界联合会
主　席　刘　俊
党组书记　叶冠军(兼)
副主席　陈家庆　李政成(兼)
　　　　张美林(兼)　陈韵强(兼)
　　　　周永平(兼)　周启云(兼)
扬州市科学技术协会
主　席　王华平
副主席　陈宏云　葛明顺　王德平
　　　　丁爱军(兼)　王大新(兼)
　　　　王国宏(兼)　孙　岩(兼)
　　　　程顺和(兼)　周骥平(兼)
扬州市哲学社会科学界联合会
主　席　徐向明(2月27日当选)
副主席　张　雷　刘　斌(兼)
　　　　肖卫东(兼)　陈长新(兼)
　　　　周新国(兼)　贾同跃(兼)
　　　　高　阜(兼)　李　浩(兼)
扬州市归国华侨联合会
主　席　杨为民(女)
副主席　周　军　高志刚(兼)
　　　　王修文(兼)　魏全林(兼)
扬州市残疾人联合会
理事长　张　跃
副理事长　龚　智　陈　林
中国国际贸易促进委员会扬州市支会
会　长　周春光(兼)
副会长　杜　滨
***红十字会**
会　长　董玉海(兼)
副会长　陈　煜(副处级)

法院　检察院

扬州市中级人民法院
院　长　蒋惠琴(女)
党组副书记　任国凡(兼,8月5日任)
常务副院长　任国凡(8月5日任)
副院长　王继荣　李风光
　　　　姚宏斌
　　　　刘　俊(挂职,5月31日任)
纪检组长　吴　健
政治部主任　张一民
审判委员会专职委员　刘　珍(女,正处级,挂职,1月29日免)
　　　　谢应松
　　　　纪晓东(9月27日免)
扬州市人民检察院
检察长　闵正兵
党组副书记　宋祥林(兼,正处级)
常务副检察长　宋祥林(正处级,8月5日任)
副检察长　浦志强(正处级)
　　　　张开峰(正处级)
　　　　刘加云(正处级,1月29日免)
　　　　钱俊海(9月27日任)
纪检组长　张延浩(8月5日任)

政治部主任　空　缺
检察委员会专职委员　王晓尧

武装部队

中国人民解放军扬州军分区
第一书记　谢正义
司令员　袁启俊(11月4日免)
　　　　王　宁(11月4日任)
政　委　许建树
副司令员　李鸾鸣(3月31日免)
参谋长　魏　文
政治部主任　杜新江
后勤部部长　缪　新

中国人民解放军江苏陆军预备役高射炮兵第二师
第一政委　李小敏
师　长　陈　华
政　委　金尚登
参谋长　刘党胜
政治部主任　陈佩民
后勤部部长　刘　旭
装备部部长　徐乐东

中国人民武装警察部队扬州市支队
第一政委　王少鹏(兼)
支队长　陈　源
政　委　邹启堂(3月22日免)
　　　　陈汉忠(3月22日任)
副支队长　张　虎
副政委　杜益军(3月22日免)
　　　　陈延俊(3月22日任)
参谋长　王青海
政治处主任　张　勇
后勤处处长　赵　犁

中国人民解放军武装警察部队扬州消防支队
政　委　李瑞东
支队长　陈立新
副政委　魏善年
副支队长　程东升　马剑群

中华人民共和国扬州边防检查站
站　长　乔广庆
政　委　邱建年
副站长　曹华军

高等院校

扬州大学
党委书记　夏锦文
校　长　焦新安
党委副书记　焦新安(兼)
　　　　刘延庆(正校级)
　　　　芮鸿岩
副校长　刘祖汉　芮鸿岩(兼)
　　　　范　健(11月26日免)
　　　　陈　耀(女)　胡效亚
　　　　叶柏森　陈永平　陈国宏
纪委书记　刘延庆(兼)

市职业大学(挂"扬州市广播电视大学""扬州教育学院"牌子。9月5日，市委决定撤销中共扬州环境资源职业技术学院委员会、中共扬州环境资源职业技术学院纪律检查委员会，原扬州环境资源职业技术学院党委、纪委成员及副院长职务自然免除。)
党委书记　张网女(女，7月8日免)
　　　　周　胜(7月8日任)
校　长　周　胜(9月7日免)
　　　　吴春笃(9月7日任)
党委副书记　周　胜(兼，7月8日止)
　　　　许金如
　　　　林道立(4月9日任)
　　　　吴春笃(9月5日任)
　　　　丁　琫(9月5日任)
副校长　刘　宏
　　　　林道立(兼，4月20日任)
　　　　许金如(兼，9月14日任)
　　　　王如平(9月14日任)
　　　　陈亚鸿(9月14日任)
　　　　许晓宁(9月14日任)
纪委书记　刘建伟

原扬州环境资源技术学院
党委书记　朱　康(7月8日免)
院　长　吴春笃
党委副书记　吴春笃(兼，9月5日止)
　　　　丁　琫(9月5日止)
副院长　王如平(9月5日止)
　　　　陈亚鸿(9月5日止)
　　　　许晓宁(9月5日止)
纪委书记　丁　琫(兼，9月5日止)

市广播电视大学
校　长　周　胜(兼，9月14日免)
　　　　吴春笃(兼，9月14日任)

扬州教育学院
院　长　周　胜(兼，9月14日免)
　　　　吴春笃(兼，9月14日任)

江苏省扬州技师学院
党委书记　徐祥华(2月8日任)
院　长　徐祥华(3月25日免)
　　　　张颖超(9月7日任)
党委副书记　徐祥华(兼，2月8日止)
　　　　张颖超(兼，9月5日任)
　　　　黄华明
副院长　刘海光(2月2日免)
　　　　陈康林(9月5日任，试用期1年)
　　　　王思源(9月5日任，试用期1年)
　　　　林　峻(女，9月5日任，试用期1年)
纪委书记　黄华明(兼)

国家税务总局扬州税务进修学院
院　长　解爱国
党委书记　顾小波
副院长　顾小波(兼)　朱诗柱
　　　　柳现青(9月23日免)
　　　　王锦锋

扬州工业职业技术学院
党委书记　张新科
院　长　刘金存
党委副书记　郁　明(2月5日免)
　　　　秦建华(2月5日任)
副院长　王亚河　秦建华(兼)
　　　　李晓明
　　　　倪永宏(2月5日任)
纪委书记　郁　明(兼，2月5日免)
　　　　秦建华(兼，2月5日任)

扬州商务高等职业学校
党委书记　周　俊(6月9日免)
　　　　经贵宝(6月9日任)
校　长　周　俊
党委副书记　梅纪萍(女)
副校长　杨存根　徐　明　宋金海
纪委副书记　张兰云(女)

扬州生活科技学校
校　长　高洪树
党委书记　李东岩
副校长　袁建中　聂　阳
纪委书记　吴　健(7月1日任)

驻扬机关单位

扬州工商行政管理局
局　长　唐齐鲁
党组副书记　陈荣进(正处级)
副局长　陈荣进(兼，正处级)
　　　　胡春风　朱　彤(女)
　　　　苏　明
　　　　刘　建(2月19日免)
　　　　刘观清(2月25日任)

纪检组长 刘观清(2月25日免)
谈嘉山(2月25日任)

扬州质量技术监督局

局 长 何西环(11月4日免)
沈宝玲(女,11月4日任)
党组副书记 包荣誉(兼,正处级)
副局长 包荣誉(正处级) 彭金山
朱 桥
沈宝玲(女,11月4日止)
杜建武
纪检组长 杜建武(兼,12月23日免)
杜志贵(12月23日任)

扬州市国家税务局

局 长 殷天成
党组副书记 祝树人
副局长 祝树人(兼)
周 林(11月13日免)
曹筱三
何 敏(女,11月13日任)
孔燕云(女,11月28日任)
总会计师 张汉东
总经济师 方 林
纪检组长 何 敏(女,11月13日免)
侯昭华(11月13日任)
扬州经济技术开发区国税局局长 蔡年青
扬州市国税局稽查局局长 陈国华

扬州地方税务局

局 长 徐祖跃
党组副书记 尹家朋(正处级)
副局长 尹家朋(兼,正处级)
李 璐(女)
纪检组长 柏兆邦
总经济师 李玉群
扬州地税局稽查局局长 唐 洪
扬州地税局四分局局长 何春明

扬州出入境检验检疫局

局 长 施 军(副厅级)
副局长 徐汉清 葛荣晖
陈 洁(女)
纪检组长 王 斌(6月28日免)
王旭东(6月28日任)
江苏出入境检验检疫局轻工产品与儿童用品检测中心主任 陈 明

扬州气象局

局 长 周国华(12月3日免)
秦铭荣(12月3日任)
副局长 王 令
纪检组长 朱学宝

扬州海关

关 长 杨建国(12月6日免)
王守军(12月6日任)
副关长 林 俊
王守军(12月6日止)
韦 兵 卜艳姝(女)
杨 志
南京海关驻扬州海关纪检监察特派员 蒋 敏(女)
缉私分局局长 林 俊(兼)
缉私分局政委 王 炜
缉私分局副局长 徐旭辉(8月22日免)
耿 栋(8月22日任)

扬州海事局(建立中共扬州海事局党组、中共扬州海事局纪检组,同时撤销中共扬州海事局委员会、中共扬州海事局纪律检查委员会)

局 长 李恩东
党委书记 蒋永龙(5月21日免)
党委副书记 祝忠武(5月21日免)
党组副书记 蒋永龙(5月21日任)
副局长 茆德胜(5月21日任)
汤惠良(5月21日任)
王 泉(12月17日任)
纪委书记 祝忠武(兼,5月8日免)
纪检组长 蒋永龙(兼,5月21日任)

中国人民银行扬州市中心支行

行 长 张 强
副行长 顾 强 叶小玲(女)
张秋冬
工会主任 沙益群
纪委书记 陈旭之(5月14日免)
华明远(5月14日任)

扬州银监分局

局 长 张宗政
副局长 刘 旸 曹 阳
纪委书记 杨 光

国家统计局扬州调查队

党组书记 刘春来
队 长 刘春来(兼)
副队长 薛爱群 游立华
纪检组长 黄祥凤

省高宝邵伯湖渔管会

主 任 董祥浦(3月25日免)
陈日明(4月4日任)
副主任 陈日明(正处级,4月4日止)
景晓滨
索维国(3月25日任)
专职纪检员 孙家云(3月25日免)
蔡云海(12月27日任)

区县市

广陵区

中共广陵区委

书 记 陈锴竑
副书记 陈 曦 赵长松
常 委 刘春晓(2月18日任)
居益芬(女) 陈荣华
周鸿钧 徐德林 顾克荣
张建军 张贵联
陶伯龙(12月2日免)

广陵区人大常委会

主 任 陈锴竑
副主任 夏祥生(正处级) 薛高辉
张祥生 张 华 李成志

广陵区人民政府

区 长 陈 曦
常务副区长 陶伯龙(12月23日免)
副区长 张贵联 胡明寿 王 峰
郭长明 王 涛(女)
孟亚东(援疆,12月23日任)
叶 华(省科技镇长团)

政协广陵区委员会

主 席 张 建
副主席 刘新伟 丁卫社 胡明寿
阚永明

邗江区

中共邗江区委

书 记 张耀武
副书记 龚振志 陈佳宏 苏满满
陈德宏(正处级)
常 委 刁顺勤 祁胜媚(女)
李厚林 朱发奎 陈 洁
孟德和
张晓斌(6月9日任)
陆士坤(6月9日免)

邗江区人大常委会

主 任 尹宏宝(1月18日当选)
副主任 徐圣龙 徐金才 严功林
曹占田 刘玉祥

邗江区人民政府

区 长 龚振志(1月18日当选)
副区长 苏满满 朱跃龙

范梅青(女) 李春阳
洪　扬(女) 丁明哲
王长仪
李　滨(省科技镇长团,10月31日任)
万艳华(省科技镇长团,10月31日免)

政协邗江区委员会

主　席　赵华定
副主席　许宏楼　李德居
冯筱白(女)　徐　晟
王亚民　吴心明

江都区

中共江都区委

书　记　蒋爱祥(1月28日任)
倪士俊(1月28日免)
副书记　马顺圣　张永庭(正处级)
常　委　钱　峰(10月16日任)
李　杰　曾庆玲(女)
蒋孝文　余通海　田醒民
顾　民　夏增忠
于　越(10月16日任)

江都区人大常委会

主　任　李涛庆
副主任　姜际芳(女)　谢秀生
孙逸山　叶　跃

江都区人民政府

区　长　马顺圣(1月15日当选)
副区长　钱　峰(10月21日任)
李　杰　彭苏宁　孙　明
李桂山　刘卫国　姜　熔
顾　俊(省科技镇长团)
张永庭(10月21日免)
苏文奇(10月21日免)

政协江都区委员会

主　席　许　煜
副主席　袁中飞　孙　明　王勤宏
王广顺　徐春元

宝应县

中共宝应县委

书　记　王炳松
副书记　王庭国　周玉宝(4月9日明确正处级)
常　委　陈金荣　王友芳(女)
朱宋华　翟士高　伏开新
顾长荣
张　伟(4月9日任)
侯承海(4月9日免)

宝应县人大常委会

主　任　王炳松(1月19日当选)
副主任　杨善慧　夏征宇　李长春
黄才堂

宝应县人民政府

县　长　王庭国
副县长　张　伟(4月17日任)
杨洪国　杨步云　张　利
夏忠平(5月2日任)
顾锡芳(女,5月2日任)
吴建志(援青,6月27日任)
邵红宁(女,省科技镇长团,8月30日任)
侯承海(4月17日免)
吴　华(女,4月17日免)
王世民(省科技镇长团,8月30日免)

政协宝应县委员会

主　席　秦有芳
副主席　吴晓获　徐建林　王松年
金　陵

仪征市

中共仪征市委

书　记　程　希
副书记　张震宇　王庆山
赵　明(10月16日任)
高　云(9月5日免)
常　委　仲　玲(女)
蒋元峰(正处级,援疆,8月5日任)
刘春华
王长田(2月18日任)
张　伟(2月18日任)
夏学永(6月9日任)
杨　斌(8月5日任)
李　林(10月16日任)
刘希泽(挂职,12月2日任)
卜广年(6月9日免)
邵　卫(10月16日免)

仪征市人大常委会

主　任　刘本义
副主任　纪　明　骆　翔　顾学云
吴惠芬(女)

仪征市人民政府

市　长　张震宇
副市长　仲　玲(女,10月21日任)
崔学锋　王根云
赵建芳(女)　李正涛
丁雪海(10月21日任)
孙松平(省科技镇长团,9月27日任)
奚　晨(女,省科技镇长团,9月27日免)
邵　卫(10月21日免)

政协仪征市委员会

主　席　周农生
副主席　韩兰芬(女)　王雪峰
郭道林　陆永进(女)

高邮市

中共高邮市委

书　记　韩　方
副书记　方桂林　金春林
常　委　张秋红(女)　朱　勇
徐永宝　汤学仁
孙建年(2月18日任)
付有根(6月9日任)
徐　健(10月16日任)
刘春晓(2月8日免)
王正年(2月18日免)
汪爱智(6月9日免)

高邮市人大常委会

主　任　韩　方(1月18日当选)
副主任　郭海平　薛晓寒　葛桂秋
孙明如

高邮市人民政府

市　长　方桂林
副市长　徐永宝(2月27日任)
钱富强　高长明
朱莉莉(女)　杨文喜
蒋乃华(省科技镇长团)
王正年(2月27日免)
孙建年(2月27日免)
徐　健(11月27日免)

政协高邮市委员会

主　席　倪文才
副主席　李春青　肖伯群
王　薇(女)　张贵龙
张拥军

注:前面标有"*"的为副处级建制单位

大事纪要

Dashi Jiyao

编　辑　姚　震

2013年扬州市十件大事

1. 省委、省政府在扬州召开苏中发展工作会议，扬州被确定为跨江融合发展综合改革试点城市，享受“一市一试点”专项扶持政策。

2. 连淮扬镇铁路项目获得国家发展和改革委员会批准立项。

3. 2013年全市工业开票销售突破3700亿元，居全省第六位；工业开票销售增幅和用电量增幅均居全省第四位，均比上年前移8位。

4. 瘦西湖隧道主体盾构工程全线贯通，新淮江公路江都段、328国道连接线等全线通车，新万福路工程、文昌路西延工程项目开工建设。

5. 全市先后投入45亿元，历时6年，实现区域供水全覆盖的目标，让全市城乡居民用上“卫生水、安全水、放心水”。

6. 扬州市通过《关于切实加强“七河八岛”区域生态环境保护的决议》《“七河八岛”地区空间管制规划》，积极推进生态文明建设，建设“秀美扬州”。

7. 隋炀帝墓考古发掘入选2013年度全国十大考古新发现。

8. 全市新开工重大项目169个，其中工业项目、服务业项目各50个，新开工重大项目总数是上年的1.6倍；新引进世界500强企业投资项目10个，宝胜集团有限公司与中航工业机电系统有限公司、扬农化工集团与中化集团、江苏金方圆数控机床有限公司与德国通快集团实行战略重组或合作，日清纺和德国大陆公司共同投资在江都建设汽车EBS阀块项目；金泉网在英国伦敦证券交易所AIM板（创业板）挂牌上市；腾讯电商运营中心及易迅物流总部落户扬州。

9. 扬州市成为国家创新型试点城市、全国“智慧城市”试点城市，获“全国法治城市创建活动先进单位”“全国科技进步先进市”“中国温泉之城”等称号，入选“全国水生态文明建设试点城市”“中国十大休闲城市”，广陵（电子信息）高新技术创业服务中心创成国家级科技企业孵化器（专业孵化器）。

10. 国际盆景大会、亚欧会议未来发展方向研讨会、第八届中法市长圆桌会议、联合国“可持续城市及可持续城镇化”高级研讨会等一批国际性会议在扬州成功举办。

1—12月扬州大事

1月

1日　市委、市政府在扬州举办扬州籍成功人士合作恳谈会，44名扬州籍在外创业的企业家参会。合作恳谈会集中签约项目10个，总投资50亿元。

△　扬州市举行元旦万人健身长跑活动。

△　扬州市规划展示馆开馆。

△　城建公用企业服务热线“96169”开通。

5—8日　政协扬州市第七届委员会第二次会议召开。

6—9日　扬州市第七届人民代表大会第二次会议召开。大会选举产生47名扬州市出席江苏省第十二届人民代表大会代表。

10日　商务部公布2011年国家级经济技术开发区综合发展水平评价结果，扬州经济技术开发区位列全国第17位、省内第四位，其中体制创新指标列全国第一位。

10—11日　省社会管理综合治理和平安建设检查考核组到扬州考核2012年度社会管理综合治理和平安建设工作。

11—13日　市委书记、市人大常委会主任谢正义率扬州党政代表团赴陕西西安、渭南考察旅游业、文化产业、科教合作、建筑业等。

15日　省退役士兵职业教育和技能培训学院在扬州商务高等职业学校揭牌，800名退役士兵成为学院首批学生。

△　由新华社主办的“中国网事·感动2012”年度网络人物颁奖典礼在北京举行，扬州“诚信少年”徐砺寒作为“诚信”组代表领奖。

16—23日　“翰墨见扬州”中国山水画名家画扬州作品展在中国国家画院美术馆展出。3月20日至4月5日在扬州美术馆展出。

△　扬州市在江都恒星钨钼有限公司举行“江苏省职工十大科技创新成果”授奖仪式，为该公司科技人员李东峰颁奖。“李东峰首席员工创新工作室”同时揭牌。

16—17日　《扬州历史文化名城保护规划》通过省住房和城乡建设厅组织的论证。

17—18日　扬州军分区党委十

二届十一次全体(扩大)会议召开。

17—24日　市委副书记赵晓江率市经贸文化代表团赴台湾考察。

18日　市政府与市总工会召开第八次联席会议。

△　2012年度江苏十大体育新闻评选结果揭晓。“扬州鉴真国际半程马拉松赛成为全国首个国际田联半程马拉松金标赛事”入选。

△　省政府打击侵权假冒工作考核督查组到扬州，考核2012年度打击侵权假冒工作。

19日　全市民生工作推进会召开。

24日　市纪委领导班子向市政协通报扬州市纪检监察工作情况。

25日　首届江苏省新闻出版政府奖评选结果揭晓。广陵书社出版的《江苏人物传记丛刊》获出版物奖图书奖(古籍类)，《中国墓葬史》获特别奖(出版物类)；扬州广陵古籍刻印社印刷的《扬州八怪精粹》获出版物奖印刷复制奖。

26日　扬州市在南京与省经济和信息化委员会(简称经信委)签署战略合作框架协议，就推进汽车产业、软件与信息服务业、“智慧扬州”建设等展开深入合作。

△　2012年度扬州十大新闻人物评选结果揭晓。

28日　市委召开常委会，研究制定《关于改进工作作风、密切联系群众的实施意见》。

△　市委常委会集体赴蜀冈-瘦西湖风景名胜区调研和现场办公。

△　市委召开全市领导干部会议，传达贯彻省“两会”精神。学习贯彻习近平总书记关于厉行勤俭节约、反对铺张浪费的重要批示精神。

△　腾讯电商控股公司与广陵区政府签约在江苏信息服务产业基地(扬州)设立腾讯电商运营中心。

29日　市七届人大常委会举行第五次会议，听取市政府关于落实《关于加强流通环节食用农产品质量安全管理的决议》情况的汇报。

△　扬州市残疾人福利基金会成立，基金会网站同时开通。

30日　市委、市政府召开迎接2500周年城庆重大城建项目全面启动和2013年重大城建项目会战动员大会。

△　2013年春节联欢会暨城市荣誉表彰会在扬州大剧院举行，2012年度“十大扬州好人”“十大见义勇为先进分子”“十大纳税企业”“十大功臣”受到表彰。

31日　中国共产党扬州市第六届纪律检查委员会第三次全体会议在扬州举行。

△　市慈善总会、市民政局和市福利彩票发行中心联合扬州市禹振飞慈善基金会在维扬广场举行2013年“情满扬州”春节慰问物资、慰问金集中发放仪式，向全市2000户困难家庭和福利院、乡镇敬老院、城区托老所、慈善超市等社会福利机构发放近1200万元的慰问物资和慰问金。

△　仪征市财政国库集中收付中心被共青团中央命名为2011—2012年度全国青年文明号，是扬州唯一获命名的单位。12月16日，扬州市在仪征举行“全国青年文明号”揭牌仪式。

2月

3日　省委常委、纪委书记弘强，副省长徐鸣在市委书记谢正义等陪同下，到仪征、广陵、邗江走访慰问部分孤寡老人和困难群众。

△　市委书记谢正义到广陵区曲江街道走访慰问困难群众以及街道、社区基层工作人员。

4日　市政协主席洪锦华一行到扬州经济技术开发区文汇街道走访慰问困难群众，并看望军休一所、市救助站等基层单位工作人员。

6日　市委书记谢正义到潍柴亚星、仪征化纤和江苏油田等重点企业走访慰问。

△　市委副书记、市长朱民阳到邗江和江都等地走访部分企业，慰问部分老党员、优抚对象、困难群众和基层工作者。

9日　市委书记谢正义到市社会福利院看望、慰问老人和儿童。

16日　市委、市政府召开全市干部队伍能力作风建设大会。

17日　扬州市与省文化厅、省文物局签署合作协议，深入实施文化建设工程。

18日　中国国际人才市场扬州市场暨扬州经济技术开发区人才市场投入使用。

18—19日　共青团扬州市第六次代表大会召开。

19—26日　市委书记谢正义率历史文化名城学习培训考察团分别赴意大利米兰、威尼斯、里米尼、佛

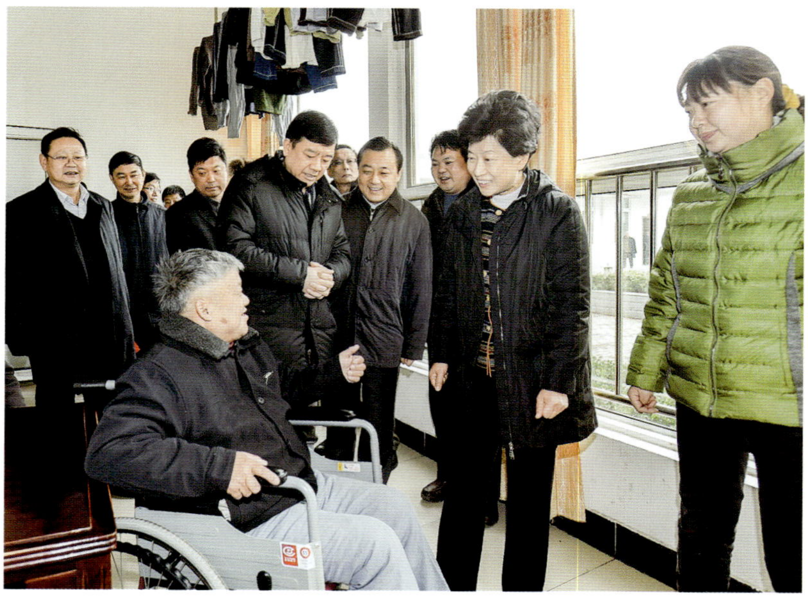

2月3日，省委常委、纪委书记弘强，副省长徐鸣到仪征市枣林湾敬老院慰问　　王　卓/摄

罗伦萨、罗马，开展招商推介和学习考察培训活动；参访比利时友好城市哈蒙特亚珂市、马塞克市和布瑞市，在林堡省首府哈瑟尔特市召开城市旅游推介会，赴欧盟总部所在地布鲁塞尔拜访国际协会联合会、中国驻欧盟使团、欧盟贸易委员会专员，与欧盟地区委员会商谈城镇化合作事宜，向众多国际组织推介扬州。

22日 省委、省政府在南京召开省科学技术奖励大会，表彰2012年度省科学技术奖获奖人员和江苏省国家科学技术奖获奖人员。大会颁发199项省科学技术奖。扬州市有16个项目获奖，获奖数位居全省第三。其中程顺和获全省最高科技奖——省科学技术突出贡献奖。

△ "2012年扬州十大经济新闻人物"颁奖典礼举行。

23日 2013年扬州市暨广陵区"学习雷锋好榜样"志愿者集中行动启动。

25日 市政府召开扬州市工艺美术大师命名表彰大会，授予56人"扬州工艺美术大师"称号。

26日 扬州廉政文化展示馆开馆。

27日 扬州市举行重大项目集中开工活动，6个县(市、区)和扬州经济技术开发区、化工园区13个重大项目分别举行开工仪式。

△ "清风扬州"讲坛在扬州廉政文化展示馆首次开讲。

△ 省政府授予扬州市"2003年至2012年绿色江苏建设生态创建成就奖"，授予仪征市"绿色江苏建设突出贡献奖"。

3月

2日 扬州市新一届全国人大代表集中启程赴北京参加十二届全国人大一次会议。

2—9日 扬州市在日本、韩国开展专题招商活动。

4日 世界旅游城市联合会(WTCF)发函，扬州与伦敦、雅典、爱丁堡等8个海外著名旅游城市被正式吸纳为该组织城市会员。

6日 全市53名重大项目秘书上岗。

9—10日 河南省鹤壁市委书记丁巍率党政代表团到扬州，就城市建设与管理、旅游发展、项目建设、产业转型升级以及文化名城建设与古城保护等课题进行专题考察。

11日 启扬高速公路槐泗出入口正式更名为"瘦西湖"，与瘦西湖路连接，成为扬州对外交通标志性通道。

12日 2013年全省工资集体协商春季要约行动启动仪式暨工资集体协商现场会在江都举行，向全省推广扬州工资集体协商经验。

13日 全国人大代表、市委副书记、市长朱民阳做客新华网《两会访谈》节目，与网友进行在线交流。

18日 扬州市与清华大学在北京签署全面合作协议。

19日 市人大常委会召开主任会议，听取市政府关于贯彻执行国务院《宗教事务条例》等情况的汇报。

20日 扬州市与省科技厅签署2013年及下一阶段厅市工作会商协议，共同推进扬州国家创新型城市、高新技术产业开发区等建设。

△ 全市科技创新大会召开。

△ 市长朱民阳会见到扬州访问的意大利里米尼市市长安德烈·纳西一行。

△ "美好江苏"春季旅游产品发布会在泰州举行，扬州3条旅游线路入选"极具江苏地方特色的春季线路"。

21日 扬州市召开领导干部大会，传达贯彻全国"两会"精神。

△ 市委、市政府在仪征召开全市农村工作会议。

22日 市政府召开全市招商引资和重大项目建设督查推进会，督查一季度招商引资和重大项目建设情况，研究部署二季度工作。

24日 由教育部、科技部共同主办的"春晖杯"中国留学人员创新创业大赛在扬州举行视频对接洽谈会。

24日至4月1日 市长朱民阳率市政府考察团赴墨西哥墨西哥城、坎昆，美国迈阿密、圣安东尼奥、西雅图、旧金山等地，围绕建设世界名城主题，考察调研城市建设管理和古城保护工作。

25—26日 2013年大运河保护和申遗工作会议、省部际会商小组办公室会议在扬州召开。

26—27日 市政协主席洪锦华带队赴泰州、南通考察企业转型升级、新兴产业发展等工作。

28日 以加利福尼亚州共和党联邦众议员达文·努涅斯的联络主任和外交政策顾问雅各布·兰格为团长的美国国会助手代表团一行到扬州访问。

28—29日 市七届人大常委会举行第六次会议，听取市政府关于全市城乡最低生活保障工作情况的汇报，通过《扬州市人民代表大会常务委员会关于加强市级财政预算审查监督的暂行规定》和《扬州市人民代表大会常务委员会关于加强审计监督的规定》。

29日 第二届"创业中华·创新江苏"侨资侨智对接交流会启动仪式在扬州举行，美国、加拿大、英国、德国、澳大利亚等15个国家和地区的100多名侨商企业家和侨界专业人士参加交流会。

△ 市农业考察团赴浙江台州考察招商。由市政府主办、仪征市政府承办的海峡两岸(扬州)农业合作试验区商机说明会在台州举行。

△ 最高人民检察院检察长曹建明到扬州市江都区人民检察院调研机构改革情况。

△ 中国红十字会总会首家托老所——扬州曜阳琼花观社区托老所通过验收，正式投入运营。

4月

1日 扬州市在革命烈士陵园举行凭吊革命先烈活动。

△ 扬州市举行纪念江上青烈士创建皖东北抗日根据地75周年座谈会。

△ 东关街正式试行步行街管理。

3日 省委书记罗志军到高邮、宝应调研。

6日 广东省梅州市委书记朱泽君、市长谭君铁率党政代表团到扬州考察古城建设与保护、旅游业及文化事业发展理念与成效。

8日 由扬州亚星客车股份有限公司、扬州大学等单位联合发起的扬州汽车及零部件产业技术创新战略联盟成立。

8—9日 台湾正修科技大学校长龚瑞璋率博士、企业家团队到扬州考察交流。

9日 市委书记谢正义主持召开县(市、区)委书记座谈会,督查"4·18"重大签约、开工、投产项目,分析研究一季度经济形势,部署安排二季度工作任务。

△ 副省长曹卫星到扬州调研大运河保护申遗工作。

△ 市长朱民阳会见到扬州访问的纳米比亚霍马斯省省长罗拉·麦克劳德一行。

10日 市委书记谢正义会见美国探索频道《生活科技大解密》节目制片人兼导演艾玛·马丁斯一行。

△ 省高级人民法院院长、党组书记许前飞率队到扬州调研司法工作。

10—15日 省委书记罗志军到高邮市八桥镇金港村,进行"三解三促"(了解民情民意、破解发展难题、化解社会矛盾,促进干群关系融洽、促进基层发展稳定、促进机关作风转变)驻点调研。

12日 位于市区玉器街1号的扬州工艺品交易中心暨江苏文化产权交易所扬州版权登记中心揭牌。

12—16日 第48届全国工艺品交易会暨第八届中国玉石雕精品博览会、2013中国漆器艺术精品展在扬州国际展览中心举行。

13日 历时10个月的扬州市第六届"运河情"中小学生体育艺术节暨首届广陵国际"童玩节"开幕。

14日 市委书记谢正义做客中央电视台中文国际频道《城市一对一》节目,与扬州国际友好交往城市——意大利里米尼市市长安德烈·纳西进行面对面交流。

4月21日,省长李学勇到高邮市调研南水北调工程建设和水质监测情况 王 卓/摄

15日 省委书记罗志军就深化沿江发展、加快苏中崛起到扬州调研。省委常委、常务副省长李云峰,省委常委、秘书长樊金龙参加调研。

△ "2013'金凤凰杯'创新产品设计大奖赛""2013'百花玉缘杯'中国玉石雕精品奖""2013'百花漆花杯'中国漆器艺术精品奖"三大评比结果揭晓,扬州共有182件作品获奖,其中33件作品获金奖。

17日 市委书记谢正义会见国际盆景协会主席托马斯·伊莱亚斯等到扬州参加2013国际盆景大会的嘉宾。

△ 新万福路工程开工。

△ 海峡两岸(扬州)农业合作试验区项目签约暨广陵美丽田园乐活节活动在扬州现代农业展示中心举行。

△ "院士专家扬州行"活动启动。

18日 2013中国扬州"烟花三月"国际经贸旅游节暨国际盆景大会在东关街街南书屋开幕。

4月11日,省委书记罗志军在高邮市八桥镇金港村与老党员、老村干部姚长友促膝交谈 于先云/摄

△ 2013中国扬州"烟花三月"国际经贸旅游节产业推介暨重大项目集中签约、开工、投产仪式在广陵新城京杭之心举行。

△ 国际盆景协会成立50周年庆典在扬州举行。

△ 2013中国扬州全国重点高校院所智能装备科技成果发布洽谈会在扬州会议中心举行。

△ 上海大众汽车有限公司仪征分公司生产的首款斯柯达品牌车"昕锐"全球首发。

20日 2013国际盆景大会《扬州宣言》碑揭幕仪式举行。2013国际盆景大会纪念岛对外开放。

21日 省长李学勇到高邮市调研南水北调工程建设和水质监测情况。

△ 面向55个国家同步直播的"中国海运杯"2013中国扬州鉴真国际半程马拉松赛暨2013全国半程马拉松锦标赛在扬州举行。

△ 2013中国扬州软件和信息服务外包大会暨"云计算与电子商务"发展论坛在街南书屋举行。

22—23日 市人大常委会组织部分委员专题视察扬州市重点民生工作。

25日 市委书记谢正义在扬州报业传媒集团会见中国作家协会副主席高洪波、李存葆等中国作家采风团一行。

△ 省人大常委会副主任刘永忠一行到扬州调研指导促进企业技

术进步工作。

△ 由扬州市个园管理处投资拍摄的电视音乐艺术片《梦里个园》获第46届休斯敦国际电影电视节电视片旅游类金奖，即“worldfest雷米奖”。

△ 商务部办公厅复函，同意在扬州市开展“三把刀”服务创新试点工作。

25—26日 亚欧会议未来发展方向研讨会在扬州举行。

26日 市委书记谢正义会见到扬州考察的扬州援疆对口支援单位新疆伊犁哈萨克自治州新源县党政代表团一行。

△ 扬州市召开庆“五一”建功立业表彰大会。

△ 市人大常委会召开主任会议，听取市政府关于市区住宅小区物业服务管理情况的汇报等。

△ 由团市委、市教育局、市科学技术协会、市少先队工作委员会等联合举办的扬州市少年科学院首届小院士颁证仪式在树人学校报告厅举行，20名中小学生成为小院士。

27日 市政府召开全体（扩大）会议，贯彻省政府全体会议精神，分析经济形势，部署安排二季度主要工作。

△ 市政府召开全市重大项目招引工作动员会。

△ 市政协召开七届八次主席会议，就“推进基本公共教育均等化”与市政府协商。

△ 全市首家示范性社会组织孵化基地——扬州市社会公益创投中心（扬州市社会组织培育发展中心）揭牌。

28日 国内最大、设施设备最先进的1万标准箱集装箱船在江都区中海运集团江苏造船基地开工建造。

△ 2012年度扬州十件大事评选结果揭晓，扬州泰州机场通航、鉴真半程马拉松赛成为国际田联金标赛事等入选。

29日 国内外81家高校院所的147名博士与邗江区集中签约20个产学研合作项目。

5月

1日 江苏牧羊集团新厂区投产。

2日 市委、市政府邀请市区101名耄耋老人参加第五次“百寿宴”活动。

△ 市委书记谢正义主持召开市委常委会，研究并审议通过《“三直接”十大环节操作规范》。

△ 2013年江苏省老年人体育节扬州分会场启动。

3日 第九届“扬州市十大杰出青年”颁奖典礼举行。

△ 国务院公布第七批全国重点文物保护单位名单，扬州市8处文物古迹名列其中，大运河与第六批全国重点文物保护单位京杭大运河合并成为全国重点文物保护单位。

△ 市人大常委会组织部分委员视察江都区经济薄弱村发展集体经济和创业引导工作情况。

4—7日 2013中国扬州两岸素食文化暨绿色生活名品博览会在扬州鉴真图书馆举行。

5日 由中央精神文明建设指导委员会办公室（简称文明办）主办的2013年保护京杭大运河志愿服务行动启动仪式在扬州举行。

6日 由教育部主办，省教育厅和扬州大学承办的教育部第11次对发展中国家教育援外工作会议在扬州召开。

6—7日 扬州市残疾人联合会第五次代表大会召开。

6—12日 市政协举行2013年度政协委员联系群众“界别活动周”活动。

7日 全球最大的LED（发光二极管）二次光学透镜生产商——雷笛克光学有限公司扬州工厂正式投产。

8日 副省长徐鸣带队到扬州督查农作物秸秆综合利用情况。

10日 扬州市在扬州廉政文化展示馆举行“5·10”党风廉政教育日活动。

10—11日 全国政协副主席、致公党中央主席、科技部部长万钢率致公党中央考察团到扬州考察调研科技创新和农业现代化建设工作。

△ 2013江苏省产学研专场对接洽谈会——智能制造装备技术专题洽谈暨扬州市科技合作展示洽谈会举行。

11—12日 国家农业综合开发办公室主任王光坤一行到扬州，专题视察江都和高邮农业综合开发项目。

13—14日 市委书记谢正义，市委副书记、市长朱民阳分别带队赴上海拜访大型企业集团、知名高校、科研院所，并在上海举办2013年中国扬州“科技创新·产业合作”推介会。

15日 市人大常委会召开主任会议，听取市检察院关于全市检察机关预防职务犯罪工作情况的汇报等。

△ 扬州市中小企业服务大厅、融资超市揭牌。

16日 2013中国扬州汽车产业专家咨询暨招商推介会举行。

16—17日 文化部部长蔡武，文化部副部长、国家文物局局长励小捷到扬州调研大运河保护和申遗工作。

17日 2013中国扬州（长三角地区）民资产业对接招商恳谈会在上海举行。

19日 中国旅游日江苏分会场暨扬州市旅游惠民活动启动仪式在宋大城东门遗址广场举行。

△ 北京新东方扬州外国语学校举行建校10周年庆祝活动。

△ 江苏省粮食科技活动周启动仪式在扬州市文昌广场举行。

20日 宿迁市委书记蓝绍敏、代市长王天琦率宿迁市党政代表团到扬州考察。

21—27日 市长朱民阳率考察团赴台湾考察，并举行扬州（台北）合作恳谈会。

22日 扬州市与微软（中国）有限公司签署战略合作备忘录。

24日 全国供销合作总社党组书记、理事会主任王侠率调研组到扬州，调研扬州市供销社系统体制机制改革以及提升为农服务能力情况。

28—29日 以“绿色设计·美丽中国”为主题的2013世界绿色设计论坛扬州峰会暨首届扬州设计节举行。

28—29日　泰州市市长徐郭平率党政代表团到扬州考察亮化工程建设。

29日　扬州市正式启动打击保健食品“四非”(非法宣传、非法经营、非法添加、非法生产)专项行动。

△　扬州市举行“大爱飞扬·快乐成长”——“感动扬城·爱心妈妈”颁奖典礼暨蒲公英关爱行动启动仪式,关爱留守儿童和特困女童的10名“感动扬城·爱心妈妈”受到表彰。

30日　南水北调东线一期工程江苏段试通水。

30—31日　市七届人大常委会举行第七次会议,听取市政府关于推进科技创新载体建设情况的汇报、关于推进新一轮“绿杨城郭新扬州”三年行动计划情况的汇报。

31日　由民营企业江都建设集团总裁、英成集团董事长褚勤出资3000万元设立的英成教育基金在扬州中学启动。

△　市政协召开七届九次主席会议,就“完善扬州市区域科技创新体系”与市政府进行协商讨论。

31日至6月1日　第八届中法市长圆桌会议在扬州举行,会议主题为“建设美好城市”,13个法国城市和22个中国城市的市长或代表参加会议。

6月

2—3日　省委、省政府在扬州召开全省苏中发展工作会议。

△　副省长毛伟明率省政府办公厅、省住房和城乡建设厅、省经信委、省国税局等部门负责人在扬州实地调研建筑业发展情况。

4—5日　河北省承德市委书记郑雪碧、市长赵风楼率党政代表团到扬州,就经济发展、城市建设、产业培育、开放招商等方面进行考察。

6日　以“推动城乡发展一体化、促进城乡共同繁荣”为主题的“省政协委员活动日”活动在扬州举行。

8日　市文物局、市申报世界文化遗产办公室等部门举行纪念活动,庆祝第八个“中国文化遗产日”。市大运河保护志愿者总队成立。

9日　市政协召开民主协商会,就委员联系群众“界别活动周”期间收集到的社情民意进行民主协商。

13日　扬州市召开企业技术改造协调推进会暨“122”技改项目银企签约活动。

14日　扬州市与意大利威尼斯市签署建立友好交往城市关系备忘录。

15日　全市妇女工作会议召开。

△　新编大型历史古装扬剧《衣冠风流》首场汇报演出在扬州大剧院举行。

17日　扬州市法治评议团成立仪式暨首次法治评议活动举行。

△　扬州市2013年食品安全宣传周暨文明餐桌行动启动仪式举行。

△　2013中国酒店业发展高层论坛与主题报告会在京杭会议中心举行。

17—18日　市委书记谢正义,市委副书记、市长朱民阳分别率队赴北京拜访相关国家部委和中央企业。

20日　市政协召开七届五次常委会,就“双高”(高层次、高技能)人才的引进和培养进行专题协商。

20—21日　市委书记谢正义率党政代表团赴黑龙江省哈尔滨市考察,学习借鉴该市城市规划、建设、管理和科技创新、旅游开发等方面的经验与做法。21日,在哈尔滨市举办2013中国扬州“科技创新·产业合作”推介会。

21日　第四届“海外留学人员江苏行”考察活动在扬州举行。

25日　甘肃省嘉峪关市委副书记、组织部长王锋率党政代表团到扬州,就城市建设与管理、旅游发展、社会管理、文化名城建设与古城保护等进行专题考察。

25—27日　市委副书记、市长朱民阳率扬州招商团赴韩国考察,并在首尔举行扬州(首尔)合作恳谈会、崔氏后人合作恳谈会。

28日　由市委、市政府主办,市纪委、市监察局、市文化广电新闻出版局、扬州报业传媒集团和扬州广电传媒集团承办的“清风扬州”勤廉事迹专场文艺演出在大剧院举行。

28日至7月2日　市委副书记、市长朱民阳率扬州招商团赴日本考察,并在东京举行扬州(东京)合作恳谈会。

29日　市委召开庆祝中国共产党成立92周年座谈会。

7月

1日　省政府与中国航空工业集团在南京签署《关于宝胜集团有限公司项目合作框架协议》,扬州市与中航工业全资子公司中航机电系统有限公司签署《重组宝胜集团有限公司协议》。

2日　《中共扬州(泰州)地方史(1949—1978)》出版首发仪式举行。

4日　中央人民广播电台《华夏之声》《香港之声》栏目联合内地及港澳25家电台共同推出的大型直播节目《城市新跨越》走进扬州,与扬州人民广播电台共同直播《诗意古城,华彩扬州》。

5日　扬州市与全国第一个国家级高新技术产业开发区、第一个国家自主创新示范区——中关村签署战略合作框架协议。

△　市长朱民阳会见到扬州考察的印度驻上海总领事史耐恩。

5—10日　市政协主席洪锦华赴扬州援疆对口支援单位——新疆伊犁哈萨克自治州新源县,视察、督查援建工作,慰问全体援疆干部。

7日　下午5时10分左右,高邮市三垛、卸甲、司徒、横泾等镇遭受龙卷风袭击,49人受伤,500多户房屋及部分树木、农作物、供电和通信设施受损。

8日　市委书记谢正义、市长朱民阳分别会见法国驻上海总领事卢力捷率领的法国企业家代表团。

△　浙江省湖州市委书记马以、市长金长征率党政代表团到扬州,就工业经济、城市建设等进行考察。

△　云南省德宏州州长龚敬政率政府代表团到扬州考察旅游业发展、古代文化资源保护利用与开发以及产业发展情况。

9日　上海大众斯柯达第100万辆轿车在扬州下线。

10日　国务院法制办副主任夏勇、国务院南水北调办公室副主任张野率队到扬州，就《南水北调供用水管理条例（征求意见稿）》开展立法调研。

△ 市文明办、市教育局、市妇联、市科协、扬州报业传媒集团、扬州广电传媒集团（总台）共同主办的“七彩的夏日——未成年人暑期活动”启动。

△ 《扬州市志（1988—2005）》稿通过省地方志办公室组织的终审。

11—25日 由国家体育总局棋牌运动管理中心主办、扬州报业传媒集团与市体育局承办的2013全国围棋段位赛定段组比赛在扬州举行。

12日 市人大常委会召开主任会议，听取市政府关于贯彻落实国家和省中长期教育改革和发展规划纲要情况的汇报。

△ 国家文物局网站发布《大遗址保护“十二五”专项规划》。扬州城遗址等25项重点保护展示工程被列入规划。

13日 生物芯片上海国家工程研究中心生物样本库扬州分中心、上海分子医学工程技术研究中心扬州分中心正式成立并举行揭牌仪式。

16日 无锡市政协主席周敏炜率考察团到扬州，考察城市建设、环境整治及政协工作等。

16—19日 市委常委、常务副市长丁纯，市委常委姚苏华率现代服务业招商团赴香港，进行专题招商活动，并在九龙塘创新中心举行科技项目及人才推介会。

18日 市委副书记、市长朱民阳主持召开市政府常务会议。会议研究并通过《关于深化医药卫生体制改革2013年主要工作安排》《关于加快交通发展的意见》《关于扬州市“十二五”旅游业发展的意见》《关于加快旅游度假区建设的实施意见》《关于扬州市城市环境综合整治行动实施方案》《关于扬州市水利现代化规划（2011—2020）》。

△ 市长朱民阳会见到扬州考察的韩国首尔半导体株式会社社长崔载彬一行。

19日 江苏部分全国人大代表到扬州就城镇化及村庄环境整治情况进行专题调研。

△ 市长朱民阳会见韩国国会议员崔载千率领的韩国文化交流团一行。

20—21日 市委、市政府组织重大项目建设暨民生幸福工程观摩活动。

22—23日 扬州市在新加坡举行现代服务业推介会，并举行科技人才项目合作交流专题活动和金融服务业恳谈会。

23日 市政协召开七届十次主席会议，就“整合旅游资源，建设旅游名城”与市政府进行协商讨论。

25日 中共扬州市第六届委员会第五次全体会议在扬州举行。

28日 2013首届中国（国际）琴筝乐舞艺术节在扬州举行颁奖仪式。

29日 市委副书记、市长朱民阳主持召开市政府常务会议，研究并通过《关于调整扬州市区及各县（市）最低工资标准类别的方案》《关于加强统计基层基础工作的实施意见及全市统计工作会议方案》《关于扬州市行政效能问责暂行办法》《关于扬州市气象灾害防御实施办法》。

29—30日 市七届人大常委会举行第八次会议，通过关于批准扬州市2012年市级财政预算的决议，通过关于切实加强“七河八岛”区域生态环境保护的决议，任命祁小夏为副市长。

30日 市委副书记、市长朱民阳赴南京考察联创科技集团股份有限公司。

△ 全省法治城市创建工作会议在南京召开，扬州市被表彰为全省首批法治城市创建工作先进市，并获“全国法治城市创建活动先进单位”称号。

30—31日 市委书记谢正义，市委副书记、市长朱民阳率队赴上海拜访相关中央企业、园区和科研院所。

31日 市委书记谢正义，市委副书记、市长朱民阳赴省军区走访慰问。

△ 2013年全市选聘的225名大学生村官赴基层任职。

8月

1日 市委常委议军会暨人武部党委第一书记述职报告会召开。

2日 扬州空港新城党工委、管委会挂牌成立。

△ 市委书记谢正义会见到扬州考察的雨润集团董事局主席祝义财一行。

3日 南京都市圈第一届党政领导联席会议在南京召开。会议审议通过《南京都市圈区域规划》并联合上报。会上，南京都市圈城市发展联盟成立，南京都市圈党报联盟同时揭牌。

5—6日 省“六五”普法中期检

8月3日，市委书记谢正义参加南京都市圈第一届党政领导联席会议暨南京都市圈城市发展联盟成立大会　　王　卓/摄

查组到扬州考核“六五”普法工作。

12日 由中央文献出版社出版的《江泽民与扬州》画册在扬州举行首发式。

13日 省委常委、常务副省长李云峰到扬州就推进扬州跨江融合发展综合改革试点进行专题调研。

15日 全市首家港资银行汇丰银行(中国)有限公司扬州分行正式开业。

△ 市长朱民阳会见以色列英飞尼迪投资集团总裁高哲铭一行。

△ 省人大常委会副主任张艳到扬州开展“代表接待日”活动。

16日 市长朱民阳率队到北京拜访国务院国有资产监督管理委员会及相关中央企业、中关村。

18日 扬州市举行“8·18”重大项目集中开工活动，共有16个重大项目开工，总投资176.95亿元。

△ 市委书记谢正义、市长朱民阳分别会见完美(中国)有限公司董事长古润金一行。

△ 由中国城市发展研究会完成的《中国城市创新报告(2013)》发布，扬州综合创新能力列地级市第19位。

21日 市政协召开七届十一次主席会议，与市政府协商讨论“推进城区公共体育设施建设和共享”。

23—30日 市政协主席洪锦华带队先后赴大庆、齐齐哈尔、长春、沈阳等地，走访调研扬州市在东北市场的建筑、装饰工程项目，慰问扬州建筑队伍。

27日 国家发展和改革委员会印发《关于连淮扬镇铁路项目建议书的批复》。

27—28日 市长朱民阳率队到上海拜访一批驻上海跨国大企业、大集团，上门推介，登门招商。

28日 扬州市举行纪念扬州实施希望工程20周年暨2013圆梦行动助学金发放活动，现场向各县(市、区)和市直中学代表发放助学金108.7万元，帮助考入大学的贫困学子圆大学梦。

29日 全国工商联在北京发布2013中国民营企业500强名单，江苏江都建设集团、江苏邗建集团、宝胜科技创新股份有限公司3家扬州企业分别位居榜单第198位、第286位和第435位。

30日 市委书记谢正义、市长朱民阳率市党政代表团到上海学习考察。中共中央政治局委员、上海市委书记韩正会见代表团一行。

8月30日，市委书记谢正义、市长朱民阳率市党政代表团参观上海紫竹高新区　　王　卓/摄

30—31日 市委书记谢正义率队赴浙江乌镇专题考察旅游业发展情况。

31日 中国企业联合会、中国企业家协会发布2013中国企业500强榜单，中石化仪征化纤股份公司、宝胜科技创新股份公司入选。

9月

3日 市委、市政府召开全市创新型城市建设推进大会。

5日 2013世界历史城市联盟理事会在扬州召开。

6日 湖南金荣集团与扬州高新技术产业开发区签订扬州科技园项目开发建设协议，总投资50亿元。

△ 2013中国玉(石)器“百花奖”评选活动在北京落幕，扬州共获11个金奖、15个银奖、15个铜奖。

8日 反映中国城市商业信用环境状况和各地社会信用体系建设情况的“中国城市商业信用环境指数(CEI)”在北京发布，扬州以78.435分在全国250个地级市中位居第二。

10日 扬州市召开第29个教师节庆祝大会。

13日 “2013海外专家扬州行”在扬州经济技术开发区启动。中国科协海智计划扬州工作基地挂牌，江苏省扬州市广陵区海智工作基地揭牌。

16日 副省长曹卫星一行到扬州调研文化创意产业。

△ 市人大常委会召开主任会议，听取市政府关于《江苏省非税收入管理条例》贯彻执行情况的汇报、市人大常委会财经工委关于扬州市贯彻执行《江苏省非税收入管理条例》的情况汇报和调研建议等。

17日 市长朱民阳会见到扬州访问的意大利驻华大使白达宁一行。

18日 市委书记谢正义会见到访的全国人大常委会委员、中国神华能源股份有限公司独立非执行董事范徐丽泰一行。

△ 扬州市举行江上青烈士史料陈列馆等新一批市级爱国主义教育基地授牌仪式，并启动“坚定理想信念 凝聚精神力量——走进爱国主义教育基地”集中教育活动。

21日 扬州市首个脑科中心——苏北人民医院脑科中心成立。

△ 第二届中国公益慈善项目交流展示会在深圳会展中心开幕，扬州市慈善总会获“2013年度慈善透明卓越组织”奖。

22—23日 省政协副主席麻建国率调研组到扬州专题调研科技创新生态环境建设情况。

23日 2013年“日本名企扬州行”合作恳谈会举行。

24日 市委书记谢正义会见到扬州参加2013中国扬州世界运河名城博览会的欧盟地区委员会主席瓦尔卡塞尔一行。

△ 市长朱民阳会见到扬州访问的荷兰北布拉邦省省长范德东克一行。

△ 市长朱民阳、市政协主席洪锦华会见以马达加斯加驻华大使维

克托·希科尼纳为首的非洲使节团。

△ 江苏省暨扬州市“儿童安全守护进校园”启动仪式在扬州市花园小学南校区举行。

25日 市委书记谢正义、市长朱民阳会见中国太平洋经济合作理事会会长唐国强、欧盟地区委员会主席瓦尔卡塞尔等到扬州参加世界运河名城博览会的中外嘉宾。

26日 2013中国扬州世界运河名城博览会开幕。

△ 2013中国扬州世界运河名城博览会举行主题论坛，与会领导、嘉宾围绕“水生态、水文明与名城”主题进行交流和探讨。市长朱民阳作《扬州水生态文明建设的初步实践》主题演讲。

△ 第四届全国道德模范座谈会在北京举行，“扬州好人”李彬获“全国孝老爱亲道德模范”提名奖。

27日 市委书记、市人大常委会主任谢正义会见韩国丽水市议会议长朴正采一行。

△ 市长朱民阳会见日本唐津市市长坂井俊之一行。

28日 扬州市中小民营企业促进会成立。

29日 扬州市在武汉举行“科技创新·产业合作”推介会。

△ 科技部办公厅、国家标准委办公室下发《关于开展智慧城市试点示范工作的通知》，扬州成为全国20个“智慧城市”试点城市之一。

30日 市委召开2013年县处级党政主要负责人廉洁从政情况汇报会。

10月

1日 扬州市在革命烈士陵园举行升国旗仪式。

8日 扬州市政府与扬州大学签署全面合作协议。

9日 副省长许津荣率相关部门负责人，到永丰余造纸(扬州)有限公司专题调研永丰余秸秆综合利用造纸项目。

10日 国内装备制造业龙头企业山东重工·潍柴动力在扬州发布长三角战略，并为潍柴亚星生产的新款客车揭幕。

△ 2013“海外江苏之友”扬州行活动推介会举行。

12日 “‘扬建杯’我最喜爱的扬城十大建筑”评选结果揭晓，扬州泰州机场等被评为“我最喜爱的扬城十大建筑”。

13日 第二届江苏省“百名美德少年”和“十大美德少年标兵”评选结果揭晓，扬州市共有8人入选“百名美德少年”，江都区仙女镇砖桥小学丁伟获“十大美德少年标兵”称号，扬州工人子弟小学李肖亚获“美德少年特别奖”。

14日 市长朱民阳会见到扬州参加“中韩友好交流活动日”活动的以韩国驻上海总领事具相灿为首的韩国驻上海总领馆代表团一行、以庆州市市长崔良植为首的韩国庆州市友好代表团一行、以崔氏宗亲会会长崔炎为首的崔氏宗亲会团干一行。

△ 环保部公布第六批全国生态文明建设试点地区名单，扬州市以及邗江区、江都区、宝应县、高邮市、仪征市同时入选。

15日 扬州市在北京举办2013江苏扬州—中央企业合作签约大会和“中关村—扬州”企业合作恳谈会，两场活动共签约项目49个，总投资284.8亿元。

△ 扬州市政府与人民银行南京分行共同举行农村信用体系试验区共建仪式暨银农授信签约活动，双方签署《共建农村信用体系试验区合作备忘录》。

17日 扬州公共外交协会成立。

△ 新疆伊犁州党委常委、组织部长张新生率考察团到扬州，交流第七批援疆干部人才工作情况，对接第八批干部人才援疆工作。

18日 全球最大数控钣金机床和工业激光器生产商之一的德国通快集团与江苏金方圆数控机床有限公司在扬州签约合资。

△ 2013年“台湾企业扬州行”合作恳谈会举行。

18—19日 第六届中国邮文化节在高邮举行。

21—24日 第九届中国音乐金钟奖古筝比赛暨第七届中国古筝艺术学术交流会在扬州举行。

22日 2013扬州企业家高端讲座在京杭会议中心举行。

23日 省委书记罗志军到扬州专题调研深化改革问题，先后召开发展改革和文化工作座谈会。

23—24日 市政协主席洪锦华率部分在扬州的省政协委员到南通，考察学习该市经济发展和城市建设经验。

25日 市长朱民阳会见到扬州访问的澳大利亚巴拉瑞特市市长约翰·博特一行。

26日 市委书记谢正义率各县(市、区)、功能区主要负责人和相关部门负责人到宝应县督查、推进重大项目建设。

△ 江苏省第三届学生阳光体育节暨第七届阳光体育冬季长跑活动启动仪式在宝应中学举行。

27日 省长李学勇到高邮、江都等地，专题调研生态文明建设以及秋收秋种、南水北调试运行情况。

29日 市政协召开七届十三次主席会议，就“实施‘六五’普法规划，加强法治文化建设”与市政府进行协商讨论。

29—30日 省人大常委会副主任张艳率队到扬州，开展《江苏省长江水污染防治条例》执法检查。

11月

3—5日 市委书记谢正义率相关部门负责人赴深圳考察交流。

4日 西班牙前首相冈萨雷斯及夫人、新加坡前外交部长杨荣文及夫人等到扬州访问。

△ 韩国釜山海云台区代表团到扬州访问。

7日 市委书记谢正义率扬州市部分高中校长到南通市海安中学、海门中学，就进一步加强高中教育进行专题考察。

8日 扬州市举办人大代表与选民“统一见面日”活动。

9日 第二届全国网络媒体创新发展论坛在北京举行，扬州网获“全国地方网站最具影响力品牌奖”。

11日 市委召开工会工作会议。

12日 省委常委、纪委书记弘强到扬州调研经济社会发展以及党风廉政建设工作情况。

△ 市委召开全市宣传思想工作会议。

15日 省群众性精神文明建设先进单位暨第二届“江苏最美乡村”表彰会在南京召开，高邮菱塘回族乡菱塘村和仪征月塘镇尹山村入选“江苏最美乡村”。

△ 科技部公布2013年全国县市科技进步考核先进名单，扬州连续第五次获“全国科技进步先进市”称号。

16日 中国考古学会在扬州召开新闻发布会，确认2013年3月在扬州市西湖镇司徒村曹庄一房地产建设项目中发现的两座砖室墓，是隋炀帝杨广与萧皇后最后的埋葬之地。

18日 第14届“江苏省十大杰出青年”评选结果揭晓，江苏京沪高速公路有限公司扬州清障一大队副大队长李通入选。

20日 扬州首个玉雕“义工教授工作站”挂牌成立。

21日 市政协召开七届十四次主席会议，就“加强住房保障，助推幸福扬州”与市政府进行协商讨论。

28日 市政协举办2013年度“政协论坛”，围绕“做大做强基本产业，夯实名城建设基础”展开专题研讨。

29日 市七届人大常委会举行第十次会议，听取市政府关于“七河八岛”空间管制规划相关情况的汇报、关于《扬州市国民经济和社会发展第十二个五年规划纲要》实施情况的汇报等。

12月

2日 两家世界500强企业——日本日清纺控股公司和德国大陆公司在扬州签署协议，共同投资1亿美元在江都建设汽车EBS阀块项目。

3日 由市名城建设有限公司负责建设、扬州意匠轩园林古建筑营造有限公司施工的“双东”（东关街、东圈门）历史街区街南书屋修复工程，被中国风景园林学会授予2013年度“优秀园林古建工程”金奖。

△ 中央电视台综艺频道《2013年度温暖中国·寻找身边好人》颁奖典礼在北京举行，“扬州好人”李彬获“温暖中国人物”奖。

4—5日 市委书记谢正义、市长朱民阳、市政协主席洪锦华率扬州市党政代表团赴连云港、徐州、宿迁考察，学习借鉴城市建设、园区开发、项目建设等方面的做法与经验。

5日 2012—2013年度中国建设工程“鲁班奖”表彰大会在北京举行，江苏华建建设股份有限公司承建的秦皇岛数谷大厦工程和深圳卓越皇岗世纪中心2号楼工程、参建的济南恒隆广场，江苏江都建设集团有限公司建造的中国农业银行东单办公楼南楼和汇鑫花园获“鲁班奖”。

6日 吉林大学江苏省苏北人民医院研究生培养实践基地揭牌。

△ 首批“青奥之旅”指定接待景区、推荐景区授牌仪式在扬州举行。扬州瘦西湖风景区、个园、仪征红山体育公园入选20家青奥会指定接待景区，仪征博物馆成为“青奥之旅”推荐景区。

7日 扬州首家社区银行——江苏银行联谊支行社区银行挂牌成立。

9日 国内B2B（电子商务的一种模式，即企业与企业之间通过互联网进行产品、服务及信息的交流）行业排名第二位的扬州电子商务运营商——金泉网在伦敦证券交易所AIM板（创业板）挂牌上市。

△ 2013中国（国际）休闲发展论坛在北京发布“第三届中国十大休闲城市”榜单，扬州市连续第三次入选“中国十大休闲城市”。

9—10日 河南开封市委书记祁金立、市长吉炳伟率党政代表团到扬州考察旅游、城市水环境打造等情况。

10日 全长1275米的瘦西湖隧道主体盾构工程顺利贯通。这是世界上最大直径单管双层盾构隧道，也是新中国成立以后扬州投资规模最大的单体城建项目。

△ 市政府与启迪控股股份有限公司签署全面合作战略框架协议，并举行启迪扬州科技新城项目签约仪式。

12日 省委宣讲团在扬州举行中共十八届三中全会精神宣讲报告会。

13日 市委常委会成员集体到江都区，对该区“撤市设区”两年来的经济社会发展情况，尤其是加快融合发展进展情况等进行系统专题调查研究，并现场办公协调解决发展难题。

16—18日 由联合国经济和社会事务部、扬州市政府主办的联合国“可持续城市及可持续城镇化”高级研讨会在扬州举行。

18日 总投资105亿元的江苏华电扬州发电有限公司煤改气项目正式启动。

18—19日 省人大常委会副主任刘永忠率队到扬州，调研推进农村土地流转和发展家庭农场等方面情况。

20日 市第五届哲学社会科学学术年会县（市、区）专场暨主会场会议在仪征召开，围绕“推动跨江融合，建设世界名城”进行交流研讨。

△ 2013年中国马拉松年会在海南儋州举行，扬州鉴真国际半程马拉松赛第二次被评为中国田径协会金牌赛事。

21日 2013年度扬州科学技术奖评选结果揭晓，81个项目获奖。

23日 对外经济贸易大学国际化人才培训基地在扬州揭牌。

23—24日 市委、市政府组织重大项目建设暨民生幸福工程观摩活动。

25日 中共扬州市第六届委员会第六次全体会议在扬州举行。全会审议通过《中国共产党扬州市第六届委员会第六次全体会议决议》《中共扬州市委关于全面深化改革、推进跨江融合发展的意见》。

26日 整合原市公交总公司和扬州汽车运输集团时代公交公司组建的扬州市公共交通集团公司揭牌成立。

28日 省三级传染病医院揭牌仪式在苏北人民医院新区分院举行，苏北人民医院新区分院成为扬州市唯一三级传染病专科医院。

31日 扬州重大城建项目新万福路建设工程西段（史可法路—运河北路）全线通车。

中共扬州市委员会

Zhonggong Yangzhoushi Weiyuanhui

编　辑　樊庆道

重要会议

市委六届五次全会　7月25日，中共扬州市委召开六届五次全会。会议围绕贯彻中共十八大和习近平重要讲话精神，落实省委十二届五次全会和全省苏中发展工作会议决策部署，总结上半年工作，部署下半年工作任务，动员全市上下进一步解放思想、抢抓机遇，推进跨江融合发展，加强生态文明建设，争创"三个扬州"（创新扬州、精致扬州、幸福扬州）和世界名城建设新业绩。

市委书记谢正义代表市委常委会向全会报告上半年工作情况，要求下半年重点抓好5个方面工作：一是狠抓重大项目建设，努力保持经济发展良好势头；二是实施城建项目会战，不断提升城乡建设水平；三是推进民生幸福工程，确保兑现向人民群众的承诺；四是深化重点领域改革创新，加快构建体制机制新优势；五是加强社会管理与创新，确保社会和谐稳定。

谢正义强调，实现新的目标任务，一要突出交通先行，推动融合发展；二要突出古今辉映，推动特色发展；三要突出民生为本，推动协调发展；四要突出整体崛起，推动联动发展；五要突出项目为王，推动加快发展。谢正义指出，要把生态文明建设作为推进"两个率先"（率先全面建成小康社会、率先基本实现现代化）、建设"三个扬州"和世界名城的重要任务来抓，作为民生工程、民心工程来抓。要抓紧编制扬州市生态文明建设规划，重点实施水生态文明建设、植树造林、产业绿色发展、节能减排、土地节约集约利用"五大工程"，大力推进绿色发展、循环发展、低碳发展，建设"秀美扬州"。

谢正义强调，要以精心筹备开展党的群众路线教育实践活动和进一步转变作风为主线，以推进扬州跨江融合发展、提高重点工作实效性和人民群众认同感、满意度为目标，全面加强党员干部思想建设和能力建设，努力形成政通人和、心齐劲足、合力推动扬州发展的生动政治局面。

市委副书记、市长朱民阳作经济工作专题讲话，总结全市上半年经济工作，部署下半年经济工作任务。他指出，要以项目为龙头，进一步做大经济增量；以企业为主体，全力推动实体经济发展；以生态文明为倒逼，加快经济结构优化升级；以跨江融合为契机，着力提升区域协调发展水平；以创新为引领，进一步提高发展核心竞争力；以效益为核心，着力做好金融、财税工作；以市场为导向，促进房地产、建筑业平稳健康发展；以居民增收为根本，大力推进民生幸福工程；以监管预防为关键，切实抓好安全生产和防灾减灾工作；以提高效能为重点，不断增强政府工作执行力。

会议讨论通过《中国共产党扬州市第六届委员会第五次全体会议决议》。（苏　鹏）

市委六届六次全会　12月25日，中共扬州市委召开六届六次全会。市委书记谢正义代表市委常委会作工作报告，市委副书记、市长朱民阳作经济工作讲话。全会审议通过《中国共产党扬州市第六届委员会第六次全体会议决议》《中共扬州市委关于全面深化改革、推进跨江融合发展的

12月25日，中共扬州市委召开六届六次全体会议　王　卓/摄

意见》。市委常委会和市纪委常委会向全会书面报告2013年工作。

谢正义在报告中回顾市委六届四次全会以后市委常委会工作。谢正义指出，做好2014年工作，要坚持“稳中求进、进字当先，改革创新、融合发展”总基调，坚持以经济建设为中心，巩固稳中向好的基本面，在做大总量的同时，加快提升发展质量，并以改革创新促发展转型、促结构优化、促民生改善。要以跨江融合发展、综合改革试点为总抓手、总平台，统筹处理好稳增长与促改革、快转型、惠民生的关系，抓好“重大产业项目提升年”“重大城建项目决战年”“改革全面深化年”“党的群众路线教育实践活动年”各项工作，努力实现经济社会持续、快速、健康发展，加快建设古代文化与现代文明交相辉映的名城。

谢正义强调，2014年工作要突出重点，一是坚持“项目为王”，二是推进“宜居宜游宜创、产业就业置业”城市建设，三是推进文化大发展、大繁荣，四是推进生态文明建设，五是推进民生幸福工程。要求按照中央和省委统一部署，推进党的群众路线教育实践活动，加强党的思想、组织、作风、制度和反腐倡廉建设，提高党的建设科学化水平，为全面深化改革、推进跨江融合发展提供坚强政治保障。

朱民阳传达中央和省经济工作会议精神，并就做好2014年经济工作作出部署。他指出，2014年经济工作重点是稳增长、调结构，优化投资，扩大消费，稳定出口，推进新型城镇化建设，重视金融政策改革和资本市场培育，防范企业运行风险。朱民阳要求各地、各部门围绕大局抓落实，营造上下齐心、条块联动的氛围；改革创新抓落实，通过理念创新、体制创新、机制创新和政策措施创新，破解发展障碍和难题，激发发展活力和动力，提升发展质量和效益；围绕问题抓落实，把解决问题作为推动工作的着力点、突破口；求真务实抓落实，深入基层一线，优化服务，提升效能，确保高效率、高质量完成2014年各项目标任务。（苏　鹏）

重要决策

■推进民生幸福工程　1月18日，市委、市政府印发《关于加快推进民生幸福工程 着力提升民生幸福水平的意见》，围绕实施城乡居民收入倍增计划、推进美好城乡建设、抓好“八老”（老城区、老小区、老宿舍、老房子、老街巷、老市场、老庄台、老厂区）改造、建设“清水活水，不淹不涝”城市、推进区域供水和“菜篮子”工程、推进市区“同城同步同标”、完善社会保障体系、提升城市建设管理水平、发展社会事业、加强社会管理等10个方面，确定36个为民办实事项目，并明确每项实事量化指标和责任主体。（范　伟）

■改进工作作风　1月29日，市委印发《中共扬州市委关于改进工作作风、密切联系群众的实施意见》，提出20条措施：(1)市委、市政府领导每年到基层调研时间不少于2个月，每年至少撰写1篇高质量的调研报告。市委、市政府领导年度内对全市乡镇、大中型工业企业的调研要实现全覆盖。除市委组织的重大活动外，市委常委不同时到一个县（市、区）考察调研；市领导不同时到一个乡镇考察调研，也不集中或者轮番到一个点、一条线路去考察调研。市委每年组织市领导集中开展1～2次调研活动，并召开调研成果交流汇报会。(2)市委、市政府主要领导到基层考察调研，陪同的市级机关部门负责人不超过4人，陪同的县、乡主要负责人各1人；市委、市政府其他领导到基层考察调研，陪同的市级机关部门领导不超过2人，陪同的县、乡负责人各1人。市委、市政府领导在市内调研考察，不张贴、悬挂标语、横幅，不打电子屏滚动标语，不铺设迎宾地毯，不摆放花草，不用警车开道，不安排宴请，不收受礼品，住宿安排在政府招待所或指定宾馆。(3)市委、市政府领导要带头开展“三下三联三交”（下到一个村，联系一个合作经济组织，交一个农民朋友；下到一个工厂企业，联系一个班组，交一个工人朋友；下到一个社区，联系一个社团，交一个社区主任朋友）活动，活动时间每年不少于15天，其中驻点调研3～5天。驻点调研随行工作人员不超过2人，当地陪同干部1人。(4)市委、市政府领导至少每月1次到联系点督查推进重大项目建设，帮助协调解决项目推进过程中遇到的各类难题。(5)市委常委会议、市委办公会议、市委领导专题会议等决定的事项，由市委分管领导或牵头市领导负责组织实施和落实，市委督查室协助督办，必须件件有回音、事事有落实。(6)市委领导对各县（市、区）、各部门报请协调事项原则上7天内办结。(7)以市委、市政府名义召开的全市性会议和举行的重大活动，由市委办公室、市政府办公室统筹安排，报市委、市政府审批后执行。确需临时安排召开的重要会议，必须按规定程序报批。市委召开的专项工作会议，原则上每年1次，会议时间不超过2小时，只安排1名领导讲话。(8)要求县（市、区）党政主要领导参加的会议，需报经市委、市政府主要领导批准。一般性工作会议由市分管领导出席，市委、市政府主要领导一律不参加。(9)未经市委、市政府批准，市领导一律不出席各地、各部门主办的各类剪彩、奠基活动和庆祝会、纪念会、表彰会，县（市、区）主要领导出席上述活动要从严控制。(10)以市委名义发文一般不超过8页纸，每年不超过50个；以市委办公室名义发文一般不超过5页纸，每年不超过60个。由部门发文或部门联合发文能够解决的，市委、市政府（含市委办公室、市政府办公室）不予转发或印发。(11)市委、市政府领导一般性工作会议讲话材料原则上不印发。市委、市政府印发的文件和简报，一律用电子文档传送到各地、各部门（单位）。未经市委办公室、市政府办公室核准备案的各地、各部门（单位）简报，一律不得报送市委、市政府；已报送的，市委办公室、市政府办公室不得接收和转送市领导。(12)市领导出席会议和活动应根据工作需要、新闻价值、社会效果决定是否报道，除涉及重要会议、重要活动和重大事件外，一般不安排在重要版面和时段报道。(13)《扬州日报》头版和市电台、市电视台主要新闻时段对市主要领导同志当日出席会议、活动的报道，原则上每人不超过2条。(14)除项目洽谈、签约等活动外，市领导与外宾和上级部门、兄弟地市负责人一般性会见、会谈一律不作报道。(15)市领导出访要严格执行年度计划，除因重大项目洽谈外，不安排到国外临时出访。出访人员、时间、国别(地区)均严格按省有关规定办理。(16)市委书记每年至少与常委会成员谈心1次，市委、市政府主要领导每年至少与县(市、区)党政主要负责人谈心1次，市委常委会成员每年至少与分管部门主要负责人谈心1次。(17)市委、市政府召开的各类会议，一律不布设花草、不制作背景板，不摆水果和香烟、不发礼品、不制作非纸质专用材料袋、不发笔和记录本等;会议住宿安排在政府招待所或指定宾馆，不摆放高档生活用品，就餐不上高档菜肴，不安排宴请，自助餐要注意节俭，不得铺张浪费。(18)严格执行财经纪律和工作纪律，市领导一律不得超标准占用住房和配备车辆、办公用房、办公用品，不得占用(租用)企业和下属单位住房、车辆、办公用房、办公家具、办公用品。(19)严格执行领导干部廉洁从政各项规定，严禁违反规定干预和插手市场经济活动，严禁违规收受礼金、有价证券、支付凭证和商业预付卡，严禁利用职权和职务影响为配偶、子女及其配偶以及其他亲属经商办企业提供便利。(20)中央和省委已有明确要求的，按中央和省委要求执行。此前制定的有关规定和意见，与此意见不一致的，以此意见为准。

(苏　鹏)

■**改革创新体制**　3月11日，市委、市政府印发《全市深化改革创新体制工作总体方案》，提出全市深化改革创新体制工作22条措施:(1)完善区域布局调整。(2)深化市区管理体制改革。(3)深化行政审批制度改革。(4)深化事业单位改革。(5)深化财税管理体制改革。(6)加快推进高邮、宝应城镇化改革试点。(7)加快完善城乡一体化发展体制机制。(8)深化城镇综合配套改革试点。(9)加快推进国有资产改革重组。(10)深化公用事业改革。(11)探索行政事业单位经营性国有资产管理体制改革。(12)深化户籍制度改革。(13)探索社区管理体制改革。(14)培育发展社会组织。(15)启动市场中介机构改革。(16)深化教育管理体制改革。(17)深化医药卫生体制改革。(18)深化投融资体制改革。(19)深化土地集约节约利用机制。(20)深化人力资源市场化改革。(21)创新旅游业管理体制与发展机制。(22)深化建筑业管理体制改革。

(苏　鹏)

■**推进科技创新工程**　3月20日，市委、市政府印发《关于推进科技创新工程 建设创新型城市的意见》，明确16项重点任务:(1)推动基本产业、基地型产业高端发展。(2)推动战略性新兴产业跨越发展。(3)加快科技服务业发展。(4)加快培育创新型企业集群。(5)加快企业研发机构建设。(6)规划建设科教创新城。(7)加快特色产业基地建设。(8)加快科技综合体建设。(9)提升科技孵化器、加速器水平。(10)制定并实施“科教合作新长征”计划。(11)推进科技与金融结合。(12)加快创新创业人才集聚。(13)深化农业科技创新。(14)推进民生领域科技创新。(15)推进知识产权创造与保护。(16)加快知识产权转化运用。

(苏　鹏)

■**加快发展旅游业**　8月28日，市委、市政府印发《关于加快旅游业发展的意见》，提出13条意见:(1)高标准打造瘦西湖景区。(2)提升古城旅游品质。(3)建设文化旅游精品。(4)加强商务旅游载体建设。(5)加快培育县域旅游经济。(6)强化整体营销。(7)强化活动营销。(8)强化产品营销。(9)推进旅游交通便捷化。(10)推进旅游信息智慧化。(11)推进公共配套舒适化。(12)推进旅游服务品牌化。(13)推进旅游市场规范化。

(苏　鹏)

■**推进跨江融合发展**　12月31日，市委印发《关于全面深化改革 推进跨江融合发展的意见》，明确全面深化改革、推进跨江融合发展的重要意义、指导思想和目标任务，提出17条意见:(1)发挥市场在资源配置中的决定性作用。(2)推动区域规划跨江对接融合。(3)以重大交通基础设施建设推进跨江融合发展。(4)积极推进产业科教跨江合作。(5)优化城市治理体系。(6)着力建设服务型政府。(7)发展社会主义民主政治。(8)创新

3月20日，扬州市委、市政府召开科技创新大会，奖励2012年扬州市获得江苏省科学技术奖的项目，表彰2012年度扬州市科学技术奖获得者

王　卓/摄

社会治理体制。(9)加快构建新型农业经营体系。(10)赋予农民更多财产权利。(11)推进城乡社会事业改革发展。(12)完善城镇化健康发展体制机制。(13)加强生态文明制度建设。(14)切实加强组织领导。(15)鼓励基层和群众改革探索。(16)营造有利于改革的社会环境。(17)全力抓好各项改革发展任务落实。（苏 鹏）

宣传工作

■理论学习与研究 2013年，全市理论学习与研究工作以开展中国特色社会主义和中国梦宣传教育活动为重点，围绕落实《在全市广泛开展中国特色社会主义宣传教育的实施方案》精神，开展中国特色社会主义、中国梦、习近平系列重要讲话、中共十八届三中全会精神宣讲教育活动，编印《习近平总书记重要讲话汇编》，举办宣讲报告会300多场次。制定《2013年度市委中心组学习计划》《2013年度市委中心组学习报告会方案》《市委中心组学习习近平总书记系列重要讲话精神和党的十八届三中全会精神专题计划》，编印市委中心组每月学习参考和重点理论文章导读，举办7场市委中心组报告会。市委中心组被省委宣传部、省委组织部表彰为“全省首届学习型领导班子建设工作先进集体”。市委宣传部对全市县级党委(党组)中心组2011－2012年度理论学习情况进行全面检查，评出27个理论学习先进集体。制定《2013年扬州市学习型党组织建设行动计划》，在全市开展学习型党组织创建考评工作，评出50家创建先进单位、40家创建表扬单位。在全市开展“十大学习创新模范”和学习型党组织建设“创新案例”评选活动。在全市县处级领导干部中开展“坚定三大自信(道路自信、理论自信、制度自信)，推动科学发展，建设世界名城”专题学习调研活动，编印调研文集。在全省县以上领导干部调研成果评比中，扬州市获奖数量列全省第二。开展基层党员干部冬训，评选冬训创新项目。全市冬训工作获省委宣传部表彰。开展提高宣传思想文化工作科学化水平调研。《社会主义核心价值体系建设的理论与实践》获批成为省委宣传部哲学社会科学重点学术著作资助出版项目。完成《中国梦:中国发展的诗意战略》写作。在《扬州日报》发表《“三个代表”重要思想在扬州的实践》等理论文章12篇，发表学习党的十八届三中全会精神笔谈文章8篇。召开全市社会主义核心价值观与扬州实践研讨会，汇编论文30篇。出版《2013年度扬州经济社会发展蓝皮书》。举办全市哲学社会科学学术年会。开展马克思主义大众化工作创新案例征集评选活动，3个案例在全省评选中获奖。（赵雪艳）

■新闻宣传 2013年，全市新闻宣传工作围绕学习、宣传、贯彻中央、省、市重要会议精神和全国、省、市人大、政协“两会”以及全省苏中发展工作会议等重要会议精神，围绕“烟花三月”国际经贸旅游节、世界运河名城博览会、国际盆景大会、鉴真国际半程马拉松赛、亚欧会议未来发展方向研讨会等重大活动，围绕重大产业项目建设、重大城建项目建设、民生幸福工程、创新社会管理、城市运营管理、文明创建、旅游服务、“扬州好人”等主题，开展专题宣传、系列宣传、成就宣传，组织向省级以上(含省级)媒体发稿近1700篇(条)。继续打造《市民论谈》品牌栏目，制作12期《市民论谈》。扬州广播电视总台评论《一张道歉条触动了我们什么?》获第23届中国新闻奖一等奖。组织扬州网等扬州重点新闻网站做好网络新闻宣传，全年开展各类网上专题宣传60多次。“扬州发布”在新浪网、腾讯网、新华网微博平台上发布信息2万多条，听众、粉丝累计70多万人次。

加强舆情监控。全年编发报纸、电视、网络《舆情日报》各365期，《舆情月报》8期，《舆情专报》42期;在新浪论坛、凯迪社区、西祠胡同、天涯社区、中华网社区等相关网站、论坛处理负面舆情40多件，向各县(市、区)、有关部门(单位)口头或书面通报网上舆情200多次。编发《2012年扬州网络舆情分析报告》《2013中国扬州“烟花三月”国际经贸旅游节网络宣传分析报告》《2013世界运河名城博览会网络宣传分析报告》。举办“提升媒体应对及舆论引导水平”专题培训班。网络发言人工作被纳入市级机关作风建设日常考评范围，网络发言人平台新注册用户1.72万个，网友全年发帖1378个。扬州市获2012年度“城市网络形象排行榜十佳城市奖”、人民网2013年度网络舆情监测“创新管理奖”。

加强对外形象推介。编辑出版“中国城记”系列丛书扬州篇《又梦扬州》;邀请并配合美国探索频道摄制组拍摄纪录片《京杭大运河》《扬派盆景》，邀请并配合凤凰卫视中文台拍摄专题片《运河扬州》《扬州盐商》，邀请并配合好莱坞摄制团队拍摄制作外宣片《扬州——永恒的文化之城》;与美方合作，在美国《洛杉矶时报》《芝加哥华语论坛报》《美中信使报》《国际日报》等开辟扬州宣传专版，全年编发32期;《城市风尚》杂志与60多家海外华文媒体建立同步交流关系。《群众》《新华日报》《江苏外宣动态》《江苏宣传工作动态》等报刊刊载、推广扬州市外宣工作做法。《搭宽建强外宣平台 传播唱响名城声音》获扬州市2013年度工作创新创优奖。（赵雪艳）

■文化建设 2013年，全市文化艺术工作重点推进文化体制机制创新，完善公共文化服务体系，繁荣文化艺术创作表演，推进文化产业转型升级，规范文化市场有序运行。组织扬州市2013新年音乐会、曲艺书场、“我们的节日·春节民俗表演”、扬州市迎春书画展等文艺活动100多项近1000场次。举办“百场公益演出”演出280场、音乐厅“市民开放日”活动12场、“周周看扬剧”活动47场、“幸福扬州”送演出展览进社区活动31场，在农村和社区分别举办电影公益放映活动1.37万场和192场;举办社区广场舞蹈辅导员培训班8期，培训辅导员120多人次。市文学艺术界联合会成立文艺志愿者服务团，组织文化“六进”(进社区、进村镇、进校园、进军营、进企业、进机关)活动30多场次。新建农村村级文化广场189个，实现全市农村村级文化广场全覆盖。全市公共文化服务设施全部向社会免费开放。市文化馆19个功能场所全年免费开放，22个特色团队常年有序演出，被评为全省公共文化服务先进单位。广陵区、邗江区、仪征市分别举办“社区周末剧场”“春江花月夜”“枣林湾之春”等品牌活动，丰富群众文化生活。大运河申遗工作通过联合国教科文组织专家考察。隋炀帝墓考古发掘被列为2013年全国十大考古新发现之一。邗江区文化馆获“全国服务农民、服务基层文化建设先进集体”称号，是全省唯一获此荣誉的文化馆。组织参加首届紫金合唱节活动，扬州市获优秀组织奖，江都区龙川小学“杨柳青青”合唱团获合唱比赛银奖。邗江区、扬州广电总台联合举办瓜洲音乐节。推进“书香扬州”建设。举办扬州市民读书节系列活动，“书香企业”“书香家庭”评选活动以及“扬图讲堂”讲座等活动。向全市1045个行政村农家书屋免费赠送字画。邗江区获评江苏省“书香之县”先进单位。实施文化精品工程。木偶戏《胡桃夹子》参加第十届中国艺术节全国木偶戏、皮影戏优秀剧(节)目展演。扬剧《衣冠风流》首演。曲艺中篇《郑板桥》剧本初稿获省曲艺芦花奖文学奖。出版发行《文杏书系(第二辑)》。编撰完成《扬州史话》。启动《扬州文库》编纂工作。开展第三届“朱自清散文奖”评选活动。推进文化体制改革，完成江都区广播电视台整建制划转扬州广电传媒集团和广电网络与省网的整合与融合。（赵雪艳）

■宣传队伍建设 依托省、市各类人才工程，推进宣传文化人才培育和引进。2013年，1人入选全省宣传文化系统“五个一批”人才(理论人才、新闻人才、出版人才、文学艺术人才、文化经营管理人才以及文化专门技术人才统称“五个一批”人才)，2人入选全省青年文化人才，7人入选省“333高层次人才培养工程”，10人入选扬州英才计划，2人入选“绿扬金凤计划”；引进博士人才1人、硕士人才15人、海外人才1人，并以柔性引进的方式吸引多名文艺人才为宣传文化事业服务。放大文化人才集聚效应，实施文艺家“一园八村”(文艺家创作园，作家村、诗人村、书画家村、戏曲家村、音乐家村、舞蹈家村、摄影家村、民间艺术家村)计划。加大宣传文化系统人才培训服务力度。建立宣传文化系统人才数据库，定期更新文化人才信息。举办全市宣传文化系统科级干部复旦大学培训班，组织各类人才参加清华大学、北京大学高级研修班及省委党校相关业务培训。举办理论骨干培训班、新闻发言人培训班、政工干部培训班、基层宣传委员培训班、党员冬训培训班等，提升宣传文化系统干部整体素质。（赵雪艳）

■扬州网改版上线 1月16日，国家一类新闻网站扬州网举行改版上线仪式，市领导卢桂平、董玉海、王克胜出席仪式。改版后的扬州网在页面布局、内容服务、视觉感受、用户体验等方面均有创新。（赵雪艳）

■扬州市文化交流协会成立 12月17日，扬州市文化交流协会成立。该协会是专门从事对外文化交流交往工作的机构。协会首届会员代表大会审议通过协会章程，选举产生协会首届理事会、常务理事会以及会长、副会长、秘书长人选。（赵雪艳）

组织工作

■干部队伍能力作风建设 2013年，市委组织部选调县处级以上领导干部120多人次参加省级以上培训，选调660名关键领域、重点岗位和项目建设一线干部、人才到新加坡、中国香港等地和清华大学、复旦大学等高等院校参加专题培训。81名干部通过全国出国培训备选人员外语考试(BFT)。市级培训干部3980人次，市、县联动培训干部1.7万人次。推进党校教学改革，新开辟国家行政学院、中国浦东干部学院、江西干部学院等教育培训基地，干部教育培训全程纪实制度得到中央组织部干部教育局肯定。围绕转变干部作风，开展“三下三联三交”活动，组织1087名市、县两级领导干部分批走访基层单位3680个，帮助解决困难1547件，听取工作意见和建议1316条。市委成立党的群众路线教育实践活动筹备领导小组，为全面开展党的群众路线教育实践活动做好思想准备、组织准备和工作准备。（杨　俊）

■领导班子和干部队伍建设 2013年，市委组织部调整、配备县处级干部242人次(含退休、退二线85人)，其中提拔128人(含明确职级39人)、交流100人次。优选22名市属国有企业负责人，比选产生30名副处级非领导职务干部。优化后备干部结构，注重培养年轻干部、女干部、非中共党员干部。采取差别化遴选方式，产生500名后备干部初步人选。加强干部管理，实施“‘阳光100’关爱行动计划”，与1100多人次干部谈心谈话，组织1061名市管领导干部报告个人有关事项，构建“三员一网”(由督导员、监督员、联络员构成的干部监督网)干部监督体系。检查干部选拔任用法规执行情况，对45家单位进行“一报告两评议”(地方党委常委会向全委会报告工作时，专题报告年度干部选拔任用情况；在全委会委员中对干部选拔任用工作进行民主评议，全委会委员对本级党委新提拔的党政主要领导干部进行民主测评)，首次集中对10个开发园区负责人进行选人用人责任审查、机构编制责任审核、任期经济责任审计“三责联审”。加强重点岗位干部管理，组织开展2012年度县(市、区)党政正职考核工作，规范各地竞争性选拔干部工作。推进干部实践锻炼工作，选调14名市级机关后备干部到信访部门挂职，抽调53名优秀年轻干部担任重大项目秘书，下派208名机关干部到经济薄弱村任“第一书记”。优聘优培大学生村官，开展“985工程重点高校行”、优秀毕业生驻村实践活动，新聘大学生村官243人，选送20名创业大学生村官到台

湾考察现代农业,鼓励500多名大学生村官领办项目280多个。(杨　俊)

■**人才工作**　完善人才优先发展格局,督促各地设立人才引进培养专项计划。实施引才"百千万"工程(全年重点引进高层次创业创新领军人才100人,全市企业引进或柔性引进教授博士1000人、本科生1万人),举办"千名教授博士柔性进企业"等系列引才活动,柔性引进教授、博士1500多人。全市累计引进国家"海外高层次人才引进计划"专家48人;3个人才团队入选省"创新团队计划";48人入选省"双创计划"(高层次创新创业人才引进计划),列全省第三;45人入选省"企业博士集聚计划",列全省第二。人才工作获得省资助4969万元。加快推进"绿扬金凤计划",资助高层次人才147人;增设扬州大学人才专项,鼓励扬州大学科研成果在扬州转化。完善人才政策体系,发布《扬州英才培育计划》《关于进一步加强科技产业综合体建设 集聚创新创业人才的实施办法》等6项人才政策。优化人才环境,实施"科技企业家"培育工程,组织申报第四期省"333高层次人才培养工程"增选培养对象,推进科技产业综合体建设,提高市高层次人才服务中心服务质量。(杨　俊)

■**基层组织建设**　深化"六有"(有政治坚定、素质优良的党组织领导班子,有能力突出、带头服务的党员队伍,有贴近实际、特色鲜明的服务载体,有功能完善、便捷高效的服务平台,有科学规范、务实长效的服务机制,有成效明显、群众满意的服务业绩)服务型基层党组织创建活动,制定"星级化"创建指导标准,召开全市服务型基层党组织建设现场推进会和农民集中居住区党建工作推进会。组织1454名乡、村党组织书记接受上一级党组织"联述联评联考"。市、县联动建成服务型基层党组织示范点1000多个,一批服务型党组织典型被《人民日报》、新华社报道。7月13日,中央政治局常委、全国人大常委会委员长张德江到扬州市区文昌花园社区调研,对社区党组织开展便民服务工作给予充分肯定。加强基层党组织带头人队伍建设。组织全市村、社区党组织集中换届,党组织书记的年龄、学历、能力结构得到优化;指导县(市、区)轮训换届后的村、社区班子成员;培训非公企业党组织书记、工会主席45人。加强对208名经济薄弱村"第一书记"的考核管理。"第一书记"争取项目资金近9000万元,被帮扶村村均集体收入35万元。强化党员队伍教育管理,制定2013—2022年全市发展党员工作调控计划,实施"万名党员源头拓展行动",将发展党员工作向党员空白企业倾斜,向一线青年员工、农民倾斜。开展建立健全党员"出口"机制试点,及时处置一批不合格党员。探索党内基层民主的实现形式,探索党领导下的村(居)民自治有效方式,建设党代表工作室1636个。召开全市基层党建工作信息化推进会,开通手机"党建云"和"党建E图",新建各类远程教育终端站点500多个。《共产党员扬州麦客》电教片被中央组织部评为全国党员电教片二等奖。(杨　俊)

纪检监察

■**概述**　2013年,全市纪检监察机关打造"清风扬州"品牌,推进作风建设,强化监督检查,加强制度建设,加大办案力度,维护群众利益,继续实施重大项目派驻纪检监察组驻点督查,开展"三公开三报告"(公开事项、公开过程、公开结果,向组织报告、向人大代表和政协委员报告、向服务对象报告)电视直播活动,推进农村党风廉政"大监督"机制建设,深化对重点领域和关键环节权力运行监督制约,实践依纪依法安全文明"五查环扣、案结事了"(先期进行线索排查,充分准备初步核查,严把立案关口审查,全力以赴开展调查,案管审理双重督查)办案新模式,反腐倡廉工作取得新进展。2013年,中共扬州市纪律检查委员会(简称市纪委)、市监察局获各类表彰12项,其中"三直接"(直接面向群众服务,直接分配财政资金,直接接触工程建设)十大环节操作规范获市委、市政府2013年度工作创新奖。(王　琦)

■**作风建设**　2013年,市纪委将贯彻落实中央八项规定和省委十项规定作为重中之重,协助市委出台二十条实施意见和监督检查办法。牵头组织审计、财政、媒体、特邀党风监察员等各方力量,对重点时段、重点领域、重点对象明察暗访738次,检查1056个点,处理违规违纪人员51人。将中央纪委通报的违反八项规定典型案例和市委主要领导批示印发给市四套班子全体成员,通过报纸、手机短信等形式提醒、警示全市党员领导干部。严格落实省委作风建设即知即改十项制度,在全市范围内统一取消干部职工因私有偿使用公车相关规定。全市7382名党员领导干部作出会员卡"零持有、零报告"承诺,全面完成会员卡清理任务。(王　琦)

■**制止奢侈浪费行为**　执行中共中央、国务院《党政机关厉行节约反对浪费条例》和《党政机关国内公务接待管理规定》。开展反浪费、反奢侈专项行动,制止中秋、国庆期间公款送月饼、送节礼等不正之风,落实元旦、春节期间严禁公款购买、赠送烟花爆竹、贺年卡等要求。全市因公出国(境)费、公务接待费、公车购置及运行维护费分别比上年下降13.66%、20.29%和12.31%。

(王　琦)

■**提升行政效能**　推行"三减一提"行动。协助市政府制定《关于开展减章减时减负 提效行政效能提升行动的意见》,在工程建设领域项目审批中,一个项目最多少盖12枚公章,最多缩短审批时限100多个工作日。同时,将效能监察结果纳入市级机关综合考评,制定《行政效能问责暂行办法》,对"庸""懒""散"等损害行政效能行为实施问责,促进政府部门效能提升。(王　琦)

■**重大事项督查**　按照市政府统一部署,开展"三拆三整治"(拆违、拆破、折烂，治脏、治乱、治差）文明城市创建复检、“蓝天工程”、重点流域水污染防治、“土地例行督察”问题整改、秸秆禁烧等工作的监督检查，发现问题及时查处，推动市委、市政府重大事项落实。（王 琦）

■重大项目驻点督查 市纪委选派4个重大项目纪检监察组，驻点督查全市41个1亿元以上项目，组织实施设计变更、招投标、工程监理等专题督查。调查处理328国道连接线（广陵段）土方单价调增有关问题，3人被问责。全年检查260次，督促纠正问题55个，协调解决困难26件，促进项目建设廉洁高效。（王 琦）

■查办案件 2013年，市纪委、市监察局推行信访工作“六导”法（强化对基层单位的政策辅导、业务指导、重点督导，强化对群众的法规引导、思想开导、心理疏导），全市纪检监察机关接受信访举报2480件（次），新立案673件，其中市纪委自办案件11件、县（市、区）纪委自办案件172件；查办县处级干部案件5件、乡科级干部案件61件，分别比上年上升25%、3.4%。其中，办理“两规”（在规定时间、地点就案件所涉及的问题作出说明）案件15件。给予680人党、政纪处分，将24人移送司法机关处理，挽回直接经济损失4219万元。强化组织协调。先后组织召开市委反腐败协调小组成员会议和成员单位联络部门工作会议。实践依纪依法安全文明“五查环扣、案结事了”办案模式，探索建立市纪委审理室、市直审理人才库、所在单位成员三方联审机制，确保案件质量。《扬州精心构建五查环扣办案模式》被中央纪委和省纪委转发。（王 琦）

■规范权力公开透明运行 针对腐败问题易发多发的重点领域和关键环节，市监察局制定《“三直接”十大环节操作规范》，按照“五可”（可定义、可量化、可操作、可考核、可追究）原则，对“三直接”十大环节实行严格考核和责任追究。省监察厅向全省推广扬州市经验。（王 琦）

■严格权力监督 9月30日，市纪委协助市委开展第14次“一把手”汇报工作。会前组织党代表和组织、审计等部门参加调研；汇报内容突出落实中央八项规定、“三公”〔因公出国（境）、公务接待、公车购置及运行维护〕经费使用、家庭房产等焦点敏感问题；整改落实阶段进行满意度测评，对问题整改情况进行跟踪督查，确保不走过场。组织63名2012年新任县处级领导干部进行廉政培训和谈话。市监察局加强对市级机关重点部门权力网上运行电子监察，责成13家权力网上运行异常部门自查自纠，对5家未实行权力网上运行部门分管领导进行约谈并限期整改。推进实施受理统一登记制和满意度测评，电子监察工作在全省督查考核中位列第一。（王 琦）

■反腐倡廉制度建设 2013年，市纪委指导各地、各部门制定5个大类42项重点制度。深化制度廉洁性评估（简称廉评），针对《扬州市市区机动车停车场管理暂行办法》等召开5次专题廉评会。市、县两级对116项制度进行廉评，废止5项、否决1项、修改完善92项。市纪委在全省制度廉洁性评估试点工作会议上介绍相关经验。（王 琦）

■廉政文化建设 3月16日，市廉政文化建设领导小组召开会议，对全市廉政文化建设工作进行总结、部署。建成全省首家廉政文化展示馆，得到中央纪委、省纪委领导肯定。截至12月底，市廉政文化展示馆接待党员干部和普通群众2万多人次。开通串连17个景点的“清风伴我行”廉政文化之旅。组织开展“清风扬州”廉文化微型小说全国大赛、“党风廉政教育日”等活动，举办4期“清风扬州”讲坛。市纪委编著、中国方正出版社出版的《廉政成语》入选中国“读廉经典”系列丛书。“清风扬州”廉政词语听写大赛被中央纪委、监察部网站转载。（王 琦）

■维护民利 以“大监督”机制为引领，抓好农村“三资”（资金、资产、资源）管理、“三务”（村务、事务、党务）公开、村干部勤廉指数测评等工作。强化分类指导督查。对2012年“三公开三报告”电视直播活动提出的24个重点问题进行跟踪督查，确保全部整改到位。组织市交通运输局、城建控股公司等12个部门（单位）就2013年承担的民生幸福工程参加“三公开三报告”电视直播，推动落实市委、市政府“1号文件”。组织财政、农委、科技等12个市级部门开展4场广播、电视、报纸、网络“四位一体”评议政风行风现场集中评议活动，即时反馈评议意见，要求限时整改。（王 琦）

■纪检监察干部能力素质建设 制定市纪委、市监察局机关改进作风五

2月26日，扬州市廉政文化展示馆开馆　　王 卓/摄

项措施，约谈20名县(市、区)纪委书记、功能区纪工委书记、纪检组长，组织259名纪检监察干部参加业务培训，举办全市纪检监察实务知识竞赛。《纪检监察工作开放性实践路径探究》等7篇理论文章获上级纪委征文奖。开展“纪检监察开放日”活动，举办反腐倡廉建设互动平台活动13期，开设“清风扬州”讲坛。(王　琦)

统战工作

■开展“同心”活动　组织开展统一战线“同心同行·献计出力建名城”“同心同行·助推项目促发展”“同心同行·服务社会聚合力”活动。各民主党派围绕46项课题开展调研，24篇调研成果转化为人大建议、政协提案。《关于超前规划、科学开发利用地下空间的建议》《海外高层次人才创业环境的调研》等成果促成市委、市政府制定、印发相关政策文件。先后在广陵区文昌花园社区和仪征市刘集镇举行“同心同行·服务社会聚合力”集中活动，为市民提供医疗、法律、动物养殖等咨询服务，慰问困难家庭、贫困学生和敬老院老人。各民主党派、工商联、无党派知识分子联谊会全年开展各类社会服务活动70多次。组织全市统一战线系统向芦山地震灾区捐款1.67万元；参加“‘5·19’慈善一日捐”活动，募集捐款10.1万元。(向元华)

■服务经济社会发展　开展非公有制经济人士理想信念教育实践活动。市委、市政府印发《关于贯彻〈中共中央国务院关于加强和改进新形势下工商联工作的意见〉的实施意见》。开展“2013年海外留学人员江苏行”扬州站联谊考察活动，50多名留学博士到扬州洽谈产学研合作事宜。挂钩帮扶高邮市菱塘回族乡和仪征市2个少数民族村，投入帮扶项目资金近2000万元。(向元华)

■党外代表人士队伍建设　市委研究制定《中共扬州市委关于加强新形势下党外代表人士队伍建设的实施意见》。举办扬州市第21期党外干部培训班，54名党外干部参加培训。开展县处级党外后备干部推荐工作，党外后备干部占全市后备干部总数的11.6%。(向元华)

机关党建

■学习型党组织建设　2013年，中共扬州市委市级机关工作委员会(简称市级机关工委)按照建设学习型党组织的目标、要求，细化组织领导、学习活动、载体建设、制度保障、管理服务等5个方面20项工作，建立述学、考学、评学制度，完善考核指标体系和考核细则，形成用制度管学习、促学习的长效机制。发挥机关党校“主阵地”作用，实施千人培训计划，加大市级机关部门中层以下党员干部教育培训和知识更新力度。举办知识更新培训班3期、新党员培训班1期、入党积极分子培训班3期、道德讲堂2期，帮助机关党员干部强化党性、开拓视野、丰富知识、提升能力。(任　灏)

■“三下三联三交”活动　督查、推进机关各党组织在“七一”前集中开展一次民情走访活动，集中梳理一批基层亟待解决的实际问题，集中开展一次关爱特别行动，集中提出一批惠民利民措施。市级机关90个部门、单位走访市区生活困难群众305户，发放慰问款物合计36.6万元，募集捐款1699万元。元旦、春节期间，组织开展结对帮扶和党内关爱活动。机关268名处级干部到结对帮扶的232户特困户家中送温暖、献爱心，为特困群众捐款捐物18万多元；市级机关工委慰问机关特殊困难党员34人，发放慰问金2.7万元。(任　灏)

■落实党员志愿服务长效机制　开展“上路段、下社区、站岗点、守道口”“服务‘4·18’，党员在行动”“雷锋精神伴我行”等志愿活动，市级机关各党组织每周两次组织志愿者在上午上班前、下午下班后半小时到责任岗点和道口开展文明交通劝导，为密切党群关系、树立党员形象发挥积极作用。(任　灏)

■党风廉政建设　开展示范教育、警示教育和岗位廉政教育。组织100名机关党员干部参观市廉政文化展示馆。开展反腐倡廉“电教月”活动，市级机关近80个部门、单位6800多人次观看清正廉洁先进典型和违纪违法典型案例电教片。(任　灏)

■基层党组织建设　全面推行市级机关党组织班子成员公推直选，加强工作指导，规范操作程序。全年有37个党组织进行换届改选，28个党组织进行公推直选，新建、撤销、调整党组织21个，调整党组织班子成员10人。印发《发展党员工作意见》，发展新党员119人。2013年底，市级机关有基层党组织476个，其中机关党委38个、党总支28个、党支部410个；有党员8074人。“七一”前，召开市级机关创先争优总结表彰暨庆“七一”座谈会，表彰48个先进基层党组织、74名优秀共产党员、39名优秀党务工作者。(任　灏)

老干部工作

■概述　2013年，全市老干部工作系统落实离退休老干部政治、生活待遇，组织老干部开展文体活动，发挥老干部作用。开展“实施‘五名’(名校、名社团、名节目、名活动、名人)工程，助推文化强市”“发挥‘五老’(老干部、老战士、老教师、老专家、老模范)作用，建设青少年校外辅导站”“助老康乐社区行”等创新创优活动。其中，“实施‘五名’工程，助推文化强市”获2013年扬州市思想文化宣传工作创新奖，“助老康乐社区行”获市民政局公益创投项目立项。加强调研、信息宣传工作，全年完成调研报告25篇，市委老干部局、邗江区委老干部局获全省老干部工作系统信息工作一等奖。12月，市委老干部局组织工作人员开展“我为老干部工作科学发展献一策”活动，收到建议20多条。2013年底，全市有离休干部1930人。其中，第二次国内革命战争时期参加革命的1人、抗日战争时期参加革命的448人、解放战争时期参加革命的1481人，享受副省级医疗待遇的4人、享受厅局级(含副厅局级)待遇的97人、享受厅局级医疗乘车待遇的128人、享受副司局级医疗待遇的257人、享受县处(含副县处)级待遇的596人,80岁及以上的1829人。2013年,全市离休干部去世165人。 (唐小月 房 园)

■**落实政治待遇** 春节前,市委办公室、市委组织部、市委老干部局等部门联合部署春节期间老干部工作。谢正义、朱民阳等市领导走访慰问地市级老领导和在医院治疗的老干部,全市各地、各部门走访慰问全体离休干部和部分退休干部。5月15日,市委、市政府在扬州迎宾馆召开老干部情况通报会,市委书记谢正义出席会议并讲话。10月14日,市委、市政府组织市四套班子老领导参观考察"好巴士"始发站、潍柴亚星汽车产业园、瘦西湖隧道工程、市规划展览馆等重点工程、重大项目。12月26日,市长朱民阳主持召开座谈会,就《政府工作报告(征求意见稿)》征求市四套班子老领导的意见和建议。市委老干部局全年走访慰问离退休干部1528人次。5月15—16日,市委老干部局组织500多名市级机关离休干部、副处级以上退休干部到无锡参观考察。6月,市委老干部局举办县处级退休干部读书班。12月12日,市委老干部局举办全市老干部党支部书记培训班暨扬州市学习宣讲党的十八届三中全会精神离退休干部专场报告会。全市老干部工作系统采取多种形式学习贯彻中共十八大、十八届三中全会精神和习近平关于中国梦的重要论述,举办学习辅导讲座20多期。4月起,组织离退休干部开展"同心共筑中国梦"主题活动,全市6000多名离退休干部参加主题活动。市委老干部局全年编发4期6000多册老干部学习资料,指导老干部学习。 (唐小月 房 园)

■**落实生活待遇** 市委老干部局全年召开4次市直部门老干部工作专兼职人员会议、4次驻扬单位老干部工作联席会议,协调社保中心、医疗统筹办公室解决未改制企业离休干部医疗统筹、无工作离休干部遗属医保问题。开展服务离退休干部示范社区创建活动,邗江区兰庄社区、江都区玉带社区、广陵区宝塔社区创成省级示范社区。9月23—25日,市委组织部、市委老干部局、市人力资源和社会保障局与市财政局联合开展县(市、区)离退休干部工作督查调研。10月,市委老干部局编发《祝您健康》老年养生手册4000多册。10月31日,市委召开办公会议,就利用社区资源服务离退休干部、深化改制企业离退休干部服务管理、老干部文化养老、增加老干部工作服务经费、增加市人大和市政协老干部工作人员编制等重点工作形成指导性意见,并印发会议纪要。11月,市委老干部局组织市级机关离休干部和副处级以上退休干部700多人参加健康体检。 (唐小月 房 园)

■**开展文体活动** 4月,市老干部古筝队参加友谊社区主办的"幸福扬州·扬州市民日"公益演出活动;市老干部活动中心在漕河门球场举办全市老干部门球交流活动;市委老干部局、市园林管理局联合市老干部书画研究会等老干部社团,在个园举办"绿竹颂——中华百首咏竹诗词百老书画艺术展";市委老干部局在市音乐厅举办"夕阳放歌"专场演唱会。5月,扬州市老干部文体协会、扬州市老年书画家协会成立;老干部艺术团舞蹈队在第五届"琼花杯"舞蹈比赛中获中老年组一等奖;市委老干部局、团市委、市老干部书画研究会、高邮市天山镇人民政府联合举办老干部书画作品义卖活动,52幅书画作品拍卖所得18万元全部捐入大学生村官关爱留守贫困儿童基金。6月,市老干部集邮协会举办老少集邮联谊活动;市老干部门球队参加2013年苏中片省、市、县(市、区)老干部门球联赛,获优胜奖。9月,市老干部太极队参加全省老干部太极拳比赛,李兆铭获个人比赛一等奖;市老干部书画研究会在市老干部活动中心举办"迎国庆"书画展。10月,市老干部艺术团参加市政府主办的"绚梦晚霞"庆祝全国首个"老年节"暨第五届扬州市老年艺术节颁奖汇报演出,合唱队获音乐类一等奖,说唱队获戏剧曲艺类二等奖;市老干部活动中心举办"庆重阳"老干部团队联欢会;中国红十字总会事业发展中心、市民政局、市委老干部局、市红十字会、世明双语学校在扬州曜阳国际老年公寓举办公益演出活动;市委老干部局和曜阳国际老年公寓联合主办"老有所乐挥翰墨,老有所为歌盛世"庆重阳笔会活动;市委老干部局在邗江区老干部活动中心举办2013年度扬州市老干部中国象棋交流赛;市老干部古筝队参加第九届中国音乐"金钟奖"古筝比赛暨第七届中国古筝艺术学术交流会。12月,市委老干部局承办京津沪鲁苏冀京剧名家名票演唱会,市委老干部局、市老干部书画研究会和市老年书画家协会举办纪念毛泽东诞辰120周年老干部书画展,市委老干部局、市委党史办公室、市新四军研究会、扬州大学马克思主义学院举办纪念毛泽东诞辰120周年诗歌朗诵演唱会。 (唐小月 房 园)

■**发挥老干部作用** 市委老干部局组织离退休干部开展"争当四个模范"(争当建言献策的模范,争当文明和谐的模范,争当引领社会风尚的模范,争当传播正能量的模范)活动。全市老干部工作系统共征集老同志合理化建议510条,11篇调研报告被市、县(市、区)领导批转。市老干部书画研究会历时3年半,向全市6个县(市、区)1045个农家书屋捐赠书画作品3694幅。10月,市委老干部局、市关心下一代工作委员会对县(市、区)老干部结对帮扶大学生村官创业工作进行联合调研,并于11月20日召开全市老干部结对帮扶大学生村官创业座谈交流会。 (唐小月 房 园)

党史工作

■**概述** 2013年,市委党史办公室(简称市委党史办)围绕党史征编、研究和宣传教育工作,征编图片资料近200幅、文字资料20多万字,出版

4月1日，市委党史办和市新四军研究会在会议中心举行纪念江上青烈士创建皖东北抗日根据地75周年座谈会　　王　卓/摄

党史书籍2本，在省级以上刊物发表论文14篇，举办宣传教育活动10多次，赠送党史书籍1000多册。

（黄文明　杨志军）

■党史正本编纂　6月底，扬州市地方党史正本编写工作取得阶段性成果。历时6年、数易其稿的《中共扬州(泰州)地方史(1949—1978)》(即党史“二卷本”)出版。该书分4编20章，33.8万字，全面反映从新中国成立到中共十一届三中全会召开，扬州地方党组织领导全区人民进行社会主义革命和建设的历程。7月2日，市委举行党史“二卷本”首发式。在完成党史“三卷本”纲目征求意见稿初稿后，市委党史办多次召开座谈会，征求党史专家、老领导、老同志、扬州大学马克思主义学院和社会各界的意见和建议，对初稿进行深度加工，完成《〈中共扬州地方史(第三卷)〉纲目征求意见稿》。

（黄文明　杨志军）

■党史资料征编　市委党史办完成《中国红色旅游指南——江苏省》扬州部分的征编工作。收集、整理所辖6个县(市、区)文字资料4万多字、图片137幅，形成16个主条目，内容包括省级以上爱国主义教育基地、文物保护单位。与市新四军研究会合作出版《盛氏三杰》，为革命传统教育、社会主义核心价值观教育、爱国主义教育提供乡土教材。

（黄文明　杨志军）

■党史宣传教育　市委党史办围绕红色旅游课题，完成论文《革命遗址、遗迹和纪念馆保护利用初探》，并参加省党史学会举办的江苏省革命纪念馆研讨会。4月，与市新四军研究会联合举办“缅怀革命先烈，弘扬烈士精神，建设世界名城”座谈会，纪念江上青烈士赴皖东北创建抗日根据地75周年。7月，联合市新四军研究会在江苏油田举办纪念抗美援朝胜利60周年座谈会。12月，与市新四军研究会、扬州大学马克思主义学院、市委老干部局等联合举办“颂扬伟人业绩，放飞强国之梦”纪念毛泽东诞辰120周年诗歌朗诵演唱会。参与“四代人同论中国梦”大型情景座谈演出；拍摄电视专题片《激扬青春——曹起溍烈士生平》，在曹起溍故居召开“学习英烈，爱我中华”座谈会；开展党史“六进”(进机关、进企业、进社区、进农村、进军营、进学校)活动，举办党史知识讲座，赠送党史书籍，扩大党史宣传教育覆盖面、受众面。

（黄文明　杨志军）

■党史资政研究　市委将《中共扬州(泰州)地方史(1949—1978)》列为各级领导班子和中心组学习必读教材、党员干部学习必备读本。市委党史办编写宣讲提纲，到基层宣讲，指导各地、各部门(单位)学习，在全市营造学习地方党史的良好氛围。市委党史办参与编撰《江泽民与扬州》大型画册。　（黄文明　杨志军）

党校工作

■教学工作　2013年，扬州市委党校贯彻落实习近平在全国宣传思想工作会议上的讲话精神，优化教学内容，开设“不断增强‘三个自信’，坚定不移走中国特色社会主义道路”“学习贯彻习近平总书记一系列重要讲话精神”“学习党史、国史——给力中国梦”“深入开展党的群众路线教育实践活动”等主题理论学习培训活动。完善教学形式。邀请先进典型张云泉现身说法，邀请市委常委、市纪委书记张跃进作专题辅导，组织学员到上海、苏州、无锡、南京等地开展异地教学，提高理论教育的针对性、实效性。开通扬州市科级干部网上学习城，存录中央党校优秀课件316个。加强学员管理。严格执行“双评价”、“双考勤”、“双班主任”、政治辅导员、纪检监察员、学员到课率实名公布等制度。拓展教学空间。市委党校与云南省委组织部、新疆新源县、青海贵南县联合举办干部培训班，与市委政法委员会、市交通运输局、市市级机关事务管理局等部门联合办班，与兰州大学、江苏省青年管理干部学院、华东石油技师学院等联合举办远程教学大专本科班、成人教育大专班，配合省委党校做好研究生教学组织、服务工作。　（钱存林）

■科研工作　重点学习宣传中共十八届三中全会和习近平系列重要讲话精神。在《扬州日报》《扬州晚报》发表理论文章6篇；组织5人到扬州电视台录制节目，交流学习党的十八届三中全会精神心得体会。确定“扬州发展现代产业的领域选择”“扬州城市生态文明建设的调查与思考”等13个校级调研课题，组建13个调研小组，形成调研报告15篇。经省委党校组织的专家匿名评审，有8篇调研报告分获一、二、三等奖。联合南京、镇江两市党校，举办首届“宁镇扬同城化论坛”。参与市政协、市哲学社会科学界联合会举办的各类论坛和学术会议。4项省委党校调研课题结项；其中1项成果结项鉴定“优秀”，被确定为重点课题。组织申报省委党校“学习贯彻习近平总书记系列讲话、党的十八届三中全会精神”专项课题6项，其中5项被确定为重点立项课题。市委党校专、兼职教师全年在各类报刊、杂志发表文章65篇。

（钱存林）

扬州市人民代表大会及其常委会

Yangzhoushi Renmin Daibiao Dahui Jiqi Changweihui

编　辑　樊庆道

综述

■概况　2013年，扬州市人民代表大会常务委员会(简称市人大常委会)共举行6次常委会会议、16次主任会议，听取和审议"一府两院"(市政府，市中级人民法院、市人民检察院)26项工作报告，作出13项决议、决定，检查2部法律实施情况，任免市级国家机关工作人员37人次。结合常委会议题，举办科技进步法、审计法等5部法律讲座。围绕全市中心工作和常委会重要议题，开展35项调查研究和6次专题视察。全年受理人民群众来信189件，接待来访200批338人次，召开司法信访会商会，促进一批信访问题妥善解决，维护社会稳定。全年接待美国、韩国等国家的议会代表团成员57人。

加大宣传力度，扩大工作影响。发布、宣传《关于切实加强"七河八岛"区域生态环境保护的决议》，提高"七河八岛"区域(由京杭大运河、壁虎河、新河、凤凰河、太平河、金湾河、高水河等7条河流以及由其分割而成的聚凤岛、芒稻岛、金湾岛、自在岛、凤羽岛、山河岛、壁虎岛、新河岛等8个岛组成的区域)生态环境保护认知度。与扬州广播电视总台联合制作40期《TV议案365》，宣传人大代表建议办理动态。坚持民情民意征集、网络视频直播常委会会议、邀请公民旁听常委会会议等做法，增强人大工作公开性和透明度。办好《扬州日报》人大专版，加强人大网站建设，提高《扬州人大》办刊质量。市地方人大工作研究会完成换届，并围绕"发挥闭会期间代表作用"等课题开展理论研讨。　（罗庆久　刘　刚）

■监督工作　围绕经济建设，推动转型升级。突出"重大产业项目建设突破年""改革攻坚年"主题，审议上半年经济社会发展情况，提出在坚持项目为王的同时，强化效益导向，提高项目产出贡献率；加快推进经济功能区、国有资产管理体制以及农村产权制度等方面改革，为经济社会发展增添动力。推动科技创新载体建设，实地察看15个科技综合体，促进市政府制定集聚创新创业人才实施办法等文件，加快创新型城市建设步伐。审议"十二五"规划纲要中期实施情况报告，针对指标间完成进度不均衡、部分规划目标与新要求不适应等问题，要求在完成序时进度的同时，把握全面深化改革、推进跨江融合发展机遇，适时调整、更新目标。调研中小企业发展情况，要求完善扶持政策，适当扩大中小企业专项资金规模，优化资金投向，创新使用方式。促进市政府设立2亿元应急专项资金，帮扶中小企业发展。视察侨、港资企业，提出优化政府服务、加快转型升级等意见。关注服务业发展，开展旅游业专题调研并提出建议。

重视现代农业，促进农村发展。听取农业机械化发展情况汇报，建议合理运用市场调节和政策扶持方式，引导农机装备调整结构、升级换代。调研全市农业保险工作，实地走访乡镇"三农"(农业、农村、农民)保险服务站，重点督促高效设施农业保险，实现保险拓源扩面。视察现代高效农业园区、农业综合开发和食用农产品产销安全体系建设情况，要求提升现代农业园区建设水平，发挥现代农业带动效应。

坚持以人为本，保障改善民生。关心困难群体基本生活，审议城乡居民最低生活保障工作，要求逐步提高低保标准，推进低保与医疗、住房、就业等制度有效衔接，形成救助合力；促进市政府落实低保标准自然增长机制，完善救助体系。审议全市群众文化建设工作，要求转变服务方式和管理理念，整合现有文化资源和活动载体，加强文化人才和志愿者队伍建设，提升群众文化水平。调研《国家中长期教育改革和发展规划纲要》落实情况，促进合理配置教育资源，推动城乡教育均衡发展。跟踪督查"菜篮子"工程、经济薄弱村补助、市区社区运转和奖励考核经费、校舍安全工程、老小区综合整治、创业引导资金、重大公共卫生等7个重点民生类专项资金绩效，提出强化科学管理、提高资金使用效益等建议，促进市政府将绩效跟踪结果作为安排部门预算的重要依据。专题视察重点中心镇建设、"三拆三整治"(拆违、拆破、拆烂，治脏、治乱、治差)、小区物业管理、食品药品监管、体育设施建设等民生事项，检查市政府年度为民办实事工作，要求保证资金投入，注重长效管理，办实、办好民生实事。

（罗庆久　刘　刚）

■决定重大事项　关注"七河八岛"，保护生态环境。市人大常委会围绕

"七河八岛"生态功能区保护和建设，深入调研，多次组织视察，广泛征求意见；审议"七河八岛"区域规划编制情况专项工作报告，作出《关于切实加强"七河八岛"区域生态环境保护的决议》，强调坚持保护为先，严格"四控一禁"（控制廊道宽度、建设高度、开发强度、污染排放，禁止违章建设），为该区域生态环境保护和可持续发展提供刚性约束。连续两次听取该区域"四控一禁"规划和空间管制规划完善情况汇报，并作出相应决议，要求抓紧编制控制性详规和专项规划，明确责任主体，严格按规划组织实施。

探索制度创新，深化财政监督。健全全口径预决算审查监督制度，制定《关于加强市级财政预算审查监督的暂行规定》和《关于加强审计监督的暂行规定》，要求提高预算编制的完整性、规范性和透明度，突出对发展类、民生类重点领域财政资金的审计监督。审查2012年市级财政决算、市本级2013年地方政府债券安排及预算调整方案，并作出决议，要求政府优化支出结构，保证重点民生支出，提高财政资金使用效率。听取并审议2013年财政预算执行情况和2014年财政预算初步安排，要求规范部门预算和政府性项目资金管理。将社保基金运营管理工作列入市人大常委会常规议题，要求加快编制基金预算，强化扩面征缴，提升管理水平。督促市政府严格执行《江苏省非税收入管理条例》，加强部门预算编制和管理，规范执收行为，完善管理体系。听取并审议2012年市级预算执行和其他财政收支情况的审计工作报告。委托审计部门对市农业委员会、市民防局、扬州化工园区、扬子江集团进行专项审计，并听取整改情况汇报，要求强化审计成果运用，深化体制机制改革，从制度层面巩固整改成果。（罗庆久　刘　刚）

■推动决议落实　市人大常委会从质态提升层面跟踪监督区域供水决议落实情况。在区域供水实现全覆盖的基础上，调研宝应、江都等地区域供水可持续运行情况。通过实地察看、随机走访和委托检测分析水样等方式，督促加大水源地保护、管网改造、运营管理和水质监控力度，保证人民群众喝上放心水。督查流通环节食用农产品质量安全管理决议落实情况。连续第三年听取市政府相关专项工作报告，对决议落实情况实施满意度表决，要求重视市场建设，严格市场准入，提升检测能力，保障农产品质量安全。推动落实提升城市品质决议。将推进新一轮"绿杨城郭新扬州"行动计划作为提升城市品质的重要环节，督促提升绿化水平，彰显城市特色。检查永久性保护绿地决议落实工作，促进政府为27块永久性保护绿地建立档案，明确界址范围，巩固决议实施成果。视察邗江、广陵"六五"普法决议中期实施情况，推动法制宣传教育工作。

（罗庆久　刘　刚）

■执法检查　市人大常委会开展行政诉讼法、行政复议法执法检查，推进行政权力规范运行。组织人大代表旁听行政诉讼案件庭审、行政复议案件听证，邀请法律专家审查案件卷宗，向市民发放调查问卷。针对行政和司法工作中存在的问题，要求相关部门加强学习宣传，规范执法行为，从源头上减少案件数量；严格依法办案，维护法律公正和权威。重视反腐倡廉，督促从制度层面加强对干部用权行为的监督，抓好重大项目投资、重点民生工程等领域职务犯罪预防工作。检查宗教事务管理条例执行情况，促进宗教场所管理规范化、法制化。视察省禁毒条例实施工作，要求加大预防和惩治毒品违法犯罪力度，保护公民身心健康。配合省人大常委会开展《江苏省长江水污染防治条例》执法检查和《江苏省机动车排气污染防治条例》《江苏省爱国卫生条例》《江苏省企业技术进步条例》等5部法规的立法调研。依法对市政府9件规范性文件进行备案审查，前移审查关口，降低纠错成本。

（罗庆久　刘　刚）

■组织代表活动　市人大常委会赋予"统一见面日"活动"践行群众路线、服务基层选民"新内涵。组织416名市人大代表接待选民1344人次，收集意见、建议1190条，"农村环境亟待整治""扶持企业转型升级""深化秸秆禁烧，加强大气污染防治"等群众关切的诉求得以反映和办理。引导代表针对民意集中度高、操作性强的建议开展调研，促成转化为市七届人大三次会议代表议案、建议。坚持"主任接待日""民情绿色通道""百名代表参与常委会审议""人大网坛"等制度，发挥各专业组代表作用，加强市人大常委会与代表的经常性联系。组织市人大代表529人次参与5次审议，收集意见、建议1030条；举办"人大网坛"5期，收集意见、建议220条。组织代表集中学习财政预算、决算审查方面专业知识，提高代表议政能力。评选、表彰代表活动先进小组和优秀代表建议，激发代表履职积极性。加强对基层人大工作的调研指导，推进"一个载体、两项制度"（人大代表之家，代表联系选民制度、代表向选民述职制度）建设，整合、建立人大代表之家498个，有546名县级人大代表、1457名乡镇人大代表联系选民并进行述职。组织160名人大代表参加"三公开三报告"（公开事项、公开过程、公开结果，向组织报告、向人大代表和政协委员报告、向服务对象报告）电视直播和广播、电视、报纸、网络"四位一体"评议政风行风活动，监督、评议22个部门。为在扬州的全国、省人大代表开展专题调研、视察活动提供服务和保障。（罗庆久　刘　刚）

■督办代表建议　市人大常委会选择"关注食品安全""缓解市区交通压力"等26件重点建议，由市人大常委会负责人牵头督办；从中确定6件契合中心工作、事关民生实事、需多部门协调推进的建议，由分管市长领办。邀请代表参加重点建议督办视察、调研，督促承办部门解决问题。26件重点建议中，21件得到解决或被采纳，解决率80.8%；6件市长领办建议中，5件得到解决，1件被列入解决计划。市七届人大二次会议召开以后代表提出的260件建议中，

187件得到解决或被采纳，解决率71.9%。督促承办部门对第一次答复中“正在解决”的23件代表建议作出第二次答复。滚动办理市七届人大一次会议“计划解决”类代表议案和建议58件，推动落实到位。

（罗庆久　刘　刚）

重要会议

■七届人大二次会议　扬州市第七届人民代表大会第二次会议于1月6—9日在扬州举行。428名市七届人大代表中，412人出席会议。会议听取和审议市长朱民阳代表市政府所作《扬州市人民政府工作报告》，审议市发展和改革委员会主任范天恩受市政府委托提交的《关于扬州市2012年国民经济和社会发展计划执行情况与2013年计划草案的报告》、市财政局局长张彤受市政府委托提交的《关于扬州市2012年财政预算执行情况和2013年财政预算草案的报告》，听取和审议市人大常委会副主任陈卫庆受市人大常委会委托所作《扬州市人民代表大会常务委员会工作报告》、市中级人民法院院长蒋惠琴所作《扬州市中级人民法院工作报告》、市人民检察院检察长闵正兵所作《扬州市人民检察院工作报告》；通过《关于扬州市人民政府工作报告的决议》等6个决议。会议收到议案73件，全部转为建议、批评和意见办理；收到代表提出的建议、批评和意见169件，全部交有关部门和组织研究处理、答复。会议选举张连珍等47人为扬州市出席江苏省第十二届人民代表大会代表，补选余俊臣、曹进仪为扬州市第七届人民代表大会常务委员会委员。

（罗庆久　刘　刚）

1月6日，市七届人大二次会议开幕　　王　卓/摄

■七届人大常委会会议　市七届人大常委会第五次会议于1月29日下午在扬州举行。会议听取和审议副市长董玉海代表市政府所作《关于加强流通环节食用农产品质量安全管理的决议》贯彻落实情况的汇报，并以无记名投票方式对市政府落实《关于加强流通环节食用农产品质量安全管理的决议》情况进行满意度表决，表决结果为基本满意。会议听取被提请任命人员的拟任职发言，表决通过有关人事任免事项，并向被任命人员颁发任命书。

市七届人大常委会第六次会议于3月28日下午至29日上午在扬州举行。会议听取和审议副市长张宝娟代表市政府所作关于全市城乡最低生活保障工作情况的汇报，听取市人大常委会财政经济工作委员会主任单启宁受市人大常委会主任会议委托所作关于《扬州市人民代表大会常务委员会关于加强市级财政预算审查监督的暂行规定(草案)》《扬州市人民代表大会常务委员会关于加强审计监督的暂行规定(草案)》的说明，表决通过《扬州市人民代表大会常务委员会关于加强市级财政预算审查监督的暂行规定》《扬州市人民代表大会常务委员会关于加强审计监督的暂行规定》。会议期间，举办科技进步法辅导讲座。

市七届人大常委会第七次会议于5月30日上午至31日上午在扬州举行。会议听取和审议副市长孔令俊代表市政府所作关于全市科技创新载体建设、新一轮“绿杨城郭新扬州”三年行动计划推进情况的汇报。会议听取被提请任命人员的拟任职发言，表决通过有关人事任免事项，并向被任命人员颁发任命书。会议期间，举办水污染防治法辅导讲座。

市七届人大常委会第八次会议于7月29—30日在扬州举行。会议听取和审议副市长丁纯代表市政府所作关于上半年国民经济和社会发展计划执行情况、扬州市2012年社会保险基金运行情况的汇报，听取和审议市财政局局长张彤受市政府委托所作关于上半年扬州市财政预算执行情况的汇报、2012年市级财政决算(草案)的报告，听取和审议市审计局局长吴焱新受市政府委托所作关于扬州市2012年市级财政预算执行和其他财政收支情况的审计工作报告，听取和审议副市长闻道才代表市政府所作关于“七河八岛”规划(空间控制)编制情况的汇报。会议表决通过《关于批准扬州市2012年市级财政决算的决议》《关于切实加强“七河八岛”区域生态环境保护的决议》。会议听取被提请任命人员的拟任职发言，表决通过有关人事任免事项，并向被任命人员颁发任命书。会议期间，举办行政诉讼法、行政复议法辅导讲座。

市七届人大常委会第九次会议于9月26日下午至27日在扬州举行。会议听取和审议市人大常委会内务司法工作委员会主任、执法检查组副组长朱宏翔受市人大常委会主任会议委托所作关于行政诉讼法、行政复议法贯彻实施情况的执法检查报告，听取和审议副市长董玉海代表市政府所作关于全市群众文化建设情况的汇报，听取和审议副市长丁纯代表市政府所作关于区域供水可持续运行情况的汇报，听取和审议副市长闻道才代表市政府所作关于“七河八岛”地区“四控一禁”规划情况的汇报。会议听取被提请任命人员的拟任职发言，表决通过有关人事任免事项，并向被任命人员颁发任命书。

市七届人大常委会第十次会议于11月29—30日在扬州举行。会议听取和审议副市长闻道才代表市政府所作关于“七河八岛”地区空间管制规划情况的汇报，听取和审议副市长丁纯代表市政府所作关于《扬州市国民经济和社会发展第十二个五年规划纲要》实施情况的汇报以及市七届人大二次会议代表建议、批评和意见办理情况的汇报，听取和审议市财政局局长张彤受市政府委托所作关于扬州市市本级2013年地方政府债券安排及预算调整方案（草案）的报告、关于2013年全市财政预算预计执行和2014年财政预算初步安排情况的汇报，听取关于召开市七届人大三次会议有关事项的说明。会议表决通过《关于批准扬州市市本级2013年地方政府债券安排及预算调整方案的决议》、《关于〈“七河八岛”地区空间管制规划〉的决议》、《关于召开扬州市第七届人民代表大会第三次会议的决定》、市七届人大三次会议建议议程和列席人员范围。会议听取被提请任命人员的拟任职发言，表决通过有关人事任免事项，并向被任命人员颁发任命书。

（罗庆久　刘　刚）

重点议案

■政府应更多地关心、帮助失独家庭　市七届人大二次会议上，孙建成等10名代表提出《关于政府应更多地关心、帮助失独家庭的议案》。主要内容：（1）各级政府要充分重视对失独（独生子女死亡）家庭（包括独生子女伤残家庭）群体的关心、帮助和扶持，各项优抚政策要首先向失独家庭倾斜、优惠。（2）各级计划生育组织要主动做好与失独家庭的情感交流。（3）发挥集体组织作用，保证农村失独家庭生活质量和生活水平。（4）应尽快落实符合规定的失独家庭和病残儿家庭再生育政策。

（罗庆久　刘　刚）

■整合民居民俗资源，提升扬州市旅游文化内涵　市七届人大二次会议上，张仁田等10名代表提出《关于整合民居民俗资源，提升我市旅游文化内涵的议案》。主要内容：（1）树立新的文化发展观，依托民居民俗文化旅游资源，提升扬州旅游的文化内涵。（2）准确定位，制定民居民俗文化与旅游产业发展总体规划，分步实施，有序开发。（3）整合资源，突出特色，打造民居民俗文化旅游精品和特色产品。（4）加大投入，推进民居民俗文化资源研究，做大做强具有含金量和开发潜力的民居民俗资源。（5）正确处理开发、利用与保护的关系，确保民居民俗文化旅游产业可持续发展。

（罗庆久　刘　刚）

■大力发展扬州地方文化　市七届人大二次会议上，陈志宏等10名代表提出《关于大力发展扬州地方文化的议案》。主要内容：（1）要花大力气培养适合本地的创作人才，培育精英团队和领军人物，推动人才向高层次发展。（2）要制定发展规划和政策，深化文化体制改革，解放和发展文化生产力。（3）要为发扬光大扬州文化提供阵地，形成规模效应，做大做强扬州特色文化。（4）要运用现代手段，促进扬州评话等传统艺术推陈出新、提档升级。　（罗庆久　刘　刚）

■规划建设扬州伊斯兰文化产业园　市七届人大二次会议上，杨学华等10名代表提出《关于规划建设扬州伊斯兰文化产业园的议案》。主要内容：（1）市政府要建立由规划、建设、国土、宗教等部门组成的伊斯兰文化产业园推进协调班子。在建设过程中做到规划明确、扶持政策明确、推进措施明确。建议由扬州名城建设公司组织实施。（2）要聘请一流机构进行规划设计，体现大气、文气、清气、净气、古代文化与现代文明相结合；应参考阿拉伯建筑式样，体现伊斯兰风格，并结合中国本土建筑元素。（3）市政府要在相关扶持政策等方面全力支持伊斯兰文化产业园建设。

（罗庆久　刘　刚）

■加强扬州市专业性人民调解组织建设　市七届人大二次会议上，朱宏翔等10名代表提出《关于加强扬州市专业性人民调解组织建设的议案》。主要内容：（1）建立人民调解个案补贴制度。建议财政部门与司法行政部门协商制定全市人民调解个案补贴办法，促进建立人民调解工作经费长效保障机制。（2）建立人民调解协会。建议司法行政部门与民政部门探索建立以各类人民调解组织和人民调解员为会员的人民调解协会，推行司法行政部门指导与行业自律管理相结合、以行业管理为主的管理方式，强化对专业性人民调解组织及其调解员队伍的管理。（3）制定更详细、更具操作性的实施办法，规范专业性人民调解组织建设、工作机制建设和组织领导。（4）完善调解的履行保障机制。建议司法行政部门与法院研究加强人民调解协议的司法确认工作，提高调解协议的法律效力；建议司法行政部门、保险监督部门及有关专业部门研究建立相关领域的责任保险制度或基金制度，建立专业性人民调解组织与保险公司或基金会相互衔接、相互补充、相互促进的有效理赔机制，重点实现特定纠纷的调处与保险理赔相衔接。　（罗庆久　刘　刚）

■加强农村基层医疗卫生人才队伍建设　市七届人大二次会议上，唐文波等10名代表提出《关于加强农村基层医疗卫生人才队伍建设的议案》。主要内容：（1）提高基层卫技人员待遇，吸引大学生到基层医疗卫生单位工作。（2）与普通高校合作，定向培养适合农村基层卫生机构的全科医生到基层医疗机构工作。（3）通过合理途径解决已在基层卫生院工作，并取得大学专科以上学历、有相应资格证书的临时人员转为在编人员。（4）选聘取得执业助理医师及以上资格的乡村医生，逐步将其纳入乡镇卫生院编制管理。（5）实施乡镇卫生院和村卫生室一体化管理，合理解决乡村医生报酬和养老问题。(6)在职称晋升、业务培训、待遇政策等方面对乡村医生给予适当倾斜，做好乡村医生培训考核工作。

（罗庆久　刘　刚）

■让无公害蔬菜走上扬州广大市民餐桌　市七届人大二次会议上，龚卫娟等10名代表提出《关于让无公害蔬菜走上扬州广大市民餐桌的议案》。主要内容：(1)加快无公害蔬菜基地建设，保证无公害蔬菜的产量。(2)完善无公害蔬菜监控体系及检测办法。(3)规范无公害蔬菜市场。设计无公害蔬菜特色包装，向具备销售无公害蔬菜条件的市场核发准入证。在各社区菜场、超市设立无公害蔬菜销售专柜，让市民有渠道、有机会购买到无公害蔬菜。（罗庆久　刘　刚）

■进一步加快发展全市学前教育　市七届人大二次会议上，许金荣等10名代表提出《关于进一步加快发展全市学前教育的议案》。主要内容：(1)市、县两级政府要结合本地实际，科学规划新建和改(扩)建幼儿园数量和地点，确保本市户籍城乡适龄儿童入园需求。(2)居民小区开发商应将小区幼儿园无偿或按成本价交给政府，再由政府交由教育主管部门承办。(3)完善政府主导、公办民办并举的学前教育体系，统筹规划，加大投入，调整税收政策，规范收费行为。(4)实施幼儿教师独立编制，适当增加幼儿教师编制，保证幼教师资队伍稳定。（罗庆久　刘　刚）

■进一步扶持本土中小企业发展　市七届人大二次会议上，单启宁等10名代表提出《关于进一步扶持本土中小企业发展的议案》。主要内容：(1)明晰扬州市中小企业发展总体目标、路径和措施，研究制定扶持中小企业发展实施意见。(2)加大对中小企业财税政策支持力度。设立中小企业发展专项资金、中小企业发展基金。发挥政府专项资金作用，加大对中小企业贷款担保、结构调整、节能减排、技术创新和参与市场竞争等方面的财政支持力度，落实减税、减费政策，减轻企业负担。(3)支持和指导中小企业按照市场需求调整企业产品结构、市场结构，向专、新、特、精方向发展，提高市场竞争力和抗风险能力；放宽市场准入范围和条件，鼓励、支持和引导中小企业进入金融服务、公用事业、基础设施等领域。(4)引导和鼓励成长性好、竞争力强的企业通过联合、兼并等形式做大做强，形成领军企业；帮助其研究、调整资金投向、投速、投效，把发展重点转移到产业链前延后伸上，占据产业链和价值链高端，做强特色板块经济。(5)切实解决中小企业要素制约问题。尽快建立小微企业专项贷款资金池，解决中小企业融资难和融资贵问题。研究制定推进高标准化厂房建设的政策措施，提高土地集约化利用水平，解决中小企业用地难问题。(6)加强和改善对中小企业的服务。加快各级中小企业服务中心建设，加强信用担保和信用服务、技术创新服务、创业培训服务、市场开拓服务、管理咨询服务，加快建立健全中小企业社会化服务体系。(7)重视企业家队伍建设。科学制定企业家培育计划，采取本土培育和引进职业经理人相结合方式，提升企业家队伍整体素质。（罗庆久　刘　刚）

■提升住宅小区物业管理水平　市七届人大二次会议上，刘星驰等10名代表提出《关于提升住宅小区物业管理水平的议案》。主要内容：(1)规范物业管理企业行为。物业公司应在与小区业主委员会协商一致的基础上，在小区公示其管理区域、服务项目、服务标准、收费项目、收费标准，防止不作为，杜绝乱收费。物业服务费用和经营设施收支情况、公共水电费分摊情况也应在小区公示，接受业主监督。要健全投诉处理机制、考核奖惩机制，引进优秀物业公司，提高全市物业管理水平。(2)提升物业管理人员素质。加强从业人员职业道德教育和专业服务技能培训。(3)开展停车专项治理。发挥小区地下停车场作用，规范划定停车位，补建一批车库或停车位，缓解停车难。物业公司应将汽车停放费单独列账、独立核算，接受监督，所得收益可用于弥补物管费用，但大部分应纳入住宅维修基金；车位建设费用已纳入商品房销售成本的，出售车位收入应为小区业主共有。(4)合理确定收费标准。建立物业管理服务市场化收费机制，制定物业分类收费标准。(5)建立小区物业管理协调机制。建议政府将小区物业服务纳入服务业发展规划、社区建设和管理体系，推进公共服务进社区，重视业主委员会建设。

（罗庆久　刘　刚）

■扶持市级地方性金融机构发展　市七届人大二次会议上，朱元豪等10名代表提出《关于扶持市级地方性金融机构发展的议案》。主要内容：(1)申办各类地方性金融法人机构。在新型金融机构申办方面，优先考虑市现代金融投资集团等市属国有企业作为主发起人。(2)帮助化解不良贷款。建议政府制定优惠政策，吸引各类机构、民营资本等投资组建地方性不良资产处置机构，协调税务部门适当调整核销标准，降低经营风险。(3)通过政策扶持做大扬州农村商业银行。通过存放财政资金、代发各机关单位工资、参与发行市民卡和医保卡等政策扶持措施，做大扬州农村商业银行规模。(4)支持农村担保创新。制定与地方法人金融机构业务相关，与城乡居民、中小企业主和个体工商户实际相关的抵押质押物政策，探索扩大抵押物试点工作范围和深度。(5)集中管理和运作各类专项基金。将“小微企业专项贷款资金池”“市创新型经济发展专项资金”“创业投资引导基金”等可以市场化运作的各类基金拨付给扬州农村商业银行、市现代金融投资集团专业化运作，提高基金使用效益。(6)建立政策性业务风险补偿机制。对市级地方性金融机构风险大、收益低的政策性业务，通过专项补助、税费减免等方式给予合理补偿，增加造血输血功能。(7)加强市级地方性金融机构业务合作和联动，整合相关市级地方性金融机构，搭建地方性金融控股平台。

（罗庆久　刘　刚）

扬州市人民政府

Yangzhoushi Renmin Zhengfu

编　辑　樊庆道

重要会议

■**市政府全体会议**　4月27日，市政府召开全体(扩大)会议。市长朱民阳在讲话中要求各地各部门做好3个方面工作：一要认清形势，把握重点，全力推进经济结构战略性调整。将生态优势转化为产业优势，通过做大总量和增量调优结构，深化改革与创新，重视县域经济发展，保持房地产行业稳定健康发展。二要做好二季度重点工作。保持经济平稳较快增长，确保双过半(时间过半、任务完成过半)、硬过半；高效开展招商活动，推进重大项目建设；推进企业技术改造；推进国家创新型试点城市建设；加快发展现代服务业；抓好“三农”(农业、农村、农民)工作；推进生态文明建设；提高城镇化建设质量和水平；做好民生实事。三要推进廉洁政府建设。坚持勤政廉政，反对奢侈浪费；转变政府职能，推进结果导向的效能监察；严格执法监察，促进行政权力阳光透明运行；回应社会诉求，切实畅通群众投诉渠道；坚持标本兼治，推进政府部门惩防体系建设。市委常委、常务副市长丁纯主持会议，副市长闻道才、董玉海、张宝娟、丁一，市政府秘书长何金发等出席会议。

12月31日，市长朱民阳主持召开市政府全体会议，讨论《政府工作报告(征求意见稿)》，部署重点工作。朱民阳在讲话中要求各部门贯彻落实市委六届六次全会精神，增强守责意识，力争实现2014年各项工作“开门红”。副市长丁纯、闻道才、董玉海、孔令俊、张宝娟、丁一，市政府秘书长何金发等参加会议。　(顾友红)

■**市政府常务会议**　2月25日，市政府召开第八次政府常务会议。主要议题：(1)关于2013年重大基础设施项目安排。(2)关于2012年度工业和信息化目标考核、创新型经济目标管理考核、开放型经济(招商引资十佳优质服务单位、引荐外资单位)考核、商贸流通目标管理考核、质量强市工作目标考核、服务业目标管理考核、民营经济考核情况汇报。(3)关于推进科技创新工程、建设创新型城市的实施意见和全市科技创新大会暨厅市会商推进会方案。(4)关于扬州市企业技术改造的实施意见。(5)关于进一步加强市区物业管理工作的意见。(6)关于做好市政府机关门前上访群众疏导工作有关情况的汇报。

4月3日，市政府召开第九次政府常务会议。主要议题：(1)关于2013年度政府工作报告目标任务进展情况。(2)关于应对H7N9型人感染禽流感疫情工作。(3)关于高邮、宝应地区享受苏北政策有关情况。(4)关于制定“三直接”(直接面向群众进行服务、直接分配财政资金、直接接触工程建设)十大环节操作规范。(5)关于调整759号地块(食品城二期)C地块容积率。

5月17日，市政府召开第十次政府常务会议。主要议题：(1)关于改善文昌阁地区交通拥堵问题、文昌阁周边地区交通综合整治中环疏解工程和文昌路公交快线工程实施方案。(2)关于新城河综合整治工程。(3)关于全市深化改革创新体制工作任务分解和国有资产改革推进实施总体方案。(4)关于调整全市企业退休人员基本养老金。(5)关于市区机动车停车场管理暂行办法。

6月7日，市政府召开第11次政府常务会议。主要议题：(1)关于贯彻落实全省苏中工作会议精神。(2)关于推进汽车和机械装备产业加快发展的实施意见及引导资金管理办法。(3)关于坚持科学发展全面提升安全发展水平的意见。(4)关于社区建设和社区居家养老服务工作落实情况。(5)关于对部分单位实行收支脱钩试点。(6)关于扬州发展规划管理办法。(7)关于成立市政府行政复议委员会的情况。(8)关于《扬州市人民政府工作规则》修订情况。

7月18日，市政府召开第12次政府常务会议。主要议题：(1)关于深化医药卫生体制改革主要工作安排。(2)关于加快交通发展的意见。(3)关于扬州市旅游业“十二五”发展意见和加快旅游度假区建设实施意见。(4)关于扬州市城市环境综合整治行动实施方案。(5)关于扬州市水利现代化规划(2011—2020)。(6)关于提高153号地块容积率的情况汇报。(7)关于制定财政支持企业发展政策管理办法。(8)关于筹建扬州开放大学的情况汇报。(9)关于建立扬州市民办非学历教育培训管理联席会议制度的情况汇报。(10)关于2012年度有突出贡献的中青年专家选拔工作情况汇报。

7月29日，市政府召开第13次

政府常务会议。主要议题:(1)关于调整市区及各县(市)最低工资标准类别。(2)关于进一步加强统计基层基础工作的实施意见及全市统计工作会议方案。(3)关于扬州市行政效能问责暂行办法。(4)关于扬州市气象灾害防御实施办法。(5)关于给予王相柏开除公职处分问题。

9月4日,市政府召开第14次政府常务会议。主要议题:(1)关于促进工业集中区整合,提升特色发展的意见。(2)关于市特殊教育学校与市残联"三个中心"(残疾人托养服务中心、职业培训中心、文化体育中心)整合建设的方案。(3)关于加快推进城市快速轨道交通工作。(4)关于加强城市地下空间开发利用的实施意见。(5)关于扬州市城市商业网点专项规划(2013—2020年)。(6)关于进一步规范房屋征收(拆迁)工作的意见。(7)关于推进政府专项资金绩效管理改革的意见。(8)关于扬州市大气重污染预警与应急预案。(9)关于扬州市城市地下空间开发利用管理办法。(10)关于扬州市信息化管理办法。

9月16日,市政府召开第15次政府常务会议。主要议题:(1)关于职业教育优化整合建议方案。(2)关于进一步做好2013年全市医药卫生体制改革工作的意见。(3)关于市区公交企业整合方案。(4)关于"七河八岛"(位于广陵区泰安镇和湾头镇,由7条河流以及由其分割而成的8个岛屿组成。"七河"分别为京杭大运河、壁虎河、新河、凤凰河、太平河、金湾河、高水河,"八岛"分别为聚凤岛、芒稻岛、金湾岛、自在岛、凤羽岛、山河岛、壁虎岛、新河岛)地区"四控一禁"(严格控制廊道宽度、建筑高度、开发强度、污染排放,严格禁止违法建设)规划。(5)关于扬州市创新型城市建设推进计划。(6)关于进一步加强住房公积金归集管理,促进缴存公平的意见。(7)关于取消和调整一批市级行政审批项目情况以及关于向广陵区下放和归还第二批行政权力情况。(8)关于市区宗教活动场所规划建设管理办法。(9)关于扬州市价格异动应急预案。(10)关于推进扬农集团加快转型发展实施方案。

10月14日,市政府召开第16次政府常务会议。主要议题:(1)关于扬州市区集体土地上住宅房屋拆迁货币化补偿实施细则。(2)关于积极培育市场需求,促进市区房地产业持续健康发展的意见。(3)关于扬州市区引进高层次人才住房资助办法。(4)关于进一步加快科技产业综合体建设,集聚创新创业人才的实施办法。(5)关于扬州市金融支持高层次人才创业实施办法。(6)关于扬州英才培育计划。(7)关于扬州市级政府性债务管理暂行办法。(8)关于空港新城工作进展情况。(9)关于调整市区非居民天然气销售价格情况。(10)关于市政府规范性文件清理情况。(11)关于扬州市测绘地理信息管理办法。

11月11日,市政府召开第17次政府常务会议。主要议题:(1)关于围绕农民增收,进一步做好"三农"工作的意见。(2)关于进一步聚力发展全市软件和信息服务业的政策意见。(3)关于加快电子商务发展的若干政策意见。(4)关于进一步加强城市基础设施项目建设和管理的意见。(5)关于进一步强化土地执法监管共同责任机制的意见。(6)关于"七河八岛"空间管制规划。(7)关于451-1号地块容积率调整。(8)关于开展"三减一提"(减章、减时、减负,提效)行政效能提升行动的意见。(9)关于扬州市村庄环境长效管护办法。(10)关于扬州市华侨归侨侨眷权益保护办法。

11月22日,市政府召开第18次政府常务会议,主要议题:关于组建扬州生态科技新城方案。

12月9日,市政府召开第19次政府常务会议。主要议题:(1)关于加快发展健康和养老服务产业的实施意见。(2)关于支持传统商贸业和加快现代物流业发展的意见。(3)关于加快扬州港"亿吨大港、百万标箱"建设的实施意见。(4)关于进一步加快现代金融业发展的意见。(5)关于扶持发展扬州非物质文化遗产产业的意见。(6)关于2014年全市绿化工作的意见。(7)关于加快推进城市"清水活水"综合整治工程的实施意见。(8)关于扬州市水生态文明城市建设试点实施方案。(9)关于迎接扬州建城2500周年重大城建项目拟调整情况。(10)关于2014年市区重点城建项目初步计划安排情况。(11)关于农贸市场提档升级工作的实施意见。(12)关于2014年市本级财政预算安排。(13)关于第五届扬州市工艺美术大师评选情况的汇报。(14)关于市区民用天然气价格调整方案。(15)关于扬州市居住证管理暂行办法。(16)关于扬州市城乡规划管理办法。

12月27日,市政府召开第20次政府常务会议。主要议题:(1)讨论《政府工作报告(征求意见稿)》。(2)关于进一步保障和改善基本民生的意见。(3)关于着力解决企业面临的突出问题,净化经济发展环境的意见。(4)关于加强工业用地差别化管理、促进经济转型发展的意见和推进多层标准厂房建设、促进土地节约集约利用的意见。(5)关于明确生态科技新城财政体制和调整蜀冈-瘦西湖风景名胜区财政体制。 (朱亚平)

综合政务

■政府目标管理 2013年,市政府围绕《关于进一步推进民生幸福工程的意见》《政府工作报告》以及《市政府为市区人民办实事事项》明确的重点工作,确定2013年度重点工作考评目标1211项。各责任单位分解细化目标任务,明确序时进度,抓好落实。市委、市政府每月跟踪督查各项目标完成情况。年底,市委、市政府目标考评小组对各单位目标完成情况组织现场抽查,并检查各项任务完成情况。全年1211项政府目标任务中,完成或基本完成的1197项,完成率98.8%。 (沈 洋)

■政务督查 2013年,市政府政务督查工作突出市长批示事项、全局大事、省政府交办事项等3个重点,开展决策督查和专项查办。督查市长批示事项。市政府督查室安排专人负责市长批示督查工作,确保在市长批示送达当天,以督查通知单形式将市长批示下发相关责任单位,明确目标任务和时间节点,及时上报完成情况。市政府督查室统一编辑汇总市长批示事项办理情况，以《督查专报》形式呈送市政府领导。督查全局大事。市政府督查室及时分解、下达市政府常务会议、市政府组成人员会议、市长办公会等重要会议明确的事项，定期电话催办、上门督办，保证市政府重大决策部署及时得到落实；会同相关职能部门，对民生幸福工程、千亿级产业、中央拨款社会事业项目等进行联合督查，推动落实市委、市政府重点工作。督查省政府交办事项。市政府督查室分解、下达省政府及省政府办公厅交办事项，先后督办、反馈“省政府十项举措”“省政府十大重点工作”“国务院约法三章”等事项。（沈　洋）

2013年，扬州市政府将整治积水路段列入为市区人民办实事项目，推进“不淹不涝”城市建设。6月23日暴雨过后，改造后的文昌路海关岗未现积水

刘江瑞/摄

■建议提案办理　2013年，市政府办理人大代表建议252件，代表对办理结果满意和基本满意率100%。代表提出的问题和建议得到解决或被采纳的180件，占71.4%；计划解决的40件，占15.9%；因受条件限制或其他原因，留作参考的32件，占12.7%。办理政协委员提案397件，提案人对办理态度满意和基本满意率100%，对办理结果满意和基本满意率99.7%。提案反映的问题得到解决或基本解决的191件，占48.1%；正在解决或列入计划逐步解决的196件，占49.4%；因受条件限制或其他原因，难以解决或留作参考的10件，占2.5%。（沈　洋）

■市区为民办实事项目　2013年，市政府确定市区为民办实事项目10个。至年底，除推进“不淹不涝”城市建设项目子项之一“淮海路积水点整治”因故调整外，其他实事项目均完成或超额完成。(1)促进充分就业。新增就业3.4万人，转移农村劳动力1.63万人，分别完成年度目标的113.3%、326.0%；培训创业者9420人，带动就业7718人，分别完成年度目标的376.8%、214.4%；登记扬州籍未就业高校毕业生1510人，按需求向企业推荐2780人次，其中1210人得到2次以上推荐。(2)推进“八老”（老庄台、老小区、老校舍、老宿舍、老宅子、老街巷、老城区、老厂区）改造。完成公房解危4.65万平方米，完成老小区综合整治100.9万平方米，翻建街巷60条，改造街巷路灯889盏。(3)加强居民小区物业管理。新建小区全部通过招投标方式落实市场化物业服务，市区新增物业服务住宅小区178.16万平方米；督促各区按照有治安防范、有清扫保洁、有绿化养护、有维修服务、有停车管理要求落实基本物业服务140.36万平方米。(4)发展城市公共交通。市公交公司与时代公交公司合并组建扬州市公交集团，依法完成劳动关系调整。新辟、调整公交线路16条，新（改）建公交站棚51座。(5)推进社区服务标准化。新建社区服务中心15个。(6)建好“菜篮子”工程。推进“菜篮子”工程建设，新（扩）建无公害蔬菜基地133.33公顷；建成“宏信龙生活馆”“扬州惠生活”蔬菜电子商务平台，组织蔬菜直通车进社区销售活动30场次，开展“农校对接”“农企对接”活动，减少蔬菜流通成本。(7)方便群众如厕。新建公厕5座，改建公厕114座，设置公厕指示牌100块；沿街62家单位、企业内部厕所免费对外开放，开放时间不少于对外办公（服务）时间。(8)实施垃圾“三化（资源化、减量化、无害化）”处理。餐厨废弃物处理厂、建筑垃圾综合利用处理厂、生活垃圾焚烧发电厂二期工程11月18日同时开工。(9)保障学前儿童就近入园。江都区小纪镇新建公办幼儿园项目进场施工，曹王幼儿园扩建工程完工；邗江区公道镇中心幼儿园主体建设工程完工；广陵区李典镇公办幼儿园回购到位，翠月东苑幼儿园开园招生；扬州经济技术开发区施桥镇新建公办幼儿园完成主体工程装修；新城西区泰和佳园幼儿园开工。(10)推进“不淹不涝”城市建设。运河东路东方名城段、文昌西路东方医院段、邗江北路、维扬路、兴城东路、百祥路、朱塘路中段、上方寺路、念四路、完美路、解放北路、甘泉路和南通路(1912段)等13个积水路段完成整治。（沈　洋）

■政府信息公开　2013年，市政府通过《政府公报》公开文件54件，通过“中国扬州”门户网站公开政府信息1.54万条。其中，市政府和市直部门公开各类文件信息2241条、其他类政府信息2019条，分别占总数的15.0%、13.0%；各县（市、区）政府公开各类政府信息1.11万条，占总数的72.0%。公开重点领域信息17万多条，其中行政审批信息13.22万条、公共资源交易信息67条、保障性住房信息335条、食品药品安全信息2413条、环境保护信息7886条、招投标信息5403条、安全生产信息4392条、征地拆迁信息838条、价格和收费信息1.64万条、以教育

为重点的公共企事业单位信息3719条。公开国民经济发展、重大项目建设、文化卫生、劳动就业、民政救助、应急管理等方面信息。截至2013年底，市行政服务中心档案局窗口作为市政府信息公开公共查阅点，汇集79家党政机关主动公开的政府信息3.44万条，其中文件级条目2.26万条，全部实现电子化查询。2013年，233万人次通过"中国扬州"门户网站信息公开专栏查阅政府信息，228人次通过市政府信息公开公共查阅点查阅文件及资料2328件。规范开展依申请公开答复受理。全市收到政府信息公开申请190件，其中市政府办公室受理申请39件，均按时答复、办结。推进行政决策过程公开。通过"中国扬州"门户网站，先后就《扬州市发展规划管理办法》《扬州市信息化管理办法》《扬州市城乡规划管理办法(草案)》等10个规范性文件以及地下文物保护管理、建设工程安全生产监督管理、市区车辆停放服务收费管理等8个管理办法(草案)征求群众意见。通过网上公示和约请政府相关部门召开新闻发布会等形式，让公众第一时间获得热点问题信息。全年先后就医疗、住房、教育、公共交通、农产品等21项民生领域价格收费情况公开征求社会意见或进行公示，就市区物业服务、水生态文明建设、政务公开和政务服务、"寄语市长"答复办理等情况开展网上调查。

（褚剑衡）

■政府新闻发布 2013年，市政府先后召开2013中国扬州"烟花三月"国际经贸旅游节、2013扬州鉴真国际半程马拉松赛、城乡居民收入倍增、"12345"民生热线云、2013中国扬州世界运河名城博览会、市人才工作政策等新闻发布会14场。市住房保障和房产管理局每月通过媒体向公众发布市区房地产政策和信息。市交通运输局围绕"服务名城建设、服务民生幸福"，先后召开12场新闻发布会。市城市管理局围绕加强城市管理，先后举行"市区全面推广无烟烧烤"、"市区餐厨废弃物集中收运处理"、"生活垃圾焚烧发电厂二期工程"、"赵庄生活垃圾填埋场堤坝加高"、"建筑垃圾综合利用处理"、"决战四十天，坚决拿满分"市容环境整治管理活动等新闻发布会。2013年，全市举办各类新闻发布会173场。

（褚剑衡）

■行政权力网上公开透明运行 2013年，市政府围绕行政权力"在内控中规范、在阳光下运行、在网络上监察"目标，推进行政权力网上公开透明运行与行政服务中心审批和服务事项办理融合、与部门核心业务融合、与行政绩效管理融合，充分发挥监察监控作用，强化对权力的规范和制约，提升行政权力网上运行质量和时效。市本级11类5629项权力全部进入市本级权力库，各县(市、区)权力全部进入各地权力库。市本级全年完成行政权力库流程操作8000多次，挂起行政权力3277项，新增行政权力365项，废止行政权力127项，修改行政权力信息1500多次，并对涉及25个市级部门的59个行政审批项目作出调整，其中取消27个、调整30个、合并2个。通过领导批示、上门督查、纪检监察机关集中约谈、限期整改、纳入机关作风年终考评等措施，推动所有权力"全上网、真上网"运行。全市行政权力网上公开运行系统平台全年受理办件1818.15万件，办结1816.61万件，全部上报至省平台，确保每件权力事项在网上高效、阳光运行，并在网上接受纪检监察机关监察、法制部门监督和社会监督。（黄玉国　陈传庚）

■"中国扬州"门户网站群建设 加强运行维护管理，保障稳定运行。2013年，"中国扬州"门户网站群收到并处置完毕各类子站运行维护需求1200多件，其中工单处置628件、网络及电话处置600多件；新建和改版部门子站和专题网站10个。强化安全防范。"中国扬州"门户网站群通过工具和人工手段，每天监测巡查网站群可访问性，定期备份门户网站群系统及数据，每季度开展一次应急演练。加强特定时期安全防范，抓好日常监测维护，提高突发事件应对能力，确保系统安全稳定运行。网站群全年未发生安全事件。整合内容，提升服务水平。将教育、社保、就业等15大类77小类218项服务民生内容整合为"便民服务"栏目，向社会公众提供基本信息、政策咨询、在线办理等各类服务。"便民服务"栏目被2013政府网站集约化建设与精品栏目管理经验交流大会评为精品栏目。将"12345"政府服务热线、政风行风热线及各部门意见征集、网上调查等资源整合为"互动交流"栏目，集中提供服务。"寄语市长"栏目全年审核网民留言2.61万条，发布留言1.78万条，回复1.77万条，回复率99.8%。2013年，门户网站群完成主站改版升级。全年向省政府网站报送各类信息1334条，被采用284条；策划制作各类专题19个，被采用13个；发布调查和征集主题32个，被采用23个；开展市领导访谈活动2次，被省政府门户网站同步直播；公开政策解读信息21条，被采用7条。"中国扬州"门户网站群在全国地级市网站绩效评估中列第34位，"中国扬州"微门户在全国地级市中列第五位。（黄玉国　陈传庚）

■政务信息 2013年，市政府办公室编发《政务动态》102期、《信息专报》211期、《要情参阅》32期、《领导参考》39期，向上级政府报送信息2560多条，获国务院领导批示8次、省政府领导批示3次。上报信息中，被国务院办公厅采用27条，比上年增长28.6%；被省政府办公厅采用258条，增长5.3%。（陈　健）

■"12345"政府服务热线 2013年，扬州市"12345"政府服务热线接听市民来电11万次，在线接通率97%以上，综合办结率99.9%，群众满意率94.0%。开展政府部门现场接听活动。按照定时间、定主题、定部门、定人员要求，每周二、四上午安排相关单位负责人和工作人员现场接听群众电话，回答群众关心的热点问题，介绍重点工作。10月起，"12345"政府服务热线与市纪委"行风热线"合作，开展"12345·政风行风热线”现场接听活动，每周一、三、五上午11点至12点邀请相关部门负责人现场接听群众电话，并对接听活动进行广播和视频直播，打造“12345·政风行风热线”品牌，提高热线成员单位群众诉求事项现场解决率和工单按时答复率。加强媒体宣传。一方面，邀请市内主流媒体在电视、报纸、网站宣传各部门现场接听情况；另一方面，围绕群众反映的热点、难点问题，组织媒体开展热点调查、跟踪采访和深度报道，公开办理过程和结果，接受媒体和群众监督。创新技术应用。通过云技术、3G无线网络和智能终端，应用政府服务热线云系统，开发民生热线云，方便市民在线了解政策、提出诉求、与职能部门沟通交流。（褚剑衡）

■“寄语市长”网络问政平台 2013年，“中国扬州”门户网站“寄语市长”网络问政平台收到市民诉求1.78万条，答复1.77万条，答复率99.8%。所有留言答复情况均对外公开，接受网民监督。对群众通过“寄语市长”反映的重大事项、突发性群体事件和群众关心的热点、难点问题进行跟踪督查。定期编发简报供领导参阅，每月汇总、分析、通报“12345”政府服务热线和“寄语市长”答复办理情况，并将其纳入市级机关年度工作目标考核范围。

（褚剑衡）

应急管理

■概述 2013年，市政府加强应急预案管理、应急队伍建设、应急平台应用、应急信息值守、预警能力建设、应急知识宣传等工作，提高突发事件预测预警能力、风险防范能力和应急处置能力。组建“扬州市地震灾害紧急救援队”“出租车急救志愿服务队”“水上搜救志愿服务总队”。全市妥善处置除雪防冻、交通事故、集访群体性事件、龙卷风等较大以上突发事件6件。（夏翰生）

■应急预案管理 市政府办公室印发《关于做好全市突发事件应急预案编制修订工作的通知》，组织各地、各有关部门编制、修订总体预案、专项预案和部门预案。全市审核、修订环境污染、物价、地震、供电等市级专项应急预案7件。开展应急演练活动。全市开展应对H7N9禽流感疫情、突发环境污染事件、食品安全事故、火灾疏散逃生、应急通信、石油罐区突发火灾重大涉险事故等各类较大规模应急演练20多次。结合“‘5·12’防灾减灾日”活动，各地、各部门在中小学校和社区开展应急避震和紧急疏散演练。通过演练，检验各种应急预案的科学性、可操作性，检验应急队伍及装备状况，检验处置流程和联动协作水平，提升应急指挥处置能力。（夏翰生）

■应急通信演练 12月14日，市政府应急管理办公室（简称市应急办）集合公安350兆集群通信、民防移动图像传输、无线电志愿者400兆超短波通信、无线航拍和市应急短信平台等多种通信手段，集中4个县（市、区）政府和市公安、地震、气象、民防、卫生、环保、供水、供气、供电、通信等部门、单位以及无线电志愿者300多人，动用车辆30多辆，组织开展应急通信综合演练。通过演练，检验各类通信手段在处置重大突发事件中的通信保障能力以及市应急平台和公安、地震、气象等专业应急平台辅助指挥决策能力，完善应急平台和应急通信体系建设，提升全市突发事件应急处置能力。（夏翰生）

■总值班室建设 市政府在完善总值班室建设的基础上，建立市、县、乡（镇）、村（社区）联动的应急值班网络系统，履行“值守”和“应急”核心职能，制定《值班工作制度》《突发事件信息报告流程》等规章制度，规范电话接听、收文处理、值班记录、会议通知、平台维护以及突发事件信息汇总报告等工作。全年接收县（市、区）政府各类信息300多条，上报省政府信息90多条。（夏翰生）

■应急避难场所建设 完善万花园和扬州市职业大学Ⅱ类应急避难场所配套设施建设，并通过省住房和城乡建设厅、地震局、民防局联合组织的检查验收。启动广陵新城人防综合工程中心应急避难场所建设准备工作，向国家发展和改革委员会争取应急避难场所建设专项资金，向省财政厅申报抗震加固资金。（夏翰生）

■应急管理宣传教育 市应急办分别在南京信息工程大学、扬州市红十字会培训中心举办应急管理专题培训，组织全市应急管理工作人员和应急志愿者参加培训。市安全生产监督管理局开设应急培训班22期，组织规模企业安全负责人和管理人员1606人次参加培训。市卫生系统举办医疗救护专题培训班5期，近200名卫生骨干人员参加培训。市红十字会与扬州电视台共同开展“关注社区实验室”活动，30多个社区2000多人接受应急救护知识培训。仪征市强化应急救援人员培训，围绕应急救援车辆及器材操作、消防设备使用等内容，组织开展专项业务培训。市应急办注重“应急时空”栏目管理，全年编发各类信息2000多条，日点击量2万～3万人次。3月，市应急办、民防局、消防支队、红十字会等8个部门和单位分别在力宝广场、朝阳苑组织开展“学习雷锋好榜样”志愿服务暨应急知识进社区活动。结合“‘5·12’防灾减灾日”宣传活动，在“应急时空”电视直通车栏目开展应急知识有奖问答活动。6—10月，举办扬州市第九届少儿书信书画大赛，将“学好用好应急知识，提高自救互救能力，保障生命财产安全，共创和谐美好扬州”作为“应急管理篇”主题内容。（夏翰生）

人才工作

■优化人才发展环境 2013年，市人力资源和社会保障局（简称市人社局）先后制定《〈关于加强企业人才引进和培养工作的意见（试行）〉实施细则》《扬州市中青年优秀专业技术人才、高技能人才评选管理实施细则（试行）》等政策，建立高层次人才服务联络员制度，确定人才联系服务工作重点企业，协调解决长期在扬州工作(居住)的外国人、中国港澳台地区人员办理旅游景点年卡等问题。

（智爱斌　阚海茵）

■高层次人才引进 市人社局先后组团到厦门、哈尔滨、武汉等地举办扬州市高层次人才及产业发展紧缺人才专场招聘会，推介扬州经济、产业、人才和科技政策以及人才需求情况。全市引进高层次领军人才620人、支柱产业急需专业技术人才2200人；新增专业技术人员3.5万人；16个项目入选省“六大人才高峰”计划，48人入围省高层次创新创业人才工作引进计划(简称“双创计划”)，45人入围省“企业博士集聚计划”。（智爱斌　阚海茵）

■高技能人才培养 启动市“企业首席技师”评选和首批“市技能大师工作室”建设工作，命名首批市级企业首席技师7人，成立首批市级技能大师工作室3个。举办第二届“扬州市技能状元”大赛和家庭服务业、工艺品雕刻等各类职业技能竞赛，开展扬州市“十大能工巧匠”评选活动。新增高技能人才1.58万人。

（智爱斌　阚海茵）

■人才国际交流 组团参加长三角地区(江苏)外国专家供需见面会，引进美国、日本等外国专家组织到扬州指导。建立美国旧金山(扬州)海外人才工作站。实施“企业家海外提升计划”，组织汽车制造和机械制造行业18名企业家到德国培训。全市新增留学回国人员187人；3个外国专家项目被列入国家引进国外智力项目计划，17个外国专家项目被列入省引进国外智力项目计划。1名外国专家获“江苏友谊奖”。

（智爱斌　阚海茵）

■专业技术人才培养 评选54名扬州市有突出贡献的中青年专家，7人入选省有突出贡献的中青年专家。新培养省级企业首席技师9人。举办“省专业技术人员知识更新工程高级研修班”“市汽车及零部件行业高级研修班”等，累计培训专业技术人才5.39万人次。加强“扬州市专业技术人员继续教育网”建设，开设“科研方法与论文写作”“低碳经济”等课程。（智爱斌　阚海茵）

■人才载体建设 8月21日，江苏恒远国际工程有限公司等5家单位获批设立国家级博士后科研工作站。11月14日，江苏扬农化工股份有限公司等6家单位获批设立江苏省博士后创新实践基地。至2013年底，全市有国家级博士后科研工作站20个，省级博士后创新实践基地25个、企业分站24个。全年新增国家引进国外智力成果示范推广基地3个。

（智爱斌　阚海茵）

■“十大能工巧匠”评选 8—12月，市人社局、市总工会组织开展首届扬州市“十大能工巧匠”评选活动。经过技能水平、技术特长、自主创新、突出贡献和创造效益等方面综合评审，薛春梅等10人被授予“十大能工巧匠”称号。（智爱斌　阚海茵）

■企业家海外提升计划 12月1日，市人社局组织由全市汽车制造和机械制造企业18人组成的首期培训团到德国参加为期12天的培训。在德国期间，培训团成员参加ASG培训中心、杜塞尔多夫应用技术大学经济学院培训；走访北威州(北莱茵-威斯特法伦州)投资促进署并进行座谈，学习政府、企业在发展中的定位以及政府对行业的扶持经验；现场参观斯图加特宝马汽车雪根斯堡生产基地、慕尼黑宝马汽车配件公司及海拉集团等世界知名企业，并与企业高层管理人员交流。（智爱斌　阚海茵）

■确定首批人才联系服务工作重点企业 8月，市人社局会同市委组织部确定首批275家人才联系服务工作重点企业，服务内容包括通报政策信息、支持引进紧缺人才、组织人才培训鉴定。人才联系服务工作重点企业实行滚动管理，企业名录每年重新确认并予以公示。

（智爱斌　阚海茵）

人事管理

■强化公务员管理机制 加强公务员职位职数管理，健全公务员职位职数审核、非领导职务设置方案审批、职数变更情况备案制度，实现对公务员任用的动态管理。做好市直机关中层干部任免审核备案工作。完善干部竞争上岗工作，逐步提高竞争性选拔干部的比例。完善公务员平时考核办法，依法开展公务员纪律惩戒、申诉控告等工作。（智爱斌　阚海茵）

■提升公务员队伍素质 组织开展公务员职业道德主题教育实践活动。市公安局经济犯罪侦查支队、广陵区法院副院长郭祝山分别获评全省公务员职业道德模范集体、公务员职业道德模范。继续实施新一轮“5＋X”(5门必修课加多种选修课)公务员能力培训工程，培训1226人，南北(苏南、苏北)对口培训率100%。全市238人参加公务员初任培训，5.87万人参加在职培训。

（智爱斌　阚海茵）

■机关事业单位人员招录 2013年，全市考试录用公务员和参照公务员法管理事业单位工作人员346人、委托扬州市组织招录的省行政机关垂直管理部门所属机构工作人员52人。继续推行全市事业单位公开招聘“四统一”(统一核准公开招聘方案，统一公开招聘时间，统一委托省提供命题等考试服务，统一推进评委交流)，全市事业单位招聘工作人员1692人。（智爱斌　阚海茵）

■事业单位人事管理 推进事业单位岗位设置管理工作，岗位设置信息入库率和人员聘用信息入库率均达98%。印发《关于进一步完善事业单位人员聘用合同签订工作的通知》，全市事业单位聘用合同签订率100%。（智爱斌　阚海茵）

■人事管理服务 制定《扬州市区接收安置军队转业干部补充意见》，坚持“阳光安置”，完成107名军转干部安置任务和企业军转干部解困、稳定工作。推进工资信息化管理进程，推行市直机关、事业单位人员工资业务管理系统，提高工资业务工作效率与水平。组织实施各类人事考试，拓展社会化考试服务。

（智爱斌　阚海茵）

机构编制管理

■**概述**　2013年，扬州市围绕重大项目建设、区域布局调整和开发区转型升级等工作，深化行政管理体制改革，强化机构编制管理，严格控制机构编制总量，全市实现机构总量和编制总额只减不增。加强经济发达镇行政体制改革试点工作，全年下放行政管理权限218项。推进事业单位分类改革，制定《扬州市关于分类推进事业单位改革的实施意见》。市机构编制委员会办公室（简称市编办）完善机构编制实名制管理系统，办理编制审核（备案）2000多人次；完成19家单位用人责任审查、机构编制责任审核、经济责任审计工作；做好事业单位年检工作，市直408家事业单位年检网上申报率、参检率、年检合格率均为100%。（黎小生）

■**经济发达镇行政体制改革试点**　市编办落实江都区小纪镇行政体制改革方案及镇"三定"（定机构、定编制、定人员）规定，组建镇领导班子，设置镇机关"一办六局一中心"（党政办公室，组织人事和社会保障局、经济发展和改革局、建设局、社会事业局、财政和资产管理局、综合执法局，便民服务中心），配备各内设机构人员。扩大小纪镇行政管理权限，制定权力下放目录，先后下放小纪镇行政管理权限3批218项。小纪镇将下放、委托行政许可、非行政许可、行政审批、行政服务等事项全部纳入镇便民服务中心，实行"一站式"服务。

（黎小生）

■**事业单位分类改革**　9月，扬州市成立以常务副市长丁纯为组长，由市委组织部、市委宣传部、市编办、市发展和改革委员会、市教育局、市科技局、市财政局、市人社局、市文化广电新闻出版局、市卫生局等单位组成的市分类推进事业单位改革领导小组。10月31日，全市分类推进事业单位改革工作会议召开，《扬州市关于分类推进事业单位改革的实施意见》《关于开展市属事业单位分类工作的通知》同时下发，事业单位改革工作全面启动。（黎小生）

■**区域布局调整**　7月29日，根据市委、市政府组建空港新城决定，市编办核定扬州空港新城党工委、管委会内设机构4个，分别为办公室、经济发展局（挂"招商局"牌子）、规划建设和环境保护局、财政局。11月，市委同意将"中共扬州市委新城西区工作委员会""扬州市新城西区管理委员会"更名为"中共扬州市委生态科技新城工作委员会""扬州市生态科技新城管理委会员会"，更名后，其机构性质、规格等保持不变。

（黎小生）

■**机构编制服务保障**　2013年，市编办适应蜀冈-瘦西湖风景名胜区扩容后发展需要，将原隶属于市园林管理局的瘦西湖风景区管理处整建制划转至蜀冈-瘦西湖风景名胜区管理委员会；撤销扬州市邗江区环境卫生管理办公室瘦西湖环卫所，建立扬州市蜀冈-瘦西湖风景名胜区环境卫生管理办公室。调整市区国土管理体制，对市区范围内省级开发区、省重点中心镇、市经济强镇所属国土所进行撤并整合，建立中心国土资源所。批复广陵区使用"东南大学扬州研究院"牌子。批复新城西区建立市政设施养护管理中心。批复市卫生局建立"扬州市精神卫生防治中心"。

（黎小生）

■**机构编制责任审核**　2013年，市编办完成对邗江区、市科技局、市卫生局、市人口和计划生育委员会、市食品药品监督管理局、扬州化工园区等县（市、区）、市级机关部门、园区党政主要领导干部19人（离任联审对象11人、任中联审对象8人）机构编制责任审核，其中省委组织部委托的省管干部联审对象1人、市管干部联审对象11人、委托所属县（市、区）联审的开发区（园区）领导干部联审对象7人。19名联审对象履行机构编制责任情况总体良好，民主测评结果基本满意及以上比例平均90%以上。

（黎小生）

■**事业单位登记年检**　2013年，市编办完成市直408家事业单位法人年检工作，网上申报率、年检率、年检合格率均为100%。完成80家事业单位年度报告书公开试点工作，涉及教育、卫生、城建、交通、国土、旅游、文化、就业与社会保障等热点领域。对40多家事业单位开展核准登记事项实地核查。全年完成27家新设立事业单位法人设立登记、164家次事业单位变更登记及11家事业单位法人注销登记。（黎小生）

信访工作

■**概述**　2013年，市、县两级信访部门受理群众来信4114件，比上年上升7.1%；接待来访群众4026批2.24万人次，分别上升7.6%、24.2%，其中集体来访766批1.68万人次。市信访局受理群众来信1721件，下降2.4%；接待来访群众1121批7231人次，分别下降24.4%、1.0%，其中集体来访191批5507人次。全市群众到省上访335批1370人次，分别上升20.1%、48.4%，其中到省集体上访39批856人次；进京上访210批382人次，分别上升86%和99%。加强信息搜集和预警。元旦、春节和各级"两会"、中国扬州"烟花三月"国际经贸旅游节（简称"烟花三月"节）、中国扬州世界运河名城博览会（简称运博会）、中共十八届三中全会等重大活动期间，全市信访形势稳定。

（娄广定　牛多雷）

■**受理、化解信访问题**　2013年，市信访局接待来访群众7231人次，受理群众来信1721件，接听电话435个，及时办理率100%；网上办理国家投诉中心来信385件、"省委书记信箱"来信259件、"省长信箱"来信

239件、“市委书记信箱”群众来信1103件；受理“市长信箱”群众有效初次来信112件，按期办结率100%。市信访工作联席会议办公室（简称市信访联席办）在全市开展排查化解活动6次，交办突出信访问题715件，化解率87%。“进京非正常上访集中处置化解年”活动成效明显。省信访工作联席会议办公室年初集中交办进京非正常上访事项41件，化解率87%；市信访联席办年初集中交办进京非正常上访事项77件，化解率84%。（娄广定　牛多雷）

■领导干部接访、下访　2013年，市、县两级党政领导接待来访群众909批3915人次，会办信访事项48件，解决各类信访问题923件。开展“基层基础建设年”活动。市委办公室、市政府办公室印发《关于进一步改进基层信访工作 加强信访干部队伍建设的意见》，市信访局组织全市所有乡镇（街道）分管负责人参加轮训。县（市、区）完善县、乡两级信访接待场所，配强县、乡、村三级信访工作力量，探索就地化解矛盾机制。（娄广定　牛多雷）

民族事务

■概述　扬州是少数民族散杂居城市，全市有45个少数民族，少数民族人口近2万人，占全市总人口的0.40%。其中，回族人口最多，约1万人；城区回族人口近6000人。全市有外来穆斯林约6000人，除109名也门、约旦、叙利亚、摩洛哥、阿尔及利亚等国家的留学生外，大多是新疆、青海、宁夏、甘肃等地在扬州经商人员。全市有1个民族乡（高邮市菱塘回族乡）、2个民族村（仪征市月塘镇龙山村、大仪镇河北村），有12个省级民族工作示范社区、8个民族用品生产定点企业、17个少数民族扶贫基地和2个少数民族传统体育训练基地。邗江中学8个新疆班有学生305人；扬州市职业大学师范学院7个新疆班有少数民族学生103人；高邮市菱塘回族乡有民族中小学和幼儿园5所。全市有领取清真标志牌的清真网点26家，确认清真基本供应点8家，有清真拉面店近200家。2013年，市公安局维扬分局、邗江中学、扬州纪元纺织有限公司等16家单位民族团结进步工作获省表彰。（王清荣　郭宏芳　陈　鹏）

■帮扶少数民族乡村　2013年，市有关部门联合召开2次民族乡村负责人专题会议，研究落实省政府《关于进一步加强民族乡（镇）村小康建设的意见》和市委、市政府《关于进一步加强民族工作的意见》要求。仪征市委办公室、市政府办公室联合印发《关于结对帮扶少数民族村建设项目的通知》，明确民族村帮扶项目及各帮扶责任单位，要求民族村所在镇发挥帮扶工作主体作用。扬州市人大常委会、市政府以及市民族宗教事务局（简称市民宗局）领导多次实地考察少数民族乡村，督促落实民族乡村结对帮扶项目。2013年，市委、市政府确定的15个民族乡村结对帮扶项目完成11个。（王清荣　郭宏芳　陈　鹏）

■帮助少数民族群众脱贫致富　2013年，市民宗局帮助江都区丁伙镇花木产业区、江都区小纪镇蔬菜示范基地和邗江区杨庙镇蔬菜示范基地等少数民族扶贫项目基地申请省扶贫项目专项资金40万元，帮助各基地落实扶贫项目，拓宽少数民族群众增收渠道。市民宗局协调妇联、住房保障和房产管理局等部门为少数民族群众送项目、送政策，全年帮助40户少数民族困难群众脱贫。（王清荣　郭宏芳　陈　鹏）

■加强城市民族工作　10月，市民宗局召开城市民族工作座谈会，研究新形势下城市民族工作服务外来少数民族群众的措施。举办第三届“卧尔兹”演讲交流赛和扬州市第三届“穆民风采”清真拉面技艺交流赛。推动曲江街道解放桥社区和菱塘回族乡曙光社区结对共建。解放桥社区举办第四届民族文化艺术节，丰富城市少数民族群众业余文化生活。（王清荣　郭宏芳　陈　鹏）

■服务少数民族群众　10月17日，扬州西岭古园回民公墓正式启用，城区穆斯林殡葬难问题得到彻底解决。服务少数民族考生。市民宗局全年办理少数民族中、高考考生证明486份，更改民族成分83人次。组织民族用品生产企业学习《江苏省民族特需商品生产贷款贴息管理实施细则》。帮助民族用品生产企业寻求银行支持，做好民族用品生产企业贷款贴息工作。在重要节点和禽流感爆发期间，检查全市清真食品生产经营网点，保障穆斯林群众用餐安全。高邮遭受龙卷风袭击后，市民宗局及时向受灾少数民族群众送去慰问金和慰问品，妥善安排受灾少数民族群众灾后生活。结合市区仙鹤寺改造，新开1家清真饭店。鸿兴清真民族饭店重新开业。（王清荣　郭宏芳　陈　鹏）

■发展民族文化旅游　高邮市菱塘回族乡依托农村特色产业和自然资源，发展乡村旅游业，被省住房保障和城乡建设厅、省旅游局评为江苏省特色景观旅游名乡。扬州市筹划以普哈丁园为依托，打造伊斯兰文化集中区，利用少数民族文化资源，为扬州大旅游增添亮点。（王清荣　郭宏芳　陈　鹏）

宗教事务

■概述　扬州市佛教、道教、伊斯兰教、天主教、基督教五教齐全，为全省宗教工作重点市。全市有宗教信徒约50万人；有经登记的宗教活动场所222处，其中佛教活动场所127处、道教活动场所4处、伊斯兰教活动场所8处、天主教活动场所2处、基督教活动场所81处；有宗教教职人员753人，其中佛教教职人员455人、道教教职人员28人、伊斯兰教教职人员13人、天主教教职人员2人、基督教教职人员255人。全市有4个市级宗教团体、15个县级宗教团体、1所省属佛学院（鉴真佛教学院）。市民宗局加强宗教活动场所建设管理，引导宗教界开展和谐寺观教堂创建活动，加强宗教文化建设，维护宗教领域安全稳定。12月12日，大明寺被国家宗教事务局命名为宗教界爱国主义教育基地。

（王清荣　郭宏芳　陈　鹏）

■和谐寺观教堂创建　2013年，市民宗局在全市宗教界开展“教风建设年”主题创建活动，召开学习座谈会和推进会，分阶段督查创建工作。市级各宗教团体和各县（市、区）创建活动内容丰富，形式多样。高邮市开展“四个一”（一场学习培训活动、一次场所制度检查、一项专门问题调研、一次突出问题整治）创建活动，邗江区开展“大手牵小手、大庙带小庙”结对共建活动，市佛教协会举办首期佛教教职人员轮训班。8月底，市民宗局表彰和谐寺观教堂创建活动先进集体13个、先进个人15人。12月，大明寺等8个宗教活动场所、许发新等6名教职人员分获第二届全省创建和谐寺观教堂先进集体、先进个人称号，仙鹤寺、扬州市天主堂神甫顾家昌分获第二届全国创建和谐寺观教堂先进集体、先进个人称号。

（王清荣　郭宏芳　陈　鹏）

■《扬州市市区宗教活动场所规划建设管理办法》出台　年初，市民宗局、市规划局联合拟定《扬州市市区宗教活动场所规划建设管理办法》。9月16日，市政府第15次常务会议审议通过《扬州市市区宗教活动场所规划建设管理办法》，对市区宗教活动场所新建、扩建、改建作出规范，并明确适当减免宗教活动场所办理相关权属证书手续费用。

（王清荣　郭宏芳　陈　鹏）

■“宗教慈善周”活动　9月16—22日，市民宗局按照“属地管理、分教负责、同步实施”原则，在全市开展“宗教慈善周”活动。市区萃园路教堂、市天主教爱国会、兴善寺等宗教界主体开展关爱残疾人、为弱势群体送温暖活动。全市宗教界募集款物合计34.17万元；开展扶贫、济困、助残、救灾、养老、助学、支教、义诊等公益慈善活动，支出善款17.79万元，1212人受益。

（王清荣　郭宏芳　陈　鹏）

■维护宗教领域安全稳定　2013年，市民宗局针对敏感时期安全稳定工作，超前防控，保证全国“两会”、“烟花三月”节、“6·19”香期、运博会、国庆节等重要时期的安全稳定。全国“两会”前，召开全市民宗系统维稳工作会议，加强监督管理，完善防范措施，及时调处矛盾。“6·19”香期前，制定《关于做好2013年“6·19”观音香期安全保卫、文明敬香工作方案》，召开城区佛教场所“6·19”香期文明敬香安全保卫工作会议，发出文明敬香倡议书，组织力量督查寺院安全工作，近10万信众安全度过“6·19”香期。开展“宗教政策法规学习月”活动。全市民族宗教部门组织人员到宗教活动场所宣传宗教政策法规，开展宗教政策法规咨询活动。全年开展各类法制培训和普法讲座10多次，近400名民族宗教系统工作人员和民族宗教界人士参加培训。市民宗局会同广陵区民宗局、广陵区公安局、汶河街道办事处，依法取缔汶河街道仁丰里3个非法佛事活动点；会同市公安局、市文物局、蜀冈-瘦西湖风景名胜区管委会、市佛教协会等单位，制止僧尼在市级文物保护单位铁佛寺内开展非法宗教活动。

（王清荣　郭宏芳　陈　鹏）

■宗教文化建设　2013年，市民宗局落实全市旅游业发展大会精神，实施大明寺西花园景观提升工程，挖掘神在堂、鉴真纪念堂等宗教活动场所文化价值，展示鉴真、石涛等宗教名人历史文化遗迹，提升宗教文化旅游层次。鼓励城区文峰寺、大明寺等宗教活动场所开展中秋拜月、除夕撞钟等活动，弘扬民族文化。鉴真图书馆全年举办扬州讲坛20期，于丹、颜炳罡、马瑞芳、纪连海等专家学者登

2013年扬州讲坛活动情况表

表7-1

时　间	主讲人	讲　　题
3月30日	于　丹	读书与读心
4月13日	颜炳罡	孔子——华人的心灵归宿
4月20日	吴　思	血酬史观——中国历史的一种分析框架
5月18日	陈肇隆	透过医疗专业，落实社会关怀与责任
5月25日	叶　檀	宏观经济与大众的关系
6月2日	李瑞腾、丁晓原、陈思和、曹惠民、赵本夫	两岸文学论坛——历史小说与报导文学
6月15日	刘　丰	科学与心灵对话
6月29日	马瑞芳	诺贝尔文学奖和《聊斋志异》
7月6日	洪　兰	大脑与学习
7月20日	郁慕明	遇与悟——人生甘苦谈
8月3日	纪连海	秦汉兴衰启示录
8月17日	王煜全、窦瑞刚	认知科学与自我认知
9月28日	都本伟	成吉思汗的历史地位
10月19日	殷　飞	儿童心理与家庭教育
10月26日	王新陆	《黄帝内经》和中医养生保健
11月9日	星云法师	中国梦的实现
11月16日	刘吉丰、汪卫东	美丽心情，美好睡眠
11月30日	梅　毅	极乐诱惑——太平天国的兴亡
12月7日	符霜叶	法律与生活
12月21日	方志远	如何二百七十年——明朝治国法门

（王清荣　郭宏芳　陈　鹏）

坛演讲。由鉴真书画院协办的“翰墨见扬州”中国山水画名家画扬州作品展于1月和3月分别在北京和扬州展出。6月15日，鉴真佛教学院第二批本科生毕业。10月30日，大明寺、鉴真佛教学院等举办鉴真东渡1260周年纪念活动，弘扬鉴真精神。

（王清荣　郭宏芳　陈　鹏）

■愿生寺对外开放　1月9日，民国时期扬州最大的寺庙愿生寺对外开放。愿生寺位于市区埂子街146号，占地5公顷，古建筑面积1650平方米，为木结构，建于1930年。2010年，愿生寺修复工作启动，依据历史文献，遵循“不改变文物原状”原则，按照原先结构和布局，使用传统建筑材料和工艺手法实施修缮，力求修旧如旧，最大限度地保留青砖墙体和古式木装修。重修后的愿生寺前后五进，分别为山门殿、大雄宝殿、三圣殿、地藏殿和弥陀殿、佛教展示厅，寺院北端西侧建有明代楠木大厅。

（宗　朴）

5月31日，市长朱民阳会见到扬州参加第八届中法市长圆桌会议的法国驻上海总领事卢力捷　杨　乐／摄

外事

■外事接待　2013年，扬州市接待各类党宾、国宾206批2448人次，其中100人以上团组6个、50人以上团组10个。先后接待西班牙前首相冈萨雷斯、老挝副外长本格、新加坡前外长杨荣文、纳米比亚霍马斯省省长罗拉·麦克劳德、欧洲议会议员纳格·德瓦、越南共产党对外关系委员会局长黎湍焕、美国国会助手代表团等一批重要外宾，菲律宾SM集团、日本三菱重工、德国西门子、法国施耐德电气、法国阿尔斯通、美国IBM等世界500强企业高管，美国、法国、韩国、葡萄牙、保加利亚、蒙古、巴基斯坦等近20个国家驻上海总领事，以及德国曼海姆、意大利里米尼、日本厚木等友好交往城市代表。

（杨　乐）

■对外交往　6月14日，扬州市与意大利威尼斯市签署备忘录，正式建立友好交往城市关系。根据备忘录，两市将本着互利原则，在经济、文化、旅游、遗产保护、环保、教育、体育等方面展开多种形式的交流与合作，促进共同繁荣发展，增进中意两国人民之间的了解和友谊。另外，扬州市与

2013年扬州市出访团组一览表

表7-2

序号	出访时间	代表团名称	人数	团　长	出访国家	出访任务
1	2月19—27日	扬州市名城建设考察团	16	谢正义	意大利、比利时	名城建设考察、经贸交流
2	3月2—9日	扬州市日韩招商团	6	孔令俊	日本、韩国	考察企业、招商推介
3	3月24—30日	扬州市友好代表团	6	朱民阳	美国、墨西哥	经贸交流
4	6月18—25日	扬州市政府友好经贸代表团	6	闻道才	澳大利亚、新西兰	交流城市建设、规划经验，古城保护制度建设和实施策略
5	6月25日至7月2日	扬州市经济代表团	6	朱民阳	日本、韩国	考察企业、招商推介
6	7月4—11日	扬州市人大友好代表团	6	孙永如	意大利、瑞士	参加里米尼“粉红之夜”活动，与格德勒市议会交流
7	7月14—26日	扬州市服务业招商团	5	丁　纯	新加坡、菲律宾	考察企业、招商推介
8	9月20—25日	扬州市城市管理考察团	2	祁小夏	美国	出席ICMA年会，考察城市管理
9	10月10—17日	扬州市友好经贸代表团	6	袁启俊	俄罗斯、克罗地亚	友好交流
10	10月25日至11月3日	扬州市人大友好代表团	6	陈卫庆	美国、加拿大	友好交流

（杨　乐）

2013年到扬州市访问部分国外团组一览表

表7-3

序号	时 间	代表团名称	团长姓名/职务	人数	主要活动
1	1月9日	德国曼海姆市代表团	诺贝尔特·艾格/前常务副市长	2	友好访问
2	3月16—19日	意大利里米尼市政府代表团	安德列·纳西/市长	2	友好访问
3	4月9日	纳米比亚省长代表团	劳拉·麦克劳德/省长	14	参观访问
4	4月26—29日	日本厚木市议会代表团	神子雅人/议长	9	访问交流
5	5月30日	美国驻上海总领事馆代表团	葛瑞风/总领事	4	参观访问
6	5月31日	法国马赛市政府代表团	苏士尼/市长	2	参观交流
7	6月14日	意大利威尼斯市政府代表团	劳拉·芬卡托/副市长	3	与扬州市签署建立友好城市关系备忘录
8	6月14日	韩国驻上海总领馆代表团	孙相贺/前总领事	3	考察
9	6月26—28日	日本共产党日中友好协会访问团	田中义教/理事长	4	文化交流
10	7月5—6日	印度驻上海总领馆代表团	史耐恩/印度驻上海总领事	2	考察访问
11	7月8日	法国高层企业家代表团	卢力捷/法国驻上海总领事	16	考察访问
12	7月19—20日	法属波利尼西亚代表团	特马鲁/前主席	3	访问交流
13	7月21—23日	ICMA国际委员会代表团	克莱尔·皮尔森/主席	4	研究讨论ICMA年会事宜
14	7月28日	新加坡爱妮娜控股国际集团代表团	戴维/主席	4	考察
15	8月15日	以色列英飞尼迪集团玛雅孵化器代表团	盖伊·罗森/玛雅孵化器公司董事长	3	商谈合作
16	9月17日	意大利驻华大使馆、意大利驻上海总领事代表团	白达宁/驻华大使	4	交流合作
17	9月23日	2013年“日本名企扬州行”合作恳谈会代表团	三根伸太郎/日本贸易振兴机构上海代表处首席代表	30	考察合作
18	9月24—27日	欧盟地区委员会代表团	瓦尔卡塞尔/主席	4	出席运博会
19	9月24—27日	非洲使节代表团	维克托·希科尼纳/马达加斯加驻华大使	34	出席运博会
20	9月24—27日	日本唐津市代表团	坂井俊之/市长	7	出席运博会
21	9月24—27日	荷兰布雷达市代表团	范德维尔敦/市长	12	出席运博会
22	9月24—27日	荷兰北布拉邦省代表团	范德东克/省长	9	出席运博会
23	9月24—27日	埃及伊斯梅利亚代表团	穆斯塔法/投资协会会长	1	出席运博会
24	9月24—27日	韩国丽水议会代表团	朴正采/议会议长	16	出席运博会
25	10月25—29日	澳大利亚巴拉瑞特市代表团	约翰·博特/市长	4	考察项目
26	11月4—5日	21世纪理事会代表团(西班牙)	冈萨雷斯/西班牙前首相	2	友好访问
27	11月4—5日	21世纪理事会代表团(新加坡)	杨荣文/外交部前外长	2	友好访问
28	11月11—15日	《全面禁止核试验条约》第21次现场视察研讨会代表团	威特尼·施楚金/会议主席、俄罗斯联邦核研究中心实验室负责人	75	参加研讨会
29	11月24日	“大墨·东方”2013中韩国际美术交流展代表团	金成焕/韩国美术协会济州支会会长	10	画展活动

(杨　乐)

土耳其孔亚市、印度钦奈市、澳大利亚巴拉瑞特市以及希腊米洛斯市保持密切联络。 （杨　乐）

■招商引资　扬州市人民政府外事办公室（简称市外办）为对外经贸交往合作提供服务。一是搭建项目合作平台，促成欧沃兰公司与扬州市签订小秦淮河项目合作协议、菲律宾SM集团选址广陵区投资建设城市综合体、德国汉诺威中国中心与仪征技师学院合作开展人才培训等项目；二是依托友好交往城市和外办优势，举办、协办赴韩国、日本、新加坡、菲律宾等地招商活动；三是推动“名人名企扬州行”，加强与世界500强等跨国企业的联系，吸引外国企业到扬州考察投资环境、寻找合作项目，通过扩大对外开放度，提升企业自主创新能力和产业竞争力。 （杨　乐）

■国际会议　“烟花三月”节期间，市外办邀请32个国家近百名嘉宾参加活动；运博会期间，市外办邀请国外运河城市市长、相关国际组织机构代表、国内外运河专家等48个国家嘉宾近200人参加活动。2013年，市外办先后协办2013国际盆景大会、第八届中法市长圆桌会议、世界历史城市联盟理事会、《全面禁止核试验条约》（CTBT）筹备委员会第21次现场视察研讨会、联合国“可持续性城市发展及可持续性城镇化建设”高级研讨会等9个具有重要影响的国际会议，提升扬州知名度和美誉度。在扬州召开的亚欧会议未来发展方向研讨会会议成果文件被命名为《扬州倡议》。2013世界绿色设计论坛扬州峰会发表《扬州峰会宣言》。

（杨　乐）

■对外宣传　围绕重大活动开展对外宣传报道。2013年，市外办先后组织中国国际广播电台记者专访意大利里米尼市市长，邀请全国政协外事委员会《公共外交季刊》记者专访市政协主席洪锦华。组织本地媒体报道在扬州举办的国际会议情况。协助外国媒体在扬州拍摄专题片。2013年，美国好莱坞导演克里斯蒂·里比、美国探索频道《生活科技大解密》节目摄制组以及英国BBC电视台、日本NHK、韩国KBS等媒体先后到扬州采风，拍摄运河、盆景、美食、传统工艺等专题片。 （杨　乐）

■涉外管理　2013年，市外办共办理护照（通行证）签证（签注）364批939人次，下发任务批件100批433人次，下发任务确认件16批23人次、省批件166批210人次，上报请示件89批295人次。发出邀请来华签证通知函电439批637人次。为企业赴境外洽谈商务团组开辟绿色通道，因私签证受理国达20多个，为402名企业家申办APEC（亚太经济合作组织）商务旅行卡。全面启用因公电子护照，严格护照出入库制度，护照收缴率99%以上。协调处理在外劳务人员纠纷、经济类纠纷等涉外事（案）件6件。召开境外非政府组织管理工作座谈会，起草《关于加强县（市、区）境外非政府组织管理网络建设的通知》。 （杨　乐）

■中法市长圆桌会议在扬州举行　5月31日至6月1日，第八届中法市长圆桌会议在扬州举行。此次会议主题是“建设美好城市”。格勒诺布尔、马赛、里昂、波尔多等13个法国城市和北京、上海、南京等22个中国城市的市长或代表以及中法两国部分企业代表参加会议。副市长孔令俊主持会议。中国人民外交学会党组书记、副会长卢树民，法中委员会主席赵国华，法国格勒诺布尔市市长德斯托，上海市政协副主席周汉民，法国驻上海总领事卢力捷先后在开幕式上致辞。市长朱民阳代表扬州作题为《让市民共建共享碧水蓝天绿色家园》的主题发言，介绍扬州市综合实施“碧水工程”“蓝天工程”“绿化工程”的做法和取得的成效。与会代表围绕“治理污染 刻不容缓”“经济增长 动力分享”“不可或缺的公共和社会政策”三大议题，分别进行讨论和交流。中法市长圆桌会议由中国人民外交学会与法国法中委员会于2004年联合创办，每次会议围绕城市建设和管理，选定不同议题，组织中法两国城市的市长及相关组织专家交流和探讨，旨在集中彼此智慧，共享人类创新成果，推动城市共同发展。

（杨　乐）

■扬州（首尔）合作恳谈会　6月26日，扬州（首尔）合作恳谈会在韩国首尔明洞乐天大酒店举行，三星、LG、SK等200多家韩国企业负责人参会。副市长孔令俊主持恳谈会，中国驻韩国大使馆总领事何颖、大韩贸易投资振兴公社团长李民浩、韩国宇理集团会长尹喆柱、韩国锦湖P&B公司常务李定馥先后致辞。市长朱民阳就扬州城市建设、产业发展、政府服务等方面作主题推介。会上，首尔半导体LED项目、晓星集团高压母线管项目等8个项目集中签约，总投资2.98亿美元，协议外资1.53亿美元。当晚，江都区在首尔举办投资环境说明会，市长朱民阳出席会议并讲话。

（杨　乐）

■扬州（东京）合作恳谈会　7月1日，扬州（东京）合作恳谈会在日本东京新大谷酒店举行，东丽、瑞穗、伊藤忠、三井、住友、日立、松下、丰田等200多家日本企业负责人参会，就深化双方产业合作进行深入交流。市委常委姚苏华主持会议，中国驻日本大使馆经济商务公使吕克俭出席会议并致辞。市长朱民阳作主题推介，介绍扬州投资环境和发展蓝图。会上，8个项目集中签约，涉及汽车、机械、化工、制药、电子、日化、新材料以及食品加工等领域，总投资3亿美元。 （杨　乐）

■扬州市在新加坡推介现代服务业　7月22日，扬州市在新加坡举行现代服务业推介会，GKN集团、元立国际、超级机构等200多家企业负责人参会。市委常委、常务副市长丁纯作主题推介。会上，泰国城、航空产业园、九龙湖亲水商业街、工业科技孵化园等18个服务业项目现场签约，涵盖高端地产、星级大酒店、城市商业街开发、工业科技孵化园等传统服务业项目以及城市商业广场、温泉度假村、航空俱乐部、地区总部、综合金

融平台等新兴服务业业态，总投资近10亿美元。（杨　乐）

■**扬州市在新加坡举办科技项目和人才推介会**　7月22日，扬州市在新加坡香格里拉举办科技项目和人才推介会。新加坡国际企业发展局、新加坡国立大学、新加坡南洋理工大学、新加坡科研局等多所知名院校和机构参加。中国驻新加坡大使馆科技参赞出席活动。市委常委、常务副市长丁纯致辞，市发展和改革委员会、市科技局和市政府侨务办公室相关人员参加活动。会上，市科技局与新加坡新—中科促会签署技术成果市场化推介服务协议，市科技局负责人作科技创新创业环境和科技人才政策专题推介。（王爱萍）

■**扬州公共外交协会成立**　10月17日，扬州公共外交协会成立大会召开，并举行揭牌仪式。大会通过扬州公共外交协会章程，宣布谢正义、朱民阳担任名誉会长，选举洪锦华为会长、朱路跃等为副会长，推荐产生扬州公共外交协会第一届会员80人。第十一届全国政协常委、外事委员会主任、中国人民大学新闻学院院长赵启正，市委书记、市人大常委会主任谢正义共同为扬州公共外交协会揭牌。扬州公共外交协会是江苏省内首个地市级公共外交协会。（王爱萍）

侨务

■**概述**　2013年11月，《扬州市华侨归侨侨眷权益保护办法》颁布施行。各县（市、区）分别在县级层面成立侨务工作领导小组，在乡镇层面聘请兼职侨务工作人员，在社区层面建立侨界联谊会或归侨侨眷活动中心。邗江区兰庄社区被国务院侨务办公室批准为2012年度“侨法宣传角”挂牌单位。全市侨务部门深化“侨务资源社会化、侨务工作项目化、为侨服务优质化”，服务经济建设，服务华侨、侨眷、侨企。开展“百侨助百村”活动，引导侨、港资企业参与新农村建设，促成30个村企共建项目，累计投入侨、港资935.67万元。截至2013年，全市累计接受华侨华人、侨资港资企业捐赠8816万元。

开展“双招双引”（招商引资、招才引智）活动。市、县两级政府侨务办公室参加第二届“创业中华 创新江苏”侨资侨智对接交流会。市政府侨务办公室（简称市侨办）受国务院侨务办公室委托，组建“文化中国·中华美食”中华厨艺团到东南亚访问；组团到成都参加世界华商大会。市、县两级侨办、园区承办2013“海外江苏之友”活动。全市侨务部门做好各地节庆和招商招才活动服务接待工作。“烟花三月”节期间，市侨办接待嘉宾9批次29人，开工项目1个，签约项目3个，洽谈项目7个。2013年，经全市侨务部门牵线搭桥，合同引进外资和港资3.74亿美元，实际到账外资和港资1.44亿美元；2个项目开工（注册资金2000万美元的高邮城南新区软件园项目，注册资金2亿元、总投资10.5亿元的江都开发区中天管桩项目），3个项目完成注册，6个项目达成协议；全年跟踪服务项目8个。市、县两级侨办围绕招引人才，邀请华侨华人专业人士384人到扬州考察，与相关部门签约高新技术合作项目14个，提出书面建议34份。蓝宝汽车电子（扬州）有限公司徐永龙博士创业团队入选第三批“国务院侨办重点华侨华人创业团队”。扬州稻源微电子有限公司海归博士王彬领衔研发的超高频电子标签芯片项目入选江苏省“六大人才高峰”第九批高层次人才项目。

服务归侨、侨眷、侨企。市侨办全年为侨商、侨企排忧解难，帮助解决困难10件，受理经济纠纷6件，全部结案；重点做好完美（中国）扬州完美日用品有限公司二期工程开工服务工作。5月，市侨办、市归国华侨联合会（简称市侨联）组织市区30多名归侨参加健康检查。中秋节前，市侨办、市侨联开展走访慰问活动，向全市58名归侨献爱心、送温暖，了解归侨生活和家庭状况及对侨务工作的意见和建议。

加强侨务宣传。市侨办编印《侨情简报》12期，发布信息200多条；网站全年发稿700多篇，访问量超过7万次；在国务院侨务办公室网站发稿4篇，在中国新闻社发稿20篇，在省政府侨务办公室网站发稿85篇，在《新华日报》发稿2篇，在“中国江苏”网发稿1篇，在市级各媒体发稿近100篇。举办侨务法律法规宣传活动17场次。8月16日，国务院侨务办公室经济科技司委派中国新闻社到扬州采访、拍摄“重点华侨华人创业团队风采”视频短片。市委宣传部、市侨办组织扬州市新闻媒体参加拍摄活动，展示扬州市华侨华人创业团队业绩。（王爱萍）

■**《扬州市华侨归侨侨眷权益保护办法》颁布实施**　《扬州市华侨归侨侨眷权益保护办法》11月11日通过扬州市政府第17次常务会议审议，12月19日起施行。该办法共32条，对华侨、归侨及侨眷的身份界定，各级政府及有关部门和社会团体保护华侨、归侨、侨眷权益工作职责，华侨护照的效力范围，华侨、归侨、侨眷基本权利和优惠待遇，鼓励引进华侨、归侨、侨眷和外籍华人高层次创新创业人才参与扬州市经济、社会、文化、科技建设，鼓励开展捐赠活动等方面作出明确规定。（王爱萍）

■**社区侨务工作**　落实市侨办与市民政局联合印发的《关于全面推进我市社区侨务工作的意见》。全市社区通过信息交流、文艺联欢、社会公益、邻里互助等特色活动，丰富归侨、侨眷精神文化生活，加强社区与侨界人士的联系和沟通。荷花池社区为子女不在身边的老年归侨、侨眷提供家政服务；琼花观社区将侨眷吸收到社区就业；兰庄社区组织归侨、侨眷参加市区游览活动。江都区小纪镇、大桥镇、邵伯镇、仙女镇建立侨界联谊会，成立“侨之家”，为社区归侨、侨眷联络联谊、互帮互助、开展活动提供平台。（王爱萍）

■**2013“海外江苏之友”活动**　10月10—11日，省侨办、扬州市政府主办的2013“海外江苏之友”活动在扬州举行。10日，召开2013“海外江

10月10日，"海外江苏之友"扬州市投资环境推介会在扬州举行

侨　办/供稿

苏之友"扬州市投资环境推介会。11日，海内外嘉宾分成8个团组，分别到各县(市)区、园区参观、考察、座谈。美国、加拿大、法国、挪威、丹麦、荷兰、澳大利亚、新西兰、新加坡、马来西亚、菲律宾等国家和中国香港、台湾地区近120名嘉宾参加活动。（王爱萍）

■市海外交流协会第三届理事会第一次会议　4月17日，市海外交流协会召开第三届理事会第一次会议，海内外理事100多人参加会议。会议选举产生第三届理事会，选举孔令俊为会长、朱路跃为执行副会长，聘请古润金、李白、黄焕明担任名誉会长，并成立高层次人才、企业家、开发区、高端服务人士等4个专业委员会。会议决定，在加拿大、英国、日本、俄罗斯、巴西等5个国家和中国香港、澳门设立10个海外华人华侨联络处。（王爱萍）

■仪征市新城镇BT项目签约　5月15日，加拿大华侨、扬州市华商会副会长魏荣宁与仪征市新城镇合作的40万平方米安置房及星级酒店项目签约。该项目总投资约6亿美元，以BT(建设—移交)模式合作。其中，40万平方米安置房投资约1.3亿美元，星级酒店项目投资约1.5亿美元，城市综合体项目投资约3.2亿美元。（王爱萍）

■戴成方考察李典船舶工业园　6月7日，挪威华人华侨联谊会会长戴成方到李典船舶工业园考察。广陵区商务局、李典镇政府相关负责人向戴成方介绍船舶工业园基本情况。双方就游艇项目、长江码头物流项目进行初步沟通。（王爱萍）

■谢学贤到扬州考察　7月10日，澳洲北领地中国和平统一促进会会长谢学贤到扬州考察合作国际办学项目，就具体合作模式与扬州业内人士座谈，并考察扬州蜀冈-瘦西湖风景区和扬州东关街、东圈门历史街区。（王爱萍）

■朱联人到扬州考察　8月2—3日，澳大利亚澳华联合商会会长、澳大利亚亚洲餐饮协会主席、维多利亚亚洲华人社团联合会主席朱联人到扬州考察冶春餐饮有限公司，洽谈在澳大利亚合作开设餐饮公司事宜。市人大常委会副主任王玉新会见朱联人一行。（王爱萍）

■黄玉祥到扬州考察　8月21—23日，新加坡超级旅游机构董事长黄玉祥就新加坡养老项目投资环境，到扬州考察江都区和广陵区推荐地块，并与扬子江集团探讨扬州冶春餐饮有限公司落户新加坡相关事宜。常务副市长丁纯、市人大常委会副主任王玉新参加活动。（王爱萍）

港澳事务

■概述　加强与香港、澳门有关方面交往。2月22日，扬州市政府港澳事务办公室(简称市港澳办)到上海参加香港特别行政区政府驻上海经济贸易办事处春节酒会。7月，市委常委、常务副市长丁纯率团拜访香港贸发局，与该局内地事务关系主管温少文座谈，共商未来合作，并举办2013扬州(香港)现代服务业推介会。市港澳办全年接待中央人民政府驻澳门特别行政区联络办公室(简称澳门中联办)副主任高燕、外交部驻澳门特别行政区特派员公署副特派员张金凤、澳门旅游休闲产业界人士江苏访问团、香港前立法委员范徐丽泰以及香港南华置地有限公司、澳门同创集团、香港德辉国际(集团)扬州德辉置业有限公司、澳门华浦投资集团有限公司、香港创意产业及科技创新委员会、澳门宝龙集团董事局主席、总经理等。为扬州港澳投资企业排忧解难。市港澳办、市侨办、市经济和信息化委员会等部门到港澳投资企业调研，提出改进服务新举措，助推企业发展。12月6日，市港澳办组织香格里拉大酒店、江苏迈创科技有限公司等港资企业代表到南京参加省港澳办组织的环球商会联盟联谊会、省港投资企业服务协会2013年度常务理事会以及由香港特别行政区政府驻沪经贸办事处组织的内地热点税务问题讲座。全年向香港出口5.53亿美元，占全市出口总额的7.3%；引进香港客商直接投资项目119个，合同利用港资23.78亿美元，实际利用港资11.90亿美元。（杨　乐）

■2013扬州(香港)现代服务业推介会　7月17日，扬州(香港)现代服务业推介会在香港万豪大酒店举行，200多家香港企业代表参会。市委常委、常务副市长丁纯致辞并从扬州概况、服务业投资商机和投资环境等3个方面作主题推介，市委常委姚苏华主持会议。推介会上，30个服务业项目集中签约，覆盖商贸、金融、物流、商业地产、科技服务等现代服务业各

2013年到扬州市访问港澳团组一览表

表7-4

时　间	到　访　者	团　长	到访目的
2月5日	香港南华置地有限公司一行	吴旭峰(执行董事)	考察
2月26日	香港德辉国际(集团)扬州德辉置业有限公司一行	董振模(宁扬地区总经理)	考察
4月13—14日	澳门中联办一行	高燕(副主任)	考察
4月25日	澳门同创集团一行	司徒作存(董事长)	考察
5月22日	香港中华总商会一行	陈国斌(会长特别助理)	考察
6月5日	外交部驻澳门特别行政区特派员公署一行	张金凤(副特派员)	考察
6月7日	澳门华浦投资集团有限公司一行	陈云斐(董事长)	考察
6月28日	澳门旅游休闲产业界人士江苏访问团一行	陈翔(澳门中联办经济部副部长)	考察
8月1日	香港创意产业及科技创新委员会一行	张建韬(中国事务委员会主席)	考察
9月16日	香港东联水产集团一行	张贵宝(董事长)	考察
9月18—19日	香港前立法委员一行	范徐丽泰(前立法委员)	考察
10月27—28日	澳门宝龙集团一行	梁殷(董事兼总经理助理)	考察

(杨　乐)

个领域,总投资约24.8亿美元。会后分别举办扬州市金融服务业恳谈会和商业服务业恳谈会,丁纯、姚苏华分别与香港金融、商业领域企业家座谈交流。(杨　乐)

■扬州市在香港举行科技项目及人才推介会　7月18日,扬州市在香港九龙塘创新中心举行科技项目及人才推介会,香港大学、香港城市大学、香港理工大学、香港科技大学等知名院校代表参会。美国工程院院士、中国工程院外籍院士、香港城市大学教授刘锦川,香港城市大学协理副校长黄汉仪,香港人才交流中心总干事孙澎,香港内地学生学者联谊会联席会议秘书长、京港学术交流中心主管陈锦云等嘉宾出席。市委常委、常务副市长丁纯在推介会上致辞,市科技局负责人作科技创新创业环境和科技人才政策专题推介。会上,市科技局与香港城市大学签署技术成果市场化推介服务协议。(杨　乐)

■扬州隆星教育发展基金奖助学金　扬州隆星教育发展基金由香港隆星航业有限公司程余斋、辛德俊于1992年10月捐资设立,并交由市侨办代为管理。8月29日,2013年扬州隆星教育发展基金奖学金、助学金发放仪式在市翠岗中学举行,全市各学校90名品学兼优学生分享各类奖、助学金19.7万元。(王爱萍)

■香港大学生2013年(冬季)扬州实习体验计划启动　12月22日,由市侨办、市政府金融工作办公室、香港人才交流中心主办的香港大学生2013年(冬季)扬州实习体验计划在扬州启动,香港大学、香港中文大学、香港科技大学、香港城市大学、香港理工大学、香港浸会大学、恒生管理学院等7所大学金融或相关专业70名优秀学生到中国工商银行、中国银行、交通银行、中国农业银行、中信银行、招商银行等在扬州的分支机构实习。(王爱萍)

涉台事务

■概述　对台经济。年初,市政府召开全市招商引资工作推进会,细化对台招商各项措施;市政府办公室下发《2013年对台招商重点项目责任分解表》。市政府台湾事务办公室(简称市台办)以光电、绿色石化、旅游、现代服务业等产业为重点,筹备并组织赴台招商和经贸考察活动。2013年,全市新批台资项目37个,总投资12.93亿美元,注册资金7.45亿美元,实际利用台资2.57亿美元。办理各类经贸团组赴台手续118批529人次。截至2013年底,全市累计批准台资项目1428个(其中注册资金1000万美元以上项目428个),总投资173.11亿美元,注册资金115.62亿美元,实际利用台资38.43亿美元。利用海峡两岸(扬州)绿色石化产业合作区平台,做好长春集团旗下大连化学以及远东集团旗下东联化学两大龙头项目招商配套工作,加速台资石化产业上、中、下游产业链企业跟进入驻。远东新世纪(扬州)有限公司与中国石化仪征化纤股份有限公司总投资3.04亿美元的远东仪化石化项目、长春企业集团与奥克石化总投资6800万美元的扬州奥克石化仓储项目开工。利用海峡两岸(扬州)农业合作试验区平台,拓宽对台农业招商渠道,加强各县(市、区)与台湾农会结对合作。邀请多批台湾现代高效农业,特别是农副产品深加工企业和农户到扬州考察。利用"烟花三月"节、"名企名城行"、"台湾企业扬州行"、紫金山峰会等活动,邀请台湾主要行业公会及产业界重要客商到扬州考察,加强深度合作。台湾工业总会、台湾工商协进会、台湾工商建研会、台湾科学工业园区科学工业同业公会等行业公会及远东集团、永丰余集团、康师傅控股、兆丰证券、实联化工、乡林集团、旺旺集团、鼎铉投资等台湾企业先后到扬州考察、洽谈。总投资100亿元的永丰余秸秆综合利用项目开工试产。

服务台商。2013年，全市台办系统立案调处各类台商投诉21件，结案20件，结案率95.2%。向各涉台部门、园区和台商、台资企业发放《江苏省保护和促进台湾同胞投资条例》单行本和《促进台资企业转型升级政策指南》，引导台商依法保护权益，强化涉台职能部门责任意识。邀请台湾经济管理部门和"中国生产力中心"专家顾问团队为扬州市近百家台资企业举办转型升级专题辅导讲座。举办"情系两岸欢度佳节 携手同心共谋发展"台商台属中秋联谊活动。在证件签注、子女上学、就医以及办理游园卡、驾驶证等方面为台商提供便捷服务。

对台交流联络。2013年，全市接待台湾交流、联络参访团组10批185人，办理赴台交流团组12批73人。台湾知名人士林丰正、郁慕明，国民党"立委"参访团、"孙中山宋庆龄基金会"参访团、"两岸中学生炫动青春夏令营"参访团等团组先后到扬州参访、交流。做好扬州籍陆生(大陆赴台就学学生)赴台学习相关工作，举办全省陆生暑期联谊活动。

对台宣传。全年接待台湾媒体记者25人次。邀请台湾中天电视、《中国时报》、《工商时报》、《旺报》等媒体采访、报道"烟花三月"节情况。台湾人间卫视记者每月到扬州采访、拍摄扬州讲坛活动情况，并制作专辑在台湾播放。入岛宣传报道取得突破。5月下旬，在台北召开扬州市政府考察团专题媒体见面会，17家台湾媒体22名记者参加见面会，东森电视、中天电视、TVBS电视、《联合报》、《中国时报》、《工商时报》等21家台湾媒体26名记者全程采访、报道扬州(台北)合作恳谈会。

(骆礼国)

■市领导会见台湾客人 3月29日，市政协副主席、苏北人民医院院长王静成接待台湾医院协会江苏参访团一行。4月6日，市委副书记赵晓江会见台湾企业界知名人士陈武雄一行，并就加强扬州、台湾两地经贸交流合作，特别是石化界项目合作进行沟通洽谈。7月20日，市长朱民阳会见到扬州参加扬州讲坛的台湾新党主席郁慕明一行。副市长张宝娟参加会见及相关活动。8月17日，市委书记谢正义在迎宾馆会见中国国民党副主席林丰正一行。11月9日，谢正义在鉴真图书馆会见台湾佛光山开山宗长、国际佛光会世界总会长星云法师。

(台　办)

■赵晓江率团赴台湾考察 1月17—24日，市委副书记赵晓江率团赴台开展经贸、文化考察交流活动。考察团围绕提升扬州市与台湾经济、文化、教育、社会等多领域合作，举办拜会、洽谈、交流、参访、餐叙、宴请等多种形式活动20多场，与台湾政、商、学各界交流。在台湾期间，考察团拜会连战、萧万长等台湾政要及知名人士，会见台湾工业总会名誉理事长陈武雄等台湾行业公会负责人，并与明基友达集团、台新金控、华新丽华、正崴精密等一批产业龙头企业洽谈，推介扬州市投资环境。江苏新能源置业有限公司、扬州人民金属机电化轻有限公司、高邮市卫星卷烟材料有限公司等7家民营企业代表随团赴台，推进一批在谈项目，并与台湾客商就多个新项目达成合作意向。

(孙金海)

■朱民阳率团赴台湾考察 5月下旬，市长朱民阳率扬州市政府考察团赴台，举办扬州(台北)合作恳谈会、媒体见面会以及30多场专题交流、洽谈、推介活动，先后拜会吴伯雄、詹春柏、蒋孝严、林中森等台湾知名人士及台湾主要行业公会、科研院所和数十家台湾企业；签订合作意向协议28项，总投资近16亿美元；储备新项目46个。

(骆礼国)

■扬州(台北)合作恳谈会 5月22日，扬州(台北)合作恳谈会在台北市君悦大饭店举行，台湾政治、经济界人士300多人参会。市委常委姚苏华主持恳谈会。中国国民党荣誉主席吴伯雄、海峡两岸基金会副董事长高孔廉、台湾工业总会名誉理事长陈武雄先后致辞，扬州市市长朱民阳就扬州城市建设、产业发展、政府服务等方面作全面推介。台湾商业总会理事长张平沼、台湾工业总会副理事长林伯丰、"中华农业发展交流协会"荣誉理事长孙明贤、台湾旅游联合公会理事长姚大光、李国鼎数位知识促进会理事长陈棠、永丰金控董事长何寿川、威京集团主席沈庆京、华新丽华集团董事长焦佑伦等台湾工商界精英参加活动。

(杨　鉴)

■"台湾企业扬州行"恳谈会 10月18日，"台湾企业扬州行"合作恳谈会在扬州迎宾馆举行，30多名台湾知名企业家与扬州各工业园区负责人面对面交流，寻求更深层次、更广领域的合作。市长朱民阳向台湾客人介绍扬州经济社会发展和城市建设情况，副市长孔令俊作专题推介。台湾工商建设研究会理事长雷祖纲致辞。

(骆礼国)

■对接紫金山峰会 11月4—5日，2013两岸企业家紫金山峰会在南京举行。会议期间，市委书记谢正义到南京拜访峰会信息与家电产业合作推进小组大陆方面召集人，介绍扬州市信息与家电产业发展情况，推动信息与家电产业小组两岸高端企业家到扬州参访、考察。市长朱民阳参加峰会开幕式、主题论坛等相关活动，并与多位有重大投资意向的台湾客商联络对接，洽谈合作事宜，邀请他们到扬州参访、考察。

(徐泗旺)

■台湾远东集团到扬州考察 4月8日，台湾远东集团远东购物中心规划总部执行长李静芳一行到扬州考察广陵新城商业综合体项目。市长朱民阳在西园饭店会见李静芳一行，向客人推介广陵新城，希望远东集团抓住新城开发机遇，加强从工业到服务业一揽子合作。在扬州期间，李静芳一行到广陵新城实地考察备选地块，并听取广陵新城管委会负责人情况介绍。

(赵晓艳)

■台湾正修科技大学参访团访问扬州 4月8—9日，以校长龚瑞璋为团长的台湾正修科技大学参访团一行20人访问扬州。8日，市委副书记赵晓江会见参访团一行。9日，龚瑞璋一行访问扬州大学，参观荷花池校区、文汇路校区等。扬州大学党委副书记、纪委书记刘延庆向参访团介绍扬州大学基本情况，探讨、交流开展校际合作、学科交流、师生互访事宜。在扬州期间，参访团成员游览瘦西湖、个园，参观扬州博物馆和中国雕版印刷博物馆。（古 刚）

■台湾科学工业园区科学工业同业公会考察团到扬州参访 7月8日，台湾科学工业园区科学工业同业公会理事长、台扬科技股份有限公司董事长谢其嘉一行15人到扬州参访、考察投资环境。市长朱民阳会见考察团一行，副市长孔令俊、市政府秘书长何金发参加会见。朱民阳从居住环境、政策环境及产业工人等3个方面推介扬州投资环境。考察团一行考察扬州经济技术开发区、扬州璨扬光电公司，并参观扬州智谷。（赵晓艳）

■林丰正到扬州参访 8月17日，中国国民党副主席林丰正一行到扬州参访。市委书记谢正义会见参访团一行，并向客人介绍扬州经济社会发展情况。林丰正感谢扬州市为台资企业发展提供的支持、关心和帮助。省台办主任王荣平，市委常委、秘书长陈扬，省台办副主任王少邦，副市长孔令俊参加会见。（古 刚）

政府法制

■推进依法行政 1月22日，市政府召开全市推进依法行政暨政府法制工作会议，总结2012年依法行政与政府法制工作，表彰先进单位与先进个人，对2013年工作作出全面部署。市政府、市政府办公室先后印发《2013年度推进依法行政的工作意见》《2013年度依法行政工作任务分解表》。3月，市政府法制办公室（简称市政府法制办）举办市直部门行政执法人员通用法律知识培训班，41个部门516人参加培训。截至3月底，完成2011—2013年行政执法人员第二轮法律知识培训，培训行政执法人员1382人。4月，举办全市2013年度法制干部培训班，市直48个执法部门、55个基层依法行政示范单位法制机构负责人参加培训。9月下旬，采取听取汇报、查看资料、实地走访等方式，对24个执法部门及4个县（市、区）开展依法行政工作中期督查。6月，省全面推进依法行政工作领导小组印发《关于2012年法治政府建设阶段性工作目标考评情况的通报》，扬州市在省辖市中率先完成法治政府建设阶段性工作，并被评为优秀等次。12月，市政府法制办采取集中汇报与分别抽查相结合、群众测评与综合评价相结合、查阅资料与案卷评查相结合方式，对6个县（市、区）政府、扬州经济技术开发区管委会和市直48个执法部门开展年度依法行政考核，确定5个县（市、区）政府、扬州经济技术开发区管委会、43个市直部门为优秀等次，1个县（市、区）政府、5个市直部门为良好等次。（徐晓明）

■推进行政调解 7月5日，经市编办批准，市政府法制办成立行政调解工作指导处（正科级），负责全市行政调解组织推进和协调指导工作。《扬州市行政调解暂行办法》7月19日颁布，9月1日施行。该办法明确行政调解界定范围和原则，规范行政调解申请与受理、实施与终结、考核表彰等环节，明确办结、审查、告知时限，对行政调解协议书内容作出规定。7月25日，市政府法制办召开行政调解和行政指导工作推进会，交流、总结全市行政调解、行政指导工作。全年各级各类行政调解机构受理案件5549件，其中消费矛盾纠纷、劳资纠纷、社会治安管理纠纷、医患纠纷、交通事故损坏赔偿、违法建设纠纷案件占案件总数的90%；结案5039件，结案率90.8%。（徐晓明）

■清理审核行政执法主体 4月，启动市级行政执法主体清理工作。市政府法制办收到51家单位（含挂牌单位）行政执法主体资格登记表188份。经审核，确认181个行政执法主体，另有7家单位因缺少法律依据不予确认。（徐晓明）

■清理行政审批项目 5月，市政府法制办启动全市行政审批项目清理工作。经审核，确认23个市级部门需要变动、调整的行政审批项目53个。8月，根据省政府要求，再次清理审核全市行政审批项目，确认25个市级部门需要变动、调整的行政审批项目59个。9月25日，市政府印发《关于取消和调整一批市级行政审批项目的通知》，变动、调整25个市级部门59个行政审批项目，其中取消27个、调整30个、合并2个。（徐晓明）

■重大行政处罚案件审查 年初，市政府法制办对2012年下半年市直10个行政执法部门报备的73件重大行政处罚案件进行审查，现场点评存在问题。8月，对2013年行政执法案卷进行专项检查。在各部门自查的基础上，市法制办成立6个案卷评查工作组，对28个部门报备的81件重大行政处罚案卷和随机抽取的43件一般程序行政处罚案卷、29件行政许可案卷逐一进行审查，并通报评查中发现的问题。（徐晓明）

■行政权力下放 4月，启动向广陵区政府下放第二批行政权力清理审核工作，按照“同城同权同责”要求，依据相关法律规定，逐一审核133项行政权力。9月16日，经市政府常务会议研究决定，向广陵区下放和归还行政权力55项，涉及市城乡建设局行政权力34项、市住房保障和房产管理局行政权力20项、市园林管理局行政权力1项；市住房保障和房产管理局、市民防局、市国土资源局等3个部门15项行政权力采取派驻方式在广陵区行使，由上述3个部门派驻人员到广陵区行政服务中心窗口直接办理。（徐晓明）

■规范性文件管理 2013年，市政府法制办审核市政府规范性文件17件，颁布规范性文件10件；审核其他政策文件37件。4月，在各县(市、区)推荐的基础上，确定荷花池社区、琼花观社区、文昌花园社区等10个居委会作为市政府“立法民情联系点”，制定“立法民情联系点”工作制度，扩大政府规范性文件制定工作中的公众参与度。全年有11件规范性文件草案征求“立法民情联系点”意见。市政府法制办全年收到各县(市、区)和市直部门审核报备规范性文件22件。开展市政府规范性文件定期清理工作，对市政府2013年6月30日以前发布的140件规范性文件进行全面审查，决定保留81件、修改36件、废止23件。启动全市规范性文件清理工作。（徐晓明）

■**行政复议规范化建设** 6月21日，市政府法制办印发《关于进一步推进市政府行政复议工作规范化建设的实施方案》;7月3日，市政府办公室印发《市政府办公室关于进一步推进行政复议工作规范化建设的通知》。7月8日，市政府批准成立市政府行政复议委员会。8月29日，市政府行政复议委员会召开第一次全体会议，审议通过《扬州市人民政府行政复议委员会工作规则(试行)》等4个规则;扬州市人民政府行政复议委员会申请接待中心挂牌运行。2013年，全市各级各类行政复议机构收到行政复议申请222件，受理197件，比上年减少132件。其中，市政府法制办收到向市政府提出的行政复议申请66件，受理55件，比上年增加1件。（徐晓明）

行政审批

■**概述** 2013年，扬州市行政办事服务中心(简称市行政服务中心)各窗口受理各类事项9.34万件，人均办理600多件，日均办理400多件，按时办结率100%，服务对象随机测评满意率99.8%。（胡继林）

■**推进基本建设项目并联审批改革** 市政府印发《扬州市基本建设项目并联审批实施意见》。市行政服务中心制定“一票制”实施办法、建设工程竣工联合验收实施方案，并在新城西区和蜀冈-瘦西湖风景名胜区组织试点，有关项目办理时限由平均161个工作日压缩到平均99个工作日。市政府颁发《扬州市重大项目审批“绿色通道”试行办法》，完善重大项目绿色通道办理措施。市行政服务中心组织召开全市行政服务系统服务重大项目工作座谈会、督查会等，印发《全市行政服务系统服务重大项目工作实施方案》，完善“网格管理、专窗接待、绿色通道、联合会办”等项目办理服务机制。（胡继林）

■**服务标准建设** 根据省质量技术监督局《关于下达2012年江苏省服务业标准化项目计划的通知》要求，市行政服务中心完成756项标准编写，中心各处、各窗口全员参与标准实施，标准实施率100%，通过省标准委员会组织的检查验收，创成省级行政服务业标准化试点单位。国家标准委员会批准在扬州市、县两级行政服务中心开展国家级行政服务标准化试点工作，对提升扬州市行政服务业在全省的行业地位、优化投资环境、树立政府良好形象发挥积极作用。（胡继林）

■**服务平台建设** 2013年，扬州经济技术开发区、广陵区建立行政服务中心。全市政务服务大平台更加完备。市政府将市行政办事服务中心和市公共资源交易中心合并，并重新挂牌，实现政务服务平台与公共资源交易平台的融合。市住房保障和房产管理局、市交通运输局等部门将16个事项授权移至市行政服务中心办理，初步形成同城、同权、同标、同责“四同”格局，“一站式”服务平台功能更加完备。（胡继林）

机关事务管理

■**机关服务保障** 2013年，扬州市市级机关事务管理局(简称市市级机关事务局)完成市人大和市政协“两会”、“烟花三月”节、运博会、全省苏中发展工作会议等443场次重要会议、重大活动服务保障工作。加强机关大院水、电、气等日常服务保障，全年安全供电8640小时无事故，9部电梯共安全运行1.55万小时，中央空调供暖62天、供冷66天。市委、市政府车队全年安全行车130万千米。生活服务中心4个餐厅全年服务48万人次，新建机关后勤种养基地。门诊部完成东大院诊所康复中心和体检中心建设，门诊业务量突破15万人次。安保中心完成机关大院车辆通行证办理。机关第一幼儿园东小园建成投入使用，机关第三幼儿园获评“全国示范家长学校”。做好市档案馆改扩建项目代建工作，完成工程预验收。完成市区公有住房解危5808平方米，其中就地修缮解危5039平方米(80户)、异地搬迁解危769平方米(12户)。完成盐运使司衙署门厅环境整治、维修加固、申遗文化长廊修建等工作。启动机关西大院立体停车场建设前期筹备工作。（王继荣）

■**专项清理** 继续开展全市党政机关公务用车问题专项治理，对市级机关购车申请从严把关、集中审批。全年批准购置一般公务用车29辆。完成全市党政机关办公用房登记上报工作，组织人员核查30多个市级机关单位办公用房，纠正、处理全市超标准办公用房问题。加强机关办公用房管理，优化整合资源，调剂市人口和计划生育委员会等10多个市级机关部门和单位办公用房。对市级机关所属210多家事业单位办公(经营)用房情况开展全面普查。（王继荣）

■**节约型机关建设** 市市级机关事务局完成全市2000多家公共机构能耗统计工作，建设能源审计、监测平台系统。开展公共机构节能示范单位争创活动。扬州经济技术开发区和高邮市人民医院获评国家级节能示范单位，市人大常委会办公室、市政府机关大院等8家单位获评省级节能示范单位，扬州市翠岗中学、宝应县妇幼保健院等14家单位被确定为市级节能示范单位。（王继荣）

政协扬州市委员会

Zhengxie Yangzhoushi Weiyuanhui

编　辑　樊庆道

综述

■概况　2013年，中国人民政治协商会议江苏省扬州市委员会(简称市政协)围绕全市经济、政治、文化、社会、生态建设重点工作，认真履行职能，召开4次常委会议、8次主席会议，向市委、市政府及有关部门提交相关调研报告42份、视察意见建议26份、社情民意34份。围绕提高重大产业项目建设质量效益、推进“双高”(高层次、高技能)人才引进和培养、完善科技创新体系、整合旅游资源、完善住房保障体系、推进基本公共教育均等化、推进公共体育设施建设和共享、建设地域特色法治文化名城、打造国际会议城市、做大做强基本产业等开展调研视察、协商讨论、建言献策。通过政协例会、明察暗访、行风评议、专题视察、社会调查、工作咨询等多种形式，组织政协委员就社会经济建设和群众关心的热点、难点问题以及市委、市政府年初提出的目标任务开展监督检查，提出意见建议。先后对党风廉政建设和反腐败以及法院、检察院、公安、城建、规划、城管、交通、体育、计划生育、房管、环保、文化、教育、卫生、园林绿化、农业、旅游、水利等工作进行专题调研视察。组织政协委员和市各民主党派、工商联相关成员围绕落实市委、市政府一号文件，实施民生工程，分别就城区河道综合整治、儿童保健、残疾人保障法实施、江广连接地带生态建设、乡镇工业集中区建设、居民收入倍增、“菜篮子”工程、美好乡村建设、区域供水工程、企业职工工资集体协商、妇女权益保障法贯彻落实、基层社区建设、住房保障、城区公共体育设施建设、农民增收、基本公共教育均等化、医疗卫生服务、食品药品安全监管等进行调研协商，提出建议。整理、报送《政协内参》《社情民意》34期，为党政领导了解社情、掌握民意提供信息，推动解决一批难点、热点问题。加强提案工作制度化、规范化建设，修订、完善提高提案质量办法、优秀提案评选表彰办法，制定提案办理责任制度、提案办理评比评议办法。政协七届二次会议召开后，收到委员提案449件，立案437件，其中主席督办5件、市长领办6件、市政协指定办理10件、部门联办7件、开门“智办”5件。截至10月底，所有立案提案全部办复。其中，提案及问题解决和基本解决的209件，占立案提案总数的47.8%；提案意见被采纳、有待逐步实施的218件，占立案提案总数的49.9%；因各种原因暂不能实施的10件，占立案提案总数的2.3%。提出提案的政协委员对提案办理方式、态度、进度、结果满意和基本满意率99.9%。　(徐晓明　许　勇)

4月23日，市政协领导视察广陵新城天顺花园社区卫生服务站

市政协/供稿

■政协委员履职　2013年，市政协围绕推进“重大产业项目突破年”“重大城建项目会战年”“改革攻坚年”活动和民生工程，制定《关于进一步加强市各民主党派、工商联和无党派人士在政协组织中合作共事的意见》《关于加强专门委员会联系服务界别委员小组的意见》《政协扬州市第七届委员会界别活动办法》《关于全力

服务、监督和促进重大项目建设的意见》;调研、协商10项重要课题,重点督办11件提案,召开各类专题协商会、情况通报会65次;围绕重大项目建设开展视察、督查活动27次,收集、反映基层意见、建议800多条。6月28日、10月8日、11月22日、12月7日,《人民政协报》分别以《政协搭台,党派唱响》《扬州市市长领办提案突出实事实办》《面对面沟通,实打实解难——扬州市政协助推委员企业发展》《您的意见马上作为文件研究的模本》为题,专题报道扬州市政协委员履职情况。

(徐晓明 许 勇)

■界别活动周 5月6—12日,市政协举办2013年度政协委员联系群众"界别活动周"活动。市、县两级政协近2000名委员围绕"名城建设我出力",开展产业项目突破、城建项目会战、民生工程实施专题调研、专门走访、专项服务。市政协27个委员小组开展各类活动35项,收集意见、建议500多条,形成加强城乡环境保护、整合提升乡镇工业集中区、构建新型农业经营体系等专题报告12份。召开民主协商会,与市政府专题协商,将收集到的建议、意见交有关部门办理并跟踪答复。

(徐晓明 许 勇)

■扬州政协论坛 11月28日,市政协举办2013年度政协论坛,政协委员和专家、学者围绕"做大做强基本产业,夯实名城建设基础"展开专题研讨。论坛收到论文128篇,其中87篇被选编成册,内容涉及汽车、机械、旅游、建筑、软件和信息服务等基本产业。《扬州汽车产业加快发展对策初探》《突破建筑业"一师难求"的实践与思考》《大力发展软件和信息服务业》等11篇论文在论坛作大会交流。 (徐晓明 许 勇)

■委员企业沙龙 全年举办4次委员企业沙龙,通过座谈、走访、交流、讲座等形式,为政府部门与政协委员企业提供直接沟通的机会,搭建政府部门为企业提供高效便捷服务的平台,促进委员企业发展,为扬州经济社会发展增添活力。

(徐晓明 许 勇)

■政协名家讲座 全年举办4次政协名家讲座,邀请专家、学者、社会知名人士为政协委员讲课,内容涉及中共十八届三中全会精神、协商民主理论与实践、中国周边安全形势、扬州历史文化的地位等,为政协委员领会中共中央精神、了解时代资讯、拓宽知识领域开辟新路径。

(徐晓明 许 勇)

■加强与委员联系 坚持主席、副主席联系委员制度以及专委会分工联系界别和委员小组制度,全年开展"主席联系委员活动日"活动6次,举办名家讲座4次、委员企业沙龙4次、学习报告会和辅导会15次,走访委员企业近50家。5月,组织开展政协委员联系群众"界别活动周"活动;11月,组织驻县(市)市政协委员到宝应县异地视察,组织市区市政协委员参加扬州政协论坛;12月,就2014年市政协调研课题征求各界别委员意见。选派委员担任特约监督员、行风评议员,参与扬州市行风监督、机关能力作风建设、"三公开三报告"(公开事项,公开过程,公开结果;向组织报告,向人大代表和政协委员报告,向服务对象报告)电视直播、政风行风评议等活动。通过扬州电视台《TV提案365》栏目、《扬州日报·政协之声》专栏、政协网站、《扬州政协》会刊发表委员对全市经济社会发展的建议、提案,宣传委员参政议政成果和工作成绩。

(徐晓明 许 勇)

重要会议

■政协七届二次会议 1月5—8日,市政协召开七届二次会议。市委书记谢正义到会并作题为《真抓实干 扎实开局》的讲话。市政协主席洪锦华作市七届政协常委会工作报告,副主席刘在銮作市七届政协常委会关于提案工作情况的报告。会议举行大会发言和大组协商。会议增补仲生、董雷为市政协常委,免去张耀武市政协常委职务。会议期间,委员分组讨论谢正义讲话,审议政协常委会两个报告;列席市人大七届二次会议,听取和讨论政府工作报告以及法院、检察院工作报告。会议通过市政协七届二次会议决议。 (徐晓明 许 勇)

■政协常委会议 1月6—7日,市政协分段召开七届四次常委会议。会议听取市政协七届二次会议小组讨论情况汇报,协商人事安排和选举事项,讨论、通过七届二次会议决议(草案)和2013年市政协工作要点。

6月20日,市政协召开七届五次常委会议,就"我市'双高'人才引进和培养"进行专题协商,听取并讨论副市长张宝娟所作相关情况通报

1月5日,政协扬州市第七届委员会第二次会议开幕 王 卓/摄

以及市政协社会和法制委员会代表专题调研组所作发言，通过有关人事任免事项。

9月29日，市政协召开七届六次常委会议，听取市委常委、常务副市长丁纯所作关于提案办理情况的通报，就“提高重大工业项目的质量与效益”进行专题协商；听取并讨论副市长祁小夏所作相关情况通报以及市政协经济科技委员会代表专题调研组所作发言。

12月31日，市政协召开七届七次常委会议，听取《政府工作报告(征求意见稿)》起草情况说明并进行讨论；协商通过召开市政协七届三次会议的决定和有关事项，讨论并原则通过市政协常委会工作报告和提案工作情况报告；协商通过委员变动事项；表彰七届二次会议召开以后优秀委员提案；市政协各专委会向常委会书面报告市政协七届二次会议召开以后工作情况。会议协商决定，2014年1月11—14日举行市政协七届三次会议。 (徐晓明 许 勇)

■政协主席会议 4月27日，市政协召开七届第八次主席会议，就“推进基本公共教育服务均等化”议题与市政府协商，听取并讨论副市长董玉海所作相关情况通报以及市政协教育文化卫生体育委员会代表专题调研组所作发言；协商通过《关于进一步加强市各民主党派、工商联和无党派人士在政协组织中合作共事的意见》《关于加强专门委员会联系服务界别委员小组的意见》。

5月31日，市政协召开七届第九次主席会议，就“完善我市区域科技创新体系”与市政府协商，听取并讨论市委常委、常务副市长丁纯所作相关情况通报以及市政协经济科技委员会代表专题调研组所作发言。

7月23日，市政协召开七届第十次主席会议，就“整合旅游资源，建设旅游名城”与市政府协商，听取并讨论副市长董玉海所作相关情况通报以及市政协城乡建设(人口资源环境)委员会代表专题调研组所作发言。

8月21日，市政协召开七届第11次主席会议，就“推进我市城区公共体育设施建设与共享”与市政府协商，听取并讨论副市长董玉海所作相关情况通报以及市政协教育文化卫生体育委员会代表专题调研组所作发言。

9月22日，市政协召开七届第12次主席会议，就“打造国际会议城市”议题与市政府协商，听取并讨论副市长董玉海所作相关情况通报以及市政协港澳台侨(外事)委员会代表专题调研组所作发言。

10月29日，市政协召开七届第13次主席会议，就“实施‘六五’普法规划，加强法治文化建设”议题与市政府协商，听取并讨论副市长张宝娟所作相关情况通报以及市政协社会和法制委员会代表专题调研组所作发言。

11月21日，市政协召开七届第14次主席会议，就“加强住房保障，助推幸福扬州”与市政府协商，听取并讨论副市长闻道才所作相关情况通报以及市政协城乡建设(人口资源环境)委员会代表专题调研组所作发言。

12月19日，市政协召开七届第15次主席会议，协商市政协七届三次会议有关事项，听取市政协七届常委会工作报告(征求意见稿)、提案工作情况的报告(征求意见稿)起草情况说明，讨论会议议程、日程等事项，讨论市政协七届二次会议优秀提案评选事宜。 (徐晓明 许 勇)

重点提案

■盘活“住房养老金” 促进小区良性发展 在市政协七届二次会议上，田伟提交的《关于盘活“住房养老金”促进小区良性发展的建议》提案建议：(1)强化业主的主体意识；(2)降低动用“住房养老金”门槛；(3)推动维修基金托管增值；(4)引入第三方参与论证。该提案由市长领办，市住房保障和房产管理局(简称市房管局)承办。办理情况：市房管局报请市政府印发《关于进一步加强市区物业管理工作的意见》，扩大房屋维修基金应急使用范围，新增“房屋外立面脱落”“玻璃幕墙损坏”“路面严重塌陷”“公共护栏破损”4种情况可应急使用房屋维修基金。简化房屋维修基金使用申请手续，加快维修基金管理数据库升级进程，实现申请人网上业务办理，引导业主正确使用维修基金。 (徐晓明 许 勇)

■非“三无”孤寡老人社会养老 在市政协七届二次会议上，戴军提交的《关于加强非“三无”(无儿女、无亲属、无经济来源)孤寡老人社会养老工作的建议》提案建议：(1)政府将此项工作纳入民生工程；(2)政府兴办城区(特别是老城区)老人集中供养中心；(3)发展社区居家养老服务；(4)支持、鼓励代养服务；(5)尝试“以房养老”模式。该提案由市长领办，市民政局承办。办理情况：发展居家养老服务，推行居家养老政府购买服务，推进社区小型养老机构建设，建设养老服务信息化平台，创新困难老人精神关爱方式。

(徐晓明 许 勇)

■加强农业科技推广创新 在市政协七届二次会议上，陈德华提交的《关于进一步加强我市农业科技推广创新的建议》提案建议：(1)加强镇村青年农技推广人才队伍建设；(2)配备村级专门农技服务人员；(3)理顺农业服务工作和乡镇其他工作关系，实现农技服务工作专职化；(4)建立合理可行的收入分配制度，调动农技服务人员积极性。该提案由市长领办，市农业委员会主办，市人力资源和社会保障局(简称市人社局)、市财政局协办。办理情况：强化公益性农技推广服务体系建设，构建农科教企联合协作推广机制，加强基层农技推广人才队伍建设，加大对农业科技推广创新工作投入。

(徐晓明 许 勇)

■帮助解决突出问题 化解小微企业发展困境 在市政协七届二次会议上，致公党扬州市委员会提交的《关于帮助解决突出问题 化解小微企业发展困境的建议》提案建议：(1)营造促进小微企业健康发展氛围；(2)加强融资平台建设；(3)推进政府减税降费；(4)完善制度保障。该提案由市长领办，市经济和信息化委员会(简称市经信委)主办，市人社局、市科技局、扬州国税局、市政府金融工作办公室协办。办理情况：开展以"服务企业、助力成长"为主题的"中小企业服务年"活动。做好政策服务，改善企业发展环境；做好融资担保服务，缓解企业融资难题，提请市政府印发《关于进一步改善当前小型微型企业融资环境的政策意见》；做好市场开拓服务，扩大企业营销渠道；做好转型升级服务，提升企业竞争实力；做好体系建设服务，助力中小企业成长。（徐晓明 许 勇）

■建立扬州文学艺术创作园及"八大村" 在市政协七届二次会议上，市政协教文卫体委员会提交的《关于建立扬州文学艺术创作园及"八大村"的建议》提案建议：建立扬州文学艺术创作园及八大村(作家村、诗人村、书画家村、戏曲家村、音乐家村、舞蹈家村、摄影家村、民间艺术家村)。该提案由市长领办，市文学艺术界联合会主办，市城乡建设局、市房管局、市园林局、市文物局协办。办理情况：制定《关于打造"一园八村"的工作方案》，按照"总体规划、分步实施、先易后难、先有后好、滚动发展"思路，首批"舞蹈家村""戏曲家村""诗人村""摄影家村""民间艺术家村"年内挂牌。（徐晓明 许 勇）

■发展现代服务业 在市政协七届二次会议上，吴高龙提交的《发展现代服务业不能一味"抓大放小"》提案建议：(1)政府相关部门及领导对发展现代服务业要变"抓大放小"为"抓大而不放小"；(2)对有一定发展潜力、符合产业发展方向的小微型服务业项目单独安排专项引导基金；(3)政府通过提供办公场所、补贴办公场地租金等方式支持早期小微项目，打造"服务业创业孵化器"。该提案由市长领办，市发展和改革委员会(简称市发改委)承办。办理情况：制定服务业小微企业培育计划；定期在金融超市组织银企对接活动，加强对融资性担保机构监管，为担保公司服务，探索建立全市中小企业征信系统；加大对中小企业的政策扶持力度；引导企业调整发展模式，推进中小企业服务体系建设。（徐晓明 许 勇）

■推进"低碳城市公交工程"建设 在市政协七届二次会议上，民革扬州市委员会提交的《关于推进"低碳城市公交工程"建设的建议》提案建议：(1)道路优先，保障通行顺畅；(2)增车提档，确保服务品质；(3)优化线网，扩展公交覆盖面；(4)票价惠民，吸引市民乘坐公交车。该提案由市政协主席督办，市交通运输局主办，市财政局、市公安局协办。办理情况：开通文昌路公交快线，推进2家公交企业整合，推进"智能公交"项目，制定新一轮公交优先发展实施意见。（徐晓明 许 勇）

■强化社区职能 关心弱势群体 在市政协七届二次会议上，民建扬州市委员会提交的《强化社区职能 关心弱势群体》提案建议：(1)加强社区建设，提升社区综合服务能力；(2)创新社区管理，体现物业服务公益性；(3)将城镇弱势群体纳入社区享受免费公共服务对象范围。该提案由市政协主席督办，市民政局主办，市房管局协办。办理情况：推进城乡低保工作，落实低保提标，完善低保信息核对机制，开展分类施保；提高社区综合服务水平，推进社区服务中心建设，推进网格化管理服务常态化，培育发展社区社会组织和专业社工；推进社区居家养老服务。（徐晓明 许 勇）

■创新居民小区物业管理模式 在市政协七届二次会议上，民进扬州市委员会提交的《创新居民小区物业管理模式 不断增进民生幸福》提案建议：(1)完善政策法律体系，明确物业管理企业职责，加强业主委员会建设，确保物业费收取；(2)创新居民小区物业管理模式，推动社会组织参与，支持物业管理企业成长；(3)加快物业管理信息化平台建设，提升物业服务水平。该提案由市政协主席督办，市房管局承办。办理情况：市政府印发《关于进一步加强市区物业管理工作的意见》，召开扬州市区物业管理工作推进大会；印发《关于建立市区物业管理工作联席会议制度的通知》《市区物业管理工作联席会议成员单位工作职责》；开展群众满意度测评，营造和谐物业管理舆论氛围。（徐晓明 许 勇）

■解决基层医疗机构卫技人才短缺问题 在市政协七届二次会议上，农工党扬州市委员会、市政协医卫界别委员小组提交的《关于解决基层医疗机构卫技人才短缺问题的建议》提案建议：(1)畅通用人渠道，发挥用人单位自主权；(2)落实各项优惠政策；(3)创新用人机制，建立二级医院与基层医疗机构联动招聘机制。该提案由市政协主席督办，市人社局、市卫生局主办，市财政局协办。办理情况："捆绑"同一地区冷热不均的医疗单位中招考条件相同的岗位，按学科集中招聘卫技人才；完善开考比例，优化报名程序；合理设置考试内容和方式；多元化投入，建立健全稳定长效的补偿机制。（徐晓明 许 勇）

■推进产业结构调整优化升级 在市政协七届二次会议上，民盟扬州市委员会提交的《推进产业结构调整优化升级 为名城建设打造基本产业体系》提案建议：要摆脱平推式发展思维，加大产业结构调整力度，抓规划布局、政策落实、产业投入、重点突破、自主创新、改善环境。该提案由市政协主席督办，市发改委主办，市经信委、市商务局协办。办理情况：全市坚持项目为王、产业规划引领，以培育5个千亿元产业集群为抓手，统筹发展六大基本产业(汽车、旅游、软件和信息服务、建筑、机械、教育)，实施创新驱动战略，初步建立与扬州城市特质发展相契合的现代产业体系。（徐晓明 许 勇）

民主党派 工商联 人民团体

Minzhudangpai Gongshanglian Renmintuanti

编 辑 樊庆道

民主党派 工商联

■**民革** 参政议政。2013年，中国国民党革命委员会扬州市委员会(简称市民革)重点围绕“推动扬州生态文明建设”开展调研，形成专题调研报告《关于做好城乡环境保护工作 推进扬州生态文明建设的几点建议》，参加市政协“界别活动周”协商交流。10月，市民革围绕“做大做强基本产业 夯实名城建设基础”主题开展专题调研，7篇调研成果被《扬州政协论坛论文汇编》收录。其中，《积极培育我市软件信息骨干企业》获一等奖，另获二等奖2个、三等奖1个。在市政协七届二次会议上，市民革提交集体提案8件、个人提案32件。其中，《名城创建需要完善社会管理体制》被列为大会发言材料，集体提案《关于推进“低碳城市公交工程”建设的建议》先后被评为主席督办重点提案、市政协优秀提案。民革党员陈绍棣在市七届人大二次会议上提交的《关于加强农村文化建设的议案》被评为市人大优秀议案。各总支、支部形成调研报告78篇。其中，《推动邗江中小工业企业走内涵式发展之路的构想》被《扬州政讯》刊用，《让扬州成为“零流浪儿城市”的对策与措施》《推进扬州法院系统家庭暴力人身保护令实施的建议》《开征社会保障税的基本构想》等5篇调研报告先后被民革江苏省委、中共江苏省委统战部、民革中央采用。市民革被评为全省民革信息工作先进单位。

组织建设。2013年，市民革发展新党员31人(含2012年下半年发展人员)，平均年龄38岁。民革江都区支部正式成立。至年底，市民革有基层总支3个、支部17个，有党员465人。2013年，民革扬州大学总支部委员会、江苏省水利建设工程有限公司支部委员会、经济总支部委员会一支部被民革江苏省委授予2011—2013年“先进支部”称号，李清、傅强、程兵等9人被授予2011—2013年度“优秀党员”称号。

祖国统一工作。抗战胜利68周年纪念日、中秋节前，市民革慰问在扬州的黄埔同学会理事魏愉同、江厚昌及远征军抗战老战士曹振之。10月22—24日，由民革中央画院、民革江苏省委主办，市民革承办的“中国梦 民族魂”国共抗战名将墨迹——金永生书法剪艺作品展在民革中央机关报告厅举办。

社会服务。1月，市民革社会服务组分别到春江社区、皇宫社区开展为民服务进社区活动，服务300多人次，收集社情民意11条，整理成提案5条。4月，市民革及各支部向雅安地震灾区捐款捐物近2万元。5月，市民革与其他民主党派联合为文昌花园社区居民提供医疗卫生保健、法律等方面咨询和现场服务。10月，市民革组织专家参加统一战线“同心同行·服务社会聚合力”集中活动。市民革与市区皇宫社区、仪征刘集镇等结成“同心同行”活动社会服务基地，定期开展服务活动。 (姜 斌)

■**民盟** 参政议政。2013年，中国民主同盟扬州市委员会(简称市民盟)围绕经济社会中心工作开展调查研究，积极建言献策。程吉林撰写的《关于推进我省城乡发展一体化进程的建议》被确定为省政协十一届一次会议重点提案。在市政协七届二次会议上，市民盟提交集体提案11件、个人提案27件。其中，《关于江广融合区产业发展规划》被列为大会发言材料，《推进产业结构调整优化升级 为名城建设打造基本产业体系》被确定为重点提案。全年完成调研报告11篇，其中省级调研报告4篇；在市政协主席会议、常委会议作4次主题发言。市政协“界别活动周”期间，市民盟选择“着力构建新型农业经营体系 加快现代农业发展”课题，调研农业经营合作社的经验和做法，梳理相关意见、建议，向市委、市政府反馈。2篇论文被《江苏民盟城镇化论坛》采用；4篇论文被收入第四届《江苏教育发展论坛》，其中《教育公平须以“育人为本”为宗旨》被选为论坛主题发言材料；9篇论文被《扬州政协论坛论文汇编》收录，其中《做优机械产业 服务全市产业转型经济》《推动扬州旅游业转型升级做优做强的若干建议》分获一、二等奖。

组织建设。开展“活力基层建设”活动，下发《基层工作手册》到支部，指导、规范、考核基层组织工作；建立“基层支部负责人列席机关办公会制度”，增进机关与基层交流；在6个基层组织开展“活力基层建设”试点，其中3个基层组织获评省民盟先进集体。全年发展新盟员32人，平均年龄37.5岁。其中，31人具有本科以上学历(博士研究生2人、硕士研究生3人)、10人具有高级职称。完成扬州大学第四支部、省水利设计院支部、市妇幼保健院支部、扬州中学支部、扬大附中支部和教育学院附中支部换届工作。成立扬州民盟社会服务志愿者专家团。截至2013年底,市民盟有支部25个、盟员631人。

信息宣传。2013年,市民盟向有关单位报送社情民意和统战信息103条。其中,被全国政协录用1条,被中共中央统战部录用1条,被中共江苏省委录用1条,被民盟中央录用8条,被民盟江苏省委录用50条。在各类媒体刊登宣传稿件79篇。其中,《助留守儿童圆梦》刊登在《人民日报(海外版)》,《预防智慧城市成为信息孤岛及政府"融资"平台》被《群言》杂志刊用,《民盟扬州市委推动重塑扬州水环境监测体系》等3篇文章刊登在《人民政协报》,《小小弹簧助飞天》等2篇文章被《团结报》录用。《关于提高参政党民主监督实效性的建议》等2篇文章获2012—2013年度全市统战理论研究优秀成果三等奖。

社会服务。发挥界别特色和资源优势,开展科技和教育咨询服务、关注留守儿童等活动。市民盟经济科技专委会成员到企业提供科技咨询服务;医务专家为企业员工提供义诊和健康咨询服务;教育专委会名师到仪征市大仪中学和陈集中学送教;在统一战线"同心同行"集中活动中,市民盟派出专家为文昌花园小区居民提供教育及心理、饮食咨询服务;在杨寿学校援建"民盟音乐教室""民盟书法教室"和图书室,捐赠古筝8台、习字用具20套、图书784本,盟员志愿者每周五到教室义务教学;筹集资金6000元,派出10名盟员教师与维扬实验小学10名贫困学生结对"拉手助学";在翠岗中学开办"科普讲堂"。向四川雅安地震灾区捐款1.96万元。 (秦 敏)

■民建 参政议政。2013年,中国民主建国会扬州市委员会(简称市民建)向市七届人大二次会议、市政协七届二次会议提交提案、议案和建议82件,其中集体提案12件、委员提案52件、代表议案建议18件。其中,《建立健全金融服务体系 切实缓解中小企业融资难》被列为市政协大会发言材料,《加快扬州产业结构调整 构建现代产业体系》《法治文化与扬州法治文化名城建设》被列为市政协大会书面发言材料,《强化社区职能 关心弱势群体》被列为市政协重点提案,《发展现代服务业不能一味"抓大放小"》被列为市长领办提案,《关注城乡留守儿童身心健康的建议》等提案得到落实。市民建连续多年就地下空间开发与利用提出提案,推动市政府制定《扬州市地下空间开发利用管理办法》。此外,选择带有宏观性、前瞻性、战略性的重点课题,开展调查研究,形成调研成果。其中,《发挥人才战略作用 助力世界名城建设》《提升我市重大工业项目的质量和效益》被提交市政协常委会作专题发言,《"城中村"拆迁超期安置问题的调研报告》得到市政府主要领导批示,《加快建设硫资源利用装备国家级行业质量监督检验中心的建议》由市政府领导批转市质量技术监督局、邗江区政府办理。向2013年度扬州政协论坛提交论文38篇。其中,20篇论文被《扬州政协论坛论文汇编》收录,《创新旅游资源 建设旅游名城》《浅析扬州金属板材加工设备产业升级的路径与对策》《创新金融服务 助推扬州基本产业发展》等3篇论文被列为论坛大会发言材料。2013年,市民建以党派名义提出意见和建议98条。市政协"界别活动周"期间,民建政协委员小组到基层社区、乡镇、企业调研走访,收集社情民意23条。《关于利用闲置场所推进老城区养老工作的建议》在市政协"界别活动周"专题协商会上作交流发言。市民建36名会员受聘担任市委、市政府及相关部门行风监督员、特邀党风监督员、社会监督员、特邀纪检监察员等。市民建全年编发《民建信息》178期。《城镇化进程中需要切实关注的几个问题》《地方国企改革应与垄断性国企区别对待》等社情民意信息被民建中央、省委和中共扬州市委统战部采用。市民建参政议政工作被民建江苏省委评为先进单位三等奖。

组织建设。2013年,市民建发展新会员99人,平均年龄36.8岁,全部具有大专以上学历,其中研究生9人、高级职称人员8人、企业高级管理人员44人。截至年底,全市有民建会员874人,平均年龄44.6岁。其中,95.2%的会员具有大专以上学历,443人具有中级以上职称。会员中有各级人大代表16人、政协委员98人、企业高级管理人员183人。

宣传工作。2013年,市民建在各类新闻媒体刊发稿件326篇次。其中,在《人民日报》刊发1篇,在《人民政协报》刊发6篇,在其他省级以上新闻媒体刊发67篇次。《为了扬州更精致——民建扬州市委助推扬州文化发展纪事》被民建中央评为2013年度新闻宣传优秀作品。市民建被民建江苏省委评为新闻宣传工作先进单位三等奖。做好《扬州民建会讯》编辑、发放工作。发挥市民建理论研究委员会研究平台和理论引导作用,收集理论研究论文11篇,《民主党派应成为推进人民政协协商民主最重要、最基本的力量》被民建江苏省委评为2013年度优秀理论研究成果,《中国"协商民主"的"存在合理性"论证》获中共扬州市委统战部2012—2013年度全市统战理论研究优秀成果三等奖。

社会服务。2013年,市民建以艺术团为载体,开展"春暖育苗、夏风送凉、秋高赏月、冬雪慰民"四季文化社会服务活动,先后到扬州大学、高邮市人民影剧院、馥园等地开展送文艺"进社区、进乡镇、进校园"演出、展示活动10次,吸引观众5万人次。4月7日,民建扬州市委艺术团演出基地在东关街馥园挂牌,带动"双东古城游"的深度开发和扬州文化旅游发展。春节前,市民建安排专项资金慰问原工商业者、骨干会员和老年会员。开展联系新经济阶层会员工作,创造条件为会员和会员企业提供多种形式的服务。"扬州民建讲堂——房产法律连万家"活动坚持每个月到一个社区开展房产法律咨询活动,并与《扬州晚报》联合开设专栏,宣传房产法律知识。4月20日,四川省雅安市芦山县发生7.0级地震。震后1个月内，全市民建会员及会员企业向灾区捐款捐物35万元。

（周　岚）

■民进　参政议政。2013年，中国民主促进会扬州市委员会（简称市民进）在市政协七届二次会议上提交提案35件。其中，《破小微企业生存成长难题 促扬州地方经济健康发展》等3件提案入选大会发言材料；《创新居民小区物业管理模式 不断增进民生幸福》促使市政府建立市区物业管理工作联席会议制度，解决诸多物业管理难题，并被民进江苏省委列为2013年省政协十一届一次会议集体提案、省政协常委会议发言材料；《关于推进义务教育均衡发展的建议》被民进江苏省委列为集体提案提交省政协，并被省政协评为优秀提案。《人民政协报》《团结报》刊登《扬州市采纳民进市委建议加装窨井防坠网》《仪征市落实民进提案推进普惠性幼儿园建设》等文章，报道扬州市民进提案落实情况。

组织建设。2013年，市民进发展新会员28人。至年底，市民进有支部31个、会员500人。开展基层组织“创意活动”，推进组织建设，有10个基层组织创意活动案例被民进江苏省委采用。

宣传工作。2013年，民进邗江区支部被民进中央评为全国思想宣传工作先进集体，民进扬州市委、民进仪征市委被民进江苏省委评为宣传工作先进集体，钱存龙、韩丰被民进江苏省委评为全省思想宣传工作先进个人。

社会服务。2013年，市民进联合爱心企业家会员为高邮市菱塘回族乡清真村5户村民送去4500元慰问金和价值2500元的年货，为八里敬老院孤寡老人送去棉被胎及配套床上用品；联合扬州百信缘医药连锁有限公司在文昌花园社区举办“中国梦 民进情”百信缘十年庆健康社区行活动。联合扬州市中小民营企业促进会开展“放飞宏志 圆梦未来”活动。7月，举办“放飞宏志 圆梦未来”2013宏志学子社会实践活动启动仪式，实施“宏志班”毕业生大学阶段社会实践计划，13家企业为上年考入大学的“宏志班”毕业生提供优质社会实践平台；9月，举行2013“宏志学子圆梦行动”助学奖励暨实践汇报会，颁发年度特别奖学金和突破励志奖。联合扬州市中小民营企业促进会举办“2013情暖扬大 爱心就业助跑”启动仪式，帮助扬州大学应届毕业生就业。（佘宏明）

■农工党　参政议政。2013年，中国农工民主党扬州市委员会（简称市农工党）各级人大代表、政协委员提交议案、提案160多件。其中，市农工党集体提案《让最后的生命多一抹阳光——积极推动临终关怀工作》《堵疏结合 妥善解决建筑施工企业从业人员老化问题》被列为市政协七届二次会议大会发言材料，《关于解决基层医疗机构卫技人才短缺问题的建议》被列为市政协重点提案。《深化扬州“慢”文化与旅游产业的融合发展》《加快软件和信息服务业人才引进和培养》等6篇论文被《扬州政协论坛论文汇编》录用。开展调研。市政协“界别活动周”期间，市农工党党员中的市政协委员到仪征经济开发区及扬州化学工业园区调研产业集聚、循环经济发展以及安全生产、环境保护等情况。6月，市农工党调研组到扬州环保科技产业园调研静脉（资源再生利用）产业发展以及项目实施过程中面临的问题，寻求对策思路。9月，到全国首批城市矿产示范基地——山东青岛新天地静脉产业园调研静脉产业发展，与园区有关人员交流探讨现有政策支持、未来发展思考及规划等内容。10月，就国务院教育督导条例实施情况开展专项调研。全年组织党员参加市人大、市政府、市政协组织的创建文明城市、建设世界名城、城乡医疗卫生体制改革等视察活动，提出意见和建议。加强同市卫生局、市环保局的对口联系，沟通情况，交流信息，拓宽参政渠道。市农工党提交的调研材料《江苏省部分地区基层动物卫生监督机构队伍与执法能力建设的调研分析》《江苏沿江化工园区建设中转型、整治与环境保护问题》《县、乡政府及村级债务的现状、成因、风险评估及化解对策》被农工党江苏省委调研课题组立项。

组织建设。8月4日，农工党高邮市支部委员会成立。市农工党全年发展新党员59人，新党员平均年龄40.2岁，其中45人具有中高级职称。截至12月31日，市农工党有支部40个、党员657人。

信息宣传和理论研究。2013年，市农工党向有关部门报送社情民意和统战信息289条，被省级以上（含省级）部门采用59条次。其中，《建议规范整顿执业药师挂靠 确保人民群众用药安全》被中共中央统战部《零讯》采用，《关于中止推广中药饮片小包装的建议》被农工党中央采用。在中共扬州市委统战部举办的全市统战理论研究评比中，市农工党获一等奖1个、二等奖2个、三等奖1个。全年在省级以上刊物发表稿件39篇，获农工党江苏省委统战宣传工作一等奖、中共扬州市委统战部宣传工作一等奖。

社会服务。2013年，市农工党开展“幸福加油站”“健康快车”特色品牌服务活动。推进全科医生培训。全年开展临床实践技能培训活动8次。3月12日，市农工党医疗专家工作站在公道中心卫生院揭牌。截至11月底，医疗专家开展医疗咨询义诊服务6次，举办医疗讲座5次，培训基层医务人员400多人次。服务结对社区。农工党苏北人民医院基层委员会长期在广陵区湾头镇开展“牵手村官送健康”活动；市第一人民医院（简称市人医）基层委员会4个支部分别与个园社区、美琪社区、联谊社区和槐泗社区结成共建社区，每月安排党员到社区卫生服务中心义诊，接待咨询；仪征市基层委员会与真州镇大市社区结对共建“同心社区”。市农工党及各基层委员会先后开展“结核病防治日”宣传活动、纪念“世界环境日”“同呼吸 共奋斗”大型主题广场宣传活动、“世界糖尿病日”宣传活动、第25届“国际科学与和平周”活动。此外，市第二人民医院支部、苏北人民医院基层委员会先后参加市委统战部举办的统一战线“同心同行·服务社会聚合力”活动，为居民提供义诊咨询和免费体检等服务；扬剧研究所支部和广陵区支部共同承办“同心促和谐 欢乐进社区”农工党文艺演出进徐凝门社区专场活动；企业支部到江都区杨庄小学调研，捐资1万元，帮扶该小学添置学生作品展台，并选派党员中的剪纸工艺大师定期到学校指导；苏北人民医院基层委员会组织18名党员医疗专家到高邮边远乡村开展义诊咨询活动；市人医基层委员会组织10多名党员到槐泗镇为当地村民义诊。（张 俊）

■致公党 参政议政。2013年，中国致公党扬州市委员会(简称市致公党)有30人次担任各级人大代表和政协委员，提交议案、提案、建议40多件，内容涉及城市规划、乡村发展、公共交通、中医人才队伍建设等方面。其中，《关于对我国现代农业发展的建议》被选作全国政协集体提案，并被致公党中央评为2012年优秀调研成果；《关于新形势下加强民主党派代表人士队伍建设的建议》被选为全国政协委员提案、省政协提案；《关于帮助解决突出问题 化解小微企业发展困境的建议》被选为省政协提案和市政协市长领办提案；《关于进一步加强我市农业科技推广创新的建议》被列为市政协市长领办提案。市致公党人大代表在市七届人大二次会议上提出的2件建议入选重点建议。全年完成调研报告33篇。通过致公党江苏省委、市政协、中共扬州市委统战部反映社情民意30多条，其中《驻外机构签证申请服务中心应进一步规范管理》等3条社情民意被评为致公党中央2012年度参政议政优秀成果。在2013年参政议政工作评比中，市致公党被致公党中央授予“致公党参政议政先进集体”称号，孙宇河被评为“致公党机关参政议政优秀工作者”。

组织建设。2013年，致公党扬州大学基层委员会、广陵区支部委员会及江都区支部委员会成立。全年发展新党员21人，平均年龄40岁。截至2013年12月，市致公党有基层委员会1个、支部委员会12个；有党员201人，平均年龄53岁。

宣传工作。市致公党全年报送各类宣传稿件50多篇。《践行同心思想 促进宗教和顺》被《人民日报》刊载，《关于加快扬州海外高层次人才创业环境建设》等参政议政成果经转化后被《人民政协报》报道，省、市媒体对市致公党举办的“海外高层次人才扬州行”活动作系列报道。

海外联谊。市致公党配合致公党江苏省委举办第四届“引凤工程”活动，上报扬州市人才需求信息，配合致公党省委做好扬州高校、企业与有意向海外人才的对接，为扬州市及驻扬高校引进高层次人才牵线搭桥，先后有7名海外高层次人才落户扬州。此外，市致公党走访慰问部分困难归侨家庭，召开全市早期归侨座谈会，了解归侨生活现状和对扬州市侨务工作的意见、建议，并形成调研报告提交市政协会议。

社会服务。2013年，市致公党围绕“同心同行·服务社会聚合力”主题，先后组织社会服务队伍到江苏油田、江都浦头镇、扬州公铁水联运物流集聚区黄金村、霍桥农民工子弟学校、四望亭社区、武塘社区、荷花池社区等地开展健康义诊、养生讲座、助残帮扶等活动，累计服务500多人次。（朱许婷）

■九三学社 参政议政。九三学社扬州市委员会(简称市九三学社)在扬州市政协七届二次会议上提交《进一步提升国际化水平 推进我市世界名城建设》《关于规划建设我市高架道路的建议》等4件集体提案，其中《关于加强我市学校周边食品安全监管的建议》促使多部门、单位开展学校周边食品安全联合大检查。2013年，市九三学社各级政协委员、人大代表向各级政协、人大会议提交集体或个人提案、议案64件。参与专题调研。2项调研课题入选社省委中标课题；7篇论文入选江苏九三论坛，其中《推广生态种养技术 推进农业循环经济发展》同时入选九三中央论坛；《创旅游品牌产品与特色商品》入选扬州政协论坛。社员撰写的信息《非遗保护应注意三种不良倾向》《地方戏曲演艺人才断代困境亟待关注》被社中央录用，10多条信息被社省委录用，多条信息被中共扬州市委统战部、市政协录用。参加市政协“界别活动周”活动。5月，九三学社界别政协委员到江都区大桥镇就“创新农民合作机制 构建新型农业经营体系”进行调研。2013年，市九三学社领导17人次出席市委、市政府、市政协召开的各种通报会、协商会。

思想理论建设。开展“铭记历史 同心同行”爱国主义教育活动，组织骨干社员参观台儿庄大战纪念馆。全年有21篇文章被《人民政协报》、人民政协网、《扬州政协》等媒体录用，《救国梦与九三学社民主科学精神的形成》被社中央民主与科学研讨会录用。

组织建设。3月，市九三学社宝应县支社成立。2013年，市九三学社发展新社员38人，平均年龄39.7岁，其中33人具有中高级以上职称。截至2013年11月，市九三学社有基层委员会2个、支社14个；有社员453人，平均年龄56.9岁，其中428人具有中高级职称。朱雪梅被社中央表彰为2012—2013年度参政议政先进个人。徐振宇被社中央组织部评为先进组工干部。扬州大学基层委员会、江都区基层委员会、扬州职大支社、江苏省家禽研究所支社被社省委评为2013年度先进集体。

社会服务。2013年，市九三学社开展“百名专家进乡村行动”，组织社内专家多次到广陵区泰安镇、江都区小纪镇、仪征市新集镇各专家工作站开展技术帮扶，免费送药，为当地农民排忧解难。1月，参与举办扬州市首届工业设计应用工程师培训班。5月，参加市各民主党派“同心同行·服务社会聚合力”系列行动启动仪式，市九三学社专家为居民提供宠物养护、植物栽培等咨询服务。10月，组织专家到仪征市刘集镇为农户提供梨树、绿茶栽培技术指导，帮助解决防虫、除虫、过冬等难题。11月，市九三学社组织多名医疗专家到宝应县望直港镇开展送医送药、免费义诊活动，江都区基层委员会到宜陵镇卫生院开展义诊活动。（徐振宇）

■**工商联** 参政议政。在市政协七届二次会议上，扬州市工商业联合会(简称市工商联)作题为《围绕世界名城建设 加快构建与国际接轨的现代商会体系》的大会发言，组织工商联界别政协委员向大会提交有效提案20多件，全部得到落实。服务经济。2013年，市工商联通过与政府部门联合举办各类讲座、组织专家咨询团队、建立互动服务平台、建立科技平台、发挥三方(政府有关部门、工会组织、用人单位)机制平台作用等方式，加快推动民营企业转型升级，帮助民营企业解决发展中存在的实际问题。开展“参观科技企业，共话科技创新”等活动，服务民营企业发展。搭建融资服务平台，拓展民营企业融资渠道。举办金融服务讲座，开展企业互助资金担保试点工作。6月，与江苏银行扬州分行联合开展以“深化合作，加强服务，扶弱育优，共克时艰”为主题的“助力中小企业”活动，签订支持扬州市中小企业发展合作协议，建立长效合作机制。搭建经贸活动平台，促进非公经济发展。1月，组织7家民营企业主要负责人到台湾参加经贸文化考察与洽谈。2月，组织4名民营企业家到澳大利亚、新西兰开展商务考察。12月，组织6名民营企业家到台湾开展经贸考察交流活动。全年组织100多家商会和会员企业参加云南德宏州赴扬州考察及区域合作座谈会、浙江海宁市招商引资推介会、第七届中西(中国、西班牙)论坛圆桌会议、意大利IBPO贸易投资对接会、中国东西部合作与投资贸易洽谈会、长三角地区城市民营经济和商会工作合作与交流第11次会议等经贸活动。

调查研究。10月，组织89名民营企业家、10名商会负责人召开座谈会11场，调研《国务院关于鼓励和引导民间投资健康发展的若干意见》(简称民间投资36条)和《国务院关于进一步支持小型微型企业健康发展的意见》(简称“小微企业29条”)实施细则贯彻落实情况，集中反映民营企业在经济发展过程中遇到的难题。年内开展上规模民营企业调研、社会责任统计、第四次民企军民两用高新技术及产品研发生产情况调查、民营资本进入养老产业情况调研、企业劳动关系调研、民营企业进入金融领域情况调研等专题调研10多项，完成2012年度民营经济发展报告。2013年，扬州市有3家企业入围2013中国民营企业500强，牧羊集团获全国工商联科学进步奖二等奖，宝应县工商联被命名为江苏省“五好”(领导班子好、会员发展好、商会建设好、作用发挥好、工作保障好)县级工商联建设示范点。

组织建设。2013年，市工商联新组建工业设计协会、玉器珠宝商会、中小民营企业促进会、天长商会、医疗器械用品协会、船舶商会、宿迁商会、淮安商会等直属商会8个。截至2013年底，全市有各类商会组织171个，其中行业商会69个、异地商会20个、基层商会82个(乡镇、街道商会77个，开发区商会5个)；有市直属商会41个，其中行业商会24个、异地商会16个、其他商会(商圈)1个。

宣传培训。开展非公有制经济人士理想信念教育实践活动，“专家团服务民企座谈会”活动信息被新华社内参采用。2013年，市工商联《扬商》杂志完成改版，全年出刊4期；全年向省工商联报送信息146条，其中被采用92条。全年先后组织商会参与“扬州好人”“商界木兰”等评选活动。先后组织直属商会及会员企业2000多人次参加“综合消化的智慧”培训，直属商会秘书长、专职人员培训，直属商会法律培训，商业地产高峰论坛，苏商论坛，民营企业档案培训，卡内基训练活动，德鲁克高层管理总裁培训，“中国梦·走进民企”，华商高峰论坛，郎咸平“论道中国经济迷局”高层讲坛，“商会与企业文化建设”培训，“打造灵魂团队”培训，“揭秘领袖经营之道”企业管理技能培训，“团队核爆力”企业管理培训等，提升企业家综合素质和管理水平。

光彩事业。2013年，市工商联组织企业及机关干部参加“‘5·19’慈善一日捐”活动。房地产商会企业捐款1489.45万元，海西促进会(扬州海峡西岸经济合作促进会)捐款35.8万元，泉州商会捐款5万元。开展各类捐资助学活动。宝应商会为宝应县望直港镇中心小学困难学生捐赠5万元；泉州商会向四川雅安地震灾区捐赠2.6万元；海西促进会向省关心下一代基金会捐款2万元，向朴席镇留守儿童、高邮贫困儿童捐款捐物3万元；泉州商会在春季助学活动中捐款5万元。部分民营企业家政协委员到扬州大学商学院开展“奉献爱心 共创名城”活动，为大学生提供就业创业指导，现场资助12名扬州大学商学院贫困学生。 (管 娟)

人民团体

扬州市总工会

■**工会组织建设** 2013年，全市工会系统开展外资企业建会、农民工入会、劳务派遣工入会集中行动。全年新组建基层工会2022家(其中独立基层工会693家)，累计建会3.02万家(其中独立基层工会1.11万家)；新发展会员8.50万人，累计发展会员130.72万人。另外，新组建外商投资企业工会66家，累计建会978家；新组建行业工会6家。全市直选工会主席743人；选举张立坤等6人参加全国工会第十六次代表大会，选举张爱军等6人参加省工会第十三次代表大会。

2013年，全市工会系统获评全国模范职工之家5个、模范职工小家4个、优秀工会工作者5人、优秀工会积极分子4人，获评江苏省模范职工之家56个、模范职工小家43个、优秀工会工作者53人、优秀工会积极分子47人。

深化“党工共建”活动。市总工会与市委组织部选树“四统筹一创争”(组织统筹覆盖、人员统筹配备、活动统筹开展、保障统筹落实，创建先进基层党组织、先进职工之家，争做优秀共产党员、文明职工)示范点、示范片区51个。推动全市企业工会开展“双亮、三公开”(工会组织亮牌子，工会主席亮身份；工会组织公开职责，工会干部公开身份，工会工作公开服务项目)活动，实施面80%。评选表彰全市非公企业"活力基层工会"100家。举办各类工会干部培训班120期，4300多人次参训。加强工会组织规范化建设，仪征经济开发区创建成江苏省工会工作模范开发区（园区）。（高 云 管祥国）

■**职工竞赛比武** 2013年，市总工会在全市职工中持续开展以"当好主力军，建功十二五，创新促发展"为主题的劳动竞赛。市总工会围绕上海大众仪征分公司30万辆整车、瘦西湖隧道等28项重点工程、重大项目，开展"六比一创"（比工程质量、比建设工期、比技术创新、比科学管理、比安全节约、比文明施工，创和谐团队）达标竞赛，先后开展计算机网络管理、大客车驾驶、小轿车驾驶、机动车教练实际操作技能、用户变电值班、高压试验、工程测量、工具钳工、船舶焊工、工艺品雕刻、瘦西湖导游和船娘服务等20个工种市级技能竞赛；县（市、区）总工会和市直产业工会举办蔬菜加工、计算机操作、插秧机操作和机械制茶等190个工种技能竞赛。全市有30.1万人次参加技能培训，16.8万人次参加岗位练兵，7.3万人次参加比武，1.68万人次晋升职业资格等级，形成以市级职工职业竞赛为龙头，县（市、区）和产业技能竞赛为支撑，企业岗位练兵、技能比武为基础的三级竞赛机制。

推进合理化建议、技术革新、发明创造、新品开发等职工技术创新活动，评选表彰第四届扬州市职工十大科技创新成果、十大先进操作法、十佳合理化建议，评选表彰首届"扬州市十大能工巧匠"。全市职工提出合理化建议9.8万条，推出技术革新成果4489项、发明创造2224项，总结推广先进操作法280多项。江苏恒星钨钼公司李东峰成果获全国总工会主办的第八届海峡两岸职工创新成果展金奖。江苏油田田明成果《试油测试工艺配套工具的研制与应用》获第四届全国职工优秀技术创新成果一等奖。（高 云 管祥国）

■**班组建设** 2013年，市总工会以"工人先锋号"创建活动为载体，完成"322"（全市有3000个基层班组达到企业先进班组水平，有2000个基层班组达到市级"工人先锋号"先进集体要求，选树表彰200个"工人先锋号"优秀班组）班组建设目标。全市创成企业先进班组6700个、"学习型、技能型、创新型、节约型、安全型、和谐型"六型班组2839个、扬州市工人先锋号100个、省工人先锋号25个、全国工人先锋号3个。各级工会推动企业建立"首席员工""首席技师""金牌工人""师徒结对"制度，全市形成543个"师徒帮教"对子，评选出扬州市十大"首席员工"。开展"加强班组安全管理，推广应用安全生产工作法（操作法）"活动。江苏扬建集团在全省班组安全建设现场推进会上交流班组安全建设经验，江苏油田试采一厂真武集中处理站"巡回检查量化安全管理工作法"等6个班组安全管理工作法在全省推广。（高 云 管祥国）

10月27日，全市近百名船舶焊接工参加船舶焊接工职业技能竞赛 张孔生/摄

■**劳模工作** 在全市劳模中开展"我为世界名城建设献策"活动，征集合理化建议85条，举办"劳模为世界名城建设献策"优秀成果发布会。选树劳模创新工作室示范基地10个。扬州大学省劳模王金玉创新工作室《优质肉鸡新品种京海黄鸡培育及其遗传基础研究》被省总工会表彰为省科技创新成果二等奖。

2013年，全市有1个集体获全国五一劳动奖状，4人获全国五一劳动奖章；6个集体获省五一劳动奖状，10人获省五一劳动奖章，2人获省五一劳动荣誉奖章；30个集体获市五一劳动奖状，100人获市五一劳动奖章。修订《扬州市劳动模范评选和管理暂行办法》，为全市劳模发放"四金"（春节慰问金、生活困难补助金、特殊困难帮扶金、荣誉津贴）207.08万元，慰问、补助劳模2330人。（高 云 管祥国）

■**维护职工权益** 1月，市政府与市总工会第八次联席会议召开，协商加强职工技术创新促企业健康发展、建立市劳动争议"调裁审"（调解、仲裁、审判）机制、落实在职职工医保有关待遇等议题。在全市开展"公开解难题、民主促发展"主题活动。5661家独立建会企事业单位62.50万名职工参加主题活动，提出职工代表提案和合理化建议5.45万条。调研全市区域性、行业性工资集体协商和职代会规范化建设情况，形成调研报告，选树职代会规范化建设示范单位30家。开展工资集体协商春、冬季"要约行动"，签订市级餐饮行业第一份工资专项合同。制定《扬州市企业工资集体协商工作标准》，规范企业工资集体协商工作。至2013年底，全市有1.33万家生产经营正常的企事业单位建立工会。其中，1.29万家建会企事业单位建立职代会、企务公开制度，建制率97.01%；1.25万家建会企事业单位建立集体合同制度，建制率93.97%；100人以上建会企事业单位工资专项集体合同签订率100%，女职工25人以上建会企业专项合同签订率92%。

在全市开展企业安全文化系列活动，举办"安康杯"安全生产知识网上竞赛、"安全生产月"活动等。扬州供电公司等4家单位获评全国"安康杯"竞赛优胜单位。全市生产性规模企业劳动安全卫生专项集体合同签订率85%，事故隐患和职业危害监控法推行面85%。全市基层工会劳动争议调解组织覆盖率98.3%。基层工会参与调解劳动争议案件807件、集体争议1件，基层以上工会参与调解劳动争议145件。全市工会(不含基层工会)接待来访、来信、热线电话520件，为职工和企业工会组织提供法律服务1438次，支持职工实现利益诉求280万元，帮助职工讨薪200多万元。 (高 云 管祥国)

■建设工会大学校 职工网上大学组织"义工教授"到基层举办中共十八大精神宣讲报告会36场，1.86万人受教育。全市11万名职工参加中共江苏省委宣传部、省总工会组织的"十八大知识竞赛"。市总工会举办第五届职工读书节，先后开展"建功'十二五'·共圆中国梦"读书征文、爱国电影赏析等10项读书活动。全市新建职工书屋116个，其中全国示范书屋4个、省示范书屋6个、市示范书屋21个。网上大学"义工教授"到企业举办培训班108场，2.35万人次受训，网上点击量174.5万人次。建设"义工教授工作站"13个，通过驻厂攻关，帮助企业解决生产技术难题。在全市实施女职工素质提升"五个一"工程(选树100个女职工素质提升典型，组织100场女职工岗位技能综合素质培训，征集100个女职工为企业发展献计献策的金点子，建成100个女职工素质提升读书角，创建100个女职工心理关爱载体)。企业举办课堂讲学100场，组织女职工参加全国《女职工劳动保护特别规定》知识竞赛；举办宾馆服务业女职工技能大赛，瘦西湖导游、船娘技能竞赛；举办女职工素质提升"五个一"工程读书角活动，推动女职工多读书、读好书。市总工会获省总工会读书活动优秀组织奖，"义工教授"讲座活动获评省总工会读书活动优秀项目。

市总工会引导职工弘扬社会主义核心价值体系，先后开展"学习劳模先进 践行江苏精神""中国特色社会主义发展道路学习宣传实践""岗位学雷锋 争做好员工"主题教育活动。举办江苏精神征文、"身边的感动"职工道德模范事迹演讲、学雷锋志愿服务和评选"最美人民警察"活动。推进企业文化、职工文化建设，表彰十佳企业精神10件、优秀企业精神20件、十佳厂报厂刊10件、优秀厂报厂刊15件。市、县两级工会组织职工大舞台演出20场，基层企事业单位组织职工大舞台演出138场，全市50多万人次参加爱国歌曲演唱、志愿者服务等活动。数码电影放映队全年到基层免费放电影107场，观众10多万人次。全市建有企业道德讲堂125个。 (高 云 管祥国)

■帮扶困难职工 2013年春节期间，全市各级工会开展"心系职工情，温暖进万家"送温暖活动，慰问困难职工(含农民工)2.17万户，发放慰问款1689.5万元；市总工会与扬州广播电视总台选出280名坚守岗位、保证城市正常运转的"最美城市守护者"，给予每人一次性送温暖慰问金800元。市总工会全年向市直216户持证特困职工发放年度补助每户2800元，向享受城镇最低生活保障的45户在职困难职工发放年度补助每户1600元；增设困难职工慈善超市；市区在职职工互助互济会新发展会员1.73万人。

全市工会组织通过职业介绍、招聘专场、创业辅导和技能培训等，帮助8724人实现就业再就业。市总工会免费为下岗失业人员、农民工提供职业介绍服务，1520人次成功就业；为535人提供"订单式"技能培训。

完成"强保障、促和谐"三年行动计划，1650家非公企业经验收合格。加强服务平台建设，建立开发区(园区)和乡镇(街道)职工服务中心98家、规模以上企业职工援助服务站474家。"金秋助学"活动向困难职工(含农民工)家庭子女9826人发放助学金696.7万元。酷暑"送清凉"活动筹集慰问金1203万元，走访慰问企业和工地785家(个)。开展"助学、助医、助困"三位一体姐妹爱心互助活动。为全市3万多名困难女职工和女农民工免费体检；为单亲困难女职工子女筹集助学款270多万元，资助4810人；救助家庭遭遇特殊急难的女职工，发放救济款300多万元。 (高 云 管祥国)

共青团扬州市委员会

■概述 2013年，共青团扬州市委员会(简称团市委)以"凝心跟党走、聚力建名城"为主旨，实施"青春建功""青春菁英""青春乐活""青春领航""青春共建""青春服务"等6项计划，提升团组织中心贡献度、社会认可度和青年满意度。全年新发展团员2.5万人，流入团员6637人，流出团员6804人；2335名团员加入中国共产党，2.7万名团员申请入党。至2013年底，全市共有各级团组织

5月3日，扬州市举行第九届"扬州市十大杰出青年"颁奖典礼

庄文斌/摄

8947个，其中基层团委555个、基层团工委137个、团总支497个、团支部7758个；有团员29.9万人、专职团干部229人、兼职团干部7187人。马自强、印斯佳、王飞、张庆飞、樊红杰、王永、龚卫娟、唐朝文、吴琨、胡俭当选第九届“扬州市十大杰出青年”。新增国家级青年文明号2家。

（刘子建）

■共青团扬州市第六次代表大会 2月18—19日，共青团扬州市第六次代表大会在扬州会议中心召开，266名代表参加会议。中共扬州市委书记、市人大常委会主任谢正义出席会议并讲话。市领导朱民阳、洪锦华、赵晓江、丁纯、张跃进、张爱军、卢桂平、王智永、袁启俊、姚苏华、陈卫庆等出席会议。中共共青团江苏省委党组成员、纪检组长姚泉江到会祝贺。团市委书记佘俊臣代表共青团扬州市第五届委员会作题为《凝聚青年智慧和力量 为“三个扬州”和世界名城建设贡献青春》的工作报告。大会选举出共青团扬州市第六届委员会委员35人、候补委员15人。19日，共青团扬州市第六届委员会召开第一次全体会议，选举产生第六届委员会常委、书记、副书记。佘俊臣当选团市委书记，徐明玥、张跃春、袁慧中当选团市委副书记。（刘子建）

■基层团组织建设 实施“基层团组织活力提升行动”。2013年，团市委联合市委组织部印发《关于深化党建带团建 实施“基层团组织活力提升行动”的意见》，按照“星级化管理、网格化建设、菜单化指导、信息化推进、品牌化打造”路径，提升基层团组织活力。《中国青年》杂志介绍扬州市“基层团组织活力提升行动”做法。开展“青春邀约走基层·服务青年听转办”活动，全市575名各级团干部开展活动347次，开设“微讲堂”26场，直接联系青年2335人，征集“微心愿”“微梦想”1049个，做到100%有反馈，其中90%的心愿、梦想得以实现。开展“青年荟·汇青年”服务青年社会组织专项行动。各级团干部联系200多家各类青年社会组织，整合团内外资源，参与活动，帮助解决实际问题，努力将青年社会组织转化为团组织工作力量，《中国青年报》报道扬州团市委做法。2013年，全市新增非公企业团组织620个。（刘子建）

■促进青年创业就业 扬州市青年商会全年举办高端讲座、财富论坛、“北京·创新行”、爱心微拍会、“走进仪征”观摩暨项目对接等系列活动，加强与市规模骨干工业企业企业家俱乐部的联系互动。团市委举办“我的中国梦”青年创业典型报告会、青年创业SYB（创办你的企业）培训等青年创业讲堂、培训班10期，培训1000多人次。联合市农业委员会开展“农村青年创业致富带头人”评选，选树农村青年创业典型30人。全市新增青年创业就业见习基地120家，提供见习岗位350个。联合人民银行扬州市中心支行评定农村青年信用示范户3594户，协助市农村商业银行发放青年创业贷款逾5000万元。（刘子建）

■凝聚青年人才 建立全省首家地市级金融青年联合会，举办“聚英会”青年人才英语沙龙7期。开展“我为名城添新绿”活动，建成青年纪念林3个，为131株古树名木配备“管家”，提升青少年生态环保素养。培育青少年环保社团5个，开展“七河八岛青年行”“骑行大运河”“无车日”“地球一小时”等活动，倡导低碳生活，普及生态理念。（刘子建）

■青少年思想引导 运用新媒体，加强青少年思想引导，初步建立微博、微信工作体系。加强与新媒体达人的联系与互动，围绕“我的中国梦”“我的名城梦”“我的青春梦”主题，宣传团的活动，传播团的理念。关爱外来务工人员子女“暖手暖心·快乐童年”项目获团省委运用新媒体和文化载体引导青年创新案例一等奖。加强少先队活动课程建设和辅导员队伍建设。成立市少先队活动课程教研中心。扬州市代表队获省少先队辅导员风采大赛特等奖。在全市少先队员中开展“扬州梦·少年情”教育实践活动，1万多名少年儿童参与“小镜头捕捉名城变化”“小喇叭宣传名城建设”“小主人畅想名城未来”等活动。开展“星火永相传·共话中国梦”主题团日、中学生18岁成人仪式、首届红领巾创造节、首届大学生音乐节、“我们身边的好青年”评选暨事迹分享会、“青春相约·缘定名城”青年交友活动等青少年文化活动，吸引10多万人次参与。（刘子建）

■关爱重点青少年群体 团市委牵头召开预防青少年违法犯罪工作领导小组全体成员会议、未成年人保护委员会成员会议，开通“12355”青春热线，打造服务青少年综合平台。开展“暖手行动”、“漫话童年”、公益自护夏令营等活动，组织困难家庭和外来务工人员子女参加免费体检、免费观看电影、参观城市等活动，帮助400多名孩子实现“微心愿”。纪念“希望工程”实施20周年。开展“微爱传递·筑梦启航”、“我的歌声里”音乐诗歌感恩会等活动；建设首批关爱留守儿童阵地——“希望村塾”6家；新建“希望来吧”15个，拍摄制作“希望来吧”课本剧5部；设立“莱蒙·希望之星自强班”；市本级向全市1250多名学生、6个村（社区）发放助学资金202万元。（刘子建）

■青少年志愿服务 开展“学雷锋·我行动”青年志愿者服务基层专项行动，新建大运河保护、文博场馆讲解、文明交通劝导等青年志愿者队伍10支，实施结对志愿服务项目50个，促进志愿服务专业化、常态化。推动100支少先队大队与100个文博场馆结对，开展“五小志愿者”（小引导员、小讲解员、小宣传员、小安全员、小保洁员）行动，引导少年儿童参加志愿体验活动。发动志愿公益社会组织力量，举办第三届“扬州市志愿者文化节”。开展“日行微善月月评”活动，社会化募集首笔“青益梦想基金”5万元。举行公益项目招标会，探索建立爱心资源、志愿服务供需双方对接平台，通过社会化招募机制，招募500多名专业赛会青年志愿者，服务中国扬州“烟花三月”国际经贸旅游节、鉴真国际半程马拉松赛、绿色设计峰会、世界运河名城博览会等重大活动。（刘子建）

扬州市妇女联合会

■**概述** 扬州市妇女联合会(简称市妇联)组织开展“我与中国梦”、“十型(廉洁、爱心、孝心、平安、学习、创业、科学教子、绿色、和谐、才艺)百佳”特色家庭创建、巾帼志愿服务等宣传教育活动，实施“巾帼家庭服务创牌行动”“巾帼创业就业援助行动”“巾帼科技联盟行动”，促进妇女创业就业。成立政策法规性别平等咨询评估委员会，建立反家庭暴力告诫制度，维护妇女权益。推动“十二五”妇女儿童事业发展规划中期评估，落实新一轮妇女儿童发展“八件实事”(妇女宫颈癌、乳腺癌查治救助，单亲特困母亲帮扶，妇女儿童活动阵地建设，女职工劳动保护示范企业促进，女大学生创业就业援助，农村妇女土地权益保障，妇女参与决策和管理，留守流动儿童安全)。启动实施儿童安全守护“六大行动”(政策支持行动、阵地建设行动、安全守护行动、家庭教育行动、社会关爱行动、“父母还巢”行动)，关爱困境儿童。加强妇女组织建设，发展女性社会组织，推进女性进村“两委”(村级党组织和村委会)任职。市妇联被评为江苏省“三八”红旗集体。（徐 艳）

■**实施妇女儿童事业发展规划** 推动“十二五”妇女儿童事业发展规划中期评估，制定监测、评估等4个体系，组织签订目标责任状，针对中期评估165项指标，开展自查自评、互查互评和重点抽查。组织策划《男女平等基本国策大家谈》电台专题节目7期。分解新一轮妇女儿童发展“八件实事”目标责任，督查各地及有关部门按序时落实“八件实事”。至年底，全市9.23万名农村妇女参加“两癌”免费筛查；乡镇妇女儿童活动中心建成率提升，宝应县实现全覆盖，其他市、区建成率90%以上；为女大学生提供咨询服务671人次、就业技能培训212人次。（徐 艳）

■**促进妇女创业就业** 2013年，市妇联利用妇女创业小额担保贴息贷款扶持妇女创业，全年发放贷款7726万元，扶持创业妇女452人、妇女创办的劳动密集型企业33家，带动1万多名妇女就业。承办全省苏中片妇女小额贷款工作培训班和现场会，在会上交流扬州市妇女小额贷款工作经验。做好妇女就业技能培训和职业介绍服务。加强“绿杨好阿姨”家政服务品牌化建设，举办培训班38期，培训家政服务员2150人、育婴师33人，并颁发上岗资格证书；全年新增“绿杨好阿姨”家政社区服务点4个。举办SYB女性专场培训班，全市320名有创业意愿和正在创业的妇女参与培训。市、县两级妇联联合人力资源和社会保障等部门，举办女性人才专场招聘会10场，提供就业岗位1.5万个。引导妇女发展特色农业。联合供销社系统为1000名农村女能手、女种植大户、女养殖大户、女经纪人实时获取技术信息提供平台。培树高邮巧妹子科技养殖园、扬州润德菲尔生态农业、扬州永达生态农业等一批国家、省、市级巾帼现代农业示范基地，广陵区头桥镇万亩银杏园等被评为省级“三八”绿色示范基地。推广巾帼来料加工服务。组织义乌来料加工洽谈活动；组织开展全市来料加工点互动交流活动，展示来料加工成品、半成品。全年新增巾帼来料加工基地13个，培树省级示范基地8个、市级示范基地6个，发放以奖代补资金22万元。增设江都陪读妈妈加工基地和开发区楼宇加工点，帮助陪读妈妈和赋闲妇女就近就地就业。调研报告《探索陪读妈妈人力资源的整合与利用》被省妇联定为重点调研课题。开展“服务创一流 巾帼展风采”活动，组织200个基层女性集体创争各级巾帼文明岗，培训100多名各级巾帼文明岗负责人。在巾帼文明岗中开展“百名巾帼志愿者结对帮扶百名贫困妇女儿童”“城乡姐妹手拉手”等帮扶活动。召开女企业家协会会长会议，组织女企业家协会换届。表彰扬州市十佳巾帼科技示范基地和十佳女企业家。（徐 艳）

■**维护妇女儿童合法权益** 市妇联成立政策法规性别平等咨询评估委员会，制定评估机制和操作规程。县(市)妇联政策法规性别平等咨询委员会建成率100%。市妇联联合市政府法制办公室组织专业委员座谈研讨妇女在相关领域享有平等机会和资源方面存在的突出问题。结合妇女维权重点、难点问题，提出议案、提案、建议18件。做好婚姻家庭纠纷调解工作。市妇联联合市公安局制定反家庭暴力告诫制度及其实施办法，全年发出家庭暴力告诫书12份。在扬州电视台开设妇女儿童维权节目。组织婚姻家庭纠纷个人调解工作室沙龙，命名婚姻家庭纠纷个人调解示范工作室10个，新建婚姻家庭纠纷个人调解工作室27个，全年调解纠纷2000多件，调解成功率95%以上。维护农村妇女土地权益。跟踪农村妇女“证有其名、名下有地”目标实现模式和进展情况，重点关注“姑娘户”、“外来妹”、离婚妇女、丧偶妇女等特殊群体，通过调解、仲裁、司法等形式帮助被侵权妇女维权。举办专题培训班，编发农村妇女土地权益宣传折页1万份。全市未发生妇女土地权益问题集访事件。维护特殊群体合法权益。开展“为了母亲的微笑”爱心帮扶助回归行动，组织志愿者帮扶、帮教女服刑、劳教人员，开展维扬面点制作技能培训，16名劳教妇女取得上岗证书。（徐 艳）

■**关爱困境儿童** 召开全市关爱留守流动儿童联席会议、儿童安全守护专题会议，实施儿童安全守护“六大行动”。启动“儿童安全守护进校园”活动，发放《中小学生安全预防与自救手册》5000册、“四季平安盒”1100份。先后组织“感动扬城·爱心妈妈”海选、“大爱飞扬 共助成长”慈善募捐、党员干部与困境儿童结对、“献爱心·助春蕾”助学金集中发放、绘画大赛等主题活动。实施留守流动儿童关爱服务实事项目18个，建设关爱服务平台10个，新增“社会妈妈”结对特殊儿童1058对。举办“春蕾班”30个，全市妇联系统累计发放助学金200万元。（徐 艳）

■妇女儿童宣传教育 2013年，市妇联组织开展“我与中国梦”主题宣传教育活动；在妇联系统开展“学习十八大 妇联在行动”系列活动，征集妇女儿童民生议题60条，评选出优秀议题15条。推动“十型百佳”特色家庭创建活动。各县（市、区）妇联分别承办“兴业富家”“知识强家”“勤廉立家”“美德沐家”“大爱暖家”“生态美家”“情趣乐家”7个特色项目；市妇联举办全市家庭文化艺术节暨“十型百佳千户”颁奖典礼，表彰10类标兵家庭100户、特色家庭1000户。举办“亲子大讲堂”11期、女性大讲堂7期，制作《家教知识进电台》节目9档。新增巾帼志愿者2.13万人。结合“5·15”巾帼志愿服务日活动，举办公益沙龙。发挥女知识分子联谊会专业优势，开展科技、文化、卫生“三下乡”活动。在仪征启动“康居乡村我的家 村庄整治我参加”活动。评选表彰“十佳好媳妇”“十佳女性社会组织”和优秀巾帼志愿服务队等女性先进典型，先后培树34个（名）全国、省“三八”红旗集体和个人。 （徐 艳）

■妇联组织建设 注册成立扬州市女性社会组织指导服务中心、扬州市心语驿站婚姻心理指导中心，协助完成市女知识分子联谊会换届工作，新建县级女性社会组织指导服务中心2个、女性社会组织10个。指导12个女性社会组织争取公益创投项目资助，获省、市创投资金30万元。推动村“两委”各有1名女性的目标写进村“两委”换届工作意见，适时跟踪督查全市女性进“两委”情况。至年底，全市97%的村级党组织有1名及以上女委员。全市创成省、市级“妇女儿童之家”示范之家94个。 （徐 艳）

扬州市科学技术协会

■概述 2013年，扬州市科学技术协会（简称市科协）印发《扬州市2013年全民科学素质行动计划纲要》（简称科学素质纲要），编印首批《扬州市公民科学素养科普系列丛书》，并对科学素质纲要落实情况进行全面检查。先后举办“院士专家扬州行”“海外专家扬州行”等活动，开展2013年“全国科技活动周”暨扬州市第25届“科普宣传周”活动、扬州市2013年“全国科普日”启动仪式暨第一届“亚普杯”扬州市青少年机器人大赛、青少年科技创新大赛、七巧科技竞赛、金钥匙科技竞赛、科技模型竞赛等，开展扬州市企业科技人员“讲创新、比贡献”评选表彰活动，组织24名科技人员参加专题培训，举办科技茶吧等活动。加强院士工作站、科技信息平台建设，新建2个国家和省共建科技工作者状况调查站点。全年征集科技工作者建议66条，其中2条得到市委主要领导和省科学技术厅批复；向中国科协选送科技工作者建议17条，其中16条被录用。建成省级科技服务站5个，完成省级首席专家（工程师）项目7个。2013年，市科协获评江苏省“全国科普日”活动优秀组织单位、江苏省科普宣传先进集体、2011—2012年度扬州市文明单位及“未成年人思想道德建设工作”先进集体。 （樊庆道）

■科技信息平台建设 2013年，市科协以无外资背景企业为服务对象，开展科技专利信息资源推送和服务，为77家企业注册安装相关科技信息平台，收集56家企业应用反馈表。其中，江苏荣能集团等多家公司深度下载10多条专利说明书全文；江苏龙腾照明集团有限公司等11家企业对科技专利信息进行运用与再创新技术攻关，研发出新产品，申报一批专利。此外，全年实施“金桥工程”项目15个，完成“四技服务”（技术开发、技术转让、技术咨询、技术服务）合同额700多万元、保险理赔论证项目8个。 （李佳坤）

■软科学研究 2013年，市科协围绕发展新兴产业、提升企业自主创新能力、建设世界名城、深化沿江开发、沿河城镇化建设、做大做强建筑业、发展现代服务业、新农村建设、农机服务社会化等研究领域，确定10个方面的软科学研究内容，面向全市科技工作者征集研究课题。经过酝酿选题、发布立项、组织实施和验收评奖4个阶段，40项课题成果通过验收，经专家评审和评奖委员会终审，评出一等奖3个、二等奖7个、三等奖12个、优秀奖17个。同时汇编科技工作者建议，收录软科学研究成果39篇。 （李佳坤）

■实施“兴农富民工程” 1月25日，市科协在广陵区沙头镇召开“兴农富民工程”推进会，总结2012年科技兴农富民工作，表彰惠民服务站38个。2013年，市科协组织100多名专家参与实施“兴农富民工程”，举办各类实用技术培训班3481期，培训农民29.72万人次；对接157个项目、349个村，推广新品种、新技术326项，直接带动2864户农户人均年纯收入增长22.33%。 （李佳坤）

■实施“科普惠农兴村计划” 培育“科普惠农兴村计划”新典型，全市有1个集体获国家级表彰，3个集体、3名个人获省级表彰，共获奖励补助资金44万元。开展市级“科普惠农兴村计划”评选，表彰先进集体3个、先进个人1人，命名市级“科普惠农服务站”11个。 （李佳坤）

■厂会协作 2013年，市科协组织各单位申报厂会协作项目，评选、表彰2011—2012年度扬州市厂会协作优秀项目一等奖5个、二等奖10个、三等奖17个，优秀组织单位4个，先进个人10人。 （李佳坤）

■企业院士工作站建设 2013年，市科协修订市级企业院士工作站奖励扶持专项资金管理办法，将奖扶范围从市区扩大到全市。全年新建市级企业院士工作站11个。市级企业院士工作站总数达到43个，累计柔性引进科技领军人才269人（其中院士43人、专家226人），培训企业技术人员3167人次。市科协联合市经济和信息化委员会、市科技局、市财政局等部门对2010年建立的市级企业院士工作站进行评估验收，11个工作站全部通过验收；对2011年、2012年建立的21个市级企业院士工作站开展中期检查。2010—2012年建立的32家市级企业院士工作站累计申请专利173件，获专利授权84件，其中发明专利34件；91个在研新产品拥有自主知识产权和核心技术，创新程度基本达到或接近国际先进水平。新产品年增产值6.88亿元，年增利税1.19亿元，出口创汇641万美元。（李佳坤）

■海智工作站建设 2013年，中国科协海外智力为国服务行动计划（简称海智计划）扬州工作基地挂牌，下设宝应等7个海智计划工作站，其中广陵区工作站被列为省级海智计划基地。各工作站以特色产业园区、公共研发平台、高新技术企业等为载体，搭建交流平台，帮助引进海外人才和创新创业项目；加强海智人才库等基础数据库建设，与高层次人才建立长期有效的联络渠道，为招才引智提供人才和技术信息。海智计划扬州工作基地和各工作站全年接待海外专家232人次，引进海外人才70人，其中9人入选海外高层次人才引进计划（简称千人计划）；组织技术项目引进洽谈活动53次，邀请海外专家311人次参加活动，洽谈项目138个。2012—2013年累计落地项目24个，争取地方财政支持210万元。其中，扬州集福新能源科技有限公司和芬兰Mateve Oy/Mateve Limited合作的"用于绿色建筑的地热与太阳能智能化互补集成技术的研究及示范"项目被省科技厅立项，并被列为2013年省国际科技合作计划重点项目，获100万元资助经费。加强海智计划扬州基地网页建设和管理，拓展扬州基地网络渠道。与中国留学人员创业协会、美中高层次人才交流协会等13个海外社团签订友好合作协议。（李佳坤）

■"院士专家扬州行"活动 2013年，市科协连续第六年举办"院士专家扬州行"活动。4月17日，"院士专家扬州行"启动仪式在扬州举行，陈达等10名院士，华中科技大学、中国科学院（简称中科院）遥感应用研究所的32名专家、教授，中国科协以及省、市有关领导参加启动仪式。启动仪式现场，副市长孔令俊与中科院南京分院院长周健民分别代表市政府和中科院南京分院签订高端人才合作战略协议，相关企业与专家签订产学研合作项目协议21项，向新成立的11个市级企业院士工作站授牌，并举行中科院南京分院扬州院士专家服务工作站和中科院南京土壤研究所扬州肥料工程技术中心揭牌仪式。启动仪式结束后，40多名院士、专家带领创新团队到江苏龙腾照明集团有限公司等24家企业开展项目洽谈、技术咨询、专题调研、交流建言等活动。（李佳坤）

■"海外专家扬州行"活动 9月13日，以"引海外智力 促转型发展"为主题的2013"海外专家扬州行"活动启动仪式在扬州经济技术开发区举行。受市科协邀请，欧美、亚洲14名海外专家参加活动。活动期间，签订科技合作与人才引进项目协议12项；中国科协海智计划扬州工作基地、江苏省扬州市广陵区海智工作基地分别挂牌，并举办开发区专题推介和海外项目推介活动。仪式结束后，14名海外专家分别到扬州锻压机床集团有限公司、江苏金陵特种涂料有限公司等企业洽谈项目合作，开展技术咨询。（李佳坤）

■举办青年学术年会 11月16日，市科协举办2013年扬州市青年学术年会，设1个主会场、10个分会场。主会场活动在扬州工业职业技术学院举办，中国科学院院士、南京大学教授都有为作题为《创新——社会发展的动力》的报告，科技创新型企业、高等院校、科研院所青年专家和学生代表300多人参加活动。10个分会场分别以绿色建筑施工、Web信息系统及其应用、畜牧业转型升级、绿色工业设计等为主题开展活动，全市青年科技工作者约1500人次参加，交流论文1000多篇。（李佳坤）

■科协组织建设 2013年，扬州市新成立化工园区科协以及市工业设计协会、体育科学学会、专业照料学会等3个市级学会。至年底，市科协有所属市级学会（协会）64个。市环境科学学会、市癌症康复协会、市水利学会完成换届改选。全市新建企业科协13个，累计98个。市级基层科协组织建设示范点——仪征市大仪镇科协和扬农集团科协被确认为省级示范点。建立基层科协组织信息库，收录乡镇（街道）科协、行政村（社区）科协、农村专业技术协会、企业科协、开发区（园区）科协、高校科协和市级学会（协会）信息，并对入库信息实施动态管理。（李佳坤）

扬州市归国华侨联合会

■概述 2013年，扬州市有市级归国华侨联合会（简称侨联）1个、县（市、区）级侨联6个、乡镇（街道）侨联6个，另有扬州大学侨联、扬州市职业大学侨联。市侨联被评为全省侨联海外联络工作先进单位，江都区侨联被评为全国侨联系统先进组织，全市有4人获中国侨联表彰。

市侨联围绕实现民族复兴"中国梦"，开展中共十八大知识竞答活动，举办"喜庆十八大·侨界一家亲"迎新春联谊联欢会、"聚侨力·共圆中国梦"主题宣传教育活动和"我的中国梦"侨界图片展。开展迎新春团拜活动；举办"月是故乡明"侨界中秋咏月吟诗会；组织开展"侨界看扬州·乐居行"活动；组织参加省侨联系统"中国梦·赤子情"迎国庆文艺汇演，木偶书画表演《书画双杰》获最佳表演奖。建立"扬州侨之家"活动中心。开展中秋、重阳系列慰问活动，组织市区30多名老归侨参加免费体检，走访慰问困难归侨侨眷460人次，发放慰问金（品）22万元。

服务经济发展。承办江苏省侨联第二届"创业中华·创新江苏"侨资侨智对接交流会启动仪式，扬州经济技术开发区被命名为"江苏省侨界人才创新创业示范基地"，现场签订意向性协议30亿元。成立扬州侨界经济文化交流促进会，推荐江苏省华侨华人文化交流基地3个。开展"驻沪女侨商与扬州女企业家共话发展"活动。组织高邮经济开发区参加全球半导体设备材料展（SEMICON）暨全球半导体行业巨头高峰论坛。开展“侨商扬州行”活动，先后接待侨商、华侨社团及海外客商200多人次。拜访比亚迪等5家侨资企业，宣传扬州投资环境、创业扶持政策。到扬州恒通建设集团等10多家侨资企业考察，帮助协调解决困难和问题。

加强海外联谊。开展“强化服务 共谋发展”主题活动，到上海、苏州拜访海外顾问；到美国参加联谊交流，与美国北加州华人体育协会等10多个华侨社团建立联系；与上海市杨浦区、北京市朝阳区侨联结成友好协作侨联。先后接待华侨社团50多批次700多人次到扬州考察交流。市侨联联合扬州晚报社举办“月是故乡明·亲情中华·最忆扬州”海外华侨社团负责人连线采访活动。组织开展扬州江都·南通崇川侨界“中国梦”金秋笔会、第15届世界华人学生作文大赛征稿等活动。

参与社会管理。启动“侨联万家”主题活动，开展扶贫济弱帮困公益行动、服务城市文明建设志愿行动、参与社会管理创新实践行动、学法用法依法维权行动；开展侨情调查，收集、整理1600多名侨眷、留学生眷属信息。市侨联协助市政府法制办公室起草《扬州市华侨归侨侨眷保护办法》，加大对涉侨侵权案件的协调办理力度，协调解决侨胞房产投资等纠纷10多件。（胡学垠）

■开展“侨联万家”主题活动 5月22日，市侨联印发《扬州市侨联关于开展“侨联万家”主题活动的意见》，在全市开展“侨联万家”主题活动。活动为期3年，计划在侨界群众中培植服务社会志愿者200人，成立助老、助困、助学、助残和文明创建志愿者队伍；每年帮扶老归侨和困难侨眷、贫困及残疾家庭、贫困学生200人(户)；每年联系侨界群众200人，征集侨界侨情民意和民生议题；每年开展一次侨界宣传骨干培训，开展送文明和法律知识进侨界家庭活动。活动内容包括：扶贫济弱帮困公益行动，开展“一对一”新侨帮老侨、“手牵手”老侨互助活动；服务城市文明建设志愿行动，开展社会公德、家庭美德、职业道德、个人品德教育活动，营造文明和谐侨界；参与社会管理创新实践行动，支持和推动侨界群众参与社会建设，实现自我管理、自我服务、自我教育、自我监督，促进社会和谐；学法用法依法维权行动，开展“六五”普法教育，引导侨界群众自觉学法、用法、守法，依法维护权益。（胡学垠）

■“侨界看扬州——乐居行”活动 11月2日，市侨联开展“侨界看扬州——乐居行”活动，市区侨界政协委员、侨商代表、归侨侨眷代表等30多人参加活动。活动期间，侨界人士参观市保障性安居工程——佳家花园二期工程和老小区整治工程——荷花池小区，考察扬州首座恒温恒氧节能环保高档科技住宅小区——帝景蓝湾和高端住宅社区——虎豹品尊国际项目，并与市住房保障和房产管理局有关人士座谈。（胡学垠）

■第二届“创业中华·创新江苏”侨资侨智对接交流会在扬州启动 3月29日，由中国侨联、中国侨商联合会、省侨联和扬州市政府主办，市侨联承办的第二届“创业中华·创新江苏”侨资侨智对接交流会启动仪式在扬州举行。中国侨联副主席、中国侨商联合会常务副会长王永乐，省侨联主席史宇，市委副书记赵晓江，副市长孔令俊，市政协副主席倪士俊等出席启动仪式，美国、加拿大、英国、德国、澳大利亚等15个国家和地区的100多名侨商企业家和侨界专业人士参加交流会，并与扬州市各开发园区进行项目对接交流。启动仪式上，扬州经济技术开发区“江苏省侨界人才创新创业示范基地”揭牌；扬州经济技术开发区投资额30亿元的城市综合体项目签约；侨商企业家、侨界专业人士与扬州市各产业园区相关企业洽谈交流科技项目，达成部分合作意向。启动仪式结束后，侨商企业家和专业人士参观考察扬州经济技术开发区、江苏信息服务产业基地和扬州智谷等。（胡学垠）

■服务侨资企业 5月19—20日，市侨联协调市国土资源局、邗江区规划局，帮助侨资企业扬州丰盈房地产有限公司解决用地、规划等方面困难和问题。7月1日，市侨联组织人员到侨资企业扬州英谛车材实业有限公司调研考察，推进该公司新项目尽快投产。8月7日，市侨联组织人员到江苏伯克生物科技有限公司、大得机电科技有限公司、蓝宝汽车多媒体(中国)有限公司考察调研，了解海归博士在创业过程中遇到的困难和问题。（胡学垠）

■加强联谊交流 1月21—22日，市侨联组织专人到上海、苏州拜访全国政协委员、江苏省侨商总会会长、香港维德集团主席庄启程，全美苏浙同乡总会会长、美国上海商会会长朱元忠，国家“千人计划”特聘专家、易迪欧电子科技有限公司总裁丁辉文，国际半导体设备与材料协会(SEMI)全球副总裁、中国区总裁陆郝安等市侨联海外顾问及重点海外客商，向他们介绍扬州市经济社会事业发展情况，邀请海外顾问和侨商到扬州参观考察。3月7—8日，市侨联邀请以上海市侨商会顾问、金爱生物技术有限公司董事长荣克敏为团长的上海市侨商会女企业家考察团一行42人到扬州考察，组织扬州市部分女企业家与考察团成员交流。5月30日，市侨联接待美国江苏经贸文化联合会会长、美国华人联合总会常务副会长王杏生，探讨市侨联如何与海外华侨社团合作，共同实现民族复兴“中国梦”。2013年，市侨联先后接待扬州市荣誉市民、澳大利亚华侨联谊会会长任芳森以及加拿大工商业协会副会长、扬州凯盛能源有限公司董事长朱剑硕等海外华侨社团负责人。（胡学垠）

政法

Zhengfa

编　辑　樊庆道

综述

■概况　2013年，全市政法系统推进平安建设、法治建设、政法队伍建设，为经济社会发展提供和谐稳定的社会环境、公平正义的法治环境、优质高效的服务环境。扬州市公众安全感96.93%，群众对法治建设满意度92.96%。

服务发展。中共扬州市委政法委员会(简称市委政法委)印发《关于加强"扬州市政法部门服务重大项目实践基地"建设的实施意见》，发挥政法机关服务重大项目实践基地的作用，实施以服务园区经济、重大项目、重大工程为主要内容的"护航"工程。开展律师与企业"一对一"结对服务活动，重大项目法律服务覆盖率100%，帮助项目主体解决实际问题1865个，提供法律服务7120件次。

维护社会稳定。全市政法系统依法打击各类违法犯罪活动，刑事和"两抢一盗"(抢劫、抢夺，盗窃)案件发案率持续下降。市社会管理综合治理委员会(简称市综治委)对全市364个重大事项实施社会稳定风险评估。开展"四项排查"(排查信访突出问题、排查有风险预警的项目、排查安全事故隐患、排查基层基础工作薄弱环节)，全市排查矛盾纠纷1.37万件，化解成功率98.6%。全年化解涉法涉诉信访重点案件34件。全市未发生在全省、全国有影响的重大案(事)件。中共十八届三中全会、各级人大和政协"两会"、中国扬州"烟花三月"国际经贸旅游节(简称"烟花三月"节)、中国扬州世界运河名城博览会(简称运博会)等重大活动期间，全市保持社会稳定。

扬州市公安局特警严格训练，保一方平安　　王　卓/摄

推进社会治理。市综治委制定《关于加强全市专业性人民调解组织建设的实施意见》，重点建设和完善医患纠纷、劳资纠纷、交通事故等专业性调解组织，推进9个大类26个市级社会管理综合治理重点项目。完成第三轮平安建设任务，全市平安乡镇(街道)、平安企业等23项基层系列创建工作达标率90%。

推进法治建设。2013年，全市新增法治文化阵地85个，办理法治为民办实事项目16个。至2013年底，全市有市级民主法治村(社区)1366个、省级民主法治示范村(社区)320个、国家级民主法治示范村(社区)6个。"六五"普法中期考核获全国先进。12月，中央政法委《政法动态》以《江苏省扬州市立足城市特色推进法治文化名城建设》为题刊发扬州市推进法治文化名城建设做法。

增强队伍素质。开展政法干警核心价值观教育实践活动，组织全市基层政法干部培训、政法系统"岗位大练兵、技能大比武"、"三官一师"(警官、法官、检察官，律师)法治辩论赛等活动。

3月，扬州市被全国普法办公室命名为全国"法治城市、法治县(市、区)创建活动先进单位"。市委政法委提请市委、市政府表彰扬州市"十佳政法干警"。　　(李　忠)

■市法治评议团成立　6月17日，市依法治市领导小组办公室牵头成立由人大代表、政协委员、新闻记者、企业代表、律师、社区居民等组成的市法治评议团。法治评议团的职能是通过听取介绍、组织座谈、走访了解、问卷调查、情况汇总、评议反馈等形式，对与经济社会发展和人民群众生产生活关系密切的司法和行政执法机关业务工作进行专项评议。年内，市法治评议团先后对建设行政执法、交巡警道路交通安全执法开展评议。（夏 晴 徐李华）

■涉法涉诉信访改革 市委政法委制定《全市涉法涉诉信访改革试点工作方案》，建立组织机构，健全诉访分离、依法处理、终结退出、司法救助等工作机制。市级财政每年注入刑事被害人救助资金和涉法涉诉信访救助资金各100万元。2013年，实施刑事被害救助、涉法涉诉信访救助31次，发放救助金46.9万元。

（闫昌洲）

■"岗位大练兵、技能大比武"活动 9月23日起，市委政法委在全市政法系统组织开展为期6个月的"岗位大练兵、技能大比武"活动，39支代表队107名干警参加"筑牢群众观念、践行执法为民"知识竞赛、公文写作技能竞赛和羽毛球比赛，100名"业务能手""技能标兵"受到市委政法委通报表彰。（周 宏）

■"崇尚法治·建设名城"系列广场活动 市依法治市领导小组办公室组织开展以"崇尚法治·建设名城"为主题的系列广场活动，发动市直32个部门每周五在曲江法治文化公园举办法律咨询服务或法治文艺演出活动。全年举办大型活动10场，市公安局、市总工会、市文化广电新闻出版局等部门举办专题广场活动40场。各县(市、区)分别举办各具特色的法治广场活动。

（夏 晴 徐李华）

公安

■概述 2013年，全市公安机关以建设"平安名城"为目标，以提高服务发展、掌控治安、效能保障水平为主题，优化民意引领机制、维稳处突机制、信息警务机制，强化基层基础建设、文化强警建设，坚持传承创新并举、打击防范并用、软件硬件并建、队伍业务并重，推进公安工作和队伍能力作风建设，为"三个扬州"（创新扬州、精致扬州、幸福扬州）和世界名城建设创造平安和谐的社会环境。全市发生命案17起，其中破案16起、在侦1起；杀人、抢劫、伤害、强奸、放火、爆炸、劫持、绑架等8类严重犯罪案件破案率93.38%，"两抢"（抢劫、抢夺）案件破案率61.69%，比上年提高10.26个百分点。刑事发案总量比上年下降2.97%，未发生有影响的恶性案件，"两抢"、盗窃等民生案件发案量分别下降12.00%和2.32%。完成"烟花三月"节、全省苏中发展工作会议、运博会等116项重大活动安全保卫任务以及一批高等级警卫任务。落实市公安局《服务民生服务发展保障名城建设25条措施》和省公安厅"十二项服务措施"，公安服务环境更加优质高效。严格安全监管，交通、火灾事故稳中有降，未发生群死群伤安全事故。制定《改进工作作风 提升能力水平九项措施》《严禁趋利执法十条规定》，提升队伍整体素质和公安执法公信力。江都区公安局特警(巡防)大队获第八届"全国人民满意公务员集体"称号，市公安局邗江分局刑事技术室获评"全国青年文明号"。全年有79个集体、108名个人获省级以上表彰，14个集体、23名个人立二等功。（陈红华）

■打击刑事犯罪 开展"打盗抢、保民安"、缉枪治爆、"迎亚青保平安"以及夏秋季、冬季突出治安问题整治等专项行动，加大"两抢"、电信诈骗等民生案件的破案力度，保持对突出违法犯罪的严打高压态势。市公安局因连续三年命案全破，被省公安厅记集体二等功。"两抢"案件发案率处于全省最低水平，破案率居全省前列。破获省公安厅挂牌督办的多发性侵财案件46串(起)，破案率80.70%。破获现行电信诈骗犯罪案件90起，破案数比上年增长4倍。推进打黑除恶斗争，全市打掉恶势力团伙12个、涉恶团伙58个。开展"肃毒害、创平安"整治行动，破获毒品犯罪案件967起。加大网络违法犯罪打击力度，破获网络犯罪案件262起。开展"打传(销)""打假""打击整治发票违法犯罪"等专项行动，全年破获经济犯罪案件274起，其中部、省督办案件9起，挽回经济损失3.5亿元。公安部经侦局先后2次在扬州召开集群战役案件全国统一收网查处行动部署会。（顾晓煜）

■社会面防范控制 推进街面巡逻防控、社区村庄防控、单位场所防控网络建设，优化城市出入口卡点、临

4月24日，新型两轮自平衡电动警务巡逻车在瘦西湖景区投入使用

张卓君、庄剑翔/摄

时堵控点布局，建设移动智能卡口，整合巡防力量，织密立体防控网络。提升重要敏感节点巡防等级，形成严查严管、强势挤压态势。推进技防城、技防入户、“3·20”（道路交通监控）工程建设，新增治安监控摄像机2.2万台，安装摄录一体机3万多台。市公安局与市社会管理综合治理委员会办公室联合开展“零发案”小区和控案先进小区创建活动，全市532个小区参与创建，其中218个小区实现“零发案”。开展系列平安创建活动，巩固、拓展学校、金融单位、医院、企业等安防建设，提升单位内部防控能力。（赵 扬）

■**公安行政管理服务** 组织消防安全大排查、大整治、大宣传活动，全年检查单位1.12万家，督促整改火灾隐患8179处，集中整治区域性、行业性火灾隐患。挂牌整治重大火灾隐患单位24家，其中省级挂牌整治单位2家。抓好市区静态交通管理。推动市政府制定《市区机动车停车场管理暂行办法》。做好公交快线交通保障工作。在179个岗点安装道路交通信号倒计时系统，更新文昌路12个主要路口48套中英文指路标识和分向行驶标识，提升城市道路交通安全管理水平。扬州市畅通工程通过国家检查组复评验收。深化“打四黑（黑作坊、黑工厂、黑市场、黑窝点）除四害（黄、娼、赌、毒）”“打击食品犯罪 保卫餐桌安全”等专项行动，查处食品药品案件41起，其中部、省督办案件4起。（陈贵强）

■**不安定因素管控** 加强社会稳定风险评估（简称稳评），完成稳评项目424个，稳评率98.8%。滚动排查社会矛盾纠纷，跟踪掌握重大矛盾纠纷动态，协调配合有关部门落实化解措施，确保矛盾不叠加、纠纷不激化，成功处置群体性事件16起。抓好信访源头治理、案件化解和信访维稳工作，市公安局信访处被公安部授予“全国公安机关重点信访案件专项治理工作先进集体”称号。强化网上舆情引导，妥善处置涉稳涉警舆情68件。（栾祺俊）

■**公安信息化建设** 拓展、优化基础平台功能，升级改造移动警务系统，建成市县一体化警用地理信息系统（PGIS），实现与基础平台、情报平台、视频监控系统、指挥调度系统、智能交通平台等系统的对接服务。开展新一轮数据整合汇聚工作。市公安局综合数据库整合数据24亿条，其中公安数据23.5亿条、政府数据61个大类200多万条、社会数据323个大类3000多万条。依托视频监控综合应用平台，整合公安自建监控系统，加强社会单位和党政部门监控联网共享，推动图像信息跨地区、跨层级、跨警种共享应用。至2013年底，全市9889台摄像机接入公安网。加强情报中心与巡防、卡口、便衣等社会面执勤力量的对接，推动情报与行动、研判与处置无缝运作，提升打、防、控水平。2013年，全市公安民警平均每天上网工作3万多人次，警务基础平台日均登录1.20万人次；利用信息化手段破案率73.6%，比上年提高4.8个百分点。（周 震）

■**公安群众工作** 推行“微警务工程”，侦办小案件、整治小隐患、调处小纠纷、实施小帮扶、解决小意见，增强群众安全感。完善扬州“网上公安”网站群，实行网上办事、审批，接受群众办事申请1.20万件，提供网上服务35.2万人次。办理警民恳谈、“两箱一台一线”（市长信箱、局长信箱，平安民声服务台，市长热线）收集到的群众反映事项2789件，办理结果群众满意率98%；100件人大代表建议、政协委员提案全部办结，满意率100%。研发“找警察”“扬州交警公众微信平台”“警民一线通”等信息系统，全市车辆、出入境、户籍、行政许可窗口周六正常办理业务，出入境管理窗口提供大厅引导、证件办理刷卡缴费、邮政免费速递证件服务。在全省率先推出“居民身份证就近办理”业务，打破原籍办证制度惯例。（张继东）

■**出入境管理** 全年受理、审批各类出国（境）证件事项11.23万件，比上年增长近30%，其中出国事项5.30万件、赴港澳事项4.68万件、赴台事项1.25万件，5个工作日内证件办结率90%。全市6个出入境接待窗口接待群众12万多人次，接听电话咨询5万多人次。完善出入境案件查办机制，查处涉外案件（事件）2起，查获、移交违法犯罪线索13条；查处妨害国（边）境案件3起；抓获涉案犯罪嫌疑人7人、网上逃犯2人。（王增蓉）

■**社区警务** 推进派出所勤务指挥室建设，全市派出所建成勤务指挥室84个。在12个群众工作基础较好、社区民警创新意识和创新能力较强的社区成立社区群众工作站，承担社区警务示范、群众工作研究、民警随岗培训、警民互动交流等职责。制定社区警务工作手册，评选社区民警“每月之星”，优化社区民警考核办法。落实警力向基层倾斜政策，全市招录90名公安院校毕业生到基层实战单位工作，市公安局选派24名民警下基层锻炼。新建、改造16个基层所（队）办公用房，改善基层办公办案条件。安装社区民警头像宣传标牌，推广与群众合影工作法、社区民警“真人秀”等措施，提高群众对社区民警的熟悉度和满意率。（方 嵩）

■**执法规范化建设** 规范办案场所建设，全市6个县级公安机关建成办案中心和涉案财物管理中心。通过网上学法、组织司法考试和执法资格考试、旁听庭审等多种形式，加强民警执法能力建设，全市有37名民警通过司法考试。组织未诉案件专项检查、严禁趋利执法专项整治、取保候审突出问题专项督察和突出执法问题专项治理。开展监所执法文明窗口建设，提升监所安全管理和文明执法水平。以对生命负责、对法律负责、对群众负责的态度，查清“3·11”新城河自杀事件真相。中央电视台制作专题片《一张通向死亡的车票》，报道该案侦查经过。（姚 敏）

■**公安文化建设** 根据《群众工作密码》创作的30集电视连续剧被公安部立项筹拍。改编的话剧《幸福花儿开》在北京演出。反映省科技侦查标兵刘光兵事迹的长篇报告文学被列入“江苏省公安作家丛书”出版。推荐全警阅读《规律漫谈》《政府执行力》《治学当有忧乐情怀》等书籍和文章，开阔民警思维和视野。评选“2013平安扬州·警方十件大事”，展现扬州公安特色亮点和工作成效。组织法治文化建设系列活动。市公安局再次被全国公安文联和中国人民公安出版社评为“公安文学园地建设先进单位”。（殷长庆）

■侦破“9·19”非法经营案 2012年4月，市公安局治安支队在侦办“徐俊开设赌场案”中发现重大案件线索，并抽调120多名精干警力组成“9·19”非法经营案专案组。参战民警转战北京、广东、广西、江西、浙江、福建等10多个省(自治区、直辖市)，历时10个多月，先后抓获犯罪嫌疑人56人，逮捕11人，冻结涉案资金6.7亿元，摧毁全国最大的赌博机研发、生产、销售集团，捣毁涉及29个省(自治区、直辖市)的170多个赌博机经营场所。该案被公安部评为“2012年‘铲赌患 正风气’行动十大案例”之一。中央电视台《焦点访谈》《法治在线》栏目和《人民公安报》等多家媒体对该案作专题报道。（张继东）

■侦办北京阳光一佰公司特大制售有害保健食品案 2012年5月，广陵公安分局在侦办一起由药监部门移交的涉嫌生产、销售假药案件过程中，发现北京阳光一佰生物技术开发有限公司(简称北京阳光一佰公司)生产的一种保健品中疑含有盐酸丁二胍(国家明令禁止添加的有毒有害化学物质，具有降低血糖作用)。广陵公安分局经过大量外围调查取证，查清该公司研发、生产的添加盐酸丁二胍的保健品销售范围涉及全国23个省(自治区、直辖市)142个销售点。该案被公安部确定为“11·24”专案挂牌督办。2013年1月28—29日，在公安部直接指挥下，广陵公安分局专案组成员与北京、河北等地警方联动，摧毁北京阳光一佰公司仓储、生产、经销窝点5个，抓获以习某某为首的犯罪嫌疑人6人，案值1亿元。该案被评为2013年度公安部“十大食品安全案”之一。（倪玉成）

检察

■概述 2013年，全市检察机关查处贪污贿赂案件90件99人、渎职案件22件30人，案件数量、涉案人数与上年基本持平；批准逮捕犯罪嫌疑人1693人，提起公诉4511人，分别比上年下降42.3%、17.7%；监督应当立案而未立案人员17人，监督不应当立案人员50人，纠正漏捕21人、漏诉30人，提出刑事抗诉7件，提出和提请民事抗诉4件。全市检察机关有68个集体、133人次受到市级以上表彰，其中2个集体、2名个人受到国家级表彰。选树全省“最美青年检察官”乔静、“全国模范检察官”候选人吴秀等先进典型。市检察院被表彰为全国检察机关严肃查办危害民生民利渎职侵权犯罪专项工作先进集体。（段伯欢 周其国）

■贯彻宽严相济刑事政策 严厉打击严重、高发刑事犯罪活动，保障社会和谐稳定。依法履行批准逮捕、提起公诉职能，依法打击各类刑事犯罪。全年批准逮捕犯罪嫌疑人1693人，提起公诉4511人。办理公安部挂牌督办、涉案金额近5亿元的周某某等非法经营赌博机案，连续作案4次、潜逃12年的陈某某强奸致人死亡案等案件。对初犯、偶犯、未成年犯、老年犯、过失犯中情节轻微的从宽处理，对无逮捕必要的不批准逮捕591人，对符合从宽处理情况的不起诉128人。依法减少对涉罪未成年人的羁押，全年批准逮捕涉罪未成年人33人，比上年下降69.2%。坚持在刑事案件中优先解决民事纠纷和民事赔偿工作机制，全年办理此类案件98件。（段伯欢 周其国）

■查办贪污贿赂犯罪 全年查处贪污贿赂犯罪案件90件99人，挽回经济损失3010多万元。其中，查处处级干部6人、科级干部31人；查处10万元以上案件71件，其中百万元以上案件9件。围绕征地拆迁、环境保护、教育医疗、社会保障等民生领域，查办一批窝案、串案，包括征地拆迁领域案件19件23人、医疗卫生领域案件8件8人。先后查处市环境保护局原副局长胥某某受贿、中国航空油料集团公司北方储运有限公司原总经理助理马某某受贿、江都区农业技术推广中心原主任蔡某某贪污国家“科普惠农兴村计划”专项资金、邗江区卫生局原局长高某某受贿等案件。（段伯欢 周其国）

■查办渎职犯罪 全年立案查处渎职侵权犯罪案件22件30人。其中，查处处级干部2人、科级干部5人；查处大、要案9件15人，其中造成损失1000万元以上案件4件。开展“查办发生在群众身边、损害群众利益的职务犯罪专项行动”，查处涉农专项补贴、拆迁补偿、粮食储备等渎职侵权犯罪案件9件11人。查处重大安全责任事故背后的严重渎职犯罪案件6件7人。（段伯欢 周其国）

■预防职务犯罪 发挥市警示教育基地、预防腐败警示教育网和流动宣传站作用，扩大预防工作覆盖面。市警示教育基地全年接待参加警示教育人员366批1.41万人次，市预防腐败警示教育网点击量33万人次，24个流动宣传站到社区、村镇、企业开展预防腐败宣传活动。开展预防调查，针对职务犯罪案发风险点发出预防检察建议60件。开展行贿犯罪档案查询服务，接受全国各地查询1.76万件次，指导相关部门取消有行贿犯罪记录企业的投标资格。市警示教育基地被评为全国检察机关“百优”警示教育基地。（段伯欢 周其国）

■刑事诉讼监督 开展“刑事拘留后未提请逮捕”和“另案处理”专项监督行动，监督、纠正该撤未撤、该捕未捕及侦查活动中其他违法现象。开展羁押必要性审查，对47人变更强制措施。严格审查证据，排除非法证据15件。全年监督应立案而未立案人员17人，监督不应当立案人员50

人，纠正漏捕21人、漏诉30人，发出书面纠正违法通知书80份。在刑事审判监督中，提出刑事抗诉7件、再审检察建议6件。（段伯欢　周其国）

■刑罚执行和监管场所监督　全年审查、监督减刑、假释、暂予监外执行98人次，纠正减刑、假释不当2人，书面纠正监管违法和监外执行违法行为18件。督促公安机关开展清查、返还在押人员合法财物专项行动，返还25名在押人员合法财物10万多元。开展监外执行监督，督促社区矫正机构履行法定职责。在社区矫正监督中，监督收监29人。

（段伯欢　周其国）

■民事行政诉讼监督　提出和提请抗诉4件，监督执行案件27件，监督纠正詹某捏造交通事故骗取保险金等虚假诉讼案件5件。开展民事行政支持起诉、督促履行职责工作，发出督促相关部门履行职责检察建议13件，支持弱势群体起诉71件。市人民检察院与市中级人民法院、市公安局、市司法局联合制定《关于做好道路交通事故救助基金追偿工作的实施意见》，推动解决交通事故救助基金"垫付易，追偿难"问题。

（段伯欢　周其国）

■社会治理　市人民检察院制定全市检察机关《服务和保障扬州跨江融合发展的实施意见》《服务重大城建项目建设的六条意见》，依法打击妨碍项目建设的犯罪行为，为扬州市经济社会发展提供司法保障。加强重大工程建设项目专项职务犯罪预防，对全市30个重大工程项目进行职务犯罪同步预防。参与整顿和规范市场经济秩序，起诉非法经营、侵犯知识产权等破坏市场经济秩序犯罪案件222件441人。分析案件发生特点，向党委、政府报送分析研判报告50多份。其中，《关于未成年人犯罪特点及法制教育问题的分析报告》推动教育主管部门制定应对措施；对国家渔业柴油补贴遭冒领、截留、侵吞现象严重的分析研判信息引起地方党委、政府重视，并推动该项财政补贴的规范发放。全年办理群众来信来访1424件次，处置集体访、告急访16件，办理刑事申诉38件，办理群众通过"检察长信箱"、检察机关"12309"民生服务热线反映的事项105件。

（段伯欢　周其国）

审判

■概述　2013年，全市各级法院受理各类案件5.86万件，审执结5.24万件，分别比上年上升29.69%、20.24%。其中，市中级人民法院（简称市中院）受理各类案件4048件，审执结3785件，分别上升31.99%、23.01%。（黄　燕）

■刑事审判　2013年，全市法院受理刑事案件3573件，审结3519件，分别比上年下降10.56%、11.69%。审结故意杀人、抢劫等严重暴力犯罪案件126件，判处罪犯155人；审结盗窃、电信诈骗等多发性侵财犯罪案件961件，判处罪犯1346人；依法打击危害食品药品安全犯罪，审结生产、销售假药等案件，判处罪犯26人；审结毒品犯罪案件157件，判处罪犯215人。依法审结受贿等职务犯罪案件86件，判处罪犯98人。

（黄　燕）

■少年审判　2013年，全市法院审结涉未成年人刑事案件159件，判处未成年被告人153人，分别比上年下降20.5%、36.25%。推进未成年人专门审判组织建设，全市两级法院均设立少年审判庭，在全省率先实现未成年人案件集中统一管辖。发挥女法官在少年案件审判中的独特优势，打造"扬州少年审判女法官团队"。加强对未成年人的法制道德教育。组织"未成年人生存和发展状况"专题调研。开展以"进校园送法律、进社区送帮教、进家庭送关爱"为主题的"三进三送"活动。回访、帮教68人次；开展送法进校园活动45场，3.8万名学生参加旁听。市中院少年审判庭被评为"全省预防青少年违法犯罪工作先进集体"和省级"青少年维权岗"。

（黄　燕）

■商事审判　2013年，全市法院受理商事案件7356件，审结6802件，分别比上年上升68.29%、57.16%。依法审理公司和合同类纠纷案件，维护市场秩序。妥善审理金融纠纷案件，保护金融资产安全。应对钢贸、造船行业诉讼激增情况，开通"绿色通道"，案件协调化解率60%。妥善审结群发化工、绣品总厂等企业破产清算和重组案件，盘活存量资产。与保险行业协会联动调处保险纠纷，案件调撤率55.84%。依法审理涉外、涉港澳台案件29件，平等保护当事人合法权益。（黄　燕）

■知识产权审判　2013年，全市法院受理知识产权案件449件，审结364件，分别比上年上升26.48%、5.81%。推进知识产权案件刑事、民事、行政"三审合一"工作，加大知识产权保护力度。扩大案件受理范围，实现知识产权受案范围全覆盖。公开发布知识产权审判年度工作报告和典型案例，提升全社会知识产权保护意识。争取基层法院知识产权案件管辖权，广陵区、高邮市、仪征市人民法院经最高人民法院指定管辖部分知识产权案件。（黄　燕）

■行政和国家赔偿审判　2013年，全市法院受理行政案件349件，审结319件，分别比上年上升31.09%、48.37%。审查行政非诉执行案件875件，裁定执行873件，分别上升63.25%、65.65%。审结案件中，维持行政机关具体行政行为案件269件，以撤销、确认违法等方式判决行政机关败诉35件。加大对涉府（政府）案件的指定管辖力度，指定管辖涉府案件19件。推进行政首长出庭应诉工作，行政首长出庭应诉率97.24%。开展国家赔偿审判工作，维护赔偿请求人的合法权利。（黄　燕）

■民事审判　2013年，全市法院受理民事案件3.18万件，审结2.99万件，分别比上年上升21.19%、15.2%。推进实施小额诉讼程序，审理执行异议案件，探索受理实现担保物权诉讼案件；加强保险、医疗、消费等案件审判；做好婚姻家庭纠纷案件、房屋开发与建设工程纠纷案件审理；依法制裁隐性高利贷；做好涉“三农”（农村、农业、农民）案件审判工作。坚持调判结合，在程序保障和理性沟通的前提下，科学选择纠纷解决方式，利用裁判方式制裁违反诚信行为，树立诚信导向。 （黄 燕）

■执行工作 2013年，全市法院受理执行案件1.28万件，执结1.10万件，分别比上年上升78.98%、51.87%。开展反规避执行活动，依法执结历时8年、涉案标的1.65亿元的格林柯尔系列案件等疑难复杂案件。推行有重大社会影响案件专案执行制度，执行涉“琼花”“宏大”“顺大”等案件。推进执行指挥中心建设，规范执行实施权分权流程改革，强化对执行程序启动、财产查控、财产处分和结案审查等流程运行节点的控制。试行网上司法拍卖制度，确保执行工作公开公正。强化限制高消费、限制出境、财产申报等具体执行措施的运用，公布115名失信被执行人员“黑名单”，提高执行质量和效率。

（黄 燕）

■立案信访 加强网上诉讼服务中心建设，设立立案预审、案件流程查询、庭审直播等7个网上服务栏目。开展“保障民生权益”专项司法保护行动，开通立案受理短信告知系统，向社会公开12项立案服务承诺。加大巡回审判力度，全市法院巡回审判案件1.2万件。推进涉诉信访改革试点，进京上访人数比上年下降15%。扩大司法救助范围，推进落实刑事被害人司法救助基金制度，发放刑事被害人救助基金、减缓免诉讼费282.75万元。 （黄 燕）

■审判监督 建立健全防范错案工作机制，加大审判监督力度，依法纠正确有错误的裁判。2013年，市中院受理二审案件2251件，审结2205件，其中改判、发回重审181件；受理申诉和申请再审案件328件，审结310件，其中改判、发回重审21件。依法接受检察机关诉讼监督，审结再审抗诉案件11件，其中改判或发回重审5件、维持原判5件、当事人撤诉1件。 （黄 燕）

■定案把关和审判管理 2013年，全市法院开展“司法公信提升年”活动，探索构建审判质量控制体系。强化死刑案件“五级（合议庭、审判长、庭长、分管院长、审判委员会）定案把关机制”，全面运行规范量刑管理系统。开展庭审、裁判文书和定案把关“三评查”活动，全年评查庭审409次，评查裁判文书1648篇，组织庭审观摩61次。“王某某诉扬州久毅五金机械公司劳动争议案”被最高人民法院评为“全国法院优秀庭审”。改进审判管理考核办法，设立审判绩效合理区间，加强审判态势分析研判，建立符合审判规律的动态管理模式。 （黄 燕）

■司法公开和司法民主 加大人民陪审员培训力度，扩大人民陪审员参审比例，人民陪审员参审率91.34%。加强新闻宣传，召开新闻发布会21次，公开全市法院重要工作和重大案件进展情况。推行二审案件公开开庭，二审案件开庭率84.9%，比上年提高6.84个百分点。实行庭审录音、录像、笔录显示“三同步”，开通法院官方微博，实施信访案件网上受理，推行生效裁判文书互联网发布制度。市中院以及高邮、仪征法院继续向社会公开发布审判白皮书，深度公开审判信息。 （黄 燕）

■社会治理 2013年，全市两级法院注重发挥“一站五员”（司法服务站，法制宣传员、司法协理员、巡回审判员、特邀调解员、执行联络员）在社会治理工作中的作用，协同加强社会矛盾的预警、排查和化解。通过发布典型案例等方式，参与社会治理。“张某某故意杀人刑事附带民事诉讼调解案”入选“扬州市第二届十大法治事件”。加强司法建议工作，全年发出司法建议151件。江都区人民法院关于规范婚姻登记等3件司法建议被评为全省法院系统优秀司法建议。市中院制定《关于进一步加强减刑假释与社区矫正对接工作的实施细则》，与有关部门共同推进对刑满释放人员、社区矫正对象等特殊人群的帮教管理，办理减刑、假释案件98件。 （黄 燕）

■服务中心工作 2013年，市中院围绕“重大产业项目突破年”，先后就跨江融合发展、“三拆三整治”（拆违、拆破、拆烂，治脏、治乱、治差）等工作出台司法文件。建立和完善涉重大项目和重点工程纠纷专报、矛盾化解和应急处理等机制，依法处理一批涉重大项目建设的矛盾纠纷。探索试行涉资源环境刑事、民事、行政案件“三审合一”，推行涉资源环境案件集中指定管辖。邗江、高邮等地人民法院设立环保案件专门审判庭。配合开展“不良贷款专项清理行动”，维护全市金融安全。围绕宏观经济形势下金融法律风险、招商引资法律风险、企业知识产权保护等问题开展专题调研，先后提交调研报告17篇，其中《关于我市钢贸企业金融借款纠纷的调研报告》得到市委、市政府重视。举办“法企合作讲坛”，授课32场次，为企业培训3000多人次。

（黄 燕）

■金某某故意杀人案 2002—2006年，金某某在原江都市露筋村搞苗猪繁殖和承包鱼塘均未成，便怀疑是时任邵伯镇党委副书记的芮某某从中作梗，多次到邵伯镇政府讨要说法。2007年6月、2008年9月，金某某先后因扰乱邵伯镇政府办公秩序和殴打芮某某，被行政拘留2次。后金某某经常以打电话、发短信形式恐吓芮某某，扬言要杀芮某某及其家人。2012年10月27日，金某某携带砍刀和尖刀到露筋村新河组芮某某家，与其发生言语冲突后，掏出砍刀砍芮某某。芮某某的连襟乔某某闻声出来制止金某某，被金某某砍伤左手手肘。接着金某某和芮某某纠缠，砍刀掉落在地。金某某随即掏出尖刀连续捅刺芮某某胸腹部。乔某某见状上前夺下尖刀。金某某起身拾起砍刀砍芮某某颈部一刀后，持刀追砍乔某某要求归还尖刀。乔某某扔下尖刀后，金某某携带砍刀、尖刀逃离现场。芮某某在被送往医院时死亡。经鉴定，被害人芮某某系被他人用锐器刺破主动脉、右心房、脾脏，并用锐器砍切颈部致右侧颈静脉破裂，导致急性失血死亡；被害人乔某某左肘部受伤，损伤程度属轻伤以上。2013年6月13日，市中院以故意杀人罪判处金某某死刑，剥夺政治权利终身。（黄 燕）

■王某某受贿案 2003年初至2012年5月，王某某在担任扬州市维扬区城北乡党委副书记兼乡长、维扬区双桥乡党委副书记兼乡长、维扬区双桥乡党委书记、维扬区副区长兼维扬经济开发区管委会主任、邗江区副区长兼维扬经济开发区管委会主任期间，利用职务之便，先后收受扬州世联投资策划管理顾问有限公司总经理许某某(另案处理)、扬州华宏建筑安装工程有限公司法定代表人周某某(另案处理)等人所送人民币145.8万元、日元7万元、欧元3000元、购物卡10.3万元、茅台酒3箱，并为请托人在工程承接、工程款支付、拆迁补偿等方面谋取利益。2013年6月9日，市中院以受贿罪判处王某某有期徒刑10年，并处没收财产人民币40万元；扣押在案的赃款人民币55万元予以没收，其余赃款继续予以追缴。（黄 燕）

■Uche、Doris走私毒品案 2012年6月下旬，Adim Endurance Uchechukwu(以下简称Uche，国籍为尼日利亚联邦共和国)为避免来自境外夹带毒品的国际邮包被查处，指使罪犯Doris Tangwi Sikod(以下简称Doris，国籍为喀麦隆共和国)收集中华人民共和国境内的普通地址用于接收国际邮包。Doris通过网络联系，以合作做生意为名骗取扬州某公司职员朱某某的信任并获取其收件地址，随后将朱某某收件地址转告Uche。同年12月初，Uche告知Doris需要通过朱某某接收境外国际邮包。同月13日，朱某某收到寄自阿根廷的国际邮包。后Uche让Doris通知朱某某将包裹转寄到广州市区某处。朱某某以出差在外为由未寄出邮包。Doris多次催促未果。同月20日，Uche使用电话直接联系朱某某，自称是邮包货主并多次催促朱某某转寄邮包，直至2013年1月10日被抓获。案发后，侦查人员在该邮包内物品夹层中查获毒品可卡因492.39克。Doris被抓捕归案后，如实供述自己受被告人Uche指使参与邮寄藏匿有毒品邮包的行为。2013年12月4日，市中院以走私毒品罪判处Uche有期徒刑15年，并处没收财产5万元，附加驱逐出境；以走私毒品罪判处Doris有期徒刑7年，并处罚金2万元，附加驱逐出境。查扣的涉案毒品可卡因予以没收。（黄 燕）

■史某等4人贩卖毒品案 2013年3月9日至4月3日，史某向晏某、庞某某贩卖甲基苯丙胺(俗称冰毒)197克以及含有甲基苯丙胺成分的“麻古”约1.8克。同年4月8日，史某欲再次贩卖毒品时被抓获。公安人员查获其随身携带的甲基苯丙胺151.91克和“麻古” 10.69克。2012年10月至2013年2月23日，晏某6次向李某、周某、孙某贩卖甲基苯丙胺3.6克，其中陈某某帮助贩卖甲基苯丙胺1次0.5克；同年3月9日至4月3日间，晏某3次从史某处购得甲基苯丙胺175克，其中部分毒品贩卖给钱某、王某某、胡某某等人，陈某某帮助贩卖甲基苯丙胺4次2.3克。2013年2—4月，庞某某向陈某某、岳某某、崔某某贩卖甲基苯丙胺6次5克；同年4月8日被抓获时，公安人员在其暂住地查获甲基苯丙胺0.79克。2013年9月18日，市中院以贩卖毒品罪判处史某无期徒刑，剥夺政治权利终身，并处没收个人财产10万元；与前罪判决尚未执行的刑罚并罚，决定执行无期徒刑，剥夺政治权利终身，并处没收个人财产10万元。以贩卖毒品罪判处晏某有期徒刑15年，剥夺政治权利5年，并处罚金7万元。以贩卖毒品罪判处庞某某有期徒刑3年9个月，并处罚金人民币5000元。以贩卖毒品罪判处陈某某有期徒刑1年6个月，并处罚金2000元。继续追缴各被告人犯罪所得。（黄 燕）

司法行政

■概述 2013年，全市司法行政系统开展“基层基础建设年”活动，加强队伍建设，推进“六五”普法，做好法律服务、人民调解、社会矫正、法律援助等工作。截至年底，全市有律师事务所57家、执业律师639人，公证机构7家、公证人员73人，法律援助中心7家、工作人员25人，基层法律服务所106家、执业工作者383人，司法鉴定机构6家、司法鉴定人员66人，司法所84个，各类调解组织2105个、专兼职调解人员8792人。6月，司法部副部长郝赤勇视察扬州市司法行政工作。12月，司法部到扬州调研法律援助立法工作。全省政法工作会议推广扬州市法治文化阵地建设做法。扬州市、仪征市分别被评为全国“六五”普法中期考核先进城市、先进县(市、区)，邗江区人民政府被评为全国“六五”普法中期先进单位，市法律工作者志愿服务总队获全国“敬老文明号”称号。（董昌鹏）

■法律服务 2013年，扬州司法行政系统贯彻省司法厅“四个全覆盖”(矛盾纠纷排查调处全覆盖、公共法律服务全覆盖、特殊人群服务管理全覆盖、法制宣传教育全覆盖)部署，组团开展“项目大走访、服务大推介”等活动。全市法律服务人员走访企业9823家，担任3223家政府部门及企业法律顾问，代理各类诉讼、非诉讼案件9605件，帮助企业避免或挽回经济损失20多亿元；律师业实现业务收费1.56亿元，比上年增长16.4%。城市社区全部建有律师工作室。全年办理司法鉴定案件7347件。公证机构全年办证3.33万件。1件公证案件入选“2013年全省百年老店‘打假’公证来帮忙”公证案例。（董昌鹏）

■法制宣传 2013年，扬州市司法行政系统以法治文化建设为重点，推进“六五”普法，推动全市法制宣传教育工作阵地化、常态化、持续化、网络化，实现法制宣传教育工作向社会各领域渗透、向社会各层面延伸，提升法制宣传教育联系群众、服务群众能力。全年开展法律“六进”（进机关、进乡村、进社区、进学校、进企业、进单位）普法宣传活动5240场次、基层普法“接力棒”活动1950场次。市法治文化体验馆、各地法制宣传教育中心等普法阵地全年接待群众12万人次，近30万人参加网上学法考试，普法知晓率93.5%。全市省级民主法治示范村（社区）建成率33.1%。4月，全省法制宣传教育工作座谈暨法治文化阵地建设观摩会在扬州召开。（董昌鹏）

■司法所管理体制调整 2013年，全市司法行政系统开展“基层基础建设年”活动，推进乡镇（街道）司法所管理体制调整。市司法局召开全市司法行政基层建设工作会议，市委办公室、市政府办公室和市委组织部等七部门印发加强司法所建设和推动司法行政基层建设的意见。至年底，全市司法所全部划归各县（市、区）司法局管理。（董昌鹏）

■人民调解 开展城区社区调解委员会建设运行情况专项督查活动。城区166个社区全部建立人民调解委员会并规范运行。全市300人以上企业调解组织覆盖率100%，100人以上企业调解组织覆盖率31.3%。建立市、县、乡三级18个大类100个专业性人民调解委员会及人民调解工作室，实现人民调解对医疗、道路交通、劳资关系、消费等民生重点领域全覆盖。矛盾纠纷排查预警网格化管理覆盖率100%。落实网格化排查预警机制和重大矛盾纠纷“四必”（必排查、必调解、必有结果、必上报）工作制度，重要敏感时期开展4次排查调处专项活动，重大矛盾纠纷排查率95%以上。全市各级各类人民调解组织受理矛盾纠纷1.46万件，调解成功1.45万件，调处成功率98.9%；劝阻群体性上访830批次1.19万人次，防止民间纠纷引发恶性事件38件79人，防止民事转刑事案件98件462人。（董昌鹏）

■社区矫正 2013年，全市社区矫正工作以强化执法人员责任意识、执法意识和证据意识为重点，开展“依法矫正、秉公执法”专题教育、专项整顿、约见谈话、回头看、大检查、档案评比等活动，提高教育矫正质量。推进市、县、乡三级实战平台建设，市级社区矫正管理教育服务中心成立，6个县（市、区）社区矫正中心全部建成并进入实体化运行。全市社区服刑人员管控到位，帮教对象重新犯罪率低于省控线水平。依托企业建立过渡性安置基地114个。年度帮教对象安置率99.15%，帮教和衔接率100%。（董昌鹏）

■法律援助 2013年，全市司法系统办理法律援助案件6587件，比上年增长23.5%，其中重特大案件1件。全市7个法律援助中心全部达省级规范化标准，其中省级示范窗口占85%以上。运用非诉调解模式，为农民工讨回薪金、社保待遇等6000多万元；运用心理疏导机制，为受援人化解心结；运用应急救助基金，帮助10多名特困受援人家庭渡过难关。加强法律援助案件质量管理，市法律援助中心招聘3名法律援助专职律师。50人以上群体性案件实行通案制，推行案件质量跟踪监督制和卷宗模本制，受援群众满意度95%以上。1件案件入选全省十大法律援助案件。（董昌鹏）

仲裁

■概述 2013年，扬州市仲裁委员会（简称市仲裁委）受理仲裁案件712件，比上年增长5.0%。其中，借款合同纠纷案件268件，占37.6%；商品房买卖合同纠纷案件67件，占9.4%；租赁合同纠纷案件29件，占4.1%；建筑工程纠纷案件31件，占4.4%；物业管理纠纷案件38件，占5.3%；其他案件279件，占39.2%。案件总标的额11.76亿元，比上年增长58.9%。全年办结案件590件，其中以调解方式结案353件，调解和解率59.8%。全年未发生被市中院裁定撤销或不予执行案件。扬州市经济纠纷调解中心发挥在调处社会矛盾纠纷中的作用，全年接待200多人次，调解案件100件，引导进入仲裁程序14件，调解和解率80%。1月，市仲裁委被评为2012年度全省仲裁工作先进单位。12月，市仲裁委在全国仲裁工作年会上介绍扬州市仲裁公信力建设工作经验。（龚名之）

■仲裁推广 2013年，市仲裁委在基层工商联络处建立8个仲裁联络处、56个仲裁联络点，确定28名基层联络员。对仲裁工商系统联络处（点）负责人进行专题培训，明确工作要求。基层仲裁联络网络逐步形成。加强与金融系统、房地产领域联系，宣传推广仲裁制度。全年编发《扬州仲裁信息》20期，在《扬州广播电视·仲裁天地》专栏刊登案例50篇，在《扬州时报》刊登案例12篇。（龚名之）

■依法办案 2013年，市仲裁委区分不同案件和当事人特点，做好调解工作，维护社会稳定大局。全年以调解方式处理矛盾激化案件7件，确保重大项目实施。发挥仲裁调解优势，将调解贯穿立案、审理各个环节。在案件审理前，实行“调解前置”；在送达通知书的同时组织开展调解；在审理过程中，坚持“调解优先”原则，发现有调解可能的，动员各方力量，做好说服工作，促使矛盾纠纷顺利解决。在群体案件审理中，力求同类案件采用同一裁量原则，维护仲裁统一性和公信力。坚持重大疑难案件集体讨论制度，将仲裁庭意见不一、争议较大、案情复杂的案件提交专家委员会讨论，避免发生错案。对临近结案期限、尚未办结的案件进行提醒和催办，避免久拖不决。（龚名之）

地方军事

Difang Junshi

编　辑　樊庆道

军分区

■**概述**　2013年，中国人民解放军江苏省扬州军分区(简称扬州军分区)党委加强思想政治建设，坚持用党的创新理论武装头脑，强化党性修养，坚定政治立场，筑牢思想防线，夯实高举旗帜、听党指挥、履行使命的思想根基。组织班子成员参加党委中心组理论学习和主题教育，学习中共十八大精神和习近平重要指示，把学习的过程变成探索工作思路、研究解决问题的过程，研究解决后备力量建设中民兵训练、组织整顿、作用发挥等突出矛盾。

推进军事斗争准备。着眼新形势、新任务、新要求，按照习近平“能打仗、打胜仗”的重要指示和南京军区、省军区重大军事工作任务，扭住重点抓落实、盯住短板抓提高。围绕省军区“五项重大军事工作”，制定《军分区军事斗争准备三年实施计划》。贯彻落实战备工作“六个机制”，修订完善18个处置突发事件应急预案。按照“建用一致、就地就近、实在管用”原则，调整编实抗洪抢险专业队伍和省、市两级民兵重点抗洪抢险专业分队，组织扬州市军地联合抗洪抢险演练。抓好首长机关训练，突出应知应会常识、信息化知识、指挥技能、指挥作业等内容，全年组织6次“学习训练考核”，先后完成“两实”(实弹射击和手榴弹实弹投掷)训练考核、业务技能摸底考核、游泳训练、战术作业和指挥所演习。抓好使命课题研练，加强指挥编组研练、战法创新和作战问题研究，深化军事斗争准备。4月，参加省军区“苏防-2013”战役集训；9月，参加省军区首长机关网上跟训；11月，组织参加“苏防-2013C”指挥所演习。

国防后备力量建设。贯彻落实省国防动员委员会第16次全体(扩大)会议精神，依据南京军区《国防动员潜力指标体系》明确的9个大类35个小类121项指标，条块结合，开展国防动员潜力调查核实和能力分析评估。根据省统一部署，成立市国防动员委员会装备动员办公室。市委、市政府、军分区联合下发《关于进一步加强国防动员建设的意见》。按照“强认识、明重点、定方案、攻难关”思路，以“五个调整”(调整分类、调整结构、调整布局、调整人员、调整装备)为重点，落实新一轮后备力量调整改革任务。规范民兵组建秩序，落实整组工作。会同军兵种部队、预备役部队、国防动员委员会专业办公室和地方应急管理部门，统一制定规划、统一部署安排、统一组织实施、统一检查验收，避免任务重叠、组织交叉、一兵多职等问题。巩固、深化民兵规范化训练试点成果，将“练将练官”向基层民兵干部骨干延伸。

正规化建设和安全管理。围绕南京军区“四个管出”(管出战斗力、管出正规化、管出好作风、管出安全稳定)目标，将安全稳定作为主官工程、保底工程，以“人车枪弹密、毒火电气油”安全管理为重点，开展防间保密、安全形势、安全常识、应急情况处置等教育，组织“学训整”(学条令法规、训军姿技能、整作风纪律)、交通安全教育整训、暑期安全竞赛、安全隐患排查、涉密文电资料和涉密单位周边安全环境专项整治等活动，落实安全管理各项规定和要求，实现安全无事故。

后勤和装备建设。巩固华东地区(江苏)野营装备动员中心规范化建设试点成果，并在2个省级动员中心推广应用；组织后勤动员潜力调查，发掘辖区民营企业资源，申报新建1个国家级动员中心、2个省级动员中心。巩固“部财区管”成果，加强经费预算调控，压减行政消耗性开支，推行公务卡支付结算。完善军人保障卡数据中心建设，深化物资采购制度改革。维修改造卫生所和文化活动中心，硬化、美化机关办公区部分场地。

党委班子和干部队伍建设。制定《关于广泛开展“读好书、强素质”活动的意见》，推进学习型党组织建设。认真贯彻集体领导、民主集中、个别酝酿、会议决定“十六字”方针，坚持重大问题集体讨论，发挥两级党委核心领导作用。开展“讲政治、顾大局、守纪律”学习教育活动，党员干部受到深刻的思想教育和党性锻炼。贯彻南京军区《党委班子岗位练兵能力标准体系》及其指导手册要求，实现岗位练兵“三个拓展”。坚持按“五公开”(职位、条件、程序、过程、结果公开)要求选拔使用干部，重视加强干部队伍能力培养和教育管理。重视老干部工作。干休一所、二所通过南京军区、省军区达标建设考核，实现离休干部军队、地方“双重医疗保障”，完成退休干部移交安置任务。学习贯彻廉政规定，开展防止“三个插手”（插手人事，插手基层敏感事务，插手工程建设、租赁、承包）、抓好医疗卫生、物资油料、军用土地转让、房地产租赁管理等“四个行业规范”活动，军地合力抓好廉洁征兵工作。

2013年，扬州军分区在各级各类报刊宣传加强文化建设、队伍建设、党管武装、国防教育等方面的做法和经验。其中，《解放军报》头版头条报道江都退伍军人李彬义务为牺牲战友尽孝的先进事迹，《人民日报》（海外版）整版刊发柳堡“二妹子”民兵班先进事迹，解放军总政治部《政治工作通讯》刊登《着力提高贯彻民主集中制的质量水平》，南京军区《政工简报》刊登《人武部系统贯彻民主集中制的调查与思考》《转作风正风气》等6篇研讨材料。（武 伟）

■**“两实”训练** 3月中旬，扬州军分区采取统一集中组织、摩托化机动、分场地同步实施方式，组织军分区首长机关、人武部干部和干休所行政干部摩托化机动45千米，到仪征市民兵训练基地参加轻武器实弹射击和手榴弹实弹投掷考核，练指挥、练协同、练保障。（葛守玉）

■**民兵规范化训练** 深化民兵规范化训练试点成果，将“练将练官”向基层民兵干部骨干延伸，全年组织9期550名专职人武干部、民兵干部和教练员集训。围绕应急维稳、抗洪抢险、防化救援、森林防火等课题，按照收拢集结、快速机动、行动展开、恢复正常“一个过程”，成建制组织应急专业分队训练演练28批3680人次。9月中下旬，协助扬州市职业大学完成5400多名新生军训工作。（刘汉杰）

■**军地联合抗洪抢险演练** 6月下旬，扬州军分区司令部与市水利局联合组织抗洪抢险专业骨干150人，开展以人员物资集结、堤坝巡查、克服管涌、漫溢抢险、转移群众及水上救援为主要内容的抗洪抢险军地联合演练，动用车辆、冲锋舟、植桩机、挖掘机、推土机、吊车、民船和防汛救生装备器材296件。市、县两级政府分管领导、水利局局长，市防汛防旱指挥部成员，军分区首长机关和各县（市、区）人武部部长观摩演练。（刘汉杰）

■**“苏防-2013C”指挥所演习** 11月上旬，扬州军分区按照作战预案和战时实际进程，突出组织战备等级转换和开设指挥所、筹划组织整体防卫作战、指挥整体防卫作战行动等3项内容，全过程组织首长机关带人武部整体防卫作战指挥所演习，参加省军区考核，提升指挥员思维层次、谋略水平和指挥艺术，锻炼组织指挥能力。（葛守玉）

■**观音山香会执勤** 7月25日19时至次日2时，扬州军分区派出指挥组和民兵300人，动用各型车辆16辆，以“平安志愿者”身份协助地方完成“6·19”观音山香会交通管制和维护秩序等执勤工作。（葛守玉）

■**民兵情报信息网建设** 扬州军分区坚持每月与地方公安、安全等部门会商情报，定期召开联席会议，落实军地反恐情报信息研判机制。组织全市民兵情报信息站长和信息员参加省军区集训，组织侦察手段运用、装备器材操作、情报信息报送程序和方法针对性训练，全市信息领导小组、信息站、信息组和信息员“四位一体”情报信息报知网组织健全、制度落实。（刘汉杰）

■**“学法规、明职责、正秩序、严纪律”活动** 2月，扬州军分区组织全区干部、战士、职工开展以学条令法规、训军姿技能、整作风纪律、抓秩序规范为主要内容的“学法规、明职责、正秩序、严纪律”活动，组织队列会操、应知应会知识考核和军容风纪检查。邀请市政府应急管理办公室领导，围绕应急处置基本常识、公共危机和公共安全形势、正确认识和应对媒体、提高应急能力等4个方面作专题辅导。（李兆鹏）

■**征兵工作** 扬州军分区按照“三个确保”（确保完成征集任务、确保兵员质量、确保不发生任何问题）和“三伍一体”（征集入伍、服务在伍、安置退伍）要求，抓好征兵宣传发动，开展兵役登记和网上预征，组织体检、政审，规范征兵方法、程序，完善优抚安置政策，全面完成2013年征兵任务。（周一鸣）

■**安全保卫** 制定《扬州军分区枪支弹药安全管理清查整顿方案》，采取查枪支弹药数量、查统计账目、查突发情况处置预案、查技防设施4个步骤，重点核查市民兵武器仓库。加强对核心涉密岗位人员、武器装备仓库和兵器室保管人员、后勤财务人员的政治考核，摸清政治底数。与地方人事、信访部门保持密切联系，及时了解驻地部分退役人员动向，协助地方有关部门做好稳控工作。（武 伟）

■**后勤动员准备** 深化后勤动员中心建设，依托仪征史福特光电股份有限公司申报建立国家级照明设备应急动员中心，依托高邮欧力特能源科技有限公司建立江苏新能源设备应急动员中心，依托广陵亚达科技集团有限公司建立江苏医疗器械应急动员中心。指导交通战备专业分队完成“三级三类两支队伍”整组工作，形成1448人、687台套设备规模的交通专业保障队伍。（王元顶）

预备役师

■**思想政治建设** 2013年，江苏陆军预备役高射炮兵第二师（简称预备役师）党委组织党员干部学习中共十八大、十八届三中全会精神和习近平重要讲话，开展“读经典、学哲学”活动，加强党的创新理论武装。2月17日至3月11日，师团党委机关集中开展“学习贯彻党章 弘扬优良作风”和“坚定信念 铸牢军魂”学习教育活动，联系党员干部思想和工作实际，举办动员辅导、典型事迹报告、专家授课和“百长说事”等活动，召开专题组织生活会，对照检查和党性剖析、整改落实，建设听党指挥、能打胜仗、作风优良的预备役部队。开展战斗文化创建活动，抓好基层“六小阵地”（黑板报、墙报、饭堂广播、演唱组、政工网络、军营DV）建设，加强形势和职能使命教育。落实党管武装、双重领导各项制度，规范预备役军官“到岗日”活动。（黄　亚）

■军事训练与演习　1—3月，预备役师坚持每周二“训练日”和每季度集中强化训练10天制度，采取授课辅导、作业练习、集中讲评等方法，重点训练作战标图、作战计算、识图用图、作战文书拟制和3000米长跑等内容，集中落实训练时间22天154课时，完成相关作业20多批次，考核参加率93%、优秀率86%。一季度分别组织首长机关轻武器实弹射击和手榴弹投掷训练与考核，全师参训率100%、合格率100%。4月17—20日，师首长机关参加省军区战役集训，深化作战任务、作战规律及训练战法研究。4月19—29日，师首长机关和某团分别组织方向群和群营连指挥信息系统培训，完成系统理论知识学习、系统链接调试、系统数据维护和操作使用等课目训练。5月3日至6月16日，组织师航模靶机组到靶场开展野外驻训，完成基础理论学习、场内飞行、场外飞行等课目训练和省军区某部队实弹战术演习目标保障任务，保障飞行20多架次。5月5—10日，组织团（群）营连指挥干部集训，完成信息化条件下防空作战特点、空袭兵器现状及发展趋势、侦察预警组织与实施、高炮分队战术、群营连射击指挥等内容学习与训练。9月1—5日，师首长机关参加省军区组织的“练将练官”强化训练跟训，丰富军事理论知识，提高指挥谋略水平，深化作战问题研究。（于　锋）

■后勤装备保障　2013年，预备役师开展以“学习规定强素质，科学管装促发展”为主题的“爱装管装宣传月”活动，强化官兵爱装管装意识。开展武器装备点验、技术普查和综合整治，落实“车场日”活动，加强武器装备日常保养。8月，师装备部对各团兵器室、弹药库进行突击检查，对照武器装备安全管理达标标准，排查出7个方面安全隐患，研究制定8项整改措施，督导抓好落实。12月，对全师火炮、车辆和其他各型装备进行全覆盖检查。严格执行《厉行节约严格经费管理的规定》，压减消耗性开支。抓好军人保障卡运用，组织专家为官兵宣讲保健知识，开展送厨艺到基层活动。（黄　亚　张礼文）

■“战备法规强化学习月”活动　2月，在全师开展学法规、知法规、用法规“战备法规强化学习月”活动。组织官兵学习新颁发的《战备工作条例》《南京军区战备工作规定》《南京军区分队战备工作手册》《江苏省军区预备役师（团）战备工作实施细则》，组织师团作战值班人员参加理论辅导学习和值班执勤情况处置训练与考核。针对“春节”和人大、政协会议期间战备工作特点，集中组织战备管理教育，严格落实各类值班，拉动检验战备值班分队。（于　锋）

■参加省防空兵部（分）队实弹战术演习　6月11—16日，预备役师首长机关编成省防空总群预备指挥所，组织、指导所属5个团首长机关带1个营指挥所和1个实兵连参加江苏省防空兵部（分）队实弹战术演习，完成战备等级转换、兵力机动、组织战斗、战斗实施、撤出战斗等5个阶段实弹战术演习考核任务。（于　锋）

■“统编统训”试点　预备役师会同扬州军分区开展民兵预备役防化“统编统训”试点。5月22日至6月5日，预备役师组织宝应县统编民兵预备役队伍55人参加防化集训。6月3日，以战时快速动员为课题，举行快速动员和防化科目综合演练，动用各型装备车辆22辆、专业器材105件（套）、统编人员186人，宝应县组织、人事、公安、民政、交通等部门12人参加演练。（沈　君）

■首长机关带部分实兵快速动员研究性演习　9月22—26日，预备役师首长机关和部队以信息化条件下整体防卫作战为背景，以成建制快速动员为课题，按照“聚焦实战、注重创新、体现完整”要求，采取上导下演、以上带下、军地联动、全过程全要素昼夜连续实施的办法，组织师首长机关带部分实兵快速动员研究性演习。演习分传达部署动员任务、收拢集结和请领征用、临战教育训练管理等3个阶段。师、团首长机关和部分现役、预备役官兵参加演习。演习重点检验、评估师团快速动员方案计划，规范组织实施程序，健全军地协调机制，研究探索提高预备役部队“边反应、边联动、边形成集结能力，边收拢、边训练、边形成战斗力”快速动员能力的方法和路子，深化部队全面建设和军事斗争准备。（于　锋）

6月12日，预备役师参加实弹战术演习　预备役师／供稿

武警扬州市支队

■党委班子建设 2013年，武警扬州市支队党委加强创新理论武装，系统学习中共十八大精神和习近平强军治军系列讲话精神，确立争创先进目标。在基层党组织中开展"学党章、正形象"专题教育，以"支部班子大练兵"活动为平台，提高班子"把方向、抓大事、善谋划、能落实"素质能力。参加武警江苏省总队(简称总队)《军队基层建设纲要》培训，军事组、政工组均被评为优胜单位。党委班子贯彻民主集中制，严格按规定和程序办事，全年调整、使用干部29人，提前晋升干部职务2人，推荐技术学兵26人，发展党员69人，保送1名优秀士兵入学；到基层召开现场办公会4次，组织工作组跟踪问效3次，帮助基层解决基础设施改造、执勤隐患清理等老大难问题11个。整治"五超"(超标准用车、超面积住房、超预算花钱、超规格接待、超编制用人)，推进清房工作，完成一中队、三中队守卫和警卫勤务撤收，封存车辆1辆，清退机关公勤人员3人，压缩接待费34万元。班子成员10多篇理论文章在《人民武警报》《武警学术》和中国人民武装警察部队(简称总部)政工网刊载，支队科学谋划部队建设的做法被总队政工网转载。
(卢永超)

■思想政治建设 2013年，武警扬州市支队以中共十八大精神为指导，开展"坚定信念，铸牢军魂，永远做党和人民的忠诚卫士"主题教育活动，引导官兵强化"三个自信"(道路自信、理论自信、制度自信)，锤炼官兵绝对忠诚、绝对纯洁、绝对可靠的卫士品格，激励官兵志在警营建功立业。组织"军魂永驻"演讲比赛、"热血铸就强军梦"文艺汇演，讨论、提炼"忠诚可靠、敢打必胜、自强不息、奋勇争先"的支队精神。承办总队优秀"四会"(会搞思想调查、会计划安排教育、会备课讲课、会运用现代化教学手段)政治教员苏中赛区比赛。支队获总部学党章知识竞赛优秀组织奖、总队优秀"四会"政治教员比赛第二名。
(卢永超)

■部队全面建设 落实总部党委文件精神，确立"争先进、树品牌、求特色、创佳绩"建队思路和"小支队也有大作为，后来者也能居上"等建设理念。开展"四大"(支队精神大讨论、支部班子大练兵、经常性载体大运用、隐患矛盾大化解)活动。坚持业务培训、领导帮训、实践促训，组织经常性岗位练兵，定期全员考核，鼓励参加学历教育和在职培训。开展"三比一帮"(比业务、比进步、比贡献，帮提高)活动。实行督办工作机制，规范直属大队运转秩序，编发《基层政治工作规范》。党委机关全年蹲点帮建6次92天，组织4批党委成员和机关干部蹲连住班、下连当兵，提升基层建设质量。扬州市中队党支部和仪征市中队分别被总部评为先进基层党组织、学雷锋先进集体，支队被总队评为先进支队。 (卢永超)

■军事训练 坚持战斗力唯一标准，把能打仗、打胜仗作为根本目标，开展训练价值观大讨论，确立"当兵打仗、练兵打仗、带兵打仗"思想。采取"分层练专业、股室练基础、部门练合成、机关练应用"训练模式，组织"卫士-13"演习，增强首长机关谋划决策、协调控制能力。开展"体能达标和破纪录"活动，加强网络模拟训练和训练精细化管理，采取"日检查、月讲评、季点考"，督控训练人员、实践、内容、效果"四落实"，组织2期勤训轮换、1期教练员集训、1期预提士官集训和狙击手、应急班、特勤排专业培训，召开4次比武竞赛誓师大会、3次训练表彰大会，新兵教育训练工作获总队第一名，被总部确定为总评优秀。参加总队军事比武，获"四会"教练员第一名、应急班第三名、参谋业务第五名、总评第五名的历史最好成绩。 (卢永超)

■执勤战备处突 党委每季度议勤，定期分析执勤形势，排查执勤隐患，规范执勤秩序。采取网络查、实地查、录像扫描等方式，加大查勤力度，整治"假管勤、假查勤、假执勤"问题。采取"分工负责、对口打分、累计排名"方式，联合市公安局监管支队、市人民检察院驻所检察室对执勤目标进行安全鉴定2次，整治执勤隐患5次，组织开展执勤"六查"(查思想认识，查执勤领导，查执勤部署，查执勤制度，查执勤能力，查执勤设施)活动，排除高邮中队AB门不规范、仪征中队监墙外树木超高、宝应中队执勤报警设施线路老化等23处执勤隐患。投入资金28万多元，完成机要达标建设和网管中心建设，网络通畅率99.2%。开展"红旗哨位""优秀哨兵"评比活动，每周讲评，每月下发通报，每季度兑现奖惩，常见病、多发病得到遏制，保证固定执勤目标安全无事故。定期组织兵力抽组训练，每月开展一次协同训练，每周组织一次全装登车演练，提高部队快速反应能力。落实AB队战备值班和"以车代库"制度，组织重大活动备勤，完成重大警卫勤务6件，重大活动安保和押解、巡逻勤务104件。
(卢永超)

武警扬州市支队组织新兵训练
王　卓/摄

■**正规化建设** 巩固“条令学习月”活动成果，开展“三抓一提高”（抓内务、抓着装、抓队列，提高管理层次）和“三违一整治”（违规使用手机、违规上网、违规驾驶车辆，整治违纪行为）活动，修订《机关和基层正规化管理实施细则》，落实公勤人员“挂牌上岗、干部带队、外出签批”和机关办公秩序突查、干部宿舍内务卫生曝光评比等制度。确立“平安就是政治、稳定就是大局”的“大安全观”，每月组织部门以上领导风险预测、责任分解、规避化解，全年组织安全大检查和“隐患矛盾大化解”活动3次，根除隐患131处。完善涉警舆情联查联防机制，开展驾私车、私驾车专项治理和军车违纪违规“零抄报”活动，处理违纪士官2人。4月，获总队条令知识竞赛第二名、网上队列会操第三名。（卢永超）

■**后勤保障** 推进现代后勤建设。宝应、江都2个中队营房新建工程进展顺利，5个县（市、区）中队年度经费预算提升。修订、完善7类32种保障预案，抓好复杂条件下物资投送、紧急救治、疫情防控、灾害救援等科目训练。按照“每周一网考、每月一巡考、每季一比武”模式，组织后勤岗位练兵，加大考核督训力度，培训一批后勤专业骨干。参加总队后勤岗位练兵考核，取得卫生专业个人第一名。加强后勤科学化管理。细化15项32条经费管理措施，严格“一支笔”审批制度。按照支队核定食谱、中队定点配送办法，加强伙食管控，官兵满意率97%以上。坚持故障车辆不上路、复训考核不合格不上路、有违章行为立即停车，严格带车干部责任连带制度，实现车辆全年安全无事故。严密防控H7N9禽流感，搞好卫生防疫知识普及和卫生巡诊，防控传染病。（卢永超）

扬州消防支队

■**概述** 2013年，扬州消防支队辖12个大队、12个中队（含1个特勤中队），有现役编制官兵476人（其中干部159人、士兵317人）、合同制消防员230人，装配各类执勤消防车辆73辆，设执勤消防站9个，灭火剂总装载量345.8吨。全市9支企业消防队装配各类消防车50辆，有各类执勤人员240人；13支政府专职消防队装配消防车24辆，有各类执勤人员155人；54支乡镇保安消防队装配消防三轮摩托车16辆、多功能巡防面包车38辆、小型消防水罐车14辆，有兼职保安消防队员325人。全年接警出动4301次，出动车辆8857辆次、人员4.13万人次，抢救人员600多人，保护财产价值近1亿元；处置高邮龙卷风等灾害事故，完成重大活动保卫任务。支队被江苏省消防总队评为执勤岗位练兵先进支队，被江苏省消防总队党委评为先进支队和“好班子”，1个单位被江苏省消防总队评为十佳基层大队，4个单位获江苏省文明单位称号，7个单位获评江苏省青年文明号，2人获公安部消防局表彰，17名官兵立功，1人被评为全省消防部队“十佳基层官兵”。（陈发斌）

■**思想政治建设** 2013年，扬州消防支队党委以开展党的群众路线教育实践活动、改进工作作风为主线，组织支队、大队两级班子召开专题民主生活会，整改“四风”（形式主义、官僚主义、享乐主义、奢靡之风）方面存在的突出问题，组织2次诫勉谈话、6次集体谈话、4次警示教育；对消防行政服务窗口明察暗访6次；下发督察文书156份，纠察各类问题239条。建立纪检联席会议制度，开展“双述双评”（述职述廉，民主评议、测评）活动。统一管理管钱管物等敏感岗位，规范运作。全年审计金额1.8亿元。开展“坚定信念，筑牢警魂”主题教育和“三爱”（爱民服务、爱岗尽责、爱家养德）专题教育实践活动，组织开展精品课程和特色政治教育课评比，部署开展“政工法规年”和政工干部岗位练兵活动。围绕“警营文化警体年”，培养和储备一批文体骨干，组织文艺小分队到基层慰问演出4次。（陈发斌）

11月4日，扬州市“119消防宣传月”活动在京华城北广场启动，并举行大型灭火疏散演练　王　卓/摄

■**火灾防控** 2013年，先后在全市范围内开展“除火患、保平安”、“查非除患”、“违章搭建彩钢板临时建筑及人员密集场所门窗设置影响逃生灭火障碍物专项整治”、消防安全大排查大整治、冬春季火灾防控、高层建筑消防安全等专项行动。全年检查单位1.12万家，发现火灾隐患和违法行为8744处（件），督促整改隐患和违法行为8282处（件）。通过火灾形势分析研判，加大对广陵区杭集镇旅游用品生产、邗江区长毛绒玩具生产销售、江都区福利院和敬老院、仪征市胥浦工业集中区无纺布生产、高邮市开发区服装生产、宝应县纺织品生产和玻璃制品生产等区域性、行业性火灾隐患排查整治力度，对存在重大火灾隐患单位实施政府挂牌督办整改。围绕“认识火灾、学会逃生”，借助扬州电视台《今日生活》栏目播出家庭消防安全系列节目，提高居民对消防安全的关注度和重视度；联合市教育局布置暑期消防作业，要求中小学生制作家庭逃生疏散、公众聚集场所通道标注图。利用大学生村官队伍，开展社区（村）、小单位、小场所消防常识宣传和隐患排查。成立由环卫工人、大学生、导游、出租车司机

等社会群体参与的火灾隐患排查志愿者队伍30多支，不定期开展志愿服务活动。（陈发斌）

■**灭火救援能力建设** 制定《执勤训练与队伍管理考评办法》，开展“十佳指挥员”和“十佳训练标兵”评选活动，15人获“十佳指挥员”和“十佳训练标兵”称号，4人被记功。举办2期“科学施训”师资培训班，官兵体能达标率由2012年的52%上升到63%。特勤中队召开执勤战斗力训练示范会，规范侦察、搜救、内攻、撤离等战斗展开程序。全年编制16类实战操法，组织11次联合演练；开展“六熟悉”（熟悉责任区的交通道路水源情况，熟悉责任区重点单位的分类、数量以及分布情况，熟悉责任区主要灾害事故处置的对策及程序，熟悉重点单位建筑物使用及重点部位情况，熟悉重点单位内部的消防设施情况，熟悉重点单位的消防组织及其灭火救援任务分工情况）演练，制定1056份作战预案；5名官兵参加上海合作组织演练。（陈发斌）

扬州边防检查站

■**概述** 扬州边防检查站主要承担扬州口岸14座码头18个对外开放泊位及长江扬州段81千米岸线的边防检查和监管任务。2013年，扬州边防检查站以开展党的群众路线教育实践活动为契机，全力抓好“创建模范党组织生活”活动、爱民固边战略和提高边检服务水平、部队正规化建设、构建和谐警营、基层基础建设等工作，制定《扬州边防检查站优化投资环境十项服务举措》，服务扬州口岸发展。固化、提炼“六项优质服务承诺”、“5分钟边检服务圈”、“五零服务法”、“三个联勤”模式、星级边检服务标准、“边检推荐用车”等做法，打造“阳光国门”名片式窗口服务。2013年，扬州边防检查站边检业务量比上年增长74.49%。全年检查出入境（港）船舶773艘次、员工9766人次；监护船舶322艘次，检查上下外轮人员7.26万人次；办理各类证件手续1.28万份，开启绿色通道5人次，为企业降低成本、挽回经济损失240万元。（陆 杨）

■**创建模范党组织生活** 2013年，扬州边防检查站党委将“创建模范党组织生活”活动作为推动部队建设发展的龙头工程来抓，搭建“党委学堂”“开放讲坛”“党建联盟”等平台，坚持“周学习、月研讨、季见学”制度，先后组织党委中心组学习10次，为官兵集中授课8次，召开专题研讨会7次，班子成员撰写学习笔记20多万字，完成各类蹲点调研报告和理论研讨材料24篇。推行党委指导帮扶基层“三簿制”（兵情日记簿、党委勤廉簿、业绩测评簿），落实党员领导干部过双重组织生活“一单三制”（组织生活通知单，物质生活公示制、报告制、通报制），运用“一卡二奖三评四级”（一卡积分精准管理，两种奖惩督促学习，三项考评追踪实效，四分定级挂钩帮扶）党员管理教育方法，提升党员教育工作成效。继续推进警地“大党建”格局，在大洋执勤点成立临时党支部，与扬州大洋造船厂舾海党支部签订联合创建模范党组织生活工作协议，制定6项临时党支部制度，推动警地联建联创工作。公安部边防局《边防警察报》报道扬州边防检查站“双模联创”（联合创建模范党组织生活）相关做法及成效。（陆 杨）

■**部队正规化建设** 2013年，扬州边防检查站修改、完善部队管理规章制度48项，搭建“短信温馨提醒”“网上督察”“领导信箱”等3个管理平台。按照正规化建设标准，规范、统一建设江都、仪征2个新建中队140个库室、场地及配套设施，配备高清视频会议系统、DLP（数字光处理）液晶显示系统、安防监控系统、无线通信系统、道闸系统、LED（发光二极管）显示大屏等信息化设备。落实《士官管理规定》和《士兵称职等级评定》，每半年组织1次综合考评，提高兵员管理效能。推动军事训练，举办机关干部军事训练“集训周”活动和基层骨干培训班，定期开展“军事对抗”和“训练标兵”评比活动。（陆 杨）

人民防空

■**民防组织指挥体系建设** 2013年，市民防局严格按照“能打胜仗”的总体要求，重点研究人民防空平战转换方式、时机、阶段划分和转换工作具体程序、内容、方法等，完成《扬州市人民防空袭方案》修订，指导所属县（市、区）人民防空办公室和部分街道分别完成《人民防空袭方案》《人口疏散预案》修订。加强对重要经济目标主管部门的指导，帮助6家单位完成《防空袭预案》修订，指导开展伪装防护、工程防护和应急救援工作，组织重要经济目标防护培训和机动指挥所开设、防护等针对性演练。成立民防网络防护专业队，先后组织市本级和县（市、区）人防专业队年度整组与点验、拉动训练、人防专业队及志愿者队伍骨干集训。完成扬州民防史上首次人防平战转换研究性演练，组织参加全国人防比武竞赛，承办2013年“民防杯”江苏省业余无线电应急通信演练比赛，参与完成省民防局组织的“生命线防护”演习暨民防专业队汇报演示。（倪方勇 李笑晖）

■**民防信息化建设** 完善警报和通信网络。全市新（改）建固定警报器5台、多媒体警报器5台、重点人防工程远程监控点1个，组织完成“10·29”防空警报试鸣，警报音响覆盖率98%。完成人防指挥信息系统、城市交通信息图像系统、民防涉密专网、机动指挥车VOIP（多制式通信）调度系统等新装、升级、改造工作以及全国人防卫星通信骨干网、卫星导航定位系统和超短波集群通信网建设前期准备工作。完善省、市、县三级指挥通信平台，依托军地信息网络资源，升级改造人民防空信息传输网络，已建成基本指挥所（地面指挥中心）的县（市、区）完成视频会议和IP电话（网络电话）专网建设，与市本级实现网系互联互通。省、市、县民防三级通信互联和保障安全稳定，民防基础信息网络日益完善。（倪方勇 李笑晖）

■**人防工程防护体系建设** 严格执行人防工程建设审批统一管理制度。全年立项、开工、竣工的结建人防工程面积均实现快速稳定增长，人防工程易地建设费实现按时足额征收。开展全市民防系统安全生产大检查，加强对人防工程及其防护设备设施的定期检查和维护保养，重点对早期人防工程进行专项治理。全市人防工程完好率92.4%，公共人防工程处于良好状态，全年未发生安全责任事故。常态化、长效化推进人防工程标识设置和维护工作，在工程内设置维护管理制度、消防管理制度、消防应急预案、维护保养档案制度和平面示意图等明显标识。将标识标牌设置纳入新建工程竣工验收内容，将标识标牌巡查纳入数字化城管范围，将标识标牌维护纳入人防工程维护管理范畴，维护保养市区已建成的标识标牌。市区民防工程标识标牌继续保持全覆盖。完成扬州市新集防空林、杨寿疏散地域生活保障基地基础设施建设，市直3个人口疏散基地管理得当、状态良好。 （倪方勇 李笑晖）

■**民防融合式发展** 2013年，全市民防工作立足扩大民防工程社会效益和经济效益，促进城市地下空间开发利用，挖掘国有资产升值潜力，加快实现民防融合式发展。市政府印发《扬州市城市地下空间开发利用管理办法》《关于加快地下空间开发利用的实施意见》，发掘城市地下空间开发利用潜力，规范引导地下空间开发利用行为，推动城市经济与环境、资源协调发展。采取使用权转让和短期租赁相结合方式，提高住宅小区人防工程使用效率。公用人防工程招租全部进入市产权交易中心，引入竞争机制，规范人防工程开发利用行为。截至2013年底，全市人防工程累计向社会提供停车泊位1.3万个，提供就业岗位3500多个。

（倪方勇 李笑晖）

■**民防执法与宣传教育** 查处破坏民防设备、设施和未按规定配建人防工程等违法行为，提高人防执法水平。构建民防宣传立体式格局，利用“3·1”国际民防日、“5·12”防灾减灾日、“10·29”警报试鸣日等重要时间节点，在社区、学校、企业开展各类活动100多次。全年在《中国人民防空》《人防科技》《江苏民防》等杂志发表文章各10篇，编发《民防简报》12期，在各级各类媒体编发稿件153篇。在民防行政审批窗口设立民防知识宣传资料架，宣传民防法律、法规、政策和民防知识技能。推进中小学民防知识教育，更新、完善市青少年素质教育基地民防教育展馆展示内容。加强机关干部民防知识培训。全年逾万名在校学生和机关干部接受民防教育。 （倪方勇 李笑晖）

■**民防进街道、进社区** 建立社区民防工作长效机制，加强业务指导，印发2个指导性文件，组织社区民防工作站站长培训和社区民防业务骨干轮训，依托社区民防工作站举办民防知识教育培训、讲座200多场次，组织群众开展防空防灾紧急疏散演练，全年1万多人参与活动。开展民防工作向乡镇延伸试点，探索基层民防工作新途径，扩大民防进社区工作成果。 （倪方勇 李笑晖）

■**广陵新城人防综合工程建设** 广陵新城人防综合工程占地6.87公顷，建筑面积7万平方米，土建工程年底主体封顶。该工程建成后，战时和灾时可作为人员掩蔽部、物资储备库、汽车库和应急避难场所等，平时可作为市民购物休闲、社会停车、广场集散、配套服务综合体。

（倪方勇 李笑晖）

拥政爱民

■**概述** 2013年，驻扬部队开展“双带双扶”（组织民兵和预备役人员带头创业致富、带动共同致富，扶助贫困村和贫困户、扶助贫困小学和特困学生）活动，建设第二故乡。全年捐资2万元改善八一希望小学教学设施；参加“‘5·19’慈善一日捐”活动，捐款30多万元。春节前，驻扬部队官兵到江都区郭村镇、真武镇为结对帮扶的40户困难家庭送去慰问金2.6万元；驻邗江区预备役某部公勤队官兵慰问丰乐社区独居老人；驻仪征某部队出动车辆帮助民政部门运送慰问物资，组织官兵为枣林湾敬老院提供打扫卫生、理发、测量血压等便民服务；武警高邮市中队出动120多人次，参加治安巡逻，协助公安部门维护社会治安。各部队全年走访地方各级党政机关和社会团体258家次；慰问贫困家庭238户次，发放慰问金45万元；资助12万元，解决100多名地方贫困生就学困难。 （周梅红）

■**军分区拥政爱民** 军分区邀请部队专家为扬州市委中心组领导作国防形势报告，召开市委常委议军会暨人武部党委第一书记述职报告会，组织宝应县、高邮市人武部党委第一书记任前谈话和任职仪式，规范党管武装工作。军分区会同市委、市政府表彰“乡镇（街道）党管武装好书记”“履行国防义务好厂长（经理）”，会同市委组织部评选“十佳专武干部”“优秀民兵”。出资帮扶贫困村、慰问贫困户、资助八一希望小学。组织官兵和民兵预备役人员开展重点建设、扶贫济困、文明示范、岗位创新、治安维稳“五项工程”建设，受到地方领导和人民群众高度赞扬。 （刘 云）

■**扬州边防检查站推进爱民固边战略** 2013年，扬州边防检查站推进爱民固边战略，开展“橄榄绿，暖童心”“大手拉小手，警民心连心”等多项活动，组织官兵走访慰问长期结对帮扶对象，连续第12年与施桥镇敬老院孤寡老人开展“认亲接力”活动，连续第八年慰问社区困难儿童和企业困难职工，连续第15年为驻地院校义务军训，连续第16年结对帮扶陈集镇八一希望小学困难师生，连续第四年被扬州市政府和扬州军分区联合表彰为“双拥”创建先进单位。 （陆 杨）

开发园区

Kaifa Yuanqu

编　辑　李全权

综述

■**概况**　扬州市有开发园区10个，其中国家级经济技术开发区1个、省级高新技术开发区1个、省级经济开发区7个、市级重点工业园1个；另有国家级出口加工区1个。全市开发园区规划建设面积504平方千米，建成面积158平方千米。2013年，全市开发园区实现业务总收入1.52万亿元，比上年增长27.8%；工业产品销售收入1.18万亿元，增长25.1%；财政总收入224.58亿元，增长22.3%；完成基础设施建设投入317.69亿元，增长20.8%；自营出口66.83亿美元，下降4.9%；注册外资及港澳台资实际到账15.52亿美元，增长4.4%。　　（徐其祥　邱永永）

■**产业发展**　2013年，全市各园区汽车及零部件产业实现产值939.2亿元，比上年增长40.7%；机械装备产业实现产值2562.8亿元，增长18.5%；船舶及配套件产业实现产值547.9亿元，下降7.5%；石油化工产业实现产值1525.1亿元，增长9.8%；新能源、新光源产业实现产值588.0亿元，增长18.0%。在全省143个特色产业园年度考核排名中，仪征汽车产业园列第十位。在全市特色产业园年度考核排名中，江苏扬州新材料产业园、江苏宝应智能电网装备产业园和江苏邗江数控机床产业园分列前三位。园区内龙头企业上海大众仪征分公司、海信容声公司、晶澳太阳能公司、牧羊集团分别实现销售收入205.8亿元、38.3亿元、31.6亿元、30.2亿元。　（徐其祥　邱永永）

■**招商引资**　2013年，全市开发园区分别在长三角地区、港澳台地区和亚洲、欧美国家召开扬州籍成功人士座谈会，开展日韩专题招商、产业推介、“名城名企扬州行”等系列招商推介活动。日本旭硝子株式会社、中航集团等8家世界500强、国内行业前10强企业先后在园区落户。全年新批外商及港澳台商投资企业100家，比上年下降39.1%。其中，国家级经济技术开发区新增外商及港澳台商投资企业32家，省级经济开发区新增外商及港澳台商投资企业68家。注册外资及港澳台资实际到账15.52亿美元，增长4.4%。其中，国家级开发区到账4.61亿美元，省级开发区到账10.9亿美元。

（徐其祥　邱永永）

■**项目建设**　2013年，凯尔贝数控科技、税友软件、宝能软件园、联环药业、新世纪索业、锦绣前程触摸屏等重大项目先后在各开发园区开工、投产。全市园区新签约重大项目39个，计划投资415亿元；新开工重大项目62个，计划投资588亿元；新竣工重大项目25个，实际投资251亿元；新投产重大项目28个，实际投资267亿元。　（徐其祥　邱永永）

■**对外贸易**　2013年，扬州市组织园区申报国家级、省级出口基地，鼓励区内企业开展境外商标注册、质量认证等出口品牌创建基础工作，引导龙头企业、品牌产品走向国际市场。放大扬州外贸商品展示交易平台影响力，打造网络营销平台，寻找订单资源，调动企业开拓国际市场的积极性。发挥扶持资金、展会资源等方面优势，继续加大对牧羊集团、九龙汽车等新上项目的跟踪服务力度，促进项目快建设、早投产。2013年，全市开发园区完成自营出口66.83亿美元，比上年下降4.9%。其中，国家级开发区完成自营出口18.16亿美元，下降37.8%；省级开发区完成自营出口44.54亿美元，增长20.0%；市级重点工业园区完成自营出口4.12亿美元，增长2.8%。　（徐其祥　邱永永）

■**科技创新**　2013年，全市开发园区申报发明专利3120件，获专利授权1330件；新增高新技术企业26家，引进科技领军型人才49人；新增省级以上研发机构25个，签约产学研合作项目285个，建成国家级孵化器3个、省级孵化器8个，科技产业综合体面积累计130.5万平方米。围绕产业结构调整和优化升级，发展新兴产业和现代服务业。2013年，新能源、新光源、新材料产业实现产值929亿元，比上年增长13%；智能电网产业实现产值917亿元，增长18%；节能环保产业实现产值575亿元，增长17%。扬州化工园区、扬州高新技术产业开发区、高邮经济开发区、江都经济开发区分别创成省级产业示范基地。　（徐其祥　邱永永）

■**合作共建**　2013年，扬州经济技术开发区与上海张江国际医学园区

(集团)有限公司签约合作共建上海(扬州)国际医学园区项目,规划面积10平方千米。其中核心示范区2平方千米,计划总投资200亿元,建筑面积300万平方米,重点建设医学研发总部园、医药医疗器械产业区、康复养生区、医疗服务区、文教区和综合配套区等"一园五区",将形成年产值300亿元、税收50亿元的康复医学产业规模。扬州化工园区与台湾石化公会签约合作共建海峡两岸(扬州)绿色石化产业合作区项目,规划面积4.79平方千米,注册资金1.5亿元;成立扬州海峡两岸绿色石化产业投资有限公司,承担合作区融资和基础设施建设职能,先期重点发展环氧乙烷/乙二醇及其下游衍生物、PTA/PET及其下游衍生物、异丙苯/苯酚/丙酮及其下游衍生物等产业链项目,到2016年可形成产值800亿元的产业规模。江都经济开发区与常熟经济技术开发区合作共建,互派招商、项目服务人员到对方园区驻点学习,确立常态化合作机制。

(徐其祥　邱永永)

■3个园区获批江苏省知识产权试点园区　2013年,全市各省级开发区把知识产权保护、运用、管理与园区经济发展、科技创新、运营管理相结合,实施知识产权战略,促进产业结构调整和经济发展方式转变。12月23日,省商务厅、省知识产权局联合下发《关于同意南京经济技术开发区等28家单位为江苏省知识产权试点园区的批复》,仪征经济开发区、维扬经济开发区、广陵经济开发区获批成为江苏省知识产权试点园区。至此,全市9个省级以上开发园区全部成为江苏省知识产权试点园区。

(史　建)

■扬州出口加工区　2013年,扬州出口加工区注册外资及港澳台资实际到账5289万美元,完成工业产值39.99亿元、进出口总额15亿美元,实际完成进出境总额5.2亿美元,在江苏省13个出口加工区中排名第八位。至2013年底,扬州出口加工区累计完成注册项目36个,投资总额14.80亿美元,注册资金9.12亿美元;累计完成进出口总额53.5亿美元,实际完成进出境总额20.15亿美元;累计建设标准厂房17.8万平方米、职工公寓1.4万平方米、保税仓库2100平方米。易倍得电子、峻茂光电、荣德太阳能、天威新能源、力铼光电、川岳科技、芯际半导体、晋皇科技、凯发高科技、日新意旺等重大项目加速集聚,初步形成电子信息、太阳能光伏、装备制造和LED(发光二极管)芯片封装检测等特色产业。市政府出台《扬州出口加工区"飞地经济"管理办法》,促使全市外向型经济向扬州出口加工区集聚。推进申请设立扬州综合保税区工作。8月6日,省政府向国务院提交《关于申请设立扬州综合保税区的报告》;8月15日,该报告被批转至海关总署。

(徐其祥　邱永永)

扬州经济技术开发区

■概述　2013年,扬州经济技术开发区实现地区生产总值803.7亿元,比上年增长14.5%;实现业务总收入4494.16亿元,增长32%;实现规模以上工业增加值650.4亿元,增长14.9%;实现工业产品销售收入3169.97亿元,增长28%;财政总收入63.29亿元,增长4%;自营出口18.16亿美元,下降37.8%。

(徐其祥　邱永永)

■招商引资与项目建设　2013年,扬州经济技术开发区把引进重大项目作为工作重点,加快推进项目落户、开工、建设、投产。全年新批外资及港澳台资投资项目32个;注册外资及港澳台资实际到账4.61亿美元,增长9.31%。民资注册资金实际到账21亿元。派氪科技、普洛斯物流、尤妮佳等重大项目顺利实施。

(徐其祥　邱永永)

■科技创新　完善创新平台。国家级光电产品检测重点实验室等公共平台投入使用,西安交大扬州科技园集聚近50个优质项目入区孵化,智谷科技综合体在建。深化产学研合作。以项目为载体,与高等院校、科研院所开展多层次、全方位合作,与上海张江高科技园区签订合作框架协议。2013年,扬州经济技术开发区高新技术产业产值占比58%,成为全国首家挂牌的国家循环经济教育示范基地;新增国家高新技术企业6家,新增省高新技术产品50个,建成省级以上研发机构40个。亚普汽车部件有限公司获批成为国家级企业技术中心。

(徐其祥　邱永永)

■基础设施建设　2013年,扬州经济技术开发区完成基础设施建设投入65.81亿元,比上年增长20%。建成区路网全面形成,出口加工区和各产业基地排污、排水、供电、供气、供

10月28日,扬州经济技术开发区内永丰余造纸(扬州)公司生物制浆设备调试结束,进入试投产阶段　居小春/摄

热、海关直通点等基础配套趋于完善。加快临港新城开发，雅居乐商业综合体、恒通邻里中心等重大城建项目开工。新建、改造道路7条9.8千米。开展市容环境综合整治，完成维扬路、兴城东路积水点整治。328国道连接线全线通车。新增城市绿化面积56万平方米。拆迁民房、企业厂房48万平方米。新开工建设安置房15万平方米，建成交付安置房43万平方米。（徐其祥　邱永永）

■日新意旺高科技(扬州)有限公司投产　3月18日，日新意旺高科技(扬州)有限公司建成投产。该公司是日本日新离子机械株式会社在扬州出口加工区内设立的外商独资企业，成立于2011年1月，注册资金7亿日元，总投资17.5亿日元。公司占地2.03公顷，建筑面积3535平方米，主要从事半导体制造装置、平板显示器(FPD)制造装置及部件的生产、研发、销售并提供售后服务；预计年产离子注入装置12台，年出口额约2300万美元。（杨　志）

扬州高新技术产业开发区

■概述　3月1日，邗江经济开发区正式更名为扬州高新技术产业开发区(简称扬州高新区)。2013年，扬州高新区实现业务总收入1646.89亿元，比上年增长21%；工业产品销售收入1363.86亿元，增长17%；财政总收入24.89亿元，增长23%；自营出口7.07亿美元，下降0.6%；注册外资及港澳台资实际到账2.38亿美元，增长72.9%。完成规模以上工业产值444亿元。完成技改投入46亿元。8月9日，2012年度江苏省开发区科学发展综合评价情况公布，扬州高新区在全省100家省级开发区中列第六位。12月26日，扬州高新区被省科技厅等7个部门联合授予第二批省级科技金融合作创新示范区称号。（徐其祥　邱永永）

■招商引资与项目建设　2013年，扬州高新区新增外商及港澳台商投资企业7家；外资及港澳台资实际到账2.38亿美元，比上年增长72.9%。新增私营企业141家，私营企业注册资金实际到账11亿元。通快金方圆、国药威克、恒佳机械、扬农总部等项目签约落户，联创软件园、迈安德智能装备、金荣科技园等项目开工，牧羊控股、新扬科技等项目投产，德豪润达项目竣工，完美二期、伯克生物、星河蓝湾等项目进展顺利，全年有4个项目通过扬州市重大项目认定。（徐其祥　邱永永）

10月18日，德国通快集团和江苏金方圆数控机床有限公司举行合资庆典
陈　平/摄

■科技创新　扬州高新区完成高新技术产业产值240亿元。获批成为江苏省邗江文化科技产业园和江苏省科技金融合作创新示范区。新增国家级博士后科研工作站2家、省级博士后创新实践基地1家。牧羊集团建成苏中苏北地区唯一的国家级工程技术研究中心。新增国家级高新技术企业2家，新认定省级以上高新技术产品53个，新申请专利805件，累计获省级以上科技资金3500万元。7人获“江苏省高层次创新创业人才引进计划”和“江苏省企业博士集聚计划”奖励。（徐其祥　邱永永）

■基础设施建设　2013年，扬州高新区完成基础设施建设投入35.63亿元，比上年增长25%。编制生物科技园、大学科技园以及运西片区、汊河片区、建华片区等区域控制性规划，完善南、北园控制性规划，并通过市城市规划委员会最终审定。新建328国道扬州高新区段等5条道路，改造积水严重的完美路、祥园路，迁移、改造电力杆线10条，完成创业服务中心3万平方米内外装饰及各项配套工程，建华一期、胡庄一期等约10万平方米安置房建成并通过竣工验收。（徐其祥　邱永永）

■入选江苏省首批高端装备制造业示范产业基地　2013年，根据《江苏省高端装备制造业特色和示范产业基地认定办法(试行)》，江苏省经济和信息化委员会(简称省经信委)组织开展江苏省高端装备制造业特色和示范产业基地认定工作。5月11日，经各地级市经信委推荐、省经信委形式性审查、专家集中会审、规划评审及公示等程序，扬州高新区入选江苏省首批高端装备制造业示范产业基地。（杨　志）

■通过省级生态园区验收　12月12日，江苏省生态工业园区建设协调领导小组办公室验收组对扬州高新区创建省级生态工业园区工作进行验收，听取扬州高新区创建工作报告和技术报告，并考察江苏牧羊集团、扬州完美日用品有限公司、江苏华扬太阳能有限公司等企业。验收组认为，

扬州高新区创建资料完整、档案齐全，创建工作指导思想明确、思路清晰、措施得力、成效显著，技术考核和现场监督提出的意见得到有效整改，创建的基本条件和各项建设指标均达到省级生态工业园区建设要求，同意扬州高新区通过省级生态工业园区验收。（杨 志）

扬州化学工业园区

■**概述** 2013年，扬州化学工业园区（简称扬州化工园区）实现业务总收入1216.21亿元，比上年增长10%；工业产品销售收入988.61亿元，增长8%；财政总收入10.09亿元，增长11%；自营出口2.96亿美元，增长22.8%。园区企业实现全部工业产值878.39亿元，规模以上工业企业实现产值796.1亿元。根据中国石油和化学工业联合会发布的2012中国化工园区综合评价结果，扬州化工园区位列“中国化工园区20强”第六位。（徐其祥 邱永永）

■**招商引资** 2013年，扬州化工园区组织参加扬州（台北）合作恳谈会、扬州（首尔）合作恳谈会、扬州（东京）合作恳谈会以及“烟花三月”国际经贸旅游节、央企合作恳谈会、名企合作恳谈会等大型招商活动，重点拜访远东集团、长春集团、锦湖集团、住友精化等企业，完善“世界化工130强”“国内化工80强”等数据库。全年新增外商及港澳台商投资企业5家；注册外资及港澳台资实际到账1.17亿美元，比上年下降25.1%。新增民资注册资金到账16.4亿元。

（徐其祥 邱永永）

■**项目建设** 2013年，扬州化工园区总投资1亿美元的大连化工1，4-丁二醇项目建成投产。远东联乙二醇、远纺工业化工新材料、通达低温乙烯储罐、远纺工业化工新材料二期、供热中心一期等重大项目通过新开工认定。奥克化学30万吨环氧乙烷及其衍生物、5万立方米低温乙烯储罐，普莱克斯工业气体等项目在建。远东联环氧乙烷、通达工业气体、亚东石化二期等外资及港澳台资项目和君竹化工助剂、扬海催化剂、沿江新能源等民资项目完成审批或备案。总投资108亿元的富德新能源（扬州）产业园合作框架协议正式签订，完成公司注册，到账资金10亿元。（徐其祥 邱永永）

2013年，大连化工1,4-丁二醇项目投产。图为生产装置外景 化工园区/供稿

■**科技创新** 2013年，扬州化工园区加快创新型园区发展，实现高新技术产业产值442.3亿元。申报各级各类科技计划项目23个，新增省重点技术创新项目1个。新增国家高新技术企业1家、省民营科技型企业10家、省级研究生工作站1个、省企业技术中心1个、省高新技术产品7个。申请专利211件，其中发明专利23件；获专利授权93件，其中发明专利授权8件。促成园区企业与高校及科研院所签订产学研合作项目20个。高新技术创新创业中心研发中心综合楼主体建成。

（徐其祥 邱永永）

■**基础设施建设** 2013年，扬州化工园区完成基础设施建设投入30.78亿元，比上年增长23%。青山沿江安置小区二期工程按期交付，浦西安置小区二期工程全部通过竣工验收，浦西安置小区三期工程全面开工建设，古湄家苑安置小区工程各项前期工作基本完成。

（徐其祥 邱永永）

■**安全环保** 2013年，扬州化学工业园区开展废气专项整治、危险废物专项执法检查、水污染防治等专项行动，全年开展安全环保检查937次，下发监察通知32件，加大对违法行为的处罚力度，强化企业安全环保主体责任意识。利用安全生产事故隐患排查信息系统，排查隐患852条，有效防止重大事故的发生。污水处理厂一、二期工程污水处理设施运行正常，污水日处理能力4万吨；总库容40万立方米的扬州杰嘉固废处置中心一期工程试生产；综合应急响应中心加快建设；园区大气自动监测站新增细颗粒物、一氧化碳监测设备。在全省化工园区中率先组织区域环境风险评估。8月，扬州化工园区区域安全风险评估报告通过省环保厅专家评审。组织开展应急演练27次。园区消防队经省公安厅消防局批准，成为一级政府专职消防队。园区应对突发事件的综合处置及协同作战能力得到提升。（徐其祥 邱永永）

广陵经济开发区

■**概述** 2013年，广陵经济开发区实现业务总收入1135.18亿元，比上年增长43%；工业产品销售收入959.66亿元，增长39%；财政总收入20.13亿元，增长29%；自营出口9.09亿美元，增长10.9%。

（杨 志）

■**招商引资与项目建设** 广陵经济开发区新引进项目29个，其中新批外商及港澳台商投资企业项目14个、新设民资企业项目15个；新批原有企业增资扩股项目44个，其中外资及港澳台资增资项目10个、民资增资项目34个。新增注册资金3000万元以上民资项目9个，其中注册资金1亿元以上项目5个。民资注册资金实际到账13.8亿元。注册外资及

港澳台资实际到账1.86亿美元，比上年下降3.8%。（徐其祥　邱永永）

■**人才引进**　2013年，广陵经济开发区引进国家“海外高层次人才引进计划”专家1人、“江苏省高层次创新创业人才引进计划”人才1人，进站博士1人。企业柔性引进教授、博士24人。（徐其祥　邱永永）

■**基础设施建设**　2013年，广陵经济开发区完成基础设施建设投入43.36亿元，比上年增长59%。实施沙湾南路绿化带、江六高速沿线节点和风光带等绿化工程，绿化总面积30万平方米；提升安置小区绿化面积约6万平方米。实施滨河路延伸道路工程（嘉苑路北侧—扬霍路），按城市次干路标准设计，道路全长404.43米、横断面宽18米；实施滨河路道路改造工程（嘉苑路北侧—公园南路），按城市次干路标准设计，沿线依次与嘉苑路、纬二路、公园南路相交，道路全长1263米、横断面宽22米。建设科技加速器厂房，东至沙湾路、西至强民路、南至大信重工、北至易购机电，占地3.51公顷，为四层框架结构厂房，总建筑面积5.58万平方米。（徐其祥　邱永永）

■**江苏省液压机械产品质量监督检验中心成立**　12月，江苏省质量技术监督局批复同意成立江苏省液压机械产品质量监督检验中心。该中心位于广陵经济开发区科技创业园内，占地2公顷，建筑面积2.53万平方米，主要从事液压机械产品的检测及相关技术服务和科研工作。该中心项目2011年5月底通过专家论证，2011年9月30日土建开工，2013年9月通过省级实验室资质认定初审，同年12月通过省质量技术监督局组织的资质认定和筹建验收。（史　建）

广陵经济开发区液压机械企业——江苏巨超重工机械有限公司装配车间一角　　张　丽/摄

维扬经济开发区

■**概述**　2013年，维扬经济开发区实现业务总收入1017.31亿元，比上年增长131%；工业产品销售收入697.44亿元，增长127%；财政总收入12.53亿元，增长102%；自营出口6.78亿美元，增长163.9%。实现地区生产总值153亿元，比上年增长12.6%；实现工业增加值67亿元，增长16.6%；规模以上工业实现产值280亿元，增长17%。（徐其祥　邱永永）

■**招商引资**　2013年，维扬经济开发区围绕产业定位，成立4个驻点招商组，靠前招商。全年新批外商及港澳台商投资企业3家，注册外资及港澳台资实际到账7038万美元，比上年增长23.1%。实收有限公司注册资本金9.1亿元。（杨　志）

■**项目建设**　2013年，维扬经济开发区推进上年结转开工项目9个，其中10亿元以上重大项目5个。海普瑞斯轴承（一期）、江阳电缆（二期）等项目竣工投产，五亭龙商务广场项目双子楼交付使用，税友软件园项目、宝马大厦主体建筑封顶，双子楼新纪元广场项目开工建设。宝能科技园项目签约。国际汽车城北区项目启动；雷诺4S店建成并通过厂方验收，一汽大众和奥迪等品牌4S店进驻，累计有45个品牌的汽车4S店进驻国际汽车城。（徐其祥　邱永永）

■**科技创新**　2013年，维扬经济开发区申报国家高新技术企业4家，新增省级高新技术产品25个、市级研发机构11个、省级科技计划项目26个；新增省级服务业集聚区1个、省级科技成果转化项目2个、省级工程技术研究中心3个；4人入选“江苏省高层次创新创业人才引进计划”，2人入选“江苏省企业博士集聚计划”，引进国家“海外高层次人才引进计划”人才3人。（徐其祥　邱永永）

■**基础设施建设**　2013年，维扬经济开发区完成基础设施建设投入18.59亿元，比上年增长33%。完成220千伏江蜀线、扬蜀线高压杆线迁移，甘泉新区10平方千米范围内用地障碍全部清除。姚湾路、税友路工程完工，宏泰路工程在建。邗江北路污水提升泵站主体完工，外线管网在建。甘泉新苑一期586户安置房完成交付。盘活存量土地，清退7宗地块上10多家低产出、低效能企业。（徐其祥　邱永永）

■**徐永龙博士创业团队入选“国务院侨办重点华侨华人创业团队”**　9月29日，第三批国务院侨办重点华侨华人创业团队授牌仪式在北京举行。维扬经济开发区蓝宝汽车电子（扬州）有限公司徐永龙博士创业团队现场受牌。徐永龙毕业于德国汉诺威大学，是国家“海外高层次人才引进计划”专家联谊会副秘书长，作为唯一发明人，拥有多项欧美专利，在国内申报发明专利7件，获专利授权2件。（史　建）

江都经济开发区

■**概述**　2013年，江都经济开发区实现业务总收入1667.64亿元，比上年增长15%；工业产品销售收入1434.17亿元，增长15%；财政总收

7月16日，江苏九龙汽车制造有限公司首款MPV(多功能车)艾菲下线　　江　都/供稿

入25.94亿元，增长15%；自营出口8.09亿美元，增长0.7%。园区企业完成工业技改投入33.35亿元。申报晋升国家级开发区。

(徐其祥　邱永永)

■**招商引资**　2013年，江都经济开发区以强化招商引资为核心，推动园区发展。完善招商工作绩效考核办法，调动镇、村共同参与、联动招商的积极性。推行以企招商。借助企业的信息渠道、商务渠道、人脉资源，对园区企业的上下游客户进行挖掘梳理，请进来推介、走出去拜访，促成一批配套商、供应商跟进落户。全年新批外商及港澳台商投资企业9家；注册外资及港澳台资实际到账1.75亿美元，比上年增长30.1%。

(杨　志)

■**项目建设**　2013年，江都经济开发区有在建10亿元以上项目7个。其中，工业项目3个，分别是总投资10.5亿元的江之都工业化住宅系统项目、总投资10.5亿元的华江祥瑞新型建筑材料项目和总投资10.5亿元的中天管桩项目；服务业项目4个，分别是总投资10亿元的中远3号、4号、5号泊位项目，总投资12亿元的美钢管业项目，总投资10亿元的惠普研发基地项目和总投资10亿元的景诚酒店项目。有在建1亿～10亿元工业项目2个，分别是总投资2亿元的雷凡管业项目、总投资2.3亿元的立德粉末冶金项目。

(徐其祥　邱永永)

■**基础设施建设**　2013年，江都经济开发区完成基础设施建设投入33.40亿元，比上年增长20%。修编、完善防洪排涝规划和供水规划。建成污水处理厂扩建及提标改造工程，污水处理厂日处理能力提升至2.5万吨，排放标准由一级B提升至一级A。配套完善总长度52千米的园区污水管网。疏浚、整治河道20千米，完成白塔河沿岸8千米美化绿化工程。11万伏变电所完成土建，进入设备安装环节；改建、新架设电力线路约10千米。配套、完善滨江科技城核心区相关路网，建成香榭南路、龙江西路2千米，淮园路、北华路、光明路等7.5千米道路在建。中远3号、4号、5号泊位水工工程建成，海螺码头完成竣工验收和市级开放。边防检查站启用。光明花苑工程建成交付面积8万平方米、在建面积34万平方米。4.7万平方米的公租房主体工程竣工，室内装潢和室外配套工程在建。7.7万平方米标准化厂房全部建成。

(徐其祥　邱永永)

■**亚洲最大氨基酸制剂项目落户江都经济开发区**　10月，上海元心投资管理有限公司和奥吉特生物科技有限公司联合与江都经济开发区签约，投资建设褐菇及其氨基酸制剂生产基地项目。该项目引进荷兰成熟技术、工艺和设备，实行集约化、智能化、无污染、零排放生产模式，专业从事食用菌研发、培育、加工、生物萃取、菌床回收再利用等，是集智能化、生物工程研发、全产业链无污染为一体的科技型生物工程项目。一期投资5亿元，其中固定资产投资4.8亿元；规划建设恒温、恒氧、恒湿自动化原料生产厂房4万平方米，培养基一次发酵隧道5条、二次和三次发酵隧道11条，研发大楼等，总建筑面积5万平方米。达产后可年生产褐菇原料1.5万吨、培养基料30万吨、小品种氨基酸和真菌多糖产品2000吨，实现销售收入3亿元，成为亚洲最大褐菇及氨基酸和多糖产品生产基地。

(史　建)

宝应经济开发区

■**概述**　2013年，宝应经济开发区完成工业产值930.62亿元，比上年增长29.5%；实现业务总收入1125.75亿元，增长41%；工业产品销售收入910.23亿元，增长39%；财政总收入21.42亿元，增长54%；自营出口4.96亿美元，增长13.7%；新增开票销售额1000万元以上企业22家，其中开票销售额3亿元以上企业2家、5000万元以上企业6家、3000万元以上企业5家。全年有54家企业实施技术改造，完成技改投入126.1亿元。获批土地35.8公顷，盘活存量土地16.7公顷。

(徐其祥　邱永永)

■**招商引资与项目建设**　2013年，宝应经济开发区新增外商及港澳台商投资企业8家，注册外资及港澳台

8月18日，投资1亿元的江苏利德尔塑化科技股份有限公司尼龙传动项目开工　　宝　应/供稿

资实际到账8201万美元，比上年下降18.2%；新增民资注册资金48.51亿元，增长2%。新开工1亿元以上项目7个，分别是投资10亿元的江苏宝创电缆有限公司宝创电缆项目、投资1亿元的江苏利德尔塑化科技股份有限公司尼龙传动项目、投资5亿元的广东易事特电源股份有限公司逆变器项目、投资1亿元的扬州三金特种金属材料有限公司汽车制动器项目、投资1亿元的江苏宝杰隆电磁线有限公司电磁线项目、投资1亿元的江苏科达车业有限公司汽车配件项目、投资1亿元的苏州益马机械科技宝应有限责任公司石油机械制造项目。竣工投产1亿元以上项目2个，分别是总投资12亿元的江苏宝生聚酯科技有限公司年产30万吨聚酯材料项目、总投资2.5亿元的江苏中循环境技术有限公司环保设备项目。（徐其祥　邱永永）

■**科技创新**　2013年，宝应经济开发区新增中国科学技术协会“海外智力为国服务行动计划”江苏(扬州)基地宝应工作站1个、国家高新技术企业2家、国家火炬计划企业1家、国家中小企业创新基金项目1个，新增省级工业支撑项目1个、江苏省著名商标1件、省民营科技型企业16家。申报高新技术产品15个，获批7个。申请专利230件，其中发明专利32件。引进高层次人才40人，其中柔性引进21人；3人申报“江苏省高层次创新创业人才引进计划”，1人入选；3人申报“江苏省企业博士集聚计划”，1人入选；13人申报扬州市“绿扬金凤计划”。（徐其祥　邱永永）

■**基础设施建设**　2013年，宝应经济开发区完成基础设施建设投入24.76亿元，比上年增长10%。科技创业园项目29幢标准厂房全部建成；招租项目11个，出租厂房14幢。完成3宗商业用地挂牌出让，出让面积6.6公顷；征收土地4批次61.9公顷；完成工业项目用地挂牌面积61.9公顷，土地融资挂牌13宗26.8公顷；盘活存量土地16.7公顷。（徐其祥　邱永永）

仪征经济开发区

■**概述**　2013年，仪征经济开发区实现业务总收入1188.95亿元，与上年基本持平；工业产品销售收入971.99亿元，增长4%；财政总收入21.54亿元，增长23%；自营出口2.63亿美元，增长44.4%。完成工业总产值508亿元，增长23.9%；其中规模以上工业产值439亿元，增长34%。主导产业支撑发展能力增强，船舶产业、汽车及零部件产业和高新技术产业完成工业产值505.1亿元，占全区工业总量的99.3%。其中，规模以上船舶企业完成产值110.5亿元，规模以上高新技术企业完成产值25.8亿元，规模以上汽车及零部件企业完成产值329.1亿元。（徐其祥　邱永永）

■**招商引资与项目建设**　2013年，仪征经济开发区新增外商及港澳台商投资企业15家；注册外资及港澳台资实际到账1.55亿美元，比上年下降4.5%；注册民资实际到账23.1亿元。完成项目注册28个，其中1亿元以上项目17个、10亿元以上项目3个。重点项目完成投资65.8亿元，22个项目投产。新开工项目25个，其中10亿元以上项目4个；新竣工项目22个，其中10亿元以上项目3个。耀皮玻璃、依利安达、延锋伟世通和中江能源回收等项目投产，中电电气、国芯半导体、绿地码头、舜天海工、明岐铝轮毂扩建、中江能源回收增资、联众热电联产等项目在建。（徐其祥　邱永永）

■**科技创新**　2013年，仪征经济开发区新增省级、国家级高新技术企业11家，新增省级研发机构2个、市级研发机构13个，新增省高新技术产品20个。申请专利536件，其中发明专利122件；获专利授权187件。达成产学研合作项目15个，引进高层次人才12人，柔性引进教授、博士35人。申报国家创新基金、国家“海外高层次人才引进计划”等各类计划项目72个，争取项目扶持资金2530万元。（徐其祥　邱永永）

■**基础设施建设**　2013年，仪征经济开发区完成基础设施建设投入27.87亿元，比上年下降14%。启动十二圩镇区规划、长江岸线利用规划编制，完善园区防洪排涝规划和科教产业园规划，编制2平方千米核心区景观规划。投入8亿元，开工建设工程23项。新建安置房、保障房12.7万平方米，新建、改造道路15千米。完成沙河新苑四期、保障房一期、闽泰大道改造等基础设施工程，启动整车项目二期及零部件区配套工程和沙河新苑五期、保障房二期、滨江大道等工程。（徐其祥　邱永永）

仪征经济开发区内江苏金陵船舶有限公司　仪征方志办/供稿

高邮经济开发区

■概述 9月，马棚街道办事处与高邮经济开发区合署办公，高邮经济开发区面积增至101平方千米(其中建成区面积20平方千米)，辖行政村15个、社区4个、村民小组249个，总人口7万人。2013年，高邮经济开发区实现地区生产总值125亿元，比上年增长20.9%；业务总收入1124.58亿元，增长34%；工业产值534亿元，增长25%；规模以上工业增加值101.3亿元，增长22.8%；工业产品销售收入909.13亿元，增长34%；财政总收入21.24亿元，增长50%；自营出口2.96亿美元，增长15%。

(徐其祥　邱永永)

■招商引资 2013年，高邮经济开发区新增外商及港澳台商投资企业7家，注册外资及港澳台资实际到账6743万美元，比上年下降25.4%。招引项目31个。其中，10亿元以上项目7个，分别为兆顺不锈钢中板、振发光伏发电、富威蓄电池、同科蓄电池、金快乐电池、能一电池及力能电池项目；1亿美元以上项目2个，分别为艾诺斯电池和真空镀膜设备研发与制造项目；1亿～10亿元项目7个。(徐其祥　邱永永)

■项目建设 2013年，高邮经济开发区新开工项目14个。其中，10亿元以上项目5个，分别是易事特智能电网、富威蓄电池、振邮不锈钢中板、艾诺斯电池和食品快检设备项目；1亿元以上项目8个。全年竣工项目20个，其中10亿元以上项目3个、1亿元以上项目13个。秦邮特钢项目实现开票销售收入55亿元。尚程家居、诚信物流大楼项目开工建设，江苏省食品快速检测中心主体大楼开工建设，加州超市建成。

(徐其祥　邱永永)

■科技创新 2013年，高邮经济开发区实现高新技术产业产值70亿元。新增国家高新技术企业2家、省级以上高新技术产品20个。申请专利385件，其中发明专利110件；获专利授权72件，其中发明专利授权15件。申报市级以上科技人才计划项目20个。引入高层次人才20人。2人入选"江苏省高层次创新创业人才引进计划"，2人入选"江苏省企业博士集聚计划"。(徐其祥　邱永永)

■基础设施建设 2013年，高邮经济开发区完成基础设施建设投入28.14亿元，比上年增长30%。新建道路5.4千米，建成桥梁4座，经十七路跨东平河桥、老横泾河桥、福民桥以及外环桥加宽工程全面完工。全长2100米的北关河风光带二期美化工程开工建设。大型游乐场建成投运。城郊接合部3处绿化节点5.7万平方米绿化工程完工。垃圾中转站主体竣工，高沙园垃圾中转站改造工程在建。(徐其祥　邱永永)

杭集工业园

■概述 2013年，杭集工业园实现业务总收入595.35亿元，比上年增长15.6%；工业产品销售收入355.88亿元，增长9.8%；财政总收入3.51亿元，增长3.2%；自营出口4.12亿美元，增长2.8%。实现全部工业产值363.9亿元，其中规模以上工业产值294.5亿元；工业总用电量1.74亿千瓦时；完成工业技改投入21亿元。全年完成服务业项目投入4.6亿元，比上年增长49.4%；新增1亿元以上服务业项目3个、文化产业项目2个；新增服务业限额以上企业35家、非核心业务分离企业1家；引进中介机构11个。

(徐其祥　邱永永)

■招商引资与项目建设 2013年，杭集工业园新增民资注册资金5.8亿元。新增规模以上企业4家。组团参加大型招商活动5次，引进1亿元以上项目5个(其中10亿元项目1个)。扬州市杭集创意设计园、扬州口腔护理用品研究院和旅游日化产品电子商务平台建成投运。扬州古籍线装产业有限公司文化创意产业基地项目、江苏金材科技有限公司高分子材料技改项目、江苏鸿达兴业高性能PVC管材生产项目等重大项目在建。(徐其祥　邱永永)

■科技创新 2013年，杭集工业园引进国家"海外高层次人才引进计划"人才1人，引入博士5人、硕士35人。新增国家高新技术企业1家，建成省级以上研发机构2个、市级以上研发机构3个。新增产学研合作项目7个。新增省级以上高新技术产品7个，新增市级以上名牌9个、注册商标70件、专利400件。完成企业计量保证体系认证1项，新增江苏省著名商标4件，获市长质量奖和区长质量奖各1个。新增市级以上资金扶持项目4个。(徐其祥　邱永永)

■基础设施建设 2013年，杭集工业园完成基础设施建设投入9.35亿元，增长3.3%。至年底，园区实现区域统一供水，建成11万伏变电所2座、园区道路45千米，形成九纵十一横的道路网络。园区内水、电、通信、有线电视、道路、亮化、绿化以及污水管网等配套设施建设到位。

(徐其祥　邱永永)

■行业管理 2013年，杭集工业园针对洗漱用品产业规模企业多、品牌效应大、市场网络广、产品种类杂、管理难度大的现状，开展洗漱用品产业整顿工作。累计抽查洗漱用品生产企业和经营户143家，抽检产品196批次，出具限期整改通知书26份。

(徐其祥　邱永永)

■中国扬州(杭集)国际酒店用品交易会 6月18—30日，首届中国扬州(杭集)国际酒店用品交易会在杭集锦都国际酒店用品城举行。交易会展示面积3万平方米，集展览、交易、旅游、论坛、走秀、美食等系列活动于一体，有国内外1000多家酒店用品企业参展。交易会上，主办方与参展商共享利益、共担风险，参展商不向主办方缴纳展位费，成交后按照合同支付一定比例的交易费；买家在现场交易后可得到主办方的返点让利，降低采购成本。(杨　志)

农业与农村经济

Nongye Yu Nongcun Jingji

编 辑 姚 震

综述

■概况 2013年，全市实现农林牧渔业总产值403.93亿元，比上年增长9.4%。其中，种植业产值188.43亿元，增长10.2%；林业产值9.38亿元，增长7.0%；牧业产值70.46亿元，增长1.4%；渔业产值115.92亿元，增长12.8%；农林牧渔服务业产值19.73亿元，增长15.5%。农民人均纯收入14214元，增长12.0%，增幅居全省第四。村级“四有一责”（有持续稳定的集体收入、有功能齐全的活动阵地、有先进适用的信息网络、有群众拥护的“三强”带头人，强化村党组织领导责任）建设保持全省领先。以发展村级集体经济为重点，全面提升村级“四有一责”建设水平，着力构建村级收入持续增长机制。村集体经营性收入沿江地区村村超30万元、沿河地区村村超20万元。全市新创市级“优美乡村”10个、扬州市村级组织五项能力（发展集体经济能力、组织农村合作能力、服务农民致富能力、民主管理制度能力、公共事业服务能力）建设“百强村”30个。加强农村经营管理。98个村完成农村土地承包经营权登记数据录入，31个村完成发证。新增适度规模经营面积1.43万公顷。探索农村土地承包经营权质押贷款，累计发放质押贷款5700多万元。新型农业经营主体稳步发展。工商登记家庭农场208个。新增农民专业合作社入社农户10.4万户，新增省级“五好”（服务成员好、利益分配好、管理民主好、经济效益好、示范带动好）示范社67个、市级“五好”示范社106个。高效设施农业保险取得突破。新增高效设施农业保险品种12个，实现保费收入1.1亿元，占保费总收入的42%，比上年提高近30个百分点。强化农村集体财务和“三资”（资金、资产、资源）管理。村经济合作社和社区股份合作社成员获分红资金1.18亿元，增长37.9%。规范农民负担监管和一事一议筹资筹劳。规范村级公益事业建设一事一议财政奖补操作程序，在全省首推精细化管理，全年投入项目资金1.4亿元，其中省财政奖补资金8377万元。连续第五年实现省及省以上涉农负担“零信访”。启动新一轮低收入农户帮扶。将年人均纯收入5000元以下的农户建档立卡，纳入帮扶范围；落实帮扶资金1177万元，扶持创业项目566个。全市53%的建档立卡低收入农户实现人均纯收入5000元的脱贫目标。（袁强华）

■农村土地承包经营管理 开展农村土地承包经营权确权登记试点。按照“户有红证、组有鱼鳞图、村有登记簿、县有档案”标准，开展确权登记颁证工作。374个村完成草图绘制、数据核查，98个村完成土地承包基础数据录入，31个村完成证书发放。

农村土地流转。按照“有专职人员、有交易场所、有服务设施、有规章制度、有档案资料、有明显成效”标准，建设乡镇土地流转服务中心；初步建立土地流转价格指导机制、风险防范机制、市场主体准入机制、交易竞标机制、纠纷调处机制，新发生的土地流转70%以上实现“实物计价、现金结算”。至年底，土地流转总面积12.13万公顷，流转率56.8%。

农业适度规模经营。以土地集中型为主要形式、以合作社和家庭农场为经营主体、以本村人为主要对象，推进适度规模经营。截至12月底，适度规模经营面积21.4万公顷，占耕地面积的75%；其中土地集中型、农民合作型和统一服务型规模经营面积分别为4.07万公顷、9.67万公顷和7.67万公顷，土地集中型、统一服务型规模经营面积居全省前列。以土地股份合作社为特点的“江都模式”被省农业委员会（简称省农委）列为农业适度规模经营四种模式之一。

农村土地承包经营纠纷调解仲裁。各县（市、区）均建立农村土地承包仲裁委员会，“乡村调解、县市仲裁、司法保障”调解仲裁体系逐步完善。全市调解纠纷183件，其中乡村调解155件、仲裁委调解27件、仲裁委裁决1件。（周爱军 陈庭伟）

■家庭农场建设 4月，江都区在省内率先制定家庭农场工商登记管理办法。9月，市委农村工作办公室（简称市委农工办）印发《扬州市级示范家庭农场认定办法》，明确市级示范家庭农场认定“四有四好”标准（设立时有规模、有规划、有合同、有配套，经营时经济效益好、示范带动好、持续发展好、遵纪守法好）。11月，市政府办公室印发《关于鼓励发展家庭农场的意见》。至年底，全市工商登记家庭农场208个，经营面积0.36万公顷。（周爱军 陈庭伟）

■农民专业合作社建设 全市新增工商登记农民专业合作社365个，新增入社农户10.4万户；累计有农民专业合作社3945个，入社农户91.5万户，占全市农户总数的89.7%。申报省"五好"示范社创建项目及扶持发展项目79个，争取扶持资金1555万元；市级财政安排扶持资金361万元，扶持项目34个。对2012年度市财政扶持农民专业合作社项目建设情况和资金使用情况进行专项审计。8月，培训200名理事长和辅导员。12月底，33个农民专业合作社参加在南京举办的第七届省农民合作社农产品展销会。 （周爱军 陈庭伟）

■农村综合配套改革 农民资金互助合作。截至12月底，全市有正常运行的农民资金互助专业合作社19个（江都区当年新增8个），入社成员4257人，股金总额1.2亿元，累计投放互助金4亿元，其中投资一产1.7亿元、二产1.2亿元、三产1.1亿元。

探索承包经营权质押贷款。江都区作为全省农村改革试验区，制定《农村土地承包经营权质押贷款办法》及相关配套政策。江都富华葡萄专业合作社、宝应县丰裕蔬菜种植家庭农场等土地流转经营主体向农村商业银行质押贷款5700多万元。

省农民专业合作社融资改革试点。上半年，高邮市被确定为全省农民专业合作社融资改革试点县，设立区域子基金，省财政注资200万元，银行按4000万元的规模向符合条件的合作社发放贷款，入选试点合作社办理借款无需任何形式的抵押担保。高邮市14个合作社与民生银行签订贷款协议，获贷款1300万元。12月，经省财政厅和省农委同意，扬州市全域被列入省农民专业合作社金融改革试点区域。 （周爱军 陈庭伟）

■农业保险 全市承保小麦18.05万公顷、水稻16.89万公顷，承保率稳定在90%以上。高效设施农业保险开办水稻制种、内塘螃蟹、露地葡萄、露地西瓜、水蜜桃等24个大类32个小类保险业务，实现保费收入1.1亿元。全年实现农业保险保费总收入2.6亿元，支付理赔款8950万元。 （印 笋）

■农民负担监管 2013年，全市农民负担监管卡内负担和代收费用4.49亿元；人均卡内负担25.86元，比上年减少1.62元。人均卡外"四项"负担（水利工程水费、政策性农业保险费、新型农村合作医疗费、抗旱排涝费）122.5元，比上年增加20元，原因是合作医疗保障水平提高。坚持一事一议筹资筹劳项目化管理。仪征市成为首批"全国一事一议规范管理县"。编印、发放农民负担监督卡91.98万份。 （沈 翔）

■村级公益事业一事一议财政奖补 全年投入1.4亿元，其中省财政奖补资金8377万元（含半年度追加奖补160万元），比上年增加1227万元，增长17%。自2009年起，全市累计投入5.96亿元，其中省级财政奖补资金2.95亿元；完成村公益实事项目2586个；2423个村次开展一事一议财政奖补项目建设，平均每村实施2.4次。市委农工办联合市农村综合改革办公室、市财政局制定《扬州市村级公益事业建设一事一议财政奖补工作精细化管理办法（试行）》和考评细则。 （沈 翔）

■村级"四有一责"建设 截至2013年底，全市各级财政投入近15亿元（其中市级财政投入近2亿元），建成村级标准厂房和三产用房等物业项目143.89万平方米、高效设施农业项目52个。沿江地区村年集体经营性收入均超30万元，沿河地区村年集体经营性收入均超20万元，村级集体经济实力提升。 （张长山）

■低收入农户帮扶 市委、市政府印发《关于实施新一轮低收入农户脱贫奔小康工程的意见》，组织3.77万名党员干部、3987家工商企业参与结对帮扶，落实帮扶资金1177万元，扶持创业项目566个，安排就业6006人，发放教育补助262万元、重大疾病补助1465万元，减免公共服务费用286万元。至年底，53%的建档立卡低收入农户实现人均纯收入5000元的脱贫目标。 （张长山）

■村经济合作社建设 市政府办公室印发《关于促进全市村经济合作社规范发展的意见》，各地按照"六个规范"〔规范职能定位、规范"三会"（成员代表大会、理事会、监事会）活动、规范制度建设、规范财务管理、规范盈余分配、规范换届选举〕要求，推进村经济合作社规范发展和示范创建工作。89个村经济合作社达到示范创建标准。市委农工办印发《关于做好2013年村经济合作社收益分配指导意见》。全市全年向经济合作社成员分配收益1.18亿元。《关于促进全市村经济合作社规范发展的意见》获全省农业农村政策创新奖。 （蔡琳娜）

■农村集体财务规范化管理 全面推行"村账乡（镇）代理"，实行"先理财、后审批、再记账"，村组资金统管率、财务公开合规率均在98%以上。培训新进财会人员750人，完成全市农村财会人员会计上岗证年检发证。42人通过乡镇农经财会人员从业资格考试。推荐村级民主理财人员6503人。市委农工办、市财政局、市民政局、市审计局联合印发《关于进一步规范村组财务管理工作的意见》，明确财务制度、民主管理、审计监督、管理体系、队伍建设、管理职能等6个方面要求。 （刘乃祥）

■农村集体"三资"管理 按照省农委《关于进一步深化农村集体"三资"管理示范县创建工作的意见》要求，推进农村集体"三资"管理信息化，完善宝应县、高邮市、仪征市农村集体"三资"信息化监管平台，重点推进江都区、邗江区、广陵区等地监管平台建设，县、乡共投入财政资金737万元。全市6个县（市、区）80%以上的乡镇、村实现农村集体"三资"管理信息化，市、县、乡、村四级农村"三资"监管网络体系初步建立。组织开展农村集体资产产权登记证年检工作，完成1097个行政村的

产权证年检，共登记账内资产67.2亿元。（刘乃祥）

■农业重大项目建设 2013年，全市6个连片特色农业产业基地实现产值310亿元，比上年增长20%以上。新开工农业重大项目39个。全市新开工项目中，农业项目数量增幅最大。项目结构明显优化。全市实施农产品加工类项目29个，占农业项目总数的34.9%；实施种养类项目38个，占农业项目总数的45.8%。招引以岭药业公司水蛭养殖加工项目、中青旅扬州青马车寨生态农业旅游项目等2个上市企业项目。（王曙光）

■农业产业化发展 2013年，全市330家县级以上农业龙头企业实现销售收入470亿元，比上年增长25%。全市有规模以上农产品加工企业517家，其中年产值1亿元以上企业74家、年产值10亿元以上企业9家；年产值533.2亿元。（孙建勇）

■秸秆禁烧和综合利用 2013年，推广秸秆肥料化、能源化、饲料化、基料化和原料化技术，组织实施55个秸秆多种形式利用项目，全市秸秆综合利用率94%。新建沼气工程37个，其中1000立方米以上大型沼气工程5个、秸秆沼气集中供气工程4个。（戴　敬）

■农业污染防治 组织实施农药化肥减控工程。2013年，全市测土配方施肥面积40.09万公顷次；植保专业化防治面积26.75万公顷，占稻麦播种面积的67.0%；生物农药应用面积39.44万公顷，占稻麦播种面积的100%。组织开展农产品产地土壤重金属污染防治工作，完成2923个土壤样品的采集、处理和送检，完成相关数据录入和上报。（戴　敬）

■宝应有机粮食产品获原产地保护 12月，经国家质量监督检验检疫总局批准，宝应湖西岛牌有机大米、糙米产品成为国家生态原产地保护产品，获准使用国家生态原产地产品保护标志，成为全国首个通过生态原产地保护评定的有机粮食产品，宝应湖西岛有机农场有限公司也成为全国首家通过评定的有机粮食企业。该公司位于宝应湖国家湿地生态保护区内，是集有机种植、养殖、加工、储存于一体的大型有机农场。湖西岛牌有机大米、糙米选用优质水稻品种，采用稻鸭共作、双膜育秧、人工除草、施用有机肥料等生态循环农业技术生产。（鲍　志）

种植业

■概述 2013年，全市组织开展粮油万亩高产增效创建活动，推广高产优质新品种，推广机插秧等轻简稻作技术，推行测土配方施肥和植保社会化服务，农业生产发展态势良好。全市粮食播种面积41.98万公顷，其中小麦播种面积18.61万公顷、水稻播种面积20.84万公顷；全年粮食总产量312.2万吨，比上年增加3.8万吨，粮食生产实现十连增。全市蔬菜（含菜用瓜）播种面积5.01万公顷，比上年增加210公顷；总产量187.31万吨，增加2.78万吨；产值62.9亿元，增加7.2亿元。推广应用电子商务配送体系、蔬菜直通车进社区、蔬菜直销店、蔬菜配送等4种新型销售模式，全年在市区销售蔬菜1.6万吨，占市区蔬菜销售总量的8.8%。全市新增“三品”（无公害农产品、绿色食品、有机食品）基地2080公顷；申报“三品”品牌211个，获批“三品”和地理标志产品372个。（陈志明　袁秋勇　王曙光）

■粮食高产创建 2013年，全市建设农业部、江苏省粮油万亩高产增效创建示范片项目（简称示范片）86个，比上年增加19个，其中水稻示范片55个、小麦示范片26个、油菜示范片4个、大豆示范片1个；创建面积6万公顷，比上年增加1.3万公顷。高邮市、宝应县被列为省级水稻高产创建整建制推进县，宝应县西安丰镇和江都区浦头镇被列为部级整建制推进乡，邗江区公道镇、仪征市新集镇和江都区小纪镇被列为省级整建制推进乡。示范片增产效果显著。经省专家实产验收，高邮市卸甲镇水稻万亩示范片单产最高田块每公顷产量13017千克，创扬州市水稻高产新纪录；高邮市三垛镇小麦万亩示范片单产最高田块每公顷产量8934千克，在苏中排名第一。（袁秋勇　袁秋华）

高邮市界首镇水稻生产服务合作社自走式高效植保机正在进行病虫害防治作业　　海　涛、周　麟/摄

■植保社会化服务 2013年，全市加快推进稻麦病虫全程承包防治和农业综合服务，植保社会化服务工作取得新进展。全市有植保专业合作社659个，其中经工商部门登记注册或备案的镇、村级植保专业合作社456个，比上年增加20个；从业人员2.41万人，其中持证上岗人员4771人，分别比上年增加1365人、706人；机械装备总数2.32万台，其中大中型植保机械2071台，分别比上年增加2558台、360台；日作业能力6.17万公顷，比上年增加1.2万公顷。邗江、仪征、高邮3个县（市、区）被列入省水稻病虫专业化统防统治全程承包防治服务用工补贴试点县。（袁秋勇　王曙光）

■“菜篮子”工程建设 2013年，推进沙头蔬菜园区新增133.33公顷蔬菜生产基地建设；将江都区吴桥、小

纪蔬菜生产基地建设纳入市区“菜篮子”工程建设范畴，新建33.33公顷蔬菜基地。新建钢架大棚面积40.67公顷、连栋大棚面积0.53公顷、喷滴灌面积43.33公顷；新增防虫网、遮阳网53.33公顷，杀虫灯80盏，捕虫板1.2万张；新建水泥道路4.4千米、泵站3座、涵闸洞56座、农桥2座、衬砌渠道5.6千米；开挖、疏浚基地沟渠、河道7千米。在生产面积扩大的同时，增强蔬菜生产抗灾、保供能力。 （陈志明）

■惠农补贴 2013年，全市投入各项粮食补贴资金5.02亿元，其中水稻直补资金6347万元、农资增支补贴资金3.47亿元、良种补贴资金9200万元，每公顷平均补贴2076元。各项补贴均按时兑付到农户。

（袁秋勇 袁秋华）

林业

■概述 2013年，全市共完成造林4707公顷，其中成片造林3170公顷；新建果树、花木等高效林业面积1483公顷。至年底，全市森林覆盖率20.8%，林木覆盖率23%。 （孙羊林）

■生态中心建设 全市规划建设十大生态中心，规划总面积2万公顷。其中，宝应湖湿地森林生态中心、高邮清水潭湿地生态中心、仪征枣林湾生态中心、江都仙城生态中心、蜀冈生态中心、生态科技新城“七河八岛”（京杭大运河、壁虎河、新河、凤凰河、太平河、金湾河、高水河，聚凤岛、芒稻岛、金湾岛、自在岛、凤羽岛、山河岛、壁虎岛、新河岛）生态中心等6个生态中心完成规划编制，部分通过专家论证并经政府批准实施；宋夹城生态中心、三湾湿地生态中心、邵伯湖切滩生态中心、瓜洲泵站生态中心等4个生态中心将与其他工程项目同步规划、同步设计、同步施工。 （孙羊林）

■省级重点公益林建设 市林业局加强生态公益林建设与管理，提出2013—2015年扬州市新增重点公益林2467公顷的目标。2013年，市林业局按照《江苏省重点公益林区划界定办法》要求，分解、细化新增面积，落实到小班地块。经省政府核查，全年新增重点公益林1940公顷。

（吴建华）

■重大林业有害生物防控 围绕省林业局与市政府签订的《2011—2013年松材线虫病、美国白蛾等重大林业有害生物防控目标责任书》要求，坚持科学防控。松材线虫病得到有效控制，3年共压缩松林面积472公顷，砍伐疫木8575吨，拔除疫点3个（仪征市青山镇、陈集镇、月塘镇），并全部进行更新造林。加强对美国白蛾的防控。2012年，盐城、宿迁、淮安等周边地区均发现美国白蛾并造成危害，扬州处于其入侵边缘。市林业部门加大宣传发动和组织培训力度，加强监测、科学防控，境内未发现美国白蛾。 （孙羊林）

■杨树食叶害虫大发生 由于连续高温，加上缺少大风、暴雨等因素，2013年，以杨小舟蛾、杨扇舟蛾为主的杨树食叶害虫危害严重，危害时间长达5个月，危害代数达4代，发生面积5589公顷，占全市林业有害生物累计发生面积的77%，为扬州市有记录以来发生面积最大、危害代数最多、危害时间最长、危害最为严重的一年。 （纪开燕）

■自然湿地保护 2013年，新建江都花鱼塘省级湿地公园，新建宝应白马湖和大溪河2个湿地保护小区，补充、完善高邮市高邮湖县级湿地保护区保护规划。全市新增自然湿地保护面积1.35万公顷，受保护湿地面积累计2.86万公顷，自然湿地保护率从上年的18.3%提高到34.8%。

（郝奇林）

■优质果品获奖 在第七届“神园杯”江苏优质水果评比中，扬州市选送的4家企业葡萄样品获3个金奖、1个银奖。其中，扬州紫馨生态农业有限公司生产的“夏黑”葡萄、扬州润德菲尔生态农业科技有限公司生产的“夏黑”葡萄和江苏葡霞园农业科技有限公司生产的“金手指”葡萄获金奖，扬州康大枣林湾生态农庄有限公司生产的“金手指”葡萄获银奖。 （黄 健）

畜牧业

■概述 2013年，畜牧生产增势放缓。全市生猪出栏136万头、存栏74.22万头，分别比上年下降1.3%、1.4%；家禽出栏4429万只、存栏1554.42万只，分别下降2.4%、2.2%。生产猪肉10.30万吨、禽肉7.66万吨、禽蛋13.54万吨，分别下降2.0%、5.7%和3.2%。实现畜牧业总产值70.46亿元。畜牧业结构优化，规模养殖比重提升。全市生猪规模养殖比重85.42%，其中大中型生猪规模养殖比重56.44%，分别比上年上升8.26个百分点、8.44个百分点；蛋禽规模养殖比重83.54%，肉禽规模养殖比重84.47%；奶牛规模养殖比重100%。大中型规模养殖场新增生猪出栏量2.49万头。畜产品质量稳步提升，全年未发生重大动物疫情和畜产品质量安全事故。

（段宝法 张永林）

■“115”鲜奶工程 2013年，市委、市政府将“115”鲜奶工程写入1号文件，拟通过3～5年的努力，实现全市奶牛养殖量1万头、城市主要消费人群每天饮用1瓶奶、年生产加工销售鲜奶5万吨的目标。全市改（扩）建5个百头以上奶牛场，新增奶牛近千头，新增鲜奶产量3360吨。组建“115”鲜奶工程实施小组和技术服务小组，组织奶业专家到奶牛场开展送技术进场活动，编制奶牛饲养主推技术挂图。整合各方力量，形成奶业发展的良好氛围。市政府办公室印发《关于加快实施“115”鲜奶工程的意见》，市财政设立每年650万元的奶业专项发展基金。“115”鲜奶工程获年度市政府工作创新奖。

（段宝法 张永林）

■H7N9禽流感防控 3月底，部分省份发生人感染H7N9禽流感病例。

4月4日起，全市组成疫情排查小分队，逐村、逐户、逐场进行拉网式排查。4月7日，副市长丁一主持召开市防治重大动物疫病有关成员单位负责人紧急会议，部署全市动物防控工作。4月28日，市长朱民阳到省家禽科学研究所邵伯养殖基地指导防控工作。市重大动物疫病防控指挥部办公室制定《扬州市动物H7N9禽流感应急预案》。市政府紧急储备30万元的消毒药品；采取综合防控措施，加强家禽疫情排查。全市共排查规模养殖场1180个、散养户32.16万户、家禽1550.5万只，未发现异常情况。组织开展疫情血清学检测。市、县(市、区)共抽检样本1.2万份，未发现阳性样本。对家禽交易市场和家禽农贸市场实施休市消毒；对规模养殖场实施封闭式管理，并组织开展大消毒工作。针对上海、安徽、江苏、浙江人感染H7N9禽流感病例，农业部确定上述4个省(市)为动物H7N9禽流感核心监测区，并分别派出专家组到相关省(市)抽检，其中到高邮市抽取家禽样本370份。4月10日，农业部发布抽样结果，在高邮市银青家禽交易市场和北海农贸市场检出阳性样本。市政府分管负责人、市农委主要负责人和专家当夜赶赴高邮，与当地主要负责人研究处置方案，决定立即关闭2个市场，并进行彻底消毒。经溯源，阳性样本全部源于外地。

(段宝法　张永林)

■家禽业恢复发展　为消除H7N9禽流感疫情对家禽业的影响，市政府先后2次召开会议，研究制定家禽业扶持政策。对祖代、父母代家禽养殖企业和家禽收储企业给予补贴。市财政先后安排212万元扶持家禽业恢复发展。江苏省取消H7N9禽流感疫情四级响应后，市农委、扬州工商局及时对家禽批发市场进行风险评估，迅速恢复家禽交易。5月18日，市农委联合市畜牧兽医学会、市养鸡协会主办主题为“重塑消费信心，振兴家禽产业”的“放心鸡”消费活动，邀请农业部家禽品质监督检验测试中心、扬州大学兽医学院、扬州大学动物科学与技术学院、扬州大学生物科技学院的专家学者现场带头吃鸡，以消除消费者恐慌心理。扬州家禽消费市场逐步得到恢复。　(段宝法　张永林)

■畜牧示范创建　2013年，开展6项畜牧业示范创建活动。全市57家畜牧场通过示范场验收，158个项目通过各类创建验收，其中畜牧生态健康养殖示范创建项目47个、畜禽良种化示范创建项目14个、动物防疫规范达标示范创建项目38个、畜禽粪便综合利用示范创建项目25个、畜产品质量安全示范场创建项目30个、畜牧新型合作经营模式示范创建项目4个。通过示范创建，增强生产能力，提升畜产品质量，推广良种良法，增强科技支撑能力，改善生态环境，创新模式机制，改造硬件设施，规范软件资料。10月22—23日，举办全市示范创建培训班，各县(市、区)及乡镇畜牧兽医专业技术人员、参加示范创建的规模畜牧场负责人共96人参加培训。11月底，各县(市、区)对参加创建的畜牧场进行初步考核验收。12月初，市农委对参加创建的示范场进行市级验收。　(段宝法　张永林)

渔业

■概述　2013年，全市养殖面积(含湖区)8.13万公顷，比上年增加660多公顷，其中池塘面积增加600公顷。全市特种水产养殖面积发展到6.8万公顷，比上年增加1333.33公顷。新增高效渔业面积6113公顷、设施渔业面积3387公顷。新增省级“菜篮子”水产品生产基地4个、农业部水产健康养殖示范场6个。全市实现水产品总产量39.3万吨，比上年增长0.5%。实现渔业产值115.92亿元，比上年增长12.8%。　(李荣福)

■渔业经济效益提升　2013年，水产品价格全面上扬，比上年上涨5.65%，其中河蟹和草鱼价格分别上涨15.4%、12.9%，带动渔业经济效益提升。常规鱼连片养殖池塘平均每公顷纯效益3.9万～5.4万元，最高超过9.6万元；罗氏沼虾养殖池塘平均每公顷纯效益4.5万～7.5万元，最高超过18万元；河蟹养殖池塘平均每公顷纯效益4.5万～6万元，最高超过12万元；甲鱼养殖池塘平均每公顷效益6万～7.5万元，最高超过15万元。

(李荣福)

■水产种业建设　2013年，扬州市推进水产苗种体系建设，突出3个国家级和省级水产原(良)种建设，重点加强罗氏沼虾、异育银鲫和四大家鱼等主要养殖品种的苗种繁育基地建设，关注河蟹、黄颡鱼和鳜鱼等重点养殖品种的育种基地建设。全市有水产苗种生产企业44家，水产育苗场面积1000公顷，其中国家级原种场1家、省级良种场2家、省级良种繁育场5家、省级良种培育场2家，苗种产业初具规模。　(李荣福)

高邮市发展特种水产养殖业，提高渔业经济效益。图为该市湖畔水产专业合作社养殖的“王鲜记”生态大闸蟹　王　卓/摄

■**渔业产业结构调整** 2013年，全市特种水产养殖业稳步发展。罗氏沼虾养殖面积恢复到1.17万公顷，比上年增加133.33公顷；放养罗氏沼虾虾苗121亿尾，比上年增加12亿尾。河蟹养殖面积发展到3.57万公顷，比上年增加466.67公顷。全市工厂化养殖面积发展到31.99万平方米，比上年增加1.53万平方米。

（李荣福）

■**长江扬州段渔业资源冬季增殖放流** 12月13日，由省海洋与渔业局、扬州市政府联合主办，市农委、润扬森林公园、长江扬州段四大家鱼国家级水产种质资源保护区管委会办公室承办的2013年度长江扬州段渔业资源冬季增殖放流活动在润扬森林公园举行。活动共投入放流资金200万元，放流各类水产苗种2213万尾（只），其中夏花1945万尾、仔口鱼种153万尾、河蟹幼蟹100万只、蟹种15万只。此次冬季放流活动共放流大规格水产苗种168万尾（只），其中鲢鱼90万尾、鳙鱼50万尾、草鱼10万尾、青鱼3万尾、蟹种15万只、胭脂鱼400尾。

（李荣福）

■**高宝邵伯湖渔业** 2013年，高宝邵伯湖区完成渔业总产量1.78万吨，比上年增长23.93%。其中，养殖产量8052吨，与上年基本持平；捕捞产量9766吨，增长56.51%。全年实现渔业总产值2.24亿元，增长10.01%。其中，养殖产值1.36亿元，与上年基本持平；捕捞产值8827万元，增长30.98%。湖区渔民人均渔业经营性收入9837元，增长4.54%。

2013年，湖区延长封湖禁渔期1个月。封湖禁渔期间（1月1日至5月31日），秩序良好。高宝邵伯湖管委会开展法制专题宣讲活动6场，加大巡查力度，邀请沿湖渔业村干部、渔民代表下湖巡查，听取意见和建议。渔具分类管理制度初步建立。全年累计查处各类案件643件，没收、销毁电捕器27套。湖区4个水产种质资源保护区全部升格为国家级保护区，面积1.12公顷，其中核心区面积0.19公顷。加大养殖管理力度，严厉查处私扩网围、无证养殖行为。

加大水生生物资源增殖放流力度。高宝邵伯湖管委会全年投入放流资金404万元，放流蟹苗0.9吨（其中天然苗0.4吨）、一龄蟹种135万只、大规格花鲢鱼种50.5吨、草鱼鱼种72.5吨、细鳞斜颌鲴鱼种3.34吨、翘嘴红鲌鱼种2.82吨、鳜鱼夏花15.5万尾、花鲢夏花307万尾、白鲢夏花196万尾。举办第四届高宝邵伯湖放鱼节。建成高宝邵伯湖输往台湾大闸蟹直供基地。推进湖区休闲渔业发展，举办“‘宝湖杯’美丽湖区”摄影大赛、邵伯湖凤凰岛野钓大赛等活动。

（眭洁如）

农业综合开发

■**概述** 2013年，全市实现国家和省级农业开发项目总投资3.23亿元，比上年增长13.7%；其中争取财政无偿资金2.31亿元，比上年增加1070万元，增长4.5%。编制《扬州市农业综合开发“沿路、沿湖”工程三年行动计划（2013—2015年）》，集中资金，重点投入。全市农业开发项目区共新建田间水泥路（或砂石路）256.92千米、衬砌渠道341.64千米、农桥162座，新建或拆建排灌站254座，培训农民1.88万人次，建设农田林网558.63公顷。对照高标准农田建设6条标准，在宝应射阳湖、高邮车逻、江都小纪、仪征大仪、邗江杨寿等地建成11个连片万亩高标准农田，改善农田基础设施1.22万公顷，其中建成高标准农田7666.67公顷。全年争取农业综合开发产业化经营项目45个。其中，扶持农业龙头企业项目29个，比上年增长10.3%；扶持农民专业合作社项目16个，比上年增长12.5%。争取财政补助项目，重点扶持扬州创日畜牧科技有限公司、扬州隆盛畜禽有限公司等龙头企业和仪征君祥食用菌专业合作社、宝应永群水产专业合作社、江都荣欣葡萄专业合作社等农民专业合作社。争取财政贴息项目，重点扶持宝应大成羽绒制品有限公司、江苏亚联农副产品有限公司、锦通食品工业（扬州）有限公司、高邮双兔米业有限公司、扬州日兴生物科技股份有限公司、江苏富裕达粮食制品股份有限公司等龙头企业。探索农民利益联结机制，让农民直接、间接享受农业开发投入的实惠，促进农业增效、农民增收。

（冯龙庆）

■**国家农业综合开发项目** 2013年，全市共争取国家农业开发项目总投资2.23亿元，比上年增加1100万元，增长5%；其中财政资金1.86亿元，比上年增加700万元，增长3.9%。国家农业开发土地治理项目主要包括：高标准农田示范工程建设项目5个，总投资7150万元（其中财政资金6500万元），治理面积3333.33公顷；一般土地治理项目6个，总投资9791.51万元（其中财政资金8900万元），治理面积5933.33公顷；土地治理试点项目3个，总投资332.9万元（其中财政资金300万元），治理面积200公顷。全年在项目区新建田间水泥路（或砂石路）184.17千米，建设衬砌渠道266.61千米，建设农桥152座，新建或拆建排灌站225座，培训农民1.61万人次，建设农田林网473.33公顷。

争取国家农业开发产业化经营项目30个，项目总投资5015.54万元（其中财政投资2924万元），包括财政补助项目11个、贷款贴息项目19个，扶持21家农业产业化龙头企业和9个农民专业合作组织。11个财政补贴项目共投入财政资金1030万元，包括邗江区年出栏3000头种猪和9000头商品猪养殖基地扩建项目、5万千克中华鳖养殖基地扩建项目，江都区5000吨水产品产地批发市场扩建项目、500吨葡萄储藏保鲜新建项目、5万吨蔬菜初加工新建项目，宝应县300吨鱼鳖混养基地新建项目、1800吨优质果蔬生产基地新建项目，仪征市350万千克食用菌种植基地改扩建项目、300头梅花鹿养殖基地改扩建项目，高邮市3.6万头生猪发酵床生态健康养殖基地扩建项目、5000吨蔬菜储藏保鲜冷库新建项目。19个贷款贴息项目共补贴贷款利息财政资金1984万元。

（冯龙庆）

■**省级丘陵山区农业综合开发项目** 全市省级丘陵山区农业综合开发项目总投资8480万元，其中财政资金3120万元(省级财政资金2400万元、市县配套资金720万元)，建设面积1560公顷，重点扶持丘陵山区经济林果、花卉苗木、特色蔬菜和观光农业，在仪征、邗江、高邮丘陵山区组织实施17个基地项目。仪征市是丘陵山区农业综合开发项目重点县，实施开心观光林果基地、枣林湾蔬菜苗木基地、水泊长山观光苗木基地、春缘观光林茶基地、美的果蔬苗木基地、清临蔬菜苗木基地、为民蔬菜苗木基地、苏福观光苗木基地等8个项目。高邮市实施帝尧故里花卉苗木基地、郭集缤纷柳园、送桥花卉苗木示范基地、菱塘林牧经济园、帝尧故里种草养鹅基地等5个项目。邗江区实施方巷花卉苗木基地、天沐农林苗木基地、香春林果花木基地、公道兴旺经济林牧基地等4个项目。

通过项目建设，新增经济林果和花卉苗木基地596.7公顷。项目区全年建设砂石路19.5千米、水泥路40.92千米，修建排灌站13座、衬砌渠道54.83千米，新建喷灌和微灌面积47.67公顷，建设农田林网60公顷，搭建钢架大棚46.4公顷、棚架44.7公顷，引进新品种20个，推广新技术7项，培训项目区农民2720人次。（李　洁）

■**省级高沙土项目** 全市省级高沙土项目总投资1539.86万元，其中财政资金1326万元、自筹213.86万元，项目区涉及江都区宜陵镇、仙女镇和广陵区沙头镇，治理高沙土1133.4公顷。全年新建或修建电灌站16座、机耕桥10座、涵洞9座、渡槽1座、水闸1座、配套田间建筑物374座，开挖、疏浚渠道29.52千米，建设衬砌渠道20.2千米、砂石路1.63千米、水泥路10.7千米，造林25.3公顷。通过项目建设，项目区新增灌溉面积946.7公顷、除涝面积400公顷，年节约水量110.5万立方米，新增种植业总产值1378.6万元。（李　洁）

农业机械化

■**概述** 2013年，全市农机总动力246.81万千瓦，比上年增加11万千瓦；全市55千瓦以上大中型拖拉机保有量4203台、插秧机保有量1.23万标准台。全市农业综合机械化水平80.4%，其中主要农作物综合机械化水平86.2%。全市水稻机插面积14.91万公顷，夏秋两季机耕面积40.21万公顷、机播面积26.09万公顷(其中小麦机条播面积6.42万公顷)、机收面积39.44万公顷。（马　勇）

■**农机购置补贴** 全市使用农机购置补贴资金6867万元，比上年增长69.5%;4915户农户受益，带动农民直接投资1.6亿元。购置各类农业机械1.94万台(座)，比上年增加1.02万台(座)，其中拖拉机627台、联合收割机684台、秸秆还田机947台、烘干机98台、水产养殖机械5456台、茶叶机械73台、保鲜库29座。（马　勇）

■**水稻种植机械化** 全市新增插秧机1105台，其中步进式607台、乘坐式498台，折合2101标准台；水稻机插面积15.18万公顷，机插率79.5%。高速插秧机成为农户购买的主要农机。推广工厂化自动育秧设备和无纺布覆膜，工效比人工育秧提高50%。（马　勇）

■**秸秆机械化全量还田** 主推秸秆机械化全量还田集成水稻机插秧和小麦机条播技术，取得明显成效。全市小麦机条播面积6.42万公顷，建成稻秸秆机械化还田集成小麦机条播技术万亩示范乡镇7个。夏秋两季，全市麦、稻秸秆机械化全量还田面积分别达到16.27万公顷、13.01万公顷。（马　勇）

■**农机服务产业化** 全市新增农机合作社50个，总数475个，有成员3.32万人、各类农业机械3.89万台(套)，合作社作业面积占全市机械化作业总面积的50%以上；新增五星级合作社3个、四星级合作社1个、三星级合作社17个，星级合作社总数83个。夏秋两季，全市有377个合作社开展“五统一”(统一育秧、统一机插、统一植保、统一机收、统一秸秆还田)服务，其中90个开展全程托管式服务的合作社完成机插面积3.81万公顷，占全市水稻种植面积的18.4%。23个农机合作社自筹资金650多万元建设机库，新增“三库一间”(机库、配件库、油库，维修间)面积8364平方米。（马　勇）

■**农机跨区作业** 全市发放农机跨区作业证2993份，4260台联合收割机参加跨区机收作业，跨区作业总收入6.9亿元。跨区机插、机耕作业规模进一步扩大，有1400台大中型拖拉机参加跨区机耕作业，作业面积6.53万公顷，作业收入3920万元；477台插秧机参加跨区机插作业，作业面积9500公顷，作业收入856万元。（马　勇）

■**农机安全生产** 全市新发放拖拉机牌证1726套，完成1.68万台拖拉机年检，新办拖拉机驾驶证1049本；新发放联合收割机牌证896套，完成5151台联合收割机年检，新办收割机驾驶证280本。拖拉机综合三率(挂牌率、年检率和驾驶员持证率)98.3%，收割机综合三率90.72%。开展路检路查254次，排查和纠正各类安全事故隐患2104项。创建省级“平安农机”示范县1个、示范镇6个、示范村35个、示范户679户。（马　勇）

■**农机人才队伍建设** 全市举办农机获证奖补、阳光工程、基层农机推广人员等各类培训班54期，培训1.2万人，3109人通过职业技能鉴定。对全市所有乡镇农机站长进行知识更新培训。组队参加省农机职业技能大赛，获团体第五名。（马　勇）

工业

Gongye

编　辑　李全权

综述

■概况　2013年，全市规模以上工业实现现价产值8499.39亿元，比上年增长16.8%；实现主营业务收入8189.5亿元，增长17.5%；完成利税951.7亿元，增长17.8%；实现利润540.5亿元，增长15.6%。全年完成工业用电量139.13亿千瓦时，增长12.9%。

重点工业企业贡献提升。2013年，全市有产值超过1亿元的企业1356家，比上年增加141家，其中产值100亿元以上企业6家；累计完成产值7866.9亿元，占全市规模以上工业总产值的92.6%。百强工业企业完成销售收入1593.9亿元、入库税收69.5亿元，分别增长16.3%、25.8%；对全市工业总量贡献率分别为42.7%、41.7%，分别比上年提高1.2个百分点、3.9个百分点。上海大众汽车有限公司仪征分公司完成开票销售收入205.85亿元、入库税收18.83亿元，分别增长329.6%、201.6%，成为全市产销规模和税收贡献最大的工业企业。

重大产业项目实现突破。全市新开工重大项目50个、新竣工重大项目23个，分别比上年增加9个、2个；全年完成技改投入600.75亿元，增长39.8%。30个省"百项千亿"重点工程项目当年完成投资119亿元。牧羊智能化成套设备、潍柴亚星汽车及零部件等重大项目投产，宝胜特种电缆、江淮汽车轻卡皮卡等重大项目加快建设。全年重大项目和重点技改项目对工业增长贡献率分别为48%和28%。　（杨　志）

■工业投资　2013年，全市完成工业技改投入600.75亿元，比上年增长39.8%；实现购进设备抵扣增值税额15.11亿元。签约重大项目36个，开工重大项目50个，竣工重大项目23个，分别比上年增加5个、9个和2个。

累计实施工业重大项目125个，其中上年结转项目75个、新开工项目50个。125个项目当年完成投资503.4亿元；平均单体投资规模12.9亿元，比上年提高1000万元；平均注册资金2.95亿元，比上年提高100万元；实收资金占注册资金的56%。

全年实施的125个项目中，102

2013年扬州市20强工业企业一览表

表14-1

企　业　名　称	所在地区
上海大众汽车有限公司仪征分公司	仪征市
江苏扬力集团有限公司	邗江区
宝胜集团有限公司	宝应县
江苏牧羊集团有限公司	邗江区
江苏国信扬州发电有限责任公司	扬州经济技术开发区
江苏扬农化工集团有限公司	广陵区
江苏诚德钢管股份有限公司	江都区
海信容声(扬州)冰箱有限公司	扬州经济技术开发区
扬州大洋造船有限公司	广陵区
亚普汽车部件股份有限公司	扬州经济技术开发区
中国石化集团江苏石油勘探局	扬州经济技术开发区
江苏华电扬州发电有限公司	邗江区
扬州石化有限责任公司	江都区
江苏长青农化股份有限公司	江都区
扬州中集通华专用车有限公司	扬州经济技术开发区
扬州完美日用品有限公司	邗江区
江苏优士化学有限公司	扬州化学工业园区
海沃机械(扬州)有限公司	广陵区
江苏江扬电缆有限公司	邗江区
西门子电机(中国)有限公司	仪征市

个项目属于五大千亿级产业项目，其中汽车及零部件产业项目26个、机械装备产业项目50个；100个项目在各级各类开发园区布局实施；61个项目属于高新技术产业化、高新技术改造传统产业项目。50个新开工项目中，汽车及零部件产业、机械装备产业项目30个。

上年竣工的21个重大项目累计新增销售收入205.2亿元，拉动全市工业销售收入增长6.2个百分点。

（杨　志）

■节能降耗　全年实施节能技术改造项目130个、循环经济项目30个，对140家企业实施节能监察，对90家企业开展资源综合利用认定。126家企业通过清洁生产审核。全市4家承担省以上淘汰落后产能任务的企业累计淘汰落后电池产能61万千伏安时、落后织布产能1335万米、落后涤纶纤维产能3万吨，节能5170吨标准煤，化学需氧量减排113吨。

开展能源管理体系建设。制定《扬州市推进企业能源管理体系建设工作实施方案》，选择10家企业开展试点。实施万家企业节能目标考核，累计节能30万吨标准煤。对27家企业实施能源审计。

推进节能技术改造。组织实施工业锅炉（窑炉）改造、余热余压利用、电机系统节能改造、能量系统优化等节能技术改造项目130个，投资12亿元，节能13万吨标准煤。实施循环经济项目30个。

推行合同能源管理。5家节能服务公司在国家发展和改革委员会备案，第二批7家节能服务公司开展市级备案工作。组织15家节能服务公司和江苏银行扬州分行洽谈合同能源管理项目融资。5个合同能源管理项目申报国家财政奖励合同能源管理项目专项资金。

推广节能技术产品。面向全市120家重点用能企业推介电气系统节能、变频调速、余热回收利用等节能技术。组织实施节能产品惠民工程，累计推广高效节能工业产品25台（套）。全年累计推广节能灯39万只，扬州强凌公司、史福特公司推广LED（发光二极管）灯3万只，华扬太阳能公司推广太阳能热水器2万多台。

培育发展节能环保产业。开展全市节能环保产业调研，建立239家企业数据库。全年运用省、市节能专项资金扶持高效煤粉燃烧器、节能插座等产业化项目及循环经济项目12个，累计发放奖励资金433万元。5家企业申报节能产品和技术推广目录。

（杨　志）

■产业集中区　市政府出台《关于促进工业集中区整合提升特色发展的意见》，加快重点园区和特色园区建设。

全市58个工业集中区全年完成工业销售收入1259.8亿元、入库税收45.1亿元，分别比上年增长12.5%和3.1%，分别占全市工业总量的33.8%和27.1%。其中，销售收入逾30亿元的10个工业集中区累计实现销售收入743亿元，占全市工业集中区销售收入的59%。宝应曹甸创成省教玩具产业集聚示范区。全市有8个省中小企业产业集聚示范区和产业集群。工业集中区内，有销售收入1亿元以上企业183家、入库税收1000万元以上企业48家。58个工业集中区全年完成基础设施投入30.2亿元，建成标准厂房109.2万平方米；累计完成基础设施投入192.9亿元，建成标准厂房1447万平方米，建成综合配套服务区52万平方米，入驻各类公共服务机构72个。

（杨　志）

■中小工业企业　2013年，全市中小工业企业完成销售收入2757.4亿元、入库税收120.3亿元，分别占全市工业总量的73.9%与72.1%，分别增长13.8%、10.0%；规模以上中小企业实现利润377.7亿元，增长23.2%。其中，汽车及零部件产业规模以上中小企业全年完成销售收入197.8亿元、入库税收7.6亿元，分别增长38.4%、15.5%；机械装备产业规模以上中小企业完成销售收入519.7亿元、入库税收23.7亿元，分别增长3.5%、8.5%；新光源产业规模以上中小企业完成销售收入60.4亿元、入库税收2亿元，分别增长27.9%、6.2%；新能源产业规模以上中小企业完成销售收入34.3亿元，增长17.4%；石油化工产业规模以上中小企业完成销售收入440.8亿元，增长8.8%。

（杨　志）

■中小企业服务管理　2013年，全市整合13家星级服务机构，在全省率先建成市中小企业服务大厅，设立8个专业化服务窗口，建成覆盖1600多户企业负责人的短信服务平台。实现中小企业服务中心县（市、区）全覆盖。启动乡镇中小企业服务中心星级认定工作。

5月，创建融资超市。至年底，61家中小微企业通过融资超市和网上平台获得贷款3.85亿元。与市银监分局联合开展"'千户企业百日行'深化年"活动，为1120家小微企业提供担保23亿元。

创业基地建设。新增3个省级中小企业创业基地、5个省重点培育创业基地。至年底，全市33个市级小企业创业基地建筑面积346万平方米，入驻企业2111家，吸纳5.73万人就业，基地企业全年实现营业收入490亿元；入驻公共服务机构104个，累计开展活动60次，辅导2149人次。

创新能力建设。全年新增省级中小企业创新能力建设示范企业和重点培育企业12家、省级高成长型中小企业16家、省级五星级数字企业7家、省级"专精特新"产品7个、省级中小企业公共技术示范平台2个。全市383家"专精特新"企业完成销售收入403.5亿元、入库税收19.7亿元，分别比上年增长16.5%、14.5%。其中，示范企业实现销售收入70.2亿元、入库税收3.1亿元，分别增长20.7%和17%。

（杨　志）

■煤炭工业　2013年，扬州市煤炭系统企业生产原煤61.44万吨。其中，王庄煤矿生产原煤20.3万吨，拾屯煤矿生产原煤18.77万吨，旭东煤矿生产原煤15.66万吨，振兴煤矿全年停产进行技术改造。销售原煤61.77万吨，实现营业收入3.19亿元，其中市属企业营业收入1.74亿元、宝应矿业公司营业收入1.45亿元。全系统亏损1360万元。其中，市属企业亏损1978万元，宝应矿业公司实现利润618万元。徐州、贵州煤矿变电所全年供电4895万千瓦时，比上年增长2.1%。至年末，王庄煤矿、拾屯煤矿、旭东煤矿分别实现连续安全生产3453天、6902天、3146天。

成立由扬州市矿务局控股的混合所有制企业扬州隆净能源有限公司、沿江新能源有限公司。在扬州化学工业园区兴建的水煤浆生产线完成立项和环评工作。与连云港市煤炭公司注册的贵州连云矿业有限公司进行形式上的合作重组，各矿实行自主经营、自负盈亏。（王美娟）

■建材工业 2013年，扬州市建材行业协会会员单位完成工业总产值92.47亿元，实现销售收入91.32亿元，实现利润2.19亿元。

水泥生产。全市6家水泥企业共生产水泥490.16万吨，比上年增长6%；工业总产值11.35亿元，增长4%，利润-2694.8万元，比上年减少亏损2601.59万元。

商品混凝土生产。2013年，全市有混凝土生产企业58家，比上年新增13家。58家企业有生产线124条，年生产能力4630万立方米，增长10.7%；有汽车泵223台，增加27台；有混凝土运输车1050辆，增加6辆。全年生产预拌混凝土1280万立方米，增长28%；完成产值43.6亿元，增长21%；实现利润1.74亿元，增长61%。

建筑钢结构生产。全市有钢结构生产会员单位22家，其中一级资质企业6家、二级资质企业11家、三级资质企业5家。全年制作各类钢结构36.87万吨，制作、安装各类钢结构房屋210万平方米，实现工业总产值37.56亿元、利润1.62亿元，完成科技投入2650万元，培养各类人员1680多人次。

墙体材料生产。全市生产加气混凝土砌块98万立方米，蒸压粉煤灰砖78万块，各种轻质板材1400万立方米，保温砂浆、抗裂砂浆1.45万吨，石膏砂浆80吨，混凝土砌块300万立方米，烧结多孔砖、空心砖12.56亿块；完成工业总产值2.35亿元，实现利润1000万元。

全年累计利用各种工业固体废物、废灰渣386万吨，节约土地、矿产资源189万立方米。（姜淑芳）

■扬州工业资产经营管理有限责任公司 2013年，扬州工业资产经营管理有限责任公司（简称工业公司）实现现价产值30.7亿元，比上年增长7.5%；实现销售收入26.7亿元，增长4.8%；实现利税1.35亿元，增长23.5%；实现利润3150万元，增长56.7%；完成工业投入1.65亿元，增长37.5%。加大市场开拓力度，优化产品结构，提升经济效益，保持经济平稳运行。

项目建设。投资1亿元的缸套公司二期工程完成厂房建设。投资5000万元的晶新公司6英寸半导体生产线项目进入安装调试阶段。投资5500万元的测试中心项目完成厂房建设。宝军公司军品研发条件保障技改项目通过国家审批，获技改资金7020万元。

科技创新。全年开发新产品120个，申报省高新技术产品2个；完成科技投入8000万元。“北斗地面接收终端关键技术及应用”成果获省科技进步奖二等奖。全年申报专利12件，其中发明专利2件；获发明专利授权4件。

退城进园与企业重组。中芯晶来公司完成退城进园。亲亲集团与重庆万吨冷储物流有限公司的资产转让进入挂牌交易阶段。进入破产清算阶段的华源公司、扬州布厂职工安置工作基本完成。轻工实业公司仓库、测绘仪器厂厂房拆迁结束，完成土地交付。

资产监管。工业公司以395万元的价格受让东方资产公司旗下8家企业9笔债务（本息总额2.6亿元），清偿率1.51%。完成江扬集团厂房等建筑物拆除，完成江汽集团电房等资产处置。（张志容）

■扬州工艺美术集团有限公司 2013年，扬州工艺美术集团有限公司（简称集团）9家下属企业合计完成产值7.11亿元，实现销售收入3.21亿元。集团获2012年度“中国轻工业百强企业”“工艺美术十强企业”称号。

放大扬州工艺品牌效应，分别成立扬州漆器、扬州玉器和扬州刺绣产业发展和协作联盟。扬州漆器厂“七彩”商标成为江苏省著名商标。3月，由集团所属扬州玉器厂领衔制订的GB/T 28802—2012《玉器雕琢通用技术要求》正式施行；12月31日，由集团所属扬州漆器厂牵头制订的全国第一个漆器标准由国家标准化管理委员会对外公示。扬州工艺美术集聚区被批准为江苏省“正版正货”示范创建街区。在扬州国际展览中心成功举办第48届全国工艺品交易会、第八届中国玉石雕精品博览会和中国漆器艺术精品展。在第14届中国工艺美术大师作品暨国际艺术精品博览会上，扬州参评的29件工艺品获奖项22个，扬州再次成为全国

中国工艺美术大师江春源等制作的白玉《双链挂瓶》 日 报/供稿

获奖总数最多的城市。

完成碧玉地屏《高山流水》和雕漆地屏《江山神韵》等工艺美术精品创作。扩大喷绘《扬州风光剪纸图案》等系列旅游纪念品市场份额。拓宽融资渠道，争取政策扶持，化解资金问题。调整完善企业商场布局，补充上下游产品，形成合理的产业链。组织参加北京、青岛、大连、沈阳等地工艺精品展。在北京、沈阳、常州等城市增开连锁店。集团及所属企业分别在淘宝网、天猫商城、京东商城等电子商务平台开设网店。

扬州漆器厂投资成立扬州漆文化发展有限公司，开发现代生活用漆器30多套，接到订单650万元；扬州玉器厂与云南阿诗玛文化产业投资有限公司签订技术合作协议。扬州工艺品交易中心引进扬州报业集团战略投资。玉石料市场与青海昆仑玉股份有限公司合作，在原材料销售、合作加工产品等方面共享资源、合作共赢。（工艺集团）

机械装备产业

■概述 扬州机械装备产业包含数控机床、工程机械、环保设备、农业机械、自动化装备、大型关键铸锻件、加工辅具及关键零部件、专用装备等重点行业，全市形成邗江数控成型设备产业基地、江都水泥机械产业基地、广陵液压件产业基地、维扬经济开发区建设机械产业基地、江都沿江钢管产业基地等特色产业基地。扬州是国内知名的压力机之乡。2004年获批的国家火炬计划邗江数控金属板材加工设备产业基地拥有江苏扬力集团有限公司(简称扬力集团)、金方圆数控机床有限公司、扬州锻压机床集团等重点企业，初步形成产品设计、毛坯铸造、焊接、零部件加工、模具、电器、控制电缆、总装产业链，致力于中高档数控机床模块化设计技术、高刚性部件制造技术、高速精密机床关键件制造技术、数控系统匹配技术、直接驱动技术攻关。广陵液压件产业基地拥有业内知名企业海沃机械(扬州)有限公司，并有意大利玛切嘉利公司为其配套生产无缝碳钢管。江都沿江地区集聚江苏诚德钢管股份有限公司、扬州龙川钢管股份有限公司等龙头企业。2013年，扬州市机械装备产业完成工业总产值2562.8亿元，比上年增长18.5%；占全市工业总产值的30.15%，比上年提高7.66个百分点。机械装备产业各主要行业中，金属制品业完成产值312.58亿元，增长16.94%；通用设备制造业完成产值332.19亿元，下降8.86%；专用设备制造业完成产值476.32亿元，增长30.69%；仪器仪表及文化办公用机械制造业完成产值511.17亿元，增长33.22%。（史 宜）

■江苏亚威机床股份有限公司 江苏亚威机床股份有限公司是在深圳证券交易所挂牌的上市公司，以数控金属板材成型机床及自动化生产线制造、加工、销售为主营业务。2013年，公司加大科研投入，拓展新技术、新产品、新项目和新市场；改革和提升内部管理，调整经营架构，强化管理职能，加强制度流程建设和企业文化建设。产销规模显著增长，主营业务收入比上年增长11.55%；原材料、产品配件销售及对外加工等其他业务收入增长12.90%。强化战略管理。平板类业务向高档数控、智能自动化方向发展，提升为高端客户提供一体化解决方案的能力，巩固行业领先地位；卷板类业务向高端化跨行业延伸，密切与意大利赛力玛公司的技术经营合作，进行亚威赛力玛股权比例调整和注册规模扩增，引进和发展铝板精整剪切线技术和业务，推动亚威卷板业务技术水平提升。注重创新开发。研制服务于电气和专业钣金等行业的智能自动化生产线，如数控冲剪复合自动化生产线、机器人折弯自动化生产线；研制出国内技术难度最大、部件数量最多、制造复杂程度最高的开卷落料线和飞摆剪线，年内完成客户现场安装调试，一次性通过用户验收，产品技术性能达到国际同类产品先进水平，打破国内落料线被欧盟国家企业垄断的格局。运用三维设计软件，对高档数控主机产品进行提升性研发，创新研制核心关键功能部件24个。2013年，公司实现营业收入8.51亿元，增长11.59%；利润总额9449万元，增长3.41%；净利润8179万元，增长3.90%。至年底，公司总资产16.28亿元，比年初增长9.73%。（胡 岩）

■江苏扬力集团有限公司 扬力集团从事冲、剪、折、激光等中高端金属板材设备的开发研制和生产销售，产品广泛应用于航空、汽车、家电、五金、造币等生产领域，远销欧美、东南亚等几十个国家和地区。集团下辖扬力重机、扬力数控、扬力精机、扬力液压、扬力机床等5家全资或控股企业，形成技术综合开发、生产配套成龙、营销网络化运作、服务一体化运行的现代经济实体。建有省级工程中心，下设压力机、重型机床、精密机床、数控机床、液压设备研究所等研发机构。2013年，扬力集团实现产值40.14亿元、销售收入35.85亿元、利税3.77亿元、利润2.15亿元。

3月6日，扬力集团敏捷制造集成管控平台营销管理系统上线。该系统可实现CRM(客户关系管理)、订

扬力集团数控生产车间一角 宋永根/摄

单询价及创建、合同远程评审、售后服务管理以及SAP(企业管理解决方案的软件)系统中业务流程的综合集成,系统日常操作更加简便快捷,提高企业信息资源共享的时效性。9月24日,扬力集团首台HFP25型热模锻压力机实现通电试运转。该热模锻压力机是汽车轮毂轴承全自动锻造生产线的主机,配套步进式机械手、自动喷雾装置、自动上下料装置、中频感应加热炉、模具和模架等辅机,共同组成自动锻造生产线,实现第三代轿车轮毂轴承(内圈/外圈)全自动锻造。该生产线是国内第一条全自动轮毂轴承锻造生产线,除了生产汽车轮毂轴承,还可用于汽车变速箱精密传动齿轮、汽车发动机内轻量化连杆和曲轴、精密差速器伞齿轮、高精度等速万向节、工程机械履带链轨节等锻件的自动化锻造作业。(胡　岩)

■江苏牧羊集团有限公司　江苏牧羊集团有限公司(简称牧羊集团)主要产品有饲料工程、养殖工程、油脂工程、仓储工程、钢结构工程机械等,具有提供农牧业全产业链系统解决方案的能力。2013年,牧羊集团完成美国研究院的建设。5月1日,牧羊集团智能饲料加工成套设备项目投入使用。该项目总投资13亿元,建筑面积近20万平方米,主要从事饲料机械、食品机械生产,建有全球饲料加工装备行业最先进的自动化、智能化生产线,是国际一流的饲料加工装备研发、生产、检测试验基地。新项目投产后,产品制造和交付周期缩短3~5天。2013年,公司完成产值70.82亿元,实现销售收入65.48亿元,实现利税3.76亿元、利润9425万元。(胡　岩)

汽车及零部件产业

■概述　扬州是科技部命名的国家火炬计划汽车及零部件产业基地,汽车及零部件产业门类齐全,集聚度较高,有较好的产业基础,是全市工业经济主导产业之一。扬州交通便利,区位优势明显,汽车及零部件产业链辐射周边上海大众汽车有限公司、奇瑞汽车有限公司、上海通用汽车有限公司、南京汽车集团有限公司、东风悦达起亚汽车有限公司等10多家整车生产企业。扬州市在仪征、江都、邗江等地形成汽车产业集聚区。上海大众汽车有限公司仪征分公司(简称上汽大众仪征分公司)30万辆整车项目2011年在仪征汽车工业园开工建设;2012年正式建成投产,同年生产轿车9.9万辆;2013年,产量实现爆发性增长,带动周边70多个配套零部件项目发展。仪征市获批成为全省第三家省级整车产业基地。江都区以神舟汽车内饰件公司、杰信空调公司、胜赛思压铸件公司等零部件制造企业与江苏九龙汽车制造有限公司等整车生产企业为主形成的江都汽车产业集群集聚效应明显。2013年,仪征、邗江、江都等3个汽车产业集聚区销售收入占全行业的68.2%,比上年提高7个百分点。

2013年,全市新增规模以上汽车工业企业6家(均为零部件生产企业)。至年底,全市有整车生产企业18家,其中国家《机动车辆生产企业及产品公告》内企业12家、外地汽车生产企业在扬州设立的生产基地3家、低速纯电动汽车生产企业3家。全年生产整车38.4万辆,销售整车37.9万辆,整车产量居全省第三位,仅次于南京市和盐城市。其中,上汽大众仪征分公司生产整车31.2万辆。全市有规模以上汽车零部件生产企业170家,产品包括燃油箱、汽车铸锻件、汽车电子电器、汽车空调、汽车散热器和水箱、汽车内饰件及附件等。零部件产业拥有潍柴动力扬州柴油机有限责任公司、仪征亚新科双环活塞环有限公司、亚普汽车部件股份有限公司(简称亚普公司)等一批在国内占有较大市场份额的生产企业。其中,亚普公司及其控股子公司全年销售塑料油箱551.68万只(国内销售488.20万只),销量占国内乘用车塑料油箱市场的26.99%。全市汽车及零部件产业规模以上工业企业实现工业总产值939.2亿元,比上年增长40.7%,占全市规模以上工业总量的11.05%,比上年提高3.05个百分点。(杨　志)

■政策扶持　2013年,市政府出台《关于推进汽车产业加快发展的实施意见》,明确未来3年汽车产业发展的总体目标、发展重点和关键举措;首次设立6000万元汽车产业发展引导资金,重点支持龙头骨干企业做大规模等。省委、省政府在《关于推进扬州跨江融合发展综合改革试点的意见》中,将扬州汽车产业发展列入省重点政策支持项目。(杨　志)

■项目建设　2013年,全市新开工汽车行业重大项目9个,计划总投资89.3亿元。推进“122”技术改造工程(即全年滚动实施总投资1亿元以上工业技术改造项目150项以上,其中市重点技术改造示范项目20个以上、重大科技成果转化技术改造项目20个以上),全年实施汽车产业技术改造项目22个,年内竣工项目10个,完成技术改造投入33.7亿元。(杨　志)

■科技创新　亚普公司建成全市汽车行业首个国家级企业技术中心,扬州五亭桥缸套有限公司、扬州神舟汽车内饰件有限公司、扬州天富龙汽车纤维有限公司等5家企业建成省级企业技术中心。至年末,全市汽车工业企业有省级企业技术中心16个,占全省汽车企业省级技术中心总数的16%。江苏华富储能新技术股份有限公司建成国家级博士后工作站。扬州中集通华专用车有限公司奶罐车技术达到国际领先水平,承担相关国家标准制订工作。(杨　志)

■新能源汽车　2013年,全市5家新能源汽车生产企业生产新能源汽车7530辆,比上年增长40.5%。其中,江苏道爵新能源汽车有限公司生产低速电动车4190辆,比上年增长40%。扬州市被江苏省列为申报国家新能源汽车城市群推广应用示范城市。(杨　志)

■亚普公司建成全市汽车行业首个国家级企业技术中心　12月6日,国家企业技术创新发展峰会在北京召开。会上公布国家发展和改革委员会、科技部、财政部、海关总署和国家税务总局联合认定的国家企业技术中心名单，亚普公司被认定为第20批享受国家级优惠政策的企业技术中心。（杨　志）

■上海大众汽车有限公司仪征分公司　上海大众汽车有限公司仪征分公司位于仪征市汽车工业园内，于2012年7月建成投产，占地面积128.05公顷，建有冲压车间、车身车间、油漆车间、总装车间、技术中心、培训中心、能源中心、装车发运和零部件配送中心以及办公楼等相关配套生产辅助设施，年产能30万辆，是典型的“分钟工厂”。仪征分公司是上海大众汽车有限公司首家标准化工厂，也是德国大众汽车集团在中国的首家标准化工厂，广泛采用大众汽车集团2010生产工艺。冲压车间建有两条国内最先进、自动化程度最高的高速冲压生产线；车身车间的机器人高效运用点焊、激光焊接、单面焊、螺柱焊、涂胶、折边等加工工艺；油漆车间采用无中涂水性漆涂装工艺和电泳第四代RoDip技术；总装车间采用世界领先的拉动式物流供货模式，使用全程全高度自由升降式整车吊架和模块化精益生产装配模式，大幅降低设备投入、劳动强度，是节能减排、绿色环保的标准化工厂。2013年，上海大众汽车有限公司仪征分公司生产整车31.2万辆，完成开票销售收入205.85亿元，实现税收18.83亿元。（杨　志）

■扬州亚星客车股份有限公司　扬州亚星客车股份有限公司（简称亚星股份公司）是在上海证券交易所挂牌的上市公司。2013年，亚星股份公司销售客车3934辆，比上年下降1.40%；实现销售收入12.08亿元，增长21.32%；海外市场销售额与公路客车、大型客车销售额增幅较大，新能源客车实现销售收入9372.80万元，增长93.71%。亚星股份公司控股子公司厦门丰泰国际新能源汽车有限公司（简称厦门丰泰公司）销售客车262辆，增长73.51%；实现销售收入1.94亿元，增长70.89%；实现净利润524万元。

1月9日，亚星股份公司通过《关于投资控股厦门丰泰国际新能源汽车有限公司及关联交易的议案》；3月12日，公司支付投资款8327.59万元；3月19日，厦门丰泰公司完成工商登记变更手续，亚星股份公司取得厦门丰泰公司51.53%股权。

扬州亚星客车股份有限公司推出的“未来星”新国标安全校车　司新利/摄

8月，亚星股份公司JS6126GHEV3气电混合动力客车项目获扬州市科技攻关与成果转化专项资金补助30万元。12月，亚星股份公司与潍柴（扬州）亚星汽车有限公司签署《产品合作开发协议书》，合作研发23款新产品。至年底，亚星股份公司收到潍柴扬州公司合作开发项目费用3000万元，完成样品车试制。（杨　志）

■江苏九龙汽车制造有限公司　江苏九龙汽车制造有限公司主要从事10～15座豪华商务车及大中型客车研发、生产和销售，是国家高新技术企业，占地40公顷，总建筑面积15万平方米，建有冲压、焊装、涂装、总装车间，并装配具有国内先进水平的整车性能检测线，年标准生产能力5万辆。

2013年，江苏九龙汽车制造有限公司完成销售收入6.79亿元，完成入库税收4797万元。公务车领域发展良好。5月，在海关总署组织的2013年海关系统公务用车招标中再次中标；8月29日，40辆公务用车批量订单交付。注重新品研发。7月16日，江苏九龙汽车制造有限公司斥资20亿元打造的MPV（多用途汽车）产品“艾菲”新车下线。11月26日，由中国汽车报社主办的2014中国轻客年度车型评选结果揭晓，“九龙物流车”获城市物流轻客组年度车型大奖。（杨　志）

■亚普汽车部件股份有限公司　亚普公司是专业从事汽车油箱系统开发、制造和销售的集团化公司，总部和研发中心设在扬州。亚普公司是国家重点高新技术企业、中国最大的汽车油箱系统制造企业、中国最大的汽车塑料油箱开发和生产基地，是大众、通用、福特等著名企业A级供应商。公司主导产品是汽车塑料油箱总成，配套于大众、奥迪、通用、福特、雪铁龙、标致、现代、起亚等国际著名汽车企业在中国生产的乘用车。公司生产的单层、单层氟化、多层（6层）复合等塑料油箱居世界先进水平，产品符合国际上最严格的环保排放标准；公司研究开发中心拥有国内最先进的开发、验证手段和国内唯一的汽车油箱成套检测设备。2013年，亚普公司及其控股子公司累计销售塑料油箱551.68万只，完成工业产值57.33亿元。其中在国内销售油箱488.20万只，销量占国内乘用车市场的26.99%。

4月，江苏省名牌战略推进委员会公布2012年江苏名牌名单，亚普牌汽车塑料燃油箱总成获评江苏名牌产品。4月26日，亚普公司长春二分厂在长春汽车经济技术开发区注册成立，项目占地4公顷，规划年产100万只塑料燃油箱总成。（史　宜）

■仪征亚新科双环活塞环有限公司　仪征双环活塞环有限公司是专业从事活塞环研发、生产、销售的高新技术企业，产品应用于重、中、轻型载重货车和工程机械、轿车、微型车、摩托车、通用汽油机等领域，品种规格4800个，年产能1.8亿片，国内市场占有率25%，发动机配套面逾90%。2013年，仪征双环活塞环有限公司完成更名工作，启用“仪征亚新科双环活塞环有限公司”名称；收购爱斯姆合金材料(仪征)有限公司，主要生产高强度粉末冶金产品；与日本活塞环株式会社合资组建仪征日环亚新粉末冶金制造有限公司；承担江苏省工业科技支撑计划项目，并通过江苏省高新技术企业审查；四工位CDC镀层生产线建成投产。2013年，公司实现销售收入5.88亿元、净入库税金4517万元。（史　宜）

扬州大洋造船有限公司生产现场　　庄文斌/摄

船舶及配套件产业

■概述　2013年，全市66家规模以上船舶工业企业累计完成销售收入165.7亿元、入库税收5.8亿元，分别占全市工业总量的6%和5%，分别比上年下降24%、22%。其中，造修船企业完成销售收入94.1亿元、入库税收5.4亿元，分别下降39%、19%；船舶配套企业完成销售收入71.6亿元、入库税收4022万元，分别增长9%、-46%。

全市造船完工量322.4万载重吨，下降34%；新接订单量811.5万载重吨，增长372%。至年底，手持船舶订单1049.2万载重吨，增长73%，较年初增加441.3万载重吨。上述三大造船主要指标分别占全省总量的24.6%、25.2%、17.5%，占全国总量的7.1%、11.6%、8%，占比较上年有所提升，市场份额扩大。（史　建）

■重点船舶企业　2013年，全市8家重点骨干船舶生产企业造船完工量238.6万载重吨、新接订单量738.5万载重吨、手持订单量975.8万载重吨，分别占全市总量的74%、91%和93%。其中，扬州大洋造船有限公司(简称大洋造船)、中海工业(江苏)有限公司(简称中海工业)和江苏金陵船舶有限责任公司(简称金陵船舶)3家龙头骨干船舶生产企业造船完工量170.1万载重吨、新接订单量662.7万载重吨、手持订单量820.8万载重吨，分别占全市总量的53%、82%和78%。船舶产业集中度明显提高。（史　建）

■品牌建设　扬州市部分重点骨干企业船型形成品牌效应，市场接单能力明显增强。大洋造船以“节能环保”为首要理念设计的CROWN 63、CROWN MHI 82、CROWN 121极致节能环保散货船，在装载量提高、油耗降低的基础上，各项试验指标均达国际先进水平，在6万吨级、8万吨级、12万吨级散货船细分市场受到欢迎，全年批量接单近300万载重吨。中航鼎衡造船有限公司研制开发的LNG/LPG/LEG多用途、双燃料液化气运输船填补世界液化气支线运输船舶的空白，全年接单量位居扬州中小型船舶生产企业之首。（史　建）

■转型升级　2013年，扬州船舶工业企业抓住世界船舶工业调整的发展机遇，优化产品结构，积极转型升级。江苏远洋东泽电缆股份有限公司并购江苏华光电器电缆有限公司，涉足核电缆生产领域。大洋造船涉足海洋工程装备领域，全年承接尼日利亚船东GPA696系列海洋工程船4艘。该船单体体积为5万吨级散货船的十五分之一，价值却是5万吨级散货船的2倍。12月10日，被誉为世界造船业“皇冠上的明珠”的2.75万立方米液化气运输船在大洋造船开工建造。中海工业开工建设1万标准箱集装箱船，11万吨阿芙拉型油船出坞。金陵船舶为挪威船东建造的首艘6700车位汽车滚装船代表世界先进水准，满足绿色环保要求。（史　建）

■扬州大洋造船有限公司　大洋造船是扬州市大型远洋船舶制造企业、国家级高新技术企业，建有江苏省企业技术中心和数字化船舶工程技术中心，具有一级Ⅰ类钢质一般船舶生产企业资质，拥有以散货船和集装箱船、海洋石油平台供应船、液化石油气船为主的生产线3条，船舶产品出口美国、法国、希腊、德国等国家。公司有10万吨级船坞1座、5万吨级船台1座、舾装码头5座、900吨龙门吊和400吨龙门吊各2座，年造船能力250万载重吨。2013年，公司主要生产皇冠63K散货船和SPP35系列海工船，全年实现工业产值36.69亿元、销售收入26.29亿元、利税1亿元。

（杨　志）

■中海工业(江苏)有限公司　中海工业是中国海运集团大型船舶建造基地，生产区占地295公顷，厂房面积43万平方米，岸线长3.5千米，拥有大型船坞3座、10万吨级船台1座、2200米长舾装码头1座(泊位4个)，主要建造集装箱船、成品油船、散货船、化学品船等运输船舶和海洋平台等海洋工程装备，主要产品有4.6万吨系列成品油船、5~8万吨系列散货船、11万吨阿芙拉型油船和大型钢质浮船坞等，年造船能力350万载重吨。

2013年，中海工业开工建造11万吨阿芙拉型油船和1万标准箱集装箱船，同时拓展大型液化石油气船(VLGC)、32万吨大型油船(VLCC)和海洋工程产品等项目，提高产品档次，提升造船管理水平。6月21日，中海工业为神华中海航运有限公司建造的首制4.6万吨散货船"神华521"轮在中海工业长兴船厂3号码头命名、交付。12月18日，中海工业为神华中海航运有限公司首制的4.77万吨散货船"神华531"轮在2号舾装码头命名、首航。12月26日，中海工业为中海发展(香港)航运有限公司首制的11万载重吨成品/原油船(CIS110000-01)驶离3号舾装码头开始试航。至年底，公司实现销售收入12.57亿元，完成入库税收4646万元。（杨 志）

■中海工业开工建造"万箱船" 3月28日，中海工业与沪东造船厂签约合作建造"万箱船"。合同涉及建造1万标准箱集装箱船2艘，船舶总长335米、型宽48.6米。中海工业在沪东造船厂的指导下，逐项落实48项准备工作，细化10个专题的攻关和提升。4月28日，2艘1万标准箱集装箱船开工建造。此次开工建造的2艘"万箱船"入德国劳氏船级社(GL)、中国船级社(CCS)双籍，是国内建造的体量最大、设施设备最先进的"万箱船"。（杨 志）

■中海工业实现"五浮五出" 10月10日，中海工业成功实现2号船坞"五浮五出"，5艘船分别是1艘11万吨阿芙拉型油船、2艘4.77万吨散货船、2艘4.8万吨散货船。"五浮五出"是中海工业成立后，继成功实施2号船坞"六船并造""六浮三出"之后的第18次重大造船生产节点，其中11万吨阿芙拉型油船的出坞，标志中海工业在"大、高、新"船舶产品建造上取得新突破。（杨 志）

■王学美劳模船舶建造创新工作室成立 7月3日，以全国五一劳动奖章获得者、中海工业生产部副经理兼党支部书记王学美名字命名的王学美劳模船舶建造创新工作室揭牌。该工作室的建立，旨在发挥劳模在企业发展中的引领作用，展示劳模风采，推广劳模经验，扩大劳模品牌效应。其主要任务是结合生产实践，创新工作方法，实施船舶建造技术改进，攻克技术难题，培养后备技术力量。工作室成立后，组建"艉轴管和挂舵臂分段精度控制"和"角焊缝预密性工艺"2个课题小组，由王学美担任组长开展技术攻关。年末，王学美劳模船舶建造创新工作室被命名为中国海运劳模创新工作室。（胡 岩）

■江苏金陵船舶有限责任公司 金陵船舶是中国外运长航集团南京金陵船厂投资建设的5万吨级以上大中型船舶建造基地，占地90公顷，占用长江岸线1452米，具有国家一级Ⅰ类钢质一般船舶生产资质，主营产品为5万吨级以上巴拿马型和阿芙拉型油船、散货船等。公司有10万吨级、20万吨级干船坞各1座，500吨门座式起重机4台，500米长船舶舾装码头1座，420米×36米船体车间8跨和四喷六涂标准化环保型喷砂涂装车间、钢材预处理车间等，形成完整的船舶和分段建造体系。

6月18日，江苏省经济和信息化委员会邀请9名省内船舶工程界专家学者，在仪征召开江苏金陵船舶有限责任公司一级Ⅰ类钢质一般船舶生产企业生产条件评价会议，对照标准全面评价企业造船设施条件和运营管理状况。专家组认定，江苏金陵船舶公司具备《船舶生产企业生产条件基本要求及评价方法》规定的一级Ⅰ类钢质一般船舶生产企业生产条件。9月10日，金陵船舶为挪威船东建造的首艘6700车位汽车滚装船点火开工。该船一次可装载小型汽车6700辆，是代表世界先进水准、满足绿色环保时代要求的汽车运输船，也是金陵船舶建造的最大汽车滚装船。10月8日，金陵船舶为希腊阿里斯通航运公司建造的首艘3.5万吨散货船命名、交船。该船按照美国ABS船级社入级标准建造，是金陵船厂批量承接3.5万吨系列船的首制船，船舶总长180米、型宽30米、型深14.7米。与同类船型相比，该船具有低碳、节能、安全、装载灵活、适航性强等特点。10月10日，金陵船舶为德国船东建造的首艘5000标准箱集装箱船出坞。该船为现代化集装箱船，船舶总长255.4米、型宽37.3米、型深19.6米，主要用于装载集装箱及危险品等，是金陵船厂建造的最大集装箱船。2013年，金陵船舶完成销售收入12.29亿元、净入库税金1159万元。（杨 志）

石油化工产业

■概述 石油化工产业是扬州市重要支柱产业，主要产品有天然原油、基础化工原料、有机化工产品、无机化工产品、聚酯切片、化学纤维、化学农药及仿生农药、涂料、助剂、橡胶制品、日用化工等。以氯碱、苯为基础原料的氯苯系列、硝基氯苯系列及其衍生产品市场竞争力较强，二氯苯系列产品产量居世界前列。产业内上下游企业完备，产业链完整。本土化工企业江苏金茂化工医药集团有限公司(简称金茂化工集团)是由扬州市政府国有资产监督管理委员会(简称市国资委)出资设立的国有独资公司，下辖江苏扬农化工集团有限公司(简称扬农集团)、江苏联环药业集团有限公司(简称联环药业集团)、扬州谢馥春化妆品有限公司(简称谢馥春公司)、江苏瑞筑置业有限公司、国药控股扬州有限公司(简称国药控股扬州公司)，其中含境内上市公司江苏扬农化工股份有限公司(简称扬农股份公司)、江苏联环药业股份有限公司(简称联环药业股份公司)。金茂化工集团是国内规模最大的新型仿生农药生产企业。该企业生产的拟除虫菊酯类产品代表国内菊酯工业化生产最高水平，其中卫生用菊酯市场占有率逾70%；其他产品如聚酯聚合物、高沸点芳烃溶剂油、丙二醇醚、高纯度均四甲苯等产品在国内外均有较高市场占有率。省部属企业中国石化集团江苏石油勘探局和中国石油化工股份有限公司江苏油田分公司是以油气勘探开发为主，石油工程技术服务、石油炼制和盐卤盐硝开发生产综合发展的大型国有企业，全年实现经营收入184.22亿元。中国石化仪征化纤股份有限公司和中国石化集团资产经营管理有限公司仪征分公司位于仪征市，主要从事聚酯、涤纶纤维和精对苯二甲酸等化工原料产品的生产及销售，全年实现销售收入195.71亿元。

2013年，扬州市石油化工产业完成工业总产值1525.1亿元，比上年增长9.8%；产值占全市规模以上工业总产值的17.94%，比上年下降1.18个百分点。石油化工产业各主要行业中，石油和天然气开采业完成产值76.35亿元，下降5.83%；石油加工、炼焦及核燃料加工业完成产值34.02亿元，增长5.82%；化学原料及化学药品制造业完成产值1032.10亿元，增长12.68%；医药制造业完成产值98.02亿元，增长22.66%；化学纤维制造业完成产值49.54亿元，增长13.13%；橡胶和塑料制品业完成产值143.63亿元，下降4.36%。（史 宜）

■2家企业入选2013中国化工企业500强 6月26日，由中国化工企业管理协会、中国化工情报信息协会和德州市人民政府共同主办的2013中国化工企业500强发布会在山东德州举行。2013中国化工企业500强是根据企业2012年度营业收入数据，经中国化工企业500强工作委员会调查、核实和计算，依据国际惯例按照年度收入排序产生。扬州化工企业扬农集团、江苏华伦化工有限公司分列2013中国化工企业500强第108位和第330位。（史 宜）

江苏金茂化工医药集团有限公司

■概述 2013年，金茂化工集团实现营业收入129.1亿元，比上年增长6.2%；实现利税8.2亿元，增长14.5%；实现利润5.9亿元，增长6.5%。集团工业销售收入首次突破100亿元。扬农股份公司销售收入首次突破30亿元，利润突破4.5亿元；联环药业集团税收、利润指标均突破1亿元；谢馥春公司销售收入、利税增幅均超60%。（戴华侨）

■营销管理 提升经营理念。扬农集团采用差异化营销策略，开发优质高端客户，扩大直销比例；扬农股份公司跟踪高端市场，强化与战略性大客户的合作；联环药业集团强化销售工作责任制，爱普列特、薄芝糖肽注射液等重点产品销量大幅增长；国药控股扬州公司抢抓市疾控中心退出二类疫苗采购的商机，与10多家厂商达成扬州地区疫苗配送意向；谢馥春公司新开直营店2家，新增加盟店23家，新建网上销售旗舰店2家。

拓展国际市场。集团全年完成出口交货值33.9亿元，比上年增长15.6%。其中，扬农集团利用加工贸易优惠政策，维护传统出口市场；扬农股份公司抓住全球农药刚性需求增长的市场机遇，加大草甘膦等大宗产品出口力度，全年草甘膦销售量、销售额分别增长16.39%、42.88%；联环药业集团争取外销订单，左炔诺孕酮缩合物销售量增长300%。（戴华侨）

■资产管理 加强产权基础管理。按照市国资委统一部署，完成国有产权管理信息系统网上申报，涉及控股、参股企业37家。

加强托管资产管理。根据市场行情，及时上调到期出租资产租金，盘活部分闲置资产；组织对出租房屋资产专项安全检查，及时整改安全隐患。

中化国际(控股)股份有限公司(简称中化国际)、扬州市政府与扬农集团签订三方战略合作协议，确立共同发展精细化工产业的战略思路。联环药业股份公司实施重大资产重组，收购扬州制药有限公司100%股权，联环药业集团持有上市公司股权份额上升至40.4%；联环药业集团子公司联博药业收购上游原料生产企业大同同星抗生素有限公司51%股权。江苏群鑫粉体材料有限公司完成33.63%国有股权公开挂牌转让，成为纯民营企业。谢馥春公司被确定为扬州市上市后备企业，规范企业各项管理。（戴华侨）

■科技创新 2013年，金茂化工集团申报发明专利28件，获得发明专利授权25件。扬农集团完成科研项目20个，完成项目中试8个，5个产品被认定为江苏省高新技术产品。联环药业集团完成地塞米松磷酸钠、特非那定等品种的技术攻关。扬农股份公司获发明专利授权17件，获批成为江苏省博士后创业实践基地，“菊酯中间体及其下游新农药品种的产业化”成果获江苏省科技进步奖三等奖。（戴华侨）

■项目建设 2013年，金茂化工集团完成技改投入7亿元。扬农集团完成吡虫啉、二氯苯胺、二氯丙醇、环氧树脂高盐废水综合利用等项目；扬农股份公司加快推进南通如东新基地建设，前期行政审批事项全部完成；联环药业集团完成片剂B楼GMP(药品生产质量管理规范)改造和新水针生产线安装调试等项目；谢馥春公司杭集工业园项目通过行政许可审批，被列入市“122”重点技改项目库；江苏太极实业新材料有限公司进口浸胶机项目建成投产；江苏瑞筑置业有限公司宁夏商住用地项目完成前期工作。（戴华侨）

■质量管理 重视标准工作。扬农集团组织制定间二氯苯行业标准；扬农股份公司完成全国农药标准化委员会拟除虫菊酯类工作组换届工作，牵头起草的胺菊酯原药国家标准获批准。

开展质量管理知识培训。金茂化工集团组织80人参加全市新一轮全面质量管理培训，并取得国家质检总局颁发的证书。扬农集团开展卓越绩效评价等质量培训工作，6人获得六西格玛管理蓝带证书。

加强品牌、名牌建设。扬农股份公司完成“墨菊”商标申报中国驰名商标和江苏名牌产品相关工作，联环药业集团“敏迪”商标被认定为江苏

省著名商标，“谢馥春”被认定为扬州市知名商标和江苏省著名商标。（戴华侨）

■**安全生产** 金茂化工集团先后开展“安全生产月”、“事故隐患排查专项治理”、“安全生产大检查”、“打非治违”（打击非法、违法经营活动行为）等系列活动，执行“全覆盖、零容忍、重实效”的工作要求，安全生产形势持续好转，全年未发生重大安全生产事故。持续开展安全专家检查咨询活动。加强安全生产知识培训，46人参加安全管理上岗培训并取得证书。金茂化工集团获国家安全生产监督管理总局“安康杯”知识竞赛优胜奖。（戴华侨）

■**节能减排** 加强清洁生产。扬农集团投入1035万元，实施清洁生产项目5个，全年减排二氧化硫1810吨、固体废弃物2000吨，回收苯原料722吨。扬农股份公司开展废气专项治理，新上蓄热式氧化、催化氧化等废气处理装置。

强化节能管理。扬农集团优化溴化锂机组运行，全年节约蒸汽4万吨，获评江苏省节能先进单位。（戴华侨）

■**退城进园** 康泰医疗器材有限公司搬迁工作有序推进，按时完成搬迁交地任务。扬农集团加快发展转型升级实施方案经市政府常务会议讨论通过并进入实施阶段。联环药业集团制定退城进园初步方案，注册成立江苏联环生物医药有限公司，项目拟落户扬州高新技术开发区生物医药产业园，落实土地供给规划34.47公顷，首期供地16.33公顷。（戴华侨）

■**江苏扬农化工集团有限公司** 2013年，扬农集团实现现价产值76.5亿元、销售收入78.5亿元、利润4.3亿元。加强与同行及上下游客户的交流、沟通与协调，引导和保持区域市场平稳运行。利用好加工贸易优惠政策，维护传统出口产品市场。完成吡虫啉扩建项目建设和二氯丙醇新工艺改造，建成二氯苯胺多功能生产装置，完成环氧树脂高含盐废水综合利用项目改造并投入生产。优化、改进吡虫啉生产工艺，开发多个吡啶杂环类重要农药中间体；完成啶虫脒工艺条件优化；对氨新工艺等研究取得进展。落实安全属地化管理和安全生产责任制，严肃安全考核奖惩制度，组织开展“消防周”“安全月”等活动，全年安全生产形势总体平稳，未发生重大事故。组织实施烟气脱硫脱硝专项治理，完成清洁生产项目5个，公司被认定为环保信用蓝色企业。加强主要生产装置及公用工程的经济运行方式分析研究；实施费用控制等多项措施，各项费用与预算相比明显下降；公司万元产值综合能耗0.94吨标准煤，比上年下降3.3%。（戴华侨）

扬农集团厂区一角　　张孔生/摄

■**江苏扬农化工股份有限公司** 2013年，扬农股份公司完成销售收入30.06亿元，实现利润4.62亿元，分别比上年增长35.49%、99.35%。深化与跨国公司战略合作，拓展印度等新兴市场。抓好草甘膦等大宗品种销售，全年草甘膦销售量、销售额分别增长16.39%、42.88%。全年开发新产品5个，完成4种产品小试、中试，开展4个品种小试研究。全年申报专利10件，获专利授权17件。创成江苏省农药清洁生产技术重点实验室。完成草甘膦项目扩建，新上稀醛回收等环保装置；完成如东新基地项目前置审批手续。全年投入安全生产资金1000万元。新上蓄热式氧化、催化氧化等废气处理装置，落实草甘膦环保核查工作。创成江苏省循环经济标准化试点单位。召开右旋胺菊酯原药行业标准预审会，由公司牵头起草的胺菊酯原药国家标准获国家质量监督检验检疫总局、国家标准化委员会批准，氟氯氰菊酯等2个产品行业标准完成立项申报。（戴华侨）

■**江苏联环药业集团有限公司** 2013年，联环药业集团实现现价产值17.6亿元、销售收入16.8亿元、利润1亿元。爱普列特、苏迪、薄芝糖肽注射液等产品销售量大幅增长，地塞米松磷酸钠和醋酸地塞米松销售量6.8吨，比上年增长17%。组建技术管理部，申报发明专利2件，获批发明专利2件。完成左炔诺孕酮、地塞米松磷酸钠、特非那定、非洛地平缓释胶囊释放度等项目技术攻关。完成片剂B楼GMP改造、质量控制部无菌室、薄芝提取新精烘包改造等项目，满足新版GMP要求；完成有关SOP（标准作业程序）、工艺规程、验证方案和报告等文件修订。完成联环药业股份公司通过向联环药业集团发行股份收购扬州制药有限公司100%股权的重大资产重组项目，提升上市公司综合竞争力；主导完成扬州联博药业有限公司收购大同同星抗生素有限公司51%股权工作。成立环境管理部，添置高浓度废水处理装置，更新改造污水处理设施，整改危险固体废弃物贮存库。（戴华侨）

江苏油田

■**概述** 江苏油田为中国石化集团江苏石油勘探局（简称江苏石油勘探局）和中国石油化工股份有限公司江苏油田分公司（简称江苏油田分公司）的统称，是以油气勘探开发为主，石油工程技术服务、石油炼制和盐卤盐硝开发生产综合发展的大型国有企业。油田工作区域主要分布在江苏、安徽、广东三省的7个地级市，油田机关及主要科研机构设在扬州市。

2012—2013年江苏油田主要生产建设指标一览表

表14-2

指标名称	单位	2013年	2012年
原油产量	万吨	171.2	171.02
天然气产量	亿立方米	0.51	0.57
新增原油生产能力	万吨	24.54	25
新增探明石油地质储量	万吨	228	1079
二维地震	千米	5852.09	5059.01
三维地震	平方千米	794.50	888.30
完井	口	389	375
探井	口	79	93
开发井	口	310	282
钻井进尺	千米	1015.6	963.8

注:新增探明石油地质储量按中国石化集团新的储量管理办法和储量计算细则统计,为经济可动用储量 (黄俊良)

2013年,江苏油田新增探明可动用储量227.63万吨、控制储量649.97万吨、预测储量1495.93万吨,钻井总进尺1015.6千米。生产原油171.2万吨、天然气5123万立方米。实现收入184.22亿元。其中,江苏油田分公司实现收入112.7亿元,江苏石油勘探局实现收入16.38亿元,工程公司实现收入26.66亿元,专业公司实现收入28.48亿元。实现利税总额46.43亿元、利润12.93亿元。至2013年底,江苏油田总资产166.74亿元,其中固定资产净值131.96亿元。江苏油田分公司有油气勘查开采项目区块37个,总面积5.39万平方千米。其中,探矿权项目区块17个,面积5.27万平方千米;采矿权项目区块20个,面积1217.05平方千米。探明油气田36个,面积245.67平方千米,累计探明天然气地质储量92.26亿立方米、石油地质储量2.80亿吨,累计生产原油3973.82万吨。 (黄俊良)

■油气勘探 隐蔽油藏评价勘探场面不断扩大,黄X159、马X41、曹X64井勘探取得成功,勘探领域由邵伯次凹向樊川次凹延伸,勘探类型由构造岩性油藏向湖底扇、砂体尖灭、地层超覆等多类型拓展,新增控制和预测储量576万吨。高邮北斜坡花X29、花X31、花X32等含油断块相继探明,花庄南地区阜一段首获工业油流。复杂断裂带深化研究取得新发现,永X43井戴南组首次试获工业油流。域外广东徐闻X6井首次在流沙港组、涠洲组2个层系3个层段试获工业油流,新增预测储量1071万吨。南方新区福建举岚、永泰盆地二维地震开工。获得江西弋阳盆地探矿许可证,矿权面积2944平方千米。 (黄俊良)

■油田开发 新发现永42、邵22、天98等一批含油断块,落实可动用储量345万吨;桥6、闵34等一批难动用储量实现有效开发,新增动用储量170万吨。开展高饱和油藏提压注水、零散区块移动注水、整装区块细分注水、致密油藏试验注水,实现水驱由单向到多向、平面到立体、局部到整体的转变,油田自然递减率和综合递减率分别为13.85%、7.23%。深度应用工艺技术,韦8、平1等5口低效水平井通过水力喷砂分段压裂获得新生;三次采油取得阶段性成果,真35聚合物驱累计增油5500吨,沙7二元驱试验井组含水下降、产量上升。陈堡、高集、乔田新建产能15万吨以上。 (黄俊良)

■石油工程 内部市场。在复杂井和高难度井增多、平均井深增加95米的情况下,机械钻速比上年增长10%,先后27次刷新江苏油田纪录,创1项集团公司纪录。创新复合有机盐钻井液、短半径侧钻水平井、湿接头测井工艺、管道全自动焊等特色技术。域外市场。完成华北地区黄土塬三维地震、山西煤层气项目,推进华东地区金坛储气库、LNG(液化天然气)输气干线项目,实施华南地区高压管网二期、海南钻井项目。西北地区钻测井、地面工程设计等项目平稳运行。海外市场。开拓风险低、效益稳、回报好的市场,巩固阿尔及利亚、尼日利亚、沙特等现有市场,新签加蓬EPCC(总承包管理模式公司)、阿根廷固井和玻利维亚钻井项目,续签厄瓜多尔、也门和泰国等钻井项目。 (黄俊良)

■多元开发 炼油化工优化升级,发挥MCP(重油选择性催化裂解工艺)新工艺优势,新增丙烯、航空煤油等高附加值产品,实现利润7577万元,比上年增长66.4%。矿业开发实现劳务收入5.88亿元,增长14%。生产合格卤水485万立方米,实现销售收入1.14亿元。生产各类元明粉产品21.8万吨,实现销售收入9405万元。天然气运输业务快速发展,承担江苏省内90%的CNG(压缩天然气)物流工作量。 (黄俊良)

■安全生产与环境保护 开展安全教育,组织1.3万人次参加各类取证培训。签订HSE(健康、安全与环境)责任书,落实安全环保责任。开展安全标准化自我诊断,改造管理制度16项。坚持HSE委员带队查、安全部门突击查、专家成员剖析查、业务部门专项查、特殊时期全覆盖检查不断线,排查各类隐患5268项,HSE风险进一步削减。强化隐患治理,投入专项资金5419万元。实施健康体检1.59万人次,检测职业危害因素岗位237个。首次完成碳盘查工作,通过"中国能效之星"四星级验收。建立、完善原油质量监控和预警体系,质量管理水平持续提升。 (黄俊良)

■科技创新 全年安排科技攻关项目124个,有51项成果通过评定;6项成果通过中国石油化工集团(简称中石化集团)科技成果鉴定,其中1项达到国际领先水平、2项达到国际先进水平、3项达到国内领先水平。申请国家专利97件,获专利授权66件,分别比上年增长51.6%和57.1%。"主力油田再稳产综合技术研究"科技重大专项结题,6个主力油田累计增油29.8万吨,新建产能25.7万吨,新增可采储量184万吨。江苏油田被确定为北斗卫星技术示范应用单位。油田勘探开发一体化数据中心及业务协同平台通过科技部组织的评审,获得软件自主知识产权39项。（黄俊良）

■域外新区入选中石化集团年度重大发现 1月17日,位于广东徐闻迈陈凹陷的重点探井徐闻X6井完井。该井在涠洲组和流沙港组测井共解释油层9层26.4米、油干层10层21.7米。2月4日,徐闻X6井在涠三段7号层试获工业油流,标志着江苏油田南方域外新区勘探取得重大突破;5月7日,成功实施大型加砂压裂;5月15日,开始放喷出油,当日出油6.27立方米;至5月20日,累计抽汲放喷出油30立方米,平均日产6立方米;6月3日,徐闻X6井正式投产;6月15日,徐闻新区第一车原油外销。徐闻新区上报石油预测地质储量1071.44万吨,是2013年度中石化集团三大油气重大发现之一。（黄俊良）

仪化公司

■概述 中国石化仪征化纤股份有限公司(简称仪化股份公司)和中国石油化工集团资产经营管理有限公司仪征分公司(简称资产公司仪征分公司)统称仪化公司,位于江苏省仪征市,占地10平方千米。2013年11月,仪化股份公司完成股权分置改革。

仪化股份公司主要生产聚酯和涤纶纤维,并配套生产聚酯主要原料精对苯二甲酸(PTA)。2013年底,仪化股份公司有PTA生产装置2套,年产能100万吨;有聚酯生产线16条,聚酯聚合年产能218万吨、聚酯切片年产能88.5万吨、瓶级切片年产能

2012—2013年仪化公司主要产品产量一览表

表14-3 单位:万吨

产品名称	2013年	2012年
涤纶	254.00	241.75
聚酯切片	118.43	108.10
瓶级切片	54.87	61.75
涤纶短纤维	70.73	58.29
#中空纤维	7.12	5.70
涤纶长丝	6.59	10.03
加弹丝	3.38	3.58
PTA	105.82	104.42
PBT树脂	5.94	5.45
四氢呋喃	0.56	0.37

注:表中数据含海南盛之业公司,不含仪化东丽公司（于 岚）

45.5万吨;有涤纶短纤维生产线34条,年产能79.3万吨;有涤纶长丝生产线14条,年产能9万吨;有超高分子量聚乙烯纤维干法纺丝装置2套,年产能1300吨;有对位芳纶试验装置1套,年产能100吨;有1,4-丁二醇生产装置1套,年产能10万吨。

资产公司仪征分公司下辖4个生产单位和社区管理中心。PBT生产中心主要生产工程塑料(PBT),有装置2套,年产能9.1万吨。仪化东丽聚酯薄膜有限公司为资产公司仪征分公司和日本东丽株式会社合资企业,主要生产聚酯薄膜,年产能4.41万吨;仪化博纳织物有限公司是资产公司仪征分公司与英国博纳国际控股有限公司合资企业,可年产聚丙烯织物7700万平方米;海南盛之业高新技术有限公司位于海口市港澳工业区,主要生产和销售瓶级聚酯切片,年产能24万吨,2013年8月起实施经营性停车。

2013年,仪化公司生产PTA产品105.82万吨、涤纶产品254.00万吨。仪化股份公司完成产值176.86亿元,实现营业收入176.77亿元;资产公司仪征分公司完成产值18.79亿元,实现营业收入18.94亿元。（于 岚）

■安全生产 2013年,仪化公司全面推行领导干部承包装置、安全总监制度,层层落实HSE责任。严格直接作业环节流程化管理和安全监管,促进现场环境持续改善和设备管理水平的提高。全年投入6100万元,实施隐患治理项目38个。全年非计划停车比上年下降43%。（于 岚）

■节能减排 2013年,仪化公司编制《仪化公司环境保护"十二五"规划》。抓好源头减排和综合治理,每周通报环保分级控制指标,实施短纤油剂控制、落地物料管理、热电锅炉脱硝除尘、污水异味治理,促进生产经营与环境保护协调发展。开展清洁生产对标、追标,85%的指标达行业清洁生产一级水平;全面完成中石化集团9项经济技术考核指标,其中7项指标创历史最好水平;主产品单位能耗比上年下降2.71%,工业废水排放量、外排废水COD(化学需氧量)总量、氮氧化物排放量分别下降5%、9.7%、10%。（于 岚）

■调优产品结构 2013年,仪化公司坚持动态测算品种效益和边际贡献,平衡资源、需求、装置能力,采取提前检修、降负荷、转产品种、经营性停车、推迟新项目开车等措施,应对市场变化,缓解库存和效益压力。加快劣势业务调整,关停间纺长丝生产线6条,海南盛之业公司实施经营性停车。开展市场推介,挖掘潜在用户,较好完成切片、短纤增量产品销售任务。功能型母粒FG611、细旦短

纤、中空产品产销量持续增长；环保型瓶片BG811通过试用；工程塑料、超高分子量聚乙烯纤维等自销产品通过会展推介、拓展领域等方式，产销率分别为99.7%、106.7%。产品差别化率达85%。（于 岚）

■压降采购成本 2013年，仪化公司实施供应商分级管理和业绩引导订货，清理、淘汰供应商62家。建立库存情况定期通报制度，强化新增积压物资责任追究，推进积压物资改代利用和对外处置，积压物资数量下降7%，改代利用221万元。细化物资成本构成分析和量价对比，优选招标采购和框架协议采购，消除独家采购，参加中石化集团区域协同采购并争取定价权，框架协议采购率77%，采购资金节约率7.6%。（于 岚）

■科技创新 2013年，仪化公司环保型钛系瓶片通过用户试用，超仿棉短纤产业化技术攻关取得进展；开发2.22分特非织造短纤专用料、高纤家纺专用料等新产品8个，推广FG601、FR212等产业化新产品13个，聚酯专用料率、纤维差别化率分别为86.8%、78.1%，差别化产品比常规产品多增加毛利3.35亿元。申请专利27件。实施PTA二号装置萃取、PTA管链输送等技改项目41个。完善科技委、专家库工作机制，强化专业分工和成果激励，评定科技成果69项，奖励175万元。通过江苏省高性能纤维重点实验室认定，“高性能聚乙烯纤维干法纺丝工业化成套技术”成果获中国纺织工业联合会“纺织之光”科技进步奖一等奖和中国石化科技进步奖一等奖。仪化公司白斯特牌聚酯切片、涤纶短纤维、涤纶长丝获评江苏重点名牌产品。（于 岚）

■“超仿棉”产品工业化 12月26日，由仪化公司组织实施的国家“十二五”科技支撑计划项目“超仿棉短纤维成套技术开发”通过中石化集团科技部组织的评审。“超仿棉”不但具有棉花特性，还可提高涤纶产品的舒适性，替代棉花在纺织品中的使用比例。由于聚合、纺丝的温度低于常规涤纶，产品可常压同浴染色，能耗低，碳排放减少，产业链能实现绿色、环保、低碳，符合国家产业结构调整方向。至年底，进行工业化试生产6次，生产超仿棉短纤维224吨，销售138吨。（于 岚）

■10万吨/年1,4-丁二醇(BDO)项目建成 5月，中石化集团首套年产10万吨1,4-丁二醇(BDO)项目打通全流程，生产出合格产品。项目投资16.40亿元，于2011年3月28日开工建设，采用正丁烷工艺路线。产品广泛用于化工、塑料、弹性纤维、医药、农药、化妆品、传动皮带制造等领域，其下游产品的开发具有很高应用价值和经济价值。该项目是仪化公司依托中石化集团南京地区炼化企业资源优势，实施从化纤向精细化工延伸发展、推进产业结构调整、增强企业竞争能力的第一个化工项目。（于 岚）

■钛系瓶级、膜级环保型聚酯切片试生产 6月和10月，仪化公司分别成功试生产出新型环保绿色产品钛系瓶级和膜级环保型聚酯切片。传统的聚酯产品在生产过程中均使用含有金属锑的催化剂，产品中含有微量重金属。随着环保和健康标准的逐步提高，仪化公司将绿色低碳和新产品开发升级作为公司生存和发展的方向，开展钛系聚酯催化剂的工业应用试验。经过2年多的攻关，成功实现工业化批量生产，产品经分析检验测试，黏度、熔点、端羧基、色值等指标全部合格，并通过用户试用。（于 岚）

■高收缩膜用共聚酯和高透明聚酯薄膜用母粒开发项目通过中石化集团鉴定 11月8日，仪化公司采用分子设计方法开发的高收缩膜用共聚酯和高透明聚酯薄膜用母粒通过中石化集团鉴定。高收缩膜用共聚酯FG701、FG702形成具有中石化集团自主知识产权的成套工艺技术，产品主要应用于加工热黏合聚酯薄膜、高收缩薄膜、片材等领域，产品质量初步获得用户认可，性能与进口同类产品相当。高透明聚酯薄膜用母粒探索应用3层共挤高透明聚酯复合薄膜的成膜工艺，形成最佳成膜工艺，产品质量达到国外同类产品先进水平。（于 岚）

■仪化东丽公司年产1.5万吨聚酯薄膜项目开车成功 11月3日，仪化东丽聚酯薄膜有限公司年产1.5万吨聚酯薄膜项目一次投料开车成功，生产出主要用于平板显示器行业的光学膜产品，可替代进口，填补国内该行业尖端产品空白。该项目引进日本东丽公司核心技术，于2011年11月开工建设，总投资4.38亿元，是仪化东丽公司实施差异化、高附加值战略，向厚型、超薄型等高技术含量、高附加值产品领域发展的重点项目。（于 岚）

■仪化股份公司股改 6月8日、20日，仪化股份公司先后对外公布股改初步方案和最终方案。7月8日，仪化股份公司召开股权分置改革A股市场相关股东会议。经过7月4日、5日、8日的网络投票及8日的委托投票和现场投票，股改方案获得高票通过，其中A股流通股股东投票率55.17%、赞成率91.21%。11月，仪化股份公司完成股权分置改革。此次股改最大限度保证流通股股东利益；对非流通股股东不仅提高对价，而且增加资本公积金转增、股权激励、公司发展等方面的承诺。（于 岚）

新兴产业

■概述 2013年，全市新兴产业有规模以上企业474家，完成产值2462.1亿元，比上年增长16.6%，占全市规模以上工业总产值的29%。其中，新能源产业产值234.2亿元，增长12%；新光源产业产值353.8亿元，增长22.3%；新材料产业产值408.7亿元，增长9.6%；电子书产业产值186亿元，增长30.1%；智能电网产业产值992亿元，增长19%；节能环保产业产值580.5亿元，增长17.1%。全市光伏产业形成高纯多晶硅产能4800吨、光伏电池产能1860兆峰瓦、光伏组件产能1500兆峰瓦。全市拥有MOCVD(金属有机化合物化学气相淀积)设备133台，形成340万片蓝绿光外延片和150万片红黄光外延片年生产规模，高亮度芯片年产能突破4.2万KK(1KK=1000×1000)颗，大功率封装年产能120KK颗。扬州乾照光电有限公司拥有MOCVD设备21台，成为全国最大的红黄光外延片、芯片生产企业，国内市场占有率45%以上。江苏璨扬光电有限公司、扬州宇理电子有限公司、扬州艾迪森光电有限公司、扬州峻茂光电有限公司等企业在背光应用、大功率封装等领域进入全国前五强。新材料产业快速发展，大连化工(江苏)有限公司、江苏扬农锦湖化工有限公司等重点企业保持满负荷生产。电子书产业形成以川奇光电科技(扬州)有限公司为核心的全球最大电子纸生产基地，集聚川岳科技扬州有限公司、扬州易狄欧电子科技有限公司、先丰光电(江苏)有限公司、扬州凤凰联动传媒文化有限公司、腾云科技(江苏)有限公司等一批硬件制造及内容出版商。“电子墨水—IC器件、处理器及驱动控制电路—电子纸面板模组—硬件方案集成—电子书产品”产业链初具雏形，拥有全球唯一E-Ink(电子墨水)电子纸生产基地，产品占据全球市场90%的份额。智能电网产业江苏金鑫电器有限公司、江苏捷凯电力器材有限公司等企业产值均超20亿元，利税逾1亿元。总投资20亿元的国电南自智能电力设备(扬州)产业园入驻企业4家。（杨 志）

■**项目建设** 2013年，扬州市LED产业抓住市场机遇，加快推进重大项目建设。中科半导体240万片LED外延片及芯片一期项目50台MOCVD全部投产，同时向产业链下游延伸，建设年产60万只LED灯管和320万只LED球泡灯生产线。璨扬光电二期增资扩建LED外延片及芯片项目MOCVD全部到位，配套芯片生产线在建。扬州德豪润达光电有限公司LED外延片和芯片项目投产。派氪科技(扬州)有限公司液晶显示屏模组生产基地项目在扬州经济技术开发区开工建设，项目计划总投资2亿美元，一期项目12月投产。项目全部建成达产后可形成年产300万台LED电视机整机的产能。天威新能源(扬州)有限公司1.5吉瓦晶体硅太阳能光伏组件项目一期(800兆瓦)投产，生活区工程建设基本完工。总投资120亿元的中电电气(扬州)光伏有限公司2吉瓦太阳能电池片及组件生产项目一期600兆瓦太阳能电池片项目完成基建。仪化东丽1.5万吨平板显示屏用聚酯薄膜、大连化工EVA(乙烯-醋酸乙烯共聚物)乳胶及1,4-丁二醇、龙川钢管有限公司海洋油气储运特种钢及大口径无缝管等项目在建。江苏奥克化学有限公司投资16.8亿元的年产30万吨环氧乙烷衍生精细化工新材料项目开工建设。2013年，新兴产业领域获批省发展和改革委员会(简称省发改委)土地“点供”(对重点项目给予保证指标的单独性保障性供地)立项项目8个，占全市获批“点供”地项目总数的40%。（杨 志）

12月18日，派氪科技(扬州)有限公司一期液晶显示屏模组项目投产。图为该公司生产车间一角　王 卓/摄

■**科技创新** 2013年，扬州市新兴产业领域新增国家高新技术企业19家，获批省级科技支撑计划、省重大科技成果转化项目32个。扬州中科半导体照明有限公司“高效LED照明核心材料高技术产业化项目”获国家发展和改革委员会战略性新兴产业项目资金支持1500万元，“显示屏用LED外延片及芯片产业化技术开发项目”获省发改委战略性新兴产业发展专项资金1000万元；乾照光电“高效聚光三结砷化镓太阳能电池外延及芯片”项目获批省科技厅重大科技成果项目资金800万元；集福新能源“用于绿色建筑的地热与太阳能智能化互补集成技术的研究与示范”项目获批省国际科技合作计划—中芬合作资金扶持。新兴产业领域全年新建省级以上科技创新平台23个，引进专家及高层次人才354人、外国专家39人。（杨 志）

■**新兴产业应用示范** 2013年，全市新增、改造LED道路灯具2996套。至年底，扬州市区共安装LED灯具2.56万盏。通过开展建筑一体化光伏并网发电示范，在新建大型公共建筑、高档居民小区开展太阳能屋顶、光伏幕墙等光电建筑一体化示范，对条件适宜的公共建筑进行太阳能光伏应用改造。至年底，全市获批国家金太阳示范工程项目7个，总装机容量14.6兆瓦，实现并网发电。全市新增太阳能光伏装机容量38.5兆瓦，在建项目装机容量296.59兆瓦。扬州经济技术开发区智能电网综合示范工程11个子项目通过国家电网公司验收。（杨 志）

■**扬州光伏企业参与制定行业国际标准** 6月28日，SEMI(国际半导体设备材料协会)中国光伏标准技术委员会2013年夏季会议在扬州召开，全国光伏领域30多家龙头企业参加会议。会上，由晶澳(扬州)太阳能科技有限公司参与制定的晶体硅光伏组件用减反射镀膜玻璃技术要求、光伏组件包装保护技术要求和TGA法测量光伏组件用EVA中的VA含量标准等3个光伏行业国际标准正式发布；由该公司牵头制定的类单晶硅片

产品质量标准通过大会审批，进入全球投票阶段。SEMI光伏国际标准项目2007年启动，有近600名光伏领域技术专家在中国、欧洲、北美、日本等国家和地区组成22个工作组，起草并发布SEMI光伏标准近50项，涉及晶体硅电池、组件以及薄膜组件制造所用的设备、材料和检测方法等多个领域。SEMI中国光伏标准技术委员会是SEMI在中国的分支机构，设有8个SEMI标准工作组，已立项并正在制定10项标准。 （胡 岩）

■宝胜科技创新股份有限公司 宝胜科技创新股份有限公司专业生产裸铜线、电气装备用电缆、电力电缆、通信电缆、网络电缆、铁路信号电缆、矿物绝缘电缆、橡胶电缆、辐照交联电缆、分支电缆、超导电缆、铝芯电缆等各系列180多个品种、2.2万个规格的电线电缆以及电缆材料，产品覆盖除光缆以外的电线电缆各个领域。2013年，公司实现营业收入98.08亿元，比上年增长14.45%；实现净利润1亿元，增长4.52%。2013年，公司对关键岗位员工推出“股票期权激励计划”“金福计划”等激励机制创新措施，宝胜集团75%股权无偿划转事项获国务院国资委和证监会批复同意。

市场开发。开拓电网市场客户，全年与18家省级电力公司、25家市级供电公司和19家县级供电公司新建业务关系，新签订单21亿元。加大军工、通信、能源、汽车、机车、海洋工程设备、飞机等高端装备线缆市场开拓力度，与一批重点企业、科研院所、军工单位广泛合作。公司通过泰尔认证；首次入围中国电信集团公司集中采购供方名单，获得投标资格，为公司进军通信市场打下基础。公司全年实现出口额7.35亿元。11月，宝胜官方网店暨“中国电线电缆商城”上线，宝胜官方旗舰店在天猫商城、1号店商城同步上线。

产品研发。公司研发新产品30多个，额定电压450/750V交联聚乙烯绝缘皱纹不锈钢护套防水防腐蚀型无卤低烟阻燃控制电缆、热塑性耐寒抗开裂无卤低烟阻燃聚烯烃电缆料等14个新产品和新材料通过省级新产品鉴定；获得专利12件，其中发明专利1件。公司研发的第三代核电站专用电缆入选2013年度国家重点新产品计划立项项目清单。

技术改造。中压四期项目完成安装调试并投入使用。组织实施电线扩能项目，前期设备交付使用。宝胜科技电缆城项目完成前期厂房建设和相关设备采购，30万吨铜杆及深加工项目连铸连轧设备进入安装阶段，部分铜深加工设备调试投产，项目建成后可形成30万吨铜杆加工能力。

完善营销网络渠道。将国内市场重新划分为8个区域，设59个销售公司。利用宝胜（上海）电线电缆销售公司，强化对市场的管控和支持力度。通过宝胜（香港）进出口有限公司，加快开发国际市场。根据产品特点，成立特种电缆、橡胶电缆、防火分支电缆、电力以及军工电缆等专项销售项目部。 （胡 岩）

■鸿达兴业股份有限公司 6月8日，江苏金材科技股份有限公司完成工商变更登记并取得新的营业执照，正式更名为鸿达兴业股份有限公司。鸿达兴业股份有限公司主要从事PVC（聚氯乙烯）片材和板材、PE（聚乙烯）薄膜、复合包装材料及其他新型包装材料、塑料彩印、塑料制品、高真空新型电子薄膜的研发、生产和销售。

2013年，公司生产PVC树脂29.4万吨，比上年增长36%；生产离子膜烧碱25.06万吨，增长29.5%；生产纯碱9.78万吨，增长190%；生产塑料制品1.77万吨，增长26.43%。公司全年实现营业收入24.17亿元，增长25.11%；实现净利润2.96亿元，增长78.65%。公司实施乙炔渣浆液回收乙炔气、纯碱母液水和电石灰回用、精馏聚结器应用、聚合釜ESD（静电释放）和液氯PLC（可编程逻辑控制器）改造等技改项目。其中，乙炔渣浆液回收乙炔气项目实现年回收乙炔气108万立方米；电石灰回用项目年节约电石3000吨；母液水回用项目将处理后的水作为聚合纯水和循环水补水，可年节约地下水150万吨；精馏聚结器应用项目实施后，提高乙烯脱水率，提升公司电石法PVC产品质量。公司全年申报专利13件，其中6件实用新型专利取得专利证书；与北京化工大学共建新材料先进制造技术协同创新研究中心，启动新材料“高性能药用PVC包装材料”和“静电纺丝滤膜材料”研发，完成北京化工大学2件专利的专利权受让和3件专利的专利权许可使用手续；与包头稀土研究院合作成立内蒙古联丰稀土化工研究院有限公司，研究开发稀土材料在塑料化工领域的应用。 （胡 岩）

■晶澳（扬州）太阳能科技有限公司 晶澳（扬州）太阳能科技有限公司是从事高效太阳能电池制造的现代化光伏企业，其母公司晶澳太阳能控股有限公司在美国纳斯达克交易所挂牌上市。公司位于扬州经济技术开发区，总投资5亿美元，注册资金2.3亿美元，主要从事单晶硅棒、硅片、高效太阳能电池及组件的加工、制造和销售，主导产品销往欧洲、北美、日本等地区与国家。公司建有晶澳全球高效电池研发中心，具有先进的高效率晶体硅电池研发平台和世界一流的测试仪器和测试手段。2013年，公司建有生产线34条，年生产能力1.5吉峰瓦，全年实现产值132.19亿元，完成销售收入31.6亿元。 （胡 岩）

电力工业

■概述 2013年，扬州市全社会用电量197.38亿千瓦时，比上年增长13.68%；其中工业用电量139.13亿千瓦时，增长12.93%。全市全社会用电量占全省全社会用电量的3.98%；全市工业用电量占全省工业用电量的3.67%，占全市全社会用电量的70.49%。全市最高用电负荷342.8万千瓦，比上年增长16.05%。

2013年，全市19家发电企业有发电机组43台，总装机容量456.41万千瓦，全年完成发电量243.65亿千瓦时，增长4.64%。其中，3家统调

2013年扬州市电力生产企业情况表

表14-4

类别	企 业 名 称	装机容量（万千瓦）	发电机组数量（台）	发电量（亿千瓦时）	发电量增幅（%）
统调电厂	江苏华电扬州发电有限公司	66	2	32.62	5.74
	江苏国信扬州发电有限责任公司	252	4	151.48	-2.94
	江苏省江都水利枢纽工程	0.3	7	0.003	-0.85
公用热电厂	江苏华电仪征热电有限公司	76.2	3	23.23	87.49
	扬州威亨热电有限公司	5.2	3	1.47	13.08
	仪征联众热电有限公司	5	2	3.07	65.95
	扬州港口污泥发电有限公司	5	2	4.74	22.48
	宝应协鑫生物质发电有限公司	3	2	1.41	—
	扬州新热发电有限公司	0.6	1	—	—
自备热电厂	仪征化纤股份有限公司	24	4	14.91	0.67
	扬州石油化工有限责任公司	0.3	1	0.01	—
	江苏瑞祥化工有限公司	4.8	2	4.50	0.22
	江苏扬农化工集团有限公司	3	5	2.29	1.78
	永丰余造纸(扬州)有限公司	3.66	1	2.42	0.6
	扬州联合安邦化工有限公司	0.15	1	0.05	-28.57
其他电厂	扬州泰达环保有限公司	1.8	2	1.34	18.58
	高邮市林源科技开发有限公司	0.4	1	0.02	-0.6
	高邮振发新能源科技有限公司	2	—	0.04	—
	江苏兴能可再生能源有限公司	3	—	0.05	—

注:江苏国信扬州发电有限责任公司数据含扬州第二发电有限公司 （电力处）

电厂有发电机组13台，总装机容量318.3万千瓦，完成发电量184.10亿千瓦时，下降1.52%;6家地方公用热电厂有发电机组13台，总装机容量95万千瓦，完成发电量33.92亿千瓦时，增长45.96%;6家企业自备热电厂有发电机组14台，总装机容量35.91万千瓦，完成发电量24.18亿千瓦时，增长1.17%;4家其他电厂有发电机组3台，总装机容量7.2万千瓦，完成发电量1.45亿千瓦时，增长22.88%。 （杨 志）

■江苏华电扬州发电有限公司 2013年，江苏华电扬州发电有限公司(简称扬电公司)总装机容量66万千瓦，完成发电量32.62亿千瓦时;供电煤耗317.66克/千瓦时，比上年减少5.27克/千瓦时;厂用电率5.20%，比上年下降0.06个百分点;耗用燃油64吨，比上年减少175吨;发电燃油单耗1.96吨/亿千瓦时;实现利润总额4.17亿元。6号机组获评华电集团公司标杆机组，7号机组获全国火电30万千瓦级纯凝湿冷机组竞赛二等奖。实现连续安全生产5271天。 （蒋 幸）

■江苏国信集团扬州发电企业 江苏国信集团在扬州有2家发电企业，分别为江苏国信扬州发电有限责任公司、扬州第二发电有限公司。2013年，2家公司总装机容量252万千瓦，完成发电量151.48亿千瓦时，实现利润14.5亿元。实现连续安全生产4808天，年内实现3个百日安全无事故周期。

推进节能减排。在2号机组A级检修中，实施2号机组高中低压缸本体汽封改造、锅炉尾部受热面改造、一次风机变频改造、凝器胶球清洗等节能改造项目。改造后的2号机组供电煤耗下降10.6克/千瓦时，年节约标煤3.7万吨，降低煤炭成本约2775万元。

加大脱硝改造力度。2号、4号机组脱硝系统相继投入运行，氮氧化物排放量大幅降低。2013年，扬州第二发电有限公司脱硫投运率100%，平均脱硫效率95.5%，脱除二氧化硫2.90万吨，二氧化硫排放量0.13万吨;1号、2号机组脱硝系统投运率99.6%，平均脱硝效率73.7%，脱除氮氧化物5376吨。江苏国信扬州发电有限责任公司全年脱硫投运率99.5%，平均脱硫效率95.6%，脱除二氧化硫3.23万吨，二氧化硫排放量0.18万吨;4号机组脱硝系统投运率99.8%，平均脱硝效率80.8%，脱除氮氧化物435吨。 （于 斌）

建筑业

Jianzhuye

编 辑 李全权

建筑施工安装

■概述 2013年，全市建筑业实现施工总产值2625.53亿元，比上年增长16.5%，其中建筑工程产值2414.97亿元、安装工程产值195.33亿元；实现竣工产值2118.21亿元。全年房屋施工面积2.12亿平方米，增长21.9%，其中新开工面积1.1亿平方米；竣工面积8669.9万平方米，增长18.6%。全年有签订的建筑合同额3611.72亿元，其中新签建筑合同额2371.78亿元。实现税收31.2亿元，增长17.7%，占全市地税总额的15.5%。

全市有119家企业晋升一、二级资质，其中一级总承包资质企业11家、一级专业企业24家。至年末，全市有特级企业3家、一级企业120家、二级企业339家。

全年获中国建设工程鲁班奖（简称“鲁班奖”）、中国土木工程奖（简称“詹天佑奖”）及其他国家级奖项（含专业优质工程）22个。其中，江苏江都建设集团有限公司（简称江都建设集团）承建的西安汇鑫花园、江苏省华建建设股份有限公司（简称江苏华建）等承建的秦皇岛数谷大厦项目获“鲁班奖”，江苏弘扬建设工程有限公司承建的南京奥体新城青桐园、江苏江建集团有限公司承建的武汉高尔夫城市花园项目获“詹天佑奖”。 （王 健 卞海波 杨 志）

2013年扬州市建筑业产值前10名企业一览表

表15-1 单位：亿元

单 位 名 称	地 区	建筑业总产值
江苏江都建设集团有限公司	江都区	253.20
江苏省华建建设股份有限公司	广陵区	211.36
江苏弘盛建设工程集团有限公司	高邮市	181.35
江苏天宇建设集团有限公司	宝应县	120.01
江苏邗建集团有限公司	邗江区	116.21
江苏省江建集团有限公司	江都区	89.66
江苏兴厦建筑安装有限公司	高邮市	72.60
江苏扬建集团有限公司	广陵区	55.97
安宜建设集团有限公司	宝应县	50.07
江苏扬州建工建设集团有限公司	江都区	45.48

（杨 志）

■江苏省华建建设股份有限公司 2013年，江苏华建完成建筑业总产值211.36亿元，比上年增长25%。获评全国优秀施工企业，在全国建筑业竞争力百强企业排名中列第27位，在江苏省建筑业百强企业综合排名中列第五位。

推进市场开拓。成立安徽、湖北、云南分公司。承接的重庆佳程广场二标段项目建筑面积42万平方米，工程造价9.25亿元，是重庆市在建的最大城市综合体；承接的三亚市妇幼保健院整体搬迁建设项目建筑面积9.95万平方米，工程总投资7.1亿元，是三亚市政府投资最大的单体项目；承接的深圳和平里花园二期项目建筑面积22.4万平方米，预算总造价8.3亿元。

承建的秦皇岛数谷大厦获“鲁班奖”，深圳香山里花园一期工程获评2012—2013年度国家优质工程；承建的北京万科蓝山住宅及配套公建（1号住宅楼）和海南龙沐湾温泉海景公寓一期三标段G06、G07工程获评全国用户满意建筑工程；承建的深圳卓越皇岗世纪中心（268米）和荣超经贸中心（206米）工程分获全国超高层建筑工程金奖和银奖。获评省级优质（结构）工程12项、省级新技术应用示范工程6项，获评中国施工企业管理协会优秀QC（质量管理）小组成果4项、中国建筑业协会优秀QC成果3项、省优秀QC成果3项；新增省级工法10项、实用新型专利11件。4个项目入选第三批全国建筑业绿色施工示范工程。海南倚能美林湾项目和淮安翔宇大厦项目获评全国AAA级安全文明施工标准化诚信工地。

推动多元发展。2013年，江苏华建地产公司盐城华建雅园和扬州华建雅筑、华建科研中心等项目相继动工建设，扬州建设大厦竣工交付。华建建筑设计院新组建2个设计所（累

江苏华建总包承建的秦皇岛数谷大厦获2013年度中国建设工程鲁班奖　　华　建/供稿

计6个)，累计合同额5000万元。建筑智能化分公司投入运营，承接扬州工艺美术大楼等项目。工程管理咨询分公司承接4项工程的项目监理业务，面积65万平方米，合同额近1000万元。检测中心完成产值2000万元。农村小额贷款公司正式运营，发放贷款3亿元。发行私募基金6亿元。投资30亿元参与四川省广安经济技术开发区官盛新区建设。

扩大联盟协作。2013年，江苏华建品牌发展与协作联盟新增成员单位2家，发展观察员单位3家；成员单位在信息资源共享、投融资互助、项目交易、企业文化共建等方面的合作取得成效，形成联盟协作、抱团发展的市场开拓新模式。成员单位年施工产值逾1000亿元，形成融合建筑业上下游产业链的竞争优势。

（余　涛　王兴东）

■江苏江都建设集团有限公司　2013年，江都建设集团实现经营产值298亿元，其中施工产值253.20亿元，获“鲁班奖”1个、国家优质工程奖1个，被中国建筑业协会评为中国建筑业竞争性百强企业(列第22位)、全国工程建设质量管理优秀企业，被中国施工企业管理协会评为全国优秀施工企业。在中国民营企业500强评比中，排名由2012年的第99位上升至第96位。

2013年，江都建设集团在手施工面积1538.47万平方米，竣工面积550.98万平方米。全年承接工程项目513个，其中新开工项目270个；年内竣工项目252个。年末有在建项目261个。

市场开拓。在陕西市场，承接超20万平方米的中海地产项目；承建的蓝海风项目建筑面积16万平方米，高度逾160米，总投资约20亿元。在内蒙古市场，承建的呼和浩特大青山南坡生态保护绿化工程节水灌溉管道工程合同金额逾2.5亿元。在境外市场，蒙古奥尤陶勒盖建筑安装工程完成施工产值逾80亿元。

品牌建设。2013年，江都建设集团承建的西安汇鑫花园获“鲁班奖”，西安西电科技园生产大楼获国家优质工程奖。集团另获陕西省建设工程长安杯奖2个、上海市建设工程白玉兰奖2个、中国长三角优秀石材建设工程金石奖2个、湖北省建筑工程楚天杯奖1个、河南省建设工程中州杯奖1个、军队优质工程奖1个、天津市建筑工程装饰海河杯奖1个。全年新增市级以上文明工地38个。

科技创新。全年获批实用新型专利9件；申报省级工法3项(其中与其他公司联合申报1项)、国家级工法1项；推广绿色施工、节能环保理念，申报省级新技术应用示范工程5项。获评全国优秀项目管理成果奖6个，有5个质量管理小组被中国建筑业协会、中国施工企业管理协会评为优秀质量管理小组。

（徐怀华）

■江苏弘盛建设工程集团有限公司

2013年，江苏弘盛建设工程集团有限公司完成总产值187亿元；新承接工程项目275个，比上年增长13.1%。全年在建高层项目548幢、超高层项目134幢；承接1亿元以上项目64个，增长88.2%；施工面积1288.6万平方米，增长46.2%；竣工面积511.1万平方米，增长24.3%；年平均施工人数2.96万人，增长21.2%。承接的主要项目有：安徽巢湖凤凰之家工程项目面积38万平方米、造价7.02亿元，滨湖景城二、三期工程项目面积29.5万平方米、造价5.4亿元；天津国际航空产业商务区一期工程项目面积18万平方米，造价6亿元；大同市御东新区雁同街保障性住房工程面积21.9万平方米，造价4亿元；深圳鹏海商务广场主体建筑58层，高度199.9米，是公司承建的最高建筑。

加快结构转型升级。拓展装饰装潢、钢结构、市政、园林、道路桥梁、地基基础、房地产、金融业、餐饮服务业等领域。下属弘升置业有限公司全年开发施工面积18万平方米，完成销售收入3.2亿元，实现利润3042万元。弘益小额贷款公司年末各项贷款余额2.76亿元，实现利息收入4852.94万元，实现净利润3841.42万元。

加快科技创新，推广应用新技术、新工艺，申报施工工法和专利。获国家科技创新成果一等奖1个，获评省级工法7项，获评省级QC成果3

江都建设集团承建的西安西电科技园生产大楼获评2013年度国家优质工程　　徐怀华/摄

项、市级QC成果17项，获省级施工学术论文奖4个、市级施工学术论文奖11个。新增专利13件。获批立项省级新技术应用示范工程7项。2项工程通过省级新技术应用示范工程验收。新增市级新技术应用示范工程10项。入选中国建筑业竞争力百强企业。解放军政治学院教学综合楼工程获军队优质工程二等奖，南昌A-11地块南区工程获江西省优质建设工程杜鹃花奖。公司另获南京市建筑工程金陵杯奖5个、扬州市“琼花杯”优质工程奖14个，获评无锡市优质工程1项、省级文明工地7个、市级文明工地15个。（汪　飞）

■江苏邗建集团有限公司　2013年末，江苏邗建集团有限公司（简称邗建集团）总注册资本7亿元，下辖子公司21家、分公司25家，有参股公司6家、协作成员企业9家。

2013年，邗建集团实现总产值123.2亿元，比上年增长16%；实现建筑业总产值116.2亿元；实现利税7.8亿元。新签合同额132亿元，承接1亿元以上工程项目32个。在扬州市场承建国展中心二期配套酒店、工商银行江苏分行金融培训学校教学综合楼、京杭融园、花文化艺术展示馆等工程，承接总造价6.9亿元的智谷科技综合体BT（建设—移交）项目；在深圳市场总承包建筑高度200米的超高层建筑——岗厦河园项目，工程造价2.5亿元。

2013年，邗建集团获国家级表彰15项、省级表彰66项，被中国施工企业管理协会评为2012年度全国优秀施工企业，被国家工商行政管理总局评为2010—2011年度全国守合同重信用企业，被人力资源和社会保障部、中华全国总工会、中华全国工商业联合会联合表彰为全国就业与社会保障先进单位，综合实力居中国民企500强第286位、中国建筑业竞争力百强第67位、“中国承包商”60强第53位、全省建筑业竞争力百强第13位。

2013年，邗建集团创国家优质工程3项、国家AAA级文明工地1个、省优工程10项、省级文明工地1个。其中，扬州尚锦汇商业广场酒店工程获中国安装工程优质奖和全国建筑工程装饰奖，扬州文化艺术中心获全国建筑工程装饰奖，海南倚能·美林湾项目工地获评国家AAA级文明工地，北京万科蓝山住宅项目被评为全国用户满意建筑工程。获国家优秀QC成果奖1个、省级QC成果奖2个，获评省级工法3项，获评省级新技术应用示范工程6项。其中，扬子商城国际QC小组获全国工程建设优秀QC小组成果一等奖；万宇城外装饰项目被评为科技示范工程，获科技创新成果奖。（居建平）

邗建集团承建的扬州尚锦汇商业广场酒店工程获中国安装工程优质奖和全国建筑工程装饰奖　邗　建/供稿

■江苏扬建集团有限公司　2013年，扬建集团实现总产值67.98亿元，比上年增长32%；其中土建主业完成施工产值37.68亿元，增长29%，占集团年度总产值的55.43%。完成跨年度工作量61亿元。实现利润8082万元，增长54%。集团注册资本增至3.9亿元，江苏华发装饰有限公司注册资本增至5000万元，扬州华发钢结构幕墙有限公司注册资本增至3000万元。全年获国家级优质工程奖5个、省级优质工程奖8个。集团技术中心被认定为省级技术中心。集团获江苏省建设科技奖三等奖1个，申报省级科研项目2个，新增实用新型专利2件；获批省级工法9项，获评全国绿色工程2项、省级新技术应用示范工程6项。新增一级注册建造师20人。新增工程监理甲级资质、城市园林绿化三级资质。钢结构专业晋升为二级资质，环保公司机电安装、消防安装专业均晋升为一级资质。华发幕墙钢构生产基地、建祥商品混凝土预拌砂浆项目、华群保温材料生产线建成投产。扬州市桩基有限公司购置1100吨静压桩机、5吨装载机、10吨洒水车等设备，保持装备能力市场领先。

开拓市场。扬州、泰州基地全年完成产值17.4亿元；其中泰州分公司实现产值3.43亿元，增长118%。北京工程处成为集团首家产值突破5亿元的外埠单位，全年实现产值5.08亿元，增长9%；其中装饰装潢、机电安装等业务施工产值均逾1亿元。上海分公司实现产值4.60亿元，增长14%。珠海工程处实现产值4.42亿元，其中重庆市场实现产值2.45亿元。海南工程处实现产值3.05亿元，实现财务结算收入2.70亿元。深圳工程处实现产值2.54亿元，增长54%。西安分公司实现产值5531万元。集团进入非洲市场，承接安哥拉罗安达公寓楼项目；开拓西部市场，青海分公司挂牌运营。

多元经营。集团多元专业实现产值30.30亿元，增长32%，占集团年度总产值的45%。其中，江苏华发装饰有限公司实现产值4.53亿元，增长29%，首次获评全省建筑业“最具成长性百强企业”，连续第16年获评江苏省优秀装饰企业；扬州市华达房地产开发有限责任公司全年销售房屋9.15万平方米，实现销售收入6亿元，增长69%；江苏扬安机电设备工程有限公司实现产值3.04亿元（不含环保专业），增长15%；江苏华建环境工程有限公司实现产值1亿元，增长54%；扬州市桩基有限公司实现产值6.12亿元，增长24%，获评扬州建筑业20强企业、江苏省建筑业优秀企业；建祥商品混凝土公司实现产值1.82亿元，获评江苏省行

扬建集团承建的扬州市六圩污水处理厂二期工程获国家优质工程奖

扬 建/供稿

业最佳企业;华盛建筑周材设备租赁有限公司完成租赁产值1055万元,实现利润170万元,分别增长47%、15%;江苏省华建工程劳务有限公司全年劳务总产值突破6亿元,增长19%,获评江苏省优秀劳务企业;设备租赁分公司实现产值6224万元,其中钢结构分公司实现产值5223万元,增长24%;市政分公司实现产值5209万元,增长29%;建筑设计研究院全年完成收入3293万元,增长29%;扬建小额贷款公司获江苏省金融办批复,正式筹建。

科技创新。2013年,集团技术中心被省经济和信息化委员会、省住房和城乡建设厅认定为第五批江苏省建筑业企业技术中心;集团科研项目"地源热泵系统集成技术关键问题研究及其示范"获评江苏省建设科学技术奖三等奖,"大面积地下空间建筑施工综合技术研究""钢板加固砌体结构的抗震性能研究"获省级立项。扬州瘦西湖旅游休闲文化广场、中集·紫金文昌广场、省工人扬州疗养院迁建项目一期、扬州市残疾人托养服务中心、国药医药危险品仓库、建设大厦等6项工程被评为江苏省新技术应用示范工程,泰州数据园二期被评为第三批全国建筑业绿色施工示范工程,秦皇岛数谷大厦获2013年度全国绿色建筑创新奖。江苏华发装饰有限公司获4个全国建筑装饰科技示范工程奖,6项工程获江苏省装饰装修行业科技示范工程奖。集团工程管理信息化系统正式运行。"移动高大操作平台""开放式钢结构金属屋面出防水层支座总成"获实用新型专利。新增省级工法9项,其中"深基坑组合支撑体系信息化施工工法""大面积复杂建筑造型金属屋面装饰施工工法""预制钢筋混凝土方桩桩端后注浆施工工法"被认定为国内领先。扬州华正建筑工程质量检测有限公司主编的《建筑保温材料》被列为2014年全省高职院校专用教材。

重点工程建设。集团承接的主要工程有:全省地下单体面积最大的泰州市金融服务区地下室工程,面积18万平方米;广陵科技馆项目、扬州西部交通枢纽工程,面积分别为11万平方米、7.7万平方米;造价5亿元的泗阳红星美凯龙工程、1.65亿元(暂定价)的盱眙县15兆瓦光伏电站工程;万科集团上海虹桥万树项目,面积10.35万平方米;天津盛景铭都花园项目;秦皇岛开发区投资服务中心工程;海南恒大文化旅游城首期项目,面积15万平方米;扬州万福大桥项目;总标的10亿元的淮安348省道项目。

质量管理。集团获评国家级优质工程奖5个。其中,北京工程处总承包建设的秦皇岛数谷大厦工程获"鲁班奖",扬州市六圩污水处理厂二期工程获国家优质工程奖,泰州医药新区商务1号楼装饰工程、扬州泰州机场航站楼外装工程分别获全国建筑工程装饰奖,泰州医药新区商务1号楼安装工程获中国安装工程优质奖(中国安装之星)。获省级优质工程奖8个,其中江苏省建筑装饰优质工程奖(紫金杯)4个、江苏省钢结构优质工程奖(紫金杯)1个、江苏省安装工程优质奖(苏安杯)3个。

安全生产。集团全年未发生一般以上事故,职工负伤频率0.26‰。全年新增省级安全文明工地7个、市级安全文明工地20个。集团获评全国"安康杯"竞赛优胜单位。 (蒋贵涛)

工程建设管理

■招投标管理 2013年,招投标管理部门加大对招投标各个环节和流程的监管力度,强化对招标代理机构和评标专家的动态管理,推进建筑施工承包商名录制度,完善有形市场。全市完成进场交易项目1644个标段,合同价395.58亿元;其中市区完成进场交易项目453个标段,合同价190.33亿元。通过招标节约投资8.74亿元,节约率4.96%。

(王双芹 卞海波)

■施工许可与竣工验收备案 2013年,建设主管部门规范施工许可和竣工验收备案发证条件,严格审批发证程序,严控备案前置条件。全市发放施工许可证987份,建筑面积1720万平方米;完成竣工验收备案667项,备案面积976万平方米。

(王双芹 卞海波)

■施工图审查 2013年,施工图审查机构加强内部管理,推行图纸审查质量考核制度,开展审图人员培训,提升审图人员技术水平和责任意识,严把审图质量关。全市完成施工图纸审查1774项,查出违反强制性条文的问题3422个;其中市区完成图纸审查819项、勘察前置审查394项,查出违反强制性条文的问题1378个、违反强制性标准的问题8272个。发放审查合格证书695份,一审通过率96.5%。 (王双芹 卞海波)

■**工程质量管理** 2013年，质监部门监督巡查全市在建项目3554批次，监督抽测单位工程805批次，下发质量整改通知书1225份、质量监督告知书275份、停工通知书28份，发出申请行政处罚建议书15份。全市建筑业获"鲁班奖" 2个、国家优质工程奖6个。评选扬州市"琼花杯"优质工程奖98个、扬州市"五亭杯"优质工程奖52个、市外优质工程56项。有18项工程申报"扬子杯"优质工程奖。江苏华建因累计获得19项"鲁班奖"，被中国建筑业协会授予创建鲁班奖工程突出贡献奖金奖。

（王双芹　卞海波）

■**工程安全监管** 2013年，安全监督部门组织安全监督巡查1026个标段，下发建设工程安全隐患整改通知书991份、局部停工整改通知书378份。全市发生规定统计口径一般事故1起，百亿元产值死亡率0.23。

（王双芹　卞海波）

■**工程监理** 2013年，全市有4家监理企业晋升资质。至年末。全市有甲级监理企业18家，占企业总数的50%。全年新增国家注册监理工程师103人、省注册监理工程师121人，有337人通过省监理员考核。监理行业合同产值5.3亿元，监理收入2.85亿元，增长12.7%。

（王双芹　卞海波）

■**工程造价管理** 2013年，造价管理部门完成招标控制价审核205个标段、合同备案审核281份、竣工结算备案审核97个标段。加强计价管理，全年办理计价手册141份，完成计价手册年检586份。制定工程量计量环节操作规范实施意见，开发国有投资项目造价监管系统，强化国有投资项目造价全过程监管。编辑发行《扬州工程造价管理》12期。

（王双芹　卞海波）

■**工程检测管理** 2013年，在全市推行见证取样送检指纹识别制度，通过规范材料送检收样程序，严查弄虚作假行为。开展检测机构飞行检查和专项检查工作，全年记录检测机构不良行为18条，2家机构被纳入年度重点监管对象。

2013年，城建监察部门立案查处各类案件309件，申请法院强制执行3件，收缴罚没款732.28万元，下发行政处罚决定书267份，完成网上重大行政处罚案件备案11件，接受并处理各类举报案件229件。

（王双芹　卞海波）

勘察设计管理

■**勘察设计** 2013年，全市有具备资质的勘察设计单位56家，其中各类甲级资质单位21家、乙级资质单位27家、丙级资质单位8家，涉及工程勘察、建筑、市政、水利、水运、电力、通信、石油、化工、化纤、轻纺等11个行业资质以及建筑装饰、建筑幕墙、环境工程、轻钢结构、照明工程、风景园林等6个专项资质；有从业人员1428人，其中注册执业人员405人；全年完成产值2.29亿元。

（汪　美）

■**优秀勘察设计项目评选** 6月，扬州市举行优秀勘察设计项目评选活动，共评出获奖项目24个。其中，优秀工程设计项目一等奖5个、二等奖

2013年扬州市勘察设计甲级资质单位一览表

表15-2

单位名称	资质情况
江苏中核华纬工程设计研究有限公司	甲级化工石化医药
江苏石油勘探局勘察设计研究院	甲级石油天然气
江苏省水利勘测设计研究院有限公司	甲级水利
扬州市建筑设计研究院有限公司	甲级建筑工程
江苏省工程勘测研究院有限公司	甲级工程勘察综合类
扬州大学工程设计研究院	甲级建筑工程
扬州勘测设计研究院有限公司	甲级工程勘察岩土工程
江苏时代建筑设计有限公司	甲级建筑工程 甲级岩土工程
扬州市城市规划设计研究院有限责任公司	甲级建筑工程
江苏华建建设股份有限公司	甲级建筑工程
江苏江都建设工程有限公司	甲级建筑工程
江苏扬建集团有限公司	甲级建筑工程
江苏弘盛建设工程集团有限公司	甲级建筑工程
江苏中珩建筑设计院有限公司	甲级建筑工程
扬州市开元岩土工程检测有限公司	甲级工程勘察岩土工程
扬州华宇装饰工程有限公司	甲级建筑装饰
扬州日模邗沟装饰工程有限公司	甲级建筑装饰 甲级建筑幕墙
江苏裕祥装饰工程有限公司	甲级建筑装饰
扬州华发装饰有限公司	甲级建筑装饰
扬州新盛建筑装饰有限公司	甲级建筑装饰
扬州艾特装饰工程有限公司	甲级建筑装饰

（汪　美）

2013年扬州市优秀勘察设计项目评选获奖项目一览表

表15-3

奖项及等级		项目名称	获奖单位
优秀工程设计项目	一等奖	江都区沿江开发有限公司酒店	扬州市建筑设计研究院有限公司
		市二院门急诊医技综合楼	扬州市城市规划设计院有限责任公司
		扬州阮元故居修缮及利用工程	扬州市建筑设计研究院有限公司
		开发区实验中学	扬州大学工程设计研究院
		金鼎大酒店	江苏时代建筑设计有限公司
	二等奖	常熟检验检疫综合大楼	扬州市建筑设计研究院有限公司
		星座国际商务中心	江苏扬建集团有限公司
		兴城西路改造工程(百祥路—新城河路)	扬州市城市规划设计院有限责任公司
		真州路北延道路工程	扬州市建筑设计研究院有限公司
		街南书屋	江苏石油勘探局勘察设计研究院
	三等奖	扬州市中医院门急诊综合楼	扬州市建筑设计研究院有限公司
		梅苑双语学校	扬州市城市规划设计院有限责任公司
		天俊华府	江苏扬建集团有限公司
		翡翠城二期8号综合楼	扬州大学工程设计研究院
		镇北花园拆迁安置小区	扬州大学工程设计研究院
		泰州退伍军人和军队离退休干部服务中心	江苏时代建筑设计有限公司
		望月路改造工程(润扬路—新城河路)	扬州城市规划设计院有限公司
		恒通·帝景蓝湾花园	江苏江都建设集团有限公司
优秀工程勘察项目	一等奖	通榆河北延送水工程穿灌地涵工程地质勘查	江苏省工程勘测研究院有限公司
	二等奖	苏中话务通信备用楼	扬州市勘测设计研究院有限公司
		南水北调东线一期工程洪泽站工程地质勘查	江苏省工程勘测研究院有限公司
	三等奖	世纪花园冬梅坊高层商务楼	江都区规划建筑设计院有限公司
		优诗美地53号、54号楼及地下车库	江苏时代建筑设计有限公司
		舜景蓝湾商住小区	高邮市建筑设计院

(汪　美)

5个、三等奖8个，优秀工程勘察项目一等奖1个、二等奖2个、三等奖3个。（汪　美）

■**建筑节能与建设科技**　制定《2013年扬州市建筑节能专项检查计划》，开展建筑节能专项检查。强化建筑节能闭合管理和建筑节能施工全过程监控，严把设计、审图、施工、监理和竣工验收备案关。市区全年审查建筑节能面积266万平方米，建筑节能项目每年可节约1.62万吨标准煤。加快可再生能源建筑示范应用，全市新建住宅建筑和公共建筑落实50%或65%节能标准。

根据《扬州市建筑节能材料和产品备案管理暂行办法》，开展建筑节能材料和产品备案工作。全年备案建筑节能材料和产品245个。根据《江苏省绿色建筑行动实施方案》，结合扬州实际，制定《扬州市绿色建筑行动实施方案》。

组织申报江苏省建筑节能专项引导资金项目。扬州经济技术开发区临港新城建筑节能和绿色建筑示范区等2个项目获江苏省建筑节能专项引导资金1337万元。

发布《扬州市机关办公建筑和大型公共建筑用能管理规定》。开展扬州市建筑节能监管体系建设，基本建成市级监管中心和30个监测站点，并实现数据传输。

2013年，有3个项目被江苏省住房和城乡建设厅列为省建设领域指导性科技项目，有1个项目被列为省建设领域科技示范工程。（汪　美）

交通 物流

Jiaotong Wuliu

编 辑 陈永华

综述

■概况 2013年，全市交通基础设施建设完成投资53.9亿元(不含扬州泰州机场建设投资)。其中，高速公路建设完成投资3亿元，国家、省干线公路建设完成投资25.6亿元，农村公路及桥梁建设完成投资2.22亿元，计划外干线公路建设完成投资3.3亿元，航道、船闸建设完成投资1.8亿元，港口建设完成投资6.46亿元，宁启铁路复线电气化改造工程扬州段完成投资8.52亿元，汽车客货运站场建设完成投资3亿元。内河水上搜救中心奠基。公路、铁路、水路分别完成客运量9599万人次、122.2万人次、23.8万人次，分别完成货运量9118万吨、10.1万吨、5768万吨；港口完成货物吞吐量1亿吨；扬州泰州机场完成旅客吞吐量61.3万人次、货邮吞吐量3076.3吨。市区城市公共交通行业全年完成客运量2.02 亿人次。

全市物流业实现增加值123.85亿元，比上年增长12.7%；建设投资额10亿元或1亿美元以上物流项目19个，计划总投资210.37亿元。

全市邮政企业和规模以上快递服务企业累计完成邮政行业业务总量12.29亿元，邮政行业业务收入(不包括邮政储蓄银行直接营业收入)10.00亿元。

加强交通行业管理，促进交通运输业发展。推进客运班线公司化经营改造，全市市、县际客运班线公司化经营率85.5%。强化交通基础设施养护管理，保障路航设施产权完整，清除路航非标物，增设交通安全设施，保持路航通行环境良好。保障辖区内河水上交通安全畅通，未发生死亡3人以上重特大水上交通事故和船舶污染水域事件，京杭运河扬州段等干线航道未发生航道堵塞4小时以上责任事件。完成汛期、枯水期及恶劣天气条件下公路、水路运输保障任务，畅通电煤、鲜活农副产品等重要物资运输“绿色通道”，保障中国扬州“烟花三月”国际经贸旅游节、世界运河名城博览会等重大活动期间交通运输安全和行业稳定。

(王 东 杨 邮)

■市交通运输局增设民航处 经扬州市机构编制委员会办公室批准，扬州市交通运输局增设民航处，正科级建制。该处主要职能是拟定全市民用航空发展战略、规划计划，提出有关政策措施、规范性文件建议；承担民用机场总体规划、使用许可证的审核上报；监督管理民用机场、民航企事业单位经营行为、服务质量等。

(王 东)

■扬州市交通产业集团有限责任公司 2013年，市交通产业集团有限责任公司(简称市交通产业集团)实现净资产收益率1.98%，年末国有资产净值13.55亿元，完成投资额5.60亿元，完成集装箱吞吐量50.18万标箱。远扬国际码头公司被省安全生产监督管理局评为“安全文化示范企业”。江苏扬州汽车运输集团公司(简称扬汽集团)通过交通运输部交通安全委员会认定，成为第一批安全生产标准化一级达标企业。

推进重大交通项目建设。12月28日，西部交通客运枢纽主体封顶。扬州港江都港区全年完成投入1.73亿元，完成3号、4号、5号泊位水工工程。扬州港六圩港区加固升吨1号、2号、3号泊位，完善5号泊位后续工程。扬州港区4号泊位通过省级对外开放验收。佳家花园公交首末站启用，甘泉、连运公交首末站完成土建、场地和装饰工程，甘泉加气站完成规划定点。

全年完成宁启铁路复线电气化改造工程扬州市本级1.16亿元和江六高速公路扬州市本级3218.88万元出资任务。截至年底，市交通产业集团代表市政府累计出资3.54亿元。为所属企业和战略合作伙伴提供融资担保。累计分别为扬汽集团、江苏扬州港务集团有限公司(简称扬港集团)、瘦西湖旅游发展集团公司和扬州工艺美术集团提供担保2.46亿元、2.66亿元、0.6亿元、1.1亿元。

发展公共交通。9月26日，“好巴士”公交快线和智能调度中心一期工程投入使用。12月26日，扬州市公共交通集团挂牌。全年新辟线路8条(其中镇村公交5条)、优化调整线路13条，新购公交车49辆(其中大容量公交车40辆)、改造纯电动公交车3辆。

整合道路客运资源。扬汽集团整合原扬汽集团吉祥出租车公司、邗汽出租车公司、扬州市出租汽车公司和中北旅行社出租车公司资源，出租车拥有量增至387辆。扬汽集团分别与仪征汽车运输总公司、宝应汽车运输总公司合作，成立扬州扬仪客运有限公司和扬州宝扬客运有限公司；完成兴化、靖江、宝应、连云港、天长等9条班线20辆客车公司化改造，加密杭州、绍兴班次，完成宝应、常州、杭州等40条班线78辆客车更新改型。

扩大港口资产规模。经评估，市政府将原扬州港务管理局所持扬港集团2021.4万元债权和扬州港六圩港区滨江大道2542.2万元资产作为国有资本注入市交通产业集团。市交通产业集团同步对扬港集团增资。2013年，通过货币、债权、构筑物等方式向扬港集团增资1.06亿元，其中直接注资6000万元，扬港集团注册资金从0.75亿元增加到1.81亿元，净资产从1.22亿元增加到2.28亿元，分别增长141.33%、86.89%。（龚宇峰）

■扬州市公共交通集团挂牌 12月26日，扬州市公共交通集团挂牌。新成立的公共交通集团总资产规模、职工人数、公交车数量、公交线路、客运量等指标大幅提升，拥有场站面积12.7万平方米、公交车1297辆、线路103条、职工2458人、总资产7.02亿元，年客运量1.5亿人次，进入全省大型公交企业行列。（龚宇峰）

10月，全长12千米的203省道高邮段二期工程建成通车

建荣、王道/摄

交通基础设施建设

■干线公路建设 全年完成国家、省干线公路建设投资25.6亿元，建成通车里程58千米，工程质量优良率100%。203省道（原237省道）扬州段119千米实现全线贯通，其中高邮段二期、江都段建成通车。125省道（原333省道）仪征段44千米实现基层贯通。328国道城区连接线12.27千米建成通车。推进462省道沙湾路南延工程建设。文昌路西延工程418省道段开工建设。（丁鼎）

■农村公路建设 市政府印发《关于实施农村公路提档升级工程的意见》。全年完成农村公路提档升级投资2.22亿元，新（改）建农村公路180千米，改造农村公路桥梁100座，项目验收合格率100%。京杭运河汜水大桥主体工程合龙。（史晓东）

■文昌路西延工程 文昌路西延工程由418省道段和353省道段组成。418省道段8月18日开工建设，353省道段拆迁工作全线启动。文昌路西延工程全年完成投资1.95亿元。其中，控制性节点工程上跨宁启铁路桥

2013年扬州市公路里程年底到达数一览表

表16-1　　单位：千米

项目	总计	等级公路									等外公路
		合计	高速公路				一级公路	二级公路	三级公路	四级公路	
			小计	四车道	六车道	八车道及以上					
年底到达数	**10414.60**	**9154.72**	**317.82**	**219.12**	**88.42**	**10.28**	**380.31**	**1263.40**	**909.79**	**6283.40**	**1259.88**
国道	**281.39**	281.39	253.86	180.36	63.22	10.28	27.53	0.00	0.00	0.00	0.00
国家高速公路	**206.96**	206.96	206.96	133.46	63.22	10.28	0.00	0.00	0.00	0.00	0.00
省道	**556.53**	556.53	59.45	34.25	25.20	0.00	227.84	269.24	0.00	0.00	0.00
县道	**1383.68**	1369.24	4.51	4.51	0.00	0.00	87.28	712.92	373.41	191.13	14.44
乡道	**3601.92**	3537.75	0.00	0.00	0.00	0.00	32.48	134.80	441.59	2928.88	64.16
村道	**4591.09**	3409.81	0.00	0.00	0.00	0.00	5.19	146.44	94.78	3163.40	1181.28

（丁鼎）

2013年扬州市公路桥梁、渡口年底到达数一览表

表16-2

项目	桥梁												渡口	
	总计				按跨径分								总计	机动渡口
			互通式立交桥		特大桥		大桥		中桥		小桥			
	数量（座）	长度（延米）	数量（座）	长度（延米）	数量（座）	长度（延米）	数量（座）	长度（延米）	数量（座）	长度（延米）	数量（座）	长度（延米）	数量（处）	数量（处）
年底到达数	**4732**	**188134**	**30**	**11214**	**15**	**28998**	**228**	**53725**	**1039**	**47452**	**3450**	**57958**	**22**	**1**
国道	**242**	**41935**	15	3901	9	14017	56	19127	126	7531	51	1260	**0**	0
#高速公路	**195**	**36672**	9	2195	9	14017	47	15319	107	6321	32	1016	**0**	0
省道	**232**	**36675**	14	7188	5	13920	51	15411	93	5206	83	2139	**0**	0
县道	**491**	**25113**	0	0	1	1061	44	9562	190	8968	256	5522	**3**	0
乡道	**1865**	**43984**	1	126	0	0	54	5943	353	14676	1458	23364	**10**	1
村道	**1902**	**40427**	0	0	0	0	23	3683	277	11071	1602	25673	**9**	0

（丁 鼎）

主桥委托上海铁路局宁启复线电化工程建设指挥部代建，完成42根桥梁桩基、24根墩柱浇铸，分别占工程总量的37%和45%。（丁 鼎）

■328国道城区连接线工程 2013年，328国道城区连接线完成投资2.2亿元，累计完成投资6.6亿元，9月28日建成通车。工程全长12.27千米，起自八字桥互通附近，终于京杭运河西桥头，采用一级公路标准建设，双向四车道，设计行车时速80千米。（丁 鼎）

■宁启铁路复线电气化改造工程 2013年，宁启铁路复线电气化改造工程扬州段完成投资8.52亿元，累计完成投资29.61亿元。全年完成仪征段、扬州城区段铺轨，建成公铁立交桥11座，完成扬州站、扬州东站车站改造工程。（钱 晨）

■连淮扬镇铁路立项 8月27日，国家发展和改革委员会批复同意连淮扬镇铁路项目立项。连淮扬镇铁路起自连盐线董集站，经连云港市、淮安市、扬州市，于五峰山桥位跨长江，接沪宁城际铁路，铁路等级为客运专线，双线建设，设计时速250千米。项目估算总投资399.6亿元，由国家铁路总公司和江苏省共同筹资建设。（钱 晨）

■港口建设 2013年，全市完成港口建设投资6.46亿元。江都港区3号、4号、5号泊位水工和扬州港区2号泊位结构加固改造工程通过交工验收，仪征港区液体化工码头二期工程水工部分建成。扬州港区4号泊位通过对外开放省级验收。（王宏雷）

■船闸大修扩容改造 2013年，宝应船闸大修扩容改造工程完成投资1.8亿元，累计完成投资2.59亿元。7月20日，改造工程完工，放水通航。宝应船闸改造后，船闸口门宽23米、闸室长180米、槛上水深4米，年通过量3600万吨以上，达四级通航标准。12月28日，高邮运东船闸扩容工程奠基。（陈三保）

■高东线、盐宝线扬州段养护改善工程 高东线高邮三垛镇段航道护岸续建工程按三级航道标准新建护岸1700米，完成总投资600万元，拓宽改造后航道口宽70米。盐宝线宝应射阳湖镇段航道护岸续建工程按四级航道标准新建护岸2400米，完成总投资1200万元，改造后航道口宽60米。（陈三保）

■公交场站建设 2013年，市区新建连运、甘泉公交首末站，新增公交场站面积8500平方米。截至年底，市区建成连运、甘泉、蒋王、动物之窗、江海学院、文昌花园、佳家花园、杉湾花园、广陵产业园、邗江开发区、润扬森林公园等公交首末站11个，总面积4.2万平方米；建成槐泗、

7月20日，宝应船闸大修扩容改造工程建成通航

交通局/供稿

汽车西站、汽车北站、汽车东站、运河北路、新城西区等公交停车场6个，总面积7.47万平方米。（陈　虹）

公路运输

■公路客运　2013年，全市完成营业性公路客运量4746万人次、旅客周转量36.14亿人千米。全市有道路客运经营业户18户，有营运客车1658辆(不含城市公交、出租车)、客位6.06万个，户均拥有车辆92辆。其中，市区有道路客运经营业户10户，有营运客车930辆、客位3.81万个。全市开通客运班线448条，其中省际班线129条、市际班线182条、县际班线44条、县内班线93条，客运班线覆盖全省13个市及全国主要省(市、自治区)。（黄　征）

■镇村公交　2013年，扬州市开通17个乡镇镇村公交，分别是仪征青山、刘集，广陵沙头、头桥、泰安，高邮菱塘、三垛、临泽，江都仙女、丁伙、樊川、武坚，邗江瓜洲、甘泉、方巷，宝应西安丰、夏集。至2013年底，全市有34个乡镇开通镇村公交，开通率56.7%。（黄　征）

■公路货运　2013年，全市完成营业性公路货运量5924万吨，货物周转量102.97亿吨千米。全市有专业道路货运企业337家，其中道路化学危险品货物运输企业48家。有载货汽车4.41万辆，总吨位27.96万吨，平均吨位6.34吨/辆，分别比上年增长7.9%、16.7%、7.6%。其中，厢式货车6218辆，总吨位2.60万吨；集装箱车230辆，总吨位7023吨；危险货物运输车辆1169辆，增长4.3%。（黄　征）

■物流联运　开展多式联运、甩挂运输试点。2013年，扬州三笑物流有限公司甩挂项目被列入省级甩挂运输试点项目。发展多式联运，强化运输组织化衔接，扬州公铁水物流园区扬州至成都线试点多式联运，物流成本下降60%。（黄　征）

2013年扬州市营业性公路运输车辆情况表

表16-3

地　区	公路客运		公路货运	
	客车数(辆)	客位数(个)	载货汽车数(辆)	吨位数(吨)
合　计	**1658**	**60581**	**44095**	**279600**
市　区	930	38088	30323	188745
宝应县	260	8645	3876	23598
仪征市	149	4528	4262	32997
高邮市	319	9320	5634	34260

注：公路客运客车数、客位数不含城市公交、客运出租车　（扬运管）

2013年扬州市公路营业性运输量一览表

表16-4

地　区	公路客运		公路货运	
	客运量（万人次）	旅客周转量（万人千米）	货运量（万吨）	货物周转量（万吨千米）
合　计	**4746**	**361399**	**5924**	**1029726**
市　区	2984	227216	3999	695121
宝应县	677	51572	500	86908
仪征市	355	27012	699	121523
高邮市	730	55599	726	126174

（扬运管）

■社区物流　7月，扬州市区第一批社区物流服务示范点莱茵北苑社区物流点和文峰路社区物流点营业。社区物流示范点主要开展蔬果、日用品销售配送，快递收发，便民服务等业务。（黄　征）

■农民工返乡直通车　2013年春运期间，市交通运输部门开展“农民工平安返乡活动”，开通农民工返乡直通车，为在扬州工作的农民工回家开辟“绿色通道”，提供“门到门”包车运输服务等。春运期间，上门为农民工售票、送票2.5万张，组织农民工包车90多辆次，运送团体农民工旅客4590人次。（黄　征）

铁路运输

■铁路客运　2013年，宁启铁路扬州站发送旅客122.2万人次，到站旅客121.7万人次，实现客运收入2.26亿元。（扬　铁）

9月11日，宁启铁路江都站新站台投入使用　张卓君/摄

■**铁路货运** 2013年，宁启铁路扬州站发送货物10.1万吨，装车2219辆；到站货物28.1万吨，卸车4737辆。实现货运收入4810万元。发车货物主要为钢材等大件产品，到站货物主要为化工产品等。（扬 铁）

航空运输

■**概述** 2013年，扬州泰州机场运营的航线有北京、深圳、西安、广州、厦门、昆明、成都、哈尔滨、沈阳、三亚、大连、长沙、武汉等13条，平均每周往返飞行146个航班。全年安全保障各类飞行1.59万架次，其中运输飞行6028架次；完成旅客吞吐量61.3万人次(其中进港旅客25.8万人次、出港旅客35.5万人次)，平均客座率72.8%；完成货邮吞吐量3076.3吨。全年收入4345.16万元，上缴税金99.18万元，盈利48.6万元(不含航线补贴)。

2013年，扬州泰州机场通过航空安保审计，通过民航空中交通管理安全管理体系(SMS)审核。（王亚斌）

扬州泰州机场2013/2014冬春季航班一览表

表16-5

航 线	航空公司名称	航 班
扬州泰州机场—北京首都国际机场	中国国际航空公司	每日一班
扬州泰州机场—深圳宝安国际机场	深圳航空公司	每日一班
扬州泰州机场—西安咸阳国际机场	深圳航空公司	每日一班
扬州泰州机场—广州白云国际机场	中国南方航空公司	每日一班
扬州泰州机场—厦门高崎国际机场	深圳航空公司	每日一班
三亚凤凰国际机场—扬州泰州机场—哈尔滨太平国际机场	海南航空公司	每周一、三、五、日各一班
扬州泰州机场—成都双流国际机场	四川航空公司	每周三、五、日、各一班
长沙黄花机场—扬州泰州机场—大连周水子机场	中国南方航空公司	每周二、四、六各一班
扬州泰州机场—武汉天河机场—昆明长水国际机场	昆明航空公司	每日一班

（王亚斌）

■**2013年夏秋季航班推介会** 3月25日，扬州泰州机场举行2013年夏秋季航班推介会。中国国际航空公司、深圳航空公司、中国南方航空公司、四川航空公司及近50家旅行社、15家新闻媒体、有关客货运销售代理以及扬州、泰州两市旅游局负责人参加推介会。机场公司从“通航历程”“硬软件设施”“优惠政策”等方面作宣传、推介。各航空公司结合扬州泰州机场已有航线，推出多条中转联程航线等服务产品。（王亚斌）

■**长沙、大连航线开通** 5月15日，扬州泰州机场开通长沙黄花机场—扬州泰州机场—大连周水子机场航线。该航线由中国南方航空公司空客320机型执飞，实行串飞经停，每周二、四、六各一班。（王亚斌）

5月15日，扬州泰州机场至长沙、大连航线开通。图为航线开通后从长沙飞来的首航班机到达机场 董 辉/摄

■**武汉航线开通** 10月27日，扬州泰州机场原扬州—昆明航班首次经停武汉，武汉航线开通。该航线由昆明航空公司波音737机型执飞，实行串飞经停，从扬州泰州机场起飞，经停武汉天河机场后到达昆明长水国际机场，每天一班。（王亚斌）

■**扬州空港货运公司** 扬州泰州机场货站(扬州空港货运公司)是扬州唯一有飞机配货权的航空运输企业，是国内各航空公司在扬州地区的代理。2013年完成货邮吞吐量3076.3吨。扬州空港货运公司经营国内航空普通货物、急件货物、特种货物(贵重货物，鲜活、易腐品)的运输及特快专递、包舱等业务，提供送货上门等服务。货运公司已开通北京、广州、深圳、成都、昆明等全国大部分地区的货物代理运输业务。（陈 实）

水运与港口

■**水路运输** 2013年，全市有水路客运经营业户2家，有客船16艘、客位1496个，完成全社会营业性水路客运量22.8万人次、旅客周转量140.4万人千米。全市有营业性货船3110艘，总吨位444.48万吨，分别比上年增长3.05%、18.91%；船舶平均吨位1429.18吨/艘，增长

15.39%。其中，液货危险品船469艘，下降1.47%；沿海运输船舶37艘，总吨位10.22万吨。全市完成营业性水路货运量4604万吨、货物周转量175.88亿吨千米。（黄　征）

■**港口营运**　全市港口完成货物吞吐量1亿吨（含南京港六公司、仪化码头货物吞吐量957万吨），比上年增长13.4%。沿江港口完成货物吞吐量7146万吨。其中，完成外贸吞吐量479万吨（含南京港六公司、仪化码头货物吞吐量85万吨）；完成集装箱吞吐量51.8万标箱（含南京港六公司、仪化码头货物吞吐量1.28万标箱），增长25.8%。内河港口完成货物吞吐量2861万吨，下降1.3%。

（王宏雷）

2013年扬州市营业性运输船舶情况表

表16-6

地　区	水路客运		水路货运	
	船舶数（艘）	客位数（个）	船舶数（艘）	载重吨位（吨）
合　计	**16**	**1496**	**3110**	**4444764**
市　区	12	956	863	837317
宝应县	0	0	1088	623681
仪征市	4	540	616	2793544
高邮市	0	0	543	190222

（扬运管）

2013年扬州市全社会水路分货类运输量一览表

表16-7

项　　目	货运量（万吨）	货物周转量（万吨千米）
合　计	**4604**	**1758818**
煤炭及制品	783	321749
石油、天然气及制品	2945	1102893
#原油	2806	1051000
矿物性建筑材料	734	280964
粮食	14	5820
机械、设备、电器	21	7898
其他	108	39494

（扬运管）

公共交通

■**概述**　2013年底，市区有公交企业2家、公交从业人员2906人；有公交车1408辆，比上年增长3.83%；有公交线路139条（其中镇村公交线路49条），比上年增长11.2%；有公交站台3214座，线路总长2056.6千米，分别比上年增长35.48%和14.17%。万人拥有公交车标台数为扬州城区12.73标台、江都区3.01标台。公共交通出行分担率为扬州城区20.6%、江都区3.9%。市区有出租汽车经营企业30家，有出租汽车运营车辆2465辆、从业人员4965人；扬州城区有三轮车管理企业1家，有人力观光三轮车240辆、从业人员240人。市区城市公共交通行业全年完成客运量2.02亿人次。全市有34个乡镇开通镇村公交。（刘　云）

■**发展公交线路**　2013年，市区新增公交车64辆，新辟公交线路3条，分别为88路公交快线（扬州火车站—江都客运东站）、63路（城北客运总站—动物之窗公交首末站）、15路（江都石油苑—郭庄），调整公交线路13条。广陵区和邗江区新（改）建文昌路、曙光路、渡江南路、黄金坝路、维扬路、江都路等路段和沙头镇、头桥镇、泰安镇、八里镇仿古式公交站棚51座。（陈　虹）

■**文昌路公交快线投入运营**　文昌路公交快线为扬州市区规划建设的首条“好巴士”公交快线，7月15日开工建设，9月26日建成并投入运营，总投资约2亿元。线路走向为扬州火车站—文昌路—黄海南路（经江都客运总站）—长江东路—江都东站，全长29.2千米，实行“大站快车”运营形式。公交快线建设主要分为5个部分：一是公交专用道道路改造，同时在各交叉口设置公交专用进口道；二是公交站台改造，将沿途20对公交站台加长至105米，配套新建公交站棚；三是道路交叉口交通信号系统改造，在公交快线途经道路交叉口安装公交优先信号灯系统，在公交车上安装RFID（射频识别）标签，实现公交车遇信号灯优先通行；四是公交站台电子化改造，将公交快线沿

2013年扬州市长江港口情况表

表16-8

泊位数（个）	泊位长度（米）	年总通过能力（万吨）	年专项通过能力				
			货物（万吨）			集装箱（万标箱）	旅客（万人次）
			矿石	煤炭	液体化工材料		
83	11088	8345	100	760	2485	40	10

（王宏雷）

途68个公交站台线路指示牌改造成电子显示牌，并配套建成调度、监控系统，为公众提供公交车实时动态信息；五是配置40辆大容量、低踏板舒适型环保公交车。公交快线开通后，88路公交车平均行驶速度由常规模式约15千米/小时提升至27.3千米/小时，日均客运量1.18万人次。

（陈 虹）

交通运输管理

■公路安全保障 扬州市公路管理处（简称市公路处）完成邮仪公路、安大公路82千米安保工程项目。开展安全专项整治活动，重点排查桥梁涵洞、涉路施工、集镇段和事故多发路段、基层站点等8个方面安全隐患。全年未发生公路交通安全生产重特大事故。

（丁 鼎）

■干线公路养护 市公路处全年完成5个干线养护大中修工程，总投资5850万元。全年水毁修复率100%。全市国家、省干线公路平均公路技术状况指数(MQI)值92.5，路面完好程度指数(PCI)优良率89%，路面平整度指数(RQI)优良率90%。全市234座干线桥梁保持“零危桥”，一、二类桥梁占97.5%。提升养护机械化水平，一级公路和二级公路机械清扫率分别达100%和40%以上，小修作业机械化率分别达90%和60%以上。

（丁 鼎）

■农村公路养护 全市县道MQI值86.3、优良率83.4%，乡、村道好路率分别为78.2%、78.8%。深化“农村公路管理养护年”活动，市公路处联合市委农工办、市交通运输局、扬州广电传媒集团开展“扬州最美乡村路”评选活动，引导地方加大农村公路后续管养力度；开展农村公路管养示范工程创建活动，完成16条120千米县道大中修、23千米省级县道文明样板路建设、153千米县道安保工程车购税项目，10条121千米县道标准化、2个省级乡村公路管养及安保工程示范乡镇、8个省级规范达标乡镇创建工作均达标。（史晓东）

■路政管理 市公路处全年查处各类路政执法案件3497件，结案率100%。清除障碍物1.14万立方米、违法摊点2799个、非公路标志2280块。实施超限运输违法信息抄告制度和关联处罚机制，开展联合治理超限超载行动22次，累计抄告运输管理部门违法车辆信息2800条，56家运输企业受到关联处罚。仪征收费站卡口联动治超系统建成并投入试运行。全年累计依法查处超限车辆3217辆，卸载2.90万吨，国家、省干线超限运输率控制在1.7%以内。

（丁 鼎）

■客运市场管理 全市有中高级客运车辆846辆，占客车（不含出租车、公交车）总量的51.0%；其中市际以上线路有高级车辆497辆，占比95.4%。全年更新城乡客运一体化车辆52辆。推动线路经营主体整合，扬汽集团分别与宝应汽车运输总公司、仪征汽车运输总公司合作，组建扬州宝扬客运有限公司、扬州扬仪客运有限公司。扬州市运输管理处完成扬州至连云港、兴化等客运班线公司化改造。全市市、县际客运班线公司化经营率85.5%。完成年度道路客运行业质量信誉考核，评定AAA级道路客运企业9家、AA级道路客运企业2家、AAA级汽车客运站6个。

（黄 征）

■货运市场管理 扬州市运输管理处加快交通物流基地建设，江苏超达物流园、江苏宝胜物流园区被省交通运输厅列入2013年省交通物流基地建设投资计划。培育大型交通物流企业，新增国家AAAAA级物流企业1家（国药控股扬州有限公司）。完善农村物流示范点布局规划，扩展农村物流试点范围，新增省级农村物流示范点1个。推动“江苏快货”品牌建设，全市有12条线路获“江苏快货”品牌称号，累计69条。全市道路、水路运输企业质量信誉考核率100%。

（黄 征）

■汽车维修市场管理 全市有各类机动车维修企业788家，其中汽车维修一类企业70家、二类企业227家、三类企业482家、汽车快修企业9家；完成经营产值7.97亿元，增长13.06%；完成维修工作量151.62万辆次，增长18.12%。全市有汽车综合性能检测站5家，完成检测产值2334.82万元，检测量14.27万辆次，其中二级维护竣工检测7.31万辆次、技术等级评定检测7092辆次、二级维护竣工暨技术等级评定检测4.75万辆次、其他检测1.50万辆次。全年建成“绿色汽修”品牌创建示范单位6家，培育等级信誉企业59家。（黄 征）

■驾培市场管理 全市有机动车驾驶员培训学校55家（市直20家、邗江8家、江都8家、仪征7家、高邮6家、宝应6家），增长5.8%，其中综合类一级驾校4家、综合类二级驾校19家、专项类三级驾校32家；有在册初驾教练员2255人、教学车辆1705辆。37家驾校配备驾驶模拟器，实现培训数据智能化管理。全年12.33万人报名参加初驾培训。全市驾校实现培训产值1.83亿元。开展道路运输驾驶员诚信考核，4.72万名营运驾驶员参加考核。（黄 征）

■航闸养护改造 扬州市航道管理处全年完成航闸养护投资9288万元。实施航闸养护改善工程项目7个、航道日常维护项目21个、船闸中修项目16个，工程质量优良率100%；完成运西船闸上游引航道右岸新建靠船建筑物工程，江都船闸封堵工程，高东线、盐宝线扬州段养护改善工程等。完成干、支线航道扫床2634.63千米。省级干线航道通航保证率98%，支线航道通航保证率90%，船闸通航保证率99%。

（陈三保）

■内河航政管理 市航道管理处航政艇全年巡航1.90万小时7.40万千米。办理航道行政处理案件48件、行政处罚案件108件（其中一般处罚案件91件、简易处罚案件17件）。全年收取航道赔（补）偿费335万元。行政许可与通航有关的设施

16处，其中五级以上航道设施3处。清除暗桩14根、沉物3处80.7吨。维护航标28座，航标正常率达省定标准。未发生行政诉讼案件及行政复议撤销案件。（陈三保）

■船舶建造技术监督 扬州市地方海事局全年完成船舶建造检验823艘，总吨位97.6万吨。强化船舶建造检验质量监督，把好船检质量关；加强对造船企业的培训和技术指导，鼓励船厂加大技术投入、使用节能环保材料；成立专家技术组，为建造大吨位和特种船舶提供技术支持；建立船舶建造信息共享平台，规范新船下水行为。（于　磊）

■危险品船舶安全管理 市运输管理处和市地方海事局组织开展危险品运输企业专项检查、季度检查、年度检查和重大节假日检查活动，检查面100%。开展长江干线船型标准化工作，全年拆解老旧船舶87艘。（黄　征　于　磊）

■内河水上交通安全管理 全年未发生重特大水上交通事故，未发生干线航道责任堵航事故和船舶污染水域事故。交通海事部门水上搜救热线"12395"接处警298件，救援90艘船舶244人，挽回经济损失425.5万元，全年保障50多万艘次船舶航行安全。开展乡镇渡口专项整治。撤销渡口14道；实现渡口差别化管理，在宝应氾水等重点渡口安装视频监控系统，实行24小时全程监管；推广"救生衣工程"，免费发放救生浮具1700件。完成浮吊船舶专项整治，取缔干、支线航道违章装卸站点。开展危险化学品运输船舶专项整治。对全市10家涉水旅游经营单位216艘旅游船舶开展安全隐患风险排查，实行定期检查、定期签证。加强水工监管，核发水工许可9项。（于　磊）

■港口安全管理 扬州市港口管理局承办全省第六期港口危险货物从业人员资质培训班，辖区内危险货物码头安全管理人员持证上岗率100%。执行《港口危险货物安全管理规定》，明确市、县两级管理部门港口危险货物经营资质许可权限。消除违规危险化学品码头安全隐患，协调海事部门检测中国石油化工集团公司头道桥油库码头、高邮八里松油库码头趸船。全市危险化学品码头经营许可证持证率100%。推进石油化工码头企业安全生产标准化工作，召开全市港口企业安全生产标准化现场推进会。全省第一批试点单位扬州恒基达鑫国际仓储有限公司通过安全生产标准化二级考评，江苏省供销社苏北油库（5000吨级趸船码头）完成标准化自评。（王宏雷）

■内河船舶污染防治 市地方海事局开展内河船舶污染防治。编制《南水北调东线工程清水廊道扬州段船舶污染防治对策研究》；建立施桥、高邮危险品管控点，禁止中等及以上毒性危险品运输船舶驶入京杭运河扬州段，对辖区内水上危险品运输进行联动监管；加强危险化学品运输船舶监管和船舶生活污水处理装置检查，投入4艘船舶收集生活垃圾3250千克；开展京杭运河沿河四地油船溢油泄漏防污专项演练；配合省地方海事局开展"苏北运河清洁船舶示范工程"建设，保障南水北调东线源头水质。（于　磊）

■进出港船舶 2013年，扬州海事局辖区进出港货运船舶5.38万艘次，增长6.81%。其中，海船6639艘次、内河货运船4.72万艘次，分别增长7.43%、6.72%；中国籍货运船舶5.32万艘次、外国籍船舶577艘次，分别增长6.91%、-1.54%；国内航行货运船舶5.32万艘次、国际航行船舶（含中国籍外贸船舶和外国籍船舶）626艘次，分别增长6.87%、2.12%。进出港客、汽渡船20.99万艘次，增长5.85%。全年辖区进出港船舶货运量6124.82万吨，增长28.53%；进出港船舶集装箱运输量41.58万标箱，增长12.91%。（陈菊琴）

■水上巡航与搜救 2013年，扬州海事局海巡艇巡航5565艘次，出动巡航执法人员7336人次，巡航9343小时，巡航里程8.73万海里，分别增长4.6%、7.4%、-12.2%、-0.9%。推进水上巡航与人命救助工作。设置东二圩丁坝警示浮标，减少该地区搁浅险情。在江都三江营河开展水上防污染演习，提升辖区水上搜救应急力量反应能力。全年接到辖区内水上突发事件报警51件，下降39.2%；组织、协调搜救行动38次，增长15.2%；出动救助船艇79艘次（含社会船艇16艘次），成功救助遇险船舶46艘、遇险人员409人，人命救助成功率99.03%。（陈菊琴）

■船舶安全检查 扬州海事局开展江苏籍海船专项检查，客、汽渡船舶专项检查，国内沿海航行散装化学品船专项检查，国内航行海船消防安全专项检查，履行在港船舶海事监管职能。全年实施海船安全检查111艘次，检查单船100艘次，海船单船检查覆盖率11.39%；实施内河船安全检查625艘次，检查单船586艘次，内河船单船检查覆盖率8.92%；实施PSC（港口国监督）检查21艘次，检查单船21艘次，PSC单船检查覆盖率11.35%。（陈菊琴）

■船舶登记 扬州海事局登记在册船舶144艘（其中海船129艘、内河船15艘），下降25.7%。全年受理船舶抵押登记55艘。协助法院执行案件6件。办理登记船舶转港手续59艘，其中泰州籍船舶55艘、其他地区船舶4艘；泰州籍船舶累计转往泰州222艘，剩余51艘。全年办理各类船舶登记792艘次，其中新建船舶识别号授号146艘次、船名申请121艘次、船舶所有权登记25艘次、船舶国籍登记177艘次（其中临时国籍登记143艘次）、船舶抵押权登记13艘次、光船租赁登记14艘次、船舶注销登记113艘次、船舶最低安全配员登记126艘次、船舶变更登记57艘次。全年核发船舶信息IC卡17张。（陈菊琴）

■海事行政处罚 2013年，扬州海事局办理行政处罚案件332艘次

340件，其中海船案件19件、内河船舶案件283件、船舶所有人或经营人案件28件、船员案件8件、其他案件2件。未按规定航路航行、未办理签证、未按规定配员、超载案件分别占行政处罚案件总数的59.9%、12.3%、6.6%和5.7%。（陈菊琴）

■船舶试航与监督检查 扬州海事局开展船舶检验质量现场监督检查、船舶建造重要日期确认、船舶吨位丈量复核、外国驻华验船公司或代表机构检验行为监督管理。全年完成185艘船舶检验质量监督检查，其中沿海船舶58艘、内河船舶122艘、新建海船5艘，占参加安检船舶总数的25.4%，其中新建海船检查率100%；发现船舶检验质量重大缺陷13艘次、外国驻华验船公司或代表机构违规检验行为4次。确认57艘次船舶建造重要日期，丈量复核24艘次船舶吨位。全年办理船舶下水（出坞）报备56件，下降51.3%；办理船舶试航报备65件，下降45.8%。辖区水域未发生由于新造船舶下水、试航引发的水上交通事故。（陈菊琴）

■船舶载运危险货物管理 扬州海事局加强对船舶载运危险货物申报、审批和危险品码头泊位装卸货物现场监管，做好辖区易流态散装固体货物安全监管、船舶载运危险货物集装箱开箱检查及集装箱装箱单位和申报单位诚信管理，实行危险品液货船选船机制，开展南水北调东线源头（三江营河）水域船舶污染防治管理。3月1日起，扬州海事局辖区内液货码头全部实行液货船选船机制，辖区内液货码头单位对到港液货船选船检查率83%。全年办理船舶载运危险货物（不含固体散装货物）申报审批1940艘次。其中，内贸危险品申报1753艘次，增长10.95%；外贸危险品申报187艘次，下降47.62%。辖区危险品吞吐量157.26万吨，其中内贸危险品吞吐量137.54万吨、外贸危险品吞吐量19.72万吨，分别增长16.60%、25.07%、-20.77%。

全年备案污染物接收单位10家、供油单位20家，分别增长66.67%、11.11%。（陈菊琴）

■水上交通安全专项整治与隐患治理 扬州海事局开展“打非治违”、“安全生产月”、船舶修造安全专项整治等活动，启动“通航环境治理年”、事故预防预控、涉水单位隐患排查治理、非法装卸点事故隐患专项治理等活动。开展防范商船渔船碰撞警示教育活动。扬州海事局与市渔政站签订《防范商船渔船碰撞合作备忘录》，联合镇江海事局开展渡船船员年度安全培训，与扬州市地方海事局联合印发《渡口渡船“回头看”专项整治方案》。将渡口、码头、试航、船厂、港口作业等5类涉水单位及其涉水作业活动作为监管对象，确定镇扬汽渡等22家重点监管单位，指导企业建立和运行事故隐患排查治理规章制度，对事故隐患进行分类分级，明确工作职责和业务流程。（陈菊琴）

现代物流业

■概述 2013年，全市物流业实现增加值123.85亿元，比上年增长12.7%，占全市地区生产总值的3.8%，占服务业增加值的9.3%。全市投资10亿元或1亿美元以上物流项目19个，计划总投资210.37亿元。其中，结转在建项目8个，总投资74.14亿元；拟开工项目5个，总投资72.05亿元；竣工投产项目4个，总投资35.83亿元；储备项目2个，总投资28.35亿元。总投资10亿元的九洲物流中心项目和总投资1.2亿美元的香港招商局物流平台项目通过市政府新开工认定。全市10个省、市级物流集聚区完成主营收入145.72亿元，上缴税收2.54亿元，完成投资34.59亿元，集聚企业1931家，吸纳1.16万人就业。

扬州市政府下发2012年市级服务业物流引导资金675万元，扶持项目18个，涉及物流管理平台、与制造业配套、商贸物流、城市配送、集聚区认定、甩挂运输、品牌建设、人才培训等，拉动项目投资6.96亿元。扬州港仪征港区绿地公用码头及配套工程项目、宜陵道口专业物流园、邵伯沿运专业物流园、江苏超达物流园等4个项目被列入省重点物流项目；汇银家电物流中心、普洛斯物流、美钢管业物流中心等3个项目获省发展和改革委员会土地“点供”（对重点项目给予保证指标的单独性保障性供地）备案，落实点供地计划36.67公顷。仪征市仪扬河粮食中心库、苏中沿江物流集聚区美钢管业物流中心、扬州市邗江中心粮库粮食物流项目分别获批中央预算内投资资金450万元、450万元和500万元。

建设区域性物流中心。市发展和改革委员会实施“港城互动”发展战略，依托江河联运优势打造江河联

4月8日，扬州港10辆新能源集装箱卡车投入运营　　王　卓/摄

运枢纽，依托临港优势发展临港产业，完善运营管理方式，提升港口内外环境。康师傅控股扬州顶津食品有限公司、潍柴亚星汽车有限公司等近10家企业货源改从扬州港进出口。港区企业加强与淮安市交通主管部门及港区对接，提高中转箱份额。江都港区3号、4号、5号泊位水工工程建成。扬州港区1号、2号泊位改造项目和5号泊位后续工程及堆场项目完工；4号泊位通过省级对外开放验收，成为扬州市首个国际集装箱专用码头。 （杨　发）

■物流企业评级　2013年，全市新增国家级物流企业6家。其中，国药控股扬州有限公司获评国家AAAAA级物流企业，扬州邦勤运输有限公司、宝应圆通物流有限公司、扬州市第一运输有限公司获评国家AAA级物流企业，扬州第五汽车运输公司、扬州四联运输有限公司获评国家AA级物流企业。扬州三笑物流有限公司晋升为国家AAAA级物流企业。截至2013年底，扬州有国家级物流企业17家。 （杨　发）

■甩挂运输　扬州运输管理部门推动发展甩挂运输。全市新增省级甩挂运输试点企业1家（扬州三笑物流有限公司）、市级甩挂运输试点企业3家。全市试点企业有牵引车190辆、挂车255辆，其中2013年新增牵引车25辆、挂车40辆；完成甩挂运输货运量200万吨、周转量10亿吨千米，分别占物流企业货运量和周转量的35%、40%。 （杨　发）

■物流基地建设　2013年，市交通运输局调研城区交通物流布局，规划货运枢纽建设。扬州城北物流园、宏信龙物流园、江苏宝胜物流园、扬州三笑物流园、高邮诚信应急物流园和江苏超达物流园等物流基地加快发展。全市有交通物流基地13个，其中具备甩挂作业功能的5个、支持3种以上运输方式有限衔接的1个。江苏超达物流园、江苏宝胜物流园获省交通运输厅2013年项目建设补助250万元。 （杨　发）

■扬州长江石化物流中心　扬州长江石化物流中心是省级物流集聚区，以石化仓储物流为主业，全年实现主营业务收入45.5亿元，比上年增长50.7%；实现税收6900万元，增长50%；完成固定资产投资8.85亿元，增长40%。 （杨　发）

■扬州三笑物流园　扬州三笑物流园是市级物流集聚区，全年完成营业收入3.4亿元，上缴税金1700万元，分别比上年增长18%、8.5%；完成固定资产投资4000万元，增长25%；吸纳2700人就业，增长8%；入驻商户105户，增长3%。 （杨　发）

■扬州食品工业园冷链物流项目　2013年，扬州食品工业园引进重庆万吨冷储物流有限公司，建设“扬州万吨食品加工冷链物流”项目，总投资10亿元。重庆万吨冷链物流有限公司整体收购江苏亲亲冷冻食品交易市场有限公司，将其更名为扬州亲亲万吨冷储物流有限公司，增资1亿元，注册资金增加到1.12亿元，获扬州亲亲万吨冷储物流有限公司70%的股份。 （杨　发）

邮政

■概述　2013年，全市邮政企业和规模以上快递服务企业累计完成邮政行业业务总量12.29亿元，邮政行业业务收入（不包括邮政储蓄银行直接营业收入）10.00亿元，其中邮政业务收入5.17亿元（其中邮政普遍服务收入1.19亿元）、快递业务收入4.83亿元。

全市邮政普遍服务完成函件业务量6053.18万件，实现业务收入7617.14万元；完成包裹业务量19.11万件，实现业务收入603.49万元；完成汇兑业务量64.34万笔，实现代理汇兑收入472.21万元；定销报纸7450.9万份、杂志544.12万份，实现报刊发行收入3214.57万元；完成机要通信业务量2万件，实现业务收入25.23万元。全市有邮政网点182个。其中，城市邮政局、所39个，农村邮政局、所143个。邮政网点总面积2.06万平方米。其中，城市邮政局、所面积4000平方米，农村邮政局、所面积1.67万平方米。有投递网点111个，其中城市网点10个、农村网点101个。城市邮政局、所网点平均服务半径1.5～2千米，农村邮政局、所平均服务半径3千米；城市投递网点平均投递半径3.54千米，农村投递网点平均投递半径3.85千米。主城区邮政局、所每周营业7天，每天营业8小时，每天投递2次；农村地区邮政局、所每周营业6天，每天营业6～7小时，每天投递1次。

全市有快递营运品牌19个、快递企业53家，快递业务量3470.34万件，占全省的3.5%，占全国的0.38%；快递业务收入占全省的3.4%，占全国的0.33%。全市有快递网点304个，其中市区227个、宝应县22个、高邮市25个、仪征市30个。6月25日，扬州市快递协会成立。 （丛　超）

■扬州邮政局　2013年，扬州市实现邮政业务收入5.17亿元，比上年增长1.8%。代理金融专业实现收入3.33亿元，增长1.9%。其中，存款规模211.72亿元，发放有效绿卡25.39万张，新增电子银行注册客户19.34万户；代理保费8.55亿元，其中中邮人寿保费2.6亿元。函件专业实现函件收入7617.14万元。利用移动明信片展架开展强农惠农政策宣传，寄递《六五普法宣传手册》《市民手册》《食品安全手册》《楼盘促销整体宣传推介册》，开发《扬州大运河丝绸明信片纪念册》《非物质文化遗产明信片珍藏册》等文化礼品。电子商务专业实现收入3626万元。开展“福至新春”“粽情端午”“月满中秋”等专项营销活动；强化分销仓储管理，定期盘点、梳理库存，建立库存临期预警机制，规避经营风险；举办车险专项培训，开展“办车险 赢积分”“提速发展”等专项营销活动及车险团购等活动，拓展车险业务。集邮专业实现收入2883万元。开发《灵动扬州 蛇年祥瑞》生肖邮册，联合中国集邮总公司共同发行《雅士逸

客 文传天下》邮册。为江苏扬安集团有限公司开发邮票珍藏册，为江苏扬建集团有限公司开发纪念邮册，为市城市管理局开发《精致城管》邮册、邮折，为市体育局开发《金标扬马 国中骏雄》鉴真马拉松赛邮折、《环太湖国际公路自行车赛》邮折。与扬州电视台“凤凰购物”频道合作开发集邮产品销售新渠道。发行专业实现收入3214.57万元。联合《特别文摘》制作“烟花三月”国际经贸旅游节宣传专刊；策划“三八”节妇联专刊；制作《读者》拜年刊、《特别文摘》婚庆刊；开发报刊文化礼品市场，精选文化礼盒产品。2013年，全区有VIP以上大客户1900个，大客户营销累计实现收入1.75亿元，增长5%。

推进营业、投递网建设。全区完成金融网点改造22个，ATM(自动柜员机)设备总量210台(其中存取款一体机45台)，电子化支局网点占自办营业网点的95%以上。扬州、宝应、高邮金库建设工程竣工并投入使用。成立投递业务局，机动车段道投递量占40.3%以上，全年投递邮件1.48万件。优化邮运网路和生产流程。推行市趟邮路散件交接模式；实行报刊及邮件大平面作业；推进本地网改革，仪征局邮件分拣封发关系由南京邮区调整为扬州邮区，恢复扬宝一班邮路运行，加快宝应局、高邮局畅销报刊面市速度及区内互寄邮件传递速度。加强数据库和信息化建设。2013年商务数据管理信息系统(BDM)上传数据162万条，其中个人基础库上传数据85.2万条。完成42个网点视频发布系统的安装及视频电话会议网点延伸。扬州邮政局、高邮市邮政局、宝应县邮政局分获江苏省文明单位称号。 （唐 秋）

■**住宅信报箱建设与管理** 市邮政管理局印发《关于加强我市住宅信报箱建设和管理的通知》《关于明确我市住宅信报箱建设纳入验收管理的通知》，住宅信报箱审查验收主体变更为市邮政管理局，各县(市、区)住宅信报箱由市邮政管理局统一组织验收。通知要求新建城镇居民住宅必须配套设置信报箱；建设部门将住宅信报箱建设纳入竣工验收环节管理；建设单位在向建设行政主管部门报送住宅工程竣工验收备案材料时，应当提供邮政管理部门出具的《住宅信报箱建设及其安装质量验收合格意见》。 （丛 超）

12月6日，扬州市公道少年邮局成立　邮政局/供稿

■**扬州市快递协会成立** 6月25日，扬州市快递协会成立。在当天召开的第一次会员代表大会上，表决通过《扬州市快递协会章程》《扬州市快递协会选举办法》等，选举产生首届扬州市快递协会会长、副会长和11家理事会成员单位。该协会首批吸纳42家会员单位，其中包括邮政EMS、中外运等国有快递企业，顺丰、申通、中通、圆通、韵达等民营快递企业，国际四大快递企业(DHL公司、DHL环球快递、UPS公司、FeDex公司)在扬州的分支机构，以及银行、电信等单位快递产业上下游企业。 （杨 邮）

■**快递服务中心设立** 为解决投递“最后一公里”难题，扬州市试行新型快递服务模式，引进第三方服务，由物业公司提供快件代收代寄服务，设立快递服务中心。市邮政管理局印发《扬州市快递服务中心操作文件》，明确职责，规范收派件操作流程和快递服务合作协议；研发“快件收发软件”，提高快递服务中心快件收发效率和安全保障水平；编制快递服务中心运作指南和纠纷处理指导意见，促进规范运作。9月，全市首家快递服务中心在锦苑小区设立。至年底，全市有2个住宅小区和1家学校建立快递服务中心。 （丛 超）

■**扬州首个乡镇少年邮局成立** 12月6日，扬州市公道少年邮局在公道中学、公道中心小学成立。这是扬州市首个乡镇少年邮局，主要开展平信收寄业务。在成立仪式上，中华全国集邮联合会会士王新中和葛建亚为扬州市公道少年邮局颁发铜牌和日戳，向扬州市公道少年邮局及公道镇集邮协会赠送邮刊。 （唐 秋）

■**扬州市第九届少儿书信书画大赛** 6月14日，扬州邮政局、扬州市文明办、市应急办、团市委、市教育局共同举办的“华鼎星城杯”扬州市第九届少儿书信书画大赛启动。大赛面向全市中小学生，围绕“我的梦·中国梦”主题，采取校园赛与现场赛相结合的形式，引导青少年进行书信写作和书画创作。大赛历时4个多月，全市70多所学校中小学生参与，共创作校园赛作品2.4万幅、现场赛作品2000多幅。 （唐 秋）

信息化与软件服务业

Xinxihua Yu Ruanjian Fuwuye

编　辑　李全权

综述

■概况　2013年，扬州市印发《关于加快推进智慧城市建设的实施意见》《扬州市4G网络建设总体方案》《关于进一步聚力发展全市软件和信息服务业的政策意见》《扬州市信息化管理办法》等政策性文件，落实软件服务业专项资金5000万元，规范信息化建设环境。加快推进智慧城市建设，发挥全国智慧城市试点示范城市效应，全市信息化发展总水平指数81.26，列全省第六位。扬州市入选科技部、中国国家标准化管理委员会(简称国家标准委)智慧城市试点城市，成为中欧绿色智慧城市合作试点城市；被亚太地区城市合作办公室授予2013中国智慧城市推进杰出成就奖，再获中国智慧城市论坛"智慧城市领军城市"称号。广陵区成为首批国家信息消费试点市(县、区)。

(金　信)

■两化融合　2013年，扬州市市、县两级联合开展"两化融合进百企服务行"活动，举办两化(信息化与工业化)融合培训班，培训企业家150多人次；认定两化融合示范项目20个；市经济和信息化委员会(简称市经信委)联合市人力资源和社会保障局(简称市人社局)在全市机关、企事业单位推广首席信息主管(CIO)制度。2013年，全市企业信息技术应用率75.7%，电子商务应用率47.1%。全年获批省级两化融合示范企业10家、试点企业50家，3个项目获批省级转型引导资金180万元。《中国电子报》以6个版面的篇幅介绍扬州市推进企业两化融合经验、做法。

(金　信)

■无线电管理　2013年，扬州市成立4G(第四代移动通信技术)网络建设协调工作小组，印发《关于推进扬州市4G网络建设发展的实施意见》。完成亚洲青年运动会射击馆和飞碟馆的无线电安全保障工作，检测设备432部，截取频谱特征图67份，现场补办无线电设备使用许可证42份。完成研究生入学考试、国家公务员考试、江苏省公务员考试等考试保障工作20次，查获作弊案件2起，抓获作弊嫌疑人6人，破获建造师考试作弊团伙1个。

全年开展无线电台站管理行政执法26次。全年核查无线电设备1432部，检测新设台134部，指配频率43组。市无线电监测站累计对12个频段实施占用度测试5300多小时，对航空导航、水上航运、广播电视、电力调度、公安消防等设台用户使用的20个频点实施监测保护。发现不明信号7个，查实7个，其中非违规信号5个(相邻市信号)、违规信号2个，为用户排查无线电信号干扰事件9起。专项督查校园调频广播电台6个。开展出租车非法设置、使用无线电台专项执法行动。在县(市、区)开展集中驻点行政执法，查处涉嫌违规设置、使用无线电台站单位17家。重点查处宝应县2个乡镇违规设置、使用卫星电视干扰器和时代广场无线点菜机干扰遥控停车等案件。查获非法用于药品广告的"黑电台"1部、个体出租车私设的中继电台2部。

(金　信)

■信息安全　2013年，扬州市信息安全监测平台投入运行，实现信息安全监测预警多级联动。扬州市成为全省首批信息安全试点市。市、县(市、区)党政机关信息安全员全部持证上岗。11月，扬州市获第二届全省信息安全技能竞赛团体第三名及优秀组织奖。完成中国扬州"烟花三月"国际经贸旅游节、中国扬州鉴真国际半程马拉松赛、中国扬州世界运河名城博览会等大型活动的无线电应急安保工作；出动120人次维护无线通信市场秩序，查获各类考试作弊嫌疑人6人，查获伪基站2个。

(金　信)

■扬州市与微软(中国)有限公司签署战略合作备忘录　5月22日，扬州市与微软(中国)有限公司签署战略合作备忘录，确立战略合作伙伴关系。微软公司首席执行官兼总裁史蒂夫·鲍尔默、市委书记谢正义出席签约仪式。市委常委、常务副市长丁纯和微软全球资深副总裁、大中华区首席执行官贺乐赋分别代表双方签字。这是微软公司首次直接投资扬州。根据备忘录，该公司将在金融后台服务信息化应用孵化、软件产业培育、新一代信息技术研发、软件人才培养、知识产权保护等领域向扬州市开放资源；参与扬州市智慧城市建设，促进扬州产业集聚和经济转型升级，支撑扬州实施国际宜游城市国际化、智能化和生态化战略。双方将共同投资组建“微软创新中心”，借助微软公司全球影响力，依托扬州优势资源，面向国内外招募致力于金融、旅游、制造等行业的软件企业落户扬州，形成产业群聚效应；参与扬州智慧城市建设顶层设计，通过先行先试，探索发展经验，推动智能城市和云计算产业健康、持续发展，打造具有全球影响力的智慧城市创新示范区和云计算服务创新试点示范城市；在扬州实施微软BizSpark（新创企业扶植）计划，优选扶植50家扬州本地新创企业。（史 建）

■首届智慧城市标准与应用研讨会暨第六届中国SOA标准化研讨会在扬州召开 7月6日，首届智慧城市标准与应用研讨会暨第六届中国SOA（面向服务的体系结构）标准化研讨会在扬州召开。此次会议由工业和信息化部（简称工信部）和国家标准委作为指导单位，全国信息技术标准化技术委员会SOA标准工作组、工信部电子工业标准化研究院和扬州市经信委共同主办，神州数码信息系统（扬州）有限公司、江苏智慧城市研究院联合承办。会议重点介绍国内和国际智慧城市及SOA标准工作方面的最新进展，交流SOA标准在智慧城市建设中的应用经验，对扬州市信息化建设打破信息孤岛、实现业务协同、促进信息资源共享和互通、提升信息资源利用率起到推进作用。市政府信息资源管理中心副主任韩义森作题为《基于云计算的智慧城市公共平台探索实践》的演讲。（史 建）

■3家企业入选首批省两化融合生产过程智能化示范企业 8月，依据《信息化与工业化融合——省生产过程智能化示范企业标准（试行稿）》，省经信委评选出30家企业为江苏省两化融合生产过程智能化示范企业，扬州市仪征申迪实业发展有限公司、龙腾照明集团有限公司、江苏九龙汽车制造有限公司等3家企业入选。（史 建）

■扬州入选国家信息消费试点市 12月23日，工信部公布首批68个国家信息消费试点市，扬州市广陵区入选。信息消费试点工作内容包括建设宽带等信息基础设施、开发智能信息产品、培育新型信息消费示范项目、整合政府公共服务云平台、拓展中小企业电子商务服务平台、引导信息消费体验等。（史 建）

城市信息化

■概述 2013年，扬州市城市运行管理水平不断提升。统计、审计一体化，“数字扬州”地理空间框架等项目有序推进。大运河数字化监测平台、虚拟扬州、“党建E图”、文昌路公交电子站台等项目上线运行。水资源管理信息系统（一期）、扬州闸自动化监控系统、润扬河工程自动化系统相继建成。全省唯一实现市县一体化的警用地理信息系统（PGIS）建成投运。区域卫生信息平台基本实现全市社区卫生服务中心全覆盖。社会综合治税共享平台全年实现涉税信息转化为税收收入2亿元，累计增加税收收入12.6亿元；市区低收入家庭信息比对系统发现收入和资产与申报不符的家庭127户，清退城市低保对象1806人。（金 信）

9月14日，文昌路公交电子站台投入使用　　刘江瑞、司新利/摄

■信息基础设施建设 扬州市电信、移动、网通三大通信运营商完成信息基础设施投资逾14亿元，比上年增长17%；宽带普及提速、“无线扬州”、三网融合工程快速推进，4G网络启动建设并在26路公交车上开通体验服务。全市互联网出口带宽400吉，有家庭宽带互联网用户90万户、移动电话用户近500万户。累计整合76家市直单位机房和58个信息系统，启动政务信息资源目录与交换体系建设。市政府云计算中心获评省重大信息化示范工程，综合治税平台、政务信息资源目录与交换体系等8个项目获评省信息化和信息基础设施示范试点工程。（金 信）

■“智慧扬州”门户建设 2013年，“智慧扬州”门户二期项目完成投资520万元，完成与中国电信江苏省公司平台对接，实现升级版上线。该平台支持个人计算机、手机、平板电脑等多种终端访问方式，并提供基于Android（安卓系统）、IOS（苹果公司移动操作系统）的手机客户端和Pad（平板电脑）客户端，涵盖“智慧旅游”“智慧交通”“智慧政务”“智慧农村”“智慧产业”“智慧生活”“智慧民生”“智慧社区”等8个栏目120多种应用，可实现个性化定制。其中，“智慧社区”借助中国电信集团政务信息化基地（福州）“智慧社区云”平台，建设社区政务、便民服务和社区大数据等三大应用系统，实现阳光“五务”（党务、政务、财务、事务、居务），具备居家养老、网格管理、民情日记（采集终端）、电子商务、社区互

动、“12345”社区服务热线、邻里在线(全球眼)、智慧家庭等功能,为政府联系群众、了解民情、服务民众提供新平台;“智慧交通”运用物联网技术,实现公交运营调度智能化,建成88路电子公交项目,通过对公交车运营、实载率、成本和上下客流统计等数据的分析,为行业管理部门实施管理与决策、服务公交出行提供技术支撑。 (杨 珺)

■民生应用及信息消费基础设施建设 2013年,全市有网上结对学校408所、数字化校园360所。“12345”政府服务热线累计接听市民来电11万次,综合办结率99.9%。“惠生活”“宏信龙”等2家农副产品电商平台和“最扬州”电商平台上线运行。“掌上公交”实现手机查询公交线路功能。“中银手机市民卡”实现公交、购物、餐饮等消费环节的手机支付。“无限扬州”移动智能服务平台上线,用户数逾10万户。县级网上村委会平台镇、村覆盖率85%,市级网上村委会平台启动建设。全市有光纤用户50万户、IPTV(交互式网络电视)用户35万户、手机电视用户逾19万户、数字电视用户逾100万户(市区38万户)。 (金 信)

■扬州报业传媒集团新媒体建设 运用移动互联技术,开发“云扬州”移动客户端。整合《扬州日报》、扬州网平台,整体联动,推进报网融合,叠加党报“主流、权威、深度”优势与网络媒体“速度、宽度、互动度”优势。《扬州日报》官方微博全程直播全市重大活动,在突发事件中及时传递权威、准确、理性声音。至年底,《扬州日报》官方微博有粉丝11万多人。8月,《扬州日报》开通微信平台,每天定时推送党报新闻。《城市风尚》杂志通过官方微博,承办网络海选“中国旅游天使”活动。参与建立联合舆情监督机制,履行互联网管理职责,维护网络环境。 (汤庆彬)

■扬州网获“全国地方网站最具影响力品牌”大奖 扬州网突出“新闻立网”理念,“新闻—专题—频道—二级网页—网群”和“分众化手机报—移动手机客户端”并行发展,整合全站内容,以新闻陈列、专题设置、热点频道、活动策划、论坛互动、视频特色、微博直击、手机报跟进、手机客户端呈现等多种媒体融合手段,提升网站黏性和社会影响力。11月9日,扬州网获第四届中国互联网品牌大奖“全国地方网站最具影响力品牌”。 (汤庆彬)

■扬州首个自助导览系统在个园上线 9月,扬州首个自助导览系统“易游旅游景区自助导览系统”在个园上线。游客只要购买一张小卡片,用手机扫描卡片上的二维码,就能听到和看到个园景区20多个景点的图片、文字介绍和视频。该系统采用硬件设备后台支撑,结合软件服务前台呈现,在不耗费游客手机数据流量的情况下,将景区相关的文字、图片、音视频资料呈现在游客的手机终端,让游客得到更便捷、更愉悦的旅游体验。 (史 建)

■CIO制度建设 CIO(Chief Information Officer),即首席信息主管,其职责是负责制定单位信息化规划和指导实际建设、参与单位各项决策制定并提供信息化支撑,一般由负责信息化建设的分管领导担任。10月30日,市经信委、市人社局联合印发《关于推进首席信息主管(CIO)制度建设的通知》《扬州市机关及企事业单位首席信息主管(CIO)管理实施办法》,启动全市CIO培训认定工作。《扬州市机关及企事业单位首席信息主管(CIO)管理实施办法》针对机关、事业单位信息化建设需要,推广政府CIO制度,优化公共服务,实现单位内部乃至部门间信息资源的有效利用和广泛共享,进一步提高行政效能和行政透明度;推广企业CIO制度,加速推动全市企业信息化规划建设,通过树立典型、推广经验、培训交流等措施,帮助全市企业培养熟悉信息化法律法规、精通信息化业务流程、了解本企业发展需要的企业CIO队伍,为企业找到发展目标最优值并实现经济效益最大化。该办法明确规定把企业建立CIO制度和岗位情况作为企业申报两化融合等各类示范试点、专项扶持资金的条件,鼓励企业健全CIO制度,加快推进全市两化深度融合。 (史 建)

软件和信息服务业

■概述 2013年,软件服务业实现业务收入281.3亿元,比上年增长48%;全行业从业人员突破3万人。全年新认定软件企业52家,新登记软件产品120件,6家企业入选江苏省规划布局内重点软件企业,6个软件产品获江苏省优秀软件产品奖(金慧奖);省级品牌认定数列全省第四位,省级软件企业技术中心实现“零”的突破。邗江区落实总投资30亿元以上的软件服务业项目3个。 (金 信)

■全市首个省级软件企业技术中心通过认定 1月24日,根据《江苏省认定企业技术中心管理办法》,经企业自愿申报、各地择优推荐、综合审核打分、行业专家评价、组织现场考察等程序,省经信委认定18个软件企业技术中心为2012年省级软件企业技术中心。扬州市怡丰通信设备有限公司技术中心获批成为全市首个省级软件企业技术中心。 (史 建)

■软件企业获“最具创新力IT企业奖” 1月29日,赛迪网公布“2012科技好创新——国家产业平台年终评选”结果。该评选活动在工信部指导下,由国家信息产业公共服务平台、国家软件公共服务平台、国家产业生态文明公共服务与推广平台、中国信息化推进与公共服务平台、中国信息化方案案例库平台、中国物联网方案案例库平台、中国中小企业信息化公共服务平台、中国信息技术人才培训平台、国家物联网公共技术服务平台、中国文化创意产业公共服务平台等10个国家级公共服务平台联合主办,赛迪网承办,旨在总结和嘉奖中国信息产业2012年度创新成果。扬州永利宁科技有限公司凭借通过手势识别操控电脑的体感操作设备

获2012年“最具创新力IT企业奖”，成为扬州市首家获此荣誉的IT企业。（史 建）

■马庆鸣团队入选江苏省创新团队 3月，省委组织部等10个部门印发《关于组织申报2013年度江苏省创新团队计划的通知》。省人才工作领导小组办公室会同省科技厅、省人社厅等10家单位，经申报初审、基本条件评价、技术评审、实地考察、答辩评审等程序，遴选出55个创新团队予以资助。扬州软件企业江苏真云计算科技有限公司马庆鸣团队被确定为2013年度江苏省“创新团队计划”团队（现代服务业类），并将获得人才经费和项目经费支持。（史 建）

■2013中国扬州软件和信息服务外包大会暨“云计算与电子商务”发展论坛 参见第10页。

■扬州联创国际软件园开工建设 4月18日，扬州联创国际软件园开工建设。该园位于市区润扬路与开发西路交叉口，占地15公顷，规划建筑总面积约46万平方米，总投资50亿元，是全国第一、全球第二大电信支撑软件和服务提供商——南京联创科技集团在扬州建设的软件研发总部。项目建成后可形成以科技研发总部为核心特色、集聚1万名科技人才的大型科技综合体。（史 建）

■中银手机市民卡扬州首发 8月28日，中国移动扬州分公司、中国银行扬州分行和扬州市民卡公司联合举行新闻发布会，宣布新一代创新型金融移动支付产品——中银手机市民卡发行。市民卡是政府公共服务的重要载体，应用范围遍及医保、交通、消费、公用事业等领域。中银手机市民卡将市民卡应用集成到移动SIM卡中，同时关联中国银行借、贷记卡，可通过手机进行电子支付。持卡人的手机不仅可以用于扬州市所有公交、市民卡商户和南京市公交、地铁的刷卡消费，而且能用于单位门禁、食堂支付等领域，能随时随地通过手机将绑定的中国银行卡内资金实时划转到手机市民卡电子钱包内，即用即充，安全快捷，避免电子钱包金额过大带来的风险。中银手机市民卡是全国首款集通信、消费、社会保障、电子支付等多功能于一体的智能卡，可提升公共服务信息化和智能化水平。（史 建）

■软件产业项目获省专项引导资金扶持 9月30日，省财政厅、省经信委印发《关于拨付2013年度省工业和信息产业转型升级专项引导资金（第一批）的通知》，扬州市8个项目获软件产业发展专项扶持资金490万元。其中，软件和云计算项目4个，分别是江苏创新睿智科技有限公司“面向公安系统的警务云应用关键技术研发及产业化”、江苏华奥高科技发展有限公司“FSC-食品制造过程控制及安全风险防范管理系统的研发”、扬州市江都沿江开发有限公司“江苏省两化融合示范区奖励”、扬州零点信息产业投资管理有限公司“三网融合示范基地奖励”；两化融合项目3个，分别是江苏笛莎公主文化创意产业有限公司“笛莎线上线下深度融合管理应用系统”、扬州神游羽绒制衣有限公司“服装CAD在线互动设计研发及产业化”、仪征双环活塞环有限公司“以ERP为核心的精益生产平台”；物联网和新一代信息技术项目1个，即扬州苏安物联传感科技有限公司“农产品冷链物流溯源监控及信息服务云平台”。（扬 鉴）

4月18日，扬州联创国际软件园开工 庄剑翔、刘江瑞/摄

■扬州软件企业家俱乐部成立 10月，由扬州经济技术开发区牵头，组织扬州网新新思软件有限公司、江苏汉云信息科技有限公司等20多家软件企业成立扬州软件企业家俱乐部，旨在为会员企业提供产业政策宣传、产品推广应用、科技成果产业化、科技技术交流、企业人才培训、情报收集分析等服务，为政府提供决策依据。（史 建）

■6个软件产品获金慧奖 根据《江苏省优秀软件产品奖（金慧奖）评审办法》，经企业自愿申报、资料审查、质量测试、专家评审，12月5日，省经信委公布28个获奖产品名单。扬州万方电子技术有限责任公司自主开发的“万方数字流媒体通信软件V1.1”等6个扬州市软件产品获奖。（史 建）

■7家企业获批省级五星级数字企业 11月1日，省经信委公布2013年江苏省五星级数字企业名单。扬州市罗思韦尔电气有限公司、扬杰电子科技股份有限公司、华光双顺机械制造有限公司、新天宝机械有限公司、龙腾照明集团有限公司、神游羽绒制衣有限公司、亚宝绝缘材料股份有限公司等7家企业名列其中。全省共认定五星级数字企业60家，扬州市获认定企业数居全省第二位。数字企业

是网络信息技术在企业生产经营管理全过程应用的集中体现，是现代企业运行的一种新模式。至年末，全市有市级以上数字企业403家，其中省五星级数字企业15家。（史　建）

■**中国电信扬州分公司**　2013年末，中国电信扬州分公司(简称扬州电信分公司)有自建和合作营业厅610个、职工1586人，电话交换机总容量223万门，有电话用户128万户、宽带用户71万户、天翼用户99万户。全年完成国际口径业务收入15.83亿元。

扬州电信分公司围绕智慧城市建设，投入通信基础设施建设资金3.8亿元。围绕城市光网建设目标，提升宽带接入能力，推进"宽带中国·光网扬州"建设，实现城市光网全覆盖，农村集镇区域19.7万户用户实现光网覆盖。建设覆盖主城区的高速Wi-Fi(无线保真)网络，建成Wi-Fi热点5000个。在扬州市场率先推出100兆家庭宽带。宽带光纤实现到楼宇、到小区。加快"智慧扬州"建设，推进扬州经济社会信息化进程，提升服务地方经济、服务市场、服务客户能力。推进"智慧小区"建设，建成"光网小区" 1000个，新建"智慧小区" 108个。完成数字企业建设投资2600万元，建成数字企业536家，其中省级示范企业10家。

（杨　珺）

■**中国移动通信集团江苏有限公司扬州分公司**　2013年，中国移动通信集团江苏有限公司扬州分公司(简称扬州移动分公司)实现运营收入逾21亿元；客户规模逾350万户，其中3G(第三代移动通信技术)用户70万户、宽带用户25万户；有各类服务网点2000多个。全年持续开展满意度提升系列活动，客户参与率67%。引入国际SOP(标准作业程序)理念，制定标准作业规范12项，优化重点流程17个。建立互联网服务模式，官方微博有粉丝2.2万人。

2013年，扬州移动分公司在全市率先开展4G网络规模试验，实现主城区和县城全覆盖。至年末，公司有各类移动基站3000多个，全市通信网络覆盖率99.99%，实现室内、电梯、地下等场所深度覆盖。推进光纤到户，覆盖家庭90万户，党政机关、高校、宾馆酒店等3500多个重要场所实现光纤接入。提高城市热点区域无线宽带网络覆盖能力。至年底，有Wi-Fi热点1000多个，AP(无线接入访问)数1万多个。

加快物联网应用探索，创新行业应用。扬州移动分公司与市委组织部合作实施"党建E图" 项目，实现对全市1.38万个党组织和28万名党员网上服务、流动党员组织管理等功能，实现对全市党建服务平台的全覆盖；与市地税局合作实施机房改造项目，设计PC服务器虚拟化系统、小型机系统、基础网络和管理系统及设备的优化方案；与中国银行扬州分行、扬州市民卡公司合作实施"中银手机市民卡" 项目，集成借(贷)记卡、手机通信、市民卡支付等功能；与公安部门合作实施"车卫士" 项目，协助公安部门侦破摩托车和电动车失窃案件，抓获多个盗窃集团；与市环保局合作实施"蓝天卫士" 项目，对基站周围农田进行24小时监控，及时发现监控范围内焚烧秸秆现象并调度人员予以制止；与市无线电管理部门联合打击不法分子利用假基站向用户发送垃圾短信，将垃圾短信治理纳入年度考核指标，从源头进行管控和拦截。（移　动）

■**中国联合网络通信有限公司扬州市分公司**　2013年，中国联合网络通信有限公司扬州市分公司(简称扬州联通分公司)实现主营业务收入4.6亿元。累计完成投资2.1亿元，其中基础通信网络建设投资1.2亿元。实现重大建设项目、城区、高校、机场、铁路和高速公路沿线、风景区3G信号深度覆盖和所有乡镇3G信号全覆盖，实现城区光纤到户。开展网络隐患整治和高速公路、校园、室分等专项网络优化工作，完成重要集团专线双路由改造和业务可网管改造。主城区3G网络全面升级，网速42兆。推进"智慧扬州" 项目建设，参与和推进扬州电子政务、平安城市、"智慧教育"、"智慧旅游"、"智慧交通" 等多个政府、企业信息化项目。（屠　静）

■**扬州市民卡有限责任公司**　2013年，扬州市民卡有限责任公司新发行市民卡12.68万张，累计发行市民卡105.73万张，其中标准卡24.6万张、副卡81.13万张；新增小额消费网点17个。全年实现营业收入628.82万元，比上年增长9.83%；年刷卡总额1.72亿元，增长24.28%。

强化服务质量，确保系统安全稳定运行。开展技术创新，实现在线消费、在线充值；实施"中银手机市民卡" 项目，实现通过手机完成市民卡充值，提升市民卡便利性。

（景惠萍）

江苏信息服务产业基地(扬州)

■**概述**　江苏信息服务产业基地(扬州)(简称信息产业基地)是由扬州市政府和省经信委联合共建的专业特色园区。至2013年底，信息产业基地有各类软件与信息服务业企业238家，形成完整的信息服务产业链；有软件和信息服务业从业人员2万多人；有国家级科技企业孵化器、国家科普教育基地、省级博士后创新实践基地、省级电子商务示范基地、江苏省软件和信息服务产业园优秀园区等省级以上品牌22个。2013年12月，信息产业基地内企业金泉网在伦敦证券交易所上市。（李慧平）

■**电子商务**　信息产业基地从办公场地、硬件投资、平台建设、人才培训、运营费用、市场拓展、公租房等多方面提供优惠政策，扶持电子商务企业。腾讯电商运营中心、沃尔玛一号商城、金泉网、吉家祥园等电子商务企业入驻信息产业基地。2013年，信息产业基地整合8000多平方米物业，建成"零点电商园"，累计引进、孵化50多家小微电商企业，主要有淘宝网、天猫商城、全球速卖网、阿里巴巴网等电商平台商家。发挥微软创新中心、仕德伟科技公司、大观科技公司等信息咨询服务企业优势，为苏中、苏北地区近1万家中小企业提供电子商务服务，累计输出从业人员

江苏信息服务产业基地(扬州)全景 基 地/供稿

2万多人,实现销售收入逾35亿元。(李慧平)

■**大数据资源中心建设** 信息产业基地借力市政府云计算中心平台,打造公有云数据资源中心,加强政务信息资源整合,建成政务信息资源目录与交换体系。依托江苏汉云科技节能散热智能云计算中心,打造私有云数据资源中心,解决数据存储、分析、应用、增值等关键问题。联合中国电信扬州分公司、中国联通扬州分公司建设全市唯一的双通路数据资源中心,整合不同运营商网络资源,打破带宽限制,提升访问速度。利用微软"云办公"解决方案,整合百度网中小企业资源,引导中小企业利用数据资源中心计算和存储资源,开展软件信息服务业的研发和推广,帮助企业降低投入和运营成本,打造虚拟软件信息产业园区。(肖宇轩)

■**移动互联网** 加快城域网、接入网、互联网数据中心(IDC)、业务系统、支撑系统等基础设施的IPv6(下一代互联网协议)升级改造,提升IPv6用户普及率和网络接入覆盖率。联合中国电信扬州分公司、中国移动扬州分公司和中国联通扬州分公司将信息产业基地建设成为4G开发和应用示范区。引导园区企业开发跨平台互通互联,适应不同终端移动应用软件。推动移动互联网与传统行业融合,创新商业模式,在教育、医疗、旅游、交通、传媒等领域拓展应用。(肖宇轩)

■**软件研发** 加快城市信息化应用软件研发,培育具有本地特色、有竞争力的软件企业和软件产品。至2013年底,园区有国家高新技术企业7家,有24家企业通过双软(软件企业、软件产品)认证,有10家企业通过CMMI3认证(软件企业产品开始成熟度3级认证)。发展行业性应用软件、企业信息化软件和嵌入式系统,推进信息技术在传统产业的应用。(李 翔)

■**产业推介** 2013年,信息产业基地先后举办2013中国扬州软件和信息服务外包大会暨"云计算与电子商务"发展论坛、2013中国扬州第五届"春晖杯"中国留学人员创新创业项目(扬州)网络视频洽谈会,参加2013年中国互联网大会、微软智慧城市市长圆桌会议、2013世界绿色设计论坛扬州峰会。全年接待各类参观交流100多次。(耿 丽)

■**项目申报** 2013年,信息产业基地申报各级各类项目计划70多个,获扶持资金1500万元。获批省高新技术产品9个、省以上资金扶持项目17个,签约产学研合作项目13个,新增注册商标35件,新增国家高新技术企业1家、市级研发机构4个。申请专利50件,其中发明专利31件;获专利授权25件,其中发明专利授权2件。新增重点企业28家、重点企业分支机构14个。新增文化产业项目2个、市级以上创新创优项目7个。引进国家"海外高层次人才引进计划"人才1人,柔性引进教授、博士17人。3人获批"江苏省高层次创新创业人才引进计划"人才,1人获批江苏省"企业博士集聚计划"人才。全年累计获高层次人才创新创业资金275万元。(殷一鸣)

■**一园多址** 探索发展新模式,结合"楼宇经济",拓展发展空间,形成近20万平方米的规模化、专业化产业园区。2013年,信息产业基地重点建设"零点电商园",载体面积8000多平方米。"智慧空间园"载体面积7000平方米,定位于推进江苏数字城市研究院项目和iMap360(全景3D地图项目)进程,集聚一批地理信息全产业链企业,集中展示"智慧城市"运用成果,江苏易图公司、扬州鸿扬公司等10家企业入驻;"呼叫中心分园"载体面积近3000平方米,与中国联通扬州分公司合作,提供专业通信服务,吸引中小规模呼叫中心企业,有坐席500个;"江海学院分园"载体面积近8000平方米,与中国联通扬州分公司合作,为中小呼叫中心和电子商务企业提供发展空间。(肖宇轩)

商贸服务业

Shangmao Fuwuye

编 辑 李全权

综述

■概况 2013年，全市实现服务业增加值1333.86亿元，占地区生产总值的41.02%，比上年提升1.02个百分点。其中，批发和零售业实现增加值241.02亿元，增长12.55%，占全部服务业增加值的18.07%；住宿和餐饮业实现增加值52.89亿元，增长1.99%，占全部服务业增加值的3.97%。

全市商贸流通业（批发、零售、住宿、餐饮）总体运行平稳。实现社会消费品零售总额1106.88亿元，首次突破1000亿元，比上年增长14.36%；规模总量列全省第六位。重点批发市场运行平稳，全市重点监测的11家大型批发市场共完成营业收入418.43亿元，增长5.14%。零售业实现社会消费品零售总额814.75亿元，增长8.96%；10家重点商贸零售企业实现销售73.9亿元，增长15.8%。住宿餐饮业增速放缓，实现社会消费品零售总额100.41亿元，增长3.78%。其中，住宿业11.78亿元，与2012年基本持平；餐饮业88.63亿元，增长4.3%。10家市区老字号及著名餐饮企业累计实现营业收入3.2亿元。商贸流通业对全市经济贡献份额与上年持平，全年实现增加值293.91亿元，增长10.89%，占服务业增加值的22.03%，占全市地区生产总值的9.04%。

推动商贸流通转型发展。培育电商产业。出台《关于促进电子商务发展的若干政策意见》，在特色园区规划建设、骨干企业培育和招商引资、加快完善支撑体系和人才招引培育等方面提出工作措施和扶持意见。培育电商品牌。认定首批扬州市级电子商务示范企业、示范基地。推进商贸重点项目，全市96个1亿元以上服务业项目完成投资153亿元；重点跟踪的城市综合体项目全年完成投资36.2亿元，新增建筑面积35.6万平方米。深化农村市场体系建设。提升“万村千乡市场工程”建设质量，淘汰不符合要求的农家店400多家。组织开展“农超对接”活动，支持宏信超市推进鲜活农产品进社区。规范市场秩序，开展“肉品质量专项检查”“鲜肉及肉品质量专项检查”“打击私屠滥宰”等系列行动，保障肉品质量安全。开展市场保供和监测工作，确保重要节日市场供应。扬州市获批成为商务部“三把刀”服务创新示范试点。 （胡 岩）

■“家电下乡” 2013年1月是“家电下乡”销售的最后1个月，全市“家电下乡”市场实现产品销售2.32万台（部），完成销售额5556.6万元。从分品种销售情况看，1月份全市所有“家电下乡”产品中，除电动车销售额环比增长14.9%外，其他产品销售额环比下降。从分地区销售情况看，宝应县销售额最高，为2283.7万元，环比增长7.2%；仪征市、扬州经济技术开发区、江都区销售额环比上升。

2009年2月1日至2013年1月31日，全市“家电下乡”备案销售网点最多时有910家，经过监管和整治，政策结束时有网点373家。4年间，全市累计销售“家电下乡”产品130.51万台（部），实现销售额30.2亿元，领取国家财政补贴逾3亿元。从分地区销售情况来看，江都区销量26.3万台（部），销售额6.1亿元；宝应县、高邮市销量均超20万台（部），销售额均逾5亿元。从分品种销售情况来看，空调销量28.3万台，销售额8.1亿元；彩电销量27.6万台，销售额7.6亿元；冰箱销量30.8万台，销售额6.8亿元。从分年度销售情况看，2009年销售3亿元，2010年销售8亿元，2011年销售12.3亿元，2012年销售6.3亿元，2013年1月销售0.6亿元。 （杨 志）

■社区商业“双进工程” 推进社区商业“双进工程”（便利消费进社区，便民服务进家庭）。市商务局组织开展2013年市级社区商业示范社区评选工作，依据《扬州市社区商业建设规范标准（试行）》规定，对申报对象进行材料审核和实地验收考评。至年末，广陵区汶河街道荷花池社区、邗江区双桥街道卜桥社区等9个社区通过商业示范社区验收。全市有国家级社区商业示范社区3个，列全省第二位；有省级社区商业示范社区14个，列全省第三位；有市级社区商业示范社区64个。 （杨 志）

2013年新增扬州市级社区商业示范社区

广陵区汶河街道荷花池社区
邗江区双桥街道卜桥社区
江都区仙女镇引江社区
邗江区维扬经济开发区朱塘社区

扬州经济技术开发区扬子津街道桃园社区
邗江区新盛街道大刘社区
江都区邵伯镇甘棠社区
宝应县望直港镇兴港社区
广陵区泰安镇泰安社区 （杨 志）

■**“万村千乡市场工程”** 2013年，扬州市继续推进“万村千乡市场工程”，全市基本形成以试点企业为龙头、乡（镇）级店为骨干、村级店为基础的农村市场流通网络。依托江苏宏信超市连锁股份有限公司、高邮天赐商贸有限公司、苏盐供销商贸有限公司等本土企业，加快在市场潜力大的空白地区布点，新增农家店40多家，拉动农村消费。在提高连锁化率的基础上，全市保留550多家农家店。至年底，全市日用消费品和生产资料连锁农家店乡镇覆盖率95%以上。（杨 志）

■**单用途商业预付卡备案** 2013年，市商务局根据商务部、江苏省相关规定，开展单用途商业预付卡备案工作，要求发卡企业在开展单用途商业预付卡业务之日起30日内办理备案，已开展单用途商业预付卡业务的集团、品牌发卡企业和规模发卡企业（上一会计年度年营业收入500万元以上或工商注册登记不足1年、注册资本100万元以上企业）在1月20日前补办备案，其他发卡企业在1月31日前补办备案。在广陵区、邗江区工商部门注册登记的集团、品牌发卡企业和规模发卡企业到扬州市商务局备案，其他发卡企业到工商注册地县级商务主管部门备案。（胡 岩）

■**重点商业建设项目** 2013年，全市各地实际上报1亿元以上商业项目96个，其中市区74个。96个项目总投资662.2亿元，其中总投资额超过10亿元的项目26个、5亿～10亿元项目17个；当年计划投资167.8亿元。从项目投资进度来看，全部项目当年完成投资153亿元，其中市区完成投资115亿元；26个10亿元以上项目总投资441亿元，当年完成投资73.8亿元。从项目建设进度来看，至年底，有35个项目竣工或开业，其中市区项目24个。全市13个总投资271亿元的重点商业综合体项目完成投资36.2亿元，合计新增建设面积35.6万平方米。（杨 志）

■**肉品质量安全专项整治** 2013年4月起，市商务局在全市组织开展肉品质量安全专项整治活动。通过加强生猪屠宰监管，打击私屠滥宰、生猪注水和注入其他物质、食品非法添加等食品安全违法行为，整顿、规范生猪屠宰生产经营秩序，促进生猪屠宰行业健康发展，消除肉品质量安全隐患，保障群众吃肉安全。

专项整治期间，加强对屠宰经营活动过程的监督管理。严格执行生猪进场查验记录、生猪来源和生猪产品流向登记、瘦肉精监测、检验检疫、缺陷产品召回、出场肉品“两证两花”（肉品检疫证、肉品品质检验合格证，肉品检疫花、肉品检验花）、无害化处理等制度；杜绝未经检验检疫或经检验检疫不合格肉品出场，杜绝生猪有害腺体进入肉品市场。扬州市区发挥“肉品质量安全信息追溯系统”作用，严格执行保障系统运行的制度规定。结合生猪屠宰资格审核，督促企业改善生产和运输卫生条件，防止肉品污染。有条件的地区引导、鼓励屠宰企业由代宰模式向自营模式转变。开展打击私屠滥宰活动，对农贸市场、生猪肉品存储等经营交易场所开展联合执法检查，保持打击私屠滥宰的高压态势。为8家屠宰企业换发新证，关闭不合格屠宰企业12家。至年末，扬州市有生猪屠宰企业20家。（胡 岩）

■**新型蔬菜销售模式推广应用** 电子商务配送体系建设。江苏宏信控股集团创办宏信龙生活馆，4月上网运行，主要经营农副产品网上销售业务。至年底，有4000多个会员，在市区设立38个取货点，日销蔬菜近5000千克。引进南京“菜篮子”电子商务平台营运商江苏惠生活有限公司到扬州投资，成立扬州惠生活电子商务股份有限公司，注册资本2000万元，其中沙头蔬菜园区代表市财政出资500万元。该公司12月15日上线试运行，有450个会员，配送范围覆盖5个小区和2家企业，供应品种400多个，日供应量近5000千克。

组织蔬菜直通车进社区。市农业委员会联合广电部门及润泽、万禾等合作社，开展蔬菜直通车进社区活动30多次，以低于农贸市场30%左右的价格，累计销售蔬菜近15万千克。

推行“农超、农企、农校”对接。全年有10多个合作社、生产企业开展“农超、农企、农校”对接，比较成功的有溢仙合作社和农工商超市对接、超大集团和永丰余对接、润泽农产品合作联社与市区11所学校对接等。其中润泽农产品合作联社每天为市区11所学校配送农副产品2.5万千克以上。市农业委员会联合市教育局举办“农校对接”蔬菜生产基地考察洽谈活动，为扩大“农校对接”奠定基础。

拓展蔬菜平价直销店。市区建有蔬菜平价店79家，其中2013年新增20家。平价店每天至少有15个蔬菜品种以低于农贸市场15%以上价格销售。同时引导蔬菜生产企业、合作社开办直销店。润泽、乐活、港湾、溢仙等蔬菜生产企业（合作社）在市区开设蔬菜直销店10多家，减少流通环节，降低蔬菜价格。（陈志明）

■**8个项目入选省现代服务业“十百千”行动计划** 3月9日，省发展和改革委员会下达现代服务业“十百千”行动计划（“十二五”期间，围绕金融服务、现代物流、科技服务、软件和信息服务、创意设计、商贸会展、文化教育、节能和环境服务、旅游健康以及传统服务业转型升级十大重点产业领域，强化百个服务业重大项目示范带动作用，每年新增千亿元社会投资；推动百个省级现代服务业集聚区提档升级，每年新增千亿元营业收入；培育百家创新型服务业领军企业，户企年均利税达到千万元水平）重点项目2013年投资计划，全市有中海钢材集配中心、甘泉影视制作服务外包基地、西安交大科技园、江苏信息服务产业基地三期、交通银行金融服务中心(扬州)、扬州联创国际软件园、临港物流园和惠普研发基地等8个项目入选，总数比上年增加3个。（胡　岩）

■十强现代服务业集聚区　3月11日，依据服务业集聚区缴纳税金总额、销售(营业)收入、固定资产投资以及集聚区规划制定与执行、公共服务平台建设等指标，扬州市从26个市级服务业集聚区中评选出京华城商务集聚区、新城西区商务集聚区、扬州市商贸物流园、江苏信息服务产业基地(扬州)、扬州曲江商圈商贸暨产品交易市场、扬州国际汽车城、扬州长江石化物流中心、扬州五亭龙国际玩具礼品城、扬州工艺美术集聚区、扬州(邗江)文化创意产业园等10个服务业集聚区为“2012年度扬州市十强现代服务业集聚区”。（胡　岩）

■拍卖业　2013年，全市新设拍卖企业3家，自动注销拍卖企业3家。至年底，全市有正常经营的拍卖企业21家，其中广陵区和邗江区15家、仪征市3家、江都区2家、高邮市1家；有从业人员159人，其中注册拍卖师38人、具有拍卖从业资格人员73人、房地产评估师26人、旧机动车评估师10人、其他专业技术人员28人。21家拍卖企业全年拍卖成交249场，实现成交额15亿元，佣金总额2673.77万元。

从分类成交额看，房地产拍卖成交额7.24亿元，占成交总额的48.3%；机动车拍卖成交额1197.51万元；机器、厂房、设备等成交额1.33亿元。从委托对象看，法院、政府部门和其他机构委托拍卖成交额13.98亿元，占成交总额的93.2%；个人委托拍卖成交额1.01亿元。扬州拍卖企业中，成交额最大的是扬州恒升拍卖行，拍卖国有股权成交额5.4亿元。（杨　志）

■典当业　2013年，全市新增典当企业5家，新增注册资本2亿元。至年底，全市有典当企业25家、典当企业分支机构9家，其中注册资本1000万元以上企业(分支机构)22家、注册资本500万～1000万元企业(分支机构)3家，总注册资本7.01亿元；有从业人员313人。

25家典当企业中，广陵区和邗江区17家，高邮市3家，仪征市、江都区各2家，宝应县1家。9家典当企业分支机构中，本地典当分支机构6家、外地典当分支机构3家，其中广陵区和邗江区6家、江都区2家、宝应县1家。2013年末，全市25家典当企业资产总额7.88亿元，典当余额6.53亿元；全年典当总额19.96亿元，比上年增长17.4%；上缴税金1135.82万元。（杨　志）

批发零售业

■概述　2013年，扬州市商品零售业保持良好发展态势，全市实现批发业社会消费品零售总额184.35亿元、零售业社会消费品零售总额814.75亿元，其中市区实现批发业社会消费品零售额91.31亿元、零售业社会消费品零售额569.05亿元。全市批发零售业有限额以上法人企业822家，从业人员3.58万人。其中，批发业企业422家，从业人员1.45万人；零售业企业350家，从业人员2.13万人。超市业保持平稳增长，在零售业中占较大比重；百货店及购物中心销售额稳中有升；专卖店中，家电企业的销售业绩开始回暖。

至年底，全市25家商务部门重点监测超市累计实现销售额36.89亿元，与上年持平，占全市社会消费品零售总额的3.35%。2013年，沃尔玛、欧尚、特易购、麦德龙、大润发等外资和港澳台资大型零售企业以及中国内地本土大型超市在扬州加快布点、开拓市场，扬州大型综合超市业态进一步集聚，布局更趋合理，企业竞争更为激烈。

百货业销售额稳中有升，增幅较上年有所提升。全市列统重点百货零售企业中，扬州金鹰国际实业有限公司(简称扬州金鹰)全年实现销售收入18.73亿元，比上年增长1.2%，增幅有所下降；万家福商城实现销售收入4.89亿元，下降7%；茂业百货公司实现销售收入1.06亿元，增长4.32%。

购物中心保持良好的增长态势。扬州京华城全生活广场通过提档升级改造，招引知名品牌入驻，丰富内部业态，全年实现销售收入19.17亿元，增长114.72%；时代广场全年实现销售收入13.59亿元，增长6.12%；力宝广场丰富消费业态，加强品牌调整，形成集休闲、购物、娱乐功能于一体的商贸业模式。

家电业市场加速回暖。全市17家商贸部门重点监测的家电专业专

2013年扬州市重点批发市场经营情况表

表18-1

市场名称	市场成交额(亿元)	比上年增长(%)
江苏曲江小商品市场	113.20	0.40
扬州大桥食品城有限公司	2.38	-9.80
江苏联谊农副产品批发市场	106.83	8.10
江苏亚联农副产品有限公司	51.88	11.60
扬州商城	28.13	—
扬州五亭龙国际玩具礼品城	70.13	19.74
扬州白天鹅家禽蛋类批发市场	3.92	-4.90
扬州市水产批发市场	7.55	8.44
扬州联谊朝苏冷冻食品批发市场	37.00	12.00
扬州市银河电子城	8.47	-20.10
扬州市江阳商贸城	6.30	7.41

（杨　志）

卖店累计实现销售收入31.49亿元，增长46.76%。其中，扬州汇银家电(控股)有限公司文昌店、邗江店实现销售收入8.57亿元，增长79.2%。医药专业店业绩逐步上升，江苏大德生药房连锁有限公司实现销售收入1.73亿元，增长26.01%。

2013年，全市60家1亿元以上商品交易市场年末已出租摊位2.01万个，全年实现商品成交额705.75亿元(其中消费品零售额158.94亿元)。其中，综合市场年末已出租摊位3027个，实现商品成交额111.82亿元，其中消费品零售额56.25亿元；专业市场年末已出租摊位1.7万个，实现商品成交额593.93亿元，其中消费品零售额102.69亿元。重点批发市场销售额稳中有升。全市21家重点农产品批发市场累计成交额323.56亿元，增长9.9%；32家重点商品批发市场累计成交额548.10亿元，下降8.6%。曲江商品城全年完成交易额113.20亿元，联谊农副产品批发市场全年完成交易额106.83亿元，分别成为2013年全市交易额最高的商品交易市场和农副产品批发市场。（杨　志）

■扬州京华城全生活广场　扬州京华城全生活广场(简称扬州京华城)位于新城西区城市商业副中心，是国家AAAA级休闲旅游景点、江苏省现代服务业集聚区，经营面积10万平方米，有从业人员2000人。经过多年的市场培育，扬州京华城逐渐形成"一站式"服务体系，在传统零售业的基础上加入娱乐休闲、餐饮、亲子活动等，带动人气，各种业态相互支持、相互依存，销售业绩爆发式增长。2013年，扬州京华城完成商品销售额19.17亿元，增长114.72%，取代扬州金鹰成为全市销售额第一的商业龙头企业。（胡　岩）

■扬州金鹰国际实业有限公司　扬州金鹰文昌店位于扬州城市商业中心文昌商圈核心地带，京华城店位于新城西区城市商业副中心；有经营面积2.75万平方米，有从业人员1450人。2013年，扬州金鹰实现商品销售额18.73亿元，增长1.2%。

8月，扬州金鹰文昌店布设Wi-Fi(无线保真)热点47个，实现Wi-Fi网络从地下1楼到6楼全覆盖，店内移动POS(销售终端)机、各柜台商家电脑、进店顾客均可免费登录使用Wi-Fi，扬州金鹰文昌店成为全市首家免费Wi-Fi全覆盖商场。（胡　岩）

■扬州汇银家电(控股)有限公司　扬州汇银家电(控股)有限公司(简称汇银家电)及其附属公司作为扬州本土家用电器和电子消费品综合零售连锁营运商及分销商，经营范围集零售、批量分销(包括向特许经营商的销售)及售后服务于一体。2013年，汇银家电实现销售收入28.49亿元，增长15.9%；实现利润3.09亿元，下降0.5%；毛利率10.8%，下降1.8个百分点；经营亏损1.23亿元。

至2013年底，汇银家电在江苏省、安徽省18个城市或地区建立综合零售网络，其中自营店44家、特许经营店49家；江苏省、安徽省的店铺总数分别为78家、15家。44家自营综合性店铺分别位于江苏省扬州、泰州、淮安及盐城等市，包括5家百货商店内的店中店以及3家独立品牌专卖店；全年实现销售收入8.26亿元，占集团销售总收入的29.0%。优化特许经营店网络，提高服务水平，提升营运效率。特许经营店全年实现销售收入4.13亿元，占集团销售总收入的14.5%。

2013年，汇银家电引进空气净化器、净水器等保健产品，提高盈利能力和产品吸引力。继续加大汇银电子商务平台与现有销售网络连接力度；通过强化总店与加盟店之间的互动，在目标市场策划加盟店商品销售活动。公司有经营管理服务网点54个，其中自营服务网点3个、授权服务网点51个，为顾客提供多元化售后保障服务。（胡　岩）

12月7日，京华城举行圣诞点灯仪式　王　卓/摄

■江苏曲江小商品市场　江苏曲江小商品市场营业面积3.2万平方米，有从业人员2800人，主营服装、布匹、家具、小百货、文具礼品、五金水暖、电子电器、针织用品、箱包皮具、床上用品等10个大类数万种商品，是中国服务业500强企业、江苏省百强市场、扬州市十大商品市场，是苏北、苏中地区最有影响的生活百货、轻纺产品集散中心之一。2013年，市场实现成交额113.20亿元，比上年增长0.40%，是全市成交额最高的商品批发市场。（胡　岩）

■江苏联谊农副产品批发市场　江苏联谊农副产品批发市场是以蔬菜批发、南北货和炒货批发、家禽批发、冷冻食品批发、瓜果批发为主的专业市场，市场营业面积8.5万平方米，有从业人员1500人，辐射黑龙江、内蒙古、山东、河南、河北、海南、

广东等20多个省(市、自治区),是苏中、苏北地区最大的农副产品综合性批发市场。作为全省30家省级重点农产品批发市场之一,2013年,市场实现成交额106.83亿元,比上年增长8.10%,是全市成交额最高的农副产品批发市场。 (胡 岩)

■扬州五亭龙国际玩具礼品城 扬州五亭龙国际玩具礼品城(简称五亭龙玩具城)占地12公顷,营业面积18万平方米,有从业人员4100多人,是国内规模最大、辐射范围最广的综合性玩具礼品集散中心,经营品种3万多个,形成玩具设计、研发、加工、生产、销售产业链,辐射江苏、浙江、安徽、湖南、山东、广东等省,可提供文化创意、动漫体验、电子商务、玩具博览、商品贸易、金融、信息、物流、研发、培训、办公、仓储、生活服务等全方位服务。2013年,五亭龙玩具城设立动漫衍生品研发中心,引导入驻商户改变粗放式经营模式,强调设计、体验,结合动漫等产业开发衍生玩具产品;设立动漫体验馆,将传统毛绒玩具产品与现代文化创意理念有机结合,由玩具专业市场向动漫开发、玩具会展、电商、物流、旅游等综合经营业态转变;设立电子商务交易区,引入国内知名物流企业16家,1380家入驻商户同时经营网店600多家,形成大型网络交易平台。至年末,五亭龙玩具城实现成交额70.13亿元,比上年增长19.74%。 (胡 岩)

粮食购销

■概述 2013年,全市实现粮食购销总量46.48亿千克,其中粮食收购18.48亿千克、销售28亿千克。国有粮食购销企业实现销售收入13.78亿元,实现利润155万元。(江 敏)

■粮食收购 全市粮食企业落实国家粮食收购政策。按照国家小麦、稻谷最低收购价执行预案,确定收储库点98个,比上年增加11个,占国有粮食收购点的83%。累计入库小麦13.44亿千克,其中执行国家最低收购价收购小麦4.5亿千克,平均收购价格2.20元/千克。入库稻谷7.65亿千克,其中粳稻平均收购价格2.94元/千克、杂交稻平均收购价格2.7元/千克。价格因素促进农民增收3.68亿元,人均增收130多元。全市配备12台(套)粮食烘干机,日烘干能力3500吨;夏、秋两季累计为农户烘干稻麦1.6亿千克,为农民减少损失4000多万元。 (江 敏)

■调控管理 推进放心粮油示范店建设。制定《扬州市放心粮油示范店认定办法》,认定首批放心粮油示范店20家。落实地方储备粮扩储计划。经省政府批准,扩充粮食储备5250万千克,区域粮食安全保障能力得到提升。推进粮食中心库点建设和仓库修缮工作。全年投入资金5000万元新建、修缮仓库,累计库容2.25亿千克。抓好储备粮安全管理。层层签订安全生产和安全储粮责任状,组织开展春季、汛期、高温期等存粮安全检查。加强产销衔接。与无锡市相关县(市、区)粮食局及企业进行产销交流,签订1.8亿千克粮食产销合同。 (江 敏)

■粮食流通管理 江都区粮食局粮食执法大队成立。全市有县级执法大队2个。开展粮食收购资格核查。核查各类粮食收购企业448家,注销16家,新增1家。审核确认有效许可证433份,其中国有及国有控股企业许可证115份、非国有企业许可证318份。依法打击各种坑农、害农行为。出动检查人员609人次,检查各类粮食经营者548户(人)次。加强粮油产品质量监管。检查粮油批发市场、大型超市、放心粮店等窗口单位粮油出入库质量、价格、计量等,抽查企业67户,计量、质量合格率100%。 (江 敏)

供销合作

■概述 2013年,全市供销社系统实现农产品收购额86.3亿元、销售额63亿元,实现利润1.12亿元。全年领办、引办农民专业合作社13个,打造省级农民专业合作社示范社3个,新建农民专业合作社省级联社3个,创成省三星级为农服务社26个(其中样板社4个),恢复、重建新型基层社10个。以改造和新建大型流通基础设施和经营网点为主攻方向,新建项目34个,实际完成投资12.04亿元。申报中央"新网工程"项目1个、省"新网工程"项目3个,合计获扶持资金410万元;组织专业合作社抱团申报全国供销合作总社新型合作示范项目,获批中央财政补助资金740万元。农产品"抱团进城"模式在全省、全国推广;农产品"直通车"实现从田头到餐桌的直销模式;探索开展农村信用合作,参股村镇银行。全年新增农产品、农业生产资料、生活资料、烟花爆竹等连锁经营网点83个,各类网点总数达3825个;供应化肥22万吨、农药1860吨。

(马越飞 陈 旭 戴井山)

■农产品产销对接 2013年,全市供销社新建和改造农产品专业批发市场和区域性集散市场5个,新建江都、宝应名特优农产品直销展示中心。扬州市供销合作总社(简称市供销社)、城区供销社与天发蔬菜专业合作社合作建设400公顷蔬菜种植基地,并与亚联农副产品批发市场签订长期供货协议,定点配送城区超市及周边市场。

市供销社与市农业委员会、市物价局等单位联合组织农民专业合作社农产品"直通车"进社区、进学校、进机关、进企业等活动32次,销售农产品580多万元。9月12日,市供销社与市双拥办公室联合开展绿色农产品进军营"直通车"活动,开拓农产品流通新渠道。

(马越飞 陈 旭 戴井山)

■"新网工程"项目和农业综合开发 市供销社组织扬州银河电子城申报全国供销合作总社"新网工程"项目,组织扬州华江再生资源社区回收网点改造、高邮市南海农贸市场改造和仪征市农资配送中心升级改造等3个项目申报省供销合作总社"新网工程"项目,合计获财政扶持资金

410万元。组织江都区兴和养蜂专业合作社、聚源春茶叶专业合作社和苏合润泽农产品销售专业合作联社申报农业综合开发全国供销合作总社新型合作示范项目，获中央财政补助740万元。

（马越飞　陈　旭　戴井山）

■宏信电子商务平台　宏信商贸股份有限公司组建扬州宏创科技发展有限公司，实行“线上订货、线下取货”订购配送服务，利用扬州、泰州地区300多家连锁店优势，实现从百货到生鲜、从整箱到拆零、从购物到缴费、从餐饮到娱乐的网络销售模式。8月，扬州市区宏信龙社区便利店试点社区物流业务，提供网上订货、收发快递和蔬果直销等便民服务。12月，宏信龙超市启动“手机菜篮子”客户端服务。

（马越飞　陈　旭　戴井山）

■农产品经纪人协会　2013年，市农产品经纪人协会被全国供销合作总社确定为职业技能培训与鉴定工作站，获全国优秀农产品经纪人协会一等奖。1月14日，宝应县供销社整合县内及周边优质农产品生产厂家，成立宝应县农产品经纪人协会。5月30日，宝应县农产品经纪人协会承办江苏扬州农产品经纪人“创业兴业”培训工程中级培训班，260多名农产品经纪人、农民专业合作社负责人、大学生村官参加培训。11月8日，宝应县农产品经纪人协会成立扬州荷月农产品销售有限公司和电子商务中心，采取实体销售与网络销售相结合的方式，在淘宝网开设网店，增强农超、农校、农贸、农餐对接辐射力。（马越飞　陈　旭　戴井山）

■示范平价商店创建　全市供销社系统新培育6家农产品平价店，新申报8家市级农产品平价店，其中润泽平价店金马店、宏信超市江都龙川平价直销区、宏信超市江都城北店平价直销区获评江苏省示范平价商店。至年底，供销社系统有平价店25家，占扬州市区平价店总数的31.65%。

（马越飞　陈　旭　戴井山）

■参加海峡两岸(江苏)名优农产品展销会　市供销社组织22家农业龙头企业、农民专业合作社的蔬菜、蛋品、水果、禽类、肉类、蜂蜜、豆制品等十大类近100种优质农副产品参加2013海峡两岸(江苏)名优农产品展销会暨第八届无锡现代农业博览会。参展农副产品现场销售206万元，签订意向性订单2.6亿元。扬州市广陵区天发蔬菜专业合作社、高邮市兴旺鸭业产销专业合作社、扬州西荡湖食品有限公司、仪征市君祥食用菌专业合作社和扬州炯源食品有限公司等5家单位获展销会畅销奖。

（马越飞　陈　旭　戴井山）

专项经营

■盐业经营　2013年，全市购进盐产品7.70万吨；销售各类盐产品7.87万吨，其中食盐6.60万吨；实现销售收入1.86亿元。

全市碘盐覆盖率100%，碘盐合格率98.5%，合格碘盐食用率98.56%。全年查处盐业违法案件397件，没收盐产品42.68吨。　（赵　磊）

■卷烟营销　2013年，全市销售卷烟17.48万箱，比上年增长1.09%；实现利税11.54亿元，增长10.23%；实现利润6.98亿元，增长12.58%。

加强卷烟市场研究。结合卷烟价格、库存调整货源供应策略，调控货源投放节奏，建立34个品牌、规格的价格监控体系。开展月度市场调研，组织6次品牌专项诊断，收集分析价格、库存和动销三维信息，确保卷烟销售平稳运行。

加强品牌培育。建成现代卷烟零售终端5059户，占客户总数的21%。在基层服务站设立工(业)商(业)零(售)互动区，完善客户经理移动工作平台“客户评价”功能模块。

加强服务创新。探索“跨行支付+贷记卡”结算模式，有签约客户2000户，银行每月为客户提供流动资金支持3000多万元，降低客户经营成本。试点运行弱势群体客户亲情服务模式，为弱势群体提供上门解困、经营指导。

加强物流现代化建设。通过设备更新、技术改造和流程优化，分拣流程节约作业时间1小时，每条分拣线减少操作工1人，异型烟分拣作业时间从6小时缩短到1.5小时，优化配送区域2个，减少配送线路2条、配送车辆5辆。　（赵　静）

2013年扬州市盐业购销存情况表

表18-2　　单位：吨

地　区	购进量		销售量		库存量	
	实　绩	比上年增减	实　绩	比上年增减	实　绩	比上年增减
合　计	**76953**	**7843**	**78688**	**7923**	**7697**	**-1735**
市　区	15517	399	14998	-605	1947	521
江都区	9655	-1152	10246	-972	1942	-591
宝应县	33723	6932	35391	7844	963	-1667
仪征市	3486	-740	3596	-563	1282	-111
高邮市	14572	2404	14457	2219	1563	113

注：市区数据不含江都区

（赵　磊）

■烟草专卖管理 2013年,全市查处各类涉烟案件2121件,其中假烟案件113件;查获涉案卷烟8.62万条,其中假烟2260.5条;上缴国家罚没款90.1万元。完整破获符合国标的网络案件5件,38名涉烟不法分子被司法机关拘留,9人被依法逮捕,12人被判刑。

开展打假破网工作。围绕打假破网目标任务,落实“APCD”(A是分析,P是计划,C是检查,D是处理)工作法操作标准126项,收集、分析市场信息,分类建立监管档案。组织“冬季会战”“闪电13号”“闪电14号”“中秋、国庆市场整治行动”和“百日市场集中整治行动”5个专项整治活动。

推进依法行政。制定全市《零售点合理布局管理规定》,简化许可证审批发放流程,加强证件管理。规范行政执法卷宗制作,深化说理式执法。 (赵 静)

■成品油销售 2013年,全市销售成品油100.1万吨,首次突破100万吨,比上年增加近10万吨。其中,销售汽油39.8万吨,增加3.1万吨;销售柴油60.3万吨,增加6.6万吨。中国石油化工集团公司(简称中石化)扬州石油分公司销售量58.2万吨,占全市销售总量的58.1%;中国石油天然气股份有限公司(简称中石油)扬州销售公司销售量19.7万吨,占全市销售量的19.7%;以中国中化集团公司(简称中化集团)、中国海洋石油总公司为代表的成品油经营企业及各社会加油站点合计销售22.2万吨,占全市销售量的22.2%。

(陆 扬)

■成品油市场专项检查 1月10—11日,市发改委会同市公安、质监、物价、安监、工商、环保、消防等部门,对全市17家成品油经营企业进行抽查,重点检查油品升级、油气回收改造、油表计量、安全生产等情况。通过提取、检测成品油样本,中石化、中石油、中化集团等大型油品供应企业政策执行、安全生产情况较好,全部开始销售符合国四排放标准的汽、柴油;部分民营加油站也开始销售符合国四排放标准的汽、柴油,油气回收和安全防范措施基本到位。检查中发现宝应1家民营加油站销售符合国三排放标准的汽油且存在价格违规行为,责成宝应县物价、工商部门予以查处。 (周春芳)

■中石化扬州石油分公司 中石化扬州石油分公司是扬州地区最大的成品油经销企业。2013年,公司有员工1320人,总资产4.5亿元;有正常营业的加油站123座,其中加油加气站9座;有正常营业的油库2座,库容4.34万立方米,年吞吐量120万吨以上。全年完成成品油销售额55.12亿元,实现利税1.81亿元,上缴税金7361万元。公司有正常营业的非油品门店113个,实现非油品销售额5700万元。

做好农忙期间农业用油供应工作。设立农业用油定点供应加油站,开辟农机加油绿色通道,开展“送油到田头”服务,落实农忙用油“双优”(优先、优惠)供应工作。

完成县级城区站车用柴油置换及符合苏Ⅴ标准的第五阶段车用汽油置换工作。区内首座LNG(液化天然气)加气站投入运营。 (朱文莹)

扬州“三把刀”

■概述 2013年,扬州市推动以扬州“三把刀”为代表的传统服务业品牌化发展,获批成为商务部“三把刀”服务创新试点,组织开展服务技能创新、服务标准完善以及专业培训、技能竞赛等活动,提升扬州“三把刀”行业影响力。

美容美发行业和沐浴行业进入洗牌期,行业发展呈现出平民化和综合化相结合的态势。美容美发企业开张和关闭频繁,总体数量与往年持平,行业整体利润较往年有所下降;企业业态两极分化,部分大型美容美发企业向综合型发展,扩展洗头、精油、按摩、养生、美容等服务项目,小型夫妻店、超市店数量增多。由于多家美容美发企业出现业户卷款逃跑现象,充值卡不再是扬州美容美发企业主流经营模式。

除在住宅小区内开设的普通浴室外,扬州新开业的沐浴休闲企业普遍在装修、卫生设施、用水等方面偏向复古化和休闲化,消费水平逐渐大众化;龙飞沐浴休闲中心等一批老牌沐浴休闲企业关闭,以融莲会所为代表的部分高端沐浴休闲企业开始转型经营;扬州市首家标准规范化老浴室——老扬城澡堂子正式营业,传统沐浴企业开始尝试连锁经营。

餐饮企业加快集聚,市区形成淮海路、望月路、兴城西路、念四桥路、解放路、江都运河路、通江东路等特色美食街。一批规模偏小、定位中低端的中小型餐饮企业进驻京华城、力宝广场等一站式购物中心,注重精致化装修和较低的消费定位成为此类企业的显著特点。科技化、标准化成为扬州餐饮业发展新方向。在南京举行的中国美食节上,“机器人扬州炒饭”首次亮相。使用烹饪机器人、全透明厨房的餐饮企业开始在扬州市场上出现。扬州美食的国际影响力日益扩大。11月16日,“中国美食走进联合国”活动在纽约联合国总部举行,扬州炒饭、松鼠鳜鱼、大煮干丝、蟹粉狮子头等淮扬菜首次被端上联合国餐桌。2013年,市区9家重点酒店餐饮企业营业收入3.21亿元,比上年下降5.27%。 (杨 志)

■全国“三把刀”服务创新试点落户扬州 4月25日,商务部办公厅下发《关于扬州市开展“三把刀”服务创新试点有关问题的复函》,同意在扬州市开展“三把刀”服务创新试点工作。由此,扬州“三把刀”行业标准建设、人才培训、技艺竞赛和展示平台等纳入“国家级”试点范畴。

(胡 岩)

■扬州市首届“餐饮文化推广月”活动 4月,扬州市卫生局、市物价局、市商务局、市旅游局、市食品药品监督管理局等5个部门联合举办以“健康、诚信、节俭、精致”为主题的首届“餐饮文化推广月”活动,制止餐饮行业价格欺诈、哄抬物价行为,倡导勤俭节约的餐饮消费习惯。活动期

间，组织开展“健康、诚信、节俭、精致”餐饮示范单位评选，30家餐饮企业获评餐饮示范店。（杨 志）

■扬州第二家全透明厨房餐厅开业 6月18日，扬州第二家全透明敞开式厨房餐厅同庆馆开业，消费者可以一边用餐，一边观看厨师操作。同庆馆的厨师均毕业于淮扬菜培训基地。该基地实行免费培训，由淮扬菜名师陈恩德免费教授技艺。（杨 志）

■扬州首家“科技风”餐厅开业 6月29日，扬州首家“科技风”虹桥阁餐厅开业。该餐厅布设无线上网设备，每张餐桌旁都附有网络接口和充电设备；消费者无需呼叫服务员，不用看纸质菜单，只需用自己的智能手机或电脑等终端设备连接餐厅的电子菜谱地址，就可完成点餐。餐厅还在全省率先引进烹饪机器人，工作人员仅需按照语音提示，按照顺序依次放入原料即可完成操作，约3分钟可完成一道菜品制作。（杨 志）

■老扬城澡堂子开业 8月，扬州市首家标准规范化老浴室——老扬城澡堂子正式营业。该浴室面积2000平方米，按照扬州老浴室场景布置，所有浴室用灯都为“老扬州”式挂马灯；浴池保留“老扬州”人惯用的“高温池”；设置残疾人配套设施，实现残疾人入池无障碍化；毛巾消毒和浴池换水时间、消毒周期均按行业内最高标准执行。此外，浴室内播放扬州评话、扬剧、扬州小调，服务人员穿着唐装、中山装、白大褂也是老扬城澡堂子的服务特色。（杨 志）

■冶春茶社发展连锁经营 9月10日，百年“老字号”冶春第一家加盟店——扬州京华城店开业。冶春京华城店是由冶春餐饮股份有限公司（简称冶春公司）与臻唐餐饮管理公司合作经营的加盟店，经营面积1100平米，有零点大厅1个、包间5个，有餐位近200个。11月28日，冶春江都店开业。冶春江都店是冶春公司在扬州主城区周边地区发展的第一家分店，由冶春公司与江苏精成通盛实业有限公司合作经营，经营面积700多平方米，有零点大厅1个、包间9个，有餐位近200个。（杨 志）

■扬州餐饮企业参加中国美食节 10月18日，第14届中国美食节暨2013江苏国际餐饮博览会在南京开幕。扬子江集团等5家扬州餐饮企业直接向组委会报名参展，共和春、同顺馆、金陵大饭店、聚贤饭庄、食为天等10多家餐饮企业随市烹饪协会一同参展。活动期间，扬州餐饮企业向公众展示“红楼宴”“卢氏家宴”，扬州狮子楼首次公开展示“机器人扬州炒饭”。（杨 志）

■扬州餐饮业签订首份行业工资集体合同 11月27日，全市20家餐饮企业从业人员通过工资集体协商，签订扬州首份行业工资集体合同《扬州市餐饮行业工资专项集体合同》。该合同涉及餐饮行业27个工种工资和工龄工资、加班工资、奖励工资等17项内容，工资指导价位从最高的8000元到最低的1628元不等，行业最低工资高于全市最低工资标准10%；该合同还首次对餐饮行业从业人员宿舍条件、子女教育、医疗互助等作出明确规定，对执行不到位的企业制定相应罚则。（杨 志）

■“扬州师傅”成全国修脚师职业技能竞赛荣誉称号 12月8日，2013中国南京沐浴温泉文化节暨首届全国修脚师职业技能竞赛在南京举行，北京、重庆、南京、扬州等18个城市沐浴协会推荐的100名选手参加比赛。比赛中获得名次的选手可获得高级修脚师证书和“扬州师傅”称号，一等奖获得者可获“扬州修脚名师”称号。（杨 志）

■“春江花月宴”入选“中国名宴” 12月11日，2013年江苏餐饮行业协会年会暨第九届江苏省餐饮产业发展论坛在扬州举行。会议期间，江都区京江大酒店制作的“春江花月宴”通过“中国名宴”专家组评审，获中国烹饪协会授牌。“春江花月宴”取意唐代诗人张若虚的《春江花月夜》，以海参、海蜇、长江水鲜等为食材，秉承维扬菜风格，兼有鲜明地方特色。全宴由2个冷碟、5道热菜、1道点心组成，菜名依次为月照花林、江月年年、滟滟随波、斜月藏雾、明月潮生、鱼龙潜跃、汀上白沙、相思明月。（杨 志）

扬州市“中国名宴”名录

乾隆南巡宴
满汉全席
乾隆御宴
红楼早宴
红楼宴
扬州八怪宴
卢氏家宴
三头宴
春晖宴
秋瑞宴
烟花三月宴
全鹅宴
少游宴
春江花月宴（胡 岩）

■扬州承办第七届全国烹饪技能竞赛水鲜美食比赛 12月12日，由江苏省商务厅等10家省级单位和中国烹饪协会联合主办的第七届全国烹饪技能竞赛水鲜美食比赛在扬州旅游商贸学校举行。全国各地143名厨师参加比赛，产生金奖29个、银奖42个、铜奖57个、优秀奖14个。（杨 志）

■盐水鹅质量标准发布 12月20日，扬州市邗江工商行政管理局和扬州大学联合攻关的盐水鹅质量标准及风味指纹图谱发布。该质量标准涉及感官、理化、微生物等3项控制性指标，通过仪器检测确定9种最能代表扬州盐水鹅特征风味的化学成分。新标准申报执行后，便于规范生产工艺，可为制定和申报盐水鹅“地理标志产品标准”提供参考。（杨 志）

对外国及港澳台地区经贸

Dui Waiguo Ji Gang-Ao-Tai Diqu Jingmao

编　辑　李全权

对外国及港澳台地区贸易

■概述　2013年，全市实现进出口总额95.07亿美元，比上年下降6.6%。其中，进口额19.56亿美元，下降2.2%；出口额75.51亿美元，下降7.6%。按贸易方式划分，一般贸易出口额50.59亿美元，下降13.2%，占全市出口额的67.0%；加工贸易出口额23.15亿美元，增长2.8%，占全市出口额的30.7%；其他贸易出口额1.77亿美元，增长98.32%，占全市出口额的2.3%。一般贸易进口额10.79亿美元，增长15.2%，占全市进口额的55.1%；加工贸易进口额6.73亿美元，下降14.3%，占全市进口额的34.2%；其他贸易进口额2.03亿美元，下降26.9%，占全市进口额的10.2%。　（徐其祥　彭　艳）

2013年扬州市主要出口商品一览表

表19-1

商品类别	出口额（万美元）	比上年增长（%）	占全市出口比重（%）
合　计	**473318**		**62.7**
化学化工	93942	14.32	12.4
纺织制品	73513	-3.95	9.7
船舶	71490	16.98	9.5
电子纸与液晶装置	42004	-9.10	5.6
鞋帽	39363	-7.70	5.2
新光源、新能源	35993	-10.02	4.8
机动车辆与零配件	35715	19.13	4.7
钢管	31351	-14.65	4.2
电动工具与机床等加工设备	25635	9.39	3.4
集装箱与活动房屋	24312	-9.40	3.2

（徐其祥　彭　艳）

■出口商品结构　2013年，全市十大出口商品累计出口47.33亿美元，占全市出口总额的62.7%。其中，化工产品出口额9.4亿美元，列全市出口商品首位，增长14.3%；高新技术类产品出口额9.6亿美元，增长24.3%；钢管和新光源、新能源产品出口额下滑明显，分别比上年下降14.7%、10%。

（徐其祥　彭　艳）

2013年扬州市分地区外贸进出口完成情况一览表

表19-2

地　区	进出口额（万美元）			比上年增长（%）
		进口额	出口额	
扬州经济技术开发区	255624	74017	181607	-31.3
扬州化工园区	59635	30083	29552	0.5
广陵区	187769	20329	167440	4.1
邗江区	166721	19481	147240	8.3
江都区	130358	19794	110564	7.0
宝应县	71496	17236	54260	15.3
仪征市	39977	11995	27982	17.9
高邮市	38497	2389	36108	17.7

（徐其祥　彭　艳）

■出口市场结构　2013年，全市对主要出口国别（地区）出口额分化较为明显。其中，对美国出口额14.88亿美元，比上年增长0.2%；对东盟国家出口额6.89亿美元，增长2.84%；对拉丁美洲出口额6.34亿美元，增长3.92%；对大洋洲出口额5.33亿美元，增长28.6%；对日本出口额3.29亿美元，增长3.4%；对欧盟国家出口额15.86亿美元，下降17.2%；对中国香港出口额5.53亿美元，下降5.3%；对非洲出口额3.41亿美元，下降35.2%；对南亚国家出口额2.92亿美元，下降24.9%；对韩国出口额2.02亿美元，下降6.1%。

（徐其祥　彭　艳）

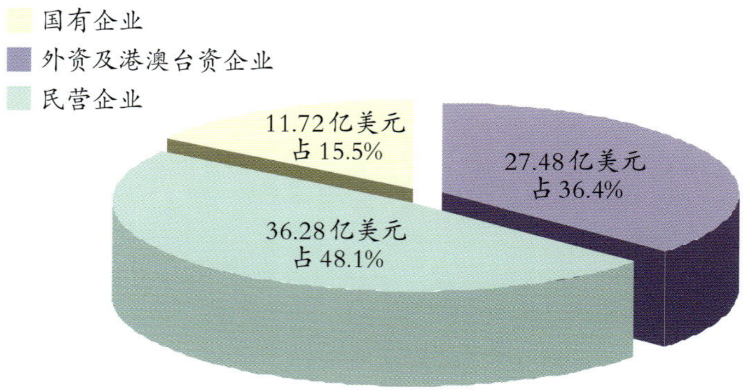

图19-1　**2013年扬州市各类企业出口额及其占比示意图**

（徐其祥　彭　艳）

■**县域出口**　2013年，全市8家列统单位中，除扬州经济技术开发区外，出口额均实现增长。其中，扬州化工园区出口额2.96亿美元，比上年增长26.9%；广陵区出口额16.74亿美元，增长8.8%；邗江区出口额14.72亿美元，增长3.5%；江都区出口额11.06亿美元，增长4.0%；宝应县出口额5.43亿美元，增长15.0%；高邮市出口额3.61亿美元，增长31.3%；仪征市出口额2.80亿美元，增长27.2%；扬州经济技术开发区出口额18.16亿美元，下降37.8%。

（徐其祥　彭　艳）

■**重点出口企业**　2013年，全市出口额前30强企业合计完成出口额33.91亿美元，占全市出口总额的44.9%。全市有年出口额超过1亿美元的企业12家，比上年减少6家；其中新增年出口额超过1亿美元的企业4家，分别是江苏长青农化股份有限公司、森萨塔科技（宝应）有限公司、骏升科技（扬州）有限公司和晶澳（扬州）太阳能科技有限公司。

（徐其祥　彭　艳）

■**出口基地**　2013年，全市新增建材机械（江都区）、电动工具（高邮市）2个省级出口基地。至年末，全市有国家级出口基地2个、省级出口基地8个。　（徐其祥　彭　艳）

2013年扬州市出口额前20名企业一览表

表19-3

排序	企业名称	出口额（万美元）	比上年增长（%）
1	扬州大洋造船有限公司	57017	-0.35
2	江苏优士化学有限公司	27677	29.17
3	川岳科技扬州有限公司	23537	56.55
4	扬州龙川钢管有限公司	15180	6.20
5	扬州润扬物流装备有限公司	14074	23.71
6	高露洁三笑有限公司	12969	6.50
7	骏升科技（扬州）有限公司	12455	53.26
8	海信容声（扬州）冰箱有限公司	12392	11.16
9	江苏牧羊集团有限公司	11821	0.41
10	森萨塔科技（宝应）有限公司	11175	32.70
11	江苏长青农化股份有限公司	10183	13.12
12	晶澳（扬州）太阳能科技有限公司	10023	251.98
13	扬州通利冷藏集装箱有限公司	9903	-36.37
14	江苏扬农化工集团有限公司	9683	-0.56
15	江苏扬农化工股份有限公司	9166	74.98
16	江苏金飞达电动工具有限公司	8655	17.29
17	扬州诚德钢管有限公司	8634	-34.44
18	扬州中集通华专用车有限公司	7974	52.29
19	扬州联博药业有限公司	7562	-6.13
20	江苏省泽盈进出口有限公司	6972	129.30

（徐其祥　彭　艳）

■**新增4个省级出口农产品示范基地**　2013年，扬州华实加工厂甘泉樱叶、樱花基地，扬州美蜂园蜂蜜出口示范基地，江苏省宝应县广洋湖镇兰亭村莲藕基地、射阳湖镇林上村荷藕基地通过省级验收，成为江苏省出口农产品示范基地。全市累计建成省级出口农产品示范区1个、示范基地9个，涵盖莲藕、罗氏沼虾、蜂产品、樱叶、樱花等多个品种。　（杨　鉴）

■**外贸平台建设**　2013年，建成国内首个“外贸商品展示交易平台”，全年达成意向合同额逾2亿美元。该项工作获2013年度全市工作创新奖。推广“外贸促进网上融资平台”“特色出口行业信保统保及保单融资平台”，帮助外贸企业获贷款4.75亿元、授信1.87亿元。

（徐其祥　彭　艳）

外资及港澳台资利用

■**概述**　2013年，全市新批外资及港澳台资项目191个，比上年减少76个；项目协议利用外资及港澳台资33.31亿美元，下降21.97%；外资

2013年扬州市利用外资及港澳台资情况表

表19-4

地　区	协议注册外资及港澳台资(万美元)	比上年增长(%)	实际利用外资及港澳台资(万美元)	比上年增长(%)
合　计	**333116**	**-21.97**	**182788**	**-9.08**
扬州经济技术开发区	95431	-13.15	46144	9.31
扬州化工园区	22051	-21.39	11717	-25.13
广陵区	55541	-50.72	38243	1.77
邗江区	63231	-0.82	39042	12.30
江都区	43708	-47.76	25020	9.46
宝应县	8500	-67.67	8401	-16.21
仪征市	36212	-8.95	16611	-15.21
高邮市	8442	-43.89	7323	-25.12

（徐其祥　彭　艳）

及港澳台资实际到账19.58亿美元，增长2.2%。经商务部确认，全市实际利用外资及港澳台资18.28亿美元，下降9.08%。

全市第一产业实际利用外资及港澳台资8967万美元，比上年下降40.0%，占全市总额的4.9%；第二产业实际利用外资及港澳台资8.41亿美元，下降36.4%，占全市总额的46.0%；第三产业实际利用外资及港澳台资8.97亿美元，增长34.8%，占全市总额的49.08%。

全年实际利用亚洲地区外资及港澳台资15.14亿美元，比上年增长1.9%；实际利用欧洲外资8445万美元，增长62.8%；实际利用北美洲外资7155万美元，下降76.7%。

2013年，全市外资及港澳台资企业缴纳涉外税收77.27亿元，增长33.1%。（徐其祥　彭　艳）

■外资及港澳台资项目　2013年，全市新批合同利用外资及港澳台资1000万美元以上及净增资1000万美元以上项目111个，比上年减少35个；其中投资总额1亿美元以上新批及增资项目15个，比上年减少2个。2013年，全市41个1000万美元以上项目完成资金到账，比上年减少16个，实际利用外资及港澳台资13.82亿美元。

2013年，全市新落户世界500强企业或跨国公司10家，其中境外企业8家，分别是美国微软公司、美国艾诺斯公司、德国大陆集团、德国通快集团、日本旭硝子株式会社、中国香港汇丰银行、菲律宾SM集团、英国纳铁福传动轴公司。

（徐其祥　彭　艳）

5月7日，扬州经济技术开发区台资企业扬州雷笛克光学有限公司投产　日　报/供稿

■外资及港澳台资利用方式创新　2013年，合同溢价1.72亿美元的德国通快集团并购江苏金方圆数控机床有限公司项目获批，且溢价金额获得省商务厅确认，成为扬州历史上最大的外资并购工业项目。2013年，全市新批人民币直投项目13个，跨境人民币出资总额21.9亿元。

（徐其祥　彭　艳）

对外国及港澳台地区经济技术合作

■概述　2013年，全市完成外经营业额5.31亿美元，比上年增长27.0%；期末在外人数8631人，增长29.8%。新批境外投资项目30个，增长114.3%；中方协议投资额1.59亿美元，增长796.3%。全市新增有对外承包经营资格的公司5家，累计38

2013年扬州市对外国及港澳台地区经济技术合作情况一览表

表19-5

地　区	外经营业额(万美元)	比上年增长(%)	期末在外人数(人)	比上年增长(%)
合　计	**53068**	**27**	**8631**	**30**
扬州经济技术开发区	9457	16	1563	162
广陵区	8571	39	1411	8
邗江区	7215	16	1042	4
江都区	25931	27	3812	18
宝应县	1337	45	589	51
仪征市	347	25	164	48
高邮市	210		50	

（徐其祥　彭　艳）

2013年扬州市对外国及港澳台地区投资情况一览表

表19-6

地　区	新批项目数(个)	比上年增长(%)	中方协议投资额(万美元)	比上年增长(%)
合　计	**30**	**114**	**15891**	**796**
扬州经济技术开发区	3	50	2499	24890
扬州化工园区	1	0	5	0
广陵区	7	133	625	215
邗江区	12	500	8747	2033
江都区	5	150	3925	1054
宝应县	1	0	40	300
仪征市	1	0	50	-93
高邮市	0	0	0	0

（徐其祥　彭　艳）

家，其中对外劳务合作企业12家、对外承包工程企业26家。亚普汽车部件股份有限公司、江苏牧羊集团有限公司、江苏江都建设集团有限公司、江苏恒远国际工程集团有限公司、扬州汇鸿国际经济贸易合作有限公司等5家企业入选江苏省对外投资和经济合作重点联系企业名录。

（徐其祥　彭　艳）

■外经市场　2013年，全市对外承包工程和劳务合作项目涉及41个国家(地区)，完成外经营业额列前三位的企业是江苏江都建设集团有限公司(1.19亿美元)、江苏恒远国际工程集团有限公司(1.02亿美元)和中国石化集团江苏石油勘探局(7617万美元)。全市有1000万美元以上在建项目13个，其中江苏江都建设集团有限公司蒙古奥尤陶盖勒铜金矿混凝土项目、中国石化集团江苏石油勘探局阿尔及利亚供水管线项目、江苏邗建集团沙特民建项目、江苏恒远国际工程集团有限公司蒙古和俄罗斯水泥生产线等项目均保持平稳运行。上述4家企业全年完成外经营业额3.72亿美元，占全市外经营业额的70.1%。

（徐其祥　彭　艳）

■境外投资龙头企业　2013年，江苏牧羊集团有限公司投资7400多万美元在香港设立投资公司，投资800万美元在香港设立贸易机构；亚普汽车部件股份有限公司在俄罗斯和印度投资的2个项目分别增资700万美元和900万美元。上述2家企业合计投资9800万美元，占全市境外投资总额的61.7%。

（徐其祥　彭　艳）

旅游业

Lüyouye

编　辑　陈永华

综述

■概况　2013年，扬州市召开全市旅游业发展大会，出台《关于加快旅游业发展的意见》《市政府关于加快旅游度假区建设的实施意见》《扬州市旅游业发展专项资金管理暂行办法》《扬州市游客招徕、商务旅游发展和企业品牌建设引导资金使用细则》，调整扬州市旅游发展委员会、扬州市假日旅游协调指挥部组成人员，制定《扬州市假日旅游协调指挥部工作制度》。全市接待游客3970.1万人次，比上年增长9.1%；旅游总收入501.2亿元，增长15.1%。至年底，全市有国家文化旅游示范区1个、国家级旅游景区35个(其中AAAAA级1个、AAAA级7个)、全国工农业旅游示范点10个，省级旅游度假区1个、省星级乡村旅游示范点22个(其中四星级10个、三星级12个)、省特色景观旅游名镇(村、乡)2个、省级自驾游基地4个。全市有旅行社130家(其中出境旅行社4家、四星级旅行社4家)、星级饭店66家(其中五星级饭店4家)。

2013年，扬州市园林管理局、扬州市何园管理处、扬州市个园管理处、扬州市茱萸湾风景区管理处、扬州市瘦西湖风景区管理处、扬州瘦西湖旅游发展集团有限公司被评为2010—2012年度江苏省文明单位；扬州市个园管理处市场营销部、扬州市瘦西湖风景区管理处熙春台获评2013年江苏省工人先锋号，瘦西湖、个园获“2012美好江苏欢乐游”活动“游客最喜爱的旅游景区(点)奖”；扬州旅游景区营销中心被“驴妈妈”旅游网评为2013年“最佳人文景区”，被“同程”旅游网评为“2013年度最受网民欢迎的自助游目的地”。在“2013年度中国旅游竞争力百强市(区、县)唐人排行榜”中，扬州市列百强市第30位，邗江区列百强区第42位。扬州市加入世界旅游城市联合会。　(江　燕　万　平)

2013年扬州市入境过夜游客人数前10位客源地情况表

表20-1

序号	客源地	游客人数(人次)	比上年增长(%)
1	中国台湾	7967	-9.6
2	日本	4705	-1.7
3	中国香港	3319	-7.0
4	美国	2744	7.0
5	韩国	2635	-5.2
6	德国	1513	-20.7
7	新加坡	962	5.6
8	印度	902	22.9
9	马来西亚	836	15.5
10	澳大利亚	802	2.4

(江　燕)

■《关于加快旅游业发展的意见》出台　8月28日，市委、市政府印发《关于加快旅游业发展的意见》，明确旅游业总体定位和发展目标、重点和路径，将旅游业作为扬州永久性基本产业，加强旅游与文化、商务、科技的融合，提升旅游产品品质、商务活动承接能力、境外游客比例和国际化服务水平，建设“宜游城市”，打造旅游强市。突出重点，加快旅游重点项目建设，加强城市旅游形象推广，完善旅游服务体系。提出到2015年，全市旅游业增加值占地区生产总值的6.9%，古城创成国家AAAAA级旅游景区，瘦西湖景区建成世界级公园，全市有国际知名品牌酒店10家以上，旅游管理人才和持证外语人才占旅游业直接从业总人数的30%以上。2013—2015年，每年设立3000万元城市宣传和旅游产业发展专项资金，并根据全市经济和旅游发展情况适度增长。　(吕　游)

■智慧旅游建设　2月3日，新版中英文“扬州旅游网”上线运行。5月，扬州假日旅游指挥中心建成并投入使用。该中心即时发布主要景区旅游人数，便于游客“错峰入园”，并实现与公安信息资源数据共享，为游客出行提供有效指引。开发扬州旅游手机APP(智能手机第三方应用程序)软件，为游客提供距离当前位置最近的公共厕所、医院、警局、加油站和行车路线等信息，并提供英语、普通话、扬州方言语音讲解。开发旅行社奖励申报系统和扬州住宿游客统计分析系统。根据2013年新浪微博发布数据，扬州市旅游局新浪官方微博影响力居全国地级市旅游局官方微博第二位，新浪微博粉丝突破200万人。（江　燕）

■**2013年国际盆景大会**　参见第9页。

■**扬州首届旅游纪念品、小礼品交易会**　8月28日，扬州首届旅游纪念品、小礼品交易会在市工艺美术大楼开幕。扬州玉器厂艺丰工艺礼品有限公司、扬州漆器厂、中国剪纸博物馆、扬州旅游纪念品设计研究院、广陵区汶河街道文化站等15家本地企业参展，展出扬州特色旅游纪念品、小礼品近千件，并举行《扬州剪纸风光明信片》首发和大师签售活动。此次交易会为期10天，上海豫园、无锡灵山、江苏省集邮开发公司、南京夫子庙-秦淮风光管理局、镇江西津古渡、泰州老街等各城市和景区数十家旅游纪念品经销商参与现场采购，成交额600万元。（吕　游）

■**《扬州"中国温泉之城"发展建设规划蓝皮书》发布**　12月27日，《扬州"中国温泉之城"发展建设规划蓝皮书》发布。扬州市规划推进地热温泉产业聚集区和示范区建设，构建"中国温泉之城""一个中心、四大板块"五大功能分区，即：扬州城市中心温泉板块，主题定位为温泉旅游休闲度假与地热集中供暖制冷；仪征山地丘陵温泉板块，主题定位为温泉农业生态旅游以及温泉度假；高邮滨湖湿地温泉板块，主题定位为湿地温泉度假以及温泉农业种植养殖；江都城市郊区温泉板块，主题定位为温泉养生度假与商务休闲；宝应乡村田园温泉板块，主题定位为地热温泉综合利用与农业观光旅游。未来5～10年，规划建设瘦西湖温泉旅游度假示范区、"七河八岛"（位于广陵区泰安镇和湾头镇，由7条河流以及由其分割而成的8个岛屿组成。"七河"分别为京杭大运河、壁虎河、新河、凤凰河、太平河、金湾河、高水河，"八岛"分别为聚凤岛、芒稻岛、金湾岛、自在岛、凤羽岛、山河岛、壁虎岛、新河岛）温泉旅游度假示范区、江广融合地带地热供暖制冷示范区、空港新城温泉养生度假示范区、江都小纪温泉农业观光与种植养殖示范区、宝应射阳湖地热温泉综合利用示范区、高邮清水潭温泉旅游度假示范区、仪征枣林湾温泉运动休闲示范区等8个地热温泉开发利用示范区。（吕　游）

旅游资源开发

■**概述**　加快省级旅游度假区建设，凤凰岛旅游度假区和瓜洲国际旅游度假区申报省级旅游度假区。9月，启动首批市级旅游度假区评审工作，认定凤凰岛旅游度假区、瓜洲国际旅游度假区和宝应湖旅游度假区等3个市级旅游度假区。加大旅游品牌创建力度，开展国家级旅游景区及乡村旅游示范点建设。

发展商务旅游，编印《商务旅游指南》。包装旅游新线路，开通上海至扬州"豪华游轮温馨游"，推出"寻美扬州"之"最美乡村游线路"、扬州市首批科普旅游线路、"古城千金带您游"线路、扬州四季旅游线路。

加快旅游项目建设。推进瘦西湖国家考古遗址公园、滨水慢道、双峰云栈以及花局里绿色生态休闲街区、瓜洲水上主题乐园——"海浪谷"项目、何园整治与保护工程等项目建设。枣林湾"青马车寨"一期工程开工建设。观音岛直升机航空游艇基地开发低空飞行项目。隐居逸扬度假酒店和"天乐湖"温泉度假村对外营业。瓜洲旅游度假区酒吧特色街、亲水街主体建筑全部封项。邵伯湖旅游度假区实施邵伯古镇旅游功能提升工程。清水潭旅游度假区累计投入7000多万元，完成拆迁、土地流转及温泉井钻探工作。宝应湖旅游度假区完成白鹿岛改造等工程。建成扬州心怡锦江国际酒店、扬州泰润大酒店、扬州皇冠假日酒店等高星级酒店。推进双汇国际、东方国际、景诚国际、清清国际、会议中心三期工程、万科园林、沿河企业家会所群及"双东"（东关街、东圈门）、南河下、仁丰里民居客栈群建设。（江　燕）

■**温泉资源开发与旅游度假区建设招商恳谈会**　4月16日，扬州市温泉资源开发与旅游度假区建设招商恳谈会在京杭会议中心举行。会上，荷园温泉度假区、高邮神居山文化旅游度假区、中国扬州沐浴养生文化旅游度假区、隐居扬州凤凰岛温泉度假酒

4月16日，扬州市温泉资源开发与旅游度假区建设招商恳谈会在京杭会议中心举行　李斯尔/摄

店、海浪谷、扬州泰州机场温泉旅游休闲度假中心、友谊广场温泉沐浴文化展示区等7个项目集中签约，合同引进资金61.7亿元；扬州市旅游局、蜀冈-瘦西湖风景名胜区管委会、江苏美地信息科技有限公司与“腾讯”网腾讯旅游频道签署扬州旅游战略合作协议；扬州泰州机场与韩国亚洲世界旅行社签署扬州包机游战略合作协议。 （吕 游）

■**旅游景区提档升级** 启动古城国家AAAAA级旅游景区创建工作。“双东”历史街区被评为国家AAAA级旅游景区。新增扬州开元寺、扬州陈园等2个国家AAA级旅游景区。新增扬州润德菲尔庄园、碧水蓝天度假村等2个四星级省乡村旅游区(点)，新增扬州烟花三月度假村、扬州润水湾、扬州溪桂园、宝应和悦园等4个三星级省乡村旅游区(点)。上海大众汽车有限公司仪征分公司创成省级工业旅游区(点)。 （江 燕）

■**“双东”历史街区晋升国家AAAA级旅游景区** 2月，全国旅游景区质量等级评定委员会正式批准东关历史文化旅游区(简称“双东”历史街区)为国家AAAA级旅游景区。“双东”历史街区是指东至古运河、西至国庆路、南至文昌中路、北至盐阜路护城河的片区。该区域东关街上有比较完整的明清建筑群及鱼骨状街巷体系，有14个文物保护单位、10处名人故居及多家“老字号”，古街文化底蕴深厚。 （吕 游）

2013年扬州市全国工业旅游示范点

扬州第二发电有限责任公司

扬州漆器厂

扬州玉器厂 （江 燕）

2013年扬州市全国农业旅游示范点

凤凰岛生态旅游区

江都现代花木产业园

兴科农业科技博览园

仪征登月湖农业旅游区

宝应白鹿岛生态旅游区

宝应射阳湖荷园

高邮临泽生态度假村 （江 燕）

2013年扬州市国家级旅游景区一览表

表20-2

景区名称	等级	景区名称	等级
蜀冈-瘦西湖风景区	AAAAA	扬州陈园	AAA
大明寺	AAAA	扬州开元寺	AAA
个园	AAAA	扬州玉文化景区	AA
何园	AAAA	江都邵伯湖旅游区	AA
扬州双博馆	AAAA	扬州西郊森林公园	AA
京华城休闲旅游区	AAAA	宝应周恩来少年读书处	AA
茱萸湾风景区	AAAA	朱自清故居	AA
“双东”历史街区	AAAA	隋炀帝陵景区	AA
汉陵苑	AAA	宝应“二妹子”模范民兵活动中心	AA
史可法纪念馆	AAA	扬州五亭龙国际玩具礼品城	AA
凤凰岛生态旅游区	AAA	江都龙川盆景艺苑	AA
吴道台宅第	AAA	江都朴园	AA
宝应纵棹园	AAA	江都仙女公园	AA
仪征博物馆	AAA	宝应射阳湖荷园	AA
高邮镇国寺	AAA	宝应革命烈士纪念馆	AA
高邮文游台	AAA	宝应博物馆	AA
宝应宁国寺	AAA	高邮菱塘古清真寺	AA
仪征红山体育公园	AAA		

注：扬州双博馆即扬州博物馆、扬州中国雕版印刷博物馆 （江 燕）

2013年扬州市省三星级及以上乡村旅游区(点)一览表

表20-3

景点名称	等 级
凤凰岛生态旅游区	四星级
宝应白鹿岛生态旅游区	四星级
扬州金泓生态园	四星级
江都渌洋湖生态旅游度假村	四星级
竹箬农业生态园	四星级
宝应射阳湖荷园	四星级
仪征翔宇茶叶生态园	四星级
西江生态园	四星级
扬州润德菲尔庄园	四星级
碧水蓝天度假村	四星级
扬州胡场人家	三星级
江都小纪农业生态观光园	三星级
江都樊川猕猴桃园	三星级
扬州新西缘生态农庄	三星级
高邮连标葡萄园	三星级
吴桥蔬果产业观光园	三星级
扬州古渡村生态园	三星级
仪征芍药园	三星级
扬州烟花三月度假村	三星级
扬州润水湾	三星级
扬州溪桂园	三星级
宝应和悦园	三星级

（江 燕）

蜀冈－瘦西湖风景名胜区

■**概述** 蜀冈－瘦西湖风景名胜区于1988年由国务院批准设立，总规划面积12.23平方千米。2006年1月，景区党工委、管委会挂牌成立，实际管辖面积6.68平方千米。2013年1月和12月，市委、市政府两次对景区实施扩容。扩容后，景区代管区域总面积33.6平方千米，下辖平山、城北2个乡和瘦西湖、梅岭2个街道，有22个行政村（社区），总人口约16万人。

2013年，景区推进12.23平方千米风景名胜区总体规划和33.6平方千米新景区总体规划，形成以瘦西湖路为发展主轴线、宋夹城为中央核心的未来发展思路。先后启动、完成景观提升、功能完善、产业提升、民生幸福等四大类近30个项目，总投资40多亿元，其中5亿元以上项目5个。实施瘦西湖路环境提升、宋夹城体育休闲公园等项目。虹桥坊、《春江花月夜·唯美扬州》山水实景演出等项目丰富景区旅游产业链。双峰云栈景区复建，唐子城护城河疏浚，花文化艺术展示馆、鉴真广场、瘦西湖南大门广场提升及长春桥、小运河桥改造等项目按序时推进。

整体提升景区形象。以瘦西湖路为主轴线，重点在7千米长的道路两侧各100米范围内，进行拆违、拆破和景观提升。累计搬迁各类住户和工厂作坊1500多户，拆迁总面积40多万平方米；新增绿化面积40多万平方米；在启扬高速瘦西湖出入口广场布置泰山巨石，打造占地13.33公顷的“园林景观工场”。

加大产业发展力度。以瘦西湖旅游发展集团公司为龙头，依托扬州迎宾馆、瘦西湖水上游览公司、扬州旅游营销中心有限公司、瘦西湖资产管理公司，对景区资源实行公司化运作、市场化运营。2013年国庆黄金周期间，景区实现各类收入3500多万元。总投资1.8亿元的首部山水实景演出剧目《春江花月夜·唯美扬州》开演；虹桥坊引进星巴克等知名商户40多家。瘦西湖公园全年经营收入近2亿元。举办2013国际盆景大会，吸引近40个国家、地区的500多名嘉宾参加，并发表《扬州宣言》。

（蜀冈办）

■**瘦西湖风景区建设** 完成宋夹城体育休闲公园一期工程。新建室外网球场7片、篮球场4片、篮球练习场1片、笼式足球场2片、排球场2片、健身步道、自行车道，实施乒乓球馆、球类服务中心装潢，完成环岛步道、自行车道配套工程建设。

完成万花园餐饮服务中心装饰及配套设施、盆博馆室内装饰和室外景墙出新、琼花广场花架廊新建、水云胜概和老北门及小虹桥修缮、五亭桥小卖部加接库房、西大门地下停车场环氧树脂地坪等工程及南大门广场改造征地工作，更新制作导览标牌。

结合万花会、盆景大会、菊花会等重要节会及假日，布置花卉85万多盆、荷花1200多缸，新栽郁金香、风信子等球根花卉约11万株，设计制作鸟语花香廊、大型立体花坛2个、景观小品16个；种植草坪近25万平方米。

（蜀冈办）

其他景区

■**个园修缮与维护** 2013年，个园改造园内原有的职工活动室，建设盆景花苑。改造个园南门，安装电子门禁系统，设立售票处、休息等待区、出口处和大师办公室。完善个园西侧围墙和墙脊上瓦片、毛头。完善花局里街区内院墙的墙脊瓦片、毛头。维修花局里街区金带围饭店北侧屋面，更换脊瓦、毛头、滴水。全年在抱山楼前、水榭、桂花小径、花局里等处补植地被植物草皮550平方米、麦冬800平方米、万年青4000株，重大节日、重要节点园内布置一串红、三色堇、羽衣甘蓝、国庆菊等8万多盆。在花局里街区实施垂直绿化工程，堆砌湖石花池，增设花架，栽植藤本植物与乔（灌）木2300多株、葱兰20平方米、麦冬150平方米。建设“空中花园式”街区。

（万　平）

■**个园盆景花苑建成开放** 4月3日，个园盆景花苑建成开放。盆景花苑位于个园北区万竹园西侧，由兰园、竹语馆、品种竹展示区组成，占地面积750平方米，其中兰园占地139平方米、竹语馆占地130平方米、品种竹展示区占地481平方米。兰园集中展示20多种精品兰花品种，自然式放置于山石和绿地、竹林中。竹语馆重点展示“世界竹子分布图”“国际竹藤组织”“竹子起源进化图”“绿竹传说”“竹与扬州园林”“竹与扬州画派”“竹与扬州工艺”“竹与扬州饮食”等内容，挖掘竹文化内涵。品种竹展示区主要展示紫竹、龟甲竹、板桥竹等近20个品种竹。

（万　平）

■**个园史料馆建成开放** 9月29日，个园史料馆建成开放。个园史料馆位于个园南部住宅区，由“黄氏家史”“名人名园”“阮元与个园”“风雨四百年”等4个展厅组成，运用文字、图片、实物、连环画等形式展示各展厅主题。“黄氏家史”展厅以个园主人黄至筠为中心，讲述黄家几代成员奋斗历程和取得的成就；“名人名园”展厅展示个园历年接待的国家领导人和国内外政治、文化等领域名人以及与个园有关的名人书画作品等；“阮元与个园”展厅介绍清代学者阮元及扬州学派其他重要人物与个园的交往情况和清代辑佚大家黄奭的学术成就；“风雨四百年”展厅展示个园历史变迁。

（万　平）

■**何园修缮与维护** 维护保养片石山房。该项目建筑面积约300平方米，主要内容有：对明代楠木厅木柱、门窗等木构造进行打磨、油漆保护和出新；拾漏屋面，瓦旺落地，更换损坏的桁条、木椽，对所有木结构实施白蚁防治；维修水池，修整池壁，对池壁、池底作防渗漏处理，点缀适量湖石。

整治片石山房周边环境。拆除原绿化隔离带停车场内建筑物1800平方米，迁移原有绿化，改造停车场北侧路面，用大理石与青砖铺装何园北围墙地段路面约700平方米，停车场及周边地面铺装沥青约3000平方米；铺设荔枝面石材夹花路面300平方米、线管200米，安装路牙150米、路灯2盏；提升停车场景观，堆砌湖石假山和景观峰石，设立花坛，种植法国梧桐、金桂、垂丝海棠等乔、灌木和乌鸡竹70多株、麦冬132平方米，增设花箱32个，安装自动收费系统和24小时安全监控系统，所有管线地下埋放。

维护保养骑马楼。改造骑马楼屋面，进行翻新，拾漏屋面，瓦旺落地，更换受损的桁条、木椽、立柱、窗上方砖细等，实施新旧木椽、桁条白蚁的防治，打磨、油漆、出新木构造。

此外，完成北围墙加固，采用钢结构加固围墙北面；完成玉绣楼庭院地面铺装、赏月楼装饰提升，拆除贴壁假山内厕所；完成片石山房区域水生植物栽植、全园牡丹补栽调整，补植石涛书屋、骑马楼、南门竹林等区域地被植物，调整园内植物种类，补栽四季花卉，布置草花花卉3万多盆。（万　平）

■茱萸湾风景区建设　新建占地面积2000平方米的猴展区，其中金丝猴展区600平方米、黑白疣猴展区700平方米、绿地面积500平方米，周边配套设施以假山、平台为主，增加植物群落，丰富景观层次，采用自然式布局，营造与动物原生地类似的栖息环境。

改造鹤生态园。该园占地1.6万平方米，由湿地区、草地区组成，四周设木质观赏平台。

增设游客休闲服务设施。在景区入口水禽湖区域修建观赏亲水平台；改造原银鸽广场，建成特色鸽楼，增设弧形木长廊；提升香樟林，增设游客休息平台；改造原鳄鱼湖周围休闲长廊，增设猿猴王国区域观赏休息平台和鹤生态园休闲广场。

实施绿化和环境改造工程。改造地形，改良土质，增加乡土树种，提高植被档次，优化植物群落；更换景区导览等标牌200多块。

全年繁殖成活斑马1只、东北虎8只、棕熊2只、跳羚2只、节尾狐猴3只，引进金丝猴4只、跳羚3只、角马2只、蓝鹤4只、黑冠鹤4只、白头鹤2只。（万　平）

■荷花池公园修缮　改造东出入口，恢复路边仿古花墙，设置残疾人通道和应急通道。提升院墙两侧景观，设立自然式花坛，栽植桂花、女贞、毛鹃、红花檵木球、八角金盘、麦冬等。全年更换路灯28盏、指示牌13块、垃圾桶35个、护栏17米，疏通园内河道，新建健康步道、健康宣传栏，更换健身设备。（万　平）

旅游营销

■概述　2013年，扬州旅游景区营销中心开展跨区域合作。与泰州溱湖景区合作，开通武汉至扬州、泰州两市“空中巴士”，每周在武汉当地组团，通过机场航班直达扬州，游览扬州个园、何园景区，再到泰州游览溱湖景区。

跨行业整合，打造新产品。整合住宿、餐饮、休闲娱乐等资源，开展跨行业企业合作。扬州旅游景区营销中心落实“食住行游购娱”一体化路线包装及线上线下路线推广，先后推出“园林景点＋瘦西湖温泉”套票、“卢氏古宅＋何园＋1912街区”线路、扬州美食之旅、“游七河八岛 看扬州古城”线路；个园推出“个园＋三星或五星酒店(自选)”产品；何园借助扬州网平台，与酒店合作推出酒店前台套票业务等。

包装新项目，开发特色旅游产品，发挥营销优势。个园推出“园林景区＋‘千秋粉黛’演出”“‘双东’＋‘千秋粉黛’演出”古城游路线。何园推出“古城千金带您游”项目、夏季特色演出“扬州夏日·印象何园”。个园、何园销售景区电子自助导游卡。

巩固成熟市场，开拓新市场。重新细分客源市场，推广旅行社线路补贴，开通旅游直通车，简化旅行社优惠政策操作程序，优化年终奖励机制，调动旅行社组团积极性；加强对普通团队、直通车团队的督促和广告监督。开发上海自驾游市场，到安徽、湖北等地调研自驾游合作旅行社；参加国内旅游交易会、上海世界旅游博览会、中国(云南)国际旅游交易会等旅游推介活动；开辟徐州、安徽等地新市场。

2013年扬州市主要景区游客接待量一览表

表20-4

景区名称	接待量(万人次)	比上年增长(%)
京华城休闲旅游区	912.00	2.93
“双东”历史街区	510.50	19.00
蜀冈-瘦西湖风景区	280.34	-25.08
个园	117.10	-12.74
凤凰岛生态旅游区	75.91	16.09
扬州双博馆	74.49	14.51
何园	65.72	-15.75
茱萸湾风景区	59.85	1.58
大明寺	49.74	-5.08
汉陵苑	12.51	-11.90

（吕　游）

2013年扬州市假日旅游情况表

表20-5

假日名称	游客接待量(万人次)	比上年增长(%)	旅游收入(亿元)	比上年增长(%)
春节黄金周	158.20	12.15	18.45	15.24
“十一”黄金周	446.91	22.05	41.42	25.14

（吕　游）

发展华东线市场。做好前期市场调研，先后在上海、杭州、南京三大主力接线市场试点，宣传“园林双璧”（个园、何园）新品牌。借助瘦西湖景区进入华东线时机，加强与南京文华、江苏绿色、南京大华、南京德高等华东线上旅行社沟通，拟定华东线合作政策。

创新活动策划方式。借助电商优势，提升景区品牌影响力。扬州旅游景区营销中心与“同程”旅游网开展“烟花三月，水漾扬州”活动；结合“驴妈妈”旅游网周年庆，开展“烟花三月下扬州”线上抽奖活动，暑假期间推出“扬州夏日”网络优惠政策。各景区结合园内活动与电商对接，宣传旅游产品。

联合媒体，策划创新活动。4月，扬州市园林管理局举办“全国青少年体育发展计划”启动仪式，组织园林青年员工参加“跟5跑吧”全民健身活动，提升扬州园林的公众形象和社会影响力。

市园林管理局等单位策划“旅游天使美丽中国行”之“古城扬州园林双璧”全媒体采风行，邀请腾讯微博、《旅游商报》、“乐途”旅游网、《新华日报》、“中国江苏”网、《大观周刊》、“西祠胡同”网等媒体记者参与，采取报纸专题报道、网络多媒体呈现、视频全景播报、微博互动跟进、博友围观参与等形式，展示古城扬州、个园、何园旅游资源。该活动微博被转发1万多次。

扬州旅游景区营销中心联合扬州晚报官方微博、“腾讯江苏”共同发起“随手拍美扬州”活动；与“美好江苏”官方微博合作，开展“一起来春游”互动活动；与扬州网联合开展“七夕表白爱”有奖征文活动。

搭建园林电商平台，发展“智慧旅游”。开展网络门票销售。做好个园、何园网络业务，茱萸湾风景区实现网络售票。（万　平）

■园事活动　瘦西湖风景区完成2013国际盆景大会、第六届中国扬州万花会、“虹桥修禊”国际诗人雅集等重大节会活动。建成国际盆景大会纪念岛——“疏林观风”，留存国际盆景大师现场创作的10件作品、国际盆景协会《扬州宣言》纪念碑、韩国盆景友人赠送的石头老人等。联合扬州麒麟盛世文化投资有限公司创意策划《江花月夜·唯美扬州》山水实景演出。菊花展升级为菊花会，开展扬州名家画菊展、菊花插花展、通草菊展、菊花剪纸作品展、书画名家菊花笔会、赏菊美文评比、赏菊摄影评比、文明送菊、和谐赏菊、菊花旅游商品展销等系列文化旅游活动。瘦西湖风景区在《人民日报》（海外版欧洲刊）开辟《世界级公园　瘦西湖》专栏12期。聘请专业团队拍摄首部全面展示瘦西湖形象的延时片和微电影。

个园重点打造个园史料馆、竹语馆、兰园、竹种园，展示个园兰竹石文化和黄氏家族历史。1月27日，由中国象棋协会、中央电视台、腾讯QQ游戏、扬州晚报社等共同主办的“首届CCTV贺岁杯”象棋盲棋世界纪录挑战赛在个园抱山楼举行；4月21日，由中央电视台体育频道主办、扬州鉴真国际半程马拉松赛组委会协办、扬州市园林管理局承办“全国青少年体育发展计划”启动仪式在个园举行；5月，参与“旅游天使美丽中国行”之“古城扬州园林双璧”活动；9月23日，举办“扬州市提升公民旅游（出境）文明素质行动启动仪式”；11月，个园与全国重点文物保护单位赵州桥结成友好景区；12月，个园入选2014年南京“青奥之旅”首批指定接待景区。启动“个园黄氏寻根之旅”，走访河北赵县、浙江杭州等地，出版《个园记》。举办“绿竹颂——中华百首咏竹诗词　扬州百老咏竹诗书画作品艺术展”、扬州女子画院作品展、孙龙父书法作品展、“百年李涵秋　千载广陵潮”李涵秋生平著作展、作家欣力签名售书会、民间盆景博览会、“天工神韵——雨花奇石展”、扬州清曲弹词表演、扬剧表演、清明习俗表演、扬州传统手工艺“大师绝活”表演、个园曹学雅集、“梅兰芳、梅派艺术与扬州”理论研讨会等活动。

花局里举办露天电影节、音乐节等休闲娱乐活动和“中秋祭月”活动。7—8月，举办首届“花局里之夜”激情夏日狂欢节，结合个园古城旅游线路打造“夜间嘉年华”式文化特色旅游产品，并被列入“扬州的夏日”主题旅游活动。

何园举办“何家人回何园”，“古城千金带您游”，“扬州夏日·印象何园”主题夜游，“何家宴”美食菜谱宣传片拍摄，“何园杯”诗歌、散文大奖赛，“我们的节日”系列活动，第二届何园文化艺术节，“秋韵——许少飞作品朗诵会”，“编柳帽、戴柳镯”，刺绣、牙雕作品展示会，第八届何氏家训大讲堂，“全民导游”景区宣传等活动；与市文学艺术界联合会合作汇编《文艺家》何园专刊、南河下片区游览导游词，拍摄制作何园风光片、

“扬州夏日·印象何园”主题夜游活动现场　刘江瑞/摄

《何家人回何园》等视频。

准提寺古玩市场举办"南京·扬州雨花石收藏家藏品展暨雨花石交流会"、2013首届迎春大型艺术品拍卖会、宜雨轩金秋大型书画艺术品拍卖会等鉴宝、讲座、展览活动。宜雨轩拍卖行举办4场拍卖会。

馥园举行"重访细君路"出征仪式,提升"千秋粉黛"灯光舞美、节目编排和剧场内部装饰,成为扬州市人民政府外事办公室定点接待场所。举办"千秋粉黛"演出。

茱萸湾风景区举办茱萸湾动物狂欢节、动物宝宝嘉年华、非洲草原动物展、灵长动物展、茱萸文化节、环球飞车杂技表演、茱萸湾动物说明牌示投票等活动,开发真人CS(反恐精英)枪战、森林历险、5D影院等项目和茱萸酒、茱萸香囊、茱萸糕点等商品,联合扬州电视台制作《女人我最美》《走进动物园》等专题节目。

(万　平　蜀冈办)

■第六届中国扬州万花会　4月8日至5月8日,第六届中国扬州万花会在瘦西湖风景区万花园举行。此次万花会围绕"花卉的世界 欢乐的海洋"主题,布置国际名花、城市名花、中国传统特色花卉及新品花卉100多万盆,其中包括10万株郁金香、3000株风信子和洋水仙以及花坛、花架、园林小品。万花会期间,举办"缤纷万花园"摄影大赛、"微博达人畅游万花会"、"雅乐飘香"、"欢乐嘉年华"亲子运动会、"情定万花园"婚礼秀、近景魔术表演等活动,上演儿童剧《绿野仙踪》,吸引游客和市民54.56万人次。　(吕　游)

■何园开发南河下古城游　扬州南河下街区是清代扬州规模最大的古街区,遍布官宦豪商住宅以及徽、鄂、湘、赣盐商寓所,是体现扬州盐商文化和民居文化的典范、大运河申报世界文化遗产的核心文化区,文化旅游内涵丰富。该街区未经包装,风貌古朴自然,历史遗迹保存基本完好。何园以"原真、唯一、独特"的扬州盐文化与老街巷文化为重点,开发南河下古城游项目。9月28日,南河下首个古城游项目投入运营,旅游线路为刁家巷(何园北门)—如来柱—大树巷—古井—小盘谷—滚龙井—四岸公所—贾氏庭院—二分明月楼—丁家湾—大描金巷—大狮子巷—古井—何园停车场。　(吕　游)

■个园与赵州桥结为友好景区　11月15日,个园与赵州桥缔结友好景区签约仪式在个园景区客服中心举行。个园与赵州桥均为全国重点文物保护单位,双方结为友好景区,旨在借助各自文化内涵与旅游优势,共享旅游资源,推动扬州与赵县两地文化与旅游发展。　(万　平)

■《梦里个园》获休斯敦国际电影电视节雷米奖　参见第296页。

■2013中国扬州两岸素食文化暨绿色生活名品博览会　5月4—7日,由市政府主办,市旅游局、蜀冈-瘦西湖风景名胜区管委会、鉴真图书馆承办的2013中国扬州两岸素食文化暨绿色生活名品博览会(简称素博会)在鉴真图书馆举行。此次素博会设有200个展位,展销海峡两岸100多家素食业者以及印度等地上千种素食、特色小吃和绿色生活用品,接待市民和游客18万人次,总销售额近500万元。　(江　燕)

■2013中国瓜洲音乐节　6月10—12日,由扬州广电传媒集团(总台)、邗江区、扬州市旅游局联合举办的2013中国瓜洲音乐节在润扬湿地公园举行。音乐节期间,举办音乐表演、美食广场、啤酒公园、游乐嘉年华、房展、车展及创意集市等活动,入园人数超过5万人。　(吕　游)

■"扬州的夏日"夏季旅游系列活动　7月1日至9月30日,扬州市旅游局主办"扬州的夏日"夏季旅游系列活动。其间,举办"心与梦的天堂 你和我的扬州"2013大学生扬州旅游季、"醉美扬州"万人千车游扬州、首届"花局里之夜"激情夏日狂欢节等活动。

(江　燕)

■中国扬州(杭集)国际酒店用品交易会　参见第116页。

■"中国旅游日"江苏分会场活动在扬州启动　5月19日,"中国旅游日"江苏分会场暨扬州市旅游惠民活动启动仪式在宋大城东门遗址广场举行。江苏省旅游局局长秦景安和市长朱民阳共同启动活动,省旅游局副局长经圣贤、副市长闻道才出席活动。2013年"中国旅游日"主题为"休闲惠民·美丽中国"。扬州市推出一系列旅游惠民、便民措施。启动仪式上,由市旅游局主办的"寻美扬州"系列活动同时启动,扬州市车友俱乐部"我爱我家——骑游扬州"活动首发。启动仪式后,举行旅游资源展示、文化表演、咨询解答、维权宣传等互动活动,组织旅行社推出特价旅游线路。活动当天,扬州市10个主要景区对扬州市民实行门票5折优惠,对外地旅游团队实行优惠政策;史可法纪念馆等26个景区免费入园。　(吕　游)

6月10—12日,2013中国瓜洲音乐节在润扬湿地公园举行　王　卓/摄

旅游管理

■**概述** 2013年，市旅游局开展旅游法学习宣传活动，加强旅游行业管理，先后组织旅游质量监督检查、旅游广告专项检查、景区安全检查等，开展诚信旅游消费、星级饭店、绿色饭店等创建活动，组织诚信旅游宣传，规范旅游市场秩序，提升行业服务品质，构建和谐旅游环境。推进城市旅游标识系统建设，在环城高速上设置12块中英文道路交通指引牌。建成扬州旅游信息咨询中心和20多个扬州旅游信息咨询点。组织“12345”热线接线员参加旅游知识专题培训。开展领队、导游、三轮车夫等系列培训，累计培训3000多人次。开展旅游企业文明优质服务百日竞赛活动。扬州新世纪大酒店客房部获评全国青年文明号，扬州花园国际大酒店餐饮部餐厅组、扬州市中国国际旅行社有限责任公司、扬州中国青年旅行社有限公司票务中心获评江苏省青年文明号，扬州云鹤金陵大酒店、扬州新世纪大酒店获评2010—2012年度江苏省文明宾馆，扬州市中国国际旅行社有限责任公司、扬州旅游集散中心有限公司获评2010—2012年度江苏省文明旅行社。 （吕 游）

■**旅游市场监管** 2013年，扬州市旅游质量监督管理所采用明察暗访与旅游监督卡制度相结合方式，开展检查行动174次；受理旅游投诉68件，结案率97.01%，企业支付各类理赔、补偿金4.47万元。 （江 燕）

■**导游员队伍建设** 2013年底，全市有持IC卡导游证导游员4041人，比上年增长7.16%。其中，高级导游员24人、中级导游员187人、初级导游员2830人，普通话导游员3618人、外语导游员423人(英语399人、日语17人、朝鲜语2人、德语2人、法语3人)。 （江 燕）

■**星级旅游饭店创建** 2013年，扬州市开展星级旅游饭店创建活动。扬州西园饭店创成五星级旅游饭店，扬州皇华国际大酒店创成四星级旅游饭店，宝应金鹰大酒店创成三星级旅游饭店。 （江 燕）

2013年扬州市接待外地旅游团数量前10名旅行社一览表

表20-6

旅行社名称	接待总量(人次)	比上年增长(%)
扬州舜天国际旅行社有限公司	67792	-31.89
扬州小秦淮国际旅行社有限公司	55916	-30.36
扬州龙行天下国际旅行社	52910	-35.14
扬州旅游集散中心有限公司	32872	-44.65
扬州苏之旅国际旅行社有限责任公司	32168	33.74
扬州市纵横旅行社有限公司	28973	-6.83
扬州三人行旅行社有限公司	27847	29.30
扬州海天商务旅行社有限公司	26444	-30.12
扬州山水国际旅行社有限公司	20220	-8.09
扬州东方假日旅行社有限公司	20213	-23.02

（吕 游）

2013年扬州市组织旅游团数量前10名旅行社一览表

表20-7

旅行社名称	组团总量(人次)	比上年增长(%)
扬州苏之旅国际旅行社有限责任公司	73500	3.52
扬州中国青年旅行社有限公司	68069	11.04
仪征黎明国际旅行社	26537	-13.48
扬州市中国旅行社有限责任公司	21053	-25.01
扬州旅游集散中心有限公司	16025	-65.26
扬州小秦淮国际旅行社有限公司	11920	42.70
扬州百事通国际旅行社有限公司	10954	131.78
江都区阳光国际旅行社有限公司	8690	-38.00
扬州市中国国际旅行社有限责任公司	7395	1.90
江都中原旅行社	7237	-10.79

（吕 游）

2013年扬州市星级饭店分布情况表

表20-8 单位：家

地 区	小 计	五星级饭店	四星级饭店	三星级饭店	二星级饭店
合 计	**66**	**4**	**12**	**41**	**9**
市 区	36	4	6	21	5
江都区	8	0	1	6	1
宝应县	6	0	0	4	2
仪征市	10	0	2	7	1
高邮市	6	0	3	3	0

注：市区数据不含江都区 （吕 游）

金融业

Jinrongye

编 辑 李全权

银行业

■概述 2013年末，扬州市金融机构本外币存款余额3888.39亿元，比年初增加523.17亿元，同比多增18.2亿元；余额同比增长15.5%，增速比上年同期提高2.1个百分点，高于省均水平2.5个百分点。本外币贷款余额2375.6亿元，比年初增加332.6亿元，同比多增41.1亿元；余额同比增长16.3%，增速比上年同期下降0.3个百分点，高于省均水平3.7个百分点。（王 佳）

■存款业务 2013年末，扬州市本外币存款余额3888.39亿元；比年初增加523.17亿元，其中一季度增加552.10亿元、二季度净减少87.50亿元、三季度净减少3.27亿元、四季度增加61.84亿元。全市月度存款增量变异系数(变异系数又称离散系数，主要用于比较不同组别数据的波动程度，为标准差与均值之比。变异系数越大，说明该组数据波动越大)2.5682，超过上年同期2.1008的水平，存款波动性加大。

单位存款年末余额1791.1亿元，比年初增加244.37亿元，同比多增11.8亿元；余额同比增长15.38%，增速同比下降1.73个百分点。其中，保证金存款余额298.9亿元，比年初增加32.1亿元，同比少增24.6亿元；余额同比增长12.0%，增速同比下降14.21个百分点。个人存款增速逐渐放缓，年末余额1978.8亿元，比年初增加263.5亿元，同比少增10.6亿元；余额同比增长15.4%，增速同比下降3.57个百分点。（任 行）

■贷款业务 2013年，全市社会融资规模642.45亿元，同比减少3.48亿元。其中，未到期银行承兑汇票净额98.82亿元，同比减少38.61亿元；直接融资金额47亿元，同比减少4.08亿元。累计发行直接债务融资工具41亿元。

本外币贷款年末余额2375.62亿元，比年初增加332.63亿元。其中，短期贷款年末余额1261.04亿元，占各项贷款的53.08%，占比同比下降3.65个百分点；中长期贷款年末余额1030.11亿元，占各项贷款的43.36%，占比同比上升4个百分点。票据融资年末余额82.72亿元，比年初增加8.82亿元，同比少增9.58亿元；余额同比增长11.94%，增速同比下降21.19个百分点。

企业贷款(不含贴现)年末余额1534.53亿元，比年初增加174.19亿元，同比少增28.58亿元；余额同比增长12.8%，增速同比下降4.71个百分点。个人贷款年末余额756.65亿元，比年初增加148.48亿元，同比少增78.12亿元；余额同比增长24.41%，增速同比上升11.35个百分点。

县域贷款(含江都区)投放增速加快，新增176.34亿元，同比多增33.35亿元，占全市各项贷款新增额的53.01%，比上年同期提高3.96个百分点；余额同比增长20.69%，比上年同期提高0.92个百分点。

涉农贷款增加较多，新增141.34亿元，余额同比增长22.72%。制造业贷款增长乏力，新增26.94亿元，同比少增50.68亿元；余额同比增长4.95%，增速同比下降11.05个百分点。建筑业贷款增速有所回落，新增45.02亿元，同比少增1.73亿元；余额同比增长27.75%，增速同比下降14.72个百分点。

房地产业贷款增加较多，新增27.57亿元，同比多增21.23亿元；余额同比增长27.52%，增速同比上升20.77个百分点。个人购房贷款新增93.8亿元，同比多增55.08亿元；余额同比增长24.03%，增速同比上升13.02个百分点。（任 行）

■银行利润 2013年，全市银行业实现净利润66.72亿元，比上年同期增加8.12亿元，增长13.86%，增速同比提高3.66个百分点。中间业务收入增长较快，全市银行业实现中间业务收入24亿元，比上年增加6.34亿元，增长35.87%；占净利润的35.98%，比上年同期提高5.83个百分点。人均净利润53.62万元，比上年同期提高4.19万元；平均资产净利润率0.94%，比上年同期下降0.07个百分点。（任 行）

■小额贷款公司 2013年，扬州市辖内有小额贷款公司57家，比上年增加12家，实收资本74.72亿元，年末贷款余额86.01亿元。其中，市区30家，比上年增加6家，实收资本45.29亿元，贷款余额50.93亿元；仪征市6家，比上年增加2家，实收资本

2013年扬州市全金融机构人民币信贷分地区资金运用情况表

表21-1 单位:亿元

项目名称	全市	市区	宝应县	仪征市	高邮市
资金运用总计	**3901.21**	**2888.25**	**298.53**	**383.30**	**328.96**
一、各项贷款	**2341.85**	1719.51	197.77	217.76	205.91
(一)境内贷款	**2341.13**	1718.82	197.77	217.76	205.89
1. 短期贷款	**1230.21**	900.24	94.77	119.63	115.07
(1)个人贷款及透支	**225.56**	152.93	19.22	37.81	15.60
其中:个人消费贷款	**33.55**	26.35	2.10	3.41	1.70
(2)单位普通贷款及透支	**928.09**	684.65	67.33	79.58	96.04
其中:经营贷款	**927.45**	684.21	67.33	79.38	96.04
固定资产贷款	**0.63**	0.43		0.20	
(3)普通并购贷款	**0.00**	0.00			
(4)银团贷款	**2.81**	1.13	0.39	0.18	1.12
(5)贸易融资	**73.75**	61.55	7.84	2.06	2.31
(6)境外筹资转贷款	**0.00**	0.00			
2. 中长期贷款	**1027.17**	756.78	92.94	93.41	84.04
(1)个人贷款	**531.04**	381.77	61.54	36.33	51.41
其中:个人消费贷款	**461.33**	337.65	53.40	24.65	45.63
(2)单位普通贷款	**463.38**	344.62	31.13	56.07	31.57
其中:经营贷款	**68.24**	47.91	5.25	7.63	7.45
固定资产贷款	**395.14**	296.70	25.88	48.44	24.12
(3)普通并购贷款	**2.13**	2.13			
(4)银团贷款	**30.37**	28.02	0.28	1.01	1.06
(5)贸易融资	**0.25**	0.25			
(6)境外筹资转贷款	**0.00**	0.00			
3. 融资租赁	**0.00**	0.00			
4. 票据融资	**82.72**	60.81	10.01	4.72	6.79
其中:贴现	**82.72**	60.81	10.01	4.72	6.79
5. 各项垫款	**1.03**	0.99	0.05		
(二)境外贷款	**0.71**	0.69		0.00	0.02
二、有价证券	**59.59**	34.89	14.10	8.14	2.45
三、股权及其他投资	**0.03**	0.01	0.01	0.01	0.01
四、应收及预付款	**27.85**	21.16	2.21	2.62	1.86
其中:应收利息	**8.18**	6.26	0.73	0.68	0.50
五、同业往来(运用方)	**0.30**	0.30			
六、系统内资金往来(运用方)	**1236.36**	912.09	71.61	143.61	107.78
七、金银占款	**0.00**	0.00			
八、外汇买卖(运用方)	**168.39**	148.19	7.93	6.28	5.99
其中:结售汇	**168.38**	148.17	7.93	6.28	5.99
九、固定资产	**38.42**	31.99	1.91	2.19	2.33
十、库存现金	**28.35**	20.05	2.98	2.70	2.63
十一、投资性房地产	**0.08**	0.07	0.00		

(任 行)

2013年扬州市全金融机构人民币信贷分地区资金来源情况表

表21-2 单位:亿元

项目名称	全市	市区	宝应县	仪征市	高邮市
资金来源总计	**3901.21**	**2888.25**	**298.53**	**383.30**	**328.96**
一、各项存款	**3836.87**	2800.56	297.36	395.23	342.38
1.单位存款	**1791.13**	1422.72	96.38	164.88	105.81
其中:活期存款	**639.99**	466.90	51.73	59.48	60.73
定期存款	**596.17**	471.94	31.27	66.31	26.46
通知存款	**44.23**	35.42	0.50	7.94	0.38
保证金存款	**298.86**	265.14	10.72	12.54	10.46
2.个人存款	**1978.83**	1318.51	198.10	226.93	235.30
其中:储蓄存款	**1931.02**	1276.63	197.02	223.23	234.14
保证金存款	**1.15**	0.80	0.05	0.11	0.18
结构性存款	**46.66**	41.07	1.03	3.58	0.98
3.财政性存款	**13.79**	10.35	1.92	0.93	0.59
4.临时性存款	**3.11**	2.44	0.21	0.37	0.09
5.委托存款	**16.48**	14.79		1.69	
6.其他存款	**33.54**	31.75	0.75	0.44	0.60
二、金融债券	**0.00**	0.00			
三、中长期借款	**0.00**	0.00			
四、应付及暂收款	**88.22**	63.26	7.49	9.38	8.08
其中:应付利息	**63.94**	44.56	5.12	7.88	6.38
五、同业往来(来源方)	**12.45**	12.30	0.05	0.02	0.09
六、系统内资金往来(来源方)	**0.00**	0.00			
七、外汇买卖(来源方)	**168.55**	148.23	7.97	6.33	6.02
其中:结售汇	**168.05**	147.74	7.97	6.33	6.02
八、各项准备	**52.15**	37.63	4.55	4.91	5.07
其中:贷款损失准备金	**51.54**	37.35	4.41	4.83	4.95
九、所有者权益	**88.28**	48.79	11.45	13.49	14.59
其中:实收资本	**21.17**	12.81	3.50	3.36	1.50
十、其他	**-345.31**	-222.51	-30.34	-46.05	-47.27

(任 行)

7.33亿元,贷款余额8.36亿元;高邮市14家,比上年增加2家,实收资本16.00亿元,贷款余额19.11亿元;宝应县7家,比上年增加2家,实收资本6.10亿元,贷款余额7.60亿元。

(杨 志)

银行业监督管理

■概述 2013年,中国银行业监督管理委员会扬州监管分局(简称扬州银监分局)将控制平台贷款到期风险及总量风险作为监管重点,通过政策渠道传导压力、走访调查、现场辅导、监测分析、跟踪督查等方式,推动平台贷款风险平稳缓释。至年末,扬州辖内74户监测平台企业授信、贷款余额分别为176.37亿元、160.85亿元,分别占全部贷款的7.43%和6.74%,均低于全省平均水平。2013年,平台企业均能按期归还贷款,风险基本可控。

开展“优化金融生态环境,降低银行不良贷款率”专项活动,综合运用资产重组、内部剥离、打包处置、债转股等方式,加大不良贷款处置力度。至年末,全市银行业不良贷款余额32.95亿元,比年初减少2.18亿元;不良贷款率1.39%,比年初下降0.33个百分点。

按照国家宏观调控政策,把握信贷投放节奏和投向,引导辖内银行机构加大服务实体经济的力度。支持开发园区、重点产业发展;加大对“三农”(农业、农村、农民)、小微企业的信贷支持力度,实现“两个不低于”(对于小企业信贷投放,增速不低于全部贷款增速、增量不低于上年)的目标，通过信贷结构调整，引导地方经济实现转型发展。

加快银行转型发展步伐，推动扬州农村商业银行创建二级分行，引导银行下沉网点，推动拓展科技银行业务，开展社区银行试点。引进新型银行机构。全年新设外资银行1家、城市商业银行1家、村镇银行3家。至年末，全市有银行业金融机构32家。(赵　毅)

■**小微企业金融服务**　2013年，扬州银监分局推动银行机构加大对小微企业的扶持力度。在"'千户企业百日行'深化年"活动中，会同市经济和信息化委员会(简称市经信委)及各相关银行，走访小微企业，现场协调解决难题。参与创办中小企业"融资超市"，为银行机构、担保公司、小微企业等单位提供交流平台，全年联合举办活动7次。开展"小微企业金融服务宣传月"活动。其间，举办银企对接会53次，完成银企对接签约441户，签约金额37.86亿元;走访企业2万多户次，达成融资意向金额25.17亿元;推出服务小微企业新产品27个。通过按月考核通报、按季重点督导"两个不低于"目标完成情况、定期开展服务收费政策落实情况专项检查、按年评比考核、强化正向激励等措施，督促各银行机构提升服务质效。2013年末，扬州银行业小微企业贷款余额702.93亿元，比年初增加133.2亿元，增长23.38%，高于全部贷款增幅7.1个百分点。(赵　毅)

■**"三农"金融服务**　2013年，扬州银监分局采取措施引导辖内银行机构提高服务"三农"水平。印发《关于进一步加强金融服务　促进县域经济发展的指导意见》，督促各银行机构将金融服务资源向县域倾斜配置，将县域金融服务作为提升"三农"服务的切入点。印发《关于推进全市农村中小金融机构贯彻实施农村金融服务"三大工程"的工作意见》，引导银行机构完善支农服务长效机制。按季监测、通报涉农贷款增速等市场定位指标，引导加大支农信贷投放。通过召开座谈会、通报会，编发专题简报，到外地学习服务"三农"经验等方式，明确辖内农村中小金融机构服务"三农"定位，树立示范标杆。推动创新抵、质押服务方式，与市知识产权局、扬州工商局对接知识产权质押事宜，推动银行丰富和创新"三农"服务方式。充实支农服务网点，辖内新设立3家村镇银行(宝应锦程、邗江联合、广陵中成)，支持3家支农服务效果较好的村镇银行在乡镇各设立1家支行。至年末，全市涉农贷款余额767.82亿元，比年初增加141.34亿元，增长22.56%，高出全部贷款增幅6.28个百分点。(赵　毅)

■**不良贷款处置专项行动**　2013年，在全市开展不良贷款处置专项行动。扬州银监分局联合人民银行扬州市中心支行制定扬州市"优化金融环境、降低不良贷款率"专项行动总体方案，集中专项处置涉及5家银行的2户计2亿多元不良贷款。协助扬州市中级人民法院下发文件，为债权银行处置涉诉不良贷款开辟绿色通道。2013年，全市银行业累计处置不良贷款27.9亿元。(赵　毅)

■**科技金融服务**　2013年，全市通过出台专项扶持政策、探索风险补偿办法、组织开展知识产权质押贷款培训、举办全市商标权(驰名、著名、知名商标)质押银企对接签约活动等方式，鼓励银行机构为科技型企业服务。至年末，全市32家银行业金融机构向534户科技型企业投放贷款，比年初增加137户;贷款余额54.51亿元，比年初增加3.65亿元。(赵　毅)

■**社区银行建设**　4月，扬州银监分局召开社区银行试点工作会议;9月，全市有3家试点机构试点方案获批，正式启动社区银行筹建工作。12月7日，扬州首家社区银行——江苏银行联谊支行社区银行挂牌成立。(杨　志)

中国人民银行扬州市中心支行

■**执行货币政策**　2013年，人民银行扬州市中心支行推进金融支持经济转型升级系列工程和小微企业金融服务升级扩面计划。开展"金融顾问服务中小企业"专项活动，推动小微企业金融服务增量扩面。强化银企交流合作，组织工业企业专场融资对接会、"122"技改项目(全年滚动实施总投资1亿元以上工业技术改造项目150个以上，其中市重点技术改造示范项目20个以上、重大科技成果转化技术改造项目20个以上)专场融资对接会等活动，累计授信277.82亿元，其中"122"技改项目授信67.12亿元。继续开展市级金融机构"县域行""园区行""乡镇行"等活动，引导金融资源向重大项目、"122"技改项目、县域经济、小微企业、"三农"领域等倾斜。加快推进金融创新，组织实施江都、宝应农村集体土地承包经营权抵押贷款试点工作，盘活农村沉淀资产，化解农村融资难题。组织实施非金融企业直接债务融资"155工程"(全市力争实现10家以上企业发行5种以上非金融企业直接债务融资工具，融资总额达50亿元)，全年累计发行非金融企业直接债务融资工具41亿元。(程秋君)

■**执行利率政策**　做好政策宣传和引导工作。向各银行业机构和社会各界宣传人民银行全面放开金融机构贷款利率管制的情况，宣传市场利率定价自律机制、贷款基础利率发布机制、同业存单重启及SHIBOR(上海银行间同业拆放利率)等相关知识。加强对辖内银行业机构存贷款、房地产金融和民间借贷等利率水平的监测分析，配合人民银行南京分行做好辖内银行业机构利率数据备案考核工作，并按月向人民银行南京分行报送利率分析报告。督促和指导辖内法人银行业机构完善贷款利率定价机制，推动辖内法人银行业机构利率市场化建设，定期评估利率市场化建设情况。开展金融市场检查，对辖内法人银行业机构在同业市场和债券市场的主体资格进行跟踪检查，对其业务进行审核指导。12月，扬州市银行业机构人民币贷款加权平均利率7.2772%，较年初下降17.73个基点；贴现加权平均利率为7.4179%，较年初提高217.53个基点；转贴现加权平均利率6.8035%，较年初提高97.62个基点。（陈佳佳）

■**金融生态建设** 宝应县创成省级金融生态优秀县。开展仪征、高邮、江都和邗江金融生态创建动态综合评估工作。制定、实施2013年金融投资者教育宣传工作计划。组织辖内县（市、区）开展2012年度金融生态乡镇创建评选工作，全市评定金融生态乡镇25个。推动市中级人民法院开辟绿色通道，提高涉钢贸类金融案件审理效率，维护金融债权。推动市政府建立企业应急专项资金，为经营正常、资金暂时困难的优秀中小企业转贷提供资金帮扶。（张立群）

■**反洗钱管理** 开展协作及监测。配合协作部门开展协查。接收银行机构重点可疑交易报告7份，向人民银行南京分行申请反洗钱调查6项；向公安局报案6起，其中2起被立案。举办反洗钱合作和案例分析讲座。实施反洗钱监管。对民生寿险扬州中心支公司、阳光财险扬州中心支公司开展反洗钱检查，对市区12家证券、期货、寿险和财险等金融机构开展反洗钱风险评估工作，对辖区5家法人农村商业银行开展反洗钱风险评估，针对问题分别采取行政罚款、约见分管负责人戒勉谈话、限期整改等措施。开发并上线运行反洗钱风险评估系统，制定《反洗钱风险监管评估系统管理暂行办法》《反洗钱风险监管评估系统操作手册》。组织开展反洗钱宣传。编印《扬州市反洗钱工作简报》4期。举办扬州市金融机构反洗钱知识竞赛、反洗钱调研征文竞赛活动。（庞克西）

■**征信管理** 组织开展各类宣传活动223场次，举办征文竞赛、百姓征信知识问答、银行业机构征信知识培训和竞赛等活动。制定《关于进一步深化扬州市农村信用体系试验区建设方案》，推动人民银行南京分行和扬州市人民政府签订《农村信用体系试验区合作共建备忘录》，召开农村信用体系试验区共建仪式暨银农授信签约活动。做好非银行信息采集工作，报送个人和企事业单位公积金缴存信息、环评信息589万条。开展贷款卡管理和查询服务，新发放贷款卡2116张，年审9768张；为企业查询信用报告1311次，为个人查询信用报告1.06万次。处理辖内银行信息和非银信息异议9次，发放机构信用代码证1.25万份，反洗钱领域查询机构信用代码154份。全年受理审核7家金融机构分支机构接入征信系统申请，对9家金融机构开展现场数据核查，对江都吉银村镇银行按季开展个人征信系统数据质量量化考评，对11家金融机构开展征信现场检查，组织27家担保公司、270户借款企业参加信用评级。（樊瑾瑜）

■**会计结算管理** 开展电子同城清算系统维保工作，组织全辖所有直接参与者开展同城清算系统应急演练。对银行机构支付结算管理进行年度考核，表彰先进单位和个人；检查银联商务扬州分公司、农业银行扬州分行部分网点以及高邮农村商业银行支付结算工作，对违规单位予以行政处罚。与工商、公安部门签署《共同遏制、打击和取缔非金融机构涉嫌非法开展支付服务等违法犯罪行为的合作备忘录》，制定《非金融支付机构业务管理指引》。印发《关于进一步深化助农取款服务的意见》，构建粮食收购资金直达农户的快速通道，将支付服务和非现金支付工具融入农民生产。引导天翼电子商务有限公司在农村及周边乡镇开展手机支付试点。开发“银行票据审核助手”软件。（庞克西）

■**银行卡管理** 堵塞风险漏洞。督促各发卡行及收单机构对照中国人民银行下发的《不法分子利用支付机构收单业务漏洞盗取持卡人和商户资金》及《中国人民银行关于开展2013年度支付结算执法检查工作的通知》中《银行卡收单业务检查提纲》的要求，开展自查自纠，全面梳理、排查银行卡业务风险，消除风险隐患。统一刷卡手续费标准。按照《中国人民银行关于切实做好银行卡刷卡手续费标准调整实施工作的通知》要求，引导和督促辖内收单机构采取措施，统一刷卡手续费标准调整工作宣传解释口径，争取特约商户的理解和支持，确保刷卡手续费标准调整工作有序推进和银行卡受理市场的平稳过渡。打击银行卡犯罪活动。与公安部门联合开展打击妨害信用卡管理犯罪专项行动，先后组织发卡行筛查登记银行卡自助机具布放、ATM（自动柜员机）吞卡未取、恶意透支等情况，向公安部门移送可疑信息2000多条，协助公安局查询账户近300个。（庞克西）

■**账户管理** 维护营业执照查询平台。依托营业执照真伪查询平台，遏制假证开户，为银行机构加强账户管理、落实账户实名制提供保障。年内，市区银行机构成功防范利用伪造营业执照、税务登记证、组织机构代码证、身份证和冒用他人身份证开立的单位基本结算账户风险5个、一般结算账户风险3个。做好身份信息核实工作。督促辖区银行机构开展存量个人银行结算账户相关公民身份信息真实性核实工作。9月末，扬州地方性银行机构存量个人人民币银行结算账户核查全部完成。（庞克西）

■**经理国库** 2013年，扬州市各级国库办理预算收入655.4亿元，比上年增长20.13%。其中，中央级预算收入141.55亿元，增长27.45%；省级预算收入15.18亿元，增长17.94%；地方级预算收入498.67亿元，增长18.27%。地方级预算收入中，税收收入212.74亿元，增长17.79%；非税收入212.21亿元，增长20.08%。办理地方预算支出778.83亿元，增长7.45%。全年累计办理预算收入退库82.96亿元，其中出口产品退库58.6亿元，下降3.93%，占退库总量的70.63%。组织发行凭证式国债4期4.1亿元、储

蓄国债(电子式)10期11.0亿元。办理以前年度到期的国债兑付本息1696.15元。（胡志萍）

■**国库管理** 完成TCBS(国库会计数据集中系统)联调测试、模拟运行和正式上线等各阶段工作。各级国库利用国库前置系统实现国库直接办理财政资金支付业务。2013年,全辖各级国库办理直接支付业务1.64万笔1.28亿元,涉及社会经济、农林水事务等6个大类和村官生活补贴、中职学生资助卡补助资金等15个项目,其中直达个人账户1.49万笔4188.52万元。与税务部门协调提出依据电子信息处理退库业务的操作模式,实现退库业务电子化处理。推广使用财政与人民银行信息共享无纸化系统,与财政部门联网,实现财政国库集中支付以及预算收入报表传递等业务无纸化。（胡志萍）

■**货币发行** 编制2013年发行基金调拨计划和2013年残损券销毁计划,执行商业银行存取款预约制度,推进商业银行互相取现、硬币横向调剂工作。回收残损人民币249亿元。初步建立小面额现金供应机制,确定小面额现金主办银行5家、小面额现金主办网点165个,新增硬币自助设备8台。推动建立全市首家县(市)级现金供应中心。加强制度执行力建设,全年货币发行业务实现"无差错、无事故、无案件"。完成2013年蛇年贺岁纪念币及"和"字书法系列第三组纪念币发行兑换工作。全年办理发行基金出入库2858.37亿元,执行发行基金调入、调出命令154批次,调入、调出发行基金出入库701.51亿元;为钞票处理中心办理复点出入库366.27亿元、清分出入库788.76亿元;销毁损伤券出库219.1亿元。全市累计投放发行基金423.97亿元,回笼发行基金358.77亿元,净投放65.20亿元。（程 纯）

■**人民币流通管理** 制定《扬州市银行业金融机构现金服务达标单位评定办法》《网点现金清分整点指导意见》及《扬州市银行业金融机构服务到村特约商户反假宣传服务点建设标准》。将现金付出全额清分,冠字号记录、存储、查询系统建设,小面额残损币回收等工作纳入银行业机构执行人民币流通管理政策评价指标。至5月底,全市29家银行业机构574个网点对外支出现金全部实现10元以上纸币全额清分,并记录、查询冠字号码信息。组织12个考核评定组,对银行业机构申报的167个网点柜面进行考核和现场评定,其中130个营业网点被评定为现金达标单位。对汇丰银行扬州分行、扬州市邗江联合村镇银行新办现金业务和仪征农商行新办存取款业务进行开业指导和审核。对6家银行机构的14个营业网点开展现场执法检查,检查柜面付出现金全额清分,记录、存储、备查冠字号码,硬币自助设备配置,反假货币基础工作等情况。全市银行业机构收缴假币8.48万张(枚)154.61万元。组织300人参加全省反假货币识别师、鉴别师考试;组织700多个网点开展反假货币宣传活动6次,发放宣传资料近6万份,2万人次接受反假货币知识宣传教育。至7月底,全市982个行政村全部建立农村特约商户反假货币宣传点。（程 纯）

■**钞票处理** 科学安排清分联机销毁及大型机械集中销毁序时工作计划,强化人员教育管理和风险控制。10月23日,复点、清分业务安全结束。全年清分残损人民币57.58万捆,复点、抽查、再抽查残损人民币60.23万捆,大型机械集中销毁残损人民币654.46吨。（刘 燕）

■**金融电子化** 完成邗江联合村镇银行、宝应锦程村镇银行、长江银行扬州分行和广陵中成村镇银行等4家新设金融机构接入扬州金融城域网的项目准备与核准流程,组织资料审核、现场验收、人员培训与考核,做好对新加入机构科技信息管理的业务指导。开发"银行票据审核助手"软件,完成项目需求分析、总体设计、程序编码、系统测试等工作,并在全省推广使用。开发"支付信息分析系统报表审核软件",提升支付信息分析系统使用效率,在全省推广使用。开发反洗钱风险监管评估系统,并在全省推广使用。（王 昆）

■**金融IC卡应用** 扬州市金融IC(集成电路)卡出租车应用系统上线,在全省率先实现金融IC卡在出租车行业的应用。在全省率先建成金融IC卡公交车行业应用平台,并在仪征市区部分公交车辆上投入试点运行。在辖区全面推进"金融IC卡信息惠民工程"建设。人民银行扬州市中心支行与仪征市政府签署《金融IC卡信息惠民工程合作备忘录》。（王 昆）

■**外汇管理** 2013年,扬州市跨境收入97.78亿美元,同比增长4.22%;支出33.66亿美元,同比增长7.57%;跨境收支差额64.12亿美元,同比扩大0.87%。经常项目收入69.14亿美元,同比下降2.17%;支出24.59亿美元,同比下降2.05%。资本项目收入28.64亿美元,同比增长23.76%;支出9.07亿美元,同比增长46.64%。2013年,扬州市银行共办理各项跨境人民币结算业务75.77亿元,同比增长56.44%。其中,经常项目28.01亿元,同比增长65.36%;资本项目47.76亿元,同比增长51.64%。经常项目业务占比36.97%,比上年提高1.99个百分点。

2013年,银行代客结汇81.08亿美元,同比下降0.38%;售汇19.56亿美元,同比增长5.30%;结售汇顺差61.52亿美元,同比缩小2.06%。经常项目结汇62.31亿美元,同比下降7%;售汇16.85亿美元,同比增长2.73%。资本项目结汇18.77亿美元,同比增长30.42%;售汇2.7亿美元,同比增长24.85%。

2013年,国家外汇管理局扬州市中心支局办理FDI(外商直接投资)项目各类业务394笔,同比下降46.17%;办理ODI(对外直接投资)项目各类业务20笔,增长25%;办理外债和对外担保项下各类业务351笔,同比下降33.65%。根据资本项目信息系统验资询证数据，全年FDI流入17.29亿美元，同比下降7.19%；外债项目提款5.14亿美元，同比增长18.71%；年末全市外债余额9.9亿美元。根据货物贸易外汇监测系统统计，2013年，全市出口总额52.89亿美元，同比增长3.4%；进口总额1.39亿美元，同比下降3.15%；出口收汇总额50.43亿美元，同比增长3.71%；进口付汇总额13.51亿美元，同比下降21.23%。根据国际收支申报和个人结售汇系统统计，服务贸易收汇7399.7万美元，同比下降34.9%；服务贸易付汇3.82亿美元，同比增长20.65%；个人结汇总额2.42亿美元，同比增长10.7%；个人购汇总额3.35亿美元，同比增长36.95%。

2013年，全辖开展专项检查8次，现场检查企业10家、银行7家，立案13件，结案13件，收缴罚没款542.14万元。结案率和罚没款收缴率均为100%。其中，通过核查发现扬州喜洋洋日化有限公司大额预收货款存在重大异常，在自主检查的同时，将案件通报公安部门，并协助警方调查取证，最终查实该企业涉嫌非法买卖外汇。（夏广军　吴佑贤）

政策性银行

■中国农业发展银行扬州市分行 至2013年末，中国农业发展银行扬州市分行各项存款日均余额25.11亿元，比年初增加4.74亿元。年末各项贷款余额92.95亿元，比年初增加1.98亿元；其中中长期项目贷款余额49.89亿元，比年初减少2.22亿元。全年累计投放贷款64.2亿元，收回各类贷款60.7亿元，无新增不良贷款。实现中间业务收入1009万元，同比增加186万元。实现账面利润2.53亿元，同比增加2868万元。

粮棉信贷业务。年末全行粮油贷款余额30.96亿元。全年累计投放各类粮油收购贷款31.87亿元，支持企业收购粮食110万吨，其中政策性粮油贷款13.57亿元、准政策性粮油贷款15.63亿元、商业性粮油贷款2.67亿元。商业性粮油贷款余额2.27亿元，其中产业化龙头企业和加工企业商业性贷款余额2.07亿元。至年末，24家粮油贷款客户中，有龙头加工类企业16家。全年发放棉花收购及调销贷款1.74亿元，支持收储棉花1.71万吨。重点支持以江苏银宝实业股份有限公司为代表的棉花产业化龙头企业，累计发放贷款6100万元，年末贷款余额6100万元。全年发放农业科技短期贷款2000万元，年末贷款余额2000万元。

新农村建设贷款业务。全年发放新农村建设贷款12.4亿元，支持水利、农民集中居住、农村流通体系、农村基础设施等项目6个，其中新增项目3个。年末，新农村建设贷款余额48.9亿元，其中农村基础设施建设贷款余额5.04亿元、农业综合开发贷款余额7.01亿元、农村土地整治贷款余额11.67亿元、农民集中居住建设贷款余额20.68亿元、农村流通体系建设贷款余额3690万元、水利建设贷款余额1.4亿元、县域城镇建设贷款余额2.73亿元。

中国农业发展银行扬州市分行支持棉花收购工作。图为信贷员正在收购点查看棉花质量　　农发行/供稿

产业化龙头企业贷款业务。支持高邮市三湖蛋品有限公司、江苏戚伍水产发展股份有限公司等产业化龙头企业发展。全年发放贷款2.07亿元，支持产业化龙头企业20家。

贴现业务。全年开办银行承兑汇票贴现业务17.58亿元，比年初增加4.57亿元，为21家企业提供服务。

存款业务。全年实现各类存款日均余额25.11亿元；实现存款年末时点余额24.08亿元，其中企事业单位日均存款余额21.85亿元、财政性存款余额2.23亿元。银行承兑汇票保证金存款成为2013年存款业务发展中的亮点，全年保证金存款日均余额9.12亿元，占存款日均余额的36%。

中间业务。全年实现中间业务收入1009万元，同比增长22%。其中，咨询顾问类业务收入900万元，同比增加405万元，增长68%；代理保险业务代收保费328万元，手续费收入81万元；人民币结算业务收入22万元；获国际业务经办资格，实现国际业务结算量1820万美元，国际结算业务手续费收入6万元。

风险管理。全年处置风险贷款3笔，金额8250万元；与3家企业终止信贷关系。全行无新增不良贷款，继续保持无逾期、无呆账、无欠息。

（蒋　卫　邵德东）

国有商业银行

■中国工商银行股份有限公司扬州分行 2013年末，中国工商银行股份有限公司扬州分行人民币各项存款余额410亿元，各项贷款余额230亿元。全年新增存款58.77亿元，其中对公存款37.31亿元、储蓄存款20.45亿元、同业存款1亿元；新增贷款20.41亿元。完成中间业务收入5.55亿元，比上年增加1.22亿元，增长29.81%。实现拨备前账面利润7.9亿元。

全年批准水利、“万顷良田”、城乡增减挂钩、文化旅游、片区改造等各类城镇化贷款项目10个、贷款金额26.4亿元，投放贷款10.81亿元。其中，批准“万顷良田”贷款项目2个、贷款3亿元，批准重点区域水利贷款项目3个、贷款3.31亿元。

开展支持小微企业发展的“小

微企业金融服务深化年”“千户企业百日行”等活动。开展“园区贷”，与广陵经济开发区和高邮经济开发区开展增信合作，向12家园区企业提供贷款1亿元；开展供应链融资，全市有核心企业18户、供应链客户56户，全年净增供应链融资5.41亿元；开发新产品“经营性物业贷”，全年为6户小微企业客户提供“经营性物业贷”6000万元。

（刘晓峰　季晓明　胡　瑾）

■中国农业银行股份有限公司扬州分行　2013年末，中国农业银行扬州分行本外币各项存款余额486亿元，比年初增加46.6亿元，同比多增15.39亿元，系统贡献度提升2.16个百分点。其中，个人存款346.95亿元，比年初净增29.8亿元；对公存款139.05亿元，比年初增加16.8亿元；外汇存款1.26亿美元，比年初增加4931万美元。

各项贷款余额232.07亿元，比年初增加22.47亿元，同比多增13.15亿元。其中，个人贷款余额104.93亿元，比年初净增18.93亿元；法人贷款余额122.71亿元，比年初增加5.32亿元；科技贷款比年初增加1.3亿元。全行清收自营不良贷款2.44亿元，清收委托资产2010万元；退出潜在风险客户贷款1.85亿元，退出低效信贷业务2.95亿元。本外币不良贷款余额3.84亿元，占比1.65%，分别比年初减少2.59亿元、下降1.41个百分点。

全行新增个人加权贵宾客户1.93万户、电子银行注册客户60.59万户、人民币有效结算账户1259户；新开立本外币结算账户4372户、基本账户2722户；新开立国际结算账户126户、资本金账户48户；累计发放惠农卡49.4万张，比年初增加1.87万张。

（吕元兆）

■中国银行股份有限公司扬州分行　2013年，中国银行股份有限公司扬州分行实现拨备前利润7.67亿元，比上年增长18.48%；实现中间业务收入4.47亿元，增长35.79%。本外币存款总量341亿元；新增34.4亿元，比上年多增19.4亿元，新增量比上年增长1.29倍。本外币贷款总量233亿元；新增20.1亿元，比上年多增15.84亿元，新增量比上年增长2.72倍。至年末，不良贷款余额2.87亿元，比年初减少2177万元；不良贷款率1.30%，比年初下降0.26个百分点；累计清收、化解不良资产2.74亿元。

9月28日，扬州市中小民营企业促进会成立，并获得中国银行扬州分行5亿元贷款授信　　张孔生/摄

表内外授信比上年新增97.6亿元。其中，表内授信新增34.8亿元，表外授信新增62.8亿元。表内授信余额贷存比68.32%，比上年提升3.52个百分点。

制造业贷款余额占比提升1.12个百分点，服务业贷款余额占比提升3.64个百分点，水利、环保、社会保障类贷款余额占比提升0.8个百分点，文化、卫生、体育产业贷款余额占比提升0.2个百分点，房地产行业贷款余额占比下降4.08个百分点。

累计办理“协议融资”与“协议付款”11.02亿元，办理“内保外贷”业务1.85亿元，办理“福费廷”（无追索权的融资）转卖业务600万美元。利用境内外汇差、利差，为客户节省财务成本1000万元以上。

拓宽与证券、信托、基金、保险等金融领域的合作，搭建社会资金流向实体经济的桥梁。2013年，开出银行承兑汇票77.32亿元，开出国际、国内信用证8.8亿元，开出保函3.8亿元，办理投资银行业务26.46亿元，办理同业资产业务12.14亿元，办理银团贷款3亿元。

与市科技局、市招标办合作开发“科技贷”“政府采购贷”等新产品。向15家企业投放“科技贷”“政府采购贷”1亿元。协助发行全市首只“中小企业私募债”4亿元。全年新增中小企业客户75户；中小企业贷款余额增加5.4亿元，增幅高出总贷款增幅7.5个百分点。

在江苏省苏北人民医院、扬州市第一人民医院推广“中银银医互联”项目，引导患者在自助设备上完成挂号、缴费、打印检验报告等操作，提升医院服务效率，改善患者就医体验。与扬州市民卡公司、中国移动扬州分公司合作研发全市首张“中银手机市民卡”，促进公共服务信息化、智能化。

（顾　浩　袁　庆）

■中国建设银行股份有限公司扬州分行　2013年，中国建设银行股份有限公司扬州分行新增一般性存款58亿元，年末余额510亿元，成为全市首家存款余额超过500亿元的金融机构。新增各项贷款33亿元，年末贷款余额291亿元；不良贷款率低于1%。

抓住资金源头，拓展各类市场。开展旺季营销、“强基固本、提质增效”专项营销、政府机构客户“上规模、增份额”专项营销等营销活动。

中间业务。强化产品创新，转变增长方式，新兴产品收入实现增长。强化品牌效应，巩固传统产品市场优势。

加强信贷投放，服务实体经济。主动对接区域内有影响力的重大项目，实行跟踪服务。加强结构调整，加大对民生领域、新农村建设、保障房、“三农”以及小微企业的支持力度。

打造满足日常账务交易需求、符合现代支付特点、具有良好客户体验的服务平台。“善融商务”面向企业和个人提供专业化电子商务服务和金融支持服务，包括企业商城(B2B)、个人商城(B2C)和“房e通”，涵盖商品批发、零售和房屋交易等领域，可为客户提供信息发布、交易撮合、社区服务、在线财务管理、在线客服等配套服务；有71户商户入驻，实现交易额3740万元。

持续推进不良资产处置。处置不良资产2.7亿元，回收不良贷款9867万元。按期处置钢贸市场不良贷款，回收江苏群发化工有限公司不良贷款本金1615万元。（黄克义）

■**交通银行股份有限公司扬州分行** 2013年末，交通银行股份有限公司扬州分行人民币存款余额193.68亿元，比年初增加22.92亿元，同比增长25.36%；贷款余额134.89亿元，比年初增加0.60亿元，增长8.62%。

强化对优质企业的有效投入，主动对接2013年扬州市城庆2500年重大城建项目和2013中国扬州“烟花三月”国际经贸旅游节签约项目，合计投放贷款8.33亿元，其中为瘦西湖隧道发放行内联合贷款2亿元、为扬州和昌置业有限公司发放贷款2.64亿元；牵头筹组扬州经济技术开发区开发总公司银团贷款，投放贷款2.52亿元。扶持小微企业，在主动核销闽商钢贸企业贷款2.63亿元的基础上，全年新增小企业及个人经营类贷款5.84亿元。拓展新型业务，为地方企业直接融资21.2亿元。牵头操作江都沿江开发有限公司1.4亿元集合信托计划，操作扬州市自来水总公司3亿元短期融资券等业务。3月，交通银行作为主承销商，为扬州市城建国有资产控股(集团)有限责任公司发行15亿元资产支持票据。拓宽实体经济融资渠道。通过本外币联动、境内外联动，以四方协议、内保外贷、国内信用证、出口风险参与等多种产品创新方式，打通境外融资渠道，引入境外资金，支持扬州市地方企业融资32.2亿元。

加强网点建设。全年完成荷花支行、开发区支行改造及6家离行自助服务网点建设，分别在市区和仪征市设立2家智能自助银行，在八里镇设立“助农通”便民服务点1个。

（孟咸珍）

其他商业银行

■**中信银行股份有限公司扬州分行** 2013年末，中信银行股份有限公司扬州分行人民币自营存款余额214.03亿元，比年初增加30.06亿元，增长16.68%；市场份额占比8.67%，比年初上升0.17个百分点。其中，对公存款时点余额166.47亿元，比年初增加23.35亿元，增长16.31%；储蓄存款时点余额47.56亿元，比年初增加7.26亿元，增长18%。一般性贷款余额147.62亿元，比年初增加15.16亿元，增长11.44%。其中，对公贷款余额113.82亿元，比年初增加11.2亿元，增长10.92%；个人贷款余额33.80亿元，比年初增加3.96亿元，增长13.23%。年末存贷比68.97%。不良资产余额5005万元，比年初增加1541万元；不良资产率0.34%，比年初上升0.08个百分点。贷款利息回收率99.09%。外汇总收支6.02亿美元，比上年减少3.85亿美元。实现中间业务收入9241万元，比上年增加2876万元，增长45.18%。全年实现税前利润4.56亿元，比上年增加2786.97万元，增长6.51%；资产利润率1.63%，人均利润146万元。

（纪　刚）

■**招商银行股份有限公司扬州分行** 2013年，招商银行股份有限公司扬州分行实现营业净收入4.8亿元，比上年增长24%；经营利润3.4亿元，增长28%。实现中间业务收入9478万元，增长38%，占营业净收入的19.7%，比上年提升2个百分点。年末人民币存款余额84.7亿元、贷款余额81.37亿元。年末不良贷款7092万元，不良贷款率0.8%。

8月，高邮支行开业运营。至年末，全行下辖6家营业机构，有24小时在行式自助银行6家、离行式自助银行10家、离行式ATM机3台。

（高　翔）

■**中国邮政储蓄银行股份有限公司扬州市分行** 2013年末，中国邮政储蓄银行股份有限公司扬州市分行各项存款余额108.34亿元，比年初增加10.44亿元，增长10.66%。个人储蓄存款余额71.23亿元，净增6.05亿元；其中活期存款余额27.41亿元，净增2.77亿元。公司业务存款年末时点余额37.11亿元，净增4.37亿元；日均余额39.62亿元，净增7.5亿元。辖区高邮市支行、江都区支行公司业务存款余额均突破6亿元。全年新增贷款18.58亿元，信贷资产总规模56.72亿元。

传统业务。全年销售理财产品32.97亿元，比上年增长46.27%。代理保险2.15亿元。发放信用卡8188张。新增手机银行用户5.48万户，增长60.89%；新增个人网银用户4.96万户，增长166.14%。实现短信业务收入154.65万元，增长107.52%。至年末，全辖18个对公网点开立对公账户2642户，实现公司负债业务收入6397万元。

新兴业务。全年受理票据直贴业务155.35亿元，转贴现交易量155亿元；新增客户111户；实现票据收入5053万元，比上年增长13.76%。至年末，小企业贷款结余221户8.55亿元，净增3.26亿元。全年办理全额保证金银行承兑汇票业务8055.36万元。上报公司批发类贷款客户3户，申请授信6.8亿元，获批授信5.3亿元，使用授信2.5亿元。上报供应链融资客户5户，办理业务1.05亿元。开办公司外汇业务，开立外汇账户16户，收汇29.46万美元，付汇3.42万美元，结汇24.81万美元，售汇2.63万美元。启动贵金属业务，发展客户367户，交易量1506万元。

业务结构调整。2013年，获批开办淡水养殖小额贷款、农民专业合作社小额贷款、房产净值抵押小额贷款、个人信用消费贷款、个人汽车消费贷款等创新产品。上报一手房贷款项目35个，获批26个。推广保理业务，推进与专业担保公司合作。全年实现担保公司合作贷款40笔，贷款金额2.49亿元；办理保理业务6笔，金额2650万元。小企业贷款户均余额从年初的285万元上升至387万元，单户金额300万元以上的客户数超过存量总户数的50%，单户最高金额2000万元；全年投放4笔2000万元贷款，其中省信用担保贷款3笔、纯抵押担保贷款1笔。

渠道结构建设。加快网点转型。至年末，网点平均收入1198.37万元、平均利润496.23万元，分别比上年增加89.53万元和81.1万元。全年自助渠道交易470万笔，交易金额49亿元；电子银行交易150万笔，金额5.7亿元；ATM自助终端交易302万笔，交易金额43亿元；电子渠道交易替代率57.7%，较年初提高2个百分点。（皮婷婷）

■江苏银行股份有限公司扬州分行 2013年末，江苏银行股份有限公司扬州分行各项存款余额268.74亿元，比年初增加35.8亿元。其中，储蓄存款增加11.15亿元，对公存款增加24.65亿元。各项贷款余额161.21亿元，比年初增加21.91亿元，增长15.73%。实现营业净收入16.44亿元，比上年增加1.47亿元，增长9.8%。实现考核净利润3.2亿元、账面净利润2.99亿元。

清降扬州华尔光伏科技有限公司逾期、欠息贷款5949万元。对前期查封的钢材市场资产进行梳理和分类，通过扣划保证金、提起诉讼等手段，清收31户资产9424万元。处罚有过错的信贷经营管理人21人。全年清降逾期、欠息贷款1.6亿元；清收不良贷款9300万元，其中现金清收8324万元、核销114万元、质态上迁862万元。

营销保理业务134笔，实现中间业务收入1912万元。加大银团贷款营销力度，牵头筹组宝应朗顺、广陵广沃等银团项目13个。开展信托、股权质押回购、专项理财额度等高端投行业务，宝应振宜、国民信托、大业信托、现代金融集团等4个投行项目获批通过；先后与扬州市城建国有资产控股(集团)有限责任公司签订50亿元公司债券资金监管协议，与仪征城市建设投资发展公司签订12亿元资金监管协议。

新增离行式自助银行2家、自助银行设备8台。新增个人网银专业版用户1.02万户、企业网银有效户711户、手机银行签约版用户6330户。（骆君华）

■江苏扬州农村商业银行股份有限公司 2013年末，江苏扬州农村商业银行股份有限公司各项存款余额162.72亿元，比年初增加24.21亿元，增长17.48%；各项贷款余额116.61亿元，比年初增加18亿元，增长18.25%。五级分类不良贷款余额2.97亿元，比年初减少211万元。全年各项收入12.07亿元，比上年增加1.17亿元；各项支出8.43亿元，比上年减少0.53亿元。累计发行圆鼎借记卡39.7万张，比年初增加6万张。有个人网银有效户4679户、企业网银有效户3556户；有POS机特约商户(含便民通商户)927户，比年初增加76户；有手机银行有效户2178户。

创新开发信贷产品。与市财政局、市科技局合作开办支持科技型中小企业的信贷产品“科技贷”，为单户贷款金额不超过500万元、有短期流动资金需求的科技型中小企业提供服务。

拓展中间业务。全年发行理财产品35期，募集资金8.13亿元；其中创新发行机构和私人银行理财产品2期，实现收益113.88万元。12月25日，获准开通国际业务。规范电子银行管理，全年开展电子银行业务操作培训11次，为647户POS机特约商户(含便民通商户)提供上门维护。（农　商）

■宝应锦程村镇银行开业 1月15日，江苏宝应锦程村镇银行股份有限公司(简称宝应锦程村镇银行)获中国银行业监督管理委员会(简称银监会)同意开业的批复。1月30日，宝应锦程村镇银行试营业。5月28日，宝应锦程村镇银行正式开业。宝应锦程村镇银行由成都银行作为主发起人，与宝应华金纸品公司、天宇集团、宝杰隆电磁线公司、晨化科技公司、南洋工贸公司等5家企业法人共同发起设立，注册资金1亿元，其中成都银行持股62%、其他法人持股38%。（杨　志）

■江苏长江商业银行扬州分行开业 2月1日，江苏长江商业银行扬州分行正式开业。江苏长江商业银行是江苏省唯一总部位于县域城市、专业从事小微企业金融服务的特色银行，主推惠民和便民金融产品与服务。其特色产品“长江信融乐”贷款无须担保、手续简便，深受小企业欢迎。江苏长江商业银行全部免收长江卡、网上银行、柜面等各类业务费用，是省内首家“全免费银行”。（杨　志）

2月1日，江苏长江商业银行扬州分行正式开业　　人　行/供稿

■浦发银行江都支行开业 5月8日，上海浦东发展银行江都支行(简称浦发银行江都支行)揭牌。当日，浦发银行江都支行举行银企合作活动，向江都建设、恒远国际等8家企业签约授信16.98亿元。（杨 志）

■汇丰银行扬州分行开业 8月15日，汇丰银行扬州分行正式开业。汇丰银行扬州分行是汇丰银行(中国)有限公司在中国内地设立的第29家分行、第150家经营网点。汇丰银行扬州分行侧重对公业务，通过发挥集团网络的环球服务优势，为扬州本地企业和在扬州投资的外资企业提供国际化金融支持。（杨 志）

■江苏邗江联合村镇银行开业 8月22日，江苏邗江联合村镇银行开业。江苏邗江联合村镇银行是经银监会批准，由杭州联合银行主发起设立的具有独立法人资格的新型地方金融机构，总部设在扬州市邗江区。开业当日，银行启动“小微企业金融服务年”活动，为全市小微企业提供个性化信贷服务。（杨 志）

■招商银行高邮支行开业 9月26日，招商银行高邮支行开业。开业当日，招商银行高邮支行与13家企业签订信贷投放协议，与1家企业签订全面战略合作协议，与400户个人按揭贷款客户代表签订信贷投放协议，授信额度共计8亿元。（杨 志）

■扬州广陵中成村镇银行获批成立 11月29日，扬州广陵中成村镇银行股份有限公司(简称扬州广陵中成村镇银行)经银监会批准成立。扬州广陵中成村镇银行是由成都农商银行作为主发起行设立的具有独立法人资格的股份制银行业金融机构，注册资金2亿元，经营地址为广陵区李典镇花园路1号。（杨 志）

保险业

■概述 2013年，全市有保险公司61家，其中财产保险公司25家、人身保险公司36家；有保险中介机构6家。全市保险行业有从业人员1.6万人，其中保险营销员1.2万人。全市各类保险机构实现保费收入87.89亿元，比上年净增13.68亿元，增长18.44%。其中，财产保险公司实现保费收入23.90亿元，比上年净增3.44亿元，增长17%；人身保险公司实现保费收入63.98亿元，比上年净增10.24亿元，增长19%。保险深度(全年保费收入占地区生产总值比重)2.7%，保险密度(人均保费)1966元。

2013年，全市保险业共为474.9万人次、7144家企业、1.65万户家庭提供风险保障1.22万亿元。全市保险业累计赔付支出15.78亿元。其中，财产保险赔付支出13.28亿元，赔付率56%；人身保险赔付支出2.51亿元，赔付率4%(短期人身保险赔付率55%)；另有各类人身保险其他给付14.35亿元。（吴小峰）

■财产保险 2013年，全市财产保险实现保费收入23.90亿元。其中，车辆险实现保费收入18.04亿元，占全市财产保险保费收入的75.48%；企财险、责任险、其他险等险种分别实现保费收入1.2亿元、6243万

2013年扬州市部分财产保险公司主要业务统计指标一览表

表21-3

公司简称	保费收入(万元)	比上年增长(%)	赔付支出(万元)	比上年增长(%)
人保产险	115019	24.78	61121	33.94
平安产险	29057	26.57	15465	58.76
太保产险	23503	4.75	13952	-58.80
国寿财险	17849	5.38	10766	53.87
大地产险	9652	4.67	6315	25.60
中华联合	6219	20.08	3872	19.18
紫金产险	4869	21.45	1846	93.10
长安责任	3317	21.68	1609	-12.08
华泰产险	3215	23.99	1712	37.18
太平产险	3069	43.61	1573	30.54

（杨 志）

2013年扬州市部分人身保险公司主要业务统计指标一览表

表21-4

公司简称	保费收入(万元)	比上年增长(%)	赔付支出(万元)	比上年增长(%)
中国人寿	298823	2.9	12101	12.7
太平洋人寿	44596	15.7	950	41.8
华夏人寿	44222	—	37	—
人保寿险	38238	13.3	2534	-3.1
新华人寿	34336	15.3	634	-12.8
平安人寿	31803	7.2	1517	3.3
国华人寿	31670	155.0	—	-100.0
太平人寿	22141	—	618	—
泰康人寿	19110	-18.8	456	2.5
利安人寿	10561	—	1	—

（杨 志）

元和4.05亿元。交强险实现保费收入4.22亿元，占车辆险保费收入的23.39%。

从分地区保费收入情况看：市区（不含江都区）12.80亿元，增长14%；江都区3.72亿元，增长26%；仪征市2.69亿元，增长17%；高邮市2.54亿元，增长22%；宝应县2.15亿元，增长14%。（吴小峰）

■人身保险 2013年，全市人身保险实现保费收入63.98亿元。其中，个险（营销业务）保费收入30.27亿元，比上年增长8%，占总保费的47.31%；团险（直销业务）保费收入2.77亿元，增长22%，占总保费的4.33%；银邮代理业务保费收入30.45亿元，增长32%，占总保费的47.59%。

从分地区保费收入情况看：市区（不含江都区）27.20亿元，增长41%；江都区14.78亿元，增长10%；仪征市6.28亿元，增长15%；高邮市8.48亿元，增长7%；宝应县7.24亿元，增长2%。（吴小峰）

■保险公司 2013年，全市保费收入排名前三的财产保险公司中，中国人民财产保险股份有限公司扬州市分公司（简称人保产险）完成保费收入11.50亿元，比上年增长24.8%，市场占有率48.1%；中国平安财产保险股份有限公司扬州中心支公司（简称平安产险）完成保费收入2.91亿元，增长26.6%，市场占有率12.2%；中国太平洋财产保险股份有限公司扬州中心支公司（简称太保产险）完成保费收入2.35亿元，增长4.8%，市场占有率9.8%。全市财产保险公司实现利润1.12亿元，其中人保产险7119万元、平安产险1938万元、太保产险1100万元。

全市保费收入排名前三的人身保险公司中，中国人寿保险股份有限公司扬州市分公司（简称中国人寿）完成保费收入29.88亿元，比上年增长2.9%，市场占有率46.7%；中国太平洋人寿保险股份有限公司扬州中心支公司（简称太平洋人寿）完成保费收入4.46亿元，增长15.7%，市场占有率7%；华夏人寿保险股份有限公司扬州中心支公司完成保费收入4.42亿元，市场占有率6.9%。（吴小峰）

■人身险治理销售误导专项检查 2013年，扬州市保险行业协会制定《人身险治理销售误导自律检查工作方案》和《2013年扬州市人身险保单抽样电话回访自律检查工作方案》，每季度定期开展专项检查。检查内容主要包括银保销售渠道业务合规情况、1年期以上人身险业务的电话回访情况。检查采用银保业务暗访检查和电话回访检查相结合的方式进行。通过开展销售误导专项检查，规范全市人身保险市场秩序，促进各人身保险公司加强对销售人员业务知识、职业道德和相关法律法规的培训，杜绝销售误导行为。（吴小峰）

■营销员同业流动管理 执行营销员同业流动自律公约，组织人身保险公司相关人员开展营销员同业流动自律公约专项考试，并将考试结果反馈给各人身保险公司。通过专项考试，促进各公司相关人员学习营销员同业流动自律公约；推动各公司加强对人员流动管理，准确执行自律公约。（吴小峰）

■应对投资理财保险产品满期给付高峰 2013年，全市各公司成立满期给付、退保和投诉处理应急处置领导小组，加强对满期给付、退保和投诉处理等工作的领导和督查。市保险行业协会加强与银邮渠道的沟通，建立联动机制，妥善处理客户纠纷。建立重大事件报告制度，对发生的重大案件，每日跟踪案件进展，并及时向中国保险监督管理委员会江苏监管局汇报。（吴小峰）

■机动车辆保险理赔服务质量现场测评 2013年底，市保险行业协会对全市25家财产保险公司机动车辆保险理赔服务质量进行现场测评。测评时间和地点严格保密，保险行风监督员参与测评。在事先对保险公司保密的情况下，测评人员模拟客户出险打电话报案，并记录查勘各环节耗时及查勘人员业务技能。测评过程中，大多数财产保险公司都能在40分钟内到达事故现场，并对事故车辆进行查勘定损，确定车辆损失估算金额，指导客户完成理赔全过程。扬州电视台、扬州人民广播电台、《扬州日报》等新闻媒体全程报道测评活动及测评结果。（吴小峰）

■中国人民财产保险股份有限公司扬州市分公司 2013年，中国人民财产保险股份有限公司扬州市分公司实现保费收入11.5亿元，比上年增长24.8%，占48.1%的市场份额；缴纳税收6373万元；代收车船税6271万元。公司全年为1万家企事业单位、39.5万辆机动车、100万户家庭提供风险保障6853亿元，为瘦西湖隧道项目、237省道工程、中海工业、仪征化纤等重大项目提供保险服务。全年案件处理率100%，理赔周期提速23.7%；总计处理赔案7.9万件，支付赔款6.1亿元。

与政府联办共保政策性农业保险，实现保费收入2.5亿元，增长28%，为农户提供风险保障50亿元。全市水稻、小麦等种植业参保率持续稳定在95%以上，保险金额为每公顷9000元，保障程度全省领先；推广扬州鹅、高邮鸭、水生蔬菜等高效农业保险新品种，开办险种27个，基本覆盖全市优势农产品和地方特色产品。2月、3月两次暴风雪灾害发生后，公司快速查勘支付赔款800万元。

放大保险对农村的保障职能，实现“乡乡有站点，村村有服务”的农业保险网格化布局；推动农村家庭财产保险和意外伤害保险。高邮三垛等地遭受龙卷风袭击后，一周内完成503户受损农房的理赔工作，支付赔款204万元。

参与社会风险管理和保障体系建设。配合安监部门推进安全生产责任险，为470家企业提供责任保障83亿元，赔付462万元；配合运管部门承保承运人责任险，为61家客运公司提供风险保障110亿元；配合卫生部门承保医疗责任险，赔付863万元；配合环保部门推出环境污染责任险，为63家企业提供责任保障8266万元；配合市金融办、市科技局开发科技保险，为105家科技型企业提供风险保障75亿元；承保高邮新型农村合作医疗意外住院医疗项目，实现保费收入883万元。（王 纬）

■中国人寿保险股份有限公司扬州市分公司 2013年，中国人寿保险股份有限公司扬州市分公司完成业务总量29.88亿元，占扬州市人身保险市场46.7%的份额；其中个险业务、团体业务、银保业务分别实现保费收入17.9亿元、1.22亿元、9.79亿元。全年支付各类理赔款1.21亿元。

9月，公司中标扬州市农村居民大病保险项目，成为首席合作经办机构，承办广陵区、邗江区以及宝应县农村居民大病保险。（周 宇）

证券业

■概述 2013年，扬州市有仪征化纤股份(S仪化)、宝胜股份、扬农股份、联环药业、亚星股份、鸿达兴业、汇银家电、长青农化、亚威机床、仁恒实业控股、金泉网等11家上市企业。其中，汇银家电、仁恒实业控股在香港联交所上市，金泉网在伦敦证券交易所上市；鸿达兴业由金材股份更名而来。8家境内上市公司全年累计完成营业收入371.59亿元。

2013年，光大证券在扬州开设证券营业部。至年末，全市有14家证券公司开设的营业部19家，合计开设资金账户34.59万户，比年初增加1.58万户；保证金余额12.59亿元，比上年减少0.69亿元；当年净流入股市资金-7.51亿元，比上年减少14.49亿元。全年实现证券交易额3781.61亿元，比上年减少1508.26亿元。其中，股票交易额2858.67亿元，比上年增加1130.91亿元；基金交易额88.87亿元，增加57.1亿元。（杨 志）

■金材股份更名为鸿达兴业 6月8日，江苏金材科技股份有限公司完成工商变更登记并取得新营业执照，正式更名为鸿达兴业股份有限公司。6月16日，经深圳证券交易所核准，自6月17日起公司证券简称由“金材股份”变更为“鸿达兴业”，证券代码不变。（史 建）

■“13邗城建”发行 6月27日，2013年扬州市邗江城市建设发展有限公司公司债券在上海证券交易所交易市场竞价系统和固定收益证券综合电子平台上市交易。债券简称“13邗城建”，证券代码124192。债券上市后可进行质押式回购，质押券申报和转回代码103192。（史 建）

■扬州企业登陆区域股权市场 9月24日，江苏省股权交易中心启动。资本市场主要包括主板、中小板、创业板和场外市场。江苏省股权交易中心是区域股权市场，是为特定区域内的企业提供股权、债券转让和融资服务的私募市场，作为一种场外市场，是国内资本市场的重要组成部分。首批22家挂牌交易企业中，有江苏普明光电科技有限公司、扬州市邗江扬子汽车内饰件有限公司、扬州市邗江城市建设发展有限公司和江苏中兴化工设备有限公司等4家扬州企业。（史 建）

■扬州自来水有限责任公司发行短期融资券 1月15日，扬州自来水有限责任公司发行2013年度第一期短期融资券。短期融资券发行金额3亿元，期限365天，按面值发行，发行利率通过簿记建档方式最终确定。发行日、簿记建档日为2013年1月15日，起息日、缴款日、债权债务登记日为2013年1月16日，上市流通日为2013年1月17日，兑付日为2014年1月16日。

11月15日，扬州自来水有限责任公司发行2013年度第二期短期融资券。短期融资券发行金额2亿元，期限180天，按面值发行，发行利率通过簿记建档方式最终确定。发行日、簿记建档日为2013年11月15日，起息日、缴款日、债权债务登记日为2013年11月18日，上市流通日为2013年11月19日，兑付日为2014年5月16日。

短期融资券无担保。经上海新

2013年扬州市境内上市公司经营业绩一览表

表21-5

股票简称	股票代码	营业收入（万元）	净利润（万元）	基本每股收益（元/股）	每股净资产（元/股）
ST仪化	600871	1767717	-145422	-0.24	1.18
亚星客车	600213	120822	524	0.02	0.87
扬农化工	600486	300458	37758	2.19	13.30
联环药业	600513	62330	3833	0.24	4.82
宝胜股份	600973	980876	9936	0.24	4.82
鸿达兴业	002002	241657	29563	0.58	4.08
长青股份	002391	156867	19255	0.93	9.49
亚威股份	002559	85130	8179	0.46	7.04

（杨 志）

世纪资信评估投资服务有限公司综合评定，发行人的主体信用级别为AA-级。（史 建）

■金泉网在伦敦证券交易所上市 12月9日，扬州电子商务运营商——金泉网正式在伦敦证券交易所创业板挂牌上市，成为扬州市第一家互联网上市企业，也是扬州首家在英国上市的企业和扬州第三家境外上市公司。金泉网股票代码为“JQW.L”，发行价0.7英镑，开盘价0.74英镑，融资额约合人民币3.5亿元，总市值约合人民币14亿元，上市首日比发行价涨7.14%。

2004年1月1日，金泉网正式上线。2012年5月，金泉网将总部从深圳移师扬州。经过一年的发展，金泉网经营业绩取得暴发性增长，2012年，金泉网销售额1.8亿元，在国内B2B类网站排名第二。（史 建）

■中国建银投资证券有限责任公司扬州证券营业部 中国建银投资证券有限责任公司(简称中投证券)在扬州市区、仪征市开设3家营业部。至2013年末，中投证券扬州3家营业部共开设资金账户7.61万户，保证金余额2.66亿元，当年净流入股市资金0.92亿元，累计实现证券交易额652.15亿元，其中股票交易额540.26亿元、基金交易额24.43亿元。（杨 志）

■华泰证券股份有限公司扬州证券营业部 华泰证券股份有限公司在扬州市区及高邮市、宝应县开设5家证券营业部。至2013年末，华泰证券扬州5家营业部共开设资金账户13.24万户，保证金余额3.51亿元，当年净流入股市资金2.76亿元，累计实现证券交易额1247.12亿元，其中股票交易额1007.56亿元、基金交易额15.22亿元。（杨 志）

■海通证券股份有限公司扬州营业部 海通证券股份有限公司在广陵区、江都区开设2家证券营业部。至2013年末，海通证券股份有限公司扬州2家营业部共开设资金账户3.85万户，保证金余额1.99亿元，当年净流入股市资金5.21亿元，累计实现证券交易额529.91亿元，其中股票交易额419.99亿元、基金交易额6.4亿元。（杨 志）

■申银万国证券股份有限公司扬州营业部 至2013年末，申银万国证券股份有限公司扬州营业部开设资金账户3.05万户，保证金余额1.28亿元，当年净流入股市资金-5.84亿元，累计实现证券交易额411.36亿元，其中股票交易额271.34亿元、基金交易额32.76亿元。（杨 志）

■招商证券股份有限公司扬州汶河北路证券营业部 至2013年末，招商证券股份有限公司扬州汶河北路证券营业部开设资金账户3.13万户，保证金余额1.45亿元，当年净流入股市资金-7.4亿元，累计实现证券交易额322.72亿元，其中股票交易额228.51亿元、基金交易额0.91亿元。（杨 志）

■中国银河证券股份有限公司扬州营业部 至2013年末，中国银河证券股份有限公司扬州营业部开设资金账户1.44万户，保证金余额0.71亿元，当年净流入股市资金-6.13亿元，累计实现证券交易额239.04亿元，其中股票交易额133.45亿元、基金交易额2.27亿元。（杨 志）

■新时代证券有限责任公司扬州维扬路证券营业部 至2013年末，新时代证券有限责任公司扬州维扬路营业部开设资金账户0.99万户，保证金余额0.48亿元，当年净流入股市资金0.06亿元，累计实现证券交易额140.5亿元，其中股票交易额119.59亿元、基金交易额0.76亿元。（杨 志）

■太平洋证券股份有限公司扬州运河西路证券营业部 至2013年末，太平洋证券股份有限公司扬州运河西路证券营业部开设资金账户0.26万户，保证金余额0.13亿元，当年净流入股市资金-1.16亿元，累计实现证券交易额53.13亿元，其中股票交易额38.29亿元、基金交易额0.68亿元。（杨 志）

■东吴证券股份有限公司仪征真州西路证券营业部 至2013年末，东吴证券股份有限公司仪征真州西路证券营业部开设资金账户0.29万户，保证金余额0.10亿元，当年净流入股市资金0.14亿元，累计实现证券交易额36亿元，其中股票交易额25亿元、基金交易额0.06亿元。（杨 志）

■国联证券股份有限公司扬州文汇西路营业部 至2013年末，国联证券股份有限公司扬州文汇西路营业部开设资金账户0.09万户，保证金余额0.08亿元，当年净流入股市资金-0.99亿元，累计实现证券交易额33.24亿元，其中股票交易额26.62亿元、基金交易额0.09亿元。（杨 志）

■东莞证券股份有限公司扬州兴城西路证券营业部 至2013年末，东莞证券股份有限公司扬州兴城西路证券营业部开设资金账户0.31万户，保证金余额0.09亿元，当年净流入股市资金-2.14亿元，累计实现证券交易额31.44亿元，其中股票交易额14.71亿元、基金交易额0.08亿元。（杨 志）

■东海证券股份有限公司扬州文汇西路证券营业部 至2013年末，东海证券股份有限公司扬州证券营业部开设资金账户0.06万户，保证金余额0.07亿元，当年净流入股市资金0.01亿元，累计实现证券交易额27.62亿元，其中股票交易额15.55亿元、基金交易额3.76亿元。（杨 志）

■光大证券股份有限公司扬州文昌西路营业部 至2013年末，光大证券股份有限公司扬州文昌西路营业部开设资金账户0.27万户，保证金余额0.05亿元，当年净流入股市资金7.03亿元，累计实现证券交易额57.38亿元，其中股票交易额17.8亿元、基金交易额1.45亿元。（杨 志）

财政 税务

Caizheng Shuiwu

编 辑 樊庆道

财政

■概述 2013年，全市完成公共财政预算收入259.26亿元，比上年增长15.2%；税收收入212.75亿元，增长17.8%，占公共财政预算收入的82.1%。其中，市区完成公共财政预算收入181.73亿元，县域完成公共财政预算收入77.53亿元，分别增长15.1%、15.6%。全市公共财政预算支出319.28亿元，增加34.48亿元，增长12.1%。其中，政府性基金支出155.33亿元，增长14.2%；社会保险基金支出77.74亿元，增长24.7%。（陈茜炜）

■推进税源培植计划 市财政局主动应对宏观经济增速放缓的不利形势，推进税源培植计划，挖掘、涵养税源。研究、制定建筑业、三产服务业等财税优惠政策，优化税收环境。完善社会综合治税体系，研究堵塞税收漏洞的长效机制。加强零散税源征管，改进征管方式，制定市区零散税收委托代征工作实施意见，做到应收尽收。通过实施税源培植计划，全年增加税收19.5亿元。（陈茜炜）

■推动经济转型升级 开展财政支持企业发展政策调研，明确财政支持企业发展政策的基本原则、程序和保障措施。加大反周期调控力度，推进专项资金整合，支持全市基本产业、新兴产业和特色产业发展。调整和完善支持人才发展政策，加大服务高层次人才力度。优化财政扶持方式，扩大财政资金有偿使用试点范围，推进实施政府创投基金“拨改投”，运用市场化模式放大资金倍增效应。加大服务中小(微)企业融资力度，设立8000万元科技型中小企业贷款风险补偿资金池、2亿元企业应急专项资金和1.5亿元小微企业信贷引导资金池。落实“营改增”、小微企业减税政策，为107家小微企业提供免费代理记账服务。加大向上争取政策资金力度。争取省委、省政府落实支持扬州“跨江融合发展”财政补助政策；南水北调水源地生态补偿资金被列入省生态补偿转移支付范围，并得到财政部支持。全年向上争取资金比上年增长20%以上。（陈茜炜）

■支持民生实事工程 市财政支持推进社会保障同城化，按照“同城、同标、同步”目标，推进社会保险市级统筹。推进被征地和失地农民转保(征地安置费、耕地补偿费转换为被征地农民社会养老保险费)工作，完善市、区两级财政共担机制。提高城乡最低生活保障、农村五保供养〔对无劳动能力、无生活来源又无法定赡养、抚养、扶养义务人，或者其法定赡养、抚养、扶养义务人无赡养、抚养、扶养能力的老年、残疾或者未满16周岁的村民，在吃、穿、住、医、葬(教)方面给予生活照顾和物质帮助〕水平。支持促进就业创业，支持落实各项就业保障和促进政策，全年筹措就业创业专项资金1.06亿元。支持深化医药卫生体制改革，将基本公共卫生服务筹资标准提高至30元/人，支持公立医院基本建设贷款，提高公共卫生和医疗服务水平。坚持教育优先投入、优先保障，加大教育民生、教育发展投入。支持公益性文化事业和农村文化设施建设。支持完善住房保障政策。2013年，市级财政预算安排8.5亿元用于民生项目。（陈茜炜）

■支持世界名城建设 探索城建项目市场化运作财政保障模式，放大财政资金杠杆效应。支持城建体制改革，做好体制调整过程中资产债务、财权事权划转工作。支持瘦西湖隧道、328国道连接线、文昌路堵点改造等城市重大基础设施项目建设，完善中心城市功能。支持老城区功能提升，做好市区老小区、小街巷等改造工作。支持优化城市公共设施布局，完善、建设公交站台、公共厕所等设施。巩固国家森林城市和国家生态市创建成果，支持重点生态工程建设，推进村庄环境整治，提升全市生态环境质量。（陈茜炜）

■促进城乡协调发展 市财政统筹安排2.39亿元支持农村经济社会发展，比上年增长19.1%。加强财政支农资金整合，支持现代高效农业、“菜篮子”工程、农业龙头企业发展等。支持“美好城乡建设行动”和重点中心镇建设，完善基本公共服务。落实强农惠农政策，促进农业生产和农民增收。推进村级组织建设，落实对经济薄弱村财政扶持政策，对村级公益事业“一事一议”项目实行财政奖补，构建村级集体经济持续稳定增长机制。（陈茜炜）

■**深化财政绩效管理** 完善预算管理制度，推行全口径预算管理，提高预算编制完整性。强化预算执行管理，实施预算经费审批流程再造，对政府专项资金和预算经费追加实行分类管理、网上审批。推进预决算公开，制定市财政预决算公开工作实施意见，明确公开时间表。加强政府性债务管理，制定市级政府性债务管理暂行办法。强化政府专项资金绩效管理，市政府制定推进政府专项资金绩效管理改革的意见，将专项资金全部纳入绩效管理范围。加强绩效目标跟踪管理，完善绩效评价制度，强化评价结果运用。配合市区功能区调整，制定蜀冈-瘦西湖风景名胜区、生态科技新城财政体制。开展市区税收级次界定工作，理顺市区财政分配秩序。（陈茜炜）

国家税务

■**概述** 2013年，全市国家税务系统提升纳税服务、税源专业化管理和征管基础管理质效。全市入库全口径国税收入193.03亿元，其中公共财政预算收入49.18亿元，分别比上年增长15.2%、19.97%；办理各项减（免、退）税76.13亿元（不含免抵调库）。仪征市国家税务局三分局被国家税务总局、人力资源和社会保障部联合表彰为“全国税务系统先进集体”。（叶 勇 傅宗仁）

■**增值税征管** 扬州市国家税务局（简称市国税局）制定《增值税一般纳税人零负申报和低税负申报监控意见》，在风险预警系统中开发零负申报和低税负申报管理模块，强化实时查询和监控。全市零负申报和低税负申报比例下降6.65个百分点，1120户补税4444万元，调减留抵1674万元，调减亏损5268万元。推进商贸企业“行业＋区域”税收规范管理，17个特色商贸行业中，14个行业税负比上年上升。推进二产、三产分离，促进“营改增”（原缴纳营业税应税项目改成缴纳增值税）收入增长。全年征收“营改增”收入4.16亿元。（王 艳）

2013年扬州市国税收入分地区情况表

表22-1

地 区	国税收入（万元）	占收入总额比例（%）	比上年增长（%）
合 计	**1930335**	**100.00**	**15.20**
市 直	59180	3.07	—
广陵区	264446	13.70	8.26
邗江区	351165	18.19	16.56
江都区	316078	16.37	3.36
扬州经济技术开发区	244998	12.69	5.63
宝应县	143667	7.44	8.53
仪征市	367267	19.03	51.49
高邮市	183534	9.51	8.08

（刘 毅）

2013年扬州市国税收入分税种情况表

表22-2

税 种	国税收入（万元）	占收入总额比例（%）	比上年增长（%）
合 计	**1930335**	**100.00**	**15.20**
增值税	1287637	66.71	13.09
消费税	142357	7.37	84.52
企业所得税	395628	20.50	5.28
车辆购置税	104629	5.42	24.67

（刘 毅）

■**所得税征管** 强化所得税预缴，对预缴率偏低的企业及时进行预警提醒。抓好所得税汇缴，组织纳税人培训49场、中介机构培训7场、税务干部培训8场，所得税汇缴面100%，汇缴入库税款7.43亿元；组织专家上门服务规模企业72户，审核673户企业汇缴申报质量，对153户企业税前扣除、512户税收优惠等备案事项实施专业化审核；开展汇缴数据增值利用，制定政策性搬迁、优惠期满利润陡降等13种类型1039户企业风险应对措施，补征所得税2.07亿元，调减亏损1.76亿元。2013年，全市入库企业所得税39.5亿元。（陈 晖）

■**打击涉税违法犯罪** 市国税局开展重点税源企业检查，组织21户国家税务总局重点税源企业进行自查，对11户省国税局重点税源企业、7户市级重点税源企业实施检查。开展税收专项检查。组织396户涉及成品油批发、零售企业自查，对其中22户企业进行立案检查；对8户证券分支机构进行核查。开展税收专项整治。全市检查药品、医疗器械生产经营单位39户，检查发票1311份，查处违法单位29户，涉案发票723份、金额2360多万元。受理各类涉税举报187件次，其中登记检查108件次。开展打击虚开增值税专用发票和出口骗税专项斗争。经国家税务总局批准，对高邮“1·22”系列涉嫌虚开增值税专用发票等大案开展集群战役行动，先后抓获犯罪嫌疑人62人，缴获涉案电脑60多台、银行卡300多张、U盘60个，冻结账户100多个、资金2400万元，涉案税额1.56亿元。该案获评全省国税系统十佳优秀稽查案例。（马雪梅）

■**依法行政** 市国税局举办市直单位政策法规岗位中非法律专业人员行政法基础知识培训、民商法与税收执法专题讲座，组织参加执法资格考试；规范税务行政处罚自由裁量权，制定《扬州市国家税务局税务行政处罚裁量基准（试行）》。组织应用省国税局综合监督考评信息平台，运用平台风险指标89个，推送疑点数据8.93万条，其中应对类数据5687条、提醒类数据2.04万条、参考类数据6.26万条、预警类数据632条，完成应对、申辩9173条。开展专项执法督察，典型执法督查案例获全省国税系统评比第三名。 （田志明）

■**纳税服务** 市国税局落实税务登记即到即办和小规模纳税人按季申报有关规定，组织车辆合格证电子信息系统上线、车辆购置税二维码扫描系统和网上申报试点，推广影像档案系统。加强企业办税人员培训和考核试点，制定《办税人员办税质量评价制度实施方案》，组织1000多名办税员参加考试，组织24家税务师事务所和129名执业注册税务师参加年检。开展涉税鉴证评定，报批20户逾期抵扣税款617万元，落实198户“A类诚信纳税人”优质服务措施。强化办税服务标准化建设，制定《办税服务厅服务规范》。 （陆 林）

■**结构性减税** 全市国家税务系统执行增值税一般纳税人固定资产进项抵扣政策，办理6962户抵扣税款15.11亿元。兑现增值税即征即退政策，办理528户福利企业退税5.73亿元、30户软件企业退税1320.13万元、28户资源综合利用企业退税7138.32万元。落实增值税免税优惠政策，办理231户蔬菜和鲜活肉蛋产品流通企业免税销售3.7亿元。落实降低小规模纳税人征收率、提高个体起征点、小微企业月销售2万元以下免征增值税等政策优惠6000多万元。落实支持农村饮水安全工程建设税收优惠政策，办理退税305.51万元。落实城市公交车辆免税政策，先后为市公交公司等5家公交企业购置的187辆公交车辆办理免税手续。 （焦 云 陈 燕 陈 晖）

■**“营改增”试点** 全市国家税务系统采集1300多户货运企业运力信息，严防货运企业重大虚开增值税专用发票行为。组织对27户货物运输企业实施增值税专项核查，发现问题企业13户，处理11户，查补税款68.8万元，加收滞纳金3.22万元。组织对15户差额扣除“营改增”企业实施税收风险专项核查，发现问题企业10户，核查凭证1288份，补税36万元，另移交稽查3户。扩大“营改增”试点，实施全市74户广播影视服务业企业“营改增”。做好铁路、邮政业“营改增”试点前户源清查接收、前期培训、发票发售等准备工作。加强“营改增”试点效应分析。2013年，全市“营改增”试点企业累计减税3.8亿元。 （陈 燕）

■**国际税收和反避税** 执行国家税务总局《关于服务贸易等项目对外支付税务备案有关问题的公告》，组织培训16家银行国际业务骨干。召开全市情报交换案源分析和反避税案头分析会，组织反避税专题培训，开展情报交换案源和反避税案头分析交流，组织非居民税收案例评审。加强对“走出去”企业的服务与管理，走访外汇管理局、侨办等部门，摸清40户“走出去”企业第一手资料。开展大项目跟踪管理，入库税金210万元。开展情报交换调查，收到4个国家(地区)回函。经调查核实，弥补亏损920万元；补缴非居民所得税95.39万元；确认1户关联关系，调整关联交易申报额4500万元。加大非居民税收事项核查力度，全年入库非居民税收1.35亿元。调查7户企业非居民股权转让，补税1898万元。 （王家俊）

■**税源专业化管理** 完善税收征管基础管理岗位责任体系及工作规程，确定265项依申请事项、62项依职权事项、111项其他基础管理事项；制定《关于规范专业化管理相关事项的意见》，汇编《税源专业化管理操作指南》，修订《扬州市国税局2013年税源专业化管理考核办法》。全市组织各类风险应对6482户，补征各项收入12.2亿元，税收贡献率6.32%。 （秦国宝）

■**重点税源企业服务与管理** 创设“扬州市国税局大企业和国际税收”网页，建立QQ互动群，向99户重点税源企业推送税收政策文件12份，回复9户重点税源企业网上咨询；推进个性化服务，组建8个重点税源企业客户服务小组，定期到企业了解生产经营情况，掌握税源变化趋势，及时发现涉税风险。分析99户重点税源企业近三年总体税收情况，建立数据库，结合信息运用等，整合、下发风险疑点数据，推送风险应对任务66户次。修订《市局列名重点税源企业联合应对工作机制》《大企业管理工作考核办法》《重点税源企业税收风险应对办法(试行)》等，强化扎口管理，探索实施大企业和国际税务管理处直接应对、与属地税务机关联合应对或委托应对。通过组织风险应对，全年补缴增值税1366万元、企业所得税1.54亿元，加收滞纳金197万元，调减留抵4138万元，调减亏损6820万元。 （王家俊）

■**税收数据情报综合管理平台试点** 做好省国税局税收数据情报综合管理平台试点工作，形成9个信息运用模板，匹配信息17万条，匹配率98.91%，录入非常规情报52条，建立简单比对项目20个，风险分析28项，生成、下发任务338户次，应对成效9322万元；通过风险分析，构建管理模型11个，制定各类报表18种。组建市级税收数据信息情报管理团队，制定《税收数据信息情报管理团队运作管理制度(试行)》。拓展信息数据来源，依托市政府综合治税平台，与供电、人力资源和社会保障、地税等20个部门进行数据交换，获取信息409万条。2013年，运用第三方信息累计补税2.78亿元。 （秦国宝 陈继泉）

地方税务

■**概述** 2013年，全市地方税务系统组织各项收入315.4亿元。其中，税收收入202.7亿元，比上年增长22.83%；社会保险费97.29亿元，增长13.46%；教育费附加及其他基金(费)15.43亿元，增长19.24%。落实“营改增”试点、研发费用加计扣除等政策，累计为各类纳税人办理税收

2013年扬州市地方税收分地区收入情况表

表22-3

地　区	2013年实绩（万元）	2012年实绩（万元）	比上年增长（%）
合　计	**2027143**	**1650336**	**22.83**
市　区	767217	566381	35.46
邗江区	383168	331668	15.53
江都区	317397	271201	17.03
宝应县	185044	156357	18.35
仪征市(含化工园区)	187081	169384	10.45
高邮市	187236	155345	20.53

注:表中所指市区不含邗江区、江都区　　（张晓军）

2013年扬州市地方税收分税种收入情况表

表22-4

税　种	2013年实绩（万元）	2012年实绩（万元）	比上年增长（%）
合　计	**1932659**	**1561769**	**23.75**
营业税	702809	586833	19.76
个人所得税	307430	153049	100.87
土地增值税	172165	144858	18.85
城市维护建设税	143514	116763	22.91
车船使用税	14141	11283	25.33
房产税	66466	58764	13.11
资源税	18410	16248	13.31
城镇土地使用税	57669	57007	1.16
印花税	32078	29066	10.36
契税	185880	173976	6.84
耕地占用税	40239	43250	-6.96
企业所得税	191858	170672	12.41

（张晓军）

2013年扬州市社会保险费征缴情况表

表22-5

社会保险险　种	2013年征缴计划（万元）	征缴实绩（万元）		比上年增长（%）	征缴率（%）
		2013年	2012年		
合　计	**970182**	**972944**	**857493**	**13.46**	**100.28**
养老保险	625070	627171	567297	10.55	100.34
医疗保险	262936	263430	219425	20.05	100.19
失业保险	47539	47633	40575	17.39	100.20
工伤保险	21441	21482	18937	13.44	100.19
生育保险	13196	13228	11259	17.49	100.24

（张晓军）

减免12亿元。税收收入中，属于公共财政预算收入的163.11亿元，增长19.5%。　　（尹时辉）

■税收征管　扬州地方税务局（简称扬州地税局）以明晰征纳双方权利和义务、还权还责于纳税人为前提，优化机构职能配置，推行一级稽查模式，扬州地税局稽查局相继成立5个稽查分局。调整市区管理分局内设机构、职能及税收管理力量格局，全市风险应对人员与基础管理人员比例达1.32:1。撤并6个农村基层分局，实现税源管理集约化。整合执法督察、专项检查和风险应对复审，实行“下查归口”，减轻基层负担。开发“纳税人基础信息生成器”，纳税人基础信息推送确认率90%以上。应用征管指标分析平台，采用预处理技术，提高指标查询和分析效率。　（尹时辉）

■税种管理　全市地税系统清算土地增值税项目84个，清算税款3.8亿元；组织建筑业专项核查，核查企业1757户，实现税收0.95亿元。构建涉税鉴证信息交换管理平台，提高企业所得税汇缴复审效率和质量。推广个人所得税自助申报软件，加大自然人限售股减持个人所得税征收力度，企业所得税、个人所得税分别比上年增长12.4%、100.9%。健全房产税、土地使用税长效管理机制，构建区、乡镇、社区三级综合治税体系，实施个体税收“阳光”定额。　　（尹时辉）

■依法行政　扬州地税局梳理、规范68个内部工作流程。统一税款征收标准，执行行政处罚自由裁量基准。开展重点执法督察以及专项督察，补征税款3342万元。加大税务稽查力度，全年查补各项收入1.4亿元，其中查处涉案税款1000万元以上大案4件。扬州地税局被省政府评为“省级依法行政示范点”。　　（张晓军）

■纳税服务　扬州地税局合理布局办税网点，增强各级办税厅、办税窗口服务能力。上线运行国家税务总局“12366”纳税服务热线系统，完善网上办税厅功能，推广使用自助办税机和影印系统。通过纳税人学校、“纳税人之家”等平台，培训纳税人3772人次。全年走访企业2180户次，解决涉税问题331个。建立企业协调员制度，组织“注册税务师义务维权团”，与职能部门、行业协会开展专题活动。　　（张晓军）

经济管理与监督

Jingji Guanli Yu Jiandu

编 辑 樊庆道

经济宏观管理

■概述 2013年，扬州市坚持稳中求进，围绕“重大产业项目突破年”“重大城建项目会战年”“改革攻坚年”重点任务，统筹做好稳增长、调结构、抓创新、促改革、惠民生工作，全市经济社会发展呈现“运行平稳、质量提升、转型加快、民生改善”良好态势。全年实现地区生产总值3252.01亿元，比上年增长12.0%；实现公共财政预算收入259.26亿元，增长15.2%；全社会固定资产投资2025.2亿元，增长20.3%；居民消费价格指数102.2；社会消费品零售总额1106.88亿元，增长14.4%；出口总额75.51亿美元，下降7.6%；注册外资及港澳台资实际到账18.28亿美元，下降9.1%；城市居民人均可支配收入30690元，增长9.6%；农民人均纯收入14214元，增长12.0%；城镇登记失业率2.26%；节能减排目标任务全面完成。

加强经济运行监测。市发展和改革委员会（简称市发改委）在全省率先建成市级发改委系统经济运行监测网络平台，在线监测企业410家，为市委、市政府决策提供第一手信息。开展“十二五”规划中期评估。61个专项规划全部形成中期评估报告，高邮市、江都区、仪征市、宝应县等县（市、区）评估报告通过同级人大常委会审议，市“十二五”规划中期评估报告通过市七届人大常委会第十次会议审议。开展社会发展水平评价，发布县（市、区）社会发展水平评价结果和评估报告。加强调查研究，形成调研报告70多篇。

加快重大项目建设。宁启铁路复线及电气化改造主体工程基本建成，连（连云港）淮（淮安）扬（扬州）镇（镇江）铁路项目建议书、宁（仪）扬城际轨道交通规划调整方案和沪陕高速江广段工程可行性研究报告获国家发展和改革委员会（简称国家发改委）批准，扬州城市轨道1号线、2号线建设规划启动编制，华电扬州天然气发电项目上报国家发改委申请核准，江苏国信扬州二电厂三期工程项目上报国家发改委能源局审批。列入省重大项目的7个项目中，宝胜特种电缆、仪征中电电气、仪化远东PTA（精对苯二甲酸）等3个项目开工建设，完成投资近40亿元；汇鸿临港物流园、中海运钢材集配中心等4个项目前期工作快速推进。

注重区域统筹。推动跨江融合发展综合改革试点上升为全省发展战略，市委制定《关于全面深化改革 推进跨江融合发展的意见》。对接省委《沿江地区转型发展五年推进计划（2013—2017）》，将江苏国信扬州二电厂三期“上大压小项目”、交通银行金融中心等重大项目列入省行业规划。推进宁（南京）镇（镇江）扬（扬州）同城化研究，编制宁镇扬交通、产业、环保、公共服务等4个同城化专项规划，推动宁镇扬三市通信资费同城化。推进城乡一体化，制定《2013年度全市城乡一体化发展工作意见》，将城乡一体化发展目标纳入对县（市、区）综合考评内容。完成新一轮第一阶段对口援建新疆任务，落实新一轮第二阶段对口支援资金和项目。

注重改革创新。制定《全市深化

8月6日，宁启铁路复线京杭运河特大桥开始全线铺轨　刘江瑞/摄

改革创新体制工作总体方案》，明确并跟踪督查7个领域22个类别51项年度重点改革任务，建立市级经济体制改革协调机制。行业协会改革做法得到国家发改委认可。深化中介市场改革，研究制定全市中介机构市场化、规范化改革方案。深化医药卫生体制改革。推进县级公立医院改革；开展城乡居民大病保险试点；落实基层医疗卫生机构补偿机制，市区17家基层医疗卫生机构获补偿款1754万元。全年化解105家公办基层医疗卫生机构债务2.89亿元。

注重服务大局。全年争取城镇基础设施、农林水利工程、产业振兴、社会发展、生态文明等中央预算补助以及各类省级以上专项资金8.9亿元。发行七年期邗江城市建设企业债券13亿元。化工园区二期、仪征城投公司和扬州经济技术开发区三期债券获国家发改委批文。“点供”地(指对重点项目给予保证指标的单独性保障性供地)报批项目数居全省第一。中科半导体LED(发光二极管)外延片等20个项目取得省发改委备案、核准和开展前期工作批文。扬州泰州机场被列入国家一类口岸开放计划。史福特光电等7个企业研发平台被认定为省级工程中心或实验室。优化审批服务流程，制定《重大项目审批“容缺预审”实施办法》，推进并联审批、容缺预审，提高办事效率。市发改委全年审批事项743件，办结率100%。 (孙景亮 夏卫峰)

■优化区域布局和行政管理体制 规划“七河八岛”(位于广陵区泰安镇和湾头镇，由7条河流以及由其分割而成的8个岛屿组成。“七河”分别为京杭大运河、壁虎河、新河、凤凰河、太平河、金湾河、高水河，“八岛”分别为聚凤岛、芒稻岛、金湾岛、自在岛、凤羽岛、山河岛、壁虎岛、新河岛)、科教创新城，组建空港产业园，成立生态科技新城，实施蜀冈-瘦西湖风景名胜区代管区域扩容提升，加快建设开发区南部临港新城。推进市区社保、民政福利政策“同城同步同标”和“同级同权同责”。推进江都区行政管理体制调整。向广陵区下放市级行政权力529项。深化行政审批制度改革，建立重大项目“绿色通道”制度、基本建设项目并联审批制度，开展“三减一提”(减章、减时、减负，提效)行政效能提升行动，调整和取消审批事项59项。

(韩长金 陶小军 陈 岗)

■国有资产管理体制改革 推进国有企业调整重组。整合组建城建、交通、金融、水利、教育等10个国有资产管理集团(公司)，分别明确主业、改革重点和重大项目建设任务。引导企业开展战略合作。江苏联环药业集团有限公司完成重大资产重组，宝胜集团与中航工业集团公司达成战略合作意向，江苏亲亲集团与重庆冷储物流有限公司达成合作重组共识。整合公交、长途运输、出租车等交通资源。深化国有公司内部管理体制和运行机制改革创新，加快建立以国有公司为主体力量的城市建设投融资体制。 (韩长金 陶小军 陈 岗)

■推进城镇化改革 完成高邮市撤乡并镇工作。推进高邮市、宝应县夏集镇、广陵区杭集镇、江都区邵伯镇全国城镇发展改革试点以及江都区小纪镇省经济发达镇行政管理体制改革试点，下放江都区小纪镇行政权力218项。扶持重点中心镇发展。对11个重点中心镇实行土地整理净增用地指标、新增地方财力、土地出让净收入“三个全留”。在江都区探索推进农村土地流转交易、农业规模经营和农村综合产权交易市场建设等改革。全年投入50多亿元，推动被征地农民转换参加城镇职工养老保险，惠及近20万人。

(韩长金 陶小军 陈 岗)

■创新社会管理体制 探索与经济社会发展相适应的行业协会管理体制，为全国政会分开提供示范。推进政府购买社会组织服务，建成扬州市社会公益创投中心。实施流动人口居住证制度，开展流动人口居住信息登记。建立申请救助家庭经济状况核对机制，扬州市被民政部表彰为“全国居民家庭经济状况核对试点工作优秀单位”。规范市区社区服务用房建设和管理。推进社区党组织、社区自治组织、社区工作站、社区服务中心“四位一体”社区治理模式，构建“网格长＋楼栋长(居民小组长)＋志愿者”社区网格管理服务体系。

(韩长金 陶小平 陈 岗)

■教育卫生体制改革 完成市区中小学及幼儿园布点规划修编，申报全国义务教育发展基本均衡县(市、区)；整合、集聚职业教育行业培训资源，提出优化职业教育资源工作方案。制定城乡居民大病保险试点工作方案，确定试点区域；解决2011—2012年市区社区卫生服务中心历史欠账；市区一般诊疗费实时结算系统上线运行；推进仪征市县级公立医院综合改革；新型农村合作医疗参合率99.8%；社区卫生服务中心标准化建成率97.1%。

(韩长金 陶小军 陈 岗)

■要素市场改革 推进企业上市。江苏远洋东泽电缆股份有限公司、亚普汽车部件股份有限公司和江苏奥力威传感高科股份有限公司等3家企业首次公开募股申报材料报中国证券监督管理委员会(简称中国证监会)审核。江苏普明光电科技有限公司、江苏中兴化工设备有限公司、扬子汽车内饰件有限公司、邗江城市建设发展有限公司在江苏省股权交易中心签约挂牌。规范发展商业银行、村镇银行、小额贷款公司。长江商业银行扬州分行、江苏宝应锦程村镇银行、江苏邗江联合村镇银行、汇丰银行扬州分行先后开业，7家小额贷款公司开业。开展“优化金融生态环境，降低银行不良贷款率专项行动”。落实土地“优供、限供、不供”差别化供地政策，制定《关于进一步规范工业用地管理 促进经济转型发展的意见》。深化人力资源改革。成立市委人才工作办公室，出台英才培育计划、高层次人才子女就学保障实施办法、金融支持高层次人才创业实施办法、市区引进高层次人才住房保障办法等6项人才工作组合政策意见。

(韩长金 陶小军 陈 岗)

■旅游业管理体制与发展机制改革 构建扬州大旅游体系。推进旅游与文化、生态等深度融合，推动凤凰岛和瓜洲国际旅游度假区申报省级度假区，从商务、购物、文化、古城、运河等多方面打造旅游新产品、新线路，"七河八岛"水上旅游线初步开通。丰富旅游营销方式。发展县域旅游，完成宝应白鹿岛改造工程，开展高邮清水潭一期修建性详规深度设计，完成神居山地热资源勘探。

（韩长全　陶小军　陈　岗）

■建筑业管理体制与发展机制改革 引导企业打造建筑产业品牌，13家企业跻身2012年度江苏省建筑业百强企业行列；推进建筑企业资质晋升，119家企业晋升为一级、二级企业，其中一级总承包企业11家、一级专业企业24家；新增国家级工法10项，占全省新增国家级工法的42%；新增一级建造师512人、二级建造师2635人。推进建筑业行业规范管理，支持有实力、有品牌、有口碑的企业优先发展，保障建筑市场规范有序。

（韩长全　陶小军　陈　岗）

■投资运行 投资增长相对平稳。2013年，全市完成固定资产投资2025.2亿元，比上年增长20.3%，高于全省平均水平0.7个百分点，对地区生产总值增长的贡献率60.0%。产业投资结构优化。第一产业完成投资26.6亿元，增长49.7%；第二产业完成投资1146.9亿元，增长14.5%；第三产业完成投资851.7亿元，增长27.7%。一、二、三产投资占比由上年1.0:59.7:39.3优化为1.3:56.6:42.1。服务业投资保持高位增长。其中房地产开发投资315.9亿元，增长34%，增幅比上年提高14.7个百分点，占服务业投资的37.1%。县域投资，尤其是沿河地区投资力度加大。沿河地区完成投资502.9亿元，增幅比沿江地区高4.1个百分点，占全市投资比重比上年提高0.6个百分点；县域完成投资784.3亿元，增幅比市区高2.8个百分点，占全市投资比重比上年提高0.6个百分点。基础设施投资支撑有力。全市基础设施完成投资246.3亿元，增长31.7%，高于全市固定资产投资增幅11.4个百分点，对投资增长的贡献率24.5%。民间投资稳定增长。民间投资1478.8亿元，增长21.8%，占全市投资的73%，比上年提高1.3个百分点。

（许业柱）

■新兴产业发展 全市新兴产业有规模以上企业474家，其中"三新"（新能源、新光源、新材料）产业规模以上企业201家。新兴产业规模以上企业实现总产值2462.1亿元，比上年增长16.6%，占规模以上工业总产值的29%。其中，新能源产业产值234.2亿元，增长12.0%；新光源产业产值353.8亿元，增长22.3%；新材料产业产值408.7亿元，增长9.6%；电子书产业产值186亿元，增长30.1%；智能电网产业产值992亿元，增长19.0%；节能环保产业产值580.5亿元，增长17.1%。"三新"产业完成出口交货值297亿元，增长54.7%。光伏产业稳中向好，形成高纯多晶硅产能4800吨、光伏电池产能1860兆瓦、光伏组件产能1500兆瓦。新光源产业产值平稳增长，全市有MOCVD（金属有机化合物化学气相淀积）设备133台，形成340万片蓝绿光外延片和150万片红黄光外延片年生产规模。高亮度芯片年产能突破4.2万KK（1KK=1000×1000）颗，大功率封装年产能120KK颗。新材料产业持续发展。大连化工、锦湖化工等重点企业保持满负荷生产。电子书产业形成以川奇光电为核心的全球最大电子纸生产基地，集聚川岳科技、易狄欧、先丰光电、凤凰传媒、腾云科技等硬件制造及内容出版商，产业链初具雏形。智能电网产业增速加快。扬州北辰电气设备有限公司、扬州新概念电气有限公司开票销售分别比上年增长100%、80%。

（韩长全　卞春宏　鞠斐扬）

■县（市、区）社会发展水平综合评价 市发改委、市统计局、市社会发展评估领导小组办公室依据《扬州市社会发展水平综合评价方案》，收集、整理2012年度各县（市、区）人口发展、生活水平、公共服务、生态环境、社会和谐等5个领域35项指标，并组织专家组对2012年度各县（市、区）社会发展水平作出评价。反映各地区社会发展整体水平的社会发展水平综合指数为邗江82.83、江都81.98、广陵81.93、高邮76.42、仪征75.37、宝应73.31，反映各地区社会进步水平的社会发展速度指数为江都195.49、宝应178.51、仪征177.45、广陵177.03、高邮175.64、邗江172.07。

（尤海勇）

■交流与合作 深化长江三角洲（简称长三角）区域合作。2013年，扬州市策应中国（上海）自由贸易试验区、长三角区域一体化建设，融入以上海为龙头的长三角核心区。参加长三角城市经济协调会市长联席会议，审议通过《长三角城市环境保护合作（合肥）宣言》《长三角城市实施创新驱动 推进产学研合作（合肥）宣言》，签署《长三角城市合作（合肥）协议》。牵头完成"关于长三角区域差别化发展取向和重点的研究"课题。推进各成员城市的合作和交流，与上海交通大学签署全面合作协议，与中国科学院上海分院签署开展新一轮高层次、全方位合作协议。

推进南京都市圈一体化建设。参加南京都市圈第一届党政领导联席会议暨南京都市圈城市发展联盟成立大会，审议通过《南京都市圈城市发展联盟章程》《南京都市圈党政领导联席会议议事规则》《南京都市圈合作机制组织架构建议》，联合上报《南京都市圈区域规划》。参加第七届南京都市圈市长联席会议暨2013南京都市圈发展论坛，签署城市间《2014年度合作项目协议》。

推动完善宁镇扬同城化工作机制。扬州与南京、镇江三市联合制定《宁镇扬同城化建设推进纲要》并上报省政府。推进宁镇扬通信同城化工作，三市会同省通信管理局拟定宁镇扬通信同城化的路径、方式和时间节点。按照《南京市、镇江市、扬州市同城化建设合作框架协议》，签订《2014年度宁镇扬同城化合作项目协议》，重点加强交通、通信等基础设施项目合作，编制《六合—仪征联系紧密地区协调规划》。

加强区域和城市间经济交流与合作。承办南京区域经济协调会2013年工作会议。组织参加第17届中国东西部合作与投资贸易洽谈会，签约合作项目49个。其中，投资合作项目12个，投资规模26.3亿元；贸易合作项目37个，交易额6.47亿元。组织参加2013中国淮北食品工业博览会。开展南京经济区“青奥之旅”景区推荐遴选活动，联合南京区域经济协调会和南京青年奥林匹克运动会组委会在扬州举办“青奥之旅”首批指定接待景区、推荐景区授牌仪式。争取省政府《关于促进苏中与苏北结合部经济相对薄弱地区加快发展的政策意见》和省发改委《关于贯彻落实省政府苏中与苏北结合部经济相对薄弱地区组织实施共建园区工作的通知》等政策倾斜。高邮、宝应与苏南省级以上经济开发区开展园区合作共建。（沈诗贵）

■能源工作 推动节能降耗和新能源综合利用。全市能源结构优化，能源行业效益增长，非石化能源（主要指可再生能源）占比上升，可再生能源综合利用发展较快，重大能源基础设施项目取得进展。江苏国信高邮2×100兆瓦级燃机热电联产项目、华电新能源江都经济开发区天然气分布式能源项目、仪征联众煤改气项目取得省能源局同意开展项目前期工作的批文。扬州供电公司500千伏扬州北输变电工程开工建设。全市完成电网投资11.88亿元，累计投产220千伏变电容量54万千伏安、线路61.5千米。“川气东送”扬州门站及配套管网建设项目取得省能源局同意开展项目前期工作的批文；中石化江苏江北成品油管道扬州段工程沿线拆迁补偿工作全部结束，铺设管线60千米。开发利用新能源。总投资10.08亿元的宝应柳堡现代生态渔业产业区108兆瓦渔光互补光伏发电站项目和总投资10亿元的高邮100兆瓦渔光互补光伏发电站项目获省能源局核准。全市并网发电的光伏发电总装机容量64.6兆瓦，在全省率先实施家庭用户分布式太阳能发电项目试点。加强成品油市场营运和管理。2013年，全市销售成品油100.1万吨，其中汽油39.8万吨、柴油60.3万吨，分别比上年增加9.7万吨、3.1万吨、6.6万吨。中国石化集团江苏石油有限责任公司扬州分公司销售成品油58.2万吨，占全市销售总量的58.1%；中国石油天然气股份有限公司江苏扬州销售分公司销售成品油19.7万吨，占全市销售量的19.7%；其他成品油经营企业及各社会加油站点合计销售成品油22.2万吨，占全市销售量的22.2%。（陆 扬）

■跨江融合发展专家咨询暨“开门纳谏”活动 7月底至8月中旬，市发改委利用《新华日报》、《扬州日报》、《扬州晚报》、扬州网、名城扬州网、百姓生活网等报刊、网络平台，开展“贯彻市委六届五次全会精神，推进扬州跨江融合发展专家咨询暨‘开门纳谏’活动”，收到各类意见、建议近300条，论坛跟帖、留言上千条。经评比，评出高见5条、好建议15条。8月25日，扬州市举行跨江融合发展专家咨询会，省发改委副主任樊海宏、省政府研究室副调研员沈和等10名省内专家学者分别从交通规划、产业定位等方面，对扬州跨江融合发展、宁镇扬同城化等工作提出意见和建议。（孙景亮 夏卫峰）

国土资源管理

■概述 截至2013年底，全市土地总面积65.91万公顷，其中耕地面积33.04万公顷（含可调整地类面积4.63万公顷）、园林面积0.43万公顷、林地面积0.25万公顷、草地面积0.08万公顷、城镇村及工矿用地面积10.32万公顷、交通运输用地面积2.79万公顷、水域及水利设施用地面积18.32万公顷、其他土地面积0.69万公顷。

全市有矿产资源15种，其中基本探明储量的矿产资源12种。石油、天然气储量居全省首位。建筑用玄武岩主要分布在仪征和高邮天山一带，建筑用沙及鹅卵石（雨花石）在仪征丘陵地区广泛分布。地热资源禀赋与开发条件优越，分布广、储量大、温度高、水质好，可采储量3万立方米/天。（卞大亮）

■耕地资源保护 3月，市政府召开全市国土资源工作会议，表彰国土资源目标管理先进单位、耕地占补平衡贡献奖单位，与各县（市、区）政府、园区管委会签订国土资源目标管理责任状。

2013年，全市新增耕地1341.82公顷。其中，完成耕地占补平衡补充耕地项目177个，新增耕地931.92公顷；完成市以上投资土地整理项目17个，新增耕地409.90公顷。全市累计实施万顷良田建设工程9个，建设总规模1.19万公顷，累计完成投资15.3亿元。其中，2013年在建项目5个，完成土地整治5089.24公顷，新增耕地495.90公顷。完成城乡建设用地增减挂钩复垦项目128个，新增农用地284.85公顷，新增耕地279.76公顷。组织开展基本农田划定工作，落实基本农田27.02公顷，建设高标准基本农田2.80万公顷。（卞大亮）

■土地征收与供应 2013年，全市上报国土资源部、省政府征收土地总面积2678.50公顷，其中农用地2027.14公顷；获批征收土地1969.69公顷，其中农用地1355.4公顷。全市征收土地中，邗江区占15%，广陵区占11%，扬州经济技术开发区占4%，江都区占17%，高邮市占19%，仪征市占20%，宝应县占14%。

全市获批“点供”地项目25个（农用地计划299.33公顷），获批独立选址项目30个（农用地计划413.6公顷）。2013年，全市供应土地2828.26公顷，比上年增长17.91%。其中，出让土地2326.44公顷，增长31.75%；划拨土地501.82公顷，下降20.48%。土地有偿供应比例明显提高。全市供应的各类用地中，商业服务业用地517.45公顷，增长134.59%；住宅用地787.35公顷，增长16.23%；工矿仓储用地1230.22

公顷，增长33.17%；公共管理及公共服务用地87.74公顷，下降26.44%；交通运输及其他用地205.50公顷，下降38.89%。 （卞大亮）

■土地和矿业权市场 2013年，全市出让土地2326.44公顷，比上年增长31.75%；合同出让金356.64亿元，增长43.06%。其中，采用招标、拍卖、挂牌方式出让土地2131.25公顷，增长34.53%；合同出让金306.15亿元，增长47.63%。市区出让土地798.31公顷，增长19.31%，合同出让金180.02亿元。其中，招标、拍卖、挂牌出让土地635.85公顷，增长14.10%，合同出让金130.10亿元。招标、拍卖、挂牌出让土地中，商业、住宅等经营性房地产开发用地241.70公顷，增长1.79%，合同出让金123.24亿元。全市出让工业用地1188.79公顷，增长28.54%；其中市区出让工业用地394.15公顷，增长49.97%。市区土地二级市场全年成交地块5711宗，增长10.44%。

规范矿业权交易行为。全市采矿权出让实现由县级交易平台向市级统一交易平台过渡。2013年，全市出让采矿权63宗，收取采矿权价款200.14万元，收取环境治理保证金70万元。矿产资源补偿费征收入库额2600多万元（含江苏油田），省国土资源厅、省财政厅返还市级矿产资源补偿费656万元。 （卞大亮）

■土地储备和“城中村”改造 2013年，市土地储备中心新增储备土地27宗204.33公顷（其中“城中村”地块67.73公顷），比上年增长171.02%。2013年末，市区储备土地库存131宗691.87公顷。市区全年改造“城中村”地块15个，占地总面积约274公顷，拆迁1722户村（居）民房屋建筑面积51.66万平方米。 （卞大亮）

■国土资源执法监察 国家土地督察南京局对扬州市开展2013年度土地例行督察。市国土资源局开展土地卫片（卫星遥感图片）执法检查，查处、整改土地违法违规问题，建立健全土地执法监管共同责任机制，保持土地执法监管高压态势。全年下发行政处罚决定30件，责令退还土地54.7公顷，责令拆除建筑占地面积0.97公顷，罚款461.21万元。全市国土系统办理涉及国土资源的来信342件，比上年上升28.08%；接待群众来访155批次627人次，分别上升10.71%、34.6%。 （卞大亮）

■土地节约集约利用 市政府制定《关于加强工业用地差别化管理 促进转型发展的意见》，将工业用地划分为“优供”“限供”“不供”3个等级，实施差别化管理。2013年，扬州市获省委、省政府推荐申报“全国城镇低效利用土地再开发”试点单位。争取省委、省政府4项土地政策：一是支持扬州实施全域土地整治；二是经省认可的跨江融合发展重点项目，可按照不超过上年度用地计划30%的原则预借先行使用土地；三是对扬州市符合“点供”条件的重大产业项目用地给予优先安排；四是对省级节约集约用地模范县（市、区）和高标准厂房建设先进县（市、区）给予用地指标奖励。全市全年盘活存量土地573.04公顷，比上年增长24.03%。根据市政府《关于促进工业集中区整合提升特色发展的意见》，参照省级开发区土地利用效益评价方法，对全市75个各类工业集中区土地利用效益状况进行调查分析、综合评估，为市政府研究制定工业用地差别化管理政策提供决策参考。 （卞大亮）

■地籍管理 2013年，市区办理土地发证1.73万本，比上年下降13.34%；办理土地抵押登记308宗，下降49.92%。结合土地登记信息动态监管查询系统建设，对全市地籍信息系统实施升级改造，农村地籍和城镇地籍数据入库，农村集体土地与城镇国有土地登记发证在同一个平台操作运行，基本实现城乡地籍管理一体化。 （卞大亮）

■测绘管理 推进“数字扬州”地理空间框架项目建设，完成基础地理数据库建设，基本建成市国土资源局、市公安局、市体育局、市申报世界文化遗产办公室、市环境保护局、市委组织部等示范应用系统，“天地图·扬州”通过国家、省测绘地理信息局测评并上线试运行。启动“数字县市”建设和扬州市第一次地理国情普查。加强日常测绘地理信息管理。组织开展“质量巩固年”、测绘保密检查、测绘地理信息市场巡查、地图市场监管等活动。完成全市37家测绘单位测绘资质年度注册，备案测绘项目173个，初审3家单位地图。做好全市155个省管测量标志日常维护。

（卞大亮）

■地质灾害防治和矿山环境整治 加强观音山、神居山等地质灾害隐患点、危险点监测和应急处置，基本完成仪征龙山特大型地质灾害治理项目。全年办理建设用地地质灾害危险性评估备案22批次。按照《扬州市“矿山复绿”行动计划》，推进废弃沙石矿和在采矿山环境治理。

（卞大亮）

■地热资源开发利用 《扬州“中国温泉之城”发展建设总体规划》完成编制并通过省国土资源厅验收。完成《扬州地区地热资源普查项目》编制，在广陵“七河八岛”、江都邵伯镇和双沟镇、邗江瓜洲镇等重点区域开展地热普查，新勘定地热井位11口。凤凰岛“凤凰1号”和高邮马棚地热井出水。隐居逸扬凤凰岛温泉度假村和仪征天乐湖温泉养生庄园建成并对外营业。 （卞大亮）

国有资产监督管理

■概述 2013年，市政府国有资产监督管理委员会（简称市国资委）履行出资人职责的市属监管企业实现营业收入199.24亿元，比上年增长10.86%；实现利润12.62亿元，增长6.19%；2013年末资产总额623.77亿元，其中所有者权益总额284.24亿元，分别增长11.39%、10.94%。扬州金茂化工医药集团公司、扬州市城建国有资产控股（集团）有限责任公司、扬州建工控股有限责任公司营业收入列前三位，利润总额分别达5.39

亿元、4.46亿元和1.82亿元。落实市委、市政府《全市深化改革创新体制工作总体方案》和国资改革推进实施方案部署，建立国资管理体制改革工作组织网络，协调推进改革目标任务。实施扬州市城建国有资产控股(集团)有限责任公司、扬州市交通产业集团有限责任公司、扬州市扬子江投资发展集团有限责任公司、扬州水利投资集团有限责任公司、扬州市现代金融投资集团有限责任公司、扬州教育投资集团有限公司等国企改革重组。2013年，江苏扬农化工集团有限公司与中化国际(控股)股份有限公司深化战略合作，签署三方协议，完成地方国有股权划转；江苏亲亲集团与重庆万吨冷储物流有限公司开展项目合作；扬州市与中国航空工业集团全资子公司中航机电系统有限公司签订《重组宝胜集团有限公司协议》，建设世界级电线电缆产业重要制造企业。开展市属国有企业改革改制。江苏联环药业集团有限公司收购扬州制药有限公司100%股权，完成股份变更、工商登记。华源有限公司破产工作完成资产审计评估以及债权、债务登记，按照法定程序召开职工代表大会，审议通过企业破产预案、职工安置分流方案等。全年新办产权登记项目49个，新增国有资本76亿元。完成国资评估备案管理项目16个。扬州市城建国有资产控股(集团)有限公司等五大集团全年融资100.95亿元。在全市范围公开选拔市属国有企业领导人员，选拔和调整25人次到市属国有企业任职。面向全国公开招聘扬州市现代金融投资集团有限责任公司副总裁1人。在复旦大学举办市属企业风险防控专题研修班，组织12名企业领导人参加清华大学“创新型企业经营管理人员高级研修班”。 (花为华)

■**国资国企改革** 2013年，市国资委按照全市深化改革创新体制工作领导小组要求，制定市国有资产管理体制改革办公室工作方案，成立业务指导组、资产划转组和考核督查组，建立国资管理体制改革工作组织网络，加快重点项目建设进度。推进企业上市，同意扬州市城建国有资产控股(集团)有限责任公司成立全资子公司扬州公用水务集团有限公司，启动自来水公司、洁源排水公司股份制改造工作，制定企业改制建议方案，组织方案论证。扬州市现代金融投资集团有限责任公司制定改革推进实施方案，成立市级天使投资基金。

(陈晓东)

■**公交资源整合** 整合市公共交通总公司、时代公交有限公司，统筹配置公交资源，推进公交优先，促进公交规模经营。整合后成立的扬州市公共交通集团公司作为市政府直属国有企业，由市交通产业集团有限责任公司代行出资人职责，由市国资委监管国有资产，市交通局负责行业管理。 (陈晓东)

■**国资经营预算** 市国资委优化市属国有企业国资经营预算编报工作，发挥国资收益调节作用。2013年度国资经营预算草案经市人大审议通过后，市国资委向10户监管企业下达国资收益目标任务。国有企业全年足额上缴国资收益2800万元。 (王 伟)

■**企业产权管理** 截至2013年底，全市有经产权登记的市属国资监管国有企业246家，实收资本271.38亿元，其中国有资本248.43亿元。按企业级次分，有一级监管企业8家、二级监管企业69家、三级监管企业85家、四级及四级以下监管企业84家，分别占总数的3.25%、28.05%、34.55%和34.15%。8家一级监管企业实收资本85.14亿元，其中国家资本84.50亿元、国有法人资本0.64亿元。 (王 伟)

■**国有资产统计** 12月，市国资委组织召开全市国有企业统计年报工作部署会议。经统计、会审，2012年全市有国有企业136家，其中市国资委出资企业93家、各县(市、区)企业35家、非监管企业8家；市属国资监管国有企业2012年末资产总额561亿元，其中负债总额304亿元、所有者权益257亿元；市属国资监管国有企业2012年实现营业总收入178.1亿元，实现利润总额11.4亿元、净利润8.9亿元。 (赵 蓓)

工商行政管理

■**内资企业登记监督管理** 2013年，全市新发展内资企业565家、注册资金105.85亿元。新开业内资企业数量比上年下降5.52%，新增注册资金增长111.70%，户均注册资金增长124.04%。新开业内资企业中，注册资金1亿元以上企业40家，注册资金98.2亿元，占新开业内资企业注册资金总数的92.77%；由地方政府授权直接出资的国有独资有限公司9家，注册资金19.4亿元，占全年新开业内资企业注册资金总数的18.33%。

内资企业新增注册资金进入租赁和商务服务业38.46亿元、建筑业19.82亿元、房地产业11.92亿元、金融业9.16亿元，与上年相比，分别增长167.88%、290.93%、136.94%和266.41%。上述4个行业新增注册资金79.36亿元，占全年内资企业新增注册资金的75.00%。

截至12月15日，全市内资企业总数8824家、注册资金1480.12亿元，分别比上年同期增长1.82%、33.11%。全市内资企业中，第一产业企业162家，注册资金4.58亿元，分别增长-1.82%、102.65%；第二产业企业1658家，注册资金411.99亿元，分别增长-4.66%、29.41%；第三产业企业7004家，注册资金1063.55亿元，分别增长3.58%、34.4%。内资企业产业结构未发生较大变化。 (卞德勇)

■**私营企业登记监督管理** 2013年，全市新增私营企业1.55万家，注册资金330.66亿元；注销私营企业9629家。截至12月15日，全市私营企业总数6.26万家(含分支机构5137家)，从业人员101.29万人，注册资金2596.4亿元。其中，城镇私营企业4.55万家，从业人员67.50万人，注册资金1907亿元；按企业类型分，个人独资企业1.97万家、合伙企业325家、有限公司4.21万家、股份公司482家。

私营企业总量增长，发展速度有所放缓。全市私营企业户数和注册资金分别增长4.67%和11.68%，但新开业私营企业数量、投资者人数、雇工人数以及注册资金均出现负增长。

私营企业规模和实力壮大。全市私营企业户均注册资金414.69万元，增长6.7%。私营企业中，企业集团87家，增长19.18%；注册资金1000万元～1亿元企业4962家、1亿元以上企业528家，分别增长10.51%和22.51%。规模较大的私营企业发展加速，特别是1亿元以上私营企业增幅明显。

截至12月15日，全市第一、第二、第三产业私营企业数分别为1997家、2.86万家、3.2万家，分别占总数的3.19%、45.65%、51.16%；注册资金分别为57.7亿元、1472.12亿元、1066.58亿元，分别占总数的2.22%、56.7%、41.08%。与上年同期相比，第一产业、第三产业企业数量和注册资金占比上升，第二产业占比略有下降。从新增私营企业行业分布情况看，第二产业仍以制造业为主，其注册企业数量和注册资金分别占新开业第二产业私营企业的91.98%和90%。电力、热力、燃气及水生产和供应业新开业私营企业8家，注册资金2.54亿元，其中扬州兴凯可再生能源有限公司注册资金2亿元，成为第二产业私营企业新亮点。第三产业新增私营企业注册资金主要集中在金融业(29.47亿元)、房地产业(27.6亿元)、信息传输软件和信息技术服务业(8.72亿元)，分别增长114.48%、100.29%和202.78%。金融业新开业中小额贷款有限公司11家，注册资金20.48亿元；房地产业新开业注册资金1亿元以上私营企业12家；信息传输软件和信息技术服务业新开业注册资金1亿元以上私营企业4家。（卞德勇）

■外资和港澳台资企业登记监督管理 2013年，全市新增外商、港澳台商投资企业208家。其中，新增企业法人145家，投资总额27.16亿美元，注册资金18.04亿美元，外商、港澳台商认缴额17.11亿美元，分别比上年下降17.61%、15.57%、10.38%、10.84%；新增外商、港澳台商投资企业分支机构63家。全年有67家外商投资企业法人和29家外商、港澳台商投资企业分支机构办理注销登记。截至12月15日，全市有外商、港澳台商投资企业1867家(其中分支机构405家)，投资总额248.62亿美元，注册资金142.44亿美元，外商、港澳台商认缴额120.35亿美元。外商及港澳台商投资企业中，第一产业企业70家、第二产业企业1148家、第三产业企业649家，分别占3.75%、61.49%、34.76%。其中，各产业法人企业数量分别为67家、1067家、328家，分别占4.58%、72.98%、22.44%。全市外商及港澳台商投资企业注册资金分别为第一产业3.9亿美元、第二产业97.75亿美元、第三产业40.79亿美元，分别占2.74%、68.63%、28.63%；外商及港澳台商认缴出资金额分别为第一产业3.83亿美元、第二产业81.05亿美元、第三产业35.47亿美元，分别占3.18%、67.35%、29.47%。

2013年，外商和港澳台商投资企业投资方仍以亚洲客商为主。亚洲客商共投资企业121家，投资总额、注册资金和认缴额分别为25.16亿美元、16.78亿美元和16.15亿美元。投资额最大的是中国香港客商，投资企业95家，投资总额、注册资金和认缴额分别为22.03亿美元、15亿美元和14.62亿美元。

2013年，全市有40家外商和港澳台商投资企业投入民资1.33亿美元，分别比上年增长33.33%、49.43%。其中，民资投入量居前3位的扬州金辉置业有限公司、扬州裕顺建设开发有限公司和扬州诺力达电源有限公司分别投入民资3122.45万美元、2048.4万美元和1519.8万美元。

2013年，全市有62家外商和港澳台商投资企业法人增加注册资金8.16亿美元，比上年增长26.51%，相当于新发展外商和港澳台商投资企业法人注册资金总数的51.74%。其中，外商和港澳台商增资7.24亿美元。（卞德勇）

■商标登记监督管理 2013年，全市新增注册商标3702件，累计商标注册3.20万件。新增省著名商标43件、市知名商标114件。2013年末，全市有中国驰名商标34件、省著名商标262件、市知名商标562件。组织华伦化工、汇银家电、秦邮蛋品、远洋电缆、帝一电器等9家企业9件商标申报中国驰名商标。

江苏省扬州工商行政管理局(简称扬州工商局)、市农业委员会印发《加强农产品地理标志保护与注册工作的指导性意见》。宝应县“广洋湖青虾”“鲁垛乱针绣”申报地理标志证明商标。建设产业集群品牌培育基地“扬州机械加工产业集群”。

2013年，全市工商系统检查经营主体3.51万户，捣毁制假售假窝点14个，查处侵权和假冒伪劣商品案件366件，其中商标侵权案件97件。全市有3件商标被纳入省重点商标保护名录，有9件商标被纳入市级重点商标保护名录。各地建立县级重点商标保护名录。实施商标域外保护行动计划。（卞德勇）

■广告监督管理 2013年末，全市有广告经营企业858家，注册资金总额13.5亿元，分别比上年增长11.4%、9.0%，其中注册资金50万元以上企业325家。广告经营企业中，主营广告业企业353家、兼营广告业企业505家；户外广告设计、制作企业296家，平面设计企业237家，影视作品设计企业24家，网络媒介经营企业15家，网络广告发布企业3家，综合类企业283家。全市广告业有从业人员3779人，其中广告专业技术人员1899人。全年规模以上广告企业实现经营额10.3亿元。

2013年，扬州工商系统在全市开展医疗药品虚假违法广告专项整治活动。全年监测各类广告55.28万条次，其中电视广告30.27万条次、广播广告17.7万条次、报纸广告6.27万条次、期刊广告2190条次、互联网广告2632条次、户外广告5567条次，发现涉嫌违法广告6057条。办理广告违法案件204件，罚没入库173万元，比上年增长33.1%。组织4次公益广告、商业广告作品竞赛活动。推荐77件作品参加全省第19届广告节广告设计评比大赛，获金奖2个、银奖2个、铜奖6个。（卞德勇）

■合同监督管理 2013年，扬州工商局开展动产抵押登记工作，帮助中小企业融资。全年办理动产抵押登记280件，帮助企业融资45.95亿元，比上年增长1倍。对1488家"重合同守信用"企业分期开展年度复评工作。全市有30家企业被列入国家工商总局国家级"重合同守信用"企业公示名单，41家企业被列入省工商局省级"重合同守信用"企业公示名单。至2013年末，全市有各级"重合同守信用"企业1491家。

1月8日，扬州仲裁委员会工商联络处（站）成立。全年受理、调解合同争议21件，其中3件调解转仲裁、18件调解成功并制作法律文书，合同争议金额300多万元。（卞德勇）

■公平交易监督管理 2013年，扬州工商局强化流通领域商品质量监管，集中开展车用燃油质量专项整治工作，抽检成品油40批次，其中11批次不合格；立案查处10件，移送公安机关案件1件。开展打击虚假标识进口洋品牌、整治虚假违法医药广告、"打传规直"（打击传销，规范直销）、治理商业贿赂等专项执法行动，立案查处虚假进口洋品牌案件230件，查处违法广告案件204件，捣毁传销窝点165处，查处商业贿赂案件15件。2013年，全系统查处各类案件1780件，案值9100万元。（卞德勇）

■流通环节食品监管 2013年，全市工商系统开展过渡时期流通领域食品安全监管工作，重点开展"节日市场"、食品非法添加和滥用食品添加剂、校园周边食品市场、转基因食品市场专项整治行动，并针对婚庆喜糖、劣质羊肉卷、"美素丽儿"婴幼儿配方乳粉、镉超标大米等问题食品开展市场清查工作，对疑似问题食品及时送检，有效提高应急处置能力。全年共对茶叶、蜂蜜、蛋白粉、大米等食品实施法检2255批次，抽检合格率94%。（卞德勇）

■受理消费者申诉 2013年，扬州市消费者协会系统开展维修服务业、家电行业等重点领域消费维权工作。市消费者协会重点围绕餐饮服务、手机销售、老年人常用药等社会热点开展体察和比对活动，公开调查结果，受到广大消费者好评。全市"12315"消费者申诉举报指挥中心和消协系统累计受理消费者申（投）诉2453件、举报797件，申（投）诉调解成功率和"12315"回访满意率均达95%以上，为消费者挽回经济损失622.2万元。（卞德勇）

■市场监督管理 2013年，全市工商系统开展H7N9禽流感防控工作，对全市197家活禽、鸟类交易市场720户经营户加强检查，配合相关部门对2家活禽交易批发市场实施休市消毒，保障禽流感防控期间群众消费安全。推进农资连锁经营。全市3370家网点实施连锁经营，农资连锁经营率89%。16家农资经营店被命名为"省级农资经营示范店"。扶持发展家庭农场和农民专业合作社。鼓励达到一定规模的农户注册成立家庭农场，引导多主体、多层次、多类型兴办专业合作社。全市登记家庭农场208个，新登记农民专业合作社409个。至2013年末，全市累计登记农民专业合作社4793个。筹备新一轮农贸市场提档升级工作，制定《关于农贸市场提档升级工作的实施意见》《扬州市农贸市场规范化管理考核办法》《扬州市农贸市场建设和管理规范》，明确"条块结合、以块为主、工商牵头、部门联动"的总体原则。深化放心消费环境建设。召开全市放心消费创建工作推进会和示范街（区）创建观摩交流会，制定放心消费示范街（区）创建工作规范和考核细则。制定《放心消费创建成员单位完成创建任务情况考核实施办法》，细化分解"百千万"（100家放心消费创建诚信品牌企业，1000个放心消费创建示范街（区），10000家省、市级放心消费创建示范企业和单位）工程目标任务。（卞德勇）

价格监督管理

■概述 2013年，市物价局落实稳价惠民举措，加强调控载体建设，发挥平价商店作用，开展价格监测引导，防止价格反弹；整顿价费秩序，落实国家、省涉企收费政策，加强涉农价格监管，推进价格改革；创新热点、难点监管方式，探索"检查一个行业，规范一个行业"的治本之策，加大市场价格监督检查力度。全年居民消费价格指数（CPI）涨幅2.2%，分别低于全国、全省平均水平0.4、0.1个百分点。（周兵兵）

■价格调控 市政府办公室印发《关于2013年价格调控目标责任制的实施意见》。市政府召开全市价格工作暨市场价格调控联席会议，与各县（市、区）政府签订价格调控责任状，调整、充实市场价格调控联席会议成员单位和工作小组，制定价格调控目标责任制，分解目标责任，落实"米袋子""菜篮子"行政首长负责制，形成"政府主导、部门配合、市县联动"的价格调控机制、价格预警机制、价格应急响应机制和价格补贴联动机制。2013年，粮食生产实现"十连增"，市区"菜篮子"工程扩容，畜、牧、渔业规模化水平提高，粮、油、肉储备和保供网络有效覆盖，主副食品、生产生活资料市场等重要物资供应平稳有序。（周兵兵）

■《扬州市价格异动应急预案》颁布实施 10月，市政府印发《扬州市价格异动应急预案》，对价格异动应急组织指挥体系及职责、监测和预警、应急响应与处置、后期处理、保障措施、监督管理等作出规定，明确价格异动预警级别分为三级、二级和一级。针对不同级别的价格异动，采取加强市场监测、24小时应急值班、开展专项应急检查、打击囤积居奇等应急响应措施。事态严重时，市政府动

2013年扬州市部分商品及服务价格调整情况表

表23-1

项目		执行时间	调整前价格	调整后价格	涨幅(%)
民用自来水到户价		2月1日	2.77元/立方米	3元/立方米	8.3
物业公共服务费指导价	七级	4月1日	1.2元/月·平方米	1.6元/月·平方米	33
	六级		1.0元/月·平方米	1.3元/月·平方米	30
	五级		0.7元/月·平方米	1.0元/月·平方米	42.8
	四级		0.6元/月·平方米	0.8元/月·平方米	33
	三级		0.5元/月·平方米	0.65元/月·平方米	30
	二级		0.35元/月·平方米	0.5元/月·平方米	42.8
	一级		0.2元/月·平方米	0.3元/月·平方米	50
生猪屠宰加工费		5月5日	15元/头	22元/头	46.7
港口污泥发电公司蒸汽中准价		8月抄表	227元/吨	214元/吨	-5.7
威亨热电公司蒸汽最高销售价格	工业用汽	8月抄表	228元/吨	215元/吨	-5.7
	非工业生产经营用汽		248元/吨	238元/吨	-4
	学校与居民用汽		170元/吨	185元/吨	8.8
工商业天然气中准价		10月抄表	2.9元/立方米	3.25元/立方米	12
车用天然气最高销售价		10月27日	4元/立方米	4.4元/立方米	10
住宅小区机动车停车服务费	地下	11月1日	90元/个·月	70元/个·月	-22
	地上		80元/个·月	120元/个·月	50

（周兵兵）

用价格调节基金等，调节供求，平抑价格；在全市范围内调配物资，统一征用社会各方面重要商品资源，并实行定量供应，满足人民群众生活必需品需要。根据预案，市政府成立价格异动应急工作领导小组。（周兵兵）

■落实困难群体价格优惠政策 市物价、财政、民政等部门完善价格调节基金使用管理制度，市、县(市、区)安排基金1230万元。市物价局先后4次启动价格上涨联动补贴机制，向全市11万困难群众发放补贴1300万元。实施困难群体价格优惠政策。为市区2421户困难家庭提供11.5万吨免费用水，免收水费31.8万元；为3.91万户困难家庭提供650.4万千瓦时免费用电，免收电费341.6万元；在民用气价改革中，为困难群体提供每月5立方米免费用气，协调燃气公司对特困家庭管道初装费实行减半收取。（周兵兵）

■农产品平价商店建设 2013年，全市新增农产品平价商店36家，其中市区20家。全市累计建成农产品平价商店111家，争取省级专项补贴810万元。全年销售平价农产品2328.5万千克，销售额1.44亿元，减少居民支出1382万元，帮助农民增收192万元。市物价局做好平价商店规范化建设业务指导，召开价格政策提醒会和现场观摩会；发挥价格协会平价商店分会作用，加强行业自律；开展节日专项检查、跨区交叉检查和季度检查考核，规范平价商店经营行为。市区3家平价商店获“江苏省农产品平价商店示范店”称号。（周兵兵）

■农产品产销对接 2013年，市物价局多次召开农产品产销对接会，推动农产品平价商店加强与蔬菜基地、豆制品生产企业等产销对接，减少流通环节。建立“农校对接”配送中心，与市区11所学校签订平价供货协议，惠及学生10万人。开通平价农产品双向“直通车”，组织“平价农产品进社区”活动30次，销售平价农产品205万元，供应品种由蔬菜扩大至肉、禽、蛋、奶、蜂蜜、茶叶、水产等商品，平均销售价格低于市场价20%左右。（周兵兵）

■市场价格监测预警 市物价局调整、完善价格监测网点，开展重要民生商品、工业生产资料价格监测，每月分析、研判市场价格走势，上报价格监测数据6.6万条、监测分析报告246篇。开展禽流感防控期间“一日一报”应急监测，重点监测肉禽蛋类、板蓝根、口罩等相关商品市场价格、供求变化以及群众反映情况，防止价格异动。（周兵兵）

■价格信息发布体系建设 市物价局整合价格信息发布系统，拓宽民生价格发布渠道，打造政务网、价格信息网、“扬州价格在线”网络平台，“扬州物价”数字电视平台，扬州“物价云”、中国扬州微门户“民生价格”和“物价E图”智能手机平台“三网合一”体系。全年新增网络价格信息1.58万条、电视“万事通”信息2.42万条、手机价格信息1.73万条，发布

《价比三家》108期、《全程晒价》35期，编写《价格观察》92期。

（周兵兵）

■**规范收费** 2013年，市物价局落实国家和省明确取消和免征的行政事业性收费16项，减轻企业和社会负担7612.38万元。清理行政事业性收费和经营服务性收费，印发《行政事业性收费目录》，梳理22个系统经营服务性收费151项。对扬州经济技术开发区56家享受收费减免的外商投资工业企业及省级以上高新技术企业进行调查，新发减免收费优待证15份，为持证企业减免收费近2000万元。实施重大工业项目"零收费"，全年减轻企业负担1.3亿元。组织2012年度收费许可证年审，审验收费单位2687家。开展进出口、海事港口、水利、民防、公安、供电工程等收费专项检查，确保收费政策执行到位。（周兵兵）

■**涉农价费监管** 市物价局落实国家粮食收购最低保护价格政策，到粮食收购点督查与监测政策执行情况。从紧核定水稻、小麦种子销售价格，合理核定生猪屠宰服务收费。完成农户种植意向、存售粮、购买农资以及生猪、蚕茧、蔬菜等常规信息调查，开展规模种植业比较效益、土地流转等专题调查。加强新农村建设中水、电、道路等基础设施建设价格监管，做好农民集中居住区房价和物业收费管理，明确农民集中居住区自来水供水工程价格政策，核定村际公交线路票价，参与农村房屋拆迁补偿价格评估及矛盾调解。会同市农业委员会进一步深化涉农收费规范化创建，加强农村市场监管，农民负担监督卡和《涉农收费指南》到户率、知晓率100%，表彰"涉农收费规范化乡镇"创建先进个人36人。（周兵兵）

■**资源性产品价格改革** 2013年，市物价局加强价格改革前风险评估和改革后效应监测，落实成品油价格政策，2次启动公路客运运价与成品油价格联动机制，适时调整燃油附加费标准。完成市区"十一五"民用水价改革第二步调价，明确用于加工供应住宅区热水的自来水按居民到户价结算水费。调整市区民用天然气和车用天然气销售价格，推行民用管道天然气阶梯式气价改革。根据生产成本变动情况，适度降低工商业蒸汽销售价格，合理确定学校、居民用蒸汽价格，改进煤热价格联动办法。（周兵兵）

■**制定垃圾处理价格政策** 2013年，市物价局以垃圾分类、无害化处理和循环利用为重点，实行垃圾"分类处理、差别定价"。明确生活垃圾、生产经营垃圾、建筑装潢垃圾处理费收取和监管责任，分类制定标准。对危险废物实行收集、集中焚烧和安全填埋，对一般工业废弃物实行回收、利用及无害化处理，对医疗废物实施集中无害化处置。将污泥用于掺烧发电，作无害化处理，实现综合利用。

（周兵兵）

■**足浴行业明码标价** 针对足浴行业欺诈、宰客现象，市物价局制定《扬州市区足浴服务行业明码标价实施办法》，统一价目表和服务项目消费清单，详细公示技师等级、服务内容、操作时间等信息，实行先签单、后服务。对明码标价实施办法执行情况开展集中检查，先后下发警示函35份。中秋、国庆期间，实现足浴行业价格"零投诉"。（周兵兵）

■**整顿旅游市场价格** 加强节日期间旅游市场价格监管，对瘦西湖景区实行"五一"门票优惠。"五一"小长假期间，瘦西湖门票收入比上年同期增加183万元。安排市区部分旅游景点实行旺季浮动票价，促进旅游业发展。召开价格政策提醒会，统一景区门票价目表，规范景点及所辖停车场、商品经营服务网点、旅游服务公司、旅行社价格行为，开展商业零售、足浴和沐浴业、旅游景点、高速公路服务区等10多个行业市场价格检查，优化旅游消费环境。（周兵兵）

■**医药价格管理** 2013年，市物价局督导县级公立医院综合改革，在全市二级非营利性医疗机构开展6次医疗收费"巡查会诊"，帮助医院排查医疗价格管理中存在的问题，增加收费透明度，规范收费行为。印发医院制剂价格管理实施细则，落实廉价药品政策，适度调整中药饮片价格，比对市区部分医院400多种循环系统类药品价格，推行药品零售行业明码实价，规范医药价格行为。

（周兵兵）

■**涉房价格管理** 开展涉房收费专项清理，核定937套经济适用房、200套解危安置房价格。全年备案普通住宅商品房80批次241.09万平方米，备案均价9807.52元/平方米，核减总价21.31亿元。加大商品房明码标价和"一价清"执行力度，组织明码标价专项检查，查处不按规定"一套一标"、公示之外加价销售和虚假折扣、虚假优惠等行为，公开曝光典型案例，保持房价基本稳定。

（周兵兵）

■**物业服务价格分级管理** 对市区物业管理价格实行分级管理，市物价局负责制定、调整市区物业服务收费管理办法、普通住宅物业服务等级、收费指导价及相关收费标准，广陵区、邗江区物价局负责备案管理。市物价局调整、公布7个物业公共服务收费等级指导价标准，合理疏导收费矛盾。（周兵兵）

■**价格便民服务** 2月6日，市物价局物价便民服务大厅与配套"数字物价"工程建成启用，大厅主要功能为整合价格电子政务中心、信息数据中心和信息发布平台，重新梳理对外服务事项，构建政务、业务、事务"三位一体"公共服务体系，提供"全流程、全业务、全覆盖"一站式服务。大厅设立价格信息服务、价格举报咨询、涉价事务受理办事窗口，为经营者和消费者提供方便高效的服务。

（周兵兵）

■**成本监审、调查和认证** 2013年，市物价局成本分局组织开展重要景区、出租车、教育收费、农产品加工、房地产信息服务等18个定(调)价项目成本监审和调查，核减4595.41万元，核减率10.17%。市价格认证中心受理刑事案件涉案价格鉴定131件，鉴定金额920.79万元；为纪检监察、海关、质监等部门及进出口项目、骨干企业提供价格鉴证服务；评估、调整市区500多个小区、数十万套存量房计税基准价格，防止税收流失。（周兵兵）

安全生产监督管理

■概述 2013年，扬州市安全生产监督管理局(简称市安监局)强化安全生产监管，开展安全生产大检查、隐患排查治理、专项整治、打击非法生产经营和治理违章专项行动(简称“打非治违”)、企业安全生产标准化达标建设、安全生产宣传教育等工作，推动落实安全生产属地管理责任、部门监管责任和企业主体责任，全市安全生产形势持续稳定好转。全年发生各类事故2118起，死亡178人(生产经营性事故)，重伤429人，经济损失3220万元，死亡人数与上年相比下降0.6%；各类事故死亡人数占控制指标的98.3%。其中，工矿商贸企业发生事故19起，死亡23人，分别比上年下降9.5%、4.2%，死亡人数占控制指标的96%；经济损失1917万元，上升10%。经江苏省安全生产委员会(简称省安委会)安全生产目标管理责任考核领导小组考核评定，扬州市安全生产目标管理工作连续第九年获得省优秀等次。（焦同林）

■安全生产责任制建设 继续将安全生产责任制落实情况列为县(市、区)党政正职履职考核专项指标，实行重大安全生产责任事故“一票否决”。市长与各位副市长签订安全生产责任书，履行“一岗双责”。市政府向负有安全生产监管职责的9个部门下发安全生产工作任务书，与10个县(市、区)政府、园区管委会，48个市直有关部门(公司)、驻扬单位和重点企业签订安全生产目标管理责任书。6月，市政府印发《关于坚持科学发展 全面提升全市安全发展水平的实施意见》及其重点工作分工方案，明确7个大类50项工作任务的责任单位和监管责任。市安全生产责任保险(简称安责险)工作领导小组和市安责险工作领导小组办公室连续第三年推行安责险工作，全市实现危险化学品、船舶修造、烟花爆竹、冶金电力、人员密集场所等高危重点行业领域安责险全覆盖。全年477家企业2.97万人参加保险，缴纳保费866.4万元。安责险全年理赔支付431.1万元。（焦同林）

■安全生产标准化工作 2013年，市安监局按照“分行定标、分类指导、分层考核、分级管理”要求，加强对各地、各行业主管部门安全生产标准化建设工作的协调指导和督促检查。组织专家编制《扬州市企业安全生产标准化基本规范评分细则》《扬州市船舶修造企业安全生产规范化评分细则》《扬州市规模以下企业安全生产标准化三级达标评分细则》以及相关基本制度和安全规程，为企业提供创建达标参照依据。2013年，全市新增安全生产标准化一级企业3家、二级企业20家、三级企业964家。截至2013年底，全市累计有三级以上安全生产标准化达标企业2472家。其中，5家企业达一级标准；36家企业达二级标准；1940家规模以上企业达三级标准，达标率100%；491家规模以下企业达三级标准，达标率34%。（焦同林）

■安全生产专项整治 2013年，全市安监系统集中开展道路交通、消防、危险化学品、烟花爆竹、建筑施工、船舶修造、煤矿、水上交通、农机、职业危害、燃气、特种设备、校车、旅游等14个重点行业、领域安全生产专项整治。在危险化学品专项整治中，99家企业完成269套未经正规设计的化工装置安全设计诊断和整改；开展新一轮危险化学品重大危险源辨识、评估、分级、登记建档工作；所有危险化学品重大危险源单位均在当地县级安监局重新备案，实行“一源一档”、分级备案，全市备案危险化学品重大危险源单位84家、重大危险源92个；查处危险化学品企业违法案件32件，实施行政处罚50.01万元。在烟花爆竹安全生产专项整治中，市安监局联合市公安局、扬州工商局取缔24家无证经营销售点。在职业卫生专项整治中，开展化工、冶金、电镀、建材等重点行业治理，落实企业职业危害防治主体责任。全市申报备案职业危害企业3611家，比上年增长29.1%；对1874家企业实施工作场所职业危害检测，增长42.7%；完成职业卫生设施预评价备案审核21项、设计专篇审查2项、竣工验收备案审核29项；227家职业危害重点整治企业共自查隐患683项，整改621项，整改率90.1%，投入整改资金553.5万元，职业卫生培训率100%，职业危害项目申报率100%，职业卫生项目“三同时”(同时设计、同时施工、同时投入使用)执行率100%，职业危害因素检测率91.2%。（焦同林）

■安全生产检查和隐患整改 2013年，全市安监系统累计执法检查生产经营单位2022家次，发现各类安全生产隐患1.04万个；下达《责令限期整改指令书》2435份，整改复查率100%；处罚违法违规事项141件，处罚金177.5万元，按期结案率100%。全市有4.18万家生产经营单位开展隐患排查治理工作，查出一般隐患1.40万个，投入整改资金1.56亿元，整改隐患1.38万个，整改率98.4%。市、县分级挂牌督办重大事故隐患17个，全部按期整改到位。6月，按照全国、全省安全生产电视电话会议“全覆盖、零容忍、严执法、重实效”的总体要求，开展为期4个月的安全生产大检查。市、县(市、区)、园区、乡镇(街道)党政负责人带队开展安全生产大检查。市安监局组成12个暗查执法组，开展2次大规模暗查执法，突击检查企业48家，查出各类隐患和问题231个；分别到江都区、邗江区、广陵区、扬州经济技术开发区等地和市直、驻扬单位12家企业暗查开展安全生产大检查情况。大检查期间，全市查出各类隐患和问题9.77万个，整改隐患9.64万个，投入整改资金1.03亿元，整改率98.7%。11月23日，市安监局部署全市输油输气管道安全专项督查工作，组织人员对仪征输油站、西气东输苏北管理处、江苏油田等3家单位进行专项督查，重点检查企业安全生产责任制、安全生产防范措施、事故隐患排查等落实情况。12月23日，组织人员专项督查化工园区危险化学品管道安全情况，发现隐患和问题7个，提出整改建议。（焦同林）

■**安全生产监察执法** 2013年，市安全生产监察支队（简称市安监支队）监察市直199家生产经营单位324次，帮助企业排查隐患1142个，向120家企业下达《责令限期整改指令书》129份，到期整改复查率100%。开展安全培训、职业卫生和隐患排查治理专项监察执法。抽查县（市、区）所属企业36家，查出各类隐患647个。全年依法查处安全生产违法违规案件53件，其中简易程序案件27件、一般程序案件26件，处罚金56.81万元。开展"安全监察执法促进年"活动，启动市、县安全监察执法机构联动机制。开展专项监察，对100家企业安全培训情况进行专项执法检查，发现各类隐患657个，办理行政处罚案件14件；监察全市涉氨制冷企业，建立70家涉氨制冷企业基础台账。试行说理式执法，全市113件一般程序行政处罚案件形成说理式执法文书104份。（焦同林）

■**安全生产宣传教育培训** 6月，市安监局组织开展以"强化安全基础、推动安全发展"为主题的"安全生产月"活动，举办"安全生产月"咨询活动暨"扬建杯"安全文化书画摄影展揭幕和安全生产监察执法人员着装仪式。组织机关志愿者进社区宣传安全生产知识。邗江区邗上街道通过"江苏省安全社区"初步评审。组织参加全国"打非治违"知识竞赛、"同煤杯"安全发展战略知识竞赛，均获"优胜单位奖"。3.79万名企业负责人、安全生产管理人员、特种作业人员和101名班组长参加安全培训考核，并取得相应资格证书和操作证。4月2日，组织市安监局安全生产监管人员、各县（市、区）安监局分管负责人、重点化工企业负责人和安全管理人员近150人参加化工安全知识专题讲座。12月5日，举办涉氨制冷企业负责人、分管负责人、安全管理人员和制冷车间负责人专题讲座。督促安全培训机构加大教学设备和培训实际操作场所建设投入，提升培训机构质态。市安全生产培训基地投入资金30多万元，新增标准化教室3间、电脑100台，新建高压电工和登高作业实际操作场所2个。全市7家安全培训机构有专（兼）职教师168人，其中特种作业工种持证上岗教师119人。（焦同林）

■**安全生产应急救援演练** 市安监局修订《扬州市工业企业较大事故应急救援预案》。6月20日，省安委会办公室、市安委会和中石化江苏油田分公司联合主办，市安监局、江都区政府和扬州石化有限公司承办的"江苏油田石油罐区突发火灾重大涉险事故应急救援演练"在江都区举行，全市13个部门和单位200多人参加演练。演练模拟石油化工企业发生气体泄漏后导致爆燃事故，相关企业、江都区政府、扬州市政府分别启动安全生产应急救援预案，现场指挥员统一调度公安、消防、安监、环保、质监、卫生、气象等部门应急救援力量，检验各级、各部门（单位）应对、处置突发事故的综合协调能力和实战救援能力。（焦同林）

■**生产安全事故和责任追究** 2013年，扬州市级挂牌督办生产安全事故3起。1月23日，扬州高新技术产业开发区江苏扬力集团有限公司液压公司重型装配车间钢结构厂房施工工地发生工人高空坠落并砸中地面施工人员事故，造成2人死亡。经调查认定，追究1人刑事责任，给予1人党内严重警告处分，对事故责任单位江苏中油天工机械有限公司、扬州市金泰建设监理公司、江苏扬力集团有限公司和扬州市华业电力建设工程有限公司分别处以行政处罚。5月29日，位于江都区仙女镇陈甸村的扬州子扬发电设备有限公司一在建办公楼发生高处坠落致2人死亡、1人受伤的建筑施工安全事故。经调查认定，追究3人刑事责任，对事故责任单位扬州子扬发电设备有限公司给予行政处罚。11月9日，仪征红山体育公园一艘自驾电瓶船发生电瓶爆炸事故，造成2人死亡、2人受伤。经调查和技术分析，确认该事故为多种不能预见偶发性因素引发的意外事故。（焦同林）

质量技术监督

■**质量强市** 2013年，市政府印发《关于加快推进质量强市建设的意见》，成立市质量强市推进工作领导小组，召开全市质量强市推进大会，争创"全国质量强市示范城市"，组织完成质量强市工作目标考核。全市27家企业获扬州市质量奖，中海工业（江苏）有限公司、江苏奥力威传感高科股份有限公司获2013年度扬州市市长质量奖，海信容声（扬州）冰箱有限公司、扬州宏远电子有限公司获2013年度推进卓越绩效管理先进单位。江苏省扬州质量技术监督局（简称扬州质监局）与江苏科技大学等院校合作开展汽车零部件产业质量发展分析研究，为推进经济结构调整提供宏观决策服务。

（杜建武 顾基富 张 华）

2013年度扬州市质量奖获奖单位

扬州市江都区行政服务中心
江苏东宝农药化工有限公司
江苏晶鑫高温材料有限公司
江苏快乐木业集团有限公司
江苏启源雷宇电气科技有限公司
扬州三得利化工有限公司
高邮市宏泰电杆有限公司
江苏金飞达电动工具有限公司
扬州润盈机械有限公司
扬州市金威机械有限公司
江苏群业电工有限公司
扬州华鼎电器有限公司
江苏扬力数控机床有限公司
同扬光电（江苏）有限公司
扬州协鑫光伏科技有限公司

扬州市润扬物流装备有限公司
扬州新概念电气有限公司
扬州安多新照明电器有限公司
江苏金世康电器科技有限公司
扬州顺达重工设备有限公司
仪征市新源化工有限公司
扬州电力设备修造厂
扬州大洋造船有限公司
江苏帝一集团有限公司
江苏通用电梯有限公司
扬州腾飞电缆电器材料有限公司
江苏扬工动力机械有限公司

（杜建武　顾基富　张　华）

■技术标准战略　帮扶宝应九力绳缆有限公司成立深海定位合成纤维绳缆和系泊设备联合工作组，推进国际标准ISO 17908《船舶与海洋技术——深海定位合成纤维绳缆》工作草案的制定。引导企业制定、修订国家及行业标准18个，成立标准化工作组7个。扬州质监局组织制定市农业标准4个，配合省质量技术监督局制定省农业标准10个。全市企业新增采用国际标准175个。市行政审批服务中心获批成为国家级服务标准化试点单位。

（杜建武　顾基富　张　华）

■名牌战略　2013年，全市共培育省名牌产品80个，其中新增江苏名牌产品44个、复评36个；认定扬州名牌产品120个。加大江苏名牌跟踪管理力度，掌握名牌产品生产企业发展动态。开展名牌经济发展质态考核调研，研究扬州市名牌产品对经济贡献率。（杜建武　顾基富　张　华）

■计量监管　强化民生计量。免费检定202家集贸市场的1.07万台电子计价秤及1117家乡镇医院、村级卫生室、计划生育指导站、福利机构的5234台医用计量器具。宝应县启动"计量惠民示范县"创建工作，高邮市申报第二批"计量惠民示范县"试点。强化能源环保计量。按照省政府"蓝天工程"部署，在完成32家加油站65台加油机158把加油枪检测工作基础上，对4家新建加油站12台加油机38把加油枪开展检测，确保

2013年扬州市新增江苏名牌产品一览表

表23-2

产　品　名　称	企　业　名　称
途悦牌牙刷	两面针(扬州)酒店用品有限公司
春华牌橡胶坝	江苏扬州合力橡胶制品有限公司
纵横牌轻型铝质车辆增压中冷器	江苏嘉和热系统股份有限公司
富美乐牌牙刷	扬州金霞塑胶有限公司
服务业	江苏省扬州汽车运输集团公司
江扬牌额定电压挤包绝缘电力电缆	江苏江扬电缆有限公司
庆松牌QF-184Ⅱ型工业气溶胶静电处理器	扬州庆松化工设备有限公司
CHIHD牌高压、低压预装式变电站	扬州华鼎电器有限公司
亚联牌焊接钢管	江苏通宇钢管集团有限公司
七彩牌漆器	扬州漆器有限公司
罗思韦尔牌汽车暖风机	江苏罗思韦尔电气有限公司
服务业	扬州市京国实业有限公司
YADON牌机械压力机	扬州锻压机床股份有限公司
CMH牌橡胶输送带	中德(扬州)输送工程技术有限公司
DF牌铅酸蓄电池	扬州阿波罗蓄电池有限公司
海信牌冰箱	海信容声(扬州)冰箱有限公司
DENSOjiexin牌汽车空调器	扬州杰信电装空调有限公司
飞龙牌自动复位电液动装置	扬州市飞龙气动液压设备有限公司
永牌液压缸	扬州市江都永坚有限公司
方形红底C牌喷嘴系列	扬州宏诚冶金设备有限公司
金獭猫牌女式皮鞋	扬州赛特鞋业有限公司
希林XL牌普通照明用自镇流荧光灯	扬州市希林光源器材制造有限公司
春京chunjing牌多高层钢结构设备支撑架	江苏春都钢结构工程有限公司
万金牌直柄麻花钻	江苏万金工具有限公司
国鑫牌防火门	江苏省金鑫安防设备有限公司
宝大牌(醇酸/丙烯酸/饱和聚酯)树脂	江苏华伦化工有限公司
赛格牌卷染机	江苏赛格纺织机械有限公司
双环牌活塞环	仪征双环活塞环有限公司
慧通牌恒力弹簧支吊架	江苏慧通成套管道设备有限公司
顺大牌LTG系列铁水罐	扬州顺达重工设备有限公司
真怡牌羽绒服	仪征苏豪制衣有限公司
DH牌土工布	仪征市海诚非织造材料有限公司
帅驰牌多功能智能鞋柜	江苏金世康电器科技有限公司
安多新、维扬牌高效节能纳米有氧LED防眩格栅灯	扬州安多新照明电器有限公司
菲霖纤维牌涤纶长丝(POY)	江苏菲霖纤维科技有限公司
熊猫牌弹性体改性沥青防水卷材	扬州市志高建筑防水材料有限公司
宝阳牌交联聚乙烯绝缘阻燃电力电缆	扬州市金阳光电缆有限公司
星慧智牌道路照明灯具	星慧照明工程集团有限公司
宏志+英文牌环形混凝土水泥电杆	高邮市宏泰电杆有限公司
KE LING(图形)牌KL系列电动手术台	江苏科凌医疗器械有限公司
盈洋牌全自动通心粉加工成套设备	江苏赢洋实业股份有限公司
YYSB牌热水离心泵	江苏永一泵业有限公司
香川牌化纤系列绳缆	江苏省香川绳缆科技有限公司
安宜牌钢瓶	江苏玉华容器制造有限公司

（杜建武　顾基富　张　华）

改造后加油机的检测效率和质量。对3家重点用能单位28台重点耗能设备开展能效测试，节约标煤约2800吨。为2家重点用能单位开展能效对标服务。

（杜建武　顾基富　张　华）

■食品安全监管　开展“三分监管”（食品分类、企业分级、监管分等），动态调整企业“三分监管”数据。全市监管食品生产加工企业549家，其中高风险食品企业149家、中风险食品企业263家、低风险食品企业137家。实施监督检查，检查食品生产企业942家次，抽检各类样品268批次，快速检测各类样品298批次，发现不合格项目1630个，责令企业整改并复查。严格生产许可，全年发放生产许可证207张，注销食品生产许可证35张，不予许可换发证9家。不予许可或许可证注销、吊销数占全年换发证总数的21.3%。

（杜建武　顾基富　张　华）

■特种设备安全监管　开展隐患排查治理，组织5000家特种设备使用单位开展特种设备安全隐患自查自纠；现场检查发现403家单位存在隐患974个，其中101家单位存在严重隐患345个，严重隐患整改率100%。开展小型锅炉和快开门压力容器、简易升降机、涉氨特种设备等专项整治。抽查303家小型锅炉和快开门压力容器使用单位设备476台，发现隐患82个，发出监察指令书20份，其中3台设备被责令停用、1家单位被移送稽查机构，所有隐患均得到整改。全市有简易升降机32台，涉及使用单位25家。其中，30台设备经整改、检验合格后投入使用，2台设备被拆除。督促全市65家涉氨企业压力容器、压力管道作业人员按照规定经考核合格持证上岗。

（杜建武　顾基富　张　华）

■打假治劣　开展“质检利剑行动”。开展以白酒和葡萄酒为重点的酒类产品、化肥、儿童用品、汽车配件等专项执法检查，出动执法人员4550人次，检查生产、销售单位1589家，受理投诉、举报642件，立案查处371件，查获假冒伪劣产品货值3126.53万元，整治区域性质量问题51个。

（杜建武　顾基富　张　华）

■载体和装备建设　建成省光电仪器计量中心、省道路照明灯具产品质检中心、省液压机械产品质检中心。各检测中心为企业提供检测服务，助推产业转型发展。国家洗漱用品检测中心被江苏省商务厅批准为“江苏省洗漱用品商务公共服务平台”。省光电仪器计量中心获批2012年市级现代服务业专项引导资金项目和江苏省中小型光电产业计量检测公共检测服务平台项目。

（杜建武　顾基富　张　华）

食品药品监督管理

■食品安全综合监督管理　2013年，市政府成立扬州市食品药品监管体制改革领导小组，提出全市食品药品监管体制改革建议方案。扬州食品药品监督管理局（简称市食品药品监管局）牵头组织乳制品、肉制品、食品添加剂、食用油等重点食品品种，食用农产品、食品生产经营重点场所，学校食堂及校园周边食品、餐饮服务单位和场所等专项整治行动。全市累计检查食品企业8万多家次，查处食品违法案件1040多件，捣毁私屠滥宰和制假窝点16个。全市累计抽检食品6600多批次，农产品抽检合格率98.4%，食品综合合格率94.0%。开展食品风险监测抽检751批次，覆盖食用油、肉制品、蔬菜等22类高风险产品。扬州餐厨废弃物收运处理项目开工建设，第一期投资约9000万元。组织开展食品安全事故四级应急演练。应急处置问题乳粉、镉大米、假牛羊肉、毒皮蛋等事件。评定“诚信做食品”单位23家。

（洪　昊　杨国屏）

■保健食品和化妆品监督管理　2013年，扬州市食品药品监管系统开展保健食品打“四非”（非法生产、非法经营、非法添加、非法宣传）专项整治行动，重点治理减肥类、降糖类产品，查处违法案件74件，移交公安部门处理15件。市食品药品监管局联合公安部门破获“11·24”北京阳光一佰山芪参特大有毒有害保健食品案。该案涉及23个省（直辖市）368个销售点，被列为国家食品药品监管总局、公安部和最高人民检察院督办案件，6名涉案犯罪嫌疑人被依法判刑。加强保健食品、化妆品生产经营质量监管，检查生产企业216家次、经营企业3635家次，快检筛查236批。化妆品生产企业中，12家通过卫生许可初审，55家完成非特殊用途化妆品备案工作。宾馆用洗浴用品抽检合格率97.5%。

（洪　昊　杨国屏）

■药品生产监督管理　贯彻新版《药品生产质量管理规范》（简称GMP）。6家药品生产企业通过新版GMP认证，未通过认证的4家企业实行停产整顿。加大药品生产认证检查、跟踪检查频次，飞行检查覆盖率100%。开展中药、药用辅料、药用玻璃包装注射剂、医疗机构制剂专项检查，从源头上防控药品安全风险。开展易制毒化学品、特殊药品制剂及“瘦肉精”

2013年扬州市保健食品和化妆品生产企业情况表

表23-3　　单位：家

地　区	小计	保健食品生产企业	化妆品生产企业
合　计	**71**	**3**	**68**
市　区	66	2	64
宝应县	0	0	0
仪征市	0	0	0
高邮市	5	1	4

（盛　军）

制剂专项检查，未发生流弊事件。健全药品不良反应监测和报告网络，网上在线报告单位由102家扩大到487家，上报报表5457份，其中新的、严重的不良反应报表1668份，占报表总数的30.57%。 （洪　昊　杨国屏）

■**基本药物质量监督管理** 全市10家基本药物生产企业飞行检查覆盖率100%，整改问题、缺陷356个，核查6个品种处方工艺，生产电子赋码管理、批发核准核销率100%。扬州地产基本药物抽检合格率100%。组织对基层医疗机构、个体诊所、药店基本药物快检4000批次，合格率100%。 （洪　昊　杨国屏）

■**药品流通和使用监督管理** 2013年，市食品药品监管系统办理零售企业许可592件，新开办药品零售企业47家（含连锁企业1家），注销药品零售企业41家。制定《关于规范全市药品零售行业 促进药品零售连锁经营的意见》。13家药品批发企业投入改造资金702万元。开展药品流通质量大检查、互联网药品专项检查，累计检查企业3773家次，责令592家次限期改正。市食品药品监管局联合市卫生部门开展药品使用质量专项检查，制定《扬州市一级以下医疗机构药学技术人员管理办法》，检查各类医疗机构1550家，责令645家整改，建立监管档案1194份。全市规范药房改造投入近2000万元。对全市1214家药店、573家医疗机构进行信用综合评价，评定诚信药店711家、诚信医疗机构474家。试行药店信用等级"脸谱"公示制度，以大笑脸、小笑脸、平脸、哭脸代表信用等级。 （洪　昊　杨国屏）

■**医疗器械生产经营监督管理** 推进实施《医疗器械生产质量管理规范》，79家企业通过检查，通过率95.2%。办理一类医疗器械产品注册证262份、一类医疗器械生产企业登记28家次、出口销售证明53件，新办医疗器械批发企业208家、零售企业631家。以高风险品种监管为重点，开展定制式义齿生产使用环节、灭菌过程、重点产品经营企业专项检查，检查有关单位415家次，注销产品注册证29份，下达整改通知182份。组织工艺用水专项检查，抽检合格率从2008年的36%提高到90%。强化医疗器械不良事件监测，新增医疗器械不良事件网上直报系统注册用户617家，在线用户累计1095家，覆盖所有生产经营企业和一级以上医疗机构。全年上报医疗器械可疑不良事件2427例，比上年增长646.8%。 （周　进）

2013年扬州市药品及药用包装材料生产企业情况表

表23-4　　单位：家

地　区	制药企业				药用包装材料生产企业	医院制剂室
	小计	制药企业	医用氧气生产企业	药用辅料生产企业		
合　计	**20**	**15**	**4**	**1**	**16**	**8**
市　区	14	10	4	0	9	4
宝应县	1	1	0	0	2	2
仪征市	0	0	0	0	3	0
高邮市	5	4	0	1	2	2

（乔　虹）

2013年扬州市药品和医疗器械经营企业情况表

表23-5　　单位：家

地　区	药品经营企业					医疗器械经营企业		
	小计	批发企业	零售企业	连锁总店	单体门店	小计	批发企业	零售企业
合　计	**1307**	**13**	**1143**	**6**	**145**	**839**	**208**	**631**
市　区	744	10	647	5	82	681	165	516
宝应县	172	1	159	0	12	41	14	27
仪征市	161	1	130	1	29	101	24	77
高邮市	230	1	207	0	22	16	5	11

（尹成雷　周　进）

2013年扬州市医疗器械生产企业情况表

表23-6　　单位：家

地　区	小计	一类企业	二类企业	三类企业
合　计	**149**	**39**	**76**	**34**
市　区	130	31	67	32
宝应县	6	2	3	1
仪征市	4	2	2	0
高邮市	9	4	4	1

（周　进）

■**药品安全专项整治** 2013年，市食品药品监管系统开展打击药品违法生产、打击药品违法经营、加强药品生产经营规范建设和药品监管机制建设、"春风行动"、"打假保安全"和美容类产品、防治流感类药械等专项检查行动，出动执法人员1万多人次，检查企业4500多家次，受理、调查群众举报254件，查办各类违法案件305件，取缔无证经营单位20家，捣毁制假售假窝点3个。完成药品抽检1400批次，合格率97.2%。开展整治虚假违法医药广告专项行动，移送

2013年，扬州市开展“春风行动”药品市场检查　　药监局/供稿

工商部门查处违法广告162条。查处大案要案，移交司法机关处理涉药犯罪案件51件，其中“7·12”三九降糖宁假药案、“12·25”网络销售假药案等案件被列为国家食品药品监管总局和江苏省食品药品监管局督办案件。市食品药品监管局、市邮政管理局印发《关于进一步加强药品邮寄行为管理的通知》，制定《扬州市邮政行业药品安全信息员管理制度》，在全市邮政系统聘用邮政行业药品安全信息员80人。（洪　昊　杨国屏）

■执业药师管理　全年1415人报考执业药师，增长113.4%；201人通过考试。办理执业药师注册、变更191人次。组织执业药师、从业药师参加年度继续教育，709人参加网络培训，466人参加面授，总参培率92%。建立市食品药品监督培训基地。建立160人执业药师志愿者队伍。表彰2012—2013年度全市“诚实守信、服务为民好药师”64人。248人取得药学（药品）专业技术资格，其中高级职称1人、中级职称6人、初级职称241人。（洪　昊　杨国屏）

审计

■概述　2013年，市审计局完成审计项目63个，查处主要问题资金22.52亿元，其中违规资金2.99亿元、管理不规范资金19.53亿元；促进整改、落实有关问题资金1.25亿元，其中增收节支4473万元、上缴财政2473万元。上报的审计报告、信息被市委、市政府和上级审计部门批示、采用82篇次，审计建议被采纳89条，促进被审计单位制定整改措施12项。推进审计理论研究，3篇理论研讨文章受省级以上表彰，13篇审计论文被《中国审计》等期刊采用，30名审计人员入选全国审计理论研究人才库。审计信息化建设继续在全省名列前茅，35篇现场审计实施系统（AO）应用实例被审计署录用，其中2篇获优秀奖；6项计算机审计方法入选审计署计算机审计方法库。（沈燕兵）

■财政金融审计　2013年，市审计局构建以“两个报告”（审计工作报告、审计结果报告）为载体、以预算执行审计为核心的财政审计大格局，实施以市级财政预算执行和地税征管情况审计为基础的6个大类19个审计项目，其中财政金融审计项目5个。审计结果得到充分运用。财政预算执行审计中反映的部门预算编制中存在的问题推动市人大制定《关于加强市级财政预算审查监督的暂行规定》；反映的国库集中支付方面存在的问题推动市财政局印发《关于进一步推进公务卡结算制度改革的通知》《关于进一步完善国库集中支付

2013年扬州市药品市场专项整治情况一览表

表23-7

项　　目	单位	合　计	市　区	宝应县	仪征市	高邮市
出动执法人员	人次	**10075**	5743	1537	1863	932
检查单位	家次	**4591**	3040	564	612	375
查处案件	件	**305**	179	40	63	23
查处案件案值	万元	**341.59**	70.55	218.75	4.38	47.91
没收物品货值	万元	**88.18**	14.31	66.61	1.50	5.76
没收违法所得	万元	**243.90**	44.52	158.61	1.92	38.85
取缔无证经营单位	家	**20**	19	0	0	1
捣毁制假售假窝点	个	**3**	2	1	0	0
移送司法部门案件	件	**51**	33	8	8	2
移送其他部门案件	件	**6**	4	1	0	1

（周国凤）

运行机制的通知》《关于进一步规范和完善预算单位用款申请的通知》等文件，促进完善财政国库集中支付运行机制。邗江区人民政府2012年度财政决算审计、高邮市农村商业银行2012年度资产负债损益审计取得明显成效。（沈燕兵）

■**经济责任审计** 2013年，市审计局对13个地方政府、部门、高校的13名领导干部进行经济责任审计；联合市委组织部、市机构编制委员会办公室，对12名领导干部进行“三责联审”（党政领导干部选人用人责任审查、机构编制责任审核、任期经济责任审计）。市、县两级审计机关率先在全省范围内联动开展全市10个开发园区主要领导干部行业性经济责任审计，任中审计率90%，反映的征地拆迁资金缺乏制度监管的问题推动市政府办公室印发《关于进一步规范全市房屋征收（拆迁）工作的意见》。在对扬州日报社原主要负责人经济责任审计中反映的固定资产管理不规范问题，督促被审计单位修订固定资产及低值易耗品管理办法。（沈燕兵）

■**专项资金审计** 2013年，市审计局完成专项资金审计项目6个。其中，政策性农业保险资金专项审计、全市农业综合开发专项资金审计和全市农技推广专项资金审计推动财政资金管理部门、金融保险机构、农业工作管理部门提高政策性农业保险工作服务效能；人防建设基金征收、管理及使用情况审计促进人防建设基金的规范管理；2012年度残疾人就业保障基金专项审计揭示的政策执行过程中的深层次问题，促进落实残疾人就业保障政策。（沈燕兵）

■**专项审计和审计调查** 2013年，市审计局完成专项审计和审计调查项目4个。按照审计署统一部署，市审计局抽调审计业务骨干80多人，组成7个审计组，实施南通市本级和扬州各县（市、区）政府性债务审计，审计反映的政府性债务管理不规范等问题，促进市政府办公室制定《扬州市级政府性债务管理暂行办法》；对全市城镇保障性安居工程进行跟踪审计。按照省审计厅统一部署，对全市村庄环境整治工程进行专项绩效审计，促进1358.75万元资金拨付到位；审计建议被采纳26条，促进完善规章制度1项。开展市直中小学校舍安全工程审计，督促教育部门规范建设行为。完成审计署交办的高邮市使用世界银行贷款/英国政府赠款发展农村卫生项目执行情况审计工作。（沈燕兵）

■**政府投资项目审计** 2013年，全市审计机关对115个政府投资项目进行审计，审计项目总投资额41.92亿元，核减工程款5.08亿元。市审计局连续第四年对扬州市援疆项目工程实施跟踪审计，全年跟踪审计项目7个、资金1.12亿元，核减工程造价2709.31万元，提出的审计意见和建议被采纳70条。对市委党校扬州会议中心二期工程、广陵区头桥水厂扩建工程资金和项目实施跟踪审计，对润扬河水利工程实施竣工决算及其绩效情况审计。2013年，市审计局实施市政府交办政府投资经费审计项目10个，总金额1.90亿元，核减或缓拨经费7438.39万元。（沈燕兵）

■**行政事业审计** 2013年，市审计局完成行政事业审计项目13个。对市人口和计划生育委员会、市物价局、市卫生局、市民防局、市农业委员会、市科技局、市残疾人联合会2012年度部门预算执行情况进行审计，并对其所属二、三级预算单位进行延伸审计，促进市级部门、单位加强自身及其所属单位预算管理；对化工园区、蜀冈-瘦西湖风景名胜区、新城西区、市食品药品监管局、市仲裁委员会财政收支情况进行审计，促进完善公共财政体系，维护财政秩序；连续第7年对市慈善总会财务收支情况进行审计，并在《扬州日报》公示审计结果，促进慈善事业阳光运行。（沈燕兵）

■**企业审计** 2013年，市审计局完成企业审计项目9个。对扬州交通产业集团有限责任公司（本部）、江苏省扬州港务集团有限公司、扬州花园国际大酒店有限公司、扬州市珍园实业发展有限公司、扬州市电力中心等5家企业2012年度财务收支情况进行审计，促进企业提高管理水平、决策能力和企业竞争力；对扬子江投资发展集团、扬州报业传媒集团经营管理绩效情况及信息系统进行审计，促进企业提高经营管理水平和信息系统安全性；完成扬州市城建国有资产控股（集团）有限责任公司、扬州华光照明工程有限责任公司2012年度资产负债损益情况审计。（沈燕兵）

■**信息系统和联网审计** 2013年，市审计局实施信息系统审计项目2个，结合银行资产负债损益审计，对高邮市农村商业银行信息系统进行审计；结合高校校长经济责任审计，对扬州大学校园一卡通信息系统进行审计。连续第五年对市住房公积金管理系统进行联网审计。根据2012年实施的社保信息系统审计结果，向纪检监察机关移送3条案源线索，3名当事人被追究刑事责任，1人被公安机关采取强制措施。（沈燕兵）

统计

■**概述** 2013年，市统计局以“双基建设年”（基层统计网络建设，基础工作建设）为契机，在全系统开展“市情市力调查年”“改革创新深化年”“教育培训提升年”“基层基础加强年”活动。全年编发统计分析326篇、统计信息269条、工作动态747条，其中53篇（条）被国家、省统计局网站采用。编印《扬州统计》内部期刊，发布统计分析报告、优秀调研文章和经验交流材料。编印《扬州统计手册（2013）》《扬州统计年鉴（2013）》《扬州统计月报》，为党政领导和社会各界提供全面、翔实、准确的统计数据资料。在《扬州日报》开辟《统计信息与经济普查》专版，定期宣传统计工作及经济普查工作。定期召开全市经济运行情况新闻通气会，及时发布经济运行情况信息。

统计监测。开展各县（市、区）主

要经济指标完成情况月度监测，建立并完善重要统计指标旬报制度和省级园区经济指标监测体系，建立健全重点企业主要指标旬报制度和月度、季度经济形势分析会制度，开展工业企业、非工企业季度景气调查，为完成年度经济发展目标任务、分析研判经济形势建言献策。开展“八项工程”（转型升级、科技创新、农业现代化、文化建设、民生幸福、社会管理创新、生态文明建设、党建工作创新）监测、民生幸福六大体系（终身教育体系、就业服务体系、社会保障体系、基本医疗卫生体系、住房保障体系、社会养老服务体系）监测，发布监测报告。启动“两个率先”（率先全面建成小康社会，率先基本实现现代化）监测。做好妇女儿童、“创新扬州”、国家生态市创建、党政正职考核等统计监测工作。

统计改革。巩固“四大工程”（基本单位名录库、企业一套表制度、数据采集处理软件系统、联网直报系统）建设成果，规范统计行为。适应企业联网直报需求，开发服务业基层企业统计电子台账系统，在批发零售住宿餐饮限额以上企业中推行统一电子台账。适应普查年度“四上”企业（规模以上工业企业、资质等级建筑业和房地产企业、限额以上批发零售住宿餐饮企业、规模以上服务业企业）申报时间提前、次数减少的变化，抓好全市“四上”企业申报。截至2013年底，全市在库各类单位6.3万家，列入企业一套表调查的“四上”企业5783家，其中新增“四上”企业1414家。2013年，市统计局与扬州电信公司合作研发“数据扬州”安卓版手机客户端，涵盖经济总量、工业、投资、贸易、财政、金融、居民收入、物价等13个大类28项统计指标，汇集全国、全省、全市以及各县（市、区）经济社会发展数据2万多个。其中，注册版主要面向人大、政协“两会”代表、委员以及全市党政系统相关负责人，公众版主要面向社会公众。

教育培训。市统计局组织实施全市统计队伍教育培训计划，历时5个多月，组织综合培训班30期，培训全市“四上”企业统计人员和乡镇（街道、园区）统计干部5000多人次，实现统计系统人员培训全覆盖。

信息化建设。启动建设“扬州统计一体化系统”，逐步实现全市统计数据资源统一整理、存储和集中管理。实施乡镇统计专网提速工程，所有乡镇网速提高到10兆。完成“扬州统计”内外网升级改版。（苏　伟）

■第三次全国经济普查　根据国家、省统一部署，召开全市第三次全国经济普查动员会议，成立扬州市第三次全国经济普查领导小组及其办公室，组织综合试点及普查区电子地图绘制、单位核查、PDA（数据采集软件）等专项试点，开展普查宣传。9月起，对全市现有法人和产业活动单位以及个体经营户的总量、规模、行业分布及从业人员情况开展地毯式核查。（苏　伟）

■基层基础建设　年初，市统计局会同各县（市、区）统计局，到全市100个乡镇（街道）和园区统计站、100家重点工业企业和服务业企业，开展调查研究，宣传统计知识，强化业务指导，推进基层统计基础建设。根据市统计局提交的调研报告，市政府印发《关于进一步加强统计基层基础工作的实施意见》，市机构编制委员会办公室、市人力资源和社会保障局、市财政局、市统计局联合印发《关于切实加强基层统计机构建设的通知》，明确乡镇统计机构、人员编制、经费保障等问题。12月，全市乡镇统计站集中挂牌。按照《扬州市基层统计规范化达标创建活动实施方案》，市统计局组织11场规范化创建现场会，通过典型引路带动面上创建。至2013年底，全市有82个乡镇统计机构、3980家联网直报企业统计机构通过省级规范化达标验收。（苏　伟）

出入境检验检疫

■概述　2013年，扬州出入境检验检疫局（简称扬州检验检疫局）检验检疫出入境货物6.68万批，货值30.06亿美元，分别比上年下降27.63%、25.54%。其中，出境货物6.3万批，货值21.90亿美元，分别下降28.16%、27.51%；入境货物3774批，货值8.16亿美元，分别下降18.33%、19.69%。对1.09万人次出入境人员进行健康体检，查验出入境船舶490艘次，检疫出入境集装箱9.40万标箱，截获有害生物339种4713种次，其中检疫性有害生物33种905种次。（孔祥婷）

■强化检验监管　2013年，扬州检验检疫局完善“检监分离”检验监管机制，推进“调审分离”行政执法机制，探索实施“三环联控”（企业监管、物流监管、业务监管）执法监管体系和出口玩具企业注册采信第三方认证结果的做法，提升执法水平。加强口岸综合能力建设，扬州口岸卫生检

扬州检验检疫局做好2013中国扬州两岸素食文化暨绿色生活名品博览会服务工作。图为工作人员正在检验博览会入境展品

检验检疫局/供稿

疫核心能力建设通过国家质检总局验收,口岸传染病检出率居全省系统前列。开展国门生物安全防御体系建设样板创建活动,截获的有害生物增幅位居全省前列。强化区域合作,全年签发600批泛长三角电子工作联系单,新增绿色通道企业17家,新增"检信通"检验检疫一站式服务平台企业11家,实现企业申报和检务监管全过程电子化。 (孔祥婷)

■增强服务能力 制定十二条工作措施,转变进出口商品检验监管职能和管理方式。为2013中国扬州两岸素食文化暨绿色生活名品博览会提供进口食品检验检疫服务。帮扶洋河集团在扬州港进口葡萄酒。定期向扬州市委、市政府上报质量分析报告、外贸发展要情,发布第一部《扬州进出口产品质量白皮书》。建立"重大项目库",服务地方重大项目和光伏、LED等战略性新兴产业。落实降低收费政策,全年减免费用1234.24万元。新注册产地证117份,帮助出口企业减免关税5.5亿元。宝应"湖西岛"有机大米、糙米产品成为扬州首批通过生态原产地保护评定产品。4家企业成为"出口食品农产品质量安全示范基地",示范区面积位居全省前列。 (孔祥婷)

■技术保障能力建设 江苏轻工产品与儿童用品检测中心检测水平保持国内领先。欧盟玩具安全新指令(化学部分)正式实施后,研究开发快速初筛和精确分析相组合的检测方法,开办新指令检测业务,出具的测试报告为玩具企业产品出口欧洲提供通关便利。扬州光电产品检测中心在遭受欧盟、美国"双反"(反倾销、反补贴)制裁的严峻形势下,业务实现稳定发展,先后被国家发改委命名为"国家能源评定中心"和"绿色新能源与新光源检测技术公共服务平台",被江苏省教育厅、江苏省科技厅确定为"江苏省企业研究生工作站"。该中心通过国际电工委员会电工产品测试证书互认体系测试实验室(CBTL)复审以及德国再保险公司复审,其中防火实验室首次通过CBTL评审。食品实验室、羽绒实验室和外来有害生物防控实验室推行"科带室"管理模式,提升检测技能和监管水平。 (孔祥婷)

■口岸建设 1月22日,扬州口岸通过国家质检总局组织的口岸卫生检疫核心能力考核验收,卫生检疫核心能力达到《国际卫生条例(2005)》标准要求。12月3日,国家质检总局批复同意扬州泰州机场对外开放追加列入"十二五"口岸发展规划意见。 (孔祥婷)

■出口农产品示范基地建设 3月21日,扬州4个省级出口食品农产品示范基地通过验收,其中莲藕基地2个、樱叶樱花基地1个、蜂产品基地1个;1个出口示范区通过复查。扬州市累计建成省级出口食品农产品示范区1个、示范基地9个。 (孔祥婷)

■截获多种有害生物 2013年,扬州检验检疫局截获有害生物339种。其中,在对2批从所罗门进口的散装原木、4批从墨西哥和新西兰进口的辐射松板材进行检疫查验时,截获所罗门刺虎天牛、三线无花果天牛、绸腹弓背蚁、连突颚天牛、粉红粘帚霉等9种国内口岸首次发现的有害生物,江苏检验检疫局为此发布4次警示通报。 (孔祥婷)

海关监管

■概述 2013年,扬州海关监管进出口货物508.52万吨,比上年下降6.3%;监管货物总值57.43亿美元,增长2.7%;监管进出口集装箱10.60万标箱,增长14.6%;监管进出境船舶993艘次,下降3.3%;监管1.95万人次进出境行李物品,下降4.6%。征收关税和进口环节税25.07亿元,与上年持平。办理减免税收手续412笔,增长7.29%;审批设备金额9260.43万美元,下降26.31%;减免关税和进口环节税6558.9万元,下降7.49%。办理加工贸易合同备案1148份,下降12.8%;备案总金额8.21亿美元,下降3.3%。 (钱平原)

■缉私工作 2013年,扬州海关开展"绿篱"专项行动,严查洋垃圾。全年侦办刑事案件10件,案值3159万元;立案行政案件43件,案值3642万元,罚没入库545万元。在下半年全国大规模联合打私专项行动中,发现南京关区开展联合行动以来的第一起大案,南京海关缉私局从中立案24起、抓获犯罪嫌疑人51人、查获走私废固体涂料3万多吨。(钱平原)

■通关改革 2013年,扬州海关全面推行通关作业无纸化改革。举办7场专题推介会,宣传"企业网签、非涉税报关单逐步推广、涉税报关单重点扶持"三步走策略,无纸化签约企业逾600家,50%以上的企业采用无纸化方式通关。截至12月底,报关单无纸化率75%以上。出口加工区"两单一审"(在货物进出海关特殊监管区域,改企业两次申报为一次申报,改海关两次审核为一次审核)报关单占25%,简化通关手续。宣传、指导企业配合海关实施业务改革,推进贸易便利化。对75家企业实行海关A类、AA类管理,给予免查验、免保证金等待遇。合作开展海关、扬州检验检疫局"三个一"(一次申报、一次查验、一次放行)和海关、检验检疫局、海事局"三个互"(信息互换、监管互认、执法互助)通关模式。12月底,扬州口岸正常进口货物通关当天放行率96%以上,正常出口货物当天放行率100%。 (钱平原)

■优化服务 2013年,扬州海关开展"走基层、到一线、进企业、解难题"品牌服务活动,全年到企业开展调研和政策宣讲活动32次,掌握实情,解决问题。制定扬州海关服务重大技改项目12条措施,协助8家企业办理进口减免税设备抵押融资和税款担保。协助扬州泰州机场将口岸开放工作追加列入国家国民经济和社会发展"十二五"规划。采取"一事一议""特事特办""急事急办"等服务形式,为相关企业解决"船边直放""提前申报""减免税费""减免保证金""减免处罚""保留待遇"等八大类难题580个。 (钱平原)

城乡建设与管理

Chengxiang Jianshe Yu Guanli

编　辑　戴淑敏

综述

■概况　2013年，扬州市区完成城市建设投资312亿元，其中基础设施建设投资68亿元；全市完成村镇建设投资64.86亿元，其中基础设施建设投资16.67亿元。

加强城市基础设施建设。市区完成328国道连接线（广陵段）、江都南路南延、文昌路东延广陵大桥和仙女庙大桥、新甘泉路东延、黄海南路南延、维扬路改造、站北路建设、国防路建设等重大城建项目126个。扬州市城建史上单体投资最大工程——瘦西湖隧道工程盾构段全线贯通。

加强民生城建工程建设。按照"清水活水、不淹不涝"城市建设行动计划，加快河道清淤、闸站建设和污水截流，系统整治、活化城市水系。先后实施北城河、二道河、沙施河等河道水环境整治工程和生态清淤工程，建成安墩西站，完成古运河东部水系沟通工程，同步实施曲江公园湖、沙施河支流水质净化、污水截流和水生植物种植等，增强河道蓄容、排涝和自净能力，城市河道水质明显改善。完成运河东路东方名城段、文昌西路东方医院段、邗江北路、文昌西路新城河路至润扬路段等16个城市积水路段整治。改造供水支管网571.1千米，整治路况较差、下水不畅的老城区街巷60条，改造街巷路灯889盏，改善市民生活和出行条件。

推进美好城乡建设行动。以提升整治质量为重点，推进全市村庄环境整治工作，累计整治自然村庄1.67万个。做好省综合规划建设示范镇和村庄规划建设示范点申报工作，高邮市三垛镇、仪征市月塘镇入选首批全省综合规划建设示范镇名录；争取省村庄规划建设试点，全市有6个村被纳入试点范围，争取省级奖补资金1780万元。　（卞海波）

■城建监察　2013年，扬州市城建监察工作以建设工程质量安全和市民关注、政府关心的热点、难点问题为重心，创新执法模式，健全工作机制，规范建筑市场秩序。市城建监察支队全年发现各类违法违规行为658件，立案查处196件，下达处罚决定180份；完成网上重大行政处罚案件备案11件；受理各类举报229件。市城乡建设局集体会办重大、复杂城建监察案件78件，市城建监察支队会办案件74件。处罚案件到期结案率93.26%、回访率100%。市城建监察支队对市区所有在建工程实行全过程跟踪监察，开展拉网式检查4次，工程在领取施工许可证前查勘到场率100%。全年检查市政工程项目59个，处罚相关单位21家；受理燃气经营违法违规行为举报5次，检查燃气经营企业30家次，立案查处案件3件，取缔非法燃气经营点5个。处理各类路灯照明设施赔偿案件36件，处理盗窃案件21件，查获窃电事件3件。查处市政设施案件8件，督促办理道路挖掘许可证41份、排水许可证67份。实施建筑工地扬尘污染情况专项检查，检查建设项目130个，立案查处违规单位60家。开展勘察设计专项整治，查处违反工程建设强制性条文和强制性标准的勘探设计单位18家。　（万晓辉）

■"我最喜爱的扬城十大建筑"评选　2月25日，由扬州市建筑业协会、扬州市装饰业协会、扬州市建筑安装行业商会等单位主办的"我最喜爱的扬城十大建筑"评选活动启动。经过海选、推选和市民投票，评选结果10月12日揭晓，扬州泰州机场候机楼、宁启铁路扬州火车站、熙春台、鉴真纪念堂、体育公园、扬州国际展览中心、京杭会议中心、京华城全生活广场、迎宾馆、双博馆（文化艺术中心）入选"我最喜爱的扬城十大建筑"。　（杨　诚）

城市规划

■规划编制　2013年，市规划局完成《扬州城市总体规划（2012—2020）》编制并报国务院审批。该规划实现与长江三角洲（简称长三角）区域规划和江苏省城镇体系规划衔接，立足区域和城市长远发展，做好与江苏沿江城市带周边城市，尤其是宁（南京）镇（镇江）扬（扬州）区域空间衔接与功能呼应，构建可持续发展的城市空间结构；将扬州定位为对外辐射能力强、协调周边发展的长三角核心区北翼中心城市；把握规划区域与城市交通方式重大转变机遇，完善城市内外交通体系，确定对外交通设施布局，加强扬州与长三角地区中心城市和发达地区的联系。

完成扬州城市轨道线网规划编制，完成轨道交通6号线预可行性研究，推动与宁镇扬同城化轨道交通的沟通。做好城市内部重要交通走廊及场站的预先控制，完善轨道1号线、2号线沿线用地控制规划。衔接连（连云港）淮（淮安）扬（扬州）镇（镇江）铁路规划建设进展，超前编制站点周边规划。开展城市交通规划研究，完成“三环十纵十横两个枢纽”内部交通体系规划，加强沿江地区组团的空间联系。立足缓解停车难，支持和鼓励建设公共停车场，编制《扬州市停车场布局规划》；强化交通规划研究，针对老城区核心区节点拥堵问题，提出外环分流、中环疏解、内环引导的规划思路。围绕生态科技新城建设，谋划构建“一核多组团”城市空间布局结构，组织编制《沿江地区重大基础设施布局规划》《沿江地区融合发展行动计划》。根据“一核多组团”结构，确定“五横七纵”城市快速路网系统。立足江（江都）广（广陵）融合地区建设，编制江广融合地区概念规划及城市设计，谋划产业和城市空间合理布局的实现路径，为实现沿江地区资源共建共享、融合发展奠定基础，重点完成广陵新城控制性详细规划、“七河八岛”（位于广陵区泰安镇和湾头镇，由7条河流以及由其分割而成的8个岛屿组成。“七河”分别为京杭大运河、壁虎河、新河、凤凰河、太平河、金湾河、高水河，“八岛”分别为聚凤岛、芒稻岛、金湾岛、自在岛、凤羽岛、山河岛、壁虎岛、新河岛）地区空间管制规划和江广融合地带核心区规划研究成果。其中，“七河八岛”地区空间管制规划确定“四控一禁”（严格控制廊道宽度、建筑高度、开发强度、污染排放，严格禁止违法建设）内容，推动“七河八岛”城市生态中心建设，与“两古一湖”（扬州古城、古运河，瘦西湖）共同构成长三角地区特色旅游目的地。完成城市北部板块、西部板块规划。结合地下轨道交通规划，推进地下空间规划、建设与管理，完成《扬州市中心城区地下空间开发利用规划》，并在江广融合核心区、新城西区核心区率先规划实施。强化江广区域相互融合，预留东西向交通走廊，编制完成空港新城战略规划。

完善控制性详细规划（简称控规）编制体系，提高控规报批率，降低控规调整频率，提升规划的公平性与效率。《扬州市区控制性详细规划调整管理规定》通过市规划委员会审查。实现中心城区（不含江都区）42个单元建设用地控规全覆盖，报批率90%以上；推进江都区控规编制。构建城市特色空间，打造城市水系绿化系统，完成《扬州市公共开放空间系统规划》《城市核心区滨水空间慢行交通系统详细规划》。推进古城保护与利用，完善历史文化名城保护体系。编制完成《仁丰里历史文化街区保护规划》。完成扬州市区第二批历史建筑调研、认定和保护研究中间成果。（朱静涛）

1月1日，扬州市城市规划展示馆开馆　　王　卓/摄

■“七河八岛”地区空间管制规划

11月30日，《“七河八岛”地区空间管制规划》通过市七届人大常委会第十次会议审议。该规划在《“七河八岛”地区“四控一禁”规划》基础上，明确规划范围、规划原则、功能分区和配套设施等内容。根据规划，“七河八岛”面积约51.5平方千米，北至邵伯湖，南至新沪陕高速，东至高水河—邵仙河一线、廖家沟东侧约500米，西至京杭大运河、廖家沟西侧100～200米。该区域在划定禁止建设区、限制建设区、适宜建设区基础上，划分为生态保护区、公园绿地区、农业地区、旅游主题区、城镇地区等五大功能区。生态保护区包括河流、滨河绿地、湿地和林地，总面积约2920公顷。生态保护区内除建设必要的功能性设施外，禁止商业开发，不得出租、转让土地资源。公园绿地区包括凤凰岛生态公园、茱萸湾公园、廖家沟公园等，总面积约290公顷。公园绿地区建设须符合《公园设计规范》要求，除必要的配套设施外，不得修建无关设施；保护公园内古树名木和现有大树，严禁砍伐林木。农业地区是指生态保护区、公园绿地区、旅游主题区和城镇地区之外的区域，总面积约1360公顷。严格控制农业地区内房屋建设、采矿、挖土挖沙等非农活动，严格实施区内耕地特别是基本农田保护，禁止乱圈、乱占等违法行为。旅游主题区主要包括凤凰岛旅游主题区、湾头古镇旅游主题区和6个旅游度假点，总面积约200公顷。旅游主题区内只准在适宜建设区内进行旅游开发及相关配套设施建设，限制与旅游无关的商业开发；严格控制旅游设施的污染排放，实行污水集中处理。城镇地区包括泰安镇区（泰安生活片区和产业园区）、山河岛生活片区、万福路北侧城镇地区和3个城镇点，总面积约380公顷。城镇地区严格控制建设用地边界，并按控制性详细规划要求逐步实

施；严格控制污染排放，实现污水集中处理和生活垃圾分类收集；严格控制高速公路、铁路两侧防护绿化带宽度。泰安工业园区严格限制新增工业项目，对既有工业企业分类、分期实施产业转型，工业园区未来转型为以创意、研发为主的绿色园区。该规划同时对“七河八岛”区域市政基础设施以及旅游交通、旅游服务设施提出详细规划和要求。（杨 诚）

■**规划管理** 制定《扬州市城乡规划管理办法》《扬州市区宗教活动场所规划建设管理办法》。健全规划决策制度，完善专家咨询会、方案审查会、业务办公会、规划委员会等规划决策制度，制定专家评审会议事规则，完善规划公示和公众参与机制。制定《建设项目方案阶段规划管理工作流程》，简化方案审批流程，提升工作效率，提高规划服务水平。立足推动片区整体城市设计，启动编制城市设计导则。全年发放选址意见书82份，总用地面积523.4公顷；办理用地规划许可证247本，总用地面积831.7公顷，其中商品房用地面积240.3公顷、拆迁安置房用地面积52.4公顷、工业用地面积345.8公顷、其他用地面积193.2公顷；办理工程规划许可证1532本，总建筑面积970.5万平方米，其中商品房建筑面积424.5万平方米、拆迁安置房建筑面积104万平方米、工业建筑面积122.9万平方米、其他项目建筑面积319.1万平方米。全年下达66宗地块（含出让和划拨地块）规划设计条件，总用地面积609公顷。

服务重大项目及民生工程。制定服务重大项目建设会办制度，优化服务流程和审批程序，跟踪服务重点项目、民生项目、重点招商项目。做好重点城建项目选址、重大工业项目“点供”地（指对重点项目给予保证指标的单独性保障性供地）规划服务工作。扬州建城2500周年重大城建项目中，29个项目规划手续全部办结；78个项目进入方案编制阶段，其中38个项目方案通过市规划委员会审查。为扬州市区2013年重大项目库137个项目提供规划服务，做好政策性住房、拆迁安置房、便民疏导点、室外健身场、“城中村”及旧城改造地块等民生幸福工程项目选址定点工作。（朱静涛）

■**规划批后管理** 全年实施规划验线128次，发现21项工程现状与规划有出入，责令重新放线。组织竣工核实197次。完成建设工程规划许可证副本换正本1084本，建筑面积551.2万平方米。查处各类批后违规行为，全年发出责令改正通知书12份、停工（核查）通知书10份、限期拆除通知书2份；处理行政处罚案件48件，收缴罚没款440.6万元；移交违法建设案件17件，组织规划技术论证18次，移送强制拆除案件1件。市规划局与市城管部门联合开展规划巡查，发现问题现场作出初步处理决定。全年联合巡查32次，发现违法建设行为147件，编发《巡查快报》20期。执行批后管理联席会议制度，提请召开3次建设项目批后管理联席会议，研究违法建设项目54个，严肃处理重大违规行为。（朱静涛）

■**运博会“现代城市中的水景观”分论坛** 参见第11页。

城建重点工程

■**新城西区建设** 2013年1—11月，新城西区投入40多亿元，拆迁125户农户房屋4.3万平方米，新征地、交地23公顷；建成泰和佳园一期、国防路、站北路等项目，体育公园体育场、拓展区邻里中心、西部交通枢纽、扬州会议中心二期、水上搜救中心等项目实现主体封顶；推进商务中心二期、产业大厦、会展配套酒店、京华城A6城市综合体、湖滨名都商住综合体等项目；开工建设会展中心三期、西区新城科技综合体、拓展区基础设施、沿山河滨河商业街、泰和佳园二期、翠岗广场、泰和幼儿园等项目，推动品尊国际、名门一品、华鼎星城、金域华府、湖滨名都、金地酩悦、景瑞望府等中高端房地产开发项目，建设总面积170万平方米。（赵洪波）

■**广陵新城建设** 皇冠假日酒店建成营业，京杭水镇一期开街，环球金融城、交通银行金融服务中心、信息服务产业基地三期、扬州科技馆及李宁体育园等重大项目加速实施，秦邮路、福康路等道路开工建设。全年完成投入60亿元，搬迁、改造70万平方米，新开工建筑面积270万平方米，提升绿化30万平方米。（李跃中）

■**道路建设** 328国道连接线（广陵段）。东起运河南路，西至古运河，长4500米、宽45米，先期建设26.5米宽快车道。2011年8月开工建设，2013年9月竣工。概算投资9000万元，建成机动车道10.35万平方米。

广陵大桥。东起广陵区湾头镇夏桥村，西至湾头镇沙联村，长1202米、宽55米（含中间12米轻轨预留空间）。2010年9月开工建设，2013年1月竣工。概算投资5.12亿元，主要建设机动车道2.76万平方米、非机动车道1.08万平方米、人行道0.72万平方米、机动车和非机动车分隔带0.48万平方米。

仙女庙大桥。东起江都区仙女镇建乐村，西至广陵区湾头镇夏桥村，长987米、宽55米（含中间12米轻轨预留空间）。2010年9月开工建设，2013年2月竣工。概算投资3.55亿元，主要建设机动车道2.27万平方米、非机动车道0.89万平方米、人行道0.59万平方米、机动车和非机动车分隔带0.39万平方米。

江都南路南延。南起开发东路，北至施井路，长1100米、宽40米。2010年8月开工，2013年10月竣工。概算投资2800万元，建成机动车道2.53万平方米、非机动车道0.99万平方米、人行道0.66万平方米、机动车和非机动车分隔带0.44万平方米，敷设雨水管道2200米、污水管道1650米。

国防路。位于扬冶路南侧，东起产业路，西至规划B支路，长2400米、宽24米。2012年8月开工，2013年5月建成通车。总投资1亿元，主要建设车行道3.6万平方米、人行道2.16万平方米，敷设雨水管道2400米、污水管道2400米。

站北路。位于西北绕城公路东侧，南起创业路，北至扬冶路，长2000米、宽24米。2012年8月开工，2013年5月建成通车。总投资8000万元，主要建设车行道3万平方米、人行道1.8万平方米，敷设雨水管道2000米、污水管道2000米。

新甘泉路东延。新甘泉路东延工程西起扬子江北路，东至扬菱路，长4245米、宽40米。2012年8月开工，2013年7月竣工。总投资2.5亿元。机动车道宽16米，双向四车道；两侧非机动车道宽各5米、人行道宽各3米、绿化带宽各4米，两侧路面采用沥青混凝土材料。

华山路东延。位于仙女镇涵西村，为新都路与237省道连接线，西起237省道(老淮江公路)，东至冬晓港，长1360米、宽52米。2012年12月开工，2013年10月竣工。总投资8000万元。快车道宽22米，双向六车道；两侧慢车道宽各5米、人行道宽各4米、机动车和非机动车隔离带绿化景观宽各4米、行人和非机动车隔离带绿化景观宽各2米；同时配置雨、污水管道和路灯等基础设施。

（樊　荣　赵洪波　杨　诚）

2013年扬州市区积水点整治工程一览表

表24-1

工　程　名　称	建 设 单 位
运河东路东方名城段积水点整治	扬州市城乡建设局
文昌西路东方医院段积水点改造	扬州市城乡建设局
文昌西路(新城河路至润扬路)积水点改造	扬州市城乡建设局
邗江北路积水点整治	扬州市城乡建设局
甘泉路西段(汶河路至淮海路)道路整治	广陵区政府
南通路1912附近积水点整治	广陵区政府
解放北路排水改造	广陵区政府
朱塘路积水点整治	邗江区政府
百祥路新港名城东侧积水点整治	邗江区政府
完美路积水点整治	邗江区政府
四望亭路(维扬路至新城河)积水点整治	邗江区政府
念四路瘦西湖新天地积水点整治	邗江区政府
维扬路(扬州天下二期)积水点整治	邗江区政府
上方寺路积水点整治	邗江区政府
兴城东路积水点整治	扬州经济技术开发区管委会
维扬路(江阳路至兴扬路)积水点整治	扬州经济技术开发区管委会

（卞海波）

■瘦西湖隧道工程盾构段贯通 瘦西湖隧道全长3.6千米，下穿蜀冈-瘦西湖风景区核心区，是扬州城建史上单体投资最大的工程。其中主体隧道段采用单管双层盾构方案建设，上下层各布置2条车道，直径14.5米、长1275米，设计时速60千米，项目总投资20多亿元。2012年12月28日，“瘦西湖号”大型盾构机开始下井作业。2013年12月10日，瘦西湖隧道工程盾构段贯通。瘦西湖隧道工程盾构段为全断面硬塑黏土地层，盾构施工难度极大。施工过程中，中国铁建十四局集团等单位攻克“全断面硬塑黏土地层盾构”世界难题，创造平均日掘进4环8米(管片每环宽度为2米)和最高日掘进6环12米两项世界纪录，开创小曲线盾构始发和接收国际先例。（杨　诚）

12月10日，瘦西湖隧道工程盾构段贯通。图为瘦西湖隧道内景　　王　卓/摄

■泰和佳园安置区项目 泰和佳园安置区位于扬冶路以南、西北绕城公路以东，占地18.33公顷(含邻里中心和幼儿园)，总建筑面积37万平方米，总投资15亿元。项目一期工程建设高层住宅8栋，2012年4月开工，2013年11月竣工。12月，邻里中心主体封顶。2013年完成投资1亿元(累计投资5亿元)。（赵洪波）

市政公用事业

■河道整治 实施沙施河、北城河和二道河生态清淤工程，4月开工，10月竣工，总投资1500万元。工程采用集水下生态清淤、淤泥固化和余水处理于一体的淤泥快速处理技术，清淤5.38万立方米。（袁晓丽）

■安墩西闸站扩建 安墩西闸站位于安墩河与古运河交汇处，是扬州城区最重要的排涝泵站之一。该工程2012年12月开工，2013年11月竣工，总投资1800万元。工程建设内容包括拆除旧安墩西闸站，扩建10立方米/秒流量抽排泵站1座，改建节制闸门2座，改造上下游护坡、进站道路，建设配套泵站等。（袁晓丽）

■城市照明管理 2013年，扬州市城市照明管理处改造市区(不含江都区)街巷路灯889盏，将4997盏汞灯

更换为节能灯，完成瘦西湖路、汶河北路、文昌中路、古运河沿线等街景亮化和重大工程项目，升级改造路灯控制系统，建成灯具测试实验室。市区照明设施灯盏总数22.5万盏，全年亮灯率98%以上、设施完好率95%以上。照明工程质量合格率100%，扬菱路道路照明工程被评为省市政养护道路照明优质工程和全国市政金杯示范（路灯）工程。扬州城市绿色照明工作获住房和城乡建设部（简称住建部）2012年城市照明节能工作专项监督综合考核第一名。

（陈有文　卞海波）

■排水管理　加强城市排水管理。市区全年核发排水许可证70份，征收自备水源用户污水处理费92万元，办理各项破路接管审批手续13件。加大对污水厂监管力度，完成对全市城镇污水处理厂绩效考核。加强对市区河道水质及重点污染源监控。组织广陵区、邗江区、仪征市以及高邮市等县（市、区）12个建制镇申报2013年度省级城镇基础设施（污水处理）引导资金补助项目，规划建设污水管网75.96千米、小型污水处理设施1个、污水提升泵站2个，总建设资金1.27亿元。（袁晓丽）

■城市供水　2013年，扬州市区（不含江都区部分乡镇）完成售水量1.66亿吨，比上年增长13.08%。扬州自来水有限责任公司敷设供水干管105千米，新发展用户4.27万户；管网水质综合合格率100%，管网水压综合合格率100%。第一水厂提标扩建工程完成试通水、常规工艺调试、新老工艺过渡。加强原水水质监测和出厂水水质监管，做到不合格原水不进厂、不达标自来水不出厂。加强管网水质监控。市区及各乡镇设立296个水质检测点。公司管线、安装、维修部门及各乡镇水厂均配备便携式浊度、余氯检测装置，配合做好管网水水质监控，定期排放管网末梢水，确保龙头水合格达标。做好区域供水管理和服务。加大区域供水管线巡查和调整力度，降低漏耗，产销差率29%，比上年下降2.3个百分点；实现区域供水乡镇客服一体化，全面实现柜台收费；拓展供水市场，全年新增用户2031户。提高供水服务质量。强化咨询、预约、报修、投诉等服务功能，提高服务效率，缩短服务时限；拓展服务范围，增加缴费渠道，服务大厅新装银联POS（销售点）机终端，方便市民缴费。“小李服务队”全年为民服务1340多次。客服中心全年接听用户咨询电话5.31万个，下达任务单1.38万份，到场及时率97.8%，完工及时率98.1%，用户满意率98.6%。（吕　毅）

■区域联网供水　市区、仪征和高邮湖西乡镇实现以长江水为水源的区域联网供水，江都区完成以长江、运河水为水源的区域联网供水，高邮市东部片区、宝应县实现以运河水为主要水源的区域联网供水。推进区域供水进村入户管网改造。全年改造进村入户管网571.1千米。

（黄海涛　卞海波）

■节水型城市建设　2013年，扬州市区创建节水型企业（单位）4家（累计131家）、节水型小区7个（累计46个），节水型企业覆盖率43%，节水型小区覆盖率7%；节水2719.7万立方米，工业用水重复利用量1.83亿立方米、重复利用率84.6%；万元地区生产总值取水量15立方米，万元工业增加值取水量12立方米。对月取水量500立方米以上用水单位实行计划管理，计划用水管理率92.8%。6月，通过省城乡建设与住房保障厅（简称省住建厅）组织的“国家节水型城市”复查验收。（黄海涛　卞海波）

■供电　2013年底，扬州供电公司有基层供电所65家、营业客户214.77万户。全市有35千伏～500千伏变电所161座，变电总容量1762.01万千伏安；有35千伏及以上输电线路352条4456.07千米；有10千伏和20千伏配电变压器2.8万台，总容量785.76万千伏安，配电线路总长1.53万千米。2013年，扬州市全社会用电量197.38亿千瓦时，比上年增长13.68%。其中，工业用电量139.13亿千瓦时，增长12.93%；城乡居民用电量30.34亿千瓦时，增长16.72%。全市最高用电负荷341.97万千瓦，增长15.77%。全年完成固定资产投资28.46亿元。全年受理报装申请10.7万户，申请容量268万千伏安；完成业扩报装10.42万户，新增容量211.16万千伏安。“95598”客服电话接通兑现率100%，客户满意率100%。电力供应安全可靠。2013年夏，扬州市35摄氏度及以上高温天气超过30天，全市有33天用电负荷突破300万千瓦。其间，全市实施有序用电19天，最大错峰负荷48.5万千瓦。支持节能减排，落实光伏发电扶持政策，确保新能源可靠并网消纳。2013年，全市受理分布式光伏发电项目42个，江苏省首个居民光伏电站在江都并网。执行差别电价政策，推进能效管理，促进产业升级和企业技术改造。2013年，全市节约电量1.46亿千瓦时。完成重大活动保

2013年扬州市区（不含江都区）民用阶梯水价构成表

表24-2　　单位：元/吨

水价阶梯	到户价	基本水价	污水处理费	水资源费
第一级（用水量22.00吨/月·户及以下）	3.00	1.70	1.10	0.20
第二级（用水量22.01～30.00吨/月·户）	3.85	2.55	1.10	0.20
第三级（用水量超过30.00吨/月·户）	4.70	3.40	1.10	0.20

（吕　毅）

电任务91次。开展“重大产业项目电力服务行”活动，现场解决项目用电难题。推行“四全”服务法(项目前期“全面掌握用电需求”，业扩流程“全程跟踪”，工程建设中“全力协调”，项目投运后“全心全意做好管家式用电顾问”)，服务重大项目。实施“五项提升”(用电早接入、停电早知道、电压更稳定、抢修更及时、缴费更方便)行动，推进为民办实事工程，市区新增配电变压器180台；实现居民业扩“1＋1”(对办理新装、增容用电业务的零散居民客户，采取优先服务措施，1个工作日内完成办理用电申请并答复供电方案，次日完成业务收费、合同签订和装表接电工作)城乡全覆盖；推行城乡一体化抢修模式，实现抢修零超时。（尤中华）

■**电网建设** 2013年，全市完成电网建设投资34.37亿元，新开工建设220千伏凤来变电站和110千伏石塔变电站等输变电工程6项，建成投运220千伏变电站1座、110千伏变电站5座，推进500千伏扬州北输变电工程。（尤中华）

■**配电网建设和管理示范区项目** 实施总投资82亿元的扬州配电网建设和管理示范区项目。该项目以扬州市区(1021平方千米)为示范区，选择城区(20平方千米)及公道镇(68平方千米)分别作为城市和农村试点区域，计划用1年左右时间完成试点工程建设，用3～4年时间建成配电网示范区，建设目标为中心城区供电可靠率99.999%、一般城区供电可靠率99.99%、农村供电可靠率99.93%。全年实施文汇东路、甘泉路等10项杆线下地工程，美化、整治配电设施。2013年迎峰度夏期间，配电网项目试点区域报修次数比上年同期下降50%，公道镇实现“零跳闸”“零投诉”。12月12日，配电网建设和管理示范区项目试点工程通过江苏省电力公司整体验收。（尤中华）

6月28日，110千伏三益智能变电站在仪征市十二圩办事处土桥村建成投产。图为技术人员在为智能变电站作投运前设备调试 濮良平/摄

■**燃气供应与管理** 2013年，市区(不含江都区)新增天然气居民用户3.03万户、商业用户160户、工业用户6户，新增使用天然气的出租车170辆、公交车12辆、私家车471辆；累计有天然气居民用户22.62万户、商业用户880户、工业用户30户，有使用天然气的出租车2787辆、公交车462辆、私家车812辆。“川气东送”扬州接受门站定址沙头镇(沿江公路、沙湾路交叉口处)。市区新建燃气中压管网28.49千米、低压管网178.58千米，完成老小区和道路管线改造20.5千米；全年供应天然气1.31亿立方米，居民用气价格为每立方米2.2元，商业、工业用气价格调整为每立方米3.74元，汽车用CNG(压缩天然气)价格调整为每立方米4.4元。新增燃气燃烧器具安装维修企业7家、瓶装CNG供应站1个，拆除液化气灌装站2座(百江、中燃)，将LNG(液化天然气)灌装站纳入监管范围。调整燃气管理职能，邗江区、广陵区建设部门承担辖区燃气管理工作。组织编制《扬州市城镇燃气专项规划(2013—2020)》，规划范围为邗江区、广陵区、江都区，年底形成评审稿。开展全市43家燃气经营单位许可证、17家燃气燃烧器具安装维修企业资质及市区34家瓶装燃气供应单位许可证年检工作，年检率100%。推进全市液化气场站安全生产标准化达标建设，仪征、高邮、宝应通过三级达标评审。每季度组织开展燃气安全大检查，排查出隐患436条，督促整改到位，或实行监控运行。推进燃气用户设施安全检查和宣传。完成管道燃气用户入户安检11万多户、瓶装液化气用户入户安检1万多户，推广应用钢瓶随瓶宣传贴、小区楼道宣传牌和用户厨房宣传贴、商用户(食堂、饭店)液化气安全使用提示牌，利用公交车新媒体、公共场所广电移动电视、扬州电视台宣传燃气安全知识。成立首支市区液化气事故应急抢修队伍。在液化气储罐根部阀(排污阀)下方加设注水装置。分别开展新增管道燃气运行维护抢险人员和入户安检人员、新增燃气燃烧器具安装维修人员、新增瓶装燃气送气服务人员岗位培训，培训272人；开展瓶装燃气送气服务人员岗位复训，培训453人。推进燃气安全社区共建，扬州中

2013年扬州市电网规模一览表

表24-3

电压等级	变电站数量(座)	配电变压器数量(台)	主变容量(万千伏安)	线路条数(条)	线路长度(千米)
500千伏	2	—	325	11	574.98
220千伏	25	—	648	70	1293.79
110千伏	79	—	688	149	1530.95
35千伏	55	—	101.01	122	1056.35
10千伏 20千伏	—	28041	785.76	1324	15298.66

（尤中华）

燃公司与19个社区签订燃气安全社区共建协议书，在19个社区设立燃气安全工作站、聘请燃气安全监督员。 （余 伟）

绿化

■概述 3月，扬州市以“深入开展造林绿化，大力推进生态文明建设”为主题，开展“绿化宣传月”活动。全市城镇新增绿地539.48万平方米。市区新增绿地面积185.8万平方米，其中公园绿地19.1万平方米、道路和河道绿地70.1万平方米、居住区绿地28万平方米。农村完成绿化造林4706.67公顷，其中成片造林3166.67公顷；抚育森林7266.67公顷；新增高效林业面积1483公顷。新建省级绿化示范村119个。开展市级绿化模范乡镇、绿化模范单位创建活动。全市林木覆盖率23.0%。 （吴建华）

■城市绿化 2013年，扬州市建成区绿化覆盖面积5704公顷，绿化覆盖率43.20%；绿地面积5392公顷，绿地率40.85%；城市人均公园绿地面积16.88平方米。市区新增城市绿地面积185.8万平方米，其中扬菱路延伸段（启扬高速瘦西湖出入口—靳家桥段）绿化工程绿地面积7.5万平方米、江阳路和文昌路绿化提升工程绿地面积1.2万平方米、江六高速（一标段扬州西出入口）绿化工程绿地面积1.6万平方米、扬子江路（城区段）绿化提升工程绿地面积2万平方米、江平路绿化提升工程绿地面积3万平方米、运河路绿化提升工程绿地面积3.8万平方米、新万福路苗木移栽工程绿地面积4万平方米、司徒庙路绿化工程绿地面积2.2万平方米、多层科技厂房（一期）创新湾景观绿化工程绿地面积4万平方米、邗江路景观绿化提升工程绿地面积5.6万平方米、润扬路绿化提升工程绿地面积4.4万平方米、新城西区核心区拓展区景观工程绿地面积20万平方米、瘦西湖路绿化整治工程绿地面积12.5万平方米、瘦西湖高速出入口绿化工程绿地面积2.5万平方米、文昌路景观提升工程（东起文昌大桥东首，西至启扬高速入口）绿地面积3.5万平方米、文昌路公交快线改造绿化恢复工程绿地面积1.5万平方米、文昌路节点绿化提升工程绿地面积1.8万平方米、江苏省工人疗养院景观工程绿地面积6万平方米、瘦西湖休闲文化广场绿化工程绿地面积1.5万平方米、盆景园环境整治绿化工程绿地面积1.2万平方米。 （万 平）

文昌路立体绿化 张孔生/摄

■义务植树 继续将义务植树与绿化建设工程、新农村建设、纪念林建设、社区环境绿化、高效林业发展、“巾帼创业示范基地”建设、学雷锋植树护绿志愿者服务行动相结合。各县（市、区）、市各部门组织义务植树活动。开展党政机关、学校等单位一日植树活动，发挥园林、林业、水利、建设、共青团和妇女联合会等部门在义务植树中的作用。将纪念林建设与重点绿化工程建设、生态公益林建设、生态文明教育示范区建设、生态脆弱区治理绿化配套、工业产业集中区绿化、古运河保护等相结合。3月5日，市领导和机关干部近1000人在广陵大桥参加义务植树。3月13日，市纪委、市农业委员会、扬州经济技术开发区组织人员参加醒园“廉政林”建设。交通、共青团、水利、农业开发等部门建设“青春林”“青年志愿者林”“水保林”等纪念林。实行义务植树属地管理，拓宽义务植树形式和渠道，将参与绿化宣传、认养绿地、保护古树、室内养花、清理绿地等形式纳入义务植树，提高义务植树参与度和尽责率。全市新建义务植树基地21处，有220多万人次参加义务植树活动，植树669.9万棵，义务植树尽责率88%，植树面积3000多公顷。 （吴建华）

■部门绿化 扬州市园林管理局（简称市园林局）开展国家生态园林城市创建活动，推广城市立体绿化，主持编制扬州市地方标准《城市立体绿化技术规范》，并在个园花局里和文昌西路高架桥实施立体绿化试点项目。市城乡建设局对新建、扩建的城市道路、新整治的沿河风光带和公共广场、公园均按要求实施绿化，全年投入4700万元，完成328国道连接线广陵段、广陵大桥、仙女庙大桥、东部水系沟通工程、扬天路等绿化工程近20万平方米。市农业开发系统投入财政资金1386.23万元，建设成片林533.33公顷、苗圃66.67公顷，种植防护林树木68.8万株，改善农业生产基础条件和农村生态环境。市交通运输局以航道、普通干线公路工程建设与整治为契机，开展交通运输工程绿化美化活动，同步完成绿化工程和绿色通道建设。其中，237省道宝应段绿化10.5万平方米、江都段绿化38.9万平方米、高邮段绿化205万平方米，333省道高邮西段绿化235.83万平方米，共补植灌木11.00万株、乔木0.73万株、草皮2.51万平方米，实现公路路肩草坪化、路肩边坡乔灌结合，形成花草搭配、层次分明、三季有花、四季常青的公路绿化特色。市水利局在高邮灌区高邮片续建配套与节水改造中，完成干渠、支渠绿化工程12千米，种植草坪5万平方米、乔木0.40万株、灌木2万株、高杆女桢0.51万株。市妇女联合会建设“三八”绿化示范基地——广陵区头桥镇庆丰村万亩银杏园，举办“康居乡村我的家 村庄整治我参加”“绿化美化乡村，共建生态市”主题活动。（吴建华）

■**实施“绿杨城郭新扬州”三年行动计划** 实施新一轮“绿杨城郭新扬州”三年行动计划(2012—2014)。城区围绕重点工程同步实施绿化工程，建成文昌路、扬子江路、瘦西湖路、站南路等亮点绿化工程。农村主要抓“一带十路百村若干生态中心”重点工程建设。一带，即大江风光带，发展南水北调东线水源涵养林，保护、恢复湿地资源，巩固、提升大江风光带建设水平；十路，即京沪、宁通等主要道路，新建江海高速、江六高速、安大公路、新淮江公路等绿色通道，完善、提升京沪高速、宁通高速、扬溧高速、沿江高速、邮仪公路及宁启铁路绿色通道，同时新建、提升、完善城区8个出入口和高邮、宝应等节点和出入口绿化；百村，即每年新建100个省级绿化示范村，2012—2013年建成省级绿化示范村211个。全市初步规划建设生态中心6个，总面积2.8万公顷。至年底，宝应县、高邮市、仪征市、江都区等地生态中心建设规划通过专家评审，广陵区明确“七河八岛”生态中心建设总体规划和建设思路。（吴建华）

■**古树名木保护** 扬州市有古树名木648株，分属35科51属58种。2013年，市绿化委员会、市林业局、市园林局继续加强古树名木保护工作，落实《扬州市古树名木和古树后续资源保护管理办法》，按照属地管理原则，抓紧落实管护责任。印发《关于加强古树名木保护 培育古树后备资源的通知》，要求各级、各部门落实古树名木和古树后续资源养护责任制，做好古树名木建档、挂牌和日常保护、管理、督促、指导工作，建立古树名木和古树后续资源档案，开展古树名木复壮技术研究；开展古树名木后备资源调查和培育工作，栽植长生树和珍贵稀有树种，增加古树名木后备资源。（吴建华）

■**扬州市5个项目入选省首批城市园林绿化示范项目** 11月4日，省住建厅公布江苏省首批城市园林绿化示范项目名单，扬州市5个项目入选。其中，扬州市古典名园修复(个园、何园、瘦西湖)项目入选“历史文化保护与修复”类“古典名园保护修复”示范项目，扬州市茱萸湾动植物园项目入选“节约生态型园林绿化建设”类“植物园和动物园一体化规划建设”示范项目，蜀冈-瘦西湖风景名胜区傍花村改造项目入选“风景名胜区保护与资源品质提升”类“风景名胜资源保护与利用有机结合，综合功能有效提升，景观、生态、社会、经济效益取得共赢”示范项目，扬州市区淮海路、引江水利工程银杏大道项目入选“林荫路”类“2000年前建成的道路林荫路”示范项目，扬州市区长春路项目入选“林荫路”类“道路改造后保留的林荫路”示范项目。（万 平）

■**园艺获奖** 5月18日至11月18日，由住建部、北京市政府主办的第九届中国(北京)国际园林博览会在北京举行。市园林局参展的片石山房获博览会组委会“园博馆室内园施工大奖”。

6月28日至7月15日，由中国花卉协会荷花分会主办的第27届全国荷花展暨第十届东莞桥头荷花节在广东省东莞市桥头镇莲湖景区和江西省萍乡市莲花县荷花博览园同时举行。在第27届全国荷花展碗莲栽培技术评比中，扬州市城市绿化养护管理处选送的“红灯笼”“粉面桃花”和扬州市荷花池公园选送的“红灯笼”“粉面桃花”均获二等奖。

9月26日至10月26日，由省政府主办，省住建厅、省农业委员会和镇江市政府承办，其他12个省辖市政府协办的第八届江苏省园艺博览会在镇江扬中市举行。扬州市政府获突出贡献奖，市园林局获先进集体奖，市园林局建设的“多彩芳庭”获造园艺术奖二等奖，市园林局、扬州城市绿化建设工程有限责任公司建设的“古韵竹西”获专题奖中的庭院绿化二等奖。此外，扬州市选送的作品分获花卉花艺二等奖1个、三等奖2个，插花艺术二等奖1个、三等奖3个，盆景一等奖1个、二等奖1个、三等奖2个。扬州展园“多彩芳庭”占地0.75公顷，运用组景、障景等造景手法，以彩色透水艺术地面、椭圆花坛、传统叠石、色叶花木、花语秋千、立体景墙为造园要素，结合传统园林技艺与现代园艺手法，营造芳庭入口、多彩庭院、芬芳步道、滨水湿地等景观空间。（万 平）

村镇建设

■**概述** 2013年，全市完成村镇建设投资64.86亿元，其中住宅建设投资28.76亿元、公共建筑建设投资4.31亿元、生产性建筑建设投资15.12亿元、基础设施建设投资16.67亿元；全年竣工住宅建筑面积232.35万平方米、公共建筑面积45.10万平方米、生产性建筑面积148.39万平方米。全市有0.92万户村镇住户迁入新居；新增村镇供水管道383.15千米，自来水供应覆盖317.10万人；新增村镇道路300.07千米244.75万平方米；新增排水管道156.24千米；小城镇绿地覆盖面积4163.79万平方米，人均公园绿地面积6.05平方米；小城镇有路灯6.01万盏、桥梁1020座，小城镇综合服务功能增强。（雎春广 张云景）

■**新型城镇化建设** 贯彻《省政府关于扎实推进城镇化 促进城乡发展一体化的意见》，抓好项目规划、建设和创新，加快新型城镇化建设。做好省综合规划建设示范镇申报工作，高邮市三垛镇、仪征市月塘镇入选首批全省综合规划建设示范镇名录。推动11个重点中心镇建设，完成2012年度第二批24个城镇化专项资金补助项目验收工作，每个乡镇500万元补助资金全部拨付到位。

（雎春广 张云景）

■**提前完成村庄环境整治** 2013年，全市以提升整治质量为重点，完成全部村庄环境整治任务，通过省村庄环境整治推进工作领导小组办公室全域考核验收现场检查，提前2年完成省定任务。2012—2013年，全市整治自然村庄1.67万个，建成三星级康居乡村100个、二星级康居乡村334个、一星级康居乡村629个、环境整洁村1.57万个，改善农村环境面貌，提升公共服务水平，实现乡村环境优美、生态宜居、特色鲜明的整治目标，整治进度处于苏中、苏北前列。为巩固整治成果，市政府第17次常务会议审议通过《扬州市村庄环境长效管护办法》。（眭春广　张云景）

■村庄规划建设示范点建设　被列入2012年度省村庄规划建设示范点的高邮市2个村、仪征市4个村，全部按期建成建设与整治规划项目，并通过省级验收。仪征市1个村、高邮市2个村、宝应县2个村和邗江区1个村被列入2013年度省村庄规划建设示范点范围，争取省级奖补资金1780万元。（眭春广　张云景）

■农村危房改造试点　根据住建部、国家发展和改革委员会、财政部《关于做好2013年农村危房改造工作的通知》和省住建厅部署要求，组织宝应县、高邮市、仪征市、江都区开展2013年农村危房改造工作。全市有1800户危房被纳入改造计划，争取中央和省补助资金1722.25万元，解决部分经济最贫困、住房最危险群众的住房安全问题。

（眭春广　张云景）

房地产开发

■概述　2013年，扬州市住房保障和房产管理局（简称市房管局）先后印发《关于积极培育市场需求　促进我市房地产业持续健康发展的建议举措》《扬州市区引进高层次人才住房资助办法》等文件。引导行业转型，鼓励房地产企业利用技术、人才优势做大做强。开展优秀房地产企业评选活动，打造行业典型。4家企业入选江苏省房地产开发综合实力50强企业。全市房地产市场量增价稳，开发投资、新增供应量稳定增长，市场成交量与上年相比出现较大幅度回升。全市完成房地产开发投资323.1亿元，实现商品房销售521.47万平方米。根据国家统计局70个大中城市房地产价格调查反馈资料，2013年12月，扬州新建住宅、新建商品住宅、二手住宅价格指数分别比上年同期增长7%、7.3%、3.4%。（方　观）

■房地产开发建设　2013年底，全市共有房地产开发企业568家，其中一级资质企业4家、二级资质企业348家、三级资质企业180家、四级资质企业36家。全市完成房地产开发投资323.1亿元，比上年增长37.00%；其中商品住宅投资243.87亿元，增长34.21%。市区完成房地产开发投资239.76亿元，增长29.92%；其中商品住宅投资172.04亿元，增长24.99%。全市房地产开发新开工面积935.09万平方米，增长40.28%；其中商品住宅新开工面积766.46万平方米，增长45.61%。市区房地产新开工面积541.7万平方米，增长30.82%；其中商品住宅新开工面积419.59万平方米，增长42.22%。

（方　观）

■房地产市场供应　2013年，全市批准商品房预售面积684.19万平方米，比上年增长38.43%；其中商品住宅预售面积575.79万平方米，增长47.89%。市区批准商品房预售面积399.53万平方米，增长31.4%；其中商品住宅预售面积335.44万平方米，增长47.5%。2013年末，全市商品房可售面积768.16万平方米，比上年同期增长17.62%；其中商品住宅可售面积537.95万平方米，增长26.64%。（方　观）

■房地产市场成交　2013年，全市商品房合同成交面积521.47万平方米，比上年增长42.75%；其中商品住宅合同成交面积452.57万平方米，增长48.17%。市区商品房合同成交面积306.21万平方米，增长35.86%；其中商品住宅合同成交面积258.94万平方米，增长39.71%。市区（不含江都区）二手房成交面积

2013年扬州市区销售面积前10名房地产项目一览表

表24-4

排名	项目名称	开　发　企　业	销售套数(套)	销售面积(平方米)
1	金地艺境	金地集团扬州房地产发展有限公司	796	80738.54
2	和昌·运河东郡公馆	江苏和昌置业发展有限公司	565	69194.10
3	水印西堤家园	扬州首开衡泰置业有限公司	522	68508.33
4	双汇国际	江苏双汇房地产开发有限公司	626	67568.44
5	东方运河名城	扬州亚太置业有限公司	677	65204.55
6	橡树湾花园	华润置地(扬州)有限公司	487	62482.12
7	中海玺园	中海宏洋地产(扬州)有限公司	606	61576.79
8	万科花园	扬州万维置业有限公司	536	60844.29
9	金域华府	扬州新里程置业有限公司	581	55767.00
10	华鼎星城	江苏能恒置业有限公司	487	39664.00

（方　观）

11月1—4日，2013扬州秋季房产展示交易会在扬州国际展览中心举行。图为市民在房交会上了解房产信息

刘江瑞/摄

163.95万平方米，增长157.62%；其中二手住宅成交面积108.34万平方米，增长91.48%。（方　观）

房产管理

■房地产市场管理　市房管局发挥行业主管部门作用，履行房产测绘、权属登记、住房贷款担保、物业管理、征收拆迁等职能，建立健全价格备案、预售资金监管、存量房网上备案等制度。拓展房地产市场，举办春秋两季房交会，开展优秀楼盘评选，组织主题团购活动；整合各方资源，先后到北京、广州、南京等一线城市举办专题营销活动。加强行业监管，先后对市区45家房地产经纪机构、30家销售代理机构开展专项检查。市房地产监察支队被评为全省住建系统行政执法队伍规范化建设先进集体、三星级单位。（方　观）

■房产测绘管理　实施房产测绘业务系统优化升级，重新整合市区产权、网上备案、维修基金、测绘业务数据库。开展二手房课税、拆迁补偿、抵押融资等测绘业务，全年实施房产测绘1280万平方米，并在宝应县挂牌成立测绘分中心。市房地产测绘中心获评江苏省测绘地理信息行业协会2012—2013年度“诚信测绘单位”。（方　观）

■房屋权属登记管理　市房屋权属登记中心在市行政服务中心、广陵区行政服务中心开设登记服务窗口，开展网点化服务；联合市物业管理中心，制定“三告知”制度（在买卖双方办理房屋所有权转让时，书面告知买方、卖方及物业企业三方房屋物业服务费缴纳状况）；开辟绿色通道，为特殊服务对象提供预约上门服务。市房产交易服务大厅全年接待12万人次，办理各类登记业务6.30万笔，发放各类权证11.9万本；其中办理二手房转移登记业务1.09万笔，交易面积127.8万平方米。（方　观）

■住房贷款担保服务　市住房贷款担保服务中心倡导“主动、优质、便捷、专业”服务理念，推广综合柜员制、值班长制度，提高办事效率。拓展市场性业务，全年实现公积金担保总额21.48亿元、二手房资金托管金额36亿元，分别比上年增长10.8%和92.7%。（方　观）

■物业管理　2013年是“物业管理提升年”。3月15日，市政府召开市区物业管理工作推进大会，建立市级联席会议制度，构建市、区、街道、社区四级管理体制和工作机制。推进职能部门进小区。市房管局、市公安局、市民政局等19个部门介入社区物业管理工作，实施源头管控，提升物业服务运行质态。实行分类管理。在推行市场化物业管理的同时，根据新建住宅小区、“老、小、散”住宅区、拆迁安置和保障性小区不同特点，实施分类管理，推动物业管理全覆盖。注重调查研究和宣传推荐。开展市区小区物业服务和管理情况调查，调查对象覆盖市区全部320个市场化物业服务小区1.06万户居民。市民对小区物业服务满意度为70.74%，对政府部门管理满意度为63.79%。开展“晒晒扬城最美小区”评选活动。承办第12届《中国物业管理》杂志协办年会暨中国物业管理年度论坛。

市区新增基本物业服务面积140.36万平方米，住宅物业管理覆盖率84.8%；新增23个小区实行社区委员会、业主委员会、物业服务企业“三位一体”协调服务机制；新成立业主委员会24个。全市新增物业管理一级资质企业3家、二级资质企业4家，评选、表彰市级以上物业管理优秀项目23个。2013年末，全市有物业服务企业292家（市区192家、宝应21家、高邮21家、仪征23家、外来企业35家），其中一级企业23家、二级企业31家、三级企业238家；从业人员3万多人。扬州市物业管理中心获评全国物业维修资金规范化管理先进单位。（方　观）

■房屋征收拆迁管理　制定《关于进一步规范全市房屋征收（拆迁）工作的意见》，从健全管理体制、规范工作程序、规范实施行为、加强机制研究、强化监督管理等5个方面，对全市房屋征收拆迁工作提出明确要求。研究、制定《扬州市区房屋征收（拆迁）服务机构管理暂行办法》，建立“两证”（上岗证、准入证）制度、招投标制度、服务质量反馈制度、年检制度。加强行业监管，组织开展房屋征收专项整治。市区全年核发国有土地上房屋征收决定10个，发布拆迁公告27个，为“城中村”改造、重大项目建设提供保障。（方　观）

■公有住房管理　在全国首创直管公房承租权处置新模式，提高公房效用。通过公开拍卖、有限竞价等方式，实现国有资产保值增值，形成解危资金良性循环，同时引入社会资本参与民居古宅保护，以“微循环、渐进式”手段实现古城有机更新。根据市政府南河下片区改造战略部署，启动公房民居客栈建设，选定首批16处直管公房进行试点。（方　观）

■老宅承租权拍卖试点　2013年，扬州市试点以公开透明方式，通过市场化渠道出让老宅承租权，用拍

卖方式引入社会资本保护历史街区。6月28日，扬州市举行首次老宅承租权拍卖会。此次拍卖会由扬州市恒升拍卖有限公司承办，数十人参加10处市区老宅承租权竞拍，其中4处成交、6处流拍。成交的4处老宅分别为皮市街66号老宅(成交价111.9万元)、粉妆巷13号老宅(成交价87.1万元)、北讲经墩8号老宅(成交价75.5万元)、粉妆巷13-4号老宅(成交价110万元)。按照规定，承租人拍得的老宅只能用于居住，不能改作商铺；装修和修缮方案须报房管部门备案，不能改变老宅外观或破坏内部结构；须支付租金。 (方 观)

■老小区综合整治 市房管局启动对市区1996年以前建成、面积2万平方米以下零散老小区的综合整治。工程实施过程中，针对零散老小区分布散、交通不便、管理复杂、单位成本高等情况，突出道路绿化、雨污分流、房屋出新等群众关注的整治内容，严控资金预算。市区年内开工整治老小区79个101万平方米，惠及老城区居民1.5万户。 (方 观)

■公有住房解危 市房管局制定《市区2013年度公有住房解危实施细则》，启动“原地修缮为主、异地搬迁为辅”的公房解危新模式，减少异地搬迁实施过程中的矛盾，解决腾让地块利用效率问题，同时减轻政府财政负担。市区实施公房解危4.75万平方米，其中直管公房3.56万平方米、自管公房1.19万平方米。 (方 观)

■房屋安全管理 市房屋安全鉴定中心制定《关于加强市区住宅装修安全管理的实施意见》，依托房屋安全鉴定技术平台，开展新建工程周边房屋保全鉴定、施工对相邻房屋影响鉴定、工业厂房可靠性鉴定等工作，服务企业、服务项目、服务民生。全年完成房屋安全鉴定46万平方米，被评为2013年度全国房屋安全鉴定工作先进单位。

市白蚁防治中心对照《扬州市房屋白蚁预防工程质量监督管理办法》要求，为幼儿园、餐饮业等特殊行业和文保单位、古树名木等特殊对象提供专项白蚁防治服务。全年完成白蚁防治540万平方米，为历年最高。市白蚁防治中心通过白蚁防治一级单位(全国最高等级)认证。市城市虫害防治有限公司获江苏省有害生物防治服务机构三级资质。

(方 观)

■房产信息化管理 市房地产信息中心联合市物业管理中心开展“信息化助力美丽社区”活动，启动“数字物业”工程，对维修资金管理、项目招投标、投诉处理等信息系统实施技术攻关、改造升级，为开通“扬州物业网”奠定基础。国内第一个住房保障信息精细化管理项目——国家高分专项示范项目在扬州启动。

(方 观)

城市管理

■概述 2013年，市城市管理局突出“综合整治、基础建设”主题，做好“三拆三整治”(拆违、拆破、拆烂，治脏、治乱、治差)、城市环境综合整治、民生工程建设工作。推进城市垃圾集中处理，赵庄垃圾卫生填埋场堤坝加高增容工程、建筑垃圾综合利用处理厂项目、生活垃圾焚烧发电厂二期工程、餐厨废弃物处理厂项目开工。市城管局获“江苏省文明单位”称号。 (何新伟)

■“三拆三整治”行动 2013年起，扬州市部署用3年时间，分4个阶段，在市区集中开展“三拆三整治”行动。2013年，完成“三拆三整治”第一、第二阶段目标任务，全年拆除违法建设1496处67.9万平方米，拆破、拆烂1500处，取缔马路市场25处，完成23条路段配电柜、控制箱、空调外机位美化，整治校园及住宅小区95个，整治35条路段露天烧烤摊点，整治广告店招、显示屏、灯光亮化1516处，整治施工工地20处，改造外立面26处，配置垃圾容器3038个，新建、改造公厕135座，设置公厕指示牌117块，推进大型公共场所内部厕所对外开放。 (何新伟)

■城市环境综合整治 8月起，扬州市全面开展城市环境综合整治“931”行动，即“九整治”“三规范”“一提升”行动，整治城郊接合部、城中村、老旧小区、棚户区、背街小巷、城市河道、低洼易淹易涝片区、建设工地、农贸市场，规范占道经营、车辆停放、户外广告设置，提升城市长效管理水平。市委、市政府成立工作机构，从公安、建设、国土、规划、城管等部门抽调7名后备干部集中脱产办公。截至2013年底，全市12类810项城市环境综合整治任务全部完成，整治城郊接合部20片、城中村30个、棚户区28个、老旧小区70个、背街小巷113条、城市河道31条、低洼易淹易涝片区47个、建设工地83处、农贸市场19个、公共停车设施32处、户外广告318处，新增停车泊位2265个，新建和规范经营疏导点19处。 (何新伟)

■城管体制机制改革 市政府提出“城市管理以区为主，重心下移”思路，推动城管体制机制改革。市城管局适应城市管理事权下放实际，强化统筹指导、指挥调度、监督考核职能，制定、实施《扬州市区城市管理工作考核办法》，加大对各区城管执法分局考核力度。考核工作按照“以制度管人，以规章管事，以事实说话，以督查推进”原则，分周通报、月沟通、季小结、半年考评和年终考核5个阶段，主要考核路面管理、街巷管理、队伍管理、车辆使用等情况，按考核细则打分，年终按分值奖惩，促进城管工作绩效提升。 (何新伟)

历史文化名城保护

Lishi Wenhua Mingcheng Baohu

编 辑 戴淑敏

古城保护利用

■概述 2013年,《扬州历史文化名城保护规划》《扬州城国家考古遗址公园建设(纲要)》《扬州唐子城·宋堡城城墙和护城河保护展示工程(一期)方案》通过专家论证。扬州城遗址保护工作被列入国家文物局《大遗址保护"十二五"专项规划》。持续推进古城保护与利用、改造与复兴。深化整治"双东"(东关街、东圈门)历史街区,建成街南书屋、东圈门16号配套工程、扬州古城保护成果展示馆和南河下扬州老城低碳社区示范项目,打通大草巷通道,提升东门遗址广场景观。按照大运河申报世界文化遗产(简称申遗)工作要求,完成汪鲁门盐商住宅修缮,整治卢氏盐商住宅、盐宗庙和古邗沟水系等申遗点周边环境。 (卞海波)

■"双东"历史街区晋升国家AAAA级旅游景区 参见第177页。

■《扬州历史文化名城保护规划》通过专家论证 1月16—17日,省住房和城乡建设厅在扬州召开《扬州历史文化名城保护规划》论证会。专家组成员经查勘现场、听取规划介绍、审阅规划文件,认为该规划思路清晰、重点突出,对历史文化名城特色把握较准,提出的保护要求符合扬州实际,其深度和内容基本达到国家和省关于历史文化名城保护规划编制的要求;建议完善规划成果,整合、协调大运河遗产、扬州城遗址等保护规划内容,梳理名城保护层次,深化名城保护措施,把名城扬州保护好、利用好。 (杨 铭)

■扬州老城低碳社区示范项目 该项目位于南河下街以北、旗杆巷以西原铰链厂闲置地块,占地面积0.39公顷,建筑面积2912.67平方米,总投资2600万元,2012年7月开工,2013年6月竣工。该项目是扬州市探索古城传统民居整治改造的示范项目,由扬州市政府与美国可持续发展社区协会(ISC)合作实施,在延续和保持古城建筑传统风貌和街巷肌理前提下,运用地源热泵、太阳能光伏、能源智能管理等低碳节能技术,采取墙体、屋面、地面、门窗保温隔热及供热(制冷)系统节能等措施,通过优化道路体系、更新供排水管网、调整电力电信线路、完善绿化,提升老城区基础设施功能,为老城区居民营造优美舒适的居住环境。该项目被评为2012年度江苏省建设领域科技示范工程,并获15万元补助经费;2013年12月获美国绿色建筑协会美国绿色家居标准(LEED-Homes)铂金奖。 (杨姗姗 付元宁 卞海波)

■街南书屋修复工程 街南书屋修复工程项目位于东关街309号,占地1.8公顷,总建筑面积1.06万平方米,2011年3月开工,2013年4月完工,总投资2.3亿元。建设内容包括:大宴会厅、地下室土建施工,建筑面积3031平方米;宴会厅、各修缮区域及十二景装饰装潢,建筑面积3672.81平方米。该工程获中国风景园林协会2013年度"优秀园林古建工程"金奖。

(杨姗姗 付元宁 卞海波)

街南书屋一景 刘江瑞/摄

■扬州古城保护成果展示馆工程 扬州古城保护成果展示馆工程位于徐凝门路以东、黑婆婆巷以南地块，建筑面积1734.9平方米。在地块东北侧及南侧同步建设室外和底层架空机动车停车场地，设停车位12个。该工程2012年12月开工，2013年5月完成主体和配套设施施工，投资500多万元。

（杨姗姗　付元宁　卞海波）

■东圈门周边改造提升工程 东圈门周边改造提升工程项目占地0.56公顷，总建筑面积7013.1平方米，其中地上面积2888.8平方米、地下面积4124.3平方米(其中地下车库2296.7平方米)。2012年11月开工，2013年4月完工，完成投资9500万元。（杨姗姗　付元宁　卞海波）

■东门遗址广场景观提升工程 东门遗址广场景观提升工程2013年2月开工，4月竣工并对外开放，总投资约950万元，完成景观设计面积1.03万平方米，提升绿化面积5000多平方米，增设曹起溍、熊成基、马可·波罗等3组人物雕塑，更换木栈道及瓮城、古井亭周边玻璃护罩。完善区域内历史、文化、人文知识解读系统和座椅、垃圾桶等设施。

（杨姗姗　付元宁　卞海波）

■汪鲁门盐商住宅修缮及周边环境整治工程 汪鲁门盐商住宅位于扬州市区南河下170号，为京杭大运河(扬州段)和扬州盐业历史遗迹申遗项目申遗点，2011年被编入申遗预备名录。汪鲁门盐商住宅修缮及周边环境整治工程包括汪鲁门盐商住宅建筑面积1700平方米、东侧绿化面积1600多平方米、南侧停车场面积1434平方米，2012年11月开工，2013年6月完工，投资约500万元。

（杨姗姗　付元宁　卞海波）

■大草巷改造工程 大草巷是位于东关街与盐阜路之间的一条东西向小路，且不贯通。大草巷改造工程2012年12月开工，2013年12月竣工，总投资1.19亿元。改造工程分为东、西两段。西段西起国庆路、东至广储门，全长139米；东段西起安家巷、东至泰州路，全长769米。整治后的大草巷宽6米，杆线全部下地，沿线敷设燃气管道。（杨　铭）

文化遗产保护

■概述 2013年，扬州市新增8个全国重点文物保护单位。加强地上文物管理和保护，推进重点文物建筑维修工作，完善文物保护单位档案。出土木漆器保护国家文物局重点科研基地扬州工作站在扬州博物馆挂牌。江都大桥镇获批江苏省第七批历史文化名镇。完成16个国家级非物质文化遗产(简称“非遗”)项目保护中长期规划编制。组织申报第四批国家级“非遗”项目，扬州刺绣等4个项目进入省申报备选名单。23人入选省第四批“非遗”项目代表性传承人公示名单。扬州漆器厂、广陵古籍刻印社和富春茶社获批成为首批省级生产性“非遗”保护基地。组织雕版印刷、剪纸、玉雕、刺绣等多个项目参加江苏省非物质文化遗产技艺大展和第二届中国非物质文化遗产博览会。广陵派古琴艺术传习中心建成开放。做好扬州杖头木偶抢救性录像和传统道具收集工作。全年争取国家、省级“非遗”项目传承人传习保护活动补贴经费390万元。

（刘文献　杨　铭）

■重点文物建筑维修 2月，《重宁寺修缮和环境整治工程方案》获国家文物局批准。年内，完成重宁寺内1户居民搬迁；大雄宝殿本体维修和殿内彩绘科技保护工程竣工并通过省文物局专家验收，天王殿维修工程完工；完成重宁寺内环境整治工程。推进大明寺大雄宝殿修缮工程，排除大殿结构变形、白蚁蚀蛀、屋面漏雨等险情。该工程8月竣工，10月通过省文物局专家组验收。（郭　果）

■地上文物管理和保护 市文物局组织编制《盂城驿修缮和环境整治方案》《周扶九住宅维修方案》《江都徐氏住宅维修方案》。周扶九住宅维修一期工程、徐氏住宅修缮工程基本竣工。勘察文公祠、陈六舟故居、广陵路250号民居、曹李巷8号等市级文物保护单位，指导编制维修保养方案。遴选第六批市级文物保护单位，审定第二批扬州市历史建筑。完善岭南会馆、扬州盐商住宅、武当行宫等8处第六批省级文物保护单位档案，补充原始材料、照片和图纸等资料；建立新公布的第七批14个省级文物保护单位、8个全国重点文物保护单位档案。组织全市县有资质的文物保护工程施工单位完成年检。（郭　果）

■新增8个全国重点文物保护单位 3月5日，国务院公布第七批全国重点文物保护单位，扬州市8处文物古迹名列其中，分别为仪征庙山汉墓、

东关历史文化旅游区东门遗址广场　　张孔生/摄

全国重点文物保护单位——卢氏盐商住宅

李斯尔/摄

史可法墓祠、汪氏盐商住宅、贾氏盐商住宅、卢氏盐商住宅、逸圃、扬州重宁寺、汪氏小苑。至此,扬州市有全国重点文物保护单位21个。 (郭　果)

■第一次全国可移动文物普查　扬州市作为江苏省试点地区之一,2013年启动第一次全国可移动文物普查工作。5月,市政府成立扬州市第一次全国可移动文物普查工作领导小组及其办公室、普查工作专家组。6月,市政府召开全市第一次全国可移动文物普查工作动员大会。8月,扬州市第一次全国可移动文物普查工作领导小组办公室举办第一期普查业务培训班。8月起,全市文物系统启动文物清理、更名、测量、拍照、建档等工作。截至12月底,全市落实可移动文物普查经费185.5万元,文物系统各文物保管单位拍摄文物照片2万张,普查工作专家组认定、登记非文物系统国有单位收藏的文物17.81万件。 (冯永革)

■出土木漆器保护国家文物局重点科研基地扬州工作站挂牌　扬州漆器制作历史悠久,工艺齐全,技艺精湛,风格独特,驰名中外。扬州地区饱水木器漆出土量大,具有极高的历史价值与艺术价值。为做好出土饱水木漆器脱水保护和修复工作,在国家文物局支持下,扬州博物馆与荆州文物保护中心合作,成立出土木漆器保护国家文物局重点科研基地扬州工作站。2月4日,出土木漆器保护国家文物局重点科研基地扬州工作站在扬州博物馆挂牌成立。 (冯永革)

■文物行政执法　完成《扬州市地下文物保护管理办法》编制并报市政府法制办公室审查。加大巡查力度,严厉打击盗掘破坏古墓葬和文物诈骗行为。查处邗江区公道镇、仪征市新城镇官胜村和凌东村等地古墓葬盗掘案及银元诈骗案等文物违法事件5件。 (郭　果)

■扬州市10个项目参加省“非遗”技艺大展　5月28日,江苏省非物质文化遗产技艺大展在南通市开幕,展出全省国家级和省级传统美术和技艺类“非遗”项目100个。扬州市组织市区、高邮等地10个“非遗”项目参展,通过作品或实物陈列、图文展板及现场演示等形式,展现“非遗”保护、发展新成果。其中,扬州剪纸、扬州雕版印刷是世界级“非遗”项目,扬州玉雕、扬州漆器、扬州毛笔是国家级“非遗”项目,其他均为省级“非遗”项目。扬州广陵古籍刻印社李金晶、徐世霞分别现场演示雕刻技艺和刷印技艺。 (杨　铭)

■广陵派古琴艺术传习中心成立　6月8日,扬州市广陵派古琴艺术传习中心在市文化馆揭牌,为扬州市和海内外琴家、琴人及古琴爱好者提供传承、雅集、论坛、讲座等活动场所。传习中心成立当天,举行“端阳雅集”活动,马维衡、苏菲等7名琴家现场演奏《神人畅》《平沙落雁》《广陵散》等古琴名曲。广陵派古琴艺术是中国古琴艺术的重要流派,其南北兼收、刚柔相济、“音随意走、意与妙和”的风格在琴界独树一帜。广陵琴派是国家级“非遗”项目,有省级“非遗”项目代表性传承人2人、市级“非遗”项目代表性传承人7人。 (刘文献)

■“中国文化遗产日”活动　6月8日是第八个“中国文化遗产日”。当天,市精神文明建设指导委员会办公室(简称市文明办)、市文物局、市申报世界文化遗产办公室(简称市申遗办)以“文化遗产与全面小康”为主题,举办系列活动。在天宁寺主会场,举行大运河保护志愿服务集中活动启动仪式,为扬州市大运河保护志愿者总队揭牌,举行“保护母亲河,支持大运河申遗”现场签名活动,开展文化遗产保护政策宣传和咨询,举办第七批全国重点文物保护单位图片展,为市民免费鉴宝。在大运河邵伯段,市总工会、江都区总工会和邵伯船闸管理所举行扬州市职工保护大运河志愿行动启动仪式,向过往船舶发放塑料垃圾桶,宣传珍爱大运河的环保理念。 (杨　铭)

■《美在人间永不朽——扬州剪纸》首发　11月5日,由扬州“非遗”专家、剪纸大师编写,广陵书社出版的《美在人间永不朽——扬州剪纸》首发。该图册全书正文约4万字,收录图片200多幅,详尽记录扬州剪纸历史渊源、技艺特征、传承传播、保护发展过程。 (杨　铭)

申报世界文化遗产

■概述　扬州作为中国大运河联合申遗牵头城市,协助国家文物局向联合国教科文组织上报中国大运河申遗文本,承办2013年度大运河保护和申遗工作会议、大运河保护和申遗省部际会商小组办公室会议,完成大运河(扬州段)环境整治,接受世界文化遗产中心专家对大运河申遗的现场考察评估。2月,《中国大运河申报世界遗产文本》通过联合国教科文组织世界遗产中心审核。 (杨家华)

■2013年大运河保护和申遗工作会议在扬州召开　3月26日,由国家文物局主办、大运河联合申遗办公室承办的2013年大运河保护和申遗工作会议在扬州召开。国家13个部委、8个省(市)35个大运河沿线城市领导、专家、代表出席会议,交流经验,共商大运河保护和申遗工作,部署国际古迹遗址理事会专家现场考评迎检工作。国家文物局副局长童明康作主旨讲话,回顾2012年大运河保护和申遗工作,提出下一步工作重点,要求做好国际古迹遗址理事会专家考察迎检准备工作,展现大运河遗产价值的真实性、完整性和良好的保护管理状况。 (杨家华)

■**2013年保护京杭大运河志愿服务大行动在扬州启动** 5月5日,由中央文明办主办的"关爱自然,保护京杭大运河"2013年保护京杭大运河志愿服务大行动在扬州市东关古渡广场启动。此次活动旨在贯彻落实中共十八大提出的建设生态文明和"美丽中国"精神,发挥志愿者在保护山川河流中的作用,在全社会掀起"关爱自然,保护京杭大运河"热潮。启动仪式由江苏、北京、天津、河北、山东、浙江等6个省(市)文明办,江苏省文化厅、水利厅、环保厅、文物局以及扬州市委、市政府承办。中央文明办志愿服务工作组组长陈瑞峰出席仪式并宣布2013年保护京杭大运河志愿服务大行动启动,江苏省文明办副主任韩松林和扬州市委常委、宣传部部长卢桂平分别致辞,山东省文明办副主任王红勇宣读《2013年保护京杭大运河志愿服务大行动重点工作安排》,扬州市志愿者代表宣读"关爱自然,保护京杭大运河"志愿服务倡议书。启动仪式上,出席活动的领导向江苏省沿运河8个城市12支志愿服务队授旗。仪式结束后,扬州市志愿者分别到多个运河遗产点开展志愿服务活动。 (杨家华)

■**大运河保护和申遗省部际会商小组领导到扬州调研** 5月16—17日,大运河保护和申遗省部际会商小组组长、文化部部长蔡武,会商小组副组长、文化部副部长、国家文物局局长励小捷到扬州调研大运河保护和申遗工作,先后考察以个园、逸圃为代表的扬州盐商住宅以及瘦西湖、邵伯古堤等大运河(扬州段)沿线重要遗产点,要求做好国际古迹遗址理事会专家考察迎检准备。 (杨家华)

■**中国大运河接受国际古迹遗址理事会专家考察评估** 9月16—26日,联合国教科文组织世界遗产委员会咨询机构国际古迹遗址理事会委派印度籍考古学家、作家及历史学家莉玛·胡贾和韩国籍环境学博士姜东辰,对中国大运河世界文化遗产申报项目涉及的31个遗产区进行现场考察评估。17日上午,2名专家到中国文化遗产研究院考察大运河监测和档案系统国家总平台,参加大运河遗产保护管理座谈会,听取大运河遗产价值和保护管理情况汇报,与有关部委代表座谈。17日下午至25日,莉玛·胡贾考察通惠河北京旧城段、通州段,北、南运河天津三岔口段,南运河沧州—衡水—德州段,会通河临清段(含临清运河钞关)、阳谷段(含阿城下闸、阿城上闸、荆门下闸、荆门上闸)、戴村坝、南旺枢纽、微山段,中河台儿庄段、宿迁段(含龙王庙行宫),宁波三江口,浙东运河宁波段、上虞—余姚段、杭州萧山—绍兴段,江南运河嘉兴段、南浔段、杭州段(含杭州富义仓、拱宸桥、桥西历史文化街区)等遗产区;姜东辰考察黎阳仓遗址,卫河(永济渠)浚县段、滑县段,通济渠郑州段,含嘉仓160号仓窖遗址、回洛仓遗址,通济渠商丘南关段、夏邑段、淮北隋唐大运河博物馆和柳孜运河遗址、通济渠泗县段,淮安总督漕运公署遗址、清口枢纽,淮扬运河扬州段、大运河扬州段遗产监测预警和档案中心,江南运河常州城区段、无锡城区段(含清名桥历史文化街区)、苏州段、平江历史文化街区等。2名专家分别在扬州和杭州召开座谈会,听取扬州市和杭州市大运河遗产保护管理情况汇报,并与各方利益相关者座谈。 (杨家华)

■**大运河监测预警通用型平台和大运河(扬州段)数字管理平台二期软件项目通过终验** 根据国家文物局要求,扬州市对大运河(扬州段)数字管理平台进行优化和简化,完成软件提升;同时建设大运河监测预警通用型平台,建立数据采集和报送规范,为大运河沿线各遗产区各类监测平台建立"一总多分"监测预警模式。该项目5月完成招标,7月完成软件开发并在31个遗产区安装调试。11月8日,大运河监测预警通用型平台和大运河(扬州段)数字管理平台二期软件提升项目通过由国家文物局、中国文化遗产研究院、国信司南地理信息技术公司和扬州大学专家组成的专家组终验。 (杨家华)

文化博览城建设

■**概述** 推进文化博览城项目建设。完成槐泗镇隋炀帝陵修缮整治、阮元墓修缮整治、重宁寺修缮整治二期工程和双博馆体验中心(含"广陵潮"提升)等4个建设项目,梅花岭整治、唐宋城东门遗址广场提升、汪鲁门盐商住宅修缮、周扶九宅第中式楼修缮、个园历史文化陈列馆提升、朱自清故居陈展提升等6个完善提升项目。扬州城市规划馆、扬州廉政文化展示馆、东关街历史文化展示馆、个园历史文化陈列馆、大运河文化展示馆等对外开放。全市21家主要文博场馆举办各类活动198项,接待游客336万人次。举办扬州市第五届文博知识大赛。编辑出版《诗画大运河》。《今日中国论坛》2013年第一期《城市论坛》专栏刊登通讯《提升城市文化品位的创新举措——扬州文化博览城建设工作纪实》。发展文博产业。扬州剪纸博物馆与中国集邮总公司联合开发"福娃"产品3万套,与扬州及省内外旅游景点合作开发旅游纪念品30多种,推出剪纸艺术灯等新产品,销售网点遍及全国,产品远销40多个国家和地区,2013年销售收入300万元,比上年增长50%。扬州雕版印刷技艺展示馆全年销售收入400多万元。 (陈晶晶)

■**大运河文化展示馆开馆** 2013年,扬州市对位于古运河畔康山文化园的原扬州水文化博物馆进行升级改造,修缮原有建筑,打通西侧巷

8月，扬州大运河文化展示馆对外开放。图为展厅一角
张孔生/摄

道，完善部分设施，更新展示内容，建设扬州大运河文化展示馆。升级改造工程7月开工，8月完成布展并对外开放。改造后的展示馆与卢氏盐商住宅、盐宗庙等建筑融为一体，整体展现扬州水文化与盐文化；展示内容以大运河(扬州段)遗产为主，同时介绍大运河沿线城市运河段历史、变迁和对运河的保护等内容，分为“运河演变”“水工遗迹”“名城古镇”“风景名胜”“中外交流”“保护与利用”等6个部分，展出展板59块、实物31件。
（杨　铭）

■东关街历史文化展示馆对外开放 市名城建设有限公司利用东门遗址复建的城门楼内部闲置空间，建设“千古传奇东关街”东关街历史文化展示馆。该工程2012年6月开工，2013年春节期间对外开放。展览分4个展厅。第一展厅展示东关街“繁华以盐盛”的历史，包括衙署、会馆、宅院、寺观；第二展厅展示名人故居、城门遗址、老字号商铺；第三展厅展示书院与学校；第四展厅展示流传于东关街的传奇故事。
（张　静　陈晶晶）

■汉广陵王墓博物馆南朝砖室墓展室对外开放 2012年9月，扬州市文物考古研究所在市区国防路工程建设工地发现一座南朝砖室墓葬。该墓葬形制保存基本完整；墓砖表面画像雕刻技法精湛，题材内容丰富，有各式莲花纹、朱雀纹、羽人、莲花化生等，画面生动而富于变化，是研究南朝时期宗教文化及雕塑艺术、丧葬制度、风俗习惯的实物资料。2013年1月18—19日，该墓葬及其部分排水沟被整体搬迁至汉广陵王墓博物馆。这是扬州市首次对60多吨重的古墓葬实施整体搬迁。汉广陵王墓博物馆建立专门展室，以半地下方式收藏、保护和展示南朝砖室墓葬。9月下旬，展室对外开放。
（杨　铭）

■扬州市廉政文化展示馆对外开放 扬州市廉政文化展示馆位于史可法纪念馆西南侧，为二层仿古建筑，占地0.05公顷，建筑面积580平方米，由市纪律检查委员会投资建设，2012年2月开工建设，2013年2月26日对外开放。该展示馆是扬州市首个市级廉政文化展示馆，一楼主体展馆分“序厅”“廉政溯源”“勤廉风骨”“清风扬州”“廉韵悠长”“尾厅”等6个部分，采用实物与景观、图片与视频、音乐与解说、参观与参与相结合的方式，展示扬州廉政文化脉络、扬州历史上的清廉官员、现代勤廉典型以及廉政文化产品、作品等；二楼临展厅用于承办各类廉政文化活动。
（张　静　陈晶晶）

■博物馆 2013年末，全市有国家注册登记的各类博物馆16家，其中隶属文物部门管理的博物馆13家；有国家一级博物馆1家、三级博物馆3家。文物系统博物馆、纪念馆全年新增馆藏文物及标本1013件(套)，修复、保护古籍雕版版片1万片，完成漆木器脱水保护700件；举办“跨越海洋——中国‘海上丝绸之路’九城市文化遗产精品联展”“江左风流——宋、元、明、清、近现代书画精品展”等展览86期，举办“海峡两岸中学生炫动青春夏令营”“志愿者文博行”等活动59次，接待国内外游客205万人次，比上年增长8%；举办2013年东亚雕版印刷学术研讨会、“《红楼梦》与扬州”国际和国内学术研讨会，出版《江淮文化论丛(第二辑)》。举办首届“扬博杯”文化产品创意设计大赛。扬州博物馆“匠心雅艺——扬州博物馆馆藏古代雕刻艺术展”入选2013年全省馆藏文物巡回展。
（冯永革）

■“国际博物馆日”活动 5月18日，扬州市以“博物馆(记忆＋创造力)＝社会变革”为主题，举办系列活动，庆祝第37个“国际博物馆日”。扬州博物馆作为主会场，举行扬州市庆祝“国际博物馆日”系列活动启动仪式，举办“画说红楼——旅顺博物馆藏《红楼梦画册》展”“曹雪芹生活的年代——扬州博物馆藏雍乾器物展”“扬州博物馆志愿者王剑安门票收藏展”，举办《清·金冠、嵌珠宝龙凤金簪》明信片和《马踏飞燕》邮资明信片首发式。史可法纪念馆举办镇江扬州摄影作品交流展。崔致远纪念馆举办《大运河》专用邮资信封首发式。扬州市文物专家在天宁寺为市民免费鉴宝。扬州大学邀请北京曹雪芹学会会长胡德平举办“曹雪芹笔下的中国商人”讲座。扬州博物馆“匠心雅艺——扬州博物馆馆藏古代雕刻艺术展”、仪征博物馆“泱泱汉风——仪征出土汉代文物精华展”参加2013年全省馆藏文物巡回展。
（杨　铭）

■“跨越千年的记忆——崔致远与扬州”展览开幕 10月，崔致远纪念馆推出完善和提升后的“跨越千年的记忆——崔致远与扬州”展览。展览分为“开放的唐代扬州”“新罗的友好使者”“延续的千年情缘”3个单元，全面、系统介绍崔致远的非凡人生及其对扬州与韩国友好交往产生的深远影响。10月15日，“跨越千年的记忆——崔致远与扬州”展览开幕仪式在崔致远纪念馆举行。扬州市人大常

10月15日,"跨越千年的记忆——崔致远与扬州"展览在崔致远纪念馆开幕 冯永革/摄

委会副主任孙永如、韩国庆州市市长崔良植共同为展览揭幕,韩国驻上海总领事、韩国庆州市议长、扬州市相关领导出席开幕式,韩国崔氏中央宗亲会代表团、韩国庆南宗亲会访问团、韩国庆州妇女会代表团、扬州文博单位代表等200多人参加相关活动。开幕仪式结束后,韩国崔氏中央宗亲会代表团举行祭享先祖崔致远活动。 (冯永革)

■韩国龙仁市政府向扬州唐城遗址博物馆捐赠郑梦周铜像 10月26日,韩国圃隐郑梦周先生铜像捐赠仪式在扬州唐城遗址博物馆举行。韩国迎日郑氏圃隐宗亲会会长郑春永,韩国圃隐学会会长郑凤道,韩国龙仁市文化福利局局长李铉秀,韩国圃隐先生二十四代宗孙郑来晶,扬州市文物局、市政府外事办公室有关领导出席仪式。韩国龙仁市文化福利局局长李铉秀与扬州唐城遗址博物馆馆长匡朝晖交换捐赠文书与接受文书,韩国圃隐学会会长郑凤道向扬州唐城遗址博物馆赠送感谢牌。仪式结束后,韩国迎日郑氏圃隐宗亲会代表团在铜像前举行祭享先祖郑梦周活动。 (冯永革)

■江左风流——宋、元、明、清、近现代书画精品展 3月24日至5月11日,应扬州博物馆邀请,上海收藏家颜明、卢慧、颜玉歧在扬州博物馆联袂举办"江左风流——宋、元、明、清、近现代书画精品展",展出藏品130件(套)。展品所属时代跨度近千年,涵盖浙派、吴门、娄东、虞山、常州、金陵、扬州、京江、海上等众多流派,比较全面地展示江东地区书画艺术源流。 (冯永革)

■扬州市第五届文博知识大赛 由扬州市文化博览城建设领导小组、江都区委、江都区政府等共同主办的"朴园杯·江都之旅"扬州市第五届文博知识大赛5月18日启动。大赛组委会向社会免费赠阅文博知识读本《江都记忆》,并提供该书电子版免费下载服务。活动期间,1.85万人参与个人赛,23支代表队参加团体赛。经过预赛、半决赛,6支代表队进入决赛。11月26日,文博知识大赛团体赛决赛在江都区仙女镇百老汇大舞台举行,江都郭村镇代表队获一等奖,江都仙女镇代表队、江都小纪镇代表队获二等奖,江都大桥镇代表队、江都浦头镇代表队、江都政法系统代表队获三等奖。 (陈晶晶)

■扬州市博物馆协会成立 10月19日,扬州市博物馆协会成立。协会第一次会员代表大会暨第一届理事会第一次会议在扬州市美术馆召开。大会审议并通过《扬州市博物馆协会章程》,选举产生协会第一届理事会。顾风当选协会第一任理事长。扬州市博物馆协会由扬州博物馆、扬州汉广陵王墓博物馆、扬州唐城遗址博物馆共同发起申请成立,有团体会员36家。 (冯永革)

考古

■概述 扬州市配合城市建设开展考古调查、勘探、发掘工作,抢救性发掘一批汉至明清时期古墓葬,出土一批珍贵文物。海上紫郡项目考古发掘获得重大成果,一号墓墓主被确认为隋炀帝杨广,出土"隨故煬帝墓誌"碑、鎏金铜铺首、金镶玉腰带板等珍贵文物。组建联合考古队,按帝陵规制重新申领发掘执照,开展隋炀帝墓勘探和发掘工作。经过全面勘探,发现136座墓葬迹象,利用现代科技发掘和保护现场出土文物。隋炀帝墓考古成果被评为2013年全国十大考古发现。 (杨家华)

■考古勘探 扬州市文物考古研究所配合城市建设,在西湖镇边城香榭里花园,城北乡瘦西湖新苑四期、竹西芳庭、恒大帝景、绿洲国际广场,城东运河东岸华纺750号地块,新城西区香颂溪岸、万科767号地块、金地酩悦、沿山河生态会所等建设工地进行考古勘探,勘探面积95万平方米。 (刘 刚 张富泉)

■市区文物考古发掘 扬州市文物考古研究所配合城市基本建设开展考古发掘工作,发掘1650多平方米,揭露遗迹现象。其中,在江苏省苏北人民医院急诊中心工地发现清代房址及灰坑,在湖畔御景园工地发现明代房址、唐代灰坑及黄黏土磉墩,在华信沁园工地发现宋元时期沟、唐代灰坑及黄黏土磉墩,在瘦西湖隧道工程(广陵古籍刻印社点)发现宋代夯土城墙。 (刘 刚 张富泉)

■古墓葬抢救性发掘 扬州市文物考古研究所配合扬州城市基本建设以及城市化建设,在城北乡、西湖镇、杨庙镇等地工地发掘出汉、六朝、隋、唐、宋、元、明、清古墓葬279座,出土较完整文物700多件(套)。

在扬州西部交通客运枢纽工地抢救性考古发掘中，发掘、清理汉、唐、明、清墓葬19座，出土文物近100件(套)。其中明代张氏家族墓二号墓出土2具不腐尸，为研究明代扬州地区民俗文化、服饰、丧葬习俗提供实物资料。 （刘 刚 张富泉）

■**国家考古遗址公园考古** 配合扬州城国家考古遗址公园建设，在扬州蜀冈古代城址上展开考古发掘，发掘内容主要包括城址北城墙东段、西北城角、北城壕和东城壕外侧等，发掘面积3000多平方米。扬州蜀冈古代城址是地方城址中典型的层叠型城址，2013年发掘结果主要说明北城墙东段城墙的历史沿革、夯筑状况、城墙与城壕的位置关系、城壕宽度及城壕与现存水塘的关系等问题，对于准确认识扬州城历史沿革、推进扬州城大遗址保护利用、配合城址城壕整治等工作具有重要作用和意义。(1)北城墙东段及城壕位于平山乡丁魏村、综合村。通过发掘，基本明确扬州蜀冈古代城址北城墙东段现存两处豁口中，一处与古代城门类设施无关，另一处因发掘范围内地层堆积基本在明清时期被破坏至生土而无法确定；城墙夯土始筑年代不早于汉代，在六朝时期、唐代、宋代修筑宝祐城之前曾有过数次修缮或扩建；根据北城墙东段发现的夯土城墙时代，南宋修筑宝祐城之前，唐子城可能一直被沿用至宋代。该段城墙晚期夯土墙体的北边多被现代水塘破坏，在现代水塘以北亦未找到城壕北边痕迹，北城壕东段晚期宽度当窄于现代水塘南北宽度。更早时期的护城壕北边缘可能在唐代疏浚护城壕时已被破坏。城圈东北拐角东侧城壕(即东城壕北段)西边在宋代已塌毁。根据在水塘东侧农田内勘探到的城壕东边线索，结合城墙东北角发掘结果，基本认定东城壕北段宽度宽于现代水塘东西宽度，唐代东城壕北段宽约75米。通过测量与城址相关的遗迹高程，获取蜀冈上城址北城墙东段汉代至唐代城址地面、城濠水位线高程及相关数据，得知在唐代及以前，城址地面、城壕水位线可能低于现状地面和水位线约2米。(2)西北角城墙位于堡城村西河湾西北，为城壕拐弯处。西北角城墙高出周围地面约7米，城基堆积宽50多米。西北城角呈墩台状，保存较好，是解决西北角楼形制结构的理想发掘点。发掘表明，此处墙体可能分早、中、晚三期；最晚的南宋时期城墙为弧形拐角，墙体内侧用砖包边。

（王小迎）

隋炀帝墓部分出土文物 晚 报/供稿

■**曹庄隋炀帝墓发掘** 2012年底，扬州市文物考古研究所在配合房地产开发进行的考古勘探发掘中，在市区西湖镇司徒村曹庄发现2座隋唐时期砖室墓。2013年4—11月，经过考古发掘，确认曹庄隋唐墓葬为隋炀帝和萧后合葬墓。2座墓葬为同茔异穴葬制，墓葬土墩东西长49米、南北宽48米。隋炀帝墓位于土墩中心，由墓道、甬道、东西耳室、主墓室等5个部分组成，主墓室内南北长3.92米、东西宽3.84米、残高2.7米，方向175度；四壁用青砖一顺一侧一丁、一顺一丁砌造，顶部不存，东、西、北壁各有1龛，墓底为席纹式铺地；出土墓志、玉器、铜器、陶器、漆器等珍贵文物近200件(套)。萧后墓位于隋炀帝墓东侧，为腰鼓形土坑砖室墓，由墓道、甬道、东西耳室、主墓室等5个部分组成，墓葬(坑口)通长13.6米、宽5.9米，主墓室(砖室)内南北长5.92米、东西宽5.62米，方向175度；墓室砖壁用青砖一顺一侧一丁、一顺一丁砌造，券顶部分残缺，主墓室东、西、北壁各有3个小壁龛；墓葬随葬文物丰富，发掘出陶器、瓷器、铜器、漆木器、铁器、玉器等200多件(套)。2座墓葬出土的许多精美文物是中国隋唐时期考古中首次发现，如十三环蹀躞金玉带、鎏金铜铺首、玉璋、成套铜编钟、编磬等，为世所罕见，彰显墓主人帝王身份，为研究隋唐时期历史、政治、经济、文化等提供考古学实物资料。隋炀帝墓出土的"随故煬帝墓誌"碑解决隋炀帝最后葬地问题，弥补史料记载不足。11月16日，隋炀帝墓考古成果通过国家文物局专家组论证。 （薛炳宏）

■**高邮周巷大墩古墓群抢救性考古发掘** 1月7—28日，扬州市文物考古研究所与高邮市文化广电新闻出版局联合对高邮周巷大墩古墓群进行抢救性考古发掘，共发掘清理古墓葬32座，其中汉代墓葬26座、六朝墓葬1座、唐代砖室墓1座、明清墓葬4座，出土文物近200件(套)。高邮周巷大墩古墓群是高邮运东区域内首次发现的汉墓群，对研究高邮运河东里下河区域历史沿革、汉代经济文化发展以及当地丧葬习俗提供重要实物资料。 （郭 果）

环境保护

Huanjing Baohu

编　辑　陈永华

综述

■**概况**　扬州市推进生态文明建设，发展循环经济，加强环境监测，控制污染物排放，治理城乡环境。2013年，扬州市区(不含江都区)空气质量优良天数237天，全市地表水62个市控以上断面水质达标率71.0%、集中式饮用水水源地水质达标率100%，全市声环境质量总体处于较好水平，生态环境状况良好。加快建设“清水活水”城市，完成城市东部水系沟通活化工程和二道河等3条河道生态清淤。启动实施生活垃圾焚烧厂二期、建筑垃圾综合利用处理厂、餐厨废弃物处理厂和赵庄垃圾填埋场增高扩容工程。推进六圩污水处理厂三期等工程建设。完成村庄环境整治，疏浚县乡河道210条、村庄河塘2360条(面)。新增国家生态乡镇17个。全年实施节能技改项目130个、循环经济项目30个、减排工程项目147个。扬州市获批国家水生态文明建设试点城市。扬州市及邗江区、江都区、仪征市、高邮市、宝应县创建国家生态市、县工作通过环保部公示，并被环保部批准为第六批全国生态文明建设试点地区。“耦合厌氧-好氧的新型污泥减量工艺的应用示范”获省环保科研课题立项，“扬州市农业用地土壤环境质量标准研究”等12项课题获市环保科研课题立项;《蚯蚓生物工程床低碳处理养殖废弃物及产物的资源化利用》成果获江苏环境保护科学技术奖二等奖。

(杨　进　孙　江)

■**生态文明建设**　2013年，扬州市实施生态文明建设工程。根据省委、省政府下达的扬州市生态文明建设工程五年目标任务要求，做好目标分解，完善工作机制，加强考核督查。2012年度生态文明建设工程通过省级考核，综合考评得分名列全省第四。制定扬州市及各县(市、区)、市直相关部门2013年度生态文明建设工程目标任务及《扬州市生态文明建设工程目标责任考核办法》。完成扬州市生态文明建设规划初稿编制。谋划生态文明建设工作思路，提出重点实施红线保护、园区生态化改造、“水更清”、“天更蓝”、“地更绿”、“乡村更秀美”、“绿满扬州”全民生态、生态中心建设、生物多样性保护、生态制度创新等“十大行动”方案。推进乡镇污水处理设施规范运行。全市共有正常运行的乡镇污水处理设施53处，其中46处实施在线监测。加强对乡镇污水处理设施运行管理，明确市直相关部门职责，加强乡镇污水处理设施规划、建设指导，强化运行监督管理，推动配套污水管网建设，落实运行经费，提高乡镇污水处理设施运行效率，确保已建设施正常运行、发挥效用。推进农村环境连片整治。江都区加快实施连片整治三期工程，做好项目绩效审计和工程竣工验收工作，列入整治计划的14个工程项目全部建成并投入试运行，其中生活污水治理项目11个、垃圾收集体系建设项目3个。宝应、高邮、江都、仪征、广陵等地完成新一轮农村连片整治方案编制。秸秆禁烧取得成效，夏收期间全市未出现因焚烧秸秆污染空气现象，首次实现卫星监控“零火点”、群众“零投诉”。开展生态乡镇、生态文明示范村创建活动。全年新增国家生态乡镇17个、省级生态村28个，累计创成国家生态乡镇66个、国家级生态村3个、省级生态村104个。至年底，江都、邗江、宝应、高邮、仪征及扬州市生态创建工作通过国家考核。

(张素玲)

■**建设项目环保管理**　扬州市环境保护局(简称市环保局)建立重大项目环保审批报告制度。加强与县(市、区)、开发园区及市招商部门联系，提供环保决策参考，畅通环保审批“绿色通道”，建立项目信息库，提供全程跟踪服务。全年审批建设项目112个，依法否决、劝阻污染严重或选址不当项目20多个。采取建立信用信息档案、督查通报等方式，加强对环境影响评价(简称环评)中介机构服务行为日常监督。推进工业生态化改造。对规划环评满5年的开发区和工业集中区开展回顾性跟踪环境影响评价。

(扬　环)

■**循环经济建设**　推动传统产业生态转型和循环经济建设。启动省级以上经济开发区、工业园区、生态工业园区规划、建设工作。扬州高新技术产业开发区、江都经济开发区加强环保设施建设，严格入园项目管理，强化企业污染防治，推行循环经济，构建生态文化体系，分别通过省级生态工业园验收和技术考核。维扬经济开发区完成创建国家级生态工业园区建设规划。制定市生态工业园认定标准。推进扬州环保科技产业园(静脉产业园)建设,形成工业固体废弃物处置、再生资源回收利用、有毒有害废物处置、生活垃圾处理等环保产业。全年30多家企业通过ISO 14001环境管理体系认证,126家企业通过清洁生产审核。推广利用秸秆资源,秸秆综合利用率85%以上,实现市域秸秆禁烧全覆盖。(孙　江)

■环境监管体系建设　扩展监测监控网络,推进系统集成。完成5家国家重点监控企业污染源和宝应潼河水质自动监测站数据联网和视频监控系统建设,集成涵盖6个监测站点的环境噪声自动监测系统,新增放射源在线监控单位3家、危险废物处置视频监控单位1家。(扬　环)

■环境保护执法监管　扬州市环境监察支队开展环保专项执法行动。全市出动9000多人次,检查企业3800多家次,督促整改环境问题217个,对3家企业实施停产整治,关闭企业(非法作坊)24家。开展环境安全大检查活动。全市排查环境风险企业470多家,对170多家企业提出现场整改要求,对104家企业下达限期整改通知,向市直3家重大风险源企业下发环境安全达标建设通知,立案查处违法企业30家。

强化环境现场监管,保障全市环境质量。加强污染源和建设项目"三同时"(环境保护设施与主体工程同时设计、同时施工、同时投产使用)日常监管。市环境监察支队全年出动2998人次,现场检查企业953家次,其中夜间检查98家次;组织300多人次核查建设项目环保"三同时"落实情况,完成42个建设项目竣工验收。加强重点时期市区环境巡查监管,分别制定巡查行动方案,组织不间断巡查。夏收、秋收期间,组织开展农作物秸秆禁烧巡查行动。扬州市被评为江苏省秸秆禁烧工作先进地区。(朱健荣)

■环境宣传教育　开展"环境保护宣传教育年"活动。全年在《扬州日报》开设环保专栏10期,在《扬州晚报》开设环保专栏5期,在《中国环境报》《新华日报》等媒体推介扬州环保工作经验和做法。推进"绿满扬州"全民生态行动。选择五里社区、琼花观社区开展生态文明示范社区建设试点,实施闲置物品回收利用、自制环保酵素、垃圾分类处理、社区环保屋、植物角、绿色交易市场及楼道环保文化等项目。搭建公众环保参与平台。开展生态文明公益广告大赛、"公众看环保"、"爱家园"随手拍等环保活动。(扬　环)

■环境信访调处　开展环保局长大接访活动,梳理、解决全市重点环境信访积案12件。建立、健全阳光办案、领导包案、带案下访、通报预警、积案攻坚等办案机制,全年受理各类环境信访投诉5286件,信访处理率、回复率、办结率均为100%,全市未发生由环境纠纷引发的赴京上访案件。(扬　环)

■环境应急管理　完善环境应急机制,修订《扬州市环境污染事故应急预案》,发布《扬州市大气重污染预警与应急预案》。扬州化学工业园区完成环境风险等级评估报告编制并通过省级专家评审。加强应急演练,市、县两级环保部门组织、协调或参与环境应急处置演练8次,提高环境突发事件应对和处置能力。全年先后接报、处置与环境有关的突发事件25件,未造成较大环境影响。

(朱健荣)

■2013世界绿色设计论坛扬州峰会暨首届扬州设计节　5月28—29日,由北京光华设计基金会主办、扬州设计瑰谷承办的2013世界绿色设计论坛扬州峰会暨首届扬州设计节在广陵新城京杭会议中心举行,欧洲议会议员、欧洲议会海外发展委员会副主席纳吉·德瓦,欧洲议会议员、前罗马尼亚副总理艾德林·赛维林,国务院参事、世界绿色设计论坛主席石定寰,国务院参事、中国科学院可持续发展战略研究首席科学家牛文元,以及20多个国家和地区700多名嘉宾出席会议。此次峰会以"绿色设计·美丽中国"为主题,围绕绿色建筑、绿色交通、绿色通信、绿色办公、绿色家电、绿色纺织服装等领域举办6场论坛;主会场展览面积1万多平方米,设立野石环保画展、台湾创意设计中心主题展、汝瓷展、绿色设计国际大奖入围产品展、诺基亚绿梦行动成果展、中关村工业设计协会成果展、扬州本地企业产品创新设计展、吕国良绿色摄影展(瑞士)等8场展览,200多家企业参展;另有多名设计师和创意人士以开设工作坊、展示创意产品等形式参展,涉及国内近20个省(市)及英国、美国、德国、法国、荷兰等国家和地区。峰会发表《2013世界绿色设计论坛扬州峰会宣言》,呼吁人们在生产和消费时减少能源消耗。28日晚,举行绿色设计国际大奖能源环保奖、绿色家电奖、绿色建筑奖、绿色建材奖、绿色纺织奖、低碳产品奖等6个奖项颁奖仪式。29日,江苏三笑集团、两面针(扬州)酒店用品公司、扬州谢馥春化妆品有限公司等企业与国内多家设计公司签约,国内首家以牙刷等口腔护理和酒店用品为服务主题的创意设计园——杭集创意设计园开园。(肖玉康　杨　恽)

■扬州项目获联合国表彰　10月30日,环境保护部环境保护对外合作中心在湖北省宜都市召开"践行绿色承诺,共享美丽生活"暨全球环境基金中国含滴滴涕三氯杀螨醇淘汰项目完成总结大会。会上,联合国开发计划署官员向扬州市环保局颁发证书和奖杯,表彰其对联合国开发计划署"全球环境基金中国含滴滴涕(DDT)三氯杀螨醇生产控制和综合虫害管理(IPM)技术替代全额示范项目"实施所做贡献。滴滴涕是三氯杀螨醇农药生产中间原料,2001年被列入《斯德哥尔摩公约》首批受控持久性有机污染物(POPs)。江苏扬农化工集团有限公司是国内唯一保留三氯杀螨醇生产装置企业。扬州市环保局与环境保护部对外合作中心合作,为江苏扬农化工集团有限公司三氯杀螨醇项目寻求国际项目支持,引进国际经验以及专家团队,改进三氯杀螨醇装置工艺，突破技术瓶颈，提高产品有效成分含量，降低杂质，减少滴滴涕环境排放，实现生产环境无害化管理。

（杨 进）

■首次启动大气重污染应急预案 12月3日凌晨3时，扬州市启动大气重污染应急预案。市大气重污染应急领导小组办公室发布三级预警公告，扬州市环境空气质量自动监测系统实时监测数据，各职能部门启动响应措施。根据应急预案规定，建议易感人群留在室内，避免体力消耗；建议一般人群减少户外活动和室外作业时间；建议中小学校及幼儿园减少或暂停大型户外活动；倡导公众尽量减少小汽车上路行驶；鼓励大气污染物排放单位采取措施，减少污染排放。另外，在保障城市正常运行前提下，对燃煤锅炉、工业企业等重点大气污染源加大执法检查频次，确保污染防治设施高效运行；加强对建筑施工、拆迁工地执法检查，不符合施工扬尘管理要求的工地一律停工整改；加大对城区主次干道洒水、清扫频次，对区域内重点街道、道路洒水降尘、冲洗除尘作业频次不少于每日2次；组织开展对市区道路扬尘、建筑垃圾、道路遗洒、露天焚烧、露天烧烤、渣土运输车等污染源的执法检查。扬州空气质量发布平台显示：当天上午9时，市监测中心站、邗江监测站、第四医院监测站、城东财政所监测站空气质量指数分别为153、208、237、243，$PM_{2.5}$（细颗粒物）近1小时浓度值分别为160微克/立方米、210微克/立方米、213微克/立方米和279微克/立方米，除市监测中心站空气质量为中度污染外，其他3个大气自动监测站空气质量均为重度污染，其中城东财政所监测站$PM_{2.5}$浓度值超标2.72倍；当天下午2时，扬州空气污染加重，市区4个大气自动监测站空气质量指数分别上升至175、223、246、263，$PM_{2.5}$浓度值相应提高。扬州市全天$PM_{2.5}$浓度均值为220微克/立方米。

（杨 进）

环境质量

■空气环境质量 2013年，扬州市区（不含江都区）环境空气质量指数小于100的天数237天，江都区、仪征市、高邮市、宝应县城区环境空气质量指数小于100的天数均大于300天。

市区$PM_{2.5}$浓度日均值分布范围为11～290微克/立方米，年平均值70微克/立方米，年平均值超标倍数为1.00倍；PM_{10}（可吸入颗粒物）浓度日均值分布范围为24～413微克/立方米，年平均值112微克/立方米，年平均值超标倍数为0.60倍；二氧化氮浓度日均值分布范围为9～127微克/立方米，年平均值43微克/立方米，年平均值超标倍数为0.08倍。臭氧浓度日最大8小时平均值分布范围为10～218微克/立方米；二氧化硫浓度日均值分布范围为5～128微克/立方米，年平均值35微克/立方米；一氧化碳浓度日均值分布范围为0.3～2.6毫克/立方米。市区二氧化硫、一氧化碳浓度年均值均符合《环境空气质量标准》（GB 3095—2012）二级标准限值。市区降尘浓度6.45吨/平方千米·月，处于扬州地区环境质量标准范围内。测定结果表明，影响扬州市环境空气质量的首要污染物为$PM_{2.5}$。

市区空气生物环境较好。空气中微生物含量监测结果，邗江监测站、城东财政所监测站、双博馆监测站为清洁水平，第四医院监测站为较清洁水平，市监测中心站为轻微污染。植物叶片中氟含量为轻度污染，硫含量为清洁水平。氟含量污染状况由轻到重依次为邗江监测站、第四医院监测站、市监测中心站、城东财政所监测站，硫含量污染状况由轻到重依次为第四医院监测站、城东财政所监测站、市监测中心站、邗江监测站。

市区降水pH（酸碱度）均值5.11；酸雨总雨量897.7毫米，酸雨发生频率为30.7%，全年酸雨pH均值4.55。仪征市酸雨发生频率51.1%，宝应县酸雨发生频率12.5%，江都区、高邮市未监测到酸雨。市区、仪征市和宝应县酸雨污染与上年相比有所加重，酸雨发生频率比上年有所提高。

（王亚林）

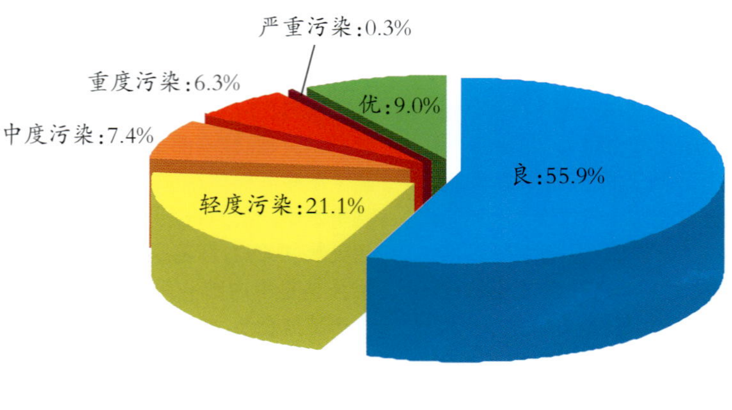

图26-1 **2013年扬州市区空气质量各级别天数占比图**

（杨 进）

■水环境质量 饮用水水源地水质。2013年，全市有集中式生活饮用水水源地16处，其中城市12处、乡镇4处，水质良好，均达地表水Ⅲ类标准。集中式饮用水地表水源地重金属、微量有机物、生物毒素等特定项目指标均符合《地表水环境质量标准》（GB 3838—2002）相应限值，全部达标。市区3个水源地生物监测结果，底栖动物均未检出寡毛类个体，水质清洁。

地表水水质。2013年，扬州市62个市控以上断面中，达标断面44个，达标率71%。其中，5个国控断面中，达标断面3个，达标率60%；36个省控断面中，达标断面26个，达标率72.2%。全市总体水质为轻度污染。地表水污染属综合型有机污染，主要污染指标为化学需氧量、氨氮和总磷等。

长江扬州段水质状况良好，6个市控以上监测断面中，除六圩口东断面水质类别为Ⅳ类外，其他5个断面水质均符合Ⅲ类水质标准。与上年相比，水质有所下降。

淮河流域9个水质考核断面、南水北调扬州段（通榆河）2个水质考核断面达标率均为100%。

京杭大运河扬州段水质状况为优，11个市控以上监测断面水质均符合Ⅲ类标准。与上年相比，水质有所好转。

古运河扬州市区段水质类别为重度污染，7个市控以上监测断面中，Ⅲ类水质比例为42.9%。与上年相比，水质没有明显变化。

市区内城河水质状况为中度污染。5个断面中水质类别劣于Ⅴ类标准的比例为33.3%。与上年相比，内城河水质有所改善。

市区22条城市内河水质状况总体较差，达标率36.4%，有14条河流水质劣于Ⅴ类标准。

瘦西湖总体水质类别为Ⅴ类，水质状况为中度污染，营养状态为轻度富营养。与上年相比，水质没有明显变化。

高邮湖总体水质类别为Ⅳ类，水质状况为轻度污染，营养状态为轻度富营养。与上年相比，水质没有明显变化。

登月湖总体水质类别为Ⅲ类，水质状况为良好，营养状态为中营养。

地下水水质。扬州市10眼地下水监测水井中，水质良好井6眼、较差井3眼、极差井1眼；构造裂隙水井水质Ⅳ类，承压水井和潜水井水质Ⅴ类。与2012年相比，扬州市地下水水质类别保持不变。地下水水质主要污染指标为氨氮、总大肠菌群、细菌总数和硝酸盐。　（王亚林）

■声环境质量　2013年，全市声环境质量总体处于较好水平。扬州市区交通噪声均值为昼间66.3分贝、夜间53.4分贝。昼间平均等效声级比上年下降0.9分贝，超过70分贝的路段占4%。江都区、高邮市、仪征市、宝应县的交通噪声均值为昼间63.2分贝、夜间49.2分贝，昼间平均等效声级比上年下降1.6分贝。

扬州市区区域环境噪声日均值50.0分贝。其中，昼间噪声均值54.4分贝，比上年下降0.2分贝；夜间噪声均值44.7分贝。55分贝以下较安静区域覆盖面积比为80%，比上年提高19个百分点。江都区、高邮市、仪征市、宝应县的区域环境昼间噪声均值50.8分贝，比上年下降0.5分贝；夜间噪声均值41.8分贝。2013年，扬州市区及县（市、区）各功能区昼间等效声级和夜间等效声级年均值均达标，各类功能区均符合相应的声环境质量标准要求。　（王亚林）

■农村试点村环境质量　2013年，扬州市以宝应县鲁垛镇贾林村为试点监测村庄环境质量，开展饮用水水源地、地表水、环境空气、土壤等环境监测。监测结果表明：该村饮用水水源地水质符合《地表水环境质量标准》（GB 3838—2002）Ⅲ类水水质标准，地表水水质符合Ⅳ类水水质标准；环境空气除可吸入颗粒物外，其他指标符合《环境空气质量标准》（GB 3095—2012）二级标准；周边土壤环境质量均符合《土壤环境质量标准》（GB 15618—1995）二级标准。农村试点村水、空气、土壤环境质量良好。　（王亚林）

■电磁与辐射环境质量　2013年，扬州市重点流域地表水中核素浓度在江苏省天然水平范围内，饮用水中放射性监测因子浓度满足《生活饮用水卫生标准》（GB 5749—2006）中限值。环境γ辐射吸收剂量率监测结果、空气中氡浓度监测值、土壤中主要放射性核素含量均在江苏省天然本底水平范围内。全市电磁辐射环境质量测点监测结果均小于《电磁辐射防护规定》（GB 8702—1988）中公众成员导出限值。全市电磁辐射环境均处于优良水平。　（王亚林）

■生态环境质量　扬州市2012年度生态环境状况良好，植被覆盖度较高，生物多样性丰富度较好，年度生态环境质量指数72.49，比上年度下降0.41。2012年扬州市生物丰度指数和植被覆盖指数比上年上升，土地退化指数与上年相同。　（王亚林）

环境监测

■概述　2013年，扬州市环境监测中心站（简称市环境监测站）开展市区（不含江都区）重点流域、饮用水水源地、地表水例行监测，国控重点污染源监督监测及比对监测，污染物减排及环境管理监督监测，重金属排放企业监督监测，重点区域重金属环境质量监测，功能区声环境质量监测等各类监测工作。全年上报各类数据12万多个。实验室信息管理系统（LIMS）建设方案通过专家论证；质量体系受控文件管理系统通过论证，被省内多家环境监测站使用。制定、实施《2013年扬州市环境监测站质量检查计划》。参加中国环境监测总站标准样品研究所组织的水中高锰酸盐指数检测、水中挥发性卤代烃检测能力验证活动，所报结果全部合格。10—11月，组织开展全市环境监测实验室比对活动。　（曹　倩）

■环境监测科研　市环境监测站获批立项江苏省高校重点实验室开放课题1个、市环保局科研课题2个。市环保局环保科研课题《扬州市区重大环境风险目标调查及突发性环境污染事件应急监测系统研究》成果通过验收；“扬州市饮用水中可吸附有机卤素（AOX）含量调查与评价”完成课题研究。完成环保部课题“固体废弃物中丙烯腈、丙烯醛、乙腈的测定”开题论证、方法研究，制定标准方法草案。完成国家标准《固定污染源废气　甲烷　气相色谱法》方法草案和开题报告。完成高邮湖、邵伯湖、宝应湖和南水北调东线输水线路水体遥感地面试验现场勘探。完成高邮湖、宝应湖、邵伯湖夏季光谱数据分析与叶绿素建模。完成南水北调干线夏季光谱数据分析。　（曹　倩）

■环境监测能力建设　8月，扬州市环境监测标准化站通过江苏省环保厅组织的整体验收，在市环保局网站建立空气质量指数(AQI)实时链接平台。开展县(市)$PM_{2.5}$监测工作，上报、发布AQI指数等监测信息。升级AQI平台，每天向公众发布$PM_{2.5}$等空气环境质量监测数据。健全饮用水分析能力，基本具备饮用水全分析能力。完成土壤可交换阳离子、土壤中六价铬等检测项目开发。（曹　倩）

■南水北调暨饮用水水源地应急监测演练　12月11日，市环境监测站在高邮市举行环境应急监测演练。演练假设1辆运输化学品的货车在高邮市京杭运河二桥北西岸发生侧翻，车内大量化学品泄漏，部分进入京杭运河。京杭运河是南水北调东线调水通道，且在事发地下游2.2千米处即为高邮市二水厂饮用水水源地取水口，事故严重威胁南水北调调水和人民群众用水安全。接到报警后，市环境监测站启动应急监测响应，采取“市县联动”形式，演练接警、启动预案、编写应急监测方案、现场采样、盲样监测及分析、编制监测报告、报送监测快报和应急监测终止全过程。通过演练，检验应急监测预案的适用性，提升应急监测工作规范性，锻炼市县两级环境监测部门应急监测能力。（杨　进）

污染防治

■污染物排放与处理　废气排放。2013年，全市工业废气排放总量1455.4亿立方米，比上年增长12.2%。全市二氧化硫年排放总量4.89万吨，其中工业二氧化硫排放量4.58万吨、生活二氧化硫排放量0.31万吨；氮氧化物年排放总量8.16万吨，其中工业氮氧化物排放量6.27万吨、生活氮氧化物排放量0.06万吨。机动车排放的污染物呈增长趋势。2013年，扬州市机动车保有量89.2万辆，其中汽车保有量42.5万辆；全市机动车排放一氧化碳8.6万吨、碳氢化合物1.04万吨、氮氧化物1.83万吨和颗粒物(PM_{10})0.16万吨。

废水排放。全市工业废水排放总量9757.2万吨，比上年增长4.6%。其中，直接排入环境的废水量6385.95万吨，排入污水处理厂的废水量3371.22万吨。工业废水处理量6425.12万吨，占全市工业废水总量的65.9%。全市城镇居民生活用水总量2.12亿吨，生活污水排放总量1.86亿吨。全市化学需氧量排放总量5.50万吨，其中工业化学需氧量排放量1.19万吨、生活化学需氧量排放量3.09万吨；氨氮排放总量7344.6吨，其中工业氨氮排放量954.2吨、生活氨氮排放量4485.7吨。

固体废物排放。全市工业固体废物产生量314.9万吨、综合利用量307.9万吨、处置量6.0万吨。全市工业危险废物产生量10.5万吨、综合利用量7.2万吨、处置量3.2万吨。（杨　鉴）

■污染物减排　全年实施节能技术改造项目130个、循环经济项目30个、减排工程147项，节能减排完成省定目标。加大工程减排力度。江苏华电扬州发电有限公司6号机组、扬州第二发电有限责任公司2号机组脱硝改造工程全部完成，通过省环保厅、省经济和信息化委员会、省物价局等部门联合组织的脱硝系统竣工核查。高邮经济开发区污水处理厂建成投运。强化监管减排。完善减排“三大体系”（科学的污染减排指标体系、准确的减排监测体系、严格的减排考核体系）建设，实行督查、通报、预警制，加强对重点减排项目监督监测和数据审核，督促治污设施和在线监控设备正常运转。全年分别完成化学需氧量、氨氮、二氧化硫、氮氧化物净削减量2300万吨、400吨、200吨、6300吨。（扬　环）

■水污染防治　重点流域水污染防治。编制、实施《扬州市贯彻落实〈淮河流域水污染防治规划(2011—2015)〉实施方案》。建立重点水质断面断面长制。对北澄子河断面实行挂牌督办，通过市长约谈、驻点督查等，督促加大投入，落实污染防治措施。实行重点工程项目督查督办制，每季督查调度工程项目进展，发现问题，及时通报；市本级争取国家资金1082万元，推动工程建设。全市完成国家和省淮河流域水污染防治工程31项、长江流域水污染防治工程5项、通榆河项目工程15项、高邮北澄子河三垛西大桥断面水质达标工程9项，断面水质基本稳定达标。

饮用水水源地污染防治。实施全国城市饮用水水源地环境保护规划，对实施情况进行中期评估。廖家沟水源地搬迁方案通过论证。仪征市加快实施取水口搬迁。广陵区清理水源地一级保护区农作物。依法划分全市5个乡镇饮用水水源地保护区，实现饮用水保护区划分全覆盖。组织对全市16个水源地开展调查评估，水质达标率100%。

曲江公园生态浮岛上栽种水生植物，利用风能、太阳能为生态浮岛提供清洁能源，促进水生态循环，改善水环境　张孔生/摄

城市河流整治。市城乡建设局、市环保局排查梳理城市河道，建立城市河道信息库，按月监测22条城市主要河流水质，推动落实“河长制”。市政府印发《扬州市城市河道环境综合整治实施意见》，将8条黑臭河流纳入整治计划。12月，市区开展“清水活水”综合整治，市环保局编制《扬州市“清水活水”综合整治验收标准》《扬州城市河流环境管理考核办法》。

地下水污染防治。市环保、国土、水利等部门联合编制《扬州市地下水基础环境状况调查评估实施方案》，组织各地开展地下水环境保护状况普查，完成扬州市地下水工业污染源、民营加油站、垃圾填埋场、危险废弃物场所及园区等污染源清单填报，明确赵庄垃圾填埋场、东方红升扬州石油发展有限公司、扬州化学工业园区等3个重点污染源。

（孙　华）

■重金属污染防治　市政府印发《扬州市重金属污染综合防治2013年度实施方案》。市环保局、市经济和信息化委员会联合印发《扬州市新一轮铅蓄电池和再生铅行业综合整治方案》，开展汞污染源调查及数据更新，争取上级资金128.2万元，完成省规划项目17个。扬州市废水中铅、汞、镉、铬、砷等5种重点重金属排放量分别比2007年削减59%、100%、98%、14%、91%。（孙　华）

■噪声污染防治　制定、实施《扬州市区2013年度环境噪声达标区建设工作计划》。开展噪声功能达标区建设，解决影响群众生活的铝合金加工、餐饮、娱乐以及建筑施工噪声扰民问题。对6家噪声超标企业实行限期治理。市区噪声达标区面积109.85平方千米，覆盖率100%。

（孙　华）

■大气污染防治　实施“蓝天工程”。印发《扬州市2013年度大气污染防治实施方案》《扬州市2013年度“蓝天工程”工作任务》，推进实施7个大类48项大气污染防治重点工程。下达火电行业提标升级任务，督促扬州第二发电有限责任公司等6家企业对15台锅炉实施升级治理，重点督查江苏扬农化工集团、扬州威亨热电有限公司整改项目。开展挥发性有机物污染治理，督促扬州联博药业有限公司、扬州市刘氏化工有限公司等7家单位完成治理任务。推进实施清洁能源替代工程，扬州市新鑫热镀锌有限公司、扬州诚德钢管有限公司等8家单位完成煤改气项目。强化机动车尾气排放管理。市环保局联合市公安局扩大限行区域，开展执法检查；配合市发展和改革委员会升级供应苏Ⅴ车用汽油。强化机动车环保检验机构管理，全年检测机动车18万辆，核发21万辆机动车环保标志，市区机动车尾气检测率80%以上。开展大气污染源清单建设，完成化工等9个行业大气污染源清单调查。市政府办公室印发《扬州市区建筑施工扬尘污染专项整治工作实施方案》《扬州市禁燃区燃煤锅炉专项整治工作实施方案》《扬州市区烧烤油烟污染专项整治工作实施方案》《扬州市区机动车尾气排放污染专项整治工作实施方案》，推进市区“蓝天工程”突出问题专项整治。开展燃煤锅炉专项整治，高污染燃料禁燃区面积从40平方千米扩大到120平方千米，淘汰、拆除燃煤锅炉42台（套）。市环保、建设、城管、公安部门协调配合，开展建筑施工扬尘、烧烤油烟、机动车尾气排放专项整治。专题调研扬州市建筑施工扬尘防治、高污染车辆淘汰工作，提出对策措施。完善应急预警机制。市环保局编制、实施《扬州市大气重污染预警与应急预案》；与市气象局建立会商机制，联合印发《大气重污染应急预警工作职责及程序》；会同市经济和信息化委员会向14家重点污染源企业发出通知，督促其制定应急预案和减产减排措施；建立联络员制度，建立大气应急领导小组成员单位通讯录。（孙　华）

■固体废物和辐射环境监管　做好医疗废物和工业危险废物监管。新建成1条日处理能力5吨的医疗固体废物处理线，全市医疗固体废物处理能力达到15吨/日。建立重点行业和重点企业固体废物档案库，严格执行危险废物转移处置“五联单”制度，对全市24家危险废物经营单位、158家涉及放射源单位的检查率和许可证核发率均达100%。全年未发生核与辐射安全事故。（杨　环）

■秸秆禁烧　市政府召开两次全市秸秆禁烧和综合利用工作会议，印发《2013年扬州市农作物秸秆禁烧督查方案》。市环保局联合市农业委员会、市农业机械管理局等部门建立全市秸秆禁烧组织网络，组织全方位、全覆盖巡查，编发秸秆禁烧工作简报。夏收期间，扬州市未出现因秸秆焚烧污染空气现象，市区空气环境质量良好以上天数比上年同期增加5天，实现卫星监控“零火点”、群众“零投诉”。扬州市和仪征市分别获评省秸秆禁烧先进地区和先进县（市）。（张素玲）

■农村环境连片整治　江都区实施农村环境连片整治三期工程，做好项目绩效审计和工程竣工验收，列入整治计划的14个工程项目全部建成并投入试运行，其中生活污水治理项目11个、垃圾收集体系建设项目3个。组织各县（市、区）抓好新一轮农村环境连片整治方案编制和申报工作。宝应、高邮、江都、仪征、广陵等地完成方案编制，报省环保厅审查。

（张素玲）

水利

Shuili

编　辑　陈永华

综述

■概况　2013年，扬州市完成水利建设投资20.8亿元。开展"水利工程建设管理年"活动，规范建设管理行为。做好全市防汛抗旱工作，保障南水北调试通水。履行水行政管理职能，实施河道管理"河长制"。加强水功能区管理，依法履行监察职能，深化河湖执法，规范长江采砂管理秩序。

市水利局全年办理行政许可审批37件。市财政局、市水利局联合印发《扬州市区农田水利建设资金使用管理办法》。出台《关于加强乡镇水利(务)站建设的意见》。落实水资源管理制度，建设节水型社会，推动水生态文明城市建设。

江都区水务局、宝应县水务局、京杭运河管理处、安宜水务站获评2010－2012年度省级文明单位。扬州市淮河入江水道整治工程新民滩切滩施工一标段获2012年江苏省水利工程建设文明工地称号。高邮市海潮污水处理厂获评全省水利系统先进集体。扬州市防汛防旱指挥部办公室(简称市防指办)被江苏省防汛防旱指挥部授予"2012年全省防汛防旱先进集体"称号。　（隋　丽）

■水利规划　水利规划编制。市政府印发《扬州市水利现代化规划(2012－2020)》。市水利局配合省水利厅完成2012年扬州水利现代化建设进程测评，启动2013年水利现代化建设进程测评。邗江区、广陵区完成水利现代化建设实施方案编制，各县(市)及江都区完成水利现代化规划编制。《扬州市城市防洪规划》(区划调整)报省水利厅审批。完成《扬州市域水中长期供求规划》《扬州市区域河道治理规划》编制，启动扬州市沿江地区水利治理规划、扬州市水资源保护规划编制工作。完成槐泗河综合整治方案研究，扬州城区骨干补水线黄金坝补水站、沿山河平山堂补水站规模论证，扬州城区水系连通方案研究等重大工程方案研究工作。开展水生态文明城市建设规划，完成《扬州市水生态文明城市建设总体规划大纲》《扬州市水生态文明城市建设试点实施方案(2014－2016)》，启动《扬州市水生态文明城市建设总体规划》编制。完成《扬州市"十二五"水利发展规划》实施情况中期评估。

加强城市水系规划与管理。完成蒋王片区、汤汪片区、迎春河以南片区等40.5平方千米城市片区水系规划，开展瓜洲片区、沙头圩区等近100平方千米区域水系规划编制。服务重大项目和城市开发，完成涉水建设项目规划许可转批近40件。

落实水工程规划同意书制度，办理扬州市古运河束窄段整治、宝应向阳河整治、江都红旗河整治等3项工程规划同意书市级审核。

（徐冬蓓）

■水利工程建设管理　加强制度建设。编印《扬州市水利基本建设工程建设管理工作指导手册》，出台《扬州市水利工程建设领域诚信体系考核实施办法》。

规范招投标工作。2013年，全市完成55个施工、监理、设计项目招标，项目总投资6.7亿元。建立省水利厅电子招投标交易平台扬州远程评标室，实现水利工程电子招投标及远程评标。加强施工、监理项目招标文件审查，实现全市重点工程招标文件审查全覆盖，强化对招标代理单位执业行为监管，规范重点项目招投标行为。成立扬州市公共资源交易中心水利工程分中心，所有水利工程均进入公共资源交易市场。加强项目法人组建和开工建设备案工作。全年备案开工建设项目2个。

抓好施工图设计审查。完成治淮工程8个标段，市区古运河、瓜洲运河和高邮横泾河等中小河流治理工程，仪征套闸加固工程等水利工程施工图设计审查。加强设计变更管理。完成市区仪扬河，江都红旗河、白塔河，仪征胥浦河，宝应芦氾河等中小河流治理工程及治淮工程4个标段的设计变更调整审批。

组织工程阶段验收和竣工验收。全年完成治淮工程运河西堤加固二标段、堤防防渗加固三标段、江都护坡护岸、广陵护岸等4个标段的完工验收，14座建筑物的水下工程阶段验收和2座建筑物安全度汛技术检查验收；完成邵伯湖花园墩切滩工程放水前检查验收，江都红旗河二期、仪征胥浦河中小河流治理工程通水验收，江都红旗河一期、仪征泗源沟、宝应芦氾河中小河流治理工程和仪征通江河道水利血防工程竣工验收。

规范工程建设管理行为。全年

开展20次检查活动，重点检查中小河流古运河工程、治淮工程等9个项目，印发稽查意见11份，提出整改意见60条。2013年，治淮工程邵伯湖切滩区域工程接受水利部稽察；治淮工程新民滩切滩二标段，中小河流治理江都红旗河、仪征胥浦河南段工程接受省水利厅稽察。

强化资质管理。加强对施工、监理、检测和造价等企业资质的初审复核和报批工作，严格市场准入机制。全年办理11家企业资质年审，受理3家企业资质申报初审、复核，办理建造师、造价工程师新增、变更、延续手续65人次。（徐冬蓓）

■水利工程建设质量监督 严格质量监督申请、审核、批复手续，要求建设单位委托工程质量检测。全年对广陵区2012年度省级防汛应急工程、邗江区新增千亿斤粮食产能规划田间工程、长江扬中河段嘶马弯道（江都段）崩岸整治工程、仪征市胥浦河整治工程、高邮市横泾河治理工程、淮河入江水道整治工程等14个工程开展质量监督。建立质量管理网络。扬州市境内重点工程均成立质量管理领导小组及工程设计、施工、监理质量管理机构。加大质量监督巡查力度。全年开展各项质量监督活动25次，发出工程质量监督通报15次，出具质量监督意见4份。依法做好工程质量等级评定。全年配合建设单位完成润扬河工程，仪扬河整治工程，仪征市胥浦河整治工程、泗源沟整治工程、4座小型水库除险加固工程，江都区红旗河治理工程、白塔河整治工程，广陵区夹江堤防都天庙应急处理工程、长江扇子圩套闸应急修复工程，宝应芦氾河整治工程等阶段验收、完（竣）工验收质量评定。（徐冬蓓）

■水生态文明城市建设 4月8日，省水利厅和扬州市政府联合向水利部申报水生态文明城市建设试点。7月31日，扬州市被水利部确认为全国水生态文明城市建设试点。3月，市水利局委托北京中水新华国际工程咨询有限公司编制《扬州市水生态文明城市建设试点实施方案》（简称实施方案）。实施方案编制过程中，扬州市多次征求各地、各部门意见，并利用中国扬州世界运河名城博览会契机，吸纳领导、专家意见、建议和各地经验做法，修改、完善实施方案。11月21日，实施方案通过水利部、江苏省政府联合审查。12月9日，实施方案经市政府常务会议审议通过，报省政府审批，报水利部备案。（徐冬蓓）

■《扬州市第一次水利普查公报》发布 2010年11月至2012年底，扬州作为全国水利普查先行试点城市，开展第一次全国水利普查，对扬州市境内河流湖泊、水利工程、水土保持等情况进行专项普查。此次普查涉及7个县级普查区、8个县级普查单元、88个乡级普查单元、1500个村级普查单元，采用抽样调查、典型调查和重点调查等形式，调查普查对象3.11万个，建立取用水台账表和辅助台账表23万多份，录入数据指标近50万项（连同清查对象，累计录入数据近200万项）。2013年8月22日，市政府召开扬州市第一次全国水利普查成果发布会，发布《扬州市第一次水利普查公报》。

《扬州市第一次水利普查公报》显示：全市有乡镇“大沟”级以上主要河流1111条，境内总长6060千米。按水系类型分，淮河入江水道干支流水系河流379条1582千米、里下河水系河流506条3345千米、长江水系河流226条1133千米；按河流等级分，县级以上河流198条2916千米、乡镇级主要河流913条3144千米。有主要湖泊6个，分别为白马湖、宝应湖、高邮湖、邵伯湖、里下河腹部地区湖泊湖荡及扬州城区瘦西湖。有已建水库112座（其中注册水库62座），总库容9099.63万立方米。有水电站1座，装机容量4500千瓦。有过闸流量1立方米/秒及以上水闸2930座、橡胶坝7座，其中过闸流量5立方米/秒及以上引（进）水闸60座、节制闸1355座、排（退）水闸94座。全市堤防总长5257.76千米，其中5级及以上堤防（可防20年一遇洪水）长3873.07千米。有泵站12203座，其中规模以上泵站1607座、规模以下泵站10596座。有农村供水工程233处，总受益人口312.80万人，均为集中式供水工程。有地下水取水井228187眼，地下水取水量7186.83万立方米。全市经济社会年度用水量43.4亿立方米。其中居民生活用水1.83亿立方米、农业用水27.12亿立方米、工业用水12.22亿立方米（其中火电用水9.81亿立方米）、建筑业用水0.04亿立方米、第三产业用水0.68亿立方米、生态环境用水1.51亿立方米。扬州土壤侵蚀均为水力侵蚀，侵蚀面积137.17平方千米。按侵蚀强度分，轻度侵蚀113.12平方千米、中度侵蚀10.93平方千米、强烈侵蚀1.40平方千米、极强烈侵蚀11.11平方千米、剧烈侵蚀0.61平方千米。全市水土保持措施治理面积470.66平方千米。有小型蓄水保土工程点状20383个、线状2282.3千米。其中，梯田417.10平方千米，占水土流失面积的88.6%；水土保持林35.69平方千米；经济林17.03平方千米；种草0.02平方千米；封禁治理0.82平方千米。至2012年底，全市98%以上区域实现集中供水，有向城镇集中供水的地表饮用水水源地、向乡村集中供水（供水人口1万人及以上或日供水量1000立方米及以上）的地表饮用水水源地19处。浅层地下水氨氮和大肠杆菌等指标超标，不适合作为饮用水。（隋 丽）

■水政监察 2013年，全市有水政监督支队1个、大队8个、中队18个，有水政监察员251人，其中专职人员221人、兼职人员30人。全市水政监察部门深化河湖执法，严格长江河道采砂管理。加大规费征收力度，规范河湖管理，全年征收堤防占用补偿费103万元，获省水利厅采砂管理资金100万元。

开展河湖专项执法检查。市水利局成立执法检查领导小组，加大执法力度，查处违法侵占河湖水域和水利工程设施行为，规范河湖水事活动，维护河湖行（蓄）洪和排涝能力；

2013年扬州市水利工程建设重点项目一览表

表27-1

类　别	项　目　名　称
淮河整治	淮河入江水道整治
中小河流治理	胥浦河整治工程
	古运河、瓜洲运河整治
	宝射河上段治理工程
	红旗河整治工程
	横泾河整治工程
长江治理	长江扬中河段嘶马弯道(江都段)崩岸整治工程
水利血防	广陵新砂滩、扇子圩河口水利血防工程
	广陵夹江血防工程
地方基建	公道引水河南侧白马湖沿湖洼地治理工程
	杭集圩骨干排水河道整治二期工程
	江都通南刘直河地区除涝应急工程
	瓜洲片区骨干水系整治一期工程
农村水利	县乡河道疏浚
	村庄河塘整治
	中央财政小型农田重点县建设
	水土保持
	灌区节水改造项目建设
	新一轮农村饮水安全工程
	宝应县农村饮水安全水毁工程
	地方农村水利建设
防汛急办及补助等	国家及省级防汛项目和省级维修项目
城市防洪	广陵食品工业园绕城南河整治
地方城市防洪工程	由城建部门实施的水利项目
大中型水闸	宝应地涵
水资源保护	邗江区饮用水水源地达标建设
	江都区饮用水水源地达标建设

（徐冬蓓）

江都区水政监察大队联合有关乡镇对重要引排河道红旗河、野田河进行专项整治和联合执法；宝应水政监察大队依法拆除芦氾河迎水坡违章建筑和阻水障碍。在此次河湖执法检查专项活动中，全市出动水政执法和工作人员3800多人次，纠正各类水事违法行为208件，拆除违章建筑1230多平方米，清除行水障碍133处，清理违章种植7公顷。

严打长江河道非法采砂。排查清理涉砂船舶和人员，对长期滞留在扬州市的8条采砂船和14名从事采砂作业人员进行登记造册。市水政监察支队组织联合集中处置行动。仪征、邗江、广陵等地驱离外籍采砂船22条。仪征、广陵、江都分别对捷水道、新坝、嘶马等重点敏感水域采取蹲点驻守，加大巡查力度。2013年，全市出动执法人员2100多人次，出动执法艇600多航次，参加省水利厅组织的联合行动2次。全市立案查处采、运砂船只24条次，罚款90万元；其中市水政监察支队出动执法人员600多人次，到沿江各地督查或组织联合打击行动12次，出动执法艇60多航次，立案查处采、运砂船只10条次，罚款50万元。　（徐冬蓓）

水利工程建设

■淮河入江水道整治工程　工程30个施工标段开工。其中，20个标段完成50%以上工程量，10个标段全部完工并通过验收。完成新民滩、邵伯湖滩群切滩土方1050万立方米，造地360公顷，完成堤防加固及护坡整治55千米，加固、改造建筑物35座。全年完成投资6亿元，累计完成投资15.9亿元。　（徐冬蓓）

■南水北调工程　完成高水河整治、里下河水源调整、沿运闸洞堵漏、京杭运河高邮段水利血防工程护坡等扬州境内工程。完成单位工程阶段验收和通水验收。12月9日，南水北调东线一期工程正式通水。　（徐冬蓓）

■中小河流治理工程　完成市区仪扬河，仪征泗源沟、胥浦河，江都红旗河等治理工程，提高区域及城市防洪排涝能力。实施市区古运河、瓜洲运河，高邮横泾河等治理工程。中小河流治理工程全年完成投资1.43亿元。　（徐冬蓓）

■古运河整治工程开工　参见第11页。

■小型水库除险加固工程全面完成　12月26日，仪征市泗涧水库除险加固工程通过竣工验收。至此，扬州市《全省小型病险水库除险加固规划》内60座小型病险水库除险加固建设任务全面完成，竣工验收率100%。2005—2013年，扬州市组织对60座建于上世纪50—70年代的病险水库进行除险加固，累计完成投资1.16亿元，争取上级补助6145万元，完成土方118.23万立方米、混凝土5.57万立方米、石方2.79万立方米、钢筋1.89万吨，基本消除水库隐患，发挥水库在防洪、灌溉、供水及生态保护等方面的作用。　（黄永辉）

■南水北调东线一期工程正式通水 5月30日11时至31日14时，南水北调东线一期江苏段工程在东线工程源头江都水利枢纽试通水，有9个梯级18座泵站83台(套)机组参与运行。试通水联合调试范围包括经江都站、宝应站等泵站将长江水沿运河线和运西线送至洪泽湖，再经梯级泵站将洪泽湖的江淮水送至骆马湖，最终到南四湖下级湖。江都站、洪泽站、蔺家坝站等18座新建、改造泵站，京杭大运河江苏段、三阳河、潼河等17条输水河道，江都西闸、江都东闸、宜陵北闸等沿线闸洞控制工程参与试通水运行。通过试通水，检验南水北调东线一期工程江苏段新建及改扩建的泵、渠、湖、库工程的运行安全可靠性，获取相关工况、水质、水量监测数据和技术参数。江苏段各泵站机组带额定负荷连续运行24小时，全面检验工程运行、水量调度、水质监测、电力保障等。试通水期间，各梯级泵站机组运行正常，输水线河、湖水位稳定，运行调度保障有力。12月9日，南水北调东线一期工程正式通水。（隋 丽）

农村水利

■农村河道疏浚整治工程 2013年，全市农村河道疏浚及村庄河塘整治工程完成投资1.6亿元。疏浚县、乡级河道394条1181.76千米，完成土方1583.4万立方米；整治村庄河塘2886条(面)，完成土方1577.7万立方米。整治工程通过省级验收。（徐冬蓓）

■小型农田水利工程 2013年，全市6个县(市、区)均被列入中央财政小型农田水利设施建设补助专项资金重点县名录。省水利厅下达扬州市小型农田水利重点县和专项工程总投资2.27亿元，其中中央投资7950万元、省投资6600万元。全年新建、改造防渗渠道296千米，新建、改造渠系配套建筑物1.36万座、灌排泵站544座、排水涵闸275座，更新改造排水沟87千米，疏浚塘坝41座。（徐冬蓓）

■大中型灌区末级渠系改造工程 实施宝应宝射河和邗江沿湖中型灌区节水改造示范区建设，总投资4800万元，改善灌溉面积0.73公顷，年均节水5000万立方米。（徐冬蓓）

■农村饮水安全工程 经省水利厅审定，扬州市新一轮农村饮水不安全人口95.5万人，涉及高邮、宝应、仪征、广陵、江都等5个县(市、区)。2013年，全市投入资金1.42亿元，解决51万农村饮水不安全人口饮水问题。（徐冬蓓）

■水土保持工程 全市完成江都区浦头河小流域水土保持综合治理项目，总投资500万元(其中省以上投资300万元)，种植水土保持林和经济果木林15公顷、农田防护林8.5公顷，植草7.23公顷，修建涵洞及跌水等配套建筑物112座。（徐冬蓓）

防汛防旱

■落实防汛防旱责任制 2013年，各县(市、区)调整、充实防汛防旱指挥部(简称防指)成员，乡镇、村全部建立防汛防旱组织网络。市、县(市、区)政府与有关部门、单位层层签订防汛防旱工作责任状，明确任务、责任。5月22日，市防指在《扬州日报》上公布全市大江大河、县级城市(城镇)、各类水库和10万立方米以上重点塘坝的防汛行政责任人和技术责任人名单，向县(市、区)级防汛行政责任人发出责任告知信，落实防汛防旱责任制。（徐冬蓓）

■汛前准备 年初，扬州市组织开展汛前大检查，3月、5月分别召开全市防指办主任会议和全市防汛防旱工作会议，研究部署汛前准备工作。4月上中旬，市水利局抽查重点堤防、涵闸、水库、泵站等水利工程，落实度汛应急措施和加固处理方案。4月下旬，市水利局检查市区在建项目，限期清除、整改施工坝埂、便桥等严重阻水设施，确保河道排水畅通。市、县(市、区)防指修订完善各类防汛防旱工作预案，增强预案的实用性和可操作性。市、县两级防汛部门争取中央和省级防汛应急、维修加固项目资金近3000万元，筹措本级经费800多万元，对险工患段实施除险加固，确保水利工程安全度汛、发挥防灾减灾效益。市防指办完成重点水利工程防汛视频监控系统、小水库通信预警系统建设，提升防汛信息化水平。各地汛前组建各类防汛抢险队伍1287支3.9万人，开展培训演练。市防指办在主汛期前分别联合市委组织部、扬州军分区举办全市乡(镇)级防汛防旱指挥长培训班、民兵抗洪抢险演练，提高指挥人员和抢险队伍防汛业务水平和应急能力。清查、更新、补足防汛物资。市级落实防汛编织袋、草袋35万只，块石2.5万吨，木材140立方米，土工布2.6万平方米；各县(市、区)落实防汛编织袋263万只、草袋21万只、木材703立方米、土工布12.8万平方米、块石2.93万吨、柴油440吨及钢管、毛竹、铁丝、元钉等防汛物资。（徐冬蓓）

■防汛排涝 2013年汛期，局部地区出现多次雨涝。市、县防汛部门通过部署、调度，将涝灾损失降至最低程度。6月25日，扬州市沿江和丘陵地区出现暴雨，造成市区部分路段、小区和沿江圩区积水。暴雨发生后，市防指调度沿江闸抢低潮排水，关闭仪扬河东闸，启用润扬河闸抢排山洪。市防指与省防指开展联合调度，开启万福闸、扬州闸排水，减轻城区内涝。10月初，市、县(市、区)防指应对2013年第23号、第24号台风，提前调度水利工程，预降预排内河水位，严防城市(镇)和圩区受涝；部署丘陵山区水库提前泄洪，为接纳暴雨、洪水腾出库容。强化对江、河、湖、库堤防和涵闸泵站等水利工程的巡查防守，落实专人值守沿湖、沿河重点薄弱堤段、迎风浪口。台风在扬州市未造成灾害损失。（徐冬蓓）

■防旱抗旱 市、县(市、区)做好河、湖、库蓄水保水和引水工作，丘陵山区实施抗旱翻水，沿运地区实行错峰轮灌，保证城乡生产生活用水，实现大旱之年无灾情。4月中旬，市防指请示省防指抢长江高潮加大引水力度，抬高里下河河网水位；部署沿江地区抢长江高潮引水，要求丘陵山区做好水库塘坝补库，保证河、湖、水库水位。6月中旬后，旱情日趋严重，扬州市部署沿运县(市、区)采取错峰轮灌等措施，实行计划用水，保证全市水稻栽插用水需要，确保夏栽期间全市城乡生产和生活用水基本正常。（徐冬蓓）

水利工程管理

■概述 2013年，全市水利部门加强河湖管理与保护、涉河建设项目行政审批与监管、水管单位目标管理考核、水利风景区创建、小水库建设与管理、水利工程技术管理等重点工作，确保各类水利工程安全运行，发挥各类水利工程综合效益。

（徐冬蓓）

■涉水项目审批监管 坚持县(市、区)水行政主管部门和市水利局共同审批，严把涉水项目行政审批关。2013年，市水利局办结河道管理范围内涉河建设项目行政许可9件，配合省水利厅办结河道管理范围内涉河建设项目行政许可5件。加强涉河建设项目后续跟踪监管。市水利局与市规划局协作，抓好市区河道水系管理，涉及填塘、填河及河道水系调整的建设开发项目规划须报市水利局批准。根据《城市水系规划规范》及《城市水系规划导则》，严格管理、控制水系和水域面积率(扬州作为一类城市，适宜水域面积率不宜低于10%)。（徐冬蓓）

■河湖管理与保护 市政府办公室印发《关于加强全市河道管理“河长制”工作的实施意见》，成立市“河长制”办公室。市财政落实年度“河长制”专项经费700万元，市水利局、市财政局联合开展“河长制”工作年度考核。各县(市、区)均制定“河长制”工作意见，成立“河长制”办公室，落实各级“河长”和专项经费。市、涉湖县(市、区)定期巡查，严格执法，推进湖泊管护工作常态化、规范化。扬州市城市防洪工程管理处定期会同相关县(市、区)水利局开展联合巡查，市水利局工程管理处、水政支队不定期检查、督查有关县(市、区)巡查执法工作。2013年，全市查处并制止涉湖违章水事行为11件。宝应县湖泊湖荡河道管理处、邗江区湖区管理所获评省湖泊管护工作考核先进单位。（徐冬蓓）

■水利工程管理考核 开展水利工程管理考核和达标创建，对全市28家水利工程管理单位开展年度管理考核，对小型水库实行逐库考核。江都区沿运灌区管理处创成省三级水利工程管理单位，邗江区瓜洲闸管理所、仪征市翻水站、仪征市大闸管理所先后通过省级水利工程管理单位复核验收。邗江区李岗、长塘、香巷水库，仪征市中利、小王庄、补锅周等6座小水库创成省级小型水库规范化管理单位。凤凰岛水利风景区、宝应县北河水利风景区分别创成国家级和省级水利风景区。（徐冬蓓）

■水利工程安全管理 2013年，市水利局完成市直扬州闸，广陵区连三圩闸站、团结闸，高邮市毛港排涝站以及江都区通江闸、界牌闸的安全鉴定；完成境内长江、淮河入江水道和京杭运河水域岸线开发利用遥感监测资料现场调查核实，将监测资料整编成册。制定《扬州市建设项目占用水域管理办法》。

全年争取省级及以上工程应急除险及维修养护经费近3000万元，对较为严重的险工患段进行消险，对各类水利工程和设备进行正常养护，确保水利工程运行安全、发挥防洪减灾效益。5座小水库除险加固工程通过竣工验收。强化水库日常管理，重点抓好水库水域和库区管理，推进小型水库规范化管护。完成2013年度全市堤坝白蚁危害普查、治理及达控复查验收工作。（徐冬蓓）

水资源管理

■概述 2013年，扬州市编制《扬州市水资源保护规划》《扬州市水资源调查评价》《扬州市级水功能区划》《扬州市地下水压采方案》及《扬州市入河排污口整治规划》。建设水资源配置重点工程，实施跨流域调水工程、“蓄、引、提”工程、水系连通工程及节水工程建设，实施南水北调水源调整高水河、大三王河整治工程，实施市区西片补水线工程、城区水系连通工程和县乡河道疏浚整治工程，提高区域水资源调配能力，完善水资源配置格局，提升城乡居民生活用水、工农业用水保证率。开展城市雨污分流工程建设，推进扬州第二发电有限责任公司尾水再利用，提标建设汤汪污水厂、六圩污水厂等再生水处理工程及天雨清源污水处理厂、海潮污水厂、仙荷污水处理厂、实康污水处理厂等尾水回用工程；推进新建大型商业中心、住宅小区等配套建设雨水收集系统。推行用水效率管理。全市征收水资源费3510.08万元(其中市区1163万元)、南水北调基金1391.60万元(其中市区620万元)；财政安排水资源专项资金140万元，比2012年增加40万元。坚持用水总量控制，强化计划管理，完成水资源管理信息化一期工程。开展市区地下水水质、水位动态监测，对市区15眼地下水水位观测井进行普测，对14眼地下水井进行水质全分析。落实市区废停深井封填工作。加大节水型社会建设力度，推动水生态文明城市建设，推进水资源管理现代化，提高水资源管理能力和水平。（徐冬蓓）

■取水许可监督管理 市水利局加强取水许可和排污口设置审批审查，实施取水工程项目竣工验收制度。全年办理取水许可审批6件、排污口设置前置审查1件。掌握各单位用水计划执行情况，开展取水许可监督检查，通报检查中发现的问题，督促取水户(单位)整改不规范行为，促进节约用水，提高用水效率。2013年，扬州市用水总量39.3亿立方米，万元地区生产总值用水量117.11立方米，万元工业增加值用水量11.61立方米，工业用水重复利用率78%以上，灌溉水利用系数0.61。市区自备水源地下水计划下达率100%、地表水计划下达率95%以上，基本实现使用自备水源单位用水计划管理全覆盖。将用水大户全部纳入水资源信息系统，实现数据在线采集，推进企业水平衡测试。将用水计划与用水单位生产经营挂钩，对各单位统计报表、日常台账、计量设施等进行巡查、抽查，实行全过程跟踪监督管理。（徐冬蓓）

■地下水资源管理 开展地下水动态观测，对全市75眼深层地下水井进行水位观测，对15眼深层地下水井进行水质监测，掌握全市地下水位、水量、水质动态情况，编发水资源公报，按月编制和发布水质通报，对监测资料进行统计分析，对全市地下水水质进行综合评价，为地下水资源保护和开发利用提供依据。制定《扬州市地下水压采方案》。限制水功能区纳污总量，强化对入河排污口的监督管理，落实入河排污口登记备案制度，封堵南水北调输水干线入河排污出入口4个。（徐冬蓓）

■水功能区监督管理 开展市级水功能区区划编制，完成重要水功能区限制纳污总量核定，向环保部门提出主要河湖限制纳污总量意见。加大水功能区监测力度，每月监测41个重点水功能区水质，单月全覆盖监测全市68个水功能区、79个监测断面；对汛期入江水道及枯水期里下河地区部分河段进行跟踪加密监测。编制《扬州市入河排污口整治规划》，开展入河排污口整治行动。规范入河排污口监督管理。开展入河排污口调查登记，落实登记备案制度，完善入河排污口登记档案。开展南水北调输水干线排污口稽查，要求地方政府限期关闭或整改不符合规定的排污口；引导污水处理厂开展提标改扩建工程，提高排水水质标准。开展黑臭河道综合整治，改善水环境，沟通城市水系。开展规模以上入河排污口复测工作，全市41个重点水功能区全年水质达标率平均值66.48%。（徐冬蓓）

■饮用水水源地保护 2013年，各地政府开展饮用水水源安全评估和综合整治，建立水源地水量、水质监测制度，水利、环保、建设部门分别制定突发性水污染事件应急处置预案。针对饮用水水源地存在的问题，开展饮用水水源地工程达标建设，巩固一级保护区整治成果，整治二级保护区和准保护区。全市实现区域供水全覆盖，各县（市、区）实现连网供水。全年城市集中式水源地水质达标率100%。推进区域供水南水北调输水干线水源地保护，规划建设备用水源地，确保县级行政区有两个不同水源的水源地。完成《扬州市集中式饮用水源地安全保障方案》及各县（市、区）饮用水源地安全保障方案编制。完成扬州长江瓜洲饮用水水源地、江都芒稻河饮用水水源地整治任务。瓜洲饮用水水源地整治工程累计投入2100万元，搬迁保护区内船厂，建设水源涵养生态林，在取水口设立隔离防护设施，对一级保护区实行封闭管理，在保护区边界设立地理界标和警示标志，完善岸线保护设施、生态防护设施、水质在线监测信息传输联网；芒稻河饮用水水源地整治工程累计投入1.15亿元，对水源地保护区进行抛石防护，建设生态防护及隔离设施、水质在线监测联网等工程，设置水源地警示标牌。12月6日，2个水源地通过省级验收。抓好仪征市长江和宝应县、高邮市里运河饮用水水源地达标建设，推进其他集中式饮用水水源地集中整治，确保水源地取水安全。（徐冬蓓）

■水资源管理信息系统管理 加大水资源管理信息系统运行和维护管理力度，提高设备上线率和运行完好率。市域范围内设测站（结合井6眼）247个、测点264个，其中地表水测站57个、地下水测站150个、水位测站40个（结合井6眼），非农业用水取水量监测率90%以上。完善监测网络，调整地下水水质和水位及地表水功能区监测站点。（徐冬蓓）

■节水工作 2013年，扬州市实施《扬州市节水型社会"十二五"规划》，下发《2013年扬州市节水型社会建设目标任务的通知》，建立用水效率控制红线和考评体系，执行建设项目节水设施"三同时"（同时设计、同时施工、同时投入使用）制度。

实施高邮灌区、江都沿运灌区节水改造工程，开展扬州经济技术开发区、化工园区节水减排示范项目建设。加大供水管网改造力度，城市供水管网漏损率降低到13%以下。按节水型居民小区标准建设新建居民小区。向非居民用水单位普及节水器具，为部分困难家庭更换节水器具。建立节水激励机制，市本级落实预算内各项节水补助资金80多万元。

开展节水型社会建设，加强水资源管理和水生态文明建设。推进节水型学校创建，加大对中小企业节水技改扶持力度，提高用水单位节水管理人员专业技术水平。2013年，全市节水型载体创建、节水技改投入各类资金2000多万元，年节约新鲜水耗300多万立方米，创成省、市级节水型载体47个，其中省级节水型企业（单位）9家、省级节水型社区10个、省级节水型学校6所、市级节水型学校22所；完成省、市级节水技改项目10个，其中省级节水技改项目2个、市级节水技改项目8个；申报省级节水教育基地3个；完成2010年命名的19个省级节水型载体复查，其中17个通过复查。至2013年底，全市规模以上工业企业用水重复利用率80%以上。（徐冬蓓）

科学技术 社会科学

Kexue Jishu Shehui Kexue

编 辑 陈永华

综述

■**概况** 2013年，扬州市全社会研究与试验发展投入占地区生产总值的2.3%，大中型企业研发经费占主营业务收入的1.5%；高新技术产业产值3513亿元，占规模以上工业产值的41.3%。全市新增国家高新技术企业85家，培育省级上市入库企业43家，新增省级研究生工作站14个，新增省民营科技企业1943家。江苏牧羊集团获批建立国家饲料加工装备工程技术研究中心。全市申请专利2.28万件，获专利授权1.14万件，万人发明专利拥有量3.70件。11家省级以上孵化器累计建成孵化面积70万平方米，有在孵企业735家。全市14个科技产业综合体累计投入建设资金20亿元，其中政府投入资金14亿元，竣工120万平方米。制定6个人才专项政策，新引进国家海外高层次人才引进计划(简称"千人计划")人才20人，入选省创新团队3个、省高层次创新创业人才引进计划(简称"双创计划")、省博士集聚计划人才93人。扬州市获批国家创新型试点城市、国家智慧城市试点示范城市、全国科技进步先进市。

市气象部门推进扬州气象现代化建设，完善气象灾害防御体系，全年新建新型自动站4个，升级改造区域站49个；做好气象服务，为防御气象灾害和政府决策提供依据。全市各级水文部门做好水文测报和水资源保护规划、评价，加强对南水北调水源地、输水干线和全市集中式饮用水水源地及水功能区的水质监测，为开发、利用、节约、保护水资源和防灾减灾提供服务。市地震局开展地震监测预报研究，加强地震监测基础设施建设，强化台站建设和管理，提高地震监测能力；规范建设工程抗震设防要求和地震安全性评价监督管理，提高城市抗御地震灾害能力；推进应急避难场所建设。

加强社会科学研究。扬州市哲学社会科学界联合会(简称市社科联)编写《2013年度扬州经济社会发展蓝皮书》，开展社科强市调研和社科课题研究，组织学术活动。

加强科普工作。实施《扬州市2013年全民科学素质行动计划纲要》，举办"科普宣传周"、"全国科普日"、第一届扬州市青少年机器人大赛、"流动科技馆进校园进社区"、"七彩的夏日——未成年人暑期系列活动"等科普活动。推进"社区科普益民计划"，加强对社区科普体验馆的指导和管理，加快社区科普场馆建设，提升社区居民科学素质。组织申报扬州市科普教育基地，创建扬州市星级科普示范乡镇(街道)、村(社区)。编印《扬州市公民科学素养科普系列丛书》。普及社科知识，举办市第十届"社科普及宣传周"活动，开展主题摄影展览、百场"社科学堂"进社区、知识竞赛现场互动等活动。新命名市级社科普及示范基地8个，申报国家级社科普及示范基地1家。截至2013年底，全市建成国家级社科普及示范基地3个、省级社科普及示范基地4个、市级社科普及示范基地19个。 (余 宗)

■**科技工作"三城同创"** 建设创新型城市。3月20日，扬州市召开全市科技创新大会，印发《关于推进科技创新工程 建设创新型城市的实施意见》，成立全市科技创新与科教合作领导小组。4月19日，科技部批复扬州市成为国家创新型试点城市。8月，成立创新型城市建设工作领导小组。9月3日，召开全市创新型城市建设推进大会，发布《扬州市创新型城市建设推进计划(2013—2015)》，明确到2015年建成国家创新型城市目标。

建设智慧城市。9月27日，科技部、国家标准化管理委员会联合印发《关于开展智慧城市试点示范工作的通知》，公布首批20个国家智慧城市试点示范市名单。扬州市成为9个地级试点城市之一。

创建全国科技进步先进市。2013年，扬州市获评全国科技进步先进市，6个县(市、区)全部通过全国科技进步先进县(市、区)考核，其中邗江区、江都区、仪征市获评全国科技进步先进县(市、区)。(胡 军)

■**扬州市获16项江苏省科学技术奖** 2013年，全市获16项江苏省科学技术奖，其中一等奖4项、二等奖3项、三等奖9项。

获奖项目中，由企业牵头或合作完成的项目13个，占81.3%；涉及机械、软件和信息服务业等基本产业的项目6个，涉及新光源、新材料等战略性新兴产业的项目3个，涉及石油化工、船舶等基地型产业的项目3个，涉及现代农业等特色产业的项目

扬州市获2013年度江苏省科学技术奖项目情况表

表28-1

获奖等次	项目名称	主要完成单位	主要完成人
一等奖	高钢级油气储运无缝管及关键技术	扬州龙川钢管有限公司、南京理工大学	陈　光　尤凤志　李永胜　史善淼　刘　锦　徐宝顺　李　沛　夏　魁　吴世康　严世坦　郑　功
	复杂河网水力调控关键技术及实践	河海大学、浙江大学、江苏省水利勘测设计研究院有限公司、中水淮河规划设计研究有限公司	唐洪武　肖　洋　王船海　顾正华　王玲玲　吕升奇　马腾飞　袁赛瑜　何华松　汪迎春　戚晓明
	虾蟹新型疫病——螺原体病的研究及防控关键技术	南京师范大学、宝应县水生动物疫病预防控制中心、江苏水仙实业有限公司、南京市水产科学研究所	王　文　孟庆国　顾　伟　吴　霆　李文杰　尹绍武　杜开和　华伯仙　周国勤　胡亚丽　朱红阳
	我国地方鸭种遗传资源的评价与创新利用	江苏省家禽科学研究所、江苏高邮鸭集团、江苏腾达源农牧有限公司、江苏省畜牧总站	李慧芳　吴桂余　陈宽维　朱文奇　宋卫涛　潘雨来　胡　艳　汤业朝　束婧婷　汤青萍　郭　苹
二等奖	船舶高效节能电弧焊关键技术研究及应用	江苏科技大学、北京工业大学、杭州凯尔达电焊机有限公司、南通振康焊接机电有限公司、江苏科为焊业有限公司、中国长江航运集团南京金陵船厂、舜天造船(扬州)有限公司	方臣富　王加友　陈树君　吴铭方　侯润石　汤子康　时　振　殷树言　褚　华
	精密高速数控冲压成形机床关键技术及其应用	南京理工大学、扬州锻压机床股份有限公司	孙　宇　王栓虎　丁武学　武　凯　彭斌彬　张庆飞　赵宏松　管爱春　周星源
	以苏95-1为核心种质的高产、多抗玉米品种创新与应用	江苏省农业科学院、江苏明天种业科技有限公司、江苏省作物栽培技术指导站、扬州大学	袁建华　陈艳萍　王伟明　管晓春　俞春涛　陆卫平　侯本民　孟庆长　刘伯芹
三等奖	新一代多功能、多业务、多网络智能支付系统及终端	江苏怡丰通信设备有限公司、南京邮电大学	张永正　张顺颐　殷安生　顾成太　蒋少锋　朱　银　陈　杨
	2,6-二氯苯腈及其系列延伸产品的研制及产业化	扬州天辰精细化工有限公司	陈国云　王　瑛　刘润兴　王　晨　潘明生　沈忠诚　王正军
	半绝缘砷化镓和LED照明用7N级高纯砷研发及产业化	扬州高能新材料有限公司	王继荣　陈　琦　李显坪　姜　炜　王国华　刘乃权　潘　晋
	菊酯中间体及其下游新农药品种的产业化	江苏优士化学有限公司、江苏扬农化工股份有限公司	王东朝　周景梅　李安明　姜友法　吴春中　陆东升　杨建文
	DMT-200型双电伺服数控转塔冲床	江苏金方圆数控机床有限公司	吴宏祥　叶敬春　陈曙光　李　强　徐长奎　王　雪　吕　振
	高效节能灯管高速自动生产线的开发及产业化	江苏浩明光电科技股份有限公司	高来明　何丽萍　环　靖　易处忠　陈德和　林　翔
	江苏油田叠前地震储层预测方法研究	中国石油化工股份有限公司江苏油田分公司	毛凤鸣　张雅君　朱立华　梁　兵　屠世杰　张春峰　鲍祥生
	中国牛科家畜遗传资源应用基础研究	扬州大学、盐城师范学院、徐州医学院	杨章平　常　洪　毛永江　孙　伟　冀德君　耿荣庆　武秀香
	5S智能化农作物生产力遥感监测系统研发及应用	南京大学、扬州大学、江苏省作物栽培技术指导站	李建龙　孙成明　干晓宇　杜永林　葛自强　钱伟东　王科峰

（胡　军）

4个。4个一等奖获奖项目中，有2个项目由扬州市企业或科研院所主持完成。扬州龙川钢管有限公司牵头完成的《高钢级油气储运无缝管及关键技术》是全省一等奖获奖项目中唯一由企业主持完成的项目。该项目是国家“863”计划重大科技成果转化项目，在国内首次实现高钢级无缝管高效率规模化生产，满足复杂条件下油气储运等国家重大工程战略需求，填补国内空白，大量替代进口，2011—2013年实现直接经济效益73亿元。江苏省家禽科学研究所和高邮鸭集团牵头完成的一等奖获奖项目《我国地方鸭种遗传资源的评价与创新利用》，建成世界上第一个地方鸭品种DNA(基因)库和水禽资源共享平台，培育出中国第一个国家级蛋鸭新品种“苏邮1号”，成为农业部主推品种，从2011年起累计推广商品代2220万只，新增产值60.8亿元，制订国家标准4项。 （胡　军）

■扬州市科学技术奖评审奖励 2013年，全市213个项目申报扬州市科学技术奖，经过形式审查、专业评审、综合评审和网上公示等程序，评出获奖成果81项，其中特等奖2项、一等奖10项、二等奖20项、三等奖49项。81个获奖项目中，面向应用的科技成果项目72个，占全部获奖项目的88.9%。 （胡　军）

■“科教合作新长征”活动 1月30日，由市委书记谢正义、市长朱民阳任组长，科技局等18个部门为成员单位的扬州市科技创新与科教合作领导小组成立。3月20日，市委、市政府印发《扬州市“科教合作新长

2013年度扬州市科学技术奖特等奖、一等奖、二等奖获奖项目情况表

表28-2

获奖等次	项目名称	主要完成单位	主要完成人
特等奖	超(超)临界发电机组配套电动执行机构	扬州电力设备修造厂	唐　涛　朱曙荣　费向军　张建祥　徐声云　方　超　罗兆荣　陈久松　朱乐尧
	高产优质多抗小麦新品种“扬麦16”	江苏里下河地区农业科学研究所	吴宏亚　吕国锋　张　晓　臧淑江　李东升　汪尊杰　刘业宇　王朝顺　袁文田
一等奖	天然气储运用高强度高精度耐腐蚀大口径无缝钢质大气瓶	扬州诚德钢管有限公司	张怀德　王如军　刘海春　吕正南　徐银庚　李　进　王允刚　卢灿彬
	大功率铒镱共掺光纤放大器	江苏西贝电子网络有限公司	张卫国　贾文章　宋　峰　张　宁
	DMT-500型双电伺服数控转塔冲床	江苏金方圆数控机床有限公司	吴宏祥　叶敬春　陈曙光　李　强　徐长奎　陈宏星　吕　振　芦　锋　王　雪
	扬州经济技术开发区智能电网综合示范工程	江苏省电力公司扬州供电公司、国电南瑞科技股份有限公司	丁建忠　刘　忠　李雪平　徐建平　杨　岳　周　峰　赵　越　陈玉琴　陈　艳
	高效节能行进式冷却机研发及产业化	扬州中材机器制造有限公司、扬州鹤林环保机械有限公司	杨生强　吴瑞煜　屠义士　胡银华　王爱民　郭培蓉　宦　勇　曹桂兵　陈　博
	烷基糖苷	扬州晨化新材料股份有限公司、大连理工大学	于子洲　董晓红　郝　云　张淑芬　房连顺　史承华　郝巧林　郝思珍　毕继辉
	家禽质量安全控制技术体系研究、建立及其应用	江苏省家禽科学研究所、农业部家禽品质监督检验测试中心(扬州)、扬州口缘食品有限公司	高玉时　唐修君　施祖灏　唐梦君　窦新红　顾　荣　张小燕　葛庆联　蔡　娟
	套损井修复关键技术研究与应用	中国石油化工股份有限公司江苏油田分公司	张国华　张成江　刘海明　陈广超　徐　建　程宇辉　韩书将　王德金
	纳米材料-聚合物对道路沥青的改性特征及作用机理	扬州大学、扬州润扬路面工程有限公司	肖　鹏　康爱红　李雪峰　吴正光　周　鑫　郭咏梅　刘正铭　张吴红　寇长江
	ProtExTM技术蛋白工程化FasL的移植免疫调节作用	江苏省苏北人民医院	顾　晓　杨　进　周广臣

续表 28-2

获奖等次	项 目 名 称	主 要 完 成 单 位	主 要 完 成 人
二等奖	海鸟雷达	中国船舶重工集团公司第七二三研究所	吴 俭 王小军 周红峰 柯 涛 王晓华 季凯源 夏 非
	TL3015三维五轴数控激光切割机	江苏扬力数控机床有限公司	潘殿生 潘志华 翟东升 周鹏飞 胡金龙 洪 超 钟 昇
	LCS140-260新型预应力钢筒管和三阶段管用缠丝机	江苏江扬建材机械有限公司、扬州大学	吴云宏 秦永法 乔俊宏 陈靖芯 莫 萍 莫红根 刘 鑫
	高效节能大型立式辊磨机关键技术合作研发	扬州中材机器制造有限公司、中国中材国际工程股份有限公司	吴瑞煜 杨生强 彼得·韦斯 屠义士 蔡玉良 孙德群 王爱民
	基于居住区配电系统典设的一体化智能信息监控平台研发	江苏省电力公司扬州供电公司、江苏方天电力技术有限公司	刘 忠 丁冬定 李培培 杨 川 王秋军
	一步法合成低聚丙二醇单甲醚乙酸酯的绿色工艺及产业化	江苏华伦化工有限公司、江南大学	方 云 吴义彪 夏咏梅 陈忠平 胡学一 许 飞 吴增才
	超高阻尼隔震橡胶支座	江苏扬州合力橡胶制品有限公司	宋继良 陈理想 朱克斌 高 俊 高 原 郭 华 姚玉娟
	虾池种草养鹅生态高效技术的开发与应用	扬州市水产学会、扬州大学动物科学与技术学院、高邮市水产技术指导站、扬州市江都区水产管理站	周学金 李荣福 孙龙生 孙桂尧 杨显祥 杨俊军 董学洪
	"太湖1号"青虾良种扩繁及规模化生态高效养殖技术研究与示范	扬州市水产技术指导站、宝应县水鲜现代渔业科技示范园有限公司、扬州市江都区水产管理站、高邮市水产技术指导站	叶金明 丛 宁 颜 慧 黄仁国 马建社 吴 霆 孙龙生
	稻麦秸秆机械化全量还田成套装备研发	扬州大学、江苏科技大学、扬州市兴飞机械有限公司、扬州市科发农业装备有限公司	张瑞宏 刘庆华 金亦富 缪 宏 蔡广林 沈 辉 刘 伟
	甲壳质资源精深加工关键技术研究与产品应用	扬州日兴生物科技股份有限公司	张 超 张 和 戚善龙 丁振中
	工业废渣高效资源利用技术研发及产业化	扬州宁达贵金属有限公司	樊红杰 樊启鸿 岳喜龙 胡承星 李文忠 李文祥 刘 军
	高邮凹陷戴南组沉积体系与控制因素研究	中国石油化工股份有限公司江苏油田分公司	董桂玉 钱诗友 郑元财 王兵杰 崔宝雷 陈 岭 薄永德
	太阳能、高温双热源热泵污泥干燥装置	江苏天雨环保集团有限公司	曹贵华 王明根 王旗军 方跃飞 黄 卫 田正祥 王 伟
	特种船舶与深水海工装备用乙丙橡胶绝缘电缆	江苏远洋东泽电缆股份有限公司	李永江 陆云春 赵爱林
	新型胶粉改性沥青应用关键技术研究及使用评价	扬州市公路管理处、扬州大学建筑科学与工程学院	丁泽民 肖 鹏 余海涛 吉增晖 康爱红 余 晖 陈洋洋
	重组促红细胞生成素对脱离视网膜的神经保护作用及机制	江苏省苏北人民医院	解正高 陈 放 杜 伟 朱 俊 王 健 甘春兰 季河清
	脑电双频指数及熵指数监测预防术中知晓和术后认知功能障碍	江苏省苏北人民医院	高 巨 陆 云 胥 亮 王春林 罗小会 周罗晶
	脱细胞牛心包上动态种植混合细胞构建组织工程心脏瓣膜	江苏省苏北人民医院	杨 岷 束余声 石维平 陈 勇 成少飞 王学宁
	非细胞毒浓度的四种中药多途径逆转白血病细胞多药耐药性的实验研究	江苏省苏北人民医院	顾 健 张 育 茆俊卿 梁 虹 沈维干 高 娜 李国青

（胡 军）

征”行动计划》，启动“科教合作新长征”活动。2013年，市委、市政府到西安、北京、上海、哈尔滨、武汉等地访问高校院所，举办特色产学研专场活动10场；先后与中关村科技园（简称中关村）开展互访活动4次。市政府分别与清华大学、上海交通大学、哈尔滨工业大学、中关村、中国科学院（简称中科院）上海分院等签订战略合作协议，与全国排名前10位的理工科院校和中科院、中关村建立紧密型合作关系。全年举办各类产学研专场活动62场，新签订产学研合作协议505项，推进企业实施协同创新项目394个，解决企业技术难题236项，突破关键技术138项，吸引社会投资80多亿元，形成新产品、新工艺和新技术757项。中关村-扬州科技成果产业化基地、启迪扬州科技新城等科技项目落户扬州。

1月13日，扬州市党政代表团到陕西省西安市进行科教合作考察，先后到西安交通大学、西北工业大学、航天推进技术研究院、西安电子科技大学等高校、科研机构考察、座谈，达成产学研合作共识。

3月18日，扬州市在清华大学举办产学研座谈和签约活动。市政府与清华大学签订全面合作协议，扬州市企业与清华大学10个合作项目集中签约。

5月10—11日，“2013年江苏省产学研专场对接洽谈会——智能制造装备技术专题洽谈暨扬州市科技合作展示洽谈会”在扬州国际展览中心举办。会议期间，34家高校、科研院所展示智能制造装备科技成果639项；全省1300多家企业参加洽谈，与高校院所达成技术攻关、成果转化、人才引进等合作项目102个，其中现场签约项目28个。会议邀请机械科学研究总院副总工程师于革刚和中国科学院沈阳自动化研究所副所长赵明扬作主题报告。扬州市设7个展区，有190家企业和118件实物参展。会上，扬州市与浙江大学、南京航空航天大学、合肥工业大学、南京邮电大学、扬州大学、南京工程学院、机械科学研究总院、北京机电研究所、重庆机电研究院、济南铸造锻压机械研究所签订《科技合作扬州共识》。

5月14日，扬州市在上海举行2013中国扬州科技创新·产业合作推介会。会上，20个科技创新项目、10个产业合作项目及10名博士人才引进项目集中签约，13个科技创新项目、6个产业合作项目及5名博士人才引进项目达成合作协议。同日，市委书记谢正义率队考察上海交通大学，市政府与上海交通大学签订全面合作协议；谢正义一行拜访上海航天技术研究院，与副院长姜文正等进行座谈。

6月18日，市委书记谢正义率领扬州市党政代表团考察中关村，参观中关村国家自主创新示范区展示中心，与北京市委、中关村管委会领导座谈交流。7月5日，北京市委副秘书长傅华、中关村管委会主任郭洪率队到扬州开展科技合作洽谈，市政府与中关村签订战略合作框架协议，商定共同推进中关村-扬州科技成果产业化基地建设。8月16日，市长朱民阳率队考察中关村，寻求与中关村合作。10月15日，扬州市在北京举办“中关村—扬州”企业合作恳谈会，扬州市企业与中关村签约合作项目12个。

在2013年江苏省产学研专场对接洽谈会——智能制造装备技术专题洽谈暨扬州市科技合作展示洽谈会上，工作人员正在遥控智能码垛机械手　　庄文斌/摄

6月20日，市党政代表团先后拜访哈尔滨工业大学、哈尔滨理工大学及哈尔滨工程大学，推介扬州，促进产学研合作，推进科技创新；市政府与哈尔滨工业大学签订全面合作协议，在研发平台建设、科技成果转化、人才培养等方面开展合作。6月21日，扬州市在黑龙江省哈尔滨市举办2013中国扬州科技创新·产业合作推介会。会上，20个科技创新项目、10个产业合作项目及10名博士人才引进项目集中签约。

7月30—31日，扬州市党政代表团访问上海张江高新技术产业开发区、浦东软件园和中科院上海分院，市政府与中科院上海分院签订全面合作协议。10月19日，市科技局协助中科院扬州中心承办“2013中国科学院扬州科技成果发布洽谈会”，中科院20多家科研院所发布科技成果263项，展示科技成果100多项，签约科技人才项目20个。

9月29日，扬州市在湖北省武汉市举行2013中国扬州科技创新·产业合作推介会。会上，20个科技创新项目、10个产业合作项目及10名博士人才引进项目集中签约；副市长孔令俊率队考察华中科技大学、东湖高新技术开发区和武汉理工大学，与相关单位座谈交流。

10月8日，扬州市政府与扬州大学签订全面合作协议。（胡　军）

■扬州首届设计节设计师交流会　8月30—31日，由市经济和信息化委员会、广陵区人民政府、扬州市工业设计协会及北京光华设计发展基金会联合主办，扬州优诺普国际会展有限公司、扬州设计瑰谷投资管理有限公司等单位承办的扬州首届设计节设计师交流会在广陵区设计瑰谷（扬州）创智园举行，国内知名设计团队和本地设计师200多人参加会议。江苏扬力集团有限公司的JH21-80伺服压力机、扬州雅筑室内设计研究院的扎染技术、扬州蓝极科技有限公司的四轮童车、江苏九龙汽车制造有限公司的九龙豪华行政公务车、仪征乐福玩具有限公司的白泽抱枕、扬州蓝极工业设计有限公司的多插孔可移动拖线板、申洪涛和张利设计的仿皮革不锈钢橱柜、江苏兴通生物科技有限公司的唯阴康、扬州德可达科技有限公司的瑞龙TT无人直升机遥感监测平台、汉云科技有限公司的集成模块设计等10件作品获扬州设计创新奖金奖。 （陈 科）

■科技信息平台建设 2013年，扬州科技文献公共服务平台有单位用户2280家。开办文献检索技术免费培训班69期，培训811人次。加强维普和万方镜像站资源维护，为用户提供科技文献服务。用户文献全文下载量比上年增加35万篇，全年文献全文下载量累计660万篇。完成查新业务327项，其中省级查新282项、市级查新45项，为江苏省水利机械有限公司等7家企业新建行业数据库。围绕扬州市汽车及零部件、机械装备、太阳能光伏、半导体照明、智能电网等重点产业，监测、收集、整理和分析国内外最新科技经济信息，全年编印《科技情报参考》24期，发送对象覆盖各县（市、区）主要科技企业。建立汽车及零部件行业动态信息推送平台，对企业需要的行业动态信息进行跟踪、采集、分析和处理，定期编辑行业动态“手机报”，为全市116家企业的管理人员和研发人员提供最新科技情报。 （胡 军）

■科技创新载体建设 2013年，扬州高新技术产业开发区完成创建国家级高新技术产业开发区总体方案及产业规划方案编制，广陵（电子信息）高新技术创业服务中心创成国家级专业孵化器，扬州高新技术产业开发区成为省级科技金融合作创新示范区、省文化科技产业园区。全市8个国家级火炬计划特色产业基地实现技工贸收入1860亿元，高新技术产值占比65%以上；7家省级科技产业园实现工业产值1175亿元；11家省级以上孵化器累计建成孵化面积70万平方米，有在孵企业735家。各县（市、区）建设科技产业综合体，“建、管、用”同步推进，14个科技产业综合体累计投入建设资金20亿元，其中政府投入资金14亿元，竣工120万平方米。 （胡 军）

■高新技术产业 2013年，全市高新技术产业实现产值3513亿元，占全市规模以上工业总产值的41.3%；

2013年扬州市新增国家重点新产品情况表

表28-3

序号	项 目 名 称	承 担 单 位
1	GDL-4000型中厚板保护气氛辊底式热处理炉	中冶京诚（扬州）冶金科技产业有限公司
2	HPP-2600P型大吨位高精度全自动粉末成型机	扬州市海力精密机械制造有限公司
3	MC-5035型数控母线冲孔机	江苏金方圆数控机床有限公司
4	ND5型内燃机低摩擦高耐磨节能型ADI气缸套	扬州华铁铁路配件有限公司
5	SDR-11000S/L型高效节能热源塔热泵系统	江苏辛普森新能源有限公司
6	SWFP66×125C锤片式微粉碎机	江苏牧羊集团有限公司
7	YLZ34-1250框架式单动薄板冲压液压机	江苏国力锻压机床有限公司
8	ZG型薄壁大扁方成型焊管机组	江苏省南扬机械制造有限公司
9	第三代核电站专用电缆WDZ-N6-YJYJ	宝胜科技创新股份有限公司
10	风电电励磁转子用200级耐电晕漆包扁线Q(ZY/XY)B-2/200BP	江苏迅达电磁线有限公司
11	高效、环保、新型杀菌剂——稻瘟酰胺原药及制剂	江苏长青农化股份有限公司
12	高效氯氟氰菊酯	江苏扬农化工股份有限公司
13	高效污泥厌氧消化器集成装备	江苏清溢环保设备有限公司
14	高性能抗恶劣环境信息终端	扬州万方电子技术有限责任公司
15	基于不锈钢板材的HD-QS型高速数控冲床用高精度长寿命多面冲裁模具	扬州恒德模具有限公司
16	间壁加热滚筒式污泥炭化集成装置WNTH-10	扬州澄露环境工程有限公司
17	舰船用纵向水密封电缆	江苏远洋东泽电缆股份有限公司
18	可振动微距沉降固液分离装备	江苏恒业机械有限公司
19	硬脆性材料晶硅切割液OX-Si309	奥克化学扬州有限公司
20	钻井平台用耐油泥阻水型屏蔽铠装信号测控电缆	扬州市红旗电缆制造有限公司

（胡 军）

2013年扬州市新增国家科技型中小企业创新基金项目情况表

表28-4

序号	项 目 名 称	承 担 单 位
1	智能自适应集电器装置及其运行滑线导轨	江苏江鹤滑线电气有限公司
2	医疗诊断用对象增强型影像输出系统	江苏亚达科技集团有限公司
3	基于SOA架构的综合治税数字一体化系统	扬州紫竹软件有限公司
4	抽油机井节能潜力评价与设计管理系统	江苏油田瑞达石油工程技术开发有限公司
5	基于弹性云系统的税务基础应用平台	江苏南开之星软件技术有限公司
6	基于物联网技术的蓄电池远程测试与评估管理系统	江苏中瀚通讯技术有限公司
7	面向4G网络的宽带无线激光传输与接入设备	江苏海虹电子有限公司
8	农产品冷链物流溯源监控与公共信息服务云平台	扬州苏安物联传感科技有限公司
9	云计算漏洞扫描与安全评估系统	江苏苏民信息安全技术有限公司
10	高海拔±1000kV/2A直流污秽成套试验装置	扬州市鑫源电气有限公司
11	基于高频开关技术的高效大功率电动汽车充电设备	扬州双鸿电子有限公司
12	高功率密度复合转子节能电动机	江苏利得尔电机有限公司
13	高抗疲劳防腐深井钻具	扬州市驰城石油机械有限公司
14	高效节能超高速智能电梯	江苏通用电梯有限公司
15	高效节能无堵塞造纸工艺流程泵	江苏尚宝罗泵业有限公司
16	基于气雾剂灌装生产线过程自动化关键功能单机的开发	扬州美达灌装机械有限公司
17	沥青路面高效环保智能化就地热再生施工机组	江苏奥新科技有限公司
18	水工液压启闭机智能化技术研究与产品研发	扬州市飞龙气动液压设备有限公司
19	五轴多头高速数控植毛机	扬州市海星数控制刷设备有限公司
20	五轴联动立式数控无胎冷旋压成形机	扬州中旋机械科技有限公司
21	智能化高效精密粉末成型机	扬州市海力精密机械制造有限公司
22	白羽朗德鹅新品系培育与扩繁	扬州瑞农科技有限公司
23	设施高丛蓝莓培育技术与推广应用	江苏绿扬现代生态农业发展有限公司
24	新型乳猪营养配方饲料及加工技术研发	扬州创日动物营养有限公司
25	优质节粮型蛋鸡配套系的选育	扬州翔龙禽业发展有限公司
26	轻质高强表面抗氧化稀土镁合金高速运动装备外壳构件	扬州峰明金属制品有限公司
27	生物质燃料机电一体化处理及其智能控制装备	扬州高安秸杆成型燃料有限公司
28	双循环液相换热式换热器余热回收系统	扬州夏康环保科技有限公司
29	新型高效斜板沉降分级浓密一体化装备	扬州市中瑞机电设备制造有限公司
30	燃煤电站锅炉双齿双锥双调风旋流低氮燃烧器	扬州晨光特种设备有限公司
31	片式可编程高速集成保护器件	扬州江新电子有限公司
32	大尺寸电子级石英涂层坩埚	江苏华尔石英材料股份有限公司
33	高耐磨耐蚀纳米复合表面处理活塞环	江苏仪征金派内燃机配件有限公司
34	电能质量在线监测与闭环控制集成装置研发	江苏中凌高科技有限公司
35	基于不锈钢板材的高速数控转塔冲床高精度长寿命多面冲裁模具	扬州恒德模具有限公司
36	GKC-F智能型高压开关机械特性测试系统	扬州华电电气有限公司
37	新型智能有载调容变压器装置	扬州华鼎电器有限公司
38	集成化高速玻璃瓶理瓶清洗智能视觉检测与包装全自动生产线	扬州润明轻工机械有限公司
39	高速重载装备用纳米纤维成核改性MC尼龙传动轮	扬州赛尔达尼龙制造有限公司

续表28-4

序号	项 目 名 称	承 担 单 位
40	余热发电用低温烟气梯级回收利用装置	江苏中天能源设备有限公司
41	高效低氮智能型旋窑燃烧器开发与产业化	扬州市银焰机械有限公司
42	面向扬州市中小企业的技术转移服务	扬州市中小型企业生产力促进中心
43	仪征市中小企业技术转移公共服务平台	仪征市高创科技发展有限公司
44	扬州市中小企业专业技术服务平台	扬州市交大工业技术研究院有限公司
45	高邮市中小企业技术转移服务平台	高邮市科技创业中心
46	面向中小企业的辐射技术应用创新公共服务平台	扬州辐照中心

（胡　军）

高新技术产业开票销售1732.1亿元，占工业开票销售的46.4%；高新技术产业投资379亿元，比上年增长30.3%，是同期工业投资增幅的2.1倍。科技服务业税收增长120.0%，高于全市服务业税收平均增幅94.1个百分点。制定《扬州市政府采购优先购置我市省级以上高新技术产品和软件产品的操作规程》，全年新增国家高新技术企业85家（累计412家），培育省级上市入库企业43家，新增省民营科技企业1943家，新增省高新技术产品815个。（胡　军）

科技项目和成果

■科技成果转化项目　2013年，全市获批省重大科技成果转化专项资金项目14个（其中8个项目通过扬州市“科教合作新长征”活动引进），获省财政专项资助资金1.22亿元。14个项目中，5个涉及汽车、机械、软件与信息服务业等基本产业领域，7个涉及新能源、节能环保、生物技术与新医药等战略新兴产业领域。14个项目引进的科技成果均具有自主知识产权，在其研发过程中累计获88项省部级以上科技计划（其中国家“863”“973”等重大科技计划13项）支持，获国家级和省级科技奖励45项，累计申请专利258件，获发明专利授权115件。

截至2013年底，全市累计有76个重大科技成果转化项目获专项资金项目立项支持，获省专项资助7.69亿元。76个项目拥有核心技术124项，申请专利1330多件（其中发明专利672件），获专利授权654件（其中发明专利212件）；制定技术标

2013年扬州市新增省重大科技成果转化专项资金项目情况表

表28-5　　单位：万元

序号	项 目 名 称	承 担 单 位	项 目 总投资
1	沥青路面高效环保智能化就地热再生施工机组的研发及产业化	江苏奥新科技有限公司	6000
2	大型高效节能叶片泵关键技术研发及产业化	江苏航天水力设备有限公司	8800
3	优质安全淡水鱼虾精深加工制品产业化开发	江苏戚伍水产发展股份有限公司	6000
4	高功率密度复合转子节能电动机的研发与产业化	江苏利得尔电机有限公司	6000
5	正电子发射断层成像/X线计算机断层成像(PET/CT)设备核心技术研发与产业化	江苏中惠医疗科技股份有限公司	18860
6	海洋油气储运特种钢及大口径无缝管研发与产业化	扬州龙川钢管有限公司	21600
7	分段进水深度脱氮除磷关键技术与成套设备研发和产业化	江苏天雨环保集团有限公司	6900
8	FTTH系统中新一代大功率高效率光纤放大器	江苏西贝电子网络有限公司	4200
9	活性蛋白在线吸附技术与乌司他丁、白蛋白联产工艺的研发和产业化	扬州艾迪生物科技有限公司	4800
10	物联网用智能半导体激光夜视系统的研发及产业化	江苏精湛光电仪器有限公司	6000
11	柔性配置电能质量监测-治理集成装置研发与产业化	江苏中凌高科技有限公司	5000
12	超大型智能化食用油制取成套与关键装备的开发及产业化	江苏迈安德食品机械有限公司	8000
13	VM D700系列柴油机的研发和产业化	潍柴动力扬州柴油机有限责任公司	28906
14	高效三结砷化镓太阳能电池外延及芯片研发与产业化	扬州乾照光电有限公司	8150

（胡　军）

准82项，其中国家标准和行业标准28项。项目实施过程中，新(改)建厂房130多万平方米，新(改)建生产线270多条，形成目标产品528个，新增销售收入429亿元，新增就业7000多人。全市累计有34个重大科技成果转化项目通过验收，江苏亚威机床股份有限公司、扬州乾照光电有限公司、扬州扬杰电子科技股份有限公司、江苏长青农化股份有限公司等4家企业在项目实施期间上市，江苏金方圆数控机床有限公司、江苏诚德钢管股份有限公司、江苏扬农化工集团有限公司、扬州威克生物工程有限公司等16家企业分别被德国通快集团、美国PPC集团、中国中化集团公司、中国航空工业集团、国药集团等世界500强和大型央企并购重组。 （胡 军）

■农业科技项目 2013年，全市获批立项国家农业科技成果转化资金项目4个，分别为江苏东宝农药化工有限公司承担的“新型生物除草剂菌克阔中试”、扬州市扬大康源乳业有限公司承担的“多菌株益生菌发酵乳饮料加工关键技术集成中试与产业化”、扬州创日动物营养有限公司承担的“新型乳猪营养饲料及加工技术的中试与推广”、扬州大学承担的“隧道雾滴回收式高效施药关键技术集成及产业化开发”，其中“新型生物除草剂菌克阔中试”为重点项目；获拨款280万元。

全市重点围绕农林植物新品种选育与栽培技术、动物新品种选育与养殖技术、动植物重大病虫害综合防治技术、农产品精深加工技术、现代农业装备和农业信息化技术等领域申报2013年度省农业科技支撑计划项目57个，其中15个项目获批立项，获拨款770万元。 （胡 军）

2013年扬州市新增省农业科技支撑计划项目情况表

表28-6

序号	项 目 名 称	承 担 单 位
1	高繁早熟优质肉鸡配套系的选育	江苏省家禽科学研究所
2	利用GBLUP技术选育冰鲜型优质鸡	扬州大学
3	特色水生蔬菜优质新品种选育及高效栽培技术研究	扬州大学
4	芍药耐热新品种选育	扬州大学
5	设施蔬菜土传病害生物拮抗种衣剂的研究与应用	江苏里下河地区农业科学研究所
6	高活性复合肉品发酵剂的研制与开发	扬州大学
7	奶牛结核防控新技术研究与应用	扬州大学
8	反刍动物氮素高效利用型巨大芽孢杆菌制剂的关键技术研究	扬州大学
9	优质食味水稻机械化、标准化生产技术集成与示范	扬州大学
10	安全环保型饲料生产关键技术在专业合作社模式中的集成与示范	扬州大学
11	罗氏沼虾生态养殖(与加工)关键技术集成创新与示范	高邮市阳光特种水产专业合作社
12	江苏农村科技服务超市江都苗木花卉产业分店建设	扬州雅典娜园艺科技开发有限公司
13	分散型生活污水、养殖水体智能实时控制生物脱氮技术及配套装备研发	江苏清溢环保设备有限公司
14	集约化设施种植环境要素智能控制关键技术研究与开发	江苏洁澜现代农业装备有限公司
15	江苏省农村科技服务超市仪征谢集经济林果产业便利店建设	仪征苏丰经济林果专业合作社

（胡 军）

2013年扬州市新增省工业科技支撑计划项目情况表

表28-7

序号	项 目 名 称	承 担 单 位
1	新一代轻型无人直升机关键技术研发	扬州德可达科技有限公司
2	新型无线激光宽带传输成套设备与产品研发	江苏海虹电子有限公司
3	三网融合环境下数码识别多媒体互动系统的研究开发与应用	扬州广电网络有限公司
4	基于太阳能光热利用的金属掺杂气凝胶复合薄膜开发研究	扬州天辰精细化工有限公司
5	超(特)高压GIS用铠装式SF6气体绝缘成套试验系统的研发	江苏盛华电气有限公司
6	基于纳米材料的混凝-快滤一体化水处理关键技术与装备研发	江苏新天鸿集团有限公司
7	新型1500米量级MgB_2高温超导材料及制备技术研发	宝胜集团有限公司
8	页岩气钻采新技术及配套自转式空气锤研制	江苏中油天工机械有限公司

续表28-7

序号	项目名称	承担单位
9	光纤光栅传感结构健康综合监测系统开发	江苏联通电缆有限公司
10	千瓦级高效低成本光伏调控微边界透平有机郎肯循环太阳能热发电系统研发	江苏省华扬太阳能有限公司
11	SIP-160精密智能型伺服压力机关键技术研究与开发	江苏扬力集团有限公司
12	新型环保塑料燃油箱研发	亚普汽车部件股份有限公司
13	空心扭力梁液压成形技术在MPV车型中的应用研究	江苏九龙汽车制造有限公司
14	电气设备综合性能在线智能测控关键技术研究与装置开发	江苏宝胜电气股份有限公司
15	核电站用高等级钛合金管材研发	扬州华宇管件有限公司
16	类金刚石梯度镀层活塞环研发	仪征双环活塞环有限公司
17	分布式发电系统储能用磷酸铁锂电池模组技术研发	江苏华富储能新技术股份有限公司

（胡　军）

■自然科学基金项目　全年获批国家自然科学基金项目117个，其中扬州大学承担的112个、江苏省家禽科学研究所承担的项目4个、江苏里下河地区农业科学研究所承担的项目1个，获拨款6777万元；获批公益性行业科研专项经费项目4个，获拨款3298万元；获批省自然科学基金项目46个，获拨款848万元。（胡　军）

2013年扬州市新增省自然科学基金项目情况表

表28-8

序号	项目名称	承担单位
1	分形树状微小结构中传热传质机理研究	扬州大学
2	芦苇-ZWL73菌联合修复系统对硝基苯污染底泥的修复研究	中国科学院水生生物研究所扬州水环境与渔业研究分中心
3	直接固体碳燃料电池电极层流内层传质研究	扬州中科院能源与材料研究院
4	ca2点解再生法脱除并回收燃煤烟气中单质汞的研究	扬州晨光特种设备有限公司
5	OPN在缺氧诱导肿瘤血管生成拟态形成中作用机制的研究	扬州市第一人民医院
6	Cantor集的平移交与beta展式的应用与研究	扬州大学
7	多级激光尾波场电子加速器输出的电子束性能的调控	扬州大学
8	金融保险中的大偏差和定价	扬州大学
9	非牛顿多相流动的光滑粒子动力学方法应用研究	扬州大学
10	靶向杀伤肿瘤的多功能纳米凝胶递药系统的构建及性能研究	扬州大学
11	三维铁磁性石墨烯基纳米吸附材料的制备及应用研究	扬州大学
12	两种广西三宝木属植物中新颖结构天然产物的发现与研究	扬州大学
13	药物敏感型噬菌体T4 DNA聚合酶的构建及其应用的研究	扬州大学
14	水稻条纹病毒的传毒相关蛋白在病毒介体传播中的功能研究	扬州大学
15	2.3.4分支H5N1病毒的抗原变异与免疫保护研究	扬州大学
16	改性壳聚糖纳米胶束的合成、表征及载药化研究	扬州大学
17	NA264位潜在糖基化对H9N2传播性及免疫逃避影响	扬州大学
18	仙台病毒诱生IFN-β干扰SCID小鼠黑色素瘤模型建立的分子机制	扬州大学
19	南水北调东线江苏境内梯级泵站群级间输水河道水位优化研究	扬州大学
20	剧烈塑性变形(SPD)诱发镁锌合金相变研究	扬州大学
21	梯级泵站电-机-水系统耦合运行优化模型与算法研究	扬州大学
22	破碎电子废弃物多形状有色金属碎片涡流分选分离模型及应用	扬州大学

续表28-8

序号	项 目 名 称	承 担 单 位
23	荷载与环境侵蚀耦合作用下ECC-FPR筋混凝土复合梁受弯性能研究及其优化分析	扬州大学
24	辅助盲人感知室内环境的神经形态视觉协作认知方法研究	扬州大学
25	蛋白质相互作用网络的分析算法研究	扬州大学
26	多波长全固态连续拉曼激光器的研究	扬州大学
27	Laptm5作为ceRNA参与miR-17-3p调控小鼠B细胞淋巴瘤的增殖及凋亡研究	扬州大学
28	基于药物代谢和代谢组学的灯盏乙素对Aβ所致痴呆模型大鼠的神经保护作用机制研究	扬州大学
29	miR-137调控AMPK/自噬通路在非小细胞肺癌顺铂耐药中的作用及机制研究	江苏省苏北人民医院
30	小麦抗纹枯病QTL分析与育种利用价值研究	江苏里下河地区农业科学研究所
31	锂空气电池中石墨烯电极材料催化性能的掺杂改性研究	大连理工大学扬州能源研发中心
32	控制水稻花序发育基因NSP的克隆及调控途径初步研究	扬州市职业大学
33	抗纹枯病粳稻新种质创制	扬州大学实验农牧场
34	银掺杂介孔二氧化钛/碳纳米管/活性炭复合泡沫的制备及降解偏二甲肼的性能研究	扬州大学
35	基于MOFs材料选择性吸附分离噻吩类硫/苯的实验及分子模拟研究	扬州大学
36	活性氧介导的柑橘原生质体再生能力差异的机理研究	扬州大学
37	火鸡组织滴虫致弱株选育及其形成的分子基础研究	扬州大学
38	Stra8在精子发生中的作用机制	扬州大学
39	茄果类蔬菜土传病害发病机制与石灰氮和生物菌肥联合防治研究	扬州大学
40	机器人臂万向磁悬浮球形主动关节的关键技术研究	扬州大学
41	全喉切除“全喉再造”喉功能重建的动物实验研究	江苏省苏北人民医院
42	阻断TLR4和HIF-1α对话研究南蛇藤素抗RA滑膜细胞侵袭的机制	江苏省苏北人民医院
43	棉籽粕饲料致鸡蛋品质劣化的生物学机制研究	江苏省家禽科学研究所
44	不同毒力新城疫病毒V蛋白拮抗IFN作用差异研究	江苏省家禽科学研究所
45	鸡就巢行为遗传标记筛选与验证	江苏省家禽科学研究所
46	水氮互作调控超级稻弱势籽粒充实的生理机制	江苏里下河地区农业科学研究所

（胡 军）

■社会发展项目 全市申报省社会发展项目50个，其中“高功能高灵敏度全自动早期肿瘤检测仪”“以马拉维若为先导体的含氟抗艾滋病新药的研发”“高功能高灵敏度全自动早期肿瘤检测仪”等12个项目获批立项，获拨款420万元。组织5个项目申报省临床医学专项，其中江苏省苏北人民医院“区域大医院指导下社区慢性心力衰竭远程规范防治循证医学研究”和扬州大学“孤立性肺结节共享型诊疗数据库的建立与新型无损伤带钩定位装置的研制及其临床转化应用”获批立项，分获拨款200万元和50万元。 （胡 军）

2013年扬州市新增省社会发展科技支撑计划项目情况表

表28-9

序号	项 目 名 称	承 担 单 位
1	新型抗血小板药——苯磺酸普拉格雷原料及片剂	扬州市星斗药业有限公司
2	以马拉维若为先导体的含氟抗艾滋病新药的研发	扬州氟药科技有限公司
3	高功能高灵敏度全自动早期肿瘤检测仪	昌和生物医学科技(扬州)有限公司
4	夏热冬冷地区绿色住区建筑节能关键技术应用研究与集成示范	江苏能恒置业有限公司
5	农村废弃稻麦秸秆无回收机械化肥料利用成套技术研究	江苏奥莱佳生物质能有限公司

续表 28-9

序号	项 目 名 称	承 担 单 位
6	新颖重组人纤溶酶原激活剂(rhPA)的分离、纯化及药理学试验	扬州大学
7	扬州市武塘社区"三新"科技示范社区建设	扬州市邗江区双桥街道办事处
8	传统腌制蛋品安全监控与品质控制关键技术研究	高邮市秦邮蛋品有限公司
9	高邮市新联社区科技社区建设	高邮市高邮街道新联社区居委会
10	智能化多功能超效电气浮法水处理关键技术及其装置研发与工程化	扬州绿都环境工程设备有限公司
11	江都"云峰"全民健康三新科技示范社区建设	江都区仙女镇云峰社区居委会
12	基于web的多平台社区综合信息管理系统	宝应县安宜镇铁桥社区居委会

(胡 军)

■江苏里下河地区农业科学研究所 2013年,江苏里下河地区农业科学研究所(简称农科所)在研课题(项目)176个,结项课题46个;新立项各类课题(项目)72个,其中国家级课题(项目)18个、省级课题(项目)36个、市级课题(项目)18个。新立项项目合同经费2178万元,往年项目及新立项项目实际到账经费2255万元。国家转基因生物新品种培育重大专项"南方麦区弱筋小麦转基因品质改良"、国家"973"项目"小麦候选骨干亲本筛选与创制的应用基础研究"、农业部转基因滚动支持项目"抗病毒、抗真菌病害转基因小麦新品种的选育"、江苏省现代种业发展项目"优质高产抗病稻麦新品种育种能力建设与产业化"及国家星火计划、国家公益专项等重大科技创新项目获准立项。新立项国家自然科学基金项目1个、省自然科学基金项目2个。

2013年,农科所获各类科技成果奖9个。其中,由农科所主持完成的"抗赤霉病高产优质小麦新品种'扬麦14'的选育与应用""高产优质多抗小麦新品种'扬麦16'"项目分获中华农业科技奖三等奖、扬州市科学技术奖特等奖;在第八届中国花卉博览会上,农科所主持研究的花卉品种"扬辐莲1号""扬蕙梅"获科技成果和出版物类(新品种选育)优秀奖,"扬蕙蝶"获科技成果和出版物类(新品种选育)铜奖,《中国兰花栽培与鉴赏》获科技成果和出版物类(出版物)优秀奖;农科所与其他单位联合申报的"江苏水稻轻型高产高效生产技术集成与推广""江苏粳稻机插高产高效栽培技术集成研究与应用"分获全国农牧渔业丰收奖一等奖和中华农业科技奖二等奖;农科所参与研发的"生鲜食品控制技术研究与开发"项目获中国烹饪协会科技进步奖二等奖。农科所培育的小麦品种"扬麦20"取代"扬麦158"成为国家淮南片小麦区域试验对照品种;"扬麦16"夏收面积38.57万公顷,取代"扬麦158"和"扬麦11",成为江苏省淮南麦区主栽品种、江苏省连续5年推广面积最大的小麦品种;"扬辐麦4号"夏熟实际产量每公顷9654千克,创江苏省淮南麦区小麦单产最高纪录。水稻品种"扬两优6号"种植面积21.07万公顷,居全国单品种种植面积第五位;"扬粳4227"通过农业部超级稻认定。10个新品种通过审定和鉴定。其中,小麦新品种"扬麦23"通过国家审定;水稻新品种"扬粳805""扬粳806",油菜新品种"扬杂11号",蔬菜新品种"扬椒5号"通过江苏省审定;"广陵仙子""春霞""少女白雪""扬君1号""扬君2号"5个花卉新品种通过江苏省果茶花新品种鉴定。小麦品种"扬麦21""扬麦18"分别再次通过国家和上海市审定。制定、发布省级农业地方标准14项、市级农业地方标准11项。"克氏原螯虾标准化生态健康养殖模式推广应用"和"全量麦秸机械还田轻简稻作技术集成与应用"分别通过江苏省海洋渔业局和扬州市科技局成果鉴定。"一种甲维盐与抑食肼混配农药制剂及其制备方法"和"一种辐照凤爪泡椒制品的加工方法"获国家发明专利,"小型简易水培床诱变系统"获国家实用新型专利。农药新产品"苄嘧苯噻酰"获农药登记证。"扬麦13""扬麦16"继续入选农业部2013年主推品种。11个品种被列入江苏省"四主推"(主要农作物主推品种、主推技术、主推配方肥、主推农药)品种,2项技术被列入江苏省主推技术。科研人员全年发表研究论文44篇,其中1篇论文被收入SCI(科学论文索引)。

2013年,农科所有61个农作物新品系、新组合参加各级试验。"扬麦23"成为农科所育成的第一个强筋小麦品种。"扬09-111"产量居国

江苏省里下河地区农科所建成智能温控大棚,实现小麦常年种植加代目标,缩短育种周期。图为工作人员在温控大棚内进行小麦杂交配组 曹 宏/摄

家区域试验第一位，对照“扬麦20”增产4.8%。选育5个小麦转基因新品系，产量及综合性状达到或超过“扬麦16”，申请参加转基因安全性评价试验。研发1个糯小麦酥条产品。研究在优良粳稻品种中聚合抗稻瘟病、抗黑条矮缩病基因。4个水稻新品系在各组别试验中产量均列第一位。明确多栽培因子对水稻产量特性和稻米品质的影响。核不育杂交油菜新组合“优0737”产量在江苏省和国家区域试验中均名列第一位，含油量45%以上；同步参加国家级生产试验。常规油菜新品系“扬J1201”参加江苏省区域试验。筛选、分离出1株能吸收、吸附液体中钴元素的菌株。建立稻纵卷叶螟试验种群。研发新型稻纵卷叶螟颗粒体病毒Bt(苏云金芽胞杆菌)制剂，对稻纵卷叶螟的防治效果达85%以上。研制土传病害生物拮抗种衣剂，对蔬菜立枯病、枯萎病等多种土传病害平均防治效果达77%。开展循环技术集成、城市废弃物肥料化利用及水禽—水产—水生蔬菜共作模式研究，提高自然资源利用率。筛选出5个防治烟粉虱、蚜虫和黄瓜霜霉病的高效药剂，筛选出2个对防治蔬菜害虫具增效作用的复配剂新配方。通过研究，明确黄板、杀虫灯诱杀田间害虫效果和防虫网的防控效果；缓解机插粳稻培肥中地上壮苗与地下盘根协调问题，提高机插效率，缩短缓苗期。

2013年，农科所筛选出适宜里下河地区种植的优质芋头新品系2个，参加江苏省新品种鉴定试验。大果牛角型辣椒“大果66”连续2年参加江苏省区域试验，产量均列第一位，进入江苏省生产试验。建立春兰与大花蕙兰杂交种无菌萌发技术体系。培育的兰花品种参加2013年度江苏省和扬州市兰花展，获金奖3个、银奖2个、铜奖3个。筛选出花卉优良突变体20多个，选育新种质6个。 （王守红）

■江苏省家禽科学研究所 2013年，江苏省家禽科学研究所(简称家禽所)承担在研项目(课题)56个，其中延续课题18个、新增课题(项目)38个。新增项目(课题)包括国家自然科学基金面上项目1个，青年基金项目3个，国家“948”计划项目1个，农业部财政项目2个，江苏省农业科技自主创新资金项目1个，江苏省农业品种、技术、知识更新工程项目4个，江苏省农业科技支撑计划项目1个，江苏省自然科学基金项目3个，农业部行业科技子项目3个，江苏省农委挂县强农富民工程项目1个，省“六大人才高峰”资助项目1个，江苏省高效农业项目2个，省专项资金项目1个，扬州市科技项目4个，横向课题10个。申报的“农业部禽类产品质量安全风险评估实验室”建设项目获农业部批准。13个国家及省部级课题(项目)结题。其中，星火计划项目1个，江苏省科技支撑项目4个，江苏省自然科学基金项目5个，江苏省农业品种、技术、知识更新工程项目2个，江苏省高效农业设施项目1个。全年到账各类科研经费1864.6万元，其中新增项目到账科研经费1160.1万元、往年项目滚动到账经费704.5万元。

2013年，家禽所发表学术论文180篇，其中9篇被SCI收录；出版专著1部。获发明专利授权11件、实用新型专利授权4件、软件著作权1项。家禽所与扬州翔龙禽业有限公司共同培育的“苏禽绿壳蛋鸡”通过国家畜禽遗传资源委员会审定。由家禽所主持完成的“我国地方鸭种遗传资源的评价与创新利用”获评江苏省科技进步奖一等奖，“优质鸡选育与利用研究”获中华农业科技奖一等奖，“家禽质量安全控制技术体系研究、建立及其应用”获扬州市科技进步奖一等奖；合作完成的“主要鹅种遗传资源的评价与创新利用”获四川省科技进步奖一等奖。家禽所国家地方鸡种质资源基因库被确定为“国家引进国外智力成果示范推广基地——地方鸡种保护、选育及利用”。家禽所主办的核心期刊《中国家禽》复合影响因子为0.415，中国禽业导刊编辑部获首届江苏省新闻出版政府奖先进新闻出版单位奖。

开展学术交流与科技服务。2013年，家禽所组织全所青年科技人员进行学术交流，收到论文41篇，其中19篇参加集中交流。与国内外研究机构、学术团体开展学术交流活动。家禽所成为中国畜牧兽医学会家禽学分会常务理事会秘书处挂靠单位。全年举办学术讲座5次，邀请美国加州大学戴维斯学院博士周怀军到家禽所指导学科研究。先后与美国、荷兰、俄罗斯等国家的高校和农业科研院所建立合作伙伴关系，开展家禽资源保护、抗病育种、生物分子技术等方面科研合作，与国内中国农业大学、南京农业大学、湖北省农科院、山东农业大学、四川农业大学、扬州大学、高邮鸭集团、上海美农生物科技股份有限公司、北京生泰尔生物科技有限公司、东台市农业科学研究所、姜堰之春养殖专业合作社等单位进行合作研究。加大科技服务力度。家禽所科技人员参与东台市农委的挂县强农富民工程，为江苏高志农业股份有限公司、高邮鸭集团、江阴市威特凯鸽业有限公司、泰州立春食品有限公司等企业提供技术培训与咨询指导服务。全年为400多户养殖户2000多人提供技术咨询服务，为30多家企业提供技术支持。全年编印《2013挂县强农富民工程家禽科技简报》4期，组织东台市养禽技术人员集中培训6场，发放资料6000多份。 （仇 俊）

■“超(超)临界发电机组配套电动执行机构”项目 扬州电力设备修造厂完成的“超(超)临界发电机组配套电动执行机构”项目获2013年度扬州市科学技术奖特等奖。该项目攻克动力源、多微嵌入式、现场总线等多项行业技术难题，是各种阀门过程控制系统中温度、压力、流量控制的机电一体化关键设备，获发明专利授权5件、实用新型专利授权7件、软件著作权4项。该项目曾获国家能源自主创新中央预算内投资项目、国家火炬计划重点项目和省重大科技成果转化专项资金项目等支持，达到国际先进技术水平，填补国内空白，打破中国高端智能型电动执行机构长期由国外企业垄断的局面，广泛应用于电力、石化、冶金、公用事业等过程控

制领域，整体市场覆盖率15%，核电市场覆盖率85%，新增销售额近5亿元。（胡　军）

■“高产优质多抗小麦新品种‘扬麦16’”项目　江苏里下河地区农业科学研究所完成的“高产优质多抗小麦新品种‘扬麦16’”项目获2013年度扬州市科学技术奖特等奖。该项目培育出具有高产稳产、大穗大粒、品质优异、综合抗性强等优点的“扬麦16”品种。“扬麦16”获国家植物新品种权，先后通过江苏省、上海市等品种审定，2009年起被列为农业部和江苏省主导品种，曾刷新全省淮南麦区小麦单产最高纪录。该小麦品种是全省2009年以后年推广种植面积最大的小麦品种，在上海、浙江、安徽等省（市）得到大面积推广。该品种自审定以后在江苏省累计种植面积217.03万公顷，增产粮食9.77亿千克，创造经济效益17.76亿元。（胡　军）

■“苏禽绿壳蛋鸡”通过国家审定　2013年，家禽所培育的蛋鸡新品种“苏禽绿壳蛋鸡”通过国家畜禽遗传资源委员会审定。“苏禽绿壳蛋鸡”是家禽所利用从江西、湖北引进的青壳蛋鸡，经过6年的持续选育培育而成，生活力强，适应性广，2006年5月通过省级品种审定。“苏禽绿壳蛋鸡”是江苏省自主培育的第一个蛋鸡新品种，填补江苏省蛋鸡育种的空白，提高江苏省地方特色蛋鸡良种覆盖率，促进地方特色蛋鸡产业发展。（陈　实）

■江苏牧羊集团获批建设国家级工程技术研究中心　4月2日，国家科技部批准江苏牧羊集团建设国家饲料加工装备工程技术研究中心。江苏牧羊集团成为全市首个开展国家级工程技术研究中心建设的企业。饲料加工装备工程技术研究中心是科技创新平台，集聚创新资源，围绕饲料设备智能化、成套化和标准化，建立技术研发、试验测试、服务培训及合作平台，开展饲料精细化生产高新技术与设备、饲料生产成套设备柔性化和集成化研究以及饲料生产设备标准化、绿色化研究。（陈　科）

■“扬州造”无人机“海试”　6月6日，扬州德可达科技有限公司自主研发的TC-1235交叉式双旋翼无人直升机完成在海上移动船舰起降民用无人直升机的海事监察实验，开创中国民用船载（舰载）无人直升机作业先河。TC-1235无人直升机采用交叉双旋翼设计，没有尾旋翼，最高时速100千米，最大设计续航能力4小时，自重30千克，最大载重35千克。TC-1235无人直升机是具有高安全性和高稳定性、可搭载多种传感器的近地遥感监测及多用途飞行平台，执行任务最大半径200千米，能自动起升、飞行、返航，可用于海上监测、海上搜救、灾情及事故跟踪、环境及交通监测、国防安全和领土维权等信息实时性应用领域。（陈　科）

知识产权保护

■概述　2013年，全市专利产出继续保持较快增长，专利申请首次突破2万件，达2.28万件，其中发明专利5159件，分别比上年增长20%、22%；获专利授权1.14万件，增长41%；万人发明专利拥有量3.70件，增长27.2%。开展中小企业专利质押融资试点，10家企业获批授信额度总计7400万元。开展2013年知识产权执法维权“护航”专项行动，加大对侵犯知识产权行为的打击力度，立案查处假冒专利产品案件41件。邗江区、扬州经济技术开发区获批成为全国首批战略性新兴产业知识产权集群管理工作试点单位。邗江区获批成为国家知识产权强县工程试点单位，广陵经济开发区获批成为省知识产权战略试点园区。（胡　军）

■知识产权宣传教育　4月26日至5月26日，扬州市举办“‘护航创新之路’专项行动宣传月”活动，宣传知识产权法律法规。4日26日，市知识产权局联合市检察院、市中级人民法院、扬州海关等6家单位举办企业维权援助工作专题讲座；以“实施知识产权战略，推进创新型城市建设”为主题，在《扬州日报》进行专版宣传；以“如何实施知识产权保护，营造良好的市场环境”为主题，在《扬州晚报》进行专访报道。5月，联合公安、工商、药监、银监、税务等部门举办假冒伪劣产品展示咨询活动，集中展示全市打击侵犯知识产权行为和假冒伪劣商品专项行动成果，现场接受群众咨询500多人次，发放宣传资料1000多份。（胡　军）

■知识产权执法维权“护航”专项行动　5月，扬州市知识产权执法维权“护航”专项行动暨商贸企业知识产权保护培训会仪征专场在仪征市举行。全年组织开展各类“护航”专项行动6次，出动执法人员27人次，检查超市、药店、专业市场等商贸流通企业商品5880多件，其中具有专利标识商品800多件，立案调查41件，结案率100%。（胡　军）

■知识产权项目建设　5月，邗江区、扬州经济技术开发区获批成为全国首批战略性新兴产业知识产权集群管理工作试点单位，分别负责数控成形机床产业、半导体照明和太阳能光伏产业知识产权集群管理工作试点。邗江区获批成为国家知识产权强县工程试点单位，广陵经济开发区获批成为省知识产权战略试点园区。扬州扬杰电子科技股份有限公司等5家企业被列入“2013年度江苏省企业知识产权战略推进计划”实施单位，扬州恒德模具有限公司等4家企业被列入“2013年度江苏省企业专利实施计划”实施单位，亚普汽车部件股份有限公司等12家企业被认定为“2013年度江苏省企业知识产权管理标准化示范先进单位”。江苏金方圆数控机床有限公司、江苏牧羊集团、扬州锻压机床股份有限公司等3家企业获评“2011年度江苏省实施企业知识产权战略先进单位”，江苏天雨环保集团有限公司获评“2012年度江苏省实施企业知识产权战略先进单位”。扬州工艺美术集聚区被认定为第五批省级“正版正货”示范创建街区。（胡　军）

气象测报

■概述 2013年，扬州市气象部门以防灾减灾和重大活动保障为重点，向政府相关部门发送决策气象服务材料152期、决策气象服务短信1.05万条，为防御气象灾害提供决策依据。完善气象灾害防御体系，全年新建新型自动站4个，升级改造区域站49个。市气象局与市环保局联合建立大气重污染信息发布工作机制。

推进扬州气象现代化建设。6月19日，市政府印发《扬州率先基本实现气象现代化实施方案》，并于9月3日与省气象局签订《共同推进扬州市气象现代化建设合作协议》。市气象局进驻广陵区行政服务中心，雷电灾害风险评估成为扬州市行政审批中心服务窗口办理项目。《加强基层气象部门社会管理工作的调研报告》获2013年全省气象部门优秀调研报告一等奖。 （王培敏）

■重要天气气候事件 2013年，气象灾害造成全市1.77万人受灾，其中2人死亡、56人受伤，直接经济损失1.76亿元。雷电和龙卷风造成人员伤亡较多，暴雨造成农业和渔业损失较重，雾霾和雨雪冰冻天气对大气环境和交通造成较大影响。

1. 暴雪冰冻。2月18—19日，全市出现暴雪。110人受灾，其中紧急转移安置12人；居民住房倒塌4户11间，损坏1户2间；菜市场倒塌2座，无人员伤亡；高效种植业大中小棚被压塌、损坏666.7公顷，直接经济损失约4000万元；畜禽棚舍被压塌、损坏5万平方米，损失约1000万元；虾棚等被压塌、损坏7万平方米，损失约5000万元。灾害造成直接经济损失近1亿元。

2. 寒潮。3月9—11日，全市出现寒潮大风天气，极大风力普遍达7～9级，宝应县和江都区极大风力达9级。扬州市区5条10千伏线路受损，高邮1家砖瓦厂14间宿舍屋顶被掀翻。大风造成全市设施农业大棚受损328.7公顷、倒塌91.33公顷，直接经济损失1600万元。受大风影响，镇扬汽渡停航12小时，扬州境内京沪、宁扬、宁通、启扬高速公路限速行驶。

2月19日，暴雪过后，扬州市银装素裹，一派北国风光 乔家明/摄

3. 雾霾。2013年，全市出现霾日158天（扬州市区）～262天（宝应），比常年偏多2～5倍，连续霾日对大气环境和人体健康造成较严重影响。全年出现大雾日（能见度小于或等于1000米）33天（仪征）～48天（宝应），其中扬州市区出现大雾日34天，影响公路、航运、航空交通，造成多起交通事故。

1月14日，大雾持续7小时左右，扬州市区、高邮能见度不足50米。大雾造成扬州汽车站150个班次停发、1200个班次延误，镇扬汽渡停航7小时，扬州境内京沪、启扬、宁通、宁扬高速公路封闭6小时左右，扬州泰州机场多个航班延误。

5月11日、6月13日，全市出现大范围浓雾天气，扬州市区能见度不足50米。大雾造成扬州汽车站多个班次延误，镇扬汽渡停航3小时，扬州境内京沪、启扬、宁通、宁扬高速公路不同程度封闭。

9月15—16日、9月29日，全市出现大范围浓雾天气，局部地区能见度不足50米。大雾造成扬州汽车站多个班次延误，镇扬汽渡停航，扬州境内京沪、启扬、宁通、宁扬高速公路不同程度封闭。

12月4日上午5—10时，全市出现能见度小于500米的大雾，其中仪征、宝应、高邮能见度不足100米。受大雾影响，扬溧高速发生1起交通事故，1辆轿车与1辆槽罐车追尾起

2013年扬州市气象资料表（一）

表28-10

天气现象	初日	终日	初终间日数(天)
霜	11月5日	4月21日	168
雪	12月23日	2月19日	59
积雪	12月26日	2月21日	58
结冰	11月24日	3月14日	111
最低气温零摄氏度及以下	11月24日	3月3日	100

注：表内资料统计时段为2012年9月至2013年5月 （陈小杰 王培敏）

2013年扬州市气象资料表（二）

表28-11

天气现象	初日	终日	初终间日数(天)
雷暴	3月13日	8月25日	166
无霜期日数(天)	209		

注：表内资料统计时段为2013年1—12月 （陈小杰 王培敏）

火;333省道仪征段发生1起交通事故,1辆槽罐车与1辆货车相撞,造成1人重伤。扬州境内京沪、宁扬、启扬、扬溧高速公路封闭6小时,镇扬汽渡封闭3小时,扬州泰州机场2个航班延误3小时。

4. 暴雨。2013年,全市出现5次暴雨过程,集中在6—7月,其中局地性暴雨2次、区域性暴雨3次。

6月24—25日,扬州市中南部地区普降暴雨到大暴雨,扬州市区和仪征部分乡镇形成洪涝灾害。全市9110人受灾,房屋倒塌5间、受损52间;农作物受灾面积1612公顷;水产养殖受灾面积285公顷。灾害造成直接经济损失811万元。

5. 强对流。全年出现3次影响较大的强对流天气过程,多以雷暴、雷雨大风、短时强降水为主。

7月7日,仪征和高邮部分乡镇出现龙卷风,高邮三垛镇、卸甲镇、横泾镇和仪征大仪镇等乡镇灾情较严重。龙卷风造成8200人受灾,其中重伤3人(高邮2人、仪征1人)、轻伤53人(高邮47人、仪征6人),居民住房倒塌38户(高邮36户、仪征2户)107间、严重受损186户(高邮157户、仪征29户)483间、一般受损278户481间;农作物受灾面积206公顷,水产养殖受灾面积333公顷;树木倒断5500多棵,电线杆倒断127根。灾害造成直接经济损失4500万元。

7月30日,宝应县望直港镇、射阳湖镇、鲁垛镇、安宜镇和夏集镇遭受强降雨袭击,形成风灾和雷电灾害,造成11人受灾,损坏房屋3户4间,损坏电视机和电脑各1台,倒断树木3000棵。灾害造成直接经济损失120万元。

7月31日,高邮三垛镇、汤庄镇出现雷雨大风,其中三垛镇极大风速19.4米/秒。受大风影响,70间房屋受损,1000棵大树被折断,部分电力设施受损。灾害造成直接经济损失10万元。同日,江都吴桥镇、武坚镇遭受雷雨大风袭击,其中吴桥镇极大风速22.2米/秒。300人受灾,其中紧急转移安置9人;居民住房倒塌2户6间、严重损坏1户3间、一般损坏34户102间,蔬菜大棚倒塌30公顷,树木倒断120多棵,电线杆倒断8根。灾害造成直接经济损失120万元。

6. 雷电。全年雷电活动频繁,因雷击造成2人死亡、1人受伤,造成直接经济损失120多万元。

7. 高温。2013年,全市出现日最高气温35摄氏度及以上高温日30天(宝应)~41天(江都),均创各站点建站以来的高温日数历史最高纪录。受连续高温影响,扬州市区、仪征等地出现3例重度中暑热射病人。

(邹建新　陈小杰　王培敏)

■气象科技　市气象局1篇论文入选中国气象年会,2篇论文参加第三届全国气象观测技术交流会交流,6篇论文被第十届长三角气象科技论坛录用;在核心期刊发表论文3篇。与省气象局合作开展"基于复杂网络气象要素概率订正系统"研究。联合安监和消防等部门开展全市安全生产大检查。开展全市防雷安全综合治理。(王培敏)

■气象服务　做好决策服务、公众气象服务。市气象局以重大灾害性天气预报服务和重大活动气象保障为重点,全年发送决策气象服务材料152期、决策气象服务短信1.05万条。完成"烟花三月"国际经贸旅游节、鉴真国际半程马拉松赛、2013国际盆景大会、亚欧会议未来发展方向研讨会等活动的气象保障,完成春节、五一节、国庆节等节日天气预报和服务工作。扬州电视台3个频道气象节目收视率提高,市级所有报纸、广播发布天气预报。

做好为农服务。高邮和江都分别获中央财政"三农"(农业、农村、农民)气象服务专项资金支持,成为国家级农村气象灾害防御专项示范县和国家级气象为农服务(冬小麦)专项示范县。在夏收夏种、秋收秋种等农事关键期和农作物生长关键期,市气象局联合农业部门开展病虫害防治服务。全年编发各类为农服务材料162期,通过电视、网络、"96121"服务平台、手机短信等发送为农服务气象信息;召开农业保险气象服务暨小麦赤霉病防治研讨会,与市委农村工作办公室、市农业委员会和中国人民财产保险股份有限公司扬州分公司会商小麦赤霉病防治等农业气象灾害防御措施。

提升气象灾害防御能力。制定、实施《扬州市气象灾害防御实施办法》,修订《扬州市气象灾害应急预案》,组织市、县气象局开展暴雨诱发中小河流洪水气象灾害预警服务业务,建立气象灾害预警服务业务平台。利用城市主干道电子显示屏、327个农村大喇叭发布气象灾害预警信息。(王培敏)

水文测报

■概述　2013年,全市各级水文部门做好水文测报工作,通过扬州市境内水文站网对江河、湖泊、渠道、水库水位、流量、水质、水温、水下地形和地下水资源及降水量、蒸发量、风暴潮等实施监测、分析与计算,为开发、利用、节约、保护水资源和防灾减灾提供服务。

地表水水文测验。全市水文站网观测水位、潮位、流量、降水量、水温和蒸发量等6类68项水文数据。流量站施测瓜洲闸站流量22次,施测泗源沟闸站流量34次,水位流量关系延长均未超出规范允许范围。全市4个自动记录水位站和5个自动记录雨量站观测记录资料完整率100%。

地下水监测。全市有Ⅰ~Ⅳ承压的深层地下水监测井74眼。Ⅰ承压含水层上升区主要位于仪征市马集镇区域,下降区出现在邗江区瓜洲镇,其余地区水位保持稳定;Ⅱ承压含水层大部分监测井水位呈上升趋势,上升区主要位于江都区、宝应县及高邮市大部分区域;Ⅱ+Ⅲ承压混合开采层水位保持稳定;Ⅲ承压含水层大部分监测井水位呈上升趋势,上升区主要位于高邮市、宝应县及江都区大部分区域;Ⅳ承压含水层中,高邮市、宝应县大部分监测井水位呈上升趋势。全市有浅层地下水监测逐日观测井12眼(含水温观测井5眼)、5

日观测井6眼。扬州地区平均地下水位与上年相比有所下降，发生的最低水位、最高水位比上年偏低的较多；雨季前(5月1日前)、雨季后(9月16日后)多数监测站地下水位比上年偏低。主要原因是，2013年年降水量比常年偏少16%，降雨主要集中在5—7月。2013年末，全市地下水位与上年同期相比，除泗源沟闸站(扬州市年最大降水量点)上升0.91米外，其他区域地下水位下降，其中大仪站降幅最大(下降0.81米)。

水文部门在大运河扬州市与淮安市交界处的泾河镇设立省属市际断面，实时监测大运河流量，计量考核全市里运河沿线各县(市)实时用水情况。全年施测518次。其中，施测江水425次，最大流量277立方米/秒，引江水28.43亿立方米；施测淮水93次，最大流量107立方米/秒，排淮水3.85亿立方米。

扬州水情分中心每天校核、记载25个遥测水位站和24个遥测雨量站遥测数据。全市省建遥测站在线率和单站实时在线率均超90%。

(杨咏梅 王丽丽)

■水文服务 2013年，扬州水文分局编制高邮、宝应、仪征饮用水水源地达标建设实施方案，编制扬州市水资源公报、扬州市水资源保护规划、扬州市水资源调查评价、扬州市水功能区区划等报告。编制扬州自来水有限公司廖家沟水源地迁建工程水资源评价分析报告以及扬州市广陵区头桥水厂扩建工程、高邮港邮供水有限公司二水厂扩建工程、国信仪征燃机热电联产项目、扬州市秦邮特种金属材料有限公司取水工程、仪征江扬投资置业有限公司江扬天乐湖开发项目、江都长青农化有限公司取水工程等项目水资源论证报告，为建设项目取水许可审批提供技术依据。编制江苏国信仪征汽车工业园200米W级工程水土保持方案，完成江苏华电仪征热电厂、扬州泰州机场工程水土保持监测工作和监测报告编制，对水土流失的成因、数量、强度、影响范围、危害及其防治效果进行评估，为水土保持工程运行管理和水土保持设施竣工验收提供依据。6月18日至9月8日，扬州水文分局开展大运河抗旱应急水文测验，测验昭关、露筋、子婴等3处断面29天342次，为省、市两级防汛防旱指挥部提供抗旱决策信息。

(尹景伟 丁昌言)

■雨情水情 2013年，扬州市年降水量比常年偏少约一成半。台风对扬州市雨情水情未产生较大影响。

淮河入江水道无行洪过程，万福闸短时间小流量开闸排水，金湾闸、太平闸全年未开闸，沿线水位均未超出警戒水位。里下河地区汛期受强降水影响，三垛站6月26日、射阳镇站7月8—10日水位超出警戒水位。里运河扬州段沿线用水主要为江水，水位正常。长江大通流量上半年较常年偏大，7月下旬起持续下跌，11月大通站月平均流量为该站1950年以后历年同期最小值。受其影响，扬州市沿江潮位全年未超警戒水位，上半年正常或稍偏高，下半年偏低，其中11月三江营站最低潮位和月平均低潮位均为该站1950年以后历年同期最低值。扬州市城区及月塘水库全年水位基本正常。

一、雨情

全市面平均年降水量836.1毫米，比常年偏少16%。降水时间主要集中在5—7月，3个月降水总量占全年的57%。空间分布上，降水量北少南多，年最大降水量点为仪征市泗源沟闸站，降水量989.5毫米，比多年均值偏少6%；年最小降水量点为高邮市三垛站，降水量640.2毫米，比多年均值偏少36%。

1. 汛期雨情

5月，扬州市降水时空分布较为均匀，面平均降水量112.4毫米，比多年均值偏多47%。月最大降水量点为城区公道站，降水量143.2毫米，比多年均值偏多85%；月最小降水量点为高邮市三垛站，降水量90.0毫米，比多年均值偏多21%。

6月，扬州市面平均降水量170.2毫米，比多年均值偏多19%。降水主要集中在下旬，南多北少。宝应县面平均降水量30.9毫米，比多年均值偏少76%；仪征市面平均降水量268.8毫米，比多年均值偏多81%。月最大降水量点为仪征市泗源沟闸站，降水量303.5毫米，比多年均值偏多88%，是该站近20年同期最大值；月最小降水量点为宝应县陆庄站，降水量20.0毫米，比多年均值偏少85%，列该站近50年同期最小月降水量的第五位。

7月，扬州市面平均降水量197.6毫米，比多年均值偏少8%，上旬降水量约占全月降水量的54%。北部地区较常年偏多约三成(宝应县面平均降水量295.4毫米)，其他地区偏少一至五成。月最大降水量点为宝应县射阳镇站，降水量363.5毫米，比多年均值偏多55%；月最小降水量点为江都区三江营站，降水量78.4毫米，比多年均值偏少58%。降水主要为局地性暴雨。

8月，扬州市面平均降水量56.7毫米，比多年均值偏少61%，降水主要集中在下旬。月最大降水量点为江都区樊川站，降水量137.0毫米，比多年均值偏多3%；月最小降水量点为江都区六闸站，降水量16.4毫米，比多年均值偏少88%，列该站1950年以后同期最小月降水量的第三位。

9月，扬州市面平均降水量84.4毫米，比多年均值偏少3%，降水主要集中在下旬。月最大降水量点为宝应县西安丰站，降水量143.0毫米，比多年均值偏多54%；月最小降水量点为高邮市三垛站，降水量57.0毫米，比多年均值偏少27%。

2. 梅雨

扬州市6月23日(常年6月18日)入梅，7月8日(常年7月10日)出梅，梅雨期15天(常年22天左右)，面平均梅雨量216.4毫米，比常年偏少8%。降水量分布不均，北少南多，主要集中在南部地区。与常年梅雨量相比，城区(广陵区、邗江区)比常年偏多近三成，仪征市比常年偏多近一成半，江都区与往年基本持平，宝应县、高邮市比常年偏少三至四成。最大梅雨量点为仪征市泗源沟闸站，降水量332.0毫米，比常年偏多35%；最小梅雨量点为高邮市三垛站，降水量134.8毫米，比常年偏少48%。梅雨期内，全市先后出现4次暴雨。

3. 暴雨

6月18日，里下河中部地区大雨，局部暴雨，日降水量超过50毫米的站点有江都区樊川站(93.0毫米)和高邮市三垛站(88.7毫米)、吴堡站(67.0毫米)、界首站(62.0毫米)。

6月23日，沿江地区和城区大雨，局部暴雨，日最大降水量点为邗江区瓜洲闸站(56.4毫米)，其次为仪征市泗源沟闸站(52.0毫米)。

6月25日，除宝应县雨量较小外，全市其他地区均普降大到暴雨，局部大暴雨，面平均降水量78.8毫米，其中仪征市136.4毫米、江都区121.5毫米、扬州城区127.0毫米。日最大降水量点为城区扬州站(164.0毫米)。扬州站最大1小时降水量39.5毫米，最大2小时降水量52.0毫米，最大6小时降水量105.5毫米，列该站近40年最大6小时降水量的第六位。

7月4日，里下河地区普降大到暴雨，日降水量超过50毫米的站点有高邮市界首站(90.5毫米)、吴堡站(90.5毫米)、临泽站(76.0毫米)和宝应县鲁垛站(82.5毫米)、宝应站(81.0毫米)、射阳镇站(58.0毫米)、陆庄站(57.5毫米)。

7月6—7日，宝应县大到暴雨，合计面平均降水量104.0毫米，最大降水量点为宝应县西安丰站(130.5毫米)，其次为陆庄站(126.0毫米)。

7月21日，扬州市普降中到大雨，局部暴雨，日降水量超过50毫米的站点有仪征市月塘水库站(61.5毫米)、大仪站(60.5毫米)、刘集站(52.5毫米)，高邮市吴堡站(52.5毫米)，宝应县陆庄站(50.5毫米)。

7月30日，宝应县射阳镇站遭遇特大暴雨，日降水量184.5毫米，是该站1961年以后日最大降水量的第二位。

8月24日，宝应县大到暴雨，面平均降水量44.6毫米，日最大降水量点为宝应县鲁垛站(73.0毫米)，其次为宝应站(64.8毫米)。

8月25日，里下河中部地区局部暴雨，日最大降水量点为江都区樊川站(81.0毫米)，其次为高邮市三垛站(55.5毫米)。

10月7日，扬州市普降中到大雨，局部暴雨，日降水量超过50毫米的站点有江都区三江营站(55.0毫米)、樊川站(50.5毫米)。

二、水情

1. 淮河入江水道

2013年，淮河入江水道一线水情平缓。蚌埠闸来量较小，日均流量超过1000立方米/秒以上日数15天，最大流量2080立方米/秒(9月28日)。三河闸未开闸行洪。受降水影响，万福闸分别于6月25—26日、7月5日和7月10—14日短时间、小流量开闸排水。金湾闸、太平闸全年未开闸。入江水道一线水位正常，均未超出警戒水位。

蚌埠闸全年开闸365天，泄洪84.65亿立方米；万福闸开闸8天，排水2.12亿立方米。高邮(高)站年平均水位5.93米，最高水位6.32米(7月10日)，最低水位5.60米(9月21日)；六闸(三)站年平均水位4.93米，最高水位5.50米(7月10日)，最低水位4.51米(12月31日)。

2. 里下河腹部地区

入梅前，江都东闸和高港节制闸间断引水补给，里下河腹部地区水位基本正常，射阳镇站水位在0.80～1.20米之间平缓涨跌。

入梅后，降水增加，里下河腹部地区水位上涨。6月26日，三垛水位超出警戒水位，当日最高水位2.01米。7月6—7日，扬州市普降大雨，北部地区暴雨，里下河腹部地区水位急剧上涨。7月8—10日，射阳镇站水位短时超出警戒水位，最高水位2.12米(7月8日)。

出梅后，里下河腹部地区水位迅速回落至正常水位，其后在正常水位范围内波动。

江都东闸全年开闸272天，引水29.57亿立方米；高港节制闸开闸280天，引水24.56亿立方米。射阳镇站、陆庄站、三垛站最高水位分别为2.12米、3.24米、2.01米，最低水位分别为0.77米、1.12米、1.04米。

3. 里运河

2013年，里运河扬州段沿线用水主要为江水。江都抽水站4月12日至9月30日持续开机抽水，最大抽水流量514立方米/秒(8月19日)，日均抽水流量300立方米/秒以上日数126天，其中400立方米/秒以上80天、500立方米/秒以上6天，支持里运河沿线抗旱，完成南水北调东线一期工程全线试通水任务。10月19日，南水北调东线工程一期工程全线试运行。宝应抽水站19日开机抽水，26日关机，共抽水0.26亿立方米，最大抽水流量100立方米/秒(10月21日)；江都抽水站10月19日开机抽水。

江都抽水站全年开机282天，抽取江水69.02亿立方米；发电9天，排水量0.45亿立方米。经泾河站江水北上量28.43亿立方米、淮水南下量3.85亿立方米。宝应抽水站开机26天，抽水0.78亿立方米。里运河扬州段水位正常。

4. 长江来量和沿江潮位

长江大通流量1—4月比常年偏大，5—6月与常年持平，7—12月比常年偏小。

7月下旬起，长江大通流量持续缓慢下降，从7月24日的4.14万立方米/秒降至9月25日的2.35万立方米/秒；此后小幅回升，稳定在3万立方米/秒左右。10月8日起，长江大通流量持续下跌，11月平均流量(1.3万立方米/秒)为大通站1950年以后同期最小值，最小流量(1.06万立方米/秒)为大通站1950年以后同期第二低值。12月12日，长江大通流量1.03万立方米/秒，为全年最小流量。

受大通流量影响，扬州市沿江潮位1—2月比常年偏高，3—6月基本正常，7月后比常年偏低。11月，扬州市沿江潮位极低，三江营站最低潮位和月平均低潮位均为该站1950年以后同期最低值。泗源沟闸站、瓜洲闸站、三江营站全年均未超出警戒水位，最高潮位分别为5.19米、4.93米、4.55米，最低潮位分别为0.41米、0.07米、-0.08米。

5. 扬州城区与仪六区月塘水库水位

扬州城区与仪六区月塘水库水

2013年扬州市各片水位特征值一览表

表28-12 单位:米

片名	站名	日平均水位		最高水位	最低水位
		年初	年末		
里下河	三垛	1.40	1.07	2.01	1.04
	射阳镇	1.18	1.10	2.12	0.77
入江水道	高邮(高)	6.06	5.64	6.32	5.60

(杨咏梅)

位基本正常。6月25日,扬州市遭遇强降水过程,市区部分路段和小区积水,瓜洲闸、泗源沟闸、润扬河闸开闸抢低潮排水,减轻城区内涝,加快城区内河水位下降速度。受强降水影响,月塘水库水位快速上涨至31.47米(6月25日)。6月26—27日,月塘水库开启溢洪道泄洪,排水0.02亿立方米。

2013年,泗源沟闸开闸146天,排水3.06亿立方米;瓜洲闸开闸281天,排水4.66亿立方米。泗源沟闸(闸上游)、瓜洲闸(闸上游)、月塘水库(坝上)年最高水位分别为5.43米、5.14米、31.47米,最低水位分别为3.59、4.26米、30.27米。

(杨咏梅 谈 立)

■水质监测 2013年,全市水文部门加强对南水北调水源地、输水干线、全市集中式饮用水水源地及水功能区的水质监测。全市有地表水定期定点监测站点81个,其中国家级控制站10个(含国家重点控制站2个)、省级控制站9个、市级控制站62个;有集中式饮用水水源地监测站点12个、省管湖泊监测站点13个。全年监测1084次,监测项目包括水量、主要化学成分、有机物、有毒有害物质和部分重金属,获各类数据1.73万个。全年编制《扬州市水功能区水质通报》12期。

加强深层地下水水质监测。全市有深层地下水监测站点18个,全年监测27次,获数据648个,为水利部门开发地下水资源提供技术支撑。

加强南水北调试通水期间水质跟踪监测。5月7日至6月3日,对扬州市境内南水北调沿线5个站点水质进行跟踪监测;10月14日至11月8日,对扬州市境内南水北调沿线3个站点水质进行跟踪监测。

做好突发性水污染事件应急监测。5月12日,载有1.25万吨石灰石的山东威海籍货船与南京长江大桥桥墩碰擦后沉没。5月13日,扬州水文分局对全市长江沿线水源地水质进行监测,保障居民饮用水安全。

加强入河(湖)排污口水质监测。5月和10月,分别对69个入河(湖)排污口进行水质、水量同步监测,为水环境治理提供依据。

加强湖泊水质监测。在高邮湖、邵伯湖、宝应湖和白马湖等各生态区布设监测站点13个,监测指标包括化学成分、有机物、有毒有害物质、微量重金属、藻类及富营养化水平等26项。 (刘 芳)

防震减灾

■概述 2013年,扬州市地震局开展地震监测预报研究,加强地震监测基础设施建设,强化台站建设和管理,提高地震监测能力;规范建设工程抗震设防要求和地震安全性评价监督管理,提高城市抗御地震灾害能力;坚持正确舆论导向,加强宣传,增强市民防震减灾意识。 (胡如珺)

■地震活动监测 2013年,全市范围内地震活动相对平静,未发生里氏4.0级以上地震。全市地震监测台网观测运行率99%。仪征铜山地震台测震项目、电磁波项目获全省测震和磁电学科评比第三名;宝应地震台电磁波项目获全磁电学科评比第三名;高邮地震台、宝应地震台分获全省强震动观测运行维护评比第一名、第二名,扬州地震台、江都地震台获全省强震动观测运行维护评比优秀奖;宝应地震台、扬州地震台分获全省强震动观测评比第二名、第三名,高邮地震台、江都地震台获全省强震动观测评比优秀奖。市地震局《2014年度地震趋势会商报告》在全省评比中获省辖市第二名。

10月18日,仪征市发生里氏2.8级有感地震后,扬州市地震局技术人员和现场工作队到地震现场处置,保障震区社会稳定,并加强与江苏省地震局监测预报中心联系,做好后续震情跟踪监测。 (胡如珺)

■抗震设防 2013年,市政府将抗震设防要求管理列为扬州市基建程序的前置审批项目,作为工程项目立项的前提必备条件之一和竣工验收内容之一,明确流程,规范抗震设防要求管理。全市均将抗震设防要求管理纳入审批程序,其中高邮市地震局参与建设工程从规划到竣工的全过程。市区对在建重大工程和位于地震动参数分界线附近的较大工程均进行地震安全性评价。

市地震局开展城市活断层探测与地震危险性评价。年初,完成城市活断层探测项目招标,签订施工合同和监理合同。4月,项目实施方案通过专家组评审,市政府召开项目开工通报会。5月,扬州市城市活断层探测与地震危险性评价项目启动实施。

2013年扬州市地震活动情况表

表28-13

日期	纬度	经度	里氏震级	震中地点
3月18日	N32°46′	E119°02′	1.3	仪征市、南京市六合区交界
4月14日	N32°78′	E119°62′	2.6	高邮市
5月19日	N33°04′	E119°54′	2.4	宝应县
10月18日	N32°28′	E119°14′	2.8	仪征市

(胡如珺)

截至2013年底，完成地质基础资料收集和浅地震野外测试，启动中深地震野外测试、项目数据库建设。

开展地震安全示范社区创建活动，为社区创建提供技术指导，帮助社区完善软硬件资料，加强社区防震减灾综合能力和震后自救互救能力。扬州市邗江区双桥街道卜桥社区创成国家地震安全示范社区，江都区仙女镇南吴社区、广陵区连福社区、邗江区康乐社区、高邮市高沙园社区创成江苏省防震减灾安全示范社区，高邮中等专业学校、仪征市实验小学创成江苏省防震减灾科普示范学校。至2013年底，扬州市创成国家级地震安全示范社区2个、省级防震减灾安全示范社区11个。（胡如珺）

■地震应急救援 市政府办公室印发修订后的《扬州市地震应急预案》。推进应急避难场所建设。至2013年底，全市建成各类地震应急避难场所14个，其中一类地震应急避难场所3个。4月，省地震局、省住房与城乡建设厅、省民防局对扬州市应急避难场所建设情况进行联合检查，肯定扬州市推进应急避难场所和疏散通道建设的做法。

地震应急演练进入常态化管理。各社区、学校、企业主动开展地震应急演练。市地震局全年指导4个乡镇（街道）实施应急演练，同时组织地震系统桌面演练，提高地震应急处置能力，锻炼应急救援队伍，检验地震应急预案可操作性。（胡如珺）

■防震减灾宣传 2013年，扬州市利用《中华人民共和国防震减灾法》实施日、“防灾减灾日”、“法制宣传周”、“科技活动周”等时机，开展防震减灾法律法规和地震科普知识宣传教育，“进机关、进社区、进家庭、进学校、进企业、进农村”普及防震减灾知识。市地震局参加“防灾减灾日”宣传活动，在连福社区、市博物馆广场等地设立咨询台和宣传展牌，现场解答居民咨询，发放宣传资料1000份。市地震局多次在社区、学校、机关、企事业单位举办地震科普讲座，利用手机短信、电视专栏、网站等形式宣传防震减灾相关法律法规，普及地震基本知识。（胡如珺）

社会科学

■概述 全市立项社科研究课题168个，其中127个课题结项。扬州市哲学社会科学界联合会编写《2013年度扬州经济社会发展蓝皮书》（简称扬州蓝皮书）；完成《社科成果要报》改版，编发《社科信息要报》2期、《决策咨询》简报2期；完成《扬州社会科学》改版，全年出版4期。“社科进万家”网站成为“中国扬州”门户网站群子站。市社科联获评全国先进社科组织，获2013年度江苏省社科联系统社科活动组织奖、社科普及工作先进奖。根据中国社会科学院社会科学文献出版社皮书评价中心公布的2012年皮书评价结果，《2012年度扬州经济社会发展蓝皮书》在全部225种皮书中综合得分列第124位，在67种地方发展类皮书中列第35位。

调研社科强市建设。市社科联先后赴省哲学社会科学界联合会、省社会科学院调研，了解社科强省建设工作措施和要求；到扬州大学座谈，听取高校专家学者对社科强市建设的意见、建议，研究与高校合作途径；到各县（市、区）社科联调研县级社科工作特点和难点，为县级社科联提供帮助和支持；到多家市级学会调研社科学术团体建设和活动情况，归纳新时期学会工作特点。

开展社科课题研究。市社科联围绕跨江融合发展、扬州汽车产业发展、扬州战略空间发展等课题，组织联合课题组进行研究。邀请省、市专家学者开展“跨江融合背景下的扬州

《2013年度扬州经济社会发展蓝皮书》结项课题一览表

表28-14

课题名称	课题组成员	承办单位
扬州市经济社会发展形势分析与预测	范天恩　黄俊华　孙景亮　夏卫峰	市发展和改革委员会
扬州沿江区域经济发展报告	刘春来　蔡吕华　丁　超　徐　嵘	国家统计局扬州调查队
扬州市重大项目建设报告	扬州市发展和改革委员会课题组	市发展和改革委员会
扬州产业转型升级研究报告	韩长金　陶小军	市发展和改革委员会
扬州汽车产业发展报告	蒋　珊　王　峰　卞春宏　朱　枫	市发展和改革委员会
扬州市创新能力建设实证研究	吴焱新　袁竹青　周春山　王　寅	市审计局
扬州市企业自主创新发展对策研究	赵宽安　章世华　李　晖　孙　颖	市经济和信息化委员会
扬州科技综合体建设策略研究	孙建成　金爱民　江晓昀　晁　雨	市人大常委会
扬州市地区总部经济发展路径研究	范天恩　夏　坚　王晓峰　杨开文	市发展和改革委员会
扬州外经贸结构优化对策研究	周春光　陈　建　潘阳春　徐其祥	市商务局
扬州新型城镇化发展报告	范天恩　黄俊华　孙景亮　万东民	市发展和改革委员会
扬州市财政支持推进新型城镇化建设研究	郭　佳　孙圣平　杨正香　张思忠　张潮山 钟　耀　朱东峰　管贵平　朱冬云　刘德辉	市财政局
扬州市区集体建设用地调查报告	黄华明　王　丹　叶卫东　沈少林	江苏省扬州技师学院

续表28-14

课题名称	课题组成员	承办单位
扬州农业转型发展研究	朱柏兴	市农业委员会
扬州村经济合作社建立及产权制度改革研究	黄为民　杨宗连　吴兆明	市委农村工作办公室
扬州市民营经济发展报告	赵振东　戴凌云　朱　宇　季文隽	市工商业联合会
2013年扬州市消费形势报告	夏　坚　胡新林	市发展和改革委员会
扬州经济发展的社会融资规模支持研究	叶小玲　周　懿　张　翼　许开国	人民银行扬州市中心支行
加速扬州经济转型升级的国税视角研究	殷天成　陆　毅　姚云鹏　汤海波　祝永庆　尹玲声　陈　燕　洪乐婷　傅宗仁	市国家税务局
推进农业适度规模经营的税收政策选择	尹家朋　储怀明　赵庆文　叶　桦　梁爱华	扬州地方税务局
纪检监察工作开放性实践路径探究	张跃进　陈　钧　徐晓明	市纪律检查委员会
扬州“三员一网”干部监督体系建设研究	徐　龙　孙爱东　吴　凯　陈济昌	市委组织部
2013年法治扬州建设报告	沈兴华　葛鸿翔　夏　晴　徐李华	市委政法委员会
2013年扬州政府法制发展报告	刘　柏　高玉波　徐晓明	市政府法制办公室
扬州“双高”人才引进与培养对策研究	王少鹏　苏迎春　徐　跃　杨　哲　周晓华　仲子午　曹卫国　宗有伟　何永桂　沈　芳	政协扬州市委员会
世界名城建设路径分析与研究	杨正福　高永青　张福明　邱正峰　方　亮	扬州历史文化名城研究院
基于世界名城的诚信体系研究	张　勤　费　迅　李　锋　吴林斌　杜　彪	市纪律检查委员会
扬州市水生态文明建设研究报告	李春国　吕为龙　傅桂明　徐　敏	市水利局
扬州运河文化旅游开发对策研究报告	王志海　许金如　董广智　张　莉　李　芸　胡章鸿　程嘉同　刘小中	市旅游局
扬州劳动力就业创业对策研究	臧　民　颜　军　胡凤霞　李德江　林　强　陆　军　黄　旭	市人力资源和社会保障局
扬州市民生幸福工程研究报告	潘学元　乔裕胜　胡　萍	市统计局
2013年扬州医疗卫生事业发展报告	杨　军　潘　惠　朱正文　周　信　陆盛华	市卫生局
2013年扬州民政事业发展报告	杨向林　曾漳龙　章　咪	市民政局
扬州市养老服务体系建设研究报告	桑光裕　王康华　陈　勤　唐文波　毛　奇　张日才　罗庆玖　殷　荣	市人大常委会
住房公积金归集缴存不公问题对策研究	杨　云　杨传林　茅于龙　梁　硕　徐建国　朱银龙	市住房公积金管理中心
扬州社会志愿服务发展报告	刘　辕　袁　岷　林英涛	扬州工业职业技术学院、市精神文明建设指导委员会办公室

（孔　悫）

城市发展定位”课题研究，提出打造“宜居、宜游、宜创”城市建议。

组织学术活动。市社科联先后组织开展跨江融合专家座谈会、“市社科界学习贯彻习近平总书记系列重要讲话精神”座谈会、扬州市第五届哲学社会科学学术年会、第七届宁镇扬区域共同发展论坛、苏中新农村发展论坛等学术活动。

加强社科学会建设与管理。2013年，广陵区社科联成立。规范学会组织建设和日常管理，发动各学会、协会、研究会开展活动，参与市社科联、市社会科学院(简称市社科院)组织的活动。市社科联联合市民政局开展社科联所属学会、协会、研究会年检。截至2013年底，全市社科联系统有学会、协会、研究会60个。（孔　悫）

■《2013年度扬州经济社会发展蓝皮书》 3月，市社科联、市社科院发布扬州蓝皮书课题指南。截至4月底，收到51家单位申报的课题204项，其中36项课题获批立项。7月5日，市社科联召开蓝皮书编写工作推进会。10月，各课题组提交研究成果，其中综合发展报告1篇、经济发展报告19篇、社会发展报告16篇。经过整理、初审、学术查重、编辑修改等，12月底，《2013年度扬州经济社会发展蓝皮书》出版。（孔　悫）

■扬州市第五届哲学社会科学学术年会 市社科联、市社科院做好扬州市第五届哲学社会科学学术年会筹备工作，征集论文387篇，评出一等奖28个、二等奖50个、三等奖102个。12月18日，扬州市第五届哲学社会科学学术年会学会专场和高校党校专场在扬州二十四桥宾馆举行。会议表彰高校党校专场优秀论文20篇、学会专场优秀论文70篇，6名优秀论文作者作大会交流发言。12月20日，年会县(市、区)专场暨主会场会议在仪征召开。会议表彰县(市、区)专场优秀论文90篇，6名优秀论文作者作大会交流发言。（孔 悫）

■广陵区社科联成立 12月20日，广陵区社科联召开第一次代表大会，表决通过区社科联章程，选举产生第一届理事会和领导成员，高尔兵当选区社科联主席。至此，扬州市实现县(市、区)社科联组织全覆盖。（孔 悫）

科学知识普及

■实施《全民科学素质行动计划纲要》 扬州市全民科学素质工作领导小组办公室印发《扬州市2013年全民科学素质行动计划纲要》，分解落实全年目标任务。5月8日，扬州市全民科学素质工作领导小组扩大会议召开。会上，宝应县等6个县(市、区)政府提交《加强公民科学素质建设目标责任书》，明确“十二五”末公民科学素质比例、科普经费投入、科普活动开展、科普基础设施建设、科普传播能力、科普资源开发等目标任务和责任。2013年，扬州市按照《全民科学素质行动计划纲要》要求，先后举办“科普宣传周”、“全国科普日”、第一届扬州市青少年机器人大赛、“流动科技馆进校园进社区”、“七彩的夏日——未成年人暑期系列活动”等科普活动。全年编印《扬州市全民科学素质行动计划工作简报》和《学习专辑》各6期。市全民科学素质工作领导小组成员单位编印首批1000套《扬州市公民科学素养科普系列丛书》。全书分为民防、节能、环保、卫生、防灾减灾、气象灾害等10个分册。（李佳坤）

■推进社科普及 市社科联、市委宣传部、扬州报业传媒集团以“推进生态文明 建设美丽扬州”为主题，举办市第十届“社科普及宣传周”活动。全市新命名市级社科普及示范基地8个。截至2013年底，全市建成国家级社科普及示范基地3个、省级社科普及示范基地4个、市级社科普及示范基地19个。（孔 悫）

■“科普宣传周”活动 5月17日，以“科技创新·美好生活”为主题的2013年“全国科技活动周”暨扬州市第25届“科普宣传周”活动在江都区双沟小学启动。市人大常委会副主任孙永如、市政协副主席杨明荣等市领导出席启动仪式并讲话，江都区政府、扬州市委宣传部、市科技局、市科学技术协会(简称市科协)等承办单位领导及科普志愿者代表、学生代表200多人参加启动仪式。启动仪式结束后，举办“科普大篷车”互动展示、科技模型表演、机器人表演、青少年科技创新作品展示等活动。“科普宣传周”活动期间，全市6个县(市、区)共举办各类科普活动70多项，其中重点活动32项；举办各类讲座和报告会30多场、各类竞赛10多场次，到30多个社区发放科普宣传资料10多万份，60多万人受益。（李佳坤）

兰庄社区联合扬州市职业大学机器人协会举办机器人展览活动，并向青少年介绍有关机器人构造的基本知识 董 辉/摄

■“全国科普日”活动 9月15日，以“保护生态环境，建设美丽扬州”为主题的扬州市2013年“全国科普日”启动仪式暨第一届扬州市青少年机器人大赛在市翠岗中学举行。省科协副主席冯少东，市委常委、宣传部部长卢桂平，副市长孔令俊，市政协副主席刘在銮，市教育局、市科技局、市旅游局、亚普汽车部件有限公司等部门和单位领导及各县(市、区)代表、全民科学素质工作领导小组成员单位代表、科普志愿者代表、科技辅导员及学生代表等500多人参加启动仪式。启动仪式上，市科协为2013年度全国科普示范社区授牌，向扬州市科普讲师团成员颁发聘书，向首批参加科普旅游的学生授旗。启动仪式后，100名青少年代表参加扬州市科普旅游首次活动，参观全国科普教育基地——扬州市三维成像博物馆；100多名学生及社区群众参加省“科普大篷车”互动展示活动。“全国科普日”活动期间，全市6个县(市、区)共举办各类科普活动100多项，包括举办各类讲座和报告会30多场、各类竞赛10多场次、到20多个社区发放科普资料5万多份，30多万人受益。（李佳坤）

■扬州市第十届“社科普及宣传周”活动 9月22日，由市委宣传部、市社科联和扬州报业传媒集团举办的

9月15日，扬州市举办第一届青少年机器人大赛。图为参赛机器人表演“街舞”　　庄文斌/摄

扬州市第十届“社科普及宣传周”活动在江都区开幕。市委常委、宣传部部长卢桂平，市人大常委会副主任孙永如等市领导，各县(市、区)社科联、市社科普及示范基地、学会代表等参加开幕式。开幕式上，向扬州市中小学素质教育实践基地等8个扬州市社科普及示范基地授牌。开幕式后，举办广场咨询活动，江都区社科工作者和志愿者为市民现场答疑解惑，提供便民服务。此次“社科普及宣传周”活动以“推进生态文明 建设美丽扬州”为主题，省、市、县(市、区)三级联动，开展主题摄影展览、百场“社科学堂”进社区、知识竞赛、现场互动等活动，宣传普及社科知识，服务市民。（孔　悫）

■青少年科技活动　2013年，市科协组织开展青少年科技创新大赛、“七巧科技”竞赛、“金钥匙”科技竞赛、科技模型竞赛、校园科技节等各类科技活动。全市有2100多人次在各级各类青少年科技活动中获奖。市科协与市教育部门联合举办2期青少年科技辅导员培训班，系统分析与讲解各类青少年科技竞赛活动的组织方法和技术规范，500多人次参加培训。开展第三届“青少年科技创新市长奖”评选，评出获奖作品5件。举办第一届扬州市青少年机器人大赛，全市近40所中小学校(含中等职校)300名学生参加比赛，有133支参赛队伍、15名科技辅导员、7所参赛学校获表彰。开展“科学饮食 健康生活”2013年青少年科学调查体验、科普教育基地行、消防安全教育、素质拓展训练等活动。联合扬州晚报社开展“科普夏令营”活动，组织40名小学生参观中国牙刷博物馆，了解现代人应该如何爱牙、护牙。组织“科普大篷车”到江都区和邗江区6所中小学校，为近1万名学生近距离演示锥体上滚、光压风车、窥视无穷、声驻波、磁悬浮等20多件科技作品和科普仪器，展出30多块以“科学防灾避险，保障生命安全”为主题的宣传展牌。（李佳坤）

■社区科普　开展“科普大讲堂进社区”等活动，推进“社区科普益民计划”，加快社区科普场馆建设，加强对社区科普体验馆的指导和管理，倡导和普及节约资源、健康生活、防灾减灾、低碳环保等科学知识，提升社区居民科学素质，促进养成科学、文明、健康的生活方式。市科协向社区免费赠送科普挂图和图书，加强社区科普画廊等科普阵地建设，组织学习和交流社区科普工作经验；联合康乐社区举办“红红火火过大年”元宵节主题活动，通过灯谜竞猜和科普知识问答，向社区居民宣传科普知识。

（李佳坤）

■命名6个扬州市科普教育基地　组织申报扬州市科普教育基地。11月，经专家评审，市科协、市教育局、市科技局命名邗江区现代渔业科普示范中心、广陵区头桥镇现代农业产业园区、宝应县射阳湖荷园、江都区宏大猕猴桃科技开发有限公司、仪征市清风枣园主题公园、仪征市图书馆等6家单位为扬州市科普教育基地。

（杨　柯）

■命名星级科普示范乡镇(街道)、村(社区)　市科协以“科普组织网络化、科普活动常态化、科普设施多样化、科普工作管理制度化、群众科技素质显著提升、科普惠及民生得到广泛认可”为标准，组织开展扬州市星级科普示范乡镇(街道)、村(社区)创建活动。经各县(市、区)科协选拔推荐、市科协组织评审小组实地查看和综合评审，市科协命名宝应县曹甸镇等19个扬州市四星级科普示范乡镇(街道)、村(社区)，命名邗江区虹桥社区等26个扬州市三星级科普示范乡镇(街道)、村(社区)。（杨　柯）

■市第24届青少年科技创新大赛　2012年10月，市科协、市教育局、市科技局等9个部门联合举办扬州市第24届青少年科技创新大赛。大赛组委会收到申报作品1550件。2013年6月，经组委会专家组评审，评出青少年创新作品128件(其中一等奖作品49件)、少年儿童科学幻想绘画作品238件(其中一等奖作品30件)、科技辅导员创新作品26件(其中一等奖作品10件)以及学校团体奖4个、优秀科技辅导员14人、优秀组织单位14家。（杨　柯）

教育

Jiaoyu

编 辑 陈永华

综述

■概况 2013年，全市学前三年幼儿入园率98.5%，与上年持平；小学学龄儿童入学率、在校生巩固率100%；初中入学率、在校生巩固率100%；高中阶段毛入学率100%；中等职业学校（简称中职校）招收新生2.27万人（含非全日制学历教育培训生和技工学校招生数），与上年持平；高等教育毛入学率49.2%，比上年提高1.4个百分点。

加强学前教育。加大学前教育财政投入，学前教育专项经费由上年的200万元增至300万元。推进省级学前教育改革发展示范区建设，高邮市、宝应县年底接受省教育厅现场评估考查。加大公办幼儿园建设力度，新建10所公办幼儿园。全市新创成省优质幼儿园9所、市优质幼儿园7所。开展学前教育综合督导，评选表彰全市第二批学前教育先进乡镇（街道）19个。加强对全市幼儿保教工作指导和督查，完善幼儿园评估体系；规范幼儿园教育教学计划，防止幼儿教育“小学化”倾向。加强幼儿教育师德建设，全市各类幼儿园开展“爱的教育”系列活动，查处伤害幼儿身心健康的违规保教行为。开展幼儿园园长卫生保健岗位培训和保育员岗位培训。

义务教育优质均衡发展。推进全市义务教育优质均衡发展样板区、先行区和示范区建设与评估。新创建扬州市义务教育优质均衡发展样板区4个、先行区2个。江都、高邮、宝应通过全国义务教育发展基本均衡县（市、区）省级评估。邗江区申报创建江苏省义务教育优质均衡发展县（市、区）。全市有60所学校通过创建省义务教育现代化学校督导评估验收。推进义务教育阶段优质学校组团办学、跨区办学和兴建分校，组团学校或分校加强联合办学，共享领衔名校优质教育资源。市区梅岭中学与京华梅岭中学实行一校两区，两个校区在施教区内各自招生。

发展优质高中教育。提高高中学校财政保障水平，市直高中学校增加经费1992万元，比上年增长37.23%。全市普通高中年度学生人均公用经费标准提高200元；高中阶段学校教师奖励性绩效工资提高部分全部列入财政预算；普通高中校舍维修经费按每个学生人均200元以上标准纳入财政安排。宝应氾水高中和江都大桥高中晋级省四星级高中，宝应画川高中、江都仙城中学和扬州市第一中学通过省三星级高中复审。提升高中办学水平，推进高中教育教学改革。加强高中学科教学研究，完善高考9门学科“突破重点难点”300多个核心点研究；优化“名师大讲堂”电视教学指导课55节并评定优秀电视教学课30节；研究2013年高考考试说明和新高考走向，形成指导性文本；修订3个不同层次高考学科“基础百题”约42万字；新建100套高中各学科质量监测试题库。开展高中教学质量监测网上统一阅卷，定期组织全市高中教学质量分析会，在全市建立市教育科学研究院、县（市、区）教研室和高中学校三级教学督导机制，加强高中教学过程监督与评价。高邮中学、江都丁沟中学、南京师范大学第二附属中学分别建成省物理课程

5月31日，市领导考察美琪学校　王　卓/摄

基地、高中教学创新探究实验课程基地、高中化学课程基地。扬州大学附属中学、新华中学、邗江中学、高邮中学首次开设高中国际班。召开艺体类高考专业、文化教学推进会，推动高中艺体学科教学。全市高中毕业生高考本二以上达线1.61万人，达线率57.44%，比上年提高5.5个百分点；其中高考普通类上线1.01万人，上线率53.40%，比上年提高7.3百分点。全市有21名考生分别被全国8所知名美术院校录取。

提升职业教育发展水平。推进现代职业教育改革试点工作，实施扬州旅游商贸学校与南京旅游职业技术学院“3＋3”(3年中专＋3年大专)、扬州商务高等职业学校与江苏理工学院“3＋4”(3年中专＋4年本科)、江都中专校与江苏开放大学“中职＋开放本科”分段培养改革试验。全市中职校招生2.27万人(含非全日制学历教育培训生和技工学校招生数)。整合职业教育资源，制定《扬州市职业教育优化整合方案》，成立扬州市职业教育集团筹建办公室。开展校企合作，签订校企合作协议，全年职教校企合作“订单培养”专业占65%。提高职业教育办学水平。扬州商务高等职业学校和仪征工业学校通过首批国家改革发展示范学校创建验收；全市有省级高水平现代化职业学校立项学校6所、培育学校2所；全市新认定省级职教品牌特色专业10个，累计26个。提升实训基地建设水平，全市有19个职教实训基地立项创建省级高水平示范实训基地。全市中职校毕业生参加高校对口单招考试，有1835人达本、专科录取分数线(其中本科达线238人)，录取率92.5%。职业学校加强职业技能培训，全年在全国职业院校技能大赛中获4个金奖、2个银奖、1个铜奖，在全省大赛中获13个金奖、34个银奖、83个铜奖。

推进教育现代化。推进校安工程。制定中小学校安工程长效机制，实施校舍改造工程。2010—2013年，全市累计投入16.3亿元，对60.47万平方米校舍进行消险改造，重(新)建校舍85.31万平方米，提高中小学校舍综合防灾能力。市直、广陵区、邗江区、江都区、扬州经济技术开发区年内开工项目60个，开工面积9.1万平方米，其中市直学校开工面积2.78万平方米；竣工面积7.03万平方米。2013年，全市以县(市、区)为单位通过中小学校安工程省级考核验收。江都区创成2013年农村中小学运动场塑胶化建设工程实验区。启动建设市特殊教育学校与市残疾人联合会“三个中心”(助学中心、职业培训中心、康复中心)。加强教育技术装备工作，督导检查中小学实验室、图书馆装备的管理、应用情况，完成2000多名初中物理、化学、生物教师实验教学技能培训、考核，启动高中理科教师和小学科学教师实验技能培训、考核。加强教育网站建设，扬州市教育网获“全国地市级教育门户五十优网站”称号。推进城乡学校网上结对交流，新增网上结对学校15所，全市城乡学校网上结对率98%以上。推进数字化校园创建工作，新增“数字化校园”20个。推进中小学数字化学习试点项目，市区文津中学、竹西中学、育才小学、扬州中学等国家级和省级试点学校成效明显。开展优质教学资源建设，电化教育部门拍摄同步课程240课时、“名师大讲堂”210课时。

落实教育民生工程。全市义务教育免除学杂费7828万元、教科书费5895万元、作业本费1839万元；按不低于在校生8%的比例发放义务教育阶段家庭经济困难学生生活补助2897万元，其中小学生年人均补助1000元、初中生年人均补助1250元；普通高中按不低于在校生10%的比例、每人每年1500元的标准发放家庭经济困难学生国家助学金1217万元；中等职业学校免收一至三年级学生学杂费1.15亿元，发放一至二年级家庭经济困难学生国家助学金546万元；特殊教育学校学生全部免收各项学习费用及伙食费。募集爱心助学金544万元，资助中小学贫困生。

2013年扬州市教育事业基本情况表

表29-1

学校类别	学校数(所)	班级数(个)	学生数(人)			教职工数(人)	
			毕业生	招生数	在校生		专任教师
合　计	**699**	**12214**	**159418**	**149240**	**643221**	**54652**	**46104**
普通高校	7	—	—	—	77868	7755	—
普通中学	175	4217	68339	61791	190223	19915	16598
高　中	37	1572	27880	23553	75852	7062	6177
初　中	138	2645	40459	38238	114371	12853	10421
小　学	209	5162	38173	35015	220635	14362	13679
幼儿园	286	2755	33101	34748	98722	9621	5562
特殊教育学校	7	80	95	133	868	215	178
中等职业学校	15	—	19710	17553	54905	2784	2332

注：1.本表不含人力资源部门主管的技工学校有关数据；
2.表格数字按江苏省教育厅统计口径填报

(杨林山　发规处)

新增社区中小学学习辅导站1个。广陵区、邗江区16个辅导站组织教师2100人次坐堂672场次，免费辅导学生1.10万人次。制定全市及市区中小学招生政策，推出“取消公办初中特色班招生”“热点民办初中推行公开电脑摇号录取”等招生措施，缓解中小学招生“择校热”。扩大贫困生“宏志班”招生规模，新招中小学“宏志班”27个。加强平安校园建设，建立健全校园安全和校车安全随机检查机制，实施《关于进一步加强校车管理的意见》。新创省平安校园58所、市平安校园88所。（杨林山）

3月22日，扬州市举行中小学“我的中国梦”主题活动启动仪式　　教育局／供稿

■师资队伍建设　实施新一轮师德建设工程。全市中小学开展“千师访万家”家访月活动。开展“身边的好老师”学习推介活动，市第一中学崔蓉蓉被评为“全国师德标兵”，宝应县夏集镇郭桥小学万绘入选“中国好人榜”，市特殊教育学校吴琨当选“扬州市十大杰出青年”。全市有350多名校长、1800多名骨干教师和1.50万名青年教师参加新一轮师能建设“百千万工程”（百名校长有效课堂教学评价活动、千名骨干教师有效教学模式评展活动、万名青年教师有效教学课件评比活动）活动。壮大教育教学骨干队伍，新增正高级教师10人，评定市级名校长23人、市级学科带头人358人、中青年教学骨干768人、教学能手1100人。扬州市和各县（市、区）中小学名师工作室由13个增加到28个，名师成员扩展到中小学各个学科。实施教师继续教育和培养培训工程，全年完成市级培训1.80万人次。组织教龄3年以内青年教师参加学科基础知识考查，组织骨干教师参加定期业务考核。举办中小学校长论坛和“扬州教育论坛”，推动“课堂变革”。开展名师、名校长“领雁工程”培养活动，全市有600多人次骨干教师参与活动。成立扬州市中小学教师发展中心，承担全市中小学教师教科研和教学技能培训职能。推进义务教育阶段学校教师和校长交流，全市交流教师和校长1000多人，促进义务教育阶段学校之间师资力量平衡。开展对新疆、西藏对口支教交流。扬州市5名高中教师到新疆新源县支教，新疆10名校长、骨干教师到扬州学校学习培训；西藏40多名校长、骨干教师到扬州学校跟岗跟班学习交流。

（杨林山　师资处）

2013年扬州市获评江苏省中小学正高级教师人员表

表29-2

姓　名	工作单位	姓　名	工作单位
于　扬	江苏省扬州中学	赵　华	扬州市教育科学研究院
沈寿鸿	宝应县实验初级中学	徐晓思	高邮市教育局教研室
陈兆森	江苏省高邮中学	葛敏芸	扬州市沙口小学
陆　群	扬州市第一中学	陈　萍	扬州市教育科学研究院
张福俭	江苏省扬州中学	林　俊	扬州育才实验学校

（杨林山　教　办）

■中小学素质教育　加强思想道德教育，开展“我的中国梦”、感恩励志、扫洒应对和“日行一善”主题教育等活动，遴选4所市直学校对外开放德育特色活动。组织3859名城乡初中生参加互动交流体验活动，实施小学“五大工程”（优质课堂、百佳社团、精品文化、养成教育、学校共同体）建设，评选表彰全市第二批“百佳社团”55个。制定《扬州市中小学生阅读工程实施意见》，构建从小学到高中12年一贯的中小学生阅读体系。推进全市城乡“世界读书日”及“阅读工程”活动，推出以“国学与英文经典诵读”为重点的50个校本项目。制定扬州市小学一年级汉语拼音教学方案，引导学前教育健康发展。加强学校常规管理，启动“常规管理百校行”活动，随机抽查学校（幼儿园）300多所。召开全市学校精致管理现场会，展示精致校园、特色校园、幸福校园建设成果，推广管理经验。加强体育艺术教育，举办扬州市第六届“运河情”中小学生体育艺术节，2万多名中小学生参加市级各类比赛活动。在全国和全省才艺比赛中，扬州市中小学生音乐、美术作品获省级一等奖以上奖项38个。扬州市中学生足球代表队获全国中学生足球冠军赛第二名、2013年江苏省“省长杯”青少年校园足球阳光联赛总决赛普通高中男子组冠军。全市有3所学校创成省艺术教育特色学校，11所学校被评为省体育工作先进学校，15所学校被评为省级学生军训先进学校。开设并规范学校心理健康教育课程。组织专家进校园开展心理访谈活动40多场，指导和帮助师生及家长3.5万人次。关心中小学生饮食健康。组织开展“三师”（学生营养配餐师、幼儿育婴师、保健教师）培训，向全市中小学生赠送《扬州市中小学生营养膳食指南》1万册。对市区翠岗中学等7所市直学校（含民办学校）进行素质教育督导，建立素质教育考评机制。（杨林山　教　办）

■**教育科研** 开展“教育质量科研提升年”活动。启动“三创三争”(争创“学习型、研究型、课改型”学校与教师)系列活动,评选全市“十二五”第二批教科研示范学校22所,培育全市教科研精品课题20个。实施教研方式创新五大项目(核心备课中心、质检命题中心、教学视导中心、网络资源中心、学科教研中心)和四大“教研主题周”(教研考察周、教研蹲点周、教研命题周、学术交流周)活动。实施覆盖60%初中生的全市初中学生学业质量监测和第三次小学学生学业质量监测,实施音乐、美术及科学学科面测,构建义务教育质量绿色评价体系。新建义务教育各学段、各学科质量测试题库80套。发挥省、市课程实施样本校示范引领作用,全市各学段样本校和学科基地开展课程教学主体活动48次,各级教研人员352人次参与课程教学过程指导。创新中小学高效课堂教学模式,全市教科研系统组织各学段、各学科集中展示、研讨典型课堂范式230节;举行“创新课堂范式模式”研讨、推介、展示会8次,辐射城乡教师3530人次;优化“名师大讲堂”电视教学指导课55节,评定优秀电视教学课30节。市教科研单位和各学科教研中心组织专家学者和名师到农村举办专题讲座72场,送教科研示范课78节(含光盘),5900多人次教师参加观摩。28项中小学教学成果获省级奖项,28名中小学教师获全省教科研成果一等奖,其中有2人同时获全国教科研成果特等奖。

(杨林山　教科院)

■**教育督导** 加强督政工作。3月下旬,市政府教育督导团组织省、市督学和教育专家,邀请市人大、政协有关部门领导及审计局人员,督导考核市辖6个县(市、区)政府教育工作,听取政府自评报告,考察12个乡镇,走访66所(个)中小学校、幼儿园、社区教育中心及少年宫,召开师生代表座谈会31场,开展校长、教师问卷调查168人次,查阅资料表册,核对数据,反馈督导考核意见。督导中发现的问题形成书面报告,由市政府转发各县(市、区)政府对照整改;向相关部门和媒体公开督导考核结果和意见,加强社会监督。进行义务教育均衡发展督导。按照《江苏省义务教育学校办学条件督导标准评定细则》,各县(市、区)教育督导部门组织省、市督学和专家对各地四分之一的义务教育学校学生人均教学及辅助用房面积、体育运动场馆面积、教学仪器设备值、图书册数及每百名学生拥有计算机数量等进行督查审核,对义务教育阶段的入学机会、保障机制、教师队伍等情况进行抽样调查。江都、高邮、宝应等3个县(市、区)达省级义务教育均衡发展水平。开展各类专项督导。市、县(市、区)教育督导机构先后组织专业人员开展中小学生体育活动、教育装备等专项督导。9月上旬,组织开展“保证中小学生每天1小时校园体育活动”专项督导检查。11月,开展县域教育装备工作专项督导。(杨林山　督导室)

■**教育监察** 加强行风建设。市教育监察部门参加“行风热线”直播,受理各类教育行风问题咨询、投诉15件。印发《关于重申严禁中小学在职教师从事有偿家教》等规定,组成专项督查组明察暗访,受理各类投诉信访件。全年查处师德失范行为为31件。查处市直2所学校个别教师从事有偿家教行为。规范中小学(幼儿园)收费行为。教育、物价部门共同开展专项检查,重点检查收费公示、票据使用、教辅资料征订、高中阶段代办费收取等情况。做好信访督查工作。全市教育系统收到各类信访举报147件,其中重点督办34件、直查直办56件,办结率100%。

(杨林山　监察室)

■**招生考试** 2013年,全市组织各级各类教育考试38次,50万人报考,与上年持平;138万人次参加考试,比上年减少7.17万人次。其中,2.91万人报名参加普通高校招生考试,2.81万人参加考试,分别比上年减少3910人、4037人;1.45万人报名参加成人高考,比上年增加1051人;3.99万人报名参加初中毕业升学考试,比上年减少129人;22.98万人报名参加自学考试,比上年增加9583人。自学考试报考人员中,参加非学历证书考试的18.80万人,比上年增长7%。2013年,扬州市有9名

2013年扬州市普通高校报考、录取情况表

表29-3

地　区	考生人数(人)	录取人数(人)			录取率(%)
		合　计	本科人数	专科人数	
合　计	**28059**	**25364**	**16116**	**9248**	**90.40**
市　区	4884	**4445**	3178	1267	91.01
邗江区	3094	**2821**	1786	1035	91.18
江都区	5540	**5013**	3267	1746	90.49
宝应县	5902	**5235**	3349	1886	88.61
仪征市	3656	**3302**	2030	1272	90.32
高邮市	4983	**4548**	2506	2042	91.27

注:1.表中市区不含邗江区、江都区;
　2.本科人数不含本三和被国外大学录取的学生

(杨林山　市考办)

考生被录取为空军飞行学员，其中女飞行学员1人。（杨林山　市考办）

■教育经费　2013年，全市教育经费总额77.9亿元，比上年增加4.08亿元。其中，财政拨款53.33亿元，增加3.13亿元；教育费附加10.54亿元，增加2.16亿元；教育事业收入10.85亿元，减少0.9亿元；各项教育捐资收入0.56亿元，减少0.32亿元；其他收入2.62亿元，增加0.02亿元。

市直教育系统（含市属高等学校）经费总额15.15亿元，比上年减少1.59亿元。其中，财政拨款8.01亿元，减少1.61亿元；教育费附加2.8亿元，增加0.15亿元；预算外投入（含民办教育收入）4.34亿元，减少0.13亿元。2013年，市财政预算内教育经费拨款比上年增加3932.58万元，增长17%；项目经费增加1595万元；教育费附加、土地出让金等用于教育的专项资金总量增加1090万元，增长4.75%。

加强教育经费审计监督。2013年，市教育行政部门对所属学校进行财务审计，发出整改通知12份，提出整改意见26条。开展领导干部经济责任审计，完成3所学校校长任中经济责任审计。（杨林山　财审处）

■教育帮扶　宏志助学。2013年，全市有17所学校举办"宏志班"87个，所有县（市、区）均举办"宏志班"，"宏志班"在读学生3600多人。全市17所举办"宏志班"学校中，三星级以上高中5所、省级示范初中7所、省实验小学5所；各校优质教育资源向"宏志班"倾斜，选派优秀教师承担"宏志班"教学和管理工作；部分学校为"宏志班"配备心理教师，为留守儿童配备"代理家长"。至2013年，全市累计有5000多名学生进入"宏志班"学习。

帮贫助残，关注特殊群体。扬州市特殊教育学校全部实行免费教育，市财政按每人3000元标准安排残疾学生伙食补助。向社会募集助残专项资金，改善特殊教育办学条件。

助推学前教育。教育和财政部门联合制定《扬州市学前教育家庭经济困难儿童资助经费管理办法》，市、区联动落实学前教育配套资金和各类幼儿园收费减免项目。

社会帮扶，关注贫困学子。市教育行政部门筹措资金，设立上海中建集团高考升学基金、禹振飞慈善基金会助学金、市慈善总会高考升学帮扶基金等。完善社会捐助、爱心助学捐赠反馈程序，建立"爱心助成才"结对帮扶感恩回馈机制，鼓励企业、单位、个人多方参与"爱心助成才"活动。2013年度扬州中小学教育除享受国家助学待遇外，接受社会助学金额544万元，其中隆星教育发展基金19.5万元、禹振飞慈善基金会助学金134.5万元、英成奖学助学金240万元、上海中建集团高考升学基金150万元（其中30万元定向资助特殊教育），1151名中小学生受益。截至2013年底，市教育局接受社会各界人士捐款累计1302万元，1.13万人次学生受益。（杨林山　教　办）

■构建中小学德育教育体系　扬州市中小学深化教育改革，加强素质教育，构建中小学衔接德育教育体系。小学阶段以培育学生文明行为习惯、学习行为习惯为目标，以"小学生的18个好习惯"为重点，以学生社团建设为载体，引导学生孝敬父母、关爱他人，激发学习兴趣，形成良好的学习习惯和自主自律的习惯；初中阶段以培育学生社会家庭和学习责任感、唤起生命意识为目标，以"感恩励志"教育为重点，以各种主题实践活动为载体，引导学生关爱生命、关爱他人、关爱社会，奋发学习，认真做事，学会感恩；高中阶段以树立远大理想、确立人生价值取向为目标，以"学生发展指导中心"建设为重点，以"入学礼""成人礼"及高三升级活动为载体，引导学生树立远大理想，磨砺人生意志，立志刻苦学习、报效祖国。（杨林山　市教办）

■城乡学校网上结对　2013年，全市新增城乡网上结对学校15所，累计有城乡结对学校114组408所，98%的学校参加结对，实现所有县（市、区）、所有义务教育阶段农村学校与城区优质学校全面结对，全市近3万名教师参与结对，46万名学生受益。通过网上结对，城区学校向农村学校输送优质教育资源，城乡学校交流校园文化、教育教学管理、教研活动，开展集体备课、教学示范等，形成城乡学校"互联、共建、共赢"互动。扬州市城乡学校网上结对工作得到教育部、省教育厅高度评价，《中国教育报》、中国教育电视台等多家媒体报道扬州市做法。

（杨林山　电教馆）

■中小学教师发展中心成立　11月25日，扬州市中小学教师发展中心揭牌。该中心负责编制教师培训计划和专题培训项目计划；承担省师资培训中心、省干部培训中心布置的国家级、省级培训任务，组织、实施市级各类培训工作；负责对县（市、区）学校培训工作的指导、服务、考核和管理；负责全市中小学教师继续教育证书的发放、验证和管理；负责与师资建设有关的课题研究与管理。

（杨林山　师资处）

■中小学生社会实践　2013年，加强邗江、江都、宝应等3个中小学生社会实践活动基地建设，重点强化课程建设、服务课程改革；引进新项目，服务素质教育；加强科学管理，规范运作形式，开拓活动内容。3个基地接待学生6000多人次，组织部分中小学生到上海东方绿舟、南京紫金山天文台参加科技探索实践活动。

（杨林山　市教办）

■中小学教育国际交流　扬州市教育局与澳大利亚新南威尔士州教育与社区厅悉尼区教育局签订全面合作交流协议，结为中外友好学校，促进师生交流。引导学生走出国门，参加境外修学旅行。全年组织80名学生分别到美国、英国、澳大利亚、新加坡、韩国等国家学习考察，感受国外文化和教育。市直学校引入外教举办的常津桥国际英语夏令营，300多名学生参加学习活动。

（杨林山　市教办）

■中小学名师工作室 2013年5月，市教育局决定扩建名师工作室，新建名校长、班主任、幼儿园、中学物理等名师工作室以及职业学校相关专业课工作室，培养各级名师。2007年，扬州市首批名师工作室挂牌运行，后经调整和扩建，至2013年底，全市建成1个名师工作总室、27个市级学科名师工作室，在教学科研、骨干教师中培养发挥示范作用。2010—2013年，名师工作室共培养省"人民教育家培养对象"3人、省级有突出贡献的中青年专家1人、市级有突出贡献的中青年专家9人、教授级中学高级教师20人、省特级教师38人、市特级教师50多人。

（杨林山　师资处）

■全国首个农校对接配送中心在扬州建立 2013年秋学期起，市物价部门联合润泽农产品合作联社建立农校对接配送中心，与市区扬州中学、扬州特殊教育学校、梅岭中学、维扬实验小学等11所学校签订农校对接协议，每天为学校配送安全、新鲜蔬菜、肉类产品，菜价比农贸市场低5%～10%，所有配送蔬菜、肉类实现安全可追溯。配送中心每天配送量约20个品种1.25万千克，菜品以扬州周边的"菜篮子"生产基地为依托，以大型批发市场为补充，确保进校菜品安全新鲜、价格低廉。市区10万多名中小学生受益。

（杨林山　体卫处）

■20人当选市少年科学院首届小院士 4月26日，由共青团扬州市委、市教育局、市科学技术协会、市少先队工作委员会等联合举办的扬州市少年科学院首届小院士颁证仪式在扬州中学教育集团树人学校举行。823名中小学生参与评选。经过资料初审、网络投票和现场答辩等3个环节，20人获扬州市少年科学院小院士称号。（柯　学）

幼儿教育

■概述 2013年，全市有幼儿园286所，比上年增加1所；有幼儿教学班2755个，比上年增加51个；有在园幼儿9.87万人，比上年减少227人。全市3～5周岁幼儿入园率98.5%，与上年持平。全市有幼儿园教职工9621人，比上年增加1172人；有幼儿专任教师5562人，比上年增加732人。全市幼儿园专任教师学历全部达标，其中大专及以上学历教师占85%以上。

加大公办幼儿园建设力度。新(改、扩)建公办幼儿园10所，全市公办幼儿园比例由35.8%上升至39.2%。

建设优质幼儿园。新创省优质幼儿园9所、市优质幼儿园7所，全市省级优质幼儿园总数207所，占全市幼儿园总数的72.4%。

加大学前教育财政投入，建立和完善学前教育财政保障机制。市财政学前教育专项经费由上年的200万元增加到300万元，用于教师培训，奖励当年创建成的省、市优质幼儿园和新建公办幼儿园。下发《关于建立完善市区学前教育财政保障机制的通知》。督查学前教育五年行动计划和公办幼儿园幼儿人均公用经费财政拨款标准落实情况。

建设省级学前教育改革发展示范区。高邮市、宝应县接受省级考核验收，其他县(市、区)申报省级测评。开展城乡幼儿园综合督导，对幼儿园园舍、场地、师资配备、教育设施、教育规范进行测评。评选、表彰全市学前教育先进乡镇(街道)19个。

完善以幼儿家长为主体的幼儿园保教工作评估体系，规范幼儿园各项教育教学计划，遏制幼儿教育"小学化"倾向。开展"爱的教育"主题系列活动，树立、推介幼儿教师"爱的教育"典型。（杨林山　基教处）

■高邮市推进公办幼儿园建设 2011年，高邮市制定《学前教育五年行动计划》，推进公办幼儿园建设。2011—2013年，高邮市投入近3000

2013年扬州市幼儿教育情况表

表29-4

地　区	幼儿园数(所)	班级数(个)	在园幼儿数(人)	教职工数(人)	专任教师
合　计	**286**	**2755**	**98722**	**9621**	**5562**
广陵区	39	404	13898	1454	837
邗江区	46	525	18009	2001	1079
江都区	63	547	22256	1588	1012
扬州经济技术开发区	9	99	3558	326	200
宝应县	44	467	16705	1707	1001
仪征市	37	310	10986	1093	625
高邮市	48	403	13310	1452	808

注：1.以上统计数据除幼儿园数外，其他数据均包含非成型幼儿园(幼儿园办学点)数据；
2.表格数字按江苏省教育厅统计口径填报

（杨林山　发规处）

2013年，全市新建(改扩建)公办园10所。图为孩子们在新建的公办幼儿园中快乐学习　　谈　雷/摄

万元，回购乡镇中心幼儿园10多所，全市学前教育主体发生变化。至2013年，全市公办幼儿园占77%，在公办园就学幼儿占85%以上，公办省优质幼儿园幼儿年人均补助经费400元。　（杨林山　邮教办）

■邗江区建立学前教育经费保障机制　2013年，邗江区建立学前教育经费保障机制。提高公办幼儿园和普惠性民办幼儿园公用经费奖补标准，按在园幼儿人数，公办省优质幼儿园每年每人奖补300元，公办非省优质幼儿园和普惠性民办省优质幼儿园每年每人奖补200元，普惠性民办非省优质幼儿园每年每人奖补100元，超过省定财政拨款标准。全区以奖补形式拨付公用经费300多万元。提高创建优质园奖励标准。对首次创成省优质幼儿园的公办幼儿园和普惠性民办幼儿园，当年给予一次性奖励10万元，用于改善办园条件和补充公用经费。提高公办教师薪资待遇。2013年起，公办幼儿园中具有教师资格的聘用教师最低工资水平不低于当地最低工资标准的2.5倍，民办幼儿园聘用教师工资待遇高于上一年度当地城镇职工平均工资水平。

（杨林山　邗教办）

■机关三幼引入“性别教育”　2013年新学年起，扬州市级机关第三幼儿园引入“性别教育”，培养幼儿性别意识。课堂上，教师运用绘本PPT《小威向前冲》，讲述受精、遗传等性启蒙知识，吸引幼儿对性别的好奇心和探索欲望。鼓励男孩子勇敢坚强，女孩子温柔甜美；引导男孩子应穿男孩的衣服，女孩要有女孩的服饰；教育男孩、女孩保护身体隐私部位不受侵犯等。同时，幼儿园加强与家长沟通，要求家长简略、真实地回答孩子提出的性别问题。　（杨林山）

■沙口幼儿园将民间游戏引入幼儿教育　广陵区沙口幼儿园走访收集民间游戏并建立网站，引导教师和幼儿家长搜集、整理民间游戏，在幼儿园网上定期公布游戏内容、规则，开发民间游戏。该园收集的民间游戏分为民间体育游戏、民间智力游戏、民间美术游戏、民间童谣说唱等四大类，将各类游戏纳入园本教研，利用本土资源，结合幼儿特点，编写、实施教学活动计划，形成一批新课型。

（杨林山　基教处）

■汶河幼儿园推行“爱的教育”五字诀　广陵区汶河幼儿园推行“爱的教育”，以“讲良心、负责任、有本领”活动为主线，念好“学”“签”“查”“评”“谈”五字诀，提升教师师德水准。“学”字为先，提高教师对幼儿实施“爱心”教育的认识水平；“签”字约束，与教师及保育员签订师德建设目标责任书、师德承诺书；“查”字当头，人人剖析各自问题和不足；“评”字促赶超，塑造道德楷模；“谈”字促提升，开展问计交心活动，各自树立师德建设新目标。　（杨林山　广教办）

小学教育

■概述　2013年，全市有小学209所，比上年减少6所；有教学班5162个，比上年减少27个；有在校生22.06万人，比上年减少3725人；招收新生3.50万人，比上年减少551

2013年扬州市小学教育情况表

表29-5

地　区	学校数(所)	班级数(个)	在校生数(人)	专任教师数(人)
合　计	**209**	**5162**	**220635**	**13679**
广陵区	20	773	34656	2151
邗江区	16	823	35824	2109
江都区	54	1078	46815	2897
扬州经济技术开发区	9	178	8450	415
宝应县	38	984	40772	2475
仪征市	33	610	24343	1657
高邮市	39	716	29775	1975

注：表格数字按江苏省教育厅统计口径填报　（杨林山　发规处）

11月20日，邗江区举办"童声里的经典与梦想"诵读经典竞赛总决赛
宋永根/摄

人；毕业学生3.82万人，比上年减少304人。学龄儿童入学率100%，在校生巩固率100%，毕业生升学率100%。有小学教职工1.44万人，比上年减少140人；其中专任教师1.37万人，比上年减少823人。小学专任教师学历达标率100%，其中专科及以上学历专任教师占90%。

（杨林山）

■小学生新增经典诵读课 9月，扬州市开设小学生经典诵读课，向每位小学生免费发放3册《经典诵读三百篇》。教材收录的篇目包括2011年国家语文课程标准公布的必背古诗文，《三字经》《百家姓》《千字文》中的名篇名句以及外国诗歌名篇。经典诵读课被列为全市义务教育阶段学生必修课。 （杨林山 广教办）

■邗江区推进幸福教育 8月，邗江区梅岭小学西区校确立"建设一所幸福学校"办学目标，推行幸福教育，打造幸福校园。该校以"五项幸福指数"（舒适指数、仁爱指数、书香指数、活力指数、宁静指数）为突破口，构建科学人文管理模式，建立和谐师生关系；编写"五福梅"校本课程，培养儿童"优雅、高洁、坚韧、争先、和谐"梅花品质；推行"新四了"（讲了、练了、评了、收了）课堂教学，减轻课堂教学负担，提高课堂教学质量。邗江区推荐幸福教育科学实验研究项目申报全国教育科学"十二五"规划课题，并通过理念引领、校园建设、课程实施、课堂教学、文化浸润等方式，在区内幼儿园和小学进行先期实践探索。全区有39所幼儿园以"幸福幼教"为核心实施幸福幼教工程，22所小学开发"幸福课程"。年底，该课题通过省、市教育科学研究部门评估论证，国家课题组分别向邗江区、梅岭小学西区校颁发"全国GDG幸福教育研究中心""全国幸福教育实验联盟学校"铜牌。邗江区推进幸福教育的实验改革被列入教育部规划课题。

（杨林山 邗教办）

■广陵区小学开设"快乐周三"综合实践课 2013年新学年起，广陵区4万多名小学生每周三下午开设"快乐周三"综合实践课，在老师带领下，做手工、看电影、开展社会调查。各小学不同年级和班级制定各自玩乐计划表，包括做手工、观看原版英文电影、讨论社会话题、参观爱国主义教育基地等。综合实践课不依靠教材和课本，侧重通过游戏、实践引导小学生掌握技能，学会团队合作，关心社会和解决实际问题。

（杨林山 广教办）

■邗江区推进"童子功"修身行动 2013年，邗江区推进小学"童子功"修身行动，培养学生"诵读功""书写功""清扫功""演说功""健美功"。"诵读功"方面，各校放大"书香校园"建设成果，推行"书香童年"六大行动（图书漂流行动、儿童阅读课程实施行动、教师"书香之旅"行动、大型阅读节行动、"书香校园"行动、儿童阅读推广志愿者行动），形成阅读氛围，养成阅读习惯。"演说功"方面，各校立足课堂，开设口语交际课，强化学生语言训练，举办演讲辩论比赛，提高说话能力。"写字功"方面，各校加强写字教学，建设"墨香校园"，每天开设20分钟写字课，培养学生良好的写字习惯，将写字成绩纳入学业评价。"清扫功"和"健美功"重在家校合作，培养儿童生活自理能力、勤劳耐苦习惯和品质，养成良好的身心健康和卫生习惯。 （杨林山 邗教办）

■仪征市"五大行动"守护留守、流动儿童 6月，仪征市举行留守、流动儿童安全守护行动启动仪式。针对2000名留守儿童和3000多名流动儿童，制定全市留守、流动儿童安全守护行动实施方案，提出保障留守、流动儿童身心健康发展，保护留守、流动儿童合法权益等方面工作目标。出台保护儿童免受意外伤害的政策措施，建立16周岁以下流动儿童信息登记制度。实施安全守护"五大行动"（"护校安园"行动、"网络文化安全治理"行动、"假期安全自护关爱"行动、"女童健康自护关爱"行动、"蒲公英志愿服务"行动），为留守、流动儿童提供帮助。仪征市新城镇大学生村官为留守儿童发起成立"希望村塾·郁桥"，为该镇200多名留守儿童放学后学习国学经典文化、接受"孝悌忠信礼义廉耻"教育提供平台和服务。 （杨林山 仪教办）

中学教育

■概述 2013年，全市有普通中学175所。其中，高中37所（含完全中学），比上年减少1所；初中138所（含九年一贯制学校），比上年增加6所。有高中班级1572个，比上年减少82个；有初中班级2645个，比上年减

2013年扬州市普通中学情况表

表29-6

地　区	学校数(所)		班级数(个)		在校生数(人)		专任教师数(人)	
	初中	高中	初中	高中	初中	高中	初中	高中
合　计	**138**	**37**	**2645**	**1572**	**114371**	**75852**	**10421**	**6177**
市　直	8	7	365	263	17455	12461	1180	907
广陵区	12	2	138	56	4686	2171	627	226
邗江区	14	5	328	189	12714	8525	1178	733
江都区	36	6	569	302	25779	15657	2476	1222
扬州经济技术开发区	2	1	33	8	1537	323	174	19
宝应县	22	5	481	288	21162	14153	1953	1228
仪征市	19	5	298	179	12284	8718	1291	648
高邮市	25	6	433	287	18754	13844	1542	1194

注:表格数字按江苏省教育厅统计口径填报　　(杨林山　发规处)

少80个。在校生总数19.02万人,比上年减少7675人。其中,高中在校生7.59万人,比上年减少4559人;初中在校生11.44万人,比上年减少3116人。毕业生总数6.83万人,比上年减少5138人。其中,高中毕业生2.79万人,比上年减少3726人;初中毕业生4.05万人,比上年减少1412人。招收新生6.18万人,比上年减少2041人。其中,高中招生2.36万人,比上年减少1607人;初中招生3.82万人,比上年减少434人。有初中专任教师1.04万人,高中专任教师0.62万人。2013年末,全市有省三星级以上高中32所,占高中学校总数的86.5%,比上年提高10.2个百分点;有省示范初中135所,占初中学校总数的97.8%。2013年度起,全市初中启动省义务教育现代化学校创建工作。　　(杨林山　基教处)

■**文津中学获省教学成果特等奖**　2009年起,市区文津中学推行"四导四学"课堂教学模式,减轻学生负担,提高教学质量。该模式由"导预疑学""导问研学""导法慧学""导评促学"四大板块组成,强调学生课前预习提出疑点、难点,提高教学内容和重点的针对性;强调学习方法指导和讲评鼓励,培养学生自主学习能力和探求知识的信心。2013年,该校《"四导四学"课堂教学模式建构》教科研课题成果获江苏省基础教育类教学成果奖特等奖。

(杨林山　文津办)

■**扬州中学探索培养高中创新人才**　构建规定性课程、拓展性课程、自主性课程等三类课程体系。规定性课程即国家统一课程,做到开齐开足,"严、实、精、活"优质轻负;拓展性课程即校本特色课程,包括"人文与科学素养""创新思维和竞赛类"两大系列,提供学生自选课程资源,满足学生个性发展需求;自主性课程主要包括社会实践、社会服务、研究性学习和社团活动,强调获取直接经验和群体性合作,为学生未来参与团队创新和自主发展打下基础。

建立免修制、导师制和合作制等三项教学管理制度。学生某学科达到较高水平,通过考试可申请免修该学科,通过自主学习和探索完成课程更高的学习目标,为有潜力的学生创设个性化发展环境。导师制实行师生双向选择,导师由本校教师、高校及研究机构专家组成,学生以小组为单位,提升学生学术研究能力和创新开拓能力。合作制是基于共同体的小组学习制度。学校创新实验班每个学生必须参与一个合作学习小组,承担相应角色和责任;每个小组开展合作学习,完成主题探究、实验探究等学习任务。

完善学分评定、潜能评量和成果评价三维评价制度。在文化知识考试成绩评价以外,体现学生学科知识技能和学术能力、合作能力与创新能力。　　(杨林山　卫　刚)

特殊教育

■**概述**　2013年,全市有特殊教育学校7所(盲、聋哑学校5所、培智学校2所);有特殊教育班级80个,比上年增加4个。特殊教育学校有在校生868人,比上年增加36人;招收新生133人,比上年增加24人;毕业学生95人,比上年减少4人。全市另有随普通学校班就读的特殊教育学生近3000人。全市有特殊教育学校教职工215人,比上年减少2人;其中专任教师178人,比上年增加4人。

(杨林山　基教处)

■**扬州培智学校教育科研成果获奖**　扬州培智学校研究开发"中度智障生"生活适应课程。学校制定"中度智障儿童生活适应课训练纲目",明确训练目标及分类,编写《生活适应》全套18册校本教材,填补智障教育"中度智障生"教材空白。在教学中,摸索出"二四一"课堂教学模式,形成"扬州培智教育模式"。即:七分之二的时间用于教师讲解、引导、示

2013年扬州市特殊教育情况表

表29-7

地 区	学校数(所)	班级数(个)	在校生数(人)	教职工数(人)	专任教师
合 计	**7**	**80**	**868**	**215**	**178**
市 直	1	28	333	78	62
广陵区	1	9	84	15	15
邗江区	1	6	52	9	9
江都区	1	14	161	47	37
宝应县	1	8	110	26	24
仪征市	1	8	53	19	12
高邮市	1	7	75	21	19

注:1.表中数字不包括随普通学校就读的特殊教育学生数;
2.表格数字按江苏省教育厅统计口径填报

（杨林山 发规处）

范;七分之四的时间为“实践环节”,用于师生互动、学生实践、个别辅导;七分之一时间为“反馈环节”,用于激励性评价反馈。该校“中度智障生生活适应课程的开发与研究”科研课题成果获2013年江苏省基础教育类科研成果特等奖。

（杨林山 培智校）

■高邮特校创成教育现代化示范校 高邮市加大对荷花塘特殊教育学校(简称高邮特校)投入,改善办学条件,加强师资配备。高邮特校2007年搬迁到城南新址后,在改善办学条件的同时,着力教学改革,探索特殊教育规律,补偿残疾学生生理和心理缺陷,开发学生潜能。入校残疾学生在学习文化知识技能的同时,生理和心理上得到不同程度的康复,树立人生自信,成长为残而不废、自食其力的劳动者。2013年,高邮特校被江苏省教育厅确认为“江苏省特殊教育现代化示范学校”。（杨林山 高邮教）

■扬州特校艺术教育结硕果 扬州特殊教育学校加强艺术教育,根据部分盲童对器乐的兴趣,组建管弦乐团,培养出一批有艺术潜能的特长生。其中,吴晶进入瑞典皇家科学院器乐本科学习,谭伟海成为中国残疾人艺术团首席竹笛演奏师。2013年,该校参加第八届全国残疾人文艺汇演,30多人组成的盲生管弦乐团演奏的《无名英雄》、23名聋哑学生表演的舞蹈节目《不垮的废墟》均获一等奖。（杨林山 市特校）

扬州特殊教育学校学生表演的舞蹈《不垮的废墟》 赵 新/摄

中等职业教育

■概述 2013年,全市有中等职业学校15所,其中普通中专校12所、职业高中校3所;另有其他中等职业技术教育培训机构(培训点)2个。全市中等职业学校有在校生5.49万人(不含培训机构在校生),其中普通中专校在校生5.22万人、职业高中校在校生2742人。全市中职校毕业学生1.97万人,其中全日制学生1.83万人、非全日制学生1444人;另有2.47万名培训生从中职校或培训机构结业。全市中职校招收新生1.76万人(不含技工学校招生数),比上年减少2298人,其中普通中专校招生1.63万人(含职业高中校招生数)、成人中专校招收非全日制学生1254人。

全市中职校有教职工2784人,比上年减少15人;其中专任教师2332人,比上年增加34人。专任教师中,具有正高级职称的24人,具有副高级职称的636人,具有中级职称的1104人;具有中、高级职称的专任教师占总数的75.64%,比上年提高10.54个百分点。各类中职校聘请校外兼课教师216人,其中具有正、副高级职称的科技人员42人。

2013年,全市中职校在校生(不含企业订单培养生1.2万人)按专

2013年扬州市部分中等职业学校情况表

表29-8

学 校 名 称	在校生数(人)	专任教师数(人)
合 计	54905	2332
扬州高等职业技术学校	7227	272
江苏省扬州旅游商贸学校	4546	113
江苏省扬州商务高等职业学校	10850	309
扬州文化艺术学校	706	31
扬州生活科技学校	4645	60
江苏省扬州市体育运动学校	232	48
扬州市天海职业技术学校	939	23
江苏省邗江中等专业学校	2897	176
江苏省高邮中等专业学校	4861	200
江苏省宝应中等专业学校	7850	270
高邮市菱塘民族中等专业学校	1140	38
江苏省江都中等专业学校	6727	401
仪征市工业学校	1622	320
扬州市润扬职业技术学校	663	16
江都区教师进修学校	0	55

注:江都区教师进修学校为成人中专校,主要进行非全日制职业技术培训 (杨林山 职社处)

业分类,农林牧渔类专业5513人,能源与新能源类专业55人,土木水利类专业3397人,交通运输类专业2070人,信息技术类专业8228人,医药卫生类专业405人,休闲保健类专业705人,财经商贸类专业7610人,旅游服务类专业7136人,文化艺术类专业3893人,体育与健身类专业232人,教育类专业2766人,公共管理与服务类专业640人,其他类专业101人。

全市有技工学校及技师学院13所(其中2所与普通中专校合一,一校两牌),技工类学校在校生总数2.50万人,比上年减少3094人。全市各类中职校和技工类学校在校生总数8.00万人,比上年减少9351人。

10月,组建扬州市职业教育集团。

2013年,2所学校被确定为高水平现代化职业学校创建学校,4所学校被确定为高水平现代化职业学校创建立项学校,2所学校被确定为高水平现代化职业学校培育学校;10个专业被确定为省级职业教育品牌特色专业,累计26个;19个实训基地立项创建省级高水平示范实训基地。扬州商务高等职业学校和仪征市工业学校接受首批国家改革发展示范学校创建验收。全市中职校毕业生参加高校对口单招考试,有1835人达本、专科录取分数线,其中本科达线238人,录取率92.5%,比上年提高9个百分点。全市中职校在全国职业院校职业技能大赛中获金奖4个、银奖2个、铜奖1个;在全省职业院校职业技能大赛中获金奖13个、银奖34个,铜奖83个;在江苏省中职校“文明风采”大赛中,有348件作品获奖。 (杨林山 职社教)

■扬州高职校建设高水平实训基地 2013年,扬州高等职业技术学校(简称扬州高职校)光伏工程、软件与信息服务、金融与财会服务等3个实训基地获批立项建设省高水平实训基地,获省、市财政配套资金和其他资金近2000万元。学校制定高水平实训基地建设方案,聘请专家论证,注重光伏工程、软件与信息服务、金融与财会服务等专业社会需求趋势和各专业发展之间的相互配套,提高实训室利用率。 (杨林山 高职校)

■扬州高职校在光伏发电技能大赛中获佳绩 7月,全国职业院校技能大赛光伏发电设备安装与调试大赛(中职组)在天津举行,全国27个省(区、市)39支代表队参赛。扬州高职校代表队在线路设计、器件安装、绘制电气图纸、数据采集、远程监控、理论分析和职业素养等7个项目竞赛中表现出色,获得金牌。参赛选手获相关高等院校对口招生免试保送资格。 (杨林山 高职校)

■扬州旅游商贸学校开办慈善“励志班” 2013年,扬州旅游商贸学校参与由扬州和成都两地共同推动的为贫困学生提供免费学习职业技能和推荐就业机会公益助学行动。7月,扬州旅游商贸学校面向四川地区贫困学生开设助学“励志班”,首批招收由贫困地区教育部门遴选、推荐的学生200人。“励志班”设旅游服务与管理、电子技术应用专业,帮助四川籍贫困学生掌握1~2门职业技能。“励志班”免除学杂费、住宿费,提供生活费,并为品学兼优学生设立奖、助学金。 (杨林山 旅商校)

■**第十届扬州市职业学校技能大赛** 12月7—9日，市教育局和市总工会联合举办第十届扬州市职业学校技能大赛。大赛设宝应中专、江都中专、邗江中专、扬州高职校、扬州商务高等职业学校、扬州旅游商贸学校、扬州生活科技学校、扬州文化艺术学校等8个赛点，分中职组、高职组、教师组，竞赛内容分建筑、机电、财经、旅游、信息技术等11个大类32个项目。扬州高职校、扬州旅游商贸学校等12所职业学校749名师生参赛。扬州大学、扬州市职业大学等高校、企业60多名专家参与竞赛命题、评审。大赛评出一等奖70个、二等奖109个、三等奖159个。 （陈 谭）

■**市职业学校信息化教学大赛** 7月3日，“微软学院杯”2013年扬州市职业学校信息化教学大赛在扬州高职校举行。大赛设多媒体教学软件、信息化教学设计和信息化实训教学等三大类比赛项目。全市11所职业学校76名选手参加财务商贸类组、综合组、旅游服务类专业组、英语组、电类专业“数字显示时钟的制作与调试”组、建筑CAD(计算机辅助设计)组、加工制造类CAD/CAM(计算机辅助制造)组等10个项目组比赛，评出一等奖12个、二等奖14个、三等奖18个。 （陈 谭）

■**全国职业院校技能大赛烹饪(中职组)技能比赛** 6月12日，2013年全国职业院校技能大赛烹饪(中职组)技能比赛在扬州开幕，大赛设中餐热菜、中餐面点、冷拼雕刻等3个项目，450多人参赛。此次大赛产生39枚金牌，在扬州集训的江苏代表队获9枚金牌。其中，扬州商务高等职业学校王浩获中餐热菜项目金牌1枚、刘宇辰获冷拼雕刻项目金牌1枚，扬州旅游商贸学校的胡林清获中式面点项目金牌1枚。扬州商务高等职业学校的姚庆功、邵泽东和扬州旅游商贸学校的王爱红等3名教师获“优秀指导教师”称号。 （陈 谭）

普通高等教育

■**概述** 2013年，扬州有普通高等学校7所。其中，市属高等学校2所，分别是扬州市职业大学、扬州环境资源职业技术学院，有在校普通专科生1.79万人、教职工1830人；驻扬省属高等学校2所，分别是扬州大学、扬州工业职业技术学院，有在校本科生3.07万人、专科生8861人、教职工4230人；驻扬省属民办高校3所，分别是扬州大学广陵学院、南京邮电大学通达学院、江海职业技术学院，有在校本科生1.41万人、专科生6300人、教职工1695人。

落实大学生助学贷款。扬州市全年发放贷款364.2万元，惠及大学生607人，其中宝应县280人、江都区60人、邗江区50人、高邮市62人、仪征市105人、广陵区50人，每人获贷款6000元。

（杨林山 高教办）

扬州大学

■**概述** 扬州大学是江苏省属重点综合性大学，有8个校区，校园占地253.2公顷，校舍建筑面积149万多平方米。全校固定资产总值24.53亿元，教学科研仪器设备总值7.83亿元，图书馆藏书380万册，有实验工厂、实验农牧场、动物医院、附属中学等教学、科研、实习基地及临床医学院。

学校具有招收外国留学生(包括接受政府奖学金外国留学生)和港、澳、台学生的资格，先后与30多个国家(地区)的高校和研究机构建立合作交流关系。

扬州大学设有文学院、社会发展学院、马克思主义学院、法学院、教育科学学院(师范学院)、新闻与传媒学院、外国语学院、数学科学学院、物理科学与技术学院、化学化工学院、体育学院、机械工程学院、信息工程学院、建筑科学与工程学院、水利与能源动力工程学院、环境科学与工程学院、农学院、园艺与植物保护学院、动物科学与技术学院、兽医学院、生物科学与技术学院、医学院、商学院、旅游烹饪学院(食品科学与工程学院)、艺术学院和公有民办的广陵学院等26个学院110个本科专业，涵盖哲学、经济学、法学、教育学、文学、历史学、理学、工学、农学、医学、管理学、艺术学等12个学科门类。学校有国家级特色专业6个、国家精品课程14门、国家双语教

2013年扬州市普通高等学校情况表

表29-9

学 校 名 称	办学层次	校园面积(公顷)	全日制在校生数(人)	教职工数(人)
合 计		**542.3**	**77868**	**7755**
扬州大学	本 科	253.2	30715	3748
扬州大学广陵学院	独立学院	54.3	9669	742
扬州工业职业技术学院	专 科	40.0	8861	482
扬州环境资源职业技术学院	专 科	—	3117	550
扬州市职业大学	专 科	65.9	14780	1280
江海职业技术学院	专 科	69.3	6300	450
南京邮电大学通达学院	独立学院	59.6	4426	503

注：表格数字按江苏省教育厅统计口径填报

（杨林山 发规处）

学示范课程1门、国家级教学团队3个、全国农科教人才合作培养基地2个、国家级实验教学示范中心1个、中央与地方共建实验室20个、省重点专业(类)15个、省品牌特色专业29个、省级基础课实验教学示范中心14个,2个专业的人才培养创新模式被列入国家级实验区。2013年,学校获国家级教学成果二等奖1个。

2013年,学校新招收本科生6160人、研究生2894人。年底,学校有普通全日制本科生3.07万人,各类博、硕士研究生8600多人,成人学历教育学生1.1万人。

学校有教职工3700多人(其中专任教师2000多人),其中1200多人具有副高级以上职称;全校有中国工程院院士1人,国家级教学名师1人,享受政府特殊津贴专家23人,国家级、省级有突出贡献的中青年专家29人,博、硕士生导师1430多人。学校有博士后流动站13个,一级学科博士学位授权点11个、一级学科硕士学位授权点44个,博、硕士专业学位14种;有国家级重点学科2个,国家级重点(培育)学科1个,江苏省优势学科4个,江苏省一级学科重点学科6个,部、省级重点(建设)实验室16个,部、省级工程技术研究中心、公共技术服务中心和省级研究院10个,科学研究机构84个,教学实验室(中心)36个。2013年,学校承担各级各类科研项目1700多个,全年科技经费4亿元。

2013年,校党委获评全省首届学习型党组织先进单位,学校获评全国五好基层关工委先进集体、江苏省高校和谐校园、江苏省文明单位、江苏省教育系统关心下一代工作先进集体、江苏省"送科技下乡,促农民增收"突出贡献单位、江苏省"挂县强农富民工程"先进单位、江苏省外国专家管理工作先进集体、江苏教育民间国际合作与交流先进集体、江苏省高校后勤工作先进集体,被命名为首批江苏省国防教育示范学校。

(张　彦)

■学科建设　组织实施重大学科项目。申报2013—2015年中央财政支

2013年扬州大学国家级、部省级学科及科研基地一览表

表29-10

类别		学科及科研基地名称
重点(优势)学科	国家级重点学科	预防兽医学
		作物栽培学与耕作学
	国家级重点(培育)学科	动物遗传育种与繁殖
	江苏省优势学科	化学
		作物学
		畜牧学
		兽医学
	江苏省一级学科重点学科	中国语言文学
		数学
		水利工程
		中西医结合
		中国史
		草学
重点实验室	教育部	教育部植物功能基因组学重点实验室
		教育部禽类预防医学重点实验室(部省共建)
	农业部	农业部畜禽传染病学重点开放实验室
		农业部长江中下游作物生理生态重点开放实验室
		农业部食品安全监测重点开放实验室
		农业部禽用生物制剂创制重点实验室
		农业部长江中下游地区作物栽培科学观测实验站
	江苏省	江苏省作物遗传生理国家重点实验室培育建设点
		江苏省植物功能基因组学重点实验室
		江苏省作物栽培生理重点实验室
		江苏省动物预防医学重点实验室
		江苏省动物遗传繁育与分子设计重点实验室
		江苏省人兽共患病学重点实验室
		江苏省环境材料与环境工程重点实验室
		江苏省水利动力工程重点实验室
		江苏省乳品生物技术与安全控制重点实验室
工程中心(研究院)	教育部	教育部新型兽用疫苗工程研究中心
	农业部	农业部长江中下游稻作技术创新中心
	江苏省	江苏省转基因动物制药工程技术研究中心
		江苏省家禽疫病防控工程技术研究中心
		江苏省扬州现代乳业加工服务中心
		江苏省扬州农业环境安全技术服务中心
		江苏省扬州LED新光源材料测试技术服务中心
		江苏省扬州规模猪场高效健康养殖公共技术服务中心
		苏中发展研究院
		淮扬文化研究中心

(张　彦)

持地方高校发展专项资金项目，获批特色重点学科类项目2个，竞争性优势、特色优势明显和新兴交叉学科建设类项目15个，人才培养和创新团队建设类项目1个，教学实验平台建设类项目4个，获预批项目建设经费1.3亿元。开展中央财政支持地方高校发展专项资金2010—2012年项目验收工作。启动2个特色重点学科类项目和8个建设类项目建设，下达建设经费3860万元。根据2013年11月美国ESI（基本科学指标库）公布的最新数据，学校整体学科水平排名位于全球前1%，位次前移136位。

（张　彦）

■**科学研究**　学校新增"十二五"农村领域国家科技计划项目2个、国家"973"计划项目7个、国家公益性行业专项11个、国家转基因重大专项9个、国家农业成果转化资金项目1个、国家星火计划项目2个、国际合作项目1个、"948"项目2个，自然科学类科研项目到账经费2.2亿元；新增横向项目900多个，到账横向科研经费9000万元。全年科技经费4亿元。申报各类专利347件，获专利授权147件；转让或许可实施专利、技术产品和品种71个，获转让经费920万元。获批国家级科技特派员创业培训基地1个、江苏高等学校优秀科技创新团队1个。1人获教育部"新世纪优秀人才支持计划"支持。焦新安主持完成的成果获教育部高等学校科学研究优秀成果奖（科学技术）科技进步奖一等奖。省级动物重要疫病与

2013年扬州大学获省部级及以上奖励科研成果一览表

表29-11

成果名称	获奖种类
重要食源性人兽共患病原菌的传播生态规律及其防控技术	教育部高等学校科学研究优秀成果奖（科学技术）科技进步奖一等奖
特色花木新品种选育及其高效栽培技术研发与推广应用	中国商业联合会科学技术奖一等奖
南蛇藤总萜抗癌物质基础及作用机制的研究	中国商业联合会科学技术奖一等奖
反刍动物几种重要群发性营养代谢病防控技术的研究与应用	中华农业科技奖科学研究成果二等奖
益生菌及其发酵乳加工关键技术与产业化	中华农业科技奖科学研究成果二等奖
特色高品质葡萄酒发酵工艺优化关键技术与新产品开发	中国商业联合会科学技术奖二等奖
纳米材料/聚合物对道路沥青的改性特征及作用机理	中国商业联合会科学技术奖二等奖
餐饮业高品质低风险生鲜食品控制技术研究与开发	中餐科技进步奖技术应用二等奖
直旋螺杆泵抽油系统	中国商业联合会科学技术奖三等奖
扬州市文物建筑测绘和"3D"数据库的建立	中国商业联合会科学技术奖三等奖
汽车电子油门踏板关键技术研究及其产业化	中国商业联合会科学技术奖三等奖
基于矩阵变换器的电动机调速节能装置	中国商业联合会科学技术奖三等奖
江苏水稻轻型高产高效生产技术集成与推广	全国农牧渔业丰收奖农业技术推广成果一等奖
超级稻区域化高产栽培理论及技术应用	中华农业科技奖科学研究成果二等奖
江苏粳稻机插高产高效栽培技术集成研究与应用	中华农业科技奖科学研究成果二等奖
农业科技综合示范与推广	全国农牧渔业丰收奖农业技术推广合作奖
中国牛科家畜遗传资源应用基础研究	江苏省科学技术奖三等奖
5S智能化农作物生产力遥感监测系统研发及应用	江苏省科学技术奖三等奖
以苏95-1为核心种质的高产、多抗玉米品种创新与应用	江苏省科学技术奖二等奖
汽车电子油门踏板关键技术研究及其产业化	中国汽车工业科学技术奖三等奖
中国宝卷研究	教育部高等学校科学研究优秀成果奖（人文社会科学）一等奖
当代中国的司法改革：成就、问题与出路——以人民法院为中心的分析	教育部高等学校科学研究优秀成果奖（人文社会科学）二等奖
中国农村土地制度变迁和创新研究	教育部高等学校科学研究优秀成果奖（人文社会科学）三等奖

（张　彦）

2013年扬州大学通过鉴定的科研成果一览表

表29-12

成 果 名 称	成果水平	组织鉴定单位
重要食源性人兽共患病原菌的传播生态规律及其防控技术研究	国际先进水平	教育部
大型泵站高效安全核心技术创新及应用	国际领先水平	江苏省教育厅
新型胶粉改性沥青处理沥青路面裂缝应用研究	国内领先水平	江苏省交通运输厅
TOR橡胶沥青路面结构力学响应分析及其使用评价	国内领先水平	江苏省交通运输厅
城市水系多目标优化与适应性管理研究(以常州为例)	国内领先水平	江苏省水利厅
Bt棉抗虫性与丰产性的群体质量研究与应用	国际先进水平	江苏省教育厅
侧封真空平板玻璃	国际领先水平	江苏省经济和信息化委员会

（张 彦）

人兽共患病防控协同创新中心获批成立，发展规划通过论证。建立粮食作物现代产业技术、家禽种业工程和健康养殖技术、绿色功能材料、现代农村水利等校级协同创新中心。

人文社科研究取得突破。在教育部高等学校科学研究优秀成果奖（人文社会科学）评选中获一等奖、二等奖、三等奖各1个。（张 彦）

■教育教学 学校新增国家级“本科教学工程”项目67个。其中，4个本科专业获批列入教育部卓越工程师教育培养计划，1个专业获批列入教育部综合改革试点专业，1个农科教合作人才培养基地获批成为教育部大学生校外实践教育基地，5门课程获批列入教育部第二批国家级精品资源共享课立项项目，8门课程获批列入教育部第三批国家级精品资源共享课立项项目。110个本科专业覆盖教育部本科专业目录中所有12个大类。本科生毕业设计(论文)获省级优秀一等奖1个、二等奖1个、三等奖11个，获评优秀团队3个。47个项目获批国家级大学生创新创业训练计划项目，98个项目获批江苏省大学生创新创业训练计划项目。在国家级、省级学科竞赛中获三等奖以上奖项273个。学校获2013年江苏省教学成果奖特等奖、一等奖、二等奖各2个，其中焦新安主持完成的“‘三维式’研究性教学改革的探索与实践”、胡效亚主持完成的“优质教学资源协同创新构建高素质化学人才培养平台”等2项成果获特等奖。（张 彦）

■师资队伍建设 学校全年引进高层次人才71人，其中江苏省特聘教授1人、扬州大学特聘教授6人、讲座教授4人、国家“千人计划”人才1人、省“双创”（江苏省高层次创新创业人才引进计划）人才2人；2名教师入选教育部“新世纪优秀人才支持计划”，3名教师入选江苏省“双创”人才，1名教师入选江苏省博士集聚计划。选拔扬州大学“杰出人才支撑计划”培养对象3人、“领军人才培养计划”培养对象5人、“拔尖人才成长计划”培养对象8人、“教学名师培育计划”培养对象4人。5人获批成为省第四期“333高层次人才培养工程”（简称“333工程”）第二层次培养对象，13人获批成为省第四期“333工程”第三层次培养对象，2人获省第四期“333工程”科研项目资助，6人获省“六大人才高峰”第十批项目资助。全校45岁以下青年教师中，博士占55.5%。（张 彦）

■学生工作 1名学生入选2012江苏省大学生十大年度人物。41名学生获评省级先进个人，16个班级获评省级“先进班集体”。学校获“江苏省学生资助工作先进单位”称号。学生团队“牛津团”获全国大学生社会实践评选一等奖。2篇论文获省教育厅大学生创业理论与实践论文一等奖。在省第八届大学生职业规划大赛中，1名教师获“最佳指导教师奖”，2名学生当选“十佳职业规划之星”。学校在第11届“挑战杯”全国大学生课外学术科技作品竞赛中获一等奖2个、二等奖3个、三等奖1个，以团体总分280分、全国高校第九名的成绩获“优胜杯”。（张 彦）

■国际合作 学校和加拿大农业与农业食品部共建的农业科学联合实验室揭牌。举办第三届孤云国际学术大会等6场国际及海峡两岸学术会议。组织申报省属高校聘请外国专家项目21个，其中16个项目获资助。学校获评“江苏省外国专家管理工作先进集体”和“江苏教育民间国际合作与交流先进集体”，获批成为中国留学服务中心出国留学培训基地。启动国家留学基金委员会“优秀本科生国际交流项目”，国家公派留学项目参与对象由硕士、博士研究生层面扩展至本科生层面。获批立项并实施由外交部、财政部和教育部共同组织的2013年亚洲区域合作专项资金项目。举办第二期苏丹高校高级行政管理人员培训班和阿拉伯语言文化研讨会。（张 彦）

■扬州市政府与扬州大学签署全面合作协议 10月8日，扬州市政府与扬州大学签署全面合作协议，双方制订《扬州市人民政府与扬州大学全面合作协议任务分解表(2013—2014年)》，根据协议，双方在决策咨询、科技合作、大学科技园建设、协同创新平台建设、技术转移分中心建设、高层次人才合作、应用型高素质紧缺人才培养、资源共享等8个方面展开合作，合作项目主要包括：扬州市依托扬州大学人才资源建立“扬州智库”，建设“产业研究院”和“新农村发展研究院”，启动“扬州大学科技园”建设，加快企业与高校的协同创新中心等研发机构建设，搭建信息互动平台，引进海内外高端人才和高水平研究团队，组建汽车学院等专业学院。 （张 彦 陈 潭）

■第三届孤云国际学术大会 10月15日，由扬州大学与韩国孤云国际交流事业会共同主办的第三届孤云国际学术大会在扬州大学扬子津校区昭文图书馆举行，中、韩、美、日等4个国家的20多名学者、150名韩国崔氏宗亲会成员以及扬州大学师生代表参会。大会由扬州大学和韩国群山大学共同主持。11名国内外专家学者围绕“孤云崔致远的国际性和东亚细亚”主题，回顾、探讨10世纪后期崔致远在东亚国际交流中的学术成就和行旅事迹。 （陈 潭）

■首届“情暖校园”十大人物评选 2013年，学校举行首届“情暖校园”十大人物评选表彰活动，评选出梁隆圣、许虎山、黄树亮、红色讲解团、尹一心、杨福新、“麻袋哥”群体、刘如瑛、“轮椅哥”乔科和他的班集体等“情暖校园”十大人物（群体）和10名提名奖获得者。 （张 彦）

其他高校

■扬州市职业大学 扬州市职业大学（简称扬州职大）是全日制综合性高等职业技术院校。学校占地65.9公顷，校舍建筑面积近40万平方米；有基础和专业实验室70多个，数控技术高等职业教育实训基地、国土勘测与规划高等职业教育实训基地、农业安全生产与环境保护高等职业教育实训基地、江苏省建筑新材料新技术研究开发中心、江苏省农业安全生产与环境保护工程技术研究开发中心、江苏省养殖环境生态修复工程技术研究中心等省级实训基地或研发平台6个，校级实验实训基地（中心）25个，教学仪器设备总值1.5亿元；图书馆有藏书130万册、电子图书等资源140万种、各类期刊杂志2000多种。学校设置机械制造、汽车、土建测绘、纺织服装、生化食品环境、通信电子光伏、信息技术、旅游管理、工商管理、经济贸易、外语、艺术、人文、数学、体育、园艺、医学卫生等17个大类71个专业和专业方向，其中省级特色专业8个、省高等教育人才培养模式创新实验基地3个、校级特色专业及教改专业34个；有国家级精品课程1门、省级精品课程17门、校级精品课程107门，有省级优秀精品教材8部、省级立项建设精品教材5部。学校各专业建设指导委员会分别与280多家校外实验实训基地签订产学研合作协议。2013年底，学校有教职工1830人，其中专任教师986人；有教授55人、副教授389人，省“六大人才高峰”（教育、医药卫生、电子信息、机械汽车、建筑、农业人才高峰）计划培养对象2人、省“青蓝工程”培养对象33人、江苏省有突出贡献的中青年专家1人、扬州市有突出贡献的中青年专家17人、江苏省优秀教学团队2个、江苏省“青蓝工程”科技创新团队1个。专业基础课和专业课教师中，“双师型”教师（具有专业技术职称资格、技术等级证书的教师）占75%以上。

2013年，学校配置教学仪器设备1000万元，完成教学仪器设备搬迁和调剂；全年新增图书4.19万册。完成5600名招生计划，招收成人教育学生3080人。至年底，学校有全日制在校生1.79万人、成人业余和开放教育在校生0.6万人。拓展社会行业培训，全年实施培训项目22个，培训、鉴定1.14万人。至年底，毕业生初次就业率85.84%、年终就业率97.33%、年终签约率96.22%。扬州职大师生在江苏省第二届师范生教学基本功大赛中，5人分获一等奖、二等奖、三等奖；在全省高等师范学校年会书法比赛中，4人获一等奖、3人获二等奖；在江苏省和全国高职高专院校体育教师教学技能比赛中，获一等奖、二等奖；在第四届“外教社杯”全国高校外语教学大赛江苏赛区比赛听说课组中，获三等奖。组织24个代表队参加全国、全省机器人大赛、服装制版与工艺大赛、建模（建立系统模型）大赛、力学大赛、CAD（计算机辅助设计）绘图大赛等活动。开展“读书月”活动，获“江苏省高职高专院校图书馆阅读活动大赛”一等奖。

全年引进硕士研究生以上学历教师7人；7人晋升教授，27人晋升副教授；3人获批列入省“333工程”培养对象，1人获评省有突出贡献的中青年专家，1人获评市有突出贡献的中青年专家，2人入选扬州市英才培育计划中青年优秀教育人才。

实施质量工程。2013年，学校有25个项目申报优秀教学成果，评出特等奖4个、一等奖6个、二等奖8个，其中4个特等奖项目获省教学成果二等奖。参加省微课教学比赛，获高职组二等奖1个、三等奖2个。组织申报“十二五”江苏省高等学校重点教材项目，1部新编教材和1部修订教材获批立项。机械制造与自动化、服装设计、环境监测与治理技术、护理等4个中央财政支持的重点专业建设项目“专业建设与职业发展管理平台”通过验收。完成中央财政支持的光伏材料与LED（发光二极管）照明应用技术实训基地建设。

加强教研科研。学校全年申报各级各类科研项目136个，其中省部级项目11个、市厅级项目28个、市校合作资金项目4个。教职工发表学术论文365篇，其中15篇被SCI（科学引文索引）、EI（工程索引）、ISTP（科技会议录索引）收录；编写、出版各类著作（专著、编著、教材）15本；获专利7项。参与省高等教育学会等团体组织的教育研究论文评选和课题研究活动，获多项研究成果。学校获批立项建设省教育厅高等教育教改研究课题项目5个，省级大学生实践创新训练计划项目16个。12月20日，由邓峰、邵汝军主持的省高等教育教学改革重点课题“高职学生职业核心能力培养体系的创新与实践”结题。2013年，学校接待美国、澳大利亚、日本、俄罗斯等国家来访团组7个，自主组团出访美国、加拿大和澳大利亚4次，派遣58名教师、16名学生到境外学习。学校有中外合作办学项目8个，被省教育厅评为国际合作与交流先进学校。 （职 大）

■高邮市非公经济商学院在扬州职大成立 5月29日，高邮市非公经济商学院揭牌仪式在扬州市职业大学师范学院举行。该学院由扬州市职业大学师范学院和高邮市工商联共同组建，利用扬州市职业大学资源优势，为高邮市非公企业培养创新创业人才、经营管理人才、专业技术人才和适用人才，为非公企业解决人才难题。当天，学院首期企业文秘班开班。 （职 大）

■江海职业技术学院 江海职业技术学院（简称江海学院）始建于1999年，2004年经省教育厅批准、教育部备案，成为具有独立颁发专科文凭资质的民办全日制普通高等院校。学院占地69.3公顷，建筑面积22.5万平方米，其中教学用房14.5万平方米；教学仪器和实验实训设备价值5666万元，图书馆馆藏纸质图书46万册。

学院设有专业31个。其中，会计电算化为省级特色专业，机电一体化技术、电气自动化技术、数控技术、模具设计与制造、汽车检测与维修技术等5个专业为省重点专业群建设点，会计电算化、应用电子技术、物流管理、计算机应用技术、建筑工程技术、珠宝首饰工艺及鉴定、机电一体化技术、应用韩语等专业为院级特色专业。现代机电制造技术实训基地被列为省高职教育实训基地。

学院有教职工450人，其中教授和副教授175人、"双师型"教师118人。学院专业指导委员会由200多名专家、教授和企业高级工程师、高级经济师、高级工艺师、高级园艺师等组成。

2013年末，学院有全日制在校生6300人。当年毕业学生2323人，毕业生初次就业率99.3%。学院重视学生能力培养，按照"校企合作""工学结合"办学模式和"教学做"一体化教学模式，实行情景教学、模拟教学、案例教学等教学改革，在61家企业建有校外实习基地，在校内建有机械实习工厂、汽车实训基地、土木实训基地、各类实验实训室等实训基地50个，专业实验实训实习课时占总课时的50%。江海国家职业技能鉴定所可鉴定32个工种技能等级。学院教师全年编写或参与编写教材10多部，发表论文136篇（其中在核心期刊发表论文11篇）。立项省级教改课题4个、校级课题29个。加大与企业合作办学力度，新增园艺等服务新农村建设专业。获省大学生实践创新课题14个。

学院实施创业就业教育"一把手工程"，2013届毕业班中有53个班就业率100%，占班级总数的85.5%。举办校园毕业生"双选会"（学生选企业、企业选学生）等，开通创业远程教育网，学院被列为扬州市创业培训定点单位。

加大扶贫助学力度，设立勤工助学岗位120个，安排学生130多人；发放学生勤工助学费用15万元，贫困生补助费用133万元，奖、助学金790万元。 （姚其立 赵 军）

■南京邮电大学通达学院 南京邮电大学通达学院（简称南邮通达学院）是1999年创办的全日制民办本科独立学院。学院实行理事会领导下的院长负责制，南京邮电大学校长杨震任学院理事长、法人代表，南京邮电大学原党委书记闵春发任学院院长。2012年，南邮通达学院迁址扬州办学。学院占地59.6公顷，建筑面积20.17万平方米。全年完成西大门改造工程、学生宿舍卫生间改造工程、公寓热水系统工程、教师公寓改造工程、校园绿化移植工程等改造工程30多项。学院有实验室15个（其中电工电子实验室6个、物理实验室7个、电装实验室2个）、计算机中心机房5间、语音室2个、多媒体教室42间、画室2个。图书馆有藏书66万多册，建成图书馆数字资源信息平台，形成现代电子图书系统和计算机网络服务体系。学院设有通信工程学院、电子工程学院、计算机工程学院、电气工程学院、商学院和基础部，设有以通信信息类专业为主干的优势专业及专业方向23个。

学院有教职工503人。其中，242人具有高级职称，424人具有博士、硕士学位，6人享受政府特殊津贴，9人被列入省"333工程"培养对象，29人被列为省"青蓝工程"中青年学术带头人和优秀青年骨干教师。3月，闵春发的"高校加强马克思主义意识形态工作和大学生思想教育工作研究"科研成果获教育部高等学校科学研究优秀成果奖（人文社会科学）一等奖。

2013年，学院新招本科生1906人、专科转本科学生359人。2013年底，学院有在校生8377人（含南京校区学生）。

加强校企合作与国际交流。学院与中国电信股份有限公司江苏分公司、中通服南京网盈分公司、交通银行扬州分行、扬州扬杰电子科技有限公司等近40家企业共建实训基地。2013年，学院毕业生高质量就业率95.59%；全年有280名学生考取国内外学校研究生，考研率12.11%。9月，学院与英国密德萨斯大学合作举办信息管理与信息系统本科教育项目获教育部批准，成为江苏省独立学院中第一家获教育部资格认定的单位；与法国土伦·瓦尔南部大学签订校际科技与教学合作伙伴框架协议。

提高人才培养质量。2013年，学院在全国大学生英语竞赛决赛中获一等奖1个、二等奖5个、三等奖10个，在第三届全国市场调查分析大赛暨海峡两岸大学生市场调查分析大赛中获一等奖、三等奖各1个，在全国大学生电子设计大赛中获江苏省二等奖5个，在第三届中国机器人大赛暨RoboCup（机器人世界杯足球锦标赛）公开赛中获一等奖2个、三等奖3个，在"外研社杯"全国英语演讲大赛中获江苏省三等奖2个。学院有33名学生获思科全球网络技术专家认证。

3月，人民网发布《2013中国独立学院毕业生质量100强》，学院位列全国独立学院第34名、江苏省属高校独立学院第三名。

（张 荣 解厚荣）

成人教育

■概述 2013年，扬州市无独立建制成人高等学校，原成人教育系列高等学校扬州教育学院被纳入扬州市职业大学统一管理;其他在扬普通高校分别设有成人教育机构,招收成人本、专科生。全年扬州市有1.45万人报名参加成人高考,1.34万人报名参加国家成人高等教育招生统一考试,录取1.26万人,其中专科升本科录取5048人、高中起点升专科录取6755人、高中起点升本科录取753人;另有465名免试生和655名推荐考核生升入成人本、专科高等学校。

全市有成人中专校1所,主要从事中等职业培训教育,有专任教师55人,无全日制成人教育在校生。全年招收非全日制培训生1254人,结业学生1444人,其中1436人获职业资格证书。（杨林山 职社处）

■规范成人高等教育 2013年,市教育行政部门加强对全市普通高校成人教育校外教学点审查和管理,全市成人高教校外教学点评审通过率高于全省平均水平。加强全市成人高教校外教学点年审,年审覆盖率100%,年审合格率90%以上。高等学校成人教育数据采集平台与管理系统启用,对全市各成人高教校外教学点招生宣传、注册入学、教学实施、考试考务、年度审查等方面工作实行全过程动态监控,规范成人高等教育办学行为。（杨林山 发规处）

■农村社会成人教育培训 2013年,扬州市开展农村社会成人教育各类示范基地创建工作。宝应县接受国家级和省级农村成人职业教育示范县创建验收,江都区小纪镇创成江苏省高水平农科教结合富民示范基地。（杨林山 职社处）

■自学考试 2013年,全市有22.98万人报名参加各类自学考试,比上年增加9583人,增长4.35%。其中,学历考试报名人数4.18万人,比上年减少2701人;非学历考试报名人数18.80万人,比上年增加1.23万人。另有10万人报名参加大学四、六级英语等级考试。

全市非学历证书自学考试报名人员中,参加全国计算机等级考试(NCRE)的2.69万人,参加成人全国计算机应用技术证书考试(NIT)的1481人,参加全国少儿计算机应用技术证书考试(少儿NIT)的992人,参加剑桥英语考试的232人,参加全国英语等级考试(PETS)的5055人,参加餐饮职业经理资格证书考试的281人,参加书法等级考试的14.87万人,参加物流等经理资格证书考试的192人,参加教师资格考试的3979人,参加全国中小学教师教育技术水平考试(NTET)的337人。

全市有4.79万课次通过学历自学考试,占实考课次的68.83%,比上年提高2.27个百分点。（杨林山 市考办）

2013年扬州市成人高等教育招生录取情况表

表29-13

地 区	报名人数(人)				录取人数(人)			
	小计	统一考试	免试生	推荐考核	小计	专科升本科	高中起点升专科	高中起点升本科
合 计	**14508**	**13388**	**465**	**655**	**12556**	**5048**	**6755**	**753**
市 区	8619	8272	177	170	7198	2904	3598	696
邗江区	1164	1064	83	17	1031	482	525	24
江都区	1078	818	52	208	996	362	634	0
宝应县	557	499	44	14	509	220	289	0
仪征市	2009	1856	36	117	1845	615	1197	33
高邮市	1081	879	73	129	977	465	512	0

注:表中市区不含邗江区、江都区

（杨林山 发规处）

2013年扬州市学历自学考试报名考试情况表

表29-14

单位:课次

项 目	总 计	1月份考试	4月份考试	7月份考试	10月份考试
报考课次	**94993**	19955	29963	17442	27633
实考课次	**69595**	17804	19138	15028	17625
合格课次	**47901**	12993	12616	10386	11906

（杨林山 发规处）

文化
Wenhua

编　辑　戴淑敏

新闻出版

■**概述**　2013年，全市新闻出版业发展有序，全市有出版社1家、报纸5种、期刊16种、准印连续性内部资料性出版物49种，有只读类光盘生产企业1家、可录类光盘生产企业1家、出版物发行企业936家、印刷复打印企业734家，初步形成以古籍出版、印装和现代高科技光盘生产为特色，门类齐全、开放统一的新闻出版产业格局。（闻　华）

■**图书出版**　广陵书社在完成在编国家和省级重点规划项目的同时，策划、申报新项目，策划和编辑出版雕版线装和地方文化图书，全年上报选题195种，出书208种(其中新书162种、重印书46种)。在第28届全国古籍优秀图书评奖中，扬州市获一等奖1个、二等奖1个；在华东地区优秀古籍图书评奖中，扬州市获一等奖1个、二等奖2个、通俗读物奖1个。在首届江苏省新闻出版政府奖评选中，扬州市获12个奖项。

（钟　芸）

■**扬州获12项省新闻出版政府奖**　江苏省新闻出版政府奖由省政府批准设立，设出版物奖、先进新闻出版单位奖、优秀新闻出版人物奖和特别奖。1月25日，由省委宣传部、省新闻出版局、省财政厅、省人力资源和社会保障厅联合举办的首届江苏省新闻出版政府奖评选结果揭晓。广陵书社出版的《江苏人物传记丛刊》获出版物奖中的图书奖(古籍类)，《昆剧手抄曲本一百册》《清宫扬州御档》获图书提名奖(古籍类)；《天物馆藏瓷》获出版物奖中的装帧设计提名奖；《中国墓葬史》获特别奖(出版物类)。《扬州大学学报》(农业与生命科学版)获出版物奖中的报刊奖(期刊类)。由西泠印社出版社出版、扬州广陵古籍刻印社印刷的《扬州八怪精粹》获出版物奖中的印刷复制奖。中国农业科学院家禽研究所、中国家禽编辑部、中国禽业导刊编辑部“中国家禽信息网”获出版物奖中的音像电子数字出版物提名奖(数字出版物类)。中国名城杂志社、中国禽业导刊编辑部获先进新闻出版单位奖，邗江区文化体育新闻出版局邹庆梅、高邮市文化广电新闻出版局黄平获优秀新闻出版人物奖。（闻　华）

■**报刊管理**　市文化广电新闻出版局(简称市文广新局)坚持新闻出版舆论导向，加强报刊审读和对新闻采编人员的管理，开展打击“四假”(假报刊、假新闻、假记者、假记者站)和“新闻敲诈”专项活动。利用网络平台公布举报电话，宣传打击“四假”和“新闻敲诈”法律法规；核查群众反映的意见；梳理辖区内新闻机构持记者证人员，核对身份，逐级签订新闻出版行政部门新闻记者证管理责任书。开展驻扬州报刊记者站专项治理“百日行动”。印发《关于开展驻扬报刊记者站专项治理的通知》，规范记者站出版行为，并在扬州文化网、《扬州日报》、《扬州晚报》、《扬州时报》公布举报电话。9月，开展2013年秋季中小学教辅材料发行管理活动，市委政法委、市文广新局、市教育局等部门组织开展校园周边和发行网点专项检查。11月，开展制止报刊摊派发行专项检查行动。报刊审读小组不定期召开议报、评报交流会，加快报刊审读频率，开展全面审读、专题审读、采编与审读人员座谈等活动。全年编发《报刊审读情况》19期，撰写审读报告、新闻评析等文章78篇14万字。（钟　芸）

扬州报业传媒集团

■**概述**　2013年，扬州报业传媒集团围绕市委、市政府中心工作开展“规模化、系列化、深度化”新闻宣传，为全市经济社会发展提供舆论支持。组织宣传世界名城建设、“重大项目建设”、“三个扬州”(创新扬州、精致扬州、幸福扬州)建设、跨江融合发展、全市经济工作、“扬州好人”等中心工作，报道重要会议、重大活动、重大事件，发挥主流媒体引导和服务作用。3月起，与美国《国际日报》《洛杉矶时报》合作，推出中英文扬州专版。在2013年度江苏省报纸(网络、论文)优秀新闻作品评选中，扬州报业传媒集团获一等奖5个、二等奖15个、三等奖16个。党报阅报栏(屏)项目获评国家新闻出版广电总局“全国城乡公共阅报栏(屏)示范项目”，《扬州晚报》获评“2013中国十大影响力地市晚报”，扬州网获“全国地方网站最具影响力品牌奖”。先后承办第三届“朱自清散文奖”新闻发布会、首届中国传媒变革与发展峰会暨中国新闻报纸设计年会、“扬

州十大经济新闻人物”评选活动和“扬州十大经济‘常青树’”评选活动等。（汤庆彬）

■《扬州日报》 实施“聚合、精耕、创新、互动、延伸、品牌”战略，突出新闻“主流、权威、深度”特色，在“新闻性、实用性、服务性”上下功夫，构建开放的城市党报平台。

创新重大主题报道。策划“建设古代文化与现代文明交相辉映的名城·江泽民同志在扬期间系列述评”、聚焦“十年沿江大开发”、谱写中国梦的扬州篇章、连淮扬镇铁路规划、潍柴亚星长三角战略发布会、扬州“两会”期间“政能量”专版、“中国梦”专版、贯彻中共十八届三中全会精神、市委六届六次全会报道、“走沿江 看项目 话融合”、“推进苏中新一轮发展·扬州策”系列报道、“跨江融合”系列报道、2013国际盆景大

扬州报业传媒集团获2013年度江苏省报纸、网络优秀新闻作品奖作品一览表

表30-1

报纸(网络)名称	获奖作品	类别	作者	获奖等次
《扬州日报》	《世界最大调水工程在扬开启》	消息	邹平 周晗	一等奖
	《4万小学生周三下午“不上课”》	消息	何瑞琳 王国君 于晓莹	二等奖
	《“一字之差”打开万亿市场》	消息	戴军 嵇长青	二等奖
	《关停40采砂场 换来20生态园》	消息	丁蕾	三等奖
	《汉字字库新添“全唐诗体”》	消息	王鹏	三等奖
	《“生态红线”护佑七河八岛》	通讯	吴涛	一等奖
	《七旬老太自掏百万疏浚河道》	通讯	江萱 孔伟	二等奖
	《扬城“首席车夫”设文史擂台》	通讯	王新颖	三等奖
	《智慧创新才是“真把式”》	评论	毛建国	二等奖
	《救人英雄张志成》	系列报道	彤彤 董鑫 张玉峰 严士明	二等奖
	《扬州日报》微电影、动漫剧全媒体组合创新	重大主题创新	陈征宇 王岚峰 张志虹 李文明 徐晔敏 石默然	二等奖
	《党报调查》	专栏	李峰 徐晔敏 凌鹏	三等奖
	《世界最大调水工程在扬开启》	编辑奖	刘贺	一等奖
	《扬州日报》4月21日A1版	报纸版面	李峰 詹大云 周桂芳	二等奖
	《扬州日报》3月11日A1版	报纸版面	李峰 詹大云 刘贺	三等奖
	《绿杨画舫录——扬州文化三人谈》	副刊	李蓉君(作者) 周保秋 冯刚(编辑)	一等奖
	扬州杂志“扬州美食”专版	副刊	谈海蓉(作者) 周保秋(编辑)	一等奖
	《救救大人》	副刊	陈庆贵(作者) 谈海蓉(编辑)	一等奖
	《朱自清散文奖，华语散文的“奥斯卡”》	副刊	李蓉君(作者) 王岚峰(编辑)	二等奖
	《〈泰囧〉之火囧了谁》	副刊	李蓉君(作者) 李峰(编辑)	二等奖
	《那些不该忘记的抗战身影》	副刊	李蓉君(作者) 周保秋 冯刚(编辑)	二等奖
	《我的聋巴巴》	副刊	杨明荣(作者) 谈海蓉(编辑)	二等奖
	《食者无境》	副刊	鲁晓南(作者) 谈海蓉(编辑)	三等奖
	《火车穿过村庄》	副刊	汤成难(作者) 谈海蓉(编辑)	三等奖
	《民间画院与新扬州画派》	副刊	李蓉君(作者) 周保秋 冯刚(编辑)	三等奖
	《高墙内也有春天》	新闻摄影	王卓	铜牌奖
	《办一张读者喜闻乐见的“故事纸”——以新闻报道“故事化”实现党报舆论引导的有效性》	新闻论文	陈征宇 拾景炎	二等奖

续表30-1

报纸(网络)名称	获奖作品	类别	作者	获奖等次
《扬州晚报》	《扬州“无声画家”联合国办画展》	消息	邵　伟	二等奖
	《扬州现江苏首位“卖电”居民》	消息	居小春	二等奖
	《扬州全国首创“工资谈判标准”》	消息	高锦岭	三等奖
	《一位老人和一座烈士丰碑》	通讯	居小春　郭佳佳	二等奖
	《扬州首次给予证人出庭保护》	通讯	杨　肃　赵惠琴　刘　娟	三等奖
	《新疆干部捐款帮助“自强老周”》	通讯	朱　雷　傅　颖　姜　涛	三等奖
	《扬州小企业向美国巨头收专利费》	通讯	孙　炎　刘　旺	三等奖
	《扬大外教重病 中国妻子不离不弃》	系列报道	夏超群　乔　云　薛舒文	三等奖
	《扬州晚报》11月17日A1版	报纸版面	张广秀　费大洋	三等奖
	《迷楼无罪》	副刊	丁家桐(作者)　袁益民(编辑)	一等奖
	《散文名家写扬州》	副刊	朱广盛(作者)　慕相中(编辑)	一等奖
	《黑锅》	副刊	汪向荣(作者)　袁益民(编辑)	二等奖
	《情感故事》	副刊	张庆萍(编辑)	二等奖
	《父亲的两声谢谢》	副刊	房崇新(作者)　袁益民(编辑)	三等奖
	《平民英雄大片 演绎好人之城》	新闻漫画	沈江江	三等奖
	《〈四库全书〉惊世再现》	新闻摄影	程建平	铜牌奖
	《坚守的铸锅人》	新闻摄影	程建平	铜牌奖
	《隋炀帝墓千年谜底破解》	新闻摄影	张卓君	铜牌奖
	《老街老井老扬州的夏天》	新闻摄影	张卓君	铜牌奖
	《今冬长江41年来最渴？》	新闻摄影	刘江瑞	铜牌奖
	《地市报“收费墙”之路怎么走？》	新闻论文	朱广盛	三等奖
《扬州时报》	《公安分局副政委重新当起片儿警》	消息	宫　轩　葛学涛	二等奖
	《一诺千金！扬州诚信女孩专程赴苏州还钱》	通讯	陈　晨	二等奖
	《17岁“渐冻人”捐献眼角膜》	系列报道	宋体佳　耿海龙　黄　静	三等奖
	《扬州时报》6月27日A4～A5版	报纸版面	周寿鸿　程庆生　赵智威	三等奖
扬州网	《“一江清水向北流”——世界最大调水工程在扬开启》	网络新闻	史康宁	一等奖
	《隋炀帝墓扬州现天》	网络新闻	史康宁	二等奖
	《扬州教师领千人支教影响8万娃 联合国教科文组织授牌》	网络新闻	王晖军　陈惟金	二等奖
	《广陵公安分局副政委陈先岩重返社区片警岗提前8年兑现承诺》	网络新闻	史康宁	三等奖
	《“走转改”重在制度设计》	新闻论文	史康宁	一等奖

（汤庆彬）

会、2013中国扬州鉴真国际半程马拉松赛、2013世界绿色设计论坛扬州峰会、文昌路公交快线、南水北调工程送水北上、瘦西湖地下隧道盾构工程贯通、部门负责人走进媒体、“厉行勤俭节约，反对铺张浪费”、冲刺全年任务、新春走基层、“光盘行动”等系列专题以及学习张志成等重大典型报道，刊发与改革发展、重大项目建设相关的头版头条200多条、党报评论近100篇。《扬州日报》副刊配合开展重大主题报道。4月初至5月中旬，《梅岭文化周刊》先后推出《人杰地灵东圈门》《扬州学派：清代学术一高峰》等文化专题，深度发掘扬州文化。八九月间，推出《历史上的扬州》等系列文章。

创新重大活动报道。围绕中国扬州“烟花三月”国际经贸旅游节(简称“烟花三月”节)、中国扬州世界运河名城博览会(简称运博会)，《扬州日报》推出特刊《扬州梦》《水韵扬州》,拍摄微电影《梦扬州》、动漫剧《运河纪》,发行运博会吉祥物"运宝"、明信片等节庆衍生纪念品。与中央电视台合作举办2次"向幸福出发·寻找'扬州好人'活动"。10月28日,《扬州日报》出刊第1万期,推出94版特刊《扬州·日报——一张报与一座城的30年》。

"党报系列"扩容。在《党报观察》《党报在线》《党报访谈》《党报评论》基础上,新增《党报监督》《党报调查》《党报求证》栏目,使"党报系列"成为《扬州日报》品牌栏目,改变党报刻板面孔,聚集党报人气。

加大评论力度。在贯彻中共十八届三中全会精神、市委六届五次及六次全会报道、贯彻宣传思想工作会议精神、扬州"两会"报道中,推出系列评论,深化中心工作报道。除《党报评论》《时评》《新论》版外,在各版开设《马上评》专栏,及时评点当天新闻。另外,日报记者走进基层、深入群众、答疑解难,办好《帮办热线》栏目,增强版面亲和力,架起党委、政府与人民群众沟通互动的桥梁。

探索版面创新。在头版倒头条位置开设《本报今日推荐》栏目。注重视觉化表达,基本实现重要版面每天有图表。头版头条多次打破常规,通过图片、图表、文字组合,加强视觉化;在主图、头条等重点板块推出视觉化报道,全年主图有一半左右为图表形式。各版创新整合资讯性、背景性、相关性、延续性等内容,改变长文章一贯到底旧模式。 (汤庆彬)

■**《扬州晚报》** 突出新闻报道、活动策划、关注民生、服务读者。探索报道方式。围绕读者关注的就业、教育、医疗等焦点,策划独家信息披露、深度报道、连续报道、权威解读。运用消息、评论、现场新闻等多种形式充实内容,活跃版面,挖掘新闻,注重新闻背后元素的追问以及图表、链接等形式的运用,提炼新闻亮点。

年初完成改版,推出《读案》《求证》《看见》《物候》《报告》《档案》等版面,开拓独家新闻资源;推出《观娱》《节气与健康》《阅读时间》等周刊,强调深读、"悦"读和服务;推出2个《江都新闻》版,提升晚报在江都市场影响力。年初,《扬州晚报》特派记者进京报道全国"两会",传达党和国家大政方针;"烟花三月"节、运博会期间,推出节庆特刊。"烟花三月"节特刊《扬州梦》推出超清魔景"IMAX"(Image Maximum的缩写,是一种影像系统,意为图像最大化)报,并拍摄城市形象音画宣传片《扬州》。运博会特刊《韵·动》推出三维全息影音报,扬州首部三维城市形象宣传片《韵·动》随特刊首发。该片采用三维全息虚拟技术制作,综合地理信息、遥感、全球定位、三维建模、虚拟现实等技术手段,浓缩瘦西湖、东关街景区和"京杭之心"等50多处扬州名胜美景,全部按照实物原比例制作,再在虚拟空间复原,让读者全方位、全景体验扬州风貌。

围绕服务读者,举办活动,提升晚报影响力和美誉度。全年举办5场中高考系列公益讲座,策划举办蒋川1对22盲棋世界纪录挑战赛、全国围棋段位赛以及跳蚤市场系列活动、中小学生暑期家务课堂、相亲会、"欢乐社区行"等社区服务型活动,《余你同在》爱心扶助栏目全年帮扶困难家庭400多户。

10月,由北京市中报联新闻出版培训中心与扬州报业传媒集团共同发起和组织、扬州晚报社承办的首届中国传媒变革与发展峰会暨中国新闻报纸设计年会在扬州举行,全国60多家报社100多名媒体人参会,扬州晚报社编辑的《中国报纸设计年度大赏》在峰会上首发。 (汤庆彬)

■**《扬州时报》** 重大新闻宣传。组织扬州"两会"专题报道。《扬州两会特别报道》聚焦热点、焦点、重点议案和提案,推出《两会动态》《两会热词》《议案提案选登》《印象两会》《两会花絮》等特色小栏目,全面报道"两会"盛况,解读重要精神,强调市民参与、全民关注;推出《民间议案提案征集》《两会微博》《QQ聊两会》栏目,选择不同话题,邀请市民、人大代表、政协委员、相关部门负责人就热点问题发表看法和心得。

重大节庆活动报道。3—5月,刊发有关"烟花三月"节稿件(含图片)217件、专题版面23个、特刊1期。4月18日,《扬州时报》与美国主流华文媒体《国际日报》联合打造的"烟花三月"节英文特刊《中国梦 扬州梦》出版发行,并于当地时间4月18日在《国际日报》英文报International Daily同步刊出。该特刊围绕扬州建设世界名城蓝图,分"大项目""大格局""大文化""大民生"等4个板块,向美国读者展示扬州形象,提供了解扬州的窗口。

文明创建报道。开辟《背街小巷看文明》《文明与我同行》《我身边的文明人》《文明曝光台》《为民创建全民创建》等栏目近10个,报道文明现象,推进未成年人思想道德建设,加强科普宣传。举办"街头文明随手拍"市民拍文明摄影大赛,捕捉文明新风和不良现象,推进全民创建。利用《漫画说文明》《文明故事会》等专栏,将文明行为形象化、图解化、故事化。全年刊发文明创建报道1000多篇、文明公益广告140多个、文明创建专版和专题报道近100个。

文化报道。报道文化博览城和文化标志性工程建设情况,文化创意产业发展情况,学习型城市和"书香城市"建设进展,城市规划、设计、建设、管理进展;开展"扬州最美小区"评选等活动。

围绕"重大项目突破年""城建会战年"等重大战略部署和市委提出的跨江融合发展、加快江广融合、"七河八岛"发展重大决策,宣传重大项目、融合发展、错位竞争、产业分工、基础设施建设等中心工作。以专题报道、系列报道等形式,报道新进展、新成就;以扬州城庆2500年为重要时间节点,报道重要道路、重点区域、重大工程建设进展;围绕"文昌路提升战役",开展行进式报道、集中式报道。

开展"走基层、转文风、改作风"活动。培植"星期六义工队",依托《走基层 进家庭 知冷暖》《社区今日我值班》栏目和《记者蹲村札记》《招商员札记》《农村中小学校行走》等特色专栏，刊发“走转改”稿件。推行记者挂钩社区(乡镇)制，实行记者包干社区制，组织记者到基层蹲点调研，到基层、一线采访报道。新辟《社区一线报道》栏目，办好《现场目击》《社区黑板报》《社区故事会》《第一现场》《基层声音》等栏目，反映普通群众真情实感，记录时代发展进程。

《扬州时报》推出的《教育》《人才》《财经》《时尚》等周刊特色明显。在加快主报发展的同时，实行多元发展、延伸发展，在《江都新闻》《今日邗江》《广陵家长》《扬州教育》专刊和《扬商》季刊的基础上，与市住房保障和房产管理局联合创办《扬州楼市》月刊。 （汤庆彬）

■**扬州网** 以报网深度融合为导向，突出“新闻立网”理念，遵循“新闻—专题—频道—二级网页—网群”和“分众化手机报—移动手机客户端”并行发展思路，整合全站内容，以新闻陈列、专题设置、热点频道、活动策划、论坛互动、视频特色、微博直击、手机报跟进、手机客户端呈现等多种媒体融合手段，提升网站黏性和社会影响力。扬州网获第四届中国互联网品牌大奖“全国地方网站最具影响力品牌”。

发挥网络媒体传播优势，特别是报网融合全媒体优势，先后制作“全媒体直通全国两会”“‘烟花三月’国际经贸旅游节”“扬州泰州机场”“扬州中学110周年校庆”等重大活动网络新闻专题近200个。调整网站栏目结构，政要频道、户外旅游频道、“我新闻”频道、扬州讲坛专题频道、广陵听“潮”频道、新闻中心二级频道、区县新闻频道群等载体相继上线。调整新闻主攻方向，提升本地新闻含量。在关注新闻事件的同时，跟踪采访报道网民所关心的热点话题、突发新闻与监督新闻，如《大爱扬州树立援疆榜样》《扬州诚信老人沪上拾荒还债》《扬州“最美乘客”》《扬州“暴走妈妈”割肾救子》等。《七百岁英雄宴献给我和我的十八个爹娘》获江苏省网络好新闻一等奖。

针对自媒体时代网络传播特点，扬州网注册设立多个微博、微信账号，形成关注和监控网格结构，关注微博和微信“达人”及省级媒体热门账号，及时监控意见领袖及门户网站微博、微信。 （汤庆彬）

■**广陵书社** 广陵书社全年申报选题195种，申领书号165个；编辑部发稿198种，总字数6500万；出版图书208种，其中新书162种(合作选题112种、自主选题50种)、重印书46种；生产图书码洋(图书定价总额)4457万元，入库图书码洋2430万元，比上年增长60%；发行部发货图书码洋2188万元，增长24%；实现销售收入1842万元，增长16%；实现利润298万元，增长50%。至年底，库存图书码洋3140万元，增长20%。《扬州曲艺传统名篇丛书》《中国雕版印刷艺术》被增补为“十二五”国家重点出版规划项目。《焦循全集》《清代文选学名著集成》获国家古籍整理出版专项经费资助。《刘申叔遗书》《扬州史话丛书》获国家出版基金资助，并完成编辑发稿。其中，《刘申叔遗书》是“十二五”国家重点出版规划项目和国家古籍整理出版十年规划项目，全书近600万字；《扬州史话丛书》全套10种，是扬州城庆2500年重点出版项目。编辑出版由市教育局教研室编写的《经典诵读百篇》系列图书5种。完成国家古籍整理出版专项经费资助项目《清代文选学名著集成》《江苏地方文献书目》编辑、出版。编纂大型扬州地方文献项目《扬州文库》，基本确定拟收书目，完成方志类文献编排。新雕《毛泽东诗词六十七首》，首次以传统雕版印刷形式出版毛泽东诗词作品。新雕《孝经·二十四孝图》、影宋孤本《棠湖诗稿》等典籍，丰富雕版图书品种。推进《中国历代僧诗全集》等国家重点大型项目。在第28届全国古籍优秀图书评奖中，《鳌峰集》获一等奖，《铁网珊瑚校证》获二等奖。在第16届华东地区优秀古籍图书评选中，《铁网珊瑚校证》获一等奖，《扬州弹词珍珠塔》《郑诵先法书》获二等奖，《扬州艺术丛书(第二辑)》获优秀通俗读物奖。在首届江苏省新闻出版政府奖评选中，《江苏人物传记丛刊》获图书奖，《清宫扬州御档》《昆剧手抄曲本一百册》获图书提名奖，《天物馆藏瓷》获装帧设计提名奖，《中国墓葬史》获特别奖。4月，由广陵书社、扬州国书有限公司、扬州广陵古籍刻印社等联合经营的扬州书局开业，展示、销售广陵书社出版的图书，扩大扬州雕版印刷线装图书影响。6月，成立扬州书林文化传播有限公司，开展图书销售、出版物资供应、书稿编排、包装设计等文化传媒业务。 （汤庆彬）

■**扬州广陵古籍刻印社** 全年实现销售收入1047万元(其中图书销售收入424万元、生产外加工收入623万元)、利润40万元。新办古字画复制业务，首批产品面世。建成“全唐诗体字库”。该字库被列入国家新闻出版总署发展改革项目库，由扬州广陵古籍刻印社与北京汉仪科印信息技术有限公司合作完成，并于9月15日在首届中国(武汉)期刊交易博览会上发布。印制《康熙字典》、《红楼梦印画谱》、《广梅花百咏》(雕版)、《历代名画记》、《摄生众妙方》、《宣和博古图》等新产品。《扬州八怪精粹》获首届江苏省新闻出版政府奖印刷复制奖。《扬州八怪诗笺》获第四届中华印制大奖优秀奖。

申报国家非物质文化遗产保护专项资金、江苏省文化产业发展专项引导资金，获补助资金110万元；获批列入“第一批江苏省非物质文化遗产生产性保护示范基地”；通过“第三批受保护的工艺美术品种”认定审核。获评江苏省“双优诚信”(优质产品、优良业绩，诚信经营)印刷企业。配合省、市非物质文化遗产保护中心制定雕版印刷技艺中长期保护规划。开展校企合作、传承保护工作。开展《中国雕版艺术》丛书编著工作。

（汤庆彬）

广播影视

■**概述** 2013年，全市有广播电视台6家、广播电视节目发射台和转播台5座。全市电视节目平均每日播出时间101.5小时，全年制作节目时长

1.89万小时；广播节目平均每日播音时间近131小时，全年制作节目时长3.99万小时。全市新增有线电视用户8303户、数字电视用户12.88万户。宝应县创成省有线电视"户户通"县，仪征市数字电视整体转换工程通过验收。扬州市成为全省第二个实现有线电视"户户通"、第四个全面完成数字电视整体转换的地级市。全市院线影院全年放映电影10.89万场次，观众328.65万人次，票房总收入1.08亿元。（闻　华）

■电影放映　2013年底，全市有电影放映单位16家、银幕72块，其中院线影院14家。院线影院全年放映电影10.89万场次，观众328.65万人次，票房总收入1.08亿元，比上年增长25.37%。新建农村电影固定放映点21个。全市开展农村电影公益放映活动1.43万场次。高邮市、宝应县分获省农村电影放映场次补贴34.37万元、50.29万元。（沈春祥）

2013年扬州市院线影院经营情况一览表

表30-2

影院名称	放映场次（场次）	观众数量（人次）	票房收入（万元）
扬州工人文化宫影城	6101	124451	330.86
扬州世纪影城	20267	904153	3195.20
高邮北海影城	5134	80041	261.66
扬州喜满客影城	18766	666953	2210.73
仪征辉煌影城	4153	32562	74.38
扬州金逸影城	14449	545424	1795.01
扬州江都曙光影城	9881	196360	686.61
江都世纪影城	7776	207845	628.94
扬州汇金谷金字塔影城	1402	4356	10.82
仪征蓝海影城	7080	177326	488.57
仪征国信影城	6013	129213	326.84
宝应世纪影城	6735	212961	807.07
扬州牛仔汽车影城	391	652	4.20
高邮华夏影城	781	4174	12.39

（仲铁成）

扬州广播电视传媒集团（总台）

■概述　扬州广播电视传媒集团（总台）〔简称扬州广电集团（总台）〕围绕中共十八届三中全会、各级人大和政协"两会"、"烟花三月"节、运博会以及重大项目建设、名城建设、民生幸福工程等重大事件和活动，整合广播、电视、报纸、网络等媒体资源，做好宣传报道，发挥广播电视舆论导向作用。全年制作电视节目7000小时、广播节目2.7万小时。提高广播、电视节目质量，巩固主流媒体地位。电视收视、广播收听市场份额分别超过40%、75%，《江苏声屏·扬州广播电视》发行量超过7万份。全年有23件作品获省级一等奖及以上奖项29个。配合全市重点工作，承办全国道德模范与身边好人现场交流会、中国音乐"金钟奖"古筝比赛、"我们的节日"系列活动、"三公开三报告"（公开事项、公开过程、公开结果，向组织报告、向人大代表和政协委员报告、向服务对象报告）电视直播等活动。依托广播电视媒体影响力，策划、举办年度新闻人物评选、瓜洲音乐节、"最美乡村路"评选、"我的中国梦"少儿征文大赛、关注助学、大学生职场精英赛、爱心助考、开心过大年等公益活动。（仲铁成）

■扬州广电集团（总台）广播电视节目　2013年，扬州广电集团（总台）自办广播频率5个、电视频道4个、数字电视频道2个，电视节目制作总量7000小时，广播节目制作总量2.7万小时。电视节目《扬州新闻》《关注》《市民论谈》和广播节目《985新闻》《行风热线》等成为市委、市政府发布政令、指导工作和沟通群众的重要渠道。《今日生活》《新闻女生帮你忙》《甲方乙方》《扬州好佬》《上班路上》《夜色温柔》《大街小巷》《广陵书苑》等栏目质量稳步提高，丰富市民文化娱乐生活，满足市民生活资讯需求。投入近1400万元打造电视生活频道，设置《会生活》《我爱我家》《当家菜》《慧心一刻》等4个自办栏目。（仲铁成）

■《梦里个园》获休斯敦国际电影电视节雷米奖　4月20日，第46届休斯敦国际电影电视节举办颁奖晚会，电视音乐艺术片《梦里个园》获雷米奖（电视片旅游类金奖），成为扬州市首部在国际A级电影电视节上获奖的电视片。《梦里个园》由扬州广电集团（总台）出品、个园管理处出资拍摄。该片采用高清设备拍摄制作，介绍中国四大名园之一——扬州个园。拍摄者从个园历史跨度、景物特点和人文意蕴入手，用人物和故事串联起个园风光，其间穿插介绍扬州剪纸、扬州清曲、扬州画派等扬州传统文化和东关灯市、长毛绒玩具、扬州小吃等扬州传统民俗、地方特产。（闻　华）

■摄制扬州外宣片　扬州广电集团（总台）邀请好莱坞著名导演和制作团队，完成外宣片《扬州——永恒的文化之城》制作。该片以扬州文化为主线，内容涵盖名胜古迹、园林风光、历史街区、宜居生态、城市新貌、文化艺术、一二产业、休闲娱乐、城市荣誉等9个方面，以讲故事的方式，展示扬州人文之美；以国际化的视角，表现外国人对扬州城市精神的理解。（仲铁成）

2013年扬州广播电视传媒集团(总台)获省级一等奖及以上奖项作品一览表

表30-3

类别	获奖作品标题	奖项名称
电视类	《梦里个园》	第46届休斯敦国际电影电视节雷米奖 2012—2013年度江苏电视文艺奖文学节目特别奖
	《“水墨四季”——2012中国扬州“烟花三月”国际经贸旅游节开幕式晚会》	2012—2013年度江苏电视文艺奖歌舞节目一等奖 第29届江苏省电视金凤凰奖电视晚会类一等奖
	《今日生活》	第八届江苏广播电视“十大优秀专栏”
	《饭店惊现潜规则:包厢餐具清洗“两盆水”搞定》	2012年度江苏电视新闻奖长消息一等奖
	《新江苏 新航程》	2012年度江苏电视新闻奖连续(系列)报道特别奖
	《一个糍饭:小慈善 大温暖》	2012年度江苏广播电视彩虹奖电视评论一等奖
	《我们的节日·端午》	2012年度江苏广播电视彩虹奖电视文艺节目一等奖 第29届江苏省电视金凤凰奖电视文学(文艺)类一等奖 2012年度江苏电视社教节目特别节目一等奖
	《莲花桥》	2012年度江苏电视社教节目专题片一等奖 第29届江苏省电视金凤凰奖电视纪录片长篇一等奖
	《市民论谈》	2012年度江苏电视社教节目优秀栏目
	《老爸老妈呱呱叫》	第29届江苏省电视金凤凰奖电视晚会类一等奖
	《守望社火》	第29届江苏省电视金凤凰奖电视纪录片短篇一等奖
	《储蓄未来篇》	第29届江苏省电视金凤凰奖电视广告类一等奖
	《喜宴无烟 大爱无言》	第29届江苏省电视金凤凰奖电视广告类一等奖
广播类	《一张道歉条,触动了我们什么?》	第23届中国新闻奖广播评论一等奖 2012年度江苏广播新闻奖评论一等奖
	《绿杨城郭》	江苏广播电视“名专栏”(复审)
	《985早新闻》	第八届江苏广播电视“十大名专栏”
	《“7·20”地震特别直播》	2012年度江苏广播新闻奖现场直播一等奖
	《新征程 新步伐》	2012年度江苏广播新闻奖现场直播特别奖
	《一个人的诚信考场》	2012年度江苏广播剧、广播文艺奖单本剧一等奖
	《“声动九州”全国主持人选拔赛总决赛》	2012年度江苏广播剧、广播文艺奖综艺节目特别奖
报刊类	《焦裕禄,高贵在哪里》	2012年度江苏广播电视报刊新闻与专稿奖评论一等奖
论文类	《区域广电在推进三网融合进程中的战略重构》	2012年度江苏省优秀新闻论文一等奖
	《情感调解类电视节目的兴盛及“冷思考”——以湖南电视台〈8090〉节目为例》	第三届电视星光奖论文奖三等奖

(仲铁成)

■广播电视科技装备 扬州广电集团(总台)全年投入3700多万元,启动高清频道播出系统、高清卫星车改造、高清新闻网、云媒资系统和全媒体演播室系统高清改造等重大项目,提高广播电视制作、播出、传输硬件水平。2013年,扬州广电集团(总台)制播技术中心获评全省广播电影电视系统先进集体;2件作品获国家广电总局电视节目录制质量奖,5件作品获全省广播电视节目技术质量奖一等奖;1个项目获中国广播电视科技创新一等奖;1人先后获全国、全省“广电技术能手”称号。(仲铁成)

■江都广播电视台整建制划转 落实市委、市政府《关于将江都区广播电视台整建制划转扬州广播电视传媒集团(总台)的通知》精神,完成江都广播电视台人员划转、资产清核等工作,为市区广播电视规模化、集约化发展奠定基础。(仲铁成)

文学艺术

■概述 2013年,全市文艺界出版《又是荷藕飘香时》《李光荣当村官》《大清盐商》《花牌楼》《母亲望着我》《芦花暴》《驿站风云》等长篇、中篇小说,《月亮很淡的晚上》《温暖的字》《蓝色记忆的年代》《惜行》《烟雨》《一家桥千字文》《故乡的原风景》《我和我追逐的梦》《青藤拾艺》等散文集,

《天问的回声》《塔与河的交换》等诗集，以及长篇纪实文学《湖天新月曜菱塘》、儿童文学《共舞月光下》、故事集《穿越隧道遇到自己》、微电影文学剧本《比邻而居》、杂文集《苍山人话》、新闻作品《亚热带温度》、艺术研究论文《扬州民间美术类非物质文化遗产研究——以扬州剪纸为例》、文学评论《站在文学的窗口眺望》、文化札记《名人富春》等。宝应作家徐树建创作的民间文学作品《开店情缘》获中国文学艺术界联合会、中国民间文艺家协会颁发的中国民间文艺“山花奖”，扬州作家周浩晖创作的电影剧本《味绝天下》获江苏省文学艺术界联合会首届“钟山奖”电影剧本征集活动优秀奖，宝应作家何开文创作的微型小说《战士与村姑》获中国微型小说学会、世界华文微型小说研究会主办的“黔台杯”第二届世界华文微型小说大赛优秀奖，徐晓思创作的散文《我依净土而居》获江苏省作家协会、高邮市政府主办的“弘邮杯”书信体散文征文大赛三等奖，扬州诗人陆华军作词的歌曲《美丽水乡》获浙江省文化厅主办的浙江省第12届音乐新作演唱演奏大赛创作银奖。根据扬州作家王巨成小说《穿过忧伤的花季》改编的同名电影获第13届电视电影“百合奖”优秀影片一等奖。

木偶剧《胡桃夹子》、扬剧《衣冠风流》首演。木偶剧《胡桃夹子》和扬州评话《王少堂》《三国·当阳救主》入选文化部全国曲艺、木偶戏、皮影戏优秀剧（节）目资助项目。曲艺中篇《郑板桥》获省曲艺“芦花奖”文学奖，扬州清曲《春江花月夜》获省曲艺“芦花奖”节目奖、音乐奖。木偶剧《胡桃夹子》、中篇弹词《盛世红伶》选段《情殇》分别参加第十届中国艺术节全国木偶戏、皮影戏优秀剧（节）目展演和曲艺优秀节目展演。舞蹈《甘霖》获第十届全国舞蹈比赛优秀节目创作奖，《祭礼长生天》等5个节目入围省第三届“莲花奖”青年舞蹈大赛决赛。《永乐大典》等6幅美术作品入选国家级美术工程作品展。扬州市在第六届江苏戏剧奖·红梅奖大赛中获3枚金牌、3枚银牌、6枚铜牌，金牌数和奖牌数均列全省第一。

开展各类文化活动，举办春节联欢会暨2013城市荣誉表彰会、“扬州之春”艺术周、“清风扬州”勤廉事迹专场文艺演出、扬州国际音乐节，承办第七届中国古筝艺术学术交流会。市歌舞剧院有限公司（简称市歌舞剧院）参加公安部2013年“万家灯火平安夜”春节晚会、江苏省春节军民联欢会演出。（刘文献　闻　华）

■文艺创作引导资金项目　2012年，扬州市文学艺术界联合会（简称市文联）设立扬州市文艺创作引导资金，每年投入50万元，引导文艺界加强创作和研究。2013年，全市评出文学创作引导资金项目立项作品35件，涵盖长篇小说、长篇纪实文学、散文、诗歌、书画、摄影、舞蹈、歌曲等各艺术门类；资助出版《文杏书系（第二辑）》与《文杏艺丛（第一辑）》。

（吴建军）

■春节联欢会暨城市荣誉表彰会　1月30日，由中共扬州市委、市政府主办的2013年春节联欢会暨城市荣誉表彰会在扬州大剧院举行。谢正义、朱民阳、洪锦华、赵晓江等市领导，省委宣传部部务委员、省精神文明建设指导委员会办公室副主任韩松林，扬州市社会各界代表出席会议。市领导分别为“十大扬州好人”“十大见义勇为先进分子”“十大纳税企业”“十大功臣”颁奖。春节联欢会暨城市荣誉表彰会文艺演出分“春暖扬州”“福满扬州”“美丽扬州”3个篇章。诗朗诵《春暖扬州梦》、小品《赤子情》等节目演绎“十大扬州好人”等优秀人物先进事迹，扬剧表演唱《福星高照》、扬州评话《幸福扬州路》等节目展示扬州政治、经济、文化、社会、生态建设成果，男声独唱《迎来春色换人间》、舞蹈《年年有余》等节目表达对全市人民的新春祝福。

（刘文献　朱运桃）

■“扬州之春”艺术周　春节期间，由市委宣传部、市文广新局等联合主办的“扬州之春”艺术周活动分别在扬州大剧院、友好会馆、市音乐厅、市美术馆举行。扬州市各专业剧团与浙江宁波越剧团上演扬州曲艺专场、歌舞综合专场、人偶剧《葫芦娃》、音乐会、越剧《荣华梦》、扬剧《巡按还乡》等6台节目，参演节目有扬剧、木偶剧、曲艺、歌舞、相声、魔术等多种艺术样式。市国画院在市美术馆举办迎春画展。（刘文献　朱运桃）

■市政府与省文化厅、省文物局合作推进扬州“世界文化名城”建设　2月17日，扬州市政府、省文化厅、省文物局在扬州迎宾馆签署合作协议，共同推进扬州市“世界文化名城”建设。根据协议，省文化厅、省文物局和扬州市政府将在公共文化服务体系建设与完善、精品艺术创作与生产、文化产业升级与转型、文化遗产保护与利用、文化市场繁荣与规范、文化人才培养与提升、优秀文化走出去与引进来等7个方面展开合作，推动扬州市到“十二五”末全面建成公共文化服务体系，推出一批获国家、省级奖项的文化艺术精品，打造一批国内有影响、国外有声誉的文化品牌，培养一批专业性文化艺术领军人才，建成一批国家级、省级文化产业示范基地和特色文化产业园区，发展一批有规模、有品牌、有诚信的文化企业，促进有效保护和合理利用一批文化遗产，使扬州迈入文化强市行列，加快“世界文化名城”建设步伐。

（刘文献）

■首个专业民乐团成立　3月24日，市歌舞剧院整合民族乐队资源，组建扬州市首个专业民乐团——扬州市歌舞剧院民族乐团。乐队23名乐手平均年龄35岁。当天下午，扬州市歌舞剧院民族乐团作为文化惠民系列活动“周周听民乐”演出班底，在市音乐厅首次公演。（闻　华）

■市音乐厅“周周听民乐”活动　3月24日，市音乐厅启动“周周听民乐”活动。该活动是市音乐厅、市歌舞剧院民族乐团、扬州人民广播电台音乐台主办的文化惠民活动，以市歌舞剧院民族乐团为演出班底，邀请国内知名乐团及演员联袂演出，每周上演一场，并安排乐团每月进社区、进校园、进企业演出。活动期间，安排“你喜爱的民乐曲目”“教你了解民族乐器”等互动环节，排练、上演群众喜闻乐见的民乐曲目，介绍民乐知识，满足民乐爱好者欣赏需求。全年举办“周周听民乐”活动22次。 （刘文献 朱运桃）

■**李仁珍当选“中华传统文化标杆人物”** 3月，“100位中华传统文化标杆人物”和“100位中华传统文化杰出传承人”（简称中华传统文化“双百人物”）评选结果揭晓，李仁珍当选“中华传统文化标杆人物”，成为江苏省唯一当选的曲艺代表。中华传统文化“双百人物”评选活动由中华传统文化研究会、中华传统文化发展基金会、文化大家杂志社发起，旨在表彰在传承和弘扬中华传统文化事业中作出卓越贡献的模范人物。李仁珍为中国曲艺家协会会员，著名扬州弹词、清曲表演艺术家，国家一级演员，国家级非物质文化遗产（简称“非遗”）项目代表性传承人，先后创作扬州弹词、扬州清曲作品100多首，曾获首届全国曲艺大赛表演一等奖、中国曲艺“牡丹奖”等，首创扬州弹词“李派”“李调”，被誉为“弹词皇后”。 （闻 华）

■**“中国扬州·烟花三月·光影周”活动** 4月5日，由中国摄影杂志社、江苏省摄影家协会、扬州市文联、邗江区委宣传部联合主办，扬州市摄影家协会、邗江区文联、邗江区摄影家协会承办的“幸福新邗江”第三届“中国扬州·烟花三月·光影周”活动在邗江区文化馆开镜。扬州市摄影家协会会员以及省内摄影家200多人参加为期3天的活动。活动期间，举办摄影讲座、现场拍摄、专家点评、摄影比赛等活动，评出一等奖作品1幅、二等奖作品3幅、三等奖作品6幅、优秀奖作品40幅。 （吴建军）

■**首届国际诗人瘦西湖虹桥修禊活动** 修禊缘起于周代古老习俗“祓禊”，农历三月上巳日，人们相约水滨，执兰草沐浴洗濯，祛病、消灾、祈福，后逐渐演变为古代文人诗家春游踏青、以诗会友的雅集活动，尤以东晋永和九年的“兰亭雅集”和清康乾年间“虹桥修禊”最为著名。4月12日，由瘦西湖风景区管理处主办，北京文艺网、《扬子江》诗刊承办，扬州市文联、扬州市作家协会参与协办的首届国际诗人瘦西湖虹桥修禊活动在瘦西湖“虹衢春风”景区开幕，中国、英国、德国、美国12名著名诗人参加活动。在为期4天的活动中，中外诗人参加虹桥修禊仪式，与扬州公众一起参加“曲水流觞”诗歌唱和活动，并举行中外诗人诗歌互译活动以及以“全球化语境中的本地深度”为主题的诗歌论坛，重现“虹桥修禊”胜景。 （吴建军 闻 华）

■**长篇小说《大清盐商》出版** 4月，扬州作家王资鑫创作的长篇小说《大清盐商》由山东人民出版社出版发行。《大清盐商》分上、下册，全书70万字，以两淮盐引案为线索，反映两淮盐商兴衰史。 （闻 华）

■**木偶剧《胡桃夹子》首演** 4月28日，由扬州木偶研究所创排、天津人民艺术剧院副院长马路执导的大型木偶剧《胡桃夹子》在扬州大剧院首演。扬州木偶研究所在创排过程中，对芭蕾舞剧《胡桃夹子》剧情作大规模修改，使用杖头木偶、布袋木偶、提线木偶、卡拉木偶等6种木偶，每位演员都身兼两职——舞剧表演者和木偶操纵者，同时增加真人歌舞队，表演芭蕾舞片段、扬州弹词、手拉京胡等。全剧借芭蕾舞表现方式，淡化台词，加大木偶形体艺术表现力，舞台效果堪比3D电影，实现木偶表演概念革新和形式突破。 （闻 华）

■**“翰墨见扬州”中国山水画名家画扬州作品展** 2012年5月6日，由扬州市政府、文化部中外文化交流中心主办，中国山水画创作院、扬州鉴真书画院承办的中国山水画名家画扬州活动启动，数十名中国山水画名家到扬州参加为期十多天的写生活动。2013年1月16日，“翰墨见扬州”中国山水画名家画扬州作品展在中国国家画院美术馆揭幕。此次展览为期6天，展出龙瑞、范扬、张复兴、程振国等28名当代山水画家在中国山水画名家画扬州活动中创作的山水画精品140多幅，集中体现扬州古代文化与现代文明交相辉映的城市特质。3月20日至4月5日，该展览在扬州市美术馆展出，展出作品132幅。 （闻 华）

■**海峡两岸清代扬州学派学术研讨会** 5月18日，由扬州大学文学院主办，市文广新局、扬州学派研究会、广陵书社联办的海峡两岸清代扬州学派学术研讨会在扬州大学文学

4月28日，木偶剧《胡桃夹子》首演。图为演出现场 董 辉/摄

院举行。海峡两岸高等院校、科研院所、出版机构60名专家学者参会。大会开幕式由扬州大学文学院院长许建中主持，市文广新局局长季培均、扬州大学副校长陈国宏、台湾“中央研究院”教授林庆彰、中国社会科学院教授夏春涛、扬州大学教授祁龙威先后致辞。会议紧扣“清代扬州学派”专题，举办5场学术交流会，有35名专家作专题报告。 （闻 华）

■扬州弹词《盛世红伶》获省文华奖 5月27日，首届“江苏省文华奖·艺术展演月”活动在南京文化艺术中心落下帷幕，首届江苏省文华奖同时揭晓。扬州市曲艺研究所选送的中篇扬州弹词《盛世红伶》获文华优秀节目展演奖，主演包伟获文华表演奖。江苏省文华奖由省文化厅组织评选，为专业艺术政府奖，分舞台艺术奖和美术奖。首届“江苏省文华奖·艺术展演月”活动4月28日开幕，省内外32台剧（节）目参加展演。中篇扬州弹词《盛世红伶》参加5月在常熟举行的曲艺专场表演。 （闻 华）

■5人获江苏舞蹈“莲花奖” 6月9日，江苏舞蹈“莲花奖”第三届青年舞蹈演员大赛颁奖晚会在南京举行。市歌舞剧院选送的《祭礼长生天》《空谷幽兰》《逼上梁山》等5个参赛舞蹈节目全部进入决赛，参演演员平均年龄21岁。其中，周晨、冯丽姗获“江苏优秀青年舞蹈家”称号，陈彦妃、陈俊、杨湘怡分获优秀表演奖第一名、第四名、第六名。 （闻 华）

■《衣冠风流》首演 6月15日，新编大型历史古装扬剧《衣冠风流》首场汇报演出在扬州大剧院举行。中国剧协主席尚长荣，中国剧协驻会副主席季国平，中国文联副主席、中国剧协副主席裴艳玲以及市领导张跃进、卢桂平、孙永如、董玉海、王克胜等观摩演出。《衣冠风流》由市扬剧研究所创作、排演，表现东晋重臣谢安心怀社稷、视死如归，挫败权臣篡位阴谋的故事，由李政成领衔主演。该剧在继承扬剧传统韵味的同时，在唱腔、配乐、舞美上均作大幅创新。 （闻 华）

■“清风扬州”勤廉事迹专场文艺演出 6月28日，由市委、市政府主办，市纪委（监察局）、市文广新局等承办的“清风扬州”勤廉事迹专场文艺演出在扬州大剧院举行。文艺演出以“清风扬州”为主题，分“丹心谱”“正气歌”“清风颂”3个篇章，弘扬廉政文化，营造崇尚廉洁氛围。参演节目均根据扬州干部群众勤廉事迹创作而成。 （刘文献 朱运桃）

■中国（国际）琴筝乐舞艺术节 7月26日，由中国民族器乐学会、扬州市委宣传部、中国民主建国会扬州市委、市文广新局、市文联以及北京乐器学会联合主办，中国古琴学会、市音乐家协会、市音乐家协会飞泉琴社等承办的2013年首届中国（国际）琴筝乐舞艺术节在扬州会议中心开幕，兰旗儿《中国新诗篇》公益音乐会同时举行。此次艺术节为期3天，举办古筝、古琴、民族乐器综合艺术和声乐、舞蹈、表演邀请赛以及阳光音乐会等活动，国内演奏家、教育家、歌唱家和国内外琴筝乐舞爱好者400多人参加活动。艺术节评选出各项比赛金、银、铜奖及优秀教师奖、最佳组织奖、文化交流大使等。扬州参赛选手获7个金奖。 （吴建军 闻 华）

首届中国（国际）琴筝乐舞艺术节演出现场

庄文斌/摄

■2013中国扬州国际音乐节 8月18日，由市文广新局主办，市音乐厅、扬州电广新媒体传播有限公司承办的2013中国扬州国际音乐节在市音乐厅开幕，上海爱乐乐团举行首场演出。音乐节为期8天，连续举办8场音乐会，其中西洋交响音乐会1场、民族管弦乐音乐会1场、民乐合奏音乐会1场、西洋小型音乐会5场，美国、俄罗斯等10个国家的乐队、歌唱家参加表演。 （刘文献 朱运桃）

■《春江花月夜·唯美扬州》首次对外演出 9月18日晚，扬州首部山水实景演出剧目《春江花月夜·唯美扬州》在瘦西湖公园首演。该剧总投资1.8亿元，有演职人员近300人，何晓斌担任总导演，金培达作曲，王林夕作词，刘嵩编舞。该剧以唐代诗人张若虚《春江花月夜》为基础，进行艺术再创作，分《水中影》《画中仙》《园中缘》三幕，讲述一段跨越千年的传奇爱情故事。整场演出时长60分钟，穿插扬州清曲、《牡丹亭》故事、月亮城等城市文化元素，让观众领略扬州文化特质。《春江花月夜·唯美扬州》以瘦西湖水和园林景观为天然舞台，占地1公顷，运用现代高科技声、光、电技术营造舞台效果，阶梯式观众坐席可容纳1500人。该剧是全国首部江南园林实景演出，也是江苏省首部大型实景演出，旨在打造扬州旅游文化新名片，填补“夜游扬州”空白。 （闻 华）

■音乐剧《扬州旧梦》获奖 9月23日，由北京曹雪芹学会、北京海淀区人民政府、北京公园管理中心联合主办的第四届曹雪芹文化艺术节“曹雪芹文化发展联盟演出季”活动在北京植物园万生苑温室内举行，民建扬州市委艺术团选送的音乐剧《扬州旧梦》获“最佳节目奖”“最佳表演奖”。音乐剧《扬州旧梦》根据扬州民间流传的《红楼梦》作者曹雪芹乾隆年间

扬州选手参加江苏戏剧奖·红梅奖大赛决赛现场　　汤玉祥/摄

在瓜洲的故事改编。10月15日,《扬州旧梦》参加第四届曹雪芹文化艺术节菊花雅集演出。　（闻　华）

■江苏戏剧奖·红梅奖大赛扬州获佳绩　9月28日,由省文化厅、省文联和淮安市政府主办的第六届江苏戏剧奖·红梅奖大赛在淮安市人民大会堂落幕并举行颁奖晚会。全省13个剧种208名选手参加大赛复赛、决赛,评出金奖13个、银奖18个、铜奖34个。扬州市获金奖3个、银奖3个、铜奖6个,市文广新局、市文联获优秀组织奖。其中,扬州市扬剧研究所汪媛、陆海峰、陈芝越获金奖,游佳琦获银奖,彭楷仪、薛健、李楚祺获铜奖;江都区扬剧团刘颖获银奖;仪征市扬剧团王永成获铜奖,徐雪获器乐组铜奖;仪征市红艳扬剧团王秋艳获业余组银奖;高邮赵娜扬剧团赵娜获器乐组铜奖。（刘文献　朱运桃）

■利阿娜获"江苏友谊奖"　9月,扬州文化艺术学校俄罗斯籍专家Liana Bychkova(利阿娜)获省政府颁发的2013年度"江苏友谊奖"。"江苏友谊奖"是省政府为外国专家设立的最高奖励,用于表彰在江苏经济建设和社会发展事业中作出突出贡献、积极促进中外交流合作的外国专家。利阿娜2005年9月起担任扬州文化艺术学校舞蹈专业教师。在中国舞表演教学中,她将欧洲古典芭蕾、中国古典舞与传统戏曲教学元素相融合,形成一套科学、规范、严谨的教学体系。她教授的舞蹈基训课被省、市教育文化部门树为示范课堂,在全省推广应用。她参与创编的《荷塘语丝》《杨柳轻扬》等扬州水乡系列舞蹈连续3届在文华艺术院校奖"桃李杯"舞蹈比赛中获奖。（刘文献）

■第七届中国古筝艺术学术交流会　10月21—24日,由中国音乐家协会、省文联和扬州市政府联合主办的第七届中国古筝艺术学术交流会在扬州市会议中心举行,国内众多著名筝家、民族音乐家以及海内外琴筝爱好者约600人参加会议。大会组委会收到论文102篇、筝曲41支近700分钟,创下历届古筝艺术学术交流会之最。此次学术交流会以"新时期传统筝艺的传承与发展"为主题,举办1场专家论坛、2场专场音乐会、4场论文交流会、4场筝艺和筝曲交流会,观摩第九届中国音乐金钟奖古筝比赛,举办琴筝乐器博览会,交流古筝艺术的演奏、创作、教学、制作理论与革新等新成果以及古筝艺术发展战略方向,并向12名筝界老专家颁发中国音协古筝学会杰出贡献奖。在10月21日晚举行的开幕式音乐会上,扬州大学艺术学院、鉴真佛教学院天音琴筝班、百家筝鸣艺术中心古筝学员参加筝曲和扬州清曲表演。（闻　华）

■市歌舞剧院"名城艺术"网上线运行　10月28日,市歌舞剧院"名城艺术"网上线运行。"名城艺术"网设置"艺术资讯""艺术商城""艺术欣赏""掌上购票""艺术活动""在线互动"等6个板块,并与扬州广电传媒集团旗下"无限扬州"移动终端实行捆绑宣传,以文字、图片、音频、视频等多种形式,搭建艺术信息发布和产品电子交易平台。（刘文献　朱运桃）

■扬州曲艺获8个"芦花奖"　11月5日,第五届江苏曲艺"芦花奖"评选结果在苏州揭晓,扬州曲艺获8个"芦花奖",涵盖节目奖、表演奖、音乐奖、理论奖以及文学奖,参评项目获奖率80%。其中,戈弘创作的扬州清曲《春江花月夜》获节目奖、音乐奖,陈中、赵松艳、刘芓君、谭敏获表演奖,朱运桃、胡展撰写的《舌尖上的扬州评话——谈扬州评话所展示的说类曲艺节奏美》获理论奖,殷伯达创作的扬州评话《板桥与五娘》获文学奖。（闻　华）

■艺术创作人员到高邮、邗江采风　11月,市文广新局组织艺术创作人员到高邮市甘垛镇周罗村、邗江区方巷镇采风,分别调研原生态民歌、民间特色舞蹈。采风组在高邮市周罗村欣赏高邮民歌第三代传承人曹德怀、印宝松等现场表演;在高邮市三垛镇武宁村参观高邮民歌传习所,观赏高邮民歌情景剧,与扬州民歌专家、民歌收集编创者张荣权、徐晓思等交流座谈;在邗江区方巷镇观看渔家欢艺术团表演的《花香鼓舞》《板凳龙》等特色民间舞蹈。（刘文献　朱运桃）

■"追光觅影"虹军摄影作品展　12月6日,由江苏省摄影家协会、扬州市文广新局、市文联共同主办的"追光觅影"虹军摄影作品展在扬州市图书馆一楼展厅展出。展览分为"那个年代""都市印象""自然密码"3个部分,展出中国摄影家协会会员、中国艺术摄影学会会员、江苏省摄影家协会名誉理事王虹军从事摄影工作半个多世纪的作品108幅。（刘文献　郑　妮）

■扬州市扬剧研究所　市扬剧研究所围绕"出人、出戏、出精品",做好剧目创作和人才培养工作。全年组织各类演出96场,其中商业演出84场、"百场公益演出"扬剧专场12场。4月,从越剧移植的传统剧目《花烛泪》公演。5月，新编扬剧历史剧《衣冠风流》在扬州大剧院公演。8月，复排的扬剧古装戏《范仲华招亲》公演。11月，移植、排练的扬剧《三娘教子》公演。同月，移植、排练扬剧《沉香扇》。全年组织"周周看扬剧"品牌活动演出46场，参加"扬州之春"艺术周、"我们的节日"、"清风扬州"勤廉事迹专场文艺演出和文艺"下乡"、文艺"进基层"等指令性演出活动。制定国家级"非遗"项目扬剧中长期保护规划。扬州道情申报第四批国家级"非遗"项目。加强扬剧学员培养。7月，对扬州文化艺术学校2007级扬剧班学员毕业汇报剧目《百岁挂帅》进行精加工，与中国戏曲学院、扬州文化艺术学校达成"合作建立教学实践基地、生源培训基地"意向协议。推荐汪媛、陆海峰、陈芝越等7人参加第六届江苏省戏剧奖·红梅奖大赛。10月20日，在扬州大剧院举行"沃土绽红梅"第六届江苏省戏剧奖·红梅奖大赛获奖节目汇报演出。8月，将扬州文化艺术学校2007级扬剧班30名学员招录进编，组织其排练传统剧目《白蛇传》。

（刘文献 朱运桃）

■扬州市曲艺研究所 开展曲艺惠民活动。全年在扬州市13个社区、3家书场、1家饭店、1家茶楼及淮安书场、张家港永联戏楼等场所演出1036场，观众约6万人次。参加"百场公益演出"226场。参加文化、卫生、科技"三下乡"专场文艺演出、"扬州之春"艺术周、"烟花三月"节系列活动演出、"扬州市民日"演出、运博会群众文艺活动等指令性演出。5月和9月，分别组织"高雅艺术进校园"扬州曲艺走进南京艺术学院和扬州曲艺走进南京大学专场演出。与扬州广播电视总台、恒通集团等单位合作，创作、排演《我的梦》《一流配网人》等具有行业特征的综艺节目。扬州清曲表演唱《虞美人·听雨》参加第八届中国宝丰马街书会邀请赛，获节目一等奖。在首届江苏文华奖曲艺专场比赛中，包伟获表演奖；在第二届"岳池杯"中国曲艺之乡曲艺大赛中，殷健获节目铜奖。加强曲艺创作和保护。全年创作扬州弹词开篇《又见广陵潮》、扬州清曲表演唱《春江花月夜》、中篇扬州评话《郑板桥》以及综艺类节目近10个，整理、出版扬州弹词传统书目《双金锭》（演出本），将沈志风扬州弹词代表性书目《双金锭》录制成DVD光盘保存。徐桂清、包伟进入省级"非遗"项目扬州弹词代表性传承人公示名单。在江都区宜陵镇中心小学开设的扬州评话传承班招收学生45人，授课120节。

（刘文献 朱运桃）

■扬州市歌舞剧院有限公司 策划、创作音乐舞蹈诗《扬州美女》台本，创作舞蹈《甘霖》、大型歌舞《又是春天》、音诗画《牛牌情》等节目30个。6月，在江苏舞蹈"莲花奖"第三届青年舞蹈演员大赛上，《祭礼长生天》《小东西》等5个节目进入决赛，周晨、冯丽珊分获江苏十佳青年舞蹈家第二名、第三名，陈彦妃、陈俊、杨湘怡分获优秀表演奖第一名、第四名、第六名。7月，在第十届全国舞蹈比赛中，舞蹈《甘霖》获文华舞蹈节目优秀创作奖。市歌舞剧院舞蹈演员赴荷兰参加文化交流演出。全年实现营业总收入1601万元。市歌舞剧院举办演出114场，其中商业性演出86场、接待及慰问演出22场、公益性演出6场。全年完成文化"下乡"、"扬州之春"艺术周、"烟花三月"节系列活动以及慰问地方部队等演出28场，独立策划并完成"金标扬马，幸福名城"2013中国扬州鉴真国际半程马拉松赛主题晚会暨颁奖典礼演出活动，参加2013扬州十大新闻人物颁奖典礼、2013春节联欢会暨城市荣誉表彰会、2013年江苏省新春文化惠民专场演出、2013世界绿色设计论坛扬州峰会颁奖晚会等大型演出8场。市音乐厅承接演出、讲座等70场（其中公益性演出12场）。组织新年音乐会、以色列碧丽妮卡钢琴音乐会、首届扬州国际音乐节等演出。扬州大剧院组织越剧专场、木偶剧专场、租场演出和讲座64场。完成"资产重组下的演艺新业态运作模式探究——培育与发展新业态的实践思考""论地方文化与旅游相结合的演艺精品打造——以大型音乐歌舞诗《扬州美女》为例""'名城艺术'网站的建立及其运作——扬州歌舞剧院文化艺术产业创新发展研究"等3个科研课题研究。10月28日，"名城艺术"网上线。

（刘文献 朱运桃）

■扬州市木偶研究所 扬州市木偶研究所全年演出312场。其中，在省内外剧场演出134场，参加公益演出36场，随江苏省文化厅团组到法国、荷兰、马耳他等国参加文化交流演出12场。创作、打磨木偶剧《胡桃夹子》。该剧参加第十届中国艺术节全国木偶戏、皮影戏优秀剧目展演，入选文化部优秀剧目扶持项目。加强"非遗"保护，投入10多万元，到扬州木偶发源地录制传统剧目，收集传统木偶、道具。开展知识产权转让，与河南演艺集团等单位合作，将《葫芦娃》版权有偿转让给对方演出5年，同时每场演出收取2000元版权费，并逐年递增。此举被《中国知识产权报》称为"开创了全国剧团转让版权的先河"。市木偶研究所制作中心为山东、河南、上海、北京、四川、江西、湖北、天津等地及省内有关单位制作木偶及道具、场景，并为美国亚历桑那州喷泉山市公园制作彩灯，扩大扬州木偶制作技艺影响。

（刘文献）

■扬州文化艺术学校 学校设扬剧表演、曲艺表演、中国舞表演、器乐、音乐表演、电脑美术设计等6个专业，全年招收新生144人，毕业学生148人，毕业生就业一次签约率98%。全年组织2000多人次参加市内外各类演出实践活动，接纳300人次参加少儿舞蹈培训。3月，在省教育厅主办的全省职校师生技能大赛上，刘子慧获银奖1个，吴小波、朱晋等获铜奖6个。5月，在市文联、市舞蹈家协会主办的第五届"琼花奖"舞蹈大赛上，《影雀》《馥春·粉》等节目获金奖5个，《八女投江》《心泉》等节目获银奖5个，《铃铛少女》《吉祥树》等节目获铜奖5个，《那年剪短发》《小小长今》等节目获演出奖9个，陈鹏飞、高扬等4人获"舞蹈之星"称号，王蓓蓓、李永焱等2人获优秀创作奖。9月，俄罗斯籍外教利阿娜获省政府授予的“江苏友谊奖”。10月，学校各专业举办“校园杯”专业技能大赛；11月，学校主持人社团获省职业学校“优秀学生社团”称号。

（刘文献 朱运桃）

■扬州市国画院 2013年，扬州市国画院有在职画师14人，其中一级画师2人、二级画师4人、三级画师6人、四级画师1人。全年组织84件作品参加迎春展、“烟花三月”扬州国画院作品展、2013中国扬州世界运河名城博览会美术展等3个展览。6月，在市文化馆举办“艺舟双楫”刘南平书画展，并召开学术研讨会。组织刘南平、安玉民、贾修森、钟丹群等人作品参加2013江苏省中国画人物肖像展。在2013年全国中国画作品展、“庆花博——纪念恽南田诞辰380周年暨全国花鸟画作品展”上，李云飞创作的《花间拾趣图》《结子图》获优秀奖。启动“扬州2500年重大历史文化题材美术创作精品工程”。9月，西郊花园扬州国画院写生创作基地建立。10月，在吉林省吉林市举办“心象·南北——扬州国画院暨吉林书画院交流展”，并出版画集；组织刘南平、顾扬、贾修森等14人到吉林市开展为期6天的采风创作交流活动。组织画家参加市红十字会等举办的公益活动，并向红十字会捐赠6万元。刘南平将国画作品拍卖所得11万元捐赠给留守儿童。

（刘文献 朱运桃）

9月18日，由市文联等单位举办的“竹西雅集·瘦西湖中秋诗会”在瘦西湖趣园“四桥烟雨”景区举行 司新利/摄

■文联工作 加强文联组织建设。12月，广陵区文联成立，扬州市实现县（市、区）文联全覆盖。全市新组建邗江区公道镇文联等乡镇文联1个、扬州市市级机关摄影爱好者协会等协会4个、江苏省京沪高速扬州管理处文联等行业（企业）文联4个、扬州市熊纬书艺术馆等民办非企业单位5家。2013年末，全市有市级文联1个、县（市、区）级文联6个、乡镇级文联47个、行业（企业）文联11个；市文联有下属文艺家协会（研究会）19个、会员近1万人，其中国家级会员300人、省级会员810人。市文联建设“扬州文艺家创作园及‘八大村’”（简称“一园八村”），年内先后建立民间文艺家村、摄影家村、诗人村、音乐家村、舞蹈家村、戏曲家村。市文联、邗江区文联联合在鉴真佛教学院建立创作研究基地。市文联文艺家活动中心分别在江都区超洋生态园、瘦西湖、1912街区、来鹤台广场、甘泉街道等地建立创作活动基地。扬州市文化艺术创作研究中心在市公路管理处建立创作基地。上海文汇出版社扬州工作站成立。市文联牵头成立全市“艺展联盟”。全市各级各类文联及各协会（研究会）、中心等举办各类文艺活动。其中包括：“山川壮阔神骏驰”王正禄、蒋焕余书画精品展，乌兹别克斯坦油画展，“春风润百花”庆“三八”扬州女画家作品展，“绿色家园”姚丹晖作品展，扬州书法大展，“运河情”第二届扬州市

2013年文联讲堂活动情况表

表30-4

日　期	内　　容	主　讲　人
5月14日	冯训文书画艺术谈	画家冯训文
7月26日	论文化创意产业之真谛	澳洲葛瑞菲斯大学艺术博士朱邦雄
9—11月	摄影基础知识系列讲座（共10讲）	扬州市摄影家协会会员
9月11日	我为什么写扬州——《冶春笔记》创作谈	作家郑欣力
9月16日	艺术品的欣赏与收藏	扬州市文联美术馆副馆长叶康宁
11月29日	张大千泼墨泼彩艺术谈	江苏省美术家协会会员刘德龙
12月27日	放眼当代中国画	旅美华裔画家穆家善
12月29日	十八届三中全会会议精神	市委党校教授刘澄

（吴建军）

女书画家作品展，扬州市美术家协会山水画、花鸟画、人物画提名展，“笔走名城·墨晕江南”名城书画院首届书画展，“怀水清兴”康宁书画艺术展，“大墨东方”2013中韩国际美术交流展等书画展览活动；第三届“朱自清散文奖”颁奖仪式，“百年李涵秋 千载广陵潮”李涵秋著作展，中秋拜月暨首届“运河风·文峰情”征文颁奖活动，张美林诗集《野菊》首发式暨迎新年诗歌朗诵会，扬州传统诗词吟诵采录，何园“牡丹笔会”，瘦西湖2013赏菊美文笔会，徐郁明《草尖上的青春》诗集出版座谈会，竹西雅集·瘦西湖中秋诗会，2013瘦西湖端午诗会，许国江小说集《感觉什么是什么》座谈会，忆明珠作品《抱叶居杂诗》《闲闲草》首发式，洛夫诗歌讲座暨“众荷喧哗”洛夫伉俪“金婚＋3”诗歌朗诵会，长篇小说《李光荣当村官》座谈会等文学活动；“中国梦·扬州情——国庆专场音乐会”、“金风玉露会七夕”主题古琴雅集活动、广陵琴派第十一代传人梅曰强先生逝世十周年纪念活动、迎春清曲鉴赏会、“汉风琴韵”系列活动、扬州首届少儿器乐大赛等音乐、曲艺活动；“追光觅影”虹军摄影作品展、“扬建杯”安全文化书画摄影作品展、“古巷庭园——第二江南园林人居摄影大赛”等摄影艺术活动；“梅兰芳、梅派艺术与扬州”理论研讨会、《美在人间永不朽——扬州剪纸》首发式暨专家研讨会、当代扬州女画家艺术发展研讨会、名城文化传播工程启动仪式暨“名人讲名城”课堂首讲活动、社区电影节、“重走细君路——扬州伊犁文化艺术交流活动”、张泽民砚式山水盆景艺术展、“霜叶红于二月花——文艺家走进摄影家村创作采风活动”、“四维空间风采无限——艺术精品展”等活动。全年出版《文艺家》月刊12期、专刊6本。（吴建军）

社会文化

■**概述** 在全国第五次县以上公共图书馆评估定级中，扬州市获评一级图书馆6家、三级图书馆1家。市图书馆3家分馆建成开放，首家24小时自助图书馆投入运行，流动图书车服务覆盖面拓展，长三角网上联合知识导航站扬州分站建立。评估检查全市89个乡镇（街道）文化站，推动基层文化站提升建设水平。新建村级文化广场189个，实现农村村级文化广场全覆盖。开展文化“下乡”、“幸福扬州”送文化进社区等惠民文化活动。市直各专业艺术剧团完成“百场公益演出”280场，“周周看扬剧”演出、“扬图讲堂”公益讲座等品牌活动广受欢迎。举办“烟花三月”节系列群众文化活动、“红舞献祖国”扬州市第五届广场舞蹈比赛、第五届扬州市老年艺术节、全国淮剧票友邀请赛、江苏省和扬州市戏曲票友比赛等。在文化部主办的“永远的辉煌”第15届中国老年合唱节上，邗江区同心艺术团获金山岭长城杯。在省第六届少儿艺术节上，扬州市获4枚金牌、6枚银牌、8枚铜牌。举办市民读书节，开展图书展、“图书交换·共享阅读”、“身边的图书馆”、红领巾读书征文演讲比赛等活动。举办农民读书征文、农家书屋画展、书香江苏摄影大赛、“农家书屋·暑期乐园”等系列活动，评选出2013年度三星级示范农家书屋14家、四星级示范农家书屋5家。邗江区获评江苏省“书香之县”先进单位，邗江区邗上街道、广陵区汶河街道分获江苏省“书香之乡”称号，8个家庭获江苏省“书香家庭”称号。（钟 芸）

■**春节民俗文化活动** 春节期间，全市文化部门组织开展“红红火火过大年”春节民俗文化活动。文化馆所有活动场所全部免费开放，举办免费送春联和送传统文化进乡镇、进社区活动；市图书馆举办优秀国产少儿影视展映、灯谜竞猜、休闲阅读、网上冲浪等专题活动和图书流动车进社区服务活动。广陵区在东关美食广场举办第三届“春节天天乐”民俗文艺演出；邗江区开展“红红火火过大年”文化下乡巡回演出、“翰墨迎新春·精彩满邗城”邗江区迎春书画摄影作品展和“优秀爱国主义影片展播月”活动；江都区举办第四届“和谐之春，运河放歌”江都知名歌手演唱会、第13届“新春乐”大型广场灯谜会，邀请省扬剧团演出扬剧《三请樊梨花》等。基层各乡镇、街道文化站突出民间文化资源优势，城乡联动，举办瓜洲镇民俗艺术踩街、城北乡“大王庙迎财神民俗文艺展演”、梅岭元宵灯谜会等民俗文化活动。（刘文献）

■**“我们的节日·春节”系列活动** 春节期间，市精神文明建设指导委员会办公室（简称市文明办）联合各地、各有关部门，组织开展“我们的节日·春节”和“缤纷的冬日”系列活动，围绕“我过年——亲近传统，快乐传承”“我爱您——感恩在心，回报于行”“我运动——强健体魄，活力向上”“我成长——书香文韵，艺术浸润”等主题，开展专题教育、文体艺术、节日民俗、传统文化、社会实践、经典诵读、关爱帮扶、冬令营等活动。全市各级宣传、文化、教育、民政等部门（单位）以及社会组织、社区举办“开心大拜年·温馨感恩”活动、“热热闹闹过新年”春节民俗体验活动、群众性游园赏春活动、“迎新春，共绘世界名城新画卷”群众书画篆刻大赛、“蛇舞新春”少儿才艺汇报演出、年俗文化讲堂、扬州市第三届农民工春晚、正月初五仪征大型民俗踩街、“同一座城市，同一个家”接孤残儿童回家过年关爱行动、“我们助你成长——关爱农民工子女大巴士”行动、给打工父母写一封信、“迎新春”未成年人思想道德建设知识有奖贺卡答题、“好书伴你行”大型少儿优秀读物推介活动、“亲近乡村”社会实践调查活动、“活力少年，强身健体”体育活动、“邻里乐”棋牌比赛、“玩转老游戏”等系列活动100多项。（闻 华）

■**扬州市首届合唱节** 4月，市委宣传部、市文广新局、市教育局、市文联主办扬州市首届合唱节。合唱节比赛分少儿组、青年组、中老年组3个组别。全市有30支合唱队参赛。经各县（市、区）初赛，有12支合唱队24个节目参加4月25日在扬州音乐厅举行的决赛，最终评出金奖、银奖、铜奖和优秀演出奖各3个。（王 征）

扬州市第五届"琼花奖"舞蹈比赛现场

文 联/供稿

■**龙川小学合唱团获省紫金合唱节银奖** 5月,扬州同心艺术合唱团、扬州市老干部艺术合唱团、扬州环欧美达清音合唱团、扬州市龙川小学"杨柳青青"合唱团代表扬州市参加江苏省首届紫金合唱节,其中扬州龙川小学"杨柳青青"合唱团、扬州同心艺术合唱团分获银奖、优秀表演奖。扬州市委宣传部获优秀组织奖。

(王 征)

■**全民阅读** 4月22日,由市委宣传部、市文明办、市文广新局等13家单位联合主办,以"书香扬州 分享阅读"为主题的"世界读书日"系列活动——扬州市第四届市民读书节暨第五届职工读书节在市文化艺术中心开幕。读书节为期6个月,举办18个大项200个子项活动,100万人次参与活动。在"书香之县(市、区)、书香之乡(镇、街道)、书香之家"推荐评选活动中,王晖、李景文等2个家庭获全国"书香家庭"称号;在2013年"书香江苏"摄影大赛中,向文祥作品《细雨润书声》获二等奖,3件作品获入围奖,市文广新局获优秀组织奖;在第三届江苏农民读书节读书征文活动中,张兆成《乐源自书屋》获二等奖,陶功美《农家书屋故事多》、顾开风《巾帼书屋一瞥》获三等奖;在第三届江苏农民读书节书香农家书画大赛中,傅小青作品《书香农家》获三等奖。9月,参加"书香江苏环省行"活动的19家省、市级媒体专题调研、采访扬州市图书馆、市图书馆直属分馆、文昌花园社区。 (钟 芸)

■**"琼花奖"舞蹈比赛** 5月18—19日,由市文联、市舞蹈家协会、扬州文化艺术学校主办的扬州市第五届"琼花奖"舞蹈比赛在扬州文化艺术学校举行。比赛设少儿组、中老年组、青年组、专业组,全市各学校、艺术团体96个节目参赛。参赛舞蹈节目种类丰富,有民族舞、现代舞、街舞、肚皮舞、踢踏舞等,其中《馥春·粉》《影雀》《藏羚羊》等10多个舞蹈节目由各培训中心、艺术团体编创。比赛产生各组别金、银、铜奖和演出奖,10人获"舞蹈之星"称号。

(吴建军 闻 华)

■**送字画到农家书屋** 6月6日、8日,市文广新局先后组织老干部、老艺术家到宝应县、仪征市举办为农家书屋送字画活动,将现场创作的100幅作品赠送给乡镇农家书屋。至此,市老干部书画研究会、市老年书画家协会完成向全市1045个行政村农家书屋赠送书画任务。 (钟 芸)

■**第五届扬州市老年艺术节** 7—10月,扬州市举办第五届老年艺术节。艺术节设有音乐、舞蹈等7个艺术门类活动,有180个(件)节目和作品参赛。9月27日,艺术节参赛节目、作品专场评选活动在扬州市文化馆举行,评出表演类一等奖20个、二等奖16个、三等奖18个,书法、摄影、美术类一等奖11个、二等奖23个、三等奖32个。10月10—13日,艺术节优秀书法、美术、摄影作品在市文化馆展出。10月11日,艺术节颁奖汇报演出在扬州大剧院举行。

(刘文献 郑 妮)

■**纪念朝鲜战争停战60周年图片资料展** 8月8日,由南京图书馆、扬州市图书馆主办的"父辈的旗帜——在朝鲜战场上"纪念朝鲜战争停战60周年图片资料展在扬州市图书馆一楼展览厅开幕。展览分"跨过鸭绿江""硝烟与晚云齐飞""白骨与铜像等高""战旗美如画"4个部分,分别反映抗美援朝战争的爆发、战争过程、战争中的英雄以及以纪念朝鲜战争为主题的影视作品。展览期间,市图书馆安排播放《上甘岭》《英雄儿女》《长空比翼》《奇袭》等影片。

(刘文献 郑 妮)

■**"七彩的夏日——天翼飞Young之旅"青少年夏令营** 8月16日,由市文广新局、扬州晚报社等主办,扬州市图书馆等承办的2013年"七彩的夏日——天翼飞Young之旅"青少年夏令营在中国电信扬州分公司开营。此次公益性夏令营为期5天,是"七彩的夏日"2013扬州市图书馆暑期青少年系列活动项目之一,以"体验数字生活,感受文化魅力,探寻先辈足迹,秉承爱国精神"为主题,开展集知识性、科学性、趣味性、互动性于一体的系列活动。活动期间,70名优秀青少年学生参观"中国声谷·数字扬州"展厅,体验数字生活;参观现代农业展示中心,体验新型生态农业;听取"探索发现——人类永恒的追求""国学与传统礼仪"讲座,参观市图书馆、市博物馆、中国雕版印刷博物馆、中山陵等。

(刘文献 郑 妮)

■**人文宝应全国摄影邀请赛** 8月18日,由大众摄影杂志社、江苏省摄影家协会、宝应县委宣传部、扬州市文联联合主办的2013《大众摄影》"影像·传承"聚焦中国荷藕之乡——人文宝应全国摄影邀请赛在宝应纵棹园广场举行开镜仪式,并举办《生态宝应》摄影画册首发式。开镜当天，举办摄影专题讲座和拍摄创作活动。200多名摄影爱好者参加活动。截至10月31日，活动收到参赛作品近800件，评出一等奖作品1幅、二等奖作品3幅、三等奖作品6幅、优秀奖作品90幅。（吴建军　闻　华）

■中秋拜月活动　9月19日，市文联与文峰寺联合主办的中秋拜月活动在文峰寺举行。活动期间，举行祭月仪式、中秋晚会和首届"运河风·文峰情"中秋拜月大型主题征文颁奖仪式。征文活动收到应征作品154篇，评选出二等奖作品6篇、三等奖作品8篇。（吴建军）

■"红舞献祖国"第五届扬州市广场舞蹈比赛　10月1日，由市文广新局、市文联、市舞蹈家协会主办的"红舞献祖国"第五届扬州市广场舞蹈比赛在扬州大学附属中学东部分校举行。全市各社区30支代表队2000名广场舞蹈爱好者参加7种规定舞蹈比赛，高邮、邗江等6支代表队表演《运河鼓韵》等6个自选舞蹈节目。比赛评出广陵区曲江街道洼字街社区华美达凯莎广场等城区第三批广场舞蹈优秀示范点7个，评选出刘长年等优秀志愿者10人。

（刘文献　郑　妮）

■市图书馆开展"你选书 我买单"活动　11月6日，由扬州市图书馆、南京市新华书店主办的以"推广阅读 共享书香"为主题的"'你选书 我买单'活动——扬图分馆专场"在南京市新华书店举行。广陵新城、文昌花园等5家扬州市图书馆分馆根据所在服务区读者意见和建议，在南京市新华书店选购图书3000册，满足读者多层次、多样化和个性化阅读需求。（刘文献　郑　妮）

■康乐艺术团获"金玉兰奖"大赛最高奖　12月1日，在第15届上海世界中老年"金玉兰奖"音乐舞蹈器乐大赛上，邗江区康乐艺术团参赛节目服饰舞蹈《幸福在中国》获"金玉兰奖"大赛最高奖。"金玉兰奖"大赛每两年举办一次。此次比赛有上海、江苏、新疆、广东等地代表队49个节目参赛。（闻　华）

■扬州市首家24小时自助图书馆投入运行　12月30日，扬州市首家24小时自助图书馆在广陵新城盛城世家小区投入运行，填补扬州公共图书服务网络空白。24小时自助图书馆借书流程简便快捷，并具有还书、办卡、预借、查询、续借等功能，实现全程自助。该馆存书406册，每3天更新一次。（刘文献　郑　妮）

■农家书屋　宝应县、高邮市完成第二批数字农家书屋试点工作。3月，《人民日报》驻江苏记者站、《农民日报》驻江苏记者站等7家媒体专题报道高邮市农家书屋公共服务平台服务农民情况。开展以送知识、送温暖、送爱心到书屋为主题的"农家书屋·暑期乐园"系列活动。组织542名农家书屋管理员和37名乡镇文化站长参加业务培训。开展扬州市2013年度星级示范农家书屋评选活动，命名广陵区李典镇田桥村农家书屋等扬州市"2013年度三星级示范农家书屋"14家、邗江区公道镇埝桥村农家书屋等扬州市"2013年度四星级示范农家书屋"5家。（钟　芸）

■扬州市文化馆　市文化馆19个功能场所、22个特色团队活动有序。全年在群艺广场组织大型演出4场，放映电影16场；组织小剧场演出150场；新辟《绿杨书场》，演出200场；举办展览30期。全年开展送文化到社区活动31场，举办"少儿音乐夏令营"二胡专场、古筝专场，举办扬州市道德讲堂总堂讲座16期。完善市文化馆网站，开辟网上舞台、网上展厅、网上培训等服务项目。举办、承办大型活动。4月，承办江苏省戏曲票友(扬剧、淮剧、黄梅戏、少儿京剧)大赛及颁奖晚会1场，组织"烟花三月"节"非遗"展示和群众文艺表演活动。4月，承办扬州市首届合唱节。5月，组织参加江苏省首届紫金合唱节，获银奖1个。7月，组织参加江苏省少儿艺术节决赛。10月，承办"红舞献祖国"第五届扬州市广场舞蹈比赛和第五届扬州市老年艺术节活动。11月，举办苏皖扬剧票友联谊演唱会。12月，承办江浙沪剪纸艺术交流展。开展辅导培训，建设特色团队。"广场舞辅导员月月训"活动每月集中培训广场舞辅导员，全年培训15批1500人次。全年为基层文艺团队提供辅导，同心艺术团、江扬美服饰团、市老年摄影协会等在国家、省级比赛中分别获奖，其中同心艺术团获中国老年合唱节银奖。举办基层文化干部培训班2期，100人次参加培训。加强"非遗"保护。组织编制16个国家级"非遗"项目中长期保护

10月11日，市文化馆承办的第五届扬州市老年艺术节颁奖演出在扬州大剧院举行。图为演出现场　杭晓燕/摄

规划，举办"非遗"系列讲座3期、传统文化讲座3期。组织10个"非遗"项目参加江苏省非物质文化遗产技艺大展。建立广陵派古琴艺术传习中心，定期举办雅集、传习活动。组织申报第四批国家级"非遗"项目和第四批省级"非遗"项目代表性传承人。9月23日，省文化厅组织7家省级新闻媒体到扬州集中采访，推介扬州市文化馆公共文化服务示范窗口工作经验。（刘文献　郑　妮）

■**扬州市图书馆**　2013年，市图书馆新增书籍5.35万册（含光盘2270张），订阅报刊1006种，征集地方文献109种304册、地方资料63种114册；年末藏书量102万册，有持证读者6.5万人。全年服务读者68万人次，图书流通量50万册次；读者登录4万人次，数字资源访问量10.9万次、下载量2.3万次。完善服务功能。全年建成、开放广陵新城、市社会福利中心、树人学校等市图书馆分馆3家，增设育才小学、树人学校等流动图书馆服务点2个，建成市图书馆24小时自助图书馆。开展"流动服务车进校园"活动，全年到育才小学、树人学校服务13次。市图书馆公共文化资源推送服务平台上线试运营。完成第五次全国公共图书馆评估定级工作。市图书馆全年举办"扬图讲堂"讲座26场、视频讲座33场，听众8000人次；组织展览15期，观众5万人次；播放电影95场，观众4000人次。开展"元宵佳节喜气多 书香文化进社区"活动。组织"祥蛇喜纳福 书香贺新春"新春系列文化活动，举办新春灯谜有奖竞猜、高清影视赏析、"全家乐"休闲阅读等6项活动，8000人次参加活动。组织"书香扬州 分享阅读"扬州市图书馆"'4·23'世界读书日"主题活动，举办"优惠图书任你选"大型图书展销会、"图书交换·共享阅读"、"书刊回家"还书免责活动等7项活动。参与国家图书馆文津图书奖初评推荐工作，举办"第八届文津图书奖"获奖图书展。5—6月，开展"书香扬州，阅读引领未来"2013年度"图书馆服务宣传周"活动。5月28日，市图书馆、邗江区图书馆在望月路广场设立服务宣传台，为居民免费办理图书借阅证，提供咨询服务，赠送数字资源阅读卡等，现场征集地方文献。宣传周期间，市图书馆为直属分馆、社区分馆、流通服务点更新书刊，举办少儿影视欢乐大放送、全国文化信息资源共享工程网上冲浪、"身边的图书馆"流动服务车开进育才小学、高清影视赏析、"扬图讲堂"走进江都和视频讲座等活动。8月，举办"七彩的夏日"2013年扬州市图书馆青少年暑期系列活动，安排10个板块20个项目，包括"国学与传统礼仪""探索发现——人类永恒的追求"等讲座，"父辈的旗帜——在朝鲜战场上"、中国传统年画大观等展览，纪念朝鲜战争停战60周年经典影片展播，"理解沟通"家长课堂，"走进'草房子'追寻文学独特魅力"同阅读共分享活动等。7—8月，举办"相约书香走进图书馆"暑期活动，接待学生34批1000人次。（刘文献　郑　妮）

文化市场管理

■**概述**　2013年，市文化行政综合执法支队出动7800人次，检查各类文化经营场所1.56万家次，收缴非法音像制品和非法出版物2.6万件。对检查中发现的违法行为，当场处罚43件，立案29件，办结28件，移交司法部门1件。开展网吧、娱乐场所执法检查；整治非法卫星电视接收设施，拆除非法卫星接收设施2748套；整治虚假违法广告，排查、清理涉嫌非法集资广告资讯信息。开展"清源""净网""秋风"等专项整治行动，打击制黄、传黄行为，封堵、查缴政治性非法出版物，扫除文化垃圾。打击"四假"和"新闻敲诈"，整治违规发放、使用记者证乱象。市"扫黄打非"办公室被评为2013年全国"扫黄打非"先进集体；市"扫黄打非"办公室查处的福州天下创世数码有限公司破坏计算机信息系统案入选全国文化综合执法十大案件，"动漫屋"网站侵犯著作权案被评为全国文化综合执法重大案件。（刘文献　王家藻）

■**版权保护**　市文广新局、市知识产权局、扬州工商行政管理局等部门组织开展版权保护宣传活动。在五亭龙玩具市场、扬州文化艺术学校、八大家社区张贴"绿书签行动2013"宣传海报，并向学校和社区捐赠图书。市文广新局抓好使用正版软件长效管理。召开2次企业软件正版化培训会，25家大型印刷企业完成软件正版化工作。建立版权纠纷调解制度，全年调解企业版权纠纷60件。（刘文献　顾　明）

■**著作权管理**　市文广新局配合市公安局治安支队查处4起跨省盗版音像制品案，鉴定涉案音像制品近2000种。全年登记著作权3件，接受版权知识咨询26件，调解软件侵权纠纷15件。开展春季集中检查行动、"净网"行动、"秋风"行动、"清源"行动，重点打击盗版软件、盗版音像制品、网络侵权行为，查处兜售非法和盗版刊物的游商、地摊、无照经营者。检查出版物经营单位87家、印刷复制企业29家、音像制品销售单位15家，查处游商、摊贩8人，收缴非法音像制品2700多张、非法出版物3500多册。清理服务器设在扬州市区的网站，对银河电子城等重点市场开展联合检查，严查利用电脑、电视棒等设备预装淫秽色情和侵权盗版出版物。查处浙江瑞安市"我喜欢"网络有限公司未经权利人许可擅自传播动漫作品侵权行为。（刘文献　顾　明）

■**表彰文明网吧**　8月18日，市文广新局在市文化馆召开会议，表彰10家2011—2012年度文明网吧，动员、部署市区网吧市场迎接文明城市测评工作。市精神文明建设指导委员会办公室、市关心下一代工作委员会以及各县（市、区）文广新局、文化市场管理部门和文化综合执法部门有关负责人，市区280名网吧经营业主参加会议。（刘文献　王家藻）

■**扬州市获全省文化市场综合行政执法技能大比武三等奖**　9月29日，全省首届文化市场综合行政执法技能大比武在南京举行。比武竞赛内容涵盖文化(文物)、广播影视、新闻出版(版权)等文化市场领域专业法律法规,考核执法人员基本技能以及综合运用法律法规开展执法行动的基本功。各省辖市及3个省管县16支代表队参加复赛,其中6支代表队进入决赛。扬州市代表队获团体三等奖,蔡鹏被评为优秀选手。

(刘文献　陈　啸)

文化产业

■概述　扬州工艺美术集团加快转型升级,入选"工艺美术行业全国十强企业""轻工业全国百强企业"。扬州报业传媒集团经济效益稳步增长。国家数字出版基地扬州园区全年总产值超过100亿元,占全省5个国家数字出版基地总产值的80%以上。全市电影票房收入首次突破1亿元,位居全省第六。扬州市"非遗"产业基地工艺坊园区和戏曲园区规划、项目论证工作启动。10个文化产业项目获国家、省文化产业扶持资金820万元;扬州工艺美术集团"中小企业集合票据项目"申报国家级文化产业发展专项资金,获贷款贴息330万元。扬州市图书馆入选省信息化重大示范试点工程。雕版印刷字库等5个项目进入国家新闻出版改革发展项目库。邗江文化科技产业园入选首批省文化科技产业园,宝绣乱针绣品有限公司入选第四批江苏省文化产业示范基地,江苏信息产业服务基地(扬州)入选首批省重点文化产业园区。新命名市级文化产业示范基地28个。

(刘文献　周志钧)

■《关于扶持发展扬州非物质文化遗产产业的意见》出台　12月9日,市政府审议通过《关于扶持发展扬州非物质文化遗产产业的意见》,提出推进"非遗"产业与科技、金融、旅游、创意等融合发展一揽子举措。(1)打造"非遗"文化产业基地。扬州报业传媒集团、扬州工艺美术集团合作打造"非遗"项目文化商业综合体,建设"非遗"大师工作室、研究机构、展示窗口、交易场所和配套商业服务设施;提升工艺坊、工艺美术大楼,扩容升级玉石材料市场,推进黄金珠宝检测中心等产业平台建设,依托扬州工艺美术馆、中国玉器博物馆、中华老字号、全国工业旅游示范点等品牌,形成"工艺坊园区";加强与旅游产业融合发展,创建国家AAAA级旅游景区。建设集教学研究、传承保护、制作生产、展示销售为一体的"戏曲园区"。整合扬剧、木偶、扬州评话、扬州清曲、扬州弹词等国家级戏曲曲艺"非遗"项目,汇集教学、培训、研究、展示、排练、录制、传承等功能,建设融"非遗"传承、艺术展演和休闲旅游于一体的文化集聚区。(2)发展"非遗"特色产业。发挥扬州工艺美术集团行业主力军作用,推进现代先进技术与"非遗"生产结合,完善工艺坊项目建设,发展工艺品牌会展经济。加快各地传统文化产业载体建设,打造集设计、加工、交易、鉴定、展览、销售为一体的工艺美术产业集聚区。至"十二五"期末,工艺美术行业实现交易额100亿元以上。发展古籍线装产业。打造扬州雕版文化新地标;推进杭集古籍线装文化创意产业园建设,打造集研发、生产、展示、交易、旅游为一体的雕版印刷集聚区。建设戏曲园区,开发扬剧、木偶、扬州评话、扬州清曲、扬州弹词等"非遗"资源,提高传统戏曲演艺业市场化程度;繁荣传统戏曲艺术创作,每1~2年打造一部有影响力的"非遗"精品剧目。做强、做大扬派盆景品牌,引导培育、种植、制作产业,建立规模化植物盆景生产基地,拓展园林展示外延;形成种、培、赏、销一体化扬派盆景产业链。

(闻　华)

■出版印刷产业发展　以"科技创新领先、骨干企业率先、绿色环保争先"为目标,发展新闻出版业。组织申报新闻出版业发展项目库和江苏省文化产业引导资金项目,挖掘可塑性强的企业和项目参加全国性大赛。在第四届中华印制大奖赛中,《清代名人书札》(二部)(扬州古籍线装产业有限公司印制)获铜奖,《扬州八怪诗笺》(扬州广陵古籍刻印社印制)获优秀奖。引进外资包装装潢企业,发展数字印刷和绿色印刷,完善绿色印刷认证工作。2013年,2个项目获省文化产业引导资金扶持,2个项目入选新闻出版总署新闻出版改革发展项目库。

(钟　芸)

■印刷业　2013年,全市514家印刷经营单位参加年检换证,其中出版物印刷企业10家、专项印刷企业6家、包装装潢印刷企业234家、其他印刷企业264家;有从业人员1.18万人,比上年增加530人。印刷企业实现工业总产值28.69亿元,比上年增长14.05%;销售收入27.42亿元,下降1.60%;实现利润1.32亿元,增长10.61%。全市有年产值超过5000万元的印刷企业11家。在第三届江苏省"双优诚信"印刷企业评选活动中,江苏京都印务有限公司等5家企业获省"双优诚信"印刷企业称号;在2011—2012年度江苏省印刷行业协会先进集体和先进个人评选中,扬州江扬印务有限公司获评先进集体。举办扬州市第四届"双优诚信"印刷企业评选活动,表彰扬州广陵古籍刻印社等22家市"双优诚信"印刷企业。

(钟　芸)

■书报刊、音像制品发行　构建出版物流配送体系,出版物发行网络网点设置合理、类型齐全、结构优化、遍布城乡。全市936家出版物发行单位(含音像制品发行单位)参加年度核验登记,其中出版物二级批发单位8家、音像制品批发单位3家;经营面积4.20万平方米,从业人员2956人;全年销售收入4.68亿元,其中批发单位销售收入3.10亿元、零售单位销售收入1.58亿元。在扬州市第四届"双优诚信"书店评比中,14家发行单位被评为"双优诚信"书店。

(钟　芸)

■扬州市首获国家级文化产业引导资金　2012年,扬州工艺美术集团与北京银行南京分行签约发行江苏省首支文化创意中小企业集合票据。2013年,扬州工艺美术集团"中小企业集合票据"项目得到中央文化产业发展专项资金支持,获融资贴息330

万元，成为扬州首个获国家级文化产业引导资金的项目。该项目同时获省级文化产业引导资金70万元。（闻　华）

■**扬州广电集团（总台）产业经营** 探索电视广告转型发展。合作经营的自主品牌“牡丹酒”对外销售；电视购物项目销售总额近600万元，初步形成专业化运作、立体式营销、差异化竞争的城市台电视购物新模式。扬州广电集团（总台）所属各企业产业经营总量增长20%以上。网络产业提高数字电视服务质量和水平，提升数字电视运营质态；会展业巩固老活动、建立新品牌，全年举办展会37场，年交易额超过30亿元；云智公司自主研发的“无限扬州”手机客户端下载量7万多次、点击率9万多次；新媒体公司、扬州古籍线装产业有限公司业务范围扩大，整体运营情况良好；扬州通衢商贸有限公司、扬州广电报网传媒有限公司主营业务翻番。集团参股的邗江区国鑫农村小额贷款有限公司和扬州华捷房地产开发有限公司等企业经济效益较好。（仲铁成）

■**扬州报业传媒集团产业经营** 巩固报纸广告、发行、印刷等传统产业，发展雕版印刷、新媒体、青少年拓展培训、站台广告、党报传媒拓展平台等文化产业项目。数字信息印刷文化产业园项目（一期）工程开工建设。广陵书社、广陵古籍刻印社、扬州国书文化传播公司联合成立扬州书局。全年实现销售总收入3.24亿元，比上年增长7%。其中，广告收入1.75亿元，增长9%；发行收入4454万元；印刷公司印刷报纸4.20亿对开张，实现销售收入5949万元；扬州市青少年素质教育实践基地接待3.2万人次，实现销售收入480多万元；小记者事业部发展小记者会员1.50万人，举办各类活动150多次，1.8万人次参加活动，实现收入540万元；站台广告收入1500多万元；党报阅报栏（屏）项目有序推进，市区建成党报阅报栏（屏）400座；2014年度《扬州日报》《扬州晚报》《扬州时报》征订总量超20万份，其中《扬州日报》发行量6.6万份。先后承办大明寺迎新祈福盛典、扬州市秋季房产交易会、汽车交易博览会等。（汤庆彬）

■**扬州书局重设开业** 4月18日，位于工艺坊沿河街52号的扬州书局开业，展示、销售扬州书局生产的200多种古籍图书以及高仿书画作品。扬州书局由扬州报业传媒集团旗下广陵书社、广陵古籍刻印社、扬州国书文化传播公司联合设立，是300年前曹寅设立扬州书局刊刻《佩文韵府》后，扬州首次重设书局。新设立的扬州书局以原大原色原样出版文津阁版《四库全书》为依托，致力于发展国书产业，建设中国古籍线装书策划、生产、展示、销售中心。（闻　华）

扬州国书文化传播公司印制的《四库全书·天一阁本》重现范氏天一阁昔日藏书珍宝　庄文斌/摄

■**扬州印刷企业参加“2013上海国际印刷周”活动** 7月10—13日，由新闻出版总署印刷发行管理司、上海市新闻出版局等主办的“2013上海国际印刷周”活动在上海新国际展览馆举行，扬州古籍线装产业有限公司、硕包科技（扬州）有限公司、永丰精密电子（扬州）有限公司等3家扬州优秀印刷企业参展，演示、展示雕版技艺和3D印刷新技术、新工艺成果，宣传不干胶印刷最新设计和包装创意。3家企业在展会上现场签订合同200多万元。（钟　芸）

■**3人入选省科技企业家培育工程** 11月，省委组织部、省文化厅公布江苏省第一期科技企业家培育工程培育对象增选人选名单，扬州漆器厂李金兵、扬州玉器厂程浩、扬州天韵琴筝有限公司李同志等3人入选。科技企业家培育工程是江苏省实施人才强省战略和创新驱动战略重要举措。入选该工程的科技企业家将有机会参加国内外培训研修，可优先申报各级各类科技和人才计划项目，其企业可优先申报高新技术企业和创新型企业，并享受科技担保、信贷、保险等金融服务。（刘文献　周志钧）

档案

■**概述** 2013年末，全市7家综合档案馆有馆藏文书档案75.22万卷、32.21万件，资料10.43万册，实物档案1417件，录像1.36万盘，照片1.80万张。其中，扬州市档案馆有馆藏文书档案22.12万卷、8.49万件，资料3.31万册，实物档案888件，录像1.07万盘，照片1.05万张。全市综合档案馆接待查档人员2.00万人次，提供档案资料8.41万卷（件）次。其中，市档案馆接待查档人员1820人次，提供档案资料1.43万卷（件）次。宝应县档案馆晋升国家二级档案馆。

市档案局在全市组织开展“社会主义新农村建设档案工作服务年”活动。推进重大项目建设档案、创建全国文明城市档案、企业档案规范化建档及申遗档案中心创建。完成2012年度扬州市十件大事评选。全市60家机关、企事业单位档案工作通过目标管理认定，其中3家被认定为省五星级。开展档案专项执法检查。市档案局与市监察局、市人力资源和社会保障局联合印发《关于认真贯彻落实〈档案管理违法违纪行为处分规定〉的通知》，并组成联合检查组，对6个县(市、区)和10家单位进行专项检查。组织开展重大活动档案执法检查，检查市直单位115家，推进全市重大活动档案管理规范化、常态化。市档案局(馆)加强档案资源建设和编研工作，复制民国时期与扬州有关的档案、资料近3万页，出版发行《江苏省明清以来档案精品选·扬州卷》。市档案馆新馆建成。加快推进全市档案数字化建设，组织实施档案异地备份工作。有序推进全市各级档案馆档案数字化和数字档案馆(室)建设与等级评估工作。邗江区档案馆通过省档案局AAAA级数字档案馆评估验收。加强档案馆安全体系建设，强化网络和信息安全管理。加强档案宣传工作。组织开展"国际档案日"系列宣传活动。全市档案系统在《中国档案报》《中国档案》《档案与建设》《扬州日报》《扬州晚报》等报刊发表文章120篇；扬州档案方志网站发布信息490条、图片140幅、视频新闻6部，累计点击量12万人次。市档案局获全省档案宣传工作先进单位特等奖。市档案馆阅档大厅和现行文件中心服务对象满意率100%。

（徐国磊）

■**档案资源建设** 2013年，市档案馆征集、接收档案463卷、7788件，资料900册，照片51张；到上海市档案馆、中国第二历史档案馆复制民国时期与扬州有关的档案、资料近3万页，充实民国档案。征集扬州籍中国科学院和中国工程院院士档案资料224件、"非遗"项目申报档案和传承人档案297件。接收市委、市政府在对外交往活动中收到的礼品、纪念品146件。（徐国磊）

■**档案文化建设** 利用市及各县(市、区)馆藏和文史资源，在《扬子晚报》刊发整版史料解读文章5篇；在《扬州晚报》推出《扬州档案》栏目，全年刊载文章近20篇。组织力量解读《清宫扬州御档》，在《中国档案报》等报刊发表研究文章近20篇。汇编《媒体聚焦扬州档案方志》。

（徐国磊）

■**《江苏省明清以来档案精品选·扬州卷》出版发行** 2012年起，扬州市档案局开展《江苏省明清以来档案精品选·扬州卷》编纂工作。市档案局组织人员到各县(市、区)综合档案馆及各专业档案馆调研全市明清及以后珍贵档案馆藏情况，形成目录；组织撰写文稿，并对图、文稿件作反复调整、修改。10月，该书由江苏人民出版社出版发行。全书近4万字，收录图片近500张，介绍精品档案65件(组)，其中明清档案6件、民国档案14件、革命历史档案7件、中华人民共和国成立后档案3件、名人档案7件、书报典籍23件、特殊载体档案4件、书画档案1组。（魏怡勤）

■**开展"社会主义新农村建设档案工作服务年"活动** 市档案局印发《关于开展"社会主义新农村建设档案工作服务年"活动的实施方案》，计划用5年时间，实现全市所有乡镇机关、行政村及部分乡镇站(所)档案工作规范化。市档案局与市委农村工作办公室联合召开全市"社会主义新农村建设档案服务年"活动动员会，市档案局与6个县(市、区)档案局签订2013年度"社会主义新农村建设档案工作服务年"工作目标责任状。截至2013年底，全市完成15个乡镇、220个行政村、13个财政所、6个农经站、1个国土分局、3个工商分局的档案规范化任务。（徐国磊）

■**城建档案管理** 2013年，市城建档案馆签订档案报送责任书110份，组织建设工程档案专项预验收160次，参加工程竣工验收68次，出具档案接收证明书132份，接收各类城建档案7500卷，其中规划档案1441卷、各类工程竣工档案5849卷、施工许可和竣工备案等业务档案210卷。全年整理各类城建档案6339卷，按照档案大流水编号重新排架3.92万卷，输入各类城建档案信息条目930条。接待查档人员723人次，提供各类城建档案3502卷次，出具证明109份；接待业务咨询116人次。完成馆藏档案77万页文字、30.8万张图纸数字化扫描。围绕城建重点工程和重要会议活动，拍摄各类照片4200张，摄像350分钟。收集全市优质工程项目评审材料光盘100张，2013年度"琼花杯""五亭杯"优质工程项目评审材料录像27部以及扬州市城市河道环境现状录像片。利用声像素材编辑制作资料片6部，为省住房和城乡建设厅网站和"美丽乡村"宣传材料提供村庄环境整治照片1900张、视频150分钟，为文明城市创建复查、道德讲堂、重大活动档案检查、纪检监察工作等提供图片和录像资料，为建设部门网站和省、市期刊等提供照片5800张、录像820分钟。做好广陵大桥、仙女庙大桥、瘦西湖地下隧道等重点工程档案的指导、收集、保管、利用工作。推进城建档案目标管理工作，市审图中心档案室通过省二星档案室验收，高邮市界首镇、宝应县山阳镇被评为省特级村镇建设档案室，高邮市三垛镇、宝应县夏集镇和西安丰镇被评为省一级村镇建设档案室。开发利用馆藏档案资料，开展档案编研工作。与市名城研究院合作完成《当代扬州建筑》编辑，内容涉及扬州市1949—1982年建设的行政公用、园林建筑、工矿企业、文教、体育、卫生、商场、宾馆、住宅等类别近百座重要建筑。开展市区地下管线普查与信息化工作，地下管线信息系统主体工程完成80%工作量，地下管线普查探测工程完成试验区(扬州老城区)外业探测。

（吴兆亮　毛一峰）

地方志

■**概述** 《扬州市志(1988—2005)》通过省地方志办公室终审，进入印刷出版程序。《仪征市志(1988—2006)》出版发行。《宝应县志(1990—2005)》通过终审和验收。全市出版地方综合年鉴9部、专业年鉴1部。在第二届江苏省年鉴奖评奖中，扬州市获特等奖1个、一等奖3个、二等奖3个。在第七届全国年鉴编校质量检查评比中，扬州市获特等奖1个、二等奖3个、三等奖3个。扬州现存最早府志《嘉靖惟扬志》重新影印出版。（侍　琴）

■《扬州市志(1988—2005)》编纂 2013年,《扬州市志(1988—2005)》编纂工作进入第八年。市地方志办公室厘定市志总篇目,征集市志《人物篇》人物传主照片,确定市志字体字号、表式和版式,完成市志排版校对。市志稿经过优化篇目结构、增补资料史实、核准史实与数据、推敲语言文字、规范行文、理清交叉重复、删繁就简等环节,总纂合成工作全面完成,7月通过省级终审。市志稿终审会后,编纂班子分析研究、梳理归纳终审会及专家提出的修改意见和建议,完成对终审稿的修改。年内,市志验收稿分别提交省地方志办公室、方志出版社验收、审稿。(侍 琴)

■《扬州市志(1988—2005)》通过省级终审 7月10日,《扬州市志(1988—2005)》终审会在扬州召开。省地方志办公室领导、评审专家、《扬州市志(1988—2005)》编纂班子全体人员参加会议。省地方志办公室主任方未艾主持会议,扬州市副市长董玉海到会并讲话。马家鼎、赵昌智、王康华、周新国、周武忠、张乃格等专家分别从篇目、体例、内容等方面点评终审稿,肯定终审稿优点和长处,指出存在问题与不足,提出修改意见和建议。评审组认为,《扬州市志(1988—2005)》终审稿篇目合理、体例严谨、观点正确、内容全面、资料翔实、特色鲜明、行文规范,同意通过终审。(侍 琴)

■县(市、区)二轮修志 《仪征市志(1988—2006)》出版发行。《宝应县志(1990—2005)》通过市地方志办公室终审。高邮市推动二轮修志总纂工作。区划调整后重新启动编纂的广陵区、维扬区续志志稿编写工作基本完成。江都市续志原断限内志稿基本完成审改,延长下限后的志稿编写工作启动。(侍 琴)

■《仪征市志(1988—2006)》出版 12月,《仪征市志(1988—2006)》由方志出版社出版发行。《仪征市志(1988—2006)》分上、下册,240万字,全彩印刷,并附有光盘。全志除《总述》《大事记》和《附录》《索引》外,共34编201章759节1490个有序目,有图照759张、表格445份。《仪征市志(1988—2006)》编纂工作2006年启动;2008年末完成资料搜集和初稿编写;2010年2月,总纂篇目通过扬州市地方志办公室评审;2010年底完成总纂。2011年5—6月,省和扬州市地方志办公室组织专家对总纂稿进行评读。志稿2011年7月通过仪征市委、市政府复审,2012年4月、11月先后通过扬州市地方志办公室终审和验收,2013年4月送方志出版社审查,同年10月交付印刷。(刘令飞)

■《嘉靖惟扬志》重新影印 4月,重新影印的《嘉靖惟扬志》由广陵书社出版。此次重印工作由市档案局、市地方志办公室与广陵书社合作开展,以市档案馆所藏上海古籍书店1963年天一阁残本影印本为底本。《嘉靖惟扬志》是扬州现存最早府志,由朱怀干修、盛仪纂,全书原本有38卷,分《郡邑古今图》《建革志》《疆里志》《人物传》等19个门类。志书所记载内容上溯至唐尧时期;各门类迄止时间不一,有至明初,有至嘉靖二十一年(1542)。全书取材博洽、编纂严谨、内容丰富,是研究扬州地区社会历史发展变迁的重要典籍。《嘉靖惟扬志》最早版本为明嘉靖二十一年刻本。今国内仅宁波天一阁藏有残本1部18卷。(侍 琴)

■年鉴编纂出版 全市出版2013卷《扬州年鉴》《广陵年鉴》《邗江年鉴》《江都年鉴》《宝应年鉴》《仪征年鉴》《高邮年鉴》和2012卷《广陵年鉴》《邗江年鉴》等地方综合年鉴9部,出版《江苏油田年鉴》等专业年鉴1部。11月,由中共扬州市委、扬州市人民政府主持编纂,扬州市档案局、地方志办公室承编的2013卷《扬州年鉴》出版发行。《扬州年鉴》是地方综合性、资料性地情工具书,1991年创刊,已连续编纂出版23卷。2013卷《扬州年鉴》共110万字,设36个类目235个栏目,收录2007个条目和资料,基本反映2012年扬州经济建设和社会发展全貌;附设最新版《扬州市政区图》《扬州市城区图》,准确反映区划调整后全市各县(市、区)四至范围。(戴淑敏)

■年鉴获奖 4月,省政府办公厅印发《关于表彰第二届江苏省年鉴奖获奖年鉴的通报》,扬州市及各县(市、区)出版的地方综合年鉴全部获奖。其中,《扬州年鉴》获市、县(市、区)综合年鉴奖特等奖,《高邮年鉴》《宝应年鉴》《江都年鉴》获一等奖,《仪征年鉴》《广陵年鉴》《维扬年鉴》获二等奖;另外,《高邮年鉴》获框架创新奖,《维扬年鉴》获装帧设计奖。8月,中国出版协会年鉴工作委员会公布第七届全国年鉴编校质量检查评比结果,《扬州年鉴》获特等奖,《江都年鉴》《仪征年鉴》《高邮年鉴》获二等奖,《宝应年鉴》《广陵年鉴》《邗江年鉴》获三等奖。(戴淑敏)

■《扬州史志》编辑刊行 《扬州史志》由市档案局、市地方志办公室等单位主办。2013年,《扬州史志》秉承"纵述历史、博览文化、鉴古知今、继往开来"办刊宗旨,全年刊出4期。结合纪念抗美援朝战争胜利60周年等重要节庆、纪念活动,开辟专栏。集中公布与解读地方档案史料,《清宫御档》栏目刊载文章11篇,《珍档撷英》栏目刊载文章6篇。2013年第三期推出《史话仪征》专栏,刊载仪征市地方文史专稿10篇。(魏怡勤)

■《扬州水利史话》首发 2月26日,市水利局举行《扬州水利史话》首发式。该书编撰工作始于2009年,全书45万字,收录自公元前486年吴王夫差开凿邗沟至当代扬州境内重要治水事件、关键人物、重大水利工程及主要治水经验和教训等,图文并茂,集史料性、知识性、科学性、可读性于一体。(徐冬蓓)

卫生
Weisheng

编 辑 陈永华

综述

■**概况** 2013年末，全市有各类卫生机构1815个。其中，医院62所，社区卫生服务中心(站)184个，卫生院74所，村卫生室887个，门诊部129个，诊所、卫生所、医务室443个，专科疾病防治所(站)4个，妇幼保健机构8个，急救中心2个，疾病预防控制中心(卫生防保中心)7个，卫生监督所7个，采供血机构1个，其他卫生机构7个。

全市医疗机构实有床位1.92万个，比上年同期增加1498个，增长8.46%。其中，医院床位1.38万个，占72.03%；社区卫生服务中心(站)床位1356个，占7.06%；卫生院床位3223个，占16.78%；专业公共卫生机构和其他卫生机构床位792个，占4.02%。平均每千人口拥有床位4.3个。

全市有卫生行业从业人员2.89万人。其中，卫生技术人员2.25万人(执业医师和执业助理医师9276人、注册护士8924人)，占77.8%；其他技术人员921人，占3.19%；管理人员1143人，占3.96%。平均每千人口有卫生技术人员5.56人，其中执业医师和执业助理医师2.08人、注册护士2人。

2013年，全市各级医疗机构总诊疗量2442.97万人次，其中门(急)诊量2383.45万人次，分别比上年增长6.28%、6.13%。各类医疗机构诊疗量分别为：医院912.91万人次，社区卫生服务中心(站)295.89万人次，卫生院450.16万人次，村卫生室465.71万人次，门诊部50.85万人次，诊所、卫生所、医务室133.04万人次，专科疾病防治院(所、站)17.01万人次，妇幼保健院(所)104.03万人次，急救中心(站)2万人次，其他医疗卫生机构11.38万人次。全市居民年人均接受医疗机构诊疗5.46次，其中门(急)诊诊疗5.33次。

全市医疗机构入院人数52.60万人，比上年增长9.15%。每百总诊疗人次入院2.15人，每百门(急)诊人次入院2.21人。平均每千人口入院118人。

全市医疗机构病床使用率

2013年扬州市医疗卫生机构情况表

表31-1

卫生机构	合计	公立			非公立	
			国有	集体		私营
总　计	**1815**	**1300**	**219**	**1081**	**515**	**382**
医院(所)	62	27	20	7	35	23
基层医疗卫生机构(个)	1717	1237	163	1074	480	359
社区卫生服务中心(站)(个)	184	174	30	144	10	2
卫生院(所)	74	74	21	53	0	0
村卫生室(个)	887	797	0	797	90	21
门诊部、诊所、卫生所、医务室(个)	572	192	112	80	380	336
专业公共卫生机构(个)	29	29	29	0	0	0
其他卫生机构(个)	7	7	7	0	0	0

(陈东升)

2013年扬州市医疗机构工作量、效率分析表

表31-2

项　目	2013年	2012年	增减数	增幅(%)
总诊疗量(万人次)	2442.97	2298.51	144.46	6.28
入院人数(万人)	52.60	48.19	4.41	9.15
病床使用率(%)	82.62	82.97	-0.35	-0.42
平均住院日(天)	10.40	10.20	0.20	1.96
每诊疗人次医疗费用(元)	133.10	122.12	10.98	8.99
出院者人均医疗费用(元)	7818.50	7288.34	530.16	7.27

(陈东升)

82.62%，比上年下降0.35个百分点。各类医疗机构病床使用率分别为医院90.36%、社区卫生服务中心55.91%、卫生院55.3%、妇幼保健院（所）94.16%、专科疾病防治院（所）75.74%。

全市医疗机构出院者平均住院日10.4天，比上年增加0.2天。各类医疗机构出院者平均住院日分别为医院11.1天、社区卫生服务中心10天、卫生院8.2天。

全市各级医疗机构平均每诊疗人次医疗费用133.1元。其中，药费67.2元，占50.49%；检查治疗费30.6元，占22.99%。出院者人均住院费用7818.5元。其中，药费3570.3元，占45.66%；检查费546.2元，占6.99%；治疗费817.1元，占10.45%；手术费376.1元，占4.81%；床位费359.4元，占4.6%。出院者平均每床每日住院医疗费用750.6元。全市社区卫生服务中心平均每诊疗人次医疗费用76.1元，其中药费44.3元，占58.21%；出院者人均住院费用3123.3元，其中药费1642.8元，占52.6%；出院者平均每床每日住院医疗费用311.5元。全市卫生院平均每诊疗人次医疗费用75.4元，其中药费42.8元，占56.76%；出院者人均住院费用2625.5元，其中药费1218.9元，占46.43%；出院者平均每床每日住院医疗费用320.6元。

全市卫生事业（不含驻扬医疗单位）财政投入8.62亿元，占财政总支出的2.05%。（陈东升）

■社区卫生服务 2013年，全市新建省示范社区卫生服务中心（乡镇卫生院）17个，累计建成国家示范社区卫生服务中心1个、省示范社区卫生服务中心22个、省示范乡镇卫生院25个、省示范村卫生室14个，省示范社区卫生服务中心（乡镇卫生院）创成率47%。全市社区卫生服务中心（乡镇卫生院）标准化率100%；全市新建基层医疗机构5个，改（扩）建基层医疗机构10个，基础建设面积2.89万平方米。落实乡村医生养老保障政策，完善村卫生室补偿渠道，推行村卫生机构信息化建设，推进乡村卫生机构一体化管理，全市乡镇卫生院领办村卫生室占比55.6%，村卫生机构电脑配备率81.8%。全市政府举办的39个社区卫生服务中心全部实施家庭医生制度，重点人群签约率76.7%；62个乡镇卫生院全部开展健康管理团队服务，组建健康管理团队342个，覆盖912个村卫生室，开展团队服务8304场次。组织乡镇卫生院卫生技术人员50多人参加进修。（郑轶群 江澜）

■基本公共卫生服务 2013年，扬州市基本公共卫生服务项目经费标准人均30元，规范实施11类43个服务项目。近50万名65岁以上老年人参加健康体检。全市居民电子健康档案建档率87.17%。11月25日至12月3日，市卫生局对各县（市、区）基本公共卫生服务工作进行年终考核，按照考核结果核拨项目资金。（郑轶群）

■医药卫生改革 推进13家县级公立医院综合改革，在高邮市、宝应县、邗江区、广陵区、江都区开展农村居民大病保险试点。巩固基层综合改革成果，解决2011—2012年城区基层医疗卫生机构政策补偿历史欠账，建立多渠道长效补偿机制。完成基层医疗卫生机构债务化解工作，全市105个政府举办的基层医疗卫生机构2.89亿元债务全部从基层医疗卫生机构剥离，债务化解率100%。（周长发）

■卫生行风建设 2013年，全市卫生系统开展以“让细节感动患者 用真情温暖职工”为主题的第26届“白求恩杯”竞赛活动，深化“群众满意医院”创建活动。3家二、三级医院和12家一级医院被评为“群众满意医院”，江苏省苏北人民医院207护理单元获省“群众满意窗口示范单位”称号。开展民主评议政风行风“回头看”，加强行风监督。市卫生局调研督查11家直属单位行风建设情况，对市直医院医疗服务情况组织2次暗访，督促各医院整改存在问题。治理商业贿赂，排查防控职务犯罪风险点，抓好公立医院廉洁风险试点工作。市妇幼保健院廉洁风险电子防控平台上线运行。落实“双纠”（纠正医药购销、医疗服务中不正之风）监管制度，医务人员全年960人次退还（拒收）患者红包109.8万元，415人次上交红包43.71万元。组织排查中央电视台《焦点访谈》曝光的5种问题药品，限制部分药品使用。推行政务、院务、党务公开。市卫生局383项行政权力全部上网运行。仪征市人民医院被评为“全国院务公开示范点”。（萧江）

■科教工作 2013年，全市卫生系统评选出市级重点学科14个、市级学术技术带头人22人、市级医学重点人才30人、市级医学重点后备人才50人。全市获批立项国家级科研项目8个，获资助经费331万元；获批立项省、部级科研项目8个，获资助经费270万元；中标省卫生厅、省中医药管理局课题22个，获资助经费29万元；获批立项市级科研项目18个，获资助经费54万元。获2013年度扬州市科学技术奖22个，其中一等奖1个、二等奖4个、三等奖17个；获省卫生厅医学新技术引进奖二等奖8个；获市医学新技术引进奖59个，其中一等奖18个、二等奖41个。12个项目被批准为国家级继续教育项目，50个项目被批准为省级继续教育项目。申报江苏省转化医学基地2个。3个项目获批列入省城乡基层适宜卫生技术资源库。遴选、推广20项适宜卫生技术，基层医疗卫生机构适宜技术推广覆盖率90%以上。向全市各基层医疗卫生单位推广5个国家级、省级优秀继续教育项目，培训农村卫生人员1300人。全市举办市以上继续教育培训120期，培训1万多人次。组织全市基层医疗卫生单位28人参加省乡镇卫生院“院长班”、城市社区卫生服务中心“主任班”培训。组织25名城市社区医生到三级医院参加转岗培训1年；组织转岗培训期满的19人参加省结业统考，其中18人合格。组织294人参加全市住院医师规范化培训考试，通过率

94.5%。组织城乡全科医疗服务岗位1838名全科医生参加市“千人培训”及村卫生室人员合理用药专项培训。培训全科医师规范化培训带教老师25人。70名医学本科生参加为期3年的全科医师规范化培训。全年培训全科医生2029人。提升城乡基层医生队伍中全科医生的比重，确保城乡每个基层卫生机构都有合格的全科医生。（陆爱民）

■**医疗卫生服务体系建设** 争取中央、省专项投资，开展县级卫生监督机构、疾病预防控制机构、农村急救机构、基层医疗卫生机构、全科医生临床培养基地、儿童医学中心、精神卫生防治机构和社区卫生服务站建设。10个中央预算内投资项目全部启动，14个省级乡镇卫生院和社区卫生服务中心项目全部建成投入使用。江苏省苏北人民医院急诊中心12月底土建封顶，市第一人民医院东区改造工程投入运营，市中心血站易地新建工程进入装饰阶段，市第二人民医院（市惠民医院）整体搬迁工程投入运营，市中医院门诊医技病房综合楼投入使用。邗江区启动实施卫生院（社区卫生服务中心）标准化建设三年规划。江都区加强二级医疗机构基础设施和医疗服务设施建设，江都区妇幼保健院综合大楼投入使用，滨江人民医院主体工程封顶，江都区中医院整体搬迁一期门诊楼工程开工建设。高邮市列入中央、省扶持范围的5个基础设施建设项目全部完工，总投资1380万元，其中中央资金125万元、省级资金150万元。宝应县泾河镇卫生院病房楼、山阳镇和西安丰镇卫生院门诊楼等3个项目立项，其中1个项目开工建设、2个项目完成招标。仪征市规划建设16个乡镇卫生院（包括4个撤并的乡卫生院），完成80个村卫生站建设任务；仪征市人民医院新病房楼投入使用。（陈东升）

■**卫生信息平台建设** 扬州市区域卫生信息平台、社区公共卫生服务系统、社区基本医疗服务系统、妇幼保健信息系统、区域卫生协同服务系统、居民健康门户网站、办公自动化系统及居民健康卡接口、试点医院接口、医保接口、卫生专网等基础设施初步建成。2012年底至2013年9月，全市发放扬州市居民健康卡28万张。10月，宝应、高邮、仪征、江都、邗江等地基层医疗卫生信息系统项目通过省卫生厅验收，项目内容包括公共卫生服务系统、基层医疗卫生服务系统和数据中心。10月25日，扬州市区域卫生平台二期项目完成招标，建设目标为实现基层公共卫生服务和基层医疗服务系统在市区社区卫生服务站（村卫生室）全覆盖。11月2日，扬州市区域卫生信息平台一期工程通过最终验收。（徐效扬）

■**“十大主题健康促进行动”** 市政府办公室印发《扬州市“十大主题健康促进行动”实施方案》，在全市范围内开展健康医院、健康学校、健康机关、健康企业、健康社区、健康家庭、健康厨房、健康公园（广场）、健康步道、健康学堂“十大主题健康促进行动”。组织制定健康医院、健康机关、健康社区、健康家庭、健康厨房、健康公园（广场）、健康步道等标准。在宝应县召开全市健康教育与促进现场会，参观宝应健康教育与促进现场，现场直播“健康学堂”。宝应、高邮等县（市、区）政府分别印发“十大主题健康促进行动”创建活动通知，开办《健康学堂》电视栏目。市卫生局与市教育局联合印发《关于做好2013年省级健康促进学校创建工作的通知》；与市广播电视总台合作开办广播节目《967健康学堂》，全年播出210期，举办大型活动12场，200多名专家参加直播节目，1.17万人关注“中国扬州967健康学堂”官方微博；与市园林管理局、蜀冈-瘦西湖风景名胜区管委会联合打造荷花池、宋夹城健康主题公园。全市创建健康医院33所、健康学校68所、健康机关13家、健康企业6家、健康社区15个、健康家庭220户、健康厨房137个、健康公园（广场）28个、健康步道39条、健康学堂5个。开展“健康扬州社区行”活动1426场次（其中讲座970场次），6852名专家参与活动，发放资料43.73万份，设置戗牌1966块，26.52万人次受益。（江 澜）

医疗服务

■**概述** 2013年，全市23所二级以上医院总诊疗量932.93万人次，比上年增长7.11%。其中，门诊量805.97万人次，增长7.19%；急诊量106.19万人次，增长4.83%。出院40.01万人次，增长7.3%；手术11.71万例，增长8.38%；病床使用率102.83%，提高2.02个百分点；病床周转次数34.97次，增长0.46%；出院者平均住院日10.35天，下降0.20%。

全市23所二级以上医院平均每诊疗人次医疗费194.82元，比上年增长11.34%；平均每一出院者住院医疗费7779.28元，下降8.9%；平均药品加成率17.22%，比上年上升0.03个百分点；住院费用药占比45.66%。

全市23所二级以上医院业务收入总额56.37亿元，比上年增长21.33%。其中，门诊收入总额18.72亿元，增长19.20%；住院收入总额36.63亿元，增长20.71%。支出总额56.65亿元，比上年增长20.98%。其中，药品支出22.55亿元，增长22.02%；卫生材料支出8.74亿元，增长36.07%；人员支出14.58亿元，增长20.65%；其他支出10.78亿元。各类欠费总额5.43亿元，比上年增长21.75%。其中，病人欠费0.30亿元，上升0.25%。（洪 梅）

■**惠民医疗救助** 全市二、三级医疗机构为65.26万人次提供惠民医疗服务，其中住院治疗1.39万人次、门诊服务1.94万人次；减免特困患者医疗费475.22万元，其中住院费269.37万元、门诊费205.85万元。开展特殊疾病救助。救助白血病患儿11例，救助金额46.12万元；救助先天性心脏病患儿32例，救助金额66.69万元。救助交通事故受害人400人，救助金额1194.08万元。（沐 诚）

■卫生对口支援 制定城市卫生对口支援城乡基层卫生年度工作方案，安排城市医生晋升副高级职称前到社区卫生中心对口支援。安排专家到社区坐诊帮扶，确保每周2个半天有大医院专家到社区坐诊，全年安排2005人次到社区坐诊1002.5个工作日。做好三甲医院对口支援县级医院工作，重点加强县级医院医疗服务能力建设。全年下派对口支援人员(含晋升职称人员)210人。江苏省苏北人民医院、市第一人民医院、市中医院和市妇幼保健院选派13人对口支援江苏建湖，陕西铜川、礼泉和新疆新源等地。 （韩　鲜）

■戒毒医疗服务 制定《扬州市滥用阿片类物质成瘾者社区药物维持治疗工作方案》，全年维持治疗30人9352人次；收治自愿戒毒者260人；开展"6·26"国际禁毒日宣传教育活动，组织179所医院设置宣传台，发放宣传品1万多份，制作宣传皒牌近300块，设置宣传橱窗100块。

（沐　诚）

■人感染H7N9禽流感防控 4月6日，市卫生局召开全市人感染H7N9禽流感医疗救治工作会议及培训会。完成市甲流通用引物检测试剂、胶体金检测试剂、达菲调配工作。截至4月16日，全市接收省卫生厅下拨甲流通用引物检测试剂1000份、胶体金检测试剂4000人份、达菲1000盒，全市具有PCR实验室(分子生物学诊断实验室)资质的二、三级医院甲流通用引物检测试剂配给覆盖率100%，各城市社区卫生服务机构、乡镇卫生院胶体金检测试剂盒和达菲配给覆盖率100%。 （沐　诚）

■征兵体检 8月，全市设5个体检站，开展征兵体检。全市应征青年5888人参加体检，3600人体检合格，合格率61.1%。 （陈　长）

■江苏省苏北人民医院 江苏省苏北人民医院是综合性三级甲等医院。2013年，医院总建筑面积15万平方米，资产总值15亿元，其中设备总值5亿多元。开放床位2000多个；全年门(急)诊量150.6万人次，出院病人7.8万人次，收治手术病人4.8万人次。

医院有职工2200多人，其中高级职称人员417人、医学博士88人、医学硕士452人；10人享受政府特殊津贴，21人被评为省、市有突出贡献的中青年专家，28人入选省"333高层次人才培养工程"培养对象，200多人在国家或省、市级学术团体中任职。医院有国家级药物临床试验科室(专业)9个，国家级内镜诊疗技术培训基地6个，医学博士、硕士培养点31个，博士、硕士研究生导师103人。2013年，医院获批国家自然科学基金项目8个、市级以上立项课题23个，获各类医学新技术引进奖52个，获扬州市科学技术奖19个，78篇文章被SCI(科学引文索引)收录。医院有临床科室57个，医技科室16个，临床教研室、研究室和专业实验室17个；有国家级示范中医科1个，骨科、消化科、普外科、妇产科、血液内科、神经内科、心脏内科、泌尿外科、麻醉科、胸心外科、重症医学科、医学影像科、呼吸内科、临床检验科等省级临床重点专科14个，市级临床重点专科19个。2013年，医院获全国医改创新奖，获评江苏省文明单位、江苏省群众满意的医疗卫生机构、江苏省用户满意服务单位、江苏省文化科技卫生"三下乡"先进单位、江苏省公共机构节能示范单位。

（吴永仁）

■扬州市第一人民医院 扬州市第一人民医院是综合性三级甲等医院。医院占地面积9.33公顷，总建筑面积17.1万平方米，分东、西两个院区，实行一院两区一体化管理；有固定资产9.53亿元、先进诊疗设备3000多台(套)。医院有编制床位1600个，开放病区37个、临床医技科室50个，全年门(急)诊量135万人次，收治住院病人5.3万人次。

医院有在岗职工1876人，其中高级职称人员413人、医学博士33人；有省医学重点学科和医学重点人才建设战略工程("135工程")医学重点人才2人，"333高层次人才培养工程"学术带头人11人，省、市有突出贡献中青年专家14人，享受政府特殊津贴的专家4人。有医学硕士培养点17个、医学博士培养点1个，博士、硕士研究生导师30人。医院有心血管内科、消化内科、影像科等省级临床重点专科，神经内科、呼吸内科、普外科、骨科、妇产科、儿内科、麻醉科、口腔科、耳鼻咽喉科、医学检验科、肿瘤科、内分泌科、皮肤科、血管外科等市级临床重点专科。面中份凹陷假体植入修复术、颧弓颧骨成形术等技术填补省内空白，冠状动脉左主干内支架植入术、大血管覆膜支架植入术、脑血管病介入治疗、妇科内窥镜治疗恶性肿瘤、鼻内镜下垂体肿瘤切除术等达到省内先进水平，肿瘤放化疗技术、心脏外科手术、肝胆外科手术、外科腹腔镜治疗技术、脊柱脊髓病诊疗技术、前列腺电汽化治疗技术、高危妊娠的处理、危急重症患儿的急救技术、头颈外科整形技术、眼科准分子激光治疗技术等区域内有特色。2013年，医院获批立项省级自然科学基金项目1个、市级自然科学基金项目7个；发表科技学术论文130篇，被SCI收录论文16篇，8项成果获各级各类奖项。 （戴春阳）

■扬州市中医院 扬州市中医院是综合性三级甲等中医医院。医院总建筑面积5.54万平方米，有固定资产1.09亿元，其中医疗设备总值7694.09万元，有大型设备379多台(套)。医院有在岗职工569人(不含轻工技校)，其中医学博士6人、医学硕士39人；有卫生专业技术人员476人，其中高级职称人员36人、中级职称人员158人；有博士、硕士研究生导师2人，教授、副教授43人。2013年，医院有编制床位700个，开放床位584个。全年门(急)诊量36.60万人次，增长5.3%；实际出院病人1.00万人次；手术1842人次，增长7.4%。实现总收入1.86亿元，其中业务收入1.75亿元，比上年增长22.95%；药品收入占业务收入(不含中草药)的45.62%，下降0.57个百分点。护理部推广中医特色护理治疗技术21项，完成业务收入402万元，增长34.5%。

2013年，医院肿瘤科成为扬州市科技兴卫工程重点学科，肺病科、针灸科成为市级中医药重点学科建设单位，脾胃病科、肾病科、针灸科通过市级中医重点专科复评，骨伤科获批成为颈肩腰腿痛诊疗中心。"戴金梁工作室"建设工作有序推进。开展13个专业23个病种临床路径管理试点，住院病历甲级率95%，处方书写合格率98%，成分输血率100%，互助献血率55%。开放中医特色专科门诊30个，开设特色专病门诊33个。开展中医药诊疗项目72个，门诊中药饮片使用率月平均38%左右，非手术科室病房中药饮片使用率70%左右。启用电子化临床路径管理系统。完成护士CPR(心肺复苏)理论、操作考核及常见抢救药品知识考核，考核合格率91%。8月，心血管内科完成医院首例冠状动脉支架置入术。放疗科开展三维适行调强放射治疗、使用乳腺托架固定体位、使用调强剂量验证等新技术。完成首届师承结对教育，拜师学习的12名青年中医师完成跟师医案1456篇、学习心得51篇，其中11人经考核取得满师证书(1人因学习时间未满，未纳入考核)。医院全年新增扬州市医学学术技术带头人4人、扬州市医学重点后备人才4人。医院通过"省平安医院"检查验收。

肿瘤科获批国家级继续教育项目1个，脑病科、肺病科获批省级继续教育项目各1个。王惠、雷春华、吴丽香等3名护士代表扬州市参加江苏省首届中医护士知识和技能竞赛，获团体二等奖，王惠获理论三等奖，雷春华、吴丽香获评优秀选手。医院被省中医药局评为江苏省中医院中医药文化建设示范单位，肿瘤科病房获"国家中医药管理局优质护理先进病房"及"江苏省优质护理先进病房"称号。（陆继宏）

■扬州市妇幼保健院 扬州市妇幼保健院是三级甲等妇幼保健院。医院占地面积2.13公顷，建筑面积4.38万平方米。2013年，市妇幼保健院有一级科室41个、二级科室33个，有在岗职工741人，其中高级职称人员109人。医院全年门(急)诊量53.20万人次、出院1.71万人次，业务收入1.81亿元；出院者平均住院日7.37天，床位使用率100.6%。

2013年，医院获批立项2012—2013年度市级以上科研课题9个，其中省妇幼保健科研课题3个；获市级及以上科技成果奖6项，其中省妇幼保健新技术引进奖二等奖2项。产科成为省妇幼保健重点学科。市妇幼保健院获全省妇幼保健院"三基"(基本知识、基本理论水平、基本技能操作能力)抽查考试第一名。

医院启动"中心机房改造工程"，推行ICD10(国际疾病编码)疾病诊断和ICD9(手术操作码)手术诊断规范的临床使用，推行门诊服务"一医一患一诊室"管理。增设"无痛门诊""助产门诊"等特殊专科门诊，儿童康复科和眼保健科分别成为市残疾人联合会肢体残疾儿童和低视力儿童定点矫治单位，营养科通过"中国医师协会临床营养(围产)培训基地"初评。（王静 于伟平）

■扬州市第二人民医院 扬州市第二人民医院是二级甲等专科医院。2013年，医院门诊人次、出院病人人次、业务收入分别比上年增长42%、43%、60.4%。实际开放床位160张，有在岗在编职工203人，设有内科、外科、妇科、儿科、口腔科、眼科、急诊、血液净化中心、放射、检验、心电图、脑电图等临床科室，拥有CT、CR、胃肠机、彩超、全自动生化分析仪、电子胃镜、多普勒、肌电图等医疗设备。1月16日，市第二人民医院血液净化中心正式投入运行。该中心是市委、市政府为民办实事项目，建筑面积800多平方米，有开放床位25张(实际开放15张)，为全市低保特困人群和肾病患者提供服务。（姜存旺）

■扬州市第三人民医院 2013年，市第三人民医院(江苏省苏北人民医院新区分院)被江苏省卫生厅确认为三级医院。医院有编制床位302张，开放床位234张，门诊量18.57万人次，收治病人5072人次，出院者平均住院日17.86天，病床使用率96.59%。医院有在岗职工252人，其中高级职称人员36人、中级职称人员113人。医院有职能科室15个、门诊诊疗科室10个、社区诊所9个。

2013年，医院开展艾滋病HAART治疗(高效抗逆转录病毒治疗)146例，收治艾滋病住院患者103人。收治手足口病患者50人，收治重症肺炎患者4人，收治疟疾、伤寒、麻疹、水痘等传染病患者269人。（许林）

■医疗服务质量 市卫生局推进以"让细节感动患者，用真情温暖职工"为主题的第26届"白求恩杯"竞赛活动。

二级及以上医院全面开展电话预约挂号。全市有20家二级及以上医院预约挂号系统与江苏省预约挂号平台直连。调查统计显示，患者对预约挂号工作满意度99%，二、三级医院平均门诊预约率、专家预约率和出院病人复诊预约率均明显提升。

市卫生局制定《关于努力缩短平均住院日，提高医院工作效率的意见》，提升医疗机构服务水平和运行效率。全市三级公立综合医院出院患者平均住院日下降至9.98天，二级及以上中医院平均住院日下降至8.66天。

加强护理内涵建设，提高护理质量。全市二级及以上医院优质护理服务病房覆盖率100%，有A类病房95个。

开展优秀护士长、优秀护士评选活动，评选出优秀护士长、优秀护士各20人，优秀护理论文40篇，优质护理服务先进单位8个、先进病区25个、先进个人30人。举办科普宣传进社区大型义诊活动。全市有医院志愿者4154人，服务10.6万人次。（乔莉）

■急救医疗网络建设 组织急救人员培训。制定全市急救医疗专业技能培训、演练实施方案，培训二级及以上医疗机构急诊科、县(市、区)急救医疗站(分站)、乡镇急救医疗点医生100多人次,培训企事业单位100多个基层医疗机构及部分民营医疗机构业务骨干150多人。开展急救演练。成立应急演练领导小组,制定应急演练方案,开展突发交通事故应急演练和全市急救医疗站(点)急救演练,检验城乡急救医疗网络应急救治能力,锻炼队伍。完善急救医疗网络。制定《扬州市急救医疗站(点)考核细则》,完善县(市、区)急救医疗站救护车配置,完成省、市、县(市、区)急救医疗站调度平台联网,实现与辖区内各乡镇急救医疗点通信调度联网。建立急救医疗网络救护、运行等信息上报制度和督查制度,全年组织4次城乡急救医疗网络体系运行情况检查、考核。 (沐 诚)

■医疗质量管理 加强临床质量控制中心建设。在原有病历、院感、检验、影像、药事、护理、麻醉、血液净化、眼科、急救、儿科和肿瘤科等12个质量控制中心的基础上,新增重症医学科、血液质量和血液病管理等3个质量控制中心。检验质量控制中心对全市220家医疗机构实验室开展室间质量评价,培训732人,召开2次质量控制会议;儿科质量控制中心举办儿科专业临床技术操作规范和临床诊疗指南培训,培训400人;血液净化质量控制中心每月汇总全市14所医院月报表,及时发现问题、督促整改;肿瘤科质量控制中心专家组成员定期召开专题会议,制定全市二级及以上医院创建癌痛规范化治疗示范病房标准,开展专题检查;药事质量控制中心每季度开展全市二、三级医院抗菌药物临床应用专项检查,通报各医院门诊患者抗菌药物处方比例、住院患者抗菌药物使用率和使用强度、清洁手术患者抗菌药物预防用药比例、预防使用抗菌药物品种选择合理率、手术前给药时间正确率、术后使用疗程合理率以及抗菌药物使用评价情况、质子泵抑制剂临床使用情况等。

市中心血站通过江苏省采供血机构执业(第六周期)评审。强化"三基"培训和考核,6月,组织3家三级医院50名医护人员参加省卫生厅医护人员"三基"抽查。市妇幼保健院获全省妇幼保健院"三基"抽查考试第一名。 (沐 诚 陈 长)

■临床路径管理 9月,市卫生局组织临床路径管理专项调研。各医院建立临床路径试点组织网络体系,编制试点病种实施性临床路径,开展临床路径实施结果评估和评价。全市有19所二级及以上医院开展136个专业441个病种临床路径管理,完成路径1.54万例,发生变异7957例,退出路径1968例。开展临床路径管理的医院占二级及以上医院总数的82.6%,临床路径病例占医院出院病例的4.1%,进入临床路径病例平均住院日、平均住院天数与上年同期相比分别下降5.1%、4.2%。 (陈 长)

■医院药事管理 制定《市级医院药事考核标准》,每季度检查全市23所二级及以上医院处方点评、合理用药和抗菌药物临床使用情况。加强麻醉药品和第一类精神药品管理,对全市持特殊药品购用印鉴卡医疗机构实行网上监控,变更、增补药品60多件次。经2013年年检验证,持特殊药品购用印鉴卡单位从202家兼并为179家,培训处方权医师和司药管理人员3200多人。全市卫生、公安、药监部门共同监管特殊药品网络直报平台,实现统一入口、简化流程、限时上报、动态监管,加强麻醉处方专册登记。开展规范(合格)药房考核评价,巩固规范(合格)药房创建成果。 (沐 诚)

■医院感染管理 加强全市医院感染(简称院感)管理,开展医疗机构重点部门、重点环节及基层医疗卫生机构院感防控措施落实情况专项检查,加强ICU(重症加强护理病房)、手术室、血液净化室、消毒供应中心(室)、新生儿室、产房、内镜室、导管室、口腔科等重点部门和各种插管、注射、手术、内镜诊疗操作等重点环节的院感防控管理。检查全市68家一、二、三级医疗机构的院感工作,及时发现问题,督促整改,消除医疗安全隐患。组织专家开展全市医院血透室专项检查,督促医疗机构整改、提高。加大对医疗废物集中处置的监管力度,组织全市医疗机构医疗废物处置专项检查。全市医疗废物集中处置率100%。 (乔 莉)

■临床重点专科建设 制定《扬州市市级临床重点专科管理办法》和市级临床重点专科评分标准,建立以三级医院专家为主、涵盖全市二级及以上医院各学科的专家库。经材料初审、现场评审、市临床重点专科评审委员会审议通过,宝应县人民医院肿瘤内科,高邮市人民医院麻醉科、呼吸科,鼓楼医院集团仪征医院神经内科、呼吸科,扬州友好医院心血管内科、医学影像科等7个专科被确认为市级临床重点专科。 (陈 长)

■平安医院创建 制定《2013年平安医院创建工作要点》。各县(市、区)卫生局,市直二、三级公立综合医院签订平安医院创建工作目标责任书。市医患纠纷人民调解委员会筹措运营资金25万元,获市政府下拨经费15万元,受理、咨询、调处各类医疗纠纷129件,涉及955人次,累计赔偿82.8万元,未出现因调解不当引发的自诉、越级访、集访或民转刑案件,实现纠纷受理率100%、调处率100%、调结率98%、满意率100%。各县(市)加强医疗纠纷人民调解组织建设。全市52.9%的医疗纠纷由人民调解组织调处。推进医疗责任保险。全市228家医疗机构参加医疗责任保险,其中一级及以上医疗机构全部参加医疗责任保险;保费金额1307.7万元,累计赔款868.2万元。 (陈 长)

医政管理

■医疗机构管理 市卫生局全年受理医疗机构设置申请3件,新设医疗机构2个,备案医疗机构1个;受理和办理医疗机构注册登记申请37件、变更申请21件。加强基层医疗机构监督管理。市卫生局制定《扬州市2013年基层医疗机构集中整顿工作实施方案》，召开全市基层医疗机构集中整顿工作推进会。6月中旬，组织市卫生监督所，市直二、三级医院，市社会医疗机构协会专家18人，分4个检查组，对市卫生局发证的民营二级医院、一级及一级以下医疗卫生单位开展集中现场校验，现场检查医疗卫生单位135家，抽查门诊病历600份、住院病历100份、处方1000多张，抽查医护人员操作技能200多人次，核查从业人员执业资质400人次，下发整改通知书100多份。（陈 长）

■医疗技术准入与管理 审核二类医疗技术临床应用能力。8月，市卫生监督所组织开展下颌骨各型截骨术、口腔种植技术等二类医疗技术临床应用能力审核。全市有12所二级及以上医院申请临床应用二类医疗技术29项。经审核，10所医院21项二类医疗技术临床应用能力通过市卫生局初审。9月，配合省卫生厅开展二类医疗技术临床应用能力审核。4所医院16项二类医疗技术临床应用能力通过省卫生厅审核。市卫生监督所配合省卫生厅开展医疗技术临床应用专项检查。重点检查医疗技术临床应用管理、手术分级管理、不良行为记分、医疗机构依法执业等情况。（韩 鲜 沐 诚）

■公立医院改革 2013年底，全市13所县级公立医院实行药品零差价销售。推进仪征市公立医院改革省级试点。先后制定、实施《仪征市县级公立医院综合改革实施方案》《仪征市医疗保险住院医疗费用支付方式改革实施办法(暂行)》《仪征市县级公立医院医药价格改革方案》。仪征市人民医院、仪征市中医院、仪征市妇幼保健院等3家公立医院3月15日起全部实行药品零差价销售(中药饮片除外)；调整临床各系统诊疗项目价格和手术治疗类(含麻醉)项目价格；取消挂号费和诊疗费，收取一般诊察费，提高诊疗服务费用，降低生化、CT(电子计算机X射线断层扫描)等检查费；胆石症手术治疗、腰椎间盘脱出手术治疗等20个病种实行单病种定额付费。启动宝应县、高邮市、江都区县级公立医院医药价格综合改革。推进扬州市第二人民医院、扬州市妇幼保健院公立医院综合改革，实行理事会领导下的院长负责制。（陈东升）

■医师管理 全市受理2013年国家医师资格考试网上报名1330人。经审核，1226人符合报考条件。其中，702人报考执业医师，441人报考执业助理医师，83人报考乡镇执业助理医师。7月，1030人参加医师资格实践技能考试。9月，964人参加医师资格医学综合笔试。向683名通过2012年国家医师资格考试人员颁发资格证书，其中执业医师369人、执业助理医师198人、乡镇执业助理医师116人。受理执业医师注册180人次、变更注册405人次。21名医师申报美容主诊医师，其中10人通过省级审核。推广使用“国家卫生计生委医师定期考核信息登记管理系统”，全市各级各类医疗卫生机构完成本单位医师账号发放和个人信息录入工作。（陈 长 韩 鲜）

■规范医疗市场 开展打击非法行医专项行动。市卫生监督所全年立案查处医疗机构违法案件99件，34个医疗机构被警告，77个医疗机构被处罚款；查处违法医务人员5人，其中1人被警告、4人暂停执业。取缔无证行医85家，立案查处非法行医案件64件，罚款29.2万元，对7家医疗机构实行不良执业行为记分、公示。落实无证行医查处情况报告制度。做好无证行医和非法采供血信息资料收集、汇总，将非法行医行政处罚和移送情况上报“江苏省无证行医查询系统”，将受2次以上行政处罚的非法行医案件移送公安部门处理。全年移送涉嫌非法行医犯罪人员10人。加强医疗广告管理。5月，召开全市医疗广告专项整治工作会议，下发专项整治行动方案。市卫生监督所开通监测专用有线电视端口，监测在媒体发布的医疗广告，公示违规医疗广告26条，行政处罚违规发布医疗广告的医疗机构15个。将违规发布医疗广告的3个外地医疗机构移送其所在地卫生行政部门处理。（韩 鲜 沐 诚）

妇幼保健

■概述 2013年，全市卫生系统贯彻《中华人民共和国母婴保健法》等法律法规，加强妇幼保健体系建设，实行妇幼卫生全行业监管，开展以提高生命质量为目的的妇幼卫生活动，完善城乡妇幼卫生服务体系，提高妇

2012—2013年扬州市区儿童健康体检抽样调查情况表

表31-3

指 标		2013年	2012年
受检人数(人)		19641	17144
受检率(%)		99.10	99.24
患缺点率(%)		38.94	47.28
体重达标率(%)		79.40	78.89
身高达标率(%)		74.50	79.10
乳牙龋齿发生率(%)		32.17	41.42
患病率	肥胖儿发生率(%)	6.10	7.70
	低体重发生率(%)	0.18	0.14
	发育迟缓发生率(%)	0.32	0.18
	消瘦发生率(%)	0.52	0.30

（林 萍）

女儿童健康水平。全年孕产妇死亡率为零，孕产妇保健管理率99.9%，妇女病普查率98.03%，婴儿死亡率2.4‰，7岁以下儿童保健管理率99.78%，出生缺陷发生率4.47‰。（林　萍）

■控制孕产妇、婴幼儿死亡率　落实《中华人民共和国母婴保健法》《江苏省妇幼卫生规划目标管理方案》《扬州市助产技术管理办法》规定，调整计划生育及产科资源。扬州市各级医疗保健机构实行剖宫产术审批制，降低剖宫产率。全市剖宫产率稳定在45%以下。加强基层医疗保健机构产科软硬件达标建设，强化高危妊娠分级管理。制定《扬州市乡镇卫生院（社区卫生服务中心）规范化妇女保健门诊和儿童保健门诊评估细则》，全市基层医疗机构规范化妇女保健门诊、儿童保健门诊建成率95%以上。加大助产医疗机构产科质量管理以及爱婴医院复查和评估力度。开展“两非”（非医学需要胎儿性别鉴定、非医学需要选择性别人工终止妊娠）专项检查。加强妇幼保健机构及二级医院对乡镇卫生院的技术帮扶。调整妇幼保健机构职能，通过分级医疗保健和双向转诊制度，建立纵向业务合作关系，将孕前保健、早孕建卡、高危筛查、优生宣教、产后访视、儿童体检等项目服务前移到社区卫生服务机构，妇幼保健机构为社区卫生服务机构提供业务指导和技术支持。加强流动人口妇幼保健服务。通过社区对流动人口中的妇女儿童实行动态监控，提供妇幼保健服务。（林　萍）

■控制出生缺陷　全市实行健康促进、重点筛查和疾病治疗综合防治模式，控制出生缺陷。推行免费婚检，提高婚检率，加强二、三级干预措施。全市婚检率90.26%、产前筛查率88%。落实农村孕产妇住院分娩补助政策。提高增补叶酸预防神经管缺陷项目目标人群覆盖率。全年对2.04万名农村孕产妇实行住院分娩补助，向2.20万名准备怀孕和孕早期农村妇女免费提供叶酸片。推进预防艾滋病、梅毒和乙肝母婴传播项目。（林　萍）

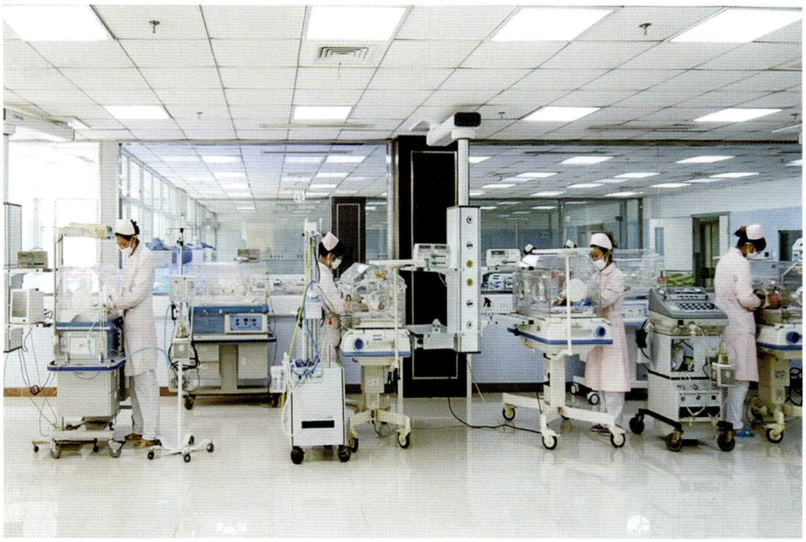

扬州市新生儿救治体系覆盖全市及周边地区。图为市妇幼保健院新生儿急救中心　卫生局/供稿

■妇女病普查　全市妇女病普查普治率98.03%。对7.26万名农村妇女进行“两癌”（宫颈癌、乳腺癌）检查，发现宫颈癌30例、乳腺癌22例、癌前病变164例。（林　萍）

中医中药

■基层中医药服务能力建设　开展全市基层中医药服务能力提升工程。全市社区卫生服务中心（乡镇卫生院）全部设立中医科、中药房，独立中医药综合诊疗服务区建设覆盖率89.6%，中医科达标率95%，中药房达标率93%。社区卫生服务中心（乡镇卫生院）全部能提供10项以上中医药适宜技术服务，社区卫生服务站（村卫生室）全部能提供4项以上中医药适宜技术服务，城乡社区卫生服务中心（站）全部能提供6种以上中医药治疗方法。加大基层医疗机构中医药特色创建力度。新增3家省乡镇卫生院示范中医科。广陵区杭集社区卫生服务中心、邗江区汊河社区卫生服务中心被确定为江苏省中医药特色社区卫生服务中心建设单位，宝应县射阳湖镇中心卫生院、高邮市汤庄镇卫生院、仪征市新城镇卫生院、江都区小纪镇中心卫生院被确定为江苏省乡镇卫生院示范中医科建设单位。高邮市武安社区卫生服务中心被命名为扬州市中医药特色社区卫生服务中心，邗江区公道镇中心卫生院、邗江区方巷镇中心卫生院、宝应县西安丰镇卫生院、宝应县黄塍镇卫生院等乡镇卫生院被命名为扬州市乡镇卫生院示范中医科。（田华萍）

■中医重点专科建设　2013年，扬州市中医院肿瘤科获评国家临床重点专科（中医专业）；扬州市中医院脾胃病科、针灸科，高邮市中医院肿瘤科，江都区中医院眼科、脑病科等市级中医重点专科通过市级周期复审。启动省、市中医重点学科建设活动。年内新增省中医重点学科培育单位1个；确定扬州市中医院中医肺病学、针灸学，高邮市中医院中医骨伤科学，仪征市中医院中医儿科学为市中医药重点学科建设单位；确定扬州市中医院中医文化学、仪征市中医院中医脾胃病学为市中医药重点学科培育单位。启动建设中医临床诊疗中心，新增市肿瘤诊疗中心、市颈肩腰腿痛诊疗中心。新增省级中医药科研立项项目15个。（田华萍）

■综合医院中医药工作　全市综合医院全部设立中医科、中药房，综合（专科）医院中医科、中药房建设达标率分别为69.2%、76.9%。新增江苏

省综合医院中医药工作先进单位建设单位2个。仪征市人民医院通过全国综合医院中医药工作示范单位评审。（田华萍）

■**中医医疗机构服务品牌建设** 开展中医"治未病"服务工程。全市中医医院全部设立预防保健科或"治未病"中心，开展中医预防保健服务。推广"多学科一体化诊疗服务"。全市6家中医医院建立6个病种9个服务平台。扬州市中医院肿瘤科获"全国中医医院优质护理服务先进病房"称号。宝应县中医院、仪征市中医院、江都区中医院、广陵区中医院等通过省二级中医院验收。邗江区通过江苏省基层中医药工作先进单位考核验收。广陵区获"全国社会中医药工作先进单位"称号。（田华萍）

■**中医药进基层** 推进中医药"六进"（进家庭、进社区、进农村、进学校、进机关、进企业）活动，开展义诊咨询、中医特色技术体验、健康巡讲等活动，推介中医药。印制、发放中医体质辨识卡和《中医养生手册》《"冬病夏治"宣传册》《常见疾病的预防与保健方法介绍》《药膳食疗》等中医药健康科普宣传册。2013年，全市开展中医药"六进"服务活动830次（其中进社区231次、进农村134次、进家庭278次、进机关56次、进校园79次、进企业52次），举办中医讲座295次、义诊446次、其他活动89次，出动医务人员2165人次，发放宣传材料10.52万份，5.77万人次受益。（田华萍）

■**中医药文化科普巡讲** 扬州市卫生局每月组织省、市级中医药文化科普巡讲团专家到各县（市、区）开展"中医药就在你身边"中医药文化科普巡讲活动，面向乡镇医生、村民、社区居民和学校师生宣讲季节养生保健和中医饮食保健知识。4—9月，组织76名专家巡讲54场，发放宣传资料1.27万份，制作宣传展板160块，听众5594人。10月22—23日，江苏省第三届"中医药就在你身边"中医药文化科普巡讲扬州站活动先后在宝应、高邮、仪征、江都举办4场巡讲，发放宣传资料1140份，840人受益。（田华萍）

■**推广中医药适宜技术** 加大中医药适宜技术推广培训力度。《基层中医药适宜技术手册》第三册培训工作全部完成，全年培训233人。确定7个基层中医药适宜技术培训基地，遴选20项中医药适宜技术，启动2013—2014年基层中医药适宜技术推广培训项目。10月，举办扬州市基层中医药适宜技术推广师资培训班。（田华萍）

疾病预防与控制

■**传染病防治** 2013年，全市传染病发病率每10万人口118.74例。传染病疫情网络直报点正常运转，疫情报告及时率100%，传染病漏报率低于2%，网络直报监管率100%。开展流感、人感染H7N9禽流感、手足口病、霍乱等传染病监测。全年报告甲、乙类传染病16种5666例，报告发病率每10万人口124.71例。

重点传染病防控。防控人感染H7N9禽流感。成立人感染H7N9禽流感疫情防控工作领导小组和疫情预防控制专家组，完善应急预案，明确定点收治医院；加强宣传、培训、监测，加强应急物资储备，做好全国、全省疫情及全市防控工作信息收集、汇总、研判。防控麻疹疫情。麻疹发病率超过每100万人口1例后，市疾病控制中心每天分析全市麻疹疫情，督查、指导重点县（市、区）防控工作，印发全市麻疹疫情分析简报和麻疹疫苗查漏补种活动通报，规范处置麻疹疫情，开展麻疹病例周围密切接触者应急免疫工作，控制疫情蔓延。全市未发生麻疹暴发疫情或聚集性病例疫情。（侯 萍）

■**慢性病、重性精神病患者综合管理** 强化慢性病防治。宝应县创建省级慢病示范区工作通过省级考核验收，其他县（市、区）开展慢病示范乡镇创建工作。开展全民健康生活方式行动，印发《扬州市全民健康生活方式行动实施方案》，开展业务培训。8月，开展全民健康生活方式行动科普展牌巡展活动。全市高血压和糖尿病患者管理率44.2%。

加强重性精神疾病患者的管理和治疗。截至12月31日，全市录入重性精神疾病患者1.21万例，检出率2.72‰，管理率88.02%以上。（侯 萍）

■**免疫规划** 全市122个预防接种单位儿童预防接种信息管理系统运行正常，以乡为单位的儿童预防接种信息管理系统建设覆盖率100%。2013年，全市基础免疫接种率99.91%。报告疑似麻疹419例，疑似病例报告发病率每10万人口9.39例；确诊麻疹病例23例，发病率每10万人口0.52例。

推进信息数字化预防接种门诊建设。全市新增信息数字化预防接种门诊2个（邗江区和高邮市各1个），累计建成8个。（侯 萍）

■**艾滋病防治** 全市综合医疗机构为就诊艾滋病患者提供规范医疗服务。市卫生局明确城区和4个县（市、区）抗艾滋病毒治疗定点医院，并组织定点医院相关工作人员参加抗病毒治疗、职业暴露预防和院内感染控制等业务培训。

2013年，全市新发现艾滋病病毒感染者和艾滋病病人122例（其中艾滋病病毒感染者72例、艾滋病病人50例），比上年上升3.38%；死亡17例。全市为703人次提供CD4-T淋巴细胞免费检测；治疗艾滋病病人321例，累计治疗351例，符合治疗标准的病人治疗覆盖率96.14%。全市检测各类人群32.63万人，增长51.67%，全人群检测率7.32%。（侯 萍）

■**结核病防治** 全市DOTS（非住院肺结核患者督导短程化疗）覆盖率100%，各县（市、区）全部建立新型结核病防治体系。全市新发涂阳发现率75.27%。结核病报告率、转诊率、追踪到位率均为100%，系统管理率98.36%，治愈率95.58%。（侯 萍）

■血吸虫病防治 2013年，全市组织查螺专业队到55个流行乡(镇)480个流行村及5个非流行乡(镇)65个非流行村查螺，使用查螺工日3.55万个，查螺面积169.79平方千米。解剖钉螺2671只，未发现阳性钉螺。使用灭螺工日2.58万个，消耗4%氯硝柳胺184吨、26%氯硝柳胺83吨、50%氯硝柳胺0.6吨，完成药物灭螺面积45.61平方千米、环境改造灭螺面积0.23平方千米，消灭钉螺面积2.32平方千米。全市9.30万人接受血吸虫病血液检查，其中阳性780人；1.70万人接受粪检查，未查出病人。全年未发生血吸虫病急性感染病例。全市救助晚期血吸虫病患者351人次，解决晚期血吸虫病患者医疗费用88.3万元。2013年，仪征市、扬州经济技术开发区达国家血吸虫病传播阻断标准。 （高　扬）

卫生监督

■概述 2013年，全市卫生监督部门开展职业卫生监督、放射卫生监督、学校卫生监督、传染病防治卫生监督、餐饮业卫生监督、饮用水卫生监督、公共场所卫生监督、消毒产品卫生监督、医疗执法监督及公共卫生突发事件应急处置等工作。

履行许可管理职责，规范行政许可审批行为。2013年，全市受理新办证申请2414件，办结2391件，办结率99.05%；应复核(延续)证3671件，已复核(延续)3671件，复核率100%。办理卫生行政处罚案件630件，比上年增长26.76%；罚没款177.43万元，增长68.84%。

制定卫生监督协管实施方案，健全协管工作运行和考核机制，发挥协管机构和人员作用，推动卫生监督工作重心下移。对基层卫生监督协管人员开展全员培训，加快卫生监督协管派出机构建设。至年底，全市成立卫生监督协管派出机构88个，聘任卫生监督协管员328人、信息员648人；设立非法行医监测哨点699个，聘请专(兼)职联系人746人，城乡覆盖率100%。

建立健全卫生监督信息报告管理制度，推广应用卫生部卫生监督员网络培训平台和省卫生监督综合管理信息系统，实现外部信息和内部信息集中管理、互联互通、分级共享，提高卫生监督工作技术支撑能力。 （倪　明）

■职业卫生监督 市卫生监督部门与市安全生产监督管理部门联合开展以“防治职业病，幸福千万家”为主题的“职业病防治法宣传周”活动，与市安全生产监督管理局、市总工会、市人力资源和社会保障局等部门协作，定期召开例会，研究部署阶段性职业卫生工作。组织对全市9家职业健康检查机构和职业病诊断机构进行全覆盖督查。 （倪　明）

■放射卫生监督 2013年，全市有放射诊疗机构219家、开展放射诊疗活动的放射工作人员854人，有职业卫生技术服务机构7家。全市开展2轮放射卫生全覆盖检查，发现3家单位未取得放射诊疗许可证，1家单位从事放射诊疗工作人员未佩戴个人剂量计，分别给予处罚。 （倪　明）

■学校卫生监督 2013年，全市卫生监督部门对658所学校、幼儿园开展学校卫生综合检查，检查学校食堂食品安全管理、餐饮服务许可证持证、环境卫生、工作人员健康证明、索证索票管理、加工制作管理制度、餐饮具清洗消毒、食品添加剂使用及学生奶供应情况。强化学校食品、饮用水安全监管，落实校长(园长)负责制，全市各类学校未发生水性疾病。落实传染病防治法、《学校和托幼机构传染病疫情报告工作规范(试行)》，加强对全市学校校舍、教学设施、生活设施、卫生保健室等监督检查。指导学校建立、完善卫生管理制度。 （倪　明）

■传染病防治卫生监督 开展人感染H7N9禽流感疫情防控专项检查，对全市二级及以上医疗机构、乡镇卫生院、民营医院、社区卫生服务中心进行监督检查。开展全市二级及以上医疗机构传染病防治归口救治和规范化管理督查。开展传染病疫情报告、疫情控制措施专项检查，检查1个市级疾病预防控制中心、5个县级疾病预防控制机构、23所二、三级医院及部分一级医疗机构。开展医疗废物处置专项检查，检查各级医疗卫生机构1567个，发现77家单位存在各类违法行为，其中76家被警告、2家被罚款。 （倪　明）

■餐饮业卫生监督 2013年，全市有餐饮服务许可发证单位9600家，其中餐馆4067家、快餐店214家、小吃店3467家、饮品店470家、食堂1366家(其中学校食堂699家)、集体供餐配送单位8家、中央厨房8家。全市餐饮服务量化分级管理率100%，卫生监督覆盖率100%，监督频次达每年2次/家。

全市餐饮服务食品安全监管部门先后开展餐饮服务环节食品非法添加和滥用食品添加剂、食用油、乳制品、鲜肉及肉制品、餐饮业“地沟油”违法犯罪专项行动等专项整治，严格执行食品采购进货查验、索证索票制度，落实餐饮服务提供者食品安全第一责任人责任。开展以学校食堂、托幼机构食堂及其周边餐饮服务单位、旅游景区餐饮服务单位、建筑工地食堂等为重点的餐饮场所整治，重点检查食品安全管理人员配备、从业人员健康检查等内容，排查食品安全风险隐患，查处无证经营行为。

保障重大节日、重大活动及集体用餐食品安全卫生工作，强化应急管理，完善应急预案，做好应急工作常规准备。

2013年，全市监督抽检餐饮服务单位样品3140份，合格率89.52%。完成省级监督抽检，抽检火锅底料、肉制品、包装纸、凉拌菜、沙拉、自制饮料、龙虾、盐水鹅等20个品种样品322批次，获监督抽检数据2432个，合格率99.07%。不合格样品中，餐饮单位自制点心(糕点)2批次、餐饮单位使用的包装纸(托盘垫纸)1批次。 （倪　明）

■饮用水卫生监督 2013年，对全市12家城市集中式供水单位、18家

6月，扬州市组织对市区二次供水单位进行卫生监督专项检查 卫生局/供稿

乡镇集中式供水单位、70家二次供水单位、157家变频加压供水单位、288所采用市政集中式供水和239所采用农村集中式供水的学校开展全覆盖检查。市区和高邮市、宝应县饮用水监测数据加入国家饮用水监测网，市、县(区)联动完成监督快检和抽检任务，上报监测数据与结果，完成水质分析报告。加强涉水产品和饮用水新产品卫生监督，对全市13家涉水产品生产企业、17家取得卫生许可批件的涉水产品及饮用水单位使用的市售涉水产品依法进行监督检查和抽检。（倪 明）

■公共场所卫生监督 开展公共场所卫生监督量化分级工作，住宿、游泳、沐浴和美容美发等4个行业卫生监督量化分级率100%。组织开展住宿、游泳、沐浴、足浴及美容美发等公共场所单位专项监督检查活动，全市检查3959户次，抽检各类样品1273份，合格率91.3%。监测全市公共场所公共用品、用具消毒效果，抽检三星级以上宾馆30家，28家合格；抽检普通旅店、招待所123家，116家合格；抽检理发场所97家，87家合格；抽检美容场所92家，91家合格；抽检沐浴场所38家，32家合格。检测部分商场空气质量，其中3000平方米以上商场9家，7家合格。监督监测使用集中式空调通风系统的公共场所单位，抽检10家，6家合格。（倪 明）

■消毒产品卫生监督 开展消毒产品生产、经销单位专项监督检查，检查生产单位10家、销售和使用单位244家。4月起，开展全市餐饮具集中消毒单位专项检查，采样检验28家单位160份消毒餐饮具，处罚微生物超标单位3家，将检查中发现的4家未领取工商营业执照的单位抄告工商部门。8月，专项稽查全市餐饮具集中消毒单位监管工作，开展现场量化评分，通报评分排名情况。（倪 明）

■医疗卫生监督 建立部门联动工作机制。构建打击非法行医和非法采供血防控网络。发挥医疗服务监督哨点监测与协管职能。开展“基层卫生监督机构医疗服务监督推进年”工作，建立医疗服务监督监测哨点997个，其中村级二级哨点909个、镇级一级哨点88个，建立全市医疗执法网格化管理体系。打击非法行医行为。取缔无证行医85家，立案查处非法行医案件64件，罚款29.2万元，移送涉嫌非法行医犯罪人员10人。落实无证行医查处情况报告制度，将非法行医行政处罚和移送情况上报江苏省无证行医查询系统，建立非法行医查处上网比对机制。开展为期1年的基层医疗机构集中整顿工作，全市立案查处医疗机构违法案件99件，34家单位被警告，77家单位被罚款；查处违法医务人员5人，其中1人被警告、4人被暂停执业。对7家医疗机构的不良执业行为进行记分，作为医疗机构年度校验依据。开展医疗广告专项整治行动。公示违规医疗广告26条，对违法发布医疗广告的15家医疗机构给予警告、记分处理。将在扬州市发布医疗广告的3家外地医疗机构移送其所在地卫生行政部门处理。（倪 明）

爱国卫生运动

■农村改厕 2013年，扬州市爱国卫生运动委员会办公室(简称市爱卫办)开展改厕培训、“百日突击”和督导检查，全市培训830多人，发放技术和宣传资料3.5万份，投入改厕资金7935万元，其中国家和省补助3690万元、市级奖补200万元、县级补助1500万元、乡镇补助875万元、群众自筹1670万元。2013年，全市新增无害化卫生户厕7.59万座，命名改厕普及乡镇7个。全市累计建设无害化卫生户厕83.92万座，普及率86.0%。（丁昊骏）

■卫生镇、村创建 2013年，扬州市开展村庄整治，完善卫生基础设施。汉河街道、公道镇、沙头镇、新集镇被全国爱国卫生运动委员会命名为国家卫生镇，月塘镇、陈集镇、槐泗镇、樊川镇、三垛镇建成江苏省卫生镇，大仪镇、宜陵镇、邵伯镇被重新确认为省卫生镇。创成市级卫生镇1个、省级卫生村57个、市级卫生村27个。至2013年底，全市累计创成国家卫生镇9个，省级卫生镇28个、卫生村332个，市级卫生镇28个、卫生村93个。（丁昊骏）

■除“四害” 市爱卫办制定、下发《重要接待活动期间病媒生物防制工作方案》《关于组织开展春季灭鼠 迎接“4·18”活动的通知》《关于大力开展夏秋季灭蚊蝇、灭蟑螂活动的通知》，动员居(村)民清除暴露垃圾、露天粪坑、积水，清理污水沟塘，控制蚊蝇孳生地。开展大规模突击性灭杀活动。市区投放灭鼠药3100千克、粘鼠板6450块，灭蟑胶饵2000支、灭蟑颗粒剂6000包，投放灭蚊蝇药物3198升，蚊蝇灭杀面积44.76万平方米。扬州市区被省爱国卫生运动委员会重新确认为“灭鼠”“灭蝇”“灭蟑”先进城市。（丁昊骏）

体育

Tiyu

编 辑 陈永华

综述

■**概况** 2013年，扬州市推进城区公共体育设施建设。体育公园体育场加快建设，宋夹城体育休闲公园基本建成，市体育运动学校二期工程竣工并交付使用，瘦西湖路新体育健身中心启动规划，邗江区体育健身中心落实规划选址。全市城市社区“10分钟体育健身圈”建成率超80%，古运河休闲健身长廊建成并启用，市区(不含江都区)和仪征市“10分钟体育健身圈”电子地图上线。全市新增健身路径器材1560件、篮球架77个、乒乓球桌92套，建成行政村级健身工程点1012个、社区级健身工程点337个。组织策划元旦长跑、全民健身体育节、“全民健身日”、马拉松健身跑等健身活动，开展体育“五进”(进机关、企业、校园、社区、农村)活动，举办社区运动会、农民运动会、中小学生体育竞赛。承办省健身气功交流比赛、2013年全国城市羽毛球赛苏北赛区扬州站比赛。参加省“沿江体育带”全民健身大联动活动、全国健身健美锦标赛选拔赛等。至2013年底，全市有体育社团组织143个，其中市级34个、县(市、区)级109个。8个协会分别被省体育总会评定为AAAA级或AAA级体育社团。全市有89个乡镇(街道)建立体育总会、老年体协、农民体协、体育指导员协会。市体育总会被评为省先进市级体育总会，高邮市、仪征市体育总会被评为省先进县级体育总会，宝应县、江都区体育总会被评为省优秀县级体育总会。全市每万人有社会体育指导员20人以上。加强大学生村官社会体育指导员队伍建设，表彰十佳社会体育指导员。市体育局，江都区、邗江区、仪征市、高邮市体育局，广陵区杭集镇文体中心获评全国群众体育先进单位。

古运河休闲健身长廊一角 张孔生/摄

在第12届全国运动会上，扬州市43名运动员参加16个大项比赛，获金牌11枚、银牌2枚和铜牌3枚，总分260分。向省级及以上运动队输送运动员7人，向省体育运动学校输送运动员28人。6人被评为江苏省“奥运未来之星”。扬州市体育局获省业余训练突出贡献奖。组织25个省运动会项目教练员、近1000名运动员参加夏训、冬训。全市700多名运动员参加36项省青少年阳光体育年度比赛，获金牌17枚、银牌18枚、铜牌29枚，总分401分。734名运动员参加省体育局骨龄拍摄，160名教练员、1044名运动员完成注册。4个项目362人参加二级裁判员培训，14个项目35名二级裁判员参加晋升一级裁判员培训，部分优秀教练员参加足球讲师、篮球教练等专业项目培训。承办篮球、棒球、艺术体操和足球等4项省级青少年年度比赛。推进市县联办、市队县办、一县一品等建队模式及创建工作。江都区田径和篮球，仪征市棒球、垒球和田径等项目教练员进校园组织训练；广陵区与育才小学、扬州中学教育集团树人学校合作开展艺术体操项目“名校办名队”活动；市体育局与市教育局联合印发《关于公布扬州市首批校园足球试点学校的通知》，确定46所中小学为2013年校园足球试点学校。市体育局、市教育局获省第三届学生阳光体育节“特别贡献奖”。市体育运动学校创成省三星级中等职业学校，市中长跑竞走项目基地创成国家田径高水平人才后备基地，广陵区扬州儿童业余体校被授予“江苏省四星体校”“江苏省艺术体操后备人才基地”称号。

2013年，扬州市先后举办和承办中国扬州鉴真国际半程马拉松赛、第四届环高邮湖国际自行车越野赛、“中国体育彩票杯”中韩国际足球公开赛等3项国际赛事，2013全国半程马拉松锦标赛、“极真中国”全国空手道公开赛、2013年全国围棋段位赛(定段组)、中国仪征全国象棋公开赛、“泰润大酒店·铂金府邸杯”全国象棋公开赛、“海德公园杯”自行车公开赛、2013扬州市龙舟邀请赛暨仪征市第五届运动会龙舟比赛、高邮大运河越野半程马拉松赛等8项全国赛事。扬州鉴真国际半程马拉松赛蝉联中国田径协会金牌赛事、国际田径联合会金标赛事。

2013年,全市体育彩票总销量6.48亿元。全市有8个项目通过省级体育产业引导资金扶持项目材料审核,6个项目获480万元资助,江都区武坚镇体育用品产业基地、扬州康乐机械有限公司分别被省体育局授予“江苏省特色类体育产业基地”“体育产业示范单位”称号。 (乔志刚)

■朱诚等6人获评“奥运未来之星” 4月22日,省体育局下发《关于表彰2012年度江苏省“奥运未来之星”的决定》,朱诚、杨震、李天蕾、苏迎秋、王若琦、金珂冰等6名扬州籍运动员名列其中。 (高倩法)

■古运河休闲健身长廊启用 9月28日,由市体育局、市规划局等近10个部门(单位)参与建设的古运河休闲健身长廊启用。该项目位于古运河畔,总长10千米,以古运河风光带慢行步道为主线,插建19个健身点、16处健身路径(配备健身器材170套),配建7处篮球运动场(配备篮板16个),为老城区居民提供运动健身休闲场地。 (高倩法)

■扬州市城市社区“10分钟体育健身圈”电子地图上线 12月5日,扬州市城市社区“10分钟体育健身圈”电子地图上线。该地图整合广陵区、邗江区、扬州经济技术开发区、蜀冈-瘦西湖风景名胜区、仪征市“10分钟体育健身圈”范围内健身设施和健身场所的地址、开放时间、联系方式等信息,为市民提供在线导航。市民只需登录“天地图·扬州”网站,即能查询到周边800~1000米范围内健身场所、健身设施有关信息以及到达路线提示。 (宋 倩)

■扬州市体育科学学会成立 3月7日,扬州市体育科学学会成立大会暨第一届会员代表大会在市体育局召开。大会通过《扬州市体育科学学会章程》《扬州市体育科学学会管理办法》,选举产生学会第一届理事会。扬州大学体育学院院长、教授颜军当选理事长。 (高倩法)

■扬州市健身气功协会成立 4月8日,扬州市健身气功协会成立大会暨第一届会员代表大会在市体育局召开。会议通过《扬州市健身气功协会章程》,选举产生第一届理事会理事及会长、副会长、秘书长、副秘书长。扬州大学教授仇志刚当选市健身气功协会会长。 (宋 倩)

■扬州市社会体育指导员协会成立 4月8日,扬州市社会体育指导员协会成立并召开第一届会员代表大会,近50名会员代表参加会议。会议通过《扬州市社会体育指导员协会章程》,选举产生协会首届理事会成员和会长、副会长、秘书长、副秘书长。桑育林当选会长。 (宋 倩)

■江苏省社会体育指导员(扬州)讲师团成立 11月20日,江苏省社会体育指导员(扬州)讲师团成立,扬州市34名优秀讲师获省体育局颁发的聘书,成为江苏省社会体育指导员(扬州)讲师团成员。江苏省社会体育指导员(扬州)讲师团由高校体育专业教师,具有群众体育运动专项特长的中小学教师,艺术类院校中具有舞蹈、健美操等专项技能的教师,有丰富工作经验并有一定专项技能的优秀国家级、一级社会体育指导员,县(市、区)体育管理部门中有丰富工作经验的体育管理干部及从事运动康复医学的医务工作者组成。(宋 倩)

■扬州首个工商注册足球俱乐部成立 8月21日,扬州市首个工商注册足球俱乐部——扬盛足球俱乐部成立。扬盛足球俱乐部特别聘请国家足球队运动员、广州恒大足球俱乐部运动员郜林和黄博文分别担任俱乐部名誉总教练、技术顾问。 (乔志刚)

群众体育

■元旦长跑活动 1月1日,扬州市举行元旦万人健身长跑活动。此次活动主题为“促进江广融合 建设世界名城”,设主会场和江都、邗江、仪征、高邮、宝应等5个分会场,有3万多名群众参加。主会场长跑活动起点设在文昌大桥东北广场,经京杭北路、文昌东路,到达终点广陵大桥,与江都分会场长跑队伍会师,全程3千米。 (黎志刚)

■蒋川创中国象棋盲棋世界纪录 1月27日,中国象棋特级国际大师蒋

1月1日,扬州市举行元旦万人健身长跑活动 刘江瑞/摄

扬州市第12届全民健身体育节主要活动一览表

表32-1

活动名称	开赛时间	地点	参加者情况	备注
启动仪式、千人围棋大赛	5月2日	市体育公园体育馆	1000多人参加	设定段组、一段组、二段组、三段组、四段组及“树人杯”赛
第四届江苏省健身气功交流比赛	5月16日	市体育中心体育馆	全省15支代表队147人参赛	设易筋经、五禽戏、六字诀、八段锦集体赛、个人赛,共20个项目
全国体育舞蹈公开赛	6月11日	扬州翠岗中学	38支代表队2000多人参赛	设业余组和职业组团体赛、个人赛
扬州市第七届乒乓球联赛	6月16日	扬州市工业职业技术学院	23家单位33支代表队参赛	设县(市、区)组、行业系统组、市属高校组3个组别
市级机关男子篮球赛	7月7日	市职业大学瘦西湖校区体育馆	市级机关19支代表队244人参赛	
扬州市第四届篮球联赛	7月17日	市职业大学瘦西湖校区体育馆	39支代表队参赛	设中年组和青年组2个组别
“全民健身日”武术健身演示活动	8月8日	京杭会议中心广场	近1000人参与	
市级机关游泳比赛	8月23日	市体育公园游泳跳水馆	37家机关单位262人参赛	设50米自由泳、仰泳、蛙泳,100米自由泳、仰泳、蛙泳及4×50米自由泳接力等项目
武术比赛	9月2日	市体育中心体育馆	33支代表队485人参赛	设各式太极拳、械,自选套路和其他器械3个类别
健身健美、肚皮舞大赛	9月21日	宝应县体育馆	8支代表队70多人参赛	设健美、健身、肚皮舞3个类别
千人太极演示大会	10月27日	扬州大学附属中学东部分校	11支代表队1000多人参与表演	设简化太极拳、太极剑、太极推手、太极刀、太极扇、健身气功等6个项目

(宋　倩)

川盲棋世界纪录挑战赛在个园抱山楼收枰,蒋川以16胜6和的成绩创造新的中国象棋盲棋世界纪录。与蒋川对弈的22名棋手及2名替补棋手均为扬州市棋手,其中地方棋协大师4人、一级棋士7人、二级棋士6人、三级棋士7人,年龄最大的67岁、最小的7岁。 (黎志刚)

■扬州市第六届“运河情”中小学生体育艺术节阳光体育比赛 4月13日至11月18日,扬州市举办第六届“运河情”中小学生体育艺术节(简称体艺节)阳光体育比赛,1580名青少年运动员参加田径、乒乓球、中国象棋、围棋、软式排球、排球、游泳、武术、篮球、太极拳、足球、跆拳道等12个项目比赛。

10月19—20日,体艺节阳光体育排球比赛在仪征市实验小学体育馆举行。市直及各县(市、区)11支代表队147名运动员参赛。扬州市梅岭小学、仪征化纤第三小学、邗江实验学校分获小学男子组、小学女子组、初中女子组冠军,扬州中学获高中男子组和女子组冠军。

10月25—27日,体艺节阳光体育篮球比赛在江都区体育中心、江都中学2个赛区举行。市直及各县(市、区)15支代表队151名运动员参赛。江都区实验小学包揽小学男子组和女子组冠军,邗江区蒋王中学获初中男子组冠军,扬州大学附属中学东部分校获高中男子组冠军。

11月15—18日,体艺节“市长杯”校园足球联赛在宝应县举行。市直及各县(市、区)18支代表队242名运动员参赛。广陵区沙口小学获小学男子乙组冠军,宝应县实验小学获小学男子甲组、女子乙组冠军,宝应县泰山小学获小学女子甲组冠军,宝应县城北初级中学获初中男子组冠军,宝应县画川高级中学获高中男子组冠军。 (杨　体　惠立锋)

■省健身气功交流比赛在扬州举行 5月16—18日,第四届江苏省健身气功交流比赛在扬州市体育中心体育馆举行。全省15支代表队147名运动员、教练员参加比赛。比赛分普及功法和竞赛功法两类,设易筋经、五禽戏、六字诀、八段锦集体赛、个人赛等20个项目。扬州市代表队获集体赛五禽戏普及功法一等奖、六字诀竞赛功法一等奖、八段锦普及功法二等奖、易筋经竞赛功法三等奖,个人赛六字诀普及功法一等奖、八段锦竞赛功法男子第三名、五禽戏普及功法三等奖、易筋经竞赛功法女子第六名。 (宋　倩)

■省友好城市网球邀请赛在扬州举行 5月24—26日,2013年江苏省友好城市网球邀请赛在扬州体育公园举行。此次比赛由江苏省网球运动协会、扬州市体育局主办,扬州体育公园经营管理有限公司承办,全省

13个省辖市17支代表队300多人参赛。南京队、无锡队分获团体组冠、亚军，连云港队和扬州一队获并列第三名。省网球运动协会李颖、尤维娜获女子双打厅处级组冠军，省网球运动协会易中懿、李世收获男子双打厅级组冠军，南京队的吴超奇、朱程民获男子双打处级组冠军。

（乔志刚　杨　晔）

■全国城市羽毛球赛苏北赛区扬州站比赛　5月25—26日，"羽林争霸"2013年全国城市羽毛球赛苏北赛区扬州站比赛在扬州市举行。此次比赛由江苏省社会体育管理中心、扬州市体育局主办，扬州市体育运动学校、南京众品行广告传播有限公司承办。扬州市32支代表队近200名羽毛球爱好者参赛。扬州靓羽一队、二队分获一等奖、三等奖，仪征梦羽队获二等奖。（宋　倩）

■扬州市龙舟邀请赛暨仪征市第五届运动会龙舟赛　6月10日，2013扬州市龙舟邀请赛暨仪征市第五届运动会龙舟赛在仪征市红山体育公园枣林湖举行。江都、高邮等地8支代表队及仪征市9支乡镇代表队、6支行业系统代表队参赛。仪征市建设局、月塘镇代表队分获扬州市龙舟邀请赛冠、亚军。在仪征市第五届运动会龙舟赛中，月塘镇、真州镇代表队分获乡镇部冠、亚军，仪征市建设局、上海大众汽车仪征分公司代表队分获行业系统部冠、亚军。（高永刚）

■千人健走大会　6月15日，以"宣传环保、奉献爱心、倡导健康生活方式"为主题的2013可口可乐"为爱而走"扬州千人健走大会在扬州友谊广场开幕，1000多名健身爱好者从友谊广场出发，经长春路，到达蜀冈西峰广场。此次活动由市体育局、市体育总会和市长跑协会主办，市长跑协会会员、企事业单位健身团体参与。（乔志刚）

■扬州代表队获省业余羽毛球联赛冠军　7月6—7日，2013年江苏省业余羽毛球联赛在宿迁市举行。此次联赛由江苏省羽毛球运动协会主办，宿迁市羽毛球运动协会等承办，全省13个省辖市26支队伍200多名运动员参赛。扬州靓羽代表队获冠军。

（乔志刚）

■扬州市中小学生武术(套路)比赛　7月11—12日，由扬州市体育局主办、高邮市体育局承办的2013年扬州市中小学生武术(套路)比赛在高邮市举行。比赛分儿童甲、乙组和少年组，设集体基本功、个人拳术和器械等项目，全市各县(市、区)6支代表队85名运动员参加比赛。广陵、邗江、高邮代表队分获团体前三名。

（惠立锋　张洪庆）

■扬州市第四届篮球联赛　7月17日，扬州市第四届篮球联赛在扬州市职业大学瘦西湖校区体育馆开幕。此次比赛由扬州市体育局、市精神文明建设指导委员会办公室、市总工会主办，市篮球协会、扬州世纪体育文化有限公司承办。比赛分中年组(50岁以上)和青年组2个组别。中年组有6支队伍参赛，青年组有33支队伍参赛。在青年组比赛中，扬州人家队、市房管局队、中泰铜业队和江都篮协队分获青年组乙组前四名，晋升青年组甲级队。在中年组比赛中，琼花观社区队、啄木鸟队、十二圩船厂队和三星老友队分获前四名。（宋　倩）

■"全民健身日"武术健身演示活动　8月8日，扬州市2013年"全民健身日"武术健身演示暨广陵区首届市民节太极拳表演活动在京杭会议中心广场举行。此次活动由扬州市体育局和广陵区政府联合承办，现场选手展示简化太极拳、太极养生舞和太极双扇、刀、箫、扇等6个节目。在主会场演示个人特色武术项目，其他演示区进行大众团体节目表演，近1000人参与活动。

（宋　倩）

8月8日，扬州市2013年"全民健身日"武术健身演示活动在京杭会议中心广场举行　　体育局/供稿

■千人太极演示大会　10月27日，扬州市第12届全民健身体育节千人太极演示大会在扬州大学附属中学东部分校举行。此次大会由扬州市政府主办、市太极拳协会承办，11支代表队1000多名太极拳爱好者参加简化太极拳、太极剑、太极推手、三十二式太极刀、太极扇、健身气功等6个项目表演。市太极拳协会市级机关分会和市太极拳协会江海学院分会获优秀组织奖，江都区太极拳协会、市体育文化交流协会等8支队伍获优秀表演奖。

（宋　倩）

■扬州市第八届网球锦标赛　11月2—3日，扬州市第八届网球锦标赛在市体育公园举行。此次比赛由市体育局、市体育总会主办，市网球协会承办，仪征、广陵、邗江等地100多名网球爱好者参赛。孔大兵获单打(不分组别)冠军，王翔/刁敏师获男子青年组双打冠军，王为群/陈平获男子中老年组双打冠军，胡立龙/达丽获男女混双冠军，张吉祥/葛宝阳获常乐组(55周岁以上，不限性别)冠军。（乔志刚）

■大学生村官趣味运动会　12月14日，由市委组织部、市体育局主办的首届扬州市大学生村官趣味运动会在扬州市育才小学体育场举行。全市各地近100名大学生村官参加袋鼠跳、跳绳、集体投篮、拔河等10个项目比赛。邗江区、广陵区、宝应县大学生村官代表队分获一、二、三等奖。（宋 倩）

■扬州首届健身气功交流赛 12月21日，扬州市首届健身气功交流赛在扬州市职业大学瘦西湖校区体育馆举行，全市14支队伍70多名健身气功爱好者参赛。健康快乐拳社队李正香，体育文化交流协会队宋岑、陈建芳，江都龙都社区队李俊分获各功法个人赛一等奖；瘦西湖武术健身协会一队、江都老年大学队、仪征市健身气功总站代表队分获各功法集体赛一等奖。（高情法）

4月21日，2013扬州鉴真国际半程马拉松赛暨2013全国半程马拉松锦标赛在扬州举行　体育局/供稿

竞技体育

■蒋王中学获全国初中男子篮球联赛江苏赛区冠军 1月5日，2012—2013全国初中男子篮球联赛江苏赛区比赛在南京落幕，邗江区蒋王中学队获冠军，成为扬州市首个获省级正式比赛第一名的中学生篮球队。（惠立锋）

■国际田联竞走挑战赛(太仓站)扬州选手获佳绩 3月1日，国际田联竞走挑战赛(太仓站)暨全国竞走冠军赛在苏州太仓举行，扬州市8名选手参赛。其中，柏艳敏、苏迎秋代表江苏队获全国冠军赛女子20公里竞走团体冠军，李天蕾获国际田联竞走挑战赛男子成年组20公里第六名，戴建星获国际田联竞走挑战赛男子少年组10公里亚军，许泽鑫获国际田联竞走挑战赛女子少年组10公里第六名。（杨 体）

■李天蕾获亚洲20公里竞走锦标赛亚军 3月11日，2013年亚洲20公里竞走锦标赛在日本能美郡举行，扬州中长跑竞走训练基地选手李天蕾以1小时21分20秒的成绩获得亚军。（惠立锋）

■鉴真国际半程马拉松赛 4月21日，“中国海运杯”2013扬州鉴真国际半程马拉松赛暨2013全国半程马拉松锦标赛在江苏信息服务产业基地东广场开赛。此次赛事由中央电视台体育频道、中国田径协会、江苏省体育局、扬州市人民政府主办，江苏省体育竞赛管理中心、江苏省体育产业指导中心、扬州市体育局承办。43个国家和地区243个城市、123所高校、403个社会团体3.5万名运动员参赛，其中国内专业运动员80多人、国际特邀高水平运动员44人。比赛设男、女半程马拉松，男、女10公里公路跑，迷你马拉松等10个项目。郎永淳、沙桐等47名央视主持人组成团队参加“跟5一起跑”活动。半程马拉松赛从广陵新城江苏信息服务产业基地东广场起跑，经沙湾中路、文昌东路、文昌中路、泰州路、高桥路、漕河路、瘦西湖路、平山堂路、邗江北路、文昌西路、国展路、明月湖路、御景路、京华城路、博物馆路，至终点扬州市文化艺术中心。2400多名志愿者参与比赛服务，数万名市民参与表演或为运动员呐喊助威。在鉴真国际半程马拉松赛中，埃塞俄比亚选手雅克布·嘉索·基纳塔以1小时37秒获男子组第一名，肯尼亚选手基普肯博伊和厄立特里亚选手特斯法拉迪分获第二名、第三名，均打破赛会纪录；埃塞俄比亚选手狄贝勒、阿勒姆、艾瑞格分获女子组前三名，狄贝勒以1小时8分43秒成绩打破赛会纪录。中央电视台全程高清航拍直播赛事，著名学者钱文忠担任直播解说；江苏卫视国际频道对境外55个国家同步直播赛事。（黎志刚）

■2013江苏·仪征自行车公开赛 4月29—30日，2013江苏·仪征自行车公开赛在仪征市枣林湾云鹭湿地公园举行。此次比赛由江苏省自行车运动协会、扬州市体育局、仪征市政府等主办，江苏、浙江、安徽和上海等三省一市400多名自行车爱好者参赛。比赛分公路车大组赛、山地车公路赛和山地车越野赛3个组别，赛程分别为60公里、40公里、18公里。吴思凡、何志远分获男子公路车大组赛冠、亚军；张锋涛、蔡正卿分获男子山地车公路赛冠、亚军，周庆云、王丽分获女子山地车公路赛冠、亚军；张晨、王烨分获男子山地车越野赛冠、亚军，王海月、周庆云分获女子山地车越野赛冠、亚军。（杨 体）

■第四届环高邮湖国际自行车越野赛 4月30日，第四届环高邮湖国际自行车越野赛在高邮市开赛。安徽、浙江、江苏等省(市)25个城市及日本、韩国等国家的352名业余自行车爱好者参加比赛。比赛设男、女全程个人赛。赛道环绕高邮湖，从高邮市海潮市民广场出发，经高邮市郭集镇、菱塘乡，天长市，金湖县，宝应

县，返回高邮运河二桥西岸银杏林北，全程185公里。299名选手完成比赛。其中，南京选手缪礼龙以4小时59分57秒获男子冠军，泰州选手沈慧、南京选手谈翠英以5小时32分33秒并列女子冠军。（张洪庆）

■中国仪征全国象棋公开赛 5月11—12日，2013中国仪征全国象棋公开赛在仪征市体育中心举行。全国18个省170名象棋业余棋手参赛。经过9轮角逐，河南省姚洪新获冠军，湖北省陈汉华和北京市王昊分获第二名、第三名。（高永刚）

■江苏省青少年篮球（甲组）锦标赛在扬州举行 7月3—8日，2013年江苏省青少年篮球（甲组）锦标赛在扬州市体育公园体育馆举行。此次比赛由江苏省精神文明建设指导委员会办公室、省体育局、省教育厅、省妇女联合会、省发展体育基金会及共青团江苏省委主办，扬州市体育局承办。全省9个市15支代表队201名运动员参赛。苏州队、南京队、徐州队分获男子组前三名，苏州队、徐州队、常州队分获女子组前三名。扬州队、苏州队、南京队获体育道德风尚奖。（惠立锋）

7月3-8日，江苏省青少年篮球（甲组）锦标赛在扬州举行 体育局/供稿

■全国围棋段位赛在扬州举行 7月11—25日，2013全国围棋段位赛（定段组）比赛在扬州会议中心举行。全国98支代表队550多名棋手参加比赛，其中20名男棋手、5名女棋手成为职业初段。扬州运河棋院棋手刘汤颢获并列第50名。围棋世界冠军罗洗河九段为比赛作现场讲棋和点评。（江 月）

■扬州市获省青少年跆拳道锦标赛4枚金牌 7月12—16日，2013年江苏省青少年跆拳道锦标赛在淮安市淮阴区举行，全省13个市345名运动员参赛。比赛设少年甲组、少年乙组、少年丙组3个组别27个级别。扬州市派出37名运动员参赛，获4枚金牌、4枚铜牌，列奖牌榜第二位。（惠立锋 奚谷颖）

■扬州队获"省长杯"青少年校园足球阳光联赛总决赛冠军 7月21—27日，江苏省第17届"省长杯"青少年校园足球阳光联赛总决赛暨第14届中学生足球比赛（普通高中男子组）在徐州举行。此次比赛由江苏省教育厅、省体育局主办，省青少年校园足球活动办公室和省学生体育协会协办，全省6支高中男子足球队参赛。代表扬州市参赛的宝应县画川高级中学（西校区）男子足球队获冠军。（惠立锋）

■扬州大学获全国大学生田径锦标赛2枚金牌 7月22—27日，第13届全国大学生田径锦标赛在甘肃省西北民族大学举行，全国123所高校1300多名运动员参加比赛。扬州大学获2枚金牌、1枚银牌、4枚铜牌，并获女子团体总分第六名。其中，张欢以14秒33的成绩获男子110米栏甲B组冠军，何晴获女子10000米竞走甲A组冠军。（乔志刚）

■江苏省青少年艺术体操锦标赛在扬州举行 7月27—28日，2013年江苏省青少年艺术体操锦标赛在扬州市体育中心举行。此次大赛由省体育局、省教育厅、省精神文明建设指导委员会办公室、省妇女联合会、省发展体育基金会及共青团江苏省委主办，扬州市广陵区政府承办，省内7个市103名运动员参赛。扬州队15名参赛运动员获10枚金牌，南京队获9枚金牌。（郝全全）

■沈思凡获全国象棋少年锦标赛冠军 8月2—8日，2013年全国象棋少年锦标赛在河北省秦皇岛市举行，30个省（区、市）及中国象棋协会后备人才培训基地100个单位541名棋手参赛。比赛按年龄分为男、女各4个组。扬州3名小棋手代表江苏队参赛，其中沈思凡获女子丙组冠军。（乔志刚）

■王韦洁获亚洲青年运动会银牌 8月18日，亚洲青年运动会女子跳水三米板决赛在南京奥体中心游泳馆举行。扬州广陵区儿童业余体校的王韦洁以总分448.20的成绩获银牌。（乔志刚）

■市体校运动员全国蹦床青少年锦标赛上获佳绩 9月22—28日，2013年"高飞杯"全国蹦床青少年锦标赛在山东省济南市举行。扬州市体校的孙逸辰、王舒源代表江苏省参加比赛。其中，孙逸辰获男子丙组团体冠军和双人同步第三名，王舒源获女子乙组第六名。（奚谷颖）

■高邮大运河越野半程马拉松大赛 10月2日，由高邮市政府主办、高邮市体育局和高邮市跑步协会承办的2013高邮大运河越野半程马拉松赛在高邮市体育场开赛。全国各地近800名选手参赛。比赛途经盂城驿、

运河二桥、薇风大道、大运河西堤、湖滨小道，全程约21公里。南京中山铁人队阙钟铭和连云港港务局张静深分获男子组和女子组第一名。

（杨　体）

■2013“极真中国”全国空手道公开赛决赛在扬州举行　10月3日，2013“极真中国”全国空手道公开赛决赛在扬州市体育公园举行。比赛分幼儿组、少年组、男子一般组、男子高级组、女子一般组、女子高级组、社会白领男子组、社会白领女子组等8个组别，极真会馆南京玄武道场等全国40多家空手道道馆选手参赛。

（江　月）

2013年扬州运动员参加青少年比赛获金牌情况表

表32-2

比赛名称	运动员姓名	参赛组别	项目级别
省青少年摔跤锦标赛	罗德康	男子少年甲组	古典式60公斤级
省青少年跆拳道锦标赛	史　栋	男子少年甲组	74公斤级
	姜海臻	女子少年甲组	47公斤级
	李小洁	女子少年丙组	54公斤级
省青少年拳击锦标赛	吕子越	男子少年甲组	-81公斤级
省青少年蹦床技巧锦标赛	孙逸辰	男子儿童乙组	蹦床个人
省青少年武术(套路)锦标赛	谈瑾怡	女子少年甲组	长拳
省青少年艺术体操锦标赛	孙佳阳　翟雨涵　卢　薏　张　默　臧恕冰	儿童乙组	集体四人球操
	孙佳阳　翟雨涵　卢　薏　张　默　臧恕冰　潘彤彤	儿童乙组	集体徒手操
	韩　想　陈思睿　陈文瑜	儿童丙组	个人团体
	韩　想	儿童丙组	个人全能
省青少年跳水锦标赛	李天慧	女子儿童甲组	三米板
省青少年武术(散打)锦标赛	武　龙	男子少年乙组	70公斤级
省青少年田径锦标赛	刘红娟	女子青年组	100米栏
	郭俊杰	男子少年乙组	110米栏
	吴　磊	男子青年组	400米
	张　伟	男子青年组	5000米
	张　伟	男子青年组	10000米
	沈萌萌	女子青年组	200米
	刘红娟	女子青年组	100米栏
	朱好瑶	女子青年组	跳远
	张子扬	男子少年甲组	100米
	王　钦	女子少年甲组	200米
	郭俊杰	男子少年乙组	110米栏
省青少年游泳锦标赛	刘欣宇	男子少年甲组	200米仰泳
省青少年柔道冠军赛	姚　鹏	男子少年乙组	81公斤级
省青少年击剑冠军赛	杭　翀　李世灵　许　越	男子少年甲组	佩剑

（李　萍）

扬州市2013年向省级及以上运动队、省体校输送运动员名单一览表

表32-3

姓　名	性　别	项　目	接　收　单　位
袁　悦	女	网球	中国人民解放军八一体工大队
张雪颖	女	足球	江宁足球训练基地
王周栋	男	足球	江宁足球训练基地
张雪颖	女	足球	江宁足球训练基地
赵　宁	男	帆船帆板	省水上运动管理中心
黄　昕	男	围棋	江苏省棋院
刘欣宇	男	游泳	南京体育学院
孙雨轩	女	游泳	省少年业余体校
王舒源	女	蹦床	省少年业余体校
孙佳阳	女	艺术体操	省少年业余体校
卢　薏	女	艺术体操	省少年业余体校
翟雨涵	女	艺术体操	省少年业余体校
张　默	女	艺术体操	省少年业余体校
吴思嘉	女	艺术体操	省少年业余体校
陈雨嫣	女	艺术体操	省少年业余体校
孙逸辰	男	蹦床	省少年业余体校
姚欣辛	女	网球	省少年业余体校
王伟豪	男	击剑	省少年业余体校
李天慧	女	跳水	省少年业余体校
苏迎秋	女	田径	省体育局训练中心
柏心悦	女	田径	省仙林体校
吴　婧	女	田径	省仙林体校
苏迎秋	女	田径	省仙林体校
沈萌萌	女	田径	省仙林体校
沈津易	女	田径	省仙林体校
刘慧贤	女	散打	省仙林体校
武　龙	男	散打	省仙林体校
刘钰杰	男	篮球	省仙林体校
王佳丹	女	橄榄球	省仙林体校
韦海明	男	举重	省仙林体校
李雨露	女	拳击	南京重竞技学校
薛　璇	女	摔跤	南京重竞技学校
罗德康	男	摔跤	南京重竞技学校
李小洁	女	跆拳道	苏州体育专业运动队管理中心
邱　航	男	跆拳道	苏州体育专业运动队管理中心

（李　萍）

社会民生

Shehui Minsheng

编 辑 戴淑敏

人民生活

■城市居民收入 根据抽样调查，2013年，扬州城市居民人均可支配收入30690元，首次超过3万元，比上年增长9.6%，增幅与省平均水平持平。一至四季度，扬州城市居民人均可支配收入同比分别增长8.9%、9.4%、10.1%、10.3%，收入增幅呈逐季攀升走势。城市居民人均家庭总收入33603元，增长9.2%。其中，人均工资性收入20540元，增长9.1%，对收入增长的贡献率为60.5%；人均转移性收入9254元，增长9.5%，对收入增长的贡献率为28.1%；人均经营净收入3307元，增长9.0%，对收入增长的贡献率为9.6%；人均财产性收入502元，增长11.1%，对收入增长的贡献率为1.8%。工资性收入、转移性收入对居民收入增长贡献较大。主要原因是：(1)政府转移支付力度加大。2013年，扬州市上调企业退休人员基本养老金，人均增加140元；最低生活保障标准提高，人均增长21.3%；向低保户发放5个月价格补贴，确保低收入户生活水平不因物价上涨而下降。(2)最低工资标准提高。7月，扬州市最低工资标准上调16.3%，非全日制用工小时最低工资标准上调14.6%。(3)企业工资指导线发布。8月，扬州市发布2013年企业工资指导线，企业工资增长基准线为14%、下线为6%，为提高企业职工工资水平提供政策依据。(4)就业人数增加。2013年，扬州市新增城镇就业6.7万人，拉动居民收入增长。居民收入增长面临的主要问题有：经济增速趋缓，居民收入增幅同步回落；家庭经营成本持续上涨，制约经营性收入快速增长；财产性收入增收空间狭窄，占比偏低。 （陈丽华）

■城市居民消费支出 根据抽样调查，2013年，扬州城市居民人均消费性支出19153元，比上年增加1603元，增长9.1%，高于全省增幅0.9个百分点。居民八大项消费支出全面增长。城市居民消费结构优化，生活质量提高，恩格尔系数(食品消费支出占消费支出的比重)37.1%，比上年下降1.3个百分点。城市居民生存型消费(食品、衣着、生活用品及服务)支出占消费支出的55.7%，比上年下降1.4个百分点；发展、享受型消费(居住、交通和通信、教育文化娱乐服务)支出占消费支出的36.1%，比上年上升1.5个百分点。城市居民人均文化娱乐服务消费支出1528元，

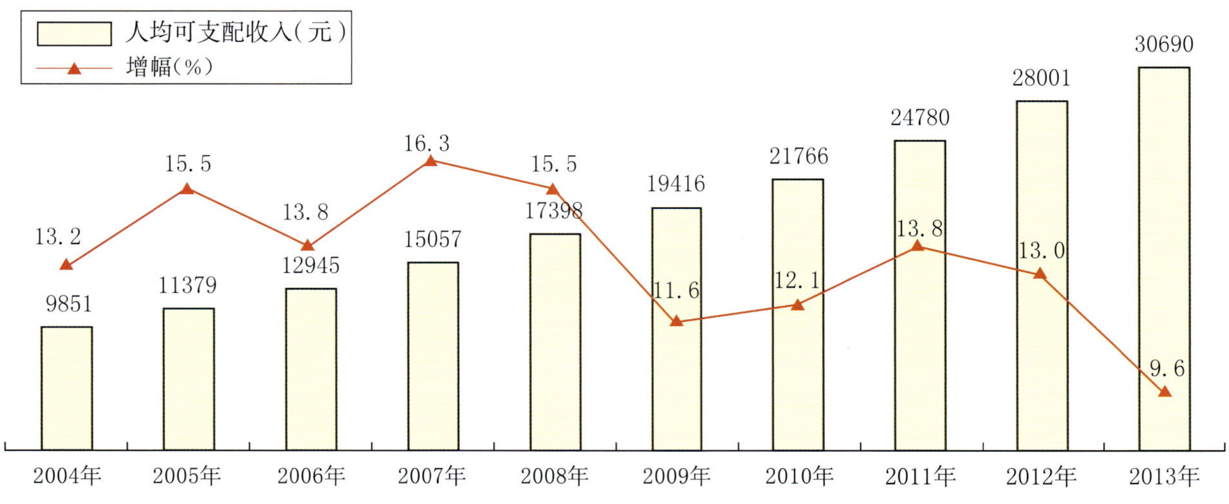

图33-1 **2004—2013年扬州市城市居民人均可支配收入及其增幅图**

（杨 敏）

2013年扬州市城市居民人均家庭总支出情况表

表33-1

指　标　名　称	平均水平(元/人)	增幅(%)
人均家庭总支出	24874	9.9
#消费性支出	19153	9.1
食品消费支出	7114	5.7
衣着消费支出	2243	8.7
居住消费支出	1256	10.0
家庭设备用品及服务消费支出	1315	8.4
医疗保健消费支出	878	6.4
交通和通信消费支出	2155	29.3
教育文化娱乐服务消费支出	3505	7.0
其他商品和服务消费支出	687	8.8

（陈丽华）

增长16.0%，增幅比上年上升3.8个百分点；鞋类消费支出570元，增长20.9%；酒类消费支出265元，增长9.2%；在外饮食消费支出1023元，增长7.0%；住房装潢消费支出183元，增长26.5%。城市居民交通和通信消费支出对居民消费支出增长的贡献率为30.5%，成为消费亮点。其中，人均交通消费支出1266元，增长45.5%；人均通信消费支出889元，增长11.6%。

居民消费增长的根本原因是居民可支配收入增加、社会保障制度健全完善，让老百姓“有钱花”“敢花钱”。消费心理是影响居民消费支出的重要因素。2013年，扬州城市居民人均禽类消费支出518元，下降12.2%，原因是禽流感疫情致使部分居民禽类购买量和消费量减少；城市居民人均金银珠宝消费支出228元，增长21.9%，原因是金价持续跌落激发消费者购买黄金饰品的潜在需求。

消费价格是影响居民消费的杠杆。一方面，促销打折、“积分”、“秒杀”等降价营销活动刺激潜在消费需求；另一方面，劳动力成本转嫁给消费者，增加居民消费支出。2013年，城市家政服务人均消费支出92元，增长18.3%，原因在于2013年家政服务人员工资上涨14.7%，推动居民家政服务消费增长。（林　宁）

■农村居民收入　根据抽样调查，2013年，扬州市农村居民人均纯收入14214元，比上年增长12.0%，增幅高于省平均水平0.6个百分点。其中，工资性收入9035元，增长11.9%，占农民人均纯收入的63.6%，拉动收入增长7.6个百分点；家庭经营收入4194元，增长9.8%，占农民人均纯收入的29.5%，拉动收入增长2.9个百分点；财产性收入245元，增长25.0%，占农民人均纯收入的1.7%，拉动收入增长0.4个百分点；转移性收入740元，增长24.4%，占农民人均纯收入的5.2%。农村居民收入增幅连续第四年高于城市居民收入增幅。2010—2013年，扬州市农村居民纯收入增幅分别高于城市居民收入增幅2.0、4.7、0.1和2.4个百分点。

促进农民增收的主要因素有：(1)农村劳动力就业充分，全市转移农村劳动力128.84万人，转移率71.33%；工资性收入平稳增长，农村居民在非企业组织中劳动得到收入、在本乡地域内劳动得到收入、外出从业得到收入分别比上年增长9.6%、12.0%和12.1%。(2)农民经营效益总体平稳，农民一、二、三产经营收入分别增长10.9%、10.4%和6.0%。

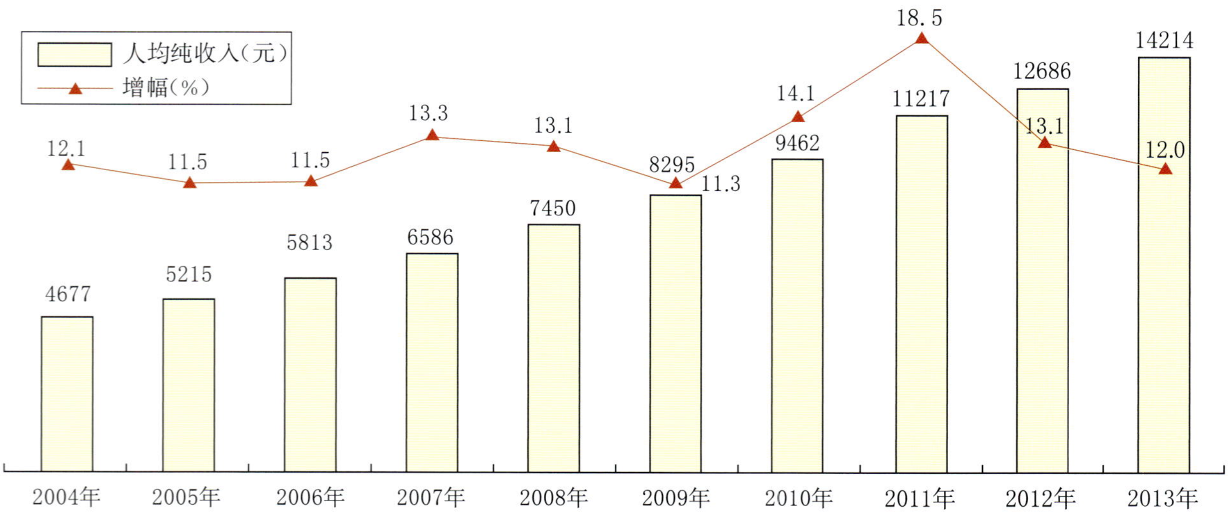

图33-2　**2004—2013年扬州市农村居民人均纯收入及其增幅图**

（丁　超）

2013年扬州市农村居民人均纯收入构成情况表

表33-2

指标名称	2013年	2012年	增幅(%)
农村居民人均纯收入(元)	**14214**	**12686**	**12.0**
一、工资性收入	9035	8074	11.9
(一)在非企业组织中劳动收入	510	465	9.7
(二)在本乡地域内劳动收入	4770	4259	12.0
(三)外出从业收入	3755	3350	12.1
二、家庭经营收入	4194	3821	9.8
(一)第一产业收入	2515	2266	10.9
1. 农业收入	2005	1796	11.6
2. 林业收入	57	51	11.8
3. 牧业收入	122	121	0.8
4. 渔业收入	331	298	11.1
(二)第二产业收入	761	689	10.4
1. 工业收入	396	356	11.2
2. 建筑业收入	365	333	9.6
(三)第三产业收入	918	866	6.0
1. 交通、运输、邮电业收入	200	266	-24.8
2. 批零贸易业、饮食业收入	439	390	12.6
3. 社会服务业收入	160	142	12.7
4. 文教卫生业收入	20	14	42.9
5. 其他行业收入	99	54	83.3
三、财产性收入	245	196	25.0
四、转移性收入	740	595	24.4

(丁　超)

(3)农村新型经营主体发展较快。家庭农场、农民专业合作社等农村新型经营主体的发展为农民增收增添动力;以新型经营主体为切入点,农业适度规模经营发展加快。(4)政策惠农力度加大,粮食收购保护价格提高助推农民人均增收200元左右,农村居民最低生活保障标准提高。

影响农民增收的主要因素有:农业增产潜力有限,农资价格上涨压缩增收空间;非农产业发展潜力有待挖掘,二、三产业经营收入带动增收能力有限;农村劳动力转移空间压缩,质态不高;财产性、转移性收入比重小。(丁　超)

■农村居民生活消费支出　根据抽样调查,2013年,扬州市农村居民人均生活消费支出9725元,比上年增长11.6%。八大类生活消费支出全面增长,农民生活质量提高。食品类消费支出增速趋缓。农村居民人均食品消费支出3435元,增长8.0%;恩格尔系数35.3%,下降1.2个百分点。食品消费中,谷、薯、豆类消费支出427元,增长1.7%,占食品消费支出的12.4%;肉、禽、蛋、奶及制品消费支出977元,增长9.4%,占食品消费支出的28.4%;蔬菜及其制品消费支出266元,增长1.1%,占食品消费支出的7.7%;烟、酒、茶消费支出581元,增长4.7%,占食品消费支出的16.9%;人均在外饮食消费支出490元,增长19.8%,占食品消费支出的14.3%。衣着消费从低档、耐用型向高档、时尚、成衣转变,服饰品种、规格更加齐全。农村居民人均衣着消费支出726元,增长14.3%,占生活消费支出的7.5%。其中,服装类消费支出565元,增长18.0%;鞋类消费支出145元,增长17.9%。居住条件更敞亮、现代化。农村居民人均居住消费支出1294元,增长13.2%,占生活消费支出的13.3%。其中,居住消费品支出794元,增长23.3%;居住服务性消费支出500元,下降7.4%。家庭设备用品升级。农村居民人均家庭设备用品消费支出639元,增长11.3%。2013年末,百户农村居民电冰箱、空调拥有量分别为102台、117.4台,分别增长2.0%、11.5%。交通更方便,通信更便捷。农村居民人均交通和通信消费支出850元,增长12.9%。其中,购买交通工具、燃料、配件支出390元,增长22.2%;购买通信工具、配件支出128元,增长58.8%。注重教育、精神文化生活。农村居民人均文化教育、娱乐消费支出1816元,增长14.6%。其中,文教、娱乐用品消费支出373元,增长3.1%;教育服务消费支出597元,下降15.7%;旅游消费支出613元,增长116.4%;休闲娱乐消费支出137元,增长125.9%。医疗保健消费增长。农村居民人均医疗保健消费支出619元,增长8.8%。其中,医疗卫生用品消费支出108元,下降2.7%;保健用品消费支出25元,增长19.6%;医疗保健服务消费支出486元,增长7.8%。其他商品和服务支出增长。农村居民人均其他商品和服务支出346元,增长25.8%。其中,购买首饰支出98.9元,增长23.0%;购买化妆品支出58.2元,增长140.4%。

(丁　超)

■居民消费价格　2013年,扬州市居民消费价格指数(简称CPI)为102.2,物价水平比上年上涨2.2%;CPI涨幅低于全省平均水平0.1个百分点,低于全国平均水平0.4个百分点。按消费性质分,消费品价格上涨2.1%,服务项目价格上涨2.3%。构成CPI的八大类商品和服务中,食品价格上涨3.1%,衣着价格上涨2.8%,家庭设备用品及维修服务价格上涨3.5%，医疗保健和个人用品价格上涨1.2%，交通和通信价格上涨0.1%，娱乐教育文化用品及服务价格上涨3.8%，居住价格上涨1.1%，烟酒价格下降3.1%。从月环比指数看，全年CPI有6个月上涨、4个月下降、2个月持平。涨幅最大的是6月、7月、8月。6月CPI环比上涨0.6%。主要原因是：天气转热，猪肉、蔬菜、水果等价格出现走高趋势，部分房主调高房租价格导致居住价格高企。7月、8月CPI环比涨幅分别为0.9%、0.6%。主要原因是：高温时段肉、蛋、鱼等价格均冲击年内小高峰，鲜菜价格环比涨幅分别高达19.2%、18.9%。1月、2月、9月CPI环比分别上涨0.4%、0.2%、0.1%。CPI环比下降的月份分别是5月（下降0.2%）、10月（下降0.1%）、11月（下降0.4%）、12月（下降0.1%），CPI下降的主要原因是食品价格高位回落。2013年，扬州市CPI同比指数前低后高。由于上年食品基期价格较高、同比涨幅较平缓，1—6月CPI同比涨幅分别为1.9%、1.6%、1.9%、1.6%、1.2%、1.9%，均未超过2.0%；7—9月，食品价格冲高，CPI涨幅出现较大幅度上升，各月同比涨幅分别为3.0%、3.0%、2.7%；10—12月，食品价格逐月下降，各月CPI同比指数出现明显下行趋势，分别为3.1%、2.4%、2.1%。

（张曼曼）

■居民消费价格特点 2013年，食品价格上涨较为温和，涨幅在八大类商品和服务中位居第二。全年食品价格上涨3.1%，带动CPI上涨1.0个百分点，对CPI的影响程度为45.5%，比上年下降16个百分点。列入调查范围的16个中类食品中，涨面占87.5%。粮食价格上涨3.8%。其中，大米价格上涨3.6%，面粉价格上涨8.7%，粮食制品价格上涨3.9%。除12月东北大米价格下降导致当月粮食价格环比下降1.9%外，其余各月粮食价格涨跌幅均在1.0%以内，总体保持温和的波浪形运行势头。扬州地产米价格持续保持平稳，对稳定扬州市场米价起到重要作用。食用油脂价格下降2.6%。其中，食用植物油价格下降1.6%，植物油制品价格下降3.2%。肉禽及其制品价格下降0.2%。其中，猪肉价格下降0.5%，禽类价格下降1.3%。鲜蛋价格先降后涨，全年价格水平比上年上涨5.2%。鲜菜价格各月波动较大，全年上涨2.5%。水产品价格上涨4.6%，明显低于上年（8.0%），其中淡水鱼价格上涨6.8%。受奶源总体偏紧、养殖成本和运输成本上涨等因素影响，液体乳及乳制品价格波动上行，全年上涨8.0%。

工业消费品价格以涨为主。面料价格、人工费用、场地租金等成本上涨，推动服装价格上涨4.9%；人工、场地、材料、流通费用持续上行，推动家具、家庭设备价格分别上涨4.2%、1.9%；中药材价格、保健器具价格上涨，推动医疗保健价格上涨2.5%；受国际油价上涨影响，97号汽油（2013年10月起改为苏Ⅴ95号汽油）、93号汽油（2013年10月起改为苏Ⅴ92号汽油）分别从2012年底的7.82元/升、7.41元/升上涨至2013年底的8.21元/升、7.77元/升；受扬州房产交易量回升的影响，砖、板材价格分别上涨5.5%、2.9%。

服务项目价格涨速平缓，全年上涨1.9%。受人员工资上调及相关政策的影响，部分消费量较大的服务项目价格上涨。其中，家庭服务费用上涨14.7%，理（烫）发费用上涨13.3%，学前教育费用上涨17.3%，景点门票价格上涨23.0%，旅行社收费上涨5.5%。

（张曼曼）

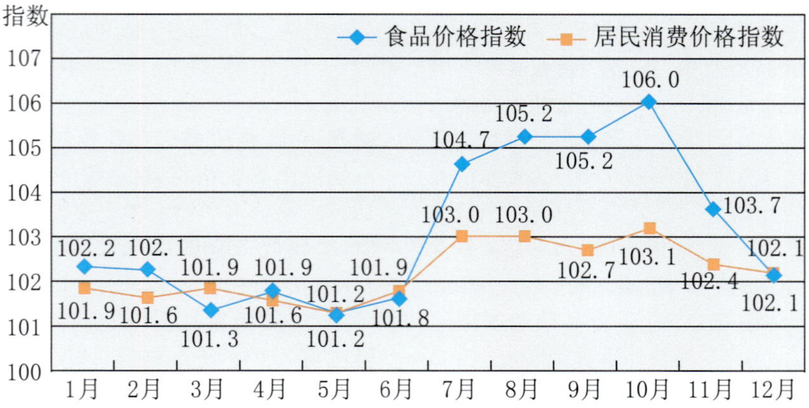

图33-3 **2013年扬州市居民消费价格指数和食品价格指数分月同比走势图**

（张曼曼）

■消费价格波动成因 劳动力成本上升的影响。一是劳动力成本涨幅较大。7月1日起，扬州市上调最低工资标准，市区月最低工资标准增长16.4%，非全日制用工小时最低工资标准增长14.6%。2013年，扬州全职、兼职人员待遇均保持上涨势头，建筑、餐饮、美容美发等多个行业均为留住人才而提高工资标准。二是劳动力成本在成本构成中的比重较大。劳动力成本提高直接推高服务项目价格，对劳动密集型行业产品定价影响较大，直接或间接推高CPI涨幅。

政策及地区消费的影响。2012年下半年，全省实行阶梯电价，学前教育价格、维扬豆制品价格、景点门票价格相继上调，对2013年物价走势产生涨价滞后影响。此外，2013年3月起，扬州地产“扬农”鲜奶、酸奶等品种价格上涨近一成；汽油价格全年上涨2.9%；10月起，实施旅游新政，全年旅行社收费标准上涨5.5%；受国家厉行节约相关政策影响，白酒消费量价齐跌，全年白酒价格下降9.9%。

气候及疫情的影响。农产品生产及供应对抗自然环境，尤其是气候变化及疫情的能力较弱。每逢高温天气，蛋鸡产蛋量减少，鸡蛋供应随之减少；每年3—6月禁渔期，鱼类供应阶段性不足；高温、严寒天气均不利鲜菜生长，相应月份菜价明显走高。2013年3月起，受疫情影响，猪肉、禽肉消费市场萧条，带动蔬菜、水产品价格上涨。6—8月天气炎热，鲜菜价格环比分别上涨0.6%、0.9%、

0.6%，占据全年环比涨幅前三名。

农业生产波动性大。小规模农业生产计划缺乏科学性，易导致相关产品价格周期性上涨或回落。2013年，禽类疫情给家禽养殖带来负担和风险，养殖户缩小养殖规模，来年禽类市场价格存在上行压力。

（张曼曼）

劳动就业

■概述 2013年，全市新增城镇就业7.31万人，新增转移农村劳动力5.29万人，帮扶失业人员再就业4.65万人；城镇“零就业家庭”和农村“零转移家庭”保持动态归零。期末城镇登记失业率2.26%。市劳动就业服务中心获“全国人力资源和社会保障系统2011—2013年度优质服务窗口”称号。（智爱斌 阚海茵）

■就业政策 实施小微企业招录高校毕业生扶持政策，发挥就业专项资金、创业引导资金和失业保险基金在促进就业政策落实中的杠杆作用。全市发放社保补贴2329.09万元、岗位补贴912.89万元、创业引导资金500万元，开发公益性岗位503个，发放农村劳动力转移就业培训获证奖补资金967.44万元。

（智爱斌 阚海茵）

■高校毕业生就业 完善促进高校毕业生就业政策，实施离校未就业高校毕业生就业促进计划和困难毕业生求职补贴制度。优化高校毕业生就业服务，组织开展“职业指导与技能培训进校园”活动，加强高校毕业生就业技能培训，开展专项招聘和校园招聘等各类招聘活动，搭建毕业生与用人单位供需见面平台。完善未就业高校毕业生实名制管理，登记扬州籍未就业高校毕业生1510人，免费提供2次就业和岗位推荐服务。组织1755名高校毕业生进入高校毕业生就业见习基地见习。招募40名高校毕业生参加“三支一扶”（支教、支医、支农，扶贫）计划，鼓励高校毕业生到基层就业。（智爱斌 阚海茵）

■创业带动就业 推动省级创业型城市创建工作，实施“创业金领”工程，加大创业培训力度，组织开展创业培训“进高校、进社区、进乡村”活动。推进创业培训载体建设，全市新扶持建设创业孵化基地13个，认定首批市级创业培训定点机构4家、首批创业实训基地2个，建成省级大学生创业园1个。评选优秀创业项目104个、创业明星25人。全市组织1.89万人参加创业培训，推介创业项目394个，实现创业带动就业1.65万人。（智爱斌 阚海茵）

7月13日，2013年苏中毕业生就业见习供需洽谈会暨扬州市夏季人才智力交流大会在体育公园举行。洽谈会设立上千个招聘展台，提供岗位近万个

刘江瑞/摄

■公共就业服务 开展“援企稳岗”活动，调研分析和监测重点企业用工需求。组织开展“春风行动”“就业援助月”“民营企业招聘周”等招聘活动。开发应用人力资源配置服务网，启用开发区人力资源市场，推广应用手机“就业云”软件，提升公共就业服务能力。开展“充分就业示范社区”“充分转移示范乡镇”创建活动，重点帮扶困难群体就业。市区662名登记失业的被征地农民全部实现就业。组织城乡劳动者6.19万人参加职业技能培训，为8.4万人次提供职业技能鉴定。（智爱斌 阚海茵）

■家庭服务业体系建设 发展家庭服务业，提升吸纳就业空间。在市区文苑社区开展“温馨社区——一体化家庭服务体系”建设试点工作。加强行业标准化、规范化建设，制定母婴服务、母乳喂养等6项市级行业标准。发布《家庭服务合同书（试行）》格式，保障消费者、家庭服务机构以及家庭服务员三方权益。扬州市被确定为全国中心城市家庭服务业体系建设联系点城市，并获服务网络和配套政策等方面支持。

（智爱斌 阚海茵）

■首家省级大学生创业园建成 9月29日，邗江区高新技术创业服务中心被省人力资源和社会保障厅认定为“江苏省创业示范基地扬州基地大学生创业园”，成为全市首家省级大学生创业园。邗江区高新技术创业服务中心是非营利公益服务机构，占地1800公顷，总投入1.2亿元。创业园涉及电子与信息技术、新能源、新材料、环境保护等4个重点领域，为大学生创业提供产、学、研“一条龙”服务。（智爱斌 阚海茵）

■第二届“扬州技能状元”大赛 12月21—22日，由市政府主办，市委组织部、市委宣传部、市人才办公室、市人力资源和社会保障局（简称市人社局）等承办的第二届“扬州技能状元”大赛暨第二届“江苏技能状元”大赛扬州地区选拔赛在扬州技师学院、扬州高等职业技术学校等11个

单位同时举行。此次大赛设企业职工组和学生组，382人次参加数控车、加工中心(四轴)和工具钳工、焊工等14个工种技能比赛，其中企业职工185人次、职业学校学生197人次。比赛结果，刘洋等10人获“扬州技能状元”称号，并享受市劳动模范待遇；姚恒梅等20人获“扬州市技术能手”称号，并被授予扬州市五一劳动奖章；宝应永辉机械有限公司等14家单位、扬州通用机电设备厂等45家单位分别被市政府和大赛组委会授予“高技能人才摇篮奖”。

(智爱斌　阚海茵)

■工资收入分配调控　发布企业工资集体协商工作地方标准，推进工资协商工作。全市职工人数50人以下企业行业性、区域性工资集体合同覆盖率89%，工资集体合同履约率97%。上调企业最低工资标准，市区和各县(市)月最低工资标准分别上调至1280元和1100元，分别增长16.4%、15.8%。12月，省政府批准扬州市自2014年起，市区最低工资标准类别从二类地区调整为一类地区，各县(市)最低工资标准从三类地区调整为二类地区。

(智爱斌　阚海茵)

■企业工资集体协商工作地方标准发布　9月24日，市政府召开新闻发布会，宣布《扬州市企业工资集体协商工作标准》实施。该标准是扬州市第一个工作程序类标准，也是全省第一个工资集体协商工作地方标准，为企业开展工资集体协商提供标准化、规范化操作指南。该标准将工资集体协商过程划分为前期准备阶段、协商阶段、后续争议处理以及评估改进阶段等流程，方便基层企业和职工实际运用，使工资集体协商工作更具可操作性和可评价性。

(智爱斌　阚海茵)

■劳动保障监察　组织清理整顿人力资源市场秩序专项行动，为用人单位和劳动者营造公平、竞争有序的用工环境和就业环境。开展规范劳务派遣专项行动，促进劳务派遣规范有序。开展用人单位劳动保障书面审查，维护劳动者合法权益。市人社局联合市公安局等8个部门开展农民工工资支付情况专项检查，维护农民工合法劳动报酬权益，打击恶意欠薪等违法行为。全年审查企业集体合同1万份，用人单位书面审查率95%。

(智爱斌　阚海茵)

■劳动人事争议调解仲裁　坚持劳动人事争议调解优先、全程调解原则。对无法调解的案件，坚持依法办案、公开审理，妥善处理集体劳动争议，防止矛盾激化。市人社局会同市中级人民法院、市总工会制定《扬州市劳动争议调裁审联席会议制度》，联合市司法局、市总工会等部门开展劳动争议处理“玉帛行动”，促进用人单位劳动关系和谐稳定。全市各级劳动人事争议仲裁委员会全年处理案件1746件，结案率98%。

(智爱斌　阚海茵)

■劳动争议调裁审联席会议制度建立　12月6日，市人社局与市中级人民法院、市总工会联合制定《扬州市劳动争议调裁审联席会议制度》，建立劳动争议调解、仲裁与审判衔接的长效工作机制，发挥工会、仲裁机构和审判机关在调整劳动关系中的职能优势，打造劳动争议快速处理机制。该制度包括：(1)信息互通制度。3家单位互通政策文件、互通重大案件信息、互通案件处理结果。(2)协作调解制度。在保持调解、仲裁、审判各自独立性基础上，3家单位采取委托调解、移送调解、特邀调解、联合调解方式协作调解。(3)疑难案件研讨制度。对影响大、涉及面广的重大、疑难案件处理中涉及的难点、分歧与争议问题进行专题研讨。(4)法律适用衔接制度。对法律法规中未作规定或规定不明确的问题，进行沟通交流，调解、仲裁、审判衔接，避免出现因适用法律不统一引发上诉、上访等情况。　(智爱斌　阚海茵)

■劳动争议处理“玉帛行动”　8月，市人社局、市司法局、市总工会等部门决定，用3年左右时间开展劳动争议处理“玉帛行动”，使大多数劳动争议化解在第一时间和基层一线，促使劳动争议双方当事人“化干戈为玉帛”，促进用人单位劳动关系和谐稳定。“玉帛行动”以示范化建设、信息化建设、长效化建设为重点，建立调解网络机制、联席会议机制、巡回仲裁庭机制，完善信息报送制度、监测分析制度、重要案件应急制度、联合培训制度，目标是实现各类劳动争议调解组织调处的案件占劳动争议案件总量的60%以上、仲裁机构接处的劳动争议案件调解撤诉率80%以上。

(智爱斌　阚海茵)

社会保障

■概述　2013年，全市围绕社会保险“同城同步同标”，推进社会保险市级统筹，市区实现社会保险“一卡通”。完善社会保险政策体系，提高社会保险待遇，城乡基本养老保险和基本医疗保险覆盖率98%以上。

(智爱斌　阚海茵)

■社会保险市级统筹　市人社局先后会同市财政局、市地税局印发《关于实行社会保险市级统筹有关政策问题的通知》《关于完善全市城镇居民基本医疗保险有关政策的通知》《关于统一全市基本医疗保险和生育保险有关政策的通知》，逐步统一全市养老、医疗、工伤、生育保险等政策标准、经办流程和征缴体制。7月起，原邗江区划归广陵区的5个镇企业社会保险关系整体划转，由市社会保险基金管理中心统一经办。9月起，邗江区社保基金纳入市统一征缴。　(智爱斌　阚海茵)

■市区实现社会保险“一卡通”　11月，扬州市完成社会保险软硬件改造，按照“先市区、后县市，先试点、后扩大”原则，选择市区35家经营规模较大、管理服务规范、布点合理便捷的综合性医疗机构和连锁零售药店作为首批“一卡通”定点单位，市直、广陵区、邗江区、江都区参保人员均可持社会保障卡在定点医疗机构和零售药店刷卡就诊、购药、按参

2013年扬州市社会保险参保人数、基金收支情况表

表33-3

保险种类	净增参保人数(万人)	年末参保人数(万人)	基金收入(亿元)	基金支出(亿元)
企业职工养老保险	5.32	98.29	70.65	60.01
机关事业单位养老保险	-0.08	3.92	6.59	7.08
城乡居民养老保险(含新型农村养老保险)	-5.31	99.16	10.65	7.28
城镇职工基本医疗保险	5.53	112.98	24.47	19.06
城镇居民基本医疗保险	-4.85	51.08	2.21	1.31
工伤保险	3.31	71.13	2.20	1.8
生育保险	2.08	51.85	1.38	0.66
失业保险	2.41	61.80	5.16	2.08

（智爱斌　阚海茵）

保地医保政策实时结算医药费，实现市区社会保险“一卡通”。

（智爱斌　阚海茵）

■**社会保险待遇提高**　连续第九年上调企业退休人员基本养老金，全市企业退休人员人均养老金1661元/月。城乡居民社会养老保险基础养老金最低标准上调至80元/月。财政对城镇居民医疗保险的补助标准由人均240元/年调整至280元/年。工伤待遇标准上调10.9%。

（智爱斌　阚海茵）

■**新生儿医疗保险政策出台**　11月26日，市人社局印发《关于新生儿参加城镇居民基本医疗保险有关问题的通知》，将新生儿纳入城镇居民医疗保险政策体系，消除居民医疗保险政策盲点，实现城镇居民医疗保险人群“全覆盖”。通知规定，11月1日起，新生儿自出生之日起3个月内参加医疗保险并缴费到账的，自出生之日至当年医疗保险年度结束之日，可按照规定享受城镇居民医疗保险待遇。　（智爱斌　阚海茵）

■**城镇居民大病保险政策出台**　12月12日，市人社局联合市发展和改革委员会(简称市发改委)、市财政局、市卫生局、市民政局印发《关于全面开展城镇居民大病保险工作的实施意见(试行)》，按照市级统筹、统一政策、统筹城乡的原则，在基本医疗保险待遇基础上，建立政府主导、与基本医疗保险和医疗救助协同互补的城镇居民大病保险制度。该制度明确，大病保险保障对象为参加城镇居民基本医疗保险的参保人员；主要保障参保人员经基本医疗保险报销后，在一个医保结算年度内个人承担的、超过一定额度的、符合规定的住院和门诊特殊病种医疗费用；大病保险实际支付比例不低于50%，起付标准以上一年度全市城镇居民年人均可支配收入的50%左右确定，全市暂定1.5万元；所需资金按照每人每年30元的标准从城镇居民基本医疗保险基金中划出，并根据城镇居民医疗保险筹资标准、补偿比例情况，逐步提高筹资水平。该政策自2014年1月1日起实施，原城镇居民基本医疗保险二次补偿政策同时停止执行。

（智爱斌　阚海茵）

■**新型农村合作医疗**　2013年，全市新型农村合作医疗(简称新农合)筹资标准人均350元，其中各级财政补助人均280元、个人缴费70元；参合人数287.7万人，参合率99.8%；县、乡两级政策范围内住院补偿比76.42%，最高补偿限额提高到18万元。全市有5666名重大疾病患者获补偿，实际补偿比75.65%。宝应县、高邮市、仪征市、江都区、邗江区和广陵区先后开展新农合混合支付方式改革，控制医药费用不合理增长。

（郑轶群）

■**农村居民大病保险**　7月，市卫生局、市发改委、市财政局联合印发《扬州市农村居民大病保险工作实施办法(试行)》，建立农村居民大病保险体制和机制，将参加新农合的农村居民全部纳入大病保险，个人无需缴纳额外费用。明确宝应县、高邮市、江都区、邗江区和广陵区为全市农村居民大病保险试点地区，试点地区参合农村居民7月1日后自付超过1.2万元、符合规定的住院和门诊特殊病种医疗费用，按照相关政策给予不低于50%的补偿。10月21日，市政府召开农村居民大病保险新闻发布会。11月20日，中国人寿保险公司扬州市分公司市区农村居民大病保险结报点启用。至年底，全市约4000人次申请农村居民大病保险理赔，理赔金额2400万元；完成理赔1992人，赔付金额976.12万元。　（朱正文）

■**实施灵活就业人员生育保险政策**　12月18日，市人社局、市财政局转发省人社厅、省财政厅《关于解决参加职工基本医疗保险灵活就业人员生育的医疗费用的通知》，规定灵活就业人员在享受职工基本医疗保险待遇期间，因产前检查、住院分娩或因生育引起的流产、引产，以及分娩住院期间诊治生育引发的并发症、合并症的，所发生的职工生育保险支付范围内医疗费用，按照职工生育保险待遇标准，由职工基本医疗保险统筹基金支付，消除生育保险(障)制度政策盲点。　（智爱斌　阚海茵）

■**实施基层医疗卫生机构一般诊疗费医保支付**　1月起，扬州市实行一般诊疗费的基层医疗卫生机构统一使用国家标准基本药物目录库，将基层医疗卫生机构一般诊疗费纳入基本医疗保险基金支付范围，同时取消原按照基本药物给予的30%医保补助，进一步完善多渠道补偿机制，调动基层医疗卫生机构和医务人员积极性，保障国家基本药物制度实施。

（智爱斌　阚海茵）

■市区失业保险金标准上调 7月1日起，调整市区失业保险金上下限标准。上限为市区最低工资标准(1280元/月)，提高180元/月；下限为城市居民最低生活保障标准的1.3倍(631元/月)，提高111元/月。6月30日前已核定失业保险金待遇人员，失业保险金按原标准执行；7月1日后办理退工手续的人员，失业保险金按新标准执行。 （智爱斌 阚海茵）

■市区社会保险补贴标准上调 市政府鼓励企业招用就业困难人员，根据实际招用和参保人数给予企业社会保险补贴，补贴标准按照当年最低缴费基数计算。7月起，市区政府购买岗位中以灵活就业人员身份缴费的人员，社会保险补贴由602元/月调整为644元/月。8月起，市区企业招用的就业困难人员社会保险补贴由614元/月调整为648元/月。

（智爱斌 阚海茵）

■社会保险经办服务水平提高 退休审批实行“一站式”服务。市人社局在市社会保险服务大厅开设退休审批专门服务窗口，所有流程实行内部流转，15日内办结。构建职工医疗保险、居民医疗保险间转换“绿色”通道，实现居民医疗保险参保人员转参职工医疗保险手续“一站式”办理。优化居民医疗保险登记、申报、缴费流程，参保人员在社区登记并填写社会保障卡申领表，并到指定银行缴费，即可取得社会保障卡并享受医疗保险待遇。面向企业和机关事业单位开办社会保险费委托申报服务。

（智爱斌 阚海茵）

住房保障

■概述 2013年，扬州市实施经济适用住房货币化补贴、公共租赁住房和廉租住房并轨运行、保障性住房房源社会化收储等一揽子改革，优化保障方式，提升保障水平。制定市区廉租住房、经济适用住房、中等偏下收入住房困难家庭公共租赁住房保障实施细则，申请标准分别放宽至家庭人均月收入1000元、1300元、1800元。推进保障性安居工程建设，全市新开工建设各类保障性住房1.49万套，竣工1.73万套。开展2013年度住房保障申请、审核、公示、确认工作，对符合政策条件的家庭实现应保尽保。发挥住房公积金在住房保障中的作用。全年归集住房公积金40.33亿元，提取住房公积金23.26亿元，发放住房公积金贷款33.17亿元，分别比上年增长17.8%、32.4%、24.0%。 （方 观）

11月15日，扬州市举行市区2013年度廉租住房实物配租摇号抽签仪式，90户困难家庭喜获廉租住房

刘江瑞/摄

■保障房建设 2013年，市区争取中央和省级住房保障资金9444万元。全市新建经济适用住房1534套，其中市区800套；新建公共租赁住房(包括廉租住房)6338套(间)，其中市区3289套(间)；新建限价商品房4970套，其中市区4000套；新建棚户区危旧房改造安置房2049套，其中市区900套。

市经济适用住房发展中心(市保障房建设发展有限公司、市房地产开发中心)拓展住房保障资金来源渠道，全年争取专项建设资金1.22亿元，推进联谊南苑，杉湾花园五期、六期，佳家花园二期、三期、四期等多个市级保障性住房项目，建筑面积150多万平方米，其中佳家花园二期、三期全部住房和杉湾花园五期部分住房竣工交付。市房地产开发中心获评江苏省房地产开发综合实力50强企业。佳家花园二期在全省保障性安居工程建设劳动竞赛中获“优秀工程项目”奖。 （方 观）

■保障房分配 市区(不含江都区)受理各类住房保障申请1397户，经审核、公示，确认1132户符合住房保障条件，其中经济适用住房保障831户、廉租住房保障105户、公共租赁住房保障196户。全年累计发放保障性租赁补贴218万元。9月28日、11月15日，市区分别举行经济适用住房、廉租住房摇号选房仪式，1022户家庭成功获得保障。 （方 观）

住房公积金管理

■概述 2013年，全市新增住房公积金归集单位1009家，其中归集人员10人以上单位390家；新增归集人员7.75万人，其中城区3.36万人、邗江1.35万人、仪征0.92万人、江都0.81万人、宝应0.61万人、高邮0.60万人。2013年底，全市有67.29万人缴存住房公积金，比上年同期净增4.72万人。2013年，全市归集住房公积金40.33亿元，比上年增长17.8%，年度归集水平创历史新高。截至12月底，全市累计归集住房公积金233.10亿元，同比增长20.8%；公积金归集余额110.27亿元，同比增长18.1%。2013年，全市11.6万人次提取住房公积金23.26亿元，比上年增长32.4%；平均每笔提取2万元，比上年增加0.52万元；当期提取比率为57.7%。至12月底，全市累计提取住房公积金122.83亿元，同比增长23.4%。全年向1.16万户家庭发放公积金贷款33.17亿元，放贷金额比上年增长24.0%；平均每户贷款28.59万元，比上年减少0.26万元。至2013年底，全市累计向9.86万户家庭发放贷款178.01

2013年扬州市住房公积金归集情况表

表33-4

单　位	当年归集额(亿元)	增幅(%)	累计归集额(亿元)	增幅(%)	归集余额(亿元)	增幅(%)
合　计	**40.33**	**17.8**	**233.10**	**20.8**	**110.27**	**18.1**
城　区	16.57	15.7	99.30	18.2	45.38	18.1
邗　江	3.49	20.8	16.20	24.7	8.29	24.5
江　都	4.65	31.0	23.11	22.6	12.47	23.8
宝　应	3.12	15.0	16.41	21.1	8.17	20.0
仪　征	4.58	22.1	23.52	21.7	12.28	21.1
高　邮	2.76	24.3	14.59	21.1	6.99	23.1
仪征化纤	2.28	14.6	13.82	17.8	7.44	13.2
江苏油田	2.88	3.2	22.89	12.0	9.24	2.4

（杨粉梅）

2013年扬州市住房公积金使用情况表

表33-5

单　位	当年提取额(亿元)	增幅(%)	累计提取额(亿元)	当年贷款额(亿元)	增幅(%)	累计贷款额(亿元)	年末贷款余额(亿元)
合　计	**23.26**	**32.4**	**122.83**	**33.17**	**24.0**	**178.01**	**97.12**
城　区	9.64	25.2	55.20	12.77	-0.4	82.47	43.24
邗　江	1.86	44.2	8.19	2.32	11.5	13.05	7.51
江　都	2.25	31.6	11.03	4.44	58.6	20.46	11.28
宝　应	1.76	35.4	8.50	3.32	66.8	14.06	7.75
仪　征	2.43	33.5	11.63	4.28	42.2	18.96	11.43
高　邮	1.45	25.0	7.83	2.30	35.3	13.31	6.57
仪征化纤	1.41	46.9	6.57	1.84	58.6	7.27	4.39
江苏油田	2.47	51.3	13.88	1.90	61.0	8.43	4.95

（杨粉梅）

亿元，贷款余额97.12亿元，比上年同期净增21.55亿元；全市公积金贷款个贷比88.1%，同比上升7个百分点，个贷比持续快速上升且未出现向下拐点势头。（杨粉梅）

■住房公积金资金安全管理　2013年，全市住房公积金个贷逾期率均为零。全市住房公积金实现增值收益2.26亿元，比上年增长21.3%；增值收益率2.22%，比上年提高0.03个百分点。住房公积金风险准备金充足率4.0%。（杨粉梅）

■住房公积金支持廉租房建设　2013年，全市提取廉租房建设补充资金6441万元(其中城区2500万元、邗江500万元、江都500万元、宝应510万元、仪征750万元、高邮320万元、仪征化纤140万元、江苏油田1221万元)，比上年增加2639万元，增长69.4%，为历年最高。至2013年底，全市累计提取廉租房建设补充资金2.30亿元，比上年同期增长38.6%。（杨粉梅）

■住房公积金基数和缴存比例调整　经市政府批准，2013年度住房公积金缴存基数调整为最低1100元(扬州市区最低月工资标准)、最高11800元，其中2013年7月1日以后新开户单位最低月缴存基数不低于2025元(市区社会保险缴费基数)；2015年7月1日后，所有缴存单位最低月缴存基数不低于同期市区社会保险缴费基数标准；对经济效益较差、又不符合缓缴条件的单位，经单位职工代表大会讨论通过并形成决议，由单位向当地住房公积金管理机构提出申请，经批准后可适当降低缴存基数，但不得低于当年度最低工资标准。同时，住房公积金最低缴存比例由单位和个人各5%提高至各8%。（杨粉梅）

■部分住房公积金贷款业务暂停　因全市(不含仪征化纤、江苏油田)住房公积金个贷比连续3个月超过90%的红色预警线，经市政府批准，4月1日起，启动住房公积金贷款预警调控措施，全市暂停部分住房公积金贷款业务。(1)暂停办理商业银行住房贷款转住房公积金贷款。(2)暂停办理扬州市行政区域外的异地贷款业务(江苏石油勘探局除外)；夫妻双方有一方在异地缴存住房公积金的，贷款额度暂按扬州市单个职工缴存公积金规定确定。(3)暂停办理"又提又贷"业务。职工在申请住房公积金贷款(经济适用房贷款除外)时，不能提取职工本人、配偶及其直系亲属住房公积金；职工本人及配偶住房公积金可用于按月还贷或一年两次的批扣还贷，直系亲属住房公积金可在结清贷款时使用。（杨粉梅）

人口和计划生育

■概述　扬州市人口和计划生育委员会(简称市人口计生委)以"人口家庭发展工程"为载体，争创省人口协调发展先进县(市、区)，组织实施"民生民情、创新创优、基层基础"系列项目，创新人口服务管理，推进人口家庭发展。全市"十二五"人口和计划生育目标任务全面完成，9件民生实事全部办结。2013年，全市新出生人口2.92万人，人口出生率6.36‰，人口自然增长率0.07‰，计划生育率99.36%，出生人口性别比109.29。市人口计生委获评江苏省文明单位。（沈　怡）

■"十二五"中期评估 全市人口计生系统分县级自查、市级复查两个阶段，开展人口计生工作"十二五"中期评估。市人口计生委组成6个调研小组，分"十二五"规划实施情况、出生人口状况、孕前优生健康检查等12个专题展开调研。4月18－25日，市人口计生委组织暗访，重点调查2011年以后有生育节育现象的已婚育龄妇女。全市抽取各县(市、区)8个乡镇16个样本点，收集育龄妇女入户调查问卷640多份。市级复查分6个组，随机抽取28个乡镇的28个村(社区)作为样本点，通过入户面查、电话访查、座谈调查、资料核查、数据抽查、实地考查、综合评查等形式，对各县(市、区)及相关部门"十二五"人口计生工作情况进行评估，完成评估报告和相关复查评估表编制。9月，扬州市"十二五"人口计生工作通过省人口计生委中期评估。(沈 怡)

■办好民生实事项目 2013年度9件民生实事全部办结。实施免费孕前优生健康检查项目。制定《扬州市免费孕前优生健康检查工作实施方案》和《扬州市免费孕前优生项目临床检验质量控制实施方案》，建立、完善市、县两级质量控制体系，提高孕前优生健康检查质量。全年完成3.23万人次免费孕前优生健康检查，覆盖率110.6%。落实奖励扶助、特别扶助政策，启动2009年及以后市直和城区持独生子女父母光荣证退休企业职工一次性奖励和将城镇非从业居民纳入一次性奖励工作。开展育龄妇女生殖道感染综合查治。全年查治21.45万人次。规范病残儿医学鉴定。修订《扬州市病残儿医学鉴定实施办法》，健全病残儿医学鉴定规则，规范各项流程，取消鉴定收费。全年鉴定175人。拓展"12356"阳光计生服务热线功能，热线坐席增至5个，实现市、县联动。在全市世代服务机构新建10个流动人口计划生育免费服务点，为流动人口提供政策咨询、宣传服务、信息采集、帮扶救助、便民维权等公共服务。全市新安装二代身份证免费药具发放机12台。开展0～3岁婴幼儿早期发展服务。推进生育关怀。多渠道募集生育关怀资金，帮扶计生困难家庭。(沈 怡)

■推进人口家庭发展工程 组织实施民生民情、创新创优、基层基础三大系列重点项目。市人口计生委组织实施免费孕前优生健康检查、已婚育龄妇女生殖道感染综合查治、流动人口计划生育免费服务点增建、女性健康促进、城区公共服务模式探索等项目32个，除因机构重组调减的2个项目(药具站拆迁重建、服务机构转型提质建设)外，其他30个项目全部完成。(沈 怡)

■落实奖励扶助和特别扶助政策 12月，启动2009年及以后市直和城区持独生子女父母光荣证退休企业职工一次性奖励工作，并探索建立长效发放机制。贯彻执行《江苏省人口计生委 江苏省财政厅对持独生子女父母光荣证的城镇非从业居民实行一次性奖励的实施意见》，启动将全市城镇非从业居民纳入一次性奖励工作，争取财政资金支持。落实农村部分计生家庭奖励扶助政策，提高独生子女伤残死亡家庭特别扶助标准。全市向7.33万人次发放农村计划生育家庭奖励扶助金7019.4万元，向4126人次发放独生子女伤残(死亡)家庭、计划生育手术并发症家庭特别扶助金2309.79万元。(沈 怡)

■完善流动人口管理服务机制 市人口计生委按照"统筹管理、服务均等、信息共享、区域协作、双向考核"要求，落实流动人口计划生育服务管理措施，完善流动人口计划生育服务管理模式。完善信息共享机制。做好全员流动人口信息统计，发挥基层流动人口计生信息员作用，加大清查摸底力度，定期入户采集信息，及时补充、更新基础数据库信息，规范流动人口信息平台应用，完成动态监测任务。至年底，信息平台录入13.83万名流动人口信息，其中流入人口6.56万人、流出人口7.27万人。实行流出人口跟进式服务管理。针对留守儿童、留守妇女、留守老人，搭建"大手牵小手""视频聊天吧""妇女发展项目""留守老人托养所"等亲情关爱平台，发挥流出人口计生协会作用，保障流动人口计划生育权益。提升流动人口均等化服务管理水平。加强流动人口基本公共服务体系建设，依托各级世代服务中心、社区新市民驿站、企业新市民之家、流动人口(行业)协会等阵地，为流动人口提供政策宣传、避孕节育、优生优育、奖励优待及免费技术服务等均等化服务，推进流动人口计划生育阳光关爱活动。(沈 怡)

■促进0～3岁婴幼儿早期发展 市人口计生委以"人口家庭发展工程"为载体，加强与早教机构、幼儿园等社会力量合作，构建0～3岁婴幼儿早期发展促进模式。组建婴幼儿"早教大篷车"，服务农村家庭；组织扬州生活网亲子俱乐部与8家早教机构联合开展"宝贝计划"进社区活动，将亲子教育、实验课堂搬到社区、住宅小区，让家长在亲子活动中体验早期教育效果。制定规范，促进婴幼儿早期发展工作标准化建设。制定《扬

5月31日，由扬州市人口计生委等单位主办的扬州第二届科学育儿(用品)博览会开幕　　计生委/供稿

州市促进婴幼儿早期发展项目示范点评估标准》，建成首批8家婴幼儿早期发展示范体验基地。举办第二届科学育儿(用品)博览会，举办科学育儿知识讲座6场、“欢乐六一儿童节”主题表演3场，开展少儿书法绘画展示评比、时尚宝宝T台秀、“跳蚤淘宝市场”、“开心农场”、“帮助他人，快乐自己”公益活动等互动活动。 (沈 怡)

■人口信息系统建设 制定扬州市人口云实时信息管理系统实施方案。全市99.7%的村级单位完成网络建设，人口信息系统终端村级延伸工作基本完成。做好人口信息数据安全和备份工作。下半年起，定期开展服务器硬件和应用系统、数据库索引重建和备份以及网络系统巡检工作，并对服务器进行远程管理和维护，提高人口信息数据库安全性。 (沈 怡)

■人口计生队伍职业化建设 完善职业化培训机制。全市人口计生系统以更新知识结构、增强创新能力、提高综合素质为目标，开展“双千培训”(市、县两级各培训1000人次)计划。2013年，市、县两级人口计生部门举办各类培训活动48期(次)，培训2123人次。其中，市人口计生委举办生殖健康咨询师职业资格、人口信息系统操作实务等培训班7期，培训计生专职干部和技术服务人员493人。逐步建立职业资格认证机制。组织“一证三师”(生殖健康咨询职业资格证，执业医师、统计师、社会工作师)入职培训、考试。2013年，全市村级计生专职干部和乡级以上计生医技、统计、法规宣传人员参加入职培训率、考试率均达90%，其中80%以上报考人员取得相应从业资格或职称资格。 (沈 怡)

基层自治组织建设

■第十届村民委员会和第五届社区居委会换届选举 2013年，全市996个行政村进行第十届村委会换届选举，370个社区进行第五届居委会换届选举。10月15日，扬州市成立村(居)民委员会换届选举工作指导小组，市委、市政府召开全市第十届村民委员会和第五届社区居委会换届选举工作会议，部署换届选举工作。市委办公室、市政府办公室分别印发《关于做好全市第十届村民委员会换届选举工作的实施意见》《关于做好全市第五届社区居民委员会换届选举工作的实施意见》。至2013年底，全市村(居)委会全部依法完成换届选举，选举成功率100%。在村委会换届选举中，全市登记选民272.01万人，261.99万人参加投票，选民参选率96.3%；选举出村委会班子成员5462人，其中女性1665人，占当选人数的30.5%；选举出新一届村民代表61509人。在社区居委会换届选举中，全市登记选民76.69万人，67.71万人参加投票，选民参选率88.3%；选举出社区居委会成员1931人，其中党员1407人、女性1032人、大专以上学历的1112人，分别占72.9%、53.4%、57.6%。 (周 菲)

扬州市区连福社区在网格化管理中打造“社情民意气象站”，搭建社区和居民之间的“连心桥” 王 卓/摄

■试点推行“政社互动” “政社互动”是指转变政府职能，深化基层群众自治，加强基层政权建设，推动基层社会管理创新，实现政府行政管理与基层群众自治的有效衔接和良性互动。根据省政府办公厅《关于在全省推行“政社互动”推动社会管理创新的意见》，12月，扬州市确定广陵区文峰街道连福社区、头桥镇大同村，邗江区双桥街道康乐社区、瓜洲镇军桥村为第一批试点社区和试点村，通过推行“两清单、一协议、双评估”〔“两清单”指《基层群众自治组织依法履行职责事项》和《基层群众自治组织协助政府工作事项》；“一协议”指签订基层自治组织协助政府管理协议书；“双评估”指建立由党政干部组成的自治组织履职履约情况评估小组和由村(居)党组织、村(居)干部、村(居)民代表组成的政府履职履约情况评估小组，对双方履约情况进行年度评估〕做法，理顺政社关系，明确社区工作职责，提高社区工作效率，推进社区由管理向治理转变。 (周 菲)

■社区服务中心建设 2013年，市政府制定扬州市区社区服务中心两年全达标计划，市民政局、市规划局、市住房保障和房产管理局制定《关于规范全市社区办公服务用房建设和管理的意见》。市区全年新建标准化社区服务中心35个，其中江都区12个(仙女社区、龙溪社区、引江社区、仁寿社区、谢桥社区、北陵社区、七里社区、新民社区、樊汊社区、大陆桥社区、丁伙社区、周楼社区)、广陵区11个(洼子街社区、连运社区、新仓巷社区、常府社区、茱萸湾社区、九龙花园社区、解放桥社区、杉湾花园社区、头桥社区、沙头社区、红桥社区)、邗江区8个(文昌社区、贾桥社区、陈家湾社区、四里铺社区、方巷社区、蒋王社区、石油山庄社区、大刘社区)、扬州经济技术开发区3个(金山花园社区、朴树湾社区、二桥社区)、蜀冈-瘦西湖风景名胜区1个(邗沟社区)。截至2013年底，市区有186个社区达到省委、省政府提出的“最低不少于400平方米”的社区服务中心建设标准，占总数的91.2%。 (周 菲)

■规范社区专职工作者工资福利待遇 市民政局与市委组织部联合印发《关于规范社区专职工作者工资福利待遇的指导意见》，规范专职社区工作者工资福利待遇构成，明确社区工作者年平均收入不低于扬州市上年度城镇职工平均工资，并建立自然增长机制。 （周 菲）

■智慧社区综合管理服务平台建设试点 为提高社区管理效率和服务水平，创新基层社会管理，市民政局、市信息化领导小组办公室建设覆盖全市城乡社区，集行政管理、社区事务、便民服务于一体的智慧社区综合管理服务平台。该平台包含社区门户网站群、社区管理系统、便民服务系统、互动交流系统等功能。2013年，该平台在广陵区文昌花园社区、琼花观社区，邗江区康乐社区、文苑社区、武塘社区、石桥社区、卜桥社区、虹桥社区、双桥社区，江都区南吴社区，扬州经济技术开发区春江社区，蜀冈-瘦西湖风景名胜区凤凰桥社区等12个社区试点应用。全国人大常委会委员长张德江、民政部领导、省委书记罗志军、省长李学勇等先后视察扬州市智慧社区综合管理服务平台试点应用情况。 （周 菲）

■社区设置调整 2013年，部分县（市、区）对辖区内部分村（社区）进行撤并。邗江区汊河镇撤并3个村：红庙村被撤销，并入蒋庄村；戚桥村被撤销，并入东石村；柏圩村被撤销，并入高桥社区。宝应县氾水镇撤并2个社区：花园社区被撤销，并入柘沟社区；北园社区被撤销，并入江宝社区。仪征市撤并4个社区：青山镇中兴社区被撤销，并入龙山社区；青山镇河口社区被撤销，并入沿江社区；陈集镇御史街社区、东升街社区被撤销，并入陈集街道社区。高邮市新增经济开发区九园社区。2013年底，全市有359个社区、1007个村。

（周 菲）

■建成2个全国社会工作服务示范社区 12月23日，民政部印发《关于确定首批全国社会工作服务示范地区、社区和单位的通知》，确定全国61个地区、103个社区、180个单位为首批全国社会工作服务示范地区、示范社区和示范单位。扬州市广陵区曲江街道文昌花园社区、东关街道琼花观社区名列其中。 （曾漳龙）

■“十佳社区”“十佳社区工作者”评选 12月，市民政局启动2013年度全市“十佳社区”“十佳社区工作者”评选活动。“十佳社区”评选由居民满意度测评和现场评选活动两部分组成。经现场评选活动评委打分、观众投票以及社区居民满意度测评，广陵区文昌花园社区、琼花观社区、荷花池社区、连福社区、个园社区，邗江区安平社区、兰庄社区，江都区云峰社区，扬州经济技术开发区春江社区，蜀冈-瘦西湖风景名胜区凤凰桥社区，宝应县白田社区，仪征市华兴新村社区，高邮市琵琶社区等社区进入前13名。其中，广陵区文昌花园社区、琼花观社区、荷花池社区等3个连续3次获“十佳社区”称号的社区被授予2013年度全市“明星社区”称号，其余10个社区被命名为2013年度全市“十佳社区”。广陵区汶河街道皇宫社区主任李萍，曲江街道施井社区党总支书记邹庆文，广陵经济开发区运东社区党总支书记、主任丁小琴等10人被授予2013年度全市“十佳社区工作者”称号。 （周 菲）

■和谐社区建设示范单位创建 组织开展省级、市级和谐社区建设示范单位联合创建活动。创成省级和谐社区建设示范街道（乡镇）6个、示范社区21个、示范村51个，市级和谐社区建设示范社区57个、示范村210个。 （周 菲）

区划地名

■蜀冈-瘦西湖风景名胜区代管区域扩容 1月，蜀冈-瘦西湖风景名胜区（简称景区）代管区域扩容。将邗江区平山乡（不含朱塘社区、荷叶社区、石油山庄社区）划归景区代管；将平山乡位于维扬经济开发区区域内的朱塘社区、荷叶社区、石油山庄社区划归维扬经济开发区管委会代管；将邗江区城北乡（不含黄金村、瓦窑村、竹西社区、安平社区）划归景区代管，黄金村、瓦窑村、竹西社区、安平社区由邗江区政府确定代管关系；将邗江区槐泗镇槐二村（不含原唐沟村6个村民小组）、槐子村和槐泗社区划归平山乡代管（由景区代管）。

（佘义海）

■部分代管区域调整 12月，扬州市调整部分代管区域。将广陵区泰安镇、杭集镇以及湾头镇夏桥村、二桥村（由泰安镇代管）划归生态科技新城代管；将生态科技新城（原新城西区）代管的新盛街道划归邗江区管理；将邗江区梅岭街道划归景区代管；在邗江区瓦窑村、黄金村、竹西社区、安平社区所在区域设立竹西街道办事处，归邗江区管辖。（佘义海）

■高邮市部分乡镇区划调整 9月，高邮市调整部分乡镇区划。撤销高邮镇，在原高邮镇行政区域和卸甲镇所辖黄渡、十里2个村区域设立高邮街道，街道办事处驻甘雨路8号；撤销马棚镇，在马棚镇行政区域和龙虬镇所辖奥林、双庙、佛塔3个村区域设立马棚街道，街道办事处驻凌波路30号；撤销八桥镇、卸甲镇，将原八桥镇、卸甲镇行政区域合并，设立新的卸甲镇，镇政府驻原卸甲镇飞达大道北侧；撤销汤庄镇、汉留镇，将原汤庄镇、汉留镇行政区域合并，设立新的汤庄镇，镇政府驻原汤庄镇双屏村汤庄大道北侧；撤销司徒镇、三垛镇，将原司徒镇、三垛镇行政区域合并，设立新的三垛镇，镇政府驻原三垛镇光明社区少游路西侧；撤销横泾镇、甘垛镇，将原横泾镇、甘垛镇行政区域合并，设立新的甘垛镇，镇政府驻原甘垛镇河口村；撤销周巷镇、临泽镇，将原周巷镇、临泽镇行政区域合并，设立新的临泽镇，镇政府驻原临泽镇临兴路50号；撤销郭集镇、送桥镇、天山镇，将原郭集镇、送桥镇、天山镇行政区域合并，设立新的送桥镇，镇政府驻原送桥镇官路村。区划调整后，高邮市辖2个街道、1个乡、10个镇。 （佘义海）

■界线管理 市民政局印发《关于做好全市第三轮行政区域界线联合检查工作的通知》，启动扬州市第三轮行政区域界线联合检查工作。完成南京市与扬州市市际界线，高邮与宝应、高邮与仪征县际界线勘定工作。维护、描红界桩21根。开展全市界线界桩集中巡查工作。2013年底，全市有1条省际界线、5条市际界线、8条县际界线，总长956.64千米，设界桩点72个、界桩108根。推进平安边界建设，落实界线管理责任，确保边界地区和谐稳定。 (佘义海)

■地名管理 市民政局完善市区地名标志牌设置，提高设置率和完好率。完成市区主要道路地名标志牌更新工作。全年设置地名标志牌987块，维护地名标志牌176块次。市区(不含江都区)全年命名各类地名130个，其中道路名31个、居民住宅区名69个、建筑物名13个、桥梁名17个。组织编写《扬州市地名掌故》，年底完成初稿。 (佘义海)

2013年扬州市区新命名的道路、街巷、河流、桥梁一览表

表33-6

名 称	地 理 位 置(起 讫 点)
瘦西湖路	位于蜀冈-瘦西湖风景名胜区，南起新北门桥，北至槐泗扬溧高速瘦西湖出入口。
马泊河路	位于扬州经济技术开发区施桥镇临江路东侧，北起东风河路，南至吴州东路。
城南路	位于广陵区文峰街道向往学校北侧，东起联谊路，向西穿过渡江南路至文峰小学东侧规划道路(原城南路废止)。
友爱路	位于扬州经济技术开发区朴席镇隆觉花苑南侧，东起朴席镇纵一路，西至规划道路。
花苑路	位于扬州经济技术开发区朴席镇隆觉花苑西侧，北起友爱路，南至隆觉路(暂用名)。
金河路	位于扬州经济技术开发区八里镇，贯穿金港花园社区，南起金山路，北至邗江河。
怡景路	位于邗江区京华城怡景苑北侧，南起怡景苑北门，北至明月湖路。
御景路	位于邗江区京华城御景苑北侧，南起御景苑北门，北至明月湖路。
水景东路	位于邗江区京华城怡景苑西侧，南起同泰路，北至京华城路。
水景西路	位于邗江区京华城御景苑东侧，南起文汇西路，北至京华城路。
德馨路	位于邗江区京华城全生活广场西侧，东起御景路，西至博物馆路。
西湖路	位于邗江区西湖镇，原西湖路向西南方向延伸，东起扬子江北路，穿过邗江北路，经碧水栖庭向南至平山堂西路。
七里沟路	位于邗江区蒋王街道七里沟东侧，南起江阳西路，北至文汇西路。
蒋王路	位于邗江区蒋王街道，原红旗大街向西延伸，东起润扬路，西至七里沟路。
何桥路	位于邗江区蒋王街道西北绕城公路西侧，南起蒋王路，北至文汇西路。
华乐路	位于扬州经济技术开发区八里镇邗江河南侧，东起扬子江南路，西至马港河路。
西峰路	位于邗江区西湖镇，原西峰路向西延伸至润扬北路。
解放北路	位于广陵区曲江街道，南起文昌中路，北至江都路(原解放北路北起点由运河北路调整为江都路)。
二里桥路	位于广陵区曲江街道，东起运河北路，西至江都路(原解放北路江都路至运河北路段)。
华发路	位于扬州经济技术开发区八里镇，南起金山路，北至华乐路。
文汇西路	位于邗江区，原文汇西路由站南路向西延伸至启扬高速。
同泰路	位于邗江区，原同泰路由站南路向西延伸至新盛路。
京华城路	位于邗江区，原京华城路由站南路向西延伸至启扬高速(延伸后的京华城路与新盛路部分路段重合。调整后新盛路东起悦来路，北至京华城路)。
运河南路	位于广陵区，南起沪陕高速入口辅道，北至运河西路与运河东路交接处。
金辉路	位于邗江区西湖镇四季金辉花园东侧，南起规划道路，北至西湖路。
金春路	位于扬州经济技术开发区八里镇，南起春江路，北至金山路(北接华发路)。
聚贤路	位于扬州经济技术开发区施桥镇，东起施桥北路，西至连城北路。
施普路	位于扬州经济技术开发区施桥镇加油站东侧，南起柴圩路，北至施沙路。
连城南路	位于扬州经济技术开发区施桥镇麒杰运动服饰公司南端，南起柴圩路，北至施沙路。
扬菱路	位于邗江区北山工业园，南起瘦西湖路，北至规划中243省道。

续表33-6

名　称	地　理　位　置(起　讫　点)
文昌东路	原文昌东路向东延伸段，东起仙女庙大桥，西至运河北路。
汇锦桥	位于润扬北路汇锦花苑门口。
引润桥	润扬中路跨引潮河之桥梁。
芳塘桥	位于扬子江北路芳塘路口。
新吕桥	位于邗江中路与华扬西路交汇处。
星都芳庭桥	位于邗江中路星都芳庭门口。
金鑫桥	位于邗江中路金鑫花园门口。
幸邗桥	邗江中路跨幸福河之桥梁。
刘小庄桥	位于文昌东路杭集镇王集村刘小庄。
沙联桥	位于文昌东路湾头镇沙联村。
秦文桥	位于文昌东路与秦邮路交汇处。
沿文桥	文昌西路跨沿山河之桥梁。
银桥	文汇西路跨赵家沟之桥梁。
引文桥	文汇西路跨引潮河之桥梁。
财富桥	位于江阳中路财富广场北侧。
西江桥	江阳西路跨西银沟之桥梁。
赵江桥	江阳西路跨赵家沟之桥梁。
扬子津古运河大桥	位于扬州经济技术开发区，扬子江南路跨古运河之桥。
瓜洲古运河大桥	位于邗江区瓜洲镇，春江路跨古运河之桥。

注：不含江都区新命名道路、街巷、河流、桥梁　　　　（贾继辉）

2013年扬州市区新命名的住宅区、商用建筑物一览表

表33-7

名　称	地　理　位　置(起　讫　点)
广厦花园	位于广陵区湾头镇，东至夏桥朱庄组，西至泰李新公路(暂用名)，南至夏桥孙东组，北至兴盛牙刷厂。
英华丽园	位于邗江区双桥街道，东至维扬路，西至念香苑，南至排涝河，北至公交公司。
香颂溪岸花园	位于邗江区新盛街道，东至真州中路，西至悦来路，南至文汇西路，北至同泰路。
恒通康城	位于邗江区方巷镇，东至陆庄庄台，西至四通北路，南至朝阳路，北至规划河流。
君悦华府	君悦府邸更名为君悦华府。位于广陵区曲江街道，东至一学校规划用地，西至江都北路，南至五台山路，北至规划道路。
睿城花园	位于邗江区甘泉街道，东北至姚湾水库，西北至新甘泉路，南至庄台。
文峰佳苑	位于广陵区文峰街道，东至一规划道路，西至渡江南路，南至城南路，北至开发东路。
文峰西苑	位于广陵区文峰街道，东至渡江南路，西至文峰南路(暂用名)，南至城南路，北至开发东路变电站。
盛城世家	位于广陵产业园，东至京杭南路，西至滨河路，南至横三路，北至开发东路。
晶典府	位于广陵区曲江街道，东至桑园北村，西至桑园路，南至安康路，北至晶典星城。
胡庄新苑	位于邗江区汉河街道，东至扬溧高速，西至村中心路，南至华阳西路，北至村排涝河。
青年公寓	位于扬州高新技术产业开发区，东至公寓路(暂用名)，西至吉安路南延伸段，南至青年路(暂用名)，北至规划道路(横三)。
嘉美苑	位于扬州高新技术产业开发区，东至润扬大桥北接线，西至七里沟，南至规划道路(横四)，北至宏溪路。
建华新苑	位于扬州高新技术产业开发区，东至扬溧高速，西至建华大道(暂用名)，南至规划道路，北至福尔喜路(暂用名)。
树人园	位于扬州经济技术开发区八里镇，东至扬子江南路，西至九龙湾润园，南至邗江河西路，北至毓秀路。

续表33-7

名 称	地 理 位 置(起 讫 点)
泰和佳园	位于原新城西区西北拓展区,东至站北路(暂用名),西至西北绕城高速公路绿化带,南至国防路(暂用名),北至扬冶路。
朗悦华府	位于维扬经济开发区,东至朱塘花园,西至扬子江北路,南至道鑫玩具制品有限公司,北至规划道路。
和昌·森林湖庄园	位于邗江区蒋王街道,东至博物馆路,西至真州中路,南至规划道路,北至兴城西路。
和昌·运河尚郡公馆	位于广陵区湾头镇,东至规划道路,西至京杭路,南至健民路(暂用名),北至规划道路。
中央都会城	位于邗江区蒋王街道,东至国展路,西至博物馆路,南至方正上街(暂用名),北至兴城西路。
润雅苑	中央都会城组团之一。东至琴台西街(暂用名),西至云顶西街(暂用名),南至云顶街(暂用名),北至规划道路。
星河汇水街	位于邗江区蒋王街道中央都会城北侧,东至国展路,西至博物馆路,南至方正上街(暂用名),北至兴城西路南侧绿化带。
城西御墅	位于邗江区杨庙镇城西雅墅西侧,东至甘八路,西、南至苍颉村蒋巷组农田,北至新杨河路。
春兰园	位于扬州经济技术开发区施桥镇,滨江西苑组团之一(原滨江西苑A区)。
如意园	位于扬州经济技术开发区施桥镇,滨江西苑组团之一(原滨江西苑B区)。
幸福园	位于扬州经济技术开发区施桥镇,滨江西苑组团之一(原滨江西苑C区)。
冬竹园	位于扬州经济技术开发区施桥镇,滨江西苑组团之一(原滨江西苑D区)。
雅筑园	位于扬州经济技术开发区扬子津街道,东至扬子江南路,西至维扬路,南至兴扬路,北至二桥河路(暂用名)。
京杭明珠花园	位于广陵区杭集工业园,东至三笑大道,西至曙光花园,南至三星路,北至四通路。
金域华府	项目位于邗江区新盛街道,东至站南路,西至新盛路,南至一小学规划用地,北至同泰路。
天俊悦府	位于广陵区曲江街道文昌北苑西侧,东至五里庙路,西至观潮路,南至规划道路,北至安康路。
和月苑	位于邗江区蒋王街道,东至西北绕城公路,西至和月新苑,南至江阳西路,北至蒋王路。
和月西苑	位于邗江区蒋王街道,东至和月新苑,西至七里沟路,南至蒋王公交首末站,北至蒋王路。
汇智苑	位于邗江区蒋王街道(原文汇苑B区),东至规划道路,西至七里沟路,南至规划道路,北至文汇西路。
汇才苑	位于邗江区蒋王街道(原文汇苑B区),东至何桥路,西至规划道路,南至规划道路,北至文汇西路。
汇德苑	位于邗江区蒋王街道(原文汇苑C区),东至规划道路,西至七里沟路,南至规划道路,北至规划道路。
汇贤苑	位于邗江区蒋王街道(原文汇苑C区),东至何桥路,西至规划道路,南至规划道路,北至规划道路。
汇祥苑	位于邗江区蒋王街道(原文汇苑D区),东至规划道路,西至七里沟路,南至规划道路,北至规划道路。
汇福苑	位于邗江区蒋王街道(原文汇苑D区),东至何桥路,西至规划道路,南至规划道路,北至规划道路。
汇鑫苑	位于邗江区蒋王街道(原文汇苑F区),东至规划道路,西至七里沟路,南至蒋王路,北至规划道路。
酩悦城	位于邗江区新盛街道,东至站南路,西至新盛路,南至同泰路,北至京华城西路。
佳家如意园	佳家西园更名为佳家如意园。位于邗江区城北乡,东至黄金坝北路,西至友谊路,南至江平东路,北至宁启铁路南侧绿化带。
杉湾花园	杉湾花园六期工程,沿用“杉湾花园”名称。位于广陵区汤汪乡,东至九龙路西侧河道,西至规划道路,南至杉湾花园二期,北至开发东路。
杉湾东苑	杉湾花园五期工程。位于广陵区汤汪乡,东至渡江南路,西至文峰路,南至规划道路,北至规划道路。
文艺苑	位于扬州文化艺术学校南侧、文华苑东北侧,东、北至扬州文化艺术学校,西、南至文华苑。
友爱花苑	位于扬州经济技术开发区朴席镇,东至朴席镇农贸市场,西至樟朴路,南至镇中心河,北至隆觉路(暂用名)。
恒大帝景东园	位于邗江区城北乡,东至规划道路,西至三星路,南至竹西路,北至上方寺路。
恒大帝景西园	位于邗江区城北乡,东至董东路(暂用名),西至吉亮路(暂用名),南至竹西路,北至郭庄路(暂用名)。
富川瑞园	位于扬州经济技术开发区扬子津街道,东至阳光新苑,西至扬子江南路,南至华扬路,北至扬力集团。

续表33-7

名　称	地　理　位　置(起　讫　点)
阳光新苑	位于扬州经济技术开发区扬子津街道，东至古运河，西至富川瑞园、依云城邦花园，南至依人路，北至扬力集团。
鸿大新苑	位于扬州经济技术开发区扬子津街道，东至鸿大路，西至鸿大花园，南至长河刘庄，北至江阳中路。
康佳苑	位于扬州经济技术开发区扬子津街道，东至邗江中路，西至润扬中路，南至金鑫花苑，北至江阳西路。
景鸿苑	位于扬州经济技术开发区扬子津街道，东至扬子江中路，西至锦江之星江阳中路店，南至广大毛绒宿舍，北至江阳中路。
京杭融园	位于广陵产业园，东至福康路(暂用名)，西至人民路(暂用名)，南至运河东路，北至健民路(暂用名)。
观澜苑	芳甸花园一期工程。位于邗江区瓜洲镇，东至润扬南路，西至小区入口，南至小区中心道路，北至翠屏路。
阅江苑	芳甸花园二期工程。位于邗江区瓜洲镇，东至润扬路，西、南至润扬森林公园，北至翠屏路。
景瑞望府	位于邗江区新盛街道。东至新盛路，西至西北绕城绿化带，南至新盛花苑，北至沿山河。
美锦雅墅	位于扬州经济技术开发区八里镇，东至扬子江南路，西至维扬路延伸段(规划路)，南至吴州西路，北至规划道路。
凌云居	美锦雅墅组团之一。东至扬子江南路，西至青云居，南至吴州西路，北至瑞云居。
青云居	美锦雅墅组团之一。东、南至凌云居，西至行云居，北至瑞云居。
瑞云居	美锦雅墅组团之一。东至扬子江南路，西至腾云居，南至凌云居、青云居，北至规划道路。
风云居	美锦雅墅组团之一。东至行云居，西至维扬路(南延伸段)，南至吴州西路，北至腾云居。
行云居	美锦雅墅组团之一。东至青云居，西、南至风云居，北至腾云居。
腾云居	美锦雅墅组团之一。东至瑞云居，西至维扬路(南延伸段)，南至行云居、风云居，北至规划道路。
香榭里花园	位于邗江区西湖镇润扬北路与西峰路交叉口东南角，东至规划道路，西至润扬北路，南至规划道路，北至西峰路。
香榭里东园	香榭里花园组团之一。东至规划道路，西至西湖路，南至规划道路，北至西峰路。
香榭里西园	香榭里花园组团之一。东至西湖路，西至润扬北路，南至规划道路，北至西峰路。
四季金辉西园	位于邗江区西湖镇，四季金辉花园西湖路西侧部分更名为四季金辉西园，西湖路东侧部分仍称“四季金辉花园”。
金港北苑	位于扬州经济技术开发区八里镇，东至市场路，西至玉带河，南至金港路，北至邗江河。
金山商业广场	位于扬州经济技术开发区八里镇，东至镇文化中心，西至马港河路，南至金山花园，北至金山路。
金地带汽博城	位于广陵区汤汪乡，东至运河南路，西至汤汪中心路，南至连运东路，北至开发东路。
三盛国际广场	位于邗江区邗上街道，东至邗江中路，西至康民路，南至文汇西路，北至西区市第一人民医院。
江广智慧城	位于广陵产业园，东至沙湾中路，西至福康路(暂定名)，南至健民路(暂定名)，北至文昌东路。
观湖国际广场	位于扬州经济技术开发区扬子津街道，东至金轮星城，西至维扬路，南至规划道路，北至新城河。
施井农贸市场	位于广陵区曲江街道，东至江都南路，西至施井村丁坝组，南至规划道路，北至施井路。
虹桥坊	瘦西湖旅游商业广场更名为虹桥坊。位于瘦西湖东侧，东至瘦西湖路(原友谊路)，南至大虹桥路，北至一规划酒店。
恒大帝景商贸中心	位于邗江区城北乡，东至三星路，西至董东路(暂用名)，南至竹西路，北至公共绿地、停车场。
中鑫国际大厦	位于广陵区汤汪乡，东至鸿锦花园，西至联谊路，南至扬机厂宿舍，北至江阳东路。
扬州环球金融城	位于广陵新城，东至京杭路，西至运河南路，南至文昌东路，北至朱家河。
晶典星城	位于广陵区曲江街道，东至桑园北村，西至桑园路，南至晶典府，北至五台山路。
顺达生活广场	位于扬州经济技术开发区扬子津街道，东至顺达路，西至规划幼儿园，南至规划道路，北至淮左郡庄园。
创想天地大厦	位于邗江区新盛街道，东至市公安局，西至海事局，南至天河国际花园，北至同泰路。

注：不含江都区新命名住宅区、商用建筑物　　　　(贾继辉)

社会事务管理

■婚姻登记 推进婚姻登记体制改革，开展婚姻登记机构规范化建设活动，实现以县（市、区）为单位集中登记，6个县（市、区）全部实现婚姻登记信息全国联网，按照全国婚姻登记规范化要求实行结婚登记颁证制。2013年，广陵区民政局婚姻登记处、邗江区民政局婚姻登记处创建成国家AAA级婚姻登记机关。至此，全市有国家等级婚姻登记机关3家。2013年，全市完成结婚登记53963对，其中初婚95285人、再婚12641人；完成离婚登记8103对、复婚登记1478对。（张 彬）

■收养登记 2013年，全市各级收养登记机关办理收养登记162例（广陵13例、邗江13例、江都23例、宝应35例、高邮68例、仪征10例），其中被社会福利机构抚养的弃婴1例、查找不到生父母的社会弃婴76例、父母无力抚养的儿童1例、近亲抚养的儿童72例、其他11例、解除收养关系1例。（张 彬）

■殡葬管理 落实《扬州市区免除殡葬基本服务费用实施办法（试行）》，全市各地按当地物价部门核定的1200～1460元不等的标准减免殡葬基本服务费。2013年，全市减免3.37万人殡葬基本服务费，直接免除殡葬基本服务费3319.49万元；市区（不含江都区）减免8561人殡葬基本服务费，直接免除殡葬基本服务费1159.83万元。全市各殡仪馆火化遗体3.43万具，其中市直9618具、江都8752具、宝应5699具、高邮6731具、仪征3506具。全市经营性墓园安葬（安放）骨灰3500穴，其中市直1907穴、邗江237穴、江都253穴、宝应483穴、高邮620穴。（张 彬）

■救助管理 加强流浪乞讨人员救助管理机构规范化建设，维护流浪乞讨人员基本生活权益和基本生存权利。对流浪乞讨人员中的危重病人和精神病人实行“先治疗后结算、先救治后救助”。加大救助管理投入，宝应、高邮、仪征等县（市）救助站均配备交通工具，提高救助效能和覆盖面。民政、公安等多部门协作，打击各类利用流浪乞讨和拐卖未成年人牟取暴利的违法犯罪行为，加强源头预防和治理，解救并保护被拐卖未成年人。2013年，市区（不含江都区）救助管理工作联系点增至50个，并全部实行年度绩效考核。各级救助机构全年救助各类救助对象2254人次，其中其他站转入94人次、儿童301人次、老年人298人次、残疾人151人次、女性534人次、危重病人83人、精神病人300人次、自主返乡1140人次；不在站救助262人次。（张 彬）

■社会组织登记制度改革创新 推进社会组织登记制度改革。市民政局印发《关于开展四类社会组织直接登记试点的意见》。市直和各县（市、区）完成8个社会组织直接登记工作。对社区和涉农等基层社会组织实行登记备案双轨制，简化登记手续，降低准入门槛，探索建立适应形势发展要求的新型社会组织管理体制。（张绍华）

■扶持社会组织 扬州市首次设立400万元的社会组织培育发展（公益创投）专项基金。市民政局从福彩公益金中提取150万元，用于培育发展社会组织。各县（市、区）分别设立社会组织培育发展基金，其中广陵区50万元、宝应县10万元、高邮市10万元。推进政府购买社会组织服务。完成首批10个项目的立项和资金下拨。市民政局与市发改委共同制定市区首批政府购买社会组织服务项目目录。（张绍华）

■扬州市社会公益创投中心建成 扬州市社会公益创投中心（扬州市社会组织培育发展中心）是扬州市首家示范性社会组织孵化基地，位于市区大学北路33-9号，面积1000平方米。该中心2012年筹建，2013年4月投入使用，设有培育孵化区、展示区、成果转化区、管理机构区等功能区，有行业协会（商会）、女性社会组织、文艺社团等多个分中心。至年底，中心入驻从事老年服务、扶贫济困、残疾人服务、志愿服务、支教、社区服务、外来人口社区融入等公益服务的各类公益性社会组织35家。（张绍华）

■首届社区公益创投大赛 2013年，市民政局举办“百个项目，万人受益”首届社区公益创投大赛，征集到公益创投项目200多个。由市发改委、市财政局、市审计局等相关部门以及专家学者、社区工作者等组成的项目评审委员会围绕公益性、可行性、参与性、创新性、可持续性等5个方面，对进入复审的项目进行综合评审，确定50个立项项目，并向立项项目及承接项目的组织提供资金和能力建设支持。（张绍华）

■社会组织执法监察 开展年度检查和财务监督，加强对社会组织的监督管理。查处违规违纪社会组织，向10个社会组织发出限期整改通知，注销社会组织1个，维护社会稳定。（张绍华）

■提高社会组织服务水平 在行业协会中开展行业自律与诚信创建活动，提高行业协会规范化运作水平，发挥行业协会在推进市场监管体系建设、完善社会主义市场经济体制和全面建设小康社会中的作用。在全市民办非企业单位开展“服务经济社会发展作贡献”活动，引导民办非企业单位建立健全以章程为核心的内部治理结构和管理制度，完善内部制衡和约束机制；引导其树立品牌意识，提高项目运作、策划组织、协调服务、规范运行等方面能力。（张绍华）

社会救助与福利

■城乡居民最低生活保障 实施城市低保第12次提标。2013年，城市低保标准为月人均450～485元，农村低保标准为月人均300～485元，市区（不含江都区）实现低保标准城乡一体化。全市保障城乡低保对象9.47万人(城市1.55万人、农村7.92万人),全年落实城乡低保资金1.64亿元。对市区低保对象中的在校学生继续实施专项救助,在享受正常低保待遇的基础上,按其受教育程度(学前和义务教育阶段、高中教育阶段、大学教育阶段),每月分别增发全额保障标准20%、60%和80%的保障金。开展市区低收入居民经济状况信息比对工作。全市1.73万人次退出低保,其中城市0.34万人次、农村1.39万人次。 (王 涛)

■农村五保供养 各县(市、区)按照不低于当地上年度农村人均纯收入45%的比例确定农村五保供养〔对无劳动能力、无生活来源又无法定赡养、抚养、扶养义务人,或者其法定赡养、抚养、扶养义务人无赡养、抚养、扶养能力的老年、残疾或者未满16周岁的村民,在吃、穿、住、医、葬(教)方面给予生活照顾和物质帮助〕标准。全市保障农村五保供养对象1.69万人,落实供养资金8554万元。开展农村敬老院设施安全排查和改造工作,"三有"(有卫生间、有保暖降温设备、有电视机)达标率90%,"三能"(能洗澡、能看病、能康复娱乐)达标率70%。全市乡镇敬老院事业单位法人登记率91%。各地敬老院以"按需设岗""按岗聘用"为原则,按工作人员与集中供养对象1:10比例完成人员配置,部分三星级敬老院创建单位人员配比达到1:8。

(景志刚)

■医疗救助 对因病致贫的困难对象实施参保救助、医前救助、慢性病救助、即时救助、大病救助、按实救助等六大救助项目,将低保对象、农村五保供养对象、享受民政部门定期生活补助的20世纪60年代精减退职职工等困难对象全部纳入"一站式"即时救助范围,政策范围内住院自付费用救助比例上限提高至60%,救助封顶线上限为3万元。整合救助资源,加快医疗救助同步结算平台建设,推进困难居民医疗救助"一站式""均等化"。2013年,全市为30万人次提供医疗保险参保资助和医疗救助,支出参保资助和医疗救助资金5600万元。 (王 涛)

■临时救助 全市救助低保边缘家庭、临时困难群众1.45万人次,支出救助资金600多万元。 (王 涛)

■残疾人救助 向符合条件的重度残疾人全额发放生活救助金,向符合条件的一户多残、依老养残等特殊困难残疾人按照当地城乡低保标准的60%发放生活救助金。全市救助符合条件的残疾人2.26万人,发放救助金8517万元。 (王 涛)

■物价救助 全市各地落实社会救助和保障标准与物价上涨挂钩联动机制,当全市月度居民消费价格指数涨幅达到3%~5%(不含5%)时,向符合条件的困难对象发放一次性价格补贴,补贴标准为当地当月城乡低保标准的十二分之一;当全市月度居民消费价格指数涨幅达到5%以上(含5%)时,补贴标准在原补贴标准基础上提高50%。2013年,全市先后4次启动社会救助保障标准与物价上涨挂钩联动机制,发放价格临时补贴资金1300多万元,惠及城乡低保对象、特困职工、农村五保供养对象、城市"三无"〔无劳动能力、无收入来源、无法定赡(扶、抚)养人〕人员和孤儿等困难人员近11万人。

(王 涛)

■扶贫济困送温暖 春节前,市政府安排专项资金分类慰问市区(不含江都区)城乡低保对象、农村五保供养对象、重点优抚对象等特困群体,慰问标准为(含实物):城市低保对象一人户600元、二人户700元、三人及三人以上户800元,农村低保对象每户600元,农村五保供养对象、重点优抚对象每户700元。全市各级民政部门慰问困难群众11.93万人,发放各类资金2911万元。1月下旬,市领导分成9个组,慰问困难乡镇、村,农村敬老院和部分城乡低保对象、五保供养对象、优抚对象、老党员等特困对象,发放慰问金104.88万元。

(王 涛)

■灾害救助 2013年,全市先后遭受雪灾、洪涝和风雹等自然灾害,1.09万人次受灾,其中因灾死亡2人、伤病56人,紧急转移安置276人次;农作物受灾面积771公顷,其中绝收面积47公顷;居民居住房屋因灾倒塌48户132间、严重损坏190户490间。灾害造成直接经济损失5575万元。2月19日,仪征市受强降雪袭击形成雪灾,101人受灾,紧急转移安置12人;农作物受灾面积22公顷,其中绝收面积7公顷;居民住房4户12间因灾倒塌。灾害造成直接经济损失550万元。6月25日,仪征市受强降雨影响,发生洪涝灾,1505人受灾,紧急转移安置11人;农作物受灾面积103公顷,其中绝收面积38公顷;居民住房因灾倒塌4户7间。灾害造成直接经济损失306万元。7—8月,江都区、宝应县、高邮市和仪征市遭受雷雨大风袭击,形成风雹灾,9356人受灾,其中死亡2人、伤病56人,紧急转移安置253人;农作物受灾面积646公顷,其中绝收面积2公顷;居民住房因灾倒塌40户113间、严重损坏190户490间。灾害造成直接经济损失4719万元。灾情发生后,全市各级民政部门启动应急预案,依托自然灾害救助体系,妥善安置灾民。对于房屋倒损无法居住的受灾群众,疏导其投亲靠友或统一安置到当地集中安置点,并为其配备相应物资,确保受灾群众有饭吃、有衣穿、有水喝、有房住、有病能得到及时救治。 (王 涛)

■防灾减灾体系建设 完善基层灾害信息员制度,市、县(市、区)、乡镇(街道)、居(村)委会四级配备灾害信息员1576人。健全灾害信息员"县(市、区)互动、片区内调动、大市联动"机制。依托市救灾物资储备库平台,做好救灾物资储备与保障工作。完善应急救灾物资供货网络,加强救灾物资筹集和管理。全年创成江苏省综合减灾示范社区4个。 (王 涛)

■福利彩票 全市实现福利彩票年销售额5.35亿元,其中电脑票销售额3.5亿元、刮刮乐即开票销售额

3685万元、中福在线即开票销售额1.48亿元，筹集福彩公益金5817万元。市直完成福利彩票销售额9463万元，其中电脑票销售额6091万元、刮刮乐即开票销售额1216万元、中福在线即开票销售额2156万元。2013年末，全市有福彩电脑票投注站652个。（赵　亮）

■老年人福利　2013年末，全市有养老机构99家、床位1.8万个。其中，公办养老机构80家，有床位1.58万个；民办养老机构19家，有床位2284个。注重养老服务设施建设，全年争取中央、省、市补助资金1669.54万元，用于资助养老机构建设项目和改（扩）建项目。免费培训全市各养老机构养老护理员256人，培训合格率98%。全市养老机构护理员持证上岗率60%以上。8月，制定《扬州市城区养老机构新增床位补助办法》《扬州市城区养老机构运营经费补助办法》，鼓励、扶持社会力量兴办养老机构。（潘　勤）

■儿童福利　实行孤儿基本生活费自然增长机制。7月1日起，按照当地经济社会发展水平和上年度城镇居民人均可支配收入、农民人均纯收入增长幅度，提高孤儿基本生活费标准。2013年，扬州市社会散居孤儿基本生活费标准为每月800元（城区为835元、仪征市为885元），集中供养孤儿基本生活费标准为每月1210元。全市有孤儿664人，其中机构供养143人、散居521人，全部纳入公共财政保障。各地依托福利机构建立儿童福利指导中心，负责监督、评估孤儿养育状况，指导和培训监护人，代理儿童权益相关事务，为孤儿成长提供服务和支持。开展孤儿福利服务工作，辐射有需求的家庭和社区，提高儿童社会福利水平。（张　纯）

■残疾人福利企业　全年新办福利企业12家，新安置残疾职工281人。全市504家福利企业参加2012年度年审，审查率100%、抽查率5%，全部合格。全市福利企业安置残疾职工1.5万人。（张　纯）

2月9日是农历除夕，市委书记谢正义到市社会福利院慰问老人和儿童。图为谢正义与福利院儿童一起切蛋糕迎新春　　王　卓/摄

拥军优属

■概述　2013年，扬州市组织开展第22个“双拥活动月”、纪念延安双拥运动70周年、纪念中国人民解放军建军86周年、第13个“全民国防教育日”等活动，双拥宣传、国防教育、军民共建、基层建设等取得新成绩。市拥军优属、拥政爱民工作领导小组办公室（简称市双拥办）制定全国双拥模范城（县）创建工作中期调研考察迎检方案，建成双拥示范单位（窗口）24个，制作“扬州市双拥创建成果展”展板18块。举办第三届“百台电脑送军营”活动，满足部队基层官兵科技练兵需求。开展纪念延安双拥运动70周年征文活动，收到征文120多篇，其中2篇入选《中国双拥》杂志全国征文集。市双拥办会同有关部门开展十佳“情系国防好军嫂”、十佳“退伍军人创业之星”和十佳“军民共建示范点”评选表彰活动；会同教育部门开展“国防教育示范学校”创建活动，宝应县画川中学、邗江区实验学校和开发区花园小学被命名为江苏省首批“国防教育示范学校”。开展基层双拥创建活动，73个乡镇、单位被市委、市政府和军分区命名为“双拥模范乡镇”“双拥模范单位”。邗江区梅岭街道丰乐社区、瘦西湖风景区管理处、扬州市灯泡厂被确定为江苏省军民共建精神文明活动示范点；宝应县汽车运输总公司、高邮市中等专业学校、仪征市真州镇政府、江都区仙女镇龙城社区、邗江区双桥街道双桥社区等10家单位被市精神文明建设指导委员会办公室、扬州军分区政治部和市双拥办确定为市军民共建示范点。建立驻扬部队官兵立功奖励机制，组织驻扬部队领导和立功官兵代表观摩全市重大项目建设，激励官兵建功军营、奉献第二故乡。（周梅红）

■双拥创建　各县（市、区）开展创建省第十届双拥模范城（县、区）活动，健全、完善双拥创建机制，开展国防教育和双拥宣传，落实双拥优待政策，发动军民投身双拥创建活动。市双拥和国防教育领导小组创新考评推荐办法，量化细则，将百分制改为千分制，领导小组集中汇报会考评、专业考评组专项考评以及省、市特色加分综合考评相结合，评选办法公正、公开、透明。全市双拥基层创建工作依据“组织健全、政策落实、活动经常、关系融洽”标准，丰富创建内容，创新活动形式，完善争创机制。柳堡镇等34个乡镇（街道）被命名为市级“双拥模范乡镇（街道）”，宝

应县泰山初级中学等39家单位被命名为市级“双拥模范单位”。（周梅红）

■“双拥活动月”活动 1月10日至2月10日，扬州市举办第22个“双拥活动月”活动。春节前，市委、市政府及相关部门主要领导走访慰问军分区、预备役部队和武警各部队，送去慰问金（品）80多万元；市双拥办走访慰问各军队干休所、各军事代表室；各县（市、区）领导分别慰问驻地部队；各基层单位组成慰问组，慰问辖区老红军、残疾军人和军烈属等重点双拥优待对象。全市党政领导向驻地部队赠送慰问金130多万元，举行军政座谈会、报告会、军民联谊会55场，举办执行远洋护航任务和驻守海岛边疆官兵、立功人员、回乡探亲官兵专场座谈会80场。“双拥活动月”期间，全市通过各种新闻媒介宣传双拥工作，刊（播）发报纸新闻稿85篇、广播稿100篇、电视新闻80条，刊出基层黑板报、墙报双拥专辑550多期；举办军地联欢联谊、双拥知识竞赛、文艺演出和影视展播活动160多场；兑现义务兵家属优待金4600万元，向优抚对象发放“光荣人家”年画、春联6.5万副，走访慰问双拥优待对象1.2万户，为双拥优待对象办实事1300件，向在外服役的扬州籍军人寄发慰问信6.88万封；走访当年入伍驻守边防海岛的扬州籍新兵。市双拥办向在外服役的扬州籍团以上军官发出慰问信，通报家乡经济社会发展成就，勉励其在部队建功。（周梅红）

■“全民国防教育日”宣传活动 9月21日是第13个“全民国防教育日”。9月21日前后，全市以“维护国家海洋权益，建设海洋强国”为主题，开展国防教育宣传。发送“爱我中华，强我国防”手机短信80万条，组织专题讲座40多场，举办联谊联欢会50多场、形势报告会20多场、主题展览6期、读书演讲30多场，展播优秀军事影片80多场次。经市拥政爱民领导小组批准，2013年启动开放“军营一日”活动。9月21日，扬州市国防（军事）园区国防教育馆、武警扬州市支队特勤中队训练场、驻高邮部队营区举办开放“军营一日”活动，特勤中队训练场为参观群众举办训练表演。（周梅红）

■“八一”节纪念活动 7月30日，市双拥和国防教育领导小组（扩大）会暨军政座谈会召开，军地双方共庆中国人民解放军建军86周年，共商军地双拥大计，并向驻扬部队官兵赠送慰问品；市双拥办举办迎“八一”慰问驻扬部队专场文艺演出。7月31日，市委书记谢正义、市长朱民阳走访慰问省军区。各地分别慰问驻辖区部队和烈属、残疾军人、老复员军人代表，召开多种形式军政座谈会、“四属”（现役军人家属、烈士家属、因公牺牲军人遗属、病故军人遗属）代表座谈会。“八一”节期间，全市举办联谊联欢会48场，落实走访慰问金（品）500多万元，向扬州籍军人发出慰问信5.5万封。市双拥办、市人力资源市场联合举办庆“八一”随军家属（军嫂）就业专场招聘会，面向全市有就业愿望的军嫂提供就业岗位。邗江区西湖镇、甘泉街道组织重点优抚对象参加“看发展中的家乡”活动。（周梅红）

■“百台电脑送军营”活动 市委、市政府面向基层营连一线官兵，开展第三轮“百台电脑送军营”活动，组织市直单位筹资40多万元，采购100台电脑，助力驻扬部队科技练兵和信息化建设。8月5日，“百台电脑送军营”赠送仪式在驻仪征某部举行。扬州军分区司令员袁启俊，副市长张宝娟，预备役某师、消防支队、边防检查站、武警医院、武警支队代表以及驻仪征部队官兵参加赠送仪式。（周梅红）

■驻扬部队官兵立功奖励机制建立 扬州市建立驻扬部队官兵立功奖励机制，鼓励驻扬部队官兵奉献国防、建设第二故乡。每年“八一”节前后，对上一年度立功官兵实施奖励，奖励标准为一等功5000元、二等功3000元、三等功1000元。8月9日，副市长、市双拥和国防教育领导小组副组长张宝娟代表市委、市政府向驻扬部队立功官兵代表颁发奖励金。全市有56名官兵获奖。（周梅红）

■绿色农产品进军营 市双拥办、市供销合作总社选取扬州市最大的绿色农产品生产基地——扬州润泽农产品生产销售合作联社，开展绿色农产品进军营活动，按照“基地＋配送中心＋部队餐饮单位”模式，为驻军官兵提供绿色、环保、生态、健康、安全的农产品，并提供市场价20%的拥军优惠。9月中旬，绿色农产品进军营活动启动。（周梅红）

■表彰“情系国防好军嫂” 市双拥办组织评选、表彰首批十佳“情系国防好军嫂”，鼓励军人妻子弘扬爱国拥军光荣传统，支持亲人为国戍边。经推荐、评审，宝应县射阳湖镇物价管理检查站办事员张珍、扬州兴龙电器有限公司董事长柏乃华、高邮市公安局民警曹春霞、江都区仙女镇东苑社区工作人员程会娟、江都区仙女镇镇政府办事员陈敏、仪征市国土资源局办事员马晓芸、广陵区杭集中学教师王琴、南京凯新认证江苏分公司职员曹学娟、扬州市维扬实验小学教师龚鸣岗、邗江区妇联组宣部部长陈娓娓获扬州市十佳“情系国防好军嫂”称号。其中，柏乃华获江苏省“情系国防好军嫂”称号，曹学娟、张珍、马晓芸获省“情系国防好军嫂”评选提名奖。（周梅红）

优抚安置

■抚恤优待 7月5日，市民政局、市财政局印发《关于确定2013年全市优抚对象抚恤、定补、优待最低标准的通知》，从7月1日起提高优抚对象抚恤定补优待标准。这是扬州市自2003年起连续第11年实行抚恤补助标准自然增长机制。在乡残疾军人残疾抚恤金标准、“三属”（烈士家属、因公牺牲军人家属、病故军人家属）定期抚恤金标准、在乡老复员军人定期定量补助标准提高约11%，带病回乡退伍军人定期定量补助标准提高约13%。2013年，共向3.2万名优抚对象发放抚恤补助金1.62亿元，其中残疾抚恤金4174万元、“三属”定期抚恤金1746万元、在乡复员军人定补6336万元、带病回乡退伍军人定补1380万元、参战涉核人员定补1154万元、60周岁以上部分农村籍退役士兵定补1221万元、60周岁以上烈士子女定补195万元。义务兵家庭优待金标准提高到1.26万元/年，增长13%。全年向4000多户义务兵家庭发放优待金5000多万元。老残疾军人、老复员军人遗属生活补助标准随城市低保标准同步提高。全年向3000多名老残疾军人、老复员军人遗属发放补助近2000万元。（沈　静）

■落实重点优抚对象待遇　做好优抚对象医疗保障工作。各类重点优抚对象分别参加城镇职工医疗保险、城镇居民医疗保险、新型农村合作医疗和大病医疗保险。各县（市、区）全面实现重点优抚对象“一站式”医疗结算，规范医疗费用核报程序、核报方法、便捷服务、资金流向及重点优抚对象门诊费用报销工作。完成短期疗养和医疗巡诊工作。340名解放战争时期入伍的在乡复员军人参加短期疗养，304名一至六级残疾军人接受医疗巡诊。春节、“八一”节前，全市投入慰问经费近2000万元，走访慰问重点优抚对象，送上慰问品和慰问金等。7—10月，扬州市连续启动重点优抚对象物价补贴机制，发放物价补贴200多万元。（沈　静）

■烈士纪念设施保护　3月22日，高邮市烈士陵园、宝应县烈士陵园被省政府批准为省级重点烈士纪念设施保护单位。8月26日，江上青烈士史料陈列馆、熊成基烈士故居被命名为扬州市爱国主义教育基地。9月18日，扬州市在江上青烈士史料陈列馆举行市级爱国主义教育基地揭牌暨“走进爱国主义教育基地”集中教育活动启动仪式。（沈　静）

■退役士兵安置　11月28日，市政府印发《关于下达2012年冬季符合安排工作条件的退役士兵安置计划的通知》，明确“四类对象”（服现役满12年的士官、服现役期间平时获二等功以上奖励或战时获三等功以上奖励的士兵、因战致残被评定为五～八级残疾的士兵、烈士子女）实行阅档积分，并采用积分选岗方式安排工作。2013年度，全市共接收2012年冬季退役士兵2226人（市区1087人）。其中，75名“四种对象”中，67人实行岗位安置，8人选择自谋职业；58名双向选择对象（立三等功的士兵，伤残士兵、藏兵）中，41人通过双向选择落实工作单位，17人自谋职业。全市有2118名退役士兵选择自谋职业和自主就业，其中市区1014人；共发放补助经费6070.07万元，其中市区发放3318.61万元。（池宗华）

■军队转业、退休干部接收安置　做好军队转业干部及其随迁家属、军队退休干部安置工作。全市安置军转干部107人（其中2人自谋职业），其中团职干部39人、营职以下及专业技术干部68人。采取指令性安置和货币化安置相结合的办法，安置军转干部随迁家属12人。全年接收军队退休干部7人，接收安置率100%。（智爱斌　池宗华）

慈善事业

■概述　2013年，全市募集慈善资金现金1.53亿元、认捐额1300万元，使用救助资金7095.66万元，17.6万人次受益；扬州市慈善总会募集慈善资金现金7467.2万元，使用救助资金1039.25万元，1.51万人次受益。据第二届全国公益慈善项目交流展示会发布的《中国公益慈善组织透明度排行榜》，扬州市慈善总会透明指数综合得分94.74分，居全省公益慈善组织第一位、全国公益慈善组织第二位，获民政部颁发的2013年度中国公益慈善透明卓越组织奖。（朱荣臻）

■“情满扬州”救助项目　1月31日，市慈善总会、市民政局和市福利彩票发行中心联合扬州市禹振飞慈善基金会在维扬广场举行2013年“情满扬州”春节慰问物资、慰问金集中发放仪式，向全市7家福利院、14家敬老院、18家城区养老机构、69家慈善超市和2000户困难家庭发放慰问物资和慰问金近1200万元。（朱荣臻）

■“‘5·19’慈善一日捐”活动　2013年“‘5·19’慈善一日捐”活动主题是“做大慈善基金，救助特困人群，服务幸福民生，助建世界名城”。活动期间，市慈善总会接收社会各界捐款7000多万元。活动结束后，市慈善总会授予30家一次性捐款超过100万元的单位“扬州市慈善功臣”称号。（朱荣臻）

■市直困难职工慈善超市揭牌　5月21日，扬州市工会系统设立的首家慈善超市——市直困难职工慈善超市揭牌。该慈善超市位于市区文昌广场，面向城区职工提供慈善服务，服务对象为市直建档发证的200多户特困职工和因病、因灾、因祸遇到暂时经济困难的在职职工。超市筹备期间，收到多家企事业单位捐赠的日常生活用品。慈善超市开张当天，市直21名特困职工领到首批价值8000元的捐赠物品。市直困难职工慈善超市全年收到各类捐赠物品1397件，价值12.85万元；为243名困难职工提供日常生活用品1094件，价值3.04万元。（池　善）

红十字事业

■概述　2013年末，全市有基层红十字会组织416个、团体会员单位225个、社区红十字服务站115家、冠名红十字（会）医疗机构13个，有红十字会员26.2万人、红十字志愿者8044人。2013年，全市红十字会以救灾、救助、救护和“三献”（自愿捐献遗体、自愿捐献造血干细胞、无偿献血）工作为重点，开展“救在身边”大型公益行动、“红十字博爱月”、“防灾减灾日”、“世界急救日”等宣传活动和人道救助活动。全市各级红

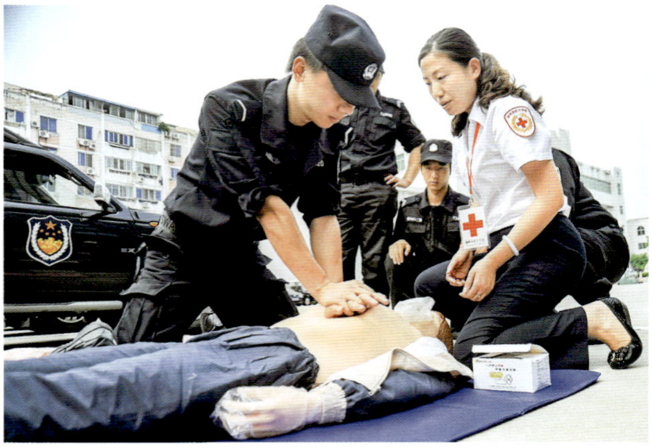

市红十字会急救专业人员指导特警队员学习急救方法
庄剑翔/摄

十字会接受社会捐赠款物846.52万元，发放救灾救助款物548.81万元，6.1万人次受益；完成救护培训14.6万人次、救护防病知识普及教育4.9万人次、预防艾滋病宣传教育8.2万人次，实现遗体(眼角膜)捐献10例(累计登记362例、捐献47例)、造血干细胞捐献5例(累计捐献17例)，推动无偿献血4.08万人次。全市新增江苏省红十字示范校9所，新建应急救护等红十字志愿者队伍21支。（潘　杨）

■灾害救援　4月20日，四川雅安发生地震。扬州市红十字会接受社会各界捐款捐物198.98万元。其中，价值68.62万元的捐赠物资用于支持灾区紧急救援，130.36万元捐款用于支持雅安灾区重建村卫生室。7月7日，高邮、仪征部分地区遭受龙卷风袭击。扬州市及高邮市、仪征市红十字会开展人道救助，发放救灾款物3.4万元。（潘　杨）

■博爱救助　全市各级红十字会开展博爱助医、助困、助老、助学、助残、关爱空巢老人和留守儿童、关爱困难农民工等博爱救助活动，全年发放救灾救助款物548.81万元，惠及城乡困难家庭和群众6.1万人次。扬州市"博爱送万家"活动发放救助款物235.65万元，其中救助款140.08万元。"红十字博爱月"活动期间，市红十字会开展纪念"世界红十字日"博爱救助活动，向5名大病患者和60户社区困难家庭发放救助金和救助物资5.9万元。高温季节，开展慰问交巡警、环卫工人活动。10月11日，市红十字会启动"敬老月"博爱助老活动，通过社区红十字服务站发放"敬老月"救助物资价值5.4万元。开展"博爱在扬州·公益疗养曜阳行"公益活动，评选对国家、民族、社会作出过突出贡献的老年人，安排其分期免费入住曜阳国际老年公寓。博爱免费门诊全年提供诊疗服务1649人次。配合省红十字会援建宝应县黄塍镇联合村卫生室。（潘　杨）

■救护培训　实施公益性应急救护百万培训项目，开展重点人群、特殊人群急救培训，推进救护培训进社区、进学校、进企业、进机关。全年14.6万人次接受红十字救护技能培训。（潘　杨）

老龄工作

■老龄人口　2013年末，全市有60岁及以上老年人98.63万人，占户籍总人口的21.45%；有65岁及以上老年人66.28万人，占户籍总人口的14.42%。全市有80岁及以上老年人12.77万人，占60岁及以上老龄人口的12.95%。全市有100岁及以上老年人131人。全市60岁及以上老年人中，城镇老年人占53.29%，农村老年人占46.71%。（丁春利）

■完善老年人普惠政策　年初，提高90～99岁老年人尊老金标准，由每人每月100元提高到200元。全市全年发放尊老金8795万元。在全市范围内部署实施老年人意外伤害保险工作(简称"安康关爱行动")，提高老年人抵御风险能力。市区(不含江都区)80岁及以上老年人购买意外伤害保险的费用由市级财政承担。全市15.86万名老年人参保。推进政府购买居家养老服务。市区对"三无"、困难、失独、失能等困难老年人，按自理、不能完全自理和不能自理三种情况，每人每月分别给予80元、150元和260元服务补贴，提高老年人晚年生命生活质量。2013年，市区有2022人享受政府购买居家养老服务。（丁春利）

■社区居家养老服务　市民政局将2013年确定为"居家养老服务推进年"，制定《居家养老服务工作推进年工作方案》，明确居家养老服务工作目标、任务、工作步骤和计划，推进全市居家养老服务工作。全年新建社区(村)居家养老服务中心(站)157个，累计建成1053个。其中，城市社区(村)居家养老服务中心(站)356个，覆盖率100%；农村社区(村)居家养老服务中心(站)697个，覆盖率70%。全市新建城区小型托老所8个、农村关爱之家21个，新增养老床位1720个。6月，市民政局联合市财政局印发《扬州市社区老年人日间照料中心(托老所)建设实施意见》。全年新建社区老年人日间照料中心92个(广陵区26个、邗江区33个、江都

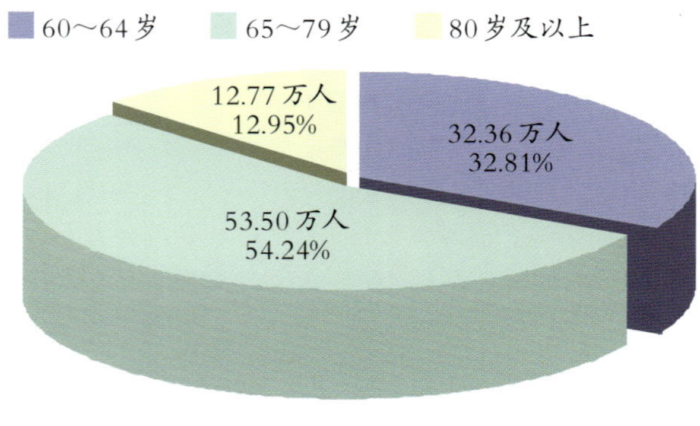

图33-4　**2013年末扬州市60岁及以上老龄人口分年龄段分布情况示意图**

2013年末扬州市百岁老人分布情况一览表

表33-8　　　　单位:人

地　区	百岁老人数量	男	女
合　计	**131**	**25**	**106**
广陵区	18	2	16
邗江区	24	8	16
江都区	48	10	38
宝应县	12	2	10
仪征市	16	0	16
高邮市	13	3	10

(丁春利)

区10个、扬州经济技术开发区7个、蜀冈-瘦西湖风景名胜区1个、宝应县5个、仪征市5个、高邮市5个),优化养老机构结构和层次,满足中低收入老年人就近养老需求,提升社区居家养老服务水平。市民政局联合扬州市专业照料协会,组织开展市区社区居家养老专职护理人员技能培训,针对老年人的身体特点,从护理、保健、康复、理疗等4个方面,分2期培训养老护理人员200人。　(高红日)

■企业退休人员社会化管理服务　2013年末,全市有企业退休人员27.07万人(市区16.98万人),全部实现社区就近管理服务,人员档案全部进入退休人员管理服务机构(简称退管机构)档案库。全年组织企业退休人员15.57万人(市区9.71万人)参加第三轮免费体检,周期免费体检率57.52%(市区57.18%)。市区各退管机构节日慰问退休人员2667人次,发放慰问金及物品57.44万元;慰问重病住院退休人员1311人次,发放慰问金及物品13.94万元。市区各退管机构组织退休人员开展各类经常性活动和"敬老月"、重阳节系列活动,4.23万人次参加各类文体活动,5519人次参加集体参观活动,3.72万人次参加室内活动,3074人次参加老年大学学习。市退休人员管理服务中心利用社会保障公共服务基层平台和社保工作网络,在退管网站搭建动态化管理服务平台,并于12月在梅岭街道各社区上线试运行。　(聂士翔)

■"敬老月"活动　"敬老月"与重阳节期间,全市开展走访慰问、送健康、文艺表演、文体比赛、"志愿者主题日"等敬老爱老活动,举办退休人员社会化管理服务十周年表彰大会暨迎重阳文艺汇演活动,表彰先进社区基层退管机构;举办企业离退休人员书画作品展;举办扬州市区企业退休人员象棋精英赛;举办老年保健、养生、急救等知识讲座,各地退管机构组织近4500人次参加讲座和现场答疑;街道劳动所和社区工作站牵头入户走访慰问重病、特困、"空巢"等特殊退休老人。全市各级退管机构走访慰问退休人员900人,发放慰问金及物品18.69万元,组织志愿者1100多人次为退休老人提供服务。　(聂士翔)

■老年人精神关爱　扬州市以政府关爱为主导、社会关爱为主体、社区关爱为重点、家庭关爱为基础、老年文艺活动为载体,推进老年人精神关爱工作,弘扬尊老敬老传统美德,营造全社会助老爱老氛围。5月2日,举办"百寿宴",让老年人共享社会发展成果。6月,市精神文明建设指导委员会办公室(简称市文明办)和市民政局联合印发《扬州市2013年度"学雷锋"关爱空巢老人志愿服务活动方案》,以"参与志愿服务,情暖空巢老人;倡导敬老新风,共建幸福扬州"为主题,面向"三无"、五保、重点优抚对象、孤寡、失独、残疾等重点困难老年人,开展为老年人办实事、做好事、献爱心活动。10月11日,市民政局联合市文化广电新闻出版局举办庆祝全国老年节暨扬州市第五届老年艺术节颁奖演出,展演老年文艺优秀节目。10月19—20日,市老龄工作委员会、中国人寿保险股份有限公司扬州市分公司在茱萸湾风景区举办"舞动夕阳,追逐梦想"老年春晚海选活动,近20个老年文艺团体参加活动;推荐江都区红枫艺术团和邗江区秋韵艺术团代表扬州市参加江苏省老年春晚节目汇演。"敬老月"期间,市主要领导走访慰问市区百岁老人以及部分养老机构,向百岁老人发放慰问金。　(丁春利)

10月12日,市区琼花观社区举办庆重阳"我爱爷爷奶奶"主题活动　王　卓/摄

■老龄工作创优活动　年初,市老龄工作委员会制定扬州市创建"敬老文明号"活动实施方案,推进创建工作。10月,命名、表彰20家扬州市"敬老文明号"单位。全市7家单位被江苏省命名为省级"敬老文明号",扬州市社会福利院、扬州市司法局法律工作志愿者服务总队和广陵区东关街道琼花观社区居家养老服务站被命名为全国"敬老文明号"。市委宣传部、市文明办、市民政局、扬州广播电视传媒集团(总台)和扬州日报社联合开展扬州市"十大孝星""十

佳老人”评选表彰活动，武昌香、朱益文、李桂芳、潘晓丽、袁一平、戴春兰、张玉春、朱学梅、刘树芳、郑玉翠等10人被表彰为扬州市“十大孝星”，王继宗、王培华、张平、张立政、徐坤庆、刁人贵、夷文有、李子英、于文英、周政发等10人被表彰为扬州市“十佳老人”。（丁春利）

■**《世纪之笑——扬州百名百岁寿星写照》画册出版** 为弘扬尊老敬老传统美德，推进公民道德建设，2013年，市民政局组织编印《世纪之笑——扬州百名百岁寿星写照》画册。市民政局约请摄影专家组成多个工作小组，到社区、农村，登门入户为137名百岁老人拍摄生活照；依靠社区工作人员，通过百岁老人口述、家庭成员介绍以及实地采访，收集、整理100多篇反映老人日常生活状态、养生心得、生活情趣、人生感悟等内容的文字素材。《世纪之笑——扬州百名百岁寿星写照》画册收录117位老人照片344张。市委书记、市人大常委会主任谢正义，市长朱民阳，市政协主席洪锦华共同为该画册作序。（陈 钢）

■**扬州老年大学** 2013年，扬州老年大学开设书画、声乐、保健等6个专业50多门课程。春季学期开设98个教学班，注册学员2559人，单科注册人数3522人次；秋季学期开设104个教学班，注册学员2700人，单科注册人数3849人次。2月，扬州老年大学制定管理制度与教学大纲，促进规范化办学。5月，扬州老年大学怡情书会向雅安地震灾区捐赠书画作品60多幅。9月，举办庆重阳“世林杯”门球交流赛，近200名老年门球爱好者参加活动。10月，组织学员参加扬州人民广播电台举办的“扬州大舞台——声动中秋”大联欢活动。11月，组织学员参加省老年教育协会举办的“相聚重阳节，共话中国梦”书画摄影展，20多幅参展作品获奖。6月和12月，学校书画、摄影、声乐、舞蹈等班级举办学习成果汇报演出和书画展览。（唐小月 顾金龙）

■**关心下一代** 全市各级关心下一代工作委员会（简称关工委）配齐配强领导班子，全市有参加关心下一代工作的“五老”（老干部、老专家、老教师、老模范、老战士）和志愿者8万多人。继续开展关心下一代工作合格村（社区）和先进村（社区）创建工作，全市累计创成合格村（社区）1100多个，其中先进村（社区）600多个，分别占村（社区）总数的近90%、50%。全市有1500多家规模民营企业和1700多家中小民营企业建立关工委。9月，市关心下一代基金分会成立，筹集资金125.99万元。市关工委连续获评全国和全省关心下一代宣传工作先进单位。年初，市关工委联合市文明办、市教育局启动“老少共话中国梦”主题教育活动。全市关工委编发宣讲材料2200多篇，省关工委向全省转发扬州市关工委编写的辅导材料。2300多名“五老”到基层举办“中国梦”、“我们的节日”、青少年孝道教育报告会，90多万人次青少年受到教育。7月，举办全市“老少共话中国梦”演讲比赛。8月，在全省“老少共话中国梦”演讲比赛中，市关工委选送的一对宝应县老少组合获二等奖，市关工委获优秀组织奖。全市有200多篇征文获省关工委奖励。

推进“未成年人零犯罪社区（村）”创建。市关工委配合有关部门为全市中小学校聘请576名法制副校长，配备率100%。347个法制教育报告团有“五老”1900多人，举办法制讲座和报告会1800多场，104万人次青少年受教育。全市关工委有731个帮教小组2300多名“五老”帮教员，帮教729名失足青少年，并帮助其解决就学、就业、建立家庭等实际问题，被帮教对象转化率88%。全年筹集助学助困资金1500多万元，1.7万名贫困家庭未成年人受益。配合妇联、教育部门关爱全市2.4万名留守儿童和2.9万名外来务工人员子女。全市有“五老”网吧义务监督员939人，常年对各网吧进行监督检查。全市有1180个村和社区实现未成年人零犯罪。11月，省关工委召开全省未成年人零犯罪社区（村）创建工作经验交流会，扬州市6个集体、6个社区（村）和6名个人受表彰。

加强校外教育阵地建设。全市校外教育辅导员队伍有“五老”6846人。全市有800多个辅导站增添音响、电视、电脑、乐器和体育器材等设施，有205个辅导站开设电子阅览室，辅导站电脑总数达4000多台。全年有55.3万人次未成年人到辅导站参加活动。市少儿图书馆有图书40多万册，全年接待小读者40万人次。少儿图书馆扩建工程立项。市未成年人社会实践基地全年接待中小学生3.2万人次。10月，在全省城乡社区校外教育辅导站经验交流会上，扬州市有10家单位被表彰为先进集体，13人被表彰为先进个人，2个辅导站被命名为“省级示范校外教育辅导站”。

推进“学科技、奔现代化”活动。全年组织2200多名老科技工作者举办科技培训500多场，培训青年7万多人次。全市29个大学生村官“三创”（创新、创业、创优）指导团（组）有成员160多人，常年到基层开展信息服务、项目论证、技术指导等活动，为大学生村官创业排忧解难。（翁广琪 练瑞芳）

残疾人事业

■**概述** 2013年，扬州市健全残疾人社会保障体系和残疾人服务体系，完成各项助残实事任务。残疾人康复、就业创业、残疾人就业保障金征管工作受到省政府残疾人工作委员会表彰。全国残疾人康复和托养设施建设规划培训会议在扬州召开，扬州市残疾人基础设施建设经验得到会议推介。推进信息化建设，“智慧残联”项目建设方案通过专家组评审。市残疾人联合会（简称市残联）召开第五次代表大会，选举产生新一届领导班子。（宋丽娟 陈 娟）

■**扶残助残** 举办第23次“全国助残日”活动，向贫困残疾人捐赠辅助器具、洗衣机、助听器和智能手机。落实惠残政策，举行2013年助学金发放仪式，701名残疾学生和贫困残

5月18日是“世界助残日”。当天，市公交公司与施井社区志愿者陪伴残疾人畅游茱萸湾　　程建平、乔家明/摄

疾人家庭子女获考学奖励、教育补贴93万元。编印《残疾人工作基本知识》7000册，发放到市政府残疾人工作委员会组成部门、各级残联、社区、民生窗口单位。与扬州电视台《相亲相爱》栏目合作举办3场“身残志坚 爱相随”残疾人专场，帮助残疾人搭建解决婚姻问题的平台。举办首期残疾人雇主培训班，宣传残疾人就业政策法规，推动残疾人服务专业化。发挥福利基金会作用，募集助残资金，先后开展“家电圆梦”“暖冬行动”等活动，向6800名贫困残疾人捐赠洗衣机、电风扇、电饭锅、康复器材等。　（宋丽娟　陈　娟）

■残疾人康复　实施康复救助项目。市残联与市财政局联合印发《关于对市区6岁以下残疾儿童抢救性康复训练实施补助的通知》，82名残疾儿童获补助；为全市15名7～18岁残疾人实施免费肢体矫治手术；为61名听力语言残疾儿童、26名智力残疾（脑瘫）儿童、1326名肢体残疾成人提供康复训练；向2265户贫困残疾人家庭免费发放各类辅助器具4530件；完成贫困残疾人白内障复明手术1000例；为3200名精神病患者免费供药；为肢体残疾人装配假肢93条、矫形器36件。市机构编制委员会办公室批复同意市残疾人康复中心增挂“市残疾人辅助器具服务中心”牌子。开设康复知识大讲堂。开展基层康复训练，全市新建36个社区残疾人康复室，为残疾人提供就近就便康复服务。　（宋丽娟　陈　娟）

■残疾人培训和就业　全市各级残联整合资源，重点抓好传统工艺、传统服务业等项目培训。全年举办干洗、刺绣、计算机操作、盲人保健推拿按摩、服装缝纫、种植、养殖、家电维修、毛线编织、珠串编结、丝网花制作、贴布绣技艺、美容美发、插花、创业培训等各类培训53批次，培训2052人。与各级人力资源和社会保障部门联合实施“残疾人就业优先计划”，通过举办专场招聘会、推荐就业、送岗位上门等形式，帮助1594名残疾人就业。推进农村残疾人就业，创建3个省二星级扶贫基地、5个省一星级扶贫基地，帮扶近700名残疾人就业脱贫。扬州市选手参加省残疾人技能选拔赛，获室内摄影、水彩绘画项目第二名；参加省美容美发协会举办的新娘化妆比赛，获三等奖。扬州市首家“自强盲人影院”开业。举行2013年度“金鹰自强不息残疾人奖励基金”颁奖仪式，25名优秀基层残疾人专职委员受表彰。

（宋丽娟　陈　娟）

■残疾人文体活动　市残疾人体育协会完成换届。在省第六届特殊奥林匹克运动会暨2013年残疾人田径锦标赛中，扬州市运动员获金牌9枚、银牌8枚、铜牌7枚，并获体育道德风尚奖。在第八届全国残疾人文艺汇演中，市残联选送的器乐节目《无名英雄》、舞蹈《不垮的废墟》均获一等奖，扬州市获奖数量和等次均列全省第一。　（宋丽娟　陈　娟）

■市残疾人福利基金会成立　1月29日，扬州市残疾人福利基金会成立，残疾人福利基金会网站同时开通。成立仪式现场，收到价值100多万元的捐赠物资。市残疾人福利基金会2012年5月起筹建，2013年1月4日经省残联、省民政厅批准成立，旨在筹集残疾人福利基金，宣传残疾人事业，为残疾人办实事。基金会原始基金数额为500万元，由25名理事组成理事会，理事每届任期5年。基金会全年收到各类捐赠价值180多万元，发放各类救助资金、物资150多万元。　（杨　灿）

消费者权益保护

■概述　2013年，扬州市有各级消费者协会（简称消协）基层分会100个、消费者投诉站1251个、企业监督站2503个，“一会两站”覆盖率100%、规范达标率68%，消费者有效申（投）诉处结率100%；1053家企业建立消费维权快速通道。妥善处理消费投诉。加强与“12315”消费者投诉热线，物价、质检等部门以及大型商贸企业协作，钝化消费矛盾，化解消费纠纷。针对市区2件因购房纠纷引发的群体投诉，启动应急预案，经过调解，12户消费者成功退房。各地通过网站、微博等平台及时受理消费者投诉。邗江消协吸引中小型商业、服务业企业加入QQ网络受理平台，畅通互联网受理渠道，提高消费纠纷调处效率。宝应消协借助“宝应人”网站，设立“我要投诉”平台。加强基层维权组织建设。各地成立消费纠纷调处中心，依托工商、消协、司法等站所建立消费纠纷调处工作站和调处点，延伸工作网络。加强消费教育。依托消费教育基地和消费教育志愿

者讲师团，举办各类消费教育活动，宣传新修订的消费者权益保护法，提高消费者维权意识。12家单位获省级“消费教育示范基地”称号。整合资源，提升维权效能。发挥专家委员会作用，提高消协调解纠纷和社会监督工作专业化水平，解决涉及洗染等领域的消费纠纷。与家具行业协会等单位对接，开展建立行业专家委员会的前期调研、评估和筹备工作。支持消费者诉讼。以仪征模式为样本，推动各地消协加强与当地法院联系，参与庭审，支持消费者诉讼。8月，市消协委托公益律师为大学生维权，通过法院向某旅行社索回合同违约款。指导企业主动化解消费纠纷，开展“客服接待日”活动。组织企业客服代表到调解室接受咨询和投诉，与消费者友好协商解决消费纠纷。市区商贸流通和公共服务等6个行业20家企业参与活动。全市消协系统全年办结消费者投诉2238件，其中调解成功2133件，为消费者挽回经济损失604.39万元；接待来电、来访咨询1778人次；运用人民调解程序调解消费纠纷65件，为消费者挽回经济损失33.36万元；运用诉调对接程序调解消费纠纷10件，为消费者挽回经济损失19.30万元。全市消协系统移交的消费维权案件被处罚没款94.33万元。

市消协获评全国消协组织消费维权先进集体，宝应消协获评全国消协组织消费维权专项工作先进集体，邗江消协谢晓娟获评全国消协组织消费维权先进工作者。扬州选手李宏泉代表江苏省消协系统参加第二届全国消协组织投诉调解技能大赛并获季军。消费维权志愿者、市区琼花观社区主任李华入选全国“3·15”消费维权年度人物。维权志愿者颜良甫获评江苏省消费维权先进人物，并作为消费者代表参与修订消费者权益保护法。志愿者赵鹤年获江苏省消费维权特别贡献奖。（戴　蓉）

■消费者投诉　全市消协系统受理商品类投诉1749件，占投诉量的78.2%；受理服务类投诉489件，占21.8%。从投诉性质看，质量问题类投诉906件，占40.5%；营销合同类投诉842件，占37.6%；计量类投诉90件，占4.0%；价格类投诉50件，占2.2%；人格尊严类投诉30件，占1.3%；虚假品质表示类投诉27件，占1.2%；广告类和假冒类投诉各17件，各占0.8%；其他类投诉259件，占11.6%。全年消费者投诉总量下降，高额商品纠纷数量上升。与上年相比，投诉量所占比例上升幅度列前五位的分别是：房屋类投诉71件，占比上升2.4个百分点；空调类投诉105件，占比上升2.2个百分点；汽车类投诉100件，占比上升1.9个百分点；通信类投诉236件，占比上升1.4个百分点；食宿、文化娱乐、庆典类投诉91件，占比上升1.3个百分点。（戴　蓉）

2013年扬州市各级消协受理商品类投诉情况表

表33-9

类　别	投诉量(件)	比上年增长(%)	占投诉总量比例(%)
合　计	**1749**	**-40.5**	**100**
家用电子电器类	513	-33.1	29.3
百货类	440	-45.6	25.2
房屋及建材类	160	6.0	9.1
家用机械类	143	-29.9	8.2
农用生产资料类	22	-42.1	1.3
其他商品类	471	-51.4	26.9

（戴　蓉）

■2013年十大投诉热点　市消协根据全年投诉情况，结合新消费者权益保护法，梳理出2013年十大投诉热点。(1)手机售后随意出具检测单据。全市各级消协组织受理通信产品类投诉235件，占投诉榜榜首。投诉问题集中在智能机故障难鉴定、质量问题责任难辨清、维修商随意出具检测单等。(2)服装质量参差不齐，标准缺失。全市各级消协组织受理服装鞋帽类投诉220件。投诉问题主要集中在鞋底鞋帮开裂掉色、服装起球开线、洗涤后褪色变形、标签与实际不符、儿童用品质量不过关等。(3)汽车行业潜规众多、侵权不断。全市各级消协组织受理汽车类投诉100件。投诉问题比较集中的是加价售车、搭售保险、合同不写提车日期、维修不使用正规配件、“三包”期内能修不换、“三包”期外只换不修等，更有甚者，经销商采用库存车抵新车、虚拟售车等隐性行为侵害消费者合法权益。(4)装修建材投诉环节错综、问题复杂。全市各级消协组织受理装修建材类投诉89件。涉及装潢质量、工期、造价，装饰装修材料质量等。(5)房屋销售合同条款多有不公。全市各级消协组织受理商品房类投诉71件。投诉问题集中在未按合同约定交房、房屋存在质量问题、消费者认为开发商虚假宣传或自己的知情权受到侵犯等。(6)美容沐浴预付消费陷阱重重。全市各级消协组织受理美容、美发、洗浴类投诉68件，多为涉及预付消费的投诉。投诉问题集中在办卡前后承诺不符、存在诸多不合理条款、服务项目和费用随意变更等。(7)通信服务流量不准、缺乏评判。全市各级消协组织受理通信服务类投诉51件。投诉问题集中在通信运营商上网流量统计有误。(8)娱乐健身人身安全难得保障。全市各级消协组织受理娱乐健身类投诉37件。部分场馆缺乏保护消费者人身、财产安全意识，导致事故发生几率增加。(9)家电售后故障不除、费用乱收。全市各级消协组织受理家电售后维修投诉36件。投诉问题集中在上门维修不及时、故障判断失误不担责、收费随意开价、维修配件不正规等。(10)网购纠纷网店、快递互推责任。全市各级消协组织受理快递服务类投诉24件，多数为网络购物引发投诉，网络商家和快递公司互相推诿，消费者被夹在中间受气。（戴　蓉）

■**企业化解消费纠纷** 市消协与市保险行业协会成立全市首个行业投诉站——保险行业消费维权投诉站，设专人受理、调处保险消费纠纷，提供保险专业咨询、维权服务。推动汽车行业公开承诺。市区10家知名汽车销售服务企业在“3·15”期间联名向社会公开承诺诚信经营、优质服务、合理收费、保证质量、完善售后、接受监督，并明确具体标准。开展“消费维权快速通道公开承诺”活动。优选建立“消费维权快速通道”的部分企业公开承诺，对争议事实清楚、证据保存完备、情节简单、消费争议金额较小的消费纠纷，做到快速受理、快速调解，提高消费投诉调处效率和消费者满意度。全市企业内部监督站自行和解消费纠纷8755件。

（戴　蓉）

■**消费教育** 市消协加强消费教育平台建设。按照“一批基地、一支队伍、一套课件”的思路，加强消费教育软、硬件建设。全市消费教育基地总数增至136个，其中省级消费教育示范基地12个。扩大消费教育基地覆盖领域，在扬州国际汽车城设立全市首个汽车行业消费教育基地，组织汽车销售企业客服人员学习汽车“三包”（包退、包换、包修）规定，面向购车群体普及汽车消费知识，提高汽车消费者自我保护意识。消费教育讲师团成员发展到96人，针对市民、农民、青少年等不同群体，设计32套消费教育课件，提高教育内容针对性。开展消费教育课件评比活动，从科学性、教育性、技术性等方面提高课件制作水平。开展各类消费教育活动。全年举办“万人大课堂”消费教育活动近300场次，受教育者2万多人次。面向青少年、老年人、农民和经营者等特定群体，将教育活动向特殊教育学校、老年大学、中小学以及高校延伸，向蔬菜基地、养殖场、购物中心、各类市场拓展。4月25日，市消协在扬州市特殊教育学校举办消费教育现场观摩活动，消费教育志愿者讲师团成员以“热爱生活、科学消费”为主题，为特殊教育学校学生上公开课，手语老师对讲课内容作同步翻译。开展新修订的消费者权益保护法（简称新消法）宣传活动。市消协在《消费周刊》开辟《案解新消法》《画说新消法》栏目，邗江等地消协到社区宣传新消法。举办全市消费文化考察活动。市消协与市教育局、市放心消费创建活动领导小组办公室联合举办扬州市第二届青少年消费文化考察活动。

（戴　蓉）

■**“3·15”活动** 3月11日，市消协召开2013年度“国际消费者权益日”活动（简称“3·15”活动）情况通报会，通报2012年度十大典型投诉案例、2012年度十大维权热点，就服装、房产、预付卡等消费热点、难点问题发布观点，介绍市消协2013年消费维权新举措，表彰2012—2013年度扬州市消费者满意服务单位。会上，江苏金太阳汽车销售服务有限公司等城区10家知名汽车销售服务企业向社会公开承诺诚信经营、优质服务、合理收费、保证质量、完善售后、接受监督。扬州人民广播电台全程直播活动情况。3月15日，由扬州市放心消费创建活动领导小组办公室、扬州工商行政管理局、市消协、扬州人民广播电台主办，邗江区政府、邗江区放心消费创建活动领导小组办公室、邗江工商行政管理局、邗江区消协、扬州力宝广场承办的2013年“3·15”国际消费者权益保护日大型现场咨询服务活动在力宝广场举行。扬州人民广播电台《新闻广播》《交通广播》全程直播活动情况。活动期间，工商、物价、消协等15个政府职能部门及水、电、气等公共服务行业企业参加活动，接受消费者投诉、咨询、举报；志愿者向消费者发放市消协“3·15”特刊以及消费者权益保护法律法规、生活常识、消费知识、宣传画册等宣传资料；邗江工商行政管理局设立食品现场检测台，免费为群众现场检测食品质量，并组织工商干部现场示范如何识假辨假。活动当天，现场接待咨询300多人次；受理投诉45件，涉及通信服务、房屋质量、购车合同、手表质量、保健器械、医疗服务、服装质量等方面，当场处理投诉23件。其他各县（市、区）消协均在当地广场、商场、社区、乡镇分别设置“3·15”消费者权益保护日大型现场咨询服务活动分会场。

（戴　蓉）

■**社会监督** 督促公共服务行业改进服务。5月21日，江苏省消协发布全省用电、用水、用气、宽带及固定电话、有线数字电视等五大公共服务行业满意度调查结果，扬州市消费者主观满意度91.9%。市消协和各县（市、区）消协分别约谈同级水、电、气、宽带及固定电话、有线数字电视相关企业，通报全省五大公共服务行业满意度调查结果，指出存在问题，督促企业整改。开展快递行业专项消费调查。制定活动方案，分比对试验、满意度调查和法理点评等3个阶段开展活动，年内完成比对试验。市消协通过异地邮寄物品方式，选择具有代表性的6家快递公司进行调查，统计、分析各公司收费、物品包装、安全送达、签收等环节比对试验数据，召开快递服务企业座谈会，通报比对试验结果，与企业探讨快递行业中存在的问题。开展热点现象体察和比对。体察餐饮企业服务价格。《扬州市餐饮服务行业明码标价实施办法》实施后，市消协邀请物价等部门以及消费者代表组成调查小组，调查部分餐饮企业菜品、自制饮料、酒水、服务价格明码标示情况以及“和菜”与点菜的餐标比对，指出部分菜单不公示、饮料不标价等问题，督促企业改正。调查手机销售行为。组织志愿者到市区手机销售商家集中的四望亭路体察销售服务水平、店堂宣传促销等情况，曝光部分商家不规范促销行为以及以机模替代真机展示的行业问题。重阳节前，市消协联合宝应、仪征两地消协开展老年人常用降压药品价格比对试验，通过媒体公布比对结果，为老年人购买药品提供参考。对社会监督中发现的严重侵害消费者权益行为，全市各级消协组织先后向工商、物价、卫生等部门发出行政处罚建议函13份。（戴　蓉）

区县市

Qu Xian Shi

编 辑 陈永华

广陵区

■**概述** 广陵区面积334.86平方千米，辖7个乡镇、4个街道，有83个行政村、54个社区，年末户籍总人口49.82万人。

2013年，全区实现地区生产总值505.51亿元，比上年增长12.1%。其中，第一产业增加值9.16亿元，增长5.6%；第二产业增加值256.26亿元，增长11.2%；第三产业增加值240.09亿元，增长13.4%。公共财政预算收入33.41亿元，增长10.8%；其中税收收入28.75亿元，增长16.6%。财政支出22.91亿元，其中一般预算支出21.36亿元。全社会固定资产投资259.86亿元，增长21%。61个项目被列入扬州市重大项目库，完成总投资128亿元。其中新签项目24个，当年开工率83.3%。城镇居民人均可支配收入30690元，农民人均纯收入19318元，分别增长9.6%和12.0%。 （李跃中）

■**农业** 全区实现农林牧渔业总产值19.57亿元，增长8.6%。其中，农业产值11.11亿元，增长8.3%；林业产值0.36亿元，增长1.8%；牧业产值2.62亿元，增长8.0%；渔业产值4.4亿元，增长10.5%。新增“菜篮子”基地133.33公顷、高效农业面积0.16万公顷、农业适度规模经营面积0.27万公顷、高标准农田0.07万公顷，新创农业“三品”（无公害农产品、绿色食品、有机食品）品牌42个，建成体验农庄50个，开通“惠生活”农副产品电子商务销售平台。

（李跃中）

2013年广陵区经济社会发展主要指标一览表

表34-1

项 目	单位	数量	比上年增长(%)
地区生产总值	亿元	505.51	12.1
第一产业增加值	亿元	9.16	5.6
第二产业增加值	亿元	256.26	11.2
第三产业增加值	亿元	240.09	13.4
人均地区生产总值(按常住人口计算)	元	96165	11.8
农林牧渔业总产值	亿元	19.57	8.6
粮食总产量	万吨	11.20	-1.3
全社会固定资产投资总额	亿元	259.86	21.0
外贸自营出口总额	亿美元	16.74	8.8
实际利用外资及港澳台资	亿美元	3.82	1.8
社会消费品零售总额	亿元	217.27	15.3
财政总收入	亿元	57.58	2.8
#公共财政预算收入	亿元	33.41	10.8
城镇居民人均可支配收入	元	30690	9.6
农民人均纯收入	元	19318	12.0

（统计局）

■**工业和建筑业** 全区实现工业总产值1631.4亿元，主营业务收入1586.1亿元。322家规模以上工业企业完成总产值1246.3亿元，增长15.5%；实现主营业务收入1224.1亿元，增长14.9%；实现工业增加值278.79亿元，增长12.9%；实现利税134.1亿元，其中利润71.9亿元，分别增长23.3%和21.4%。产品产销率96.9%。规模以上工业中，外商及港澳台商投资企业产值318.7亿元，私营企业产值775.6亿元，分别占规模以上工业总产值的25.6%、62.2%；铁路、船舶、航空航天和其他运输设备制造业、电气机械和器材制造业、仪器仪表制造业、化学原料和化学制品制造业、其他制造业分别完成产值223.94亿元、164.55亿元、129.49亿元、114.48亿元、157.5亿元，分别占规模以上工业总产值的18.0%、13.2%、10.4%、9.2%、12.6%。全年实施1亿元以上技改项目23个，完成工业投入71亿元；新增规模以上工业企业20家、产值1亿元以上企业211家(其中10亿元以上企业24

家)；恒润海工、一重科技、巨超重工等11个项目竣工、投产。船舶产业向海洋工程平台、特种船舶等产业链转变，液压产业引进欧美液压企业5家。食品工业园公用型保税仓获南京海关批准设立，食品科技园开工建设，电子商务平台上线运营。江苏扬农化工股份有限公司、江苏扬农化工集团有限公司入选国家“工业品牌培育试点企业”，扬州五亭食品有限公司创成全国主食加工业示范企业，扬州电力设备修造厂成立全国阀门标准化技术委员会工作组。

建筑业实现增加值20.74亿元，增长9.9%；完成总产值367.17亿元、税收3.6亿元，分别增长15.0%、20%。获中国土木工程奖(简称“詹天佑奖”)1项、国家优质工程和省优质工程奖3项。 (李跃中)

■服务业 全区实现社会消费品零售总额217.27亿元(其中批发业和零售业零售额187.87亿元、住宿和餐饮业零售额27.90亿元)，增长15.3%。商贸物流园建成智慧物流孵化园，成为全市现代服务业十强集聚区。软件和信息服务业实现收入66亿元，增长60%以上。信息服务产业基地创成“江苏省重点文化产业园区”等省级品牌5个，金泉网在英国伦敦证券交易所挂牌上市。广陵区获批“国家信息消费试点城市”。设计瑰谷入驻企业37家。泰安镇获“江苏省特色旅游名镇”称号，凤凰岛创成国家级水利风景区。扬州华南物业有限公司创成“国家一级物业服务业企业”，扬州西润国际有限公司成为“省级服务业百强企业”。组建区级融资平台2个，实现乡镇、街道、园区资产运营管理平台全覆盖。新办村镇银行1家，设立产业基金、股权投资基金2只，获科技部无偿扶助资金5000万元。成立全市首个中小企业互助协会基金，为50家企业提供周转资金10亿元。 (李跃中)

■招商引资 全年合同利用外资及港澳台资5.55亿美元，实际利用外资及港澳台资3.82亿美元；新增民资注册资金79.76亿元。实现进出口总额18.78亿美元，增长4.1%；其中自营出口16.74亿美元，增长8.8%。组织境内外主题招商推介活动10场，组织百家企业参加中国进出口商品交易会(简称广交会)、中国华东进出口商品交易会(简称华交会)等展会。将世界绿色设计论坛从欧洲引入中国。放大中国留学人员创新创业项目网上视频对接洽谈会、广陵商机说明会、软件和信息服务外包大会、中国扬州(杭集)国际酒店用品交易会等品牌效应。 (李跃中)

■科技创新 全区实现高新技术产业产值521.99亿元，增长47.6%。新认定国家高新技术企业14家、省级高新技术产品112个，获批国家级科技项目24个，实施省级以上科技计划项目33个。新一代轻型无人直升机关键技术研发获批省科技支撑(工业)重点项目。全年申请专利3972件，其中发明专利1054件。新增省级以上研发机构15个、市级研发机构39个。建成科技综合体23.3万平方米、科技孵化器13万平方米。省液压机械产品质检中心、省光电仪器计量检定中心通过考核验收。广陵新城获批成为省科技服务示范区，广陵经济开发区创成省知识产权试点园区，江苏扬农化工股份有限公司建成省企业重点实验室。引进国家“千人计划”(海外高层次人才引进计划)人才5人(累计17人)。获批省“双创计划”(高层次创新创业人才计划)项目9个、市“绿扬金凤计划”项目12个。 (李跃中)

■城乡建设与环境保护 新城开发提速。全年完成投入60亿元，搬迁改造70万平方米，新开工建筑面积270万平方米，绿化提升30万平方米。其中，皇冠假日酒店建成营业，京杭水镇一期开街，46万平方米环球金融城、26万平方米交通银行金融服务中心、45万平方米信息服务产业基地三期、11万平方米扬州科技馆及李宁体育园等项目加速实施，秦邮路、福康路等道路开工建设。

古城保护。优化“双东”(东关街、东圈门)历史街区管理，完成东关街步行化改造。启动南河下片区保护利用，完成徐凝门路沿线立面整治。实施民居客栈集聚区建设，新增民居客栈床位616个。探索古城保护新方式，建成近3000平方米老城低碳示范社区。改造“城中村”地块7个，整理土地60公顷，搬迁面积50万平方米。

完善城乡一体规划体系。完成湾头镇总体规划，启动沙头、头桥等镇规划编制。实施新万福路改造、沙湾路南延、临江路改造、文峰路改

广陵新城新貌 张孔生/摄

造、文昌路东延、328国道改造、泰李路东扩等重点道路工程。新(改)建农村公路33千米,完成道路大中修40千米,区、镇、村三级道路良好率75%以上。获批"点供"(对重点项目给予保证指标的单独性保障性供地)和独立选址项目4个,争取农用地转征指标44.33公顷。实施增减挂钩、耕地占补平衡、土地整理项目20个,新增耕地133.33公顷。

推进民生、环保、城建项目建设。实施汤汪花园等6个安置小区建设,竣工交付66万平方米。新开工建设公共租赁住房955套,建成900套。整治老小区40万平方米,完成老小区基本物业扩面75万平方米。完成2处积水点和3条道路下水改造,新(改)建公厕108座,翻建街巷30条。拆除违法建设14万平方米,取缔占道经营1万多处。完成379个村庄环境整治,创成省三星级"康居乡村"6个。新增造林面积440公顷,其中成片造林266.67公顷。实施节能改造、循环经济项目20个,关停"五小"(小电镀、小化工、小水泥、小冶炼、小砖瓦)企业5家,削减化学需氧量2.57%、二氧化硫排放量0.81%。

(李跃中)

■社会事业 育才小学东区校启用。校安工程投入6000多万元,新建、加固校舍3.8万平方米。3所学校获江苏省教学成果奖。10个教学科研课题获省级立项。举办首届广陵国际"童玩节"。广陵区获评省中小学校舍安全工程先进集体、省教育人才工作先进集体,杭集镇获评全国社区教育示范乡镇。建成标准化社区卫生服务站10个、省示范社区卫生服务中心(卫生院)4家。杭集社区卫生服务中心被评为省中医药特色单位。举办首届市民节、"京杭之心"欢乐节等群众性文化活动100多场。淮扬运河广陵段遗产保护工程获国家文物局批准立项,国家级非物质文化遗产项目扬州清曲中长期保护规划被列为省级示范项目。广陵区创成"中华诗词之乡"、省老年体育工作先进区。城市社区"10分钟体育健身圈"创建工作通过省专家组验收。 (李跃中)

■劳动和社会保障 新建创业孵化基地1个,新增城镇就业8158人、失业人员再就业6400人,保持城镇"零就业家庭"和农村劳动力"零转移家庭"动态清零。李典镇创成省级充分转移就业乡镇,荷花池社区创成省级充分就业示范社区。城镇职工社会保险扩面征缴3100人次,城乡居民养老保险、新型农村合作医疗(简称新农合)参保(合)率99%,被征地农民社会养老保险覆盖率96.5%,城乡居民最低生活保障标准提高至485元/月。建成省级示范居家养老服务站6个、社区老年人日间照料中心26个,实现居家养老服务全覆盖。新建残疾人康复室6个。 (李跃中)

■广陵商机说明会 4月17日,广陵区在设计瑰谷举行2013中国扬州"烟花三月"国际经贸旅游节广陵区商机说明会。区委书记陈锴竑作主题推介,200多名中外客商和嘉宾参会。会上,10个2000万美元以上外资及港澳台资项目和10个注册资金5000万元以上民资项目现场签约,总投资129.8亿元。其中,10个外资及港澳台资项目协议注册外资及港澳台资3.61亿美元、总投资6.3亿美元,涉及金融、商业综合体、食品加工、旅游、新材料、物流等领域;10个民资项目协议注册资金20.5亿元、总投资89.5亿元,涉及船舶及配套件制造、食品机械加工、数控机床、农产品流通等领域,其中标准化渔轮项目总投资52亿元。(广 陵)

邗江区

■概述 邗江区面积640.91平方千米,辖12个乡镇、9个街道,有116个行政村、84个社区,年末户籍总人口74.13万人。

2013年,全区实现地区生产总值525.50亿元,比上年增长12.0%。完成财政总收入108.95亿元,其中公共财政预算收入47.95亿元,分别增长18.9%、7.8%。完成固定资产投资282.51亿元,增长20.3%。实现社会消费品零售总额215.49亿元,增长15.1%。城镇居民人均可支配收入31926元,农民人均纯收入15882元,分别增长9.5%、12.0%。(施旭东)

2013年邗江区经济社会发展主要指标一览表

表34-2

项 目	单位	数量	比上年增长(%)
地区生产总值	亿元	525.50	12.0
第一产业增加值	亿元	18.41	3.8
第二产业增加值	亿元	230.10	11.0
第三产业增加值	亿元	276.99	13.3
人均地区生产总值(按常住人口计算)	元	76414	11.6
农林牧渔业总产值	亿元	30.07	9.4
粮食总产量	万吨	17.05	-4.6
全社会固定资产投资总额	亿元	282.51	20.3
外贸自营出口总额	亿美元	14.72	3.5
实际利用外资及港澳台资	亿美元	3.90	12.3
社会消费品零售总额	亿元	215.49	15.1
财政总收入	亿元	108.95	18.9
#公共财政预算收入	亿元	47.95	7.8
城镇居民人均可支配收入	元	31926	9.5
农民人均纯收入	元	15882	12.0

(邗 江)

■**农业** 全区实现农林牧渔业总产值30.07亿元，增长9.4%；实现农业增加值18.41亿元，增长3.8%。粮食播种面积2.40万公顷，小麦和稻谷种植面积分别为0.79万公顷和1.31万公顷；全年粮食总产量17.05万吨，粮食单产每公顷7104千克，增长1.06%。生猪出栏12.95万头，下降20.9%；存栏7.58万头，下降10.3%。新增高标准农田0.13万公顷、高效设施农(渔)业面积0.09万公顷。创成省出口农产品示范基地1个、市级农业园区3个。新组建农村"三大合作"(农民专业合作社、土地股份合作社、社区股份合作社)组织16个。新认定"三品"品牌28个。江苏舜天扬州苏迈克斯出口有限公司樱花、樱叶基地创成省级出口农产品示范基地、省级标准化示范区，蒋王都市农业观光园、杨寿现代渔业精品园、方巷鹅业产业园创成市级现代农业产业园区。建成公道镇红瑞生态农业发展有限公司、扬州口缘食品有限公司等市级农产品加工集中区，建成以扬州佳珏鹅业协会、扬州瑞农科技有限公司为主体的加工研发中心。

(韩　城)

■**工业和建筑业** 2013年，全区实现工业开票销售485亿元、入库税收25亿元，分别增长9%、14%。新增产值50亿元企业1家、1亿元以上企业20家。税收5000万元以上企业增至8家，其中扬州完美日用品有限公司税收近3亿元、江苏金方圆数控机床有限公司税收超2亿元。全区372家规模以上工业企业实现产值1105.9亿元，实现增加值271.8亿元，实现销售收入1074.6亿元。全区规模以上工业企业实现利税111亿元，增长24.6%；实现利润63.5亿元，增长24%；产销率97.2%。机械装备、汽车及零部件、轻工纺织业和电子电器线缆业等四大主导产业实现产值902.9亿元，增长16%。创成国家火炬计划硫资源装备特色产业基地、省高端装备制造业示范基地、省汽车零部件产业基地。新兴产业加快发展。四大新兴产业(新能源、新光源、新材料、生物技术和新医药)实现产值

牧羊集团生产车间　　王　卓/摄

114.5亿元，增长29.3%，占规模以上工业总产值的10.4%。高新技术企业实现产值452亿元，增长22%，占规模以上工业总产值的40.9%。规模以上工业中，小型企业实现销售收入335亿元，增长21.1%，占全区规模工业销售收入的31.2%。

全区完成建筑业总产值380.5亿元，其中省外产值140.6亿元，分别增长14.7%、16%；完成竣工产值336.11亿元，增长25.4%。施工面积2030万平方米，竣工面积1127万平方米。年平均在册施工人员12.85万人，增长1.6%。邗建集团获评中国建筑业竞争力百强企业、全国建筑业AAA级信用企业。邗江区获"中国建筑之乡"称号。

(韩　城)

■**服务业** 全区实现服务业增加值276.99亿元，增长13.3%，新增市级服务业集聚区3个。五亭龙玩具城创成省级服务业集聚区。新增限额以上和重点服务业企业145家、"双软认证"(软件企业认定、软件产品登记)企业5家、AAA级以上物流企业3家，创成国家AAA级旅游景区1个。全区实现社会消费品零售总额215.49亿元，增长15.1%。其中，批发业和零售业零售额196.2亿元，增长17.9%；住宿业和餐饮业零售额17.9亿元，下降13.7%。按经营单位所在地分，城镇、农村消费品市场分别实现零售额207.1亿元、6.9亿元，分别增长14.5%、11%。基本生活类商品需求减弱，高档商品需求平稳。全区限额以上批发和零售业企业中，金银珠宝类、汽车类商品销售势头良好，分别增长19.6%、20.9%；日用品类、化妆品类、家用电器和音像器材类、石油及制品类零售额平稳增长，分别增长3.8%、3.3%、10.2%和7.1%；食品、烟酒类需求减弱，分别下降1.5%、14.5%。

(施旭东)

■**招商引资** 全区开展产业招商、专业招商，新组建21个招商机构，全年实际利用外资及港澳台资3.90亿美元。全年实现出口总额14.72亿美元，增长3.5%。

民营经济健康发展。全年新登记注册私营企业2808家、个体工商户4907户，有限公司全年实际到账注册资金83.8亿元。

(韩　城)

■**科技创新** 全区实施科技创新"双百"(百家国家高新技术企业、百家省级以上企业研发机构集群)工程，实现高新技术产业产值488亿元，占规模以上工业产值的44.1%，获"全国科技进步先进区""省人才工作先进区"称号。扬州高新技术产业开发区创成省科技金融合作创新示范区。加快培植创新型企业集群，新增国家高新技术企业17家。3家企业在省股权交易中心挂牌。新立项省级以上各类科技项目79个，开发省级以上高新技术产品125个，新增标准化组织1个，获批授权发明专利123件，获

批开展国家知识产权强区工程试点。加强创新平台建设，中国科学院扬州应用技术研发与产业化中心新引进5个研发分支机构，数控机床研究院通过省级验收。区高新技术创业服务中心新增入孵企业46家，获批成为省级大学生创业园和留学生创业园。推动规模企业研发机构全覆盖，新增省级以上“三站三中心”（博士后科研工作站、企业院士工作站、研究生工作站，工程技术研究中心、企业技术中心、工程研究中心）23个。江苏牧羊集团建成国家级工程技术研究中心。开展产学研合作，举办全国重点高校院所智能装备科技成果发布洽谈会，签订产学研合作项目92个，引进重大科技成果13项。实施“5111人才计划”（利用5年时间，争取引进1000名各类高层次人才，获批100名市级以上高层次创业创新领军人才，培育100家高层次人才示范企业），引进、培育国家“千人计划”人才7人、省“双创”人才9人。1个团队入选“省创新团队计划”。推进金融创新，汇丰银行入驻邗江，新增村镇银行和农村小额贷款公司各1家。（施旭东）

■**城乡建设与环境保护** 坚持科学规划，优化城市空间布局，形成以新盛、双桥、邗上等成熟城市片区为重点的中心城区和东部沿运新城、西部蒋王新城、北部蜀冈生态新区、南部瓜洲旅游度假区“一城四片区”城市建设格局。主城区重要地段、重要节点开发和旧城改造同步推进，三盛国际广场、文昌乐都汇等城市综合体开工建设，税友大厦、首开亲水街等工程基本建成。动迁面积47万平方米，新建安置房71万平方米、公租房918套，改造“城中村”5个，翻建老街巷20条，整治老小区32万平方米，改造积水路段7条。完成新甘泉路东延、328国道邗江段、扬菱路改造提升工程，新（改）建司徒庙路、栖祥路等城乡主次干道12条，建成农村公路50千米，改造农村危桥3座。新建污水管网14千米。建成甘泉公交首末站，实现镇村公交全覆盖。获批“点供”和独立选址项目10个，争取农用地指标104.27公顷，新增城乡建设用地增减挂钩指标61.53公顷。推进“三拆三整治”（拆违、拆破、拆烂，治脏、治乱、治差）行动，拆除违法建设7万平方米。村庄环境整治通过省级全域考核验收，创成省三星级“康居乡村”10个，疏浚整治河道、河塘510条（口）。编制生态文明建设规划，创成省级生态村8个，关闭高污染企业3家。（施旭东）

■**社会事业** 促进教育优质均衡发展，新建公办幼儿园1所，成立邗江中学（集团）北区校维扬中学。邗江实验学校回归公办。加固中小学校舍2万平方米。全区高考本二上线人数提高8.7%。丰富群众文化生活，实现村级“五有”（有1片绿化景观，有1片硬质地面，有1套音响，有1组健身路径，有1个宣传栏）文化健身广场全覆盖，被评为“全国群众体育先进单位”。提高城乡居民健康水平，完成基层医疗卫生机构人事制度改革，迁建乡镇卫生院2所，新建示范社区卫生服务站16个，新创省级卫生镇1个。通过省“十二五”人口计生工作中期评估，完成6个世代服务中心提档升级。（施旭东）

■**劳动和社会保障** 落实就业扶持政策，全年采集就业岗位1.1万个，新增就业再就业9052人，培训劳动力1.2万人次。推进社会保障扩面提标，“五险”（养老保险、医疗保险、失业保险、工伤保险、生育保险）扩面征缴1.5万人次，城乡居民养老保险基础养老金提高到每人每月90元，被征地农民转参城镇职工养老保险置换率96.2%。城乡低保标准提高到每人每月485元，农村五保供养〔对无劳动能力、无生活来源又无法定赡养、抚养、扶养义务人，或者其法定赡养、抚养、扶养义务人无赡养、抚养、扶养能力的老年、残疾或者未满16周岁的村民，在吃、穿、住、医、葬（教）方面给予生活照顾和物质帮助〕标准提高到每人每年6400元。归集住房公积金3.5亿元，发放公积金贷款2.2亿元。加大社会救助力度，发放医疗救助资金1600万元、低收入群体价格补贴204万元，为450户贫困残疾家庭改建无障碍设施。优化养老服务体系，建成33个日间照料中心，为80周岁以上老人免费办理意外伤害险。（施旭东）

■**潍柴亚星汽车产业园投入使用** 10月10日，潍柴亚星汽车产业园竣工投入使用仪式在邗江区北山工业园举行，市委书记谢正义、市长朱民阳、市政协主席洪锦华和山东重工集团有限公司董事长谭旭光为潍柴亚星生产的新款客车揭幕。潍柴亚星汽车产业园总投资23.4亿元，占地66.67公顷，建筑面积32万平方米。（施旭东）

■**2013邗江产业发展推介大会暨项目签约仪式** 4月17日，2013邗江产业发展推介大会暨项目签约仪式在西园饭店举行。现场签约项目30个。其中，外资及港澳台资项目15个，注册资金2.81亿美元；民资项目15个，注册资金18.2亿元。（韩 城）

江都区

■**概述** 江都区面积1329.90平方千米，辖13个镇，有263个行政村、65个社区，年末户籍总人口106.93万人。

2013年，全区实现地区生产总值713.06亿元，比上年增长12%；财政总收入107.89亿元，其中公共财政预算收入41.60亿元，分别增长16.8%、20.4%；完成全社会固定资产投资444.29亿元，增长20.8%；城镇居民人均可支配收入28774元，农民人均纯收入15206元，分别增长9.5%、12.1%。列“2013年度中国市辖区综合实力百强”第42位。江都区特警大队被授予全国“人民满意的公务员集体”称号。（张晓辉）

■**农业** 全年粮食总产量66.32万吨，获“亩产吨粮县”称号。获批建设小纪、吴桥2个城郊永久性蔬菜基地。加快建设年产值50亿元连片设施园艺产业基地。新增高效设施农

2013年江都区经济社会发展主要指标一览表

表34-3

项　　目	单位	数量	比上年增长(%)
地区生产总值	亿元	713.06	12.0
第一产业增加值	亿元	50.90	5.0
第二产业增加值	亿元	369.06	11.4
#工业增加值	亿元	311.88	12.3
第三产业增加值	亿元	293.10	14.0
人均地区生产总值(按常住人口计算)	元	70827	11.5
农林牧渔业总产值	亿元	53.53	11.0
粮食总产量	万吨	66.32	1.8
规模以上工业产值	亿元	2035.23	14.2
全社会固定资产投资总额	亿元	444.29	20.8
外贸自营出口总额	亿美元	11.06	4.0
实际利用外资及港澳台资	亿美元	2.50	9.5
社会消费品零售总额	亿元	225.93	15.1
财政总收入	亿元	107.89	16.8
#公共财政预算收入	亿元	41.60	20.4
财政总支出	亿元	90.85	22.5
城镇居民人均可支配收入	元	28774	9.5
农民人均纯收入	元	15206	12.1
邮政业务收入	亿元	1.18	-1.7
电信业务收入	亿元	8.56	5.0
年末存款余额	亿元	752.78	17.5
年末贷款余额	亿元	412.67	20.9

（张晓辉）

(渔)业面积0.22万公顷;新引进各类农业项目120个(协议投资20.2亿元),其中新签约5000万元以上农业重大项目19个;产业基地实现产值60.4亿元。推进农村改革试验区建设。93%的村完成土地承包经营权确权登记;创成省、市级“五好”(服务成员好、经营效益好、利益分配好、民主管理好、示范带动好)示范合作社24个;工商登记家庭农场32个;投放土地承包经营权质押贷款5500万元,累计流转土地3.87万公顷,占承包土地面积的83%,流转交易竞标率和流转金实物计价率均达85%;145个村实行规模经营,宜陵镇实现整镇规模经营,全区适度规模经营面积占耕地总面积的86%;高效农业保险保费收入2185万元,占总保费的38.6%;所有村集体经营性收入均超30万元,村均“七室两超市一广场”(村民委员会办公室、党支部委员会办公室、综合服务室、综合活动室、警务室、调解室、文化室,农资超市和生活超市,文化广场)面积1977平方米,新建“一站式”便民综合服务大厅(室)140个(累计210个);健全农村信息服务网络;“三强型”(经济发展能力强、民主法治素质强、促进和谐本领强)村党组织书记占98%;新创成市级“优美乡村”2个、“百强村”5个。实施新一轮帮扶工程,组织98个区级部门(单位)和160家区重点企业分别结对挂钩10～15户低收入农户,53%的建档立卡低收入农户脱贫。加大农业综合开发力度,实现财政投入4700万元,新建高标准农田0.33万公顷。农机总值7.48亿元,总动力62.9万千瓦,农机化综合水平85%,水稻种植机械化水平88%;秸秆禁烧率100%、综合利用率95%、机械化还田率86%;农机跨区作业创收2.41亿元。推进淮河入江水道整治、嘶马弯道崩岸整治、引江河二期工程等流域性项目建设。推进农田水利、河道整治等农村水利骨干项目建设,加固里下河圩堤60千米,小型农田水利重点县年度项目完成维修(改造)电灌站195座、排涝站34座、涵闸61座,新增节水灌溉面积0.11万公顷,新改造骨干河道农村危桥5座,疏浚整治区镇河道79条268万立方米、村庄河塘587条233.2万立方米。（嵇学锋）

■**工业**　全年规模以上工业实现产值2035.23亿元,增长14.2%;完成开票销售601.3亿元,入库税收29.2亿元;实现购进设备抵扣税2.41亿元。全年有开票销售1亿元以上企业70家(其中10亿元以上企业7家),有纳税1000万元以上企业35家。特钢生产加工、车船及配套件制造、机械电子、石化医药四大主导产业产值占全部工业产值的74%,新能源、智能电网、高端装备制造、节能环保等新兴产业产值占规模以上工业产值的30%。江澄环保、英泰电机、宏运车业、华江祥瑞、九龙汽车、江之都住宅系统等6个重大项目通过扬州市新开工认定,友强电力、聚能电气、西美科斯、京都印务、道爵电动车等5个重大项目通过扬州市竣工认定。（朱君杰）

■**建筑业**　出台《关于建筑业财税优惠政策》《关于进一步扶持建筑业发展的意见》《扬州市江都区建筑业三年发展规划》。全区建筑安装企业完成总产值1200亿元,增长20%;有产值超10亿元建筑安装企业10家;在册施工人数24万人,出国人员近8000人。其中江苏江都建设集团有限公司完成产值298亿元,列“中国建筑业最具竞争力百强企业”第22位。全区获扬州市级以上优质工程奖88个。其中,“鲁班奖”2个,“国优工程奖”“詹天佑奖”“优秀园林绿化工程金奖”各1个。江苏江建集团研发

中心、研究生工作站、博士工作站通过省级验收。新增总承包一级资质企业1家，新增一级注册建造师122人。（闵家新）

■**服务业** 全区实现服务业增加值293.10亿元，占地区生产总值的41.1%，比上年提高1.8个百分点。社会消费品零售总额225.93亿元，增长15.1%；实现税收20.6亿元，增长16.9%。沿江物流园、软件园获批成为市级集聚区。江都港建成万吨级码头11座，年吞吐量突破3000万吨。实施温州日泰购物广场、中江御龙湾城市综合体等服务业项目8个。国际汽车城入驻4S店15家，年营业额12亿元。阿波罗花木市场入驻经营户300多家，市场成交额近15亿元。全年争取旅游产业引导资金项目2个，向上争取资金100万元。大桥镇创成省级历史文化名镇，开元寺建成国家AAA级旅游景区。全年接待游客327.46万人次，实现旅游总收入35.73亿元。（李　剑　吴争春）

■**对外国及港澳台地区经贸** 全年实际到账外资及港澳台资2.50亿美元，增长9.5%。实现对外国及港澳台地区进出口13.04亿美元，其中自营出口11.06亿美元，增长4.0%。新签对外国及港澳台地区经贸项目3个，实现营业额2.59亿美元，增长27%。获批成为江苏省建材机械出口基地。（朱君杰）

■**交通、供电与邮电** 实施一批国家和省重点工程、地方干线工程、农村公路工程、农村公路管养工程，完成投资4.52亿元。宁启铁路嘶华公铁立交扩建工程建成，203省道江都段建成通车，新淮江公路江都段全线贯通，龙川南路下穿宁通高速公路完成土建和桩基工程。新(改)建县、乡道路5条27.95千米，改造交通桥梁12座。完成农村公路提档升级改造工程19.16千米。投资970万元，完成县道大中修11.6千米。新辟城市公交线路1条，开通文昌路公交快线；新增镇村公交线路4条，镇村公交区域开通率70%。投运22万伏、11万伏变电所各1座，全社会用电量32.41亿千瓦时，增长7.13%。全年实现电信业务总量8.56亿元，增长5.0%；邮政业务收入1.18亿元，下降1.7%。（朱君杰　嵇学锋）

■**财政和金融** 全年实现财政总收入107.89亿元，其中公共财政预算收入41.6亿元，分别增长16.8%、20.4%。组织开展银企对接等专项行动，引进光大银行、浦发银行等2家金融机构。全年新增贷款70亿元，期末贷款余额412.67亿元，存贷比上升1.9个百分点。（李　剑）

■**经济管理** 全年完成审计项目61个，查出违规金额1575万元，纠正损失、浪费金额381万元，指出管理不规范金额73.81亿元。江都工商局全年抽查产(商)品569个批次，检定合格率100%。全区新增省级以上品牌12件；获批明珠试验机械、新真威试验机械等国家级标准化工作组3个，主持或参与制订国家及行业标准20个。（朱君杰）

■**科技创新** 全年签约产学研合作项目100个，获批立项国家农业科技重大项目2个、国家创新基金项目6个、省重大科技成果转化项目3个；新增国家高新技术企业19家、省级以上高新技术产品221个，高新技术产业产值占规模以上工业产值的49.5%。全年申请专利4026件，其中国际专利3件、发明专利1015件。柔性引进博士、教授373人，其中25人获省"双创计划"和省"企业博士集聚计划"支持。扬州龙川钢管有限公司获省科学技术奖一等奖。江都区获"全国科技进步先进县(市、区)""全省人才工作先进县(市、区)"称号。（吴争春）

■**城乡建设与环境保护** 完善规划体系。完成沿江开发区和空港新城发展战略规划、滨江新城核心区和江广融合地带金湾片区城市设计初步方案，编制城市主出入口和重要节点地块改造方案，控制性规划覆盖率30%以上。推进重点工程。迎接扬州建城2500周年39项重大工程全面开工，华山路东延、浦江路东延、老小区整治等14项工程竣工，江桥安置区、建都路南段改造等工程按序时推进。投资20亿元实施镇级重点工程50项，小城镇人均道路面积19.3平方米，城镇绿化率25.58%，全区3380个自然村庄环境整治通过省、市验收。加大城市管理力度。推进城市环境综合整治和"三拆三整治"等工作，开展城区交通秩序、农贸市场、建筑工地、户外广告等专项整治，全年拆除违法建设3.5万平方米，拆除广告设施、改造店牌店招1.5万平方米。启动生态文明八大工程(节能减排工程、碧水蓝天工程、绿色增长工程、城乡环境整治工程、生态修复工程、绿化造林工程、环境安全工程、环保

8月，江都区华山路东延工程全线通车　　江　都/供稿

宣传工程)和38个重点项目建设,规划生态红线管控区18个240平方千米。新建镇级污水管网20千米,改造区域供水支管网208千米,全区污水集中处理率84%。39家重点工业企业开展清洁生产审核,整治突出环境问题36个,实施重点减排工程22项,单位地区生产总值能耗下降4%。新增绿化造林面积0.11万公顷,其中成片林473.33公顷,林木覆盖率21.2%。（闵家新　朱君杰）

■社会事业　举办"和谐之春"演唱会、"新春乐"灯谜会、"水韵龙川"晚会、扬州书画名家作品展和"迎新春"书法精品展、"知音之夜"少儿音乐会、"江都画家画江都"作品展等文化活动。送戏下乡近200场,放映广场电影1000多场次。新增数字电视用户9397户。区图书馆通过国家一级馆验收。开展"校长读书班"和"龙川之秋"大型教学观摩活动。邵伯高级中学新校区落成启用。加固校舍3.5万平方米。全国义务教育发展基本均衡区创建工作通过省级督导。

启动县级公立医院改革。妇幼保健综合大楼建成投入使用。推进滨江人民医院新建工程和樊川、邵伯等镇级卫生院改造工程。新增无害化卫生户厕3.08万座。承办全国象棋公开赛、省级门球赛,被表彰为全国群众体育工作先进区。（吴争春）

■劳动和社会保障　全区有12个镇35个社区、5个场圃启动就业服务平台建设,至年末,实现城镇、行政村、社区平台建设全覆盖。全年采集就业岗位1.9万个,推荐9350多人就业。新建创业孵化基地2个,扶持379人创业,创业带动1441人就业。期末城镇登记失业率2.15%。完善工资正常增长机制和工资协商制度。城镇居民人均可支配收入28774元,增长9.5%;农民人均纯收入15206元,增长12.1%。开展社会保障同城化建设,调整社会保险缴费基数和企业最低工资标准。"五险"扩面5万人,与邗江区、广陵区实现养老保险缴费基数同步调整,基金累计结存29亿元。全区新农合参合人数77.25万人,参合率100%,新农合人均筹资标准提高到350元。3.6万人享受尊老金。（李　剑）

■民营经济　全区新发展个体工商户4405户,新增私营企业2904户,有限公司注册资金实际到账86.5亿元;新注册2000万元以上企业111户;新开工1亿元以上招商项目34个,其中10亿元以上招商项目10个。年末民营企业注册资金累计690亿元,有私营企业1.4万户、个体工商户3.8万户,民营企业从业人员30.8万人。（朱君杰）

■中国江都第11届花卉节　4月17日至5月18日,江都区举办第11届花卉节。花卉节活动分节庆主体、创新发展、龙川文化和特色花卉等4类,安排经贸、旅游、文化、建设等系列活动21项。花卉节期间,集中签约项目40个。其中,外资及港澳台资项目10个,计划总投资1.39亿美元,协议利用外资及港澳台资1.07亿美元;民资项目30个,计划总投资67亿元,协议注册资金22.6亿元。（张晓辉）

宝应县

■概述　宝应县面积1461.55平方千米,辖14个镇,有223个行政村、58个社区,年末户籍总人口90.72万人。

2013年,全县实现地区生产总值364.42亿元,比上年增长12.4%。其中,第一产业增加值59.94亿元,

2013年宝应县经济社会发展主要指标一览表

表34-4

项　　目	单位	数量	比上年增长(%)
地区生产总值	亿元	364.42	12.4
第一产业增加值	亿元	59.94	4.2
第二产业增加值	亿元	168.76	12.8
#工业增加值	亿元	136.31	12.7
第三产业增加值	亿元	135.72	15.6
人均地区生产总值(按常住人口计划)	元	48483	12.8
规模以上工业产值	亿元	772.75	17.2
全部工业开票销售收入	亿元	462.40	12.0
农林牧渔业总产值	亿元	107.66	8.4
粮食总产量	万吨	90.30	1.3
全社会固定资产投资总额	亿元	224.14	20.5
外贸自营出口总额	亿美元	5.43	15.0
实际利用外资及港澳台资	亿美元	0.84	-16.2
社会消费品零售总额	亿元	121.15	15.0
财政总收入	亿元	46.60	10.0
#公共财政预算收入	亿元	23.72	14.5
财政总支出	亿元	53.68	12.6
城镇居民人均可支配收入	元	20773	9.4
农民人均纯收入	元	13093	12.2
邮政业务收入	亿元	0.72	-1.3
电信业务收入	亿元	5.05	9.9
年末存款余额	亿元	297.36	13.2
年末贷款余额	亿元	197.77	21.0

（吕　松）

增长4.2%；第二产业增加值168.76亿元，增长12.8%；第三产业增加值135.72亿元，增长15.6%。三次产业比例16.5∶46.3∶37.2。人均地区生产总值48483元，增长12.8%。完成财政总收入46.60亿元，其中公共财政预算收入23.70亿元，分别增长10.0%、14.5%。城镇居民人均可支配收入20773元，农村居民人均纯收入13093元，分别增长9.4%、12.2%。宝应县获“全国粮食生产先进县”称号。江苏宝粮控股集团有限公司入选“中国百佳粮油企业”。宝应县获批成为全国品牌农业示范县。“湖西岛”有机大米、糙米创成国家生态原产地保护产品。宝胜集团与中国航空工业集团实施战略重组。江苏银河建设工程有限公司获房屋建筑施工总承包一级资质。宝应县入选全国生态文明建设试点地区。（朱寿勤）

■农业 2013年，全县粮食种粮面积11.99万公顷，粮食总产量90.30万吨。规划建设“235”（宝应湖、射阳湖等2个有机农业园区，水仙、广洋湖、山阳等3个现代渔业园区，南郊、北郊、曹甸、望直港、柳堡等5个设施农业园区）现代农业园区，新增设施农业面积0.17万公顷，有机农业面积增至0.14万公顷，创成省出口农产品示范基地3个，畜禽规模养殖比重达85%。新创省级农业龙头企业3家、市级农业龙头企业12家。新创农业“三品”品牌64个。创新农村经营机制，新增土地入股面积0.17万公顷，注册登记家庭农场59个，新创市级以上“五好”示范社20个。推行土地承包经营权及流转经营权质押贷款。完成宝射河灌区改造、小型农田水利重点县等工程，大三王河、金宝河全线通水，建成高标准农田1.07万公顷。农业综合机械化水平75%。实施“一事一议”财政奖补项目90个。创成市级“四有一责”（有持续稳定的集体收入、有功能齐全的活动阵地、有先进适用的信息网络、有群众拥护的“三强”带头人，强化村党组织领导责任）建设达标镇（区）5个。启动新一轮低收入农户脱贫奔小康工程。（朱旭东）

■工业 全年实现开票销售462.4亿元，入库税收12.5亿元。工业用电量9.84亿千瓦时，增长9.94%。推进输变电装备、轻纺化建、电子信息等产业发展。新增规模企业50家，净增开票销售1亿元以上企业12家、10亿元以上企业1家。宝胜集团开票销售突破150亿元。2家企业完成股份制改革。引进风险投资基金2亿元。仁恒实业转港股主板上市。推进项目建设，新开工1亿元以上工业项目21个，5个项目通过扬州市重大项目开工认定。渔光互补太阳能发电、昌明车身总成等项目开工建设，宝胜特种电缆、兴发铝业等项目进展顺利，宝生聚酯、凯翔汽配等项目建成投产。购置设备抵扣税1.45亿元，增长25.5%。获专利授权1229件，主持或参与制订国家及行业标准7个。（周安平）

■建筑业 全年完成建筑业总产值346.3亿元，增长13.1%；实现建筑业增加值80.4亿元、利税12.3亿元。全年完成境外施工产值2500万美元。全县企业在手施工面积3740万平方米，其中省外施工面积2340万平方米。全年8家企业实现资质升级。其中，房屋建筑施工总承包资质二级升一级1家、三级升二级3家，专业承包资质三级升二级4家。11家企业新获批三级资质。新创国优工程2个。（张　华）

■国内贸易 全年新增批发业、零售业、住宿业、餐饮业限额以上及重点企业42家。社会消费品零售总额121.15亿元，增长15.0%。新开工1亿元以上项目6个。五洲国际、时代国际等商业综合体加快建设。新创市级服务业集聚区2个。江苏宝胜物流有限公司创成省级物流集聚区。举办首届乡村旅游节，新增国家级休闲农业示范点1个。开工建设商品房45万平方米，销售商品房72万平方米，二手房交易量30万平方米。宝应经济开发区创成扬州市电子商务基地，宝胜科技创新股份有限公司创成市级电子商务企业，泾河大糕申报扬州市老字号。开展农超对接，全县有21个农村专业合作经济组织与县大中型餐饮企业建立直供关系，100多种地产农产品在超市上架。（周安平）

■对外国及港澳台地区经贸 全县实现外贸自营出口总额5.43亿美元，增长15.0%。其中，输变电产业实现外贸出口额3.9亿美元，增长21%，占全县出口总额的72%。扬州骏升科技有限公司和森萨塔科技（宝应）有限公司出口额均突破1亿美元。新增外资及港澳台资项目20个，合同利用外资及港澳台资8500万美元，实际利用外资及港澳台资8401万美元。（周安平）

■交通、邮电和供电 237省道宝应段三期工程完成路基建设，氾水运河大桥主桥合龙，宝应船闸扩容工程建成通航。完成沿广线、泾安线大中修工程，启动八浅干渠道路改造提升工程，新建、升级农村公路46千米，改造农村危桥55座。2个镇新开通镇村公交。更新节能环保公交车37辆。“苏邮惠民”体系累计建成加盟店206户，储蓄余额突破36亿元。电信公司全年完成业务收入1.79亿元，年底，有固定电话、手机、宽带等各类电信用户39.25万户。完成220千伏上安线改造，开工建设110千伏齐心变电站工程，新增电气化镇（村）29个。全年完成供电量16.30亿千瓦时，增长13.03%；完成用电量15.20亿千瓦时，增长14.33%。（朱寿勤）

■财政和金融 2013年，全县完成财政总收入46.60亿元，增长10.0%。其中，公共财政预算收入23.72亿元，增长14.5%。加大对实体经济的支持力度，全年新增各项贷款40亿元，其中工业贷款18亿元。新增村镇银行1家、农村小额贷款公司2家，创成省金融生态优秀县。（张　华）

■科技创新 全年新增国家高新技术企业7家、省级以上高新技术产品102个，新建省级以上“三站三中心”10个。安宜镇入选省创新型试点乡镇。实施产学研合作项目65个，转化重大科技成果6项，新增校企合作联盟13个。引进高层次创新创业人才153人。其中，10人入选省高层次创新创业人才引进计划、省“企业博士集聚计划”，11人入选市“绿扬金凤计划”。全年新增注册商标650件、省著名商标7件，新创江苏名牌产品6个。（王　刚）

■**城乡建设与环境保护**　2013年，全县完成基础设施项目投入2430万元、绿化项目投入277.24万元、亮化项目投入7万元。完成3宗6.6公顷商业用地挂牌出让。征收土地4个批次61.9公顷。完成61.9公顷工业项目用地挂牌、13宗26.8公顷土地融资挂牌。盘活存量土地16.7公顷。加快新城开发。完成白田南路和苏中南路南延提升工程，启动莲花路、宝射路等新城区间道路建设。宝应中学投入使用，莲花嘉苑安置小区交付使用。全年完成生态新城搬迁近400户。郭庄安置小区四期开工建设。推进旧城提升。完成邗沟北路、安宜北路、兴阳南路改造和泰山垃圾中转站、东升农贸市场、白田路自来水管网建设，启动实施县生物质处理中心项目。指导集镇建设。各镇实施道路、绿化、公园广场、污水处理、景观河及示范街等工程项目112个，其中投资200万元以上项目48个、投资1000万元以上项目8个。开展城市环境综合整治，推进“三拆三整治”行动，改善城镇环境秩序。入选全国生态文明建设试点地区。划定生态红线220多平方千米，占县域面积的15.3%。加快县第二污水处理厂建设，各镇污水处理厂运行质态平稳。村庄环境整治通过省级验收，累计创成省三星级“康居乡村”17个、二星级“康居乡村”62个。秸秆综合利用率90%以上。成片造林600公顷。完成化学需氧量、二氧化硫减排任务。（张　华　周安平　陆文静）

■**社会事业**　新(改)建校舍2.3万平方米，建成宝应中学、扬州市未成年人社会实践基地二期工程，消除中小学D级危房。教育教学质量持续攀升，宝应中学获“北京大学校长实名推荐制”资格。启动实验初中组团办学。承办省中小学生阳光体育节。完善贫困学生资助体系和学困生帮扶体系，推进“扶贫助学百千万工程”。创成“省职业教育创新发展实验区”。推进十大类41项基本公共卫生服务项目，居民电子健康档案累计建档67.58万份，建档率89.82%。开展“十大主题健康促进”行动，建成健康小屋20个、健康步道10条、健康主题公园5个，开展健康咨询、义诊活动60场次。新建、改造6家镇卫生院病房楼，回购民营医院6家，启动公立医院改革。镇、村医疗机构实现信息网互联互通和信息系统全覆盖。创成省级“慢病综合防控示范区”。完成改厕2.3万座。县文化中心大楼主体封顶，汜水文体中心投入使用。推进农村文化“十个一”(每个行政村有一个文化活动室，每个自然村有一户文化中心户，每个村建设一个标准篮球场，每个村有一个文化专职干部，每个村有一个业余剧团或业余演出组织，每个村有一个网络信息服务中心，每个乡有一个文化活动中心，发展一批乡镇电影放映队，发展一批农村文化产业，打造一批特色文化新村)工程。儿童版画《今天光盘了》和书法条幅获省第六届少儿艺术节金奖。组织群众性文体活动40多次。扬州宝绣乱针绣有限公司创成江苏省文化产业示范基地。运河申遗宝应遗产点通过专家验收，争取专项资金1700万元。完成学宫明伦堂维修和朱氏家祠布展。宝应档案馆创成国家二级档案馆。建成县历史文化展览馆。获评省有线数字电视城乡一体化先进县。省县联办的省青年女子足球队获全运会冠军。城市社区“10分钟体育健身圈”完成80%建设任务。（曹志刚）

宝应中学新校区　程建平、司新利/摄

■**劳动和社会保障**　新增城镇就业8700人，城镇登记失业率2.3%；新增农村劳动力转移就业9460人。新增各类社会保险参保对象2万人，征缴各项社会保障资金10亿元。扩大养老、医疗、失业、工伤、生育等社会保险覆盖面，提升社保待遇。66.23万人参加新农合，参合率99.66%，推行新农合大病保险，启动“健康卡”工程。落实城乡低保自然增长机制，1.9万名低保对象实现应保尽保。健全社会救助和社会福利体系，发展慈善事业。完成镇级敬老院提档升级，新增社区居家养老服务中心(站)32个。获评省残疾人康复服务工作先进县。启动新一轮低收入农户脱贫奔小康工程。基层劳动就业社会保障服务平台实现全覆盖，形成“15分钟公共就业服务圈”。归集住房公积金2.9亿元，新增公积金贷款、支取总额5.1亿元。建设廉租房60套、经济适用房100套，筹集公共租赁房400套。完成农村草危房改造628户。（朱寿勤）

■**2013中国宝应荷藕节**　8月8日，2013中国宝应荷藕节开幕，活动历时1个月。活动期间，有20个项目参加集中签约(其中外资及港澳台资项目2个)，计划总投资115亿元。光伏电站、风能光伏发电、渔光互补光伏发电、屋顶光伏发电、麦芽加工、太阳能电站及风能、铝芯电缆等7个重大项目参加签约。组织开展2013中国宝应(深圳)台商投资推介、“苏州高新区日资企业宝应行”、物流项目推介会、《大众摄影》"影像·传承"聚焦中国荷藕之乡——人文宝应全国摄影邀请赛、"影像青春"宝应县首届微电影节、首届乡村旅游节、"百博进百企"集中签约等活动。

（周安平 朱寿勤）

■宝应县获"全国粮食生产先进县"称号 12月25日，农业部表彰2013年全国粮食生产先进单位和先进个人，宝应县获"全国粮食生产先进县"称号。宝应县自2003年起，粮食生产面积逐年增加，连续10年丰产丰收。2013年，全县粮食种植面积11.99万公顷，粮食总产量90.30万吨，比2003年增长73.98%，是江苏省首批"亩产吨粮县""省重要粮食生产基地县"。（朱寿勤）

■宝应有机粮食产品获原产地保护 参见第119页。

■宝胜集团与中航工业实施战略重组 7月1日，省政府与中国航空工业集团（简称中航工业）在南京签署《关于宝胜集团有限公司项目合作框架协议》，扬州市与中航工业全资子公司中航机电系统有限公司签署《重组宝胜集团有限公司协议》。根据协议，中航工业将重组宝胜集团，共同打造国内领军、国际著名且能同国际电线电缆巨头比肩竞争的大型国有企业集团，并在扬州建设航空产业园。（周安平）

2013年仪征市经济社会发展主要指标一览表

表34-5

项　　目	单位	数量	比上年增长(%)
地区生产总值	亿元	410.16	12.1
第一产业增加值	亿元	21.23	4.1
第二产业增加值	亿元	231.75	12.7
#工业增加值	亿元	204.87	13.0
第三产业增加值	亿元	157.18	12.2
人均地区生产总值(按常住人口计算)	元	72965	10.8
规模以上工业产值	亿元	1274.72	17.4
全部工业开票销售收入	亿元	897.26	39.3
粮食总产量	万吨	33.75	0.1
全社会固定资产投资总额	亿元	281.37	20.1
外贸自营出口总额	亿美元	5.75	27.0
实际利用外资及港澳台资	亿美元	1.66	-15.2
社会消费品零售总额	亿元	126.36	10.1
财政总收入	亿元	82.88	26.7
#公共财政预算收入	亿元	28.37	15.1
财政总支出	亿元	55.76	21.5
城镇居民人均可支配收入	元	29057	9.0
农村人均纯收入	元	13701	11.9
邮政业务收入	亿元	0.64	4.2
电信业务收入	亿元	4.74	-1.7
年末存款余额	亿元	395.23	18.6
年末贷款余额	亿元	217.76	16.8

（仪　统）

仪征市

■概述 仪征市面积902.20平方千米，辖10个镇、2个办事处，有146个行政村、44个社区，年末户籍总人口56.42万人。

2013年，全市实现地区生产总值410.16亿元，比上年增长12.1%。其中，第一产业增加值21.23亿元，增长4.1%；第二产业增加值231.75亿元，增长12.7%；第三产业增加值157.18亿元，增长12.2%。按常住人口计算，人均地区生产总值72965元，增长10.8%。三次产业结构比5.2：56.5：38.3。财政总收入82.88亿元。城镇居民人均可支配收入29057元，农民人均纯收入13701元，分别增长9.0%、11.9%。全市完成全社会固定资产投资总额281.37亿元，增长20.1%。连续第五年获评"中国中小城市综合实力百强县市"。

（曹晓彬 马晓东）

■农业 2013年，全市粮食总产量33.75万吨，增长0.1%。新增高标准农田0.27万公顷、高效设施农业0.11万公顷，启动建设城郊永久性蔬菜基地。新增扬州市级以上农业龙头企业13家，农业龙头企业实现销售49.8亿元，增长20%。新认证无公害、绿色、有机农产品76个，"三品"基地面积占耕地总面积的90%。国家级食用菌农业标准化示范区建设通过验收。（曹晓彬 马晓东）

■工业和建筑业 全市规模以上工业实现产值1274.72亿元，增长17.4%；其中市辖规模以上工业实现产值747.66亿元，增长21.5%。全市工业开票销售收入897.26亿元，入库税收33.83亿元，分别增长39.3%、54.8%。其中，规模以上工业开票销售收入800.69亿元，入库税收29.75亿元，分别增长40.3%、51.2%。市辖工业开票销售收入530.04亿元，入库税收32.2亿元，分别增长68.3%、67.0%。其中，市辖规模以上工业开票销售收入442.03亿元，入库税收28.12亿元，分别增长77.0%、81.0%。

全市建筑业完成总产值185.7亿元，其中省外产值103.3亿元，分别增长14.1%、24.8%；完成竣工产值155.7亿元，增长8.8%，竣工率80.7%。

5月22日，仪征耀皮汽车玻璃有限公司投产　　仪　征/供稿

建筑业企业房屋建筑施工面积1542万平方米，增长7.2%；竣工面积772万平方米，增长6.0%。

（曹晓彬　马晓东）

■**国内贸易**　全市实现社会消费品零售总额126.36亿元，增长10.1%。按经营单位所在地分，城镇市场实现社会消费品零售额112.31亿元，增长8.8%；乡村市场实现社会消费品零售额14.05亿元，增长15.9%。按消费形态分，批发业和零售业零售额112.19亿元，增长7.9%；住宿业和餐饮业零售额13.37亿元，增长24.4%。　（曹晓彬　马晓东）

■**对外国及港澳台地区经贸**　2013年，全市实际利用外资及港澳台资3.17亿美元，下降8.8%；剔除扬州化学工业园区，全市实际利用外资及港澳台资1.66亿美元，下降15.2%。全市进出口总额9.96亿美元，增长6.9%。其中，进口4.21亿美元，下降12.2%；出口5.75亿美元，增长27.0%。剔除扬州化学工业园区，全市进出口总额4.00亿美元，增长17.9%。其中，进口1.20亿美元，增长0.8%；出口2.80亿美元，增长27.2%。　（曹晓彬　马晓东）

■**交通、邮电和旅游业**　全年完成旅客运输量1288.9万人次，下降2.6%。其中，公路客运量1278.4万人次，下降2.4%；水路客运量10.5万人次，下降26.6%。至年末，全市民用汽车拥有量4.52万辆，增长25.6%；其中私人汽车拥有量3.94万辆，增长29.1%。

全年邮政电信业务总收入5.38亿元，其中邮政业务收入0.64亿元、电信业务收入4.74亿元。至年末，全市有电话用户76.22万户，其中固定电话用户15.37万户、移动电话用户60.85万户；有互联网宽带接入用户10.74万户。

全市有旅游景区(点)8个、旅行社及其分支机构34家。全年接待国内旅游者185.43万人次，增长10.9%；国内旅游总收入18.91亿元，增长14%。　（曹晓彬　马晓东）

■**财政、金融和保险**　全市实现财政总收入82.88亿元，增长26.7%。公共财政预算收入28.37亿元，增长15.1%；其中税收收入23.64亿元，增长18.8%。税收占公共财政预算收入的83.3%，提高2.6个百分点。市本级(不含扬州化学工业园区)实现财政总收入76.16亿元，增长32.7%。公共财政预算收入25.46亿元，增长20.2%；其中税收收入21.07亿元，增长23.1%。税收占公共财政预算收入的82.7%，提高1.9个百分点。年末全市金融机构人民币存款余额395.23亿元、贷款余额217.76亿元。保险业全年实现保费业务收入5.93亿元，增长13.8%。

（曹晓彬　马晓东）

■**科技创新**　2013年，全市新增国家高新技术企业11家、省级以上品牌13个、省级研发机构9个。申请专利2959件，其中发明专利555件；获专利授权1380件，其中发明专利授权13件。仪征市与南京航空航天大学、合肥工业大学、华东理工大学、北京交通大学等达成合作协议，全年新增产学研合作项目55个。1人入选国家“千人计划”，1个团队入选省创新团队，7人入选省“双创计划”，3人入选省“企业博士集聚计划”。柔性引进教授、博士188人。全社会研发经费支出占地区生产总值的2.59%。　（曹晓彬　马晓东）

■**城乡建设与环境保护**　333省道仪征段改扩建工程实现全线路面基层贯通。353省道仪征段工程前期工作基本完成。新(改)建农村公路40.2千米，改造桥梁12座。实施农村公路大中修13.8千米。调整城市公交线路2条，加密公交线路4条，新增公交车16辆。启动市自来水厂二期工程建设。完成胥浦河整治工程、2013年农村河塘疏浚整治工程、2012年农田水利重点县工程。完善滨江新城控制性详规、核心区城市设计、核心区建筑概念设计。整治城郊接合部2处、老城片区1个、低洼易淹易涝片区6个、城中村4个，整治背街小巷5条、城市河道6条，整治老旧小区、建筑工地、农贸市场各2个，新建经营疏导点3处、公共停车设施3处。优化数字化城管运行机制，城市管理问题发现率、处理率均达94%。拆除违法建设3.4万平方米。完成集镇建设投资26.5亿元，新建公共建筑12.5万平方米。完成镇村接合部、流动摊点等整治工程122项。农民集中居住区新增建房农户3000户，农民集中居住率19%。建成星级庄台110个、整洁型庄台3515个，通过江苏省和扬州市村庄环境整治全域考核验收。月塘镇尹山村获“江苏最美乡村”称号，铜山办事处长山村入选全国“美丽乡村”创建试点，枣林村获“江苏最具魅力休闲乡村”称号。新建村级三产用房17.6万平方米，所有村集体经营性收入均超过30万元。仪征市被评为“全国一事一议规范管理县”。全年新增造林0.10万公顷，创成省级绿化示范村14个，被评为“全国绿化模范市”。城市、集镇生活污水集中处理率分别达92%、85.4%。削减化学需氧量198吨、二氧化硫排放量370吨。设立6个生活垃圾分类收集点，建成扬州杰嘉工业固体废弃物填埋场一期工程，工业固体废弃物安全处置利用率90%。实施重点节能改造和循环经济项目25个，单位地区生产总值能耗下降4%以上。生态市创建工作通过国家级考核验收。

（曹晓彬 马晓东）

■社会事业 出台2013—2020年中小学和幼儿园建设规划。完成仪征市新实验小学建设，新集镇、新城镇公办中心幼儿园基本竣工，推进仪征技师学院新校区建设、仪征市第四中学异地新建、仪征市实验幼儿园新建等工程。省优质幼儿园占比63.89%，省实验小学占比42.42%，省示范初中占比89.47%。至年末，全市有有线广播电视用户14.8万户，有线电视入户率98.6%。全年45.16万人次观看电影，30万人次观看艺术表演，14.8万人次参观文物展览，0.5万人次参观纪念馆，20.9万人次借阅公共图书馆书刊文献。全年举办“幸福仪征大家唱”30场、“月月喜相逢”12场。完善21个村、社区文体设施，建成主城区社区“10分钟体育健身圈”。全市有体育场2个、体育馆5座、游泳馆2座、全民健身活动设施293处。全市运动员获省、市级奖牌108枚。举办体育竞赛、表演46次。举办仪征市第五届运动会、第12届全民健身节和“枣林湾之春”等活动。启动市中医院分院、妇幼保健院异地新建项目，推进人民医院老病房楼改造，建成标准化村卫生室30个。开展县级公立医院改革，完善基层医疗卫生机构补偿机制。年末有各类卫生机构181个、床位2011个、卫生技术人员2582人。（曹晓彬 马晓东）

■劳动和社会保障 全年新增转移农村劳动力7300人，新增城镇就业9200人，城镇登记失业率2.1%。年末城镇职工基本养老保险、基本医疗保险、失业保险参保人数分别为14.32万人、16.78万人、8.75万人。市残疾人综合服务中心投入运行。新建公租房748套、经济适用房170套，新增享受廉租房租赁补贴家庭107户。 （曹晓彬 马晓东）

高邮市

■概述 高邮市面积1921.78平方千米，辖10个镇、1个回族乡、2个街道，有176个行政村、54个社区，年末户籍总人口81.82万人。

2013年，全市实现地区生产总值381.50亿元，比上年增长12.5%。其中，第一产业增加值62.79亿元、第二产业增加值173.31亿元、第三产业增加值145.40亿元，分别增长5.0%、14.1%、13.5%。三次产业结构比例16.5∶45.4∶38.1。人均地区生产总值51592元。全市完成全社会固定资产投资278.75亿元，增长20.7%。城镇居民人均可支配收入24299元，增长7.6%；农民人均纯收入12926元，增长9.3%。 （宝珍芳）

■农业 2013年，全市实现农林牧渔业总产值113.96亿元，增长10.7%。全年粮食总产量87.52万吨，生猪出栏量31.14万头，家禽出栏量1163万只，水产品产量20.84万吨。新增高效设施农(渔)业面积0.36万公顷、农业适度规模经营面积0.46万公顷，新建高标准农田0.4

2013年高邮市社会经济发展主要指标一览表

表34-6

项　　目	单位	数量	比上年增长(%)
地区生产总值	亿元	381.50	12.5
第一产业增加值	亿元	62.79	5.0
第二产业增加值	亿元	173.31	14.1
#工业增加值	亿元	141.24	15.4
第三产业增加值	亿元	145.40	13.5
人均地区生产总值(按常住人口计算)	元	51592	13.5
规模以上工业产值	亿元	863.51	17.6
全部工业开票销售收入	亿元	404.10	26.5
农林牧渔业总产值	亿元	113.96	10.7
粮食总产量	万吨	87.52	1.7
全社会固定资产投资总额	亿元	278.75	20.7
外贸自营出口总额	亿美元	3.61	31.3
实际利用外资及港澳台资	亿美元	0.73	-25.1
社会消费品零售总额	亿元	125.10	13.1
财政总收入	亿元	57.89	13.5
#公共财政预算收入	亿元	25.44	17.1
财政总支出	亿元	53.68	12.6
城镇居民人均可支配收入	元	24299	7.6
农民人均纯收入	元	12926	9.3
邮政业务收入	亿元	0.91	1.2
电信业务收入	亿元	5.52	12.0
年末存款余额	亿元	342.38	15.6
年末贷款余额	亿元	206.39	22.6

（统计局）

万公顷。加快农村“三大合作”转型升级，创建市级以上“五好”示范合作社20个，新注册家庭农场55个。八桥钻友家庭农场成为扬州市首个注册家庭农场有限公司。组建高邮湖大闸蟹行业协会。新增省级农业龙头企业6家，累计16家。新增农产品“三品”品牌79个，累计275个。实现高效农业保险保费收入3120万元，占农业保险保费的45%。新增各类农业机械1.1万台(套)。完善镇村布局规划，菱塘、三垛、临泽等3个重点中心镇累计投入城镇建设资金4.04亿元，提升集镇品质。完成村庄环境整治任务，通过省全域验收。新创省三星级“康居乡村”6个，车逻镇特平村、菱塘回族乡清真村创建特色示范村工作通过省级验收。投入3600万元，启动通乡公路照明亮化工程。推进农民集中居住，建成农民集中居住区14个。改造农村危房600户。新建农村无害化卫生户厕1.7万座，新增沼气用户1850户。菱塘回族乡入选全国“美丽乡村”创建试点，菱塘村被命名为“江苏最美乡村”，三垛镇创成江苏省卫生镇。年集体经营性收入20万元行政村实现全覆盖。

（宝珍芳）

■**工业** 全市有规模以上工业企业470家，其中产值10亿元以上企业7家、1亿元以上企业180家；全年新增规模以上工业企业60家，净增规模以上工业企业30家。规模以上工业总产值863.51亿元，增长17.6%；实现销售产值845.2亿元，增长18.1%；实现利税87.6亿元，其中利润52.3亿元，分别增长29.4%、36.9%。规模以上工业产销率98%。全市有开票销售1亿元以上企业50家。秦邮特种金属材料有限公司全年实现开票销售近50亿元。波司登公司纳税2.7亿元。全市实现工业用电量19.9亿千瓦时，增长65.5%。完成购进设备抵扣税2.4亿元，增长59%。实施技改项目328个，当年投入98亿元，增长32%。机械装备、电线电缆、纺织服装、照明灯具等四大基本产业开票销售185亿元，增长30%。全年新开工10亿元项目9个、1亿元项目56个，竣工10亿元项目6个、1亿元项目40个。海德森智能电网储能设备、易事特智能电网控制系统等项目落户电池工业园，振发光伏电站项目延伸光伏产业链，智慧大厦项目推进软件产业园建设。（宝珍芳）

2013年，总投资10亿元的扬州市光明电缆有限公司一期工程全部竣工投产。图为该公司新厂区生产线一角

王林山/摄

■**建筑业** 全市建筑业实现总产值506.2亿元，增长19.2%；竣工产值406.2亿元，下降14.9%。房屋建筑施工面积4601万平方米，增长30.2%；竣工面积2190.8万平方米，增长13.4%。3家企业晋升一级总包资质。新增外埠市场14个。江苏弘盛建设工程集团有限公司、江苏兴厦建筑安装有限公司、江苏瑞沃建设集团有限公司跻身江苏省建筑业百强。

（宝珍芳）

■**国内贸易** 全市社会消费品零售总额125.10亿元，增长13.1%。其中，批发业零售额14.08亿元，增长16.7%；零售业零售额98.04亿元，增长13.5%；住宿业零售额0.54亿元，下降15.6%；餐饮业零售额11.64亿元，增长1.2%。城镇消费品零售额121.33亿元，增长13.0%；乡村消费品零售额3.77亿元，下降1.9%。新增限额以上企业48家，获批扬州市级服务业集聚区2个。限额以上批发和零售企业中，食品、饮料、烟酒类零售额4亿元，增长7.7%；服装、鞋帽、针纺织品类零售额1.53亿元，增长63.5%；日用品类零售额0.65亿元，下降2.7%；化妆品类零售额0.14亿元，下降1.7%；金银珠宝类零售额0.09亿元，下降60.6%；家用电器和音像器材类零售额1.77亿元，增长10.3%；汽车类零售额1.16亿元，增长18.5%。天赐联华物流配送中心、尚程国际家居广场、港口码头物流园一期、郭集灯具城一期建成投运，五里坝国家粮食储备库建成数字化粮库。（宝珍芳）

■**对外国及港澳台地区经贸** 全市合同利用外资及港澳台资8442万美元，实际利用外资及港澳台资7323万美元。新增私营企业2429家，新增民营企业注册资金实际到账87.1亿元。举办第九届中国双黄鸭蛋节和第六届中国邮文化节。成立6个产业投资促进分局，开展央企招商、专业招商。招引1000万美元以上外资及港澳台资项目5个、1亿元以上民资项目34个，其中世界500强及跨国公司投资项目2个、10亿元项目8个。全市进出口总额3.85亿美元，增长17.7%；其中出口3.61亿美元，增长31.3%。获批成为省电动工具出口基地。（宝珍芳）

■**交通和供电** 237省道二、三期工程建成通车，四期工程路基贯通。北澄子河新王、南圩大桥主体工程完工。完成车八线县道大修12千米，疏浚通扬线航道20千米。完成农村公路危桥改造三年行动计划，累计改造危桥672座，投入资金1.25亿元。制定城乡公交发展规划，开通马横线、周八线城乡客运班车，新增镇村公交专线6条。实施淮河入江水道整治工程，完成投资4.5亿元。完成里下河水源调整工程、京杭运河高邮段血防工程。推进横泾河整治工程。110千

伏回乡变电站建成投运，新建10千伏线路397千米，实现电气化乡镇全覆盖。（宝珍芳）

■财政和金融 全市财政总收入57.89亿元，增长13.5%；其中公共财政预算收入25.44亿元，增长17.1%。全年税收收入20.89亿元，增长20%，占公共财政预算收入的82.1%。公共财政预算支出41.15亿元，增长11.3%。

年末全市金融机构各项存款余额342.38亿元，比年初增加46.37亿元，增长15.6%；其中居民储蓄存款234.38亿元，比年初增加30.76亿元，增长15.1%。各项贷款余额206.39亿元，比年初增加38.09亿元，增长22.6%。招商银行高邮支行开业，高邮村镇银行获准设立。（宝珍芳）

■科技创新 创成省创新型试点市。新增国家高新技术企业14家、省以上高新技术产品107个，全社会研发投入占地区生产总值比重提高至2.1%。获批国家科技型中小企业技术创新基金项目6个，签约实施产学研合作项目93个。新建省级以上“三站三中心”13个。获批省、市人才资助项目40个。获专利授权1873件，其中发明专利授权28件。组织制定行业标准4个。新创中国驰名商标1件、省著名商标7件、省名牌产品6个。建成省道路照明产品质量监督检验中心，创成省优质道路照明灯具产品生产示范区。菱塘回族乡创成省创新型试点乡镇，车逻镇创成省五金机械制造名镇。（宝珍芳）

■城乡建设与环境保护 启动城市总体规划修编工作。推进东部新城建设，残疾人康复中心等6个重点建筑封顶。投入1.7亿元完成北关河风光带二期工程，投入6000万元完成237省道城区段绿化工程。投入2.2亿元实施穿心河（市河）整治一期工程；投入9000万元开展城南历史文化街区整治，完成盂城驿景区一期扩容工程。建成社会福利中心、城东农贸市场和珠光路、蝶园路停车场。碧水新城一期424套保障性住房主体竣工。实施奎楼新村、奎楼二村、蝶园新村老小区改造，文游北路立面整治及39条后街后巷整治工程。推进“清水活水，不淹不涝”城市建设，疏浚、整治城区河道10条，新建闸站1座。开展城市环境综合整治，拆除违法建设3.14万平方米，治理琵琶西路虾仁加工点、水榭华庭水产品批发点、城区农贸市场。

全市房地产开发投资35.26亿元，增长74.1%。其中，住宅投资28.63亿元，增长71.6%；商业营业用房投资5.33亿元，增长67.3%。全市商品房施工面积347.99万平方米，增长39.9%；其中新开工面积230.88万平方米，增长62.5%。商品房竣工面积119.1万平方米，增长2.3%。商品房销售面积89.25万平方米，增长69.3%。

《高邮市生态文明建设规划》通过省环保厅评审。全年关闭“三高一低”（高投入、高消耗、高污染，低效益）企业23家，淘汰蓄电池企业落后产能61万千伏安时，实施节能技术改造和循环经济项目29个、减排工程8个。新建城区污水管网7.8千米，建成开发区污水处理厂。城区污水集中处理率85%。推进清水潭旅游度假区水环境综合整治及景区道路等基础设施建设。疏浚县乡河道476条，完成北澄子河三垛至城区段综合环境整治。城市水域功能区水质达标率100%。新增造林面积1267公顷，其中成片造林800公顷。新增城区绿地52公顷。强化秸秆禁烧和综合利用，建成$PM_{2.5}$大气自动监测站。（宝珍芳）

■社会事业 创成省诗词之乡。市图书馆通过国家一级馆评估定级。扬剧《淮海悲歌》获第八届全国戏剧文化奖银奖。创成省户户通有线电视县。创成省学前教育改革发展示范区。全国义务教育基本均衡县创建工作通过省级评估。建成武安中心小学及中心幼儿园、甘垛镇初中，完成35所中小学运动场地塑胶化改造。通过省“十二五”人口协调发展先进市中期评估验收。创成省妇幼卫生先进市。疟疾病防治提前五年达国家标准。高邮市获“全国防震减灾工作先进单位”称号。举办第四届环高邮湖国际自行车越野赛、“我们的节日·七夕”等文体活动。高邮大运河越野半程马拉松赛被列入中国田径协会赛事。高邮市获“全国群众体育先进单位”称号。（宝珍芳）

■劳动和社会保障 新增城镇就业8693人、农村劳动力转移8245人，城镇登记失业率2.2%。养老、医疗、失业三大保险覆盖率保持98%以上。城乡居民基础养老金调高至每月80元，城镇职工和居民医保政策范围内住院支付比例分别达80%、70%。启动城镇居民大病保险试点。提高城乡低保、农村五保供养、孤儿赡养标准。开展救助帮扶活动，发放慈善救助金648万元。低收入农户脱贫率40%。新建居家养老服务中心（站）20个、城区社区托老所5个、农村“老年关爱之家”4个。五保集中供养率85.3%。落实保障性住房政策，新建经济适用房258套、公租房728套（间）。完成直管公房解危三年计划，解危2269户。住房公积金缴存扩面5514人，发放公积金贷款2.3亿元。（宝珍芳）

■第九届中国双黄鸭蛋节 4月17—19日，高邮市举办第九届中国双黄鸭蛋节。节庆期间，举办产业合作商机说明会、“高邮湖春色·里下河风情”主题游启动仪式、高邮城市规划展览馆揭牌、产学研深度合作洽谈会以及工业和城建重点项目集中开工、竣工投产仪式等活动。全市签约产业合作项目64个，总投资125.9亿元，注册资金38.1亿元。其中，外资及港澳台资项目11个，总投资3.7亿美元，协议利用外资及港澳台资1.35亿美元；民资项目53个，总投资102.6亿元，注册资金29.5亿元。（秦 邮）

人物

Renwu

编 辑 戴淑敏

新任领导

■许建树 男，1962年5月出生，河北涞水人，研究生学历，硕士学位，1980年11月加入中国共产党，1976年12月参加工作。

1976年12月任总参通信兵第二十二通信团战士，1981年12月任总参通信兵第三通信总站第二十二团一连排长，1982年6月任解放军基建工程兵第九九二团一连排长，1983年10月任总参第二十二通信团一连排长，1985年5月任总参第三通信总站司令部副连职军务参谋，1986年12月任北京军区天津警备区坦克一师三团一营二连指导员，1987年5月任天津警备区坦克一师政治部组织科正连职干事，1987年12月任天津警备区坦克一师三团组织股副营职干事（其间，1987年9月至1989年7月参加西安政治学院组织工作专业学习），1989年7月任北京军区二十七集团军八十一师组织科正营职干事，1991年7月任二十七集团军八十一师政治部宣传科正营职干事，1992年2月任二十七集团军八十一师二四三团政治处主任，1993年12月任二十七集团军八十一师二四三团副政委，1995年3月任二十七集团军八十一师坦克团副政委，1998年5月任十二集团军坦克二师六团政委，2001年3月参加南京理工大学管理科学专业学习，2003年5月任南昌陆军学院教研部政委，2003年9月参加国防大学师团职研究生班政治工作专业学习，2005年7月任江苏陆军预备役高射炮兵第一师副政委，2011年12月任江苏省扬州军分区政委，2013年12月任扬州市委常委、扬州军分区政委。

（孙 凯）

■祁小夏 女，1966年7月出生，河北张家口人，大学学历，硕士学位，1992年6月加入中国共产党，1987年8月参加工作。

1983年9月入上海外国语学院英语系英语专业学习；1987年8月起，历任外交部新闻司科员、随员、三秘、副处长；1997年2月任常驻日内瓦代表团二秘；2000年6月任外交部一秘（其间，2001年8月至2002年5月参加美国霍普金斯大学国际关系专业进修）；2002年5月起，历任外交部国际司一秘、处长；2004年11月任外交部驻香港特别行政区特派员公署参赞（2007年9月明确副司级）；2009年1月任外交部国际司政工参赞；2010年12月任外交部国际司副司长；2013年6月任外交部国际司副司长、扬州市政府党组成员（挂职）；2013年7月任外交部国际司副司长、扬州市政府副市长（挂职）。

（孙 凯）

新任院士

■孙 鑫 男，1938年7月出生，江苏扬州人，凝聚态物理学家，复旦大学教授。1960年毕业于复旦大学物理系。主要从事统计物理和凝聚态理论研究。近年着重将凝聚态物理和高分子化学相结合，研究有机光电功能机理。曾解析求得相变理论中的临界指数 $\delta=7$，并表明其能满足全部7个Scaling等式；与合作者预言孤子存在一类新的振动模，后得到实验证实；发展宽能带 π 电子关联理论，澄清高分子“共轭结构”产生原因的争论；提出高分子具有“光致极化反转”、自旋载子“光致电荷变号”等一系列独特的光电功能。曾获国家教委科技进步奖二等奖。2013年12月当选中国科学院院士。

（任 武）

■陈 骏 男，1954年10月出生，江苏扬州人，地球化学家，南京大学教授、校长。1980年毕业于南京大学，1982年、1985年先后获该校硕士和博士学位。长期从事表生地球化学和矿床地球化学研究。用矿物学和同位素地球化学方法揭示亚

洲风尘潜在源区，发现中国黄土和北太平洋深海风尘沉积物质具二源性特征；通过对中国北方沙漠和黄土风化成壤过程中元素活动性研究，创建指示古季风气候变化的风尘地球化学指标，明确指出亚洲季风对大陆风化过程和全球变冷的重要影响；围绕华南含锡花岗岩的物源性质、演化程度、成矿能力和找矿标志开展研究，系统揭示华南锡矿成矿地球化学过程，提出华南最重要原生锡矿三阶段成矿模式和锡石-硫化物矿床找矿模型。曾获国家自然科学奖二等奖和省部级教学、科技成果奖一等奖等奖项。2013年12月当选中国科学院院士。（任 武）

■**王广基** 男，1953年4月出生，江苏扬州人，药物代谢动力学专家，江苏省药物代谢动力学重点实验室主任，兼任中国药学会应用药理专业委员会主任委员、中国药理学会制药工业专业委员会主任委员。曾任中国药科大学副校长。为“863”重大专项“临床前药代动力学关键技术及平台研究”的全国牵头人和教育部药物代谢动力学博士学位授权点学科带头人。1977年毕业于中国药科大学药学院。1995年获新西兰奥塔哥大学博士学位。建立国际先进的临床前药代动力学技术平台，促进中国创新药研发及产业化；创建“靶细胞药代动力学-药效学结合研究”新理论及新模型，为靶点在细胞内药物及纳米制剂的评价与筛选提供新方法；开拓中药多成分药代动力学研究理论方法，解决多个关键技术难题，推动中药新药研发、中药大品种升级改造与国际化研究。发表SCI（科学引文索引）论文254篇，SCI他引2339次；获发明专利授权20多件。获国家科学技术进步奖二等奖2项、部省级科学技术进步奖一等奖3项，获2012年何梁何利基金科学与技术进步奖。2013年12月当选中国工程院院士。（任 武）

■**尤 政** 男，1963年12月出生，江苏扬州人，机械电子工程专家，清华大学教授、机械工程学院院长、精密仪器系主任，中国人民解放军总装备部科技委兼职委员/微米纳米技术专业组组长，中国微米纳米技术学会副理事长兼秘书长，科技部“863”对地观测与导航领域专家组专家，教育部科技委机电与运载学部委员，中国仪器仪表学会副理事长，国务院学位委员会仪器/光学学科评议组成员。1990年获华中科技大学工学博士学位。在国内率先开展微纳技术及其空间应用研究，在基于微纳技术的航天器功能部件微型化方面，研制一系列具有国际先进水平的微型化、高性能空间微系统并实现在轨应用；在国内率先开展微卫星技术创新与工程实践，主持完成多颗微卫星研制，其中NS-1卫星是世界上在轨飞行的最小“轮控三轴稳定卫星”，为中国空间微系统与微卫星科技进步做出重要贡献。获国家技术发明二等奖2项、国家科学技术进步奖二等奖2项、与国家奖不重复的省部级科技奖5项。获国家发明专利43件；发表SCI/EI（工程索引）论文226篇，撰写国防研究报告20份；出版专著1部、译著1部。2013年12月当选中国工程院院士。（任 武）

先进模范

全国五一劳动奖章获得者

■**张来喜** 男，1961年8月出生，江苏扬州人，中技学历，扬州漆器厂研究员级高级工艺美术师。张来喜从事漆器制作30多年，在产品创新、精品创作中成绩显著。2004—2005年制作的红雕漆《云壑松风》《石壁溪水》地屏分获第五届、第六届中国工艺美术大师暨工艺美术精品博览会（简称博览会）金奖。2006—2011年制作的红雕漆《溪山访友》台屏、《湖山叠翠》地屏、《秋山无尽》笔海，红雕漆山籽雕《东山对弈图》地屏，纯雕漆《春和景明》地屏分获第七至第十届、第12届博览会特等奖。作为张来喜大师工作室领头人、扬州漆器界领军人物，他尽心向徒弟传授技艺，引导他们传承和发展漆器事业。先后被评为扬州市劳动模范、江苏省有突出贡献的中青年专家。2013年4月获全国五一劳动奖章。（凌月明）

■**张首男** 男，1957年9月出生，江苏仪征人，中共党员，大学学历，中国核工业华兴建设有限公司工会主席、董事，高级政工师、高级企业文化师。张首男在工会主席岗位上工作17年，所主管的工会、精神文明建设和企业文化建设等工作均取得优异成绩。他维护公司和职工合法权益，推进企业民主管理，帮扶、救助困难职工，开展健康管理。公司多次获“江苏省模范职工之家”“江苏省厂务公开先进单位”“中央企业厂务公开先进单位”“全国模范职工之家”等荣誉，连续10年获“江苏省文明单位”称号，并获省企业文化最高奖“创新成果奖”等。他先后获评中国核工业建设集团公司优秀党务工作者、江苏省帮扶工作先进个人，获江苏省、全国国防邮电产业工会先进个人和全国优秀工会工作者等称号。2013年4月获全国五一劳动奖章。（凌月明）

■**金 祥** 男，1981年10月出生，江苏仪征人，高中学历，仪征市大鹏饭店厨师。2008年11月7日，犯罪嫌疑人张某某因生意上的纠纷将仪征某菜场摊主郑某某砍伤。在一旁摊位上切菜的金祥立即上前阻拦，左胳膊被砍1刀，左手几乎被砍断

（后经医院诊断，金祥的左手21根肌腱、1根神经、1根动脉血管被砍断）。在身受重伤的情况下，金祥上前抱住张某某，将其摁倒在摊位台上。此时，张某某仍不停挣扎，金祥的头部又被砍3刀。在周围群众帮助下，歹徒终被制服。在群众生命财产安全受到侵害的危急时刻，金祥临危不惧，挺身而出，与犯罪分子作斗争，被评为“扬州好人”“仪征好人”，并被省政府授予“江苏省见义勇为英雄”称号。2013年4月获全国五一劳动奖章。

（凌月明）

■汤佳保 男，1987年1月出生，安徽巢湖人，初中学历，扬州市精诚电子有限公司操作工。汤佳保虚心学习，刻苦钻研，熟练掌握数控设备操控全套技术，从农民工成长为公司优秀技能型人才。他爱岗敬业，踏实肯干，严把质量控制关，积极参加单位合理化建议活动。在2010年公司技改项目实施过程中，汤佳保提出的合理化建议被采纳，为公司节省投资20多万元。多次获公司“优秀员工”“优秀技能标兵”等称号，2011年获市五一劳动奖章。2013年4月获全国五一劳动奖章。（凌月明）

江苏省五一劳动奖章获得者

■徐祖跃 男，1963年8月出生，江苏扬州人，中共党员，大学学历，江苏省扬州地方税务局局长、党组书记。他注重理念引领，推进信息管税和风险管理，构建以专业化管理为基本模式的新型税收征管格局，提升税源控管水平。2010—2012年，累计减免各项地方税费19.8亿元，全市有近3万户个体工商户免缴地方税费。2012年，全系统征收社会保险费85.75亿元，征缴率100.4%。建成实体办税厅、网上办税厅、“12366”纳税服务热线三大平台，将九大类42项审批权以及300多个涉税事项前移至办税厅窗口，实行“一窗式”受理、“一站式”办结。推行“集体审议、阳光问责”制度。扬州地方税务局获全国五一劳动奖状。他个人立三等功、二等功各1次。2013年4月获江苏省五一劳动奖章。（凌月明）

■夏　勇 男，1967年10月出生，江苏苏州人，中共党员，大学学历，扬州供电公司总经理、党委书记，高级工程师。他坚持科学管理，创新思维，勇于实践。在他带领下，2012年，扬州供电公司连续第四次被评为全国“安康杯”竞赛优胜企业；500千伏仪征变电站、220千伏腾飞变电站和110千伏董庄变电站、柏树变电站、酒甸变电站按期投运；供电优质服务水平提升，公司获全省第三方满意度调查第一名；一流配电网建设和管理示范区项目全面启动，扬州智能电网综合示范工程通过国家电网公司验收；公司获扬州市“特别贡献奖”。2012年被扬州市委、市政府授予“扬州市十大功臣”称号，立二等功。2013年4月获江苏省五一劳动奖章。（凌月明）

■宋正强 男，1974年11月出生，湖北宜城人，中共党员，博士研究生学历，扬州市职业大学机电教研室主任，副教授。他工作认真负责，教学效果良好，参与修订机电一体化技术专业和电气自动化技术专业教学计划，编制多门课程教学大纲和实验大纲，指导学生在江苏省机器人大赛、全国机器人大赛中获2项冠军、多个一等奖。2007—2012年，发表高质量学术论文10多篇，承担多项省、市级课题，获科研经费70多万元。先后获评江苏省“青蓝工程”中青年骨干教师培养对象、校级优秀共产党员、校级优秀班主任。2010年获扬州市五一劳动奖章。2013年4月获江苏省五一劳动奖章。（凌月明）

■戴洪伟 男，1965年9月出生，山东招远人，中共党员，大学学历，中铁十四局集团有限公司项目经理，高级工程师。他先后参与南京长江隧道、南京纬七路过江隧道江北接线道路和扬州瘦西湖隧道等工程建设，所建项目取得良好的社会信誉和经济效益。在南京长江隧道工程建设中，攻克一系列世界级难题，工程先后获“火车头奖”“鲁班奖”，获评全国建筑业示范工程、国家级工法12项，获国家科技进步奖二等奖2项、专利15件，获评省部级以上科技成果5项。他参与研究的“复杂地质条件下超大直径盾构始发接收、超深基坑综合施工”等4项技术均获集团公司特等奖，《坚持全面管理 圆满完成高风险过江隧道建设》获全国建设工程优秀项目管理成果一等奖。2013年4月获江苏省五一劳动奖章。（凌月明）

■王　芳 女，1971年10月出生，吉林双辽人，中共党员，大学学历。中国石化仪征化纤股份公司技术中心副装置长，高级工程师。她从事科研10多年，参与和负责科研课题20多项，获仪化公司科

技进步奖一等奖3项、中国石化科技进步奖三等奖2项，获专利授权6件。她主导负责芳纶纺丝装置工艺技术和设备配套开发研究，在十吨线到百吨线工业化放大建设中获得重要突破，先后提出十吨、百吨级芳纶纺丝单元工艺流程图，提出物料参数和公用工程的规格和用量，为管道设计提供准确的基础数据，实现百吨级芳纶工业化试验生产。仪化公司芳纶纤维纺丝技术达到国内领先水平，产品性能指标达到国际水平。先后被评为仪化公司劳动模范、扬州市“三八”红旗手。2013年4月获江苏省五一劳动奖章。

（凌月明）

■周寿斌 男，1974年8月出生，江苏高邮人，中共党员，大学学历，江苏华富储能新技术股份有限公司工程师。他长期从事企业技术创新与项目实施，先后主持或参与国家火炬计划攻关项目3个、江苏省重大科技成果转化专项资金项目1个，研发国家重点新产品2个、江苏省高新技术产品15个，参与制定国家标准2项，申请发明专利18件（其中获发明专利授权4件），发表论文22篇，获市级以上科技进步奖8项。由他研发的高原专用胶体蓄电池通过国家级鉴定，填补国内空白。2007—2012年，由他主持或参与研制的新产品累计实现销售20多亿元。2010年获扬州市五一劳动奖章，2011年获评江苏省“333高层次人才培养工程”中青年科学技术带头人，2012年获评江苏省有突出贡献的中青年专家。2013年4月获江苏省五一劳动奖章。（凌月明）

■张灿松 男，1976年12月出生，江苏靖江人，初中学历，扬州市邗江区狮子楼大酒店高级中式烹调师。张灿松钻研饮食文化，将各大菜系特色融入淮扬菜中。2006年获中国洪泽湖大闸蟹厨王争霸赛特金奖，

被扬州市政府授予“扬州师傅”称号。2007年被评定为高级中式烹调师。2010年10月，他创制的全鹅宴被中国烹饪协会授予“中国名宴”称号。2011年12月，为中央电视台拍摄《舌尖上的中国》制作菜肴。2012年，获江苏国际餐饮博览会暨第七届江苏省创新菜烹饪技术比赛“扬州炒饭”和“狮子头”制作第一名，获“江苏省五一创新能手”“扬州市首席员工”称号，获扬州市五一劳动奖章，制作的菜肴作品获第五届中国淮扬菜美食节“十大精致淮扬菜”称号。2013年4月获江苏省五一劳动奖章。（凌月明）

■张后亮 男，1971年12月出生，江苏兴化人，大学学历，海沃机械（扬州）有限公司研发经理，工程师。他熟悉产品开发程序和各种技术标准，参与编制《拉臂式自装卸式装置》等行业标准10多项。主导研发的智能式垃圾压缩设备获评国家高新产品和北京环卫清洁设备技术展览会用户满意产品，9个产品获评江苏省高新技术产品。主导研发的自卸车举升液压油缸获专利2件，被广泛应用在“江淮”“中集”等品牌汽车，并被列入江苏省和国家火炬项目计划。主导研发的垃圾压缩设备获发明专利6件、实用新型专利20件、外观设计专利2件。2011年获“扬州市首席员工”称号，获扬州市五一劳动奖章。2013年4月获江苏省五一劳动奖章。

（凌月明）

■姚玉庆 男，1967年10月出生，江苏宝应人，中专学历，江苏王牌直流电机制造有限公司高级工。姚玉庆从事金加工工作20年，车床加工技术过硬。他多次参与直流电机加工工艺技术改造、创新，提高机械设备加工能力和功效，降低产品成本，提升产品质量，使公司电机制造水平处于同行业领先水平。配合公司技术人员新上生产线，解决新产品试制工艺问题，促进企业发展。王牌电机先后获评扬州市知名商标、江苏省名牌产品，并取得出口产品质量许可证书。他个人被评为宝应县首届“十大金牌工人”，获扬州市五一劳动奖章。2013年4月获江苏省五一劳动奖章。

（凌月明）

■邹圣明 男，1972年10月出生，江苏扬州人，高中学历，江苏天雨环保集团有限公司车间主任。邹圣明刻苦钻研专业技能，具备较高的理论知识水平、实际操作技能以及解决实际问题能力。担任装配车间主任期间，他善于应用新技术、新工艺、新材料，总结创新经验，学习借鉴国内外先进技术，提出生产工艺改进计划及整改方案，解决大型钢闸门平面及闸门槽止水面加工，ZNDY1000浓缩脱水一体机体积大、功率大、浓缩脱水效果差及CH660泵壳体出口加工等问题，为公司节约生产成本、创造直接经济效益500多万元。2006年破格晋升技师，2007年被评为扬州市重点企业、重点工程劳动竞赛先进个人，2012年获“江都区首席员工”称号及扬州市五一劳动奖章。2013年4月获江苏省五一劳动奖章。（凌月明）

江苏省五一劳动荣誉奖章获得者

■赵 宁 男，1978年1月出生，英国籍，研究生学历，宁时代（扬州）科技拓展有限公司董事长，高级工程师。赵宁2004年毕业于英国牛津

大学并获得硕士学位，是英国皇家IT(信息技术)协会高级会员，拥有微软颁发的高级软件工程师证书。2010年上半年回国创业，建立宁时代(扬州)科技拓展有限公司。在他领导下，公司业务发展迅速，规模不断扩大，企业利润年均增长50%左右。公司先后通过ISO 27001(信息安全管理体系)、ISO 9001(质量认证体系)、CMMI3(能力成熟度模型集成3级)、软件企业认证，并与美国普尔文集团以及微软公司合作设立苏中地区唯一微软国际专业认证考试中心。2013年4月获江苏省五一劳动荣誉奖章。

(凌月明)

■**严兆陵** 男，1944年8月出生，美国籍，大学学历，扬州强凌有限公司总经理，工程师。严兆陵领导企业在质量、成本管理上下功夫，2010年完成产值5.3亿元，上缴税收2644万元；2011年完成产值5.56亿元，上缴税收1235万元；2012年完成产值6.31亿元，上缴税收3296万元。职工收入每年递增20%。公司连续3年被邗江经济开发区列为纳税大户。他支持企业建立党群组织，倡导加强职工培训和企业文化建设，重视精神文明创建活动，关心职工生活。公司每年支出近400万元解决职工吃、住、行问题，职工书屋藏书2500册。公司先后获邗江区文明单位、扬州高新技术企业、扬州市促进就业示范单位、邗江区企业发展先进单位、邗江区纳税大户、邗江区环保先进单位等称号。公司工会被评为扬州市五星级基层工会。2013年4月获江苏省五一劳动荣誉奖章。 (凌月明)

2013年度扬州市享受市级劳模待遇人员情况表

表35-1

姓　名	工作单位	受表彰情况	表彰单位
李春国	扬州市水利局	全省水利系统先进工作者	江苏省人力资源和社会保障厅、江苏省水利厅、江苏省公务员局
张学森	扬州市江都区大桥水务站	全省水利系统先进工作者	江苏省人力资源和社会保障厅、江苏省水利厅、江苏省公务员局
杨长荣	仪征市城市排水管理处	全省水利系统先进工作者	江苏省人力资源和社会保障厅、江苏省水利厅、江苏省公务员局
吴　秀(女)	宝应县人民检察院	扬州市"十佳政法干警"	中共扬州市委员会
徐　斌	江都区真武镇党委政法委	扬州市"十佳政法干警"	中共扬州市委员会
朱连斌	仪征市公安局巡特警大队	扬州市"十佳政法干警"	中共扬州市委员会
董建华	扬州市公安局广陵分局汶河派出所	扬州市"十佳政法干警"	中共扬州市委员会
成　勇	扬州市委政法委	扬州市"十佳政法干警"	中共扬州市委员会
顾国先	扬州市中级人民法院	扬州市"十佳政法干警"	中共扬州市委员会
丁朝阳	扬州市人民检察院	扬州市"十佳政法干警"	中共扬州市委员会
周长根	扬州市扬州公证处	扬州市"十佳政法干警"	中共扬州市委员会
李　平	扬州市国家安全局	扬州市"十佳政法干警"	中共扬州市委员会
吴耀祖	扬州市民政局	扬州市"十佳政法干警"	中共扬州市委员会
梁　云	扬州市江都区人民政府法制办公室	全省政府法制工作(含城市管理相对集中行政处罚权工作)先进工作者	江苏省人力资源和社会保障厅、江苏省人民政府法制办公室、江苏省公务员局
陈大山	扬州市人民政府法制办公室	全省政府法制工作(含城市管理相对集中行政处罚权工作)先进工作者	江苏省人力资源和社会保障厅、江苏省人民政府法制办公室、江苏省公务员局
霍建民	宝应县国家税务局第六税务分局	全省国税系统先进工作者	江苏省人力资源和社会保障厅、江苏省国家税务局、江苏省公务员局
赵　敏	扬州市国家税务局	全省国税系统先进工作者	江苏省人力资源和社会保障厅、江苏省国家税务局、江苏省公务员局

续表35-1

姓 名	工 作 单 位	受 表 彰 情 况	表 彰 单 位
李家祥	扬州市国家税务局	全省国税系统先进工作者	江苏省人力资源和社会保障厅、江苏省国家税务局、江苏省公务员局
丁翠柏	扬州市林业局	全省林业系统先进工作者	江苏省人力资源和社会保障厅、江苏省林业局、江苏省公务员局
陈兴荣	扬州市邗江区林蚕指导站	全省林业系统先进工作者	江苏省人力资源和社会保障厅、江苏省林业局、江苏省公务员局
刘 蓓(女)	扬州市委宣传部	江苏省宣传系统先进工作者	中共江苏省委宣传部、江苏省人力资源和社会保障厅、江苏省公务员局
乔裕胜	扬州市统计局	全省统计系统先进工作者	江苏省人力资源和社会保障厅、江苏省统计局、国家统计局江苏调查队、江苏省公务员局
叶长松	扬州市广陵区统计局	全省统计系统先进工作者	江苏省人力资源和社会保障厅、江苏省统计局、国家统计局江苏调查队、江苏省公务员局
孙 珉	扬州市文化广电新闻出版局	全省广播电影电视系统先进工作者	江苏省人力资源和社会保障厅、江苏省广播电影电视局、江苏省公务员局
徐 兵	仪征市广播电视台	全省广播电影电视系统先进工作者	江苏省人力资源和社会保障厅、江苏省广播电影电视局、江苏省公务员局
陈 扬	高邮市广播电视台	全省广播电影电视系统先进工作者	江苏省人力资源和社会保障厅、江苏省广播电影电视局、江苏省公务员局
张化龙	扬州广播电视台	全省广播电影电视系统劳动模范	江苏省人力资源和社会保障厅、江苏省广播电影电视局、江苏省公务员局
李正清	扬州市江都区民族宗教事务局	全省民族宗教系统先进工作者	江苏省人力资源和社会保障厅、江苏省民族事务委员会、江苏省宗教事务局、江苏省公务员局

（王 晗）

新闻人物

2013年扬州市“城市贵宾”

丁康元 仪征耀皮汽车玻璃有限公司总经理

江和平 中央电视台体育频道总监

苏义吉 台湾大法贸易有限公司董事长、国际盆景协会前主席

张志祥 江苏鑫华能电源科技有限公司总经理、江苏同科蓄电池股份有限公司法定代表人、江苏爱力生蓄电池有限公司董事长

张 涛 仪征大众联合发展有限公司总经理

郑强辉 扬州亚太置业有限公司总裁、董事长

黄传奇 深圳市京华置地有限公司董事长

梅兴龙 中信戴卡轮毂制造有限公司副总经理

森山重雄 尤妮佳日本株式会社常务执行董事、尤妮佳生活用品(中国)有限公司副董事长兼副总经理

（任 武）

2013年度扬州十大经济新闻人物

周家峰 江苏远扬科技集团董事长

徐 斌 江苏迈安德食品机械有限公司董事长

朱建平 环洲船用材料有限公司总经理

梁 勤(女) 扬州扬杰电子科技股份有限公司董事长

龙慧斌 龙腾照明集团有限公司董事长

马庆鸣 江苏真云科技有限公司董事长、首席执行官

于子洲 扬州晨化新材料股份有限公司董事长兼总经理

王愉翔 一重科技江苏股份有限公司总经理

马自强 扬州龙川钢管有限公司董事长兼总经理

冷志斌 江苏亚威机床股份有限公司总经理

（任 武）

扬州市城市荣誉体系表彰人员

2013年度“十大扬州好人”

〔由市委宣传部、市文明办、扬州报业传媒集团、扬州广电传媒集团(总台)评选，市委表彰〕

付宝鼎 广陵区头桥社区卫生服务中心副主任

杨文华 高邮市临泽镇朱堆村村民

万 绘(女) 宝应县夏集镇郭桥小学教师

杜春萍(女) 江都区邵伯镇渌洋湖村村民

袁开龙 扬州广电1035爱心车队司机

张年凤(女) 仪征市大仪镇万集村村民

赵寿英(女) 宝应县鲁垛镇三新村村民

王远龙 邗江区皮肤病防治所医生

李子英(女) 仪征市铜山办事处程营村中云组村民
仲伟玉(女) 宝应县曹甸镇三元村村民 (任 武)

扬州市第二届“十大功臣”
(由市委、市政府评选、表彰)

吉素琴(女) 江苏亚威机床股份有限公司董事长、党委书记
汤卫华 蜀冈－瘦西湖风景名胜区党工委副书记、管委会主任
李春国 扬州市水利局局长、党组副书记
何其新 江苏波司登制衣有限公司总经理
陆林广 扬州大学水利与能源动力工程学院教授
张 强 中国人民银行扬州市中心支行党委书记、行长
林国富 江苏扬力集团总裁、董事长
宗有农 江苏华建建设股份有限公司副董事长、总经理
侯顺华 上海大众汽车有限公司仪征分公司总经理、党委书记
潘文新 江苏省宝应中学校长 (任 武)

扬州市“十大能工巧匠”
(由市人力资源和社会保障局、市总工会评选、表彰)

薛春梅(女) 扬州玉石料市场有限公司常务副总经理，研究员级高级工艺美术师
张来喜 扬州漆器厂研究员级高级工艺美术师
莫国新 江苏凤凰扬州鑫华印刷有限公司彩印生产部副经理，平版印刷工高级技师
陆 琴(女) 扬州陆琴脚艺三把刀发展有限公司董事长，修脚师技师
熊立群 扬州金韵乐器御工坊有限公司总经理，工艺美术师
李永江 江苏远洋东泽电缆股份有限公司技术科长，舰船用电缆制造高级工程师
朱军成 宝应县华艺苑刺绣研究所艺术总监、所长，研究员级高级工艺美术师
朱锦龙 扬州和益电动工具有限公司车间主任、工艺科长，工艺管理技师
张明成 江苏省工程勘测研究院有限责任公司项目负责人、部门负责人，钻探工高级技师
严龙金 扬州山水园景观工程有限公司园林绿化技师 (任 武)

扬州市“十大学习创新模范”
〔由市委宣传部、市委讲师团、市文明办、扬州报业传媒集团、扬州广电传媒集团(总台)评选、表彰〕

丁克鸿 扬农化工集团有限公司研究所所长
王寿飞 扬州经济技术开发区朴席镇政府司法所所长、信访科科长
付 健 扬州市苏域刺绣研究所副所长，工艺美术师
吴 尽 江苏省特种设备安全监督检验研究院扬州分院邗江所高级工程师
张来喜 扬州漆器厂张来喜大师工作室负责人，研究员级高级工艺美术师
范朝波 扬州供电公司班长
周 姝(女) 扬州市江都区人民法院邵伯法庭庭长
闻琍毓(女) 扬州市药品检验所所长，主任药师
夏良萍(女) 扬州市瘦西湖风景区管理处导游
蔡月珍(女) 扬州市育才小学副校长，江苏省特级教师，中学高级教师 (任 武)

扬州市“十大见义勇为积极分子”
(由市委宣传部、市委政法委、市公安局、市见义勇为基金会评选、表彰)

张志成 宝应县泾河镇泾河村伏兴组村民
高广安 仪征新集派出所保安员
张 杰 江苏油田安徽采油厂运输队驾驶员
李雨建 江都区吴堡镇农村小额贷款有限公司信贷员
张年凤(女) 仪征市大仪镇万集村村民
葛剑波 仪征市万年新村摩托车修理个体户
闵施奇 高邮市客运公司驾驶员
徐 军 宝应县广洋湖镇桥头村五组村民
沈道俊 高邮市顺风驾校工人
吴小龙 高邮经济开发区奥林村村民 (任 武)

扬州市“十大孝星”
〔由市委宣传部、市文明办、市民政局、扬州广电传媒集团(总台)、扬州日报社评选、表彰〕

潘晓丽(女) 广陵区曲江街道文昌花园社区居民
武昌香(女) 邗江区汉河街道居民
朱学梅(女) 宝应县望直港镇和平村村民
刘树芳(女) 高邮市临泽镇董潭村二组村民
袁一平 江都区大桥高级中学教师
李桂芳(女) 广陵区居家养老服务员
张玉春 仪征市大仪镇大巷村退休村干部
戴春兰(女) 江都商城下岗职工
朱益文 邗江区下岗工人
郑玉翠(女) 扬州市计划生育药具站职工 (任 武)

第九届“扬州市十大杰出青年”
〔由市委宣传部、市文明办、团市委、扬州市青年联合会、扬州日报社、扬州广电传媒集团(总台)评选、表彰〕

马自强 扬州龙川钢管有限公司董事长兼总经理
王 飞 江苏伯克生物医药有限公司董事长
王 永 扬州广播电视总台城市频道总监
印斯佳(女) 扬州供电公司营业与电费部副主任
吴 琨 扬州市特殊教育学校教师
张庆飞 扬州锻压机床股份有限公司研究所所长
胡 俭 扬州日报社采访中心民生部主任
唐朝文 扬州市城乡建设局建筑业管理处处长
龚卫娟(女) 扬州大学医学院副院长
樊红杰 扬州杰嘉工业固废处置有限公司董事长 (刘子建)

扬州市第二届“美德少年”

（由市文明办、市教育局、团市委、市妇联评选、表彰）

卜学飞(女) 扬州中学学生

王雪莹(女) 扬州中学教育集团树人学校学生

戴艾均 高邮实验小学学生

张 玥(女) 仪征市都会小学学生

丁 伟(女) 江都区仙女镇砖桥小学学生

王宇涵 邗江区梅岭小学学生

勾立行 扬州市育才小学学生

朱嘉珺(女) 扬州市汶河小学学生

阿什莫子杂(女) 彝族，开发区施桥镇第二小学学生 （任 武）

扬州市“十大自强之星”

（由市文明办、市残疾人联合会评选、表彰）

陈 志 江都区公安局特警大队三中队指导员

倪晓兵 江都区人民医院医生

张 忠 高邮清华园晓萍针织行业主

沈建安 宝应县七彩狐制衣有限公司经理

毛 奎 仪征市陈集润昌养鹅厂厂长

经修才 仪征车博士汽车美容装潢中心业主

范如娟(女) 广陵区百盛铝塑门窗厂厂长

余乃群 邗江区新盛街道残疾人联合会专职委员

周立健 蜀岗茶鸡场场长

祝玉祥 邗江区星球机械厂厂长

（任 武）

扬州市“十佳老人”

〔由市委宣传部、市文明办、市民政局、扬州广电传媒集团(总台)、扬州日报社评选、表彰〕

夷文有 宝应地税局退休职工

王培华(女) 邗江区双桥街道卜桥社区“红马甲”义工队党支部书记

张 平(女) 江都区仙女镇高阳社区居民

王继宗 广陵区汶河街道荷花池社区居民

徐坤庆 江都区真武镇退休教师，中华诗词学会会员、中国国家书画院理事

刁人贵 宝应县鲁垛镇贯林村党支部书记

于广英(女) 高邮市车逻镇上庄村二十组村民

李子英(女) 仪征市铜山办事处程营村中云组村民

张立政 江都区大桥镇常兴村社区卫生服务站医生

周政发 江苏油田退休工程师

（任 武）

逝世人物

■**曾华鹏** 男，1932年9月出生在福建晋江，台湾台南人，扬州大学文学院教授，现代文学史研究专家、文学评论家，中国作家协会会员，第三届、第四届政协扬州市委员会副主席，第七届全国人大代表，第八届、第九届全国政协委员。1955年毕业于复旦大学中文系，先后任扬州财校、扬州师专语文教员。1959年到扬州大学(原扬州师范学院)执教，历任中文系讲师、副教授、教授、博士生导师，中文系副主任、主任。曾任中国现代文学研究会理事、中国鲁迅研究学会理事、中国作家协会会员、江苏省中国现代文学研究会副会长、江苏鲁迅研究学会副会长。1957年开始发表作品，著有《现代四作家论》(合作)、《中国现代文学社团流派》(副主编)及《现代作家作品论集》等专著10多部。其中，《郁达夫评传》(合作)、《冰心评传》(合作)、《鲁迅小说新论》(合作)获江苏省哲学社会科学优秀成果奖二等奖，《郁达夫评传》(合作)获国家教委人文社科研究优秀成果二等奖。1986年被人事部授予“有突出贡献的中青年专家”称号，1999年起享受国务院颁发的政府特殊津贴。2013年1月27日在扬州逝世。 （任 武）

■**吴征镒** 男，1916年6月出生在江西九江，江苏仪征人，中国著名植物学家、植物区系研究权威学者，中国科学院资深院士，中国科学院昆明植物研究所名誉所长兼研究员，《中国植物志》(中、英文版)主编。吴征镒童年和少年时代在扬州度过，1929年就读江都县中，1933年毕业于江苏省立扬州中学。1933年考入清华大学生物系，1940—1942年进入西南联合大学理科研究所攻读研究生。1946—1949年担任清华大学讲师。1950年任中国科学院植物研究所研究员兼副所长。1955年被选聘为中国科学院学部委员(中国科学院院士)。1958年任中国科学院昆明植物研究所所长，1979年兼任中国科学院昆明分院院长。1979年当选中国科学院主席团成员。曾任云南省科委副主任、云南省科协主席。1980年后任美国植物学会终身外籍会员、瑞典植物地理学会名誉会员、世界自然保护联盟(IUCN)理事、前苏联植物学会通讯会员。吴征镒1936年起从事植物分类、植物区系地理、植被和地植物以及植物资源学研究，参加或领导全国各大区资源综合考察，并指出植物有用物质的形成与植物种源分布区及形成历史有一定相关性，提出北纬20度～40度间的中国南部、西南部是古南大陆、古北大陆和古地中海植物区系发生和发展关键地区的观点，论证中国植物区系的三大历史来源和15种地理成分，并提出被子植物起源“多系—多期—多域”理论。在植物分类研究中，他定名和参与定名的植物分类群有1766个(涵盖94科334属，其中新属22个)，在国际植物分类学研究领域中产生重要影响。发表各类论文140多篇，主编或编写《中国植被》《中国植物志》《西藏植物志》《云南植物志》《云南植被》和《中国自然地理·植物地理》等学术专著数十部，为云南乃至全国植物资源保护和开发利用提供理论依据，产生重要作用。先后获国家级科技成果一等奖、二等奖7项，院省级科技成果一等奖、二等奖8项。1995年获何梁何利基金会“科学与技术进步奖”，1996年获求是基金会“杰出科技成就团体奖”，2001年获云南省科学技术突出贡献奖，2007年获国家最高科学技术奖。1999年获日本花卉绿地博览会纪念协会“考斯莫斯国际奖”(International COSMOS Prize)，成

为亚洲第二位、世界第七位获此奖项的学者。2011年，国际小行星中心将第175718号小行星永久命名为“吴征镒星”。2013年6月20日在昆明逝世。（任 武）

■祁龙威 男，1922年2月出生，江苏常熟人，九三学社中央委员，历史学家，太平天国史、清史、清代扬州学术史研究专家，扬州大学社会发展学院教授，扬州大学中国近现代史硕士点创始人，第一届、第二届政协扬州市委员会副主席，第五届江苏省政协常委。曾任中国太平天国史研究会顾问、江苏省历史学会顾问等职。1951年参加九三学社，先后任九三学社中央候补委员、中央委员，江苏省委副主委、顾问，扬州市委主委、名誉主委。1947年从东吴大学物理系肄业。1947年起，先后在上海法学院、震旦大学、上海法政学院任教。1952年在扬州苏北农学院附设工农速中任教。1956年任九三学社中央宣传部编辑。1957年8月进入苏北师范专科学校(扬州师范学院前身)，历任历史系讲师、副教授、教授、系主任、名誉系主任。先后培养研究生19人。主要著述有《太平天国史学导论》《太平天国经籍志》《考证学集林》《张謇日记笺注选存》《辛亥革命江苏地区史料》等，并与台湾学者合编《清代扬州学术研究》，发表论文100多篇。2004年6月起，主持纂修《清史·典志·朴学志》，撰定《概述》《小学篇》，并完成全书整合统稿。2013年11月24日在扬州逝世。（任 武）

■薛涵川 男，1916年2月出生，江苏高邮人。1943年5月参加工作，1943年5月加入中国共产党，离休前任扬州行署水利局副局长。1982年12月离休，享受副地(局)级待遇。2013年1月31日逝世。

（唐小月 房 园）

■吴 泰 男，1921年1月出生，江苏兴化人。1941年5月参加工作，1941年7月加入中国共产党，离休前任江都县政协主席。1983年12月离休，享受副地(局)级待遇。2013年2月12日逝世。（唐小月 房 园）

■嵇 权 男，1921年9月出生，江苏高邮人。1943年7月参加工作，1943年7月加入中国共产党，离休前任高邮县人大常委会主任。1985年12月离休，享受副地(局)级待遇。2013年3月2日逝世。

（唐小月 房 园）

■苗宗舜 男，1924年12月出生，江苏睢宁人。1942年5月参加工作，1943年11月加入中国共产党，离休前任江都县交通局局长。1984年1月离休，享受副地(局)级待遇。2013年3月16日逝世。（唐小月 房 园）

■唐绍舜 男，1920年7月出生，江苏涟水人。1939年7月参加工作，1939年10月加入中国共产党，离休前任扬州市政府视察员。1983年12月离休，享受副地(局)级待遇。2013年3月18日逝世。

（唐小月 房 园）

■韩 云 男，1918年9月出生，江苏兴化人。1942年2月参加工作，1943年7月加入中国共产党，离休前任江苏省苏北人民医院党委书记。1984年12月离休，享受副地(局)级待遇。2013年6月27日逝世。

（唐小月 房 园）

■邱延喜 男，1925年10月出生，山东诸城人。1945年9月参加工作，1946年3月加入中国共产党，离休前任中共江都县委组织部副部长。1983年11月离休，享受副地(局)级待遇。2013年7月1日逝世。

（唐小月 房 园）

■陈 杰 男，1929年5月出生，江苏大丰人。1944年8月参加工作，1946年3月加入中国共产党，离休前任扬州广播电视大学办公室主任。1989年10月离休，享受副地(局)级待遇。2013年9月7日逝世。

（唐小月 房 园）

■王振华 男，1929年1月出生，江苏泰兴人。1944年11月参加工作，1946年11月加入中国共产党，离休前任江都县经济委员会副主任。1985年5月离休，享受副地(局)级待遇。2013年10月11日逝世。

（唐小月 房 园）

■陈开斌 男，1926年4月出生，江苏灌南人。1941年11月参加工作，1941年11月加入中国共产党，离休前任高邮县人民法院院长。1985年7月离休，享受副地(局)级待遇。2013年11月2日逝世。（唐小月 房 园）

■姜景贤 男，1929年3月出生，江苏宝应人。1945年9月参加工作，1947年9月加入中国共产党，离休前任宝应县人大常委会副主任。1991年1月离休，享受副地(局)级待遇。2013年12月13日逝世。

（唐小月 房 园）

■张乐庭 男，1924年12月出生，河南濮阳人。1941年5月参加工作，1943年1月加入中国共产党，离休前任扬州市政协副主席。1983年12月离休，享受副地(局)级待遇。2013年12月20日逝世。（唐小月 房 园）

■赵资贫 男，1921年12月出生，安徽无为人。1945年7月参加工作，1944年10月加入中国共产党，离休前任扬州市政府外事办公室副主任。1985年4月离休，享受副地(局)级待遇。2013年12月21日逝世。

（唐小月 房 园）

■夏 冰 男，1924年2月出生，江苏靖江人。1940年8月参加工作，1941年4月加入中国共产党，离休前任江都县人大常委会副主任。1983年12月离休，享受副地(局)级待遇。2013年12月23日逝世。

（唐小月 房 园）

附录

Fulu

编 辑 姚 震

文件选编

关于加快推进民生幸福工程着力提升民生幸福水平的意见

扬发〔2013〕1号

为深入贯彻党的"十八大"精神,持续做好改善和保障民生工作,进一步加快"幸福扬州"建设,提出以下意见:

一、大力实施城乡居民收入倍增计划

1.全市城镇新增就业5万人,新增转移农村劳动力1.4万人,实现下岗失业人员再就业1.5万人,邗江区、广陵区新增保洁、保绿、保安等政府购买的公益性岗位500个。为扬州籍高校毕业生免费提供2次就业服务和岗位推荐,为市区登记失业的被征地农民至少提供1次免费职业指导机会、1次免费职业技能培训机会和2个就业工作岗位选择机会。在全市设立60家企业动态失业监测点,实现城镇零就业家庭动态清零,期末城镇登记失业率控制在4%以内(责任单位:市人社局)。

2.全市培训城乡劳动者2.25万人,对有就业需求的初高中毕业生实行免费职业培训,培训各类专业技术人员5万人次以上,开展职业技能鉴定6.5万人次(责任单位:市人社局)。

3.全市职工50人以上企业工资集体协商建制率达90%以上;职工50人以下企业行业性、区域性工资集体合同覆盖率70%以上,工资集体合同履约率达90%以上(责任单位:市人社局)。

4.全市开展创业培训4000人次以上,推介创业项目100个,扶持建设创业孵化基地10个(责任单位:市人社局)。市本级设立创业引导资金1000万元(责任单位:市财政局)。下岗失业小额担保贷款和妇女创业小额担保贷款全年累计发放6000万元,新增城乡青年创业贷款投放2亿元(责任单位:市人行)。改善老城区居民居住条件,综合整治6000平方米的南河下历史街区,加快民居式客栈建设,提高老城区居民经营性和财产性收入水平(责任单位:广陵区政府)。

5.新增省级以上服务成员好、经济效益好、利益分配好、民主管理好、示范带动好的"五好示范社"50个和市级"五好示范社"100个,新增入社农户5万户,入社农户占全市总农户数的75%。全市沿河地区行政村集体经营性收入实现20万元以上,沿江地区行政村集体经营性收入实现30万元以上,全市建档立卡的低收入农户中30%农户年人均纯收入达5000元以上(责任单位:市农工办)。

6.邗江区、广陵区、扬州经济技术开发区、新城西区、蜀冈-瘦西湖风景名胜区城乡低保标准提高至月人均485元,江都区、宝应县、高邮市和仪征市城市低保标准不低于月人均450元、农村低保标准不低于月人均300元,农村五保供养水平提高到上年度农民人均纯收入的45%(责任单位:市民政局)。市本级继续设立1000万元临时救助资金,专项用于临时困难人员的生活救助、医疗救助和法律援助(责任单位:市财政局)。符合条件的特困职工年补助额增加400元,困难职工年补助额增加200元(责任单位:市总工会)。

二、深入推进美好城乡建设

7.市区新增城市绿地100万平方米(责任单位:市园林局)。全市新增造林5万亩,其中,成片造林3万亩,村庄绿化新增面积2.5万亩,新建省级绿化示范村100个(责任单位:市农委)。

8.全市新改建农村公路100公里,改造危桥100座(责任单位:市交通局)。全市新建田间水泥和沙石道路200公里,新建机耕桥100座(责任单位:市农开局)。

9.全市完成疏浚县级河道9条、乡级河道201条,401个行政村河塘整治完成疏浚土方1921万方,完成小型灌排泵站改造250座(责任单位:市水利局)。

10.全市完成6611个村庄环境整治任务,40个村庄达省三星级"康居乡村"标准(责任单位:市建设局)。

11.全市完成农村户厕无害化改造7.5万座,其中,宝应县2.2万座、高邮市1.6万座、仪征市0.3万座、江都区3万座、邗江区0.3万座、广陵区0.1万座(责任单位:市卫生局)。

12.每天向公众发布$PM_{2.5}$等空气环境质量实时监测数据,市区环境噪声达标区覆盖率100%(责任单位:市环保局)。

三、继续抓好“八老”改造

13.市区改造城中村15块,其中,江都区1块、邗江区2块、广陵区7块、扬州经济技术开发区2块、新城西区2块、蜀冈-瘦西湖风景名胜区1块(责任单位:市国土局)。市区整治老小区95万平方米,其中,广陵区40万平方米、邗江区30万平方米、江都区25万平方米(责任单位:市房管局)。解危修缮单位自管公房1万平方米,解危修缮直管公房3.5万平方米(责任单位:市房管局)。市区完成中小学校舍改造6.5万平方米,其中,市直完成中学校舍改造1.85万平方米(责任单位:市教育局)。市区翻建背街小巷60条,其中,广陵区30条、邗江区20条、江都区10条(责任单位:广陵区政府、邗江区政府、江都区政府)。实施古运河大王庙以东段综合整治(责任单位:市城建控股公司)。市区改造街巷路灯800盏(责任单位:市建设局)。完成盛达特种车、联能电子2家企业“退城进园”(责任单位:市经信委)。

四、加快建设“清水活水,不淹不涝”城市

14.启动实施唐子城护城河疏浚整治工程(责任单位:蜀冈-瘦西湖风景名胜区)。生态清淤七里河、沙施河、北城河、二道河等河道。扩建安墩西站,改造引水总站,完成古运河东部水系沟通工程(责任单位:市建设局)。建设滨江新城春江湖工程(责任单位:江都区政府)。开工建设六圩污水处理厂三期工程(责任单位:市城建控股公司)。建设清源污水处理厂二期工程(责任单位:江都区政府)。市区铺设污水管网36.6公里,其中,广陵区9.4公里、邗江区11.1公里、江都区15公里、扬州经济技术开发区1.1公里(责任单位:广陵区政府、邗江区政府、江都区政府、经济技术开发区管委会)。

15.完成市区道路积水点整治15处,其中,文昌西路东方医院段、运河东路东方名城段、邗江北路段(责任单位:市建设局),百祥路、完美路、朱塘路、上方寺路、念泗路瘦西湖新天地、维扬路北段(责任单位:邗江区政府),解放北路(运河北路至观潮路段)、淮海路(文昌路至文汇路段)、甘泉路西段、南通路1912段(责任单位:广陵区政府),兴城东路、维扬路(江阳路至兴扬路南边河段)(责任单位:扬州经济技术开发区管委会)。江都区建设通扬运河应急排涝涵洞(责任单位:江都区政府)。

五、大力推进区域供水和菜篮子工程

16.实施第一水厂提标扩建工程(责任单位:市城建控股公司)。完成进村入户支管网建设改造任务530公里,其中,市区240公里(责任单位:市城建控股公司)、高邮市40公里、仪征市50公里、江都区200公里(责任单位:高邮市政府、仪征市政府、江都区政府)。按用水人口密度每2万人设立一个管网水水质检测点,每年检测不少于2次,并在政府网站公示检测结果,确保全市水质合格率达100%(责任单位:市城建控股公司、宝应县政府、高邮市政府、仪征市政府、江都区政府)。对水源地水质实行24小时动态在线监控(责任单位:市环保局)。

17.在广陵区沙头镇新扩2000亩无公害蔬菜基地,启动实施“115”鲜奶工程,全市新增鲜奶供应3000吨(责任单位:市农委)。市区新发展13家平价蔬菜店(责任单位:市物价局)。

18.全市开展食用油、生猪及其产品等重点品种专项整治行动,全年检测750批次,保健食品化妆品抽验100批,食品综合抽检合格率达90%(责任单位:市食品药品监管局)。市区新增13个农产品市场检测监控点(责任单位:市农委)。

六、加快推进市区三区“同城同步同标”工作

19.启动实施新万福路建设工程(责任单位:市城建控股公司)。江都区新建1座公交首末站(责任单位:江都区政府)。开辟横贯文昌路的公交快线(责任单位:市交通局)。

20.全市实现养老保险、失业保险、医疗保险、生育保险、工伤保险市级统筹,推进城乡居民养老保险与城镇企业职工养老保险制度的转接,实现市区社会保险一卡通(责任单位:市人社局)。邗江区、广陵区、扬州经济技术开发区、新城西区和蜀冈-瘦西湖风景名胜区被征地农民参加社会养老保险覆盖率达96%以上;江都区城镇规划区内被征地农民参加社会养老保险覆盖率达95%以上(责任单位:江都区政府、邗江区政府、广陵区政府、扬州经济技术开发区管委会、新城西区管委会、蜀冈-瘦西湖风景名胜区管委会)。全市实现各类优抚抚恤补助标准城乡一体化覆盖率100%(责任单位:市民政局)。

七、不断完善社会保障体系

21.建成社区居家养老服务中心(站)75个;乡镇敬老院工作人员数量按照与集中供养对象1∶10的数量比例配备(责任单位:市民政局)。

22.全市城镇职工基本医疗保险、城镇居民基本医疗保险参保率达98%以上;工伤保险新增参保3.2万人;企业职工基本养老保险净增缴费3.2万人,参保覆盖率98%以上;城乡居民养老保险参保率、补贴发放率达98%以上(责任单位:市人社局)。全市新农合参保率稳定在97%以上,政策范围内住院补偿比达75%以上(责任单位:市卫生局)。

23.市区免费为1000户贫困残疾人家庭配置康复辅具;全市免费培训残疾人1500人,安置就业1000人;对市区6岁以下残疾儿童抢救性康复训练给予康复补助,对全市7~18岁残疾人实施免费肢体矫治手术(责任单位:市残联)。

24.市区新建和筹集公租房、廉租房4100套,其中市本级700套、广陵区900套、邗江区900套、江都区900套、扬州经济技术开发区700套;发放廉租房租赁补贴350户(责任单位:市房管局、广陵区政府、邗江区政府、江都区政府、扬州经济技术开发区管委会)。

八、进一步提升城市建设管理水平

25.开工建设日处理150吨规模的餐厨废弃物处理厂、年处理200万立方米规模的建筑垃圾综合利用处理厂、生活垃圾焚烧发电厂二期工程和赵庄垃圾卫生填埋场堤坝加高增容改造项目,实现市区餐厨废弃物、建筑垃圾、生活垃圾单独集中处置(责任单位:市城管局、邗江区政府)。江都区新建生活垃圾中转站1座(责任单位:江都区政府)。新建1条日处理5吨的医疗固废处理线,使全市医疗废物处置能力达15吨/天(责任单位:市环保局)。市区新建公共厕所5座,其中广陵区3座、邗江区1座、蜀冈-瘦西湖风景名胜区1座;改建提升公共厕所114座,其中广陵区100座、邗江区10座、新城西区2座、扬州经济技术开发区2座(责任单位:邗江区政府、广陵区政府、扬州经济技术开发区管委会、新城西区管委会、蜀冈-瘦西湖风景名胜区管委会)。

26. 启动文昌阁地区交通疏解中环线改造工程,实施淮海路苏北医院段、跃进桥交通节点改造(责任单位:市建设局)。

27. 整合公交资源,新辟、调整城市公交线路12条,新改建公交站棚50座,新增5个乡镇开通镇村公交(责任单位:市交通局)。

28. 广陵区、邗江区和扬州经济技术开发区各新建1座便民摊点疏导点,江都区改扩建1座便民摊点疏导点(责任单位:广陵区政府、邗江区政府、江都区政府、扬州经济技术开发区管委会)。

29. 市区新增老旧小区实施基本物业服务80万平方米,其中广陵区20万平方米、邗江区30万平方米、江都区20万平方米、扬州经济技术开发区10万平方米(责任单位:广陵区政府、邗江区政府、江都区政府、扬州经济技术开发区管委会)。市区新建小区100%物业配备到位,市区住宅基本物业覆盖率达84%(责任单位:市房管局)。

九、加快发展社会事业

30. 全市新建公办幼儿园8所,其中广陵区2所、宝应县、高邮市、仪征市、江都区、邗江区、扬州经济技术开发区各1所;江都区改扩建公办幼儿园1所(责任单位:宝应县政府、高邮市政府、仪征市政府、江都区政府、邗江区政府、广陵区政府、扬州经济技术开发区管委会)。学前三年幼儿入园率达97%以上,新创优质园8所,省级优质幼儿园比例达73%。创建省义务教育现代化示范学校50所。全市新创省三星级以上普通高中2所,在省三星级以上高中就读的学生比例达90%以上。办好市中小学教师培训中心,全市新增10名省特级教师以上名师、200名学科带头人、1500名骨干教师。中等职业教育实现65%以上专业定单培养。实施市特殊教育学校迁建工程。全市新招收中小学宏志班20个(责任单位:市教育局)。

31. 对全市所有居民免费提供10大类41项基本公共卫生服务项目,全市实现城市社区卫生服务中心(乡镇卫生院)标准化建设全覆盖,全市培训全科医生1000名(责任单位:市卫生局)。全市免费孕前优生健康检查2万人次,免费孕前优生健康检查覆盖率达70%以上(责任单位:市人口计生委)。抽验药品1000批、快检2000批,实现基本药物生产批发企业检查覆盖率、生产企业电子赋码率、批发企业电子监管率100%,基本药物抽检合格率达98%(责任单位:市食品药品监管局)。

32. 全市新增有线电视用户0.6万户,实现数字电视转换10万户,农村文化广场覆盖率达100%;市区新建市图书馆分馆3个;市区全年举办24场"幸福扬州"送文化进社区活动,全市免费送电影下乡160场;全市组织公益演出100场;市音乐厅全年为市民免费提供演出12场(责任单位:市文广新局)。扬州电视台第三套节目转型为以服务民生为主的"民生频道"(责任单位:市广电传媒集团)。

33. 广陵区、扬州经济技术开发区、新城西区、蜀冈-瘦西湖风景名胜区配置500件(组)、更新200件(组)健身器材,全民健身工程点健身器材完好率达95%以上。举办第十二届全民健身体育节、元旦长跑、假日体育、扬州马拉松比赛等群众性体育健身活动(责任单位:市体育局)。新城西区体育公园体育场主体工程封顶,蜀冈-瘦西湖风景名胜区建设体育休闲公园1座(责任单位:新城西区管委会、蜀冈-瘦西湖风景名胜区管委会)。

十、切实加强社会管理

34. 市区新建社区服务中心15个,社区服务中心用房标准平均达400平方米以上或每百户达20平方米以上(责任单位:市民政局)。

35. 全市规模以上企业全部通过安全生产标准化三级或以上达标评审,重大事故隐患挂牌督办整改率达100%,确保全年各类安全生产事故控制在省定目标以内(责任单位:市安监局)。

36. 为人民群众提供矛盾纠纷调解服务,全市调处成功率达95%(责任单位:市司法局)。

中共扬州市委
扬州市人民政府
2013年1月18日

关于印发《中共扬州市委关于改进工作作风、密切联系群众的实施意见》的通知

扬发〔2013〕6号

为贯彻落实党的十八大精神和《十八届中央政治局关于改进工作作风、密切联系群众的八项规定》《中共江苏省委关于改进工作作风、密切联系群众的十项规定》,结合扬州实际,市委制定了《中共扬州市委关于改进工作作风、密切联系群众的实施意见》,现印发给你们,请结合实际认真贯彻执行。

中共扬州市委
2013年1月28日

中共扬州市委关于改进工作作风、密切联系群众的实施意见

《十八届中央政治局关于改进工作作风、密切联系群众的八项规定》(以下简称《八项规定》)和《中共江苏省委关于改进工作作风、密切联系群众的十项规定》(以下简称《十项规定》)是中央、省委加强自身建设提出的要求,更是对各级党委、政府和各级领导干部的严格要求。全市广大党员干部,尤其是各级领导干部要严格遵守中央《八

项规定》和省委《十项规定》，做到令行禁止。为贯彻落实中央《八项规定》和省委《十项规定》，结合扬州实际，市委提出如下实施意见。

（一）市委市政府领导每年到基层调研时间不少于两个月，每年至少撰写1篇高质量的调研报告。市委市政府领导年度内对全市乡镇、大中型工业企业的调研要实现全覆盖。除市委组织重大活动外，市委常委不同时到一个县（市、区）考察调研；市领导不同时到一个乡镇考察调研，也不要集中或者轮番到一个点、一条线路去考察调研。市委每年组织市领导集中开展1至2次调研活动，并召开调研成果交流汇报会。

（二）市委市政府主要领导到基层考察调研，陪同的市级机关部门负责同志不超过4人，陪同的县乡主要负责人各1人；其他市委市政府领导到基层考察调研，陪同的市级机关部门领导不超过2人，陪同的县乡负责人各1人。市委市政府领导在市内调研考察，不张贴悬挂标语横幅，不打电子屏滚动标语，不铺设迎宾地毯，不摆放花草，不用警车开道，不安排宴请，不收受礼品，住宿安排在政府招待所或指定宾馆。

（三）市委市政府领导要带头开展“三下三联三交”活动，活动时间每年不少于15天，其中驻点调研3～5天。驻点调研随行工作人员不超过2人，当地陪同干部1人。

（四）市委市政府领导每月赴联系点督查推进重大项目建设至少1次，帮助协调解决项目推进过程中遇到的各类难题。

（五）市委常委会议、市委办公会议、市委领导专题会议等会议决定的事项，由市委分管领导或明确的牵头市领导负责组织实施和落实，市委督查室负责协助督办，必须件件有回音、事事有落实。

（六）市委领导对各县（市、区）、各部门报请协调事项原则上7天内办结。

（七）以市委市政府名义召开的全市性会议和举行的重大活动，由市委办公室、市政府办公室统筹安排，报市委市政府审批后执行。确需临时安排召开的重要会议，必须按规定程序报批。市委召开的专项工作会议，原则上每年1次，会议时间不超过2小时，只安排一名领导同志讲话。

（八）要求县（市、区）党政主要领导参加的会议，需报经市委、市政府主要领导批准。一般性的工作会议，由市分管领导出席，市委、市政府主要领导一律不参加。

（九）未经市委市政府批准，市领导一律不出席各地各部门主办的各类剪彩、奠基活动和庆祝会、纪念会、表彰会，县（市、区）主要领导出席上述活动也要从严控制。

（十）以市委名义发文一般不超过8页纸，每年不超过50个；以市委办公室名义发文一般不超过5页纸，每年不超过60个。由部门发文或部门联合发文能够解决的，市委市政府（含市委办公室、政府办公室）不予转发或印发。

（十一）市委市政府领导一般性工作会议讲话材料原则上不印发。市委市政府下发的文件和简报，一律用电子文档传送到各地各部门（单位）。未经市委办公室、市政府办公室核准备案的各地各部门（单位）简报，一律不得报送市委市政府；已报送的，市委办公室、市政府办公室也不得接收和转送市领导。

（十二）市领导出席会议和活动应根据工作需要、新闻价值、社会效果决定是否报道，除涉及重要会议、重要活动和重大事件外，一般不安排在重要版面和时段报道。

（十三）《扬州日报》头版和市电台、市电视台主要新闻时段对市主要领导同志出席会议、活动的报道，原则上每位当日不超过两条。

（十四）除项目洽谈、签约等活动外，市领导与外宾和上级部门、兄弟地市负责同志一般性的会见会谈一律不作报道。

（十五）市领导出访要严格执行年度计划，除因重大项目洽谈外，不安排到国外临时出访。出访组团人员、时间、国别（地区）均严格按省有关规定办理。

（十六）市委书记每年至少与常委会成员谈心1次，市委市政府主要领导每年至少与县（市、区）党政主要负责同志谈心一次，市委常委会成员每年至少与分管部门主要负责人谈心一次。

（十七）市委市政府召开的各类会议，一律不布设花草、不制作背景板，不摆水果和香烟、不发礼品，不制作非纸质专用材料袋，不发笔和记录本等；会议住宿安排在政府招待所或指定宾馆，不摆放高档生活用品，就餐不上高档菜肴，不安排宴请，自助餐也要注意节俭，不得铺张浪费。

（十八）严格执行财经纪律和工作纪律，市领导一律不得超标准占用住房和配备车辆、办公用房、办公用品，不得占用（租用）企业和下属单位住房、车辆、办公用房、办公家具、办公用品。

（十九）严格执行领导干部廉洁从政各项规定，严禁违反规定干预和插手市场经济活动，严禁违规收受礼金、有价证券、支付凭证和商业预付卡，严禁利用职权和职务影响为配偶、子女及其配偶以及其他亲属经商办企业提供便利。

（二十）中央和省委已有明确要求的，按中央和省委的要求执行。此前制定的有关规定和意见，与本意见不一致的，以本意见为准。

中共扬州市委　扬州市人民政府
关于印发《全市深化改革创新体制工作总体方案》的通知

扬发〔2013〕13号

《全市深化改革创新体制工作总体方案》已经市委常委会讨论通过，现印发给你们，请按照总体方案的要求，结合本地、本部门实际，认真贯彻执行。

中共扬州市委

扬州市人民政府

2013年3月11日

全市深化改革创新体制工作总体方案

根据市委六届四次全会报告中提出的“全面深化改革，创新基本体制”的要求，现提出全市深化改革创新体制工作总体方案如下：

一、总体思路

全市深化改革工作的总体思路是：全面贯彻落实党的十八大、中央经济工作会议和省委十二届四次全会精神，围绕加快“两个率先”，实施“八项工程”，推进“三个扬州”和世界名城建设，不断加大改革攻坚克难的力度，统筹协调推进区域布局调整和行政管理体制改革、城镇化发展改革、国有资产管理体制改革、社会管理体制改革、教育卫生体制改革、要素市场改革、旅游业和建筑业发展改革等重点领域和关键环节的改革，为保持全市经济持续健康发展与社会和谐稳定提供强有力的体制保障。

二、重点领域

（一）完善区域布局调整和深化行政管理体制改革

1. 完善区域布局调整。按照建设世界名城的要求，建立城市融合组团发展体制，调整优化市科教创新城、蜀冈-瘦西湖风景名胜区、江都空港产业园、江广融合地带“七河八岛”及生态智慧新城、扬州经济技术开发区南部临港新城等地的区域布局，统筹规划、集约建设、精细管理，统一事权、财权和行政管理权，打造环境优美、功能完善、优势明显、富有效率的现代化大扬州格局。

2. 深化市区管理体制改革。按照“同级同权同责、财权与事权相匹配”原则，进一步理顺市、区两级财政关系。加快推进“同城同步同标”，建立健全市区“三区”社会保险、民政福利政策统一标准、统筹管理的体制。按照“能放则放”原则，进一步加快市级行政权力向区级下放的步伐。建立以属地管理为主的城市管理体制，整合执法管理资源，提高属地化管理能力，促进城市管理重心下沉。整合政府投资城市公共项目建设职能，制定投资决策、运行、收益、还贷、监管等配套政策。

3. 深化行政审批制度改革。围绕加快规划落地、项目落地、开工落地，进一步简政放权，取消和调整一批行政审批项目，梳理并下放一批行政事权。全面落实工业项目行政审批流程优化方案，改革政府投资项目和现代服务业项目审批流程。建立重大项目审批“绿色通道”制度。对已经研究确定的政府投资项目归并项目建议书、可研报告、初步设计及项目概算等审批环节；对可同时办理环评许可、选址意见书、用地预审意见、节能评估审查、地震安全评价等事项的基本建设项目实行并联审批；对不涉及土地规划利用的审批项目，实行报告制或备案制，将项目投资审批时间缩短到90天以内。试行不予行政许可汇报制、项目备案制，落实服务承诺制。完善市、县公共资源交易市场，推行行政办事网点式服务。

4. 深化事业单位改革。全面落实省委、省政府《关于分类推进事业单位改革实施意见》，2013年底前完成事业单位分类界定工作。按照“政事分开、管办分离”要求，区别不同类别事业单位，实施管理模式相应改革。健全公共文化体育服务体系，创新文化体育场馆设施运营管理机制，推进市场化运作，扩大公共产品和服务供给。改革政府投入方式，对公益性产品或服务采用分类量化和购买服务。

5. 深化财税管理体制改革。完善财政全口径预算管理体制，科学编制公共财政预算、国有资本经营预算、政府性基金预算、社保基金预算。研究制定将所有部门预算和政府专项资金统一纳入财政绩效管理的实施办法。建立财政对民生领域投入稳定增长机制，推进民生项目和“三公”经费预算公开，促进公共财政在阳光下高效运转。深化“营改增”改革，及时把握国家、省增值税、资源税、房产税等税改动向，研究出台地方配套改革实施办法。

（二）加快城镇化发展改革

6. 加快推进高邮、宝应城镇化改革试点。重点推进高邮、宝应地区城乡发展规划、产业布局、基础设施、公共服务和就业社保一体化建设。积极争取高邮、宝应地区享受与苏北地区同等的政策待遇。加紧对接省扶持政策，排出一批基础设施、产业发展、科技创新、民生工程等重点项目。以生态保护提升为基础，做足水文章，大力发展旅游业，打造无烟工业，将生态保护贯穿城镇化建设全过程，全面彰显生态文明特色。

7. 加快完善城乡一体化发展体制机制。研究制定全市加快城镇化发展的指导意见，鼓励社会资本、民营资本投资城镇化建设，促进投资主体多元化。探索建立农村综合产权交易所，推进农民房屋所有权、土地使用权规范有序流转。加快城乡居民养老保险与城镇企业职工养老保险制度转接。健全被征地农民转参城镇职工基本养老保险制度。

8. 深化城镇综合配套改革试点。明晰中心城市、县城、重点中心镇、一般镇及城郊结合部的发展方向、产业定位和文化特色，完善县域功能区规划，推进工业集中区转型升级，镇域经济突出“一镇一业一特色”，提升城郊结合部城市化水平。继续推进高邮市、广陵区杭集镇、江都区邵伯镇、宝应县夏集镇全国城镇发展改革试点以及江都区小纪镇省经济发达镇行政管理体制改革试点，加强市级11个重点中心镇建设。探索扩大县级开发区和改革试点镇、重点中心镇经济社会管理权限。

（三）深化国有资产管理体制改革

9. 加快推进国有资产改革重组。按照“功能清晰、主业突出、发展可持续、规模可做大”和投资、建设、监管相分离的要求，集中优质资源、优质资产，推进市属国有公司与央企、大型国企、百强民营企业、世界500强企业等兼并重组。支持市扬子江集团、城投公司等国有资产公司为主的城市投融资战略平台建设。健全国有资产保值增值考核机制，更好地发挥国资公司在城市建设和社会公共服务方面的骨干作用。推进水利投融资体制改革，运用市场机制，整合全市水利资源，实现水利工程建设和水土资源开发利用良性互动，做大做强水投公司。

10. 深化公用事业改革。统筹推进城区公交、长途客运、自来水、污水处理等公用事业改革。完善宁镇扬重大交通基础设施市际合作机制，探索研究轨道交通建设、运营、管理和投融资模式，推进宁镇扬交通深度融合。整合公交资源，重点研究建立沿江地区统筹协调、集中管理、高效运营的新的公交运营管理体系，探索推进全市范围内的长途客运的资源整合和统一经营。整合全市供水、污水处理资源，成立面向市场的、统一建设、运营、管理的水务集团，积极争取上市。按照政府引导、社会参与、上大压小的思路，统筹制订全市供热布局规划和电源点建设；加快制订全市地热资源利用规划，建立温泉水务公司，打造“中国温泉之城”。

11. 探索行政事业单位经营性国有资产管理体制改革。在调研摸底基础上，加强对非国资委管理的市属国有企业资产的监管，调整现行管理渠道，整合分散在各主管部门的市属国有企业或资产，由政府授权的国有资产经营公司统一经营管理，支持重点国有公司做大做强。

（四）深化社会管理体制改革

12. 深化户籍制度改革。根据全省统一部署，全面实施流动人口居住证制度，研究制订推进持有居住证的人口享受与原户籍人口同等的就业、义务教育、公共卫生、社会保障等市民权利的配套措施。探索在流动人口集中的街道（乡镇）便民服务站设立单独的服务窗口，实现与公安、人社、计生、卫生、民政等系统联网办理、集中服务。

13. 探索社区管理体制改革。积极开展社区管理体制改革试点，构建社区、社团、社工“三社联动”机制，健全社会化服务体系。推行社区扁平化、网格化服务管理，推动城乡社区统筹发展。发挥社会组织作用，推行民主议事协商等方式，拓宽群众参与社会建设的渠道。研究制订市区社区服务用房管理机制，新建小区社区服务用房在开发时必须一步配套到位，老小区社区服务用房可利用社区范围内的企业、学校、机关及市管公房等现有闲置用户资源，用两年时间解决市区社区服务用房问题。探索建立社区工作人员工资福利自然增长的保障机制。

14. 培育发展社会组织。大力推行政府购买社会组织服务制度，出台工作目录和指南，设立专项引导资金，扩大购买服务的范围和数量。加快社会组织培育孵化基地建设，探索推进公益创投，积极培育和发展各类社会组织。

15. 启动市场中介机构改革。研究制定促进市场中介机构规范发展的指导意见，探索对审计、评估、鉴定、咨询等经济鉴证类以及家政、职介、房介等服务类中介机构实施分类管理，营造公平竞争的市场环境。

（五）深化教育卫生体制改革

16. 深化教育管理体制改革。立足实际、整合资源，研究制订进一步优化提升市区学前教育、义务教育、高中教育和职业教育质态的配套措施和办法。整合、集聚职业教育、行业培训资源，盘活存量资产，推进科教创新园建设。鼓励社会力量兴办各类教育机构，健全教师再教育的投入机制。

17. 深化医药卫生体制改革。推进全民医保制度，建立健全政府对公共医疗卫生事业的稳定增长的投入机制，继续扩大基本医疗保障覆盖面，不断提高保障水平。普遍开展门诊统筹，推进医保支付方式改革，鼓励县级以上公立医院和符合要求的其他医疗机构优先使用基本药物，探索建立城镇职工、城镇居民和新农合“三保合一”的管理制度。加快县级以上公立医院改革，以改革补偿机制为重点，制定深化全市县级以上公立医院改革的实施意见，解决群众“看病贵”问题。研究制定引进国内外知名专科医院入驻我市的优惠政策，使其享受与同级医院同等待遇。鼓励社会资本投向医药卫生领域，形成公平竞争、优势互补的多元办医格局。

（六）深化要素市场改革

18. 深化投融资体制改革。大力推进企业上市、发行债券等融资方式。改革政府参与创投基金的投入方式，研究制订“拨改投”的实施办法。加快推动金融与科技融合，培育发展科技金融中介服务机构，设立种子基金、天使基金等，创新跟进投资、孵化培育等新模式。组建专门为小微企业服务的商业银行、担保公司等，解决融资贷款担保平台缺乏的难题。深化商业银行改革，规范发展村镇银行、小额贷款公司等金融机构。

19. 深化土地集约节约利用机制。建立健全闲置土地退出机制，做大做强市、县两级土地储备中心。加强“白色地带”的开发利用，探索无污染项目混合发展。推进工矿废弃地改造试点，加快“棕地”功能转换。制定鼓励地下空间开发利用和地面厂房多层建设的政策意见。

20. 深化人力资源市场化改革。以创业融资、居住奖励、子女教育等优惠政策创新为核心，持续优化人才发展综合环境。完善高层次、产业领军人才和高技能人才引进服务机制。完善本土优秀人才培养选拔机制，发展一批高技能人才培养基地、技能大师工作室。完善市高层次人才管理服务中心功能，探索一条龙、保姆式服务模式，为引进经济社会发展急缺人才建立“绿色通道”。

（七）创新旅游和建筑业管理体制与发展机制

21. 创新旅游业管理体制与发展机制。实现从行业管理向产业管理、从分散管理向统筹管理转变。推进旅游与文化、生态等深度融合，发展商务、会议旅游，强化县域特色旅游项目规划和培育。围绕实现旅游“淡季不淡”，规划建设具有温泉酒店特色的旅游度假区，拓展提升旅游业。优化整合旅游资源要素，构建旅游资源一体化经营管理体制，推进瘦西湖世界级公园建设。改革旅游投融资体制，鼓励各类资本投资旅游景区建设与管理。

22. 深化建筑业管理体制改革。以做大做强建筑业为目标，加快培育一批高资质优势建筑企业群体，推进建筑业转型升级。支持建筑企业在高端市场开发、科技研发、建设精品工程等方面创新机制。完善企业本部、地区总部和区域公司组织架构，发挥华建、江都建设、邗建等龙头企业引领作用，整合资源、优势互补、联手开拓国内外市场，形成大型总承包企业为龙头、专业企业为主体、相关企业为补充的企业结构体系，构建建筑业联合舰队。推动建筑企业产权调整、资产重组、资本上市，拓展资本运营渠道。促进施工经营与资本经营有机结合，扩大资本经营在企业运营中的比重。鼓励更多的建筑企业在扬注册纳税。

三、组织推进

1. 强化组织领导。各地、各部门要把改革创新与"十二五"规划实施有机结合起来，健全党委领导、政府总抓、上下联动、部门协同、合力攻坚的统筹协调推进机制。市委、市政府成立市深化改革创新体制工作领导小组，由市委书记、市长任组长，相关常委、副市长任副组长，下设八个办公室，统筹协调、推进各项改革工作。

2. 扎实有序推进。3月，各改革办公室牵头制订完成专项改革方案，报市改革领导小组审定。各改革办公室要开拓思路，及时处理好改革中遇到的矛盾和问题，认真总结改革中行之有效的做法、经验，为推进面上改革提供借鉴。

3. 强化督查考核。各改革办公室每月召开工作推进会，督促检查专项改革方案的落实情况。综合办公室建立季度末例会制度，召集各改革办公室通报工作进展情况，做到半年评估、全年总结，确保完成各项改革任务。

中共扬州市委关于全面深化改革推进跨江融合发展的意见

扬发〔2013〕42号

（2013年12月25日中国共产党扬州市第六届委员会第六次全体会议通过）

为全面贯彻落实《中共中央关于全面深化改革若干重大问题的决定》（以下简称《决定》）、《中共江苏省委贯彻落实〈中共中央关于全面深化改革若干重大问题的决定〉的意见》（以下简称《意见》）和《中共江苏省委江苏省人民政府关于推进扬州跨江融合发展综合改革试点的意见》，结合扬州实际，制定我市全面深化改革、推进跨江融合发展的意见。

一、全面深化改革、推进跨江融合发展的重要意义、指导思想和目标任务

1. 重要意义。党的十八届三中全会是在我国改革开放新的重要关头召开的一次重要会议，全会通过的《决定》提出了全面深化改革的指导思想、目标任务、重大原则，是在新的历史起点上全面深化改革的科学指南和纲领性文件。省委十二届六次全会全面贯彻十八届三中全会精神，研究通过了省委贯彻中央《决定》的《意见》，明确了江苏在全面深化改革上率先探索和实践创新的目标任务和思路举措。省委、省政府《关于推进扬州跨江融合发展综合改革试点的意见》既是全省深化改革的重要内容，也是推进扬州改革发展的专项政策意见，更是扬州全面深化改革、推进跨江融合发展的工作指针。贯彻落实好党的十八届三中全会、省委十二届六次全会精神，以及省委、省政府《关于推进扬州跨江融合发展综合改革试点的意见》，对于加快扬州融合发展、特色发展、整体提升，建设古代文化与现代文明交相辉映的名城具有重大而深远的意义。全市各级党组织和广大干部群众要把思想和行动统一到中央和省委、省政府的决策部署上来，牢固树立进取意识、机遇意识、责任意识，努力开创我市改革发展新局面，共同谱写好中国梦的扬州篇章。

2. 指导思想。高举中国特色社会主义伟大旗帜，以马克思列宁主义、毛泽东思想、邓小平理论、"三个代表"重要思想、科学发展观为指导，深入学习贯彻习近平总书记系列重要讲话精神，坚持社会主义市场经济改革方向，坚持融入苏南、融入长三角核心区的战略取向，进一步解放思想、解放和发展社会生产力、解放和增强社会活力，更加注重改革的系统性、整体性、协同性和针对性，加快构建有利于跨江融合发展的体制机制，以全面深化改革推动跨江融合发展取得更大成效，努力开创"三个扬州"和世界名城建设新局面。

3. 目标任务。紧紧围绕中央、省委全面深化改革的总体目标、部署要求和扬州经济社会发展融入苏南、融入长三角核心区的战略取向，坚决贯彻落实中央和省委关于全面深化改革的统一部署要求，以推进跨江融合发展综合改革试点为总抓手总平台，在跨江融合发展重点领域和关键环节实现突破，加快实现城市治理体系和治理能力现代化，健全城乡发展一体化体制机制，争做全省全面深化改革的先行区、跨江融合发展的示范区。经过全市上下的共同努力，到2016年，整体达到省定全面小康指标体系新要求，人均GDP力争达到全省平均水平。到2020年，在全面深化改革上取得决定性成果，形成系统完备、科学规范、运行有效的体制机制，经济社会发展水平力争赶上苏南地区平均水平，总体上实现跨江融合发展的目标，基本建成古代文化与现代文明交相辉映的名城。

二、在跨江融合发展重点领域和关键环节实现突破

4. 发挥市场在资源配置中的决定性作用。坚持和完善基本经济制度。毫不动摇地巩固和发展公有制经济，毫不动摇地鼓励、支持和引导非公有制经济发展。积极发展混合所有制经济，推进国有资本、集体资本、非公有资本交叉持股、相互融合，以更加解放的思想和更大的力度推进充分竞争性行业的国有企业改革、重组，深化市属国有企业改革，引进央企和上海、苏南等地方国企来扬投资合作。坚持"功能清晰、主业突出、发展可持续、规模可做大"和投资、建设、监管相分离的原则推进市属国有资产投资管理公司整合重组，完善现代企业制度，推动国有投融资公司建立完善市场化运作机制，加快水务集团和冶春集团等企业上市步伐。支持非公有制经济健康发展，制定和实施鼓励民营经济发展的政策意见，允许民营企业进入特许经营领域，让民营企业与国有企业同等享受相关优惠政策。健全现代产权制度，保证各种所有制经济依法平等使用生产要素、公开公平公正参与市场竞争、同等受到法律保护。

加快完善现代市场体系。建立和完善公平开放透明的市场规则，实行统一的市场准入制度，进一步清理和废除妨碍统一市场和公平竞争的规定和做法，推进工商注册制度便利化，完善企业破产制度，建立健全社会征信体系。完善主要由市场决定价格的机制，推行居民用水、电、气阶梯价格改革，完善农产品价格形成机制。建立城乡统一的建设用地市场，依法推进征地制度改革，坚持和完善经营性用地“净地出让、摇号主持、现场直播、全程跟踪”的招标拍卖挂牌出让制度，完善土地租赁、转让、抵押二级市场，制定农村集体经营性建设用地流转办法，在符合规划和用途管制的前提下，允许农村集体经营性建设用地出让、租赁、入股，实行与国有土地同等入市、同权同价。促进地方金融创新发展，加快扬州金融集聚区和科技合作创新金融示范区建设，争取江苏省股权交易中心在扬州设立分支机构，推动设立地方法人保险公司、金融租赁公司、财务集团公司等金融机构，扩大企业直接融资规模。深化科技体制改革，围绕国家创新型城市试点和国家智慧城市建设，健全以市场为导向的政产学研金协同创新机制，完善区域创新体系和科技投融资体系。

5. 推动区域规划跨江对接融合。加强与长三角地区区域规划和苏南现代化建设示范区规划的对接，根据国家长三角规划对扬州的功能定位，加强产业发展、基础设施建设、城镇体系、公共服务、土地利用、生态环境保护等规划的对接。积极参与中国经济新支撑带的规划建设，充分发挥江河交汇的区位和交通优势，全面开展对沿江、沿河、沿湖经济发展战略性资源的规划控制和整合利用，努力把扬州打造成为长江经济带的重要节点城市。积极推进宁镇扬同城化，推动建立完善包括教育、文化、卫生、体育等公共服务机构、行业协会和商会等在内的全方位、宽领域、多层次的协调交流合作机制，在重大交通基础设施工程、城际客运公交化和城市公共交通一体化以及推动与南京、镇江接壤且基础较好的区域加快融合发展上首先突破，积极探索同城化发展新模式、新路径和新机制。

6. 以重大交通基础设施建设推进跨江融合发展。坚持重大交通基础设施先行，打造“长三角一小时、宁镇扬半小时”区域快速交通圈，构建与苏南和长三角核心区无缝对接的快速化、通勤化交通网络，加快形成以轨道交通、高速公路和高等级航道为骨干的现代综合交通运输体系，把扬州建设成为长江北岸重要的综合交通枢纽和区域物流中心。加快推进连淮扬镇铁路开工建设，完成宁启铁路复线扬州段电气化改造，推动宁启铁路与京沪高铁联络线建设，做好宁扬和扬镇城际轨道交通项目规划建设工作，打造连接高铁南京南站、镇江站的快速通道。加快推进京沪高速公路扩容及南延过江通道、沪陕高速公路江广段和扬州西北绕城高速公路扩容等工程。积极推动长江-12.5米深水航道工程、内河干线航道建设，加快扬州港建设并积极推动与南京港、镇江港合作发展。加强重要交通通道沿线和周边区域的规划控制，重点抓好连淮扬镇铁路扬州枢纽站建设，统筹规划好综合交通枢纽区域的开发建设，主动承接苏南辐射，大力发展道口经济，高起点、高标准建设生态科技新城和广陵新城，将该区域打造成为吸纳、承接苏南、上海产业和创新资源转移的先导区、核心区。推动市区环城高速公路管理模式创新，高效合理利用环城高速公路资源。

7. 积极推进产业科教跨江合作。主动承接上海和苏南产业转移，重点在汽车、机械、化工、船舶、新能源、新光源等产业领域与上海、苏南开展跨地区合作，建设先进制造业基地。加强与苏南服务业优势互补、功能衔接、联动发展，加快发展软件与信息服务业、文化创意产业、现代物流等契合扬州名城特质的产业。加强区域间旅游合作，共同开辟精品旅游线路，打造区域旅游品牌，努力把扬州建设成为国际著名旅游目的地。加强现代农业领域合作，促进农产品有序流通。

推动园区合作共建。构建跨江联动合作开发体制机制，建立以资本为纽带、项目为载体、市场为支撑的共建共享、合作开发新模式、新机制。加快推进扬州经济技术开发区与上海张江高科技园区、扬州高新技术产业开发区与武进国家高新技术产业开发区、江都经济开发区与常熟经济技术开发区、高邮经济开发区与苏州高新区、宝应经济开发区与吴中经济技术开发区，以及我市其他开发园区与上海、苏南开发园区开展结对共建。推动仪征汽车产业园与上海汽车集团进一步深化、扩大合作，共建国家级品牌轿车和汽车零部件生产基地。加快化工园区“海峡两岸绿色石化产业合作区”建设。引进苏南园区、企业参与海峡两岸（扬州）农业合作试验区建设。

推动科教资源合作共享。深入开展“科教合作新长征”行动，深化与北京中关村的战略合作，探索建立与上海和苏南地区高校、科研院所、高新园区的合作机制和区域人才共享机制，加强区域间重大科技创新载体、科学仪器设备、科技信息资源共建共享。加快专业园区和科技产业综合体建设，吸引苏南产业创新资源和高校院所落户扬州。加快建设扬州工业技术研究院、扬州国际技术转移及科技成果转化中心。推进扬州高新技术产业开发区创建国家高新区、各县（市、区）争创省级高新区。建立区域性空间、人口、经济等数据信息统一收集、成本共担与跨地区共享机制。

坚持以开放促改革。推进开放型经济体制机制创新，积极策应长三角区域一体化、江苏沿海地区发展、苏南现代化建设示范区三大国家战略，在国家对外开放大布局中抓机遇创优势。加强与中国（上海）自由贸易试验区的对接合作，主动接受辐射，更好地分享“溢出效应”，在更高层次上实现借力发展，在“负面清单”管理、海关特殊监管等领域实现借鉴创新，倒逼行政管理体制改革。推进开发园区转型升级，推动江都、仪征经济开发区争创国家级开发区，扬州出口加工区争创综合保税区，加快扬州泰州机场实现一类航空口岸开放，探索空港产业园对外合作建设的新模式、新机制。创新招商引资方式方法，深入推进“530”招商行动计划，强化对招引外资重大项目的考核，以及对开发园区合作共建、科技产业综合体建设、开发园区和重点工业集中区集聚外资项目的考核，推进招商引资和园区建设加快转型。

三、加快实现城市治理体系和治理能力现代化

8. 优化城市治理体系。进一步巩固完善现代化大扬州“一核多组团”功能布局，推进各区、各功能区形成发展定位清晰、功能明确、权责一致、治理有效的行政管理体系。加快建立市、区两级财力与事权责任相匹配的财税管理体制和市区各功能区投入收益平衡机制，按照“规划要管住、设计要放活”的要求进一步理顺市、区两级规划管理职责，强化城市主干道路和主要河道、地上线网和地下管网“两道两网”的统筹规划、统一监管，推动城市规划建设管理重心下移和区级政府“同级同权同责”。扩大功能区、开发区、重点中心镇经济社会管理权限。

9. 着力建设服务型政府。全面正确履行政府职能。深化行政审批制度改革，推进实施行政审批事项减章、减时、减负、提效“三减一提”效能提升行动，建立重大项目审批代办制、领办制和限时办结制，简化审批程序，提高审批效率。更好发挥政府作用，推动经济转型升级，规范市场秩序，促进经济持续健康发展。创新行政管理方式，强化公共服务、市场监管、社会管理、环境保护等职责，提高公共服务的质量和水平。加快政务服务体系建设，强化对市民、企业、旅游旅行者的服务，坚持每年制定改善民生1号文件、服务企业2号文件，不断提高行政服务水平。积极推进行政服务国家级标准化试点工作。

优化政府组织结构和运行机制。推进新一轮政府机构改革和职能转变，科学规范部门职责，优化政府机构设置、职能配置、工作流程。精简和规范各类议事协调机构及其办事机构。完善决策权、执行权、监督权既相互制约又相互协调的行政运行机制，提高政府运行透明度，健全政务公开和新闻发布制度。坚持科学发展和区域功能导向，完善发展成果考核评价体系。加快事业单位分类改革。

深化投资体制改革。转变政府投资管理职能，确立企业投资主体地位。进一步开放投资领域，培育和吸引多元化投资或运营主体，打破行业垄断、部门分割和地方保护。改善投资管理方式，引导社会投资活动，促进投资结构优化。加强投资市场监管，强化节能节地节水、环境、技术、安全等市场准入标准，完善投资市场监测预警系统。

推进财税体制改革。实施全面规范、公开透明的预算制度，实行全口径预算管理体系，推进预决算公开。建立健全地方债务管理及风险预警机制，逐步将政府债务纳入财政预算管理并建立健全偿债机制，推进镇村债务有效化解。完善财政资金配置机制，增量资金优先用于民生投入和惠农投入。

10. 发展社会主义民主政治。推动人民代表大会制度与时俱进。坚持和完善人民代表大会制度，保障各级人民代表大会和人大代表有效行使宪法和法律赋予的各项职权。发挥人大及其常委会法律监督、工作监督职能作用，促进“一府两院”依法行政、公正司法，重点加强对民生类、城建类、产业发展扶持类等财政支出预算绩效的监督。进一步完善人大工作机制，通过座谈、听证、询问、评测等途径扩大公民有序参与，回应社会关切，实现重大事项民主决策、科学决策。完善并用好人大代表与选民“统一见面日”等载体，多形式、多渠道加强人大及其常委会同人大代表、人大代表同人民群众的联系。

推进协商民主广泛多层制度化发展。突出经济社会发展重大问题和涉及群众切身利益的实际问题，在全社会开展广泛协商，坚持协商于决策之前和决策实施之中。积极构建程序合理、环节完整的协商民主体系。发挥人民政协作为协商民主重要渠道作用，积极推进政治协商、民主监督、参政议政制度化规范化程序化。鼓励和支持各民主党派发挥界别优势和智力优势参政议政。

积极发展基层民主。进一步完善基层民主制度，开展形式多样的基层民主协商，提升群众在城乡社区治理、基层公共事务和公益事业中依法自我管理、自我服务、自我教育、自我监督能力。健全企事业单位和社会组织民主管理制度。

加快建设法治扬州。坚持依法治国、依法执政、依法行政共同推进，坚持法治国家、法治政府、法治社会一体建设。维护宪法法律权威，加强法治文化建设，增强全民法治观念，促进社会公平正义。完善规范性文件、重大决策合法性审查机制。深化行政执法体制、司法体制改革，推进执法公开、审判公开、检务公开，规范和细化自由裁量权。实施诉访分离，落实涉法涉诉信访依法终结制度。

强化权力运行制度制约和监督体系。构建决策科学、执行坚决、监督有力的权力运行体系，规范各级党政主要领导干部职责权限，依法公示部门权力清单、公开权力运行流程，建立健全行政权力网上公开透明运行机制。落实党风廉政建设责任制，党委负主体责任、纪委负监督责任，制定切实可行的责任追究制度，更好发挥纪委党内监督专门机关作用。完善党的纪律检查工作双重领导体制，强化上级纪委对下级纪委的领导，查办腐败案件以上级纪委领导为主，线索处置和案件查办必须向上级纪委报告，各级纪委书记、副书记的提名和考察以上级纪委会同组织部门为主。健全监督机制，坚持和完善“三公开三报告”、县处级党政正职向市委全会汇报廉洁从政、“三直接”十大环节操作规范等制度规定。

健全改进作风常态化制度。深入开展党的群众路线教育实践活动，反对形式主义、官僚主义、享乐主义和奢靡之风。以服务对象为重点，不断丰富“三下三联三交”活动形式和内涵，推动联系服务群众制度常态化。严格执行中央和省委关于厉行节约反对浪费、精简会议文件、改进公务接待、加强因公出国(境)管理、规范办公用房和公务用车等一系列制度规定，严格控制会议、文件和简报数量，严格执行年度工作计划安排。

11. 创新社会治理体制。改进社会治理方式，坚持“党委领导、政府负责、社会协同、公众参与、法治保障”，推进网格化管理、社会化服务、系统化治理，在畅通群众诉求、化解社会矛盾、强化安全监管、应对媒体舆论等方面建立完善科学有效、衔接顺畅的体制机制。激发社会组织活力，积极扶持社会组织发展，鼓励和引导社会各方面参与社会事务和公共事务，完善政府购买社会组织服务项目指南，加大社会组织成果转化和政府购买力度。创新有效预防和化解社会矛盾体制，健全重大决策社会稳定风险评估机制，建立畅通有序的诉求表达、心理干预、矛盾调处、权益保障机制。完善互联网管理体制，加强网络法制建设和舆论引导，确保网络信息传播秩序和国家安全、社会稳定。强化公共安全体系建设，深入推进食品药品安全监管体制改革，健全社会治安防控体系，建立完善市级安全生产隐患排查治理体系和预防控制体系，着力抓好城市防洪排涝、城市污水管道联网、市区化工企业搬迁、高层防火特勤站建设等重点工程，消除城市运行安全隐患。

四、健全城乡发展一体化体制机制

12.加快构建新型农业经营体系。坚持家庭经营在农业中的基础性地位，积极培育新型农业经营主体，推进家庭经营、集体经营、合作经营、企业经营等共同发展的农业经营方式创新。稳定农村土地承包关系并保持长久不变，保护农民合法土地权益，赋予农民对承包地占有、使用、收益、流转及承包经营权抵押、担保权能，允许农民以农地承包经营权入股发展农业产业化经营。建立健全土地流转市场服务平台和纠纷调解仲裁体系，鼓励农民承包经营权在公开市场向新型农业经营主体流转，鼓励有条件的镇、村整村整组集中流转土地，鼓励和引导工商资本到农村发展适合企业化经营的现代种养业，推进农业规模化、专业化、现代化经营。

13.赋予农民更多财产权利。坚持农村土地集体所有权，依法维护农民土地承包经营权，到2016年底全市基本完成确权登记颁证工作。保障农民集体经济组织成员权利，积极发展农民股份合作，赋予农民对集体资产股份占有、收益、有偿退出及抵押、担保、继承权，固化农民在村里的原有各项收益权，将集体资产折股量化到人(户)。保障农户宅基地用益物权，改革完善农村宅基地制度，慎重稳妥推进农民住房财产权抵押、担保、转让，增加农民财产性收入渠道。在尊重农民意愿和维护农民合法权益的基础上，鼓励引导各地将农民集体资产所有权、土地承包经营权、宅基地及住房置换成股份合作社股权、社会保障和城镇住房。深入实施全域土地整理，积极申报国家城镇低效用地再开发试点，加快“统筹城乡200万亩高标准基本农田”项目建设，改进城乡建设用地增减挂钩指标使用方式。实行征地补偿费用预存制度，落实征地补偿标准动态调整机制，将被征地农民全部纳入城镇社会保障体系。建立农村产权流转交易市场，促进交易公开、公正、规范运行。

14.推进城乡社会事业改革发展。推进文化体制机制创新。支持文化产业发展，鼓励以知识产权等智力成果出资，放宽名称核准条件，放宽企业住所限制。推进资源整合，鼓励工艺美术集团等文化企业跨地区、跨行业、跨所有制兼并重组，积极争取上市融资。鼓励社会力量、社会资本参与公共文化服务体系建设，培育文化非营利组织，引导各类文化机构参与公共文化服务。鼓励海内外文化机构来扬发展，积极吸收借鉴国内外优秀文化成果，引进有利于我市文化发展的人才、技术、经营管理经验。

推动教育领域综合改革。实行公办学校标准化建设和校长教师交流轮岗等制度，促进城乡学前教育优质普惠发展、义务教育优质均衡发展。对市区教育管理体制进行调整、教育布局进行优化。推进高中教育管理体制改革，实施普通高中质量提升、特色建设和“攻尖”行动计划，健全培养拔尖创新人才的体制机制，提升高中整体办学水平。优化整合职业教育资源，增强职业教育服务地方经济发展的能力。实现扬州职业大学升本，组建旅游类职业技术学院，支持每个县(市)办好一所职业技术学院(校)，支持扬州大学等驻扬高校建设和发展，深化校地合作。建立困境儿童保障和关爱机制，设立助学专项救助基金。

完善促进就业创业体制机制。建立城乡一体的就业创业服务体系，推动实现更加充分更高质量就业。落实农民就业失业登记、求职登记、创业服务和农村困难家庭就业援助制度，积极援助各类就业困难群体实现充分就业。完善并落实鼓励创业的扶持政策，用足用好创业引导资金，努力在小微企业税收、小额担保、创业补贴、创业孵化基地建设以及支持高校毕业生自主创业等政策方面有较大突破。

深化收入分配制度改革。大力实施居民收入倍增计划。着重保护劳动所得，完善工资决定、正常增长机制和支付保障机制，完善企业工资集体协商、工资指导线制度，根据经济发展和物价变动等因素适时调整最低工资标准。改革机关事业单位工资和津贴补贴制度。增加居民财产性收入。完善以税收、社会保障、转移支付为主要手段的再分配调节机制，加大税收调节力度。完善慈善捐助减免税制度，支持慈善事业发挥扶贫济困作用。

完善城乡社会保障制度。推进市区社会保障和民生福利“同城同步同标”，做好城乡居民、企业职工基本养老保险和被征地农民基本生活保障政策之间的转换对接工作。坚持社会统筹和个人账户相结合的基本养老保险制度，健全多缴多得激励机制，建立合理兼顾各类人群的社会保障待遇确定和正常调整机制。统一城乡居民基本医疗、大病保险制度，切实减轻群众负担。完善社会保险关系转移接续政策，统筹城乡和异地就医结算。

推进医药卫生体制改革。以改革补偿机制和落实医院自主经营管理权为切入点，推进公立医院综合改革试点。改革城乡卫生服务模式，完善基层卫生机构运行机制，扩大基本药物制度实施范围。鼓励社会办医，合理划分不同类别医疗机构的功能定位，形成相互补充、相互竞争、共同发展的新格局。

15.完善城镇化健康发展体制机制。完善发展规划，构建中心城市和县城镇、重点中心镇、一般镇协同发展的城镇体系，优化调整城镇产业布局，建立与城镇体系相适应的产业体系，推进产城融合发展。在科学确定全市村庄布点和数量的基础上，打造新型农村社区，推进美丽乡村建设。把促进有能力在城镇稳定就业和生活的常住人口有序实现市民化作为城镇化的首要任务，进一步降低中心城市落户门槛，全面放开县城镇、中心镇落户限制。全面实施流动人口居住证制度，出台与居住证相配套的公共服务政策。推进高邮市、宝应夏集镇、生态科技新城杭集镇、江都邵伯镇全国城镇发展改革试点、江都小纪镇省经济发达镇行政管理体制改革试点以及江都全省农村改革试验区建设，在每个县(市、区)集中力量推进1～2个城镇化综合改革试点。拓宽城镇化融资渠道，积极争取通过发债等多种方式拓宽城市建设融资渠道，允许社会资本通过特许经营等方式参与城市基础设施投资和运营，探索建立城市基础设施、住宅政策性金融机构。

16. 加强生态文明制度建设。完善生态环境源头保护制度，全面落实主体功能区规划，优化国土空间布局和形态，实行最严格的总量控制和管理制度，严守生态红线，建立完善重大规划和建设项目的环境影响评价制度。实行资源有偿使用制度和生态补偿制度，坚持使用资源付费和谁污染环境、谁破坏生态谁付费原则，加大差别化资源价格和惩罚性资源价格实施力度，完善对重点生态功能区的生态补偿机制。健全生态环境保护管理制度，完善污染物排放许可制，实行区域和企事业单位污染物排放总量控制制度，巩固全国生态市、国家森林城市创建成果，推进全国水生态文明建设试点市和全国绿色建筑试点城市建设，全面推进城乡“清水活水”工程和大气污染专项整治并建立长效机制，推进十大生态中心建设。制定符合生态文明要求的评价体系、考核机制和激励办法，把资源消耗、环境损害、生态效益等指标纳入县(市、区)和功能区经济社会发展考评体系，以生态文明建设倒逼经济发展方式转变和产业结构转型。建立多元化的生态环境保护投入机制，用好、用足城乡绿化和水生态文明建设等专项基金。

五、为全面深化改革、推进跨江融合发展提供坚强政治保证

17. 切实加强组织领导。各级党委要切实履行对全面深化改革、推进跨江融合发展的领导责任，加强对重大问题的调查研究，提高改革发展决策水平，确保各项工作有序有力推进。市委成立全面深化改革、推进跨江融合发展工作领导小组，统筹协调和督促落实各项工作。深入实施党建创新工程，激发各级党组织和党员队伍的凝聚力创造力战斗力，引导广大党员干部积极投身全面深化改革、推进跨江融合发展的伟大实践。

强化组织保证和人才支撑。坚持党管干部原则，规范干部选拔任用，严肃干部工作纪律，强化党委(党组)、分管领导和组织部门在干部选拔任用中的权重和干部考察识别的责任，改革和完善干部考核评价、竞争性选拔、优秀年轻干部培养选拔等办法，区分实施选任制和委任制干部选拔方式，不唯分、不唯票、不唯年龄、不唯GDP用人，用务实管用的制度把信念坚定、为民服务、勤政务实、敢于担当、清正廉洁的好干部选出来用起来，建立科学可持续的干部梯队。拓宽选人视野和渠道，有序推动干部跨地区跨领域跨部门交流。坚持大规模培训干部，不断提升干部抓改革促发展的能力。强化党管人才责任，全面实施人才强市战略，强力推进国家“千人计划”、省“双创”计划、“博士集聚计划”等重点人才工程，深入实施本土“绿扬金凤”计划和扬州英才培育计划、科技企业家培育工程，广泛吸引优秀人才到扬州创新创业发展。

18. 鼓励基层和群众改革探索。充分发挥人民群众的改革主体作用，尊重基层和群众的创新实践，鼓励和支持各地、各部门大胆地试、大胆地闯。及时总结群众创造的新鲜经验，充分调动群众推动改革的积极性、主动性和创造性，把广大人民群众的智慧和力量凝聚到改革实践上来。积极推进改革试点试验，江都着力全面深化改革、率先推进跨江融合发展，邗江着力优化功能布局、全面融入主城核心区，仪征着力推进宁镇扬同城化，生态科技新城和广陵新城着力打造科技和产业跨江合作新高地，瘦西湖景区着力建设世界级公园，扬州经济技术开发区着力推进跨江园区共建，宝应、高邮着力深化城镇化改革、激发活力、加速崛起。鼓励各地从实际出发，发挥特色优势，注重制度创新，针对发展中的突出问题，先行先试，为全面深化改革探索路子、积累经验。

19. 营造有利于改革的社会环境。建立健全社会参与机制，充分发挥工会、共青团、妇联等人民团体和各类社会组织作用，引导群众理解改革、支持改革、参与改革，不断巩固和扩大全面深化改革、推进跨江融合发展的群众基础。建立健全军地联席会议制度，形成军民融合发展的统一领导、军地协调、需求对接、资源共享机制。加强正面宣传和舆论引导，广泛深入宣传中央和省委、市委重大决策部署，及时回应干部群众关心的重点问题和热点问题，形成支持改革者、鼓励干事者、宽容失误者的良好氛围，最大程度汇聚推进改革和跨江融合发展的正能量。

20. 全力抓好各项改革发展任务落实。各地、各部门要结合实际，抓紧研究改革发展具体部署，制定改革发展实施方案，落实改革发展年度推进计划，分解任务、明确责任，抓好改革发展重点工作措施的组织实施。强化监督检查，抓好跟踪督办，建立定期评估制度，确保各项改革发展措施落到实处，把改革发展的蓝图变成美好现实。

全市各级党组织和广大干部群众要紧密团结在以习近平同志为总书记的党中央周围，解放思想，开拓创新，攻坚克难，真抓实干，不断开创改革发展新局面，为推进跨江融合发展、建设“三个扬州”和世界名城、谱写好中国梦的扬州篇章而共同奋斗！

重要文件目录

市委重要文件

中共扬州市委 扬州市人民政府关于加快推进民生幸福工程着力提升民生幸福水平的意见(扬发〔2013〕1号，1月18日)

中共扬州市委常委会2013年工作要点(扬发〔2013〕2号，1月10日)

中共扬州市委关于转发《扬州市人大常委会2013年度工作要点和议题安排计划》的通知(扬发〔2013〕3号，1月21日)

中共扬州市委关于转发《扬州市政协2013年度工作要点和议题安排计划》的通知(扬发〔2013〕4号，1月22

日)

中共扬州市委 扬州市人民政府关于下达2013年重大项目新开工任务指标的通知(扬发〔2013〕5号,1月29日)

关于印发《中共扬州市委关于改进工作作风、密切联系群众的实施意见》的通知(扬发〔2013〕6号,1月29日)

中共扬州市委 扬州市人民政府关于表彰扬州市首届“十大功臣”的决定(扬发〔2013〕7号,1月30日)

中共扬州市委 扬州市人民政府关于表彰2012年度市级机关综合考评先进单位和先进个人的决定(扬发〔2013〕8号,2月8日)

中共扬州市委关于中共扬州市委常委会专题民主生活会情况的报告(扬发〔2013〕9号,2月8日)

扬州市关于落实党风廉政建设责任制和推进惩防体系建设整改措施的情况报告(扬发〔2013〕10号,3月3日)

中共扬州市委 扬州市人民政府关于表彰2012年度农业农村工作综合考评先进单位、城乡一体化发展工作综合考评先进单位以及命名全市第二批社会主义新农村建设“优美乡村”的决定(扬发〔2013〕11号,3月4日)

中共扬州市委 扬州市人民政府关于表彰2012年度全市信访工作先进县(市、区)、先进单位和先进个人的决定(扬发〔2013〕12号,3月6日)

中共扬州市委 扬州市人民政府关于印发《全市深化改革创新体制工作总体方案》的通知(扬发〔2013〕13号,3月12日)

中共扬州市委 扬州市人民政府关于推进科技创新工程建设创新型城市的意见(扬发〔2013〕14号,3月20日)

中共扬州市委 扬州市人民政府关于印发《扬州市“科教合作新长征”行动计划》的通知(扬发〔2013〕15号,3月20日)

中共扬州市委 扬州市人民政府关于表彰2012年度县(市、区)党政正职考核先进单位的决定(扬发〔2013〕16号,3月20日)

中共扬州市委 扬州市人民政府关于命名2011—2012年度扬州市文明单位、文明行业、文明乡镇、文明村、文明社区的决定(扬发〔2013〕17号,4月10日)

中共扬州市委 扬州市人民政府关于下达2013年度重点工作考评目标的通知(扬发〔2013〕19号,4月23日)

中共扬州市委 扬州市人民政府关于印发《“三直接”十大环节操作规范》的通知(扬发〔2013〕20号,5月22日)

中共扬州市委关于加强和改进新形势下妇女工作的意见(扬发〔2013〕22号,5月22日)

中共扬州市委 扬州市人民政府关于印发《2013年度市级机关综合考评办法》的通知(扬发〔2013〕23号,6月26日)

中共扬州市委 扬州市人民政府关于印发《扬州市2013年度县(市、区)党政正职考核奖励工作实施方案》的通知(扬发〔2013〕24号,7月8日)

中共扬州市委 扬州市人民政府关于印发《2013年度市经济技术开发区、化工园区、新城西区、蜀冈-瘦西湖风景名胜区党政领导班子考核办法》的通知(扬发〔2013〕25号,7月9日)

中共扬州市委 扬州市人民政府关于加快交通发展的意见(扬发〔2013〕28号,8月13日)

中共扬州市委 扬州市人民政府关于加快旅游业发展的意见(扬发〔2013〕29号,8月28日)

中共扬州市委 扬州市人民政府关于节庆论坛展会摸底普查和清理规范工作的报告(扬发〔2013〕30号,9月2日)

中共扬州市委 扬州市人民政府 扬州军分区关于命名扬州市双拥模范乡镇(街道)、单位荣誉称号的决定(扬发〔2013〕32号,9月29日)

中共扬州市委 扬州市人民政府关于分类推进事业单位改革的实施意见(扬发〔2013〕33号,10月14日)

中共扬州市委 扬州市人民政府关于印发《扬州市区引进高层次人才住房保障办法》的通知(扬发〔2013〕35号,11月7日)

中共扬州市委 扬州市人民政府关于印发《关于进一步加快科技产业综合体建设集聚创新创业人才的实施办法》的通知(扬发〔2013〕36号,11月7日)

中共扬州市委 扬州市人民政府关于印发《扬州市金融支持高层次人才创业实施办法》的通知(扬发〔2013〕37号,11月7日)

中共扬州市委关于开展向张志成同志学习活动的决定(扬发〔2013〕39号,11月18日)

中共扬州市委关于建立中共扬州市委生态科技新城工作委员会和中共扬州市纪委生态科技新城工作委员会的通知(扬发〔2013〕41号,11月29日)

中共扬州市委关于全面深化改革推进跨江融合发展的意见(扬发〔2013〕42号,12月31日)

中共扬州市委 扬州市人民政府关于表彰扬州市第二届“十大功臣”的决定(扬发〔2013〕43号,12月30日)

中共扬州市委 扬州市人民政府关于成立扬州市科技创新与科教合作领导小组的通知(扬委〔2013〕18号,1月31日)

关于成立市党委系统信息化工作领导小组的通知(扬委〔2013〕31号,3月5日)

中共扬州市委 扬州市人民政府关于成立扬州市区“三拆三整治”工作指挥部的通知(扬委〔2013〕32号,3月7日)

中共扬州市委 扬州市人民政府关于成立全市深化改革创新体制工作领导小组的通知(扬委〔2013〕33号,3月15日)

中共扬州市委 扬州市人民政府关于成立江都区广播电视台整建制划转工作领导小组的通知(扬委〔2013〕35号,3月27日)

中共扬州市委关于同意召开扬州市残疾人联合会第五次代表大会的批复(扬委〔2013〕49号,4月23日)

中共扬州市委 扬州军分区关于表彰2012年度乡镇

(街道)党管武装好书记的决定(扬委〔2013〕65号,5月21日)

中共扬州市委关于成立《扬州文库》编纂工作领导小组的通知(扬委〔2013〕66号,5月27日)

中共扬州市委关于设立市委巡视工作联络组的通知(扬委〔2013〕76号,6月17日)

中共扬州市委 扬州市人民政府关于表彰扬州市"十佳政法干警"的决定(扬委〔2013〕77号,6月17日)

中共扬州市委关于同意召开中共国家税务总局税务干部进修学院委员会第一次党员大会的批复(扬委〔2013〕78号,6月26日)

中共扬州市委关于建立中共扬州市委空港新城工作委员会的通知(扬委〔2013〕79号,7月22日)

中共扬州市委 扬州市人民政府关于成立创新型城市建设工作领导小组的通知(扬委〔2013〕181号,8月14日)

中共扬州市委 扬州市人民政府关于表彰2012年度法治扬州建设先进单位的决定(扬委〔2013〕196号,9月25日)

中共扬州市委关于同意成立扬州公共外交协会的批复(扬委〔2013〕210号,10月14日)

中共扬州市委关于调整市委、市政府党员负责同志与党外人士联系交友名单的通知(扬委〔2013〕266号,11月15日)

中共扬州市委关于成立宣传思想文化工作领导小组的通知(扬委〔2013〕291号,12月5日)

市委办公室 市政府办公室关于印发《扬州市2013年双拥和国防教育工作要点》的通知(扬办发〔2013〕2号,1月30日)

市委办公室 市政府办公室关于印发《2013中国·扬州"烟花三月"国际经贸旅游节总体方案》的通知(扬办发〔2013〕3号,2月6日)

市委办公室 市政府办公室关于印发《2013年扬州市区"三拆三整治"工作方案》的通知(扬办发〔2013〕5号,2月17日)

市委办公室 市政府办公室关于表彰2012年度村庄环境整治工作先进单位的决定(扬办发〔2013〕6号,2月18日)

市委办公室 市政府办公室关于印发《2013年全市信访工作要点》的通知(扬办发〔2013〕7号,2月22日)

中共扬州市委办公室关于表彰2012年度全市党委信息工作先进单位、先进个人的决定(扬办发〔2013〕8号,2月21日)

中共扬州市委办公室 市政府办公室关于认真做好市人大代表建议和政协提案办理工作的通知(扬办发〔2013〕9号,2013年2月25日)

市委办公室 市政府办公室关于印发扬州市2013年重大项目库的通知(扬办发〔2013〕10号,2月25日)

市委办公室 市政府办公室关于明确2013年市领导联系推进重大项目的通知(扬办发〔2013〕11号,2月26日)

市委办公室 市政府办公室关于下达2013年全市农业农村重点工作和新农村建设"八大工程"目标任务的通知(扬办发〔2013〕12号,3月1日)

市委办公室 市政府办公室关于印发《扬州市区街道(乡镇)及区相关职能部门"三拆三整治"工作考核办法》的通知(扬办发〔2013〕14号,3月7日)

中共扬州市委办公室关于市有关领导分组分片挂钩联系县(市、区)、功能区相关重点工作的通知(扬办发〔2013〕15号,3月13日)

市委办公室 市政府办公室关于进一步加强基层司法所建设的意见(扬办发〔2013〕16号,3月14日)

中共扬州市委办公室关于表彰2012年度全市党委系统督查工作暨重大项目推进工作先进单位和先进个人的决定(扬办发〔2013〕17号,3月21日)

市委办公室 市政府办公室关于印发《扬州市委、市政府领导班子成员2013年度党风廉政建设责任分工》和《扬州市各县(市、区)2013年度党风廉政建设重点工作责任分解意见》的通知(扬办发〔2013〕18号,3月22日)

市委办公室 市政府办公室关于印发《2013年"三公开三报告"电视直播活动实施方案》的通知(扬办发〔2013〕19号,4月7日)

中共扬州市委办公室转发市关工委《关于贯彻落实〈省关工委工作规则〉的意见》和《2013年工作要点》的通知(扬办发〔2013〕20号,4月11日)

市委办公室 市政府办公室关于印发《2013年市级党政领导定期接待群众来访工作方案》的通知(扬办发〔2013〕21号,4月11日)

中共扬州市委办公室关于改进工作作风、规范新闻报道的实施办法(扬办发〔2013〕22号,4月15日)

市委办公室 市政府办公室关于实施新一轮低收入农户脱贫奔小康工程的意见(扬办发〔2013〕23号,4月15日)

市委办公室 市政府办公室关于印发《扬州市关于作风建设若干规定贯彻落实情况的监督检查办法》的通知(扬办发〔2013〕24号,5月8日)

市委办公室 市政府办公室关于转发《市人口和计划生育委员会、市计划生育协会关于加强基层计划生育协会建设的意见》的通知(扬办发〔2013〕26号,5月10日)

中共扬州市委办公室关于成立电子政务内网信息安全领导小组的通知(扬办发〔2013〕27号,5月15日)

市委办公室 市政府办公室关于对《扬州市区街道(乡镇)及区相关职能部门"三拆三整治"工作考核办法》进行补充修订的通知(扬办发〔2013〕28号,5月17日)

市委办公室 市政府办公室关于印发《2013年扬州市区"三拆三整治"第二战役工作方案》的通知(扬办发〔2013〕29号,5月17日)

市委办公室 市政府办公室关于进一步做好重大项目认定工作的通知(扬办发〔2013〕30号,5月18日)

中共扬州市委办公室关于加强和改进新闻宣传工作的意见(扬办发〔2013〕31号,7月9日)

市委办公室 市政府办公室关于印发《2013中国·扬州世界运河名城博览会总体方案》的通知(扬办发〔2013〕32号,7月10日)

市委办公室 市政府办公室关于印发《扬州市重大项目建设考核办法(修订稿)》的通知(扬办发〔2013〕33号,7月15日)

市委办公室 市政府办公室关于印发《市委六届五次全会工作任务分解表》的通知(扬办发〔2013〕35号,8月17日)

市委办公室 市政府办公室关于调整2013年下半年市级党政领导干部定期接待群众来访安排工作的通知(扬办发〔2013〕36号,8月17日)

市委办公室 市政府办公室关于做好生态中心规划建设工作的通知(扬办发〔2013〕37号,8月20日)

市委办公室 市政府办公室关于成立市分类推进事业单位改革工作领导小组的通知(扬办发〔2013〕41号,8月29日)

市委办公室 市政府办公室关于印发《扬州市党政机关停止新建楼堂馆所和清理办公用房工作实施方案》的通知(扬办发〔2013〕42号,9月2日)

市委办公室 市政府办公室关于成立扬州市党政机关停止新建楼堂馆所和清理办公用房工作领导小组的通知(扬办发〔2013〕43号,9月2日)

中共扬州市委办公室关于成立扬州市党政专用通信工作领导小组的通知(扬办发〔2013〕44号,8月20日)

市委办公室 市政府办公室关于转发《扬州全面建成小康社会和沿江地区基本实现现代化进程监测统计组织实施办法》的通知(扬办发〔2013〕45号,9月5日)

市委办公室 市政府办公室关于成立市创建达标评比表彰工作协调小组的通知(扬办发〔2013〕46号,9月13日)

市委办公室 市政府办公室关于成立扬州市村(居)民委员会换届选举工作指导小组的通知(扬办发〔2013〕48号,10月15日)

市委办公室 市政府办公室关于做好全市第十届村民委员会换届选举工作的实施意见(扬办发〔2013〕49号,10月15日)

市委办公室 市政府办公室关于做好全市第五届社区居民委员会换届选举工作的实施意见(扬办发〔2013〕50号,10月15日)

市委办公室 市政府办公室转发市委组织部、市人社局、市军转办《关于下达2013年军队转业干部分配计划的通知》的通知(扬办发〔2013〕51号,10月18日)

市委办公室 市政府办公室关于开展市属事业单位分类工作的通知(扬办发〔2013〕52号,10月30日)

市委办公室 市政府办公室印发《关于加强节庆论坛展会活动管理促进会展经济健康发展的实施意见》的通知(扬办发〔2013〕54号,11月7日)

市委办公室 市政府办公室关于印发《扬州市高层次人才子女就学保障实施办法(试行)》的通知(扬办发〔2013〕55号,11月7日)

市委办公室 市政府办公室关于印发《关于进一步加强高层次人才健康保健服务工作的实施办法》的通知(扬办发〔2013〕56号,11月7日)

市委办公室 市政府办公室关于进一步强化土地执法监管共同责任机制的意见(扬办发〔2013〕57号,11月13日)

市委办公室 市政府办公室关于成立市部分代管区域调整工作领导小组的通知(扬办发〔2013〕58号,12月2日)

(苏 鹏)

市政府重要文件

关于印发《扬州市市区机动车停车场管理暂行办法》的通知(扬府规〔2013〕1号,5月31日)

关于印发《扬州市发展规划管理办法》的通知(扬府规〔2013〕2号,7月5日)

关于印发《扬州市气象灾害防御实施办法》的通知(扬府规〔2013〕3号,8月16日)

关于印发《扬州市信息化管理办法》的通知(扬府规〔2013〕4号,9月13日)

关于印发《扬州市城市地下空间开发利用管理办法》的通知(扬府规〔2013〕5号,9月13日)

关于印发《扬州市市区宗教活动场所规划建设管理办法》的通知(扬府规〔2013〕6号,9月26日)

关于印发《扬州市测绘地理信息管理办法》的通知(扬府规〔2013〕7号,11月5日)

关于印发《扬州市华侨归侨侨眷权益保护办法》的通知(扬府规〔2013〕8号,11月22日)

关于《扬州市村庄环境长效管护办法》的通知(扬府规〔2013〕9号,11月22日)

关于印发《扬州市城乡规划管理办法》的通知(扬府规〔2013〕10号,12月24日)

关于公布规范性文件清理结果的决定(扬府令84号,10月24日)

关于下达2013年为市区人民办实事事项的通知(扬府发〔2013〕1号,1月21日)

关于印发扬州市人力资源和社会保障事业发展十二五规划的通知(扬府发〔2013〕7号,1月14日)

关于授予宋群华等56名同志扬州市工艺美术大师称号的决定(扬府发〔2013〕8号,1月15日)

关于印发2013年扬州市区住房保障实施方案的通知(扬府发〔2013〕9号,1月17日)

关于授予2012年度扬州市科学技术奖的决定(扬府发〔2013〕13号,1月24日)

关于开展重大城建项目会战年活动的实施意见(扬府发〔2013〕16号,1月29日)

关于蜀冈-瘦西湖风景名胜区代管区域扩容的通知(扬府发〔2013〕20号,1月29日)

关于开设重大城建项目行政办事服务事项"绿色通道"的实施意见(扬府发〔2013〕21号,1月29日)

关于认真做好全市第三次全国经济普查工作的通知(扬府发〔2013〕22号,1月31日)

关于蜀冈-瘦西湖风景名胜区代管区域扩容的实施意见(扬府发〔2013〕23号,1月31日)

关于表彰扬州市第二届青少年科技创新市长奖的决定(扬府发〔2013〕28号,2月16日)

关于推进企业技术改造的实施意见(扬府发〔2013〕37号,2月26日)

关于公布2012年度全市工业百强企业的通知(扬府发〔2013〕41号,3月5日)

关于培育规模骨干工业企业的意见(扬府发〔2013〕43号,3月5日)

关于2013年度推进依法行政的工作意见(扬府发〔2013〕54号,3月22日)

关于深入推进放心消费创建工作的意见(扬府发〔2013〕59号,4月7日)

关于加快推进质量强市建设的意见(扬府发〔2013〕62号,4月16日)

关于基本建设项目并联审批的实施意见(扬府发〔2013〕85号,5月16日)

关于公布市级行政执法主体的通知(扬府发〔2013〕95号,6月4日)

关于印发《扬州市人民政府工作规则》的通知(扬府发〔2013〕109号,6月18日)

关于进一步加强全市道路交通安全工作的实施意见(扬府发〔2013〕111号,6月17日)

关于印发《扬州市2013年度县(市、区)经济社会发展综合考评办法》的通知(扬府发〔2013〕115号,6月28日)

关于坚持科学发展全面提升安全发展水平的实施意见(扬府发〔2013〕117号,6月26日)

关于推进机械装备产业加快发展的实施意见(扬府发〔2013〕121号,7月4日)

关于推进汽车产业加快发展的实施意见(扬府发〔2013〕122号,7月4日)

关于印发《重大项目审批"绿色通道"试行办法》的通知(扬府发〔2013〕132号,7月18日)

关于建立扬州市空港新城管理委员会的通知(扬府发〔2013〕137号,7月22日)

关于印发扬州市行政效能问责暂行办法的通知(扬府发〔2013〕143号,8月14日)

关于进一步加强统计基层基础工作的实施意见(扬府发〔2013〕151号,8月14日)

关于加快旅游度假区建设的实施意见(扬府发〔2013〕159号,8月28日)

关于促进工业集中区整合提升特色发展的意见(扬府发〔2013〕162号,9月13日)

关于加快城市地下空间开发利用的实施意见(扬府发〔2013〕166号,9月23日)

关于向广陵区下放和归还第二批行政权力事项的通知(扬府发〔2013〕168号,9月25日)

关于取消和调整一批市级行政审批项目的通知(扬府发〔2013〕169号,9月25日)

关于印发扬州市创新型城市建设推进计划(2013—2015年)的通知(扬府发〔2013〕171号,10月8日)

关于印发《扬州市价格异动应急预案》的通知(扬府发〔2013〕176号,10月14日)

关于积极培育市场需求促进市区房地产业持续健康发展的意见(扬府发〔2013〕187号,11月4日)

关于印发扬州市控制温室气体排放近期(2013-2015年)行动计划的通知(扬府发〔2013〕193号,11月11日)

关于将扬州市新城西区管理委员会更名为扬州市生态科技新城管理委员会的通知(扬府发〔2013〕198号,11月27日)

关于市部分代管区域调整的通知(扬府发〔2013〕200号,12月2日)

关于市部分代管区域调整工作的实施意见(扬府发〔2013〕201号,12月2日)

关于开展减章减时减负提效行政效能提升行动的意见(扬府发〔2013〕202号,12月5日)

关于加快电子商务发展的若干意见(扬府发〔2013〕207号,12月16日)

关于进一步聚力发展全市软件和信息服务业的意见(扬府发〔2013〕211号,12月18日)

关于农贸市场提档升级工作的实施意见(扬府发〔2013〕213号,12月17日)

关于加快扬州港"亿吨大港,百万标箱"建设的实施意见(扬府发〔2013〕216号,12月18日)

关于加快发展现代金融业的意见(扬府发〔2013〕223号,12月27日)

关于扶持发展扬州非物质文化遗产产业的意见(扬府发〔2013〕227号,12月31日)

关于支持传统商贸业和加快现代物流业发展的意见(扬府发〔2013〕228号,12月31日)

关于加快发展健康和养老服务产业的实施意见(扬府发〔2013〕229号,12月31日)

关于2014年全市绿化工作的意见(扬府发〔2013〕231号,12月31日)

关于加强工业园区用地差别化管理促进转型发展的意见(试行)(扬府发〔2013〕234号,12月31日)

关于调整蜀冈-瘦西湖风景名胜区财政体制的通知(扬府发〔2013〕235号,12月31日)

关于明确生态科技新城财政体制的通知(扬府发〔2013〕236号,12月31日)

关于促进全市村经济合作社规范发展的意见(扬府办发〔2013〕26号,2月7日)

关于进一步加强市级预算经费管理的通知(扬府办发〔2013〕27号,2月16日)

关于明确市区两级城市管理事权的通知(扬府办发〔2013〕32号,2月25日)

关于进一步加强市区物业管理工作的意见(扬府办发〔2013〕44号,3月14日)

关于加快推进高效设施农业保险工作的意见(扬府办发〔2013〕50号,3月22日)

关于进一步加强校车安全管理的意见(扬府办发〔2013〕55号,3月29日)

关于扶持家禽业稳定发展的意见(扬府办发〔2013〕73号,4月26日)

关于转发市发改委市财政局全市园区循环化改造推进工作方案的通知(扬府办发〔2013〕75号,4月28日)

关于印发《扬州市区物业管理考核办法》的通知(扬府办发〔2013〕77号,4月28日)

关于印发《文昌路公交快线工程实施方案》的通知(扬府办发〔2013〕98号,6月6日)

关于印发《改善文昌阁地区交通拥堵问题方案》的通知(扬府办发〔2013〕99号,6月5日)

关于印发《文昌阁周边地区交通综合整治中环疏解工程方案》的通知(扬府办发〔2013〕109号,7月1日)

关于印发《新城河综合整治工程方案》的通知(扬府办发〔2013〕110号,7月1日)

转发市财政局关于加快发展注册会计师行业实施意见的通知(扬府办发〔2013〕114号,7月8日)

关于印发《扬州市城市河道环境综合整治实施意见》的通知(扬府办发〔2013〕118号,7月22日)

关于深入推进全市数字城市地理空间框架建设工作的意见(扬府办发〔2013〕124号,8月5日)

关于进一步规范全市高速公路危险化学品运输车辆交通事故应急处置工作的实施意见(扬府办发〔2013〕126号,8月6日)

关于加强乡镇水利(务)站建设的意见(扬府办发〔2013〕129号,8月12日)

关于印发《扬州市城市环境综合整治行动实施方案》的通知(扬府办发〔2013〕130号,8月13日)

关于印发《财政支持企业发展政策管理办法》的通知(扬府办发〔2013〕133号,8月14日)

关于印发市属企业国有资本经营预算编制方案的通知(扬府办发〔2013〕142号,9月12日)

关于推进政府专项资金绩效管理改革的意见(扬府办发〔2013〕144号,9月17日)

关于进一步规范全市房屋征收(拆迁)工作的意见(扬府办发〔2013〕146号,9月22日)

关于进一步加强住房公积金缴存管理促进缴存公平的意见(扬府办发〔2013〕155号,10月15日)

关于加强全市河道管理"河长制"工作的实施意见(扬府办发〔2013〕157号,10月17日)

关于做好我市预决算公开工作的通知(扬府办发〔2013〕159号,10月24日)

关于印发《扬州市大气重污染预警与应急预案》的通知(扬府办发〔2013〕160号,10月24日)

转发市房管局等六部门关于强化市区住宅小区物业管理通知的通知(扬府办发〔2013〕170号,11月21日)

关于印发《扬州市土地整治项目管理规定(暂行)》的通知(扬府办发〔2013〕171号,11月26日)

关于印发《扬州市级政府性债务管理暂行办法》的通知(扬府办发〔2013〕172号,11月29日)

关于进一步加强城市基础设施项目建设和管理的意见(扬府办发〔2013〕175号,11月29日)

转发市国资委等部门关于妥善解决国有企业职教幼教退休教师待遇问题实施意见的通知(扬府办发〔2013〕179号,12月9日)

关于推进政府购买公共服务工作的指导意见(扬府办发〔2013〕192号,12月31日) (顾友红)

书目

2013年扬州籍作者出版的部分图书

难忘初心:星云与扬州/马越著/江苏人民出版社

站在文学的窗口眺望/王向东著/江苏人民出版社

比邻而居/成难著/江苏人民出版社

大清盐商/王资鑫著/山东人民出版社

呼喊的火焰/北门著/江苏人民出版社

李光荣当村官/周荣池著/江苏人民出版社

又是荷藕飘香时/赵征溶著/江苏人民出版社

花牌楼/周国汉著/江苏人民出版社

月亮很淡的晚上/袁华著/江苏人民出版社

韵雨敲窗:凌露诗词曲联选集/凌露著/中国诗词联楹出版社

跟着蒲公英旅行/丁云著/江苏人民出版社

康乾时期扬州界画流派研究/顾志红著/江苏人民出版社

图说扬州:周泽华摄影扬州作品集/周泽华著/凤凰出版社

扬州民间美术类非物质文化遗产研究:以扬州剪纸为例/王莲、王秀著/江苏人民出版社

刘少椿琴谱书法选/王鹏主编/中国书店

传统艺术与文化传统/长北著/福建教育出版社

人文江南关键词/刘士林主编/上海音乐学院出版社

江南文化的诗性阐释/刘士林编著/上海音乐学院出版社

商务新论/汪振和、宦洪云著/江苏人民出版社

诗书画三人行/文功主编/华夏国学出版社

百花诗画集/姚树元、赵钲著/中国文联出版社

邵长光印存/邵景康、杨鹏主编/中国书画出版社

广陵家筑:扬州传统建筑艺术/张理晖著/中国轻工业出版社

扬州经济社会发展报告/丁纯主编/社会科学文献出版社

野菊/张美林著/南京师范大学出版社

艺术架起友谊之桥:朱晨光中美文化交流30年照片

回忆录/朱晨光、陈致编著/上海文化出版社

朱晨光画集/朱晨光著/上海人民美术出版社

扬州张宽画集/张宽著/时代文化出版社

吕政澄书印册/吕政澄著/中国书画出版社

2013年广陵书社出版的部分图书

江苏地方文献书目/江庆柏主编

国朝献征录/〔明〕焦竑著

清代文选学名著集成/许逸民编

古逸丛书/〔清〕黎庶昌辑

续古逸丛书/张元济辑

帛书老子通解/张骏龙著

扬州画派精品集/沈晓平主编

嘉靖吴江县志/吴江区档案局、吴江区地方志办公室编

黄慎艺术珍品集/王苏平编

钱柳说汇/吴正明、李烨辑

京杭大运河史略/徐从法著

水经注捃华/黄忏华著

金陵书局本三国志/〔晋〕陈寿著

孤本孝经贯注/〔明〕瞿罕著

中国历代法制典/广陵书社编

中国历代历象典/广陵书社编

中国历代兵政典/广陵书社编

扬州名人传(“扬州地方文献丛刊”第二辑)/张连生编

扬州文化研究论丛(第十一辑)/赵昌智主编

树人学生晨读日记/葛星明著

京杭大运河史略/徐从法著

扬州剪纸/刘爱国主编

吴中小志续编/〔明〕文震孟等著 陈其弟点校

香乘/〔明〕周嘉胄撰

健康生活百科谈/钟为新编

扬州八怪笺谱/广陵书社编

繁华见风物——扬州民间工艺/沈蓓著

扬州学派研究论文选/赵昌智主编

影宋本陶渊明诗集/〔晋〕陶渊明

影宋本李贺歌诗编集/〔唐〕李贺

十竹斋笺谱(诗笺)第二辑/广陵书社编

温飞卿、韦庄诗集/〔唐〕温庭筠、韦庄著

元微之诗集/〔唐〕元稹著

韩昌黎诗集/〔唐〕韩愈著

刘梦得、柳河东诗集/〔唐〕刘禹锡、柳宗元著

历代家训/广陵书社编

天工开物/〔明〕宋应星著

近思录 传习录/〔宋〕朱熹/〔明〕王守仁著

世说新语/〔南朝·宋〕刘义庆著

秦观诗词选(“文华丛书”)/〔宋〕秦观著

杜牧诗选(“文华丛书”)/〔唐〕杜牧著

扬州弹词·双金锭/张慧依原著 尚梦、祁淑慧整理

题录

经　济

扬州市江都区农业基本现代化发展状况与对策思考/刘启翔/经济研究导刊/2013-01-05

第三方物流企业市场拓展模式创新思路探析——基于扬州市本土第三方物流企业的研究/陆剑/经营管理者/2013-01-05

农行国际业务发展现状及对策——来自农业银行扬州广陵支行的调查报告/金跃明/现代金融/2013-01-10

城市森林游憩的生理保健价值及资源开发——以扬州市为例/李强/中南林业科技大学学报/2013-01-15

农民专业合作社发展中存在的问题与对策——以扬州市为例/黄贝芬、熊玉梅、刘畅、孙锐敏、陈菡苕/农村经济与科技/2013-01-15

扬州市邗江区农业面源污染现状与对策浅析/刘宇庆、刘燕、杨晓东、陈静、刘金龙/农学学报/2013-01-20

关于民间资本进入银行业的思考与启示——以江苏省扬州市为例/汤雁/金融纵横/2013-01-20

扬州旅行社服务与管理/王兆成、钱香林/中国旅游报/2013-01-21

健全农村土地股份合作制的探索——以扬州市江都区为例/金丽馥、李章垠、黄佰行/江苏农业科学/2013-01-25

江苏扬州钢贸企业生存发展状况调查启示/陈燕/法制与经济(下旬)/2013-01-25

浅析扬州中宝制药逆向物流发展的障碍及对策/包圣涛/湖北广播电视大学学报/2013-02-01

打造“科教合作”的“扬州模式”/过国忠/科技日报/2013-02-01

扬州市蔬菜平价店管理问题分析/赵阳阳、孙娟、舒欣、孙丹、邵润松、刘伟忠/经济研究导刊/2013-02-05

APP客户端软件设计应用与扬州古城旅游推介/李丽、孔祥军/科技信息/2013-02-05

强势推进抓基础贴近市场促营销——农业银行扬州邗江支行2012年市场营销取得丰硕成果/潘凌云、翁永彪/现代金融/2013-02-10

妇女创业小额担保贷款调查报告——基于江苏省扬州市妇女创业小额担保贷款扶持政策研究/张亚维、仝时、帅琪/金融纵横/2013-02-20

浅谈业主在工程总承包管理及工程监理模式中的重要作用——以扬州大学新校区建设为例/靖崇祥/建设监理/2013-02-20

扬州太阳能光热之困/许意强/中华建筑报/2013-02-22

扬州光伏企业抢占“屋顶”/邹平/江苏经济报/2013-02-23

如何以人为本创建平安农行——以农业银行扬州分

行为例/费中根/现代金融/2013-03-10

扬州市江都区农产品质量安全建设取得的成效及对策/卢有红、李红兵、竺云、谈薇、徐健、吴丽华/现代农业科技/2013-03-10

基于公路货运站场的协同物流系统研究——以扬州市为例/童正纲/物流工程与管理/2013-03-15

扬州富春的服务创新研究/焦世奇/市场周刊(理论研究)/2013-03-15

小企业牵动大未来江苏扬州扶持中小企业呈现新思路/陈燕/法制与经济(上旬)/2013-03-15

“百亿技改”敲开扬州工业经济“三重门”/蔡逸、丁立/江苏经济报/2013-03-20

新农村建设村级财务核算会计电算化的应用——以扬州市农村村级财务核算为例/方丽、茌亭亭、钱震/商/2013-03-23

集群与联盟、网络与竞合:国家级扬州经济技术开发区产业创新升级研究/连远强/经济地理/2013-03-26

关于扬州出口贸易结构优化的思考/魏少婷/扬州职业大学学报/2013-03-30

扬州历史街区微型经营的特征研究/吕凯、祁百颖/规划师/2013-04-01

扬州市导游薪酬体系调查分析/周贤慧、潘长宏、范婷/中小企业管理与科技(上旬刊)/2013-04-05

由古扬州排水及国外先进排水系统引发的思考/肖君/山西建筑/2013-04-10

农行如何应对扬州城镇化建设/中国农业银行邗江支行课题组/江苏经济报/2013-04-12

扬州漆器在室内装饰设计中的应用研究/乔维凯/现代装饰(理论)/2013-04-15

扬州推进专利质押融资贷款工作/朱雷霆/科技日报/2013-04-15

扬州借“烟花三月”劲推高端旅游/傅立钢/中国贸易报/2013-04-23

扬州城乡一体化过程中的农村土地产权流转制度创新研究——基于高邮市农村土地流转情况的调研分析/孙凤娟/赤峰学院学报(自然科学版)/2013-04-25

突破一师难求的发展瓶颈——关于扬州市建造师队伍建设的调研报告/任寿松/施工企业管理/2013-05-01

扬州新农村建设路径选择/吴兆明/江苏农村经济/2013-05-10

扬州经济技术开发区软件园产业定位及其配套政策研究/倪广顺、黄亮/改革与开放/2013-05-15

夯实农科教示范基地建设提升新农村现代牧业水平——扬州市江都区真武镇生态牧业园建设(成校农科教示范基地项目)/单云飞/科技致富向导/2013-05-20

扬州着力构建汽车名城/成吉昌、耿江波、陈骥江/中国工业报/2013-06-07

扬州光电类高新技术企业融资问题及原因探讨/陈君/商/2013-06-08

为企业发展舞旗呐喊——扬州检验检疫局服务上海大众仪征项目纪实/顾荣荣、梁枫、顾婉瑜/中国检验检疫/2013-06-10

扬州市土地利用与经济系统的协调发展评价/刘琼、吴斌、欧名豪、盛业旭/中国土地科学/2013-06-15

扬州缝纫机企业出口的现状及建议/沈王仙子/市场周刊(理论研究)/2013-06-15

论扬州漆器市场的振兴策略/朱徐一小/美与时代(上)/2013-06-15

基于模糊集对分析法的土地生态安全评价——以扬州市为例/吴未、魏衍英/山西农业科学/2013-06-20

扬州激活基层发展“动力源”/吴红萱、管桂平/中国财经报/2013-06-22

扬州市人口红利的变化与开发利用策略探析/石火培、倪晓真/统计科学与实践/2013-06-25

试析城市水休闲旅游产业的经济贡献度——以扬州、宁镇扬和江苏滨水城市群间的经济势能对比为例/宋立/技术经济与管理研究/2013-06-26

扬州“老字号”企业品牌的保护与创新策略——以扬州酱菜业为例/俞国、俞维苏/江苏调味副食品/2013-06-28

扬州市新兴产业发展现状与对策研究/杨琴、徐美银/扬州职业大学学报/2013-06-30

科技创新投入对科技创新绩效的影响效应研究——以扬州市为例/薛超、胡先杰/中国集体经济/2013-07-05

用智慧与真诚,同创行业典范——扬州海沃首批服务用随车起重运输车交付使用/李鸿雁/商用汽车/2013-07-15

江苏省扬州有机农业现状及发展对策研究/李文西、毛伟、张富春、姜义、吴兵、张月平/中国农学通报/2013-07-15

用智慧与真诚,同创行业典范——扬州海沃首批服务用随车起重运输车交付使用/李鸿雁/商用汽车/2013-07-15

扬州市财政收入结构优化问题研究/李鹏宇、纪传如/农村经济与科技/2013-07-15

运河与沿线城市商业发展探析——以扬州、苏州和杭州为例/王静/城市/2013-07-25

扬州自驾车旅游发展现状研究/李慧、聂小荣/产业与科技论坛/2013-07-30

扬州城市森林休闲产业的驱动力及发展对策分析/郑永贤、薛菲、张智光/扬州大学学报(人文社会科学版)/2013-07-30

优化布局节约资源强化环保创新制度——扬州化工园区生态文明建设的实践与思考/王庆山/中国石油和化工经济分析/2013-08-01

扬州市加快推进粮食流通业现代化/姜开圣/中国粮食经济/2013-08-01

商业银行个人理财业务需求实证分析及策略——以扬州地区为例/朱扬荣/现代经济信息/2013-08-08

试论解决扬州光电类高新技术企业融资问题的对策/陈君/商业经济/2013-08-10

基于SSM法的扬州入境旅游市场结构分析/苗圃/市场周刊(理论研究)/2013-08-15

金融业对扬州市经济增长的贡献/唐彩虹/经营与管理/2013-08-15

扬州中小企业自主创新存在的问题及策略分析/唐建/中小企业管理与科技(下旬刊)/2013-08-25

苏中地区制造业产业升级的基本路径及相关因素分析——基于扬州市江都区水泥机械产业集群的考察/刘启翔/中小企业管理与科技(下旬刊)/2013-08-25

扬州集体成员界定与股份量化有讲究/吴兆明/农村经营管理/2013-09-06

家庭农场的实践探索与发展路径分析——以扬州市江都区为例/魏昭颖/江苏农村经济/2013-09-10

"扬州制造"打上质量烙印/郑建玲/中国质量报/2013-09-16

扬州市外企出资现状及监管难点对策/唐汉林、马小梅、张海波/江苏经济报/2013-09-16

江苏扬州地区农村集体财务村账乡管的历史逻辑与当前运行模式探析/陈清扬/江苏农业科学/2013-09-25

浅析宁镇扬地区物流与经济的发展/高欣/现代商业/2013-10-18

社　会

少儿图书馆延伸服务的创新举措——扬州市少儿图书馆成功举办14届"图书交换节"的实践研究/沈建勤、华斌、孙勇/河南图书馆学刊/2013-01-15

扬州广电传媒集团移动数字电视播控系统设计/徐俭/广播电视信息/2013-01-15

城市化进程中苏中地区农民社保意愿调查——基于扬州市邗江区1130份调查问卷的分析/邵俊、姚云霞/经济研究导刊/2013-01-25

扬州市区运维支撑综合网管平台的设计及实现/王寅、孙国超/中国数字电视/2013-01-25

草根精神的狂欢:地方达人秀节目中的男性形象及气质探析——以扬州电视台《扬州好佬》节目为例/周隽、王永/扬州大学学报(人文社会科学版)/2013-01-30

扬州小吃话饺面/刘映承/烹调知识/2013-02-01

扬州市城区古银杏资源调查及评价/梁惠颖、徐亚萍、何小弟、陈凤玲/天津农业科学/2013-02-01

扬州市居民住宅区停车位现状调查和治理策略研究/刘娜、陈莹/经济研究导刊/2013-02-05

扬州农民收入五年倍增计划路径研究/黄为民、陈五湖/江苏农村经济/2013-02-10

扬州市城市化进程中居民幸福感的研究与评价/束礼菊、吴文花/甘肃农业/2013-02-15

少儿图书馆服务实践与发展定位思考——以扬州市少儿图书馆为例/沈建勤/情报探索/2013-02-15

扬州地区酸雨现状及成因分析/惠学香/环境监控与预警/2013-02-15

居民交通出行方式及低碳交通理念调研报告——基于江苏省扬州市城区居民的调研分析/黄体允/统计与管理/2013-02-20

扬州市植保社会化服务现状、做法及发展思路/杨进、刘学儒、秦玉金/中国植保导刊/2013-02-20

基于土地利用的绿色交通规划浅析——以历史文化名城扬州为例/杭力/现代交通技术/2013-02-26

基于网络的学生成长信息管理系统设计——以扬州职业大学免费师范生管理系统为例/赵文金/中国教育信息化/2013-03-10

扬州农业社会化服务体系的调查与思考/郑伟/江苏农村经济/2013-03-10

扬州市民低碳环保意识行为的调查分析/张梅娟、姬婷婷/科技信息/2013-03-15

写在扬州盛会前夕/潘仲连/花木盆景(盆景赏石)/2013-03-16

农民工继续教育的困境与对策——基于扬州地区的抽样调查/王雯/科教文汇(中旬刊)/2013-03-20

古城保护的"扬州智慧"/张志刚/中国建设报/2013-03-22

"三生"理念下的新农村基础设施规划理念——以江苏扬州某村为例/王悦、王光远/上海城市管理/2013-03-25

浅谈扬州市低碳城市建设存在的问题与对策/陈谊/绿色科技/2013-03-25

刍议高职院校科研论文计量分析——以扬州职业大学为例/石继华/扬州教育学院学报/2013-03-30

扬州市江都区某中学结核病聚集性疫情调查报告/胡宏根、陈国裕/江苏预防医学/2013-03-30

扬州市近3年新甲型H1N1流感病毒HA基因分析/肖越胜、宿春虎、黄瑶、张军、彭大新/扬州大学学报(农业与生命科学版)/2013-03-30

跨鹤游扬州独享小吃美/王云、侯新庆/中老年保健/2013-04-01

生态文明开启城市未来——扬州、徐州生态城市建设启示录/苏胜利、徐宏宇、董现荣/群众/2013-04-05

扬州市行政权力网上公开透明运行系统建设的经验和思考/陈可云/中国新通信/2013-04-05

适应扬州现代服务业发展的高职经管类专业设置和优化研究——以扬州工业职业技术学院为例/蒋良骏、吕著红、孙道勇/市场周刊(理论研究)/2013-04-15

扬州市大学新生艾滋病相关知识、行为及态度调查/孙琳、韦正亚/江苏卫生保健/2013-04-15

扬州市邗江区2011年手足口病流行病学特征分析/钱学宏/江苏卫生保健/2013-04-15

扬州市区病媒生物防制可持续发展的思考/丁昊骏、吉华祥/江苏卫生保健/2013-04-15

基于IPA分析法的历史文化街区游客满意度测评研究——以扬州东关街为例/王亚辉、明庆忠、吴小伟/云

南地理环境研究/2013-04-15

少年儿童分级阅读实践与研究——以扬州市少儿图书馆为例/沈建勤/黑龙江教育学院学报/2013-04-15

江苏省内大学与城市互动的案例分析——以扬州大学与扬州市的互动为例/蔡砚秋/文学教育(中)/2013-04-15

扬州划定城市生态红线/范圣楠、李莉、闫艳、高杰/中国环境报/2013-04-15

城镇化建设中新农民生活方式的变迁及对策建议——以扬州市为例/陈茜/产业与科技论坛/2013-04-15

公共图书馆以人为本服务创新与思考——以扬州市图书馆为例/朱军/新世纪图书馆/2013-04-20

管好渣土车不妨借鉴"扬州做法"/倪方方、王佩杰、任松筠、宋金萍/新华日报/2013-04-22

三化同步促发展做优扬州后花园/尚华东、张利民/江苏经济报/2013-04-26

"大流通"服务模式:实践、问题及对策——以扬州图书馆为例/孙强/甘肃科技/2013-04-30

扬州市售婴幼儿奶粉营养标签标示情况调查/田憬若、宋玲玲、谈甜甜、孙惜时、任娇、张长江、许克俭、崔桂友/乳业科学与技术/2013-05-01

我国生态园林城市建设的思考——以扬州市生态园林城市为例/戴敏/现代园艺/2013-05-10

扬州规划打造"生态慢城"/惠万里/江苏城市规划/2013-05-28

梦想家家有快活加加油——扬州广电总台春节特别节目做实做活接地气的探索/张红军、仲铁成/当代电视/2013-06-01

扬州市提高妇幼保健服务水平的做法与体会/林萍、蒋荣华/江苏卫生保健/2013-06-15

浅析新中式居住小区景观设计——以扬州湖畔御景园小区为例/汪辉、张艳/广东园林/2013-06-15

扬州市城区内河优化换水方案研究/鲁梦江、丛海兵、王金辉、汪智霞、苏春雅/环境污染与防治/2013-06-15

慧泽民生——扬州"智慧交通"发展侧记/骆晓青/江苏通信/2013-06-15

扬州市社区心理辅导室现状调查/江澜、吉华祥、曹荣祥、丁昊骏/江苏卫生保健/2013-06-15

教育公平视角下扬州市义务教育资源均衡配置研究/陈震、韩魏、周雯林/江苏科技信息/2013-06-15

扬州高职院校现代服务业相关专业设置与优化研究/蒋良骏、焦世奇、李坚强/职教通讯/2013-06-30

扬州老城区交通改善策略/杭力/交通与运输(学术版)/2013-06-30

扬州物业管理信息化建设构想/尹锋、华宁/城市开发/2013-07-05

扬州市国民收入分配现状及对策/蒋珊、胡翔、潘涵/宏观经济管理/2013-07-08

基于SWOT分析的扬州邮政EMS客户服务优化对策研究/张海燕、孙凌杉/物流科技/2013-07-10

充分发挥平价商店在稳价惠民中的载体作用——江苏省扬州市农产品平价商店建设的实践与思考/扬州市物价局课题组、潘建民、管兴余/价格理论与实践/2013-07-25

2011年扬州市邗江区居民全死因监测分析/陈梅芳、薛安庆/医学动物防制/2013-07-25

碧水诗画扬州梦/席晶、李平、陈锋/中国水利报/2013-08-02

"扬州外滩":会呼吸的生态长廊/施科、顾晓平、马虎阳、朱栋彬/中国交通报/2013-08-06

扬州市2011—2012年无偿献血情况调查分析/朱晖/中国初级卫生保健/2013-08-10

思行结合 上下联动 全面开创扬州物业管理新时代/勾凤诚/中国物业管理/2013-09-15

五年制旅游管理专业高职人才培养模式创新实践探讨——以江苏省扬州商务高等职业学校为例/刘志/旅游纵览(下半月)/2013-09-23

扬州市市区饮用水水源地现状浅析/姜晔、束影、徐芳芳、邢志远/甘肃科技纵横/2013-09-25

环境空气质量新标准对扬州市空气质量评价结果的影响/易睿、姚阳/化学工程师/2013-09-25

文　化

游艺中的盛清城市风情——古籍善本《扬州画舫纪游图》研究/王振忠/安徽大学学报(哲学社会科学版)/2013-01-10

深化"三个认识"加强"三个实践"努力推进档案征集工作/宗金林/档案与建设/2013-01-15

扬州学术,贵在通博/胡阿祥/南京晓庄学院学报/2013-01-20

"扬州第九怪"季之光/袁谨/华人时刊/2013-02-01

机遇,"潜伏"在有准备的人身边——《就业局长"潜伏"打工探扬州用工》的采访体会和感悟/胡俭/新闻与写作/2013-02-05

横跨五省采访敏锐捕得"活鱼"——评第22届"中国新闻奖"消息一等奖作品《就业局长"潜伏"打工探扬州用工》刘保全/新闻与写作/2013-02-05

漫话扬州美食/景林/江苏地方志/2013-02-10

AURORA环境空气质量管理模型系统在扬州的应用/陈谊、郭秀冬、蒋慧/环境科技/2013-02-15

扬州剪纸艺术的发展及其现状思考/谢金之、张春霞/设计艺术(山东工艺美术学院学报)/2013-02-15

文化古城保护的"扬州智慧"/袁祥/光明日报/2013-03-11

扬州市683例出生缺陷临床分析/王静、胡南、吴万粉/中国妇产科临床杂志/2013-03-15

明代陕西商人对扬州文化的影响/杜林渊/北方论丛/2013-03-15

论江苏扬州民间灯彩的装饰色彩表现特点/邸书龙、宋宇/美与时代(上)/2013-03-15

扬州汪氏小苑:青春绮梦现场/蒋亚林/环境与生活/2013-03-15

扬州书院的教育特色和人文贡献/朱军/图书馆杂志/2013-03-15

康乾之际扬州盐官、盐商与书院/高馨/求索/2013-03-31

烟花三月,扬州声声慢/雷虎/风景名胜/2013-04-01

孙传哲在扬州的日子/曹东辉/集邮博览/2013-04-01

元杂剧《扬州梦》初探/蒋建波/内蒙古师范大学/2013-04-01

清雅秀逸的扬州漆砂砚/李志倩/中国文房四宝/2013-04-15

9个多花黑麦草品种在扬州地区的适应性研究/李秋兰、华鹤良/现代农业科技/2013-04-20

扬州市区绿化秋冬季植物应用探讨/曹兆阳、吴翠红、林生鸾、张琦/现代农业科技/2013-04-20

扬州民间美术资源的开发与应用策略/吉沐成/中学教学参考/2013-04-20

文化旅游视角下扬州名人故居开发研究/夏金花、陈肖静/四川烹饪高等专科学校学报/2013-05-10

易君左《闲话扬州》惹官司/刘宜庆/中华读书报/2013-05-15

扬州东关街造型艺术特色研究/王雯艳/南京大学/2013-05-24

扬州古筝行业的现状与思考/黄定模/演艺科技/2013-05-25

《扬州晚报》文化副刊《绿杨风》探析——以头版"扬州解密"为例/艾萍、李清/扬州大学学报(人文社会科学版)/2013-05-30

扬州叹/龚丽丽/同学少年/2013-06-01

论历史文化名城的内涵界定——以扬州为例/陈肖静/中国名城/2013-06-05

晋商的扬州迷踪/晋越、魏停/新晋商/2013-06-05

扬州漆器期待复兴的瑰宝——与扬州漆器厂老工人的对话/刘燕妮/画刊(学校艺术教育)/2013-06-15

扬州木偶服饰的研究/崔茜、田宝华/艺术科技/2013-06-15

浅析新中式居住小区景观设计——以扬州湖畔御景园小区为例/汪辉、张艳/广东园林/2013-06-15

奋力开创扬州档案事业新局面/陈扬/档案与建设/2013-06-15

扬州市江都区创新档案管理主题活动的实践与思考/孙江川/档案与建设/2013-06-15

浅谈扬州园林的营建手法在世园会地方园中的运用/唐植淦、方原/美与时代(上)/2013-06-15

论绘画市场与扬州画派艺术风格的关系/王尉/美术教育研究/2013-06-15

扬州漆器期待复兴的瑰宝——与扬州漆器厂老工人的对话/刘燕妮/画刊(学校艺术教育)/2013-06-15

烟花三月下扬州——扬州地方文化谈/吴应海/中华活页文选(初三年级)/2013-06-20

总督的蜗居扬州小盘谷/雷虎/收藏/2013-06-23

园林对现代城市建设的影响——以扬州园林为例/孙本玉/现代园艺/2013-06-25

浅析扬州雕漆工艺/陶健、杨建、张来喜、孙卫华/中国生漆/2013-06-30

回归党报本质坚守核心优势——从《扬州日报》实践看新媒体时代地市党报如何提升影响力/张志虹、周晗/中国记者/2013-07-01

寻访东关街:记忆中的老城/拓海/课堂内外(初中版)/2013-07-05

《清宫扬州御档》解读侧记/魏怡勤/档案与建设/2013-07-15

扬州盐商的儒学之道与商业伦理/高志明、古良琴/江苏教育学院学报(社会科学版)/2013-07-25

博物馆对运河城市文化的保护和展示——以杭州、苏州、扬州为中心的考察/丁芮/城市/2013-07-25

花境在扬州市瘦西湖风景区的应用/郭卓苹/绿色科技/2013-07-25

扬州市278例非综合征性耳聋患者常见耳聋基因突变检测结果分析/彭新、关兵、徐英、徐丽、李霞、张俊中、于爱民/中国眼耳鼻喉科杂志/2013-07-25

扬州雕版印刷技艺传承和保护/郑飞、张旭/中国社会科学报/2013-08-02

对高校图书馆文化环境建设的思考——以扬州市职业大学图书馆为例/佴林扬/科技视界/2013-08-05

清明扬州城 西方美人梦/张大文/中学生阅读(高中版)(上半月)/2013-08-05

谢馥春:来自扬州的"中华第一妆"/韩金萍/北京商报/2013-08-15

扬州剪纸及其传承人张秀芳/施晓婷/中国美术馆/2013-08-20

扬州剪纸的审美特征/辛晓明、柏程伟/青年文学家/2013-08-30

从文人园林到城市风景:18世纪扬州筱园的改造及内在逻辑/都铭/中国园林/2013-09-15

论近代以来扬州的形象与社会现实/金超凡/金田/2013-09-15

扬州的梦与真——是繁华地,还是一个无法抵达的名词?/彭治国、壹图等/优品/2013-10-01

千叶扬州种 春深霸众芳——潘玉良《芍药图》及其背后故事/马起来/收藏界/2013-10-01

苏州园林和扬州园林的比较研究/赵理理、过伟敏/现代园艺/2013-10-10

统计资料

2013年扬州市国民经济占江苏省的比重一览表

表36-1

项　　目	单　位	江苏省	扬州市	扬州占全省的比重(%)
年末总人口	万人	7616.84	459.84	5.79
地区生产总值(当年价格)	亿元	59161.75	3252.01	5.50
第一产业	亿元	3646.08	224.45	6.16
第二产业	亿元	29094.03	1693.70	5.82
第三产业	亿元	26421.64	1333.86	5.05
固定资产投资	亿元	36373.3	2025.18	5.57
社会消费品零售总额	亿元	20796.50	1106.88	5.32
出口总额	亿美元	3288.6	75.51	2.30
注册外资及港澳台资实际到账额	亿美元	332.59	18.28	5.50
公共财政预算收入	亿元	6568.46	259.26	3.95
公共财政预算支出	亿元	7731.16	319.28	4.13
普通高等学校在校学生数	万人	183.04	7.64	4.17
医院、卫生院病床数	万张	34.05	1.92	5.64
卫生技术人员	万人	42.91	2.25	5.24
#执业(助理)医师	万人	16.96	0.93	5.47
在岗职工平均工资	元	57985	52661	
农民人均纯收入	元	13598	14214	
城市居民人均可支配收入	元	32538	30690	
人均储蓄存款余额	元	42602	42058	
工农业主要产品产量				
粮食	万吨	3422.98	312.19	9.12
棉花	万吨	20.93	0.46	2.22
油料	万吨	150.37	7.57	5.04
原煤	万吨	2011.18	39.07	1.94
发电量	亿千瓦时	4288.91	239.89	5.59
水泥	万吨	17991.86	990.79	5.51
化学纤维	万吨	1296.3	93.24	7.19

2013年扬州市分地区地区生产总值一览表

（按当年价格计算）

表36-2

项目	全市	市区	#广陵区	#邗江区	#江都区	宝应县	仪征市	高邮市
地区生产总值(亿元)	**3252.01**	2182.33	505.51	525.50	713.06	364.42	410.16	381.50
第一产业	**224.45**	80.50	9.16	18.41	50.90	59.94	21.23	62.79
第二产业	**1693.70**	1158.72	256.26	230.10	369.06	168.76	231.75	173.31
工业	**1468.79**	1025.21	235.52	184.32	311.88	136.31	204.87	141.24
建筑业	**224.91**	133.51	20.74	45.78	57.18	32.45	26.88	32.07
第三产业	**1333.86**	943.11	240.09	276.99	293.10	135.72	157.18	145.40
人均地区生产总值(元/人)	**72775**	90352	—	—	70827	48483	72965	51592

2013年扬州市分地区人口数及构成情况表

表36-3

地区	总人口(人)			性别比
	合计	男	女	
全市	**4598448**	**2302825**	**2295623**	**100.31**
市区	2308791	1149154	1159637	98.58
#广陵区	498188	246872	251316	98.23
邗江区	741318	367266	374052	98.19
江都区	1069285	535016	534269	100.14
宝应县	907237	460683	446554	103.16
仪征市	564240	284988	279252	102.05
高邮市	818180	408000	410180	99.47

2013年扬州市分地区户数、平均人口及人口密度情况表

表36-4

地区	户数(户)	平均每户人数(人)	年平均人口(人)	人口密度(人/平方千米)
全市	**1506463**	**3.05**	**4591342**	**697**
市区	772242	2.98	1770402	753
#广陵区	171549	2.90	498053	1487
邗江区	238357	3.10	737930	1334
江都区	362336	2.95	1069062	804
宝应县	284496	3.18	905166	619
仪征市	189791	2.97	563344	657
高邮市	259934	3.15	817789	425

2013年扬州市固定资产投资情况表

表36-5

项　　目	总　计	项目投资	房地产开发投资
一、投资总额(万元)	20251768	17092703	3159065
#住宅	3046509	607830	2438679
1. 按经济类型分			
国有经济	3139657	2986798	152859
集体经济	683910	682628	1282
其他有限责任公司	1748164	673576	1074588
其他联营	25000	25000	
股份合作	30200	23200	7000
股份有限公司	803998	728788	75210
私营个体	11049411	9713085	1336326
港澳台商投资	1097353	669467	427886
外商投资	810111	654268	155843
其他经济	935893	935893	
2. 按构成分			
建筑工程	11295169	9327759	1967410
安装工程	1094471	939588	154883
设备工器具购置	4647451	4583049	64402
#用于更新的设备	1152108	1152108	
其他费用	3286606	2242307	1044299
3. 按产业分			
第一产业	265486	265486	
第二产业	11468991	11468991	
第三产业	8517291	5358226	3159065
二、本年资金来源(万元)	24076951	18423818	5653133
国家预算内资金	183979	183979	
国内贷款	990443	345960	644483
利用外资	511201	361665	149536
自筹投资	19441348	17067463	2373885
其他投资	2949980	464751	2485229
三、房屋建筑面积(万平方米)			
施工面积	5079	2855	2224
竣工面积	2394	1802	592
#住宅	692	217	475

2013年扬州市农林牧渔业分项产值一览表

表36-6　　单位:万元

项　目	2013年产值(当年价格)	2012年产值(当年价格)
农林牧渔业总产值	**4039275**	**3690824**
一、农业产值	1884315	1709971
1. 谷物及其他作物	953756	904349
#谷物	840475	793543
棉花	12824	15541
油料	42575	40442
2. 蔬菜园艺作物	861626	747284
#蔬菜(含菜用瓜)	628831	556976
花卉	10965	16643
3. 水果、坚果、饮料和香料作物	64993	55252
#水果坚果(含果用瓜)	48172	40762
茶及其他饮料	15861	13464
4. 中药材	3940	3086
二、林业产值	93824	87686
1. 林木的培养种植	38755	34407
2. 竹木采运	51142	46688
3. 林产品	3927	6591
三、牧业产值	704559	694908
1. 牲畜饲养	16335	16804
#牛的饲养	4436	4086
羊的饲养	8279	8279
奶产品	3620	3238
#牛奶	2877	3238
2. 猪的饲养	232306	235536
3. 家禽	435414	418578
4. 狩猎和捕捉动物	0	0
5. 其他畜牧业	20504	23990
四、渔业产值	1159214	1027364
1. 海水产品	0	0
2. 淡水产品	1159214	1027364
鱼类	436928	388459
甲壳类	604769	532026
贝类	8204	6867
其他	109313	100012
五、农林牧渔服务业	197363	170895

2013年扬州市主要农作物播种面积和产量一览表

表36-7

项目	2013年			2012年		
	播种面积（千公顷）	单产（千克/公顷）	总产量（吨）	播种面积（千公顷）	单产（千克/公顷）	总产量（吨）
农作物总播种面积	**510.27**			**507.44**		
一、粮食作物总计	419.8	7437	3121938	418.99	7359	3083470
1. 夏粮	191.39	5866	1122671	191.13	5638	1077660
小麦	186.06	5924	1102280	185.71	5695	1057605
大麦	2.31	4789	11063	2.28	4539	10349
蚕豌豆	3.02	3089	9328	3.14	3091	9706
2. 秋粮	228.41	8753	1999267	227.86	8803	2005810
稻谷	208.38	9210	1919161	208.14	9237	1922660
中稻	208.38	9210	1919161	208.14	9237	1922660
单季晚稻						
双季后作稻						
玉米	2.08	5398	11228	1.97	5865	11554
其他谷物	0.08	4238	339	0.04	12400	496
豆类	15.6	3402	53068	15.56	3569	55541
薯类	2.27	6815	15471	2.15	7237	15559
二、经济作物	83.60			81.23		
1. 棉花	3.20	1449	4637	3.24	1449	4695
2. 油料	28.05	2700	75724	27.86	2661	74122
花生	1.24	2819	3496	1.01	2926	2955
油菜籽	25.74	2733	70355	25.73	2686	69100
芝麻	1.06	1745	1850	1.12	1846	2067
3. 麻类						
#黄麻						
红麻						
苎麻						
4. 糖类	0.02	32250	645	0.03	31733	952
甘蔗	0.02	32250	645	0.03	31733	952
甜菜						
5. 药材	2.25			0.23		
6. 蔬菜瓜类	50.08	37402	1873116	49.87	37002	1845270
蔬菜	48.04	37451	1799162	47.95	37016	1774910
瓜类	2.04	36252	73954	1.92	36646	70360
三、其他农作物	6.87			7.22		
#青饲料	2.21			2.33		
绿肥	1.26			1.47		

2013年扬州市分地区工业总产值一览表

（规模以上工业企业）

表36-8 单位：万元

地　区	工业总产值(现行价)	工业销售产值(现行价)	工业增加值(现行价)
全　市	**84993942**	**83159218**	**20035614**
市　区	55884078	54526837	13288546
扬州经济技术开发区	12009615	11662829	3307439
广陵区	12462655	12079824	2787916
邗江区	11059448	10746018	2718209
江都区	20352361	20038166	4272622
宝应县	7727502	7527615	1680823
仪征市	12747216	12652176	2828044
高邮市	8635146	8452590	2238201

2013年扬州市主要工业产品产量一览表

（规模以上工业企业）

表36-9

产　品　名　称	单　位	2013年	2012年
原煤	万吨	39.07	35.92
天然原油	万吨	171.20	171.02
天然气	万立方米	5123	5703
发电量	亿千瓦小时	239.89	229.11
塑料制品	万吨	8.49	10.40
化学纤维	万吨	93.24	80.91
纱	万吨	14.74	12.13
布	万米	59090.59	54450.63
呢绒	万米	159.02	189.40
服装	万件	23422.35	23306.82
皮革鞋靴	万双	3899.53	4009.14
机制纸及纸板	万吨	8.03	12.11
原油加工量	万吨	76.74	42.12
烧碱(折100%)	万吨	27.52	29.36
农用氮、磷、钾化学肥料总计(折纯)	万吨	0.39	0.32
化学农药原药	吨	54576.91	51702.98
合成纤维聚合物	万吨	195.03	174.76
化学药品原药	吨	3031.22	3339.59
水泥	万吨	990.79	544.03
钢材	万吨	298.28	175.24
附:用外购国产钢材再加工生产的钢材	万吨	193.86	108.23
电动自行车	辆	13653	15590
不锈钢日用制品	吨	1233	397
金属切削机床	台	27186	26230
金属成形机床	台	43622	52372
汽车	辆	4095	4014
金属集装箱	万立方米	381.80	508.22
电力电缆	万千米	99.93	136.78
通信及电子网络用电缆	对千米	2765065	2690573
铅酸蓄电池	千伏安时	1862575	1932109
交流电动机	万千瓦	1047.04	890.01
电动手提式工具	万台	197.06	130.44
民用钢质船舶	载重吨	2766917	4531274

2013年扬州市分地区建筑业生产经营情况表

表36-10

指　　标	全　市	市　区	#广陵区	#邗江区	#江都区	宝应县	仪征市	高邮市
一、单位个数(个)	**744**	499	133	171	153	72	81	92
二、建筑业合同情况(万元)								
签订的建筑合同额	**36117214**	22101323	6306082	4916720	10612537	4281298	2569317	7165276
上年结转建筑合同额	**12399410**	8488248	2320911	968929	5132659	1288202	719432	1903529
本年新签建筑合同额	**23717803**	13613075	3985172	3947791	5479878	2993096	1849885	5261748
三、承包工程完成情况(万元)								
直接从建设单位承揽工程完成的产值	**24024326**	14631139	3608930	3500642	7339847	2851104	1680890	4861192
自行完成施工产值	**7703**	5486	3570	1556			480	1737
分包出去工程的产值	**24016622**	14625653	3605360	3499086	7339847	2851104	1680410	4859455
从建设单位以外承揽工程完成的产值	**2238684**	1248234	66349	306371	850293	612007	176121	202323
四、建筑业总产值(万元)	**26255307**	15873887	3671709	3805457	8190140	3463111	1856530	5061778
建筑工程产值	**24149681**	13982222	3571869	3198831	7061487	3433189	1728144	5006127
安装工程产值	**1953323**	1835176	94444	591252	1092950	28368	44576	45202
其他建筑业产值	**152303**	56489	5396	15374	35703	1554	83811	10450
五、竣工产值(万元)	**21182075**	12936570	3391105	3361128	6027597	2626425	1556764	4062316
六、房屋施工面积(万平方米)	**21151**	10817	3240	2030	5483	4191	1542	4601
#房屋新开工面积	**10958**	5205	1535	1183	2446	2146	853	2753

2013年扬州市全社会客货运输量一览表

表36-11

项　　目	单　位	公　路	水　路
客运量	万人次	4746	22.8
旅客周转量	万人千米	361399	140.4
货运量	万吨	5924	4604
货物周转量	万吨千米	1029726	1758818

2013年扬州市邮政通信基本情况表

表36-12

项　　目	单位	全　市	市　区				宝应县	仪征市	高邮市
				#广陵区	#邗江区	#江都区			
邮政局(所)数	处	**187**	92			48	32	29	34
邮电业务总量	万元	**482276**	306244	79394	81425	97892	58406	53886	63739
#邮政业务总量	万元	**55013**	32089			12301	7881	6468	8576
电信业务总量	万元	**427263**	274156	79394	81425	85592	50526	47419	55163
邮电业务收入	万元	**478919**	303078	79394	81425	97363	57701	53847	64293
#邮政业务收入	万元	**51657**	28922			11772	7175	6429	9131
电信业务收入	万元	**427263**	274156	79394	81425	85592	50526	47419	55163
固定电话用户	户	**1278117**	793649	206864	252834	297633	161132	153693	179980
#农村电话用户	户	**702695**	409936	69383	126098	214455	100131	72752	119876
移动电话年末用户	户	**4722185**	3077231	795933	808377	1006144	617743	608505	713076
#3G移动电话用户	户	**1534905**	1042410	281233	232409	323531	192393	185200	219639
互联网宽带接入用户	户	**893785**	575720	179643	168468	201823	99129	107362	122226

2013年扬州市分行业社会消费品零售总额一览表

表36-13　　　　单位:万元

地　区	总　计	批发业	零售业	住宿业	餐饮业	其　他
全　市	**11068789**	**1843515**	**8147525**	**117760**	**886317**	**73672**
市　区	**7342665**	913113	5690454	93083	596343	49672
扬州经济技术开发区	**755892**	124451	568551	13939	43279	5672
广陵区	**2172651**	132207	1746465	21035	257944	15000
邗江区	**2154860**	293284	1669049	40183	138344	14000
江都区	**2259262**	363171	1706389	17926	156776	15000
宝应县	**1211482**	287392	856923	11604	47563	8000
仪征市	**1263622**	502166	619749	7687	126020	8000
高邮市	**1251020**	140844	980399	5386	116391	8000

2013年扬州市对外国及港澳台地区贸易进出口总额一览表

表36-14　　单位:万美元

项　目	进出口总额	出　口	进　口
总　计	**950734**	**755133**	**195601**
一、按地区分组			
市　区	740472	606851	133621
扬州经济技术开发区	255624	181607	74017
广陵区	187769	167440	20329
邗江区	166721	147240	19481
江都区	130358	110564	19794
宝应县	71496	54260	17236
仪征市	99612	57534	42078
高邮市	38497	36108	2389
二、按贸易方式分组			
一般贸易	613838	505919	107919
进料加工	267346	212187	55159
来料加工	31530	19345	12185
外商投资设备	5593	0	5593
其他	32428	17682	14746

注:资料来源于扬州海关

2013年扬州市外商及港澳台商直接投资情况表

表36-15　　单位:万美元

地　区	注册外资及港澳台资实际到账额	协议注册外资及港澳台资
全　市	**182788**	**333116**
#扬州经济技术开发区	46144	95431
广陵区	38243	55541
邗江区	39042	63231
江都区	25020	43708
宝应县	8401	8500
仪征市	16611	36212
高邮市	7323	8442

注:资料来源于扬州市商务局

2013年扬州市财政收入与支出一览表

表36-16 单位:万元

项 目	全 市	市 区	#广陵区	#邗江区	#江都区	宝应县	仪征市	高邮市
财政总收入	**6603049**	**4729376**	**575805**	**1089507**	**1078864**	**466005**	**828800**	**578868**
#上划中央收入	**1592796**	1029272	195465	248817	256413	121728	293451	148345
增值税(75%)	**935254**	581086	118711	148494	166753	84231	162546	107391
消费税	**142358**	52807	5406	243	25350	1572	87644	335
企业所得税(60%)	**330722**	235708	51566	71634	49319	28506	33848	32660
个人所得税(60%)	**184462**	159671	19782	28446	14991	7419	9413	7959
公共财政预算收入	**2592606**	1817311	334099	479451	415993	237190	283697	254408
#税收收入	**2127496**	1487763	272493	388931	341436	194509	236350	208874
#增值税(25%)	**352250**	221716	46816	55315	60714	32324	59307	38903
营业税	**702808**	525744	93425	130177	131002	55430	63563	58071
企业所得税(40%)	**220481**	157138	34377	47756	32879	19004	22565	21774
个人所得税(40%)	**122972**	106445	13188	18963	9994	4946	6275	5306
公共财政预算支出	**3192774**	**2026892**	**213577**	**390188**	**498468**	**419540**	**334873**	**411469**
#一般公共服务	**446348**	293453	35036	56018	64593	56171	46118	50606
教育	**569767**	317646	40063	62228	123536	102209	58428	91484
科学技术	**104640**	71202	7010	12849	14954	13435	9558	10445
文化体育与传媒	**36900**	26409	784	3580	2795	4017	2703	3771
社会保障和就业	**247081**	126468	16021	18877	44468	46422	32889	41302
医疗卫生	**213293**	119067	10371	16933	44225	29532	31129	33565
节能环保	**73053**	39934	4635	5817	12092	9246	12880	10993
城乡社区事务	**425733**	349833	64405	112197	74249	11787	22949	41164
农林水事务	**385305**	182729	19446	34410	58565	70930	66965	64681
交通运输	**100099**	63334	2535	3029	7933	15426	8303	13036
住房保障	**80812**	64318	46	17687	13181	2711	7689	6094

2013年扬州市金融机构存贷收支情况表

表36-17 单位:亿元

项 目	全 市	市 区	#江都区	宝应县	仪征市	高邮市
年末金融机构各项存款余额	**3837**	**2802**	**753**	**297**	**395**	**342**
#单位存款	**1791**	1424	268	96	165	106
个人存款	**1979**	1319	475	198	227	235
#储蓄存款	**1931**	1277	467	197	223	234
年末金融机构各项贷款余额	**2342**	**1720**	**413**	**198**	**218**	**206**
#短期贷款	**1230**	901	238	95	120	115
中长期贷款	**1027**	757	153	93	93	84
票据融资	**83**	61	21	10	5	7

2013年扬州市教育事业情况表

表36-18

项　　目	学校数(所)	毕业生数(人)	招生数(人)	在校学生数(人)	专任教师(人)
合　计	**419**	**156844**	**146664**	**568860**	**39441**
普通高等学校	7	23603	22115	76370	4950
普通中等专业学校	11	13095	11089	35777	1755
普通中学	170	68339	61791	190223	16757
高中	38	27880	23553	75852	6177
初中	132	40459	38238	114371	10580
职业高中	4	6615	6464	18397	621
技工学校	13	6924	10057	25037	1464
小学	207	38173	35015	220635	13679
特殊教育学校	7	95	133	2421	215

2013年扬州市中小学情况表

表36-19

项　　目	全　市	市　区				宝应县	仪征市	高邮市
			#广陵区	#邗江区	#江都区			
学校总数(所)	**419**	217	35	34	95	67	61	74
#普通中学	**170**	88	14	17	36	27	24	31
小学	**207**	97	20	15	54	38	33	39
在校学生数(人)	**568860**	361746	41637	56880	97405	84776	52826	69512
#普通中学	**190223**	101308	6857	20816	41436	35315	21002	32598
#高中	**75852**	39137	2171	8525	15657	14153	8718	13844
小学	**220635**	125745	34656	32896	46815	40772	24343	29775
专任教师数(人)	**39441**	24000	3019	3953	7210	5934	4366	5141
#普通中学	**16757**	8742	853	1842	3698	3181	1939	2895
#高中	**6177**	3107	226	733	1222	1228	648	1194
小学	**13679**	7590	2151	1926	2897	2457	1657	1975

2013年扬州市卫生事业情况表

表36-20

项　　目	全　市	市　区				宝应县	仪征市	高邮市
			#广陵区	#邗江区	#江都区			
卫生机构数(个)	**1815**	1047	234	393	420	339	181	248
#医院	**62**	40	14	16	10	14	5	3
卫生院	**74**	23	5	6	12	14	11	26
卫生机构床位数(张)	**19202**	12680	5979	2385	4316	2049	2011	2462
#医院	**13831**	9589	5066	1813	2710	1256	1519	1467
卫生院	**3223**	1506	160	182	1164	561	464	692
卫生技术人员(人)	**22464**	14602	6462	3591	4549	2501	2582	2779
#执业(助理)医师	**9276**	5808	2356	1543	1909	1116	1020	1332
注册护士	**8924**	6108	2997	1337	1774	831	999	986
#卫生防疫人员	**1862**	1290	930	133	227	239	118	215
医院、卫生院技术人员(人)	**16120**	10041	4490	1764	3787	1864	2203	2012
#执业(助理)医师	**6074**	3673	1530	637	1506	762	788	851
注册护士	**7103**	4646	2270	794	1582	687	941	829

2013年扬州市文化事业情况表

表36-21

项　　目	单位	全　市	市　区	#江都区	宝应县	仪征市	高邮市
文化馆数	个	**7**	4	1	1	1	1
艺术表演团体数	个	**9**	6	1	1	1	1
#扬剧团数	个	**4**	3	1	0	1	0
演职员工数	人	**470**	406	47	38	14	12
创作首演剧目数	个	**6**	6	1	0	0	0
演出场次	场次	**2070**	1608	208	62	120	280
艺术教育机构数	个	**1**	1	0	0	0	0
广播电视台数	座	**6**	3	2	1	1	1
有线电视用户数	万户	**125.40**	69.38	29.38	20.27	14.85	20.90
公共图书馆数	个	**7**	4	1	1	1	1
藏书册数	册(件)	**3269601**	2613482	325972	131860	327172	197087
#古籍	册(件)	**179107**	145465	13363	18000	3642	12000
图书	册(件)	**2339959**	1813183	273881	97570	286999	142207
图书流通量	千人次	**1765**	1163	197	121	326	155
博物馆数	个	**16**	10	1	2	1	3
文物藏品数	件(套)	**144366**	135794	3917	2890	3354	2328
#一级文物数	件(套)	**113**	102		3	8	

2013年扬州市环境保护情况表

表36-22

项　　目	单　位	全　市	广陵区	邗江区	江都区	宝应县	仪征市	高邮市
废水排放总量	万吨	**28359**	4589	5349	5321	3895	5036	4169
化学需氧量(COD)	吨	**54952**	5530	7699	13574	10830	5822	11498
氨氮排放量	吨	**7345**	738	1136	1580	1701	797	1392
废水治理设施数	套	**313**	35	65	90	19	53	51
废水治理设施运行费用	万元	**29094**	2795	5930	4158	297	14684	1231
二氧化硫(SO_2)排放量	吨	**48891**	6054	22449	4397	1304	13143	1545
氮氧化物排放量	吨	**81567**	1851	45216	1781	802	13169	443
烟(粉)尘排放量	吨	**14470**	638	2328	5458	170	2713	1557
废气治理设施数	套	**553**	27	147	207	23	111	38
一般工业固体废物产生量	万吨	**314.87**	18.54	195.12	18.92	9.43	70.54	2.31
一般工业固体废物综合利用率	%	**97.71**	96.36	99.39	99.43	100.00	92.61	99.44
空气质量达到及好于二级的天数比重	%	**64.9**		75.6	95.1	95.6	91.9	91.5
道路交通噪声等效声级	dB(A)	**66.5**		66.3	63.5	64.2	65	61.8

注:县(市、区)未计算机动车氮氧化物排放量、烟(粉)尘排放量

2013年扬州市市区居民家庭基本情况表

表36-23

项　　目	单　位	2005年	2010年	2011年	2012年	2013年
一、调查户数	户	200	200	200	200	135
二、平均每户家庭人口	人	2.94	2.94	2.97	2.94	2.97
三、平均每户就业人口	人	1.43	1.6	1.51	1.48	1.49
四、负担系数	人	2.06	1.84	1.97	1.99	1.99
五、平均每户就业面	%	48.64	54.4	50.84	50.34	50.17
六、现住房总建筑面积	平方米/人	31.11	37.76	37.73	38.02	38
七、家庭总收入	元	11932.2	23816.41	27198.25	30763.03	33604
#可支配收入	元	11378.74	21766.22	24779.9	28001.26	30690
八、借贷收入	元	1586.36	2293.64	3813.33	3619.49	3279
#提取储蓄存款	元	1404.44	2155.91	3813.33	3614.9	3204
九、在家庭总收入中						
工资性收入	元	7353.48	14698.81	16622.77	18822.03	20540
经营性收入	元	859.11	2489.32	2670.97	3034.17	3307
财产性收入	元	141.8	386.69	406.26	452.02	502
转移性收入	元	3577.81	6241.58	7498.25	8454.8	9254
十、家庭总支出	元	9375.48	17676.96	20314.06	22642.73	24874
#消费性支出	元	7387.76	13678.99	16003.03	17550.11	19153
十一、借贷支出	元	3851.36	8515.47	10233.83	12165.81	6471
#存入储蓄款	元	3283.62	8257.22	9707.84	11718.8	5985

2013年扬州市农民家庭基本情况表

表36-24

指　　标	单位	2005年	2010年	2011年	2012年	2013年
一、调查户数	户	500	500	700	700	600
二、调查户人口						
1. 常住人口	人	1931	1937	2558	2571	2186
2. 平均每户常住人口	人	3.86	3.87	3.65	3.67	3.64
3. 平均每户整、半劳动力	人	2.72	2.76	2.71	2.71	2.67
4. 平均每个劳动力负担人口	人	1.42	1.4	1.35	1.36	1.36
三、平均每人全年收入						
1. 总收入	元	6655.29	11340.7	13639.54	15464.36	17086.39
2. 纯收入	元	5215.18	9462.42	11216.94	12686.41	14214.16
3. 现金总收入	元	5917.17	10315.79	12571	15735.89	16028.15
四、平均每人全年支出						
1. 总支出	元	5296.62	9292.46	10906	12193.30	14067.19
#家庭经营性支出	元	1188.43	1601.22	2108	2422.92	2295.68
生活消费支出	元	3709.68	6782.44	7791	8713.93	9725.49
2. 现金支出	元	4573.68	8561.04	10240	11604.85	12755.84
#生产性费用	元	1227.14	1782.04	2121	2544.32	2070.13
税费	元	44.13	16.46	33	19.46	1.47
生活消费支出	元	3074.64	6136.65	7182.45	8173.11	9602.63

2013年长江三角洲城市主要经济指标一览表

表36-25

地区	地区生产总值(亿元)	规模以上工业总产值(亿元)	固定资产投资(亿元)	社会消费品零售总额(亿元)	进出口总额(亿美元)	公共财政预算收入(亿元)	城市居民人均可支配收入(元)	农民人均纯收入(元)
上海	21602.12	32088.88	5647.79	8019.05	4413.98	4109.51	43851	
南京	8011.78	12647.14	5093.78	3504.17	557.57	831.31	39881	16531
无锡	8070.18	14890.65	4015.77	2740.92	703.73	710.91	38999	20587
常州	4360.93	10067.88	2902.84	1597.01	292.13	408.88	36946	18643
苏州	13015.7	30392.90	5883.9	3627.60	3093.48	1331.03	41143	21578
南通	5038.89	11351.54	3298.73	1927.09	298.14	485.88	33136	14754
扬州	**3252.01**	**8499.39**	**2025.18**	**1106.88**	**95.07**	**259.26**	**30690**	**14214**
镇江	2927.09	7197.27	1753.15	866.89	99.50	254.52	32352	16258
泰州	3006.91	8501.65	1764.17	837.12	104.42	259.26	30069	13982
杭州	8343.52	13592.30	4263.87	3531.17	650.70	945.20	39310	18923
宁波	7128.87	12794.95	3422.95	2635.71	1003.29	792.81	41729	20534
嘉兴	3147.66	6779.97	1910.15	1196.93	317.63	282.31	36743	20556
湖州	1803.15	3814.39	1070.05	766.22	95.33	154.66	36220	19044
绍兴	3967.29	9267.11	2001.99	1318.39	333.70	293.07	40454	19618
舟山	930.85	1350.77	750.02	331.65	126.72	92.63	37646	20573
台州	3153.34	3881.24	1507.87	1449.27	218.78	247.73	37088	16126

2013年扬州的一天

表36-26

项　目	单位	1995年	2000年	2005年	2010年	2011年	2012年	2013年
地区生产总值	万元	8197	12935	26909	61082	72063	80142	89096
第一产业	万元	1266	1751	2596	4421	5056	5606	6149
第二产业	万元	4681	6855	14892	33681	39120	42472	46403
第三产业	万元	2250	4329	9420	22980	27887	32064	36544
粮食产量	吨	6084	6169	6204	7865	8375	8425	8553
棉花产量	吨	73	28	19	15	12	13	13
油料产量	吨	201	341	336	220	193	203	207
水产品产量	吨	338	621	977	1042	1051	1071	1079
社会消费品零售额	万元	2772	4165	8408	19894	23390	26444	30325
出口总额	万美元		166	522	1659	2006	2233	2069
固定资产投资完成额	万元	2723	3514	11235	36489	40423	48733	55484
财政收入	万元	515	931	3206	10983	13725	15151	18091
公共财政预算收入	万元	243	447	1357	4597	5975	6148	7103
客运量	万人次	13.59	17.01	22.31	19.93	22.45	24.41	13
货运量	万吨	15.67	12.84	16.04	25.57	30.44	33.45	29
城乡居民储蓄余额	万元	3071	7563	16566	34312	39120	46380	52905

索　　引

说　　明

一、本索引采取主题分析法，索引词条按汉语拼音音序排列。
二、类目、栏目、分目标题用黑体字标示。
三、索引词条后的数字表示页码，数字后的字母(a、b、c)表示该页版面从左至右的栏别。
四、空一字起排的款目为上一主题的“附见”。

A

B

E

F

M

N

X

Y

Z

江苏易图地理信息工程有限公司、扬州市测绘学会 联合编制　　扬州市国土资源局 监制

扬州市政区图

宝
应
县
盐
城
市
泰
州
高
邮
市
射阳湖
广洋湖
郭城湖
九里荡
蒋营镇
颜单镇
沿河镇
西安丰镇
恒济镇
射阳湖镇
北龙港镇
鲁垛镇
广洋湖镇
小官庄镇
柳堡镇
沙沟镇
周奋乡
夏集镇
缸顾乡
临泽镇
李中镇
界首镇
周巷镇
周山镇
西郊镇
横泾镇
马棚镇
司徒镇
甘垛镇
龙虬镇
三垛镇
开发区管委会
高邮市
高邮镇
城南经济新区
卸甲镇
汉留镇
汤庄镇
武坚镇
陈堡镇
龙虬庄文化遗址

审图号：苏S(2012)111号

资料截止日期：2012年10月

地图审图号：苏S(2011)177号

编制日期：2011年12月

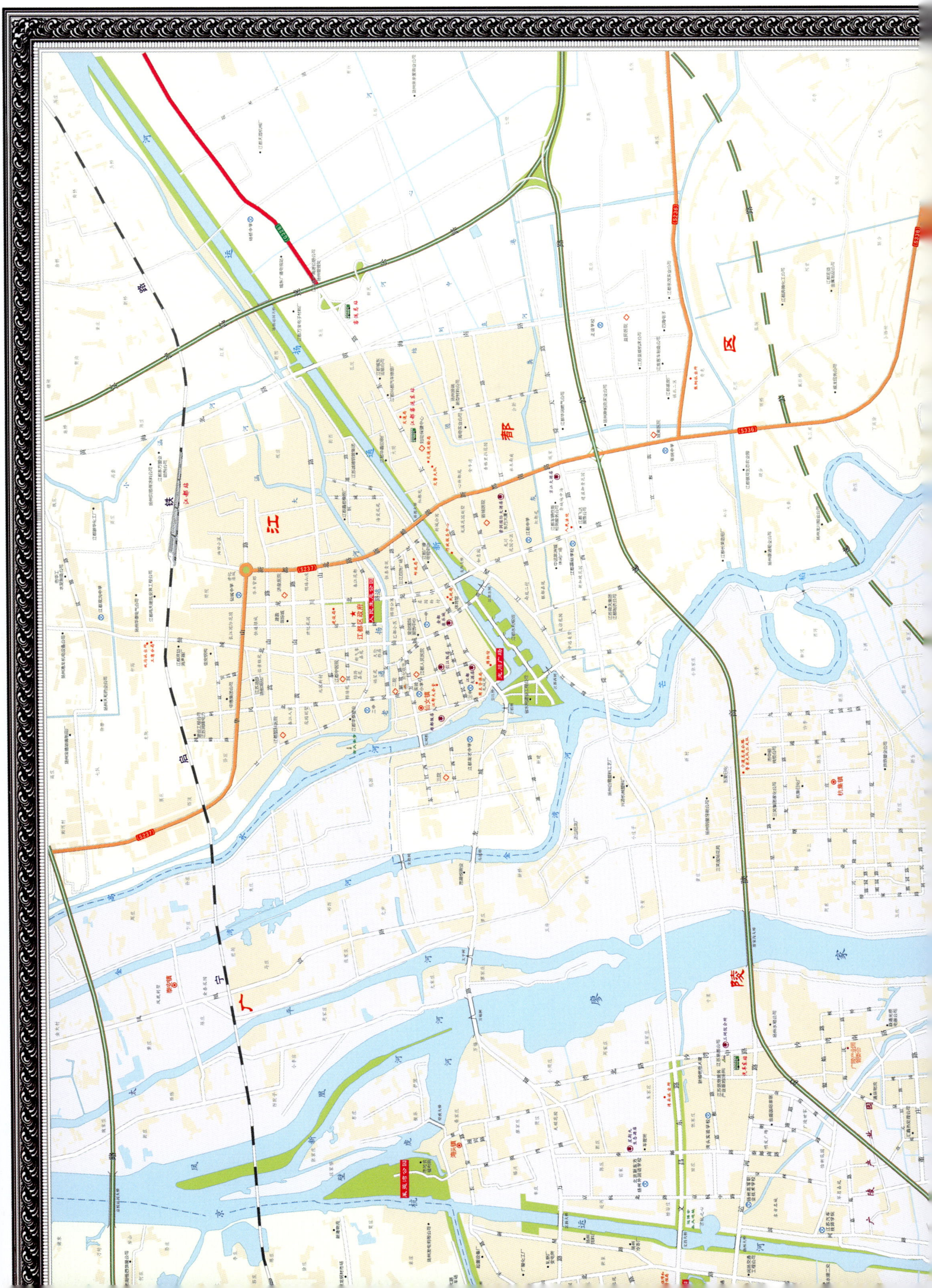

江都区政府
人民生态公园
龙川广场
仙女镇
湾头镇
杭集镇
茱萸湾公园
S237
S336
S236
S338

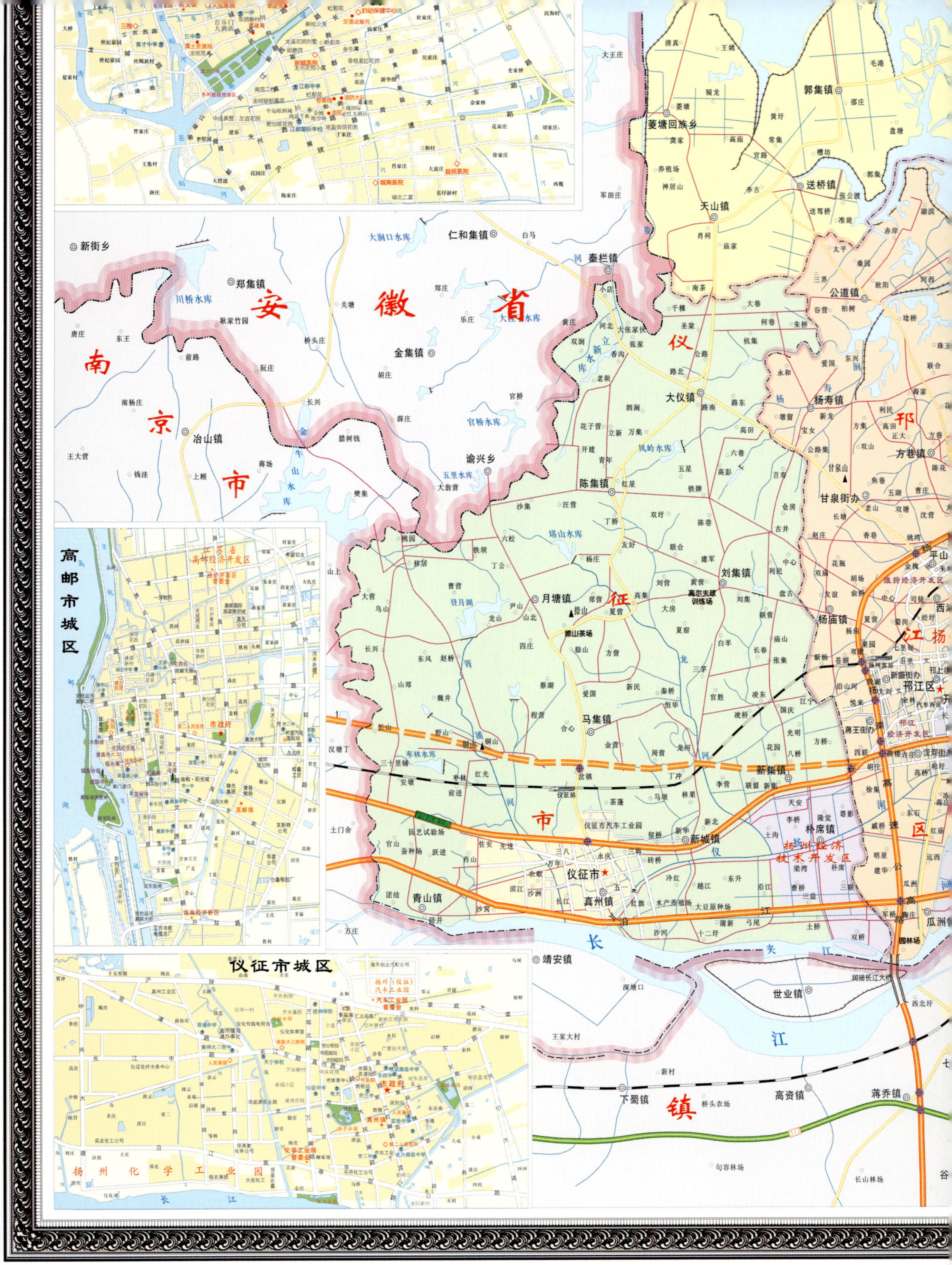

扬州市测绘学会、江苏易图地理信息工程有限公司　联合编制
扬州市国土资源局、扬州市民政局　监制

宝应县城区
扬州市主城区
江都区城区
淮安市
西顺河镇
范集镇
林集镇
上河镇
平桥镇
施河镇
南闸镇
泾河镇
山阳镇
黄塍镇
安宜镇
宝应县
望直港
前锋镇
白马湖
宝应湖
高邮湖
淮河入海水道
苏北灌溉总渠
京杭大运河
宝应湖退水闸
维扬经济开发区
邗江经济开发区
广陵产业园
扬州市
宁启铁路
江都站
图例

扬州市城区图

扬州市城区图
仪
征
邗
维扬经济开发区
蜀冈—瘦西湖风景名胜区
蜀冈西峰生态公园
瘦西湖街办
西湖镇
平山乡
城北乡
梅岭街办
东关街办
汶河街办
广陵区市政协
政府
市委
市政府
市人大
双桥街办
文汇街办
开发区
管委会
邗江区
政府
邗上街办
新盛街办
新城西区
管委会
曲江街办
汤汪乡
文峰街办
扬庙镇
扬州火车站
扬州汽车站
扬州火车货运站
扬州客运北站
体育公园
明月湖
荷花池公园
竹西公园
铁
路
宁
启
江